Weitnauer

Wohnungseigentumsgesetz

WOHNUNGSEIGENTUMS-GESETZ

Gesetz über das Wohnungseigentum
und das Dauerwohnrecht

KOMMENTAR

von

Dr. Hermann Weitnauer
em. o. Professor der Rechte an der Universität Heidelberg

Dr. Maria Hauger
Rechtsanwältin
beim Bundesgerichtshof

und

Dr. Wolfgang Lüke
o. Professor der Rechte
an der Universität Dresden

unter der Mitarbeit von
Dr. Heinz-Peter Mansel
Akademischer Rat

8., wesentlich ergänzte und erweiterte Auflage
des von Hermann Weitnauer gemeinsam mit Carl Wirths
begründeten Werkes

VERLAG FRANZ VAHLEN MÜNCHEN

CIP-Titelaufnahme der Deutschen Bibliothek

Weitnauer, Hermann:
Wohnungseigentumsgesetz : Gesetz über das Wohnungseigentum und das Dauerwohnrecht ; Kommentar / von Hermann Weitnauer, Maria Hauger und Wolfgang Lüke. Unter Mitarb. von Heinz Peter Mansel. – 8., wesentl. erg. und erw. Aufl. des von Hermann Weitnauer gemeinsam mit Carl Wirths begr. Werkes. – München : Vahlen, 1995
ISBN 3 8006 1902 4
NE: Hauger, Maria:; Lüke, Wolfgang:

ISBN 3 8006 1902 4

Satz und Druck der C. H. Beck'schen Buchdruckerei, Nördlingen
Gedruckt auf säurefreiem,
aus chlorfrei gebleichtem Zellstoff hergestelltem Papier

Vorwort

Seit der 7. Auflage dieses Buches sind rund 6 Jahre vergangen. Obwohl schon länger eine Neuauflage fällig war, haben Schwierigkeiten persönlicher und sachlicher Art – zu letzteren gehörte insbesondere die Umstellung auf Computer und die Bereinigung der Randnummern – die Arbeit hieran verzögert, aber sie sind überwunden worden. Nun tritt das „blaue Buch" in der gewohnten äußeren Gestalt, neu bearbeitet und an den Stand von 1994 herangeführt, aber in seinen wesentlichen Aussagen beständig, in der 8. Auflage vor seine Leser.

Das herausragende Ereignis der Jahre zwischen den beiden Auflagen war die Wiedervereinigung. Daß sie das Wohnungseigentum nach seiner rechtlichen wie nach seiner praktischen Seite in ihren Bann gezogen hat, ist nicht verwunderlich. Zwar konnte das WEG selbst ohne jede Maßgabe in den neuen Bundesländern in Kraft gesetzt werden, aber in seinem Umfeld, insbesondere hinsichtlich des Grundbuchwesens, waren manche Hemmnisse zu überwinden, um das Wohnungseigentum für die Praxis verwendbar zu machen. Es ist jedoch gelungen, der Rechtsverkehr kann sich auch in den neuen Bundesländern der Rechtsform des Wohnungseigentums bedienen, und er tut dies auch. Die Situation ist in vielerlei Hinsicht vergleichbar mit der zur Zeit der Entstehung des WEG. Zwar liegen die Städte nicht in Schutt und Asche, aber die Wohnungsnot ist groß, der vorhandene Baubestand weist schwere Mängel auf. Vom Wohnungseigentum wird nun wie vor 40 Jahren erwartet, daß es die privaten Initiativen und die Bildung privaten Eigentums fördern und privates Kapital in den Wohnungsbau lenken werde. Da kann es hilfreich sein und auch Mut machen, wenn man in Erinnerung ruft, wie die Generation, die nach Krieg und Zusammenbruch an den Wiederaufbau ging, die Rolle des Wohnungseigentums sah. Deshalb sind im Anhang dieses Buches Ausführungen über die wohnungsbaupolitische Bedeutung des Wohnungseigentums wiedergegeben, die der „Vater des Wohnungseigentums", der Abgeordnete Carl Wirths, zur 1. Auflage dieses Buches beigesteuert hat, sowie ein Auszug aus dem Bericht beigefügt, den der Abgeordnete Dr. Brönner anläßlich der 2. und 3. Lesung des WEG im Plenum des Bundestages am 31. 5. 1951 erstattet hat.

Ein Rückblick auf die hinter uns liegenden vier Jahrzehnte zeigt, daß das Wohnungseigentum die damaligen Erwartungen erfüllt hat. In den alten Bundesländern gibt es etwa drei Millionen Wohnungs- und Teileigentumseinheiten, im Geschäfts- und Rechtsverkehr haben die Veräußerung und die Belastung von Eigentumswohungen, wie das BayObLG kürzlich bemerkt hat (BayObLG 1993, 297), die gleiche Bedeutung erlangt wie die von Grundstücken. Es ist kein Grund zu sehen, warum die Entwicklung in den neuen Bundesländern anders verlaufen sollte.

Vorwort

Freilich ist nicht zu verkennen, daß die Interessenten aus den neuen Bundesländern es im Umgang mit dem privaten Eigentum an Grund und Boden und mit einem ziemlich komplizierten Gebilde wie dem Wohnungseigentum nicht ganz leicht haben werden. Es war deshalb einer der Leitgedanken dieser Neuauflage, die zu lösenden Rechtsprobleme so darzustellen, daß sie auch einem im Liegenschaftsrecht nicht erfahrenen Benutzer verständlich werden.

Im Vorwort zur 7. Auflage habe ich zum Ausduck gebracht, daß ich den Zeitpunkt für gekommen hielte, das Buch in jüngere Hände zu legen. Ganz so ist es nicht gekommen; eine Gruppe jüngerer Wissenschaftler hat sich zusammengefunden, die bereit sind, die Betreuung des Buches zu übernehmen; es sind dies

Frau Rechtsanwältin Dr. Maria Hauger
Herr Professor Dr. Wolfgang Lüke und
Herr AkadRat Dr. Heinz-Peter Mansel,

die alle bereits an der gegenwärtigen Auflage mitgewirkt haben. Für die vorliegende Auflage bin ich aber noch nicht voll aus der Pflicht entlassen. Mit dem Erscheinen der 8. Auflage werde ich endgültig ausscheiden.

Ziel der Neubearbeitung war, den Stand der Rechtsprechung, soweit diese im Berichtszeitraum erfaßt werden konnte, und die sonstige Rechtsentwicklung darzustellen und dazu Stellung zu nehmen. Hierbei ist bemerkenswert, daß nach 40 Jahren Wohnungseigentum bis dahin nicht gesehene sachenrechtliche Fragen zur Entscheidung kamen und das Problem der Gemeinschaftsbezogenheit bei der Geltendmachung von Ansprüchen in Erscheinung trat. Aus dem Gemeinschaftsverhältnis wären noch hervorzuheben die §§ 15, 16, 22 und 28, hier fließt die Judikatur am reichlichsten. Ausführlich erörtert wurde die immer noch umstrittene Frage der Haftung des Bauträgers für Sachmängel des gemeinschaftlichen Eigentums. Breiten Raum nehmen in der Rechtsprechung verfahrensrechtliche Fragen ein; das Wohnungseigentum ist gewissermaßen zum Prüffeld geworden, auf dem sich das streitige Verfahren der freiwilligen Gerichtsbarkeit bewähren muß. Gänzlich neu bearbeitet und aktualisiert ist die Zusammenstellung der landesrechtlichen Ausführungsvorschriften zum WEG.

Das Wohnungseigentum ist ein kompliziertes Gebilde. Es führt sehr verschiedene Rechtsgebiete zusammen. Das ist wohl der Grund, warum immer wieder versucht wird, dem Wohnungseigentum eine andere dogmatische Erklärung zu geben als sie dem Gesetzgeber vorgeschwebt hat; das kann Unsicherheit und Verwirrung zur Folge haben. Die Anwendung und Fortbildung des Wohnungseigentumsrechts liegt weit überwiegend bei den Gerichten. Das birgt die Gefahr, daß über der Fülle der Kasuistik die tragenden Gedanken aus dem Blick geraten. Solchen Gefahren zu begegnen betrachten die Bearbeiter dieser Auflage als eine wichtige Aufgabe.

Der Stoff ist unter ihnen wie folgt verteilt:

Hauger:	§§ 16, 26 bis 28, 31 bis 58, Stichwortverzeichnis
Lüke:	§§ 10 bis 15, 17 bis 25, 29, 61, Abkürzungs- und Entscheidungsverzeichnis
Mansel:	Anhänge II bis IV
Weitnauer:	§§ 1 bis 9, 30, 59, 60, 62 bis 64, Anhänge I und V

(jeweils mit den zu den Paragraphen gehörenden Vorbemerkungen und Anhängen).

Möge die Auflage dazu beitragen, daß das Wohnungseigentum auch weiterhin die ihm zugedachte Rolle in unserer Rechts- und Wirtschaftsordnung wahrnehmen kann.

Heidelberg, im Dezember 1994 Dr. Hermann Weitnauer

Inhaltsverzeichnis

IV. TEIL. ERGÄNZENDE BESTIMMUNGEN

ANHÄNGE

Schrifttumsverzeichnis

Quelle	abgekürzte* Zitierweise
Alternativkommentar zum BGB (Neuwied 1983)	
Bärmann, Die Wohnungseigentümergemeinschaft als rechtliches Zuordnungsproblem (Karlsruhe 1985)	Bärmann, Zuordnung
Bärmann, Erwerberhaftung im Wohnungseigentum für rückständige Lasten und Kosten (s. PiG 19)	Bärmann, Erwerberhaftung
Bärmann, Die Wohnungseigentümergemeinschaft – Ein Beitrag zur Lehre von den Personenverbänden (s. PiG 22)	Bärmann, Wohnungseigentümergemeinschaft
Bärmann, Wohnungseigentum – Kurzlehrbuch (München 1991)	Bärman, Kurzlehrbuch
Bärmann-Pick, WEG – erläuterte Ausgabe, 13. Aufl. (München 1994)	Bärmann-Pick
Bärmann-Pick-Merle, WEG-Kommentar, 6. Aufl. (München 1987)	Bärmann-Pick-Merle
Bärmann-Seuß, Praxis des Wohnungseigentums, 3. Aufl. (München 1980)	Bärmann-Seuß, Praxis
Baumbach-Lauterbach, ZPO, 52. Aufl. (München 1994)	Baumbach-Lauterbach
Baur/Stürner, Lehrbuch des Sachenrechts, 16. Aufl. (München 1992)	Baur, Sachenrecht
Belz, Das Wohnungseigentum, 2. Aufl. (Stuttgart 1982)	Belz
Bielefeld, Das Wohnungseigentum – Ratgeber zum Wohnungseigentum, 2. Aufl. (Düsseldorf 1985)	Bielefeld, Ratgeber
Bielefeld, WEG-Recht-Rechtsprechung in Leitsätzen 1984–1986 (Düsseldorf 1987)	Bielefeld, Rechtsprechung
Brych-Pause, Bauträgerkauf und Baumodelle (München 1989)	Brych, Bauträgerkauf
Bub, Das Finanz- und Rechnungswesen der Wohnungseigentümer (Diss. Münster 1993)	Bub, Finanzwesen
Bub, Handbuch der Wohnungswirtschaft, Abt. Wohnungseigentumsrecht (Unterschleißheim 1981)	

* Werke, bei denen keine abgekürzte Zitierweise angegeben ist, sind mit dem vollen Titel zitiert.

Schrifttum

Bub, Wohnungseigentum von A bis Z, 6. Aufl. (München 1991) . . . . Bub, Wohnungseigentum
Canaris, Bankvertragsrecht, s. Staub
Deckert, Baumängel am Gemeinschaftseigentum der Eigentumswohnung, 2. Aufl. (Freiburg 1980) . . . . Deckert, Baumängel
Deckert, Die Eigentumswohnung in Recht und Praxis (München Stand 1994)
Deckert, Die Eigentumswohnung vorteilhaft erwerben, nutzen und verwalten – Loseblattausgabe seit 1981 München . . . . Deckert, Eigentumswohnung
Deckert, Mein Wohnungseigentum, 2. Aufl. (Freiburg 1987)
Diester, Kommentar zum WEG (Köln 1952) . . . Diester
Diester, Die Rechtsprechung zum WEG (München 1967) . . . . Diester Rspr.
Diester, Wichtige Rechtsfragen des Wohnungseigentums (München 1974) . . . . Diester, Rechtsfragen
Dokumentation Wohnungseigentum (Düsseldorf Verlag Deutsche Wohnungsvorschrift)
Emmerich-Sonnenschein, Handkommentar Miete, 6. Aufl. (München 1991) . . . . Emmerich-Sonnenschein, Miete
Engler, Der Minderheitenschutz im Wohnungseigentumsrecht (Diss. Frankfurt 1981)
Enneccerus-Nipperdey, Lehrbuch des Allgemeinen Teils (Tübingen 1959) . . . . Enneccerus-Nipperdey
Erman, BGB-Kommentar, 9. Aufl. (Münster 1993) . . . . Erman (mit Bearbeiter)
Festschrift für H. Seuß zum 60. Geburtstag, hrsg. von Johannes Bärmann und Hermann Weitnauer (München 1987) mit zahlreichen Beiträgen zum Wohnungseigentum . . . . FS für Seuß
Festschrift für Bärmann und Weitnauer (München 1990) . . . . FS für Bärmann/Weitnauer
Flume, Das Rechtsgeschäft, 3. Aufl. (Heidelberg 1979) . . . . Flume, Rechtsgeschäft
Flume, Die Personengesellschaft (Heidelberg 1977) . . . . Flume, Personengesellschaft
Friese-Mai-Wienicke, Das Wohnungseigentumsgesetz (Frankfurt 1978) . . . . Friese
Grebe, Das Rechtsverhältnis der Wohnungseigentümer (Diss. Bochum 1986)
Güthe-Triebel, Grundbuchordnung, Kommentar, 6. Aufl. (Berlin 1936/1937) . . . . Güthe-Triebel, GBO

Haegele-Schöner-Stöber, Grundbuchrecht, 10. Aufl. (München 1993)	
Haring, Das Wohnungseigentum nach spanischem und deutschem Recht (Frankfurt 1977)	
Hauger, Schweizerisches Stockwerkeigentum und deutsches Wohnungseigentum im Rechtsvergleich (Frankfurt 1977)	Hauger, Schweiz. Stockwerkeigentum
Henkes-Niedenführ-Schulze, WEG, Handbuch Wohnungseigentumsgesetz, 2. Aufl. (Heidelberg 1993)	Henkes/Niedenführ/ Schulze
Hennecke, Das Sondervermögen der Gesamthand (Berlin 1976)	
Hesse-Saage-Fischer, Grundbuchordnung (Berlin 1957)	Hesse-Saage-Fischer, GBO
Hoffmann-Stephan, Ehegesetz, 2. Aufl. (München 1968)	Hoffmann-Stephan, EheG
Horber-Demharter, Grundbuchordnung, 21. Aufl. (München 1994)	Horber-Demharter, GBO
ihi-Texte, Die Novellierung des WEG aus der Sicht der Rechtsprechung, der Wissenschaft, der Praxis und der Politik (Düsseldorf 1979)	
Ingenstau-Ingenstau, Kommentar zum Erbbaurecht, 7. Aufl. (Düsseldorf 1993)	Ingenstau, ErbbVO
Ingenstau-Korbion, VOB, 12. Aufl. (Düsseldorf 1993)	Ingenstau-Korbion, VOB
Jäckel-Güthe, Kommentar zum Zwangsversteigerungsgesetz, bearb. von Volkmar, Arnstroff, 7. Aufl. (Berlin 1937)	Jäckel-Güthe
Jennißen, Die Verwalterabrechnung nach dem WEG, 2. Aufl. (München 1992)	Jennißen
Junker, Die Gesellschaft nach dem Wohnungseigentumsgesetz (München 1993)	Junker
Kaiser, Das Mängelhaftungsrecht in Baupraxis und Bauprozeß, 7. Aufl. (Heidelberg 1992) . .	Kaiser
Keidel-Kuntze-Winkler, Freiwillige Gerichtsbarkeit, 13. Aufl. (München 1992)	Keidel, FGG
Korintenberg-Lappe-Bengel-Reimann, Kostenordnung, 12. Aufl. (München 1991)	
Kuntze-Ertl-Herrmann-Eickmann, Grundbuchrecht, 4. Aufl. (Berlin 1991)	KEHE (mit Bearbeiter)
Locher-Koeble, Das private Baurecht, 5. Aufl. (München 1993)	Locher-Koeble, Baurecht
Matthäi, Die zivilrechtliche Problematik der Schaffung von in der Größe variablen Eigentumswohnungen (Bonn 1976)	

Schrifttum

Meikel-Imhof, Grundbuchrecht, 7. Aufl. (Band 1 München 1986, Band 2, 1988)	Meikel-Imhof
Meisner-Ring-Götz, Nachbarrecht in Bayern, 7. Aufl. (München 1986)	Meisner-Ring
Merle, Das Wohnungseigentum im System des bürgerlichen Rechts (Berlin 1979)	Merle, System
Merle, Bestellung und Abberufung des Verwalters nach § 26 des Wohnungseigentumsgesetzes (Berlin 1977)	Merle, Verwalter
Müller H., Praktische Fragen des Wohnungseigentums, 2. Aufl. (München 1992)	Müller, Prakt. Fragen
Münchener Kommentar zum BGB, 2. Aufl. 1984 ff.; soweit erschienen 3. Aufl. (München 1993 ff.)	MünchKomm (mit Bearbeiter)
v. Öfele-Winkler, Handbuch des Erbbaurechts (München 1987)	
Palandt, BGB, 53. Aufl. (München 1994)	Palandt (mit Bearbeiter)
Partner im Gespräch, Schriftenreihe des Evang. Siedlungswerks in Deutschland (Hammonia Verlag Hamburg)	PiG (mit Nr.)
Bd. 1 (1976) Wohnungseigentum und Verwalter	PiG 1
Bd. 2 (1977) Entwicklung und Reform des Wohnungseigentums	PiG 2
Bd. 3 (1978) Funktion des Verwalters	PiG 3
Bd. 4 (1979) Sicherung des Wohnungseigentums	PiG 4
Bd. 5 (1979) Die Bauträger und ihre Verträge .	PiG 5
Bd. 6 (1980) Wohnungseigentümerversammlung, Sachmängel am gemeinsch. Eigentum .	PiG 6
Bd. 7 (1981) Instandhaltung, bauliche Änderung und Modernisierung im WEigentum .	PiG 7
Bd. 8 (1981) 30 Jahre Wohnungseigentum Materialien zum WEG	PiG 8
Bd. 9 (1982) Vertragswesen im WEigentum .	PiG 9
Bd. 11 (1983) Konflikte der Wohnungseigentümergemeinschaft	PiG 11
Bd. 12 (1983) Sohn, Die Veräußerungsbeschränkung im Wohnungseigentumsrecht .	PiG 12
Bd. 14 (1983) Keith, Rechtsfolgen ungültiger Beschlüsse der Wohnungseigentümer	PiG 14
Bd. 15 (1984) Nutzung und Gebrauch von Sonder- und Gemeinschaftseigentum	PiG 15
Bd. 17 (1985) Lasten und Kosten	PiG 17
Bd. 18 (1985) Aktuelle Probleme im Wohnungseigentumsrecht – Festschrift für Johannes Bärmann und Hermann Weitnauer .	PiG 18

Bd. 19 (1985) Bärmann, Erwerberhaftung im Wohnungseigentum für rückständige Lasten und Kosten . . . . PiG 19
Bd. 21 (1986) Verwaltungsvermögen der Wohnungseigentümer . . . . PiG 21
Bd. 22 (1986) Bärmann, Die Wohnungseigentümergemeinschaft – Ein Beitrag zur Lehre von den Personenverbänden . . . . PiG 22
Bd. 24 (1986) Schober, Die Gemeinschaft der Wohnungseigentümer im französischen Recht . . . . PiG 24
Bd. 25 (1979) Versammlung der Wohnungseigentümer . . . . PiG 25
Bd. 27 (1988) Das Rechnungswesen des Verwalters als Grundlage ordnungsgemäßer Verwaltung . . . . PiG 27
Bd. 29 (1989) Storck, Der Eintritt des Erwerbers von Wohnungseigentum in laufende Verpflichtungen der Gemeinschaft und des Veräußerers . . . . PiG 29
Bd. 30 (1989) Besondere Aufgaben und besondere Haftungsrisiken des Verwalters . . PiG 30
Bd. 32 (1989) Selbstverwaltungsrechte der Wohnungseigentümer . . . . PiG 32
Bd. 34 (1990) Schaffung von Wohnungseigentum heute . . . . PiG 34
Bd. 36 (1991) Der Verwalter im Wohnungseigentumsverfahren . . . . PiG 36
Bd. 38 (1993) Vermögen – Miete – Wohneigentum in den neuen Bundesländern . . . . . PiG 38
Bd. 39 (1993) Wirtschaftsführung des Verwalters . . . . PiG 39
Bd. 41 (1993) Miete und Wohneigentum in den neuen Bundesländern . . . . PiG 41
Bd. 42 (1993) Wohnungseigentum in der Rechtsordnung . . . . PiG 42
Peters, Instandhaltung und Instandsetzung des Wohnungseigentums (Wiesbaden 1984)
Peters, Verwaltungsbeiräte im Wohnungseigentum – Praktische Tips für die Besitzer von Eigentumswohnungen, 3. Aufl. (Wiesbaden 1985)
Planck, BGB, 4. Aufl. (1914/1928/1933) . . . . . Planck
Privatautonomie, Eigentum und Verantwortung – Festgabe für H. Weitnauer zum 70. Geburtstag (Berlin 1980) . . . . Festgabe für Weitnauer
Reichsgerichtsräte – Kommentar zum BGB – herausgegeben von Mitgliedern des Bundesgerichtshofes, 12. Aufl. (Berlin 1974 ff.) . . . . . RGRK (m. Bearb.)

Schrifttum

Reithman-Brych-Manhart, Kauf vom Bauträger und Bauherrenmodelle, 5. Aufl. (Köln 1983) .	Reithman-Brych-Manhart
Reithmann-Meichssner-von Heymann, Kauf vom Bauträger, 6. Aufl. (Köln 1992)	Reithmann-Meichssner-von Heymann
Röll, Teilungserklärung und Entstehung des Wohnungseigentums (Köln 1975)	
Röll, Handbuch für Wohnungseigentümer und Verwalter, 6. Aufl. (Köln 1994)	Röll, Handbuch
Rohs-Wedewer, Kostenordnung, 3. Aufl. (Heidelberg Stand 1994)	Rohs-Wedewer
Sauren, Problematik der variablen Eigentumswohnungen (Darmstadt 1984)	
Sauren, Verwaltervertrag und Verwaltervollmacht im Wohnungseigentum, 2. Aufl. (München 1994)	
Sauren, Wohnungseigentumsgesetz (München 1989)	
Schilling, Die Wohnungseigentümer als Bruchteilsgläubiger des Bauträgers – Ein Beitrag zur Mängelgewährleistung am Gemeinschaftseigentum (Diss. Freiburg 1985)	
Schlegelberger, FGG, 7. Aufl. (Berlin 1956, mit Nachtrag 1957)	Schlegelberger, FGG
Schober, s. PiG 24	
Seuß, Die Eigentumswohnung, 10. Aufl. (München 1993; vormals Weimar-Seuß)	Seuß
Soergel, BGB, 12. Aufl. (Stuttgart 1990)	Soergel, BGB (m. Bearbeiter)
Staub, Großkommentar HGB, Sonderband Bankvertragsrecht, 1. Teil, 4. Aufl. (Berlin 1988)	Canaris, Bankvertragsrecht
Staudinger, BGB, 12. Aufl. (Berlin 1980)	Staudinger (m. Bearbeiter)
Stein-Jonas, Zivilprozeßordnung, 20. Aufl. (Tübingen 1977–91), soweit erschienen 21. Aufl. (1993 ff.)	Stein-Jonas
Steiner, Zwangsversteigerung und Zwangsverwaltung, 9. Aufl. (München 1986)	Steiner
Thomas-Putzo, Zivilprozeßordnung, 18. Aufl. (München 1993)	Thomas-Putzo
Trautmann, Die Verfahrenszuständigkeit in Wohnungseigentumssachen (Diss. Mainz 1973) . . .	
Tresper, Wohnungseigentum in der Praxis, 5. Aufl. (Hamburg 1983)	Tresper
Ulmer, Die Gesellschaft bürgerlichen Rechts (= Sonderdruck aus: Münchener Kommentar	

zum BGB, Band 3, 2. Halbband) 2. Aufl. (München 1986) . . . . Ulmer, Gesellschaft

Ulmer-Brandner-Hensen, Kommentar zum AGBG, 7. Aufl. (Köln 1993) . . . . Ulmer-Brandner-Hensen

Wangemann, Die Eigentümerversammlung nach WEG (München 1994)

Weitnauer, 30 Jahre Wohnungseigentum, Beilage 4/81 zu DB

Weitnauer, Das Wohnungseigentum im Zivilrechtssystem, in: FS für Niederländer (Heidelberg 1991) . . . . Weitnauer, FS Niederländer

Weitnauer, Miteigentum – Gesamthand – Wohnungseigentum in: FS für Seuß (München 1987) . . . . Weitnauer, FS Seuß

Westermann, Lehrbuch des Sachenrechts, fortgeführt von Eickmann und Pinger, 6. Aufl. Band II (Heidelberg 1990) . . . . Westermann, Sachenrecht

Wolf E., Sachenrecht, 2. Aufl. (1979) . . . . E. Wolf, Sachenrecht

Wolff-Raiser, Sachenrecht, 11. Aufl. (Tübingen 1964) . . . . Wolff-Raiser

Zeller-Stöber, Zwangsversteigerungsgesetz, 14. Aufl. (München 1993) . . . . Zeller, ZVG

Abkürzungsverzeichnis

a. A.	andere Ansicht
aaO (a. a. O./a. O.)	am angegebenen Ort
Abs.	Absatz
Abt.	Abteilung
a. M.	andere Meinung
m. Anm.	mit Anmerkung
abw.	abweichend
AcP	Archiv für die civilistische Praxis
a. E.	am Ende
a. F.	alter Fassung
AG	Ausführungsgesetz
AGBG	Gesetz zur Regelung des Rechts der Allg. Geschäftsbedingungen
AktG	Aktiengesetz
Allg. ImmobZ	Allgemeine Immobilien Zeitschrift
allg. M.	allgemeine Meinung
a. M.	anderer Meinung
Anh.	Anhang
AO	Abgabenordnung
AP	Arbeitsrechtl. Praxis
ArbGG	Arbeitsgerichtsgesetz
Aufl.	Auflage
BauR	Baurecht
BAG	Bundesarbeitsgericht
BAnz	Bundesanzeiger
BauGB	Baugesetzbuch
baul.	baulich
BayObLG	Bayerisches Oberstes Landesgericht
BayObLGE (BayObLG)	Entsch. des BayObLG (amtliche Sammlung)
BB	Der Betriebs-Berater
BBauG	Bundesbaugesetz
BBBl. (BBauBl.)	Bundesbaublatt
Bek.	Bekanntmachung
Bem.	Bemerkung
BerVO	Berechnungsverordnung
betr.	betreffend
Betrieb (DB)	Der Betrieb
BeurkG	Beurkundungsgesetz
BewG	Bewertungsgesetz
BewDV	DVO zum Bewertungsgesetz
BFH/BFHE	Bundesfinanzhof, auch Entscheidungen in Zivilsachen

Abkürzungen

BGBl.	Bundesgesetzblatt
BGE	Entscheidungen des Bundesgerichts der Schweiz
BGH	Bundesgerichtshof
BGHZ	Entscheidungen des BGH in Zivilsachen
BJM	Bundesjustizminister
BlGBW	Blätter für Grundstücks-, Bau- und Wohnungswesen
BlnGrdE	Berliner Grundeigentum (Zeitschrift); auch: Das Grundeigentum
BMF	Bundesminister(ium) der Finanzen
BMietG	Bundesmietgesetz
BMWo	Bundesminister(ium) für Wohnungsbau
BNotO	Bundesnotarordnung
BRAGO	Bundesrechtsanwaltsgebührenordnung
BRAO	Bundesrechtsanwaltsordnung
BStBl	Bundessteuerblatt
BVerfG	Bundesverfassungsgericht
BVerfGE	Entscheidungen des BVerfG
BVersG	Bundesversorgungsgesetz
BWNotZ	Bad.-Württemberg. Notarzeitschrift
DB (Betrieb)	Der Betrieb
dgl.	dergleichen
ders.	derselbe
Diss.	Dissertation
d. M.	des Monats
Die Justiz	Die Justiz, Amtsblatt des Justizministeriums Baden-Württemberg
DJ	Deutsche Justiz
DNotZ	Deutsche Notar-Zeitschrift
DRsp.	Diester, Die Rechtsprechung zum WEG (München 1967)
DtZ (DRZ)	Deutsch-deutsche Rechtszeitschrift
DVO	Durchführungsverordnung
DWEigt	Der Wohnungseigentümer (Düsseldorf)
DWR	Dauerwohnrecht
DWW (DWoWi)	Deutsche Wohnungswirtschaft
EG	Einführungsgesetz
EGBGB	Einführungsgesetz zum Bürgerlichen Gesetzbuch
EGAO	Einführungsgesetz zur Abgabenordnung
EGZVG	Einführungsgesetz zum Zwangsversteigerungsgesetz
EheG	Ehegesetz
Einl.	Einleitung
Entsch.	Entscheidungen
entspr.	entsprechend
ErbbauVO (ErbbVO)	VO über das Erbbaurecht
Erl.	Erlaß
EStG	Einkommensteuergesetz

fG	freiwillige Gerichtsbarkeit
FGG	Gesetz über die Angelegenheiten der freiwilligen Gerichtsbarkeit
FN	Fußnote
FrWW	Die freie Wohnungswirtschaft
FS	Festschrift
G	Gesetz
GBA	Grundbuchamt
GBO	Grundbuchordnung
GbR	Gesellschaft bürgerlichen Rechts
GBV	Grundbuchverfügung
gem.	gemäß
GemO (GemO.)	Gemeinschaftsordnung
GemMinBl	Gemeinsames Ministerialblatt
GewO	Gewerbeordnung
GG	Grundgesetz
GmbHG	Gesetz betreffend die Gesellschaften mit beschränkter Haftung
GrEStG (GrErwStG)	Grunderwerbssteuergesetz
Gruchot	Gruchot's Beiträge zur Erläuterung des Deutschen Rechts
GrundstG (GrStG)	Grundsteuergesetz
GWW (GemWW)	Gemeinnütziges Wohnungswesen
GKG	Gerichtskostengesetz
GVBl.	Gesetz- und Verordnungsblatt
HGB	Handelsgesetzbuch
h. M.	herrschende Meinung
HRR	Höchstrichterliche Rechtsprechung
HS.	Halbsatz
i. d. F. v.	in der Fassung vom
i. d. R.	in der Regel
i. d. S.	in dem Sinne
i. E.	im Ergebnis
insbes.	insbesondere
ITelex	Immo-telex (Düsseldorf)
i. V. m.	in Verbindung mit
JFG	Jahrbuch für Entscheidungen in Angelegenheiten der freiwilligen Gerichtsbarkeit und des Grundbuchrechts
JMBl. NRW	Justizministerialblatt Nordrhein-Westfalen
JR	Juristische Rundschau
JW	Juristische Wochenschrift
JZ	Juristenzeitung
KAG	Kommunalabgabengesetz
Kap.	Kapitel
KEHE	Keidel/Ertl/Herrmann/Eickmann, Grundbuchrecht, 4. Aufl. (Berlin 1985)
KG	Kammergericht

Abkürzungen

KGJ . . . . Jahrbuch für Entsch. des Kammergerichts
KO . . . . Konkursordnung
KostO . . . . Kostenordnung
krit. . . . . kritisch
KuT (KTS) . . . . Zeitschrift für Konkurs-, Treuhand- und Schiedsgerichtswesen (heute: Konkurs, Treuhand, Sanierung)
LBO . . . . Landesbauordnung
LG. . . . . Landgericht
LM . . . . Lindenmaier-Möhring Nachschlagewerk des Bundesgerichtshofs
Ls. . . . . Leitsatz
MaBV . . . . Makler- und Bauträgerverordnung
m. Anm. (m. A.) . . . . mit Anmerkung
m. E. . . . . meines Erachtens
MDR . . . . Monatsschrift für Deutsches Recht
MHG . . . . Gesetz zur Regelung der Miethöhe
MittRhNotK . . . . . . Mitteilungen der Rheinischen Notar-Kammer
MittBayNot. . . . . . . Mitteilungen des Bayerischen Notariats
Mot. . . . . Motive zum BGB
MRK . . . . Europäische Konvention zum Schutze der Menschenrechte und Grundfreiheiten
MSchG . . . . Mieterschutzgesetz
MünchKomm . . . . . Münchener Kommentar z. BGB
m. w. N. . . . . mit weiteren Nachweisen
n. F. . . . . neuer Fassung
NJW . . . . Neue Juristische Wochenschrift
NJW-RR . . . . NJW-Rechtsprechungs-Report Zivilrecht
Nr. . . . . Nummer
OGH Köln . . . . Oberster Gerichtshof für die britische Zone
OHG . . . . Offene Handelsgesellschaft
OLG . . . . Oberlandesgericht
OLGE (OLGZ). . . . . Entscheidungen der Oberlandesgerichte in Zivilsachen
OLGRspr. . . . . Die Rechtsprechung der Oberlandesgerichte auf dem Gebiete des Zivilrechts (1900–1928)
OVG . . . . Oberverwaltungsgericht
PiG . . . . Partner im Gespräch
PrFGG . . . . Preußisches Gesetz über die freiwillige Gerichtsbarkeit
PuR . . . . Praxis und Recht (Zeitschrift, Düsseldorf)
RegBl. . . . . Regierungsblatt
Rdn. . . . . Randnummer
RG . . . . Reichsgericht
RGBl. . . . . Reichsgesetzblatt
RGRK . . . . Kommentar der Reichsgerichtsräte zum BGB, 12. Aufl. 1983, WEG, bearbeitet von Augustin
RGZ . . . . Entscheidungen des Reichsgerichts in Zivilsachen

Rpfleger (Rpfl)	Der Deutsche Rechtspfleger
Rspr.	Rechtsprechung
s.	siehe
S.	Seite
SchlHA (SchHAnz)	Schleswig-Holsteinische Anzeigen
SJZ	Süddeutsche Juristenzeitung
SNR	Sondernutzungsrecht
sog.	sogenannter/e/es
st. Rspr.	ständige Rechtsprechung
TOP	Tagesordnungspunkt
u.	und
u. ä.	und ähnliche
UStG	Umsatzsteuergesetz
usw.	und so weiter
u. U.	unter Umständen
v.	von/vom
Verf.	Verfahren/Verfasser
VersR	Versicherungsrecht (Zeitschrift)
VG	Verwaltungsgericht
VGH	Verwaltungsgerichtshof
vgl.	vergleiche
VO	Verordnung
Vorbem	Vorbemerkung
VVG	Versicherungsvertragsgesetz
WarnE	Warneyers Entsch. des Reichsgerichts
1. (2.) WBG	Erstes (Zweites) Wohnungsbaugesetz
WEG	Wohnungseigentumsgesetz
WE	Wohnungseigentum (Zeitschrift, Hamburg)
WEigentümer (WEigt.)	Wohnungseigentümer
WEM	Wohnungseigentümer-Magazin (Zeitschrift, Berlin)
WertpMitt	Wertpapiermitteilungen
WGV (WGBV)	Verordnung über die Anlegung und Führung der Wohnungs- und Teileigentumsgrundbücher (Wohnungsgrundbuchverfügung – WGV)
WM	Wohnungswirtschaft und Mietrecht (Zeitschrift)
WoBindG	Wohnungsbindungsgesetz
WohnungsErbbR (WErbbR)	Wohnungserbbaurecht
WPM	Wertpapier-Mitteilungen (Zeitschrift)
W+H	Wohnung und Haus (Zeitschrift)
z. B.	zum Beispiel
ZBJV	Zeitschrift des Bernischen Juristenvereins
ZfBR	Zeitschrift für das gesamte zivile und öffentliche Baurecht
ZGB	Schweiz. Zivilgesetzbuch

Abkürzungen

ZgemWWBay	Zeitschrift für das gemeinnützige Wohnungswesen in Bayern
ZgesHR (ZHR)	Zeitschrift für das gesamte Handels- und Wirtschaftsrecht
ZgesKrW	Zeitschrift für das gesamte Kreditwesen
Ziff.	Ziffer
ZIP	Zeitschrift für Wirtschaftsrecht
ZMR	Zeitschrift für Miet- und Raumrecht
ZPO	Zivilprozeßordnung
zust.	zustimmend
zutr.	zutreffend
z. Zt.	zur Zeit
ZVG	Gesetz über die Zwangsversteigerung und Zwangsverwaltung

Gesetzestext

Gesetz über das Wohnungseigentum und das Dauerwohnrecht (Wohnungseigentumgsgesetz)

Vom 15. März 1951 (BGBl. I S. 175, ber. S. 209)[1]

Unter Berücksichtigung der Änderungen durch Gesetz über Maßnahmen auf dem Gebiete des Kostenrechts vom 7. 8. 1952 (BGBl. I S. 401), Gesetz zur Änderung und Ergänzung kostenrechtlicher Vorschriften vom 26. 7. 1957 (BGBl. I S. 861), Gesetz zur Änderung des Bürgerlichen Gesetzbuchs und anderer Gesetze vom 30. 5. 1973 (BGBl. I S. 501), Gesetz zur Änderung des Wohnungseigentumsgesetzes und der Verordnung über das Erbbaurecht vom 30. 7. 1973 (BGBl. I S. 910), Gesetz zur Erhöhung von Wertgrenzen in der Gerichtsbarkeit vom 8. 12. 1982 (BGBl. I S. 1615) und Steuerbereinigungsgesetz 1985 vom 14. 12. 1984 (BGBl. I S. 1493), Rechtspflege-Vereinfachungsgesetz vom 17. 12. 1990 (BGBl. I S. 2847), Gesetz zur Beseitigung von Hemmnissen bei der Privatisierung von Unternehmen und zur Förderung von Investitionen vom 22. 3. 1991 (BGBl. I S. 766), Gesetz zur Entlastung der Rechtspflege vom 11. 1. 1993 (BGBl. I S. 50), Gesetz zur Heilung des Erwerbs von Wohnungseigentum vom 3. 1. 1994 (BGBl. I S. 68) und Kostenrechtsänderungsgesetz 1994 vom 24. 6. 1994 (BGBl. I S. 1325)

Gesetzesübersicht

---

[1] Die Vorschriften des WEG finden Anwendung:
in Berlin-West gemäß Gesetz vom 2. 8. 1951 (GVBl. I S. 547)
im Saarland gemäß § 3 Abschnitt II Nr. 1 des, Gesetzes zur Einführung von Bundesrecht im Saarland vom 30. 6. 1959 (BGBl. I S. 313),
in den neuen Bundesländern gemäß Art. 8 des Gesetzes zu dem Vertrag vom 31. August 1990 zwischen der Bundesrepublik Deutschland und der Deutschen Demokratischen Republik über die Herstellung der Einheit Deutschlands -Einigungsvertragsgesetz- und der Vereinbarung vom 18. September 1990 vom 23. September 1990 (BGBl. II S. 885); vgl. des Näheren Anhang II.

I. Teil. Wohnungseigentum

§ 1 Begriffsbestimmungen[1]

(1) Nach Maßgabe dieses Gesetzes kann an Wohnungen das Wohnungseigentum, an nicht zu Wohnzwecken dienenden Räumen eines Gebäudes das Teileigentum begründet werden.

(2) Wohnungseigentum ist das Sondereigentum an einer Wohnung in Verbindung mit dem Miteigentumsanteil an dem gemeinschaftlichen Eigentum, zu dem es gehört.

(3) Teileigentum ist das Sondereigentum an nicht zu Wohnzwecken dienenden Räumen eines Gebäudes in Verbindung mit dem Miteigentumsanteil an dem gemeinschaftlichen Eigentum, zu dem es gehört.

(4) Wohnungseigentum und Teileigentum können nicht in der Weise begründet werden, daß das Sondereigentum mit Miteigentum an mehreren Grundstücken verbunden wird.

(5) Gemeinschaftliches Eigentum im Sinne dieses Gesetzes sind das Grundstück sowie die Teile, Anlagen und Einrichtungen des Gebäudes, die nicht im Sondereigentum oder im Eigentum eines Dritten stehen.

(6) Für das Teileigentum gelten die Vorschriften über das Wohnungseigentum entsprechend.

1. Abschnitt. Begründung des Wohnungseigentums

§ 2 Arten der Begründung

Wohnungseigentum wird durch die vertragliche Einräumung von Sondereigentum (§ 3) oder durch Teilung (§ 8) begründet.

§ 3 Vertragliche Einräumung von Sondereigentum[2]

(1) Das Miteigentum (§ 1008 des Bürgerlichen Gesetzbuches) an einem Grundstück kann durch Vertrag der Miteigentümer in der Weise beschränkt werden, daß jedem der Miteigentümer abweichend von § 93 des Bürgerlichen Gesetzbuches das Sondereigentum an einer bestimmten Wohnung oder an nicht zu Wohnzwecken dienenden bestimmten Räumen in einem auf dem Grundstück errichteten oder zu errichtenden Gebäude eingeräumt wird.

---

[1] § 1 Abs. 4 eingefügt, bisherige Abs. 4 und 5 wurden Abs. 5 und 6 durch Gesetz vom 30. 7. 1973 (BGBl. I S. 910).

[2] § 3 Abs. 2 Satz 2 eingefügt durch Gesetz vom 30. 7. 1973 (BGBl. I S. 910), § 3 Abs. 3 eingefügt durch Gesetz vom 22. 3. 1991 (BGBl. I S. 766).

(2) Sondereigentum soll nur eingeräumt werden, wenn die Wohnungen oder sonstigen Räume in sich abgeschlossen sind. Garagenstellplätze gelten als abgeschlossene Räume, wenn ihre Flächen durch dauerhafte Markierungen ersichtlich sind.

(3) [1]Unbeschadet der im übrigen Bundesgebiet bestehenden Rechtslage wird die Abgeschlossenheit von Wohnungen oder sonstigen Räumen, die vor dem 3. Oktober 1990 bauordnungsrechtlich genehmigt worden sind, in dem in Artikel 3 des Einigungsvertrages bezeichneten Gebiet nicht dadurch ausgeschlossen, daß die Wohnungstrennwände und Wohnungstrenndecken oder die entsprechenden Wände oder Decken bei sonstigen Räumen nicht den bauordnungsrechtlichen Anforderungen entsprechen, die im Zeitpunkt der Erteilung der Bescheinigung nach § 7 Abs. 4 Nr. 2 gelten. [2]Diese Regelung gilt bis zum 31. Dezember 1996.

§ 4 Formvorschriften[1]

(1) Zur Einräumung und zur Aufhebung des Sondereigentums ist die Einigung der Beteiligten über den Eintritt der Rechtsänderung und die Eintragung in das Grundbuch erforderlich.

(2) Die Einigung bedarf der für die Auflassung vorgeschriebenen Form. Sondereigentum kann nicht unter einer Bedingung oder Zeitbestimmung eingeräumt oder aufgehoben werden.

(3) Für einen Vertrag, durch den sich ein Teil verpflichtet, Sondereigentum einzuräumen, zu erwerben oder aufzuheben, gilt § 313 des bürgerlichen Gesetzbuchs entsprechend.

§ 5 Gegenstand und Inhalt des Sondereigentums

(1) Gegenstand des Sondereigentums sind die gemäß § 3 Abs. 1 bestimmten Räume sowie die zu diesen Räumen gehörenden Bestandteile des Gebäudes, die verändert, beseitigt oder eingefügt werden können, ohne daß dadurch das gemeinschaftliche Eigentum oder ein auf Sondereigentum beruhendes Recht eines anderen Wohnungseigentümers über das nach § 14 zulässige Maß hinaus beeinträchtigt oder die äußere Gestaltung des Gebäudes verändert wird.

(2) Teile des Gebäudes, die für dessen Bestand oder Sicherheit erforderlich sind, sowie Anlagen und Einrichtungen, die dem gemeinschaftlichen Gebrauch der Wohnungseigentümer dienen, sind nicht Gegenstand des Sondereigentums, selbst wenn sie sich im Bereich der im Sondereigentum stehenden Räume befinden.

(3) Die Wohnungseigentümer können vereinbaren, daß Bestandteile des Gebäudes, die Gegenstand des Sondereigentums sein können, zum gemeinschaftlichen Eigentum gehören.

---

[1] § 4 Abs. 3 neu gefaßt durch Gesetz vom 30. 5. 1973 (BGBl. I S. 501).

(4) Vereinbarungen über das Verhältnis der Wohnungseigentümer untereinander können nach den Vorschriften des 2. und 3. Abschnittes zum Inhalt des Sondereigentums gemacht werden.

§ 6 Unselbständigkeit des Sondereigentums

(1) Das Sondereigentum kann ohne den Miteigentumsanteil, zu dem es gehört, nicht veräußert oder belastet werden.

(2) Rechte an dem Miteigentumsanteil erstrecken sich auf das zu ihm gehörende Sondereigentum.

§ 7 Grundbuchvorschriften[1, 2]

(1) In Falle des § 3 Abs. 1 wird für jeden Miteigentumsanteil von Amts wegen ein besonderes Grundbuchblatt (Wohnungsgrundbuch, Teileigentumsgrundbuch) angelegt. Auf diesem ist das zu dem Miteigentumsanteil gehörende Sondereigentum und als Beschränkung des Miteigentums die Einräumung der zu den anderen Miteigentumsanteilen gehörenden Sondereigentumsrechte einzutragen. Das Grundbuchblatt des Grundstücks wird von Amts wegen geschlossen.

(2) Von der Anlegung besonderer Grundbuchblätter kann abgesehen werden, wenn hiervon Verwirrung nicht zu besorgen ist. In diesem Falle ist das Grundbuchblatt als gemeinschaftliches Wohnungsgrundbuch (Teileigentumsgrundbuch) zu bezeichnen.

(3) Zur näheren Bezeichnung des Gegenstandes und des Inhalts des Sondereigentums kann auf die Eintragungsbewilligung Bezug genommen werden.

(4) Der Eintragungsbewilligung sind als Anlagen beizufügen:

1. eine von der Baubehörde mit Unterschrift und Siegel oder Stempel versehenen Bauzeichnung, aus der die Aufteilung des Gebäudes sowie die Lage und Größe der im Sondereigentum und der im gemeinschaftlichen Eigentum stehenden Gebäudeteile ersichtlich ist (Aufteilungsplan); alle zu demselben Wohnungseigentum gehörenden Einzelräume sind mit der jeweils gleichen Nummer zu kennzeichnen;
2. eine Bescheinigung der Baubehörde, daß die Voraussetzungen des § 3 Abs. 2 vorliegen.[3]

---

[1] § 7 Abs. 4 Nr. 1 Halbsatz 2 und Satz 2 eingefügt durch Gesetz vom 30. 7. 1973 (BGBl. I S. 910).

[2] Vgl. hierzu die Verfügung des Bundesministers der Justiz über die grundbuchmäßige Behandlung der Wohnungseigentumssachen vom 1. 8. 1951 (BAnz. Nr. 152) mit Änderung durch VO vom 15. 7. 1959 (BAnz. Nr. 137) und durch Art. 4 VO vom 21. 3. 1974 (BGBl. I S. 771), durch VO vom 1. 12. 1977 (BGBl. I S. 2313) und durch VO vom 23. 7. 1984 (BGBl. I S. 1025), abgedruckt in Anhang III 2.

[3] Wegen der Ausstellung der Bescheinigung siehe die Allgemeine Verwaltungsvorschrift vom 19. 3. 1974 (BAnz. Nr. 58), abgedruckt Anh. III Nr. 1.

Wenn in der Eintragungsbewilligung für die einzelnen Sondereigentumsrechte Nummern angegeben werden, sollen sie mit denen des Aufteilungsplanes übereinstimmen.

(5) Für Teileigentumsgrundbücher gelten die Vorschriften über Wohnungsgrundbücher entsprechend.

§ 8 Teilung durch den Eigentümer

(1) Der Eigentümer eines Grundstücks kann durch Erklärung gegenüber dem Grundbuchamt das Eigentum an dem Grundstück in Miteigentumsanteile in der Weise teilen, daß mit jedem Anteil das Sondereigentum an einer bestimmten Wohnung oder an nicht zu Wohnzwecken dienenden bestimmten Räumen in einem auf dem Grundstück errichteten oder zu errichtenden Gebäude verbunden ist.

(2) Im Falle des Absatzes 1 gelten die Vorschriften des § 3 Abs. 2 und der §§ 5, 6, § 7 Abs. 1, 3 bis 5 entsprechend. Die Teilung wird mit der Anlegung der Wohnungsgrundbücher wirksam.

§ 9 Schließung der Wohnungsgrundbücher

(1) Die Wohnungsgrundbücher werden geschlossen:

1. von Amts wegen, wenn die Sondereigentumsrechte gemäß § 4 aufgehoben werden;
2. auf Antrag sämtlicher Wohnungseigentümer, wenn alle Sondereigentumsrechte durch völlige Zerstörung des Gebäudes gegenstandslos geworden sind und der Nachweis hierfür durch eine Bescheinigung der Baubehörde erbracht ist;
3. auf Antrag des Eigentümers, wenn sich sämtliche Wohnungseigentumsrechte in einer Person vereinigen.

(2) Ist ein Wohnungseigentum selbständig mit dem Rechte eines Dritten belastet, so werden die allgemeinen Vorschriften, nach denen zur Aufhebung des Sondereigentums die Zustimmung des Dritten erforderlich ist, durch Absatz 1 nicht berührt.

(3) Werden die Wohnungsgrundbücher geschlossen, so wird für das Grundstück ein Grundbuchblatt nach den allgemeinen Vorschriften angelegt; die Sondereigentumsrechte erlöschen, soweit sie nicht bereits aufgehoben sind, mit der Anlegung des Grundbuchblatts.

2. Abschnitt. Gemeinschaft der Wohnungseigentümer

§ 10 Allgemeine Grundsätze

(1) Das Verhältnis der Wohnungseigentümer untereinander bestimmt sich nach den Vorschriften dieses Gesetzes und, soweit dieses Gesetz keine beson-

deren Bestimmungen enthält, nach den Vorschriften des Bürgerlichen Gesetzbuches über die Gemeinschaft. Die Wohnungseigentümer können von den Vorschriften dieses Gesetzes abweichende Vereinbarungen treffen, soweit nicht etwas anderes ausdrücklich bestimmt ist.

(2) Vereinbarungen, durch die die Wohnungseigentümer ihr Verhältnis untereinander in Ergänzung oder Abweichung von Vorschriften dieses Gesetzes regeln, sowie die Abänderung oder Aufhebung solcher Vereinbarungen wirken gegen den Sondernachfolger eines Wohnungseigentümers nur, wenn sie als Inhalt des Sondereigentums im Grundbuch eingetragen sind.

(3) Beschlüsse der Wohnungseigentümer gemäß § 23 und Entscheidungen des Richters gemäß § 43 bedürfen zu ihrer Wirksamkeit gegen den Sondernachfolger eines Wohnungseigentümers nicht der Eintragung in das Grundbuch.

(4) Rechtshandlungen in Angelegenheiten, über die nach diesem Gesetz oder nach einer Vereinbarung der Wohnungseigentümer durch Stimmenmehrheit beschlossen werden kann, wirken, wenn sie auf Grund eines mit solcher Mehrheit gefaßten Beschlusses vorgenommen werden, auch für und gegen die Wohnungseigentümer, die gegen den Beschluß gestimmt oder an der Beschlußfassung nicht mitgewirkt haben.

§ 11 Unauflöslichkeit der Gemeinschaft

(1) Kein Wohnungseigentümer kann die Aufhebung der Gemeinschaft verlangen. Dies gilt auch für eine Aufhebung aus wichtigem Grund. Eine abweichende Vereinbarung ist nur für den Fall zulässig, daß das Gebäude ganz oder teilweise zerstört wird und eine Verpflichtung zum Wiederaufbau nicht besteht.

(2) Das Recht eines Pfändungsgläubigers (§ 751 des Bürgerlichen Gesetzbuches) sowie das Recht des Konkursverwalters (§ 16 Abs. 2 der Konkursordnung), die Aufhebung der Gemeinschaft zu verlangen, ist ausgeschlossen.

§ 12 Veräußerungsbeschränkung

(1) Als Inhalt des Sondereigentums kann vereinbart werden, daß ein Wohnungseigentümer zur Veräußerung seines Wohnungseigentums der Zustimmung anderer Wohnungseigentümer oder eines Dritten bedarf.

(2) Die Zustimmung darf nur aus einem wichtigen Grunde versagt werden. Durch Vereinbarung gemäß Absatz 1 kann dem Wohnungseigentümer darüber hinaus für bestimmte Fälle ein Anspruch auf Erteilung der Zustimmung eingeräumt werden.

(3) Ist eine Vereinbarung gemäß Absatz 1 getroffen, so ist eine Veräußerung des Wohnungseigentums und ein Vertrag, durch den sich der Wohnungseigentümer zu einer solchen Veräußerung verpflichtet, unwirksam,

solange nicht die erforderliche Zustimmung erteilt ist. Einer rechtsgeschäftlichen Veräußerung steht eine Veräußerung im Wege der Zwangsvollstrekkung oder durch den Konkursverwalter gleich.

§ 13 Rechte des Wohnungseigentümers

(1) Jeder Wohnungseigentümer kann, soweit nicht das Gesetz oder Rechte Dritter entgegenstehen, mit den im Sondereigentum stehenden Gebäudeteilen nach Belieben verfahren, insbesondere diese bewohnen, vermieten, verpachten oder in sonstiger Weise nutzen, und andere von Einwirkungen ausschließen.

(2) Jeder Wohnungseigentümer ist zum Mitgebrauch des gemeinschaftlichen Eigentums nach Maßgabe der §§ 14, 15 berechtigt. An den sonstigen Nutzungen des gemeinschaftlichen Eigentums gebührt jedem Wohnungseigentümer ein Anteil nach Maßgabe des § 16.

§ 14 Pflichten des Wohnungseigentümers

Jeder Wohnungseigentümer ist verpflichtet:

1. die im Sondereigentum stehenden Gebäudeteile so instand zu halten und von diesen sowie von dem gemeinschaftlichen Eigentum nur in solcher Weise Gebrauch zu machen, daß dadurch keinem der anderen Wohnungseigentümer über das bei einem geordneten Zusammenleben unvermeidliche Maß hinaus ein Nachteil erwächst;
2. für die Einhaltung der in Nr. 1 bezeichneten Pflichten durch Personen zu sorgen, die seinem Hausstand oder Geschäftbetrieb angehören oder denen er sonst die Benutzung der in Sonder- oder Miteigentum stehenden Grundstücks- oder Gebäudeteile überläßt;
3. Einwirkungen auf die im Sondereigentum stehenden Gebäudeteile und das gemeinschaftliche Eigentum zu dulden, soweit sie auf einem nach Nrn. 1, 2 zulässigen Gebrauch beruhen;
4. das Betreten und die Benutzung der im Sondereigentum stehenden Gebäudeteile zu gestatten, soweit dies zur Instandhaltung und Instandsetzung des gemeinschaftlichen Eigentums erforderlich ist; der hierdurch entstehende Schaden ist zu ersetzen.

§ 15 Gebrauchsregelung

(1) Die Wohnungseigentümer können den Gebrauch des Sondereigentums und des gemeinschaftlichen Eigentums durch Vereinbarung regeln.

(2) Soweit nicht eine Vereinbarung nach Absatz 1 entgegensteht, können die Wohnungseigentümer durch Stimmenmehrheit einen der Beschaffenheit der im Sondereigentum stehenden Gebäudeteile und des gemeinschaftlichen Eigentums entsprechenden ordnungsmäßigen Gebrauch beschließen.

(3) Jeder Wohnungseigentümer kann einen Gebrauch der im Sondereigentum stehenden Gebäudeteile und des gemeinschaftlichen Eigentums verlangen, der dem Gesetz, den Vereinbarungen und Beschlüssen und, soweit sich die Regelung hieraus nicht ergibt, dem Interesse der Gesamtheit der Wohnungseigentümer nach billigem Ermessen entspricht.

§ 16 Nutzungen, Lasten und Kosten

(1) Jedem Wohnungseigentümer gebührt ein seinem Anteil entsprechender Bruchteil der Nutzungen des gemeinschaftlichen Eigentums. Der Anteil bestimmt sich nach dem gemäß § 47 der Grundbuchordnung im Grundbuch eingetragenen Verhältnis der Miteigentumsanteile.

(2) Jeder Wohnungseigentümer ist den anderen Wohnungseigentümern gegenüber verpflichtet, die Lasten des gemeinschaftlichen Eigentums sowie die Kosten der Instandhaltung, Instandsetzung, sonstigen Verwaltung und eines gemeinschaftlichen Gebrauchs des gemeinschaftlichen Eigentums nach dem Verhältnis seines Anteils (Absatz 1 Satz 2) zu tragen.

(3) Ein Wohnungseigentümer, der einer Maßnahme nach § 22 Abs. 1 nicht zugestimmt hat, ist nicht berechtigt, einen Anteil an Nutzungen, die auf einer solchen Maßnahme beruhen, zu beanspruchen; er ist nicht verpflichtet, Kosten, die durch eine solche Maßnahme verursacht sind, zu tragen.

(4) Zu den Kosten der Verwaltung im Sinne des Absatzes 2 gehören insbesondere Kosten eines Rechtsstreits gemäß § 18 und der Ersatz des Schadens im Falle des § 14 Nr. 4.

(5) Kosten eines Verfahrens nach § 43 gehören nicht zu den Kosten der Verwaltung im Sinne des Absatzes 2.

§ 17 Anteil bei Aufhebung der Gemeinschaft

Im Falle der Aufhebung der Gemeinschaft bestimmt sich der Anteil der Miteigentümer nach dem Verhältnis des Wertes ihrer Wohnungseigentumsrechte zur Zeit der Aufhebung der Gemeinschaft. Hat sich der Wert eines Miteigentumsanteils durch Maßnahmen verändert, denen der Wohnungseigentümer gemäß § 22 Abs. 1 nicht zugestimmt hat, so bleibt eine solche Veränderung bei der Berechnung des Wertes dieses Anteils außer Betracht.

§ 18 Entziehung des Wohnungseigentums

(1) Hat ein Wohnungseigentümer sich einer so schweren Verletzung der ihm gegenüber anderen Wohnungseigentümern obliegenden Verpflichtungen schuldig gemacht, daß diesen die Fortsetzung der Gemeinschaft mit ihm nicht mehr zugemutet werden kann, so können die anderen Wohnungseigentümer von ihm die Veräußerung seines Wohnungseigentums verlangen.

(2) Die Voraussetzungen des Absatzes 1 liegen insbesondere vor, wenn

1. der Wohnungseigentümer trotz Abmahnung wiederholt gröblich gegen die ihm nach § 14 obliegenden Pflichten verstößt;
2. der Wohnungseigentümer sich mit der Erfüllung seiner Verpflichtungen zur Lasten- und Kostentragung (§ 16 Abs. 2) in Höhe eines Betrages, der drei vom Hundert des Einheitswertes seines Wohnungseigentums übersteigt, länger als drei Monate in Verzug befindet.

(3) Über das Verlangen nach Absatz 1 beschließen die Wohnungseigentümer durch Stimmenmehrheit. Der Beschluß bedarf einer Mehrheit von mehr als der Hälfte der stimmberechtigten Wohnungseigentümer. Die Vorschriften des § 25 Abs. 3, 4 sind in diesem Falle nicht anzuwenden.

(4) Der in Absatz 1 bestimmte Anspruch kann durch Vereinbarung der Wohnungseigentümer nicht eingeschränkt oder ausgeschlossen werden.

§ 19 Wirkung des Urteils

(1) Das Urteil, durch das ein Wohnungseigentümer zur Veräußerung seines Wohnungseigentums verurteilt wird, ersetzt die für die freiwillige Versteigerung des Wohnungseigentums und für die Übertragung des Wohnungseigentums auf den Ersteher erforderlichen Erklärungen. Aus dem Urteil findet zugunsten des Erstehers die Zwangsvollstreckung auf Räumung und Herausgabe statt. Die Vorschriften des § 93 Abs. 1 Satz 2 und 3 des Gesetzes über die Zwangsversteigerung und Zwangsverwaltung gelten entsprechend.

(2) Der Wohnungseigentümer kann im Falle des § 18 Abs. 2 Nr. 2 bis zur Erteilung des Zuschlags die in Absatz 1 bezeichnete Wirkung des Urteils dadurch abwenden, daß er die Verpflichtungen, wegen deren Nichterfüllung er verurteilt ist, einschließlich der Verpflichtung zum Ersatz der durch den Rechtsstreit und das Versteigerungsverfahren entstandenen Kosten sowie die fälligen weiteren Verpflichtungen zur Lasten- und Kostentragung erfüllt.

(3) Ein gerichtlicher oder vor einer Gütestelle geschlossener Vergleich, durch den sich der Wohnungseigentümer zur Veräußerung seines Wohnungseigentums verpflichtet, steht dem in Absatz 1 bezeichneten Urteil gleich.

3. Abschnitt. Verwaltung

§ 20 Gliederung der Verwaltung

(1) Die Verwaltung des gemeinschaftlichen Eigentums obliegt den Wohnungseigentümern nach Maßgabe der §§ 21 bis 25 und dem Verwalter nach Maßgabe der §§ 26 bis 28, im Falle der Bestellung eines Verwaltungsbeirats auch diesem nach Maßgabe des § 29.

(2) Die Bestellung eines Verwalters kann nicht ausgeschlossen werden.

§ 21 Verwaltung durch die Wohnungseigentümer

(1) Soweit nicht in diesem Gesetz oder durch Vereinbarung der Wohnungseigentümer etwas anderes bestimmt ist, steht die Verwaltung des gemeinschaftlichen Eigentums den Wohnungseigentümern gemeinschaftlich zu.

(2) Jeder Wohnungseigentümer ist berechtigt, ohne Zustimmung der anderen Wohnungseigentümer die Maßnahmen zu treffen, die zur Abwendung eines dem gemeinschaftlichen Eigentum unmittelbar drohenden Schadens notwendig sind.

(3) Soweit die Verwaltung des gemeinschaftlichen Eigentums nicht durch Vereinbarung der Wohnungseigentümer geregelt ist, können die Wohnungseigentümer eine der Beschaffenheit des gemeinschaftlichen Eigentums entsprechende ordnungsmäßige Verwaltung durch Stimmenmehrheit beschließen.

(4) Jeder Wohnungseigentümer kann eine Verwaltung verlangen, die den Vereinbarungen und Beschlüssen und, soweit solche nicht bestehen, dem Interesse der Gesamtheit der Wohnungseigentümer nach billigem Ermessen entspricht.

(5) Zu einer ordnungsmäßigen, dem Interesse der Gesamtheit der Wohnungseigentümer entsprechenden Verwaltung gehört insbesondere:

1. die Aufstellung einer Hausordnung;
2. die ordnungsmäßige Instandhaltung und Instandsetzung des gemeinschaftlichen Eigentums;
3. die Feuerversicherung des gemeinschaftlichen Eigentums zum Neuwert sowie die angemessene Versicherung der Wohnungseigentümer gegen Haus- und Grundbesitzerhaftpflicht;
4. die Ansammlung einer angemessenen Instandhaltungsrückstellung;
5. die Aufstellung eines Wirtschaftsplans (§ 28);
6. die Duldung aller Maßnahmen, die zur Herstellung einer Fernsprechteilnehmereinrichtung, einer Rundfunkempfangsanlage oder eines Energieversorungsanschlusses zugunsten eines Wohnungseigentümers erforderlich sind.

(6) Der Wohnungseigentümer, zu dessen Gunsten eine Maßnahme der in Absatz 5 Nr. 6 bezeichneten Art getroffen wird, ist zum Ersatz des hierdurch entstehenden Schadens verpflichtet.

§ 22 Besondere Aufwendungen, Wiederaufbau

(1) Bauliche Veränderungen und Aufwendungen, die über die ordnungsmäßige Instandhaltung oder Instandsetzung des gemeinschaftlichen Eigentums hinausgehen, können nicht gemäß § 21 Abs. 3 beschlossen oder gemäß § 21 Abs. 4 verlangt werden. Die Zustimmung eines Wohnungseigentümers zu solchen Maßnahmen ist insoweit nicht erforderlich, als durch die Veränderung dessen Rechte nicht über das in § 14 bestimmte Maß hinaus beeinträchtigt werden.

(2) Ist das Gebäude zu mehr als der Hälfte seines Wertes zerstört und ist der Schaden nicht durch eine Versicherung oder in anderer Weise gedeckt, so kann der Wiederaufbau nicht gemäß § 21 Abs. 3 beschlossen oder gemäß § 21 Abs. 4 verlangt werden.

§ 23 Wohnungseigentümerversammlung

(1) Angelegenheiten, über die nach diesem Gesetz oder nach einer Vereinbarung der Wohnungseigentümer die Wohnungseigentümer durch Beschluß entscheiden können, werden durch Beschlußfassung in einer Versammlung der Wohnungseigentümer geordnet.

(2) Zur Gültigkeit eines Beschlusses ist erforderlich, daß der Gegenstand bei der Einberufung bezeichnet ist.

(3) Auch ohne Versammlung ist ein Beschluß gültig, wenn alle Wohnungseigentümer ihre Zustimmung zu diesem Beschluß schriftlich erklären.

(4) Ein Beschluß ist nur ungültig, wenn er gemäß § 43 Abs. 1 Nr. 4 für ungültig erklärt ist. Der Antrag auf eine solche Entscheidung kann nur binnen eines Monats seit der Beschlußfassung gestellt werden, es sei denn, daß der Beschluß gegen eine Rechtsvorschrift verstößt, auf deren Einhaltung rechtswirksam nicht verzichtet werden kann.

§ 24 Einberufung, Vorsitz, Niederschrift[1]

(1) Die Versammlung der Wohnungseigentümer wird von dem Verwalter mindestens einmal im Jahre einberufen.

(2) Die Versammlung der Wohnungseigentümer muß von dem Verwalter in den durch Vereinbarung der Wohnungseigentümer bestimmten Fällen, im übrigen dann einberufen werden, wenn dies schriftlich unter Angabe des Zweckes und der Gründe von mehr als einem Viertel der Wohnungseigentümer verlangt wird.

(3) Fehlt ein Verwalter oder weigert er sich pflichtwidrig, die Versammlung der Wohnungseigentümer einzuberufen, so kann die Versammlung auch, falls ein Verwaltungsbeirat bestellt ist, von dessen Vorsitzenden oder seinem Vertreter einberufen werden.

(4) Die Einberufung erfolgt schriftlich. Die Frist der Einberufung soll, sofern nicht ein Fall besonderer Dringlichkeit vorliegt, mindestens eine Woche betragen.

(5) Den Vorsitz in der Wohnungseigentümerversammlung führt, sofern diese nichts anderes beschließt, der Verwalter.

(6) Über die in der Versammlung gefaßten Beschlüsse ist eine Niederschrift aufzunehmen. Die Niederschrift ist von dem Vorsitzenden und ei-

---

[1] § 24 Abs. 3 eingefügt, bisherige Abs. 3 bis 5 wurden Abs. 4 bis 6 durch Gesetz vom 30. 7. 1973 (BGBl. I S. 910).

nem Wohnungseigentümer und, falls ein Verwaltungsbeirat bestellt ist, auch von dessen Vorsitzenden oder seinem Vertreter zu unterschreiben. Jeder Wohnungseigentümer ist berechtigt, die Niederschriften einzusehen.

§ 25 Mehrheitsbeschluß

(1) Für die Beschlußfassung in Angelegenheiten, über die die Wohnungseigentümer durch Stimmenmehrheit beschließen, gelten die Vorschriften der Absätze 2 bis 5.

(2) Jeder Wohnungseigentümer hat eine Stimme. Steht ein Wohnungseigentum mehreren gemeinschaftlich zu, so können sie das Stimmrecht nur einheitlich ausüben.

(3) Die Versammlung ist nur beschlußfähig, wenn die erschienenen stimmberechtigten Wohnungseigentümer mehr als die Hälfte der Miteigentumsanteile, berechnet nach der im Grundbuch eingetragenen Größe dieser Anteile, vertreten.

(4) Ist eine Versammlung nicht gemäß Absatz 3 beschlußfähig, so beruft der Verwalter eine neue Versammlung mit dem gleichen Gegenstand ein. Diese Versammlung ist ohne Rücksicht auf die Höhe der vertretenen Anteile beschlußfähig; hierauf ist bei der Einberufung hinzuweisen.

(5) Ein Wohnungseigentümer ist nicht stimmberechtigt, wenn die Beschlußfassung die Vornahme eines auf die Verwaltung des gemeinschaftlichen Eigentums bezüglichen Rechtsgeschäfts mit ihm oder die Einleitung oder Erledigung eines Rechtsstreits der anderen Wohnungseigentümer gegen ihn betrifft oder wenn er nach § 18 rechtskräftig verurteilt ist.

§ 26 Bestellung und Abberufung des Verwalters[1]

(1) Über die Bestellung und Abberufung des Verwalters beschließen die Wohnungseigentümer mit Stimmenmehrheit. Die Bestellung darf auf höchstens fünf Jahre vorgenommen werden. Die Abberufung des Verwalters kann auf das Vorliegen eines wichtigen Grundes beschränkt werden. Andere Beschränkungen der Bestellung oder Abberufung des Verwalters sind nicht zulässig.

(2) Die wiederholte Bestellung ist zulässig; sie bedarf eines erneuten Beschlusses der Wohnungseigentümer, der frühestens ein Jahr vor Ablauf der Bestellungszeit gefaßt werden kann.

(3) Fehlt ein Verwalter, so ist ein solcher in dringenden Fällen bis zur Behebung des Mangels auf Antrag eines Wohnungseigentümers oder eines Dritten, der ein berechtigtes Interesse an der Bestellung eines Verwalters hat, durch den Richter zu bestellen.

(4) Soweit die Verwaltereigenschaft durch eine öffentlich beglaubigte Urkunde nachgewiesen werden muß, genügt die Vorlage einer Niederschrift

---

[1] § 26 neu gefaßt durch Gesetz vom 30. 7. 1973 (BGBl. I S. 910).

über den Bestellungsbeschluß, bei der die Unterschriften der in § 24 Abs. 6 bezeichneten Personen öffentlich beglaubigt sind.

§ 27 Aufgaben und Befugnisse des Verwalters

(1) Der Verwalter ist berechtigt und verpflichtet:

1. Beschlüsse der Wohnungseigentümer durchzuführen und für die Durchführung der Hausordnung zu sorgen;
2. die für die ordnungsmäßige Instandhaltung und Instandsetzung des gemeinschaftlichen Eigentums erforderlichen Maßnahmen zu treffen;
3. in dringenden Fällen sonstige zur Erhaltung des gemeinschaftlichen Eigentums erforderliche Maßnahmen zu treffen;
4. gemeinschaftliche Gelder zu verwalten.

(2) Der Verwalter ist berechtigt, im Namen aller Wohnungseigentümer und mit Wirkung für und gegen sie:

1. Lasten- und Kostenbeiträge, Tilgungsbeträge und Hypothekenzinsen anzufordern, in Empfang zu nehmen und abzuführen, soweit es sich um gemeinschaftliche Angelegenheiten der Wohnungseigentümer handelt;
2. alle Zahlungen und Leistungen zu bewirken und entgegenzunehmen, die mit der laufenden Verwaltung des gemeinschaftlichen Eigentums zusammenhängen;
3. Willenserklärungen und Zustellungen entgegenzunehmen, soweit sie an alle Wohnungseigentümer in dieser Eigenschaft gerichtet sind;
4. Maßnahmen zu treffen, die zur Wahrung einer Frist oder zur Abwendung eines sonstigen Rechtsnachteils erforderlich sind;
5. Ansprüche gerichtlich und außergerichtlich geltend zu machen, sofern er hierzu durch Beschluß der Wohnungseigentümer ermächtigt ist;
6. die Erklärungen abzugeben, die zur Vornahme der in § 21 Abs. 5 Nr. 6 bezeichneten Maßnahmen erforderlich sind.

(3) Die dem Verwalter nach den Absätzen 1, 2 zustehenden Aufgaben und Befugnisse können durch Vereinbarung der Wohnungseigentümer nicht eingeschränkt werden.

(4) Der Verwalter ist verpflichtet, Gelder der Wohnungseigentümer von seinem Vermögen gesondert zu halten. Die Verfügung über solche Gelder kann von der Zustimmung eines Wohnungseigentümers oder eines Dritten abhängig gemacht werden.

(5) Der Verwalter kann von den Wohnungseigentümern die Ausstellung einer Vollmachtsurkunde verlangen, aus der der Umfang seiner Vertretungsmacht ersichtlich ist.

§ 28 Wirtschaftsplan, Rechnungslegung

(1) Der Verwalter hat jeweils für ein Kalenderjahr einen Wirtschaftsplan aufzustellen. Der Wirtschaftsplan enthält:

1. die voraussichtlichen Einnahmen und Ausgaben bei der Verwaltung des gemeinschaftlichen Eigentums;

2. die anteilmäßige Verpflichtung der Wohnungseigentümer zur Lasten- und Kostentragung;
3. die Beitragsleistung der Wohnungseigentümer zu der in § 21 Abs. 5 Nr. 4 vorgesehenen Instandhaltungsrückstellung.

(2) Die Wohnungseigentümer sind verpflichtet, nach Abruf durch den Verwalter dem beschlossenen Wirtschaftsplan entsprechende Vorschüsse zu leisten.

(3) Der Verwalter hat nach Ablauf des Kalenderjahres eine Abrechnung aufzustellen.

(4) Die Wohnungseigentümer können durch Mehrheitsbeschluß jederzeit von dem Verwalter Rechnungslegung verlangen.

(5) Über den Wirtschaftsplan, die Abrechnung und die Rechnungslegung des Verwalters beschließen die Wohnungseigentümer durch Stimmenmehrheit.

§ 29 Verwaltungsbeirat

(1) Die Wohnungseigentümer können durch Stimmenmehrheit die Bestellung eines Verwaltungsbeirats beschließen. Der Verwaltungsbeirat besteht aus einem Wohnungseigentümer als Vorsitzenden und zwei weiteren Wohnungseigentümern als Beisitzern.

(2) Der Verwaltungsbeirat unterstützt den Verwalter bei der Durchführung seiner Aufgaben.

(3) Der Wirtschaftsplan, die Abrechnung über den Wirtschaftsplan, Rechnungslegungen und Kostenanschläge sollen, bevor über sie die Wohnungseigentümerversammlung beschließt, vom Verwaltungsbeirat geprüft und mit dessen Stellungnahme versehen werden.

(4) Der Verwaltungsbeirat wird von dem Vorsitzenden nach Bedarf einberufen.

4. Abschnitt. Wohnungserbbaurecht

§ 30

(1) Steht ein Erbbaurecht mehreren gemeinschaftlich nach Bruchteilen zu, so können die Anteile in der Weise beschränkt werden, daß jedem der Mitberechtigten das Sondereigentum an einer bestimmten Wohnung oder an nicht zu Wohnzwecken dienenden bestimmten Räumen in einem auf Grund des Erbbaurechts errichteten oder zu errichtenden Gebäude eingeräumt wird (Wohnungserbbaurecht, Teilerbbaurecht).

(2) Ein Erbbauberechtigter kann das Erbbaurecht in entsprechender Anwendung des § 8 teilen.

(3) Für jeden Anteil wird von Amts wegen ein besonderes Erbbaugrundbuchblatt angelegt (Wohnungserbbaugrundbuch, Teilerbbaugrundbuch). Im übrigen gelten für das Wohnungserbbaurecht (Teilerbbaurecht) die Vorschriften über das Wohnungseigentum (Teileigentum) entsprechend.

II. Teil. Dauerwohnrecht

§ 31 Begriffsbestimmungen

(1) Ein Grundstück kann in der Weise belastet werden, daß derjenige, zu dessen Gunsten die Belastung erfolgt, berechtigt ist, unter Ausschluß des Eigentümers eine bestimmte Wohnung in einem auf dem Grundstück errichteten oder zu errichtenden Gebäude zu bewohnen oder in anderer Weise zu nutzen (Dauerwohnrecht). Das Dauerwohnrecht kann auf einen außerhalb des Gebäudes liegenden Teil des Grundstücks erstreckt werden, sofern die Wohnung wirtschaftlich die Hauptsache bleibt.

(2) Ein Grundstück kann in der Weise belastet werden, daß derjenige, zu dessen Gunsten die Belastung erfolgt, berechtigt ist, unter Ausschluß des Eigentümers nicht zu Wohnzwecken dienende bestimmte Räume in einem auf dem Grundstück errichteten oder zu errichtenden Gebäude zu nutzen (Dauernutzungsrecht).

(3) Für das Dauernutzungsrecht gelten die Vorschriften über das Dauerwohnrecht entsprechend.

§ 32 Voraussetzungen der Eintragung[1]

(1) Das Dauerwohnrecht soll nur bestellt werden, wenn die Wohnung in sich abgeschlossen ist. § 3 Abs. 3 gilt entsprechend.

(2) Zur näheren Bezeichnung des Gegenstandes und des Inhalts des Dauerwohnrechts kann auf die Eintragungsbewilligung Bezug genommen werden. Der Eintragungsbewilligung sind als Anlagen beizufügen:

1. eine von der Baubehörde mit Unterschrift und Siegel oder Stempel versehene Bauzeichnung, aus der die Aufteilung des Gebäudes sowie die Lage und Größe der dem Dauerwohnrecht unterliegenden Gebäude- und Grundstücksteile ersichtlich ist (Aufteilungsplan); alle zu demselben Dauerwohnrecht gehörenden Einzelräume sind mit der jeweils gleichen Nummer zu kennzeichnen;
2. eine Bescheinigung der Baubehörde, daß die Voraussetzungen des Absatzes 1 vorliegen.[2]

Wenn in der Eintragungsbewilligung für die einzelnen Dauerwohnrechte Nummern angegeben werden, sollen sie mit denen des Aufteilungsplans übereinstimmen.

(3) Das Grundbuchamt soll die Eintragung des Dauerwohnrechts ablehnen, wenn über die in § 33 Abs. 4 Nrn. 1 bis 4 bezeichneten Angelegenheiten, über die Voraussetzungen des Heimfallanspruchs (§ 36 Abs. 1) und über die Entschädigung beim Heimfall (§ 36 Abs. 4) keine Vereinbarungen getroffen sind.

---

[1] § 32 Abs. 1 S. 2 angefügt durch Art. 11 Gesetz vom 22. 3. 1991 (BGBl. I S. 766), Abs. 2 Nr. 1 Halbsatz 2 und Satz 3 eingefügt durch Gesetz vom 30. 7. 1973 (BGBl. I S. 910).

[2] Wegen der Ausstellung der Bescheinigung siehe die Allgemeine Verwaltungsvorschrift vom 19. 3. 1974 (BAnz. Nr. 58), abgedruckt Anh. III Nr. 1.

§ 33 Inhalt des Dauerwohnrechts

(1) Das Dauerwohnrecht ist veräußerlich und vererblich. Es kann nicht unter einer Bedingung bestellt werden.

(2) Auf das Dauerwohnrecht sind, soweit nicht etwas anderes vereinbart ist, die Vorschriften des § 14 entsprechend anzuwenden.

(3) Der Berechtigte kann die zum gemeinschaftlichen Gebrauch bestimmten Teile, Anlagen und Einrichtungen des Gebäudes und Grundstücks mitbenutzen, soweit nichts anderes vereinbart ist.

(4) Als Inhalt des Dauerwohnrechts können Vereinbarungen getroffen werden über:

1. Art und Umfang der Nutzungen;
2. nstandhaltung und Instandsetzung der dem Dauerwohnrecht unterliegenden Gebäudeteile;
3. die Pflicht des Berechtigten zur Tragung öffentlicher oder privatrechtlicher Lasten des Grundstücks;
4. die Versicherung des Gebäudes und seinen Wiederaufbau im Falle der Zerstörung;
5. das Recht des Eigentümers, bei Vorliegen bestimmter Voraussetzungen Sicherheitsleistung zu verlangen.

§ 34 Ansprüche des Eigentümers und der Dauerwohnberechtigten

(1) Auf die Ersatzansprüche des Eigentümers wegen Veränderungen oder Verschlechterungen sowie auf die Ansprüche der Dauerwohnberechtigten auf Ersatz von Verwendungen oder auf Gestattung der Wegnahme einer Einrichtung sind die §§ 1049, 1057 des Bürgerlichen Gesetzbuches entsprechend anzuwenden.

(2) Wird das Dauerwohnrecht beeinträchtigt, so sind auf die Ansprüche des Berechtigten die für die Ansprüche aus dem Eigentum geltenden Vorschriften entsprechend anzuwenden.

§ 35 Veräußerungsbeschränkung

Als Inhalt des Dauerwohnrechts kann vereinbart werden, daß der Berechtigte zur Veräußerung des Dauerwohnrechts der Zustimmung des Eigentümers der eines Dritten bedarf. Die Vorschriften des § 12 gelten in diesem Falle entsprechend.

§ 36 Heimfallanspruch

(1) Als Inhalt des Dauerwohnrechts kann vereinbart werden, daß der Berechtigte verpflichtet ist, das Dauerwohnrecht beim Eintritt bestimmter Voraussetzungen auf den Grundstückseigentümer oder einen von diesem zu bezeichnenden Dritten zu übertragen (Heimfallanspruch). Der Heimfallanspruch kann nicht von dem Eigentum an dem Grundstück getrennt werden.

(2) Bezieht sich das Dauerwohnrecht auf Räume, die dem Mieterschutz unterliegen, so kann der Eigentümer von dem Heimfallanspruch nur Gebrauch machen, wenn ein Grund vorliegt, aus dem ein Vermieter die Aufhebung des Mietverhältnisses verlangen oder kündigen kann.

(3) Der Heimfallanspruch verjährt in sechs Monaten von dem Zeitpunkt an, in dem der Eigentümer von dem Eintritt der Voraussetzungen Kenntnis erlangt, ohne Rücksicht auf diese Kenntnis in zwei Jahren von dem Eintritt der Voraussetzungen an.

(4) Als Inhalt des Dauerwohnrechts kann vereinbart werden, daß der Eigentümer dem Berechtigten eine Entschädigung zu gewähren hat, wenn er von dem Heimfallanspruch Gebrauch macht. Als Inhalt des Dauerwohnrechts können Vereinbarungen über die Berechnung oder Höhe der Entschädigung oder die Art ihrer Zahlung getroffen werden

§ 37 Vermietung

(1) Hat der Dauerwohnberechtigte die dem Dauerwohnrecht unterliegenden Gebäude- oder Grundstücksteile vermietet oder verpachtet, so erlischt das Miet- oder Pachtverhältnis, wenn das Dauerwohnrecht erlischt.

(2) Macht der Eigentümer von seinem Heimfallanspruch Gebrauch, so tritt er oder derjenige, auf den das Dauerwohnrecht zu übertragen ist, in das Miet- oder Pachtverhältnis ein; die Vorschriften der §§ 571 bis 576 des Bürgerlichen Gesetzbuches gelten entsprechend.

(3) Absatz 2 gilt ensprechend, wenn das Dauerwohnrecht veräußert wird. Wird das Dauerwohnrecht im Wege der Zwangsvollstreckung veräußert, so steht dem Erwerber ein Kündigungsrecht in entsprechender Anwendung des § 57a des Gesetzes über die Zwangsversteigerung und Zwangsverwaltung zu.

§ 38 Eintritt in das Rechtsverhältnis

(1) Wird das Dauerwohnrecht veräußert, so tritt der Erwerber an Stelle des Veräußerers in die sich während der Dauer seiner Berechtigung aus dem Rechtsverhältnis zu dem Eigentümer ergebenden Verpflichtungen ein.

(2) Wird das Grundstück veräußert, so tritt der Erwerber an Stelle des Veräußerers in die sich während der Dauer seines Eigentums aus dem Rechtsverhältnis zu dem Dauerwohnberechtigten ergebenden Rechte ein. Das gleiche gilt für den Erwerb auf Grund Zuschlages in der Zwangsversteigerung, wenn das Dauerwohnrecht durch den Zuschlag nicht erlischt.

§ 39 Zwangsversteigerung

(1) Als Inhalt des Dauerwohnrechts kann vereinbart werden, daß das Dauerwohnrecht im Falle der Zwangsversteigerung des Grundstücks abweichend von § 44 des Gesetzes über die Zwangsversteigerung und Zwangsverwaltung auch dann bestehen bleiben soll, wenn der Gläubiger einer dem Dauerwohnrecht im Range vorgehenden oder gleichstehenden Hypothek, Grundschuld, Rentenschuld oder Reallast die Zwangsversteigerung in das Grundstück betreibt.

(2) Eine Vereinbarung gemäß Absatz 1 bedarf zu ihrer Wirksamkeit der Zustimmung derjenigen, denen eine dem Dauerwohnrecht im Range vorgehende oder gleichstehende Hypothek, Grundschuld, Rentenschuld oder Reallast zusteht.

(3) Eine Vereinbarung gemäß Absatz 1 ist nur wirksam für den Fall, daß der Dauerwohnberechtigte im Zeitpunkt der Feststellung der Versteigerungsbedingungen seine fälligen Zahlungsverpflichtungen gegenüber dem Eigentümer erfüllt hat; in Ergänzung einer Vereinbarung nach Absatz 1 kann vereinbart werden, daß das Fortbestehen des Dauerwohnrechts vom Vorliegen weiterer Voraussetzungen abhängig ist.

§ 40 Haftung des Entgelts

(1) Hypotheken, Grundschulden, Rentenschulden und Reallasten, die dem Dauerwohnrecht im Range vorgehen oder gleichstehen, sowie öffentliche Lasten, die in wiederkehrenden Leistungen bestehen, erstrecken sich auf den Anspruch auf das Entgelt für das Dauerwohnrecht in gleicher Weise wie auf eine Mietzinsforderung, soweit nicht in Absatz 2 etwas Abweichendes bestimmt ist. Im übrigen sind die für Mietzinsforderungen geltenden Vorschriften nicht entsprechend anzuwenden.

(2) Als Inhalt des Dauerwohnrechts kann vereinbart werden, daß Verfügungen über den Anspruch auf das Entgelt, wenn es in wiederkehrenden Leistungen ausbedungen ist, gegenüber dem Gläubiger einer dem Dauerwohnrecht im Range vorgehenden oder gleichstehenden Hypothek, Grundschuld, Rentenschuld oder Reallast wirksam sind. Für eine solche Vereinbarung gilt § 39 Abs. 2 entsprechend.

§ 41 Besondere Vorschriften für langfristige Dauerwohnrechte

(1) Für Dauerwohnrechte, die zeitlich unbegrenzt oder für einen Zeitraum von mehr als zehn Jahren eingeräumt sind, gelten die besonderen Vorschriften der Absätze 2 und 3.

(2) Der Eigentümer ist, sofern nicht etwas anderes vereinbart ist, dem Dauerwohnberechtigten gegenüber verpflichtet, eine dem Dauerwohnrecht im Range vorgehende oder gleichstehende Hypothek löschen zu lassen für den Fall, daß sie sich mit dem Eigentum in einer Person vereinigt, und die Eintragung einer entsprechenden Löschungsvormerkung in das Grundbuch zu bewilligen.

(3) Der Eigentümer ist verpflichtet, dem Dauerwohnberechtigten eine angemessene Entschädigung zu gewähren, wenn er von dem Heimfallanspruch Gebrauch macht.

§ 42 Belastung eines Erbbaurechts

(1) Die Vorschriften der §§ 31 bis 41 gelten für die Belastung eines Erbbaurechts mit einem Dauerwohnrecht entsprechend.

(2) Beim Heimfall des Erbbaurechts bleibt das Dauerwohnrecht bestehen.

III. Teil. Verfahrensvorschriften

1. Abschnitt. Verfahren der freiwilligen Gerichtsbarkeit in Wohnungseigentumssachen

§ 43 Entscheidung durch den Richter[1]

(1) Das Amtsgericht, in dessen Bezirk das Grundstück liegt, entscheidet im Verfahren der freiwilligen Gerichtsbarkeit:

1. auf Antrag eines Wohnungseigentümers über die sich aus der Gemeinschaft der Wohnungseigentümer und aus der Verwaltung des gemeinschaflichen Eigentums ergebenden Rechte und Pflichten der Wohnungseigentümer untereinander mit Ausnahme der Ansprüche im Falle der Aufhebung der Gemeinschaft (§ 17) und auf Entziehung des Wohnungseigentums (§§ 18, 19);
2. auf Antrag eines Wohnungseigentümers oder des Verwalters über die Rechte und Pflichten des Verwalters bei der Verwaltung des gemeinschaftlichen Eigentums;
3. auf Antrag eines Wohnungseigentümers oder Dritten über die Bestellung eines Verwalters im Falle des § 26 Abs. 3;
4. auf Antrag eines Wohnungseigentümers oder des Verwalters über die Gültigkeit von Beschlüssen der Wohnungseigentümer.

(2) Der Richter entscheidet, soweit sich die Regelung nicht aus dem Gesetz, einer Vereinbarung oder einem Beschluß der Wohnungseigentümer ergibt, nach billigem Ermessen.

(3) Für das Verfahren gelten die besonderen Vorschriften der §§ 44 bis 50.

(4) An dem Verfahren Beteiligte sind:

1. in den Fällen des Absatzes 1 Nr. 1 sämtliche Wohnungseigentümer;
2. in den Fällen des Absatzes 1 Nrn. 2 und 4 die Wohnungseigentümer und der Verwalter;
3. im Falle des Absatzes 1 Nr. 3 die Wohnungseigentümer und der Dritte.

§ 44 Allgemeine Verfahrensgrundsätze

(1) Der Richter soll mit den Beteiligten in der Regel mündlich verhandeln und hierbei darauf hinwirken, daß sie sich gütlich einigen.

(2) Kommt eine Einigung zustande, so ist hierüber eine Niederschrift aufzunehmen, und zwar nach den Vorschriften, die für die Niederschrift über einen Vergleich im bürgerlichen Rechtsstreit gelten.

(3) Der Richter kann für die Dauer des Verfahrens einstweilige Anordnungen treffen. Diese können selbständig nicht angefochten werden.

(4) In der Entscheidung soll der Richter die Anordnungen treffen, die zu ihrer Durchführung erforderlich sind. Die Entscheidung ist zu begründen.

---

[1] § 43 Abs. 1 Nr. 3 geändert durch Gesetz vom 30. 7. 1973 (BGBl. I S. 910).

§ 45 Rechtsmittel, Rechtskraft

(1)[1] Gegen die Entscheidung des Amtsgerichts ist die sofortige Beschwerde, gegen die Entscheidung des Beschwerdegerichts die sofortige weitere Beschwerde zulässig, wenn der Wert des Gegenstandes der Beschwerde oder weiteren Beschwerde eintausendfünfhundert Deutsche Mark übersteigt.

(2) Die Entscheidung wird mit der Rechtskraft wirksam. Sie ist für alle Beteiligten bindend.

(3) Aus rechtkräftigen Entscheidungen, gerichtlichen Vergleichen und einstweiligen Anordnungen findet die Zwangsvollstreckung nach den Vorschriften der Zivilprozeßordnung statt.

(4) Haben sich die tatsächlichen Verhältnisse wesentlich geändert, so kann der Richter auf Antrag eines Beteiligten seine Entscheidung oder einen gerichtlichen Vergleich ändern, soweit dies zur Vermeidung einer unbilligen Härte notwendig ist.

§ 46 Verhältnis zu Rechtsstreitigkeiten

(1) Werden in einem Rechtsstreit Angelegenheiten anhängig gemacht, über die nach § 43 Abs. 1 im Verfahren der freiwilligen Gerichtsbarkeit zu entscheiden ist, so hat das Prozeßgericht die Sache insoweit an das nach § 43 Abs. 1 zuständige Amtsgericht zur Erledigung im Verfahren der freiwilligen Gerichtsbarkeit abzugeben. Der Abgabebeschluß kann nach Anhörung der Parteien ohne mündliche Verhandlung ergehen. Er ist für das in ihm bezeichnete Gericht bindend.

(2) Hängt die Entscheidung eines Rechtsstreits vom Ausgang eines in § 43 Abs. 1 bezeichneten Verfahrens ab, so kann das Prozeßgericht anordnen, daß die Verhandlung bis zur Erledigung dieses Verfahrens ausgesetzt wird.

§ 46a Mahnverfahren[2]

(1) Zahlungsansprüche, über die nach § 43 Abs. 1 zu entscheiden ist, können nach den Vorschriften der Zivilprozeßordnung im Mahnverfahren geltend gemacht werden. Ausschließlich zuständig im Sinne des § 689 Abs. 2 der Zivilprozeßordnung ist das Amtsgericht, in dessen Bezirk das Grundstück liegt. § 690 Abs. 1 Nr. 5 der Zivilprozeßordnung gilt mit der Maßgabe, daß das nach § 43 Abs. 1 zuständige Gericht der freiwilligen Gerichtsbarkeit zu bezeichnen ist. Mit Eingang der Akten bei diesem Gericht nach § 696 Abs. 1 Satz 4 oder § 700 Abs. 3 Satz 2 der Zivilprozeßordnung gilt der Antrag auf Erlaß des Mahnbescheids als Antrag nach § 43 Abs. 1.

(2) Im Falle des Widerspruchs setzt das Gericht der freiwilligen Gerichtsbarkeit dem Antragsteller eine Frist für die Begründung des Antrags. Vor

[1] § 45 Abs. 1 geändert durch Gesetz vom 8. 12. 1982 (BGBl. I S. 1615), neu gefaßt durch Art. 8 Abs. 4 Rechtspflege-Vereinfachungsgesetz vom 17. 12. 1990 (BGBl. I S. 2847).

[2] § 46a eingefügt durch Art. 8 Abs. 4 Rechtspflege-Vereinfachungsgesetz vom 17. 12. 1990 (BGBl. I S. 2847).

Eingang der Begründung wird das Verfahren nicht fortgeführt. Der Widerspruch kann bis zum Ablauf einer Frist von zwei Wochen seit Zustellung der Begründung zurückgenommen werden; § 699 Abs. 1 Satz 3 der Zivilprozeßordnung ist anzuwenden.

(3) Im Falle des Einspruchs setzt das Gericht der freiwilligen Gerichtsbarkeit dem Antragsteller eine Frist für die Begründung des Antrags, wenn der Einspruch nicht als unzulässig verworfen wird. §§ 339, 340 Abs. 1, 2 § 341 der Zivilprozeßordnung sind anzuwenden; für die sofortige Beschwerde gilt jedoch § 45 Abs. 1. Vor Eingang der Begründung wird das Verfahren vorbehaltlich einer Maßnahme nach § 44 Abs. 3 nicht fortgeführt. Geht die Begründung bis zum Ablauf der Frist nicht ein, wird die Zwangsvollstreckung auf Antrag des Antragsgegners eingestellt. Bereits getroffene Vollstrekkungsmaßregeln können aufgehoben werden. Für die Zurücknahme des Einspruchs gelten Absatz 2 Satz 3 erster Halbsatz und § 346 der Zivilprozeßordnung entsprechend. Entscheidet das Gericht in der Sache, ist § 343 der Zivilprozeßordnung anzuwenden.

§ 47 Kostenentscheidung

Welche Beteiligten die Gerichtskosten zu tragen haben, bestimmt der Richter nach billigem Ermessen. Er kann dabei auch bestimmen, daß die außergerichtlichen Kosten ganz oder teilweise zu erstatten sind.

§ 48 Kosten des Verfahrens[1]

(1) Für das gerichtliche Verfahren wird die volle Gebühr erhoben. Kommt es zur gerichtlichen Entscheidung, so erhöht sich die Gebühr auf das Dreifache der vollen Gebühr. Wird der Antrag zurückgenommen, bevor es zu einer Entscheidung oder einer vom Gericht vermittelten Einigung gekommen ist, so ermäßigt sich die Gebühr auf die Hälfte der vollen Gebühr. Ist ein Mahnverfahren vorausgegangen (§ 46a) wird die nach dem Gerichtskostengesetz zu erhebende Gebühr für das Verfahren über den Antrag auf Erlaß eines Mahnbescheids auf die Gebühr für das gerichtliche Verfahren angerechnet; die Anmerkung zu Nummer 1201 des Kostenverzeichnisses zum Gerichtskostengesetz gilt entsprechend.

(2) Sind für Teile des Gegenstands verschiedene Gebührensätze anzuwenden, so sind die Gebühren für die Teile gesondert zu berechnen; die aus dem Gesamtbetrag der Wertteile nach dem höchsten Gebührensatz berechnete Gebühr darf jedoch nicht überschritten werden.

(3) Der Richter setzt den Geschäftswert nach dem Interesse der Beteiligten an der Entscheidung vom Amts wegen fest. Der Geschäftswert ist niedriger

---

[1] § 48 Abs. 1 Satz 4 angefügt durch Art. 8 Abs. 4 Rechtspflege-Vereinfachungsgesetz vom 17. 12. 1990 (BGBl. I S. 2847), Abs. 2 früherer Satz 2 aufgehoben durch Gesetz vom 30. 7. 1973 (BGBl. I S. 861), Abs. 1 Satz 4 neu gefaßt, Abs. 2 eingefügt, bisheriger Abs. 2 wird Abs. 3 und Satz 2 angefügt, bisheriger Abs. 3 wird Abs. 4 und neu gefaßt durch Kostenrechtsänderungsgesetz 1994 vom 24. 6. 1994 (BGBl. I S. 1325).

festzusetzen, wenn die nach Satz 1 berechneten Kosten des Verfahrens zu dem Interesse eines Beteiligten nicht in einem angemessenen Verhältnis stehen.

(4) Im Verfahren über die Beschwerde gegen eine den Rechtszug beendende Entscheidung werden die gleichen Gebühren wie im ersten Rechtszug erhoben.

§ 49[1] *(aufgehoben)*

§ 50 Kosten des Verfahrens vor dem Prozeßgericht[2]

Gibt das Prozeßgericht die Sache nach § 46 an das Amtsgericht ab, so ist das bisherige Verfahren vor dem Prozeßgericht für die Erhebung der Gerichtskosten als Teil des Verfahrens vor dem übernehmenden Gericht zu behandeln.

2. Abschnitt. Zuständigkeit für Rechtsstreitigkeiten

§ 51 Zuständigkeit für die Klage auf Entziehung des Wohnungseigentums

Das Amtsgericht, in dessen Bezirk das Grundstück liegt, ist ohne Rücksicht auf den Wert des Streitgegenstandes für Rechtsstreitigkeiten zwischen Wohnungseigentümern wegen Entziehung des Wohnungseigentums (§ 18) zuständig.

§ 52 Zuständigkeit für Rechtsstreitigkeiten über das Dauerwohnrecht

Das Amtsgericht, in dessen Bezirk das Grundstück liegt, ist ohne Rücksicht auf den Wert des Streitgegenstandes zuständig für Streitigkeiten zwischen dem Eigentümer und dem Dauerwohnberechtigten über den in § 33 bezeichneten Inhalt und den Heimfall (§ 36 Abs. 1 bis 3) des Dauerwohnrechts.

3. Abschnitt. Verfahren bei der Versteigerung des Wohnungseigentums

§ 53 Zuständigkeit, Verfahren

(1) Für die freiwillige Versteigerung des Wohnungseigentums im Falle des § 19 ist jeder Notar zuständig, in dessen Amtsbezirk das Grundstück liegt.

(2) Das Verfahren bestimmt sich nach den Vorschriften der §§ 54 bis 58. Für die durch die Versteigerung veranlaßten Beurkundungen gelten die allgemeinen Vorschriften.[3]

---

[1] § 49 aufgehoben durch G v. 26. 7. 1957 (BGBl. I S. 861).
[2] § 50 neu gefaßt durch G v. 26. 7. 1957 (BGBl. I S. 861).
[3] Der nicht abgedruckte § 53 Abs. 2 Satz 3 ist gegenstandslos.

§ 54 Antrag, Versteigerungsbedingungen

(1) Die Versteigerung erfolgt auf Antrag eines jeden der Wohnungseigentümer, die das Urteil gemäß § 19 erwirkt haben.

(2) In dem Antrag sollen das Grundstück, das zu versteigernde Wohnungseigentum und das Urteil, auf Grund dessen die Versteigerung erfolgt, bezeichnet sein. Dem Antrag soll eine beglaubigte Abschrift des Wohnungsgrundbuches und ein Auszug aus dem amtlichen Verzeichnis der Grundstükke beigefügt werden.

(3) Die Versteigerungsbedingungen stellt der Notar nach billigem Ermessen fest; die Antragsteller und der verurteilte Wohnungseigentümer sind vor der Feststellung zu hören.

§ 55 Terminsbestimmung

(1) Der Zeitraum zwischen der Anberaumung des Termins und dem Termin soll nicht mehr als drei Monate betragen. Zwischen der Bekanntmachung der Terminsbestimmung und dem Termin soll in der Regel ein Zeitraum von sechs Wochen liegen.

(2) Die Terminsbestimmung soll enthalten:

1. die Bezeichnung des Grundstücks und des zu versteigernden Wohnungseigentums;
2. Zeit und Ort der Versteigerung;
3. die Angabe, daß die Versteigerung eine freiwillige ist;
4. die Bezeichnung des verurteilten Wohnungseigentümers sowie die Angabe des Wohnungsgrundbuchblattes . . .,[1]
5. die Angabe des Ortes, wo die festgestellten Versteigerungsbedingungen eingesehen werden können.

(3) Die Terminsbestimmung ist öffentlich bekanntzugeben:

1. durch einmalige, auf Verlangen des verurteilten Wohnungseigentümers mehrmalige Einrückung in das Blatt, das für Bekanntmachungen des nach § 43 zuständigen Amtsgerichts bestimmt ist;
2. durch Anschlag der Terminsbestimmung in der Gemeinde, in deren Bezirk das Grundstück liegt, an die für amtliche Bekanntmachungen bestimmte Stelle;
3. durch Anschlag an die Gerichtstafel des nach § 43 zuständigen Amtsgerichts.

(4) Die Terminsbestimmung ist dem Antragsteller und dem verurteilten Wohnungseigentümer mitzuteilen.

(5) Die Einsicht der Versteigerungsbedingungen und der in § 54 Abs. 2 bezeichneten Urkunden ist jedem gestattet.

§ 56 Versteigerungstermin

(1) In dem Versteigerungstermin werden nach dem Aufruf der Sache die Versteigerungsbedingungen und die das zu versteigernde Wohnungseigen-

---

[1] Der weitere Satzteil des § 55 Abs. 2 Nr. 4 ist gegenstandslos.

tum betreffenden Nachweisungen bekanntgemacht. Hierauf fordert der Notar zur Abgabe von Geboten auf.

(2) Der verurteilte Wohnungseigentümer ist zur Abgabe von Geboten weder persönlich noch durch einen Stellvertreter berechtigt. Ein gleichwohl erfolgtes Gebot gilt als nicht abgegeben. Die Abtretung des Rechtes aus dem Meistgebot an den verurteilten Wohnungseigentümer ist nichtig.

(3) Hat nach den Versteigerungsbedingungen ein Bieter durch Hinterlegung von Geld oder Wertpapieren Sicherheit zu leisten, so gilt in dem Verhältnis zwischen den Beteiligten die Übergabe an den Notar als Hinterlegung.

§ 57 Zuschlag

(1) Zwischen der Aufforderung zur Abgabe von Geboten und dem Zeitpunkt, in welchem die Versteigerung geschlossen wird, soll . . .[1] mindestens eine Stunde liegen. Die Versteigerung soll so lange fortgesetzt werden, bis ungeachtet der Aufforderung des Notars ein Gebot nicht mehr abgegeben wird.

(2) Der Notar hat das letzte Gebot mittels dreimaligen Aufrufs zu verkünden und, soweit tunlich, den Antragsteller und den verurteilten Wohnungseigentümer über den Zuschlag zu hören.

(3) Bleibt das abgegebene Meistgebot . . .[1] hinter sieben Zehnteln des Einheitswertes des versteigerten Wohnungseigentums zurück, so kann der verurteilte Wohnungseigentümer bis zum Schluß der Verhandlung über den Zuschlag (Absatz 2) die Versagung des Zuschlags verlangen.

(4) Wird der Zuschlag nach Absatz 3 versagt, so hat der Notar von Amts wegen einen neuen Versteigerungstermin zu bestimmen. Der Zeitraum zwischen den beiden Terminen soll sechs Wochen nicht übersteigen, sofern die Antragsteller nicht einer längeren Frist zustimmen.

(5) In dem neuen Termin kann der Zuschlag nicht nach Absatz 3 versagt werden.

§ 58 Rechtsmittel

(1) Gegen die Verfügung des Notars, durch die die Versteigerungsbedingungen festgesetzt werden, sowie gegen die Entscheidung des Notars über den Zuschlag findet das Rechtsmittel der sofortigen Beschwerde mit aufschiebender Wirkung statt. Über die sofortige Beschwerde entscheidet das Landgericht, in dessen Bezirk das Grundstück liegt. Eine weitere Beschwerde ist nicht zulässig.

(2) Für die sofortige Beschwerde und das Verfahren des Beschwerdegerichts gelten die Vorschriften des Reichsgesetzes über die Angelegenheiten der freiwilligen Gerichtsbarkeit.

---

[1] Nicht aufgenommene Vorschriftenteile in § 57 sind gegenstandslos.

IV. Teil. Ergänzende Bestimmungen

§ 59 Ausführungsbestimmungen für die Baubehörden

Der Bundesminister für Wohnungsbau[1] erläßt im Einvernehmen mit dem Bundesminister der Justiz[2] Richtlinien für die Baubehörden über die Bescheinigung gemäß § 7 Abs. 4 Nr. 2, § 32 Abs. 2 Nr. 2.[3]

§ 60 Ehewohnung

Die Vorschriften der Verordnung über die Behandlung der Ehewohnung und des Hausrats (Sechste Durchführungsverordnung zum Ehegesetz) vom 21. Oktober 1944 (Reichsgesetzbl. I S. 256) gelten entsprechend, wenn die Ehewohnung im Wohnungseigentum eines oder beider Ehegatten steht oder wenn einem oder beiden Ehegatten das Dauerwohnrecht an der Ehewohnung zusteht.

§ 61 Heilung des Erwerbs von Wohnungseigentum[4]

Fehlt eine nach § 12 erforderliche Zustimmung, so sind die Veräußerung und das zugrundeliegende Verpflichtungsgeschäft unbeschadet der sonstigen Voraussetzungen wirksam, wenn die Eintragung der Veräußerung oder einer Auflassungsvormerkung in das Grundbuch vor dem 15. Januar 1994 erfolgt ist und es sich um die erstmalige Veräußerung dieses Wohnungseigentums nach seiner Begründung handelt, es sei denn, daß eine rechtskräftige gerichtliche Entscheidung entgegensteht. Das Fehlen der Zustimmung steht in diesen Fällen dem Eintritt der Rechtsfolgen des § 878 des Bürgerlichen Gesetzbuchs nicht entgegen. Die Sätze 1 und 2 gelten entsprechend in den Fällen der §§ 30 und 35 des Wohnungseigentumsgesetzes.

§ 62 Gleichstellung mit Eigenheim[4] *(aufgehoben)*

§ 63 Überleitung bestehender Rechtsverhältnisse[5]

(1) Werden Rechtsverhältnisse, mit denen ein Rechtserfolg bezweckt wird, der den durch dieses Gesetz geschaffenen Rechtsformen entspricht, in solche Rechtsformen umgewandelt, so ist als Geschäftswert für die Berechnung der hierdurch veranlaßten Gebühren der Gerichte und Notare im Falle

---

[1] **Berlin:** „Der Senator für Bau- und Wohnungswesen".

[2] **Berlin:** „mit dem Senator für Justiz".

[3] Maßgeblich jetzt die Allgemeine Verwaltungsvorschrift vom 19. 3. 1974 (abgedruckt Anhang III Nr. 1).

[4] §§ 61 und 62 (alt) aufgehoben durch Art. 28 Steuerbereinigungsgesetz 1985 v. 14. 12. 1984 (BGBl. I S. 1493). § 61 (neu) ist eingefügt durch das Gesetz zur Heilung des Erwerbs von Wohnungseigentum vom 3. Januar 1994 (BGBl. I S. 66).

[5] Wegen des Stockwerkseigentums vgl. Art. 131 und 182 Einführungsgesetz zum Bürgerlichen Gesetzbuche vom 18. 8. 1896 (RGBl. S. 604).

des Wohnungseigentums ein Fünfundzwanzigstel des Einheitswertes des Grundstückes, im Falle des Dauerwohnrechtes ein Fünfundzwanzigstel des Wertes des Rechtes anzunehmen.

(2) *(gegenstandslose Übergangsvorschrift)*

(3) Durch Landesgesetz können Vorschriften zur Überleitung bestehender, auf Landesrecht beruhender Rechtsverhältnisse in die durch dieses Gesetz geschaffenen Rechtsformen getroffen werden.

§ 64 Inkrafttreten

Dieses Gesetz tritt am Tage nach seiner Verkündung[1] in Kraft.

Bonn, den 15. März 1951

Der Bundespräsident
Der Bundeskanzler
Der Bundesminister der Justiz

---

[1] Verkündet am 19. 3. 1951.

Kommentar

I. Teil. Wohnungseigentum

Vorbemerkungen

Übersicht

I. Geschichtliches

1 **Dem klassischen römischen Recht** war ein Eigentum an Teilen eines Gebäudes unbekannt, nicht dagegen, wie neuere italienische Forschungen ergeben haben, der Gesetzgebung des Justinian (vgl. Butera, La comproprietà di casc per piani, Rom 1931 S. 1ff., entgegen der herrschenden, beispielsweise bei Weiß, Institutionen des röm. Rechts, Stuttgart 1949 S. 163 vertretenen Meinung). Im wesentlichen freilich ist das römische Recht von dem Gedanken der Einheit des Eigentums an Grundstück und Gebäude geleitet („superficies solo cedit", D. 43. 17. 3. 7).

2 **Anders das deutsche Recht,** das von seinen frühen Anfängen an die Möglichkeit eines Eigentums an Teilen eines Gebäudes in Gestalt des **Stockwerkseigentums** (Geschoßeigentums) zuließ. Da diese Rechtsform nicht auf abgeschlossene Teile eines Hauses beschränkt war und das Stockwerkseigentum auch an einzelnen Räumlichkeiten, Kellern und dergl., ja sogar in der Weise begründet werden konnte, daß die Räume von dem einen Haus in das unmittelbar angrenzende Nachbarhaus übergreifen konnten (das in Süddeutschland sogenannte „Herbergsrecht"), hat sie, so nützlich sie wohl in der Enge der mittelalterlichen Städte gewesen sein mag, im Laufe der weiteren Rechtsentwicklung immer mehr an Bedeutung und Beliebtheit verloren. Obwohl aber diese Gründe und auch das Vordringen der römischen Rechtsgedanken entgegenstanden, obwohl das Stockwerkseigentum auch vom gemeinen Recht und landesrechtlichen Kodifikationen, wie z. B. dem Preuß. Allgemeinen Landrecht (Fall dieser Art besprochen von Saar und Diedrich JA 1983, 415), nicht anerkannt wurde, hat es sich bis in die Gegenwart erhalten. Auf interessante Parallelen zwischen der mittelalterlichen Rechtsform der „Ganerbschaft" (**„Ganerbenburgen"**) und dem Wohnungseigentum weist hin Alsdorf in „Burgen und Schlösser" 1978, 103 sowie in „Untersuchungen zur Rechtsgestalt und Teilung deutscher Ganerbenburgen" (Frankfurt/M 1980).

3 **Bei der Schaffung des BGB** wurde das Stockwerkseigentum als überlebt und als eine „Regelwidrigkeit, deren Aufnahme in das BGB nicht räthlich ist" (Mot. III S. 45), abgetan. Die Neubegründung von Stockwerkseigentum wurde durch Art. 189 EGBGB verboten. Das zur Zeit des Inkrafttretens des BGB bestehende Stockwerkseigentum blieb jedoch nach Art. 182 EGBGB bestehen; für das Rechtsverhältnis der Beteiligten untereinander verblieb es bei den bisherigen Bestimmungen. Von der in Art. 218 EGBGB gebotenen Möglichkeit, diese landesrechtlichen Vorschriften zu ändern, haben einige Länder Gebrauch gemacht; so insbesondere **Bayern,** das durch Art. 42 des Übergangsgesetzes das Stockwerkseigentum in unechtes Stockwerkseigentum im Sinn des Art. 131 EGBGB, in der Pfalz zum Teil auch in Erbbaurecht übergeführt hat (Art. 19, 20 des Liegenschaftsgesetzes). Vgl. zur Rechtsentwicklung im übrigen Gierke, Deutsches Privatrecht Band 2 S. 41; Wolff-Raiser, Sachenrecht, § 89 I; Freyer DRZ 48, 83ff.; aus jüngster Zeit die kenntnisreiche Abhandlung von Thümmel, JZ 1980, 125, „Abschied vom Stockwerkseigentum (?)," sowie die eingehenden Ausführungen zur

„Dogmatik des Raumeigentums" im gemeinen Recht und in den deutschen Partikularrechten einschließlich der Überleitung in das Recht des BGB bei Merle, Das Wohnungseigentum im System des heutigen bürgerlichen Rechts (Berlin 1979) S. 16–42.

Heute besteht altrechtliches **echtes Stockwerkseigentum** nur noch in den Gebietsteilen, in denen landesrechtlich der Code Civil galt, also insbesondere links des Rheins, im Gebiet des Badischen Landrechts, ferner in Württemberg, wo das Stockwerkseigentum heute noch in verhältnismäßig zahlreichen (nach neueren Angaben etwa 15000 Fällen nach Thümmel, JZ 1980, 125) anzutreffen ist. Im Land **Thüringen** ist das Stockwerkseigentum durch Gesetz vom 10. 9. 46, Gesetzessammlung S. 153 in Miteigentum überführt worden. Die Erfahrungen, die mit dem Stockwerkseigentum alter Art gemacht worden sind, waren freilich nicht überall gut. Die mangelhafte Abgrenzung der Räume, die Unsicherheit der rechtlichen Verhältnisse, die Schwierigkeiten bei der Instandhaltung und Instandsetzung der Gebäude haben vielfach Anlaß zu Streit und Unfrieden gegeben, was dem Stockwerkseigentum den Spottnamen „Händelhäuser" eingetragen hat (vgl. die Ausführungen in Mot. III S. 45; anschaulich der in BGHZ 46, 281 = NJW 67, 773 entschiedene Fall; ferner Hammer BWNotZ 67, 20, Fragen zum Stockwerkseigentum). Das **Württ. AGBGB** v. 29. 12. 1931 (RegBl. S. 515) hat in seinen Art. 226–231 einige Vorschriften zur Regelung des Stockwerkseigentums getroffen, insbes. die Aufhebung für den Fall ermöglicht, daß die Verhältnisse „unhaltbar" geworden sind. Diese Vorschriften sind durch Art. 36 des **Bad.-Württ. AGBGB** v. 26. 11 1974 (GBl. Ba-Wü S. 498) auf den badischen Landesteil und das nach badischem Landesrecht begründete Stockwerkseigentum übertragen worden. Durch die Art. 37–44 des Bad.-Württ. AGBGB wird die Überleitung des Stockwerkseigentums alter Art in Wohnungseigentum nach dem WEG begünstigt und erleichtert. Die Neubegründung von Stockwerkseigentum ist nicht mehr möglich. Zum Stockwerkseigentum **nach badischem Recht** ist zu verweisen auf die außerordentlich gründlichen Untersuchungen von Thümmel in BWNotZ 1980, 97; 1984, 5 und 1987, 76 sowie auf die Entscheidungen des OLG Karlsruhe Die Justiz 1980, 46; OLGE 1983, 333; BWNotZ 1987, 18 = Die Justiz 1986, 406, die zeigen, daß das altrechtliche Stockwerkseigentum noch aktuelle Bedeutung hat. Zur Überleitung von Stockwerkseigentum in Wohnungseigentum nach §§ 37ff. des Bad.-württ. AGBGB vgl. Zipperer BWNotZ 1985, 49. Einen Fall von altrechtlichem Stockwerkseigentum an einem Keller auf fremdem Grundstück behandelt OLG Koblenz NJW-RR 1987, 138. 4

Als Ersatz für das Stockwerkseigentum hat **Art. 131 EGBGB** dem Landesrecht die Möglichkeit gegeben, das sog. **„uneigentliche Stockwerkseigentum"**, eine unauflösliche Miteigentümergemeinschaft mit „verdinglichter" Benutzungsregelung im Sinne des § 1010 BGB, zu schaffen. Von dieser Möglichkeit hat nur das Land Württemberg-Baden mit einem Gesetz über das Miteigentum nach Wohneinheiten vom 12. 6 1950 (RegBl. S. 57) Gebrauch gemacht. Dieses Gesetz und die zu seiner Durchführung ergangenen Verordnungen Nr. 291 und Nr. 292 vom 29. 5. und 13. 6. 51 (RegBl. S. 55, 57) sind durch Gesetz des Landes Baden-Württemberg vom 16. 2. 5

1953 (GBl. Nr. 3 S. 9) aufgehoben worden; die aufgehobenen Vorschriften bleiben aber auf die nach ihnen begründeten Rechte weiterhin anwendbar.

Art. 131 EGBGB selbst ist durch das Wohnungseigentumsgesetz nicht aufgehoben worden.

II. Das Wohnungseigentum im Ausland

6 Während so in Deutschland das Stockwerkseigentum immer mehr an Bedeutung verlor, ist die Entwicklung fast in der ganzen übrigen Welt anders verlaufen. Das wirtschaftliche Bedürfnis, den Menschen auch unter städtischen Verhältnissen zum Eigentum an einer Wohnung zu verhelfen und sie aus dem Stand des nomadisierenden Mieters herauszuführen, hat in fast allen Ländern der Erde die rechtlichen Formen hervorgebracht, unter denen das Eigentum oder wenigstens eine dem Eigentum angenäherte Rechtsstellung an Teilen eines Hauses erworben werden kann. Um die Rechtsvergleichung auf diesem Gebiet hat sich besonders Bärmann verdient gemacht; vgl. die noch vor dem WEG liegende Abhandlung in DNotZ 1950, 268, ferner die Darstellungen in Bärmann-Pick-Merle, Kommentar, 6. Aufl. München 1987 Einl. Rdn. 5ff. und in Festschrift Ficker (Frankfurt u. Heidelberg 1967) sowie die rechtsvergleichende Übersicht in PiG 4 S. 91. Eine umfassende rechtsvergleichende Übersicht gibt van der Merwe, Apartment Ownership in: „International Encyclopedia of Comparative Law Volume VI Chapter 5 (Tübingen 1994).

7 **Im deutschsprachigen Raum** haben **Österreich** (zunächst durch G. Nr. 149/1948, dann durch das an dessen Stelle getretene Wohnungseigentumsgesetz 1975 v. 1. 7. 1975; Kommentare von Faistenberger/Barta/Call, Wien 1976, und von Meinhart, Wien 1975) und die **Schweiz** (Einfügung eines Abschnitts Stockwerkseigentum als Art. 712a ff. in das ZGB durch G. v. 19. 12. 1963) moderne Rechtsgrundlagen für das Wohnungseigentum geschaffen. **Im romanischen Rechtskreis** hatte der **Code Civil,** deutschrechtliches Gedankengut bewahrend, in seinen Art. 553, 664 das alte Stockwerkseigentum aufrechterhalten; inzwischen sind aber in fast allen Ländern dieses Rechtskreises neuere Gesetze erlassen worden. Entsprechende Rechtsformen werden auch im Bereich des **anglo-amerikanischen Rechts** zur Verfügung gestellt. Eine Darstellung des gegenwärtigen Standes ist hier nicht möglich. Es ist aber auf die folgenden Arbeiten hinzuweisen:

8 **zum französischen Recht** (jetzt Gesetz Nr. 65/557 v. 10. 7. 1965 mit Dekret Nr. 67/223 v. 17. 3. 1967 und Änderungen durch G. vom 6. 12. 1966, v. 19. 7. 1977 und v. 31. 12. 1985): Schober, Die Gemeinschaft der Wohnungseigentümer im französischen Recht, Hamburg 1986. – de Kaenel WE 1992, 296 – Wohnungseigentum in Frankreich. – de Kaenel PiG 39, 205. Wirtschaftsplan und Abrechnung des Wohnungseigentums in Frankreich = WE 1993, 151;

zum schweizerischen Recht: Hauger, Schweizerisches Stockwerkseigentum und deutsches Wohnungseigentum im Rechtsvergleich, Frankfurt/M. 1977;

zum spanischen Recht: Haring, Wohnungseigentum nach deutschem und spanischem Recht, Frankfurt/M 1977.

III. Reformbestrebungen in Deutschland

1. Aber auch in Deutschland war der Gedanke des Wohnungseigentums zwischenzeitlich nicht völlig in Vergessenheit geraten. Bemerkenswerterweise wurde der Gedanke unmittelbar nach dem Ersten Weltkrieg, als eine freilich lange nicht so drückende Wohnungsnot wie nach dem Zweiten Weltkrieg und Zusammenbruch bestand, zunächst wieder aufgegriffen, insbesondere von *Krückmann* (JW 1924, 1924). Es kam dann auch zu Verhandlungen vor dem Deutschen Juristentag im Jahre 1924. Im Jahre 1930 trat *Meyer* (Das Stockwerkseigentum, Bauverlag 1930, ebenso DJZ 1935, 1350) mit Vorschlägen über das Stockwerkseigentum als ein Mittel zur Lösung der Wohnungsfrage hervor. Im Jahre 1935 veröffentlichte *Hugenberg* in seinem Buch „Die neue Stadt" (Berlin 1935) Vorschläge zur rechtlichen und technischen Lösung dieser Frage. 9

Neuen Auftrieb erhielt der Gedanke dann unmittelbar nach Ende des Zweiten Weltkrieges. Gleichzeitig versuchte man von verschiedenen Seiten, das Eigentum an Teilen eines Gebäudes als ein Mittel zur Lösung der nun noch viel drängender und schwieriger gewordenen Frage der Wiederherstellung des verlorengegangenen Wohnraums einzusetzen, so in Hamburg *(Chapeaurouge)*, in Essen-Wuppertal *(Wirths)*, in Süddeutschland (Verein zur Behebung der Wohnungsnot in Nürnberg). Man bemühte sich zunächst, den sich hierbei ergebenden rechtlichen Fragen mit Hilfe des § 1010 BGB gerecht zu werden. Da sich dies als nicht recht zulänglich erwies, wurde der Ruf nach einer gesetzlichen Lösung des Problems laut. Der Abgeordnete C. Wirths und die FDP-Fraktion brachten schon im Jahre 1947 (LTags-Drucks. I/51) und dann nochmals im Jahre 1948 (LTags-Drucks. II/333) im Landtag von Nordrhein-Westfalen den Antrag auf Erlassung eines im Rahmen des Art. 131 EGBGB gehaltenen Gesetzes ein. Dabei wurde erstmalig auch der Ausdruck **„Wohnungseigentum"** geprägt und verwendet. Das Zustandekommen eines solchen Gesetzes scheiterte hier an verfassungsrechtlichen Schwierigkeiten. In Süddeutschland arbeitete das Land Württemberg-Baden das inzwischen wieder aufgehobene, gleichfalls im Rahmen des Art. 131 EGBGB gehaltene Gesetz über das Miteigentum nach Wohneinheiten aus, das im RegBl. 1951 S. 57 verkündet wurde (vgl. oben Rdn. 5). Auch in Bayern wurde eine ähnliche Regelung vorbereitet, aber dann durch das Wohnungseigentumsgesetz überholt. 10

2. Um die technische Lösung der gestellten Aufgabe zu fördern und die „Abgeschlossenheit" der Wohnungen zu erreichen, konnte der Abg. Wirths 1947 als damaliger Herausgeber der „Westdeutschen Rundschau" einen Wettbewerb unter der Architektenschaft ausschreiben, der lebhafte Beteiligung fand. Das Preisgericht unter Regierungsbaumeister a. D. Eugen Fabricius konnte eine Reihe von Preisen verteilen. Das Schwergewicht lag einmal darauf, selbständige Treppenaufgänge zu den einzelnen Wohnungen zu ermöglichen, zum anderen darauf, in größeren Häusern die Versorgungsleitungen für Energie und Wasser in einen besonderen Schacht zu verlegen, der längs des Treppenhauses verläuft. So war der Boden vorbereitet, aus dem **das vorliegende Gesetz** entstehen konnte. Dabei soll nicht verschwiegen 11 werden, daß der Gedanke des Wohnungseigentums damals verschiedentlich auch auf Ablehnung und entschiedene Gegnerschaft stieß.

IV. Entstehungsgeschichte des Gesetzes

Literatur: 30 Jahre Wohnungseigentum-Materialien zum WEG, PiG 8 mit Einleitung von Weitnauer; WEM 1981, Heft 2 mit Beiträgen von Weitnauer und Bärmann; Weitnauer JZ 1951, 161; Bärmann NJW 1951, 292

12 **1.** Das Wohnungseigentum war eines der ersten Gesetzgebungsvorhaben, mit denen die gesetzgebenden Körperschaften der am 24. 5. 1949 ins Leben getretenen Bundesrepublik befaßt wurden. Am 8. 11. 1949 wurde die Bundesregierung durch einen Antrag der CDU-CSU (Bundestagsdrucksache Nr. 168) ersucht, „zum Zwecke der Förderung des sozialen Baues, der Vergrößerung der Zahl der Eigentümer an Grund und Boden und zum Zwecke der Anpassung der Bestimmungen des BGB über das gemeinschaftliche Eigentum und über das Eigentum nach Bruchteilen an die heutigen wirtschaftlichen und sozialen Verhältnisse dem Bundestag in Bälde einen Gesetzentwurf über das Miteigentum nach Bruchteilen vorzulegen". Kurz darauf, am 30. 11. 1949, brachten der Abgeordnete Wirths und die Fraktion der FDP den Initiativantrag eines Gesetzes über das Eigentum an Wohnungen und gewerblichen Räumen ein (Bundestagsdrucksache Nr. 252). Der mit dem Antrag vorgelegte, aus der Feder von Kammergerichtsrat a. D. Dr. Diester stammende Gesetzentwurf, dessen erste Lesung am 14. 12. 1949 in der 23. Plenarsitzung des Bundestags stattfand, ist der Ausgangspunkt für das Wohnungseigentumsgesetz geworden, wenn er auch in wesentlichen Teilen umgearbeitet und ergänzt werden mußte. Diese Arbeit ist teils gemäß Beschlüssen des Ältestenrats (vgl. Mitteilung in der 30. Sitzung des Bundestags vom 25. 1. 1950 sowie Beschluß vom 6. 7. 1950) in den Ausschüssen des Bundestages für Wiederaufbau und Wohnungswesen und für Bau- und Bodenrecht in einer stets ungetrübten Atmosphäre sachlicher Zusammenarbeit unter dem Vorsitz des Abgeordneten Lücke und unter Mitwirkung aller Fraktionen, teils in den Ministerien geleistet worden. Bei diesen Beratungen ergab sich, daß mit dem Wohnungseigentum allein den in der Praxis des Wohnungsbaues hervorgetretenen Bedürfnissen nicht Genüge getan werden konnte. Namentlich für den Bereich des genossenschaftlichen und gemeinnützigen Wohnungsbaues erschien ein Rechtsinstitut notwendig, das zwar den Wohnungsinhabern ein dingliches Recht auf Benutzung der Wohnung gewähren, gleichzeitig aber doch den Bauträgern die Rechtsstellung des Eigentümers belassen sollte. Deshalb wurde die Bundesregierung ersucht, in Ergänzung des Entwurfs Vorschriften für ein zunächst als veräußerliches und vererbliches Wohnungsrecht bezeichnetes Rechtsinstitut auszuarbeiten. Dementsprechend stellte das Bundesjustizministerium im Einvernehmen mit dem Bundesministerium für Wohnungsbau und unter Mitwirkung der Landesjustizverwaltungen einen beide Rechtsformen umfassenden Gesetzentwurf auf; interessierte Wirtschaftsverbände und Vertreter der Rechtswissenschaft wurden beteiligt. Während so die Arbeit auf ministerieller Ebene vorangetrieben wurde, gingen auch in den Bundestagsausschüssen die Bera-

tungen weiter. Auf Grund all dieser, aufeinander abgestimmten Vorbereitungen gelang es, noch vor Ende des Jahres 1950 einen Gesetzentwurf aufzustellen, der dann, was ein ungewöhnlicher und fast einmalig gebliebener Vorgang war, aus Gründen der Beschleunigung sowohl als Initiativgesetz als auch als Regierungsentwurf weiter behandelt und als solcher mit Begründung den gesetzgebenden Körperschaften zugeleitet wurde (BRatsDr. 75/51). Während noch die Regierungsvorlage dem Bundesrat vorlag, wurde der gleiche Entwurf, nachdem auch der Rechtsausschuß des Bundestages seine Zustimmung erteilt hatte, dem Plenum des Bundestages als Initiativgesetz, nämlich als der umgearbeitete und ergänzte Initiativantrag 252, zugeleitet und vom Plenum in der 115. Sitzung am 31. 1. 1951 mit einigen, aus Zusatzanträgen sich ergebenden Änderungen nach einem eingehenden Vortrag des Berichterstatters, Abgeordneten *Dr. Brönner, einstimmig angenommen* (BTags Prot. S. 4383ff., auszugsweise in Anh. IV 2 der 6. Auflage, vollständig in PiG 8 wiedergegeben). Nach vorbereitenden Erörterungen in verschiedenen Ausschüssen beschloß der Bundesrat dann in seiner 50. Plenarsitzung vom 16. 2. 1951 auf Vorschlag des Berichterstatters, Staatssekretär Dr. Lauffer (Niedersachsen), gegen das vom Bundestag beschlossene Gesetz den Vermittlungsausschuß nicht anzurufen und im Hinblick auf diese Billigung des Gesetzes zugleich den von der Bundesregierung vorgelegten Entwurf für gegenstandslos zu erklären. Während noch die Vorbereitungen zur Vorlegung des Gesetzes an die Alliierte Hohe Kommission getroffen wurden, trat das revidierte Besatzungsstatut vom 6. 3. 1951 (Amtsbl. d. AHK Nr. 49) in Kraft. Damit entfiel die Widerspruchsfrist; das Gesetz konnte deshalb mit dem Datum vom 15. 3. 1951 am 19. 3. 1951 im Bundesgesetzbl. Teil I S. 175 verkündet werden. Es ist gemäß seinem § 64 am 20. 3. 1951 in Kraft getreten. Eine amtliche Begründung zu dem Gesetz ist nicht veröffentlicht worden, weil das Gesetz als Initiativgesetz beschlossen wurde. Bei der im Schrifttum öfter erwähnten **„amtlichen Begründung"** handelt es sich um die dem Regierungsentwurf beigegebene Begründung, die aber seinerzeit nicht veröffentlicht worden und nur in der BRatsDr. 75/51 enthalten ist (vollständige Wiedergabe in Anh. IV 1 der 6. Auflage und in PiG 8). Sie vermag ebenso wie der bereits erwähnte **Bericht des Abg. Dr. Brönner** wichtige Anhaltspunkte nicht nur für die Auslegung des Gesetzes, sondern auch und ganz besonders Auskunft über die **Motive und Ziele des WEG** zu geben, die sich kurz wie folgt zusammenfassen lassen: Man erwartete vom WEG eine Belebung der Bautätigkeit und des Wiederaufbaus der kriegszerstörten Städte durch verstärkten Einsatz privater Mittel, man wollte dem damals verbreiteten Unwesen der Baukostenzuschüsse, insbesondere der verlorenen, ein Ende bereiten, man wollte neue Wege für einen sinnvollen, rationellen Aufbau der Stadtkerne unter Zusammenfassung kleinerer Grundstücksparzellen zu größeren Einheiten weisen und man wollte den Menschen den Erwerb eines Anteils an Grund und Boden als „Eigentum in der Etage," aber auch als Kapitalanlage ermöglichen, also die **Eigentumsbildung fördern,** was als ein sozialpolitisches Ziel von höchstem Rang betrachtet wurde. Wenn dieser Sinn erfaßt würde – so führte damals der Abg. Dr. Brönner aus-, könnte das Gesetz für den sozialen Fortschritt geradezu „Wunder wirken". Vgl. zur Entstehungsgeschichte im übrigen auch die **Gesetzesmateria-**

lien in PiG 8 S. 61ff. mit Einführung Weitnauer S. 53 sowie die Abhandlungen von Bärmann DNotZ 1950, 268 und NJW 1951, 292, von Weitnauer in JZ 1951, 161, ferner Bärmann und Weitnauer in WEM 1981, Heft 2.

13 2. In **Berlin-West** ist das WEG durch G. v. 2. 8. 51 (GVBl. S. 547) in Kraft gesetzt werden; Abweichungen im Text bestehen nur in § 59, wo anstelle der dort bezeichneten Bundesminister die entsprechenden Senatoren als zuständig bestimmt werden.

14 3. Dem Vorbild der Bundesrepublik war das **Saarland** mit einem „Gesetz über Wohnungseigentum und Dauerwohnrecht" vom 13. 6. 1952 (Amtsblatt S. 686) gefolgt. Dieses Gesetz, dessen Wortlaut in der 2. Auflage wiedergegeben war, lehnte sich auf das engste an das bundesrechtliche WEG an, wich allerdings sachlich in einigen Punkten, außerdem auch in manchen Formulierungen und im Aufbau von ihm etwas ab.

Im Saarland ist dann unter gleichzeitigem Außerkrafttreten des saarländischen WEG das bundesrechtliche Wohnungseigentumsgesetz im Zusammenhang mit dem allgemeinen Inkrafttreten des Bundesrechts im Saarland eingeführt worden. Es ist dort nach näherer Maßgabe des § 3 Abschn. II Nr. 1 des Gesetzes zur Einführung von Bundesrecht im Saarland vom 30. 6. 1959 (BGBl. I S. 313) mit dem Ende der „Übergangszeit" – das ist mit Ablauf des 5. 7. 1959 – in Kraft getreten. Die einschlägigen Bestimmungen, deren Wortlaut in Anhang III 4 wiedergegeben ist, enthalten Überleitungsvorschriften, deren wesentlicher Inhalt folgender ist: Wohnungseigentumsrechte und Dauerwohnrechte, die unter der Geltung des saarländischen WEG begründet worden sind, bleiben nach den bisherigen Vorschriften aufrecht erhalten; doch können solche Rechte unter erleichterten Bedingungen in die entsprechenden Rechte nach dem bundesrechtlichen WEG überführt werden.

15 4. In der **DDR** war ein dem WEG entsprechendes Gesetz nicht erlassen worden. Das erscheint begreiflich, weil die im Wohnungseigentum liegenden Möglichkeiten der Bildung von privatem Kleineigentum den marxistischen Tendenzen zuwiderlaufen. Daß diese Möglichkeiten von den Gegnern des Privateigentums klar erkannt waren, zeigten die auf dem Boden des Marxismus-Leninismus stehenden Ausführungen von Beyer (Der Spiegelcharakter der Rechtsordnung, Westkulturverlag 1951 S. 51ff.), der das WEG scharf ablehnte. Nicht so grundsätzlich ablehnend war die Einstellung in **anderen sozialistischen Staaten;** vgl. Bärmann 5. Aufl., Einl. Rdn. 582ff.

16 **5. In den neuen Bundesländern** ist das WEG im Zuge der Wiedervereinigung mit dem Inkrafttreten des Bundesrechts durch Art. 8 des Gesetzes zu dem Vertrag vom 31. 8. 1990 zwischen der Bundesrepublik Deutschland und der Deutschen Demokratischen Republik über die Herstellung der Einheit Deutschlands – Einigungsvertragsgesetz – und der Vereinbarung vom 18. 9. 1990 vom 23. 9. 1990 (BGBl. II S. 885) ohne Änderung oder sonstige Maßgaben in Kraft gesetzt worden (näher hierzu Anhang II). Die Anwendung stößt noch auf erhebliche Schwierigkeiten, vor allem auch deshalb, weil ein geordnetes Grundbuchwesen erst noch wiederhergestellt werden muß; vgl. dazu Anhang II. Ein Problem, das sich aus dem Erfordernis der Abgeschlossenheit (§ 3 Abs. 2 WEG) zu ergeben schien, hat der Bundesge-

setzgeber durch das Gesetz vom 22. 3. 1991 (BGBl. I S. 766) zu beheben versucht; näher hierzu § 3 Rdn 3.

V. Grundgedanken der Regelung des Wohnungseigentums

1. Das Akzessionsprinzip

Nach **§ 94 BGB** gehört ein Gebäude, sofern es nicht nur zu einem vor- 17
übergehenden Zweck mit dem Grundstück verbunden wird (§ 95 BGB), zu den wesentlichen Bestandteilen (§ 93 BGB) des Grundstücks, auf dem es errichtet ist; die zur Herstellung des Gebäudes in dieses eingefügten Sachen sind wesentliche Bestandteile des Gebäudes und gehen also durch die Verbindung mit dem Gebäude und Grundstück kraft Gesetzes in das Eigentum des Grundstückseigentümers über (§ 946 BGB); sie können als wesentliche Bestandteile nicht Gegenstand selbständiger Rechte sein, sondern folgen in ihrem rechtlichen Schicksal dem des Grundstücks (sog. **„Akzessionsprinzip"**). Der Grundsatz, daß Gebäude und Grundstück rechtlich eine Einheit bilden, ist allerdings auch in unserem Recht **nicht ausnahmslos durchgeführt.** Insbesondere gehört nach **§ 95 Abs. 1 Satz 2 BGB** ein Gebäude, das in Ausübung eines Rechts an einem fremden Grundstück von dem Berechtigten mit dem Grundstück verbunden worden ist, nicht zu den Bestandteilen des Grundstücks, sondern wird grundsätzlich als bewegliche Sache behandelt (BGHJZ 62, 606; FinG Hamburg, ITelex 1986/25/151; Erman-Westermann, 6. Auflage, § 95 Rdn. 7–9). **Art. 181 Abs. 2 EGBGB** kennt die Möglichkeit von „Sondereigentum" an wesentlichen Bestandteilen eines Grundstücks. Eine Ausnahme bildet ferner die Errichtung eines Gebäudes im **Erbbaurecht;** ein Gebäude, das auf Grund eines *Erbbaurechts* errichtet ist, gehört nicht zu den wesentlichen Bestandteilen des Grundstücks, sondern wird wesentlicher Bestandteil des Erbbaurechts (§ 12 ErbbVO) und Eigentum des Erbbauberechtigten. Insoweit ist eine Trennung des Eigentums an Gebäude und Grundstück also möglich; dagegen kann eine solche, da die Bestellung eines Erbbaurechts an Teilen eines Gebäudes ausgeschlossen ist, an horizontal abgegrenzten Teilen eines Gebäudes im Wege des Erbbaurechts nicht herbeigeführt werden (§ 1014 BGB; § 1 Abs. 3 ErbbVO; vgl. dazu Weitnauer DNotZ 1958, 413 in einer Anm. zu BayObLG 1957, 217). Wohl allerdings kann das Eigentum an einem senkrecht abgegrenzten Gebäudeteil vom Eigentum an dem Grundstück getrennt werden, wenn die Voraussetzungen eines zulässigen Überbaus – sei es des nach § 912 Abs. 1 entschuldigten oder eines vom Nachbar erlaubten **Überbaus** – gegeben sind: dann gehört das Gebäude, soweit es auf dem überbauten Grundstück steht, nicht dessen Eigentümer, sondern dem Eigentümer des anderen Grundstücks (st. Rspr.; RGZ 160, 166; 169, 172; BGHZ 62, 141; 64, 333). Die gleiche Rechtsfolge tritt nach der Rspr. des BGH im Falle des sog. „Eigenüberbaus" ein, d. h. wenn ein Gebäude auf zwei benachbarten Grundstücken desselben Eigentümers errichtet ist und nachträglich, insbes. durch Zwangsversteigerung, die Grundstücke in das Eigentum verschiedener Personen gelangen; auch dann soll, wenn eines der Grundstücke die Hauptsache ist, dessen Eigentümer Eigentümer des ganzen Gebäudes sein (RGZ 169, 172; BGH DB 1961, 838).

In BGHZ 64, 333 = NJW 1975, 1553 ist diese Lösung dann auch auf den Fall übertragen worden, daß ein **Grundstück** mit aufstehendem Gebäude **nachträglich so geteilt** wird, daß die Grenze das Gebäude durchschneidet; „jedenfalls dann, wenn sich der nach Lage, Umfang und wirtschaftlicher Bedeutung eindeutig maßgebliche Teil des Gebäudes auf einem der Grundstükke befindet", wird dessen Eigentümer als der Eigentümer des ganzen Gebäudes angesehen. Ausführlicher und kritisch zum Vorstehenden Weitnauer ZfBR 1982, 128; vgl. auch unten § 3 Rdn. 7.

18 Abgesehen von diesen Ausnahmen ist aber von der Regel auszugehen, daß ein auf zwei verschiedenen Grundstücken aufstehendes Gebäude **senkrecht zur Grenzlinie** in jeweils dem betreffenden Eigentümer gehörende Teile zerschnitten wird (BGHZ 27, 204; 57, 249; 64, 333; Soergel-Baur, 11. Aufl., § 912 Rdz. 22). Diese Regel soll allerdings nach BGHZ 27, 193; 43, 129; 57, 245 nicht für die zwei Gebäuden gemeinsame **„Kommunmauer"** gelten; vielmehr soll an dieser, nicht aber an dem von ihr bedeckten Grundstücksstreifen, Miteigentum der beiden Gebäudeeigentümer bestehen. Wenn diese keineswegs zwingende Auffassung zutrifft, bedeutet das eine weitere Ausnahme vom Grundsatz der Einheitlichkeit des Eigentums an Grundstück und Gebäude.

19 Eine **Teilung durch horizontale Schnitte ist unserem Recht fremd,** während sie z. B. im **Südafrikanischen Sectional Titles Act** streng und ohne Rücksicht auf die Bausubstanz durchgeführt wird. Es kann hier dahingestellt bleiben, ob und inwieweit sie dem Stockwerkseigentum alter Art zugrunde gelegen hat und nach dem Recht des Code Civil möglich ist. Es beruht jedenfalls nicht nur auf logisch-konstruktiven Erwägungen und auf einer folgerichtigen Durchführung des Gedankens der Sonderrechtsunfähigkeit wesentlicher Bestandteile, sondern es hat seinen guten wirtschaftlichen Grund, wenn man eine solche Teilung eines Gebäudes nicht gestattet; dadurch rechtfertigt sich auch die Regel des § 1 Abs. 3 ErbbVO. Denn es wäre, wenngleich älteres und ausländisches Recht solche Gestaltungen kennen, sicherlich ein Unding, verschiedene, von einander völlig unabhängige Eigentumsrechte an einem Gebäude zuzulassen derart, daß etwa der eine Beteiligte das Eigentum am Erdgeschoß einschließlich der Grundmauern, der andere am ersten Stockwerk und dem Dach hat. So offensichtlich in einem solchen Falle die beiden Beteiligten nach den tatsächlichen Gegebenheiten und den wirtschaftlichen Notwendigkeiten der Instandhaltung und Instandsetzung des Gebäudes auf einander angewiesen sind, so unabweislich ist es, diesen Verhältnissen auch bei ihrer rechtlichen Erfassung Rechnung zu tragen. Dies läßt sich sinnvoll und sachrichtig nicht allein durch Annahme einer bloß schuldrechtlichen Rechtsgemeinschaft i. S. des § 922 erreichen, sondern fordert auch die Anerkennung sachenrechtlicher Verbindung i. S. des Miteigentums.

20 Es wäre anderseits aber auch unrichtig, den Gedanken der **Sonderrechtsunfähigkeit der Grundstücksbestandteile** als ein keinerlei Ausnahme zulassendes logisches Prinzip oder als zwingend aus der Natur der Sache folgend anzusehen (so zutreffend auch Börner, Festschrift für Dölle, S. 205 mit weiteren Nachweisungen; Hurst DNotZ 68, 131; vgl. auch Mot. III S. 43). Wohl allerdings bedeutet sie die Durchbrechung eines tragenden Grundsatzes und bedarf deshalb der Anordnung durch den Gesetzgeber. Das zeigt sich schon an den bereits erwähnten *Ausnahmen,* die das geltende Recht (oben Rdn. 17, 18) zuläßt; es zeigt sich auch darin, daß Art. 181 Abs. 2 EGBGB in gewissen Fällen ein „Sondereigentum" an Grundstücksbestandteilen aufrechterhält. Man kann also keineswegs die Zulassung von Sondereigentum als einen schlechthin abzulehnenden Verstoß gegen die zwingende Systematik unseres Rechts bezeichnen (vgl. auch Paulick AcP 152, 420 [426]). Ich glaube deshalb auch nicht, daß man die Einführung des Sondereigentums an der Wohnung (dazu unten Rdn. 24ff.) als „verfehlte Konstruktion", einen „Mißgriff des Gesetzgebers" (so aber Liver in Gedächtnisschrift Marxer S. 149, 185; kritisch auch in „Das Eigentum" S. 90), oder als „dogmatisch wilde Form" (so Heinr. Lange NJW 1950, 204), als „grundsätzlichen Bruch mit dem . . . Prinzip der Sonderrechtsunfähigkeit räumlicher Gebäudeteile" (so Wieacker, Privatrechtsgeschichte der Neuzeit, 2. Aufl., Göttingen 1967, S. 536) ansehen kann. Zuzugeben ist, daß praktisch ähnliche Ergebnisse auch ohne „Sondereigentum" durch ein bloßes Nutzungsrecht i. S. des „uneigentlichen Stockwerkseigentums" (oben Rdn. 5) zu erreichen sind, wie das österreichische und das schweizerische Recht zeigen; doch ergänzt letzteres das Nutzungsrecht des Stockwerkseigentümers durch ein Ablösungs- und nach zutr. Ansicht auch ein Aneignungsrecht an Gebäudebestandteilen, an denen das WEG das Sondereigentum zuläßt (vgl. Hauger, Schweiz. Stockwerkseigentum S. 13 FN 24). Für entscheidend halte ich, daß das WEG vom Miteigentum ausgeht (dazu unten Rdn. 24ff.). Abseits der Realität und der praktischen Vernunft liegend und in der Begründung im einzelnen unvertretbar ist die Beurteilung des WEG durch **E. Wolf**, Sachenrecht (S. 568), wonach das WEG „in seinen Grundelementen verfehlt" und wegen seiner Fehler, insbes. der „Gegenstandslosigkeit, Widersprüchlichkeit und Inhaltslosigkeit der grundlegenden Bestimmungen", unwirksam sei. Ihm hat sich in Ergebnis und Begründung **Junker** angeschlossen; dazu unten Rdn 47.

2. Durchbrechung des Akzessionsprinzips im WEG

Mit diesen Erwägungen ist der Ausgangspunkt für die Lösung der gestell- 21
ten Aufgabe, Eigentum an Teilen eines Gebäudes zu ermöglichen, umschrieben. Die Frage war nur, inwieweit der Grundsatz der Einheit von Grundstück und Gebäude durchbrochen werden sollte.

Das WEG geht **grundsätzlich** von der **Einheit des Eigentums** an Grund- 22
stück und Gebäude aus. Es betrachtet also das Wohnungseigentum nicht als ein vom Eigentum am Grundstück völlig losgelöstes Eigentumsrecht in bezug auf einen Teil des Gebäudes; damit hat es die von Hugenberg (oben Rdn. 9) vorgeschlagene Lösung abgelehnt. Eine dem Hugenbergschen Vorschlag stark angenäherte Gestaltung der Rechtsverhältnisse kann allerdings durch das Wohnungserbbaurecht (§ 30) erreicht werden.

Andererseits beschränkt sich das WEG nicht darauf, lediglich eine Mitei- 23
gentümergemeinschaft nach Art des sog. „uneigentlichen Stockwerkseigentums" (oben Rdn. 5) zu schaffen, es geht also weiter als die beiden österreichischen Gesetze von 1948 und 1975, das niederländische Gesetz von 1951 und auch als das schweizerische Recht (vgl. oben Rdn. 20). Das ändert aber

nichts daran, daß das Wohnungseigentum des WEG aus dem damals bereits durch das württ.-badische Gesetz von 1950 (oben Rdn. 5) verwirklichten systematischen Ansatz des Art. 131 EGBGB heraus entwickelt worden ist, wie der Verfasser aufgrund seiner persönlichen, durch Zeugnisse aus jener Zeit (Weitnauer JZ 1951, 161; Weitnauer-Wirths, 1. Aufl., Vorbem. Rdn. 12ff., § 10 Rdn 1ff.) gestützten Erinnerung und Kenntnis der Entstehungsgeschichte sagen kann. Die Absicht, „ein neues echtes Eigentum zu schaffen," ein „neues Rechtsinstitut in der Art eines echten Eigentums," also etwas grundlegend Neues, hat bei den an der Gesetzgebung beteiligten Personen nicht bestanden. Die gegenteilige These von Bärmann (z.B. Zuordnung S. 18/19; Wohnungseigentümergemeinschaft S. 19/20) hat in der Entstehungsgeschichte keine Grundlage (vgl. Weitnauer, PiG 8, S. 53ff. und die dort wiedergegebenen Dokumente). Das Bestreben ging vielmehr dahin, jeden Bruch mit dem geltenden Recht und seiner Dogmatik zu vermeiden.

24 Die Lösung des WEG besteht darin, dem Wohnungseigentümer **im Rahmen des Miteigentums** an Grundstück und Gebäude einen **Bereich des Alleineigentums,** ein **ausschließliches Herrschaftsrecht** über die „im Sondereigentum stehenden Gebäudeteile" (§ 13 WEG; vgl. auch § 1 Rdn. 4), einzuräumen, soweit sich dies mit den Erfordernissen der Gemeinschaft vereinbaren läßt, also einen rechtlich gesicherten Bereich der Herrschaft als Alleineigentümer i. S. des § 903 BGB; wenn dieser auch nur beschränkt sein kann, so gibt er doch dem Wohnungseigentümer das Bewußtsein, mehr als ein Mieter zu sein, und die Möglichkeit, sich in seinen „vier Wänden" nach eigenem Geschmack und zum eigenen Vorteil einzurichten. Mietermentalität ist also beim Wohnungseigentum nicht am Platze. Das WEG gestattet demgemäß eine Durchbrechung der §§ 93, 94 BGB, nämlich die Einräumung von Sondereigentum an bestimmten Räumen eines Gebäudes mit der Folge, daß diese Räume und gewisse Bestandteile des Gebäudes (vgl. hierzu, insbesondere zur Frage des Sondereigentums an „Räumen," die Erl. zu § 5) im ausschließlichen Eigentum des betreffenden Wohnungseigentümers stehen. Die Rechtsstellung des Wohnungseigentümers ergibt sich hiernach aus einer Verbindung des Miteigentumsanteils an Grundstück und Gebäude mit einem begrenzten Bereich des Alleineigentums – **„propriété mixte".** Indem die Miteigentümer sich gegenseitig – also jeder jedem – Sondereigentum an einer Wohnung oder anderen Räumen einräumen, engen sie den Bereich des gemeinschaftlichen Eigentums ein; entsprechendes geschieht im Falle der Teilung nach § 8 WEG. Während so auf der einen Seite das Miteigentum gegenständlich **„beschränkt"** wird (vgl. § 3 Abs. 1, § 7 Abs. 1 Satz 2 WEG), also gegenüber dem gewöhnlichen Miteigentum ein Weniger entsteht, **erweitert** sich auf der anderen Seite die Rechtsstellung des Miteigentümers durch den Hinzutritt des Sondereigentums um einen Bereich des Alleineigentums an realen Gebäudeteilen. Das ist ein Vorgang, der als eine **Inhaltsänderung des Miteigentums** aufzufassen ist und die unmittelbare, jedenfalls die entsprechende Anwendung der §§ 877, 876 BGB rechtfertigt (vgl. § 3 Rdn. 75), wovon auch § 9 Abs. 2 ausgeht. Das Sondereigentum ist mit dem Anteil an dem gemeinschaftlichen Eigentum unlöslich verbunden, die Verbindung von Sondereigentum und Miteigentumsanteil, von der § 1 Abs. 2, 3 WEG spricht, ergibt das Wohnungseigentum; sie findet ihren Ausdruck darin, daß Wohnungseigentum nur auf der Grundlage des Miteigentums nach Bruchteilen (§ 1008 BGB) unter Einräumung von Sondereigentum (§ 3 WEG) oder durch Teilung in Miteigentumsanteile samt Sondereigentum (§ 8 WEG) gebildet, daß das Sondereigentum ohne den zugehörigen Miteigentumsanteil nicht veräußert oder belastet werden kann (§ 6 Abs. 1 WEG) und daß Rechte an dem Miteigentumsanteil sich kraft Gesetzes auf das Sondereigentum erstrecken (§ 6 Abs. 2 WEG).

Aus diesen Erwägungen folgt die auch für die dogmatische Interpretation des Rechtsinstituts maßgebliche Konstruktion des Gesetzes, die das **Wohnungseigentum als ein besonders ausgestaltetes Miteigentum** auffaßt. Auf ihr beruhen dann auch die maßgebenden materiellen Vorschriften der §§ 1, 3, 5, 6, 8, 9 des Gesetzes und die grundbuchrechtliche Regelung des § 7, die eindeutig den Miteigentumsanteil zur Grundlage der Eintragung macht und als Gegenstand der Verfügung betrachtet, sowie § 16 Abs. 1 Satz 2, der ohne weiteres als Verteilungsschlüssel das „gemäß § 47 der Grundbuchordnung im Grundbuch eingetragene Verhältnis der Miteigentumsanteile" für maßgeblich erklärt. Dies ist von der 1. Auflage an die Auffassung dieses Kommentars und seines Verfassers (vgl. auch Weitnauer, JZ 1951, 161). Aus dem Umstand, daß, wie § 3 Abs. 1 ausdrücklich sagt, die Wohnungseigentümer **Bruchteilsmiteigentümer** i. S. der §§ 1008ff. BGB von Grundstück und Gebäude sind, folgt mit Notwendigkeit, daß sie in **einer Bruchteilsgemeinschaft** i. S. der §§ 741 ff. BGB stehen müssen; dem entspricht es, daß, wie noch darzulegen sein wird, das WEG das **Innenverhältnis** der Wohnungseigentümer unter wörtlicher oder fast wörtlicher Übernahme der wichtigsten Vorschriften des BGB über die **Gemeinschaft** regelt und im übrigen hilfsweise auf diese verweist (§ 10 Abs. 1 Satz 1); vgl. im übrigen unten Rdn. 30ff. und § 10 Rdn. 1ff. 25

In diesem Sinne hat die sog. **„amtliche Begründung"** zum WEG (in PiG 8, S. 223/224) unter I Allgemeines ausgeführt: „Der Entwurf hat ... den Weg gewählt, von dem Miteigentum auszugehen und das Sondereigentum an den Wohnungen oder sonstigen Räumen nur in Verbindung mit den im Miteigentum der Wohnungseigentümer stehenden Teilen des Gebäudes zuzulassen ... Der Entwurf läßt ... in Durchbrechung des Grundsatzes des § 93 BGB in beschränktem Umfang ein Alleineigentum an Gebäudeteilen zu, das nach bisherigem Recht nicht bestehen konnte; er gestattet dadurch in dem gezogenen engen Rahmen Zugriffe auf die Substanz der im Sondereigentum stehenden Bestandteile des Gebäudes". Wegen der Folgerungen, die im einzelnen hieraus zu ziehen sind, ist auf die Erläuterungen zu den einschlägigen Vorschriften des Gesetzes zu verweisen. 26

Jedenfalls kann hiernach kein Zweifel darüber sein und ist in diesem Kommentar auch nie gelassen worden, daß das Wohnungseigentum aus **drei Komponenten** besteht, zwei sachenrechtlichen – Sondereigentum und Miteigentum – und einer schuldrechtlichen, nämlich der Teilhabe an der durch das gemeinschaftliche Eigentum begründeten Bruchteilsgemeinschaft. Diese drei Elemente sind derart miteinander verbunden, daß, wenngleich jedes für sich verändert werden kann (dazu unten Rdn. 59f.), doch **keines fehlen darf:** Das Miteigentum am Grundstück ist unerläßliche Grundlage (§§ 3, 8 WEG), durch die Einräumung von Sondereigentum und nur durch diese wird das 27

Miteigentum zum Wohnungseigentum, das Sondereigentum teilt nach § 6 WEG das rechtliche Schicksal des Miteigentumsanteils (eine Übertragung nur des Miteigentumsanteils ist unmöglich und unwirksam, BayObLG DNotZ 1986, 86), die schuldrechtliche Verbindung der Wohnungseigentümer durch die Wohnungseigentümergemeinschaft entsteht und besteht kraft Gesetzes und kann nicht ausgeschlossen werden. Der Unterschied zur Lehre von Bärmann (unten Rdn. 43ff.) besteht darin, daß diese drei Elemente nicht als zu einer „dreigliedrigen Einheit" verschmolzen gedacht werden, in der die Elemente aufgehen.

3. Stellung der Rechtsprechung

28 Das Verständnis des Wohnungseigentums als eines besonders ausgestalteten Bruchteilsmiteigentums ist **von der Rechtsprechung übernommen** worden, wie die folgenden Entscheidungen zeigen.

BGHZ 49, 250: „Das Wohnungseigentum geht vom Eigentumsbegriff des allgemeinen bürgerlichen Rechts aus. Es ist echtes Eigentum ... und zwar eine Mischung von Alleineigentum (§§ 903ff. BGB) und Bruchteilsmiteigentum (§§ 1008ff.), es verbindet das Alleineigentum an einer Wohnung oder sonstigen Raumeinheiten (Sondereigentum) mit dem Bruchteilsmiteigentum am Grundstücksrest (Miteigentum, gemeinschaftliches Eigentum, § 1 WEG). Der anfängliche Theorienstreit um die Konstruktion des WEigt ... ist inzwischen der wohl allgemeinen Erkenntnis gewichen, daß unbeschadet der wirtschaftlichen Erstrangigkeit des Sondereigentums juristisch das Miteigentum im Vordergrund steht und das Sondereigentum sein Anhängsel bildet."

BGHZ 50, 56: „Aus den das WEigt ... begründenden Vorschriften der §§ 3 und 8 WEG ergibt sich, daß unbeschadet der Erstrangigkeit des Sondereigentums das Miteigentum im Vordergrund steht und das Sondereigentum nur sein Anhängsel bildet ... Rechtliche Grundlage des Wohnungseigentums ist somit das Miteigentum am Grundstück, das durch das WEG lediglich eine besondere Ausgestaltung erfahren hat."

BGHZ 90, 174: „Bei der Veräußerung einer Eigentumswohnung handelt es sich nach der Rechtsprechung des Senats ... um die Übertragung eines ideellen, wenngleich wegen der Verbindung mit einem Sondereigentum an einer Wohnung (§ 1 Abs. 2 WEG) besonders ausgestalteten Anteils am Grundstück".

BGHZ 91, 343: „Wohnungs- und Teileigentum besteht gem. §§ 1, 6 WEG aus der untrennbaren Verbindung des Alleineigentums an einer Wohnung oder an sonstigen Raumeinheiten (Sondereigentum) mit dem ideellen Miteigentumsanteil am übrigen Grundstück (gemeinschaftliches Eigentum)".

BGHZ 108, 156 = NJW 1989, 2534: „besonders ausgestaltetes Bruchteileigentum"

BGHZ 109, 179: Wenn, was der BGH für möglich hält (vgl. § 3 Rdn. 22), ein „isolierter Miteigentumsanteil" entsteht, wächst dieser nicht entspr. § 735 Abs. 1 BGB denjenigen Miteigentümern zu, die vollwirksames Wohnungseigentum erworben haben, „da sie nicht, wie in dieser Vorschrift vorausgesetzt, gesamthänderisch verbunden sind".

BGHZ 116, 392: „Wohnungseigentum ist echtes Eigentum i. S. d. § 903 BGB".

BGH NJW 1986, 1811, wo ausgeführt wird, daß „das Wohnungseigentum nicht nur ein Grundstücksrecht, sondern ein echtes, wenngleich als Verbindung von Alleineigentum mit Bruchteilseigentum ausgestaltetes Eigentum am Grundstück ist".

Das **BayObLG** führt in BayObLGE 1993, 297 aus, das Wohnungseigentum sei „kein grundstücksgleiches Recht, sondern besonders ausgestaltetes Miteigentum am Grundstück". In **BayObLGE 1984**, 198 bezeichnet es als Gegenstand der Verfügung den als Wohnungseigentum ausgestalteten Miteigentumsanteil, nicht etwa ein „Mitgliedschaftsrecht": „Infolge des dinglichen Rechtserwerbs und nur auf Grund dieses Vorgangs tritt der Ersteher in die schuldrechtlichen Beziehungen zu den übrigen (in diesem Zeitpunkt vorhandenen) Wohnungseigentümern nach Maßgabe der Vorschriften des WEG und der §§ 741 ff. BGB über die Gemeinschaft der Wohnungseigentümer (§ 10 Abs. 1 Satz 1 WEG) ... Er übernimmt nicht etwa vom Vorgänger dessen ,Mitgliedschaft, oder dessen schuldrechtliche Rechte und Pflichten ... Teilhaber der Gemeinschaft der Wohnungseigentümer ... wird man kraft Gesetzes auf Grund des Erwerbs des (dinglichen) Wohnungseigentums ...", Im gleichen Sinne BayObLG 5. 3. 1985, DWEigt 1986, 29 und 14. 3. 1985 DWEigt 1986, 29. Als in Bruchteilsgemeinschaft stehende Miteigentümer (§§ 1008, 741 ff. BGB) werden die Wohnungseigentümer auch betrachtet von **BGH** NJW 1985, 484 mit der Folge, daß sie „gemeinsam mit der Streupflicht belastet" sind, und von **KG** WE 1987, 126/130 (m. A. Weitnauer) sowie von **KG** ZMR 1984, 189, wo das Sondereigentum als „Anhängsel des Miteigentums" bezeichnet wird; es betrachten auch 29

das **OLG Köln** (OLGE 1984, 291) das Wohnungseigentum als „sachenrechtlich besonders ausgestaltetes Bruchteilsmiteigentum i. S. der §§ 1008 ff.", nicht als ein grundstücksgleiches Recht;

das **OLG Hamm** (Rechtspfleger 1980, 468) das Wohnungseigentum als „ein(en) ideellen Miteigentumsanteil am gemeinschaftlichen Eigentum, der lediglich durch die Verbindung mit dem Sondereigentum an einem real abgegrenzten Gebäudeteil besonders ausgestaltet ist", woraus Folgerungen für die Belastbarkeit mit einer Dienstbarkeit i. S. des § 1018, 3. Alt. BGB gezogen wurden; im selben Sinne OLG Hamm Rpfleger 1980, 469 betr. Ausschluß einer Gartennutzung. Die Teilhabe an der Gemeinschaft stärker betonend führt OLG Hamm OLGE 83, 386 aus, daß das Wohnungseigentum durch Miteigentumsanteil und Sondereigentum „nicht vollständig erfaßt wird, sondern daß über die dinglichen Bestandteile hinaus das Wohnungs- bzw. Teileigentum noch ein mitgliedschaftliches Element enthält, welches sich aus den subjektiven Rechtspositionen der Wohnungseigentümer ergibt, so daß von einer ,dreigliedrigen Einheit' auszugehen ist," was kein Widerspruch zu den anderen Entscheidungen ist (vgl. unten Rdn. 59), sondern lediglich den Unterschied zum schlichten Miteigentum betonen soll.

4. Innenverhältnis der Wohnungseigentümer

30 a) Wird das Wohnungseigentum nach der dem WEG zugrundeliegenden Vorstellung als besonders ausgestaltetes **Miteigentum an Grundstück und Gebäude** verstanden, so folgt daraus für das Innenverhältnis der Wohnungseigentümer zwingend, daß sie schuldrechtlich kraft Gesetzes in einer **Rechtsgemeinschaft – Bruchteilsgemeinschaft – i. S. der §§ 741 ff. BGB** stehen (so auch BGH JZ 1987, 463 m. A. Weitnauer = BGHZ 99, 90). So hat das auch das WEG gesehen (vgl. die „amtliche Begründung" zu § 10), indem es nicht nur die wichtigsten Vorschriften des Rechts der Gemeinschaft (§§ 743, 744, 745, 748) der Sache nach und im wesentlichen wörtlich übernimmt (vgl. § 10 Rdn. 1), sondern auch **hilfsweise auf die Vorschriften über die Gemeinschaft in § 10 Abs. 1 Satz 1 verweist,** von denen insbes. die zentrale Vorschrift des § 747 anwendbar ist. So konnte das WEG auch in diesem Punkte auf einer bekannten Rechtsform aufbauen, womit zugleich viele einzelne Fragen entschieden sind (vgl. unten Rdn. 57 ff.). Ohne in den Grundzügen von den Vorschriften über die Gemeinschaft abzuweichen, wandelt es diese nach den gegebenen Besonderheiten und Bedürfnissen ab, weshalb das Verhältnis der Wohnungseigentümer untereinander als eine **besonders ausgestaltete Bruchteilsgemeinschaft,** keinesfalls als Gesamthandsgemeinschaft zu charakterisieren ist, eine dogmatische Einordnung, aus der sich praktische Konsequenzen ergeben, so ist in BGHZ 109, 179 daraus hergeleitet, daß im Falle der vom BGH für möglich gehaltenen Entstehung eines isolierten Miteigentumsanteils keine Anwachsung entsprechend § 735 Abs. 1 BGB eintritt. Wichtige **Besonderheiten** sind insbes. die *Unauflöslichkeit* (§ 11 mit der notwendigen Ergänzung durch die §§ 18, 19) und die Ausstattung der Gemeinschaft mit *handlungsfähigen Organen* – Verwalter, Wohnungseigentümerversammlung, Verwaltungsbeirat – (§§ 20 ff.) und mit einer geordneten *Wirtschaftsführung* (§ 28).

31 Die Wohnungseigentümergemeinschaft ist als Bruchteilsgemeinschaft (so ausdrücklich BGHZ 99, 90 = JZ 1987, 463 m. A. Weitnauer; auch BGH NJW 1985, 484) ein **Schuldverhältnis,** und zwar ein gesetzliches, allerdings privatautonomer Gestaltung zugängliches Schuldverhältnis (dazu unten Rdn. 35), eine Beziehung vermögensrechtlicher Art, die aus der sachenrechtlichen Berührung der Wohnungseigentümer als Miteigentümer von Grundstück und Gebäude entspringt. In der Literatur, insbes. von Autoren, welche die Lehre von der gesamthänderischen oder der Gesamthand angenäherten Natur des Wohnungseigentums vertreten oder dieser Lehre nahestehen (so Bärmann-Pick-Merle Einl. Rdn. 654: „personenrechtliche Gemeinschaftsstellung"; Deckert Eigentumswohnung 3/7: „personenrechtliches Element der Beteiligung an der Eigentumswohnung"; Hurst AcP 1981, 169, 170 ff.), wird die Wohnungseigentümergemeinschaft teilweise als **„personenrechtliche" Gemeinschaft** bezeichnet. Dieser Aussage, deren rechtlicher Gehalt schwer zu fassen ist, ist nicht zuzustimmen. Das Gemeinschaftsverhältnis kann als Schuldverhältnis zutreffend erfaßt werden, insbes. steht diese Betrachtungsweise der Anerkennung von Schutz- und Treupflichten der Wohnungseigentümer untereinander nicht entgegen (vgl. § 10 Rdn. 12;

BayObLG MDR 1985, 501). Das BayObLG ist auf eine frühere, in die Richtung der personenrechtlichen Beziehung gehende Bemerkung (BayObLG 1965, 34) mit Recht nicht mehr zurückgekommen, eine Bemerkung in BGHZ 99, 90 = JZ 1987, 463 m. A. Weitnauer entbehrt des sachlichen Gehalts.

b) **Das Wort „Gemeinschaft"**, auch **„Wohnungseigentümergemeinschaft"** bezeichnet zunächst, dem Sprachgebrauch des BGB folgend (Überschrift über dem 15. Titel des 7. Abschnitts des 2. Buches des BGB) das **Schuldverhältnis**, das kraft Gesetzes entsteht, wenn „ein Recht mehreren gemeinschaftlich zusteht", und dessen Grundzüge vorstehend dargestellt worden sind. 32

Das Wort wird aber in Literatur und Rechtsprechung, auch der des BGH , noch in einem anderen Sinne verwendet, nämlich zur **Bezeichnung der Gesamtheit der Wohnungseigentümer**, fast so, als wäre diese „Gemeinschaft" eine rechtsfähige Personengruppe, so z. B. in BGHZ 106, 222, wo von einem „der Gemeinschaft der Wohnungseigentümer zustehenden Anspruch gegen den Verwalter" die Rede ist. Das ist solange unbedenklich, als man sich bewußt bleibt, daß die Wohnungseigentümergemeinschaft, wie jetzt wohl gänzlich unstreitig, kein Rechtssubjekt ist (näher dazu § 10 Rdn. 3), es sich also nur um eine vereinfachende, aber ungenaue Ausdrucksweise handelt und in Wahrheit die Wohnungseigentümer selbst in ihrer Gesamtheit gemeint sind.

c) Sind die Personen, die Wohnungseigentum nach § 3 WEG begründen wollen, z. Zt. der vertraglichen Einräumung des Sondereigentums **bereits Miteigentümer** (vgl. § 3 Rdn. 14), wie das bei Bauherrenmodellen die Regel ist, so stehen sie als Miteigentümer zunächst in der Rechtsgemeinschaft der §§ 741 ff. BGB. Spätestens mit der vollwirksamen Entstehung des Sondereigentums verwandelt diese sich in die strukturgleiche Wohnungseigentümergemeinschaft; diese Umwandlung tritt früher ein, wenn sich nach den Regeln der „werdenden" Wohnungseigentümergemeinschaft schon vorher eine solche bildet (vgl. dazu Anhang zu § 10; auch H. Müller, FS Seuß, S. 211 ff.) 33

d) Diese Gemeinschaft beruht **ausschließlich auf dem Miteigentum an Grundstück und Gebäude,** nicht auf der gemeinschaftlichen Innehabung von sonstigen Vermögenswerten, dem aus beweglichen Gegenständen bestehenden sog. „Verwaltungsvermögen" (offenbar a. M. Bärmann, Wohnungseigentümergemeinschaft, dazu unten Rdn. 44); nur für die mit Bezug auf Grundstück und Gebäude begründete Gemeinschaft kann § 10 Abs. 2 – Verdinglichung von Vereinbarungen durch Eintragung im Grundbuch – Geltung haben. 34

e) Die gesetzliche Ausgestaltung des Gemeinschaftsverhältnisses der Wohnungseigentümer ist – anders als z. B. im französischen Recht **– nicht zwingend.** § 10 Abs. 1 Satz 2 läßt von den Vorschriften des WEG abweichende oder diese ergänzende Vereinbarungen der Wohnungseigentümer zu; das gleiche gilt im Falle der Begründung von Wohnungseigentum nach § 8 WEG für die Bestimmungen, die der teilende Eigentümer zunächst einseitig treffen kann und die dann mit der Entstehung einer wirklichen Wohnungseigentümergemeinschaft, also mit der ersten Veräußerung eines der neu gebil- 35 deten Wohnungseigentumsrechte die Wirkung vertraglicher Bestimmungen erlangen (§ 8 Abs. 2 Satz 1 WEG). Das WEG hat sich also, was eine **grundsätzlich wichtige Entscheidung** war, **für die Vertragsfreiheit,** für die Zulässigkeit parteiautonomer Gestaltung, entschieden. Allerdings läßt es nur Vereinbarungen zu, welche das Verhältnis der Teilhaber der Bruchteilsgemeinschaft betreffen, die sich also im Rahmen der Struktur einer solchen Gemeinschaft halten; ausgeschlossen sind daher Vereinbarungen, die das Verhältnis zu Dritten betreffen – ausgenommen Vereinbarungen zugunsten eines Dritten i. S. des § 328 BGB (vgl. § 10 Rdn. 38) –, ebenso Vereinbarungen, die der Gemeinschaft den Charakter einer Gesamthandsgemeinschaft verleihen würden. Die Vereinbarungen, welche die gesetzliche Regelung ersetzen oder ergänzen, sind ebenso wie diese schuldrechtlicher Natur.

36 f) Diese Vereinbarungen, für die sich allgemein die Bezeichnung **„Gemeinschaftsordnung"** durchgesetzt hat, wirken nach § 5 Abs. 4 i. V. mit § 10 Abs. 2 WEG gegen den Sondernachfolger eines Wohnungseigentümers nur, wenn sie **„als Inhalt des Sondereigentums" in das Grundbuch eingetragen** sind. Auch das ist keine grundsätzliche Änderung gegenüber dem Recht des BGB: Nach **§ 1010 BGB** sind beim Miteigentum an Grundstücken abweichend vom § 746 BGB Vereinbarungen der hier gedachten Art gegen den Sondernachfolger eines Miteigentümers nur wirksam, wenn sie **„als Belastung** des Miteigentumsanteils" eingetragen sind. Da nie ganz geklärt war, was diese „Belastung" bedeutet, da aber jedenfalls feststand, daß diese Belastung in einem Rangverhältnis zu anderen Belastungen steht (vgl. K. Schmidt in MünchKomm § 1010 Rdn. 9), war diese Art der Eintragung für das Wohnungseigentum ungeeignet. Das WEG hat deshalb nach dem Vorbild der ErbbauVO (§§ 2, 14) bestimmt, daß die Vereinbarungen als **„Inhalt des Sondereigentums"** und damit des Wohnungseigentums einzutragen sind. Infolgedessen haben sie keinen Rang, sie bleiben also im Falle der Zwangsversteigerung eines Wohnungseigentums bestehen; anderseits unterliegen sie aber den **Bestimmungen der §§ 877, 876 BGB,** wie § 9 Abs. 2 WEG zeigt und in der Rechtsprechung anerkannt ist (BGHZ 73, 145; 91, 343 = JZ 1984, 1113 m. A. Weitnauer), sie bedürfen also, wenn ein Miteigentumsanteil selbständig belastet ist, der Zustimmung dieses Berechtigten.

37 g) Ihren Charakter als **schuldrechtliche Vereinbarungen** verlieren sie durch die Eintragung in das Grundbuch nicht, auch wenn der Vorgang nicht selten als **„Verdinglichung"** bezeichnet wird; die „dingliche Wirkung" besteht, wie das BayObLG in einer Entscheidung vom 27. 3. 1984 (DWEigt 1984, 124) mit Recht ausgeführt hat, „nur in der Bindung des Sondernachfolgers des verfügenden Wohnungseigentümers". Durch die Eintragung werden sie also weder zu dinglichen Rechten, etwa Dienstbarkeiten, noch führen sie zur Nichtigkeit von mit ihnen nicht vereinbaren Rechtsgeschäften (so zutreffend BayObLG a. a. O.); vielmehr unterliegen sie den Regeln für schuldrechtliche Ansprüche, für die Übertragung gelten also die §§ 398, 399 BGB, für die Aufhebung ist ein Erlaßvertrag (§ 397 BGB) erforderlich, ein einseitiger Verzicht (wie im Sachenrecht, § 875 BGB) nicht genügend. Vgl. im übrigen die Erl. zu § 10 Rdn. 46ff., § 15 Rdn. 29ff., allgemein zu „verdinglichten Schuldverhältnissen" Weitnauer in Festschrift für Karl Larenz,

München 1983, S. 705ff.; Canaris in Festschrift für Flume (Köln 1978) S. 371ff.

5. Ergänzende dogmatische Betrachtungen

a) Die vorstehend dargestellte Auffassung, wonach das Wohnungseigentum als ein besonders ausgestaltetes Miteigentum, die Wohnungseigentümergemeinschaft als eine besonders ausgestaltete Bruchteilsgemeinschaft verstanden wird, ist in die Rechtsprechung übergegangen (oben Rdn. 28) und hat auch in der Literatur weitgehend **Zustimmung** gefunden, so bei **Paulick** AcP 152, 420; **Baur**, Sachenrecht, § 29 B; **Wolff-Raiser**, Sachenrecht, § 89; **Westermann,** Sachenrecht, § 68 I; **Erman-Ganten** § 1 WEG Rdn. 1ff.; **Palandt-Bassenge** Vor § 1 WEG Rdn. 3; **Tresper** S. 25ff.; **Ertl-KEHE** Einl. E 5; **Horber-Demharter**, GBO, Anh. zu § 3 Rdn. 1, 8; **Soergel-Baur** BGB § 1 WEG Rdn. 2 („besonders gestaltetes Miteigentum an einem bebauten Grundstück"); **Soergel-Stürner,** BGB, § 1 WEG Rdn. 2b („. . . keine Veranlassung, von der Konstruktion des historischen Gesetzgebers abzulassen, der vom Bruchteilsmiteigentum, ausgegangen ist".) – **Henkes/Niedenführ/Schulze,** WEG, § 1 Rdn. 4 („auf der Grundlage des Bruchteilsmiteigentums") – **MünchKomm-Röll,** WEG, § 5 Rdn. 2 („besonderes Miteigentum, wobei mit jedem Miteigentumsanteil Sondereigentum. . . verbunden ist") – **Münzberg in Stein-Jonas**, ZPO, § 864 Rdn. 15 („Ein besonders ausgestalteter Miteigentumsanteil an einem Grundstück ist das Wohnungseigentum"). 38

b) Es werden in der Literatur aber auch **erheblich abweichende Meinungen** vertreten, von denen die wichtigsten im folgenden zu erörtern sind. 39

Wesenberg (DRZ 1951, 123) wollte das entscheidende Merkmal des Wohnungseigentums in der Möglichkeit einer vertraglichen Veräußerungsbeschränkung (§ 12 WEG) und in der Entziehungsklage (§ 18 WEG) sehen und darin Ansätze für ein „Ober- und Untereigentum" finden. Diese Betrachtungsweise trifft aber die Sache nicht und hat auch keine Nachwirkung gehabt .

Börner (Das Wohnungseigentum und der Sachbegriff des bürgerlichen Rechts, Festschrift für Dölle, Tübingen 1963, S. 201ff.) hält die dem WEG zugrundeliegende Konstruktion für verfehlt und deshalb für die wissenschaftliche Beurteilung nicht bindend („Caesar non supra grammaticos"). Nach seiner Auffassung soll der Gegenstand des Sondereigentums eine selbständige, durch die vertikalen und horizontalen Grenzen bestimmte, unbewegliche, grundstücksgleiche Sache und die Hauptsache sein, der der Miteigentumsanteil am Grundstück als wesentlicher Bestandteil zugeordnet erscheint. Eine solche Betrachtungsweise, wie sie dem Entwurf BTDr. 252 und möglicherweise dem älteren französischen Recht eigen war –, nicht dem modernen französischen Recht, das eindeutig von „copropriété des immeubles bâtis" handelt – ist dogmatisch nicht unmöglich, aber mit der aktuellen gesetzlichen Lösung unvereinbar, die aus wohlerwogenen Gründen den Miteigentumsanteil als die Rechtszuständigkeit bestimmend gewählt hat. Börners Ansicht führt auch im einzelnen zu Schwierigkeiten (so auch Baur, Sachenrecht, § 29 B I 2). 40

41 Ähnlich nimmt **Röll** (MünchKomm Vor § 1 WEG Rdn. 14ff.) an, es sei „von nur zwei Hauptelementen auszugehen, nämlich dem Sondereigentum und dem Gemeinschaftsverhältnis". Mit letzterem ist wohl die *Teilhabe* an dem Gemeinschaftsverhältnis gemeint, das durch das Miteigentum an Grundstück und Gebäude begründet wird, weshalb dieses nicht aus dem Blick geraten darf. Als wichtigste Folgerung leitet Röll aus seiner *„Einheitstheorie"* ab, daß die im Wege der Gebrauchsregelung geschaffenen „Sondernutzungsrechte" (dazu § 15 Rdn. 25ff.) „unmittelbare sachenrechtliche Wirkung" hätten, was nach der hier (oben Rdn. 37) vertretenen Meinung nicht zutreffen kann. Entgegen seinem theoretischen Ansatz übersieht Röll in den praktischen Konsequenzen keineswegs die Existenz des Bruchteilsmiteigentums am Grundstück und die Möglichkeit, allein über dieses zu verfügen (a.a.O. § 1 Rdn. 19ff.).

42 **Dulckeit** (Die Verdinglichung obligatorischer Rechte, Tübingen 1951, S. 70ff.) erkannte zwar an, daß vom Bruchteilsmiteigentum auszugehen sei, wollte aber den Miteigentümern nur dienstbarkeitsartige Benutzungsrechte an bestimmten Gebäudeteilen verbunden mit einem Recht zum Zugriff auf die Substanz gewisser Bestandteile des Gebäudes zugestehen; damit wäre man aber nicht weit genug über Art. 131 EGBGB hinausgekommen, hätte aber doch andererseits ein Recht gewährt, das – ähnlich wie im schweizerischen Stockwerkseigentum (vgl. Hauger, Schweiz. Stockwerkseigentum S. 13ff.) – dem Eigentum zugerechnet werden muß.

43 Eine von der hier vertretenen grundverschiedenen Konzeption des Wohnungseigentums hat **Bärmann** in seinen Kommentaren, Monographien und Abhandlungen (s. das Literaturverzeichnis), zuletzt in seiner Abhandlung „Zur Theorie des Wohnungseigentums" (NJW 1989, 1057) und in seinem posthum erschienenen Kurzlehrbuch mit seiner **Lehre von der dreigliedrigen Einheit des Wohnungseigentums**" (in der ersten Auflage seines Kommentars, S. 157, auch als „Trinität" bezeichnet) verfolgt. Zwar geht auch er davon aus, daß das Wohnungseigentum aus drei Elementen, dem Miteigentumsanteil an Grundstück und Gebäude, dem Sondereigentum und der Teilhabe an dem Gemeinschaftsverhältnis besteht, ihr Verhältnis zueinander aber sieht er als eine Art von höherer Einheit an, so, daß es sich „um einen neuen „Einheitsbegriff" handelt, in dem die vom Gesetz selbst angesprochenen Elemente des Miteigentumsanteils, des Sondereigentums und der Mitgliedschaft in der Gemeinschaft zusammengefaßt sind" (Zuordnung S. 22), als „Mitgliedschaftsrecht" in einem der Gesamthand angenäherten Personenverband sui generis, das alle sachen- und schuldrechtlichen Rechte und Pflichten in sich aufnimmt (Zuordnung S. 35, 39) und keinem bekannten Typ einer Personenvereinigung unterstellt werden kann (Zuordnung S. 25/26), sondern ein „Rechtsinstitut neuer eigener Art" ist (Kurzlehrbuch S. 16). Das Wohnungseigentum soll also – so ist das wohl zu verstehen – an einer nicht näher definierten Stelle zwischen dem Bruchteilsmiteigentum i. S. d. § 1008 BGB und der Gesamthandsberechtigung dogmatisch einzuordnen sein.

44 Ein solches Verständnis des WEG ist aber weder mit seinem Wortlaut noch mit seiner Entstehungsgeschichte vereinbar, die damit postulierte Zwischen- oder Zwitterstellung ist aus rechtsdogmatischen und rechtslogischen Gründen nicht möglich. Bruchteilsmiteigentum und Gesamthandsberechti-

gung sind „unvereinbare Gegensätze" (so K. Schmidt, MünchKomm § 741 Rdn. 5), sie sind „inkommensurabel" (so Flume, Die Personengesellschaft, S. 112/113); der wesentliche Unterschied besteht darin, daß bei jener der Teilhaber über seinen Anteil an dem gemeinschaftlichen Gegenstand frei verfügen kann (§ 747 Satz 1 BGB), während bei dieser eine Verfügung nur über den Anteil an der gesamthänderisch gebundenen Vermögensmasse im ganzen möglich ist (§§ 719, 2033 BGB), das in das Gesellschaftsvermögen eingebrachte Individualeigentum verwandelt sich in ein unkörperliches Recht, den Anteil am Gesellschaftsvermögen, „la société écrase la propriété", wie ein französisches Rechtssprichwort treffend sagt (Nachweis bei Schober, PiG 24, S. 15 FN 14). Ein weiterer Unterschied besteht darin, daß die Gemeinschaft ein gesetzliches Schuldverhältnis ist, die Gesellschaft aber nur durch Vertrag begründet werden kann. Der Streit um die richtige Einordnung ist kein Glasperlenspiel. Bärmann hat mit seiner Lehre sachliche Ergebnisse erreichen wollen, nämlich der Wohnungseigentümergemeinschaft Rechts- und Parteifähigkeit, mindestens teilweise, verschaffen wollen, er wollte die Frage, wie im Falle einer Veräußerung des Wohnungseigentums die Pflicht zur anteiligen Lasten- und Kostentragung zwischen den Parteien zu verteilen ist, entgegen der Rechtsprechung in Analogie zur Haftung des neu eintretenden Gesellschafters lösen und er wollte hinsichtlich des Anteils des Wohnungseigentümers am sog. „Verwaltungsgemeinschaftsvermögen" im Falle der Veräußerung des Wohnungseigentums einen Übergang kraft Gesetzes eintreten lassen. Die Rechtsprechung ist ihm in allen drei Punkten nicht gefolgt; hierzu wird auf die Erläuterungen zu § 10 Rdn. 15, § 16 Rdn. 45ff., § 1 Rdn. 9 verwiesen. Auch Bärmanns These, daß das Wohnungseigentum ein Mitgliedschaftsrecht sei, hat sich nicht durchsetzen können; das BayObLG hat ihr in BayObLGE 1984, 198 nachdrücklich widersprochen.

Schulze-Osterloh (Das Prinzip der gesamthänderischen Bindung, München 1972) will das Wohnungseigentum den Gesamthandsgemeinschaften zuordnen, ausgehend von der These, daß jedesmal dann, wenn mehreren mehr als ein Vermögensgegenstand gemeinschaftlich zusteht, eine Gesamthandsberechtigung vorliege. Diese These hat mit Recht keinen Beifall gefunden; ablehnend insbes. K. Schmidt in MünchKomm § 741 Rdn. 5; P. Ulmer in MünchKomm Vor § 705 Rdn. 92; Flume, Die Personengesellschaft, S. 119; ohne weitere Begründung zustimmend Wiedemann, Juristische Person und Gesamthand, Sonderbeilage zu WM Nr. 4/1975. Die Auffassung von Schulze-Osterloh ist mit dem geltenden Recht unvereinbar und führt zu verwirrenden und unangemessenen Ergebnissen, für das Wohnungseigentum insbesondere dazu, daß das Grundstück als Sache in dem Gesamthandsvermögen aufgehen und die Belastung des Wohnungseigentums als Miteigentumsanteil mit Grundpfandrechten unmöglich gemacht würde. **45**

Als ein **grundstücksgleiches Mitgliedschaftsrecht** will **Merle** (Das Wohnungseigentum im System des bürgerlichen Rechts, Berlin 1979, besprochen von Weitnauer in NJW 1980, 1675) das Wohnungseigentum auffassen. Er lehnt die Betrachtungsweise sowohl von Börner (oben Rdn. 40) als auch von Schulze-Osterloh (oben Rdn. 45), aber auch die *„Normvorstellungen des Gesetzgebers" von der „Prädominanz des Miteigentums"* ab (S. 165) und versteht das **46**

Wohnungseigentum in Fortführung von Bärmanns Gedanken, der allerdings Merle vorwirft, ihn mißverstanden zu haben (Wohnungseigentümergemeinschaft S. 264f.: "... von falschen Voraussetzungen ausgeht"), als ein Mitgliedschaftsrecht, das die Teilhabe an der Gemeinschaft wie auch die sachenrechtliche Stellung aus Miteigentum und Sondereigentum und den Anteil an dem als gesamthänderisch gebunden gedachten „Verwaltungseigentum" umfaßt (vgl. dazu § 1 Rdn. 6ff.). Damit wird das Wohnungseigentum zu einem unkörperlichen Recht, das als grundstücksgleiches Recht behandelt werden soll, es wird ihm, was ihm aber kaum dienlich ist, die Eigentumsqualität abgesprochen. Die Folgerungen weichen in den meisten Punkten nicht von denen der von Merle abgelehnten Normvorstellungen des Gesetzgebers ab, wohl aber in einem entscheidenden Punkt: Rechtliche Verfügungen über das Grundstück als solches sollen nicht mehr möglich sein (S. 193) also z. B. nicht die Abtretung einer Parzelle des gemeinschaftlichen Grundstücks für Straßenzwecke. Verfügungen, die vom Gesetzgeber als möglich angesehen worden sind, wie § 3 WGBV zeigt, und die auch möglich sein müssen (Beispiel BayObLG 1974, 118). Der dogmatische Ansatz von Merle erweist sich damit, so interessant er sein mag, m. E. als undurchführbar; auch ist zu fragen, ob es Sache der Jurisprudenz sein kann, grundstücksgleiche Rechte zu schaffen (ablehnend auch Sauren NJW 1985, 180). Merle kommt aber das Verdienst zu, den Gedanken der gesamthänderischen Bindung beim Wohnungseigentum folgerichtig zu Ende gedacht zu haben.

47 Geradezu umstürzende Thesen bezüglich der dogmatischen Einordnung des Wohnungseigentums trägt **Junker** in seiner Schrift „Die Gesellschaft nach dem Wohnungseigentumsgesetz" (München 1993) vor. Er will das Wohnungseigentum nicht als besonders ausgestaltetes Bruchteilseigentum, sondern als Anteil an einer „dinglichen Gesellschaft" verstanden wissen, einer bisher unbekannten, durch das WEG neu geschaffenen Gesellschaftsform (S. 75), die sich von den bisher bekannten Gesellschaftsformen darin unterscheidet, daß ihre Anteile „in der Bestimmung ihres Inhaltes wie in ihrer Aufteilung die dingliche Rechtszuständigkeit an einem Gebäude bestimmen" (S. 75/76); das WEG habe den „numerus clausus der dinglichen Rechte damit um den dinglichen Anteil an der GWEG erweitert". Diese dingliche Gesellschaft, die Junker „Gesellschaft nach dem WEG" – GWEG – nennt, werde begründet entweder durch den in § 3 Abs. 1 WEG geforderten nach § 4 WEG der Form des § 925 BGB bedürfenden Vertrag der Miteigentümer eines Grundstücks über die Einräumung von Sondereigentum (S. 153) oder gem. § 8 WEG als Einmanngesellschaft (S. 75, 159); sie sei keine Zufallsgemeinschaft, sondern ein „zweckorientierter Zusammenschluß auf rechtsgeschäftlicher Grundlage" (S. 83ff.). Das Wohnungseigentum als „dinglicher Gesellschaftsanteil" (S. 75) bestehe „aus dem Anteil am gemeinschaftlichen Eigentum, das sämtliche (sc. gemeinschaftliche) Vermögenswerte mit Ausnahme des Sondereigentums umfaßt, und dem Sondereigentum" (S. 75). Trotz gleicher Benennung wird aber unter **Sondereigentum etwas gänzlich anderes** verstanden als nach bisherigem allgemeinen Verständnis, nämlich nicht Eigentum i. S. d. § 903 BGB, sondern eine auf Gesellschaftsrecht beruhende, nicht als beschränktes dingliches Nutzungsrecht zu verstehende (S. 68) unmittelbare und ausschließliche Herrschaftsmacht über die zu Sondereigentum zugeordneten Räume und Gebäudebestandteile (§ 5 WEG), kraft deren der jeweilige Wohnungseigentümer dies nutzen und in gewissem Maße in ihre Substanz eingreifen könne (S. 69), während das gemeinschaftliche Eigentum gesamthänderisch gebunden sei (S. 78ff., 103). Zu dem letzterwähnten Punkt beruft sich Junker insbesondere auf die Lehre von Schulze-Osterloh (vgl. oben Rdn. 45), wonach eine Gesamthandsgemeinschaft schon dann entstehe, wenn den Mitberechtigten mehr als ein Gegenstand gemeinschaftlich zusteht (S. 99ff.). Grundbuchmäßig soll der dingliche Gesellschaftsanteil zusammen mit den das Sondereigentum betreffenden dinglichen Vereinbarungen im Grundbuch eingetragen werden (S. 106f.).

Das vorstehend in seinen Grundzügen geschilderte Gedankengebäude stellt Junker nicht als ein Spiel mit Möglichkeiten für eine neue Konzeption des Wohnungseigentums vor, sondern als die zutreffende Interpretation des geltenden WEG. Er verkennt nicht, daß der Gesetzgeber des WEG nicht beabsichtigt hat, die GWEG als neue Gesellschaftsform zu schaffen (S. 209). Er hält aber eine so weitgehende Umformung eines Gesetzes im Wege der Auslegung nach den modernen Anschauungen über Auslegungsmethoden für zulässig und im konkreten Fall für geboten, weil der Wille des Gesetzgebers keine Berücksichtigung finden könne, wenn seine Verwirklichung rechtlich unmöglich sei (S. 203f.). Das aber sei hier der Fall: „Der Gesetzgeber konnte mit dem Sondereigentum i. S. d. § 5 WEG kein Eigentum i. S. des bürgerlichen Rechts schaffen. Der luftleere Raum ist nicht eigentumsfähig“ (S. 205). 48

Mit diesen beiden Sätzen hat Junker den entscheidenden Grund für seine These, daß eine andere dogmatische Einordnung gesucht werden müsse, ausgesprochen. Entscheidend für ihn ist, daß an Räumen – er spricht merkwürdigerweise verschiedentlich (so an der eben zitierten Stelle und S. 7) von „luftleerem Raum“ – bürgerliches Eigentum und somit auch Sondereigentum nicht bestehen könne, weil Räume keine Sachen seien. In Übereinstimmung mit E. Wolf (oben Rdn. 20) kommt er zu dem Ergebnis, daß das WEG, weil es auf dem Sondereigentum an Räumen aufbaut, im ganzen gescheitert und unwirksam sei. 49

Im Gegensatz zu E. Wolf bleibt er aber bei diesem Ergebnis nicht stehen. Er will das WEG und das Wohnungseigentum retten, indem er ihm eine andere dogmatische Einordnung unterlegt, eben die als Anteil an einer dinglichen Gesellschaft (S. 71ff.). Die objektive Regelung des WEG – so führt Junker (S. 265) aus – „enthält ... alle Voraussetzungen für die Schaffung einer neuen Gesellschaftsform. Allein diese objektive Regelung kann für die Auslegung des WEG und die dogmatische Einordnung der durch dieses Gesetz geschaffenen Rechtsfiguren entscheidend sein“. 50

Das zweite und das dritte Kapitel sind der Erörterung von Problemen gewidmet, die sich für Junker aus seiner Sicht des Wohnungseigentums ergeben; so bejaht er das Vorliegen der Voraussetzungen einer Gesellschaft (S. 81ff.) und hält die Regelung der §§ 10ff. WEG als Regelungswerk für eine Gesellschaft tauglich (S. 144ff.). Diesen Einzelfragen kann hier nicht nachgegangen werden. Das ist auch nicht nötig, weil das Grundkonzept der Arbeit einer kritischen Prüfung nicht standhält, sowohl was das Sondereigentum an Räumen als auch was die „dingliche Gesellschaft“ betrifft. 51

Die These, daß es im deutschen bürgerlichen Recht kein **Eigentum an** 52

Räumen und deshalb auch kein Sondereigentum geben könne, läßt sich nicht halten. Zwar ist es richtig, daß Räume keine Sachen sind; aber das BGB bringt in § 905 klar zum Ausdruck, daß die positive und die negative Herrschaftsmacht, die das Eigentum gewährt, sich auf den „Raum über der Oberfläche" erstreckt, also auch in bezug auf Räume ausgeübt werden kann. § 865 BGB stellt klar, daß die Vorschriften über den Besitzschutz auch zugunsten desjenigen gelten, welcher einen Teil einer Sache, „insbesondere abgesonderte Wohnräume und andere Räume" besitzt, setzt also ohne weiteres voraus, daß an Räumen Besitz möglich ist. Im selben Sinne bestimmt § 580 BGB, daß grundsätzlich die Vorschriften über die Miete von Grundstücken „auch für die Miete von Wohnräumen und anderen Räumen" gelten. Wenn Besitz an Räumen möglich ist, muß auch Eigentum an Räumen möglich sein. Mag man aber auch über die Auslegung der erwähnten Vorschriften streiten können, so ist doch unbestreitbar, daß die Verkehrsanschauung das Eigentum an Räumen anerkennt. In mehr als 40 Jahren sind auf der Grundlage des WEG annähernd insgesamt 3 Millionen Eigentumswohnungen und Teileigentumseinheiten erstellt worden, ihre Eigentümer verstehen sich als Eigentümer der Räume innerhalb ihrer vier Wände. Stünde diese Rechtsüberzeugung nicht in Übereinstimmung mit dem geschriebenen Recht, so wäre sie jedenfalls durch Gewohnheitsrecht gestützt und könnte durch bloßes „Richterrecht" nicht mehr umgestoßen werden.

53 Selbst wenn es aber richtig wäre, daß die vom WEG ermöglichte Einräumung von Sondereigentum an Räumen mit dem bis dahin geltenden Recht nicht in Einklang stehe, würden sich daraus nicht die von Junker gezogenen Folgerungen ableiten.

54 Zunächst wäre zu bedenken, daß der (einfache) Gesetzgeber durch nichts, weder unter verfassungsrechtlichen Gesichtspunkten noch durch die Denkgesetze noch durch die Natur der Sache, gehindert ist, den Eigentumsbegriff so zu erweitern, daß das Eigentum sich auch auf Räume in Gebäuden erstreckt. Wäre das bis dahin nicht der Fall gewesen, dann hätte das WEG die entsprechende Klarstellung gebracht.

55 Auch die übrigen von Junker angeführten Argumente gegen die Anerkennung des Sondereigentums als Eigentum vermögen nicht zu überzeugen.

Entgegen Junker (S. 21 ff.) ist es nicht widersprüchlich, an demselben Gebäude Miteigentum und Sondereigentum anzuerkennen; vielmehr ist dies, da das Akzessionsprinzip kein zwingender Rechtssatz ist (oben Rdn. 17 ff.), durchaus möglich, wenn es sich um verschiedene Gebäudeteile handelt. Die Beschränkungen in der Ausübung der Nutzungs- und Verfügungsbefugnisse, denen der Wohnungseigentümer hinsichtlich seines Sondereigentums unterliegt (Junker S. 37 ff.), gehen naturgemäß weiter als die des Eigentümers eines Einfamilienhauses; aber sie sind weit davon entfernt, das Sondereigentum zum leeren Recht zu machen. Die §§ 18, 19 WEG (Junker S. 62 ff.) sind der Ausgleich dafür, daß die Bruchteilsgemeinschaft keine Anwachsung kennt; eine verwandte Regelung findet sich unangefochten im Heimfallanspruch nach §§ 2 Nrn. 4, 32, 33 ErbbVO. Die Kritik von E. Wolf beruht auf einer verfehlten Überbewertung des Akzessionsprinzips. Die Einwendungen gegen die Möglichkeit des Eigentums an Räumen erweisen sich somit als unbegründet, der Lehre von der dinglichen Gesellschaft ist der Boden entzogen.

Diese Lehre selbst ist **systemwidrig und überflüssig**. Die Gesellschaft ist 56
ein Schuldverhältnis, aus dem schuldrechtliche Rechte und Pflichten erwachsen. Was Junker mit dem Zusatz „dinglich" sagen will, wird nicht klar. Er braucht diese Neuschöpfung, um sie als Auffangstellung für die nach seiner Vorstellung gescheiterte Begründung von Wohnungseigentum durch Einräumung von Sondereigentum einzusetzen. Er hat aber nicht erklärt, warum er gerade diese Lösung mit ihrem Systemwechsel vom Bruchteilsmiteigentum zum Gesamthandseigentum gewählt hat. Dabei liegt eine systemimmanente Lösung ganz nahe. Der Gesetzgeber des BGB hat sie selbst gewiesen, und zwar in **Art. 131 EGBGB**. Als Ersatz für das verpönte Stockwerkseigentum alter Art (Art. 189 EGBGB) hat er den Landesgesetzgeber ermächtigt, für den Fall des Bruchteilsmiteigentums an einem Grundstück eine unauflösliche Gemeinschaft mit „verdinglichter" Verwaltungs- und Benutzungsregelung zu schaffen, was dem Wohnungseigentum nahekommt (dazu oben Rdn. 5, 12, 20, 23) und auch dem Bundesgesetzgeber offengestanden hätte. Gesetzt den unwahrscheinlichen Fall, daß die Begründung von Sondereigentum an Räumen für unwirksam erachtet würde, wäre es der nächstliegende und gegebene Ausweg, das Wohnungseigentum in unechtes Stockwerkseigentum i. S. d. Art. 131 EGBGB umzudeuten, das Sondereigentum wäre durch Sondernutzungsrechte zu ersetzen. Im übrigen brauchte sich nichts zu ändern. Eine solche Lösung gehört in kleinem Maßstab zum Wohnungseigentümeralltag. So hat das OLG Hamm (WE 1992, 82) die unwirksame Bestimmung einer Gemeinschaftsordnung, nach der Außenfenster dem Sondereigentum zugeordnet waren, als Übernahme der Instandhaltungspflicht, das BayObLG (DWEigt. 1984, 30) die unwirksame Einräumung von Sondereigentum an einem Stellplatz im Freien als Sondernutzungsrecht aufrechterhalten. Der dinglichen Gesellschaft bedarf es nicht. Im übrigen ist zu verweisen auf Weitnauer, WE 1994, 33.

6. Zusammenfassung und weitere Folgerungen

a) Das **Ergebnis** der vorhergegangenen Erörterungen läßt sich wie folgt 57
zusammenfassen:

Das Wohnungseigentum kann, durchaus gemäß dem Wortlaut des WEG und im Sinne der bei seiner Schaffung maßgeblichen Vorstellungen, widerspruchsfrei und mit praktisch brauchbaren Ergebnissen als ein **besonders ausgestaltetes Miteigentum** nach Bruchteilen (§1008 BGB), die Gemeinschaft der Wohnungseigentümer kann als eine **besonders ausgestaltete Bruchteilsgemeinschaft** i. S. der §§ 741 ff. BGB verstanden werden, was sich übrigens auch darin zeigt, daß die Teilhaber einer solchen ihr Verhältnis untereinander im Wege der Regelung der Verwaltung und Benutzung (§§ 746, 1010 BGB) entsprechend den Vorschriften des WEG regeln könnten. Mit der Zulassung von Sondereigentum hat das WEG bewußt und ausdrücklich (§ 3 WEG) das Akzessionsprinzip durchbrochen, um den Wohnungseigentümern nicht nur ein Benutzungsrecht, sondern einen Zugriff auf die Substanz zu gewähren; der Gesetzgeber ist dabei keineswegs, wie seinerzeit Dulckeit meinte (Die Verdinglichung obligatorischer Rechte, Tübingen 1951, S. 75), einer „in falscher Weise historisierenden terminologischen Begriffsverschiebung zum Opfer gefallen". Als Miteigentum an einem Grundstück ist es ebenso wie als Sondereigentum **Eigentum an einem Grundstück** i. S. des § 903 BGB, auch i. S. von Art. 14 GG (vgl. dazu Bärmann, FS Seuß, S. 19ff., Grundgesetz und Wohnungseigentumsrecht, dem ich allerdings in vielen Überlegungen nicht zu folgen vermag; Depenheuer WE 1994, 124 Wohnungseigentum und Verfassungsrecht), nicht ein grundstücksgleiches Recht; als Miteigentumsanteil an einem Grundstück unterliegt es den für diese geltenden Regeln, insbes. kann es mit einer Hypothek oder einem sonstigen Grundpfandrecht belastet werden (§ 1114 BGB).

58 Das **Gemeinschaftsverhältnis** der Wohnungseigentümer beruht auf ihrer Mitberechtigung am Grundstück, es ist strukturell eine Bruchteilsgemeinschaft und ein Schuldverhältnis, das zwischen den jeweiligen Wohnungseigentümern entsteht und besteht. Es kann **nicht als Gesamthandsgemeinschaft** gedacht werden, auch besteht kein Anlaß, es in ein „personenrechtliches" Gemeinschaftsverhältnis umzudeuten oder zu überhöhen, was immer das bedeuten mag.

59 b) Das Wohnungseigentum ist ein nicht unkompliziertes, nach BGH NJW 1981, 282 „ein kompliziertes Gebilde", das sich aus **drei Elementen** zusammensetzt: **Miteigentumsanteil, Sondereigentum und Teilhabe an der Gemeinschaft**, die untrennbar zusammengehören; insofern kann es mit Bärmann als eine **„dreigliedrige Einheit"**, bezeichnet werden (oben Rdn. 43). Eine „dualistische", d. h. die schuldrechtliche, in der Teilhabe an der Gemeinschaft bestehende Komponente verkennende oder vernachlässigende Theorie habe ich – entgegen Bärmanns Unterstellung (z. B. Zuordnung S. 21) – nie, weder in diesem Kommentar noch sonst, vertreten (vgl. die 1. Auflage 1951, Vor § 1 Rdn. 17, 18; § 10 Rdn. 1ff.; auch FS Seuß, S. 296ff.). Das bedeutet aber nicht, daß die drei Elemente zu einer Einheit höherer Ordnung verschmolzen würden derart, daß sie ihre Selbständigkeit verlören. Das Wohnungseigentum ist auch **kein starres System**; die gesetzliche Konstruktion wahrt eine erhebliche Beweglichkeit und läßt Verfügungen nicht nur über das Wohnungseigentum als Ganzes – z. B. durch Veräußerung und Belastung – zu, sondern es kann auch jedes der drei Elemente für sich Gegenstand von Veränderungen sein. Dies zeigt die folgende **Übersicht**:

60 Wohnungseigentum kann **als Ganzes veräußert** werden; dies geschieht durch Auflassung des Miteigentumsanteils und Eintragung im Grundbuch (§§ 925, 873 BGB). Mit dem sachenrechtlichen Erwerb wird der neue Eigentümer Teilhaber der Wohnungseigentümergemeinschaft und scheidet der frühere aus dieser aus. Wohnungseigentum kann mit **Grundpfandrechten** belastet werden (§ 1114 BGB), es kann auch herrschendes oder dienendes Grundstück einer Dienstbarkeit sein. Wohnungseigentumsrechte können ohne Zustimmung der anderen Wohnungseigentümer **geteilt** (BGHZ 49, 250; BayObLGE 1977, 1) oder zu einem einheitlichen Recht **vereinigt** werden (§ 890 BGB), auch kann aus Teilen von Wohnungseigentumsrechten ein neues Wohnungseigentumsrecht gebildet werden (BayObLG 1976, 227).

Die **Miteigentumsquoten** können ohne Änderung des Sondereigentums geändert werden (BGH NJW 1976, 1976; 1986, 2759; BayObLG DNotZ 1983, 752; OLG Hamm ITelex 1987/10/61). Der **Gegenstand des Sondereigentums** kann mit oder ohne Änderung der Miteigentumsquoten verändert werden, z. B. durch Tausch von Kellerräumen oder Garagen (BayObLG 1973, 267; BGH NJW 1986, 2759; OLG Celle DNotZ 1975, 42). Sondereigentum kann in gemeinschaftliches Eigentum **überführt** werden und umgekehrt (BayObLG 1973, 267; BayObLGE 1986, 441). **Reale Teile des gemeinschaftlichen Grundstücks** können **abveräußert** (dazu § 3 Abs. 5 WGBV), ein Grundstück kann **hinzuerworben** und mit dem gemeinschaftlichen Grundstück **vereinigt** werden, das gemeinschaftliche Grundstück kann auch mit einer **Dienstbarkeit** belastet werden. **61**

Die zum Inhalt des Sondereigentums gemachte **Gemeinschaftsordnung** kann später durch Vereinbarung der Wohnungseigentümer **geändert,** auch gänzlich aufgehoben und durch eine neue ersetzt werden (OLG Hamm ITelex 1987/10/61), was als Änderung des Inhalts des Sondereigentums unter Beachtung der §§ 877, 876 BGB geschehen muß (BGHZ 91, 343). Innerhalb der Wohnungseigentümergemeinschaft können **Ansprüche aus der Gemeinschaftsordnung,** z. B. aus einem sog. „Sondernutzungsrecht“ **übertragen** werden (BGHZ 73, 145). **62**

c) Wird das Wohnungseigentum als besonders ausgestaltetes Bruchteilsmiteigentum in Verbindung mit der Teilhabe an einer besonders ausgestalteten Bruchteilsgemeinschaft verstanden, so fügt es sich **reibungslos in das System unseres Sachen- und Schuldrechts** ein. Es besteht deshalb kein Anlaß, es zum Gegenstand kühner dogmatischer Konstruktionen zu machen oder es als ein Gebilde sui generis zu deuten, wenn man darunter ein Gebilde versteht, das sich keiner der bekannten Rechtsfiguren zuordnen läßt. Wie die Grundkonstruktion durch Art. 131 EGBGB vorgezeichnet war, so lassen sich auch andere für das Wohnungseigentum charakteristische Züge **aus bekannten Rechtsfiguren ableiten.** Das gilt bereits für die in der Zulassung des Sondereigentums liegende Durchbrechung des Akzessionsprinzips (oben Rdn. 17). Aus der ErbbauVO sind die dinglich wirkende Veräußerungsbeschränkung (§12 WEG) und der Gedanke übernommen, die Vereinbarungen der Wohnungseigentümer über ihr Verhältnis untereinander zum „Inhalt des Rechts“ zu machen. Die meisten Bestimmungen über das Gemeinschaftsverhältnis, auch soweit sie sich an vereinsrechtliche Regelungen anlehnen, nützen nur die Möglichkeiten aus, welche die den Miteigentümern eingeräumte Parteiautonomie ohnehin bietet. Die grundbuchrechtliche Verselbständigung des Miteigentumsanteils hat den Gedanken des § 3 Abs. 3 GBO weitergeführt. Die Einführung des FGG- Verfahrens beruht auf den Erfahrungen, die mit der Vertragshilfe und mit der HausratsVO gemacht worden waren. Man wird deshalb dem Wohnungseigentum nicht gerecht, wenn man es als etwas Ungewöhnliches, ja Merkwürdiges oder gar Unberechenbares erscheinen läßt. **63**

7. Gemeinschaftsbindung der Wohnungseigentümer bei der Geltendmachung von Ansprüchen?

64 **Lit.:** Ehmann, Die Einzelklagebefugnis der WEigt, in: Festschrift für Bärmann und Weitnauer, München, 1990, S. 145ff.; – Ganten, Zwecksicherung beim Mängelausgleich im Gemeinschaftseigentum, ebenda S. 269; – Ehmann JZ 1991, 249/251, i.Anm. zu BGH v. 20. 4. 1990; – Ehmann JZ 1991, 222, Wohnungseigentum ist kein Eigentum mehr. – Weitnauer JZ 1992, 1054, Gemeinschaftsbindung des WEigt. bei der Geltendmachung von Ansprüchen; – Weitnauer WE 1989, 186, Geltendmachung von Ansprüchen zugunsten der Gemeinschaft; – Weitnauer WE 1993, 135 in Anm. zu BGH v. 11. 12. 1992 – Erman-Ganten Vor § 1 WEG Rdn. 7ff., § 21 WEG Rdn. 5ff.

65 Noch zu der Zeit, in der die Vorauflage entstand, gab es keinen Anlaß, der in der Überschrift gekennzeichneten Frage eine besondere, vor die Klammer gezogene Betrachtung zu widmen. In der Zwischenzeit hat sich jedoch durch eine Kette von in erstaunlich dichter Abfolge publizierten Entscheidungen des BGH ein Problemfeld entwickelt, dem Aufmerksamkeit zuzuwenden ist. Es gliedert sich in zwei Gruppen, einmal die Gewährleistung für Sachmängel des gemeinschaftlichen Eigentums im Bauträgermodell, zum anderen die Ausübung von Einzelklagebefugnissen.

66 a) Die Frage einer Gemeinschaftsbindung des WEigt. bei der Geltendmachung von Ansprüchen hat sich zuerst gestellt bei der Erörterung darüber, wie die Abwicklung der voneinander unabhängigen Erwerbsverträge im **Bauträgermodell** zu gestalten ist, wenn das **gemeinschaftliche Eigentum Sachmängel** aufweist. Wegen der Einzelheiten ist auf die Darstellung in Anh. zu § 8 Rdn. 42ff. zu verweisen. Hier ist nur festzuhalten, daß nach der für die Praxis bestimmend gewordenen, wenn auch nicht unbestrittenen Rechtsprechung des BGH seit BGHZ 74, 258 bis BGHZ 114, 383 der einzelne Erwerber sich zwar frei für Wandelung oder großen Schadensersatz entscheiden kann, daß er aber **Minderung und kleinen Schadensersatz nur mit Ermächtigung der Gemeinschaft** wählen kann. Das wird damit begründet, daß die beiden letzterwähnten Ansprüche „nach der Natur der Sache", eben ihrer „Bezogenheit" auf gemeinschaftliches Eigentum, bereits mit Abschluß des Erwerbsvertrages auf die Gemeinschaft übergingen (BGHZ 74, 258). Die Bindung wird also durch ein **Mittel des materiellen Rechts** – Rechtsübergang – bewirkt. Ihre Notwendigkeit sieht der BGH darin begründet, daß es zu unvereinbaren Ergebnissen führen würde, wenn ein WEigt. Minderung, ein anderer Schadensersatz verlangen könnte, und daß die Verwendung der im Wege der Minderung oder des Schadensersatzes gewonnenen Mittel zur Mängelbeseitigung gesichert werden müsse.

67 Beide Argumente beruhen auf Irrtümern. Die Abwicklung der voneinander unabhängig zustandegekommenen Erwerbsverträge wird nicht gestört, wenn in dem Stadium, in dem der Anspruch auf Erfüllung – Beseitigung des Mangels – ausgeschlossen ist (§ 644 Abs. 1 Satz 3 BGB), verschiedene Rechte geltend gemacht werden. Anders ist die Lage allerdings, wenn die WEigt., was sie unzweifelhaft können und was in der Praxis die Regel ist, die Verfolgung der Mängelansprüche zur Sache der Gemeinschaft machen

(BGH NJW 1981, 1841; Anh. § 8 Rdn. 55–57); dann ist einheitliches Vorgehen notwendig und steht die Verfügung über den Erlös der Gemeinschaft zu.

b) Die **zweite Gruppe** wird von Fällen gebildet, in denen ein Anspruch mehreren gemeinschaftlich zusteht und die Rechtsordnung dem einzelnen Mitberechtigten das Recht zubilligt, die ganze Leistung zu fordern. Es sind dies Vorschriften des allgemeinen Rechts, also nicht speziell wohnungseigentumsrechtlicher Art, die aber im Wohnungseigentumsrecht wichtige Anwendungsfälle haben. Es handelt sich um **68**

§ 432 BGB: Danach kann, wenn mehrere eine aus rechtlichen oder tatsächlichen Gründen unteilbare Leistung zu fordern haben, der Schuldner nur an alle gemeinschaftlich leisten und der Gläubiger nur die Leistung an alle fordern. **69**

§ 16 Abs. 2 WEG = § 748 BGB: Jeder WEigt. ist den anderen WEigt. gegenüber – d. h. jedem anderen WEigt. gegenüber (§ 16 Rdn. 31) – verpflichtet, den ihn treffenden Anteil an den Lasten und Kosten des gemeinschaftlichen Eigentums – Wohngeld – zu tragen. Forderungsberechtigt ist nicht die Gesamtheit der WEigt., sondern sind nur diejenigen, die nicht Schuldner sind (§ 16 Rdn. 31), die Leistung kann aber wie nach § 432 BGB nur an alle gemeinschaftlich gefordert und bewirkt werden. **70**

§ 1011 BGB: Steht das Eigentum an einer Sache – hier am gemeinschaftlichen Eigentum – mehreren nach Bruchteilen zu (Miteigentum nach Bruchteilen, § 1008 BGB), so kann jeder Miteigentümer „die Ansprüche aus dem Eigentum" – diese in einem weiten Sinne verstanden (BGH NJW 1953, 58) – Dritten gegenüber „in Ansehung der ganzen Sache" geltend machen, den Anspruch auf Herausgabe und diesem gleichzustellende Ansprüche jedoch „nur in Gemäßheit des § 432," also nur auf Leistung an alle gemeinschaftlich. **71**

aa) In allen drei Vorschriften kommt klar der Wille zum Ausdruck, dem Mitberechtigten ein Mehr an Rechten einzuräumen, als ihm nach der materiellen Rechtslage zusteht; damit wurde zugleich eine Streitfrage des Gemeinen Rechts hinsichtlich der Rechte eines Miteigentümers bereinigt (Wolff-Raiser, Sachenrecht, § 88 I 4). Das Mehr an Rechten wird ausgeglichen, indem der Berechtigte **Leistung** nicht an sich selbst, sondern **nur an die Gesamtheit der Mitberechtigten** verlangen kann. Zweifel in der Richtung, daß damit die Rechtslage auch für das WEigt. als besonders ausgestaltetes Miteigentum, nicht erschöpfend beschrieben sein könnte, schienen kaum möglich. **72**

bb) Um so überraschender kam dann die Entscheidung des BGH vom 15. 12. 1988 (**BGHZ 106, 222** = WE 1989, 94 = NJW 1989, 1091); die Leitsätze lauten: **73**

„a) Die Frage, ob der einzelne WEigt. einen der Gemeinschaft der WEigt. zustehenden Anspruch **gegen den Verwalter** nach § 43 Abs. 1 Nr. 2 WEG gerichtlich geltend machen kann, betrifft die Zulässigkeit des Antrags.

b) Der einzelne WEigt. kann einen der Gemeinschaft der WEigt. zustehenden Anspruch gegen den Verwalter nicht ohne einen dahingehenden Beschluß der Gemeinschaft gerichtlich geltend machen".

Vorausgesetzt ist also ein **den Wohnungseigentümern gemeinschaftlich**

zustehender Anspruch gegen den Verwalter, und zwar wie in BayObLG DWEigt. 1993, 126 klargestellt ist, in dieser Eigenschaft. Der Entscheidung zugrunde lag ein Anspruch auf Ersatz des Schadens, der den WEigt. durch die Versäumung der rechtzeitigen Konkursanmeldung einer Forderung gegen einen Dritten entstanden war, also eines **reinen Vermögensschadens**, daher ein Fall des § 432 BGB, nicht des § 1011. Der BGH hat das Bestehen des geltend gemachten Schadensersatzanspruches nicht in Zweifel gezogen. Er hat aber in Übereinstimmung mit dem vorlegenden OLG Celle (WE 1988, 171) und Bärmann-Pick-Merle (WEG, 7. Aufl., § 21 Rdn. 17) entgegen BayObLG Rpfl. 1984, 317 und diesem Kommentar (7. Aufl., § 27 Rdn. 21a) dem geltend gemachten Anspruch den Rechtsschutz versagt und die Einzelklagebefugnis des Antragstellers verneint. Zur Begründung hat er ausgeführt, daß die Interessen des einzelnen WEigt. und die der Gemeinschaft nicht immer deckungsgleich seien, letztere verdienten den Vorrang, Gründe für eine gegenteilige Beurteilung seien nicht erkennbar, wobei das unglückliche von Ehmann (s. die Literaturangaben) scharf angegriffene „Querulantenargument" eine Rolle spielte.

74 cc) Konnte man noch der Meinung sein, daß die Entscheidung nur das besondere Verhältnis der WEigt. zum Verwalter im Auge habe, so zeigte sich bald, daß eine **grundsätzliche Weichenstellung** stattgefunden hatte.

75 Wenig mehr als ein Jahr später erging die das **Wohngeldproblem** betreffende Entscheidung des BGH vom 20. 4. 1990 (**BGHZ 111, 148** = JZ 1991, 249 m. A. Ehmann = WE 1990, 202) mit folgendem Leitsatz:

„Den Anspruch gegen einen WEigt., Beiträge zu den Lasten und Kosten des gemeinschaftlichen Eigentums nach Maßgabe des beschlossenen Wirtschaftsplanes zu leisten, kann ein anderer WEigt. nur dann geltend machen, wenn er dazu durch Gemeinschaftsbeschluß ermächtigt worden ist (Ergänzung zu BGHZ 106, 222)".

Auch hier also Versagung der Einzelantragsbefugnis mit der Folge der Unzulässigkeit des Antrags. In den Gründen läßt der BGH erkennen, daß er den – hier auf Zahlung des beschlossenen Vorschusses gerichteten – Wohngeldanspruch als „allen WEigt. zustehenden Anspruch" auf Zahlung ansieht, was nicht zutrifft (oben Rdn. 70, unten Rdn. 87). Im übrigen entspricht die Begründung im wesentlichen der von BGHZ 106, 222.

76 dd) Zeitlich folgte sodann ein Beschluß des BGH vom 2. 10. 1992 (BGHZ 115, 253 = WE 1992, 80), wonach der einzelne WEigt., wie schon in BGHZ 106, 222 vorgezeichnet war, nicht gehindert ist, einen ihm allein zustehenden Schadensersatzanspruch gegen den Verwalter selbständig geltend zu machen (ebenso BayObLG WE 1993, 349), und im übrigen BGHZ 106, 222 bestätigt wird.

77 Weiterhin hielt der BGH eine Ermächtigung durch die Gemeinschaft für nicht erforderlich in einem Beschluß vom 19. 12. 1991 (**BGHZ 116, 392** = WE 1992, 105). Es handelt sich um den negatorischen Anspruch auf Beseitigung einer Beeinträchtigung des gemeinschaftlichen Eigentums – hier Veränderung von Dachfenstern –, den ein WEigt. gegen einen anderen, den Störer, geltend macht. Eine nähere Begründung wird nicht gegeben; in der „Birkenfall"-Entscheidung (nachstehend Rdn. 78) findet sich die Bemerkung, die Ermächtigung sei entbehrlich, weil „in diesem Fall der Gebrauch des gemeinschaftlichen Eigentums (§ 10 WEG i. V. m. § 15 Abs. 3 WEG) im Vordergrund steht und die Interessenlage der Gesamtheit der WEigt. sich anders darstellt". Wie entschieden worden wäre, wenn der Kläger (auch) Schadensersatz gefordert hätte, ist nicht zu erkennen.

Das bisher letzte Glied in dieser Kette einschlägiger Entscheidungen bildet das in einem Zivilprozeß ergangene Urteil des **V. ZS des BGH vom 11. 12. 1992** (BGHZ 121, 22 = NJW 1993, 727 = WE 1993, 135 m. A. Weitnauer – Birkenfall). Es betrifft **einen Fall des § 1011 BGB**; der Leitsatz lautet: **78**

„Ohne einen ermächtigenden Eigentümerbeschluß ist ein einzelner WEigt. grundsätzlich nicht berechtigt, einen denWEigt. gemeinsam zustehenden Schadensersatzanspruch wegen der Beeinträchtigung des gemeinschaftlichen Eigentums gegen einen Dritten geltend zu machen (Bestätigung der bisherigen Senatsrechtsprechung, BGHZ 106, 222)".

Der Senat bestätigt also seine bisherige Rechtsprechung, wonach WEigt. Einzelklagebefugnisse, die ihnen durch Gesetz – vorliegend § 1011 BGB – mit Bezug auf den WEigt. gemeinschaftlich zustehende Ansprüche eingeräumt sind, nicht ohne einen ermächtigenden Beschluß der Gemeinschaft geltend machen können, m. a. W., daß **dem Individualrecht die Verwaltungszuständigkeit der Gemeinschaft vorgeht.** Zugleich wird klargestellt, daß diese Beschränkung nicht gilt für Schadensersatzansprüche, die einem WEigt. allein zustehen (so auch ausdrücklich BayObLG WE 1983, 349), sowie für den negatorischen Anspruch auf Beseitigung einer Beeinträchtigung (Hinweis auf BGHZ 116, 392 in Leitsatz a) am Ende). Gegen diese Klarstellungen sind keine Bedenken zu erheben. **79**

c) Dagegen ist m. E. dem BGH nicht gelungen überzeugend darzutun, daß im Bereich des WEG die in § 432 und in § 1011 BGB sowie in § 16 Abs. 2 WEG = § 748 BGB gewährten Einzelklagebefugnisse durch die „Verwaltungszuständigkeit der Wohnungseigentümergemeinschaft" (§ 21 Abs. 1 WEG) zwar nicht materiell aufgehoben, aber durch Versagung der Klagebefugnis gegenstandslos gemacht werden müssen. **80**

Der BGH sieht das Verhältnis von § 21 Abs. 1 WEG zu § 1011 BGB als das der **lex specialis** zur lex generalis und folgert daraus, daß „hier gegenüber der allgemeinen Bestimmung des § 1011 BGB die Sonderregelung des § 21 Abs. 1 WEG eine Verwaltungszuständigkeit der Wohnungseigentümer für die Durchsetzung einer gemeinschaftlichen Schadensersatzforderung begründet" (II 2b der Gründe). Mit „Verwaltungszuständigkeit" gemeint ist eine die Klagebefugnis des einzelnen Wohnungseigentümers ausschließende Verwaltungszuständigkeit gem. der alten, freilich sehr mit Vorsicht zu handhabenden (vgl. Eneccerus-Nipperdey, Allg. Teil, Tübingen 1959, § 60 II 1) Faustregel, „lex specialis derogat legi generali".

Um zur Anwendung dieser Regel zu kommen, sieht der BGH sich genötigt, **dem § 21 Abs. 1 WEG eine andere Bedeutung zu geben** als das die Rechtsprechung des BGH zu dem inhaltlich vom WEG voll übernommenen § 744 Abs. 1 BGB tut. Für die schlichte Bruchteilsgemeinschaft ist, wie der BGH selbst ausführt (II 2b der Gründe) anerkannt, daß die Einzelklagebefugnis aufgrund der §§ 432, 1011 durch die Verwaltungszuständigkeit der Gemeinschaft nicht ausgeschlossen wird – andernfalls würde ja auch für **81**

§ 1011 BGB kein Anwendungsbereich mehr bleiben. Dagegen soll für die Wohnungseigentümergemeinschaft Gegenteiliges gelten.

82 Das Bemühen, **Unterschiede** zwischen den beiden Formen der Bruchteilsgemeinschaft herauszuarbeiten, die eine unterschiedliche Behandlung rechtfertigen könnten, kann keinen Erfolg haben. Es läßt außer acht, daß nach dem im Gesetzeswortlaut (§ 3 Abs. 1, § 10 Abs. 1) und in den Materialien zum WEG eindeutig dokumentierten Willen des historischen Gesetzgebers Wohnungseigentum und Miteigentum, Wohnungseigentümergemeinschaft und Bruchteilsgemeinschaft als **strukturgleich** zu verstehen sind (vgl. die sog. Amtliche Begründung zum WEG in PiG 8, S. 223; Bericht des Abg. Dr. Brönner in PiG 8 S. 206; die unter dem frischen Eindruck der soeben zum Abschluß gekommenen Gesetzgebungsarbeiten entstandene Abhandlung des Verfassers in JZ 1951, 161). Natürlich finden sich in den fast durchweg dispositiven Vorschriften des WEG über die Gemeinschaft Abweichungen vom BGB; aber dem steht gegenüber, daß fast alle wesentlichen Vorschriften des BGB mit nur geringfügigen redaktionellen Änderungen in das WEG übernommen sind (vgl. auch Weitnauer, Das Wohnungseigentum im Zivilrechtssystem, in Festschrift für H. Niederländer, Heidelberg 1991, S. 455 ff.). Ausschlaggebend ist, daß die Grundregeln für die Verwaltung des gemeinschaftlichen Eigentums (§ 21 WEG) und für die Verwaltung bei der Bruchteilsgemeinschaft (§§ 744, 745 BGB) **sachlich übereinstimmen.**

83 Der vom BGH weiter noch in die Erörterungen eingeführte **§ 27 Abs. 2 Nr. 5 WEG ergibt kein Gegenargument**; wenn der Verwalter nur mit Ermächtigung gerichtliche Schritte einleiten kann, besagt das nichts für die Klagebefugnis des WEigt., der Miteigentümer, Teilhaber und Gläubiger ist. Auch sieht der BGH die Dinge nicht richtig, wenn er aus der in § 11 WEG angeordneten Unauflöslichkeit der Wohnungseigentümergemeinschaft hinausgehende, stärkere „Gemeinschaftsbezogenheit" herleiten will; § 11 WEG schützt den WEigt., indem er den Bestand des WEigt. vom guten Willen der anderen Miteigentümer unabhängig macht, mit der Verwaltung des gemeinschaftlichen Eigentums hat das nichts zu tun.

84 Der BGH will erklärtermaßen die Einzelklagebefugnis ausschalten, weil die **Interessen des einzelnen** und die der Gemeinschaft – besser der **Mehrheit – nicht immer deckungsgleich** seien und es gute Gründe geben könne, überhaupt oder zeitweilig von einer Verfolgung von Ansprüchen abzusehen, und weil dann einseitiges Vorgehen Interessenkonflikte und Störungen zur Folge haben könne. In der Tat kann es solche Situationen geben. Darauf ist aber der generelle Ausschluß der Einzelklagebefugnis nicht die richtige Reaktion. Es kann sehr **ungute und unsachliche Gründe** geben, aus denen eine Mehrheit die Geltendmachung von Ansprüchen verhindern oder verzögern will, indem sie den einzelnen auf den langwierigen Weg des § 21 Abs. 4 WEG verweist. Auch spricht alle **Wahrscheinlichkeit** dafür, daß ein Wohnungseigentümer, wenn er sich schon entschließt, auf eigene Kosten einen Anspruch durchzusetzen, der im Falle des Erfolgs der Gemeinschaft zugute kommt, dafür triftige Gründe hat. Auf das unglückliche „Querulanten-Argument" (dazu Ehmann in JZ 1991, 222 und in JZ 1991, 249 sowie in Festschrift für Bärmann und Weitnauer, München 1990, S. 145 ff.) will ich nicht zurückkommen. Auch aus der Regelung der Notgeschäftsführung in **§ 21**

Abs. 2 WEG läßt sich nicht der Schluß ableiten, daß der Wohnungseigentümer in allen anderen Fällen von selbständigem Handeln ausgeschlossen sei. Die Vorschrift, die in erster Linie Maßnahmen tatsächlicher Art im Interesse der Gemeinschaft im Auge hat, kann nicht dahin verstanden werden, daß sie den einzelnen Wohnungseigentümer daran hindern will, Rechte auszuüben, die ihm als Miteigentümer oder Mitgläubiger zustehen.

Ein Vorrang der Verwaltungszuständigkeit der Gemeinschaft vor der Ein- **85**
zelklagebefugnis kann also nicht anerkannt werden. Damit wird aber **nicht jeder Einfluß** auf diese **verneint**. § 21 Abs. 1 BGB besagt nichts anderes, als daß die Wohnungseigentümer die Befugnis, also die Möglichkeit, haben, das gemeinschaftliche Eigentum zu verwalten. Daß dazu auch die Verfolgung und Durchsetzung von Ansprüchen gehört, die im Zusammenhang mit der Verwaltung stehen, ist unzweifelhaft. Die WEigt. können beschließen, solche Maßnahmen zur **Sache der Gemeinschaft** zu machen, wie das für die Geltendmachung der Mängelrechte im Bauträgermodell allgemein anerkannt ist (oben Rdn. 67). Tun sie das, so treffen sie damit eine Regelung, die alle bindet (§ 10 Abs. 4 WEG). Für die Ausübung der Einzelklagebefugnis ist kein Raum mehr, auch kein Bedürfnis. Wenn aber die Gemeinschaft von der ihr zustehenden Möglichkeit keinen Gebrauch macht, gibt das Gesetz im Falle des § 1011 dem Miteigentümer, im Falle des § 432 BGB dem Mitgläubiger die Befugnis, eigenen Namens die Ansprüche geltend zu machen, wie das oben dargestellt ist. Die Gemeinschaft muß das hinnehmen.

Will sie das nicht, so hat sie die Möglichkeit zu beschließen, daß der **86**
Anspruch nicht geltend gemacht werden soll, wofür ein Mehrheitsbeschluß erforderlich ist; dies wäre ein der Anfechtung nach § 23 Abs. 4 WEG unterliegender Sachbeschluß, kein bloßer „Nichtbeschluß" (§ 23 Rdn. 17). Findet aber kein Antrag eine Mehrheit, dann gibt es keine Willensäußerung der Gemeinschaft, die für den zur Ausübung der Einzelklagebefugnis entschlossenen WEigt. bindend sein könnte.

Selbst wenn es aber richtig wäre, daß § 21 Abs. 1 WEG den § 1011 BGB **87**
verdränge, könnte die **Folgerung nicht sein**, daß der Anspruch aus § 1011 BGB – gleiches gilt für § 432 BGB und §§ 16ff. WEG – zwar materiell unberührt bleibt, wegen der **Versagung des Rechtsschutzes** aber nicht geltend gemacht werden kann. Wie Ehmann ausführlich dargestellt hat (vgl. die Literaturangaben oben Rdn. 64), ist es ein fundamentaler Satz unserer Zivilrechtsordnung, daß, wenn sie einen Anspruch zubilligt, diesem auch der Rechtsschutz durch ein Klagerecht gewährt wird. **Die Lösung muß im materiellen Recht** gesucht werden, es müßte also gesagt und begründet werden, daß und warum eine als Anspruchsgrundlage geeignete Rechtsnorm durch teilweise oder gänzliche Aufhebung korrigiert werden muß. Das hat der BGH in der Frage der Sachmängelhaftung im Bauträgermodell (dazu Anh. zu § 8 Rdn. 52ff.) richtig gesehen. Wenn gemeinschaftliches Handeln geboten ist, kann es nicht durch Versagung des Rechtsschutzes gesichert werden.

Alle die vorstehenden Erwägungen sind dadurch ausgelöst, daß der **BGH** **88**
die bestehende **Regelung für nicht sachrichtig hält**. Darin kann ihm nicht zugestimmt werden. Der Gesetzgeber des BGB und damit auch der des WEG hat die Dinge **anders gesehen und bewertet**. Er hat, was im Gemeinen

Recht streitig gewesen war (dazu Wolff-Raiser, Sachenrecht, § 88 I 4), klargestellt, daß der Miteigentümer als Eigentümer die Rechte aus dem Eigentum „in Ansehung der ganzen Sache" geltend machen kann, und damit eine Regelung getroffen, die sowohl den Miteigentümer zur Wahrnehmung seiner Interessen instandsetzt als auch „im Interesse der bestehenden Gemeinschaft" liegt (so BGH NJW 1953, 58), er hat andererseits durch die Anordnung der gemeinschaftlichen Empfangszuständigkeit die Gesamtheit der Miteigentümer geschützt. Entsprechendes ist zu § 432 BGB und § 16 Abs. 2 WEG zu sagen. Es besteht kein Anlaß, den WEigt. die ihnen hiernach zustehenden Rechte zu nehmen. Erst recht aber besteht kein Anlaß, eine Bestimmung wie den **§ 28 Abs. 4,** nach welchem die Wohnungseigentümer „durch Mehrheitsbeschluß" von dem Verwalter Rechnungslegung verlangen können, dahin zu interpretieren, daß der Anspruch zwar jedem einzelnen zustehe, aber gerichtlich nur mit Ermächtigung durch die Mehrheit verfolgt werden könne; vgl. dazu § 28 Rdn. 34.

VI. Änderungen des WEG

89 Die große Woge eines stark ideologisch motivierten Reformeifers, die gegen Ende der 70er Jahre auch die zivilrechtlichen Gesetze nicht verschont hatte, ist glücklicherweise am WEG vorbeigegangen. Es ist im Laufe der Jahre nur wenig und nie in einer das Grundsätzliche berührenden Weise geändert worden. Dies zeigt die folgende Übersicht über die Änderungsgesetze und deren stichwortartig angedeuteten Inhalte:

Gesetz über Maßnahmen auf dem Gebiete des Kostenrechts vom 7. 8. 1952 (BGBl. I S. 401): § 48 Abs. 2 Satz 2 (betr. Geschäftswert) aufgehoben.

Gesetz zur Änderung und Ergänzung kostenrechtlicher Vorschriften vom 20. 7. 1957 (BGBl. I S. 861): § 49 aufgehoben, § 50 neugefaßt (betr. Kosten).

Gesetz zur Änderung des BGB und anderer Gesetze vom 30. 5. 1973 (BGBl. I S. 501): § 4 Abs. 3 eingefügt (Beurkundung).

Gesetz zur Änderung des WEG und der VO über das Erbbaurecht vom 30. 7. 1973 (BGBl. I S. 910): in § 1 neuer Abs. 4 eingefügt (nur ein Grundstück), § 3 Abs. 2 neuer S. 2 angefügt (Abgeschlossenheit), § 26 Abs. 1 neugefaßt (Höchstdauer der Verwalterbestellung), sonstige Änderungen in §§ 7, 24, 32, 43.

Gesetz zur Erhöhung von Wertgrenzen in der Gerichtsbarkeit vom 8. 12. 1982 (BGBl. I S. 1615): § 45 Abs. 1 geändert (Erhöhung des Beschwerdewertes).

Steuerbereinigungsgesetz vom 14. 12. 1984 (BGBl. I S. 1493): §§ 61, 62 aufgehoben (Einheitswert, Gleichstellung mit Eigenheim).

Rechtspflegevereinheitlichungsgesetz vom 17. 12. 1990 (BGBl. I S. 2847): § 45 Abs. 1 geändert (Beschwerdewert); neuer § 45a eingefügt, § 46 Abs. 1 geändert (Mahnverfahren).

Gesetz zur Beseitigung von Hemmnissen bei der Privatisierung von Unternehmen und zur Förderung von Investitionen vom 22. 3. 1991 (BGBl. I S. 766): Sondervorschrift für neue Bundesländer.

Gesetz zur Entlastung der Rechtspflege vom 11. 1. 1993 (BGBl. I S. 50): § 45 Abs. 1 geändert Beschwerdewert 1.500,– DM.

Gesetz zur Heilung des Erwerbs von Wohnungseigentum vom 3. 1. 1994 (BGBl. I S. 68): neuer § 61 eingefügt (Zustimmungserfordernis).

Kostenrechtsänderungsgesetz 1994 vom 24. 6. 1994 (BGBl. I S. 1325): § 48 geändert (Gebühr bei vorausgegangenem Mahnverfahen).

Eine wichtige verfahrensrechtliche Änderung **(Öffentlichkeit der Verhandlung und der Urteilsverkündung)** trat dadurch ein, daß sich im Laufe der 80er Jahre die Erkenntnis durchsetzte, daß Art. 6 Europ. Konvention zum Schutz der Menschenwürde und der Grundfreiheiten vom 4. 11. 1950 (BGBl. 1952 II S. 657, in Kraft seit dem 3. 9. 1953) auch für die freiwillige Gerichtsbarkeit gilt (BayObLGE 1988, 346 = WE 1990, 58; für die Übergangszeit BayObLG NJW-RR 1988, 1151); näher hierzu Anhang zu § 43 Rdn. 49 und § 44 Rdn. 1.

VII. Entwicklung des Wohnungseigentums

Nach einer Anlaufphase, während deren der Rechtsverkehr der neuen 90 Rechtsform des Wohnungseigentums mit Vorsicht und Zurückhaltung gegenüberstand, und die bis gegen Ende der 50er Jahre dauerte, hat sich das Wohnungseigentum schnell ausgebreitet. Der entscheidende Umstand war, daß die Kreditinstitute von jener Zeit an bereit waren, **Eigentumswohnungen einzeln** zu beleihen, also nicht mehr auf der Bestellung eines globalen Grundpfandrechts zu bestehen. Die Zahl der Eigentumswohnungen nahm schnell zu mit gewissen regionalen Unterschieden, in Süddeutschland schneller als in Norddeutschland. Aufgrund der statistischen Erhebungen bei der Volkszählung im Mai 1987 und weiterer Überlegungen kommt Nienhaus (PiG 34, 169) zu dem Ergebnis, daß von 1953 bis 1988 im alten Bundesgebiet „gut" 2,35 Mio. Eigentumswohnungen geschaffen worden sind. Rechnet man dazu die inzwischen noch gebauten Eigentumswohnungen und die statistisch nicht erfaßten Teileigentumseinheiten, so wird man nicht fehlgehen mit der Annahme, daß es etwa **3 Millionen Eigentumseinheiten** gibt. Es ist also wohl berechtigt zu sagen, daß das WEG sich bewährt und die in es gesetzten Erwartungen erfüllt hat (Weitnauer WE 1991, 86 zum 40. Geburtstag des Wohnungseigentums), es ist als Rechts- wie als Wohnform vom Rechtsverkehr angenommen, die Veräußerung und die Belastung von Eigentumswohnungen haben „im Rechts- und Geschäftsverkehr die gleiche Bedeutung erlangt . . ., wie die Veräußerung und Belastung von Grundstükken" (so BayObLG 1993, Nr. 297), auch jeder Laie weiß, daß man Wohnungen nicht nur mieten, sondern auch kaufen kann, und hat auch eine Vorstellung davon, was dies bedeutet. Die den Wohnungseigentümern eingeräumte weitgehende **Freiheit in der Gestaltung** ihrer Rechtsbeziehungen untereinander hat es ermöglicht, mittels des Wohnungseigentums sehr verschiedenen wirtschaftlichen Bedürfnissen und Interessen zu genügen. Auch die Verweisung der WEG-Sachen in das Verfahren der streitigen freiwilligen Gerichtsbarkeit hat sich als richtig erwiesen. Die Zahl der **Streitigkeiten**, wenn man die Zahl der Eigentumseinheiten, die nahe Berührung der Teilhaber und die Schwierigkeiten mancher Probleme, auch eine gewisse Verunsicherung durch wenig nützliche dogmatische Meinungsverschiedenheiten und durch die daraus folgenden unterschiedlichen Vorstellungen bezüglich der Lösung von Sachproblemen in Betracht zieht, ist nicht besorgniserregend. Die Anhebung des Beschwerdewertes hat die Rechtsbeschwerdegerichte von **Bagatellstreitigkeiten** entlastet.

91 Zur Geschichte des Wohnungseigentums gehört es auch, daß das **Bundesverfassungsgericht dreimal** mit dem WEG befaßt war (allgemein zu den **verfassungsrechtlichen Aspekten** des Wohnungseigentums Depenheuer WE 1994, 125, Wohnungseigentum und Verfassungsrecht). Einmal ging es um die vom LG Köln vorgelegte Frage, ob § 48 Abs. 2 WEG mit dem Rechtsstaatsprinzip vereinbar ist, was das BVerfG, verfassungskonforme Anwendung vorausgesetzt, bejahte (BVerfGE 88, 337 = NJW 1992, 1673 = DWEigt. 1992, 69). Im zweiten Fall war die Frage, ob es mit der Eigentumsgarantie vereinbar ist, einen Wohnungseigentümer zur Veräußerung seines Wohnungseigentums auch im Falle nichtschuldhafter Pflichtverletzungen (Geisteskrankheit) zu zwingen (NJW 1994, 241 = DWEigt 1993, 151). Im dritten Fall ging es um die Frage, welche Anforderungen an die Abgeschlossenheit von Altbauwohnungen gestellt werden können; die Entscheidung erging am 3. 11. 1989 (NJW 1990, 825) im Zuge der Erörterungen, die zur Anrufung des Gemeinsamen Senates der Obersten Bundesgerichte führten, dazu nachstehende Rdn.

92 Zu erwähnen ist noch die ungewöhnliche Lage, die sich zu § 3 Abs. 2 WEG dadurch ergab, daß BGH und Bundesverwaltungsgericht verschiedener Meinung in der Frage waren, welche Anforderungen an die Abgeschlossenheit bei der Umwandlung von Altbauten in Eigentumswohnungen zu stellen sind; es kam zur **Entscheidung des Gemeinsamen Senats der obersten Gerichtshöfe des Bundes vom 30. 6. 1992**, der dem BGH folgte. Näher hierzu § 3 Rdn. 58ff.

VIII. Reformvorschläge

Zweimal haben sich Wünsche und Überlegungen bezüglich einer Novellierung des WEG zu größeren Gesetzentwürfen verdichtet.

93 Der **erste Reformversuch** war vom Bayerischen Justizministerium ausgegangen, vom Bundesrat als Initiativentwurf übernommen und unter dem 14. 5. 1976 (Bundesratsdrucksache 133/76) beim 7. Deutschen Bundestag eingebracht worden. Er wurde nach Ablauf der Legislaturperiode unter dem 17. 12. 1976 erneut eingebracht (Bundesratsdrucksache 729/76). Da er auf lebhafte Kritik stieß, sah die Bundesregierung sich nach einem „Referentenentwurf“ des BJM vom 23. 12. 1977 veranlaßt, einen eigenen Regierungsentwurf vorzulegen (Bundesratsdrucksache 445/78 = Bundestagsdrucksache 8/2444), der nur einen Teil der Vorschläge übernahm. Zur parlamentarischen Erörterung der Vorschläge kam es nicht. Diese erledigten sich durch den Ablauf der Legislaturperiode. Es wird deshalb wegen des Inhalts der Entwürfe und der Literaturnachweise auf die früheren Auflagen verwiesen.

Der **zweite Anstoß** kam vom Bundesjustizministerium, das den „Diskussionsentwurf" eines Gesetzes zur Änderung des WEG und des ZVG mit dem Stande vom 1. 1. 1989 vorgelegt und interessierten Kreisen zugänglich gemacht hat. Dieser Entwurf schlägt zwar keine umstürzenden Neuerungen vor, sieht aber doch im eizelnen eine nicht unbeträchtliche Zahl von Änderungen vor. Von diesen hat sich ein Teil durch die Rechtsprechung oder durch das Eingreifen des Gesetzgebers (Mahnverfahren) erledigt, über andere, so betreffend das sog. „Verwaltungsvermögen" (Vor § 1 Rdn. 39) oder die Änderung der Gemeinschaftsordnung durch qualifizierten Mehrheitsbeschluß (§ 10 Rdn. 49ff), wird man noch sprechen müssen. Die Vorschläge des Entwurfs sind mit der Stellungnahme einer vom Evangelischen Siedlungswerk gebildeten Arbeitsgruppe in WE 1990, 2 wiedergegeben. Hierauf und auf ergänzende Stellungnahmen wird verwiesen; insbesondere sind zu nennen:

Bielefeld PiG 36, 141. Zur Dringlichkeit einer Reform des WEG. – Brych, PiG 36, 161. Änderung des ZVG, insbes. die Bevorrechtigung von Gemeinschaftsforderungen in der Zwangsversteigerung. – Bölling, PiG 36, 155, Bearbeitungsstand des Diskussionsentwurfes des BJM. – Huff WE 1990, Verfahrensrechtliche Neuregelungen in der WEG-Novelle. – Bärmann WE 1990, 35, Reform des WEG. – Merle WE 1990, 40, Anteil der Wohnungseigentümer am gemeinschaftlichen Vermögen. – Sauren WE 1991, 117, 40 Jahre Wohnungseigentum: Investition und Leben im Wohnungseigentum. – Weitnauer WE 1991, 86, Zum 40. Geburtstag des Wohnungseigentums. – Ders. WE 1992, 42. Verwaltervermögen. – Der Verband der Haus-, Wohnungs- und Grundeigentümer hat seinerseits den Entwurf eines Gesetzes zur Änderung des WEG und anderer Gesetze mit zahlreichen Änderungsvorschlägen zur Diskussion gestellt (DWEigt 1988, 46 und 1989, 151); auch dieser Entwurf ist in die Reformüberlegungen einbezogen.

IX. Andere Lösungsversuche

Verschiedentlich sind Versuche unternommen worden, eine dem Wohnungseigentum wirtschaftlich angenäherte Rechtsform auf anderen Lösungswegen zu finden. 94

Zu Beginn der 50er Jahre, als das Wohnungseigentum noch unerprobt war und die Einzelbeleihung sich noch nicht duchgesetzt hatte, kam der Gedanke auf, auf der Grundlage des **§ 3 Abs. 2 GmbHG** eine Rechtsgestaltung zu entwickeln, bei der den Gesellschaftern ein gesellschaftsrechtlicher Anspruch auf Benützung einer Wohnung in einem der GmbH gehörenden Hause einzuräumen, also eine Art Nebenleistungs-GmbH zu schaffen. Der Gedanke wurde fallen gelassen, als das Wohnungseigentum zur praktischen Anwendung kam.

Ein neue Rechtsform, die sog. **„Wohnbesitzwohnungen"**, ist durch das Gesetz zur Förderung von Wohnungseigentum und Wohnbesitzwohnungen im sozialen Wohnungsbau vom 23. 3. 1976 (BGBl. I S. 737) geschaffen worden. Der Grundgedanke der komplizierten Regelung bestand darin, den Wohnbesitzberechtigten durch schuldrechtliche Ansprüche gegen ein aus ihren privaten Mitteln und den öffentlichen Förderungsmitteln gebildeten 95

Treuhandvermögen in Verbindung mit einem Mietverhältnis über eine mit Mitteln des Treuhandvermögens zu errichtende Wohnung eine Art von wirtschaftlichem Eigentum an einer Wohnung zu verschaffen (vgl. Pick NJW 1976, 1049; Brambring NJW 1976, 1439; Schopp Rpfleger 1976, 380). Die Rechtsform kam nicht zur praktischen Anwendung, die einschlägigen Rechtsvorschriften wurden durch das Wohnrechtsvereinfachungsgesetz 1985 (BGBl. I S. 1777) ersatzlos aufgehoben.

96 Walser (ZRP 1972, 276) hat vorgeschlagen, ein **„Wohnungseigentum in der Rechtsform des Gesellschaftseigentums"** zu schaffen, bei dem Sondereigentum an der Wohnung zugelassen werden, der Bauträger aber Eigentümer des Grundstücks und der nicht im Sondereigentum stehenden Gebäudeteile bleiben und ein Gemeinschaftsverhältnis der Wohnungseigentümer entfallen soll. Der Vorschlag, der mit dem Akzessionsprinzip unvereinbar und durch die Verwendung des Begriffs „Wohnungseigentum" irreführend ist (scharf ablehnend auch Löwe ZRP 1972, 224), ist offenbar nicht weiter verfolgt worden.

§ 1 Begriffsbestimmungen

(1) **Nach Maßgabe dieses Gesetzes kann an Wohnungen das Wohnungseigentum, an nicht zu Wohnzwecken dienenden Räumen eines Gebäudes das Teileigentum begründet werden.**

(2) **Wohnungseigentum ist das Sondereigentum an einer Wohnung in Verbindung mit dem Miteigentumsanteil an dem gemeinschaftlichen Eigentum, zu dem es gehört.**

(3) **Teileigentum ist das Sondereigentum an nicht zu Wohnzwecken dienenden Räumen eines Gebäudes in Verbindung mit dem Miteigentumsanteil an dem gemeinschaftlichen Eigentum, zu dem es gehört.**

(4) **Wohnungs- und Teileigentum können nicht in der Weise begründet werden, daß das Sondereigentum mit Miteigentum an mehreren Grundstücken verbunden wird.**

(5) **Gemeinschaftliches Eigentum im Sinne dieses Gesetzes sind das Grundstück sowie die Teile, Anlagen und Einrichtungen des Gebäudes, die nicht im Sondereigentum oder im Eigentum eines Dritten stehen.**

(6) **Für das Teileigentum gelten die Vorschriften über das Wohnungseigentum entsprechend.**

Übersicht

I. Allgemeines

1 Ausgehend von den in Vorbem. 12ff. näher erläuterten Grundgedanken gibt das Gesetz in seinem § 1 einige **Begriffsbestimmungen,** die für den Sprachgebrauch des Gesetzes von besonderer Wichtigkeit sind. Eine Druckfehlerberichtigung zu Abs. 3 ist in BGBl. 1951 I S. 209 enthalten. *Abs. 4* ist durch die Novelle vom 30. 7. 1973 (dazu Vor § 1 Rdn. 89) eingefügt; dadurch sind die bisherigen Abs. 4 und 5 die Abs. 5 und 6 geworden. Die **Paragraphenüberschriften** sind amtlich.

II. Zu Absatz 1

2 **Abs. 1** besagt, daß „nach Maßgabe dieses Gesetzes" – und das bedeutet, auch **nur nach Maßgabe dieses Gesetzes,** folglich nur auf der Grundlage des Bruchteilsmiteigentums an einem Grundstück (§ 3 Rdn. 11), nicht auf Grund einer gesamthänderischen Mitberechtigung – Wohnungseigentum und Teileigentum begründet werden kann. Darüber hinaus enthält Abs. 1 keinen selbständigen Rechtssatz. Wenn er also auch bei ganz strenger Betrachtung als überflüssig angesehen werden könnte, so bringt er doch an der Spitze des ersten Teils des Gesetzes in augenfälliger Weise zum Ausdruck, daß das Gesetz eine neue Rechtsform schafft, nämlich die Möglichkeit, an Teilen eines Gebäudes Eigentum zu erwerben, und zwar an Wohnungen das *„Wohnungseigentum",* an nicht zu Wohnzwecken dienenden Räumen das *„Teileigentum".* Die Notwendigkeit, zwei verschiedene Bezeichnungen für ein und dieselbe Rechtsfigur zu wählen, je nachdem, ob es sich um Wohnungen oder andere Räume handelt, ergibt sich daraus, daß die deutsche Sprache kein gemeinschaftliches, kurzes, gebräuchliches Wort für beide Arten von Räumlichkeiten hat. Der Ausdruck „Stockwerkseigentum" hätte die Sache nicht richtig getroffen und ist außerdem zu sehr belastet, als daß man ihn für eine neue Rechtsform hätte wählen können, die sich gerade wesentlich von

dem Stockwerkseigentum alter Art unterscheiden sollte. Der Ausdruck „Gelaßeigentum“ wurde bei den Beratungen als veraltet abgelehnt. Der Ausdruck „Raumeigentum“ erschien als kaum verständlich und vielleicht auch irreführend. Der Ausdruck wird allerdings neuerdings häufiger, namentlich auch vom BayObLG gebraucht; sollte er sich einbürgern, so wäre dagegen nichts einzuwenden. Auch der Ausdruck „Hausteileigentum“ stieß auf Bedenken, weil er von einem mit der Sache nicht vertrauten Leser nicht in der Trennung Hausteil-Eigentum, sondern in der Trennung Haus-Teileigentum mißverstanden werden konnte und dabei vielleicht zu falschen Vorstellungen über das Wesen des Rechtsinstitutes hätte führen können.

3 Entscheidend war, daß man unter keinen Umständen auf das schlagkräftige, bereits zu einem gewissen Grade volkstümliche, auch die Sache gut treffende Wort **„Wohnungseigentum“** verzichten wollte, das von dem Mitverfasser der 1. Auflage, Abg. *Wirths,* in unsere Sprache eingeführt worden ist (vgl. Vor § 1 Rdn. 10). Da es aber mit dem Sprachgefühl unvereinbar gewesen wäre, den technischen Ausdruck „Wohnungseigentum“ auch für nicht zu Wohnzwecken dienende Räume, etwa Läden, sonstige gewerbliche Räume, Praxisräume und dergleichen zu verwenden, so ergab sich die Notwendigkeit, für das Eigentum an Räumen der letzteren Art ein besonderes Wort zu wählen. Auf diesen Erwägungen, denen gegenüber die scharfe Kritik von Gierke ZgesHR 52, 147 („Verrenkungen des Gesetzgebers“), nicht Stand halten kann, beruht es, daß das Gesetz die Worte „Wohnungseigentum“ und „Teileigentum“ (der Berechtigte heißt entsprechend „Wohnungseigentümer“, „Teileigentümer“) nebeneinander gebraucht. In der rechtlichen Behandlung bestehen keine Unterschiede (vgl. § 1 Abs. 5, § 7 Abs. 1, 5). Wegen des Begriffs „Wohnung“ vgl. unten Rdn. 37. Die Bezeichnung kann allerdings einen Schluß auf die durch die Gemeinschaftsordnung festgelegte, bindende Zweckbestimmung der Räume ermöglichen, die nur durch Vereinbarung geändert werden kann (vgl. unten Rdn. 37ff. und § 15 Rdn. 13ff.). Wegen der Bezeichnung der Grundbuchblätter als „Wohnungsgrundbuch“, „Teileigentumsgrundbuch“, gegebenenfalls als „Wohnungs- und Teileigentumsgrundbuch“ vgl. § 7 Rdn. 34, § 5 WGBV.

III. Wohnungseigentum und Teileigentum (Abs. 2–4)

4 Die *Absätze 2 und 3* bringen gemäß der in der Vorbem. Vor § 1 Rdn. 24ff. dargelegten Konstruktion des Gesetzes zum Ausdruck, daß das Wohnungseigentum (Teileigentum) aus einer Verbindung eines Miteigentumsanteils mit Einzeleigentum besteht (vgl. im einzelnen die Erläuterungen zu §§ 3 und 5). Dabei wird ein weiterer Begriff, der des **„Sondereigentums“** eingeführt. Mit „Sondereigentum“ bezeichnet das Gesetz den neben dem Miteigentumsanteil stehenden Bereich des Einzeleigentums sowohl an Wohnungen als an anderen Räumen; das Sondereigentum darf also nicht mit dem Wohnungseigentum (Teileigentum), dessen Teil es bildet, verwechselt werden. Wegen des Gegenstandes des Sondereigentums im einzelnen vgl. § 5. Der Umstand, daß in der Formulierung von Abs. 2 und 3 das Sondereigentum vor dem Miteigentumsanteil genannt wird, steht nicht in Widerspruch zu der auf dem

Miteigentum aufbauenden Struktur des Wohnungseigentums und läßt – entgegen Bärmann-Pick-Merle § 1 Rdn. 16; Bärmann NJW 1951, 292 – auch keinen Schluß auf widersprüchliche Vorstellungen des Gesetzgebers zu; die Verbindung, von der die Rede ist, und damit auch das Verhältnis von Sonder- und Miteigentum wird durch die §§ 3, 6, 8 klargestellt. Sondereigentum ist echtes Alleineigentum, es gewährt ein Herrschaftsrecht nicht nur bezüglich gewisser Bestandteile des Gebäudes, sondern auch über die im Sondereigentum stehenden Gebäudeteile (Räume) gemäß § 13 WEG (so zutr. Röll DNotZ 1977, 69; BGHZ 49, 250; vgl. auch Vor § 1 Rdn. 28f., 48ff.). Zum Begriff des **Gebäudes** vgl. LG Frankfurt NJW 1971, 759, auch LG Münster DNotZ 1953, 148 und § 31 Rdn. 1.

Der **neu eingefügte Abs. 4** regelt ein mehr technisches Problem, das nicht **5**
eigentlich unter die Begriffsbestimmungen gehört, sondern zweckmäßig im Zusammenhang mit § 3 (dort Rdn. 7) behandelt wird.

IV. Gemeinschaftliches Eigentum (Abs. 5)

1. Überall, wo es auf den Gegensatz zwischen Sondereigentum und Mitei- **6**
gentum ankommt, verwendet das Gesetz für das, was im Miteigentum steht, den Ausdruck „gemeinschaftliches Eigentum“. Gemeinschaftliches Eigentum sind nach Abs. 5 das Grundstück und das Gebäude mit Ausnahme der Teile, die im Sondereigentum oder im Eigentum eines Dritten stehen. Letzteres ist nicht möglich bei wesentlichen, wohl aber bei nicht wesentlichen Bestandteilen (vgl. hierzu RGZ 158, 367 und die Ausführungen Vor § 1 Rdn. 17ff. sowie § 5 Rdn. 12ff.). Nicht-wesentliche Bestandteile, die im Eigentum des Wohnungseigentümers stehen, teilen, soweit sie nicht Gegenstand besonderer Verfügungen sind, das rechtliche Schicksal des gemeinschaftlichen Eigentums (vgl. Hauger in PiG 21, S. 17, 27/28). Wegen der Möglichkeit, Teile eines Gebäudes (z. B. einen im Erdgeschoß befindlichen Laden, überzählige Garagen) beim gemeinschaftlichen Eigentum zu belassen und für die Wohnungseigentümer gemeinschaftlich zu nutzen, vgl. § 3 Rdn. 69.

2. Eine **Zwischenform** zwischen Sondereigentum und Miteigentum – **7**
sog. „Mitsondereigentum“ – „dinglich verselbständigte Untergemeinschaften“ **kennt das WEG** (abgesehen von dem im § 5 Rdn. 36 behandelten Fall) **nicht;** dazu § 3 Rdn. 32.

3. Die **Abgrenzung** von Sondereigentum und gemeinschaftlichem Eigen- **8**
tum ergibt sich **in der Örtlichkeit** aus dem Aufteilungsplan und den durch diesen bestimmten rechtsgeschäftlichen Erklärungen, also den Einigungserklärungen (§§ 3, 4 WEG) oder der Teilungserklärung (§ 8). Zu dem Fall, daß nicht entsprechend dem Plan gebaut wird, vgl. § 3 Rdn. 41ff. Da an dem Grund und Boden als solchem Sondereigentum nicht begründet werden kann, steht das Grundstück stets notwendig im gemeinschaftlichen Eigentum. Da alles, was nicht Sondereigentum ist, gemeinschaftliches Eigentum sein muß (BayObLG 73, 267), spricht eine Vermutung für letzteres (so zutr. Bärmann-Pick-Merle § 1 Rdn. 36). Die örtliche Lage des Gebäudes auf dem Grundstück ist, was das Sondereigentum anlangt, unerheblich, wenn und

solange die zu Sondereigentum zugewiesenen Gebäudeteile identifiziert werden können. Deshalb kann es auch für die Entstehung von Sondereigentum nicht darauf ankommen, ob der Aufteilungsplan den **„Standort" des Gebäudes** deutlich macht; die gegenteilige Auffassung des OLG Hamm (NJW 1976, 1752) ist unzutreffend und verkennt, daß das gemeinschaftliche Eigentum, wie OLG Frankfurt (Rpfleger 1979, 380) bemerkt hat, eine „variable Größe" ist, daß ihm eine Elastizität innewohnt, kraft deren es das Grundstück in seinem jeweiligen Bestand und die nicht in Sondereigentum überführten Teile des Gebäudes umfaßt, gleichgültig wo dieses auf dem gemeinsamen Grundstück steht. Eine Ausnahme ist nur für den Fall zu machen, daß auf dem Grundstück einzelne Baukörper, z. B. einzelne freistehende Garagen oder ganz identische Fertighäuser (OLG Bremen Rpfleger 1980, 68) errichtet werden und andernfalls nicht festgestellt werden kann, welchem Miteigentumsanteil das hieran zu begründende Sondereigentum zugeordnet ist.

9 **4.** Das WEG spricht an keiner Stelle von einem gemeinschaftlichen Vermögen der Wohnungseigentümer oder gar von einem Vermögen der Wohnungseigentümergemeinschaft oder einem **„Verwaltungsvermögen".** Es beschränkt sich darauf, in seinem § 1 Abs. 5 **„im Sinne dieses Gesetzes"** klarzustellen, was **das gemeinschaftliche Eigentum** im Gegensatz zum Sondereigentum ist, nämlich **„das Grundstück sowie die Teile, Anlagen und Einrichtungen" des** einen wesentlichen Bestandteil des Grundstücks bildenden **Gebäudes** (§§ 93, 94 BGB), **soweit sie nicht im Sondereigentum eines Wohnungseigentümers oder im Eigentum eines Dritten stehen. Nur dieses gemeinschaftliche Eigentum,** an dem die Wohnungseigentümer als Miteigentümer mitberechtigt sind, ist also gemeint, wenn in den folgenden Vorschriften des Gesetzes vom gemeinschaftlichen Eigentum oder von der Gemeinschaft der Wohnungseigentümer die Rede ist. So sind § 6 (Einheit von Miteigentumsanteil und Sondereigentum), § 10 (Verhältnis der Wohnungseigentümer untereinander, Gemeinschaftsordnung), § 11 (Unauflöslichkeit der Gemeinschaft), § 12 (Veräußerungsbeschränkung), §§ 13–15 (Gebrauch), § 16 (Nutzungen), §§ 20ff. (Verwaltung) auf das gemeinschaftliche Eigentum in diesem Sinne zu beziehen.

10 Diese Betrachtungsweise ist eine notwendige Folge der dem Gesetz zugrundeliegenden Konstruktion des Wohnungseigentums als eines besonders ausgestalteten Miteigentumsanteils an einem Grundstück und Gebäude (dazu Vor § 1 Rdn. 28ff.). Bei der Schaffung des Gesetzes hat man aber keineswegs verkannt, daß es außer dem „gemeinschaftlichen Eigentum" **noch andere Vermögensgegenstände – Sachen und Rechte –** geben kann und gibt, die den Wohnungseigentümern gemeinschaftlich zustehen. So spricht das WEG im § 27 Abs. 1 von *„gemeinschaftlichen Geldern"* der Wohnungseigentümer, in § 27 Abs. 4 von „Geldern der Wohnungseigentümer", zu denen insbesondere die in § 21 Abs. 5 Nr. 4 und in § 28 Abs. 1 Nr. 3 erwähnte *„Instandhaltungsrückstellung"* gehört, es zieht in § 28 Abs. 1 Nr. 1 „Einnahmen aus der Verwaltung des gemeinschaftlichen Eigentums", in § 16 Abs. 1 „Nutzungen des gemeinschaftlichen Eigentums" in Betracht, die natürliche Früchte, z. B. Äpfel von dem auf dem gemeinschaftlichen Grund-

stück stehenden Baum, oder Rechtsfrüchte, z. B. Einnahmen aus der Vermietung einer gemeinschaftlichen Garage, sein können.

Die Frage, in welchem **Verhältnis** diese und andere Vermögenswerte, z. B. das Zubehör des gemeinschaftlichen Grundstücks – etwa das Heizöl im Tank, der Rasenmäher – oder die Ansprüche aus Beeinträchtigung oder Beschädigung des gemeinschaftlichen Grundstücks (§ 1011 i. V. mit §§ 823ff., § 1004 BGB) **zum gemeinschaftlichen Eigentum** i. S. des § 1 Abs. 5 WEG stehen, ist zu einer der am meisten umstrittenen des Wohnungseigentumsrechts geworden und hat **breite dogmatische Erörterungen** ausgelöst. Wer, wie *Schulze-Osterloh* (Vor § 1 Rdn. 45) die Wohnungseigentümergemeinschaft als Gesamthand oder wie *Bärmann* (Vor § 1 Rdn. 43ff.) als der Gesamthand angenähert oder wer Wohnungseigentum wie *Merle* (Vor § 1 Rdn. 46) als ein grundstücksgleiches Mitgliedschaftsrecht versteht, wird keine Schwierigkeit haben, alle diese Vermögensgegenstände als einem gesamthänderisch gebundenen Vermögen zugehörig zu betrachten, in dem sie alle aufgehen und an dem alle Wohnungseigentümer mit einem Anteil beteiligt sind. Die, namentlich von Bärmann, mit diesen Konstruktionen verbundene und bezweckte Folge ist, daß im Falle der Veräußerung des Wohnungseigentums, sei es durch Rechtsgeschäft oder durch Zuschlag in der Zwangsversteigerung, mit dem Anteil am Gesamthandsvermögen auch der Anteil des Voreigentümers an diesen Vermögenswerten kraft Gesetzes übergeht. Dieser Betrachtungsweise kann jedoch aus den Vor § 1 Rdn. 44ff. dargelegten Gründen nicht gefolgt werden. Namentlich gibt es das **„Verwaltungsvermögen"**, dem jedenfalls mehrere der genannten Vermögensgegenstände nach in der Literatur verbreiteter Ansicht zugerechnet werden sollen (vgl. Bärmann-Pick-Merle Einl. Rdn. 651; Deckert, Eigentumswohnung 3, 16e; Bärmann, Zuordnung, S. 27ff.; PiG 21 mit Beiträgen von Hauger, Schmidt, Weitnauer, Deckert) **als Rechtsbegriff nicht,** wenngleich man in der Praxis davon sprechen mag. 11

Eine andere rechtliche Möglichkeit besteht darin, den Anteil jedes Wohnungseigentümers an den Vermögensgegenständen **zum (wesentlichen) Bestandteil** des jeweiligen Miteigentumsanteils i. S. des § 96 BGB **oder zu dessen Zubehör zu erklären**. Das aber würde ein Eingreifen des Gesetzgebers voraussetzen und hätte Folgen für das Hypotheken- und Zwangsvollstreckungsrecht, die noch geklärt werden müßten (vgl. dazu Weitnauer, FS Seuß, S. 295, 313 und PiG, 36, S. 157). 12

Mit dem geltenden Recht vereinbar ist nur die von diesem Kommentar stets vertretene Betrachtungsweise, welche die erwähnten Vermögenswerte als **Gegenstand jeweils besonderer Bruchteilsgemeinschaften** ansieht, soweit nicht besondere Rechtsfiguren wie Gesamtgläubigerschaft oder Mitberechtigung i. S. des § 432 BGB Vorrang haben. Diese Auffassung (zustimmend Palandt-Bassenge § 1 Rdn. 5; Erman-Ganten § 1 Rdn. 6; **a. A.** auch Röll, Handbuch, S. 28/29 und in MünchKomm § 1 Rdn. 12; Schmidt in PiG 21, S. 35ff.) ist vom **BayObLG** (BayObLGE 1984, 198 = ZfBR 1985, 182 m. A. Weitnauer = DNotZ 1985, 416) ausdrücklich geteilt worden; es hat die Annahme, daß den Teilhabern der Wohnungseigentümergemeinschaft ein „Verwaltungsvermögen" gehöre, das ohne weiteres mit dem Zuschlag auf den Erwerber übergehe, als unzutreffend bezeichnet und noch bemerkt, 13 daß das „Verwaltungsvermögen" der Gemeinschaft nicht „eine verselbständigte Einheit ähnlich dem Vermögen einer juristischen Person oder einer Gesamthandsgemeinschaft", sondern „rechtlich nichts anderes als die Innehabung jedes einzelnen Rechts und sonstigen Vermögensgegenstandes" ist, die dem Teilhaber der Gemeinschaft gemeinsam mit den übrigen Teilhabern nach Maßgabe des WEG und der §§ 741 ff. BGB zustehen.

14 Das bedeutet, daß die Anteile eines Wohnungseigentümers an diesen Gegenständen **nicht ohne weiteres das Schicksal** des Wohnungseigentums **teilen**, daß vielmehr individuelle Verfügungen möglich und, insbes. zur Übertragung auf den Erwerber des Wohnungseigentums, auch erforderlich sind. Im Falle rechtsgeschäftlicher Veräußerung des Wohnungseigentums ergeben sich hieraus keine Schwierigkeiten; im Falle der Zwangsversteigerung werden nach § 90 Abs. 2 ZVG von dem Erwerb durch Zuschlag nur diejenigen Vermögensgegenstände erfaßt, die nach § 20 Abs. 2 ZVG der Beschlagnahme unterliegen (so ausdrücklich BayObLG 1984, 198; vgl. auch Weitnauer ZfBR 1985, 182). Im einzelnen sind **Differenzierungen** notwendig. Besonders hervorzuheben sind diejenigen Vermögenswerte, die als **Zubehör** des gemeinschaftlichen Eigentums besonderen Regeln unterliegen, so den §§ 314, 926, 1031, 1120 ff. BGB, § 865 ZPO, § 20 Abs. 2, § 148 ZVG. Insoweit besteht kein Zweifel, daß der Anteil des einzelnen Wohnungseigentümers an den den Wohnungseigentümern gemeinschaftlich zustehenden Zubehörstücken als Zubehör des Wohnungseigentums anzusehen und vom Hypothekenverband erfaßt ist (MünchKomm-Eickmann, § 1120 Rdn. 34, 37; RG Gruchot 33 (1889), 913; Weitnauer, PiG 21, S. 59, 64).

Von diesen Grundlagen aus sind nun **die einzelnen Fälle** zu erörtern.

15 **a) Natürliche Früchte,** z. B. Früchte von einem auf dem gemeinschaftlichen Grundstück stehenden Baum, gehören nach § 953 BGB, in dem hier interessierenden einfachsten Falle der Nutzung durch die Wohnungseigentümer selbst auch nach der Trennung, diesen als den Miteigentümern des Grundstücks. Das damit notwendig entstehende Gemeinschaftsverhältnis ist nicht die Wohnungseigentümergemeinschaft, sondern eine **schlichte Gemeinschaft** i. S. der §§ 741 ff. BGB: Die Aufhebung ist folglich nicht durch § 11 WEG ausgeschlossen, jeder Wohnungseigentümer kann über seinen Anteil an den Früchten verfügen (§ 747 Satz 1 BGB), zur Verfügung über diese im ganzen sind nur alle Miteigentümer gemeinsam berechtigt (§ 747 Satz 2 BGB). Werden Verwaltungshandlungen notwendig, z. B. eine Entscheidung über die Verwertung der Früchte, so sind sie nach §§ 744, 745 herbeizuführen; doch bestehen, weil diese Vorschriften abdingbar sind, keine Bedenken, sie im Rahmen der §§ 23 ff. WEG zu treffen, wenn und weil dies dem Willen der Wohnungseigentümer entspricht. Ist ein Wohnungseigentum selbständig mit einem Grundpfandrecht belastet, so erstreckt sich der Pfandverband auf den Anteil des Wohnungseigentümers an den Früchten nach Maßgabe der §§ 1120–1122 BGB. Soweit die Früchte Zubehör sind, vgl. die nachstehende Rdn. 17.

16 b) Für sonstige vom gemeinschaftlichen Grundstück **getrennte Bestandteile** (z. B. Steine) gilt das vorstehend Ausgeführte (Rdn. 15) entsprechend.

c) **Bewegliche Sachen** – und nur solche, nicht auch Forderungsrechte (unrichtig Röll NJW 1976, 437 für die Instandhaltungsrücklage) – können **Zubehör** des gemeinschaftlichen Grundstücks sein, so das im Tank der gemeinschaftlichen Heizungsanlage befindliche Heizöl, eine Waschmaschine (BayObLG NJW 1975, 2296), Gartengeräte. Sofern sie für Rechnung der Wohnungseigentümergemeinschaft angeschafft sind und im Miteigentum der Wohnungseigentümer, was regelmäßig anzunehmen ist, nach dem Verhältnis der Miteigentumsquoten des gemeinschaftlichen Eigentums stehen, bildet der Miteigentumsanteil jedes Wohnungseigentümers an den Zubehörstücken sinngemäß das Zubehör des jeweiligen Wohnungseigentums. Daher gelten dafür die §§ 314, 926, es wird also vermutet, daß sich Verpflichtungsgeschäfte und Veräußerungsgeschäfte über das Wohnungseigentum auf sie erstrecken. Die Verkoppelung mit dem Wohnungseigentum ist demnach zwar nicht zwingend (so auch BayObLG NJW 1975, 2296), aber sie wird regelmäßig dem Parteiwillen entsprechen. Was die Verwaltung und den Hypothekenverband betrifft, gilt das in Rdn. 15 Ausgeführte sinngemäß. Zu beachten ist § 865 ZPO: Der Miteigentumsanteil an Zubehörstücken kann nicht gepfändet werden, er unterliegt ausschließlich der Zwangsvollstreckung in das unbewegliche Vermögen, d. h. in das Wohnungseigentum (§ 20 Abs. 2, § 21 ZVG). **17**

d) Für die **Ansprüche aus dem Eigentum,** und zwar sowohl für dingliche (§§ 985ff., 1004 BGB) als auch für schuldrechtliche, insbesondere den Anspruch aus Eingriffskondiktion (BGH NJW 1953, 58) und Schadensersatzansprüche, gilt **§ 1011 BGB.** Hiernach kann jeder Wohnungseigentümer selbständig die in Ansehung der ganzen Sache bestehenden Ansprüche geltend machen, jedoch nur in Gemäßheit des § 432 BGB, also nur auf Herausgabe oder sonstige Leistung an alle. Dies gilt auch für auf Geld gerichtete Ansprüche (so zutr. Baur, Sachenrecht, § 3 II 1b, bb). Doch ist zu berücksichtigen, daß nach der gegenwärtigen Rechtsprechung des BGH diese Einzelklagebefugnis durch Versagung des Rechtsschutzinteresses gehemmt ist (Vor § 1 Rdn. 64ff.). Das Verhältnis der Wohnungseigentümer in bezug auf solche Ansprüche ist das der schlichten Gemeinschaft i. S. der §§ 741ff. BGB (so auch Merle, System, S. 136ff.). Der Anteil des einzelnen Wohnungseigentümers an diesen Ansprüchen ist sicher nicht mit dem Wohnungseigentum verkoppelt, kann also Gegenstand selbständiger Verfügungen sein, und wird im Zweifel im Falle der Veräußerung des Wohnungseigentums nicht zusammen mit diesem auf den Erwerber übertragen. Die **Verwaltung** in bezug auf diese Ansprüche, insbes. die Entscheidung über das Ob und Wie ihrer Geltendmachung, dient ebenso wie etwa die Entscheidung über die Geltendmachung von Mängelansprüchen (dazu Anh. zu § 8 Rdn. 55) mittelbar der Verwaltung des gemeinschaftlichen Eigentums und ist deshalb eine Angelegenheit der Verwaltung i. S. des § 21 WEG; im Rahmen der ordnungsmäßigen Verwaltung sind also Mehrheitsbeschlüsse möglich. Insbesondere Entscheidungen in bezug auf die Ausübung von Gestaltungsrechten (dazu Anh. zu § 8 Rdn. 55), z. B. die Ausübung des Rechts der Fristsetzung nach § 250 BGB, können nur von allen Wohnungseigentümern gemeinschaftlich, im Rahmen der ordnungsmäßigen Verwaltung durch Mehrheitsbeschluß, ge- **18** troffen werden. Nicht lassen sich aus der Gemeinschaftlichkeit des Eigentums Folgerungen für die Behandlung der aus den Verträgen der Wohnungseigentümer mit dem Bauträger entspringenden Ansprüche wegen Mängeln des gemeinschaftlichen Eigentums herleiten (vgl. Anh. zu § 8 Rdn. 52ff.).

19 e) **Sonstige Vermögensrechte.** Zur Frage des **sog. „Verwaltungsvermögens"** ist grundsätzlich bereits oben Rdn. 11 Stellung genommen mit dem Ergebnis, daß es nicht gemeinschaftliches Eigentum i. S. des § 1 Abs. 5 WEG und daß es auch nicht durch gesamthänderische Bindung oder in sonstiger Weise mit dem Wohnungseigentum verkoppelt ist. Im einzelnen sind **verschiedenartige Vermögensrechte** in Betracht zu ziehen: Bargeld in der Kasse des Verwalters, wenn diese offen in Vertretung der Wohnungseigentümer geführt wird, Wertpapiere, die für die Wohnungseigentümer angeschafft sind, Ansprüche aus einem offen für die Wohnungseigentümer geführten Giro- oder Sparkonto, insbes. der Instandsetzungsrücklage, Ansprüche aus einem namens der Wohnungseigentümer geschlossenen Miet- oder Werkvertrag. Die Rechtsverhältnisse bezüglich dieser Vermögenswerte sind **je nach deren Art verschieden.** Während am Bargeld oder den Wertpapieren als Sachen schlichtes Miteigentum (§ 1008 BGB) und zwischen den Teilhabern die Bruchteilsgemeinschaft i. S. der §§ 741 ff. BGB besteht, richtet sich die rechtliche Gestaltung bezüglich der Forderungsrechte danach, wie die zugrundeliegenden Rechtsgeschäfte abgeschlossen worden sind (so mit Recht Flume, Personengesellschaft, S. 115); vermietet z. B. ein Wohnungseigentümer mit oder ohne Ermächtigung der übrigen eine zum gemeinschaftlichen Eigentum gehörende Garage, so ist er als Vermieter berechtigt und verpflichtet. Aus Verträgen, die namens aller Wohnungseigentümer abgeschlossen werden, werden diese in der Regel als Gläubiger Gesamtgläubiger (§ 428 BGB) oder Mitberechtigte i. S. des § 432 BGB sein, als Schuldner Gesamtschuldner (§§ 421 ff. BGB) – „Verwaltungsschulden", vgl. Anh. zu § 8 Rdn. 90. Das Innenverhältnis der Wohnungseigentümer richtet sich dann zunächst nach den §§ 426, 430 BGB; was die Forderungen anlangt, ist aber darüber hinaus **eine schlichte Rechtsgemeinschaft** der Wohnungseigentümer i. S. der §§ 741 ff. BGB anzunehmen, was insbesondere für die Ausübung von Gestaltungsrechten Bedeutung erlangen kann (Nachfristsetzung, Rücktritt usw.; vgl. oben Rdn. 18 und Anh. zu § 8 Rdn. 55). Da die Rechtsverhältnisse im Rahmen der Verwaltung des gemeinschaftlichen Eigentums eingegangen werden, ist auch ihre Abwicklung Sache der Verwaltung, die Entscheidungen werden also im Rahmen der Verwaltung nach §§ 21 ff. WEG getroffen, sie können, soweit sie der ordnungsmäßigen Verwaltung entsprechen, durch Mehrheit beschlossen werden und sind für alle Wohnungseigentümer verbindlich (§ 10 Abs. 4 WEG). Der Auffassung von Merle (System, S. 131; ähnlich Flume, Personengesellschaft, S. 117ff., allerdings ohne Bezug auf das Wohnungseigentum), in der Beschlußfassung über die Vornahme eines Verwaltungsrechtsgeschäfts oder die Ansammlung einer Instandhaltungsrückstellung könne „der konkludente Abschluß eines Vertrages zur Verfolgung eines gemeinsamen Zwecks, kurz eines Gesellschaftsvertrags gesehen werden" (a. a. O. S. 133), die Wohnungseigentümer bildeten also jeweils eine Gesellschaft des bürgerlichen Rechts, für ihr Innenver-

hältnis seien allerdings nicht die Regeln der Gesellschaft, sondern der Wohnungseigentümergemeinschaft maßgeblich, vermag ich nicht zu folgen; sie erscheint nicht nur gekünstelt, sondern läßt auch unberücksichtigt, daß die Wohnungseigentümer, wenn sie Maßnahmen zur Verwaltung des gemeinschaftlichen Eigentums beschließen oder treffen, dies nicht tun, um einen über ihre bereits bestehenden Rechtsbeziehungen hinausgehenden Zweck zu fördern, sondern um ihrer aus der Gemeinschaft folgenden gesetzlichen Verpflichtung zur ordnungsmäßigen Verwaltung des gemeinschaftlichen Eigentums zu genügen; es fehlt also an einem für die Annahme einer Gesellschaft erforderlichen über diese Verpflichtung hinausgehenden Zweck.

Es verbleibt also auch für diese Vermögenswerte dabei, daß in bezug auf jeden von ihnen **jeweils eine besondere Gemeinschaft** i. S. der §§ 741 ff. BGB besteht, für die insbesondere § 11 WEG nicht gilt. Das bedeutet für die **„gemeinschaftlichen Gelder" nicht**, daß sie beliebig zweckentfremdet werden könnten. Anzunehmen ist zunächst, daß die Wohnungseigentümer die Aufhebung der Gemeinschaft soweit zulässig ausschließen, also soweit nicht ein wichtiger Grund besteht (§ 749 Abs. 2 BGB); dieser Ausschluß wirkt auch gegenüber einem Sondernachfolger (§ 751 S. 1 BGB). Sollte ein Gläubiger, was bisher nicht vorgekommen zu sein scheint, versuchen, etwa den Anteil eines Wohnungseigentümers an der Intandhaltungsrückstellung auf Grund eines Vollstreckungstitels zu pfänden, so könnte er zwar die Aufhebung der Gemeinschaft erreichen, er könnte aber nicht die Zweckbindung beseitigen, die Vollstreckungsmaßnahme würde ihm also nichts nützen. Denn der Gläubiger könnte nur den Überschuß erhalten, der nach Berichtigung der gemeinschaftlichen Verbindlichkeiten (§ 755 BGB) und der Ansprüche der anderen auf zweckentsprechende Verwendung der eingezahlten Gelder übrigbleibt (§ 756 BGB). Die übrigen Wohnungseigentümer, welche die Stellung der Drittschuldner haben, können dem Pfändungsgläubiger alle Einwendungen entgegensetzen, welche sie gegenüber dem Wohnungseigentümer haben, dessen Auseinandersetzungsanspruch gepfändet ist (Baumbach-Lauterbach, ZPO, § 829 Anm. 7 B b; § 835 Anm. 6). Das gleiche würde auch für das Aufhebungsrecht nach § 16 Abs. 2 KO gelten. Die Pfändbarkeit wird schlechthin verneint von Bärmann-Pick-Merle (§ 1 Rdn. 130 m. w. N.). 20

Der Anteil des einzelnen Wohnungseigentümers an den erwähnten Forderungsrechten kann an einen Erwerber des Wohnungseigentums **abgetreten** werden, an andere Personen regelmäßig wohl schon deshalb nicht, weil anzunehmen ist, daß insoweit die Abtretbarkeit stillschweigend ausgeschlossen ist (§ 399 BGB). Ein **Übergang kraft Gesetzes** mit der Übertragung des Wohnungseigentums findet insbesondere in bezug auf den Anteil an der Instandhaltungsrückstellung nicht statt (so für den Fall des Zuschlags in der Zwangsversteigerung ausdrücklich BayObLGE 1984, 198 = DNotZ 1985, 416; dazu Weitnauer ZfBR 1985, 182; Weitnauer, FS Seuß, S. 295, 313; ausführlich Vor § 1 Rdn. 44 ff.; a. M. LG Berlin JR 1962, 220; AG Wiesbaden MDR 1967, 126. Nach KG OLGE 1988, 302 = WE 1988, 132 (m. Anm. Weitnauer), bestätigt durch KG WE 1994, 338, geht im Falle rechtsgeschäftlicher Veräußerung der Anteil des Veräußerers an der Instandhaltungsrücklage auf den Erwerber über, nicht dagegen im Falle des Erwerbs durch Zuschlag, und kann der Veräußerer nicht die Auszahlung seines Anteils verlangen. 21

22 Die Frage nach dem **rechtlichen Schicksal des Anteils** des Wohnungseigentümers **an den gemeinschaftlichen Geldern,** insbes. der Instandhaltungsrücklage, im Falle eines Eigentumswechsels ist allerdings hierdurch **nur negativ** geklärt. **Positiv** ist sie von der hier vertretenen Auffassung aus eindeutig dahin zu beantworten, daß, weil weder im Falle der rechtsgeschäftlichen Veräußerung, noch im Falle des Erwerbs durch Zuschlag in der Zwangsversteigerung ein Übergang kraft Gesetzes stattfindet, die Regelung im ersten Fall den Vertragsparteien überlassen werden kann und muß. Für den Fall des **Zuschlags** ist einzuräumen, daß der gesetzliche Übergang eine einfache Lösung wäre, doch ist diese mit dem geltenden Recht nicht zu vereinbaren (so auch BayObLG aaO). Vielmehr ist die **Lösung** auf Grund folgender Überlegungen **zu suchen**: Auszugehen ist davon, daß der Anteil beim Voreigentümer verbleibt und daß dieser im Hinblick auf die oben erörterte Zweckbindung nur die der Zwecksetzung entsprechende Verwendung verlangen kann, die aber, da er als Miteigentümer ausgeschieden ist, nicht mehr ihm, sondern dem Ersteher zugute kommt. Ob sich hieraus ein Vorteil für den Ersteher ergibt, hängt von den Umständen ab. War zur Zeit des Zuschlags die Instandsetzung bereits erfolgt, nicht aber schon die Vergütung aus der Rücklage entnommen, dann erwirbt der Ersteher einen Anteil an einem instandgesetzten Gebäude; das wird sich im Wert und im Erlös ausdrücken. Die Rücklage wird zur Deckung der Instandsetzungskosten verwendet, der Ersteher hat davon keinen weiteren Vorteil.

23 Wohl allerdings tritt eine **Bereicherung des Erstehers** ein, wenn für den Erlös der reparaturbedürftige Zustand des Gebäudes maßgeblich war; dann kommt der Umstand, daß die zur Deckung der Instandsetzungskosten erforderlichen Mittel bereits vorhanden sind, dem Ersteher zugute, ohne daß er dazu beigetragen hat. Diesen kraft Gesetzes mit dem Zuschlag verbundenen Vorteil muß der Ersteher nach den Grundsätzen der ungerechtfertigten Bereicherung (**„allgemeine Abschöpfungskondiktion"**, Reuter-Martinek, Ungerechtfertigte Bereicherung, Tübingen 1983, S. 371 ff.) ausgleichen (näher dazu Weitnauer ZfBR 1985, 182). Man sieht hieran, daß es für die wirtschaftliche Betrachtung auf Umstände ankommt, die im Zwangsversteigerungsverfahren nur schwer berücksichtigt werden können, daß also der Ausgleich sinnvoll nur außerhalb des Zwangsversteigerungsverfahrens herbeigeführt werden kann.

24 Der Gläubiger eines Wohnungseigentümers kann auch nicht auf die **Mietzinsforderung aus der Vermietung des gemeinschaftlichen Eigentums** durch die Wohnungseigentümer zugreifen; in diesem Falle sind die Wohnungseigentümer Mitberechtigte i. S. des § 432 BGB (BGH NJW 1958, 1723; RGZ 89, 176), vor der Verteilung sind deshalb „wegen der internen Zweckbindung" (so MünchKomm-Selb § 432 Rdn. 2) erst die Lasten aus den Mieteinnahmen zu begleichen. Mehr Rechte kann auch ein Pfändungsgläubiger nicht haben. Ein das Wohnungseigentum belastendes Grundpfandrecht erstreckt sich nach Maßgabe der §§ 1123, 1124 BGB auf den Anteil an der Mietforderung.

25 f) Jeder Wohnungseigentümer ist als Teilhaber der Wohnungseigentümergemeinschaft gegenüber jedem anderen Wohnungseigentümer verpflichtet,

die aus dem Gemeinschaftsverhältnis erwachsenden Verpflichtungen zu erfüllen, so z. B. sich entsprechend § 14 zu verhalten, an der Verwaltung des gemeinschaftlichen Eigentums (§§ 21 ff. WEG), gegebenenfalls an einer Änderung der Gemeinschaftsordnung (vgl. § 10 Rdn. 49 ff.) mitzuwirken. Von besonderer Bedeutung ist die Verpflichtung zur anteiligen Lasten- und Kostentragung nach Maßgabe des § 16 Abs. 2 i. V. mit § 28 WEG. Umgekehrt hat jeder Wohnungseigentümer gegen jeden anderen den Anspruch auf Erfüllung dieser Verpflichtungen und das Recht, diesen Anspruch gerichtlich geltend zu machen, nach gegenwärtiger Rspr. allerdings nur mit Ermächtigung der Gemeinschaft (Vor § 1 Rdn. 64 ff.). Diese Ansprüche mag man mit Merle (System, S. 83 ff.) in Anlehnung an das Gesellschaftsrecht als **„Sozialansprüche"** bezeichnen; man muß sich aber darüber im Klaren sein, daß ein **grundsätzlicher Unterschied** besteht: Während es sich im Gesellschaftsrecht um Ansprüche handelt, welche der Gesellschaft, also den Gesellschaftern in ihrer gesamthänderischen Verbindung zustehen und die von dem einzelnen Gesellschafter mittels der „actio pro socio" geltend gemacht werden können (P. Ulmer, MünchKomm, § 705 Rdn. 166, 169 ff.), stehen die erwähnten Ansprüche, insbes. der Anspruch auf den Lasten- und Kostenbeitrag, jedem einzelnen Wohnungseigentümer zu; das kommt nicht nur im Wortlaut des § 16 Abs. 2 wie des § 748 BGB zum Ausdruck, sondern ist denkgesetzlich zwingend, weil es an der der für die Gesellschaft charakteristischen, den Schuldner umfassenden gesamthänderischen Verbindung fehlt und im Wohnungseigentum fehlen muß. Damit steht nicht in Widerspruch, daß der den Anspruch geltend machende Wohnungseigentümer Leistung nicht an sich, sondern nur an alle Wohnungseigentümer (einschließlich des Schuldners) verlangen kann (dazu § 16 Rdn. 31; Weitnauer, PiG 21, S. 59, 66 ff.). Die Frage, ob diese Ansprüche zum gemeinschaftlichen Eigentum zu rechnen sind, ist schon deshalb zu verneinen, weil sie nicht allen Wohnungseigentümern zustehen (vgl. dazu Merle, System, S. 82). Aus der Zweckbindung des Wohngeldanspruchs hat das LG Köln (DWEigt 1987, 63) zutreffend die Folgerung abgeleitet, daß er nicht abtretbar und nicht pfändbar ist (§ 399 BGB, § 851 ZPO).

5. Verwaltungsschulden

Die Wohnungseigentümer treten als Gemeinschaft im Rechtsverkehr auf, 26
insbes. werden in ihrem Namen Verträge geschlossen und Verbindlichkeiten eingegangen, aus denen sie verpflichtet werden, z. B. aus der Anschaffung von Heizöl, aus Verträgen über Bauarbeiten am gemeinschaftlichen Eigentum (wegen der Ansprüche aus solchen Verträgen vgl. oben Rdn. 19,20). Aus solchen im Rahmen der Verwaltung geschlossenen Verträgen werden die Wohnungseigentümer anders als aus sog. „Aufbauschulden", bezüglich deren in der Regel nur Teilschuldnerschaft besteht, – als **Gesamtschuldner** verpflichtet – sog. **„Verwaltungsschulden"** (ständige und allgemein anerkannte Rechtsprechung, BGHZ 67, 334; 75, 26; 76, 86; BGH NJW 1980, 992). Wird ein Vertrag im Namen aller Wohnungseigentümer geschlossen, so sind Schuldner diejenigen, die zur Zeit des Vertragsschlusses Wohnungseigentümer – d. h. als solche im Grundbuch eingetragen – sind (BayObLGE

1992, 208); sie bleiben die Schuldner auch im Falle eines Eigentümerwechsels. Dies gilt auch für Darlehensverpflichtungen; der Erwerber wird nicht Schuldner und haftet auch nicht für die Schuld, selbst wenn diese ganz oder teilweise erst nach dem Eigentümerwechsel fällig wird (OLG Oldenburg WE 1994, 218 m. Anm. Weitnauer). Trotz der nach außen bestehenden Schuldnerhaftung (Beispiel: Lieferung von Fernwärme BayObLG WE 1986, 14 m. Anm. Weitnauer, Weitnauer, FS Korbion, S. 463/465) darf es zu einer persönlichen Inanspruchnahme des einzelnen Wohnungseigentümers nicht kommen; vielmehr müssen die Schulden, weil sie Kosten der Verwaltung i. S. des § 16 Abs. 2 WEG sind, aus den gemeinschaftlichen Mitteln der Wohnungseigentümer berichtigt werden, der Verwalter ist hierzu nach § 27 Abs. 2 Nr. 2 WEG berechtigt und aufgrund des Verwaltervertrages verpflichtet. Die **Außenverpflichtung** ist also streng von der **Innenverpflichtung** der Wohnungseigentümer zur Lasten- und Kostentragung (§ 16 Abs. 2 WEG) zu unterscheiden. Befriedigt ein in Anspruch genommener Wohnungseigentümer einen Gläubiger, so hat er einen Rückgriffsanspruch gegen die anderen Wohnungseigentümer in jeweils anteiliger Höhe. Diese sind aber für berechtigt zu halten, den in Vorlage getretenen Wohnungseigentümer auf die Befriedigung aus den gemeinschaftlichen Mitteln zu verweisen (vgl. BayObLG WE 1987, 14 m. Anm. Weitnauer); das ergibt eine gewisse Parallele zu den Gesellschaftsschulden (dazu MünchKomm-P. Ulmer § 714 Rdn. 21). Vgl. im übrigen § 16 Rdn. 30, Vor § 20 Rdn. 2.

6. Änderungen der Größe des gemeinschaftlichen Grundstücks

27 a) Die reale räumliche Beschränkung des gemeinschaftlichen Eigentums durch das Sondereigentum schließt Verfügungen der Wohnungseigentümer über das gemeinschaftliche Grundstück nicht aus, welche das Sondereigentum nicht berühren. Kraft ihrer Verfügungsmacht als Eigentümer (§ 903 BGB) können sie gemeinschaftlich handelnd (§ 747 Satz 2 BGB) dem gemeinschaftlichen Grundstück Teilflächen durch **Vereinigung oder Bestandteilszuschreibung** anfügen (§ 890 BGB) oder von diesem durch **Teilung** abtrennen (§ 7 GBO). Das ist im Grundsatz so gut wie unbestritten; wenn Merle (vgl. Vor § 1 Rdn. 46) von seinem Verständnis des Wohnungseigentums als eines grundstücksgleichen unkörperlichen Rechts die Möglichkeit solcher Verfügungen verneinen muß, ist das ein gewichtiges Argument gegen seinen theoretischen Ansatz; denn solche Verfügungen müssen möglich sein, z. B. Abtretung einer Teilfläche an die Gemeinde zu Straßenzwecken. Wegen der Voraussetzungen und rechtlichen Wirkungen von Vereinigung, Zuschreibung und Teilung ist auf § 3 Rdn. 91 zu verweisen. Insbesondere ist zu erwähnen, daß in jedem Falle eine auf die Rechtsfolge gerichtete Erklärung (Antrag) an das Grundbuchamt und die Eintragung im Grundbuch erforderlich sind.

28 b) Die Frage ist aber, ob **zusätzliche Voraussetzungen** zu fordern sind, weil und wenn ein Wohnungseigentumsgrundstück beteiligt ist. Dieser Meinung sind in der Tat das OLG **Saarbrücken** (DWEigt. 1989, 143 = Rpfleger 1988, 478) sowie das OLG **Zweibrücken** (DNotZ 1991, 605 = NJW-RR 1991, 782) zur Vereinigung, das OLG **Frankfurt** (DNotZ 1991, 604 =

OLGZ 1990, 253) zur Teilung. Das OLG **Saarbrücken** hielt Aufhebung des Sondereigentums und Neubegründung nach der Vereinigung für erforderlich, ein Lösungsvorschlag, der als überholt betrachtet werden kann.

aa) Das OLG **Zweibrücken** hält die Vereinigungserklärung für ungenügend, weil es an der vorausgesetzten Gleichheit der Eigentumsform fehle, wenn eines der Grundstücke ein Wohnungseigentumsgrundstück ist; deshalb müsse die Eigentumslage in der Weise vereinheitlicht werden, daß das gewöhnliche Miteigentum an dem zu vereinigenden Grundstück in Wohnungseigentum umgewandelt wird, wozu es eines besonderen dinglichen Vertrags zwischen sämtlichen Miteigentümern in der durch § 4 WEG verlangten Form, also Auflassungsform, bedürfe. **29**

bb) Das OLG **Frankfurt** hat entschieden, daß dem Antrag auf Eintragung der **Teilung** eines Wohnungseigentumsgrundstücks mit dem Ziele, die Berechtigung an dem Restgrundstück in gewöhnliches Miteigentum zu verwandeln, nicht entsprochen werden könne: Die „rechtlich durchaus mögliche Selbständigmachung des Teilstücks" stelle sich rechtlich als eine „teilweise Aufhebung des Wohnungseigentums" dar und bedürfe daher der in § 4 WEG vorgeschriebenen Auflassungsform. **30**

c) **Beiden Entscheidungen ist nicht zu folgen**. Das OLG Zweibrücken hat verkannt, daß Wohnungseigentum und schlichtes Bruchteilsmiteigentum strukturgleich sind (ausführlich hierzu Vor § 1 Rdn. 24ff., § 3 Rdn. 83ff.). Der Umstand, daß beim Wohnungseigentum der Herrschaftsbereich des gemeinschaftlichen Eigentums für jeden Miteigentümer durch die Einräumung von Sondereigentum, das ja nur an Räumen und gewissen Gebäudebestandteilen bestehen kann, gegenständlich beschränkt ist, ändert daran nichts, weil der Bereich des Sondereigentums durch die Vereinigung nicht betroffen ist. Nach § 4 WEG bedarf die Einigung über die Einräumung oder die Aufhebung des Sondereigentums der Auflassungsform. Bei der Vereinigung wird aber Sondereigentum weder eingeräumt noch aufgehoben. Abgesehen davon, setzt die Vereinigung voraus, daß alle Miteigentümer – Wohnungseigentümer – gemeinschaftlich die auf Vereinigung gerichtete Erklärung abgeben, sie erklären sich also mit den dadurch eintretenden Rechtsfolgen einverstanden. **31**

Für einen besonderen dinglichen Vertrag zur Umwandlung von schlichtem Miteigentum in „Wohnungseigentum" in der Form des § 925 BGB besteht keine Notwendigkeit und keine Möglichkeit. Weiter müßte ein solches dem WEG unbekanntes sondereigentumsartiges Rechtsgebilde noch vor der Vereinigung geschaffen werden, also in einem Zeitpunkt, in dem die beiden Grundstücke noch selbständig sind, was einen Verstoß gegen den zwingenden Grundsatz des § 1 Abs. 4 WEG bedeuten würde, wonach Sondereigentum nicht mit dem Miteigentum an mehreren Grundstücken verbunden werden kann. Ein Wohnungseigentumsgrundstück kann folglich mit einem in schlichtem Miteigentum stehenden Grundstück nach den allgemeinen Regeln des § 890 BGB **vereinigt werden**. **32**

d) Einfacher ist die Begründung bezüglich der **Teilung**. Hier ist vorauszuschicken, daß die abzutrennende Grundstücksfläche keinesfalls den Teil berühren darf, auf dem das Gebäude steht, in welchem sich die zu Sondereigen- **33** tum ausgewiesenen Eigentumswohnungen befinden; dem steht § 1 Abs. 4 WEG entgegen. Ist das aber nicht der Fall, was wie bei Dienstbarkeiten durch amtliche Karten zu beweisen ist, dann wird durch die Teilung kein Recht aus dem Sondereigentum beeinträchtigt. Eines dinglichen Vertrages zur Aufhebung des Wohnungseigentums, was immer das sei, bedarf es nicht, er wäre auch dem WEG unbekannt. Allerdings können Rechte aus einer zum Inhalt des Sondereigentums gemachten Vereinbarung der Wohnungseigentümer (§ 5 Abs. 4 i. V. m. § 10 Abs. 2 WEG), z. B. ein den abgetrennten Grundstücksteil betreffendes Sondernutzungsrecht, beeinträchtigt sein. Kommt es zur Teilung, dann werden solche Rechte, weil sie voraussetzen, daß sie sich auf das Wohnungseigentumsgrundstück beziehen, gegenstandslos, ähnlich wie Dienstbarkeiten, wenn das belastete Grundstück wegfällt. Daraus ergibt sich aber kein Hindernis, weil die Verfügung von allen Wohnungseigentümern getroffen, also niemand gegen seinen Willen beeinträchtigt wird. Für die grundbuchtechnische Darstellung gilt das zur Vereinigung Ausgeführte entsprechend.

34 e) Für die Zuschreibung sind die gleichen Gesichtspunkte und Folgerungen maßgeblich wie für die Vereinigung.

35 Die grundbuchtechnische Darstellung der Vereinigung macht gewisse Probleme, weil das Wohnungseigentumsgrundstück grundbuchmäßig in Miteigentumsanteile aufgelöst ist und man nur „Stimmen", keine „Partitur" hat. Die WGBV hat in § 3 Abs. 5: „Veränderungen, die sich auf den Bestand des Grundstücks beziehen" und in dem Muster Anlage 1 zur WGBV den Weg zur Lösung gezeigt, was beweist, daß das Problem dem Gesetzgeber des WEG bewußt gewesen ist.

36 **Literatur zum Vorstehenden:** Röll, Rpfleger 1990, 277, Veräußerung und Zuerwerb von Teilflächen bei Eigentumswohnanlagen. – Herrmann in Anm. zu OLG Zweibrücken und OLG Frankfurt DNotZ 1991, 607. – Weitnauer WE 1993, 43, Auflassung bei Flächenveränderungen des Wohnungseigentums.

V. Gleichbedeutung von Wohnungs- und Teileigentum

37 Wegen der rechtlichen Gleichbedeutung von Wohnungseigentum und Teileigentum (Abs. 6) vgl. oben Rdn. 3. Auch in bezug auf die *Abgeschlossenheit* (§ 3 Abs. 2) bestehen grundsätzlich die gleichen Erfordernisse. Der Unterscheidung ist seit dem 1. 4. 1974 die **Begriffsbestimmung der Wohnung** in Nr. 4 der „Allgemeinen Verwaltungsvorschrift" vom 19. 3. 1974 (Anhang III 1) zugrundezulegen: „Eine Wohnung ist die Summe der Räume, welche die Führung eines Haushaltes ermöglichen; dazu gehören stets eine Küche oder ein Raum mit Kochgelegenheit sowie Wasserversorgung, Ausguß und WC. Die Eigenschaft als Wohnung geht nicht dadurch verloren, daß einzelne Räume vorübergehend oder dauernd zu beruflichen oder gewerblichen Zwecken benutzt werden." An Räumen, die zu Wohnzwecken dienen, darf demnach Wohnungseigentum nur begründet werden, wenn eine Wohnung in diesem Sinne – und dazu Abgeschlossenheit (§ 3 Abs. 2) – gegeben ist; das wird dadurch sichergestellt, daß nach § 7 Abs. 4 WEG die Eintragung im Grundbuch nur erfolgen darf, wenn der Aufteilungsplan, aus dem das Vorliegen der Voraussetzungen ersichtlich sein muß, sowie die Bescheinigung über die Abgeschlossenheit vorgelegt werden. Sind diese Voraussetzungen, die auch bei einem Ein-Zimmer-Junggesellen-Appartement mit Kochnische vorliegen können, nicht erfüllt, so darf weder Wohnungs- noch Teileigentum begründet werden; so für eine Toilette OLG Düsseldorf NJW 1976, 1458, im gegebenen Fall zu Recht, weil sie Wohnungen zugeordnet sein sollte; anders wäre für eine Toilettenanlage zu entscheiden, die zwei gewerblich genutzten Teileigentumseinheiten zugeordnet wird (dann kein Unterschied zu einer Garage). Hierdurch soll der Entstehung von Verhältnissen, wie sie das Stockwerkseigentum alter Art in Verruf gebracht haben, vorgebeugt werden.

An Räumen, die nicht zu Wohnzwecken, sondern zu beliebigen sonstigen 38
Zwecken, insbesondere gewerblicher und geschäftlicher Art dienen – z. B. Laden, Werkstatt, Praxisraum, Garage und dergl. – wird die Rechtsform **„Teileigentum"** genannt. Abgesehen von der Abgeschlossenheit im Sinne des § 3 Abs. 2 sind hier keine weiteren Erfordernisse aufgestellt. Teileigentum kann deshalb z. B. auch an **Hotelappartements** in Verbindung mit dem Miteigentum an dem umfänglichen gemeinschaftlichen Eigentum begründet werden (a. M. unrichtig OVG Lüneburg in mehreren Entscheidungen vom 30. 6. 1983 DNotZ 1984, 390). Ob es sich um Wohnungs- oder Teileigentum handelt, ergibt sich aus der Zweckbestimmung, gegebenenfalls aus dem überwiegenden **Zweck.** Daß auch an Gebäuden, die ausschließlich zu gewerblichen Zwecken dienen (Geschäfts- und Bürohäuser), Teileigentumsrechte begründet werden können, bedarf wohl kaum der Erwähnung und entspricht dem Ergebnis der Beratungen des Bundestags, wo die Frage ausdrücklich in diesem Sinne entschieden worden ist. Wegen der Bezeichnung der Grundbuchblätter vgl. § 7 Rdn. 2.

Für die **Unterscheidung zwischen Wohnungs- und Teileigentum** 39
kommt es, wie die vorstehenden Ausführungen ergeben, allein auf die bauliche Ausgestaltung der Räume und die hieraus sich ergebende **Zweckbestimmung,** nicht die jeweilige Art ihrer tatsächlichen Benutzung an. Deshalb wird eine Wohnung, die zeitweilig ganz für eine ärztliche Praxis benutzt wird, dadurch nicht zum Teileigentum (so zutreffend BayObLG 1973, 1); eine andere Frage ist, ob das mit einer Gebrauchsregelung vereinbar ist (§ 15). Wegen der Zweckbestimmung kann an einem Teileigentum – Tiefgaragenstellplatz – kein Wohnungsrecht i. S. des § 1093 BGB begründet werden (BayObLG WE 1987, 94). **Umwandlung von Wohnungs- in Teileigentum** und umgekehrt bedeutet eine Änderung des durch die Gemeinschaftsordnung festgelegten Gebrauchs und folglich eine Inhaltsänderung i. S. des § 5 Abs. 4 WEG (BayObLG 1983, 79 = DNotZ 1984, 106; BayObLG Rpfleger 1983, 350 = DNotZ 1984, 101; BayObLG WE 1992, 196 = Rpfleger 1991, 500; OLG Braunschweig MDR 1976, 1023; vgl. § 15 Rdn. 13ff.; § 10 Rdn. 48ff.). Vgl. im übrigen auch Nr. 4 Abs. 3 der „Allgemeinen Verwaltungsvorschrift" (Anhang III Nr. 1). Möglich, aber kaum zu empfehlen ist es, Sondereigentum an einer Wohnung und Sondereigentum an nicht zu Wohnzwecken dienenden Räumen, z. B. an einem Laden, mit demselben Miteigentumsanteil zu verbinden, sodaß ein Wohnungs- und Teileigentum entsteht. Ratsam ist es, getrennte Einheiten zu bilden, unbe-

schadet der Möglichkeit, sie, solange sie derselben Person gehören, durch Zusammenschreibung (§ 7 Rdn. 37) auf demselben Grundbuchblatt zu führen; wegen der gegenseitigen Abgeschlossenheit vgl. § 3 Rdn. 48ff. Eine unrichtige Bezeichnung stellt die Wirksamkeit der Entstehung von Wohnungs- oder Teileigentum nicht in Frage (ebenso Bärmann-Pick-Merle § 1 Rdn. 31).

1. Abschnitt. Begründung des Wohnungseigentums

Der erste Abschnitt regelt über den in der Überschrift bezeichneten Inhalt hinaus noch andere, allerdings unmittelbar damit zusammenhängende Fragen, nämlich die *Aufhebung* und das *Erlöschen* des Sondereigentums (§§ 4, 9), die ihrerseits dann wieder die Beendigung der Wohnungseigentümergemeinschaft und ihre Umwandlung in die gewöhnliche Bruchteilsgemeinschaft des BGB zur Folge haben.

§ 2 Arten der Begründung

Wohnungseigentum wird durch die vertragliche Einräumung von Sondereigentum (§ 3) oder durch Teilung (§ 8) begründet.

1. § 2 gibt in Form einer Leitvorschrift einen Hinweis darauf, daß das Wohnungseigentum (entsprechend das Teileigentum) auf doppelte Weise begründet werden kann: entweder räumen sich die Miteigentümer eines Grundstücks **durch Vertrag** gegenseitig Sondereigentum ein (§ 3), oder Wohnungseigentum entsteht durch die von dem Eigentümer durch einseitige Erklärung bewirkte **Teilung** (§ 8). Wegen der Erläuterungen im einzelnen ist auf die Ausführungen zu §§ 3, 8 zu verweisen. Die überwiegende Form der Begründung ist wohl die Teilung nach § 8 geworden; die damit zusammenhängenden Probleme des Rechtsverkehrs sind in Anh. zu § 8 behandelt. Die Begründung nach § 3 wird bei den sog. „Bauherrenmodellen" angewendet; dazu Anh. zu § 3. Sie kann ferner in Betracht kommen, wenn eine Miteigentümergemeinschaft oder Erbengemeinschaft durch **Teilung in Natur** (§§ 752, 2042 Abs. 2 BGB) aufgehoben werden soll; doch kann dies nur **freiwillig,** nicht durch richterliche Teilungsentscheidung („adiudicatio") geschehen (OLG München NJW 1952, 1298; nicht so entschieden Bärmann-Pick-Merle § 2 Rdn. 10, der es für möglich hält, die Einwilligung in eine derartige Realteilung zu erzwingen, wenn die Aufhebung der Gemeinschaft durch Verkauf und Teilung des Erlöses nach § 753 BGB rechtsmißbräuchlich erscheint). Vgl. ferner § 3 Rdn. 84. 1

2. Andere Formen der Begründung gibt es nicht. Insbesondere ist eine Teilung durch Verfügung von Todes wegen nicht möglich. Wohl aber kann durch Vermächtnis ein Anspruch auf Verschaffung von Wohnungseigentum gegeben oder durch Teilungsanordnung i. S. des § 2048 BGB eine Auseinandersetzung durch Aufteilung in Wohnungseigentumsrechte bestimmt werden; beides aber nur mit schuldrechtlicher Wirkung. Ohne Teilung nach § 8 kann auch weder ein Alleinerwerber ein Grundstück zu Wohnungseigentumsrechten aufgeteilt erwerben noch der bisherige Alleineigentümer eine Veräußerung in Wohnungseigentumsrechten vornehmen. 2

3 **3.** Beide Arten der Begründung können **in Verbindung miteinander** vorkommen. Beispiel: A ist Miteigentümer zu 3/4, B zu 1/4, A und B räumen sich Sondereigentum ein derart, daß A Sondereigentum an 3 Einheiten, B an einer erhält; A teilt seinen 3/4-Anteil durch besondere Teilungserklärung nach § 8 in 3 selbständige Wohnungseigentumsrechte. Ohne Teilung allein durch Vertrag zwischen A und B kann dieser Erfolg nicht erreicht werden (a. M. unrichtig Diester § 8 Rdn. 6).

4 **4.** Die **Zahl** der Wohnungs- und Teileigentumseinheiten einer Anlage ist **nicht begrenzt;** ein in dem Bundesratsentwurf (Vor § 1 Rdn. 93) enthaltener Vorschlag in dieser Richtung ist zu Recht auf entschiedenen Widerstand gestoßen und fallengelassen worden.

5 **5.** Die Begründung von Wohnungseigentum nach § 3 oder § 8 WEG ist möglich in Bezug auf bereits errichtete wie auch auf noch zu errichtende Gebäude. Ihr steht nicht entgegen der Umstand, daß die **Wohnungen,** an denen Sondereigentum begründet werden soll, **vermietet** sind. Wird ein neugebildetes Wohnungseigentum an einer vermieteten Wohnung veräußert, so tritt der Erwerber nach §§ 571 ff. BGB in das Mietverhältnis ein. Vgl. dazu im übrigen Anhang zu § 13.

§ 3 Vertragliche Einräumung von Sondereigentum

(1) **Das Miteigentum (§ 1008 des Bürgerlichen Gesetzbuches) an einem Grundstück kann durch Vertrag der Miteigentümer in der Weise beschränkt werden, daß jedem der Miteigentümer abweichend von § 93 des Bürgerlichen Gesetzbuches das Sondereigentum an einer bestimmten Wohnung oder an nicht zu Wohnzwecken dienenden bestimmten Räumen in einem auf dem Grundstück errichteten oder zu errichtenden Gebäude eingeräumt wird.**

(2) **Sondereigentum soll nur eingeräumt werden, wenn die Wohnungen oder sonstigen Räume in sich abgeschlossen sind. Garagenstellplätze gelten als abgeschlossene Räume, wenn ihre Flächen durch dauerhafte Markierungen ersichtlich sind.**

(3) **Unbeschadet der im übrigen Bundesgebiet bestehenden Rechtslage wird die Abgeschlossenheit von Wohnungen oder sonstigen Räumen, die vor dem 3. Oktober 1990 bauordnungsrechtlich genehmigt worden sind, in dem in Art. 3 des Einigungsvertrages bezeichneten Gebiet nicht dadurch ausgeschlossen, daß die Wohnungstrennwände und Wohnungstrenndecken oder die entsprechenden Wände oder Decken bei sonstigen Räumen nicht den bauordnungsrechtlichen Anforderungen entsprechen, die im Zeitpunkt der Erteilung der Bescheinigung nach § 7 Abs. 4 Nr. 2 gelten. Diese Regelung gilt bis zum 31. Dezember 1996.**

Übersicht

Vorbemerkung

§ 3 ist das *Kernstück* der Vorschriften über das Wohnungseigentum. Er regelt die **vertragliche Begründung von Wohnungseigentum** durch gegenseitige Einräumung von Sondereigentum auf der Grundlage des Bruchteilsmiteigentums an Grundstück und Gebäude. Das **Gegenstück** bildet die **einseitige Aufteilung** in Wohnungseigentum durch den Eigentümer nach § 8 WEG. Die erste Form ist seinerzeit vom Gesetzgeber als die Regelform angesehen worden: dies hat sich nicht bestätigt; in der Anfangszeit wurde weit überwiegend von der Begründung nach § 8 Gebrauch gemacht – sog. „Bauträgermodell" – und erst mit dem Aufkommen der sog. „Bauherrenmodelle" gewann die Form des § 3 an praktischer Bedeutung. Gleichwohl ist es berechtigt, die Form des § 3 in den Vordergrund zu rücken; denn sie bringt den **Grundgedanken des Wohnungseigentums** klar zum Ausdruck: Das Wohnungseigentum ist (dazu Vor § 1 Rdn. 24ff.) **ein besonders ausgestaltetes Miteigentum** nach Bruchteilen an Grundstück und Gebäude, bei dem der Grundsatz der §§ 93, 94 BGB in beschränktem Maße durchbrochen wird, **es verbindet die Aufteilung in ideelle Bruchteile mit einer gewissen realen Teilung,** die in der Begründung des Sondereigentums liegt. 1

Abs. 2 Satz 2 ist durch die Novelle zum WEG vom 30. 7. 1973 eingefügt worden. 2

Abs. 3 ist eingefügt durch das Gesetz zur Beseitigung von Hemmnissen bei der Privatisierung von Unternehmen und zur Förderung von Investitionen vom 22. 3. 1991 (BGBl. I S. 50). Anlaß zu seiner Einfügung gab die Kontroverse zwischen BGH und BVerwG bezügl. der Abgeschlossenheit (§ 3 Abs. 2 WEG). Durch die Entscheidung des Gemeinsamen Senats der obersten Bundesgerichte vom 30. 6. 1992 ist sie für das ganze Bundesgebiet im richtigen Sinne entschieden. Die Vorschrift ist überflüssig geworden und sollte noch vor Ablauf ihrer Befristung aufgehoben werden. Vgl. unten Rdn. 58ff. 3

Das **„Gebäude"** kann auch ein **unterirdisches** sein (U-Bahnhof); so zum entspr. Fall des § 31 WEG zutreffend LG Frankfurt NJW 71, 759. 4

I. Voraussetzungen der Einräumung von Sondereigentum

1. Miteigentum am Grundstück. Die vertragliche Einräumung von Sondereigentum und damit die Begründung von Wohnungseigentum setzt voraus, daß die Personen, die Sondereigentum erwerben sollen, bereits Miteigentümer des Grundstücks im Sinne des § 1008 BGB sind oder jedenfalls gleichzeitig (unten Rdn. 14) Miteigentum durch Auflassung und Eintragung im Grundbuch nach den allgemeinen Vorschriften erwerben. Ein Beispiel hierfür gibt das im Anhang V 1 abgedruckte Vertragsmuster. Die Bestimmung der **Größe der Miteigentumsanteile** – also des zahlenmäßigen Bruchteils (vgl. hierzu auch § 47 GBO und Rdn. 31 zu § 7) – ist den Beteiligten überlassen. Insbesondere wird, anders als z. B. nach dem österreichischen Wohnungseigentumsgesetz, nicht verlangt, daß die Miteigentumsanteile in 5 dem gleichen Verhältnis zueinander stehen wie die vom Gericht festzusetzenden Nutzwerte der Wohnungen oder sonstigen Räume. Miteigentum und Sondereigentum brauchen also nicht in einem bestimmten Wertverhältnis zu stehen (ebenso auch BayObLG 58, 263ff.; BGH NJW 1976, 1976). Vgl. hierzu § 16 Rdn. 1. Die Quote wird bei größeren Objekten zweckmäßig in Tausendsteln angegeben.

Sondereigentum kann nach Wortlaut und Sinn des § 3 nur mit jeweils **einem** Miteigentumsanteil an **einem** Grundstück verbunden werden. Daraus ergibt sich folgendes:

6 a) Wenn z. B. an einem Haus mit 2 Wohnungen, das den Eheleuten A und B (Eltern, Tochter und Schwiegersohn) zu je 1/4 gehört, Wohnungseigentum begründet werden soll in der Weise, daß jedes Ehepaar MitEigt. einer Wohnung zu je 1/2 wird, dann müssen zunächst die 1/4 Anteile der beiden Ehepaare jeweils **auf einen 1/2-Anteil zurückgeführt** werden; das ist ein mehr rechtstechnischer Vorgang, der auf Antrag der jeweiligen Miteigentümer ohne weiteres ausgeführt werden kann. Dann erst kann (was zulässig ist – vgl. unten Rdn. 120) WEigt. an den beiden Wohnungen für jedes Ehepaar als Mitberechtigte je zur Hälfte begründet werden (so zutreffend OLG Neustadt NJW 1960, 295: LG München Rpfl. 69, 431 – unter Hinweis auf Weitnauer DNotZ 60, 115, 118 – mit zustimmender Anmerkung von Diester; BGHZ 86, 393 = JZ 1983, 616 m. A. Stürner auf Vorlage von OLG Köln DNotZ 1983, 106 m. A. Röll). Anders im Falle der Vorratsteilung nach § 8; das liegt daran, daß im Falle der Teilung die Eigentumsverhältnisse an den neu geschaffenen WEigtRechten unverändert bleiben; die vier Miteigentümer können nach § 8 teilen mit der Folge, daß sie Miteigentümer jedes Wohnungseigentums zu 1/4 werden, dann muß aber jedes Ehepaar dem anderen jeweils seine Miteigentumsanteile an einer Wohnung übertragen. Vgl. im übrigen § 8 Rdn. 3.

7 b) WEigt. kann **nicht begründet** werden, wenn das Gebäude **auf verschiedenen Grundstücken im Rechtssinne** steht, weil es dann nicht möglich ist, das Sondereigentum jeweils mit einem Miteigentumsanteil zu verbinden, und zwar gleichgültig, ob die Miteigentumsanteile an den Grundstücken gleich groß sind oder nicht (so bereits die 3. Aufl. 1969, § 3 Rdn. 4b und BayObLG 70, 163; a. A. insbesondere Promberger MittBayNot 70, 125). Die Grundstücke müssen also vor der Bildung von WEG gemäß § 890 BGB zu einem Grundstück vereinigt werden. Dies ist durch den durch Gesetz vom 30. 7. 1973 **eingefügten § 1 Abs. 4** und durch die ihm entsprechende Ergänzung des § 3 Abs. 1 Buchst. b der WGBV (gem. Art. 4 Nr. 1 der VO zur Änderung der VO zur Ausführung der GBO usw. vom 21. 3. 1974, BGBl. I S. 771; vgl. **Anhang III 2**) eindeutig *klargestellt,* so daß sich weitere Ausführungen erübrigen. Da in der Praxis mit einer nicht ganz unerheblichen Zahl von Fällen gerechnet werden mußte, in denen diese Frage anders beurteilt worden ist, war es erforderlich, die Rechtsunsicherheit bezüglich der Wirksamkeit des so begründeten Wohnungseigentums zu beheben. Dies ist durch die **Übergangsvorschriften** in Art. 3 § 1 der Novelle geschehen wie folgt:

8 Handelt es sich um Grundstücke, an denen die *Beteiligten mit gleich großen Anteilen* beteiligt sind, dann gelten die Grundstücke kraft der gesetzlichen

Fiktion des Abs. 1 „als bei der Anlegung der Wohnungs- oder Teileigentumsgrundbücher zu einem Grundstück vereinigt," und zwar auch dann, wenn sie ungleichmäßig belastet sind, was übrigens auch kein Hinderungsgrund für eine rechtsgeschäftliche Vereinigung wäre (§ 5 GBO). Ist das Sondereigentum *mit unterschiedlich großen Miteigentumsanteilen* an mehreren Grundstücken verbunden worden, dann ist der darin liegende Mangel durch Abs. 2 kraft Gesetzes geheilt, so daß die WEigt-Rechte trotz des Verstoßes als rechtswirksam entstanden anzusehen sind, unbeschadet anderer Unwirksamkeitsgründe. Für die Zukunft ist klargestellt, daß die Begründung von WEigt. in der erörterten Weise unzulässig und demgemäß unwirksam ist; auch durch gutgläubigen Erwerb ist eine Heilung nicht möglich, weil er sich auf eine unzulässige Eintragung im Grundbuch stützen würde.

c) Der Begründung von WEigt. steht nicht entgegen, daß das Gebäude, in **9** dem sich die in Sondereigentum zu überführenden Räume befinden, eine halbscheidig auf der Grundstücksgrenze zum Nachbargrundstück stehende **Brandmauer (Kommunmauer)** hat, bezüglich deren nach der neueren Rechtsprechung die Nachbarn Miteigentümer sind (BGHZ 27, 197; 43, 129; BGHZ 91, 282 = NJW 1984, 2463). Auch wenn man dieser Auffassung folgt und nicht, was überzeugender erscheint, die Mauer als senkrecht zur Grundstücksgrenze geteilt und das Verhältnis der Nachbarn als eine rein faktische Gemeinschaft i. S. des § 922 BGB ansieht, ändert das nichts daran, daß das Miteigentum an der Mauer sich nicht auf den überbauten Grundstücksstreifen erstreckt, daß also an diesem nicht Eigentumsverhältnisse bestehen, die mit § 1 Abs. 4 unvereinbar wären; zum gemeinschaftlichen Eigentum gerechnet wird die Brandmauer ohne weiteres von BayObLG 71, 273, 279.

d) Schwierige Fragen wirft der **Überbau** auf. **10**

(Zum Folgenden Martin Wolff, Der Bau auf fremdem Boden, Jena 1900; Weitnauer, Die Tiefgarage auf dem Nachbargrundstück, ZfBR 1982, 97; Ludwig, Grenzüberbau bei Wohnungs- und Teileigentum, DNotZ 1983, 411; Röll, Grenzüberbau, Grunddienstbarkeiten u. Wohnungseigentum, ZfBR 1983, 201 und DNotZ 1983, 411; Demharter, Wohnungseigentum u. Überbau, Rpfleger 1983, 133; OLG Karlsruhe DNotZ 1986, 753 m. Anm. Ludwig).

Wie der Fall BGH NJW 1982, 756 = ZfBR 1981, 213 zeigt (vgl. auch LG Bonn WEM 1983, 57), kommt es offenbar, namentlich beim Bau von **Tiefgaragen,** vor, daß **über die Grenze gebaut** wird. Dieser Umstand steht der Begründung von Wohnungseigentum unter dem Gesichtspunkt des § 1 Abs. 4 WEG nicht entgegen, wenn der **Überbau** auf dem Nachbargrundstück **wesentlicher Bestandteil des Stammgrundstücks**, d. h. des Grundstücks **wird**, von dem aus der Überbau erfolgt. Das ist einmal der Fall, wenn es sich um einen **entschuldigten und zu duldenden Überbau** i. S. des § 912 Abs. 1 BGB handelt (wohl allgemein anerkannt, vgl. Weitnauer aaO FN 22), wenn also insbes. dem Überbauenden weder Vorsatz noch grobe Fahrlässigkeit zur Last fällt; gleichgestellt wird der Fall, daß eine Grenzmauer sich nachträglich über die Grenze neigt (BHGZ 97, 292). Es ist ferner der Fall, wenn der Überbau aufgrund einer **Dienstbarkeit,** sei es einer persönlichen oder einer Grunddienstbarkeit, zu dulden ist (nicht unzweifelhaft, aber

h. M., vgl. OLG Stuttgart OLGE 1982, 402 = Rpfleger 1982, 375; OLG Hamm Rpfleger 1984, 266; OLG Karlsruhe DNotZ 1986, 753 m. A. Ludwig; LG Stade Rpfleger 1987, 63; Demharter Rpfleger 1983, 133; Weitnauer a. a. O. S. 101/102). Für den Fall, daß der Überbau aufgrund **einer bloßen** (entgeltlichen oder unentgeltlichen) **Gestattung** seitens des Eigentümers des Nachbargrundstücks erfolgt, hat der BGH zunächst die Anwendbarkeit der Regeln des entschuldigten Überbaus abgelehnt (BGH NJW 1971, 426), sie dann aber in BGHZ 62, 141 = NJW 1974, 794 unter Billigung durch Baur (Sachenrecht § 25 III 2b) bejaht; nach seiner Meinung kann der durch die Gestattung erlaubte Überbau nicht anders behandelt werden als der nach § 912 BGB lediglich zu duldende, die einmal erteilte Gestattung soll auch für den Sondernachfolger bindend sein; es wird also der bloßen formlosen Gestattung dieselbe Wirkung beigelegt wie der zum Überbau berechtigenden Dienstbarkeit, was schwerlich mit Grundprinzipien des Immobiliarsachenrechts vereinbar erscheint. Für die Praxis wird aber von dieser Rechtsprechung auszugehen sein, die der BGH wohl mit NJW 1982, 756, auch NJW 1983, 2022 fortgesetzt hat; hier hat er eine zur Hälfte auf das Nachbargrundstück hinübergebaute große Tiefgarage als ein **einheitliches Gebäude** angesehen mit der Folge, daß die ganze Tiefgarage dem Grundstück, von dem aus der Überbau stattgefunden hat, als wesentlicher Bestandteil zugeordnet wird (vgl. auch dazu Weitnauer a. a. O. S. 102ff.).

Gleichfalls problematisch, weil schwerlich mit dem Bestimmtheitsgrundsatz des Sachenrechts und der grundbuchlichen Publizität vereinbar, ist die Rechtsprechung des BGH zum **Eigengrenzüberbau**. Nach ständiger, in BGHZ 110, 298 = NJW 1990, 1792 zusammengefaßt dargestellter Rspr. finden die Überbauregeln der §§ 912ff. BGB sinngemäß auf den Fall Anwendung, daß ein Eigentümer zweier Grundstücke mit dem Bau auf einem derselben die Grenze des anderen überschreitet und in der Folge die Grundstücke in das Eigentum verschiedener Personen gelangen. Gleichgestellt wird der Fall, daß ein bebautes Grundstück geteilt wird und später verschiedene Personen Eigentümer der Teile werden (BGHZ 64, 333). Vorausgesetzt ist, daß ein einheitliches Bauwerk über die Grenze gebaut worden ist, und daß eines der beiden Grundstücke als **„Stammgrundstück"** angesehen werden kann. Ob das zutrifft, ist nach undeutlichen, auch widersprüchlichen objektiven und subjektiven Kriterien zu entscheiden, die in BGHZ 110, 298 näher erörtert werden. Trifft es zu, dann wird der auf dem überbauten Grundstück stehende Gebäudeteil Eigentum des Eigentümers des Stammgrundstücks und wesentlicher Bestandteil dieses Grundstücks.

In den erörterten Fällen steht der Umstand, daß das Gebäude auf verschiedenen Grundstücken errichtet ist, der Begründung von Wohnungseigentum nicht entgegen. Wenn die Voraussetzungen nicht gegeben sind, tritt **reale Teilung** entsprechend der Grundstücksgrenze ein; die Begründung von Wohnungseigentum ist unzulässig (§ 1 Abs. 4 WEG). Angesichts der Unsicherheit der Rechtslage ist dringend zu empfehlen, in Fällen bloßer Gestattung des Überbaus und dann, wenn Eigengrenzüberbau in Betracht kommt, Wohnungseigentum nur zu begründen, wenn die Rechtsverhältnisse durch Bestellung von Dienstbarkeiten klargestellt sind.

e) **Ausgeschlossen** ist die Einräumung von Sondereigentum, wenn die Beteiligten bezüglich des Grundstücks in einer **Gesamthandsgemeinschaft** stehen (Erbengemeinschaft, Gütergemeinschaft, Gesellschaft). Wegen der Gründe hierfür vgl. Vor § 1 Rdn. 43ff. Etwas anderes kann auch nicht aus dem in § 10 Abs. 1 Satz 2 ausgesprochenen Grundsatz der Vertragsfreiheit geschlossen werden; die Bestimmung betrifft lediglich die Ausgestaltung des Gemeinschaftsverhältnisses, sie läßt aber nicht die Wahl hinsichtlich der Art dieses Verhältnisses (dazu Vor § 1 Rdn. 30). In bezug auf das Grundstück kann die Gemeinschaft vielmehr nur eine Bruchteilsgemeinschaft sein. Deshalb muß eine bestehende Gesamthandsgemeinschaft, insbes. eine Erbengemeinschaft, wenn sie ihre Beteiligung an einem Grundstück in Wohnungseigentum der Gemeinschafter umzuwandeln wünscht, zunächst in eine Bruchteilsgemeinschaft (durch Auflassung) umgewandelt werden. Beispielsfall für die Umwandlung einer Erbengemeinschaft in eine Wohnungseigentümergemeinschaft: OLG Hamm MDR 68, 413. Möglich ist allerdings auch bei einem in Erbengemeinschaft stehenden Grundstück die Teilung nach § 8 mit der Folge, daß dann die entstehenden einzelnen Wohnungseigentumsrechte jeweils in Gesamthandseigentum der Miterben stehen. Im übrigen vgl. unten Rdn. 84. **11**

f) **Unbenommen** ist es den Wohnungseigentümern freilich, sich, soweit es sich nicht um die Beteiligung am Grundstück handelt, eine zulässige gesellschafts- oder vereinsrechtliche Organisation zu geben. So können die Wohnungseigentümer eine Gesellschaft – BGB-Gesellschaft, KG – untereinander oder unter Beteiligung Dritter (z. B. des Baubetreuers) errichten, wie das z. B. bei den Bauherrenmodellen geschieht (Anh. zu § 3); sie können, insbes. bei den als Kapitalanlagen errichteten Großprojekten wie Sanatorien, Ferienwohnungsanlagen und ähnlichen Großanlagen eine Gesellschaft – wegen des wirtschaftlichen Zwecks nicht einen eingetragenen Verein i. S. des § 21 BGB (BayObLG v. 6. 8. 1985 D 2/364) – errichten, der die Vermietung der von den Wohnungseigentümern selbst nicht genutzten Einheiten (Fall dieser Art BAG AP Nr. 1 zu § 31 ZPO) oder die Bewirtschaftung des gemeinschaftlichen Eigentums, z. B. von Hotels, Restaurants, medizinischen Bädern u. ä., übertragen wird, oder eine von ihnen zu diesem Zweck gegründete Gesellschaft zum Verwalter i. S. des WEG bestellen. Im Zweifel anzunehmen ist das nicht. Die Organisationsform der Gemeinschaft in der ihr durch das WEG gegebenen Gestaltung ist als Rechtsgrundlage der Verwaltung des gemeinschaftlichen Eigentums durchaus geeignet. Sollten die Wohnungseigentümer sich eine gesellschaftsrechtliche Organisation gegeben haben, dann bewirkt das, daß gemäß §§ 718, 719 BGB in bezug auf die dem Gesellschaftszweck gewidmeten Mittel, insbesondere die durch die Beiträge entstehenden Instandhaltungsrücklagen u. dgl. gesamthänderisch gebundenes Gesellschaftsvermögen entsteht; dieser Konsequenz können die Wohnungseigentümer, wenn sie sich für eine gesellschaftliche Organisation entschließen, nur ausweichen, indem sie ihre Beziehungen als **reine Innengesellschaft** gestalten. Das gemeinschaftliche Handeln der Wohnungseigentümer im Rahmen der Verwaltung des gemeinschaftlichen Eigentums läßt eine Gesellschaft nicht entstehen (dazu § 10 Rdn. 20). Regeln die Teilhaber einer **12**

Wohnungseigentums-Reihenhausanlage den Betrieb eines gemeinsamen Heizungszentrums, so ist dieser Vertrag kein Gesellschaftsvertrag, sondern nach §§ 741 ff. zu beurteilen (so zutr. OLG Karlsruhe DB 1992, 886). Auch bedeutet nicht jeder Beschluß über eine Verwaltungsmaßnahme den Abschluß eines Gesellschaftsvertrages i. S. des § 705 BGB, wie das **Merle** (System S. 133ff.; ähnlich Flume, Personengesellschaft S. 114; dazu Weitnauer, FS Seuß, S. 295, 308) annimmt, wenngleich er dann im Ergebnis richtig sieht, daß für die Verwaltung des gemeinschaftlichen Eigentums die Vorschriften des WEG, hilfsweise des BGB über die Gemeinschaft maßgeblich sind.

13 Verpflichten sich Personen, die mit einem Bauträger einen Wohnungseigentumsanwartschaftsvertrag abgeschlossen haben, wie das vorkommt, zur Bildung einer Wohnungseigentümergemeinschaft mit den übrigen Wohnungseigentumsanwärtern, so ist das insofern unerheblich, als mit dem Erwerb des Miteigentumsanteils und der Einräumung von Sondereigentum ohnehin **die Gemeinschaft kraft Gesetzes entsteht**; die Vereinbarung kann aber bedeutsam werden, wenn bestimmte Verpflichtungen hinsichtlich der Ausgestaltung der Gemeinschaft eingegangen werden (teilweise unklar und unrichtig Müller KuT 60, 81, der in einem solchen Vertrag jedenfalls dann einen Gesellschaftsvertrag sieht, wenn der Bauträger seinerseits ebenfalls Wohnungseigentümer und Mitglied der Wohnungseigentümergemeinschaft werden soll, z. B. weil er sich eine oder einzelne der Wohnungen als Wohnungseigentümer vorbehalten hat). Wegen der rechtlichen Behandlung gemeinschaftlicher Gelder vgl. im übrigen § 27 Rdn. 30; zum Bauherrenmodell vgl. Anh. zu § 3.

14 g) **Nicht nötig** ist, daß die Beteiligten *im Zeitpunkt der Einigung* über die Einräumung von Sondereigentum (§ 4) bereits Miteigentümer sind. Es genügt, daß sie in dem Zeitpunkt, in dem die Einräumung des Sondereigentums durch die Eintragung im Grundbuch (§§ 4, 7) *vollendet* wird, Miteigentümer sind. Wenn also z. B. X sein Grundstück an A, B, C und D zu Miteigentum aufläßt, so können die letzteren gleichzeitig sich gegenseitig Sondereigentum einräumen, ohne daß die vorhergehende Eintragung des Eigentumserwerbs im Grundbuch erforderlich wäre. Es genügt also, daß sich der grundbuchliche Vollzug in der Weise abspielt, daß der Erwerb des Miteigentums und die Einräumung des Sondereigentums *gleichzeitig* eingetragen werden (vgl. KGJ 32 A, 241 und § 39 GBO).

15 Der Anspruch auf Verschaffung eines Miteigentumsanteils und auf Einräumung von Sondereigentum kann **durch Vormerkung gesichert** werden (§§ 883ff. BGB), und zwar auch schon vor Anlegung der Wohnungsgrundbücher (so zutreffend BayObLG Rpfleger 1973, 300; OLG Köln DNotZ 1985, 450; unrichtig KG WE 1986, 103; dazu Weitnauer PiG 25 S. 213, 214 FN 2); näher hierzu Anhang zu § 8 Rdn. 22ff. Das dort zum Erwerb vom Bauträger Ausgeführte gilt auch in sonstigen Fällen der Veräußerung. Vorgemerkt kann auch der Anspruch auf Übereignung einer Teilfläche des gemeinschaftlichen Grundstücks werden (BayObLG 1974, 118).

2. Vertrag über die Einräumung von Sondereigentum

a) **Grundlagen** **16**

Sondereigentum kann nur eingeräumt werden an **Räumen** in einem auf dem gemeinschaftlichen Grundstück errichteten oder zu errichtenden Gebäude (**zwingend**, vgl. auch § 5 Rdn. 9). Daß an Räumen überhaupt Eigentum und damit Sondereigentum möglich ist, wird zu Unrecht bestritten von Junker, Gesellschaft nach dem WEG, S. 1ff.; näher dazu Vor § 1 Rdn. 47ff.

Die Räume müssen in einer dem **sachenrechtlichen Bestimmtheitsgrundsatz** genügenden Weise bestimmt sein (gleichfalls **zwingend**), was durch den Aufteilungsplan gesichert werden soll (dazu § 7 Rdn. 12). **17**

Die Räume sollen **in sich abgeschlossen** sein (§ 3 Abs. 2 WEG), **Sollvorschrift**, deren Einhaltung durch die Bescheinigung gem. § 7 Abs. 4 Nr. 2 WEG gesichert werden soll (dazu § 7 Rdn. 14). **18**

Unter **„Raum"** (Wohnung oder nicht zu Wohnzwecken dienende Räume) ist der „lichte" Raum der zum Gegenstand des Sondereigentums erklärten Räumlichkeiten, also der umbaute, von Boden, Decke und vier Wänden umschlossene Raum zu verstehen (so in der Sache auch OLG Köln OLGE 1982, 278 und OLG Celle WE 1992, 48 m. Anm. Weitnauer); das Vorhandensein von Türen, Toren, Fenstern steht nicht entgegen. So hat das OLG Celle a. a. O. die Raumeigenschaft von PKW-Abstellplätzen im unterkellerten Erdgeschoß einer mehrstöckigen Wohnanlage verneint, weil diese lediglich von 3 Wänden umgeben, auf der Ausfahrtseite dagegen offen waren. **19**

Welche Räume Gegenstand des Sondereigentums sein sollen, bestimmen die Parteien durch die Einräumungserklärung. Maßgeblich ist allein die Grundbucheintragung in Verbindung mit den zulässigerweise in Bezug genommenen Eintragungsunterlagen (Einigungserklärung, Teilungserklärung, Aufteilungsplan, BayObLG 1991, 186 = WE 1992, 170). Die Erklärungen sind ggf. **auszulegen** (Beispiele: OLG Hamm OLGE 1991, 56 = WE 1991, 135 – Kellerraum; BayObLG WE 1988, 199 – Spitzboden). Bei **Widerspruch** zwischen Einigungserklärung und Aufteilungsplan kann mangels Bestimmtheit kein Sondereigentum entstehen (OLG Frankfurt DWEigt. 1988, 141 = OLGE 1989, 50); das gleiche gilt, wenn die als Aufteilungsplan vorgelegten Bauzeichnungen in sich widersprüchlich sind, sowie für eine auf der Grundlage eines solchen Plans erteilte Abgeschlossenheitsbescheinigung (BayObLG WE 1994, 27). An Teilen eines Raumes kann mangels baulicher Abgrenzung Sondereigentum nicht begründet werden (OLG Koblenz WE 1992, 19 m. Anm. Merle).

b) Der „Vertrag" über die Einräumung von Sondereigentum ist ein dinglicher Vertrag, eine **dingliche Einigung** und nicht etwa ein dem Gesellschaftsvertrag ähnlicher schuldrechtlicher Vertrag (vgl. BayObLGE 1984, 198); er hat zum Ziele, jedem Miteigentümer eine Sphäre des Alleineigentums in den durch § 5 vorgezeichneten Grenzen zu verschaffen. Ist die Rechtsänderung gemäß § 4 durch Eintragung im Grundbuch vollendet, so entsteht nicht nur die besondere, im zweiten und dritten Abschnitt näher geregelte, grundsätzlich unauflösliche Gemeinschaft; vielmehr werden gewisse Teile des Gebäudes, die nach allgemeinem Recht nicht Gegenstand besonderer Rechte sein könnten, aus dem Verband des gemeinschaftlichen Eigentums herausgelöst **20** und in das Alleineigentum des in Betracht kommenden Wohnungseigentümers überführt. In dem gleichen Umfang verengt sich der Bereich des Miteigentums, an dem jeder Wohnungseigentümer mit seinem Bruchteil beteiligt ist. Dies ist der Vorgang, den das Gesetz als **„Beschränkung des Miteigentums“** bezeichnet (vgl. Vor § 1 Rdn. 24).

21 c) Das Gesetz läßt eine solche Beschränkung des Miteigentums nur zu, wenn **„jedem der Miteigentümer“** Sondereigentum eingeräumt wird; deshalb ist auch Mitwirkung aller Miteigentümer, die natürlich durch Bevollmächtigte, auch durch einen und denselben, von den Beschränkungen des § 181 BGB befreiten Bevollmächtigten, vertreten sein können, und die Rechtswirksamkeit aller Erklärungen zu dieser Rechtsänderung erforderlich. Eine Gestaltung in der Weise, daß einzelne Miteigentümer Sondereigentum erhalten, andere nicht, ist also ausgeschlossen; der Grund hierfür ist, daß eine solche Regelung Unklarheiten in die Rechtsbeziehungen der Miteigentümer tragen würde (so auch die „Amtl. Begründung“ zu § 3 unter I, PiG 8, S. 223ff.). Aus den gleichen Gründen ist ein entsprechendes Erfordernis auch bei dem unechten Stockwerkseigentum (Art. 131 EGBGB) aufgestellt. Ebenso wie es **kein Miteigentum ohne Sondereigentum** geben kann, ist auch **Sondereigentum ohne Miteigentum unmöglich;** insbes. ist im Fall einer Unterteilung darauf zu achten, daß nicht im Sondereigentum stehende Räume vergessen werden und ohne Miteigentumsanteil bleiben; die so entstehende Lage wäre rechtlich unzulässig, folglich auch gutgläubiger Erwerb ausgeschlossen, die Unterteilung müßte scheitern (vgl. BayObLGE 1987, 390 – „vergessener Flur“; § 8 Rdn. 3; ferner § 4 Rdn. 2; § 6 Rdn. 3).

d) **„Isolierter Miteigentumsanteil?“**

22 **Literatur:** Ertl, MittBayNot 1991, 141. Wohnungseigentum oder isolierter Miteigentumsanteil? – Ertl, PiG 36, 181. Isolierter Miteigentumsanteil. – Röll in Anm. zu OLG Hamm v. 11. 6. 1986, DNotZ 1987, 225. – Weitnauer Anm. zu BGH v. 3. 11. 1989 WE 1990, 53. – Weitnauer WE 1991, 120. Wohnungseigentum und isolierter Miteigentumsanteil.

aa) Angesichts solcher nach Wortlaut, Sinn und Zweck eindeutigen Aussagen ist es überraschend, daß eine auf Röll zurückgehende (Anm. zu OLG Hamm DNotZ 1987, 225; MünchKomm. § 5 WEG Rdn. 35a und § 6 Rdn. 3; FS Seuß, S. 233/235) These Gefolgschaft gefunden hat, wonach ein **isolierter** – d. h. nicht mit Sondereigentum verbundener – **Miteigentumsanteil** zwar nicht rechtsgeschäftlich begründet werden, wohl aber **kraft Gesetzes entstehen könne,** wenn die beabsichtigte Begründung von Sondereigentum an einem Gebäudeteil auf ein Hindernis stößt. So hat der BGH im **Heizwerkfall** (BGHZ 109, 179 = NJW 1990, 447 = WE 1990, 53) unter Berufung auf Röll die Entstehung eines isolierten ME-Anteils bejaht, einem Fall, in dem nach Ansicht des BGH die Begründung von Sondereigentum an einem Heizwerk wegen dessen Sonderrechtsunfähigkeit (§ 5 Abs. 2 WEG) gescheitert war; das **OLG Hamm** (OLGE 1991, 27 = WE 1991, 136) hat die Entstehung eines „isolierten Miteigentumsanteils ohne Sondereigentum“ dann angenommen, wenn – so einer der Leitsätze – „die Herstellung des als Sondereigentum vorgesehenen Raums – etwa wegen einer vom Aufteilungsplan abweichenden Bebauung – unmöglich wird".

bb) Sowohl der BGH als auch das OLG Hamm gehen wie schon vorher Röll in DNotZ 1987, 225 davon aus, daß die nach ihrer Auffassung eintretende oder eingetretene **Teilunwirksamkeit** der Begründung von Sondereigentum und damit von Wohnungseigentum die Wirksamkeit bezüglich derjenigen Wohnungs- oder Teileigentumsrechte unberührt lasse, bei denen – für sich betrachtet – kein Hindernis besteht. Der BGH begründet dies mit dem Parteiwillen, der eindeutig erkennen lasse, daß die Teilunwirksamkeit des Rechtsgeschäfts Begründung von Sondereigentum die Wirksamkeit im übrigen unberührt lassen solle. Dabei wird aber übersehen, daß die von den Parteien gewollte Aufrechterhaltung eines teilnichtigen Geschäfts nur möglich ist, wenn der aufrechterhaltene Teil für sich bestehen kann, wenn also ein **„selbständiger Geltung fähiger Teil verbleibt"** (so zutr. MünchKomm-Mayer-Maly § 139 Rdn. 20, ebenso Flume, Das Rechtsgeschäft, 2. Aufl. § 32, 2c; Erman-Brox § 139 Rdn. 13). Das trifft aber bei der Begründung von Sondereigentum gerade nicht zu. Diese ist unteilbar, weil sie Rückwirkungen auf jeden einzelnen ME-Anteil hat. Darüber vermag auch der Parteiwille nicht wegzuhelfen. Ebenso wie ein Fehler beim Abschluß des Gründungsgeschäfts insgesamt geheilt wird, sobald **ein** Käufer gutgläubig Wohnungseigentum erwirbt; – denn dieses „kann nicht nur an einer Wohnung entstehen" (so wörtlich der BGH in der Heizwerk-Entscheidung), – so macht das Mißlingen der Begründung von Sondereigentum bezüglich **einer** Wohnung die Begründung insgesamt unwirksam. So hat auch das BayObLG noch in einer Entscheidung vom 10. 11. 1987 (BayObLGE 1987, 300 – „vergessener Flur") klar ausgesprochen, daß es „Miteigentumsanteile ohne Sondereigentum nach WEG nicht gibt". 23

cc) Auch **von den Folgen** her betrachtet, erweist sich diese Lösung als sachrichtig. Denn die Anerkennung des Nebeneinanderbestehens von zu Wohnungseigentum ausgebildeten Miteigentumsanteilen und isolierten ME-Anteilen führt zu **unlösbaren Schwierigkeiten** und Verwicklungen, wie die beiden Entscheidungen zeigen. Der **BGH** hat sich damit begnügt auszuführen, daß ein isolierter ME-Anteil den Wohnungseigentümern nicht analog § 738 Abs. 1 BGB anwachse, die Miteigentümer seien aber aufgrund des Gemeinschaftsverhältnisses verpflichtet, den Gründungsakt so zu ändern, daß keine isolierten ME-Anteile bestehen bleiben, wozu es einer Vereinbarung bedürfe; der isolierte Miteigentumsanteil sei im Zweifel anteilig auf die WEigt-Anteile zu übertragen, dafür sei ein Wertausgleich zu leisten. 24

Das **OLG Hamm** hat weitergehende Überlegungen angestellt. Es folgt zunächst dem BGH darin, daß der isolierte ME-Anteil auf die Wohnungseigentümer zu übertragen sei, leitet daraus dann aber ab, daß der isolierte ME-Anteil nicht als verkehrsfähig angesehen und daher nicht mit einer Hypothek belastet werden könne. Auch verliere die „Rechtsposition des „isolierten ME-Anteils" die Buchungsfähigkeit im Grundbuch. Sind diese Konsequenzen schon systemwidrig und ungewöhnlich genug – ein Grundstücksmiteigentumsanteil, der zwar übertragen, aber nicht belastet werden kann und der nicht buchungsfähig ist, ohne daß klar wäre, wie er dann übertragen wird (vielleicht nach § 413 BGB?). – Vollends verwirrend aber wird das Bild, 25 wenn man an die Folgen für das Gemeinschaftsverhältnis denkt, z. B. die Gebrauchsregelung, die Wohnungseigentümerversammlung, das Stimmrecht, die Befugnisse und Pflichten des Verwalters usw.

26 Der vom BGH und vom OLG Hamm beschrittene Lösungsweg erweist sich als ungangbar, es ist nicht möglich, die Unwirksamkeit der Begründung von Sondereigentum auf einzelne ME-Anteile zu beschränken, daher kann es auch keinen isolierten ME-Anteil geben, die Rechtsfigur ist entbehrlich. Ist die Begründung von Wohnungseigentum an der Unwirksamkeit der Begründung von Sondereigentum gescheitert, dann muß **in einem neuen Begründungsakt** der Fehler vermieden oder korrigiert werden, die damit verbundenen praktischen Schwierigkeiten müssen in Kauf genommen werden, sie sind nicht größer als die Schwierigkeiten, die zu überwinden sind, wenn man dem Vorschlag des BGH oder des OLG Hamm folgt.

27 dd) Zu fragen ist aber noch, **in welchen Fällen** überhaupt wegen der Teilunwirksamkeit der Begründung von Sondereigentum die Entstehung eines isolierten ME-Anteils abgesehen vom Fall der Sonderrechtsunfähigkeit (§ 5 Abs. 2 WEG) in Betracht zu ziehen wäre.

28 Das **OLG Hamm** hat den Satz aufgestellt, daß das mit der Teilung nach § 8 WEG entstandene Anwartschaftsrecht auf den Erwerb von Sondereigentum an den einem ME-Anteil zugeordneten Räumen erlösche, wenn die Herstellung des Raumes „etwa wegen einer vom Aufteilungsplan abweichenden Bebauung unmöglich wird". Dem ist entgegenzuhalten, daß die **Errichtung** einer nach dem Aufteilungsplan vorgesehenen oberirdischen Garage nicht dadurch unmöglich wird, daß an dieser Stelle eine Tiefgarage gebaut wird; sie wird zwar **erschwert**, aber **nicht unmöglich** gemacht, ein Anlaß, auf die Rechtsfigur des isolierten ME-Anteils auszuweichen, bestand also nach der vom Gericht selbst gemachten Voraussetzung nicht. An welche sonstigen Fälle der „Unmöglichkeit" das Gericht gedacht hat, ist nicht zu erkennen.

29 Der **BGH** (BGHZ 110, 36 = WE 1990, 55 = NJW 1990, 1111) hat entschieden, daß die Eintragung eines Teileigentums im Grundbuch nicht deshalb unzulässig ist, weil ein **öffentlich-rechtliches Bauverbot** besteht; die schon vor der Errichtung des Gebäudes mögliche Begründung von Wohnungseigentum als sachenrechtlicher Akt sage nichts darüber aus, ob das Gebäude errichtet wird; wenn das Gebäude, gleichgültig aus welchen Gründen, nicht erstellt wird, bleibe das WE auf Dauer in dem Zustand wirksam, in dem es sich bei Grundbucheintragung befand. So hat in einer späteren Entscheidung auch das OLG Hamm (Beschluß vom 21. 1. 1991 DWEigt 1991, 167) die Dinge gesehen. Ein isolierter ME-Anteil entsteht also in allen Fällen nicht, in denen die Errichtung des Gebäudes unterbleibt, „gleichgültig aus welchen Gründen", also auch und gerade in dem vom OLG Hamm entschiedenen Fall, ferner auch, wenn die Beteiligten die **Bauabsicht** aufgeben. Der Rechtsfigur des isolierten ME-Anteils bedarf es auch unter diesem Blickwinkel nicht.

30 ee) Das **Ergebnis** der vorstehenden Überlegungen läßt sich dahin zusammenfassen, daß es keinen ersichtlichen Fall gibt, in dem es bei zutreffender rechtlicher Beurteilung zur Entstehung eines isolierten Miteigentumsanteils kommen kann. Scheitert die Begründung von Wohnungseigentum daran, daß der zu Sondereigentum vorgesehene Gebäudeteil sonderrechtsunfähig ist, so scheitert die Begründung auch dann im ganzen, wenn das nur in bezug auf das einem einzigen Miteigentumsanteil zugeordnete Sondereigentum zutrifft. Stehen der Errichtung der zu Sondereigentum vorgesehenen Gebäudeteile tatsächliche oder rechtliche Hindernisse entgegen, so läßt das die Wirksamkeit der einmal erfolgten Begründung von Wohnungseigentum unberührt, die betroffenen Wohnungseigentümer sind gehalten, ihre Vereinbarungen der entstandenen Lage anzupassen. Diese Lösung steht im Einklang mit der Vorschrift des § 9 Abs. 1 Nr. 2 WEG, nach der im Falle der Zerstörung des Gebäudes die Wohnungsgrundbücher nur geschlossen werden, wenn alle Wohnungseigentümer das beantragen.

e) Ebenso wie es **kein Miteigentum ohne Sondereigentum** geben kann, 31
ist auch **Sondereigentum ohne Miteigentum unmöglich;** insbes. ist im Fall einer Unterteilung darauf zu achten, daß nicht im Sondereigentum stehende Räume vergessen werden und ohne Miteigentumsanteil bleiben; die so entstehende Lage wäre rechtlich unzulässig, folglich auch gutgläubiger Erwerb ausgeschlossen, die Unterteilung müßte scheitern (vgl. BayObLGE 1987, 390 – „vergessener Flur"; § 8 Rdn. 3; ferner § 4 Rdn. 2; § 6 Rdn. 3).

f) Ein mehreren Miteigentumsanteilen zugeordnetes **„Mitsondereigen-** 32
tum", „gemeinschaftliches Sondereigentum" **„dinglich verselbständigte Untergemeinschaften"** in dem Sinne, daß einzelne Gebäudeteile, Räume, Anlagen oder Bauteile, die nicht allen WEigtümern, sondern nur einer beschränkten Eigentümergruppe dienlich sind, durch Vereinbarung in deren Mitsondereigentum überführt werden, ist im WEG nicht vorgesehen und – entgegen Bärmann-Pick-Merle (§ 5 Rdn. 66, § 7 Rdn. 38), Deckert (Baumängel, S. 29ff.), Hurst (DNotZ 1968, 131) – allein schon wegen § 93 BGB nicht möglich (so zutr. Ertl-KEHE Einl E 25; BayObLGE 1981, 407 = DWEigt 1982, 104; BayObLGE 1987, 390 = WE 1988, 102; OLG Düsseldorf Rpfl 1975, 308; OLG Hamm OLGE 1986, 415; a. M. Hurst AcP 181 (1981), 169, dem nicht zu folgen ist; vgl. auch § 1 Rdn. 7); sie sind auch rechtspolitisch nicht wünschbar, weil eben die unklaren Rechtsverhältnisse entstehen würden, die das Stockwerkseigentum alter Art in Verruf gebracht haben. Der Umstand, daß an manchen Einrichtungen wie Fahrstühlen, Garagen, Schwimmbad nur ein Teil der Wohnungseigentümer interessiert ist, kann seinen Ausdruck **allein darin** finden, daß nur die unmittelbar Beteiligten an Gebrauch und sonstigen Nutzungen wie auch an den Lasten teilnehmen und daß nur sie stimmberechtigt und im Verfahren nach § 43 WEG Beteiligte sind; vgl. § 16 Rdn. 20; § 23 Rdn. 3e; § 43 Rdn. 36ff.). Die Zulassung von Mitsondereigentum in solchen Fällen stünde in evidentem Widerspruch zu dem Bemühen des WEG, klar und überschaubar abgegrenzte Bereiche des Sondereigentums zu schaffen, und würde, in die Wirklichkeit umgesetzt, etwa auf Treppenaufgänge und ähnliche Gebäudeteile angewendet, zu eben den verworrenen und Streit auslösenden Zuständen führen, die das Stockwerkseigentum alter Art in Verruf gebracht hatten. Unbenommen bleibt es natürlich, Einrichtungen und Aggregate, die nicht wesentliche Bestandteile des Gebäudes sind, in das Eigentum beliebiger Gruppierungen von WEigtümern zu stellen. Darüber hinaus können die WEigtümer in der Ge-

meinschaftsordnung in beliebiger Weise die Benutzung regeln (§ 10 Abs. 2, § 15) und geeignete Vereinbarungen über Verwaltung, Nutzungen und Lasten treffen (so auch Hurst AcP 181, 169, 173).

33 g) Ein **„Unterwohnungseigentum"** nach Art des nach h. M. zulässigen Untererbbaurechts (vgl. § 30 Rdn. 20) kann es **nicht** geben, schon deshalb nicht, weil das Wohnungseigentum nicht ein grundstücksgleiches Recht, sondern besonders ausgestaltetes Miteigentum ist (so zutr. OLG Köln OLGE 1984, 294 = Rpfleger 1984, 268; vgl. auch Vor § 1 Rdn. 28).

34 h) Ein Mitsondereigentum ist allerdings, der Natur der Sache folgend, in bezug auf **sonderrechtsfähige Trennwände** zwischen zwei Eigentumswohnungen für zulässig zu halten (vgl. § 5 Rdn. 36 – **„Nachbareigentum"** –; Andeutungen in dieser Richtung bereits in der „Amtl. Begründung" zu § 5).

35 i) Die vertragliche Einräumung von Sondereigentum geschieht, wie § 4 WEG klarstellt, durch eine **dingliche Einigung** der Beteiligten, die der **für die Auflassung vorgeschriebenen Form** bedarf, also bei gleichzeitiger Anwesenheit beider Teile (Vertretung zulässig) vor einem Notar erklärt werden muß (§ 925 BGB). Diese Einigungserklärungen unterliegen den **für Willenserklärungen geltenden Regeln,** sie können also auch **nichtig** (z. B. wegen Geschäftsunfähigkeit) oder **anfechtbar** (z. B. wegen arglistiger Täuschung) sein.

36 j) Es besteht wohl Einigkeit darüber, daß im Fall der Nichtigkeit der Einigungserklärung **die zur sog. „faktischen Gesellschaft"** – besser: fehlerhaften Gesellschaft – **entwickelten Grundsätze** entsprechend anzuwenden sind (Bärmann-Pick-Merle, § 3 Rdn. 54ff.; Soergel-Baur, § 3 WEG Rdn. 9; Däubler DNotZ 1964, 216; Gaberdiel NJW 1972, 847, der von dem oben Rdn. 7, 8 erörterten Fall ausgeht); danach müssen sich die Beteiligten für die Zeit bis zur Geltendmachung der Nichtigkeit so behandeln und behandeln lassen, als ob die Begründung wirksam wäre. Das wird man auch in bezug auf einen beteiligten Geisteskranken annehmen können, allenfalls mit gewissen Beschränkungen, wie sie zum Schutze von Geschäftsunfähigen und beschränkt Geschäftsfähigen für geboten erscheinen (aus der Rspr. zur faktischen Gesellschaft vgl. u. a. BGHZ 3, 285; 8, 157; 11, 190; 17, 160; 26, 330; 44, 235; P. Ulmer in MünchKomm § 705 Rdn. 204ff.). Aus BGH NJW 1961, 1299, wonach der Anfechtung einer unter Grundstücksmiteigentümern getroffenen Verwaltungsvereinbarung (§ 746 BGB) Rückwirkung beigelegt wurde, kann nichts Gegenteiliges entnommen werden; selbst wenn, was zweifelhaft ist, der Entscheidung zuzustimmen wäre, trifft sie den hier zu beurteilenden Fall nicht.

k) **Erwerb kraft guten Glaubens**

37 Mit dem gesamten Immobiliarsachenrecht finden auf das Wohnungseigentum auch die Vorschriften über den Schutz des guten Glaubens (§§ 892, 893 BGB) Anwendung. Hinsichtlich der Auswirkungen sind verschiedene Fälle zu unterscheiden. Voranzuschicken sind aber einige allgemeine Bemerkungen. Gutgläubiger Erwerb setzt voraus, daß das Grundbuch unrichtig ist und die Eintragung einschl. der zulässigerweise in Bezug genommenen Eintragungsunterlagen – Eintragungsbewilligung, Aufteilungsplan – nicht inhaltlich unzulässig ist; letzteres ist der Fall, wenn die Eintragung einen Rechtszustand verlautbart, den es nicht geben kann, oder wenn sie etwas Widersprüchliches verlautbart (BayObLGE 1987, 390 = WE 1988, 102). Die Eintragung betrifft und schützt ausschließlich rechtliche, nicht tatsächliche Verhältnisse. Der Schutz besteht darin, daß zugunsten eines gutgläubigen Erwerbers der Inhalt des Grundbuchs als richtig gilt.

Der erste und wichtigste Fall dieser Art ist gegeben, wenn der Akt, durch **38** den das Wohnungseigentum begründet wird, also die vertragliche Einräumung von Sondereigentum, an einem Mangel leidet, der seine Unwirksamkeit zur Folge hat, und im Grundbuch eingetragen ist. Soblad ein Dritter gutgäubig eine der vom Gründungsakt erfaßten Eigentumswohnungen erwirbt, wird nicht nur dieses Wohnungseigentum als wirksam entstanden angesehen, sondern der **gesamte Gründungsakt** wird geheilt (so zutreffend BGHZ 109, 179 = NJW 1990, 447 = WE 1990, 93 m. Anm. Weitnauer, zum Fall der Nichtigkeit wegen Nichteinhaltung der Auflassungsform, § 4 Abs. 1, 2 WEG); denn – so führt der BGH aus – Wohnungseigentum „kann nicht nur an einer Wohnung entstehen".

Im Falle einer **Unterteilung** ist die Möglichkeit gutgläubigen Erwerbs **39** grundsätzlich gegeben, sie scheidet aber aus, wenn die Eintragung im Grundbuch nach den in Bezug genommenen Unterlagen denselben Raum einmal dem gemeinschaftlichen Eigentum zuweist und einmal zum Sondereigentum erklärt, die Eintragung also widersprüchlich und deshalb unzulässig ist (BayObLGE 1987, 390 = WE 1988, 102).

Möglich ist der gutgläubige Erwerb von bloßem **Sondereigentum,** so **40** z. B. in folgender Konstellation: A und B sind die Eigentümer zweier aneinander grenzender Eigentumswohnungen; sie erklären zu notarieller Urkunde, daß das Sondereigentum an einem bestimmten Raum der Wohnung B auf die Wohnung A übertragen werden soll. Das Grundbuchamt trägt trotz des Formverstosses die Rechtsänderung im Grundbuch ein. Dann veräußert A seine Wohnung an den gutgläubigen C. Dieser wird Eigentümer des Raumes.

Besondere Probleme stellen sich bzgl. des Schutzes des guten Glaubens **im Falle des § 10 Abs. 2 WEG**; dazu OLG Hamm WE 1993, 250 und Weitnauer WE 1994, 60 = PiG 42, S. 253; vgl. § 10 Rdn. 31 und § 15 Rdn. 35.

l) **Nichtübereinstimmung von Aufteilungsplan und Realität** **41**

Wohnungseigentum kann nach § 3 wie nach § 8 WEG auch an erst noch zu errichtenden Gebäuden begründet werden (unten Rdn. 67). Das bringt die seinerzeit vom Gesetzgeber nicht verkannte Gefahr mit sich, daß die tatsächliche Bauausführung bewußt oder unbewußt von dem zur Begründung des Wohnungseigentums erforderlichen „Aufteilungsplan" (§ 7 Abs. 4 Nr. 1 WEG) abweicht. Die Folgen einer solchen Abweichung sind im folgenden zu erörtern, dabei ist auch die Entwicklung der Rechtsprechung zum Problem des isolierten Miteigentumsanteil (oben Rdn. 32) heranzuziehen.

Von Bedeutung sind ausschließlich Abweichungen, die die **Abgrenzung** **42** **des gemeinschaftlichen Eigentums und des Sondereigentums** betreffen. Sind die Räume, an denen nach den Einigungserklärungen oder der Teilungserklärung Sondereigentum entstehen soll, in der Wirklichkeit vorhanden, wenn auch mglw. anders aufgeteilt oder nicht abgeschlossen, so entsteht Sondereigentum nach Maßgabe des Plans (BayObLGE 1981, 332). Das gleiche gilt auch im Falle unerheblicher Änderungen, z. B. bei Einbau eines im Plan nicht vorgesehenen Kellerfensters oder für bauliche Veränderungen innerhalb des Sondereigentumsbereichs, die kraft Sondereigentums zulässig sind (§ 5 WEG, OLG Düsseldorf DNotZ 1970, 42).

43 Im übrigen ist davon auszugehen, daß Sondereigentum **nur nach Maßgabe der von den Parteien abgegebenen Erklärungen** einschl. der Eintragungsunterlagen, also insbes. des Aufteilungsplans, entstehen kann. Widersprechen sich die verbalen Erklärungen und der Aufteilungsplan, so kann Sondereigentum nicht entstehen (BayObLGE 1987, 390 = WE 1988, 102). Ist der Raum, der nach dem Plan Sondereigentum sein soll, in der Wirklichkeit ganz oder teilweise **nicht vorhanden** und soll er auch nicht mehr geschaffen werden – gleichgültig, ob aus praktischen Gründen, etwa wegen anderweitiger Bebauung der Fläche, oder wegen eines Bauverbots (dazu BGHZ 110, 36 = WE 1990, 55) –, so hat das **nicht die Nichtigkeit** der Einigungserklärungen zur Folge; es bleibt vor allem dabei, daß zwischen den Miteigentümern die besondere Wohnungseigentümergemeinschaft fortbesteht. Als deren Teilhaber sind die Wohnungseigentümer aufgrund der ihnen obliegenden Treupflicht verpflichtet, ihre Vereinbarungen der veränderten Lage anzupassen und eine angemessene Lösung für die entstandene Schwierigkeit zu suchen (BayObLGE 1967, 25 vgl. auch § 10 Rdn. 52).

44 **Eigenmächtige Änderungen** der tatsächlichen Verhältnisse ändern an der Rechtslage nichts, so nicht z. B. die Einbeziehung einer Teilfläche des gemeinschaftlichen Eigentums in eine Eigentumswohnung (OLG Düsseldorf DWEigt 1984, 93); die Überführung von Gemeinschaftseigentum in Sondereigentum und umgekehrt ist nur gemäß § 4 WEG möglich. Werden Räume, die im gemeinschaftlichen Eigentum stehen, baulich in eine Eigentumswohnung einbezogen, so führt dies auch dann nicht kraft Gesetzes zur Entstehung von Sondereigentum, wenn es unverschuldet oder mit Erlaubnis der übrigen Wohnungseigentümer geschieht; die Vorschriften über den Überbau sind nicht entsprechend anwendbar (so BayObLG WE 1994, 186 gegen OLG Celle OLGE 1981, 106, dem nicht zu folgen ist).

45 Wird das **ganze Gebäude** abweichend vom Aufteilungsplan an anderer Stelle auf dem Grundstück, im übrigen aber gemäß Plan errichtet, dann steht dies der Entstehung von Wohnungseigentum nicht entgegen, wenn Gemeinschaftseigentum und Sondereigentum zweifelsfrei gegeneinander abgegrenzt sind (BayObLGE 1989, 310 = WE 1991, 62).

46 **Die Rechtsstellung als Wohnungseigentümer und die Wohnungseigentümergemeinschaft entstehen** auf jeden Fall mit der **Vollendung des rechtsgeschäftlichen Erwerbs** durch die Eintragung im Grundbuch, und zwar auch dann, wenn das Gebäude noch nicht oder noch nicht ganz errichtet ist und der Erwerber die Wohnung noch nicht in Besitz genommen hat (so zutr. BayObLG 1974, 275). Auch schon vor diesem Zeitpunkt kann aber eine **„werdende Wohnungseigentümergemeinschaft"** entstehen und können auf die Beziehungen **der „werdenden Wohnungseigentümer"** Regeln der Wohnungseigentümergemeinschaft Anwendung finden. Näher hierzu Anhang zu § 10 („Werdende Wohnungseigentümergemeinschaft").

Ein Wohnungseigentümer kann aufgrund der Wohnungseigentümergemeinschaft von den anderen nicht Herstellung des dem Plan entsprechenden Zustands verlangen (anders für Baumängel, vgl. Anh. zu § 8 Rdn. 58). **47**

3. Abgeschlossenheit

a) Allgemeines. „Sondereigentum soll nur eingeräumt werden, wenn die Wohnungen oder sonstigen Räume in sich abgeschlossen sind" (Abs. 2 Satz 1). Diesem Erfordernis kommt große praktische Bedeutung zu, weil es wesentlich zur Vermeidung von Unklarheiten und Streitigkeiten beitragen kann. **48**

Nähere Bestimmungen darüber, unter welchen Voraussetzungen die Abgeschlossenheit gegeben ist, hat der Gesetzgeber des WEG nicht getroffen. Versuche in dieser Richtung waren, wie Protokolle über die Ausschußberatungen ergeben, ohne Erfolg.

Die Vorschrift muß daher **aus sich heraus unter Berücksichtigung der Motive des Gesetzgebers und der Verkehrsanschauung** ausgelegt werden. Was erstere anlangt, so findet sich in dem Bericht des Abg. Dr. Brönner (Vor § 1 Rdn. 12; PiG 8, S. 205/209) die Erläuterung, durch die Abgeschlossenheit sollten „all die Streitigkeiten vermieden werden, die im Stockwerkseigentum wegen der unklaren rechtlichen Verhältnisse entstanden sind". Der Zweck ist klar; man wollte durch die Abgeschlossenheit eine **deutlich sichtbare Abgrenzung der Sondereigentumsbereiche** untereinander und zum gemeinschaftlichen Eigentum schaffen und Gemengelagen vermeiden, die beim Stockwerkseigentum alter Art der Grund für Streitigkeiten und Unklarheiten gewesen waren. **49**

Man war sich aber auch bewußt, daß die Grundbuchämter wenig geeignet sind, die für die Abgeschlossenheit maßgeblichen tatsächlichen Verhältnisse zu beurteilen. Man fand deshalb den Ausweg, als Voraussetzung für die Eintragung der Begründung von Wohnungseigentum im Grundbuch eine **Bescheinigung der Baubehörde** über die Abgeschlossenheit der Wohnungen oder der sonstigen Räume zu verlangen, die zu Sondereigentum ausgewiesen werden (§ 7 Abs. 4 Nr. 2 WEG), und den Bundesminister für Wohnungsbau zu ermächtigen, im Einvernehmen mit dem Bundesminister der Justiz Richtlinien für die Baubehörden über die Bescheinigung zu erlassen (§ 59 WEG). Diese **„Richtlinien"**, die nicht die Qualität von Rechtsnormen haben, sondern **Verwaltungsvorschriften** i. S. d. Art. 84 Abs. 2 GG sind, sind unter dem 3. 8. 1951 ergangen (BAnz 1951 Nr. 152; Anh. III 1a); sie wurden später ersetzt durch die „Allgemeine Verwaltungsvorschrift für die Ausstellung von Bescheinigungen gem. § 7 Abs. 4 Nr. 2 und § 32 Abs. 2 Nr. 2 des Wohnungseigentumsgesetzes" vom 19. 3. 1974 (BAnz 1974 Nr. 58, Anh. III 1), welche wegen geänderter verfassungsrechtlicher Vorstellungen auch die Unterschrift des Bundeskanzlers trägt. **50**

Die „Richtlinien" und die „Allgemeine Verwaltungsvorschrift" **stimmen darin überein**, daß „abgeschlossene Wohnungen" Wohnungen sind, die „baulich vollkommen von fremden Wohnungen und Räumen abgeschlossen sind ... und einen eigenen abschließbaren Zugang unmittelbar vom Freien, von einem Treppenhaus oder einem Vorraum haben," ferner darin, daß zu **51** abgeschlossenen Wohnungen zusätzlich verschließbare Räume außerhalb des Wohnabschlusses gehören können. Sie **unterscheiden sich** aber darin, daß nach der AllgVV Wasserversorgung, Ausguß und WC nicht nur vorhanden sein, sondern innerhalb der Wohnung liegen müssen. Selbständigkeit hinsichtlich der Zähleinrichtungen für Wasser, Gas, Elektrizität oder Wärme ist nicht gefordert, desgleichen nicht eine Mindestgröße und das Vorhandensein eines Abstellraumes. Zur Frage des Schall-, Wärme- und Brandschutzes vgl. unten Rdn. 58ff.

52 Die angeführten Kriterien sind für die Verwaltungsbehörden bei der Erteilung der Abgeschlossenheitsbescheinigung, nicht aber für die Gerichte maßgebend. Wohl allerdings können sie als **Ausdruck der Verkehrsanschauung** verstanden werden, die sich auch wandeln kann, und als deren Niederschlag für die Auslegung und Konkretisierung des § 3 Abs. 2 Satz 1 bestimmend werden (teilweise abw. Vorauflage).

Beispiele:

53 **Abgeschlossenheit bejaht**

von KG OLGE 1985, 129 = RPfleger 1985, 107 für den Fall, daß eine Wand durch eine Tür durchbrochen ist, die als „Fluchtweg" nicht verschlossen werden darf;

von LG Landau RPfleger 1985, 437 für den Fall, daß bei zwei Doppelhaushälften von jeder Seite ein Zugang zum gemeinsamen Heizkeller besteht;

von OLG Düsseldorf OLGE 1987, 51 = DWEigt 1987, 30 für den Fall, daß der Zugang über ein im Nachbarhaus befindliches Treppenhaus geht, sofern er durch Grunddienstbarkeit gesichert ist;

von BayObLGE 1971, 102 für den Fall, daß eine Raumeinheit aus mehreren in sich abgschlossenen Teilraumeinheiten besteht, ohne Rücksicht darauf, ob sie als Ganzes abgeschlossen ist;

von BayObLG 1989, 214 für den Fall, daß durch Gebrauchsregelung den Miteigentümern das Betreten einer fremden Wohnung und Garage gestattet wird, um den Zugang zu einem gemeinschaftlichen Spitzboden zu schaffen.

54 b) Abgeschlossenheit wird nicht schlechthin, sondern nur **gegenüber „fremden Wohnungen und Räumen"** verlangt.

Es geht um die Frage, ob der bauliche Abschluß auch gegenüber Räumen erforderlich ist, die dem Wohnungs- oder Teileigentümer aus anderen Gründen gehören, also z. B. gegenüber einer anderen Eigentumswohnung desselben Wohnungseigentümers, gegenüber Räumen in einem dem Wohnungseigentümer zu Alleineigentum gehörenden Nachbargrundstück, ferner auch gegenüber Räumen, an denen dem Wohnungseigentümer ein dingliches Nutzungsrecht (Dauerwohn- oder Dauernutzungsrecht i. S. des § 31 WEG, dingliches Wohnungsrecht i. S. des § 1093 BGB) zusteht. Die Frage ist zu verneinen: die Abgeschlossenheit wird ausschließlich deshalb verlangt, um die Eigentums- und Benutzungsverhältnisse bei Wohnungs- und Teileigentum bzw. bei Dauerwohn- und Dauernutzungsrechten (§ 32 Abs. 1 WEG) innerhalb eines so aufgeteilten Gebäudes klarzustellen und den Streitigkeiten vorzubeugen, die sich aus der Unklarheit dieser Beziehungen innerhalb eines Gebäudes ergeben können. Dagegen können an das Sondereigentum hinsichtlich der Grenzen von Gebäudeteilen, die *denselben Personen gehören* oder zur

Nutzung zustehen, und *im Verhältnis zu dritten Personen* nicht größere Anforderungen gestellt werden als an sonstiges Eigentum. Daher bestehen z. B. keine Bedenken gegen die Erteilung der Bescheinigung über die Abgeschlossenheit von Räumen, die im Teileigentum stehen, gegenüber Räumen, die sich in einem demselben Eigentümer zu Alleineigentum gehörenden Nachbargrundstück befinden und mit diesem in unmittelbarer baulicher Verbindung stehen, ohne baulich abgeschlossen zu sein, so daß ihre wirtschaftlich sinnvolle gemeinschaftliche Nutzung ermöglicht wird; so zutreffend AG München MittBayNot 73, 97 und LG München I Rpfleger 1973, 141.

Darüber hinaus bedarf es der baulichen Abgeschlossenheit überhaupt nicht **55**
gegenüber fremden Grundstücken; hier gilt nichts anderes als gegenüber sonstigen Nachbarn (BayObLGE 1990, 279 = WE 1992, 21). Der Abgeschlossenheit einer Wohnung oder Garage steht es auch nicht entgegen, daß den übrigen Eigentümern durch Gebrauchsregelung das Recht zum Betreten eingeräumt wird (BayObLG WE 1989, 214 = DWEigt 1989, 38). Andererseits steht § 3 Abs. 2 WEG der Bestellung von Grunddienstbarkeiten nicht entgegen, durch die den Eigentümern von zwei aneinander grenzenden zu zwei verschiedenen Wohnanlagen gehörenden Teileigentumseinheiten (Läden) wechselweise verboten wird, die Räume gegeneinander durch Mauern oder auf andere Weise gegenständlich abzugrenzen (BayObLGE 1990, 279 = WE 1992, 21).

Dem steht nicht entgegen, daß die **Möglichkeit einer Veränderung der** **56**
Eigentumsverhältnisse, z. B. durch Veräußerung des Teileigentums oder des Nachbargrundstücks, nicht ausgeschlossen werden kann. Es empfiehlt sich, für diesen Fall bereits bei Erteilung der Abgeschlossenheitsbescheinigung die erforderlichen baulichen Auflagen zu machen, um die spätere Abschließung zu sichern (so zutreffend Baubehörde Hamburg in einer Bescheinigung über die Abgeschlossenheit gem. § 7 Abs. 4 Nr. 2, § 59 WEG vom 2. 8. 71, betr. Grundstück Grundbuch von Neustadt Nord, Bl. 2787, FlSt, 99, zweifelnd Bengel JA 1975, 89). Gegenüber Räumen, die lediglich gemietet sind, wird von der Abgeschlossenheit nicht abgesehen werden können, weil sie „fremde" im Sinne der Richtlinien sind.

c) Das Erfordernis der Abgeschlossenheit gilt auch *bei nachträglichen Ände-* **57**
rungen, also wenn etwa ein Teil des Wohnungseigentums auf einen Dritten übertragen oder räumliche Veränderungen zwischen Wohnungseigentümern vorgenommen oder WEigtRechte vereinigt werden (zu letzterem Fall OLG Hamburg NJW 65, 1765; vgl. im übrigen § 6 Rdn. 4).

d) **Besonderheiten für Altbauten?**

Literatur: Bub, WE 1991, 124/150. Aufteilungsplan und Abgeschlossenheitsbescheinigung.

In Nr. 5a der AllgVV wie auch schon in ihrer Vorgängerin ist bestimmt, **58**
daß abgeschlossene Wohnungen solche Wohnungen sind, die baulich vollkommen von fremden Räumen abgeschlossen sind, „z. B. durch Wände und Decken, die den Anforderungen der Bauaufsichtsbehörden (Baupolizei) an Wohnungstrennwänden und Wohnungstrenndecken entsprechen ...". Bis in die Mitte der achtziger Jahre waren weder bei den Baubehörden, noch bei

den Grundbuchämtern noch im allgemeinen Verständnis Zweifel darüber entstanden, daß diesem beispielsweisen Hinweis auf das Bauordnungsrecht keine eigene Bedeutung zukommt und das Erfordernis der Abgeschlossenheit nur die räumliche Abgrenzung der Sondereigentumsbereiche betrifft. Als aber um jene Zeit in zunehmendem Maße vermietete **Altbauten** nach Sanierung und Modernisierung **in Wohnungseigentum umgewandelt** wurden, um dann an Erwerber veräußert zu werden, die Eigenbedarf geltend machen konnten, gingen Baubehörden dazu über, die Umwandlung dadurch zu verhindern, daß sie die Abgeschlossenheitsbescheinigung verweigerten oder mit einschränkenden Zusätzen versahen (sog. „Münchener Linie"), wenn Trennwände oder Trenndecken in Altbauten nicht den gegenwärtigen Anforderungen genügten; sie fanden dabei Unterstützung bei Zivilgerichten und insbes. bei den Verwaltungsgerichten. Das führte zu widersprechenden Gerichtsentscheidungen und zu einem Meinungsstreit, der den Charakter einer cause célèbre annahm. Während der Bayerische Verwaltungsgerichtshof (NJW-RR 1990, 27 = DNotZ 1990, 247) und das Bundesverwaltungsgericht (NJW 1990, 848) unter Billigung durch das Bundesverfassungsgericht (NJW 1990, 825) das Vorgehen der Baubehörden für rechtens erachtet und das OLG Stuttgart sich dem anschloß (Die Justiz 1990, 435), vertrat das BayObLG (DWEigt 1990, 102) den gegenteiligen Standpunkt. Der BGH, der im gleichen Sinne entscheiden wollte, sah sich daran durch die Entscheidung des BayVerwG gehindert und legte die Sache dem **Gemeinsamen Senat der obersten Gerichtshöfe des Bundes** (Gesetz vom 19. 6. 1968, BGBl I S. 661) vor, der unter dem 30. 6. 1992 entschied:

59 „Wohnungen und sonstige Räume in bestehenden Gebäuden können auch dann im Sinne von § 3 Abs. 2 Satz 1 WEG in sich abgeschlossen sein, wenn die Trennwände und Trenndecken nicht den Anforderungen entsprechen, die das Bauordnungsrecht des jeweiligen Bundeslandes aufstellt".

Die hochinteressante, umfangreiche Entscheidung, die zum richtigen Ergebnis gekommen ist, ist vielfach abgedruckt worden (so in BGHZ 119, 42; NJW 1992, 2320; WE 1993, 47 = DWEigt 1992, 145; JZ 1993, 523 m. Anm. Ehmann). Sie führt aus, daß keine Methode der Auslegung – weder aufgrund des Wortlautes noch aufgrund der Entstehungsgeschichte, weder eine systematische noch eine teleologische – einen Anhalt dafür geben, daß die Abgeschlossenheit von baurechtlichen Vorschriften abhängen sollte, daß vielmehr **„der Begriff ‚in sich abgeschlossen' vom sachenrechtlichen Bedarf der Eigentumsabgrenzung im Sinne der Rechtsklarheit bestimmt wird".** Sie zeigt weiter, daß die gegenteilige Lösung nur Unstimmigkeiten zur Folge hätte.

60 Durch die Entscheidung ist sich bereits anbahnenden **Fehlentwicklungen** Einhalt geboten worden. Wohnungswirtschaft und Kautelarjurisprudenz haben alsbald im Gegenzug gegen die restriktive Praxis der Baubehörden das sog. **„Kellermodell"** (dazu Pause NJW 1990, 3178; NJW 1992, 671; Schmidt WE 1992, 2) entwickelt, bei dem an Kellerräumen Teileigentum begründet wird und an den Wohnungen Sondernutzungsrechte bestellt werden, die den Teileigentumsrechten zugeordnet sind (vom BayObLG gebilligt, BayObLG NJW 1992, 700 = WE 1992, 230, ebenso OLG Hamm WE 1993, 249), auch wurde auf das **„Miteigentumsmodell"** (dazu Pause NJW 1990, 807) des

§ 1010 BGB zurückgegriffen trotz seiner anerkannten Unzulänglichkeit. Auch der Gesetzgeber sah sich zum Handeln aufgerufen. Da der vorhandene Wohnungsbestand in den neuen Bundesländern, dessen Privatisierung durch Umwandlung in Wohnungseigentum ein dringendes Anliegen ist, den vom BVerwG gestellten Anforderungen nicht genügen würde, hat man diese dort durch Einfügung eines neuen Absatzes 3 in § 3 WEG unanwendbar gemacht; siehe hierzu oben Rdn. 58.

Das Bedürfnis für alle diese Versuche einer Korrektur der Rechtsprechung ist nun glücklicherweise entfallen, mietrechtliche Probleme werden im Mietrecht zu lösen sein.

e) **Teileigentum.** Für Teileigentum im allgemeinen gilt hinsichtlich der **61**
baulichen Abgeschlossenheit das oben Gesagte entsprechend unbeschadet der Sonderregelung für Sammelgaragen (unten Rdn. 62). Ob zur notwendigen Ausstattung Toiletten gehören, entscheidet sich nach dem Zweck der Räume. Während das bei Garagen sicher nicht zutrifft, kann die Frage bei einer Lagerhalle zu bejahen sein. Ist allerdings eine Toilette notwendig, dann muß sie innerhalb der abgeschlossenen Zone liegen. Mit dieser Maßgabe ist dem BayObLG (BayObLGE 1984, 136 = RPfleger 1984, 407) zuzustimmen, das die Abgeschlossenheit verneint hat für den Fall, daß für zwei Teileigentumseinheiten nur eine Toilette vorhanden ist.

aa) **Sammelgaragen (Abs. 2 Satz 2).** Der durch die Novelle zum WEG v. **62**
30. 7. 1973 neu eingefügte Absatz 2 Satz 2 macht eine **Ausnahme von dem Erfordernis der Abgeschlossenheit** für Garagenstellplätze; diese „gelten als abgeschlossene Räume, wenn ihre Flächen durch dauerhafte Markierungen ersichtlich sind.“ Damit ist ein Problem, das der Praxis manche Schwierigkeiten in der Vertragsgestaltung und im grundbuchlichen Vollzug gemacht hatte, gelöst (vgl. 3. Auflage § 5 Rdn. 12a). Es ist nun möglich, an Abstellplätzen in Sammelgaragen Teileigentum zu begründen. Dies kann sowohl in der Weise geschehen, daß das Sondereigentum an dem Garagenplatz mit demselben Miteigentumsanteil verbunden wird wie das Sondereigentum an der Wohnung, als auch derart, daß das Sondereigentum an dem Abstellplatz mit einem besonderen Miteigentumsanteil verbunden wird. In beiden Fällen ist Gegenstand des Sondereigentums der „lichte Raum“ (§ 5 Rdn. 9) über den durch die Markierungen ersichtlich gemachten Flächen, während die sonstigen Teile der Garage, insbesondere die Zufahrtswege, gemeinschaftliches Eigentum bleiben. Wird das Sondereigentum mit einem besonderen Miteigentumsanteil verbunden, dann ist es möglich, das WEG und das demselben Eigentümer gehörende Teileigentum an dem Garagenplatz auf einem gemeinschaftlichen Grundbuchblatt zusammenzuschreiben (vgl. § 7 Rdn. 37). Eine entsprechende Regelung für Abstellplätze im Freien, d. h. also auf der Erdoberfläche, ist nicht möglich, da es an dem für das Sondereigentum vorausgesetzten Gebäude fehlt und eine reale Aufteilung einer Grundstücksfläche ohne die sonst erforderten sachenrechtlichen Voraussetzungen ausgeschlossen ist (vgl. § 5 Rdn. 21; OLG Hamm Rpfleger 1975, 27). **Stellplätze auf dem nicht überdachten Oberdeck eines Gebäudes,** insbes. eines Garagengebäudes, können ebenfalls nicht Gegenstand des Sondereigentums und Grundlage eines selbständigen Teileigentums sein; hier fehlt es an dem

sachenrechtlich bestimmbaren abgeschlossenen Gesamtraum, den auch § 3 Abs. 2 Satz 2 voraussetzt (dazu § 5 Rdn. 10). Das gewünschte Ergebnis kann durch Einräumung eines **„Sondernutzungsrechts"** (§ 15 WEG) an dem Stellplatz erreicht werden, gegebenenfalls ist eine Umdeutung in diesem Sinne möglich (vgl. § 15 Rdn. 26).

63 bb) Welche **Anforderungen an eine „dauerhafte Markierung"** zu stellen sind, ergibt sich aus Ziff. 6 der „Allgemeinen Verwaltungsvorschrift für die Ausstellung von Bescheinigungen gem. § 7 Abs. 4 Nr. 2 und § 32 Abs. 2 Nr. 2 des Wohnungseigentumsgesetzes" (oben Rdn. 50). Als dauerhafte Markierungen kommen hiernach in Betracht Wände aus Stein und Metall, fest verankerte Geländer oder Begrenzungseinrichtungen aus Stein oder Metall, fest verankerte Begrenzungsschwellen aus Stein oder Metall, in den Fußboden eingelassene Markierungssteine, sowie andere Maßnahmen, die den angegebenen Maßnahmen zumindest gleichzusetzen sind, wozu wohl insbesondere Begrenzungseinrichtungen aus geeignetem Kunststoff zu rechnen wären. Auch für Garagenstellplätze gilt, daß ihre Lage und Größe aus dem Aufteilungsplan (§ 7 Abs. 4 Nr. 1, § 8 Abs. 2) ersichtlich sein muß; sollte die Markierung unkenntlich werden, so kann sie also stets auf Grund des Aufteilungsplans rekonstruiert werden. Dem Bestimmtheitsgrundsatz und der Rechtssicherheit ist dadurch in dem erforderlichen Maße Genüge getan.

64 f) Da § 3 Abs. 2 als **Sollvorschrift** gestaltet ist, kann die Rechtswirksamkeit einer durch Eintragung im Grundbuch vollendeten Einräumung von Sondereigentum nicht mit der Begründung in Zweifel gezogen werden, daß die Voraussetzungen der Abgeschlossenheit nicht oder nicht mehr (OLG Köln NJW-RR 1994, 717) erfüllt seien (so auch BayObLG Rpfl. 1980, 295; OLG Düsseldorf DNotZ 70, 42). Vgl. hierzu im übrigen, insbes. zur Frage der Bindung des Grundbuchamtes § 7 Rdn. 18ff.

65 **4.** Wegen der Formvorschriften vgl. § 4.

66 **5. Für die Einräumung von Sondereigentum unerhebliche Umstände.** Für die Einräumung von Sondereigentum ist unerheblich:

a) Ob es sich um ein Gebäude handelt, das erst nach dem Inkrafttreten des Gesetzes errichtet wird; also *keine Beschränkung auf Neubauten.* Erforderlich ist lediglich, daß die Voraussetzungen des Gesetzes, insbesondere hinsichtlich der Abgeschlossenheit, erfüllt sind. Die Rechtsform des Wohnungseigentums kann deshalb, wie neuerdings in zunehmendem Maße, bei der **Modernisierung von Altbauten** und deren Finanzierung angewendet werden; doch können dem mietrechtliche Schwierigkeiten entgegenstehen; vgl. oben Rdn. 58 und Anhang zu § 13 .

67 b) Ob das Gebäude zur Zeit der Einräumung von Sondereigentum bereits fertiggestellt ist. Vielmehr kann, wie das Gesetz eindeutig ausspricht („. . . oder zu errichtenden Gebäude") ein entsprechender Vertrag auch in bezug auf *ein erst zu errichtendes Gebäude* geschlossen werden. Sondereigentum kann also auch schon auf Grund des Aufteilungsplanes (§ 7 Abs. 4 Nr. 1) für das beabsichtigte Gebäude eingeräumt werden. Mit der fortschreitenden Erstellung des Gebäudes erwachsen dann die in Betracht kommenden Gebäudeteile in Sondereigentum; das entspricht der insbes. von Röll MünchKomm § 5

Rdn. 32b vertretenen **„Theorie der schrittweisen Entstehung des Sondereigentums"**, der zu folgen ist und die auch im Krisenfall – Konkurs des Bauträgers, steckengebliebener Bau – zu zutreffenden Ergebnissen führt (vgl. Weitnauer DNotZ 1977, 225; § 22 Rdn. 29; LG Aachen DWEigt 1984, 93). Die Rechtsstellung des Wohnungseigentümers bis zur Fertigstellung des Baus läßt sich als *Anwartschaftsrecht* beschreiben (so BayObLG 73, 68; OLG Frankfurt Rpfleger 1978, 381; Röll, DNotZ 1977, 69; Bärmann-Pick-Merle § 3 Rdz. 26, 28). Zu dem Fall, daß nicht entsprechend dem Aufteilungsplan gebaut wird, vgl. oben Rdn. 41ff. Daß „kraft positivrechtlicher Regelung die Existenz des Gebäudes dem Fehlen eines solchen gleichgestellt" sei (wie Trautmann, Verfahrenszuständigkeit, S. 35 meint), läßt sich nicht sagen. Die Entstehung des Sondereigentums hängt auch nicht, wie Diester § 3 Bem. 14a f. annimmt, von der Fertigstellung des ganzen Gebäudes oder von der Erreichung bestimmter Bauabschnitte (Fertigstellung einer Raumeinheit) ab. Der von Riebandt-Korfmacher GWW 1951, 383 gemachte Versuch einer Analogie zu § 76 des SchiffsrechteG, wonach es auf die „Kiellegung" ankäme, trifft nicht zu, weil beim Wohnungseigentum – anders als bei Hypotheken an einem Schiffsbauwerk – von Anfang an der Miteigentumsanteil am Grundstück auch als Grundlage des Realkredits vorhanden ist (ebenso Bärmann-Pick-Merle § 3 Rdz. 26). Nach OLG Hamm DWEigt 1987, 139 soll Wohnungs- oder Teileigentum „als Dauerzustand" nicht bestehen können, wenn die **Errichtung** des geplanten Sondereigentums **unterbleibt.** Dem ist in dieser Form nicht zuzustimmen. Ist einmal Wohnungs- oder Teileigentum durch Begründung von Sondereigentum an einem noch zu errichtenden Gebäude entstanden, dann hat es dabei sein Bewenden (oben Rdn. 22ff.). Wird die Absicht, das Gebäude zu errichten, endgültig aufgegeben, so kann dies ein Grund für die Aufhebung der Gemeinschaft sein; dazu § 11 Rdn. 8.

Die künftigen Wohnungseigentümer können sich also, wie dies in der **68**
Praxis auch, insbes. bei den verschiedenen „Bauherrenmodellen,' (Anhang zu § 3), geschieht, zusammenschließen, das Grundstück zu Miteigentum erwerben und dann durch Vereinbarung von Sondereigentum die besondere Gemeinschaft der § 10ff. begründen, insbesondere mit der Folge der Unauflöslichkeit, auch schon bevor mit dem Bau begonnen ist. Daneben müssen freilich noch die *Rechtsbeziehungen für die Bauzeit* entweder in einer den Inhalt des Gemeinschaftsverhältnisses regelnden Vereinbarung (vgl. § 10 Abs. 1, 2) oder in einem besonderen Bauvertrag geregelt werden. Auch aus der Wohnungseigentümergemeinschaft als solcher – also ohne besondere Vereinbarung – kann sich in Analogie zu § 22 Abs. 2 WEG eine Verpflichtung ergeben, zur Errichtung und Fertigstellung des Baus zusammenzuwirken, insbes. im Falle des steckengebliebenen Baus (dazu § 22 Rdn. 29). Aus den im Baustadium eingegangenen Verträgen werden die Wohnungseigentümer im Zweifel nicht gesamtschuldnerisch, sondern **nur anteilig** verpflichtet – sog. **„Aufbauschulden"** im Gegensatz zu den Verwaltungsschulden (st. Rspr., BGHZ 67, 334; 75, 26; 76, 86; BGH NJW 1980, 992; Näheres § 1 Rdn. 26; Anh. zu § 3 Rdn. 20, 21).

c) Ob das Gebäude *vollständig* in Sondereigentumsräume aufgeteilt ist. Ein **69**
solches Erfordernis wäre praktisch schon deshalb nicht zu verwirklichen,

weil gewisse Teile des Gebäudes, z. B. das Treppenhaus, notwendig gemeinschaftlich sein müssen; es besteht aber durchaus die Möglichkeit, auch hiervon abgesehen, einen an sich sonderrechtsfähigen Teil des Hauses, z. B. einen Laden im Erdgeschoß eines Wohnhauses oder Garagen, im gemeinschaftlichen Eigentum der Wohnungseigentümer zu belassen und für sie gemeinschaftlich zu nutzen, z. B. zu vermieten oder zu verpachten (vgl. auch Lehmitz GWW 57, 184), wie das bei im Bauherrenmodell errichteten Großanlagen oft der Fall ist.

70 d) eine *Höchst- oder Mindestzahl* von Wohnungeigentümern; Wohnungseigentum kann also an jedem Gebäude vom Zweifamilienhaus bis zum Wohnblock oder Hochhaus mit beliebig vielen Beteiligten begründet werden. Der von vorneherein verfehlte Versuch, gesetzlich eine Höchstzahl von 100 Einheiten vorzuschreiben, ist glücklicherweise wieder aufgegeben, eine solche Regelung würde nicht nur das Verfügungsrecht des Eigentümers in willkürlicher Weise einschränken und zur Umgehung herausfordern, sie würde insbes. verkennen, daß es nicht abzuweisende, ja zwingende Gründe für die Errichtung größerer Einheiten geben kann, so baurechtliche Teilungsverbote, die Notwendigkeit, mindestens Zweckmäßigkeit gemeinsamer Einrichtungen wie Heizungsanlagen, Schwimmbäder, Garagenanlagen. Daß die Verwaltung großer Anlagen gewisse Schwierigkeiten machen kann, ist kein Grund, sie zu verbieten; die Schwierigkeiten lassen sich überwinden (vgl. § 23 Rdn. 6). Der Einfluß des einzelnen Wohnungseigentümers auf die Verwaltung entspricht bei jeder Größenordnung seinem Anteil, wie das auch sonst bei jeder Vereinigung, Gesellschaft, Genossenschaft der Fall ist.

71 e) Ob es sich jeweils *nur um ein Gebäude* handelt. Die Begründung von WEigt. ist also, wie jetzt nicht mehr bezweifelt wird, auch in dem Falle zulässig, daß sich mehrere Gebäude auf dem Grundstück befinden; ebenso OLG Köln NJW 62, 156, jedoch mit der unrichtigen Einschränkung auf den Fall, daß eine Teilung des Grundstücks aus öffentlich-rechtlichen Gründen unmöglich und deshalb Alleineigentum nicht zu erzielen sei. Vgl. dazu Weitnauer DNotZ 62, 210; Diester, Rpfleger 62, 132. Richtig insoweit OLG Frankfurt NJW 63, 814 = DNotZ 64, 300 mit Anmerkung Diester; ferner Diester Rspr. S. 26f. Die Frage ist durch BGHZ 50, 56 in dem hier vertretenen Sinne geklärt. Vgl. auch OLG Düsseldorf DWEigt 1985, 127 (entsprechende Anwendung nachbarrechtlicher Vorschriften möglich, z. B. bez. Abzäunung).

72 f) Ob es sich um *Gebäude mit mehreren Wohnungen* handelt. Die Rechtsform des WEigt. kann also auch dann angewendet werden, wenn ein Grundstück mit mehreren Einfamilienhäusern, insbes. Reihenhäusern (Bsp. KG WE 1991, 324 = DWEigt 1991, 114) oder sonstigen selbständigen Raumeinheiten, z. B. freistehenden einzelnen Garagen, bebaut ist. Der Gegenstand des Sondereigentums bestimmt sich auch in solchen Fällen allein nach § 5; auch bezüglich solcher einzelner Gebäude gilt also, daß Teile des Gebäudes, die für dessen Bestand oder Sicherheit erforderlich sind, sowie Anlagen und Einrichtungen, die dem gemeinschaftlichen Gebrauch der Wohnungseigentümer dienen, keinesfalls Gegenstand des Sondereigentums sein können (§ 5 Abs. 2), ebensowenig Gebäudeteile, durch deren Veränderung die äußere

Gestaltung der Gebäude verändert würde (§ 5 Abs. 1). Der gegenteiligen Auffassung von OLG Köln NJW 62, 156 und OLG Frankfurt NJW 63, 814 = DNotZ 64, 300 kann nicht gefolgt werden; sie würde zu einer Trennung des Eigentums am Gebäude vom Eigentum an Grund und Boden führen, welche im Widerspruch zu grundsätzlichen Entscheidungen unseres Sachenrechts stehen würde und auch wirtschaftlich nicht sinnvoll wäre. Näheres vgl. Weitnauer DNotZ 62, 210 und Diester NJW 63, 814 sowie Rspr. S. 26ff.; ferner unten § 5 Rdn. 19. Auch diese Frage ist durch BGHZ 50, 56 in dem hier vertretenen Sinn geklärt; ebenso OLG Karlsruhe WEM 1978, 58; OLG Hamm NJW 1976, 1752.

g) Ob jedes Wohnungseigentum jeweils *nur einer Person* zusteht. Wohnungseigentum kann also auch einer Personengemeinschaft zur gesamten Hand oder mehreren nach Bruchteilen zustehen. Das letztere folgt aus der besonderen Ausgestaltung des Miteigentums (vgl. hierzu unten Rdn. 120; ferner § 25 Abs. 2 Satz 2). **73**

h) Ob das *Grundstück belastet ist.* Hier ist zu unterscheiden: **74**

aa) Ist das **Grundstück** mit einem **Grundpfandrecht** (Hypothek, Grundschuld) belastet, so verwandelt sich dieses ebenso, wie das bei der realen Teilung des Grundstücks oder bei der Abveräußerung von Miteigentumsanteilen der Fall ist (RGZ 146, 365; OLG München MDR 1972, 239), in **Gesamtgrundpfandrechte** (§§ 1132, 1172ff., 1192 BGB) an den entstehenden Wohnungseigentumsrechten; diese **Umwandlung** tritt ohne weiteres kraft Gesetzes ein und **bedarf nicht der Zustimmung der Grundpfandgläubiger.** Diese hier von Anfang an vertretene Auffassung ist nun so gut wie unbestritten und für die Praxis eindeutig maßgebend (BGHZ 49, 250; BayObLG 1957, 102; 1958, 273; BayObLG DNotZ 1974, 78; OLG Stuttgart NJW 1954, 682; OLG Frankfurt NJW 1959, 1977). Die die Ausbreitung des Wohnungseigentums empfindlich störende Gegenmeinung, die insbes. von Riedel (MDR 1952, 403, von Bärmann, Kommentar 1. Aufl S. 206, dann aufgegeben; vgl. Kommentar 6. Aufl. § 1 Rdn. 86ff.) und von Horber, GBO bis zur 19. Aufl.; aufgegeben bei Horber/Demharter, GBO, 20. Aufl., Anhang zu § 3 Rdn. 14) vertreten wurde, stützt sich darauf, daß die Umwandlung in Wohnungseigentum eine Inhaltsänderung i. S. der §§ 877, 876 BGB sei. Dieser Gesichtspunkt greift aber hier nicht durch (vgl. auch Weitnauer DNotZ 1960, 115; ebenso Ertl-KEHE, Einl. E 45; MünchKomm-Röll § 3 Rdn. 12) aus folgenden Gründen:

Die Aufteilung eines Grundstücks in Wohnungseigentumsrechte läßt das Haftungsobjekt als Ganzes unverändert (ein Gesichtspunkt, der in einem vergleichbaren Fall vom KG in JFG 14, 395 mit Recht als ausschlaggebend angesehen wurde). Sie kann, da sie nichts anderes als eine Kombination von realer (Sondereigentum) und ideeller Teilung ist, auch nicht anders behandelt werden als die in reale Teile oder in ideelle Bruchteile, wo unstreitig eine Zustimmung der Grundpfandgläubiger nicht erforderlich ist (Güthe-Triebel, 6. Aufl. S. 129; RG 146, 365). Der Gläubiger ist durch die Aufteilung nicht gehindert, auf Grund der Gesamtbelastung in alle WEigt.-Rechte, also der Sache nach in das ganze Grundstück, zu vollstrecken; der Ersteher kann die Aufteilung und alle damit verbundenen Vereinbarungen gemäß § 9 Abs. 1 Nr. 3 WEG zum Erlöschen bringen. Wenn Riedel a. a. O. in der hier vertretenen Meinung einen Widerspruch zu der unten Rdn. 75 vertretenen Ansicht zu sehen glaubt und meint, daß kein Unterschied zwischen der Belastung eines einzelnen Miteigentumsanteils und dem Fall der Belastung sämtlicher Miteigentumsanteile gemacht werden könne, so berücksichtigt er nicht genügend die rechtlichen Besonderheiten einer Gesamtbelastung. Die Auffassung, daß Gesamtbelastung und Einzelbelastung verschieden zu behandeln sind, liegt im übrigen erkennbar auch dem § 9 Abs. 2 WEG zugrunde. Auch ein **Erschließungsbeitrag** lastet im Falle der Teilung nach § 8 WEG in voller Höhe auf jedem Wohnungseigentum und ist als Gesamtbelastung in der Zwangsversteigerung in voller Höhe in das geringste Gebot aufzunehmen (LG Lüneburg Rpfleger 1976, 68).

75 bb) Ist dagegen ein **Miteigentumsanteil selbständig** mit einer Hypothek belastet, ein Fall, der wohl sehr selten sein wird, – Beispielsfall LG Wuppertal Rechtspfl. 1987, 366 – so bedeutet die Umwandlung des Miteigentumsanteils in Wohnungseigentum eine Inhaltsänderung im Sinne der §§ 877, 876 BGB; sie bedarf daher der Zustimmung des Hypothekengläubigers und desjenigen, dem etwa ein Recht an der Hypothek zusteht (vgl. § 9 Abs. 2; zweifelnd Bärmann-Pick-Merle § 1 Rdz. 83ff.; abw. unrichtig LG Wuppertal Rechtspfleger 1987, 366, wonach die Freigabe zu erklären sei; dem mit Recht widersprechend Meyer-Stolte a. a. O.).

76 cc) Zweifelhaft kann sein, wie die Frage dann zu beurteilen ist, wenn nicht das Grundstück als ganzes, sondern die *Miteigentumsanteile* als solche mit einer *Gesamthypothek* belastet sind. Auch in diesem Falle dürfte aber, da es dem Gläubiger wohl auf die Haftung des ganzen Objekts ankommen wird, das zu aa) Gesagte gelten (in diesem Sinne auch OLG Stuttgart NJW 54, 682; BayObLG 58, 273).

77 dd) Das zu aa) bis cc) Gesagte gilt auch für Belastungen mit *Grund- und Rentenschulden und Reallasten* (§§ 1192, 1200, 1106 BGB).

78 ee) **Andere Belastungen.** Ist **das Grundstück als ganzes** mit einer Dienstbarkeit (einschl. Nießbrauch) oder einem Vorkaufsrecht (Beispiel LG Köln Rpfleger 1987, 368) belastet, so werden diese Rechte weder durch die Aufteilung in Miteigentumsanteile noch durch die Umwandlung der Miteigentumsanteile in Wohnungseigentumsrechte berührt. Das wird auch von den Vertretern der Gegenmeinung in der Frage der Belastung mit Grundpfandrechten anerkannt (vgl. Riedel MDR 52, 403). Beispielsweise bedeutet das für ein dingl. Vorkaufsrecht für den ersten Verkaufsfall, daß im ersten Verkaufsfall jeder einzelnen nach § 3 WEG gebildeten Eigentumswohnung der Vorkaufsberechtigte das Vorkaufsrecht ausüben kann, so oft also bis das Grundstück insgesamt einmal verkauft ist. Gleiches gilt, wenn ein nach § 8 WEG geteiltes Grundstück als Ganzes mit einem solchen Vorkaufsrecht belastet war. OLG Hamm Rpfleger 1980, 468 für eine Dienstbarkeit i. S. § 1018, 3. Alt. – Bergschadensverzicht; ebenso BayObLGE 1957, 108 für ein Dauerwohnrecht. Wegen der Form der Eintragung solcher Belastungen vgl. § 7 Rdn. 40.

79 Ist der **Miteigentumsanteil selbständig** mit einem **Nießbrauch** (§ 1066 BGB) oder einem **Vorkaufsrecht** (§ 1095 BGB) belastet, so gilt das unter bb Gesagte entsprechend.

80 Besteht die Belastung in einer **Dienstbarkeit,** die auf einen in Sondereigentum zu überführenden Teil des Gebäudes beschränkt ist, z. B. in einem dinglichen Wohnungsrecht (§ 1093 BGB) oder einem Dauerwohnrecht, so bedarf die Umwandlung in Wohnungseigentum nicht der Zustimmung des Berechtigten; die Belastung besteht nur an dem Wohnungseigentumsrecht fort, dem die von der Dienstbarkeit betroffenen Räume zugehören, während die übrigen Wohnungseigentumsrechte von der Belastung frei werden; so zutr. auch BayObLG 57, 102 = NJW 57, 1840; diese Auffassung liegt erkennbar auch dem § 4 WGBV zugrunde. A. M. Riedel MDR 52, 403, der annimmt, daß die Dienstbarkeit stets das Grundstück als Ganzes belaste; sein Argument, daß anderenfalls die Dienstbarkeit durch Aufhebung des Sondereigentums zum Erlöschen gebracht werden könne, erscheint schon deshalb nicht überzeugend, weil diese Aufhebung ohne Zustimmung der Dienstbarkeitsberechtigten nicht möglich wäre (§§ 877, 876 BGB), dann aber auch deshalb, weil in Umkehrung des hier erörterten Vorgangs die Dienstbarkeit sich wieder auf das Grundstück zurückverlegen würde. Vom Standpunkt der hier vertretenen Auffassung ist bei Anlegung besonderer Grundbuchblätter dann also das Recht nur auf dem Blatt des betreffenden Wohnungseigentums einzutragen; an den anderen Wohnungseigentumsrechten erlischt es durch Nichtübertragung (§§ 1026, 1090 BGB, 46 Abs. 2 GBO; Güthe-Triebel Anm. 11 zu § 46).

ff) Die Einräumung von Sondereigentum und die darin liegende Verände- 81
rung des Gemeinschaftsverhältnisses bedeuten (ebenso wie Inhaltsänderungen im Sinne des § 10 Abs. 2; vgl. § 10 Rdn. 46) eine **Änderung des Inhalts, nicht eine Belastung der Miteigentumsanteile.** Anders als im Falle einer Regelung nach § 1010 BGB kann also die Frage nach einem Rangverhältnis zwischen der Vereinbarung über die Einräumung von Sondereigentum und den Belastungen des Grundstücks oder der Anteile nicht entstehen. Vielmehr ist die Wirksamkeit der Änderung allein **nach §§ 877, 876 BGB** zu beurteilen.

Gleichfalls **nach §§ 877, 876 BGB** zu beurteilen ist **die nachträgliche Än-** 82
derung des Gegenstandes oder des Inhalts des Sondereigentums (§ 5 Abs. 4 i. V. mit § 10 Abs. 2 WEG) und damit des Wohnungseigentums. Aus den dargelegten Gründen bedarf sie **der Zustimmung derjenigen,** denen ein (dingliches) **Recht an dem Wohnungseigentum zusteht,** soweit dieses Recht nur das jeweilige einzelne Wohnungseigentumsrecht belastet, nicht dagegen, sofern es sich um Globalbelastungen handelt, die alle Wohnungseigentumsrechte gleichmäßig belasten (im letzteren Punkt abw. Bärmann-Pick-Merle § 1 Rdz. 86, dem nicht gefolgt werden kann).

II. Das Wohnungseigentum als besonders ausgestaltetes Miteigentum

1. Das Wohnungseigentum ist, wie Vor § 1 Rdn. 28ff. ausführlich in Aus- 83
einandersetzung mit Rechtsprechung und Rechtslehre begründet, als **ein besonders ausgestaltetes Miteigentum nach Bruchteilen i. S. der §§ 1008ff. BGB an dem gemeinschaftlichen Grundstück und Gebäude** zu verstehen und zu erklären. Die entgegengesetzte These von Bärmann, wonach es als ein Mitgliedschaftsrecht in einem Personenverband sui generis aufzufassen ist, ist weder mit der Konstruktion noch mit der Entstehungsgeschichte des

WEG vereinbar. Die Rechtsprechung ist der hier vertretenen Auffassung gefolgt (näher Vor § 1 Rdn. 28). Daraus ergeben sich praktische Konsequenzen. Es gilt daher **§ 1009** BGB; das Grundstück als ganzes kann also insbesondere auch zugunsten eines Wohnungseigentümers belastet werden (unten Rdn. 108); möglich ist auch die Bestellung einer Grundschuld an sämtlichen WEigtRechten zugunsten sämtlicher Wohnungseigentümer als Gesamtberechtigten (BGH WM 1975, 135 = DB 1975, 399). Ebenso gilt **§ 1011.** Hiernach kann jeder Wohnungseigentümer die Ansprüche aus dem Eigentum Dritten gegenüber in Ansehung der ganzen Sache geltend machen, den Anspruch auf Herausgabe jedoch nur in Gemäßheit des § 432 BGB. Jedoch ist hier die neuere Rechtsprechung des BGH zu berücksichtigen, die dieses Recht durch Verneinung des Rechtschutzinteresses hemmt (Vor § 1 Rdn. 64ff.). Wegen des **§ 1010** vgl. die Ausführungen zu § 10 Rdn. 9. Für die Eintragung im Grundbuch gilt § 47 GBO, wonach der Anteil in einem Bruchteil angegeben werden muß. Als Miteigentum ist es **Eigentum i.S. des BGB,** und zwar **Grundstückseigentum,** unterliegt also allen Regeln für dieses, insbesondere für die Veräußerung (§§ 925, 925a BGB, vgl. unten Rdn. 95ff.); es ist „in seinem Wesen dem Sacheigentum gleichartig, also Eigentum und ein selbständiges Recht der gleichen Art wie das Recht als Ganzes" (so treffend BGHZ 36, 235, 238). Verträge, durch die sich der eine Teil **verpflichtet, Wohnungseigentum zu übertragen** oder zu erwerben, bedürfen nach **§ 313 BGB** der notariellen Beurkundung; das gilt ebenso für Verträge über bereits fertiggestellte Eigentumswohnungen, die Kaufverträge sind, wie auch für Verträge über noch zu errichtende oder fertigzustellende Eigentumswohnungen, die aus Kauf- und Werkvertrag kombinierte Verträge sind; näher hierzu Anh. zu § 8. Nach § 4 Abs. 3 WEG gilt für Verträge, durch die sich ein Teil verpflichtet, Sondereigentum einzuräumen, zu erwerben oder aufzuheben, § 313 entsprechend; das kommt insbes. bei den sog. Bauherrenmodellen in Betracht (dazu Anh. zu § 3).

Von Verfügungen über das Wohnungseigentum zu unterscheiden sind **Verfügungen über das gemeinschaftliche Grundstück;** dazu § 1 Rdn. 27.

84 Da Wohnungseigentum Miteigentum ist, kann – entgegen Wüst, Probleme der Gemeinschaftsteilung (Freiburg 1956), S. 12 – eine (Bruchteils- oder Gesamthands-)Gemeinschaft grundsätzlich nicht durch Aufteilung in WEigt. im Sinne des § 752 **„aufgehoben"** werden. So zutreffend OLG München JZ 53, 148; nicht überzeugend erscheint allerdings das in der Anmerkung hierzu von Raiser verwendete Argument, daß diese Art der Auseinandersetzung daran scheitere, daß ein Vertrag erforderlich sei; denn ein Vertrag – wenn auch sicherlich ein im Vergleich zu einem Wohnungseigentümervertrag wesentlich einfacherer Vertrag – ist auch bei der gewöhnlichen Realteilung nötig. Nicht bezweifelt soll natürlich werden, daß die Gemeinschafter sich gütlich auf eine Teilung durch Begründung von Wohnungseigentum einigen können. So wohl auch Kipp-Coing, Erbrecht, 12. Bearb., S. 510. Doch kann *unter besonderen Umständen,* so wenn einer der beteiligten Personen der Verlust der Lebensgrundlage droht, auf Grund des § 242 BGB eine Realteilung auch in Form der Aufteilung in Wohnungseigentum, gegebenenfalls unter Geldausgleich bei Wertverschiedenheit, verlangt werden (BGHZ 58, 146 = NJW 72, 818).

Von dem Miteigentumscharakter ist auch auszugehen bei Anwendung der Vorschriften des Gesetzes über **die Sicherung von Bauforderungen** (hierzu Meyer JZ 54, 140); namentlich muß das an der Baustelle nach § 4 des Gesetzes anzubringende Schild die Namen sämtlicher Wohnungseigentümer angeben, soweit das tunlich ist; u. U. genügt der Hinweis auf eine Bauherrengemeinschaft und die Angabe des Baubetreuers (vgl. Anh. zu § 3). **85**

Wie bei jedem Miteigentum ist das **Innenverhältnis** der Wohnungseigentümer **eine Gemeinschaft** i. S. der §§ 741 ff. BGB, wenn auch **eine in mancher Hinsicht besonders ausgestaltete;** ausführlich hierzu in Auseinandersetzung mit Lehre und Rechtsprechung Vor § 1 Rdn. 28 ff.; Weitnauer, FS Seuß, S. 295 ff. Das WEG geht hiervon als geradezu selbstverständlich aus, wie § 10 Abs. 1 Satz 1 mit seiner Verweisung auf die Vorschriften über die Gemeinschaft und § 11 Abs. 2 mit dem Ausschluß des (als anwendbar unterstellten) § 751 BGB zeigen. **86**

2. Das Wohnungseigentum ist wie jedes Eigentum **vererblich.** **87**

3. Für **Verfügungen über das Wohnungseigentum** gelten die für Miteigentumsanteile geltenden Vorschriften. **Gegenstand der Verfügung,** insbes. einer Veräußerung, ist der zum Wohnungseigentum ausgestaltete Miteigentumsanteil, wie er im Bestandsverzeichnis des Wohnungsgrundbuchs (§ 7 Rdn. 1 ff.) eingetragen ist, nicht etwa ein Mitgliedschaftsrecht; das ist auch eindeutig die Auffassung der Rechtsprechung (BayObLG 1984, 198; BGHZ 90, 174; BGH NJW 1986, 1811; BayObLG vom 3. 3. und 14. 3. 1985, DWEigt 1986, 29); zur Angabe des verkauften Wohnungseigentums in einem notariellen Kaufvertrag genügt deshalb die Angabe des betreffenden Wohnungsgrundbuches (BGH WE 1994, 209). **88**

a) Das Miteigentumsrecht ist als **Eigentum,** nicht als eine besondere Art der Beschränkung des Eigentums aufzufassen (BGHZ 36, 235; oben Rdn. 83) Rechtlich ist es nach den Vorschriften über das Eigentum zu behandeln, als Miteigentum wird es „wie Alleineigentum erworben und verloren" (Wolff-Raiser, Sachenrecht, § 88 I 5). Wenn über das Wohnungseigentum rechtlich verfügt wird, so ist also Gegenstand dieser Verfügung der Miteigentumsanteil an dem Grundstück; die Verfügung über diesen erstreckt sich kraft des § 6 des Gesetzes auch auf das zugehörige Sondereigentum. Die Zulässigkeit der Verfügung folgt aus § 747 Satz 1 BGB (vgl. § 10 Rdn. 6). Die Veräußerung hat kraft Gesetzes zur Folge, daß der Veräußerer **aufhört, Teilhaber der Wohnungseigentümergemeinschaft** zu sein, und der Erwerber Teilhaber wird; eine Verfügung über den Anteil an der Wohnungseigentümergemeinschaft ist weder möglich noch nötig (BayObLGE 1984, 198). Da der Erwerber mit dem Erwerb in die Verpflichtungen aus dem Gemeinschaftsverhältnis tritt, bringt die Schenkung von Wohnungseigentum – anders als die Schenkung eines Grundstücks – Verpflichtungen mit sich (insbes. aus § 16 Abs. 2 WEG), die zur Folge haben, daß die Schenkung nicht lediglich einen rechtlichen Vorteil i. S. des § 107 BGB bringt und der gesetzliche Vertreter, wenn er der Schenker ist, nicht gemäß § 181 BGB befugt ist, den Minderjährigen zu vertreten (so jedenfalls BGHZ 78, 28 = NJW 1981, 109). **89**

b) Auch für die **Aufgabe des Eigentums durch Verzicht** (§ 928 BGB – „Dereliktion") gilt für das Wohnungseigentum das gleiche wie für das Mitei- **90** gentum. Die Frage, ob Miteigentum aufgegeben werden kann, ist streitig und von der h. M. bejaht worden. Für die Praxis ist die Frage nun aber vom BGH im gegenteiligen Sinne entschieden (BGHZ 115, 1 = NJW 1991, 2488). Schon vor dem BGH hatte das BayObLG entschieden, daß Wohnungseigentum nicht durch Verzicht aufgegeben werden kann (NJW 1991, 196 = BayObLGE 1991, 90 = WE 1992, 83; in beiden Entscheidungen umfangreiche Literaturnachweise). Die abw. Meinung der Vorauflage wird aufgegeben; entscheidend muß sein, daß die Frage für das schlichte Miteigentum und für das Wohnungseigentum in demselben Sinne entschieden wird.

91 c) Ein Wohnungseigentum kann mit einem anderen Wohnungseigentum derselben Anlage **entsprechend § 890 Abs. 1 BGB i. V. m. § 5 GBO vereinigt oder einem solchen entsprechend § 890 Abs. 2 BGB i. V. m. § 6 GBO als Bestandteil zugeschrieben** werden (im Grundsatz unstr.; KG OLGE 1989, 345 = WE 1990, 22; OLG Hamburg NJW 1965, 1765 = RPfleger 1966, 79 m. Anm. Riedel). Der Unterschied zwischen Vereinigung und Zuschreibung besteht darin, daß bei ersterer aus den beiden Wohnungseigentumsrechten ein neues entsteht, also beide ihre Selbständigkeit verlieren, während bei der Zuschreibung nur das zugeschriebene Recht seine Selbständigkeit verliert. Auch hinsichtlich der bestehenden Belastungen bestehen Unterschiede: Bei der Vereinigung bleiben sie bestehen, für die Zukunft können die Rechte nicht mehr belastet werden. Bei der Zuschreibung dagegen erstrecken sich die Belastungen des Hauptrechts auf das zugeschriebene Wohnungseigentum, doch gehen dessen Belastungen, wenn sie Grundpfandrechte sind, den erstreckten Belastungen im Range vor (§ 1131 BGB). Vereinigung und Zuschreibung **setzen voraus**, daß die jeweils beiden Wohnungseigentumsrechte **demselben Eigentümer** gehören, und zwar, wenn Eigentümer eine Personenmehrheit ist, in derselben Gemeinschaftsform, ggf. mit denselben Quoten, ferner einen **Antrag** in grundbuchmäßiger Form (§ 29 GBO) und die Eintragung im Grundbuch, die abgelehnt werden kann, wenn Verwirrung zu besorgen ist; dies ist nicht schon deshalb der Fall, weil die Rechte unterschiedlich belastet sind (KG a. a. O.). Zur Besorgnis der Verwirrung bei der Bestandteilszuschreibung vgl. OLG Frankfurt OLGE 1993, 419. Zu beachten ist bei Vereinigung und Bestandteilszuschreibung, daß die Voraussetzungen hierfür durch das **Registerverfahrenbeschleunigungsgesetz** vom 20. 12. 1993 erschwert worden sind (§ 5 Abs. 2 GBO i. d. F. der Bek. v. 26. 5. 1994). Zur grundbuchmäßigen Darstellung vgl. KG a. a. O.; die Kritik hieran von Streuer RPfleger 1992, 181 ist nicht berechtigt.

92 **Ob § 890 BGB auch im Verhältnis von Grundstück und Wohnungseigentum gilt**, ist streitig (verneinend OLG Düsseldorf JMBBl NRW 1963, 189), nunmehr aber vom BayObLG (BayObLGE 1993, 297) mit ausführlicher Begründung und Darlegung des Meinungsstandes bejaht worden im Hinblick darauf, daß Wohnungseigentum Eigentum ist, die Miteigentumsanteile weitgehend verselbständigt sind und im Geschäfts- und Rechtsverkehr die Veräußerung und die Belastung von Eigentumswohnungen die gleiche Bedeutung erlangt haben wie die von Grundstücken. Die abw. Meinung der Vorauflage wird aufgegeben.

Strikt zu unterscheiden von den vorliegenden Fällen sind Flächenänderungen des gemeinschaftlichen Grundstücks; dazu § 1 Rdn. 27ff. 93

d) Ein Wohnungseigentum kann in entsprechender Anwendung, sei es des § 7 GBO, sei es des § 8 WEG, sofern die Abgeschlossenheit gewahrt ist, **in selbständige Wohnungseigentumsrechte geteilt** werden (BGHZ 49, 250; BGH NJW 1979, 870; BayObLGE 1977, 1; unten § 8 Rdn. 3). Erforderlich ist ein Antrag in grundbuchmäßiger Form und Eintragung im Grundbuch. Vorhandene Belastungen bleiben bestehen. Grundpfandrechte werden zu Gesamtrechten (RGZ 146, 365). Dienstbarkeiten erlöschen, soweit ihre Ausübung eines der Teilgrundstücke nicht berührt; ob das zutrifft, ist anhand von amtlichen Karten zu beurteilen (KEHE-Eickmann, GBO, § 7 Rdn. 20). 94

Zu c) und d):

Vereinigung, Bestandteilszuschreibung und Teilung lassen die Eigentumsverhältnisse unberührt. Zum Fall der Teilveräußerung vgl. unten Rdn. 98ff.

4. Im einzelnen ist folgendes auszuführen: 95

a) **Veräußerung**

Die Übertragung des Miteigentumsanteils und damit des Wohnungseigentums richtet sich nach **§ 925 BGB** und den ergänzenden Vorschriften, insb. § 20 BNotO. Es ist also erforderlich **Auflassung und Eintragung in das Grundbuch.** Die **Identität** eines Wohnungseigentums und damit die Wirksamkeit einer Auflassung wird nicht dadurch berührt, daß nach der Auflassung, aber vor Stellung des Eintragungsantrags das gemeinschaftliche Eigentum und die Gemeinschaftsordnung geändert werden (BayObLG Rpfleger 1984, 408). Teilt sich eine **BGB-Gesellschaft,** der mehrere Wohnungseigentumsrechte gehören, in der Weise auf, daß jedes Wohnungseigentum einer personengleichen BGB-Gesellschaft zugewiesen wird, so bedarf es der Auflassung und Eintragung, Grundbuchberichtigung reicht nicht aus (BayObLG NJW 1982, 109). Weiter gilt § 925a BGB, wonach die Erklärung einer Auflassung nur entgegengenommen werden soll, wenn die nach § 313 BGB erforderliche Urkunde über das Veräußerungsgeschäft vorgelegt oder gleichzeitig errichtet wird. Grundbuchlich gilt § 20 GBO. Einer baurechtlichen Genehmigung bedarf die Aufteilung in ideelle Miteigentumsanteile und damit die Begründung von Wohnungseigentum weder nach früherem Recht (§ 19 Abs. 5 Nr. 5 BBaugesetz) noch nach geltendem Recht (§ 19 Abs. 2 Baugesetzbuch) mit Ausnahme von dessen § 22 (dazu § 7 Rdn. 17; Horber-Demharter Anh. § 3 Rdn. 33). Doch kommen landesrechtliche Vorschriften in Betracht. Wohnungseigentum kann als Miteigentumsanteil Gegenstand eines **Vorkaufsrechts** sein (§ 1095 BGB), auch eines gesetzlichen. Die umstrittene Frage, ob das **Vorkaufsrecht der Gemeinden nach §§ 24ff. BBauG** auch Wohnungseigentum erfaßte, wurde auf Vorlagebeschluß des OLG Karlsruhe (OLGE 1983, 403) vom BGH bejaht (BGHZ 90, 174 = NJW 1984, 1617); zur Rückabwicklung im Falle der Ausübung dieses Vorkaufsrechts BGH DB 1986, 1563. Die Frage ist durch **§ 24 Abs. 2 des Baugesetzbuches** vom 8. 12. 1986 (BGBl. I S. 2253) mit Wirkung vom 1. 7. 1987 im gegenteiligen Sinne entschieden worden, was zu begrüßen ist (vgl. auch

Happenberg NJW 1987, 748). Wohnungseigentum ist Gegenstand des **Vorkaufsrechts des Mieters** nach § 2b WohnBindG i. d. F. v. 19. 8. 1994 – Fälle dieser Art BayObLG DWEigt 1985, 125 und BayObLG NJW 1992, 2774 – und nach § 570a BGB (eingefügt durch G. v. 21. 3. 1993, vgl. Anhang IV 3b). Der Erwerber tritt mit der Vollendung des Erwerbs in die Gemeinschaft mit allen Rechten und Pflichten ein (vgl. aber § 10 Abs. 2 WEG).

96 Für die **Übereignung des Zubehörs** (§ 1 Rdn. 17) gilt § 926 BGB: Im Zweifel ist anzunehmen, daß die rechtsgeschäftliche Veräußerung sich auf das Zubehör erstrecken soll; mit der Übereignung des Wohnungseigentums geht das Zubehör auf den Erwerber über, ohne daß es einer Übergabe bedarf (§ 926 Abs. 1 Satz 1), gutgläubiger Erwerb nach § 926 Abs. 2. Vgl. auch § 1 Rdn. 14. Für den Erwerb in der Zwangsversteigerung gilt § 90 Abs. 2 i. V. mit § 20 Abs. 2 ZVG. Wegen des Anteils am sonstigen „Verwaltungsvermögen" vgl. § 1 Rdn. 10ff.

97 Zum **Eintritt in bestehende Mietverhältnisse** vgl. Anhang zu § 13.

98 b) **Teilveräußerung und ähnliche Veränderungen**

99 aa) Ein Wohnungseigentum kann wie jeder Anteil an einer Bruchteilsgemeinschaft (§ 747 Satz 1 BGB) geteilt – **Unterteilung** – und in Teilen veräußert werden, Abgeschlossenheit vorausgesetzt (BGHZ 49, 250; BGH NJW 1979, 870; BayObLG 1977, 1). Einer förmlichen Teilung bedarf es zu diesem Zwecke nicht; das zu veräußernde Teilrecht wird von dem vorhandenen Wohnungsgrundbuchblatt „abgeschrieben" und auf ein neues übertragen, auf dem der Erwerber als neuer Eigentümer erscheint (dazu auch § 7 GBO und KEHE Eickmann GBO § 7 Rdn. 4); ein Beispiel hierfür bietet das Muster 1 zur WGBV (Anhang III 2). Analog der Teilung des Grundstücks (vorstehend Rdn. 74) wird im Falle der Teilung eines Wohnungseigentums ein darauf lastendes Grundpfandrecht zu einem Gesamtgrundpfandrecht, Dienstbarkeiten werden, soweit sie nicht erlöschen, übertragen (OLG Oldenburg MDR 1989, 263 = NJW-RR 1989, 273).

100 bb) Der Eigentümer mehrerer WEigt.-Rechte kann von diesen **Teile** – bestehend aus Miteigentum und Sondereigentum – **abtrennen und zu einem neuen Wohnungseigentum vereinigen**. Nach BayObLG 1976, 227 geschieht das in der Weise, daß der Eigentümer Teile seiner Miteigentumsanteile abtrennt, diese zu einem neuen Miteigentumsanteil vereinigt und mit diesem abgetrenntes Sondereigentum verbindet (so auch KEHE – Ertl/Albrecht E 55).

101 cc) Möglich ist die **Veränderung der Miteigentumsquoten ohne Veränderung des Sondereigentums** (BGH NJW 1976, 1976; BayObLGE 1958, 263; BayObLG DWEigt 1993, 167 = BayOblGE 1993, 166). Sofern nicht alle Wohnungseigentumsrechte in einer Hand vereinigt sind, sind hierzu entsprechende Rechtsänderungs- und Auflassungserklärungen aller Wohnungseigentümer und die Zustimmung dinglich Berechtigter an denWohnungseigentumsrechten, deren Miteigentumsanteil kleiner wird, ferner Pfandunterstellungen seitens der Wohnungseigentümer, deren Miteigentumsanteil sich vergrößert. Nicht erforderlich ist es, daß die Auflassungserklärungen erkennen lassen, welchem bestimmten WEigtRecht der von einem anderen WEigtRecht abgespaltene Miteigentumsanteil zugeschlagen

wird. Es genügt, daß der Verringerung von Miteigentumsanteilen auf der einen Seite eine Vermehrung auf der anderen entspricht und feststeht, in welchem Umfang sich der Miteigentumsanteil jedes einzelnen WEigtRechts verändert (BayObLG 1993, 167). Ein Anspruch auf eine solche Änderung kann einem Wohnungseigentümer gegen die anderen zustehen, wenn er durch eine unrichtige Bemessung der Quote und die darauf beruhende Verteilung der Lasten und Kosten (§ 16 Abs. 2 WEG) unbillig benachteiligt ist, und das Festhalten an diesem Schlüssel gegen Treu und Glauben verstoßen würde (vgl. dazu § 10 Rdn. 52). Ist eines der zu verändernden Wohnungseigentumsrechte mit **dem Recht eines Dritten** belastet, so ist dessen Zustimmung erforderlich, sofern die Belastung sich nicht wie im Falle einer Teilveräußerung ohne weiteres an dem veräußerten Recht fortsetzt (oben Rdn. 74, 75; §§ 877, 876 BGB).

dd) Möglich ist auch die **Veränderung des Gegenstandes des Sondereigentums ohne Veränderung der Miteigentumsquoten** (dazu § 6 Rdn. 3, BGH NJW 1986, 2759) sowie die Überführung eines im gemeinschaftlichen Eigentum stehenden Raumes in Sondereigentum (BayObLGE 1973, 267; dazu § 4 Rdn. 4) und umgekehrt. 102

Zu aa) bis dd):

Die vorstehenden Rechtsänderungen werden, solange sämtliche Wohnungseigentumsrechte in einer Hand vereinigt sind und auch kein durch Vormerkung gesicherter Anspruch entgegensteht, vollzogen aufgrund eines **Antrages des Eigentümers** durch Eintragung im Grundbuch. Soweit damit eine Rechtsänderung bewirkt wird, ist – wie im Falle cc) – die **Einigung** aller Beteiligten in der **Form der Auflassung** (§ 925 BGB, § 4 WEG) sowie die Eintragung im Grundbuch erforderlich. (BayObLGE 1958, 267; BayObLG DNotZ 1986, 237) 103

Die Veräußerung von Wohnungseigentum, das durch Teilung oder Vereinigung gebildet ist, bedarf **nicht der Zustimmung der anderen Wohnungseigentümer** (BGHZ 49, 250; BGH NJW 1979, 870; BayObLG 1968, 104; 1977, 1; unrichtig OLG Stuttgart BWNotZ 1980, 12); der Umstand, daß beim Kopfprinzip (§ 25 Abs. 2) oder beim Stimmrecht nach Einheiten die Stimmrechtsverhältnisse sich durch Vermehrung oder Verminderung der Stimmen (so der Fall BayObLG 1977, 1) verändern können, ist vom BGH mit Recht als unerheblich angesehen worden. Das Stimmenverhältnis ist nicht festgeschrieben, es kann sich insbes. auch dann ändern, wenn ein Wohnungseigentümer eine von mehreren ihm gehörenden Wohnungen veräußert oder zusätzlich eine Wohnung von einem Mitwohnungseigentümer erwirbt. Die entsprechende Anwendung des § 25 Abs. 2 S. 2 auf den Fall der Teilveräußerung ist entgegen Bärmann-Pick-Merle § 8 Rdn. 44 und Matthäi S. 18 weder geboten noch möglich (offengeblieben in BGHZ 73, 145; vgl. auch § 25 Rdn. 13), ebensowenig die von Röll (MünchKomm § 3 Rdn. 17) empfohlene Halbierung des Stimmrechts. Ist eines der zu verändernden Wohnungseigentumsrechte mit dem **Recht eines Dritten** belastet, so ist dessen Zustimmung erforderlich, sofern die Belastung sich nicht wie im Falle einer Teilveräußerung ohne weiteres an dem veräußerten Recht fortsetzt (oben Rdn. 74, 75; §§ 877, 876 BGB). Die **Hofeigenschaft** nach der in den 104

Ländern der ehemals britischen Besatzungszone geltenden Höfeordung vom 24. 6. 1947 mit bundesgesetzlichen Änderungen (dazu Baur, Sachenrecht, § 27 II 1) steht der Begründung von Wohnungseigentum nicht entgegen; erwirbt aber ein Dritter einen Miteigentumsanteil an dem Hofstellengrundstück, so führt das zum Verlust der Hofeigenschaft (OLG Oldenburg (Rpfleger 1993, 149).

105 ee) Wird bereits vorhandenes oder neu gebildetes Wohnungseigentum veräußert, so **tritt der Erwerber mit der Vollendung des Rechtserwerbs** (Auffassung und Eintragung im Grundbuch) **in die bestehende Wohnungseigentümergemeinschaft ein;** für **rückständige** Verpflichtungen des Veräußerers gegenüber der Gemeinschaft („Wohngeld", sonstige Kostenbeiträge, auch für Verpflichtungen seines Vorgängers gegenüber Dritten, § 10 Rdn. 61), **haftet er nicht,** die nun fällig werdenden treffen allein ihn, nicht auch seinen Rechtsvorgänger. Ausführlich hierzu Vor § 1 Rdn. 44; § 16 Rdn. 45ff.

106 ff) Wegen **Änderung des Inhalts des Sondereigentums** vgl. § 4 Rdn. 4; § 5 Rdn. 33; § 10 Rdn. 49ff.

Die vorstehend erörterten, den Bestand des Wohnungseigentums betreffenden Rechtsänderungen sind strikt zu unterscheiden von **Änderungen der Fläche** des realen Grundstücks; dazu § 1 Rdn. 27.

c) **Belastung**

107 aa) Das **Wohnungseigentum** als solches kann, da es ein Miteigentumsanteil an einem Grundstück ist, **selbständig mit einer Hypothek,** Grund oder Rentenschuld oder Reallast oder einem dinglichen **Vorkaufsrecht belastet** werden (§§ 1114, 1192, 1200, 1106, 1095 BGB); außerdem mit einem **Nießbrauch** (§ 1066 BGB). Das **Haftungsobjekt** der Grundpfandrechte bestimmt sich nach §§ 1120ff. BGB. Diese erstrecken sich also auf das Zubehör des Wohnungseigentums und auf den Miteigentumsanteil des Wohnungseigentümers an dem Zubehör des gemeinschaftlichen Eigentums (§ 1 Rdn. 14). Den weitergehenden Thesen von Schulze-Osterloh und Bärmann-Pick-Merle (dazu Vor § 1 Rdn. 43ff.; § 1 Rdn. 19ff. – „Verwaltungsvermögen") kann nicht gefolgt werden. Dem Antrag, die Belastung eines Wohnungseigentums mit einer Hypothek im Grundbuch einzutragen, kann nicht entsprochen werden, solange das **Wohnungsgrundbuch** nicht **angelegt** ist; der dem zu begründenden Wohnungseigentum zugrundeliegende Miteigentumsanteil kann also nicht auf Grund des Antrags belastet werden (so OLG Hamm OLGE 1983, 386 = Rpfleger 1983, 395); dem ist zuzustimmen, allerdings vorbehaltlich anderer Auslegung oder Umdeutung (§ 140 BGB). Zur Auflassungsvormerkung s. Anh. § 8 Rdn. 22.

108 bb) **Das Grundstück** kann auch **als Ganzes belastet** werden; so KG Rpfleger 1976, 180; BayObLG 74, 118; a. M. Bärmann-Pick-Merle § 1 Rdz. 60, dessen Argument, es fehle an einem gemeinschaftlichen Gegenstand, entgegenzuhalten ist, daß man das Grundstück als Ganzes sehr wohl als die Summe der Anteile am gemeinschaftlichen Eigentum und der Sondereigentumsrechte sehen kann. Eine solche Belastung stellt eine Verfügung über den gemeinschaftlichen Gegenstand im ganzen im Sinne des § 747 Satz 2 BGB dar; sie kann also nur von allen Wohnungseigentümern gemeinschaftlich vorgenommen werden, was nicht ausschließt, daß ein sämtliche Wohnungseigentümer nach § 10 Abs. 4 bindender Mehrheitsbeschluß ausreicht (Vor § 20 Rdn. 5). Von besonderer Bedeutung ist die **Belastung mit einer Hypothek** (entsprechendes gilt dann auch für Grund- und Rentenschulden sowie Reallasten). Eine solche Belastung des ganzen Grundstücks hat nach allgemein anerkannter Rechtsprechung des Reichsgerichts zur Folge, daß eine **Gesamthypothek** an den Wohnungseigentumsrechten entsteht (RGZ 146, 365), weshalb die Frage keine praktische Bedeutung hat. Für diese Gesamthypotheken gelten jedenfalls die Vorschriften der §§ 1132, 1143 Abs. 2, §§ 1172 bis 1176, 1181, 1182 BGB; zur Versteigerung in diesem Falle vgl. BGH DB 1986, 792. Gleiches gilt für die anderen Grundpfandrechte.

Die **Belastung des gemeinschaftlichen Grundstücks mit einer Dienstbarkeit,** z. B. einem Wasserleitungsrecht, ist unzweifelhaft möglich (dazu Röll Rpfleger 1978, 352); der Fall ist in § 4 WGBV vorgesehen und wird grundbuchtechnisch in der Weise gelöst, daß die Dienstbarkeit, falls nicht ein gemeinschaftliches Grundbuch besteht (vgl. § 7 WEG), in sämtlichen Wohnungsgrundbüchern in Abt. II eingetragen wird; die Bestellung einer das gemeinschaftliche Eigentum betreffenden Dienstbarkeit nur an einem einzelnen Wohnungseigentum ist nicht möglich (BayObLG Rpfleger 1981, 283; KG OLGE 1976, 257). Das gleiche gilt für eine Auflassungsvormerkung hinsichtlich eines Teilstücks des gemeinschaftlichen Grundstücks (BayObLG 74, 118). Vgl. auch unten Rdn. 115 und § 7 Rdn. 40. Eine **öffentlich-rechtliche Baulast** begründet weder zugunsten des Begünstigten (Wohnungseigentümers) einen unmittelbaren Anspruch noch eine unmittelbare Verpflichtung des Betroffenen zur Duldung (BGHZ 88, 97 = NJW 1984, 124). 109

Zu aa und bb: Beleihung des Wohnungseigentums

Wohnungseigentum ist auch unter wirtschaftlichen Gesichtspunkten ein taugliches Objekt für den **Realkredit,** also für die Beleihung und Belastung mit Grundpfandrechten. Das hat sich gegenüber anfänglichen Bedenken und Zweifeln inzwischen eindeutig und endgültig durchgesetzt; das BayObLG hat mit Recht bemerkt, daß „die Veräußerung und die Belastung von Eigentumswohnungen im Rechts- und Geschäftsverkehr die gleiche Bedeutung erlangt haben wie die Veräußerung und die Belastung von Grundstücken“ (BayOblG 1993, 297). Gleichwohl spielen auch heute noch im Zusammenhang mit der Errichtung von Eigentumswohnungen nach § 3 wie nach § 8 WEG **Globalbelastungen** des ganzen Grundstücks – oft in Millionenhöhe – zur Sicherung von Krediten aus der Vor- oder Zwischenfinanzierung des Bauvorhabens gegen den Bauträger oder Baubetreuer, die sich nach der Begründung der Wohnungseigentumsrechte an diesen als Gesamtpfandrechte, insbes. Gesamtgrundschulden fortsetzen, eine erhebliche Rolle. Im Falle des Erwerbs vom Bauträger (dazu Anhang zu § 8) verlangt schon **die MaBV** die **Freistellung** von solchen Belastungen (vgl. Anh. zu § 8 Rdn. 27), bei den Bauherrenmodellen (dazu Anh. zu § 3) ist die Freistellungsverpflichtung üblicher Inhalt der Vertragsgestaltung. Hierzu und zum folgenden vgl. auch Reithmann-Brych-Manhart Rdn. 209 ff. Zur kostenrechtlichen Behandlung der Löschung der Globalgrundschuld vgl. BayObLG DWEigt 1993, 168. 110

Der Schutz der Erwerber wird, wenn das Grundpfandrecht nicht verteilt 111 wird, weitgehend auch in der Weise erreicht, daß die Bank als Gläubigerin der Globalgrundschuld sich verpflichtet, die (künftigen) Wohnungseigentümer aus dieser jeweils nur in der Höhe in Anspruch zu nehmen, die dem Verhältnis ihres Anteils zur Gesamtbelastung entspricht. Diese Verpflichtung begründet für die Wohnungseigentümer eine Einrede (die Einrede der unzulässigen Rechtsausübung) gegenüber der Grundschuldgläubigerin, wenn diese weitergehende Rechte geltendmachen sollte; diese Einrede kann gem. §§ 767, 799, 800 ZPO im Falle der Unterwerfung unter die Zwangsvollstreckung der Gläubigerin entgegengesetzt werden, wenn sie ihr Recht überschreitet (so z. B. BGH DB 1976, 1619). Dies gilt im Falle der Abtretung der Grundschuld auch gegenüber dem neuen Gläubiger, gegenüber einem gutgläubigen Erwerber allerdings nur, wenn die Einrede im Grundbuch eingetragen ist (§ 1157 BGB). Es empfiehlt sich, in bezug auf Zahlungen, welche die Erwerber an die Bauträger bzw. Baubetreuer zu leisten haben, Vereinbarungen zu treffen, die eine **zweckwidrige Verwendung der Gelder verhindern,** etwa des Inhalts, daß die Bezahlung des Kaufpreisanteils für Grund und Boden an die Globalgläubigerin unmittelbar zu erfolgen hat mit der Maßgabe, daß diese über den Betrag nur verfügen darf, wenn sie dem Grundbuchamt die Freigabeerklärung für das in Frage stehende Wohnungseigentumsrecht übersandt und die Löschung bewilligt und beantragt hat. Zu einer weniger vorsichtig formulierten Freigabeverpflichtung vgl. BGH NJW 1976, 2213. Vgl. auch Anhang zu § 8 Rdn 27.

112 Für den ordnungsmäßigen Schutz der Erwerber zu sorgen ist **Amtspflicht der Notare,** deren schuldhafte Verletzung durch unzulängliche Vertragsgestaltung oder Belehrung der Parteien die Amtshaftung auslöst (BGH DB 1976, 624; 1976, 817). Zur Auslegung von Freistellungserklärungen vgl. BGH DB 1976, 1761 = NJW 1976, 2340; zur Wirkung von Zahlungen an den Bauträger bzw. Baubetreuer BGH NJW 1976, 2132.

113 Entgegen BayObLG 73, 142 = DNotZ 1974, 78 und Bärmann-Pick-Merle (§ 16 Rdz. 40) kann aus der Wohnungseigentümergemeinschaft **nicht die Pflicht** abgeleitet werden, im Falle der Zahlungsunfähigkeit des Bauträgers oder Baubetreuers, wenn die Gläubigerin die Wohnungseigentümer aus der Globalgrundschuld in Anspruch nimmt, die Gefahr der Zwangsvollstreckung aus dieser gemeinsam zu tragen und durch ausgleichspflichtige Leistungen i. S. des § 16 WEG gemeinsam abzuwenden; eine derartige, weit über die allenfalls in Betracht kommende Ausgleichspflicht aus einer Gesamtgrundschuld hinausgehende persönliche, **bürgenähnliche Verpflichtung der Wohnungseigentümer** ist **zu verneinen** (so ausführlich Weitnauer DNotZ 1974, 78, 82).

114 Die Beleihung eines im Wohnungseigentum stehenden Bauobjekts bedeutet **für den Kreditgeber eine besondere Lage**; man kann deshalb nicht davon ausgehen, daß eine Kreditzusage für den beabsichtigten Bau eines Mietwohnhauses ohne weiteres auch dann fortbesteht, wenn die Bauherren sich nachträglich zur Aufteilung des Hauses in Wohnungseigentumsrechte entschließen. Der Hypothekengeber begeht also weder eine arglistige Täuschung durch Verschweigen noch eine Vertragsverletzung, wenn er in einem solchen Falle seine Hypothekenzusage nicht aufrecht erhält; falls im Kreditvertrag so vereinbart, müssen die Bauherren dann trotz des Scheiterns der

Beleihung die zugesagte Bearbeitungsgebühr bezahlen (so LG Braunschweig VersR 68, 586).

5. Besonderheiten

a) Ein gewöhnlicher ideeller Miteigentumsanteil kann jedenfalls grundsätzlich – möglicherweise vorbehaltlich einer Ausnahme für die 3. Alt. des § 1018 BGB – (Bergschadensverzicht, s. unten) – mit einer Dienstbarkeit – sei es einer beschränkten persönlichen oder einer Grunddienstbarkeit nicht belastet werden; dies folgt aus der Natur dieser Rechte und ist unstreitig (vgl. Güthe-Triebel Bem. 6 zu § 7 GBO; MünchKomm-Falckenberg § 1018 Rdn. 21). **115**

aa) Das **Wohnungseigentum,** das in gewissem Umfang eine reale Teilung des Gebäudes darstellt, kann dagegen – anders als der ideelle Miteigentumsanteil – **die Grundlage für die Ausübung einer Dienstbarkeit** bieten, deren Ausübung sich auf das Sondereigentum bezieht (BayObLG 74, 396; 76, 218; auch BGHZ 62, 388), so z. B. einer Dienstbarkeit des Inhalts, daß ein Fenster geschlossen zu halten ist (BGHZ 107, 289 = NJW 1989, 2901 = WE 1990, 22), oder des Inhaltes, daß ein Stellplatz benutzt werden darf (BayObLG 1987, 359 = WE 1988, 100) oder eines dinglichen Wohnungsrechts nach § 1093 BGB) oder einer sog. „Fremdenverkehrsdienstbarkeit", d. h. einer Dienstbarkeit des Inhalts, daß der Eigentümer die Wohnung nicht länger als eine bestimmte Zeit im Jahr selbst bewohnen darf (BayObLG 1985, 193 = NJW 1985, 2485); zum „Time-Sharing" vgl. unten Rdn. 123. Insoweit ist also die Belastung des Wohnungseigentums mit einer Dienstbarkeit für zulässig zu halten. Auch die Belastung mit einem Dauerwohnrecht ist zulässig (BGH Rpfleger 1979, 58). Das im § 25 Abs. 3 des saarländischen WEG enthaltene ausdrückliche Verbot der Belastung mit einem Dauerwohnrecht ist mit Außerkrafttreten dieses Gesetzes hinfällig geworden (vgl. dazu Vor § 1 Rdn. 14). Wegen der Form der Eintragung von Dienstbarkeiten vgl. Rdn. 40 zu § 7. Positives Tun kann hier so wenig wie sonst (§ 1018 BGB) Inhalt einer Dienstbarkeit, insbes. einer Grunddienstbarkeit sein (so BayObLG 76, 218 – Verbot des Bezugs von Wärme außer von einem bestimmten Lieferanten; BayObLG 79, 444 – Verpflichtung, die Wohnung der Gemeinschaft als Hausmeisterwohnung unentgeltlich zu überlassen). Wohnungseigentum kann mit einer Dienstbarkeit i. S. des § 1018, 3. Alt., belastet werden, wenn sie auf den Ausschluß einer gesetzlichen Geldforderung gerichtet ist – **Bergschadensverzicht;** hier kommt es nicht darauf an, daß das Sondereigentum nicht betroffen ist (OLG Hamm OLGE 1981, 53; zum Bergschadensverzicht auch OLG Hamm OLGE 1989, 160 = WE 1990, 56). Wird ein mit einem Bergschadensverzicht belastetes Grundstück in Wohnungseigentum aufgeteilt, so entstehen Dienstbarkeiten an jedem Wohnungseigentum (OLG Hamm Rpfleger 1980, 468). **Allein das Sondereigentum** kann nicht mit einer Dienstbarkeit belastet werden (§ 6 Abs. 1 WEG, mglw. a. M. OLG Zweibrücken DWEigt 1993, 84). Ein **Sondernutzungsrecht** eines Wohnungseigentümers am gemeinsch. Eigentum kann nicht Gegenstand einer Dienstbarkeit am Wohnungseigentum sein (OLG Düsseldorf OLGE 1986, 413; BayObLGE 1974, 396; BayObLG WE 1991, 79). Vgl. auch oben Rdn. 80, 109, ferner § 7 Rdn. 40 und § 9 Rdn. 6. **116**

bb) Die Frage, ob ein Wohnungseigentum **herrschendes Grundstück** im **117**

Sinne des § 1018 BGB für eine Grunddienstbarkeit sein kann, ist in gleicher Weise zu bejahen. Für den gewöhnlichen Miteigentumsanteil ist die Frage bestritten; vgl. hierzu Bärmann DNotZ 50, 267 mit weiteren Nachweisungen. Für das Wohnungseigentum ist dies nun aber unstreitig (so auch BGHZ 107, 289 = WE 1990, 22; OLG Hamm Rpfleger 1980, 469; BayObLG DWEigt 1984, 30); eine Grunddienstbarkeit kann bei dem „herrschenden" Wohnungseigentum nach § 9 GBO vermerkt werden. Die Dienstbarkeit kann nach der herrschenden Meinung, welche die Bestellung von Dienstbarkeiten in einer dem § 428 BGB entsprechenden *Gesamtberechtigung* für zulässig hält (so insbes. BGHZ 46, 253; kritisch dazu Weitnauer DNotZ 68, 706), als einheitliche Grunddienstbarkeit in Gesamtberechtigung zugunsten der jeweiligen Wohnungseigentümer als Miteigentümer des herrschenden Grundstücks bestellt werden (so folgerichtig LG Essen Rechtspfleger 72, 367; fraglich bleibt trotzdem, ob es sich nicht um eine Mehrzahl von sich gegenseitig beschränkenden selbständigen Rechten handelt, die Figur der Gesamtgläubigerschaft paßt hier nicht). Ebenso ist es möglich, eine dingliche Apotheken- oder ähnliche *reale Gewerbeberechtigung*, die mit einem Grundstück verbunden sein muß und auf ein anderes Grundstück übertragen werden kann, auf ein Teileigentum zu übertragen. Entscheidend hierfür ist, daß das WEigt. (Teileigentum) seiner Natur nach geeignet ist, die reale Grundlage abzugeben, auf der die Dienstbarkeit oder die Gewerbeberechtigung ausgeübt werden kann. Wird das **herrschende Grundstück in Wohnungseigentum aufgeteilt,** so besteht die Dienstbarkeit entsprechend § 1025 BGB für die einzelnen Wohnungseigentumsrechte fort; die Dienstbarkeit kann nicht wegen des einem einzelnen Wohnungseigentümer zustehenden Rechts gelöscht werden (BayObLG Rpfleger 1983, 434).

118 cc) Eine zum gemeinschaftlichen Eigentum gehörende Grund- oder Gebäudefläche kann nicht nur zugunsten eines beliebigen Dritten (dazu oben Rdn. 109), sondern **auch zugunsten eines Wohnungseigentümers belastet** werden (§ 1009 BGB; BGHZ 62, 388 – Recht zur Benutzung einer bestimmten Grundfläche als Stellplatz). Dazu ist die Mitwirkung sämtlicher Wohnungseigentümer erforderlich sowie Eintragung im Grundbuch gem. § 4 WGBV; lediglich ein einzelnes Wohnungseigentum kann nicht mit einer Dienstbarkeit belastet werden, die sich auf das gemeinschaftliche Eigentum bezieht (BayObLG 74, 396; BayObLG Rpfleger 1979, 425; 1981, 283; KG Rpfleger 1976, 180). Daher ist, wenn bei der Zwangsversteigerung eines Wohnungseigentums versehentlich das Bestehenbleiben einer Dienstbarkeit am Gesamtgrundstück nicht in die Versteigerungsbedingungen aufgenommen ist und die Dienstbarkeit an dem versteigerten Wohnungseigentum erlischt, die Eintragung auf den übrigen Wohnungsgrundbüchern als unzulässig zu löschen (OLG Frankfurt Rpfleger 1979, 149). Gegenstand einer das gemeinsame Eigentum belastenden Dienstbarkeit zugunsten eines Wohnungseigentümers kann auch sein, daß ein Wohnungseigentümer i. S. des **§ 1018 BGB, 3. Alternative,** sein Recht zum Mitgebrauch einer bestimmten abgegrenzten Teilfläche des gemeinschaftlichen Grundstücks, z. B. der an einer Wohnung vorgelagerten Gartenfläche, nicht ausüben darf (so zutr. OLG Hamm v. 7. 10. 1980). Der Umstand, daß der gleiche rechtliche Erfolg auch über eine Gebrauchsregelung nach § 15 WEG („Sondernutzungsrecht") erreicht werden könnte, steht nicht entgegen. Ebenso wie schlichte Miteigentümer nach Bruchteilen können auch Wohnungseigentümer an ihren Rechten eine **Grundschuld** für sich als Gesamtberechtigte nach § 428 BGB bestellen; eine solche Grundschuld ist dann teilweise Eigentümer-, teilweise Fremdgrundschuld (BGH WM 1975, 135).

dd) Möglich ist auch die **Belastung eines Wohnungseigentums mit einer Dienstbarkeit** zugunsten des gemeinschaftlichen als des herrschenden Grundstücks (vgl. auch § 7 Rdn. 40) oder zugunsten des Eigentümers oder des jeweiligen Eigentümers (Grunddienstbarkeit) eines anderen Wohnungseigentums derselben Anlage (BayObLG ITelex 1985/13/77) oder zugunsten der jeweiligen Eigentümer der übrigen Wohnungseigentumsrechte; letzteres kann z. B. sinnvoll sein, wenn eine Wohnung auf Dauer als Hausmeisterwohnung bestimmt werden soll, ohne daß sie in gemeinschaftliches Eigentum überführt wird. **119**

b) Daß ein ideeller Miteigentumsanteil mehreren in gesamthänderischer Berechtigung – als Miterben, als Gesellschaftern (BGH NJW 1982, 170; bayObLG 1990, 260 = WE 1991, 368) oder in Gütergemeinschaft (BGH NJW 1982, 1097) – zustehen kann, ist unbestritten. Wird aber ein gewöhnlicher ideeller Miteigentumsanteil an einem Grundstück **auf mehrere zu Bruchteilen übertragen,** so entsteht nach einer freilich nicht unbestrittenen Ansicht nicht eine besondere Bruchteilsgemeinschaft (d. h. also nicht eine „Unterbeteiligung“) in Ansehung des übertragenen Miteigentumsanteils; vielmehr treten die Erwerber mit den entsprechenden Anteilen am Grundstück in die das ganze Grundstück betreffende Bruchteilsgemeinschaft ein (KGJ 51, 198); nach allgemeinem Recht können also z. B. A und B nicht Miteigentümer je zur Hälfte eines 1/3-Anteils sein, vielmehr sind sie Miteigentümer zu je 1/6. **120**

Anders ist diese Frage **beim Wohnungseigentum** zu beurteilen: Hier entsteht, wenn es auf mehrere zu Bruchteilen übertragen wird, z. B. auf Ehegatten als Mitberechtigte je zur Hälfte, wie das üblich geworden und in dem der WGBV als Anlage 1 beigegebenen Muster eines Grundbuchblatts vorgesehen ist, **eine besondere Gemeinschaft** in Ansehung des durch den Miteigentumsanteil und das damit verbundene Sondereigentum gebildeten Wohnungseigentums. Das gleiche gilt für den Fall, daß zwei Wohnungseigentümern das **gemeinschaftliche Sondernutzungsrecht** an einem Weg zu den beiden Eigentumswohnungen zusteht (BayObLG WE 1994, 17). Dementsprechend hat auch die Eintragung im Grundbuch zu erfolgen. Diese besondere Gemeinschaft ist dann nicht eine solche im Sinne des Wohnungseigentumsgesetzes, sondern **eine gewöhnliche Gemeinschaft** im Sinne der §§ 741 ff. BGB, für **die § 11 WEG nicht gilt** (BayObLG DNotZ 1982, 250), also das Zugriffsrecht eines Gläubigers nach § 751 BGB nicht ausgeschlossen werden kann und ein Aufhebungsverlangen des Gläubigers in Betracht kommt (dazu BGH DB 1984, 2690). Die Zulässigkeit einer solchen Mitberechtigung nach Bruchteilen steht jetzt außer Zweifel (BGH NJW 1982, 1753; BayObLG WE 1992, 198 = DWEigt 1991, 163; BayObLG WE 1992, 138 = DWEigt 1990, 113). BayObLG WE 1988, 98 = NJW 1988, 271); Auseinandersetzung mit früheren Gegenmeinungen bei Weitnauer DNotZ **121**

1960, 115. Vgl. auch OLG Neustadt DNotZ 1960, 149 = NJW 1960, 295 mit zustimmender Anm. Bärmann; BayObLG 58, 263 = NJW 1958, 2116; OLG Stuttgart NJW 1969, 1176 und LG München Rpfl 1969, 431; Riedel JZ 1951, 625. Eine Verwaltungs- und Benutzungsregelung kann von den Mitberechtigten **nur nach § 1010 BGB,** nicht nach §§ 15, 21 WEG getroffen werden (so zutr. BayObLG 74, 466 – Doppelstockgarage, vgl. § 5 Rdn. 29; abw. Ertl, Rpfleger 1979, 81; OLG Stuttgart BWNotZ 1979, 91; wie hier BayObLG DNotZ 1982, 50; AG München DWEigt 1984, 29; ferner BayObLGE Rpfleger 1980, 478: Eintragung im Wohnungsgrundbuch möglich. Streitigkeiten sind nicht im Verfahren nach §§ 43ff. WEG, sondern im Zivilprozeß auszutragen. Sind Ehegatten Mitberechtigte und zieht wegen Trennung einer aus, so kann er eine Neuregelung der Verwaltung und Benutzung verlangen (BGH NJW 1982, 1753). Vgl. auch § 15 Rdn. 39. Die Begründung von „Mitsondereigentum" an Räumen und „dinglich verselbständigter Untergemeinschaften" ist unzulässig; vgl. dazu oben Rdn. 32ff.

122 Steht das WEigt mehreren nach Bruchteilen zu, so haften die Mitberechtigten den übrigen WEigentümern für die Lasten und Kosten i. S. des § 16 Abs. 2 als Gesamtschuldner; das folgt aus § 427 BGB: Es handelt sich um gleichgründige Gesamtschulden, weil die Mitberechtigten bewußt und gewollt gemeinschaftlich in die Gemeinschaft der Wohnungseigentümer und damit auch in die damit verbundenen Verpflichtungen eintreten (so im Ergebnis zutreffend OLG Stuttgart NJW 1969, 1176).

123 c) **„Time-Sharing".** In jüngerer Zeit hat sich auch in der Bundesrepublik mit Bezug auf Wohnungen, inbes. Ferienwohnungen, in der Rechtsform des Wohnungseigentums das Bedürfnis herausgestellt, solche Wohnungen verschiedenen Benutzern nacheinander im Laufe eines Jahres zugänglich zu machen. Dies läßt sich, wenn sich die Interessenten nicht mit der Rolle eines Mieters zufrieden geben wollen (zur Vermietung vgl. Anhang zu § 13), nur in der Weise erreichen, daß die Interessenten Miteigentum – eine Mitberechtigung nach Bruchteilen – an dem Wohnungseigentum erwerben und untereinander durch eine **Verwaltungs- und Benutzungsregelung** i. S. des § 1010 BGB das Benutzungsrecht der einzelnen Teilhaber festlegen. Eine solche Regelung leidet allerdings an dem Mangel, daß das Aufhebungsrecht nach § 751 BGB und § 16 Abs. 2 KO nicht ausgeschlossen werden kann. Vgl. im übrigen B. Schober DB 1985, 1513ff., Internationales Time-Sharing an Wohnungen. Ein befristetes Wohnungseigentum – „auf Zeit" – kann es im Hinblick auf § 925 Abs. 2 BGB und § 4 Abs. 2 Satz 2 WEG nicht geben. Vgl. auch Vor § 31 Rdn. 11.

III. Zwangsvollstreckungsfragen

124 **1.** Da das Wohnungseigentum ein besonders ausgestalteter Miteigentumsanteil an einem Grundstück ist, erfolgt die Zwangsvollstreckung in das Wohnungseigentum nach **den für unbewegliche Sachen geltenden Vorschriften** der §§ 864ff. ZPO (§ 864 Abs. 2 ZPO), also durch Zwangsversteigerung, Zwangsverwaltung oder Eintragung einer Sicherungshypothek. Besonderheiten ergeben sich insoweit nicht.

Die Befriedigung wird dem Gläubiger **bei der Zwangsversteigerung** durch den Zugriff auf die Substanz, bei der Zwangsverwaltung durch den Zugriff auf die Nutzungen des Grundstücks verschafft. Demgemäß ergreift die Zwangsversteigerung nach §§ 20, 21 ZVG außer dem Grundstück land- und forstwirtschaftliche Erzeugnisse des Grundstücks sowie die Forderung aus einer Versicherung solcher Erzeugnisse nur, soweit die Erzeugnisse noch mit dem Boden verbunden oder soweit sie Zubehör des Grundstücks sind. Andere Erzeugnisse sowie Miet- und Pachtzinsforderungen sowie Ansprüche aus einem mit dem Eigentum an dem Grundstück verbundenen Recht auf wiederkehrende Leistungen werden dagegen nach § 148 ZVG von der **Zwangsverwaltung** erfaßt. Insgesamt entspricht der Gegenstand der Zwangsvollstreckung dem **Hypothekenverband.** Hierzu ist auf § 1 Rdn. 12 zu verweisen. Gegenüber Versuchen, an dieser Rechtslage etwas durch Ausweitung des gemeinschaftlichen Eigentums auf „gemeinschaftliche Gelder" oder des „Verwaltungsvermögens" zu ändern, ist wegen der unabsehbaren Konsequenzen für die Zwangsvollstreckung zu größter Vorsicht zu raten (vgl. Vor § 1 Rdn. 34, 44ff.; § 1 Rdn. 19). Wegen der Folgen der Beschlagnahme nach § 20 ZVG für das Stimmrecht vgl. § 25 Rdn. 10. 125

Die mit der Anordnung der Zwangsversteigerung verbundene **Beschlagnahme** (§ 20 ZVG) steht der Aufteilung des Grundstücks in Wohnungseigentum nicht entgegen, diese bedarf nicht der Zustimmung der betreibenden Gläubiger (OLG Frankfurt I Telex 1987/24/145). Wird das Wohnungseigentum im Wege der **Zwangsversteigerung** versteigert, so tritt der **Ersteher** mit dem Zuschlag (vorbehaltlich dessen Aufhebung, § 90 Abs. 1 ZVG) durch den Erwerb des Wohnungseigentums in die Wohnungseigentümergemeinschaft ein. Für **Rückstände an Beitragsleistungen** des bisherigen Wohnungseigentümers („Wohngeldrückstände", § 16 Abs. 2 WEG) haftet er von Gesetz wegen so wenig wie der rechtsgeschäftliche Erwerber; vgl. dazu Vor § 1 Rdn. 44; § 16 Rdn. 45. 126

Bei der **Zwangsverwaltung** ist § 149 ZVG zu beachten; wohnt der Wohnungseigentümer zur Zeit der Beschlagnahme auf dem Grundstück, so sind ihm also die für seinen Hausstand unentbehrlichen Räume zu belassen. Die Lage für den Gläubiger ist die gleiche wie bei einem vom Schuldner bewohnten Einfamilienhaus; die Zwangsverwaltung wird daher im Falle der Eigennutzung in der Regel wenig Aussicht auf Erfolg bieten. Aus den Erträgen der Zwangsverwaltung sind nach § 155 Abs. 1 ZPO vorweg die „Ausgaben der Verwaltung" also insbs. die laufenden Hausgeldverpflichtungen, nicht rückständige, zu bestreiten (LG Darmstadt Rpfleger 1977, 332; AG Dorsten NJW 1977, 1246; MünchKomm-Röll § 16 Rdn. 32; Steiger Rpfleger 1985, 474). Der Zwangsverwalter soll nach KG DWEigt 1987, 30 nicht schlechthin alle Rechte des Wohnungseigentümers ausüben können, z. B. nicht ein von diesem in einer Beschlußanfechtung eingelegtes Rechtsmittel zurücknehmen (mindestens sehr zweifelhaft; vgl. § 25 Rdn. 12). **Sicherungszwangshypotheken** können, wenn es sich um eine Gesamtschuld der Wohnungseigentümer handelt, auch als Gesamthypotheken an allen Wohnungseigentumsrechten eingetragen werden (trotz § 867 Abs. 2 ZPO; Baumbach-Lauterbach § 867 Anm. 3B). 127

128 **2.** Nicht unzweifelhaft ist die Frage, ob außer der soeben dargestellten Art der Vollstreckung in dem sachenrechtlichen Miteigentumsanteil am Grundstück noch ein vollstreckungsrechtlicher Zugriff auf den Anteil des Miteigentümers an der schuldrechtlichen Gemeinschaft (Pfändung nach § 857 ZPO) in Betracht kommt, also den Anspruch auf den anteiligen Erlös, der nach Aufhebung der Gemeinschaft und Berichtigung der Verbindlichkeiten verbleibt. § 751 Satz 2 BGB (dazu § 11 Rdn. 3 WEG) und Art. 131 EGBGB (dazu Vor § 1 Rdn. 5) setzen eine solche Möglichkeit voraus. Die Frage ist im Grundsatz zu bejahen. Zu bedenken ist aber, daß ein solcher Anspruch nur nach Aufhebung der Gemeinschaft bestehen kann. Der Anspruch auf Aufhebung ist aber für die Wohnungseigentümergemeinschaft grundsätzlich ausgeschlossen (§ 11 WEG). Damit entfällt für den Regelfall die Möglichkeit einer Pfändung des Anteils an der Gemeinschaft. Ein solcher Anspruch kommt nur in Betracht in dem Ausnahmefall des § 11 Abs. 1 Satz 3 WEG sowie dann, wenn die Wohnungseigentümer sich auf die Aufhebung der Gemeinschaft einigen. Vgl. im übrigen zum Vorstehenden Stein-Jonas ZPO § 864 Rdn. 14ff. und zur Abwicklung im Falle der Aufhebung BGHZ 90, 194 = NJW 1984, 2526. Wegen des Anspruchs auf den Reinertrag vgl. § 16 Rdn. 6; wegen des Anteils an gemeinschaftlichen Geldern vgl. § 1 Rdn. 20, 22. Wegen weiterer Fragen der Zwangsvollstreckung vgl. die Erl. zu § 45 Abs. 3.

IV. Gebührenrechtliches

129 Die hier in Frage stehenden **Geschäfte**, insbes. Einigungserklärungen, und Beurkundungen, sind Angelegenheiten der freiwilligen Gerichtsbarkeit, unterfallen also, was die Kosten anlangt, der Kostenordnung (KostO v. 26. 7. 1957 i. d. F. des Ges. v. 28. 12. 1968 BGBl. I S. 1458). Im folgenden werden einige kurze Hinweise gegeben. Im übrigen ist auf die Kommentare zur KostO zu verweisen.

1. Geschäftswert

130 Die Höhe der Gebühren hängt ab vom Geschäftswert (§§ 18ff. KostO). Dieser bestimmt sich bei der **Begründung von Wohnungseigentum** nach § 3 WEG gemäß § 21 Abs. 2 KostO; maßgeblich ist der halbe Grundstückswert (Verkehrswert); nur wenn und soweit dieser nicht ermittelt werden kann, wird auf den 1, 4-fachen steuerlichen Einheitswert zurückgegriffen, der, wenn er noch nicht festgesetzt ist, vorläufig zu schätzen ist. Dabei ist der Wert des Grundstücks nach der Bebauung zugrundezulegen (so OLG Frankfurt Rpfleger 1955, 289). § 20 Abs. 1 Satz 2 KostO ist hier nicht anwendbar, weil es sich im Falle des § 3 WEG nicht um ein Kaufgeschäft handelt. Mit der Einräumung des Sondereigentums verbundene Vereinbarungen über das Verhältnis der Wohnungseigentümer untereinander, die zum Inhalt des Sondereigentums gemacht werden sollen, werden nicht besonders in Ansatz gebracht (§ 18 Abs. 1 KostO). Dagegen liegt ein eigenes Geschäft mit besonderem Geschäftswert vor, wenn gleichzeitig der Erwerb des Grundstücks oder eines Miteigentumsanteils hieran beurkundet wird; insoweit wird aller-

dings der Wert des unbebauten Grundstücks zugrundegelegt. Zum Geschäftswert beim Bauherrenmodell BayObLG DWEigt 1984, 125. Im Falle des **Verkaufs eines bereits bestehenden Wohnungseigentums** bestimmt sich der Geschäftswert nach § 20 KostO.

2. Gebühren

Maßgeblich sind §§ 36ff. KostO. Für Verträge wird grundsätzlich die doppelte Gebühr erhoben, doch wird für die Beurkundung der Einigung über die Einräumung oder Aufhebung von Sondereigentum nach § 38 Abs. 2 Nr. 6b nur die Hälfte der vollen Gebühr, nach § 38 Abs. 1 KostO (i. d. F. des Ges. v. 30. 5. 1973, Anh. III 6) für die Beurkundung des Hauptvertrages, falls bereits die Erwerbsverpflichtung beurkundet ist, nur *eine* volle Gebühr erhoben. Der Umstand, daß jeder jedem Sondereigentum einräumt, also eine Vielzahl von Verträgen vorliegt, bleibt außer Betracht (§ 44 Abs. 1 KostO). Die Gebühren für die Grundbucheintragung bestimmen sich nach § 76 KostO. **131**

3. Für die Beurkundungskosten haften die Wohnungseigentümer als **Gesamtschuldner** (§ 5 KostO); für ihr Verhältnis untereinander gelten die allgemeinen Vorschriften über Gesamtschulden; das bedeutet hier, daß sie im Innenverhältnis nach § 426 BGB im Regelfalle nach dem Verhältnis ihrer Miteigentumsanteile verpflichtet sind. **132**

4. Gebührenvergünstigungen für den Wohnungsbau gibt es nicht mehr. Das Gesetz über Gebührenbefreiung beim Wohnungsbau vom 30. 5. 1953, mehrfach geändert, ist durch Gesetz vom 15. 7. 1988 (BGBl. I S. 1093) mit Wirkung vom 1. 1. 1990 aufgehoben worden. **133**

Anhang zu § 3

Bauherrenmodelle und „Bauerrichtungsverträge"

Übersicht

Literatur: Bärmann-Seuß, Praxis des Wohnungseigentums, 3. Aufl., S. 346ff. – Brych DB 1980, 1661, Bauherrenmodell – Quo vadis? – Dornfeld/Kellermann/Klumpe u. a., Handbuch der Bauherrenmodelle, Bauträgermodelle, Erwerbermodelle, Köln 1985 (Loseblatt) – Goldbeck/Uhde, Das Bauherrenmodell in Recht und Praxis, 1984 – Locher/Koeble, Baubetreuungs- und Bauträgerrecht, 3. Aufl., Rdz. 7ff, 556ff. – H. Müller, Bauherren- und Erwerbermodelle heute und morgen, 1983 – H. Müller, Der Übergang von der Bauherrengemeinschaft zur Wohnungseigentümergemeinschaft, in: FS Seuß, S. 211ff. – Kürschner ZfBR 1988, 2, Eigenverantwortlichkeit der Bauherren und Haftung des Treuhänders im Bauherrenmodell – Reithmann/Meichssner/von Heymann, Kauf vom Bauträger, 6. Aufl., Köln 1992 – Jagenburg NJW 1990, 292. Die Entwicklung des Baubetreuungs-, Bauträger- und Wohnungseigentumsrechts seit 1987/1988. – Jagenburg NJW 1992, 282. Die Entwicklung des Baubetreuungs-, Bauträger- und Wohnungseigentumsrechts seit 1989/1990. – Doerry WM 1991, 3, Bauträgerschaft, Baubetreuung und Bautreuhandschaft sowie Prospekthaftung bei Baumodellen in der Rechtsprechung des Bundesgerichtshofs – Reithmann NJW 1992, 649, Neue Vertragstypen des Immobilienerwerbs. – Koeble NJW 1992, 1142. Probleme des Generalübernehmermodells. – vgl. ferner die in Anhang zu § 8 Rdn. 1 angeführte Literatur.

I. Entwicklung der Bauherrenmodelle

1 Nachdem es lange Zeit den Anschein gehabt hatte, als ob die Teilung nach § 8 WEG die fast ausschließliche Form der Begründung von Wohnungseigentum geworden sei, haben sich seit Anfang der 70er Jahre neue Organisationsformen, die sogenannten „Bauherrenmodelle" – nach Brych (DB 1980, 1661) „Wildwuchs" – entwickelt, bei denen von der Begründungsform des § 3 WEG Gebrauch gemacht wird. Sie verdanken ihre Entstehung dem **Steuerrecht**, das denjenigen, der ein neu gebautes Haus vom Bauträger auf Grund des im Anhang zu § 8 ausführlich behandelten, aus Kauf- und Werkvertrag kombinierten Erwerbsvertrages erwirbt **(„Ersterwerber")**, in verschiedener Hinsicht schlechter behandelt als denjenigen, der selbst **„Bauherr"** ist. Deshalb geht das Ziel der Bauherrenmodelle dahin, Rechtsformen zu finden, bei denen derjenige, der den Erwerb einer Eigentumswohnung anstrebt, selbst als Bauherr auftritt. Bauherrenmodelle sind nicht auf den Bereich von Wohnungs- und Teileigentum beschränkt, sie können hier aber nur in dieser Variante erörtert werden. Die Rechtsform der Bauherrenmodelle ist weithin für große Projekte wie Stadtmitte-Projekte, Sanatorien, Ferienwohnanlagen, große Wohnblocks, angewendet worden, in denen die Bauherren eine Kapitalanlage suchen, also nicht die Eigennutzung anstreben. Teilweise entsprechen sie auch dem Typ der Abschreibungsgesellschaften. Wenngleich gegen solche Rechtsformen Bedenken geltend gemacht werden können, ist immerhin anzuerkennen, daß auf diese Weise große Bauvorhaben, besonders aber auch Mietwohnungen in nicht unerheblicher Zahl und zu noch erschwinglichen Mieten geschaffen worden sind, während im übrigen der Mietwohnungsbau spätestens seit dem Zusammenbruch der „Neue Heimat" so gut wie zum Erliegen gekommen ist. Seit 1983 ist die Zahl der im Bauherrenmodell errichteten Wohnungen wegen einschneidender Veränderungen im Steuerrecht (Änderung des Grunderwerbsteuerrechts, ein-

schränkende Verwaltungsregelungen für die Anerkennung von Werbungskosten, Unzulässigkeit der Option zur Umsatzsteuer für Wohnungsimmobilien) rückläufig (Reithmann, WM 1986, 377, 378). Gleichwohl wird auch die weitere Schmälerung steuerlicher Anreize nicht das Ende der Bauherrenmodelle bedeuten, da sie den in diesem Bereich tätigen Bauträgern die Übertragung wesentlicher Risiken auf den Anleger ermöglichen: Bei etwaigen Baumängeln ist der Baubetreuer dem Anleger nicht gewährleistungspflichtig, wohingegen er als reiner Bauträger der fünfjährigen Gewährleistungspflicht des BGB-Werkvertragsrechts unterliegt (ständ. Rspr., vgl. nur BGH NJW 1983, 453). Zusätzlich unterliegt der Bauträger im Gegensatz zum Baubetreuer dem Finanzierungsrisiko der noch nicht verkauften Wohnungen (H. Müller, Bauherren- und Erwerbermodelle, S. 19). Diese Umstände rechtfertigen es, auch jetzt noch die Bauherrenmodelle als eine wichtige Form der Anwendung des Wohnungseigentums in ihren Grundzügen darzustellen.

II. „Bauherr"

Bauherr ist nach BGH NJW 1978, 1054 „der Herr des gesamten Baugeschehens, er tritt nach außen im eigenen Namen auf, insbesondere auch gegenüber den Bauhandwerkern, und ist in der Regel Eigentümer (oder sonst Berechtigter) des Baugrundstücks". Der Bundesfinanzhof hat in einer für die Bauherrenmodelle grundlegend wichtig gewordenen Entscheidung vom 22. 4. 1980 (DB 1980, 1669 = BStBl. 1980, 441) in der Sache übereinstimmend als Bauherren bezeichnet, „wer auf eigene Rechnung und Gefahr ein Gebäude baut oder bauen läßt und das Baugeschehen beherrscht" (ebenso der sog. dritte Bauherrenerlaß, BMF-Schreiben vom 13. 8. 1981, BStBl. I S. 1981, 604). Im gleichen Sinne auch BayObLG DB 1979, 1408 (zu § 34c GewO): „Schließen sich mehrere zusammen, um gemeinsam einen Bau zu erstellen, dann sind sie Bauherren, wenn sie selbst – im Wege der Arbeitsteilung oder durch unselbständige Arbeitskräfte – das Baugeschehen beherrschen". Es kommt deshalb darauf an, wer „das umfassend zu verstehende Bauherrenwagnis getragen und wer rechtlich und tatsächlich die Planung und Ausführung des Bauvorhabens in der Hand gehabt hat" (so BFH aaO). 2

Um einen Interessenten zum „Bauherren" zu „machen", ist es also jedenfalls erforderlich, daß das Bauwerk auf einem ihm gehörenden Grundstück oder aufgrund eines Erbbaurechts errichtet wird und daß er auf eigene Rechnung und Gefahr baut, also das Risiko der Bauerrichtung trägt. Dies wird **auf folgende Weise verwirklicht:** Ein Bauunternehmer oder sonstiger Unternehmer – Promotor, „Initiator", **„Baubetreuer"** – d. i. nach BGH NJW 1981, 757 „wer gewerbsmäßig Bauvorhaben in fremdem Namen für fremde Rechnung wirtschaftlich vorbereitet oder durchführt" –, der ein geeignetes Grundstück „an der Hand hat", erarbeitet einen Plan für die Bebauung und sucht sodann Interessenten, die sich finanziell an dem Bau beteiligen und Wohnungseigentum oder Teileigentum in der geplanten Anlage erwerben wollen. Diese Interessenten erwerben nun einen der zu errichtenden Raumeinheit entsprechenden Miteigentumsanteil an dem Grundstück, der ihnen 3 gegen Bezahlung des Kaufpreises übereignet wird; sie finanzieren dann auch anteilsmäßig den gesamten Bau. Die Miteigentümer räumen sich gegenseitig, in der Regel vertreten durch den Baubetreuer, gemäß § 3 WEG Sondereigentum an den ihnen zukommenden Raumeinheiten ein. Im einzelnen macht die Ausführung des Vorhabens unter solchen Voraussetzungen **komplizierte Vertragswerke** notwendig. So muß außer dem vom Baubetreuer vermittelten Kaufvertrag über den Miteigentumsanteil eine **Organisation der „Bauherren"** geschaffen werden, die nach dem sogenannten *„Kölner Modell"* eine reine BGB-Innengesellschaft, nach dem sogenannten „Hamburger *Modell"* **eine KG** ist, bei der der Baubetreuer Komplementär, die Interessenten Kommanditisten sind. Der Gesellschaftszweck ist in beiden Fällen darauf gerichtet, das Gebäude zu errichten und den Gesellschaftern Wohnungseigentum an einer oder mehreren Wohnungen in diesem Gebäude zu verschaffen, die Gesellschaft löst sich nach Erreichung dieses Zwecks wieder auf (§ 726 BGB); zum Gesellschaftsvermögen gehört in keinem Falle und kann nicht gehören das Grundstück, an dem die Bauherren als Miteigentümer beteiligt sind. Die tatsächliche Planung, Ausführung und Überwachung des Baues wird **dem Baubetreuer** in einem auf Geschäftsbesorgung gerichteten Werkvertrag i. S. des § 675 BGB (so BGH NJW 1975, 869) übertragen. Häufig wird zur Wahrnehmung der Rechte der oft zahlreichen Gesellschafter, insbesondere auch zur Überwachung der ordnungsmäßigen Verwendung ihrer Beitragszahlungen, **ein eigener Treuhänder** eingeschaltet, dessen Stellung vertraglich geregelt werden muß. In der Bauherrengemeinschaft in Form einer BGB-Gesellschaft, die kein eigenes Vermögen erwirbt, haben die Gesellschafter einen Anspruch gegeneinander auf Leistung des Eigenkapitalanteils an den Treuhänder, denn der Gesellschaftszweck, das Projekt fertigzustellen, schließt die Verpflichtung untereinander ein, die Pflichten aus dem Treuhandvertrag zu erfüllen (BGH NJW-RR 1986, 1419). Der Regelung bedürfen ferner das Verhältnis der (künftigen) Wohnungseigentümer untereinander durch eine Gemeinschaftsordnung (§ 5 Abs. 4, § 10 Abs. 1, 2 WEG), die Frage der Kostenbeteiligung im einzelnen, die Fälligkeit und Abwicklung von Zahlungen, die **Kreditaufnahme** unter Belastung der Miteigentumsanteile, die Vergütung des Baubetreuers und des Treuhänders. In der praktischen Abwicklung wird ein großer Teil der hiernach erforderlichen Rechtsgeschäfte im Namen der Bauherren auf Grund einer **umfassenden Vollmacht** vorgenommen, welche sie dem Baubetreuer unter Befreiung von den Beschränkungen des § 181 BGB (Selbstkontrahieren) erteilen; der Baubetreuer schließt in offener Stellvertretung die erforderlichen Verträge, nimmt Zahlungen der Bauherren entgegen und wickelt den Zahlungsverkehr ab; er kann auf Grund der Vollmachten die Erklärungen über die vertragliche Einräumung des Sondereigentums (§ 3 WEG) abgeben und die Festlegung der Miteigentümerordnung sowie die Belastung der Wohnungseigentums- und Teileigentumsrechte mit den für die Finanzierung erforderlichen Grundpfandrechten namens der Bauherren vornehmen. Die lediglich dem „Bauträger" auferlegten Pflichten nach § 3 MaBV (dazu Anh. zu § 8 Rdn. 20ff.) treffen ihn nicht, was ein Motiv für die Wahl des Bauherrenmodells sein kann. Je nach Gestaltung kann er „Baubetreuer" i. S. von § 34c Abs. 1 Nr. 2 lit. b GewO und damit der Sicherungspflicht nach § 2 MaBV unterworfen sein (vgl. BGH NJW 1978, 1054; zum Unterschied zwischen „Bauträger“ und „Baubetreuer“ i. S. der MaBV BGH NJW 1981, 757). Daß die ganze Vertragskonstruktion der Bauherrenmodelle ernstlich gewollt und nicht nur ein Scheingeschäft (§ 117 BGB) ist, wird, soweit ersichtlich, nicht mehr in Frage gestellt.

Insbesondere werden auf Grund der Vollmacht die **Werkverträge mit den Bauhandwerkern** und anderen Baubeteiligten **im Namen der Bauherren abgeschlossen**, diese sind also Schuldner der Vergütung – wenn auch nur anteilig und nicht gesamtschuldnerisch (unten Rdn. 20) – und laufen deshalb Gefahr, daß sie, auch wenn sie, wie vertraglich vorgesehen, die vereinbarten Zahlungen an den Baubetreuer geleistet haben, dieser aber die Zahlungen nicht an die Gläubiger weitergeleitet hat, deren Schuldner bleiben und nochmals zahlen müssen. Sie tragen das Risiko des zufälligen Untergangs des Bauwerks, sie sind die Schuldner, wenn es beim Bau zu Haftpflichtfällen kommt, deshalb müssen sie Versicherungsnehmer oder mindestens Versicherte in der Bauversicherung sein. Da die Bauherren die Schuldner der Werklohnansprüche der Bauhandwerker sind, richtet sich gegen sie deren Anspruch auf Bestellung einer Bauhandwerkersicherungshypothek nach § 648 BGB an den jeweiligen Wohnungs- und Teileigentumsrechten. 4

Ohne daß sich am Begriff des Bauherren etwas geändert hätte, nahm schließlich der BFH in einer Entscheidung vom 14. 11. 1989 (NJW 1990, 729 = WE 1990, 47) den Umstand, daß der Anleger durch das „Vertragsgeflecht“ in seiner Entschließungsfreiheit gebunden ist und nur die Wahl hat, entweder das ganze Bündel von Verträgen zu übernehmen oder sich nicht zu beteiligen, zum Anlaß, dem Anleger für den Regelfall die **Bauherreneigenschaft abzusprechen**; die Leitsätze lauten: „Anleger im Bauherrenmodell sind einkommensteuerrechtlich regelmäßig nicht als Bauherren, sondern als Erwerber des bebauten Grundstücks zu beurteilen, wenn sie sich aufgrund eines von den Projektanbietern vorformulierten Vertragswerks beteiligen und sich bei den damit zusammenhängenden Rechtsgeschäften durch die Projektanbieter vertreten lassen. Alle in diesem Zusammenhang an die Anbieterseite geleisteten Aufwendungen, die auf den Erwerb des Grundstücks mit dem bezugsfertigen Gebäude gerichtet sind, stellen deshalb Anschaffungskosten dar.“ 5

III. Zivilrechtliche Fragen

Aus den **zivilrechtlichen Fragen**, die sich bei derartigen Bauherrenmodellen stellen, sind die folgenden hervorzuheben: 6

1. Wenngleich zuzugeben ist, daß Verträge nach dem Bauherrenmodell um der steuerlichen Vorteile willen die geschilderte Form angenommen haben, so sind sie doch – entgegen in der Literatur geäußerten Zweifeln (so Reithmann-Brych-Manhart, 4. Aufl., Rdz. 132; DB 1979, 1589; Moritz, JZ 1980, 714) – ernstlich gewollt und deshalb **keine Scheingeschäfte** (so mit Recht BGHZ 67, 334 = NJW 1977, 294; BGHZ 76, 86 = NJW 1980, 992). Ein Interessent, der die Steuervorteile erreichen will, muß die dafür erforderlichen Voraussetzungen durch wirksame Verträge schaffen und die damit für ihn verbundenen Risiken auf sich nehmen. Daher ist insbesondere auch die Wirksamkeit der im Rahmen solcher Verträge erteilten weitgehenden Vollmachten – Einhaltung der Form vorausgesetzt – nicht in Zweifel zu ziehen.

7 **2.** Da die Konstruktion des Bauherrenmodells auf den Erwerb eines Eigentumsanteils an einem Grundstück gerichtet ist, unterliegen die in seinem Zusammenhang abgeschlossenen Verträge dem Grundsatz nach dem Formerfordernis der **notariellen Beurkundung** gemäß § 313 BGB. Dies gilt unzweifelhaft für den Kaufvertrag über den Miteigentumsanteil am Grundstück, muß aber auch für die Verträge gelten, ohne die der auf den Erwerb von Wohnungs- oder Teileigentum gerichtete Zweck nicht erreicht werden kann und die somit eine rechtliche Einheit i. S. des § 139 BGB mit dem Kaufvertrag bilden (RGZ 103, 295; 104, 236; BGH ZfBR 1988, 14).

Der **Treuhandvertrag** mit dem Baubetreuer stellt den grundlegenden Vertrag dar. Er regelt die Rechtsbeziehungen zwischen dem einzelnen Bauherrn und dem Baubetreuer und räumt diesem Vollmacht zur Vertretung des Bauherrn bei der Vorbereitung, Durchführung und Abwicklung des Bauvorhabens ein. Wird dem Baubetreuer im Treuhandvertrag eine unwiderrufliche Vollmacht zum Erwerb eines Miteigentumsanteils an einem Grundstück im Namen und in Vollmacht des Bauherrn erteilt, so ist notarielle Beurkundung erforderlich (§ 313 BGB; § 4 WEG; BGH NJW 1985, 730; BayObLG DNotZ 1984, 250, 254).

Soll eine Vollmacht zugleich mit der Annahme des Angebotes auf Abschluß des Treuhandvertrages erteilt werden, hat die Beurkundung § 9 Abs. 1 Satz 2 oder § 13a Abs. 1, 2 BeurkG zu entsprechen. Andernfalls ist die Form des § 313 Satz 1 BGB nicht gewahrt (OLG Karlsruhe NJW-RR 1986, 100). Die Formbedürftigkeit erstreckt sich auch auf die sonstigen, mit dem Treuhandvertrag abgeschlossenen Verträge, soweit diese mit ihm derart in rechtlichem Zusammenhang stehen, daß sie nur zusammen gelten sollen. Hierunter können je nach Lage des Einzelfalles fallen z. B. Gesellschaftsverträge, Finanzierungsverträge (für den entschiedenen Fall verneinend: BGH DNotZ 1980, 344 m. Anm. Wolfsteiner), Bürgschaftsverträge (Staudinger-Wufka § 313 Rdn. 100). Ist die Vollmacht, wenngleich beurkundet, wegen ihres Zusammenhangs mit beurkundungsbedürftigen, aber nicht beurkundeten Geschäften nach § 139 nichtig, so vermag eine auf Grund dieser Vollmacht erklärte Auflassung die Formnichtigkeit nicht nach § 313 Satz 2 BGB zu heilen (BGH DNotZ 1966, 92). Da der Kaufvertrag über den Miteigentumsanteil mit einem Verkäufer geschlossen wird, der im übrigen an den vertraglichen Beziehungen nicht beteiligt ist, und der Veräußerer in der Regel wohl auch den Bestand des Geschäfts nicht vom weiteren Schicksal der Abwicklung des Bauvorhabens wird abhängig machen wollen, wird insoweit ein Übergreifen der Formbedürftigkeit auf weitere Verträge nicht anzunehmen sein. Der nach dem Hamburger Modell abzuschließende Vertrag über den Beitritt zu der KG bedarf der Form des § 313, weil er die Verpflichtung des Kommanditisten begründet, eine Eigentumswohnung zu erwerben (BGH NJW 1978, 2505).

8 **3. Die Vereinbarung eines Festpreises** steht der Annahme, daß die Interessenten Bauherren im oben angegebenen Sinne sind, nicht entgegen (BGH

DB 1987, 479); sie läßt sich „zwanglos als Preisgarantie deuten“ (so BGHZ 67, 334), die der Baubetreuer sehr wohl abgeben kann, wenn er seinerseits die Bauarbeiten zu einem Festpreis vergeben hat. Die Vereinbarung eines Höchstpreises birgt jedoch steuerliche Gefahren: Wird für den Gesamtaufwand der Bauherren ein Höchstpreis vereinbart, über den nach Abschluß der Bauarbeiten nicht gegenüber dem Steuerpflichtigen selbst detailliert Rechnung gelegt zu werden braucht, ist der Steuerpflichtige als Erwerber und nicht als Bauherr anzusehen (BMF-Schreiben vom 13. 8. 1981, BStBl. I S. 1981, 604).

4. Die kraft der Vollmacht von dem Baubetreuer im Namen der Bauherren abgeschlossenen Verträge stellen **unmittelbare Vertragsbeziehungen zwischen den Bauherren und den Bauhandwerkern** her. Vergibt der Baubetreuer die Bauarbeiten im Namen der von ihm betreuten Bauherren, so sind diese und nicht der Baubetreuer die Vertragspartner der Bauhandwerker (BGH NJW 1980, 992). Letztere haben also keine Ansprüche gegen den Baubetreuer, andererseits hat dieser auch gegenüber den Bauherren keine kauf- oder bauvertraglichen Verpflichtungen. Die Wirksamkeit der so abgeschlossenen Verträge wird nicht dadurch in Frage gestellt, daß bei ihrem Abschluß die Bauhandwerker möglicherweise nicht wissen, wer die Bauherren sind, mit denen die Verträge geschlossen werden (BGHZ 67, 334; 76, 86). Eine in den AGB eines Baubetreuers enthaltene Musterprozeßvereinbarung, wonach der Bauhandwerker bei gerichtlicher Geltendmachung seiner Ansprüche aus Gründen der Kostenersparnis nur einen von dem Baubetreuer zu bestimmenden Bauherrn entsprechend dessen Anteil in Anspruch nehmen kann, benachteiligt den Bauhandwerker entgegen den Geboten von Treu und Glauben unangemessen und ist deswegen nach § 9 AGBG unwirksam (BGH NJW 1984, 2408). 9

5. Die **Haftung des Baubetreuers/Treuhänders** aus dem Geschäftsbesorgungsvertrag beschränkt sich auf die ordnungsmäßige Erfüllung der daraus entspringenden Verpflichtungen, insbesondere also die Beobachtung der erforderlichen Sorgfalt bei der Vergabe und Abwicklung der Verträge mit den Baubeteiligten. Eine der Haftung des Bauträgers entsprechende Haftung für Mängel des Bauwerks (zum Unterschied zwischen Bauwerkvertrag und Baubetreuung BGH NJW 1975, 869) kann nach dem ganzen System der Bauherrenmodelle nicht in Betracht kommen. 10

Wirbt ein Baubetreuer für ein Bauherrenmodell mit Angaben über entstehende hohe Vorsteuererstattungsansprüche, so kann der Bauherr den Baubetreuungsvertrag wegen **arglistiger Täuschung** anfechten, wenn ihm verschwiegen wurde, daß die Finanzbehörden Bedenken gegen die geltend gemachten Steuervorteile erhoben hatten und Musterprozesse vor Finanzgerichten anhängig waren (OLG Düsseldorf NJW-RR 1986, 320). Eine **formularmäßige Begrenzung der Haftung** des Treuhänders auf grobes Verschulden scheitert nicht allein daran, wie das OLG Celle (NJW 1986, 260) meint, daß der Treuhänder eine besondere Vertrauensstellung innehat. Die Haftungsfreizeichnung ist bereits deshalb unwirksam, weil bei der Erfüllung vertragswesentlicher Pflichten die Haftung für einfache Fahrlässigkeit nicht ausgeschlossen werden kann (Hensen in: Ulmer-Brandner-Hensen, AGB- 11

Gesetz, Anh. zu §§ 9–11 Rdn. 193a). Dagegen kann der Treuhänder seine Haftung summenmäßig begrenzen (Vollhardt BB 1982, 2142).

12 Ungeachtet dessen, ob das Angebot zum Abschluß des Treuhandvertrages vom Treuhänder oder vom Bauherrn erklärt wird, handelt es sich in aller Regel um „vorformulierte Vertragsbedingungen für eine Vielzahl von Verträgen" i. S. des § 1 Abs. 1 **AGBG**, die der Treuhänder dem Bauherrn bei Vertragsschluß stellt (Ulmer DNotZ 1981, 89; Ulmer-Brandner-Hensen §§ 9–11 Rdn. 193).

Demnach ist die Wirksamkeit jeder Vertragsbestimmung am **AGBG** zu messen. Ebenso ist eine Wohnungsbauträgergesellschaft, die sich von einem Wirtschaftsprüfer ein Vertragswerk für ein Bauherrenmodell ausarbeiten läßt, Verwenderin der darin enthaltenen **AGB**, auch wenn der Wirtschaftsprüfer später als Treuhänder der Bauherren die Verträge in deren Namen mit der Gesellschaft abschließt (BGH NJW 1985, 2477).

13 Ein Treuhänder, der vor Erteilung der Baugenehmigung Eigenkapitalraten der Bauherren an einen mit der wirtschaftlichen und steuerlichen Beratung der Bauherren sowie der Vermittlung des Treuhandvertrags beauftragten Dritten, ohne jede anderweitige Sicherstellung weiterleitet, verletzt die ihm aufgrund des Treuhandvertrages obliegenden Pflichten schuldhaft (BGH DB 1986, 2124).

14 Der Treuhänder kann auch nicht wirksam in seinen AGB bestimmen, daß die **Verjährung** der gegen ihn gerichteten Ansprüche auf sechs Monate begrenzt wird, gleichgültig, ob die Frist ab Bezugsfertigkeit der Häuser oder erst nach Beendigung des Treuhandverhältnisses laufen soll (BGH NJW 1986, 1171; OLG Celle NJW 1986, 260) . Nachdem der Treuhänder üblicherweise dem freien Beruf des Rechtsanwalts, Steuerberaters oder Wirtschaftsprüfers zugehörig ist, sind die Verjährungsfristen für Schadensersatzansprüche den jeweiligen Berufsordnungen zu entnehmen. Bei Rechtsanwälten beträgt die Frist drei Jahre (§ 51 BRAO), bei Steuerberatern ebenfalls drei Jahre (§ 68 StBerG) und bei Wirtschaftsprüfern fünf Jahre (§ 51a WPO); zum Fall eines „Mehrfachberuflers" vgl. OLG Hamburg, DB 1987, 480. Zur Frage, ob und gegebenenfalls unter welchen Umständen ein **Steuerberater** dafür haftet, daß er unternehmerische Fehlentscheidungen seines Mandanten, im entschiedenen Fall die zukünftige wirtschaftliche Belastung durch Zins und Tilgung bei der Beteiligung an Steuersparmodellen, nicht verhindert hat, vgl. BGH WM 1987, 661; zur Prospekthaftung eines Rechtsanwalts vgl. BGH NJW 1984, 865.

Auch der mit der Wahrung und Wahrnehmung der Rechte und Interessen der Bauherren betraute **Treuhänder** kann sich schadensersatzpflichtig machen, wenn er seine Pflichten schuldhaft verletzt, so wenn er den vom Bauherren gezahlten Kaufpreis an einen Zessionar des Verkäufers weiterleitet, obwohl der Betrag gleichzeitig noch von einem anderen Gläubiger des Verkäufers beansprucht wird (BGH DWEigt 1993, 165), er muß prüfen, ob eine Wohnung vom Veräußerungsvertrag abweichende öffentlich-rechtliche Nutzungsbeschränkungen aufweist (ZfBR 1990, 238). Er ist aber nicht gehindert, in einem späteren Zwangsversteigerungsverfahren eine Eigentumswohnung, bzgl. deren er Treuhänder gewesen war, zu einem erheblich unter Wert liegenden Preis zu ersteigern (BGH DWEigt 1990, 113).

Zu 4) und 5)

Schadensersatzansprüche der Bauherren gegen den Baubetreuer oder den Treuhänder sind vor dem **Prozeßgericht**, nicht dem Wohnungseigentumsgericht geltend zu machen, und zwar auch dann, wenn diese auch Wohnungseigentümer sind (BayObLG WE 1992, 173 = DWEigt 1991, 127). 15

6. Auch eine **Haftung des Finanzierungsinstitutes**, das die Finanzierung des Bauvorhabens übernommen hat, kommt in Betracht. Hier ist zu unterscheiden: Ist die Rolle der Bank auf die objektgebundene Immobilienfinanzierung beschränkt, ohne daß sie an Konzeption, Werbung und Vertrieb mitwirkt, ist sie grundsätzlich nicht verpflichtet, ihre Kunden auf die Risiken des von ihr finanzierten Geschäftes hinzuweisen (BGH NJW 1985, 1020; WM 1986, 6; Rümker ZHR 151 (1987), 162). Etwas anderes kann sich allerdings im Einzelfall aus Treu und Glauben ergeben, wenn die Bank – für sie selbst erkennbar – einen konkreten Wissensvorsprung über die speziellen Risiken eines bestimmten Projekts hat oder gar einen besonderen Gefährdungstatbestand für den Anleger selbst schafft oder die Entstehung begünstigt (BGH NJW-RR 1986, 1167; BGH DWEigt 1993, 165; BGH WE 1992, 313). 16

Dem Anleger steht ein Schadensersatzanspruch gegenüber der seinen Beitritt zu einer Abschreibungsgesellschaft finanzierenden Bank zu, wenn dieser im Zeitpunkt der Darlehensgewährung bereits bekannt war, daß die Abschreibungsgesellschaft vor der Zahlungsunfähigkeit stand (BGH NJW-RR 1986, 1168). Ein **Kreditinstitut**, das die Einlagen der Bauherren entgegennimmt, weiterleitet und die Kredite gewährt, kann sich schadensersatzpflichtig machen, wenn es, obgleich sich bei der festzustellenden Überzeichnung die Verlustzuweisungen verringern und die Rentabilität des Objekts beeinträchtigt wird, hierüber die Anleger nicht aufklärt und diese Pflichtverletzung für den Anleger kausal wird (BGH NJW-RR 1986, 1433). Wird die **Bank als Anlagevermittler** von Kapitalanlagen tätig, treffen sie im Rahmen des Auskunftsvertrages mit den Anlageinteressenten erheblich weitergehende **Aufklärungspflichten**, als wenn sie lediglich als Finanzierungsinstitut tätig wird. Als Vermittler ist sie zu richtiger und vollständiger Information über diejenigen tatsächlichen Umstände verpflichtet, die für den Anlageentschluß des Interessenten von besonderer Bedeutung sind (BGH WM 1986, 517). **Prospekthaftungstatbestände** ergeben sich, wenn die Bank durch ihre Erwähnung im Prospekt den Eindruck erweckt, als sei das Anlageprojekt in der prospektierten Form insgesamt aussichtsreich und empfehlenswert (BGH WM 1986, 517; näher zur Prospekthaftung des Kreditinstituts BGH VersR 1990, 1154); zur Verjährung BGH NJW 1994, 2226. 17

Scheitert eine Bauherrengemeinschaft, dann sehen sich die Bauherren den Rückzahlungsansprüchen der Bank aus dem Darlehensvertrag ausgesetzt. Ist der Darlehensvertrag mit dem Anleger durch die Bank unter Verstoß gegen § 56 Abs. 1 Nr. 6 GewO i. V. m. § 134 BGB im „Reisegewerbe" abgeschlossen worden, so kann jedenfalls der Bauherr nicht auf den „Rettungsanker" der Nichtigkeit des Darlehensvertrages hoffen (zum Grundsatz der Nichtigkeit vgl. BGHZ 71, 358 = NJW 1978, 1970; BGH NJW 1982, 2436; 1983, 868 m. w. N.). Ein verbotenerweise im Reisegewerbe vermittel- 18 ter Darlehensvertrag wird nämlich von der Rechtsprechung nicht als nichtig angesehen, wenn mit dem Darlehen der Beitritt des Darlehensnehmers zu einer Grundstücks-Abschreibungsgesellschaft finanziert werden soll (BGH NJW-RR 1986, 1167; BGHZ 93, 264 = NJW 1985, 1020).

19 **7.** Aus umsatzsteuerlichen Gründen vermieten die Bauherren die fertiggestellten Wohnungen in den meisten Fällen an einen **gewerblichen Zwischenmieter,** wobei diesem das Recht eingeräumt wird, die Wohnung an einen Endmieter weiterzuvermieten. Die neuere Rechtsprechung beurteilt den zwischen dem Bauherrn und dem Zwischenmieter abgeschlossenen Hauptmietvertrag nicht als Wohnraummietverhältnis, sondern als Geschäftsraummietverhältnis (BGHZ 84, 90 = NJW 1982, 1696; BGH NJW 1981, 1377; OLG Karlsruhe NJW 1982, 1290; 1984, 313; 1984, 373). Da jedoch das Untermietverhältnis zwischen Endmieter und gewerblichem Zwischenmieter unzweifelhaft ein Wohnraummietverhältnis darstellt, können schwer lösbare Probleme auftreten, insbesondere, wenn sich der Endmieter ohne eigenes Zutun dem Herausgabeanspruch des (Haupt-)Vermieters aus § 556 III BGB ausgesetzt sieht (vgl. hierzu Sonnenschein, PiG 20, 69, 78). Die Rechtsprechung läßt indessen auch insoweit eine Berufung des Endmieters auf die Kündigungsschutzbestimmungen zu, wenn Hauptvermieter und Untervermieter rechtsmißbräuchlich zu Lasten des Untermieters durch Aufhebung des Hauptmietverhältnisses zusammenwirken oder wenn dem Untermieter nicht bekannt war, daß sein Vermieter nicht Eigentümer des Wohnraums ist (BGHZ 84, 90 = NJW 1982, 1696; vgl. auch Anhang zu § 13 Rdn. 8).

20 **8.** Die Bauherren werden aus den vom Baubetreuer in ihrem Namen geschlossenen Verträgen mit den Bauhandwerkern und sonstigen Baubeteiligten, soweit nicht im Einzelfalle etwas Gegenteiliges vereinbart ist, **nicht gesamtschuldnerisch, sondern nur anteilig verpflichtet** (st. Rspr., BGHZ 67, 334; 75, 26; 76, 86) – sog. „Aufbauschulden" im Gegensatz zu den „Verwaltungsschulden". Das Anteilsverhältnis ist „nach den jeweiligen Umständen und der Interessenlage" zu bestimmen (BGHZ 76, 86), dabei wird in der Regel von der Größe der Miteigentumsanteile auszugehen sein (BGHZ 75, 26; 76, 86), was dem Grundsatz des § 16 Abs. 2 WEG entspricht. Diese Aufteilung ist maßgeblich ohne Rücksicht darauf, inwieweit die Werkleistung in den Bereich des gemeinschaftlichen oder des Sondereigentums fällt (BGHZ 75, 26); doch können sich hiervon Ausnahmen ergeben, so wenn besondere Leistungen auf Verlangen eines Bauherren für sein Sondereigentum bewirkt werden.

Auf Grund der unmittelbaren vertraglichen Beziehungen zu dem Bauherrn können die Bauhandwerker von diesem in Höhe seiner anteiligen Verpflichtung die Bestellung einer **Sicherungshypothek nach § 648 BGB verlangen,** sie haben auch den Schutz des neuen § 648a BGB.

21 **9. Übergang von der Bauherrengemeinschaft zur Wohnungseigentümergemeinschaft.** Die Bauherrengemeinschaft – sei sie als BGB-Innengesellschaft oder als KG organisiert (oben Rdn. 3) – ist jedenfalls eine Gesellschaft und endigt daher gem. § 726 BGB mit der Erreichung ihres Zwecks – Errichtung des Gebäudes und Verschaffung von Wohnungseigentum einschl. Abrechnungen usw. –. Die Wohnungseigentümergemeinschaft tritt

ein spätestens mit der Grundbucheintragung der Vereinbarung über die Einräumung von Sondereigentum, mglw. aber schon früher nach den Grundsätzen der „werdenden" Wohnungseigentümergemeinschaft (Anh. zu § 10 Rdn. 3ff.), falls diese entgegen der h. M. für anwendbar gehalten werden (Anh. zu § 10 Rdn. 4). Die beiden Organisationsformen, deren Teilhaber dieselben Personen sind, schließen weder aneinander an noch schließen sie sich aus. Vielmehr können und müssen sie während eines nicht unbeträchtlichen Zeitraums nebeneinander bestehen. In ihrer Eigenschaft als Bauherren haben sie die Rechte und Pflichten aus dem Gesellschaftsvertrag und aus den in ihrem Namen abgeschlossenen Bauverträgen, in ihrer Eigenschaft als Wohnungseigentümer haben sie die Rechte und Pflichten aus der Wohnungseigentümergemeinschaft (§§ 10ff. WEG). Das macht Abgrenzungen notwendig, z. B. Baustrom und Stromverbrauch in den bewohnten Wohnungen, Bauschuttbeseitigung und Müllentsorgung (weitere Beispiele bei Müller in Festschrift Seuß, S. 211). Auch verfahrensrechtlich besteht ein Unterschied; das Verfahren nach §§ 43ff. WEG findet nur Anwendung bei Streitigkeiten aus dem Wohnungseigentümerverhältnis. Die Verkennung des Unterschiedes kann zu Streitigkeiten führen (so der Fall OLG Hamburg WE 1992, 113). Doch ist nach BayObLG DWEigt 1993, 168 ein Eigentümerbeschluß, der die Abrechnung für das Kalenderjahr, in dem die Wohnungseigentümergemeinschaft entstanden ist, ohne Unterscheidung zwischen Bauherrenphase und der Zeit der Wohnungseigentümergemeinschaft billigt, zwar fehlerhaft, aber nicht nichtig, sondern nur anfechtbar. Zu den Problemen, die entstehen, wenn ein Bauherr sein Wohnungseigentum vor dem Ende der Bauphase veräußert, vgl. Müller a. a. O.

IV. Bauerrichtungsvertrag

Eine gewisse Ähnlichkeit mit den Bauherrenmodellen haben Bauprojekte **22**
auf Grund sog. „Bauerrichtungsverträge". Diese Form wird gewählt, wenn ein Grundstückseigentümer, dem das für ein größeres Bauvorhaben erforderliche Kapital fehlt, sich mit Kapitalgebern, die sich ihrerseits in Form einer Gesellschaft bürgerlichen Rechts organisieren, in der Weise zusammenschließt, daß diese auf ihre Kosten auf dem Grundstück ein Bauwerk errichten und der Grundstückseigentümer anstatt einer Kaufpreiszahlung Wohnungs- oder Teileigentumseinheiten erhält. Demgemäß überträgt der Grundstückseigentümer an die Gesellschaft nur einen dem Wertverhältnis entsprechenden Miteigentumsanteil, während ihm ein restlicher Anteil verbleibt. Die Beteiligten verpflichten sich, an dem zu errichtenden Gebäude Wohnungs- bzw. Teileigentum zu begründen. Wenn das Gebäude errichtet und der Vertrag abgewickelt ist, hat der frühere Grundstückseigentümer Wohnungs- bzw. Teileigentum an den für ihn vorgesehenen Einheiten, über die restlichen Einheiten können die Gesellschafter verfügen. Die Kapitalgeber sind bei dieser Vertragskonstruktion „Bauherren", die steuerlichen Folgen entsprechen denen der Bauherrenmodelle. Zum sog. Architektenmodell, vgl. Reithmann WM 1987, 61.

§ 4 Formvorschriften

(1) **Zur Einräumung und zur Aufhebung des Sondereigentums ist die Einigung der Beteiligten über den Eintritt der Rechtsänderung und die Eintragung in das Grundbuch erforderlich.**

(2) **Die Einigung bedarf der für die Auflassung vorgeschriebenen Form. Sondereigentum kann nicht unter einer Bedingung oder Zeitbestimmung eingeräumt oder aufgehoben werden.**

(3) **Für einen Vertrag, durch den sich ein Teil verpflichtet, Sondereigentum einzuräumen, zu erwerben oder aufzuheben, gilt § 313 des Bürgerlichen Gesetzbuches entsprechend.**

§ 4 ist in Abs. 3 durch das Gesetz zur Änderung des Bürgerlichen Gesetzbuches und anderer Gesetze vom 30. 5. 1973 in der Weise geändert worden, daß nach dem Wort „einzuräumen" die Worte „zu erwerben" eingefügt worden sind, und ergänzt insoweit den § 3; vgl. dazu unten Rdn. 8.

I. Allgemeines

1 Bei der Begründung von Wohnungseigentum ist zu unterscheiden zwischen dem Erwerb des Miteigentumsanteils und der Einräumung des Sondereigentums. § 4 betrifft nur die letztere und ergänzt insoweit den § 3; wegen des Erwerbs des Miteigentumsanteils vgl. Rdn. 5 zu § 3. Die **dingliche Einigung** über die Einräumung von Sondereigentum bestimmt den Gegenstand des Sondereigentums i. S. des 5 WEG; da sie unter Bezug auf den Aufteilungsplan (§ 7 Rdn. 12) erklärt wird, ist dieser für den Gegenstand des Sondereigentums maßgeblich. Zu dem Fall, daß nicht dem Plan entsprechend gebaut wird, vgl. § 3 Rdn. 21 ff. Stimmen die Beschreibung der in Sondereigentum zu überführenden Räume in den beurkundeten Erklärungen über die Einräumung von Sondereigentum und der in Bezug genommene Aufteilungsplan nicht überein, so kann, da widersprüchliche Erklärungen sich gegenstandslos machen, Sondereigentum nicht entstehen, es sei denn, es ließe sich durch Auslegung klarstellen, welche der beiden Möglichkeiten die wirklich gewollte ist (so auch OLG Stuttgart Die Justiz 1981, 82).

2 **Die vertragliche Einräumung von Sondereigentum** ist nach der Konstruktion des Gesetzes eine *Inhaltsänderung des Miteigentums* (Vor § 1 Rdn. 24; § 3 Rdn. 20, 75). Um jeden Zweifel auszuschließen, ist in Übereinstimmung mit den allgemeinen sachenrechtlichen Grundsätzen in Abs. 1 bestimmt, daß zur Einräumung von Sondereigentum die **Einigung der Beteiligten (d. h. aller Miteigentümer;** vgl. § 3 Rdn. 21) in der Form der Auflassung (§ 925 BGB), also Erklärung bei gleichzeitiger Anwesenheit aller Mitwirkenden vor einer zur Entgegennahme zuständigen Stelle (Vertretung zulässig) und die Eintragung im Grundbuch (vgl. hierzu § 7) erforderlich ist. Daneben stehen, was als selbstverständlich nicht besonders ausgesprochen ist, die allgemeinen sachenrechtlichen Vorschriften der §§ 873 ff., insbesondere die Bestimmungen der **§§ 877, 876 BGB**, wonach zu der Inhaltsänderung eines belasteten Rechts die Zustimmung der hieran dinglich Berechtigten nötig ist.

Ist also ein Miteigentumsanteil selbständig – z. B. mit einer Hypothek – belastet, so ist zur Einräumung des Sondereigentums auch die Zustimmung des Hypothekengläubigers und, wenn die Hypothek ihrerseits verpfändet sein sollte, auch die Zustimmung des Pfandgläubigers erforderlich; ist dagegen das Grundstück als ganzes belastet, so entfällt die Notwendigkeit einer solchen Zustimmung (vgl. hierzu § 3 Rdn. 74). Auch zur **vertraglichen Aufhebung des Sondereigentums** bedarf es der Einigung aller Wohnungseigentümer (§ 4 Abs. 1, 2).

Das Gesagte gilt nicht nur, wenn Wohnungseigentum durch Einräumung 3 von Sondereigentum erstmals begründet oder wenn es gänzlich aufgehoben werden soll, sondern auch dann, wenn **nur ein Teil** des mit einem Miteigentumsteil verbundenen Sondereigentums aufgehoben oder wenn ein im gemeinschaftlichen Eigentum stehender Raum in Sondereigentum umgewandelt und einem vorhandenen Wohnungseigentum zugeschlagen werden oder wenn ein Teil des mit einem Miteigentumsanteil verbundenen Sondereigentums abgetrennt und einem anderen Wohnungseigentum zugeschlagen werden soll (BayObLG WE 1989, 68 = DWEigt 1989, 37; BayObLGE 1991, 313 = WE 1992, 200; BayObLG DWEigt 1993, 167 = WE 1994, 186). Die Notwendigkeit einer Mitwirkung aller Wohnungseigentümer oder eines dinglich Berechtigten entfällt nicht deshalb, weil einem Wohnungseigentümer an dem Raum, der umgewandelt werden soll, ein Sondernutzungsrecht zusteht (BayObLG a. a. O.). Der Raum, bzgl. dessen das Sondereigentum aufgehoben wird, wird gemeinschaftliches Eigentum (BayObLGE 1987, 390 – „vergessener Flur"). Eine Aufhebung des Sondereigentums bezgl. eines Raums, die zur Entstehung eines „isolierten Miteigentumsanteils" führen würde, ist nach hier vertretener Ansicht nichtig (vgl. § 3 Rdn. 22ff.).

Unter § 4 WEG fällt auch die **spätere Änderung des Gegenstandes des** 4 **Sondereigentums,** sei es im Verhältnis von Wohnungseigentümern untereinander, sei es durch Überführung von bisher gemeinschaftlichem Eigentum in Sondereigentum; zu letzterem Fall a. M. Bärmann-Pick-Merle § 5 Rdz. 13, der einen einstimmigen Beschluß der Wohnungseigentümer (wohl auch einen nicht angefochtenen Mehrheitsbeschluß) für ausreichend hält und sich dafür auf BayObLG NJW 1974, 152 = BayObLG 73, 267 beruft – zu Unrecht, weil diese Entscheidung lediglich die Zuweisung des Sondernutzungsrechts an einer Garage durch Beschluß für zulässig erklärt; wie hier BayObLG 31. 10. 86, ITelex 1987/3/18 und BayObLG 17. 7. 1986 – WE 1987, 54. Auch in den erwähnten Fällen sind die §§ 877, 876 BGB zu beachten. Die spätere **Änderung des „Inhalts des Sondereigentums"** i. S. des § 5 Abs. 4, § 10 Abs. 2 WEG durch Änderung der Gemeinschaftsordnung und die Verpflichtung zu einer solchen Änderung fallen nicht unter § 4 (so auch KEHE-Ertl § 20 Rdn. 120; Bärmann-Pick-Merle § 4 Rdn 18); eine in die gegenteilige Richtung deutende Bemerkung in BGH NJW 1986, 2759, wo unter Berufung auf BGH NJW 1984, 612 von „Inhalt einer Verpflichtung zur Einräumung oder zum Erwerb von Sondereigentum" die Rede ist, ist mißverständlich.

II. Formvorschriften

5 **1. Dingliches Rechtsgeschäft.** Für die erwähnte Einigung über die Einräumung des Sondereigentums ist die **Form der Auflassung** (§ 925 BGB) vorgeschrieben; nach Hubernagel Anm. 1 soll es sich sogar um eine echte Auflassung handeln; dem kann aber, wie Abs. 2 Satz 1 zeigt, nicht beigetreten werden. Erforderlich ist Erklärung der Einigung vor einer zur Entgegennahme der Auflassung zuständigen Stelle (§ 3 Rdn. 35: Notar, Grundbuchamt, Prozeßgericht usw.); eine Beurkundung der Erklärungen ist zu ihrer materiellen Gültigkeit nach der in der Praxis herrschenden und auch zutreffenden Auffassung (vgl. RGZ 132, 408) nicht nötig. Diese Formvorschriften sind auch hier für anwendbar erklärt, weil durch die Einräumung von Sondereigentum eine wenn auch begrenzte Veränderung der Eigentumsverhältnisse an einem Grundstück eintritt, dann auch deswegen, weil die Einräumung von Sondereigentum vielfach mit dem der Form des § 925 BGB bedürftigen Erwerb des Miteigentumsanteils verbunden sein wird. Dagegen ist in der grundbuchmäßigen Behandlung § 20 GBO nicht für anwendbar erklärt; es genügt also grundbuchmäßig entsprechend dem formellen Konsensprinzip eine *Eintragungsbewilligung* (§ 19 GBO, vgl. § 7 Abs. 3) in der Form des § 29 GBO (ebenso Horber-Demharter, GBO, § 20 Rdn. 10; a. A. KEHE-Ertl, GBO, § 20 Rdn. 15, 119; Bärmann-Pick-Merle § 4 Rdz. 6). Praktisch wichtig ist diese Eintragungsbewilligung, weil Gegenstand und Inhalt des Sondereigentums durch Bezugnahme auf sie im Grundbuch eingetragen werden können (§ 7 Abs. 3); ebenso wie § 20 ist auch § 22 Abs. 2 GBO (Zustimmung des Eigentümers bei Berichtigung) nicht für anwendbar erklärt. Von der Anwendung dieser Vorschriften konnte abgesehen werden, weil die Gründe, auf denen diese Vorschriften beruhen, nämlich öffentlich-rechtliche Wirkungen des Eigentumserwerbs an einem Grundstück, hier nicht zutreffen. Die Wirksamkeit einer vertraglichen Verpflichtung, die für die Einräumung von Sondereigentum erforderlichen Willenserklärungen abzugeben, hängt nicht davon ab, ob zur Zeit der Abgabe der Erklärung Abgeschlossenheit i. S. d. § 3 Abs. 2 WEG gegeben ist (BayObLGE 1991, 78 = WE 1992, 57).

6 Wie die Auflassung (§ 925 Abs. 2 BGB) kann die Einräumung von Sondereigentum **nicht unter einer Bedingung oder Befristung** erfolgen (Abs. 2 Satz 2). Deshalb kann es auch keinen zeitlich begrenzten Erwerb von Wohnungseigentum i. S. des **„Time-sharing“** geben (vgl. § 3 Rdn. 123). Der Umstand, daß man es für erforderlich gehalten hat, dies ausdrücklich auszusprechen, zeigt, daß der Gesetzgeber die Einräumung von Sondereigentum nicht als echte Auflassung angesehen hat. Auch die nachträgliche Umwandlung von Gemeinschaftseigentum in Sondereigentum und umgekehrt bedarf der dinglichen Einigung aller Wohnungseigentümer in der Form der Auflassung; ein Mehrheitsbeschluß, durch den eine Ermächtigung oder Vollmacht zu solcher Umwandlung erteilt wird, ist nichtig (BayObLG Rpfleger 1987, 64). Vgl. auch vorstehende Rdn. 5 sowie § 3 Rdn. 21,31.

7 **2. Der schuldrechtliche Vertrag,** durch den sich Miteigentümer **zur Einräumung, zum Erwerb oder zur Aufhebung von Sondereigentum ver-**

pflichten, bedarf der Form des § 313 BGB, also der gerichtlichen oder notariellen Beurkundung (Abs. 3); der Formmangel wird durch Vollzug gemäß § 313 Satz 2 BGB geheilt. Bewußt ist dagegen seinerzeit Artikel 1 § 2 der Verordnung über Auflassungen usw. vom 11. 5. 34 (RGBl. I S. 378) nicht für anwendbar erklärt worden, ebensowenig ist der an die Stelle dieser Vorschrift getretene § 925a BGB anwendbar; die Erklärungen über die Einräumung von Sondereigentum können also ohne Vorlegung oder gleichzeitige Errichtung der Urkunde über das zugrunde liegende Kausalgeschäft entgegengenommen werden (a. A. Bärmann-Pick-Merle § 4 Rdz. 8); erhebliche praktische Bedeutung dürfte die Frage kaum haben. In den Fällen des Bauherrenmodells sind die zugrundeliegenden Beziehungen in dem ohnehin notarieller Beurkundung bedürftigen Vertragspaket niedergelegt.

Durch die oben vor Rdn. 1 erwähnte Gesetzesänderung ist auch für die **Verpflichtung, Sondereigentum zu erwerben,** die **notarielle Beurkundung vorgeschrieben** worden. Ob dadurch einer wirklichen und nicht nur einer scheinbaren Parallelität Rechnung getragen ist, mag dahinstehen. Die praktische Bedeutung einer selbständigen Verpflichtung, Sondereigentum zu erwerben, ist sicher noch geringer als die der Verpflichtung, Sondereigentum einzuräumen. Die Gesichtspunkte, welche dazu geführt haben, § 925a BGB auf die Einräumung von Sondereigentum nicht für anwendbar zu erklären, hätten es jedenfalls erlaubt, von der Änderung abzusehen – entgegen Bärmann-Pick-Merle § 4 Rdz. 13 bezieht sich die Vorschrift in der Tat auf Sondereigentum, nicht Wohnungseigentum. Daß für Veräußerung und Erwerb von **Wohnungseigentum** alle Regeln für das Grundstückseigentum gelten, bedarf hier keiner Hervorhebung und ergibt sich aus anderen Gründen (vgl. § 3 Rdn. 83). 8

Daß auch der schuldrechtliche Vertrag, durch den sich jemand verpflichtet, Wohnungseigentum zu verschaffen oder zu übertragen, der Form des § 313 bedarf, folgt aus der Natur des Wohnungseigentums als eines besonders ausgestalteten Miteigentums am Grundstück (vgl. § 3 Rdn. 83). Zum Erwerbsvertrag über WEigt vgl. im übrigen den Anhang zu § 8. 9

III. Grundbucheintragung

Wegen der **Eintragung in das Grundbuch** vgl. § 7.

IV. Grunderwerbsteuer, Genehmigung

Die Einräumung von Sondereigentum wird in aller Regel **keine Grunderwerbsteuer** auslösen, auch wenn es sich grundsätzlich um einen grunderwerbsteuerpflichtigen Vorgang handelt, Anhang zu § 62 Rdn. 8ff. Sie bedarf, da sie keine Teilung i. S. des § 19 Abs. 1 **BauGB** ist (§ 19 Abs. 2 BauGB), auch keiner Genehmigung nach dessen § 19 Abs. 1. 10

§ 5 Gegenstand und Inhalt des Sondereigentums

(1) Gegenstand des Sondereigentums sind die gemäß § 3 Abs. 1 bestimmten Räume sowie die zu diesen Räumen gehörenden Bestandteile des Gebäudes, die verändert, beseitigt oder eingefügt werden können, ohne daß dadurch das gemeinschaftliche Eigentum oder ein auf Sondereigentum beruhendes Recht eines anderen Wohnungseigentümers über das nach § 14 zulässige Maß hinaus beeinträchtigt oder die äußere Gestaltung des Gebäudes verändert wird.

(2) Teile des Gebäudes, die für dessen Bestand oder Sicherheit erforderlich sind, sowie Anlagen und Einrichtungen, die dem gemeinschaftlichen Gebrauch der Wohnungseigentümer dienen, sind nicht Gegenstand des Sondereigentums, selbst wenn sie sich im Bereich der im Sondereigentum stehenden Räume befinden.

(3) Die Wohnungseigentümer können vereinbaren, daß Bestandteile des Gebäudes, die Gegenstand des Sondereigentums sein können, zum gemeinschaftlichen Eigentum gehören.

(4) Vereinbarungen über das Verhältnis der Wohnungseigentümer untereinander können nach den Vorschriften des 2. und 3. Abschnittes zum Inhalt des Sondereigentums gemacht werden.

Übersicht

A. Gegenstand des Sondereigentums

I. Allgemeines

Das Wohnungseigentum ist mehr als ein Miteigentum mit verdinglichter Benutzungsregelung; es gewährt in Durchbrechung des § 93 BGB in freilich begrenztem Umfang ein Alleineigentum an bestimmten Teilen des Gebäudes; vgl. hierzu die näheren Ausführungen in Vorbem. Vor § 1 Rdn. 17ff. **Das Problem des § 5 WEG** besteht darin, die Grenze zwischen dem gemeinschaftlichen Eigentum und dem Sondereigentum so zu ziehen, daß auf der einen Seite ein hinreichender Freiraum für den Wohnungseigentümer geschaffen wird, auf der anderen Seite aber die Interessen der Gemeinschaft gewahrt sind. Wie die Grenze gezogen ist, zeigt der folgende systematische Überblick. 1

Gegenstand des Sondereigentums sind in erster Linie die von den Miteigentümern bei der Begründung des Wohnungseigentums bestimmten **Räume**, soweit sie nicht, wie z. B. Treppenhaus, Laubengang, i. S. d. § 5 Abs. 2 Einrichtungen sind, die dem gemeinschaftlichen Gebrauch der Wohnungseigentümer dienen (BayObLG WE 1989, 214 = DWEigt 1989, 38; BGHZ 114, 383 = NJW 1991, 2480). 2

Gegenstand des Sondereigentums sind weiter die zu den Sondereigentumsräumen gehörenden (wesentlichen) **Bestandteile des Gebäudes**, die verändert, beseitigt oder eingefügt werden können, ohne daß dadurch das gemeinschaftliche Eigentum oder ein auf Sondereigentum beruhendes Recht eines anderen Wohnungseigentümers über das nach § 14 zulässige Maß hinaus beeinträchtigt oder – insoweit schlechthin – die äußere Gestaltung des Gebäudes verändert wird. 3

Gegenstand des Sondereigentums können **keinesfalls** sein Teile des Gebäudes, die für dessen **Bestand oder Sicherheit** erforderlich sind, sowie Anlagen und Einrichtungen, die dem **gemeinschaftlichen Gebrauch** der Wohnungseigentümer dienen. Gründe der Sonderrechtsunfähigkeit können sich überschneiden (BGHZ 114, 383 = NJW 1991, 2480 – dem Trittschallschutz dienende Bauteile). 4

Die Bestimmungen des § 5 sind, weil sachenrechtlicher Natur, **vorbehaltlich des Abs. 3 zwingend,** nicht dispositiv (so mit Recht BGHZ 50, 56); die in § 10 Abs. 1 Satz 2 ausgesprochene Anerkennung der Parteiautonomie betrifft lediglich das Gemeinschaftsverhältnis (§ 10 Rdn. 26) und ist hier nicht einschlägig; vgl. auch § 10 Rdn. 25. Aus § 1 Abs. 5 WEG ist zu schließen, daß Sondereigentum die Ausnahme, gemeinschaftliches Eigentum die Regel, folglich **im Zweifel gemeinschaftliches Eigentum** anzunehmen ist (BayObLGE 1973, 267; OLG Stuttgart OLGE 1979, 21 = Rpfleger 1981, 109; BayObLG Rpfleger 1982, 21; BayObLG WE 1992, 174). Zur Auslegung der Teilungserklärung BayObLG WE 1988, 199 (Spitzboden); OLG Hamm OLGE 1991, 56 = WE 1991, 135 (Kellerraum). 5

6 **Die praktische Bedeutung der Unterscheidung** zwischen Sondereigentum und gemeinschaftlichem Eigentum ist erheblich. In bezug auf das Sondereigentum hat der Wohnungseigentümer die Stellung eines Alleineigentümers (§ 13 Abs. 1; vgl. § 13 Rdn. 2), er hat also allein das **Verfügungsrecht,** er kann insbes. Gebäudeteile, die im Sondereigentum stehen, verändern oder beseitigen oder Sachen einfügen, die Sondereigentum werden. Er unterliegt dabei allerdings Gebrauchsbeschränkungen nach Maßgabe der §§ 14, 15; insbes. muß er nach § 14 Nr. 1 die im Sondereigentum stehenden Gebäudeteile so instandhalten, daß den anderen Wohnungseigentümern kein unzumutbarer Nachteil erwächst. Er trägt die **Gefahr des zufälligen Untergangs** oder der zufälligen Beschädigung des Sondereigentums insbes. auch dann, wenn die Ursache der Beschädigung im gemeinschaftlichen Eigentum liegt, ohne daß die Gemeinschaft, wenn sie kein Verschulden trifft, ersatzpflichtig ist (vgl. § 13 Rdn. 5). Daraus folgt auch, daß der Wohnungseigentümer die **Kosten der Instandhaltung und Instandsetzung** des Sondereigentums zu tragen hat, während die Instandhaltung und Instandsetzung des gemeinschaftlichen Eigentums der Gemeinschaft obliegt und die Kosten dafür von ihr zu tragen sind (§ 21 Abs. 5 Nr. 2, § 16 Abs. 2 WEG). Das schließt nicht aus, darüber in der Gemeinschaftsordnung abweichende Bestimmungen zu treffen, insbes. die Instandhaltung und Instandsetzung der Außenfenster den jeweiligen Wohnungseigentümern zu übertragen (BayObLG 1993, 167). Ein Mehrheitsbeschluß solchen Inhalts ist nicht genügend, doch ist er nicht nichtig und maßgeblich, wenn er in Bestandskraft erwächst (OLG Hamburg OLGE 1989, 164 = WE 1989, 140). Auch der umgekehrte Fall ist möglich: Bei einer Ferienhausanlage, in der ganz überwiegend die Eigentumswohnungen an wechselnde Gäste vermietet werden müssen, ist es nach BayObLG WE 1992, 198 nicht schlechthin ausgeschlossen, daß die Gemeinschaftsordnung die Instandhaltung und Instandsetzung der Gemeinschaft zuweist.

7 Um Schwierigkeiten zu vermeiden, ist es ratsam, **Versicherungsschutz,** insbes. durch Sachversicherung – Feuerversicherung, Wasserschädenversicherung – so zu nehmen, daß die Risiken sowohl des gemeinschaftlichen als auch des Sondereigentums durch eine einheitliche Police gedeckt werden, was möglich ist. Im Konkurs eines Wohnungseigentümers hängt die Entscheidung, ob der Konkursverwalter mit dem Wohnungseigentum eine Sache zur Masse ziehen kann, davon ab, ob sie Sondereigentum ist (vgl. BGHZ 73, 302 – Heizwerkfall). Wegen des **Verfahrens,** in dem darüber zu entscheiden ist, ob eine Sache Sondereigentum oder gemeinschaftliches Eigentum ist, vgl. § 43 Rdn. 8.

8 Sondereigentum kann nicht nur an Räumen in einem bereits fertiggestellten Gebäude, sondern auch **an Räumen in einem noch zu errichtenden Gebäude** nach § 3 eingeräumt oder nach § 8 begründet werden; die tatsächliche Entstehung des Sondereigentums hängt dann von der tatsächlichen Errichtung des Gebäudes ab und vollzieht sich „schrittweise" mit dieser; vgl. § 3 Rdn. 11, 67, auch § 22 Rdn. 29.

II. Was kann Gegenstand des Sondereigentums sein?

Das Gesetz bezeichnet als Gegenstand des Sondereigentums: einerseits gewisse Räume, andererseits gewisse sachliche Bestandteile des Gebäudes: 9

1. Die gemäß § 3 Abs. 1 bestimmten **Räume:** hierunter ist der „lichte“ Raum der zum Gegenstand des Sondereigentums erklärten Räumlichkeiten zu verstehen. Für deren Abgrenzung vom gemeinschaftlichen Eigentum ist allein die Grundbucheintragung in Verbindung mit den zulässigerweise in Bezug genommenen Eintragungsunterlagen (Teilungsvereinbarung bzw. Teilungserklärung, Aufteilungsplan) maßgebend (BayObLGE 1991, 186 = WE 1992, 170).

Daß **an den Räumen Eigentum** und folglich Sondereigentum möglich ist, wird von Junker in seiner Schrift „Die Gesellschaft nach dem WEG“ bestritten. Das ist unzutreffend; nähere Auseinandersetzung mit dieser Lehre Vor § 1 Rdn. 47. Entscheidend ist, daß der Wohnungseigentümer in bezug auf die im Sondereigentum stehenden Räume die dem Eigentümer in § 903 BGB zugewiesenen Rechte hat, nämlich im Rahmen der Gesetze, darunter insbes. der §§ 14, 15 WEG, mit ihnen nach Belieben zu verfahren und andere von jeder Einwirkung auszuschließen. Die rechtliche Verfügung ist allerdings durch § 6 WEG beschränkt; die tatsächliche Verfügung steht dem WEigtümer wie jedem Alleineigentümer zu. Keinesfalls hängt das Eigentum am „Raum“ in diesem Sinne davon ab, daß an den den Raum umgrenzenden Bauelementen ganz oder teilweise Sondereigentum besteht (ebenso Bärmann-Pick-Merle § 5 Rdz. 18, 27; Hurst a. a. O. S. 142).

Sondereigentum kann nur eingeräumt werden an **Räumen, die sonderrechtsfähig** sind; das ist nicht der Fall, wenn sie dem gemeinschaftlichen Gebrauch der Wohnungseigentümer dienen (§ 5 Abs. 2); so in BGH NJW 1991, 2909 – Sonderrechtsfähigkeit verneint für einen Stellplatz und einen Verbindungsflur, die den einzigen Zugang zur gemeinschaftlichen Heizanlage und zu den zentralen Versorgungseinrichtungen des Hauses darstellen. Dagegen kann nach OLG Hamm (WE 1992, 317) ein zusätzlicher Treppenabgang zu einem von der Gemeinschaft genutzten Keller zu Sondereigentum erklärt werden. Nach BayObLGE 1991, 165 = WE 1992, 145 können Räumlichkeiten, die den einzigen Zugang zu einem im Gemeinschaftseigentum stehenden Raum (Speicher) bilden, im Sondereigentum stehen, wenn der Raum seiner Beschaffenheit nach nicht dem ständigen Mitgebrauch aller Wohnungseigentümer dient.

Die Begründung von Sondereigentum muß mangels Vorliegens der **Voraussetzung eines „Raumes“** scheitern in bezug auf Terrassen ohne vertikale Begrenzung (OLG Köln OLGE 1982, 413 = Rpfleger 1982, 278), deshalb auch in bezug auf **offene Dachterrassen,** auch wenn sie einer Penthouse- oder Terrassenhauswohnung vorgelagert und zugeordnet sind (a. M. die Vorauflage, OLG Frankfurt Rpfleger 1975, 179; Alsdorf BIGBW 1977, 10). Das gleiche muß auch für **Stellplätze unter freiem Himmel auf einem Garagendeck** gelten, gleichgültig, ob dieses das ebenerdige Dach einer Tiefgarage (für diesen Fall Sondereigentumsfähigkeit verneint von OLG Frankfurt OLGE 1984, 32 = Rpfleger 1983, 482) oder das Dach eines Garagenge- 10 bäudes (für diesen Fall bejaht von OLG Köln Rpfleger 1984, 464) oder das Dach eines Kauf- oder eines Wohnhauses ist; wie hier MünchKomm-Röll § 3 Rdn. 35; Müller, Praktische Fragen, Rdn. 100; LG Aachen Rpfleger 1984, 184 m. abl. Anm. Sauren; grundsätzlich a. M. Merle Rpfleger 1977, 196; differenzierend Bärmann-Pick-Merle § 3 Rdn. 24. Jedenfalls kann die Frage für Terrassen und für Stellplätze nur einheitlich entschieden werden. Im Falle der Unwirksamkeit der Bestellung von Sondereigentum ist die Umdeutung in ein **Sondernutzungsrecht** möglich und geboten (§ 15 Rdn. 26). Wegen **ebenerdiger Terrassen** vgl. unten Rdn. 21.

11 **Balkone und Loggien** sind immerhin so weit kubisch umgrenzt, daß man sie allgemein als sondereigentumsfähig ansieht (MünchKomm-Röll § 5 Rdn. 3; Bärmann-Pick-Merle § 5 Rdn. 27; BayObLGE 1974, 269; BayObLG WEM 1980, 31; BayObLG DWEigt 1983, 123; OLG Frankfurt DWEigt 1983, 121), doch ist zu bedenken, daß eine Veränderung im Hinblick auf die äußere Gestaltung des Gebäudes kaum möglich und alle Konstruktionsteile einschließlich Isolierung, die für Bestand oder Sicherheit erforderlich sind, ohnehin einer Veränderung entzogen sind; wegen der Isolierschichten vgl. BGH NJW 1985, 1551; BayObLG DWEigt 1984, 93; BayObLG WE 1987, 155; BGH I Telex 1987/14/82.

2. Gewisse Bestandteile des Gebäudes

12 a) Zum Verständnis des Gesetzes ist, wie im Ansatz bereits Vor § 1 Rdn. 17ff. dargelegt, von den allgemeinen Grundsätzen, wie sie durch die §§ 93, 94 BGB und die *Rechtsprechung* aufgestellt sind, auszugehen. Hiernach gilt folgendes: Sachen, die mit dem Grund und Boden fest verbunden werden, insbesondere **Gebäude,** so auch z. B. das aus in die Erde eingelassenen Betonhöckern bestehende Fundament eines Fertighauses (BGH NJW 1978, 1311), werden nach **§ 93 BGB,** Sachen, die zur Herstellung eines Gebäudes in dieses eingefügt werden, nach **§ 94 Abs. 2 BGB** wesentliche Bestandteile des Gebäudes und damit des Grundstücks (§ 94 Abs. 1). Dieser Satz hat nach ständiger Rechtsprechung (RGZ 90, 201; 150, 25) selbständige Bedeutung neben § 93 BGB; d. h. es kommt nicht darauf an, ob die besonderen Voraussetzungen des § 93 (und des § 94 Abs. 1) erfüllt sind; es ist also nicht nötig, daß die eingefügten Sachen von dem Gebäude nicht getrennt werden können, ohne daß die eine oder das andere zerstört oder in ihrem Wesen verändert wird. Deshalb sind z. B. auch ein auf einem mit dem Grund und Boden festverbundenen Fundament aufgestelltes Fertighaus (BGH NJW 1978, 1311), oder eine ohne Fundament aufgestellte Fertiggarage (BayObLG 1989, 218), ferner Türen und Fenster trotz nur loser Verbindung wesentliche Bestandteile im Sinne des BGB (RGZ 60, 423; 62, 251) und demgemäß sonderrechtsunfähig im Sinne des § 93 BGB (vgl. Enneccerus-Nipperdey, Allgemeiner Teil § 125 II). In RGZ 150, 25 ist hierzu folgendes ausgeführt: „Soll eine Sache als zur Herstellung des Gebäudes eingefügt angesehen werden, so muß das Gebäude durch die Verbindung gerade mit dieser Sache zu dem geworden sein, was es darstellen soll und darstellt. Danach gehört zu den wesentlichen Bestandteilen im Sinne des § 94 Abs. 2 BGB nicht nur, was zur Herstellung einer jeden Baulichkeit notwendig ist, wie gewöhnliche Baumit-

telstücke, sondern auch, was durch seine Verarbeitung dem betreffenden Gebäude ein bestimmtes Gepräge, seine besondere Eigenart gegeben hat." Auch was nach Herstellung des Gebäudes, und sei es nur zu dessen Vervollkommnung, eingefügt wird, kann dadurch, wie in RGZ 158, 367 und RGWarn. 33, 21 ausgeführt ist, die Eigenschaft eines wesentlichen Bestandteils erlangen. Ob das der Fall ist, hängt von der **Verkehrsanschauung** ab (vgl. statt aller Palandt-Heinrichs § 94 Rdn. 2), die regional verschieden sein kann; so werden z. B. in Düsseldorf Einbauküchen nicht als wesentliche Bestandteile angesehen (OLG Düsseldorf OLGE 1983, 350). In jedem Falle aber muß es sich um Sachen handeln, die **zur Herstellung des Gebäudes eingefügt** werden. Das wird regelmäßig z. B. **für Heizungsanlagen** zutreffen (BGH NJW 72, 1187; vgl. auch BGH NJW 1979, 712 – noch nicht angeschlossener Heizkessel), ist aber nicht notwendig so; es kommen Fallgestaltungen vor, wo im Zusammenhang mit großen Wohnanlagen in einem im Teileigentum eines Bauträgers verbleibenden ober- oder unterirdischen Heizungsbauteil Heizungsanlagen eingerichtet werden, die nicht nur zur Versorgung der zur Anlage gehörenden Eigentumswohnungen, sondern auch außenstehender Dritter bestimmt sind und von dem Bauträger als gewerbliche Wärmeversorgungsanlagen betrieben werden. In solchen Fällen ist die Heizungsanlage nicht „zur Herstellung des Gebäudes" eingefügt, sie wird also wesentlicher Bestandteil des Gebäudes nur unter den Voraussetzungen des § 93 Abs. 1, andernfalls bleibt sie schlichtes Alleineigentum des Teileigentümers. Ist sie wesentlicher Bestandteil, dann kann sie **Gegenstand des Sondereigentums** sein, wenn sie gerade nicht „dem gemeinschaftlichen Gebrauch der WEigt" i. S. des § 5 Abs. 2 dient (dazu unten Rdn. 20, 24). Auf der Grundlage dieser Rechtssätze, die auch für Einfamilienhäuser und freistehende Einzelgaragen gelten, die einem Miteigentümer zu Sondereigentum zugewiesen sind (unten Rdn. 19), sind die Fragen, welche Bestandteile des Gebäudes Gegenstand des Sondereigentums sein können, ferner ob und zu welchem Zeitpunkt sie noch als Zubehör einzuordnen sind (vgl. zu letzterem BGH NJW 72, 1187 und unten Rdn. 30), zu beurteilen. Es ergibt sich hiernach folgendes:

b) Gegenstand des Einzeleigentums, sei es eines Wohnungseigentümers 13
oder eines Dritten, können zunächst alle diejenigen Bestandteile des Gebäudes sein, die **nicht wesentliche** im Sinne der §§ 93, 94 BGB sind; diese Bestandteile sind sonderrechtsfähig, wenn sie auch grundsätzlich das Schicksal der Hauptsache, des Grundstücks und Gebäudes teilen (vgl. RGZ 158, 367 betreffend Wandvertäfelung). Dabei handelt es sich aber, weil keine Abweichung von § 93 BGB vorliegt (§ 3 Abs. 1 WEG), **nicht um Sondereigentum** im Sinne des Gesetzes; daher ist insoweit auch § 6 WEG nicht anwendbar; so zutreffend auch BayObLG 69, 29 betreffend eine möglicherweise nicht zum wesentlichen Bestandteil gewordene Wasserleitung.

Vielmehr können „Sondereigentum" nur Bestandteile des Gebäudes sein, 14
die nach allgemeinem Recht **wesentliche Bestandteile** und deshalb sonderrechtsunfähig wären (vgl. § 3 Abs. 1: „abweichend von § 93 des Bürgerlichen Gesetzbuches"). Diese Bestandteile müssen **räumlich in Verbindung** mit den in Sondereigentum stehenden Räumen stehen („die zu diesen Räu-

men gehörenden Bestandteile“). Sie müssen ferner **verändert, beseitigt oder eingefügt** werden können, **ohne daß dadurch**

15 aa) **das gemeinschaftliche Eigentum** oder **das Sondereigentum** eines anderen Wohnungseigentümers über das nach § 14 zulässige Maß hinaus **beeinträchtigt** oder

16 bb) **die äußere Gestaltung des Gebäudes verändert wird** (dazu unten Rdn. 18).

Hierzu ist folgendes auszuführen:

17 **Zu aa)** Ob ein Gebäudebestandteil verändert, beseitigt oder eingefügt werden kann, ohne daß dadurch das gemeinschaftliche Eigentum oder das Sondereigentum eines anderen Wohnungseigentümers über das nach der **„goldenen Regel“** des § 14 Nr. 1 (dazu § 14 Rdn. 1) zu duldende Maß hinaus beeinträchtigt wird, hängt weithin von den **Umständen des Einzelfalles** ab. Bei den Beratungen des Gesetzes war erwogen worden, Beispiele für das anzuführen, was Gegenstand des Sondereigentums sein kann. Man ist davon abgekommen, weil dies so sehr Tatfrage ist, daß sich schlechthin allgemeingültige **Beispiele** schwer bilden lassen. Immerhin werden **im allgemeinen als Sondereigentum anzusehen** sein:

Innentüren, die nichttragenden Zwischenwände, die verändert werden können (dazu Sauren, Problematik der variablen Eigentumswohnungen, Darmstadt 1984), der Wand- und Deckenputz, der Fußbodenbelag (Parkett, Linoleum, Teppich), der Innenanstrich, Tapeten, Badewannen, Duschen, Waschbecken, eingebaute Wandschränke, Etagenheizung, Elektrospeicheröfen, Heizkörper der Zentralheizung, Wärmemengenzähler und Antennensteckdosen (OLG Köln DWEigt 1990, 108). Ferner die Teile der Einrichtungen für Gas, Wasser und Elektrizität, die nicht dem gemeinschaftlichen Gebrauch der Wohnungseigentümer dienen (dazu unten Rdn. 20), die Sprechanlage, soweit ihr Funktionieren nicht Voraussetzung für das Funktionieren der Hausanlage ist.

18 **Zu bb)** Teile des Gebäudes, durch deren Veränderung, Beseitigung oder Einfügung die **äußere Gestaltung** des Gebäudes verändert wird, sind **schlechthin** dem Sondereigentum entzogen, also nicht nur jenseits der Grenzen des § 14 Nr. 1 WEG gemeinschaftliches Eigentum; eine etwas weniger strenge Tendenz wird mglw. angedeutet in BayObLG DWEigt 1988, 108. Hierher gehören:

Fenster jeder Art und ihre Außen- wie ihre Innenseiten (BayObLG WEM 1982, 109; OLG Stuttgart WEM 1980, 36; OLG Hamm OLGE 1992, 174 = WE 1992, 82; LG Lübeck Rpfleger 1985, 490; OLG Bremen ITelex 1987/7/44; MünchKomm Röll § 5 Rdn. 7; abw. Bärmann-Pick-Merle § 5 Rdn. 36, die nur die Außenseite, nicht auch die Innenseite der Fenster dem gemeinschaftlichen Eigentum zurechnen wollen, was aber eine undurchführbare Unterscheidung ist

Schaufenster aus den gleichen Gründen

Fensterläden und Rolläden (für letztere a. M. LG Memmingen Rpfleger 1978, 101)

Außenjalousien (KG DWEigt 1985, 126, zu Unrecht die Möglichkeit abweichender Vereinbarung bejahend; BayObLG WE 1992, 232)

die Außenseite eines Gebäudes bestimmende Bauteile wie die **Außenfas-**

sade (OLG Bremen WE 1987, 162), **Balkone** und Loggien (BGH ITelex 1987/84/82);), Balkontüren (OLG Celle ITelex 1987/4/24), während Teile der Innenseite u. U. Sondereigentum sein können (vgl. BGH ITelex 1987/14/82); Zur Rechtsnatur des Plattenbelages auf Innenbrüstungen und bei hohen Innenwänden vgl. OLG Frankfurt OLGE 1989, 422 = DWEigt 1989, 107.

Markisen, wenn ihre Anbringung nicht den einzelnen überlassen ist.

Widerrechtlich angebrachte Bauteile, wie z. B. eine Loggia-Verglasung (BayObLG DWEigt 1983, 123; OLG Stuttgart WEM 1980, 36) oder eine Mauer auf der Terrasse (BayObLG DWEigt 1984, 62), deren Einfügung das äußere Bild verändert, können nicht Sondereigentum werden und müssen beseitigt werden, soweit sich nicht etwa aus § 22 Abs. 1 S. 2 etwas anderes ergibt (vgl. z. B. OLG Köln NJW 1981, 585 – Thermopane-Fenster).

III. Was kann nicht Gegenstand des Sondereigentums sein?

1. Teile des Gebäudes, die für dessen Bestand oder Sicherheit erforderlich sind, können keinesfalls Gegenstand des Sondereigentums sein; Veränderungen hieran sind auch dann nicht zulässig, wenn dadurch eine im Sinne des Abs. 1 wesentliche Beeinträchtigung nicht verursacht würde. Hiernach sind z. B. die **gesamten tragenden Teile des Gebäudes,** also die Fundamente, die tragenden Mauern (LG Bremen ITelex 1986/26/155), für die statischen Verhältnisse des Gebäudes wesentliche Balken- und Trägerkonstruktionen, das Dach, die Schornsteine, die konstruktiven Bestandteile eines Balkons (BayObLG 1991, 257 = NJW-RR 1990, 116), Balkonbrüstungen (BayObLG WE 1991, 22), Dämmschichten auf einer Dachterrasse (BayObLG 1992, 203 – anders die obenliegende Humusschicht; ebenso BayObLGE 1992, 139) schlechthin gemeinschaftliches Eigentum und gehören auch insoweit nicht zum Sondereigentum, als sie die im Sondereigentum stehenden Räume umschließen. Dies hat auch dann zu gelten, wenn ein oder mehrere **Einfamilienhäuser** (BGHZ 50, 56) oder eine freistehende Garage (OLG Karlsruhe WEM 1978, 58) in der Rechtsform des Wohnungseigentums errichtet werden (vgl. dazu § 3 Rdn. 71); die gegenteilige Auffassung des OLG Köln (NJW 1962, 156 = DNotZ 1962, 210 m. A. Weitnauer) und des OLG Frankfurt/M. (NJW 1963, 814 m. A. Diester), die zu einer unserem Recht fremden Trennung des Eigentums am Gebäude vom Eigentum am Grundstück führt und auch mit den Grundsätzen der Gemeinschaft unvereinbar ist, ist überholt. Die Frage ist aufgrund eines Vorlagebeschlusses des OLG Schleswig (NJW 1967, 2080) vom BGH i. S. der hier vertretenen Auffassung entschieden worden (BGHZ 50, 56; vgl. auch BayObLG 1966, 20 = MDR 1966, 413 und § 3 Rdn. 72). Für den Bestand und die Sicherheit des Gebäudes erforderlich und deshalb zwingend gemeinschaftliches Eigentum sind insbes. auch der **schwimmende Estrich** (OLG München Rpfleger 1985, 437) und **Isolierschichten** am Flachdach (OLG Frankfurt OLGE 1987, 23), an tragenden Wänden (BayObLGE 1982, 203), an Böden (BayObLG DWEigt 1984, 93), an Terrassen und Balkonen (BGH NJW 1985, 1551; OLG Frankfurt WEigt 1986, 141; BayObLG 6. 11. 1986 ITelex 1987/4/21; 19

OLG Oldenburg DWEigt 1984, 28), Schichten zur Feuchtigkeitsisolierung und Wärmedämmung unter einer Dachterrasse (BayObLG WE 1990, 183 = NJW-RR 1989, 1293), die im Bereich von Balkonen zurückspringenden Außenwände einschl. der Fensterlaibungen, die aus Sichtbeton bestehenden Decken der Balkone, Balkongitter und Seitenwände, die Innenseiten der aus Sichtbeton bestehenden Balkonbrüstungen (OLG Düsseldorf WE 1991, 331).

20 **2. Anlagen und Einrichtungen, die dem gemeinschaftlichen Gebrauch der Wohnungseigentümer dienen:** also z. B. das Treppenhaus, Zugangsräume zu gemeinschaftlichen Räumen (BayObLGE 1986, 26 = DNotZ 1986, 494; dazu Röll DNotZ 1986, 706, nicht zu Recht kritisch) oder zu im Sondereigentum verschiedener Wohnungseigentümer stehenden Kellerräumen (BayObLG DNotZ 1981, 123) oder ein Vorflur (OLG Hamm OLGE 1986, 415), gemeinschaftliche Speicherräume, ein Fahrstuhl, gemeinschaftl. Kellerausgang (BayObLG MittBayNot 1980, 212), eine Gemeinschaftsantenne; ferner alle Einrichtungen für die Versorgung mit Wasser, Gas, Elektrizität, die Zentralheizung. Bei letzteren Einrichtungen ergibt sich eine Einschränkung daraus, daß sie möglicherweise Gegenstand des Sondereigentums sein können, wenn und – wie zu ergänzen ist – soweit sie nicht dem gemeinschaftlichen Gebrauch der Wohnungseigentümer dienen. Dies trifft zu für Leitungen, die lediglich die im Sondereigentum stehenden Räume versorgen; näher hierzu unten Rdn. 25 und für Leitungen von der Abzweigung der gemeinschaftlichen Hauptleitung an; solche Leitungen können also zum Sondereigentum gehören, soweit sie nicht etwa deshalb sonderrechtsunfähig sind, weil ihre Veränderung oder Beseitigung zu Beschädigungen des gemeinschaftlichen Eigentums führen würde, die das nach § 14 zu duldende Maß überschreiten. Hier ist es Aufgabe der Architekten, durch zweckmäßige Verlegung der Leitungen und Einrichtungen klare tatsächliche Verhältnisse zu schaffen, insbesondere nach Möglichkeit gemeinschaftliche Leitungen nicht durch Sondereigentumsräume und Leitungen für eine bestimmte Sondereigentumswohnung nicht durch das Sondereigentum eines anderen Wohnungseigentümers zu führen. **Heizungsanlagen** müssen nicht notwendig dem gemeinschaftlichen Gebrauch der Wohnungseigentümer dienen, also nicht notwendig gemeinschaftliches Eigentum sein; vgl. unten Rdn. 24.

21 **3. Außerhalb des Gebäudes liegende Grundstücksflächen** können nicht Gegenstand des Sondereigentums sein, sondern nur im gemeinschaftlichen Eigentum stehen. So zutreffend (für Kfz-Abstellplätze im Hof eines Gebäudes) OLG Karlsruhe MDR 72, 516, für einen Stellplatz im Freien, auch wenn er mit 4 Eckpfählen versehen und überdeckt ist, BayObLGE 1986, 29; ferner OLG Celle Rpfleger 1975, 179. Wollte man Sondereigentum hieran zulassen, so würde dies eine neue Art der realen Teilung von Grundstücken bedeuten; deshalb ist von einer solchen Erstreckungsmöglichkeit abgesehen (anders beim Dauerwohnrecht, § 31 Abs. 1 Satz 2). Möglich ist aber die Einräumung von Sondernutzungsrechten (§ 15 Rdn. 25ff.); im Zweifel wird das gemeint sein, wenn im Aufteilungsplan oder in der Teilungsvereinbarung (§ 3 Abs. 1 WEG) von Sondereigentum an Stellplätzen und dergl. gesprochen wird (BayObLG DWEigt 1988, 108). Bei Nebengebäuden, die auf dem gemein-

schaftlichen Grundstück errichtet sind, besteht die Möglichkeit der Einräumung von Sondereigentum; z. B. kann, wenn einige Garagen am Rande eines Hofraums erbaut werden, an diesen Garagen einzelnen Wohnungseigentümern Sondereigentum eingeräumt werden (vgl. LG Köln NJW 61, 322). Es ist aber auch möglich, diese Garagen im gemeinschaftlichen Eigentum zu belassen und für Rechnung der Gemeinschaft zu vermieten. Zur Frage des Sondereigentums an Terrassen und Stellplätzen „auf dem Garagendeck" vgl. oben Rdn. 10. An **ebenerdigen Terrassen,** die in dem Gebäudekomplex einbezogen und durch einen Balkon des darüberliegenden Stockwerks oder in ähnlicher Weise überdacht sind, ist Sondereigentum nicht für möglich zu halten, weil es am Erfordernis des Raums fehlt (abw. die Vorauflage und mglw. auch BayObLG DWEigt 1984, 30; näher hierzu § 3 Rdn. 19).

4. Sondereigentum kann – was selbstverständlich ist – nicht begründet werden an Gebäuden oder Gebäudeteilen, die **außerhalb der Grenzen des** gemeinschaftlichen Grundstücks liegen – vorbehaltlich der § 3 Rdn. 7 erörterten Besonderheiten; instruktiv der „Rampenfall" (BayObLG Rpfleger 1979, 420; vgl. ferner BayObLG DWEigt 1984, 307; OLG Celle Rpfleger 1975, 179). 22

5. **Streitigkeiten** darüber, ob ein Gebäudeteil zum gemeinschaftlichen Eigentum oder zum Sondereigentum gehört, werden nach bisher h. M., weil sie nicht aus dem Gemeinschaftsverhältnis entspringen, nicht im FGG-Verfahren der §§ 43ff. sondern im Zivilprozeß entschieden; daran sollte aber nicht festgehalten werden (vgl. § 43 Rdn. 8). 23

IV. Besondere Fälle

1. **Heizungsanlagen**, sofern sie wesentliche Bestandteile des Gebäudes sind (dazu oben Rdn. 12), stehen, wenn und weil sie Einrichtungen sind, die dem gemeinschaftlichen Gebrauch der Wohnungseigentümer dienen, grundsätzlich im **gemeinschaftlichen Eigentum** (§ 5 Abs. 2 WEG; so auch OLG Zweibrücken ZMR 1984, 33). Die Frage ist nur, unter welchen Voraussetzungen eine **Ausnahme** dann anzuerkennen ist, wenn ein Teileigentümer (insbes. der Bauträger) die Anlage in seinem Teileigentum betreibt und die Energie gegen Entgelt an die Wohnungseigentümer liefert (vgl. dazu Diester Rpfleger 1972, 450; LG Bayreuth Rpfleger 1973, 401). Die Frage ist **vom BGH wie folgt entschieden** worden: Die Anlage kann im Sondereigentum stehen, wenn sie dafür bestimmt und ausgelegt ist, außer den Wohnungs-(Teil)-eigentümern der Anlage auch Außenstehende zu beliefern (so BGH NJW 1975, 688). Dagegen ist die Sondereigentumsfähigkeit verneint worden von BGHZ 73, 302 für den Fall, daß die Anlage ausschließlich Wohnungen und sonstige Raumeinheiten der Wohnungseigentümergemeinschaft selbst versorgt ohne Rücksicht darauf, ob sie von den Wohnungseigentümern selbst auf gemeinschaftliche Rechnung oder von dem Teileigentümer, in dessen Teileigentum die Heizanlage sich befindet, betrieben wird; dem hat sich BayObLG Rpfleger 1980, 230 angeschlossen. Dieser Auffassung, die auch von Erman-Ganten § 5 Rdn. 12 und von Bärmann-Pick-Merle § 5 24

Rdn. 33 geteilt wird, kann aber nicht zugestimmt werden. Die Wohnungseigentümer sind nicht verpflichtet, ihre Heizung selbst zu betreiben, sie können die Energie von dritter Seite beziehen. Wenn ein Teileigentümer die Erzeugung und Belieferung übernimmt, steht er einem Außenstehenden gleich, die Heizungsanlage dient dann gerade nicht dem gemeinschaftlichen Gebrauch der Wohnungseigentümer und fällt deshalb nicht unter § 5 Abs. 2 WEG. Auch wirtschaftlich ist es, wenn der Teileigentümer auf seine Kosten die Anlage errichtet hat, wenig sinnvoll, sie dem gemeinschaftlichen Eigentum zuzurechnen; das zeigt sich gerade in dem in BGHZ 73, 302 gegebenen Fall des Konkurses des Teileigentümers, wo das Teileigentum samt der Heizungsanlage als Einheit zur Konkursmasse muß gezogen werden können und diese nicht auf Ausgleichsansprüche gegen die Gemeinschaft verwiesen werden sollte. Die Verpflichtung zum Bezug der Energie von dem Teileigentümer kann in der Gemeinschaftsordnung begründet werden (§ 15 Rdn. 41). In den Versorgungsverträgen kann die ordentliche Kündigung ohne zeitliche Beschränkung ausgeschlossen werden (BGH NJW 1975, 1268). Ist die Heizungsanlage ein gegenüber den anderen Gebäuden selbständiger Bauteil, dann kommen noch die Grundsätze von BGHZ 50, 56 in Betracht (dazu § 3 Rdn. 72). Zu dem gesamten Problem ausführlich Hurst DNotZ 1984, 66/140. Räume, in denen sich die Heizungsanlage befindet, sowie Räumlichkeiten, die den Zugang zum Heizungsraum ermöglichen, sind im Regelfall notwendig gemeinschaftliches Eigentum (BayObLG WE 1993, 254 = DWEigt 1992, 76; abw. Röll RPfleger 1992, 94, der aus § 5 Abs. 2 den Gegenschluß ziehen will, daß Gemeinschaftsanlagen sich in Sondereigentumsräumen befinden könnten). Wegen der Leitungen vgl. nächste Rdn 25.

25 2. Die Zuordnung von **Wasser- und Abwasserleitungen, Strom- und Gasleitungen, Fernheizungs- und Entlüftungsanlagen** macht besondere Probleme.

Sicher ist, daß die Hauptleitungen von der Abnahmestelle am öffentlichen Netz an Anlagen oder Einrichtungen sind, die dem gemeinsamen Gebrauch der Wohnungseigentümer dienen und folglich im gemeinsamen Eigentum stehen und stehen müssen. Ebenso ist davon auszugehen, daß die Leitungen von der Hauptleitung an bis zu den einzelnen Eigentumswohnungen, wenn sie nur im gemeinschaftlichen Eigentum oder im Sondereigentum des Empfängers verlaufen, Sondereigentum sind (BayObLG WE 1989, 147 = DWEigt 1989, 37). Das gleiche gilt für Leitungen einer Etagenheizung innerhalb einer Eigentumswohnung. Allerdings hat das BayObLG in einem Beschluß vom 12. 11. 1992 (WE 1994, 21) entschieden, daß Energieleitungsrohre, die im Treppenhaus von der Steigleitung abzweigen und durch die Mauer des Treppenhauses zu einer Eigentumswohnung geführt werden, im gemeinschaftlichen Eigentum stehen; dem ist nicht zu folgen, festzuhalten ist an der Beurteilung in BayObLG 1989, 147.

26 Gehen Leitungen für eine einzelne Wohnung **durch fremdes Sondereigentum**, so ändert das nichts daran, daß sie im Sondereigentum stehen (BayObLG WE 1989, 147). Der abweichenden Ansicht des OLG Stuttgart (DWEigt 1989, 144) und des KG (WE 1989, 97) ist nicht zu folgen. Der

Umstand, daß fremdes Sondereigentum berührt wird, bedeutet nicht, daß die Leitungen dem gemeinschaftlichen Gebrauch der Wohnungseigentümer dienen. Die Sonderrechtsunfähigkeit kann aber daraus folgen, daß die Veränderung oder Beseitigung der Leitungen zu Beschädigungen des gemeinschaftlichen Eigentums führen kann, die das nach § 14 WEG zu duldende Maß überschreiten. Dies wird allerdings bei nur vorübergehenden Störungen nur mit Vorsicht zu bejahen sein. Aufgabe des Architekten wird es sein, durch zweckmäßige Verlegung der Leitungen einfache tatsächliche Verhältnisse zu schaffen.

3. Ein **Schwimmbad mit Sauna** kann Gegenstand eines selbständigen Teileigentums sein, die vom BGH in Bezug auf Heizungsanlagen gesehenen Probleme (vorstehend Rdn. 24) kommen hier keinesfalls in Betracht (so mit Recht BGH NJW 1981, 455), die Frage, ob und welchen Nutzungsberechtigten das Teileigentum zugeordnet werden soll, kann also rein nach Zweckmäßigkeit entschieden werden. 27

4. Für die Regelung der **Rechtsverhältnisse an Sammelgaragen, insbes. Tiefgaragen** stehen verschiedene Wege zur Verfügung: Die ganze Tiefgarage kann im gemeinschaftlichen Eigentum belassen werden, dann stellt sich das Problem des Sondereigentums nicht, die Zuordnung von Stellplätzen kann durch Sondernutzungsrechte gem. § 15 Abs. 1 WEG oder auch durch die Bestellung von Dienstbarkeiten (§ 3 Rdn. 115ff.) geregelt werden. An einer Tiefgarage kann aber auch Sondereigentum begründet werden, und zwar entweder in der Weise, daß die ganze Garage den Gegenstand eines einzigen Sondereigentums, verbunden mit einem einzigen Miteigentumsanteil bildet (so der Fall BayObLG WE 1994, 177, kein Sondereigentum an der Auffahrtrampe und den sie seitlich eingrenzenden Wänden), oder in der Weise, daß so viele Miteigentumsanteile gebildet werden wie Stellplätze vorhanden sind, und mit jedem das Sondereigentum an einem Stellplatz unter Ausnutzung der Möglichkeit des § 3 Abs. 2 S. 2 verbunden wird. In den beiden letztgenannten Fällen gilt ebenso wie sonst, daß Gegenstand des Sondereigentums die betreffenden Räume und möglicherweise unter § 5 Abs. 1 fallende Bestandteile des Gebäudes sind. Die tragenden Konstruktionsteile sind notwendig gemeinschaftliches Eigentum (§ 5 Abs. 2); desgleichen sind Zu- und Abfahrten, überdacht oder nicht, Fußgängertreppen und dergl. notwendig gemeinschaftliches Eigentum. Gleiches gilt für die Garagendecke, mag sie bepflanzt oder als Stellplatz verwendet werden. Die Begründung von Sondereigentum **an dem nicht überdachten Oberdeck eines Garagenbaues** für Stellplätze gem. § 3 Abs. 2 S. 2 WEG ist nach der hier vertretenen Meinung (oben Rdn. 10) nicht möglich. Bestimmungen in der Teilungserklärung, wonach allein diejenigen Teilhaber der Gemeinschaft, die einen Stellplatz haben, an den Kosten beteiligt werden (§ 16 Abs. 2 WEG), sind zulässig und zweckmäßig. 28

5. An **Doppelstockgaragen** kann Sondereigentum wie an anderen Garagen begründet werden. Nicht möglich ist aber die Einräumung von Sondereigentum an je einem der beiden Stellplätze, weil der über je einem der durch das Hebewerk geschaffenen Stellplätze befindliche Raum kein sonderrechtsfähiger „Raum" i. S. von § 5 Abs. 1, § 3 Abs. 2 S. 2 WEG ist (so mit Recht 29

BayObLG; 74, 466 ebenso OLG Düsseldorf, MittRheinNotK 1978, 85; vgl. auch Noack Rpfleger 1976, 3). Das BayObLG a. a. O. hat aber eine elegante Lösung des Problems gefunden, indem es eine Vorratsteilung des Teileigentums an der Garage in gewöhnliche Miteigentumsanteile zugelassen hat; jedem Miteigentumsanteil wird dann kraft Gebrauchsregelung (§ 1010 Abs. 1 BGB, nicht § 15 WEG!) je ein Stellplatz zur Benützung zugewiesen, die Miteigentumsanteile werden analog § 3 Abs. 3 GBO a. F. dem jeweils „herrschenden" Wohnungseigentum „beigeschrieben", ohne ein eigenes Grundbuchblatt zu erhalten (BayObLG 74, 466), die Gemeinschaft ist eine schlichte Rechtsgemeinschaft i. S. der §§ 741 ff.; Klarstellung hierzu in BayObLGZ 1994 Nr. 38.

30 6. **Baumaterial,** das seiner Beschaffenheit nach mit dem Einbau wesentlicherBestandteile des gemeinschaftlichen Eigentums oder von Sondereigentum wird, hat i. d. R. vor seiner Anlieferung auf die Baustelle bis zum endgültigen Einbau die Eigenschaft von Zubehörstücken. Wegen der rechtl. Folgen im Falle der Versteigerung vgl. BGH NJW 72, 1187.

V. Vereinbarungen (Abs. 3)

31 Die Wohnungseigentümer können vereinbaren, daß Bestandteile des Gebäudes, die im Sondereigentum stehen können, **gemeinschaftliches Eigentum** sein sollen, z. B. die Abschlußtüren der einzelnen Wohnungen; eine **umgekehrte Regelung ist dagegen nicht möglich.** Es wird sich namentlich in zweifelhaften Fällen empfehlen, von der Möglichkeit solcher Vereinbarungen Gebrauch zu machen. Vgl. im übrigen auch § 3 Rdn. 69. Die Vereinbarung erlangt sachenrechtliche Wirkung – Überführung des bisher in Sondereigentum stehenden Gegenstandes in Miteigentum – erst durch die Eintragung im Grundbuch (§ 7 Abs. 3; Bezugnahme auf die Eintragungsbewilligung genügt); der Erwerber des so veränderten Wohnungseigentumsrechts erwirbt dieses dann in dieser Gestalt. Abweichend Bärmann-Pick-Merle § 5 Rdz. 70, der Bindung entsprechend § 10 Abs. 2 annimmt; für solche Analogie ist aber kein Raum.

B. Inhalt des Sondereigentums (§ 5 Abs. 4)

I. Allgemeines

32 § 5 WEG sagt über die **Rechtsstellung, welche das Sondereigentum verleiht,** nichts aus. Es ist insoweit auf § 13 Abs. 1 zu verweisen, wo ausgesprochen ist, daß der Wohnungseigentümer in bezug auf das Sondereigentum die Stellung eines Alleineigentümers hat. Er kann also in den durch dieses und andere Gesetze gezogenen Schranken beliebig darüber verfügen, z. B. eine Trennwand einfügen oder, wenn die tragende Konstruktion nicht berührt wird (diese Voraussetzung wird von Bärmann-Pick-Merle § 5 Rdn. 76 bei ihrer Kritik wohl übersehen), eine Verbindung zwischen zwei Stockwerken

herstellen, die beide in seinem Sondereigentum stehen, Einrichtungen einbauen oder beseitigen und dergleichen. Damit ist also ein *Zugriff auf die Substanz* erlaubt, den ein bloßes Benutzungsrecht nicht gewähren könnte. Darüber hinaus kommt dem Wohnungseigentümer der Wert der auf das Sondereigentum gemachten Aufwendungen auch bei Aufhebung der Gemeinschaft zugute, ebenso wie ihm Verschlechterungen zur Last fallen (§ 17). Schäden am Sondereigentum gehen zu Lasten des Wohnungseigentümers und nicht zu Lasten der Gemeinschaft. Über die Frage, wie sich das Verhältnis gestaltet, wenn das Sondereigentum Schäden durch schadhaftes gemeinschaftliches Eigentum erleidet, vgl. § 13 Rdn. 5, § 21 Rdn. 48.

II. § 5 Abs. 4

§ 5 Abs. 4 gibt einen an dieser Stelle lediglich der Vervollständigung des Bildes dienenden **Hinweis** auf die Möglichkeit, **Vereinbarungen über das Verhältnis der Wohnungseigentümer untereinander** – also die heute allgemein so genannte „Gemeinschaftsordnung" – i. S. des § 10 Abs. 1 Satz 2 WEG durch Eintragung im Grundbuch **zum „Inhalt des Sondereigentums" zu machen** und ihnen dadurch Wirkung gegen einen Sondernachfolger, also den rechtsgeschäftlichen Erwerber von Wohnungseigentumsrechten, zu verleihen. Wenn in diesem Zusammenhang davon gesprochen wird, den Vereinbarungen werde „dingliche Wirkung beigelegt" (so Bärmann-Pick-Merle § 5 Rdz. 70), sie würden „verdinglicht" (so Bärmann-Pick-Merle Einl. Rdz. 657), so ist das gewiß nicht unrichtig, wenn man darunter (so auch Bärmann-Pick-Merle § 5 Rdz. 70) nichts anderes versteht, als daß sie auch gegenüber Sondernachfolgern verbindlich sind. **„Verdinglicht"** sind sie insofern, als sie für die jeweiligen Teilhaber der Wohnungseigentümergemeinschaft, also die jeweiligen Wohnungseigentümer, verbindlich sind, die Rechte und Pflichten also an die Stellung als Wohnungseigentümer gebunden sind. Bedenken gegen den Sprachgebrauch können nur bestehen, wenn durch das Wort „dinglich" Vorstellungen geweckt werden, durch welche den durch die Vereinbarungen begründeten Rechten, insbes. Gebrauchsrechten i. S. des § 15 Abs. 1 WEG – sog. „Sondernutzungsrechten" – sachenrechtlicher Charakter beigelegt wird, was zu Irrtümern führen kann; näher hierzu bei § 10 Rdn. 28, § 15 Rdn. 25ff. (Weitnauer WE 1994, 60). Den Vereinbarungen stehen gleich die in der **Teilungserklärung nach § 8 einseitig von dem Teilenden getroffenen Bestimmungen** über die Gemeinschaftsordnung, sobald sie nach Entstehung einer Wohnungseigentümergemeinschaft die Rechtsverhältnisse unter den Teilhabern regeln; das ergibt sich aus der Verweisung auf § 5 Abs. 4 in § 8 Abs. 2 Satz 1. 33

Daß die Vereinbarungen als **„Inhalt des Sondereigentums"** nicht, wie das § 1010 Abs. 1 BGB vorschreibt, als „Belastung" der Miteigentumsanteile im Grundbuch eingetragen werden (zu § 1010 vgl. BayObLG Rpfleger 1979, 420), schließt technisch an die ErbbauVO an; sie haben keinen Rang, bestimmen den Inhalt des Sondereigentums und damit des Wohnungseigentums, Änderungen unterliegen dem Zustimmungserfordernis der **§§ 877, 876 BGB;** näher § 10 Rdn. 50. 34

35 Man kann vielleicht darüber streiten, ob die Vereinbarungen der Wohnungseigentümer über ihr Verhältnis untereinander nicht eher unter dem Gesichtspunkt des Miteigentums betrachtet und zum Inhalt des Wohnungseigentums hätten gemacht werden sollen. Daß dies nicht geschehen ist, beruht auf der Erwägung, daß dann bei der Eintragung im Grundbuch zwischen dem Gegenstand des Sondereigentums und dem Inhalt des Wohnungseigentums hätte unterschieden werden müssen. Diese Unterscheidung hätte keinen Nutzen, wohl aber vielleicht Verwirrung stiften können. Sachlich ist es bedeutungslos, unter welcher Bezeichnung man die Vereinbarungen in das Grundbuch einträgt. Wesentlich ist nur, daß diese Vereinbarungen nicht als Belastung, sondern als Inhalt des Rechtes aufzufassen sind und auch als solche im Grundbuch erscheinen (§ 10 Rdn. 46).

C. Nachbareigentum

36 Außer dem gemeinschaftlichen Eigentum und dem Sondereigentum wird man in den Gebäuden mit Wohnungseigentum noch mit einer dritten Form des Eigentums zu rechnen haben, einem „Nachbareigentum". Ein solches entsteht dann, wenn trennende Gebäudeteile, z. B. eine Zwischenwand, nicht zum gemeinschaftlichen Eigentum im Sinne des Abs. 2 gehören, wenn sie also, falls sie im Bereich des Sondereigentums eines einzigen Wohnungseigentümers liegen würden, dessen Sondereigentum wären. Bei solchen Gebäudeteilen wird man annehmen können, daß sie im „Mit-Sondereigentum" der beiden beteiligten Wohnungseigentümer stehen (offengelassen in OLG Düsseldorf Rpfleger 1975, 308, zutreffend bejaht von OLG Zweibrücken WE 1987, 60 für den Fall, daß ein Rohrstück vor der Hauptleitung die Abwasserleitungen von zwei Eigentumswohnungen aufnimmt), für das Verhältnis der beiden Nachbarn untereinander wird man wohl § 922 BGB zur entsprechenden Anwendung heranziehen können. Die besonderen sachenrechtlichen Probleme der Kommunmauer können hier nicht auftreten, weil die Mauern nicht wesentliche Bestandteile des Grundstücks werden. Insoweit besteht heute wohl allgemeine Übereinstimmung (vgl. Bärmann-Pick-Merle § 5 Rdz. 66; die von Karstädt BlGBW 1962, 137 und 1966, 51 erhobenen Bedenken haben nicht überzeugt); im Ergebnis ebenso Matthäi S. 25 ff., ohne Lösung des Sachproblems Wienicke § 5 Anm. 3.

37 **Darüber hinaus kann es** an Teilen oder Einrichtungen des Gebäudes, auch wenn sie nur dem Gebrauch durch einen Teil der Wohnungseigentümer aus tatsächlichen oder rechtlichen Gründen zur Verfügung stehen, – so etwa Fahrstühle, Aufzüge, Treppenhäuser, Schwimmbäder, ein besonderes **„Mitsondereigentum"**, „dinglich verselbständigte Untergemeinschaften" **nicht geben** (so auch OLG Düsseldorf Rpfleger 1975, 308; OLG Hamm OLGE 1986, 415 abw. LG Kempten, MittBayNot 1975, 166); näher hierzu § 3 Rdn. 32.

§ 6 Unselbständigkeit des Sondereigentums

(1) **Das Sondereigentum kann ohne den Miteigentumsanteil, zu dem es gehört, nicht veräußert oder belastet werden.**

(2) **Rechte an dem Miteigentumsanteil erstrecken sich auf das zu ihm gehörende Sondereigentum.**

1. § 6 bringt die **enge rechtliche Verbindung zwischen Sondereigentum und Miteigentumsanteil,** aus der sich das Wohnungseigentum ergibt, zum Ausdruck. Miteigentum und Sondereigentum bilden eine **rechtliche Einheit;** die Frage aufzuwerfen, welche der beiden Komponenten die wichtigere ist, erscheint müßig. Da Wohnungseigentum, wie wiederholt ausgeführt (Vor § 1 Rdn. 21ff.; § 3 Rdn. 83), **ein besonders ausgestaltetes Miteigentum** ist, ist die Grundlage der rechtlichen Behandlung der Miteigentumsanteil; davon gehen die §§ 3, 8 ebenso wie hinsichtlich der grundbuchmäßigen Behandlung § 7 WEG aus. Ob man daraus den Schluß auf eine „Prädominanz" des Miteigentums ziehen oder die Gleichwertigkeit der beiden Elemente betonen will, rechtliche Konsequenzen ergeben sich aus dieser solange nicht, als man nicht, wie Merle (vgl. Vor § 1 Rdn. 46), daraus Folgerungen für die Rechtsnatur des Wohnungseigentums ableitet, die ihm den Charakter des Eigentums an einem Grundstück nehmen. § 6 stellt klar, was die in § 1 WEG angesprochene „Verbindung" von Sondereigentum und Miteigentum bedeutet: Das Objekt rechtlicher Verfügungen ist der Miteigentumsanteil (Abs. 2), der den Regeln für das (Allein-)Eigentum an Grundstücken folgt; die Verfügungen erstrecken sich kraft Gesetzes auf das zugehörige Sondereigentum, während selbständige Verfügungen über das Sondereigentum allein nicht möglich sind (Abs. 1). Das gilt uneingeschränkt allerdings nur für Verfügungen im Verhältnis zwischen Wohnungseigentümern und außerhalb der Wohnungseigentümergemeinschaft stehenden Dritten. Im Verhältnis der Wohnungseigentümer untereinander sind Verfügungen über die Miteigentumsanteile allein (Änderung der Quoten) wie auch über das Sondereigentum (Änderungen in bezug auf dessen Gegenstand) möglich (dazu Vor § 1 Rdn. 60ff.; § 3 Rdn. 98ff.; § 4 Rdn. 4; nachstehend Rdn. 4). **§ 6 ist zwingend,** weil sachenrechtlicher Natur; die in § 10 Abs. 1 Satz 2 anerkannte Parteiautonomie betrifft lediglich das Gemeinschaftsverhältnis (§ 10 Rdn. 26) und ist hier nicht einschlägig. 1

2. Abs. 1 bestimmt, daß das Sondereigentum ohne den Miteigentumsanteil, zu dem es gehört, nicht veräußert oder belastet werden kann. Es kann also z. B. nicht für sich verpfändet oder gepfändet werden. Wohl aber sind natürlich tatsächliche Verfügungen möglich, durch die das Sondereigentum aus seiner Verbindung mit dem Gebäude gelöst wird. In diesem Fall kann über es dann auch rechtlich verfügt werden. Wenn also z. B. eine nicht tragende Zwischenwand entfernt wird, können die Steine einem Dritten übereignet werden. 2

Andererseits macht § 6 Abs. 1 es *unmöglich, Sondereigentumsräume ohne Miteigentumsanteil* auf einen Dritten zu übertragen. Dies gilt auch bei Teilung 3 (vgl. § 3 Rdn. 98ff.); in einem solchen Fall muß der Wohnungseigentümer, der – *Abgeschlossenheit vorausgesetzt* – einen zu seinem Sondereigentum gehörenden Raum in das Eigentum eines Dritten überführen will, auch einen Teil seines Miteigentumsanteils auf diesen übertragen. Unmöglich und unwirksam ist es auch, den gesamten Miteigentumsanteil ohne das gesamte zugehörige Sondereigentum zu übertragen (BayObLG DNotZ 1986, 86) oder bei einer **Unterteilung** Miteigentum ohne Sondereigentum – „isolierter Miteigentumsanteil" – oder Sondereigentum ohne Miteigentumsanteil übrig zu lassen (näher hierzu § 3 Rdn. 61). Eine Veränderung lediglich der Miteigentumsquoten ist möglich (BayObLG DNotZ 1983, 752; vgl. Vor § 1 Rdn. 61).

4 Eine Ausnahme ist für den Fall zu machen, daß *zwischen zwei Wohnungseigentümern* Verfügungen über einen Raum vorgenommen werden, ohne daß dadurch die Miteigentumsquote verändert werden soll. Ist dies unter Beachtung des § 3 Abs. 2 möglich, so wird die Übertragung auch ohne Verfügung über den Miteigentumsanteil zulässig sein. Beispiele hierfür geben das Muster 1 zur WGBV und OLG Celle DNotZ 1975, 42; OLG Schleswig SchlHAnn 1977, 203). Daß man sich den Vorgang, wie Hurst (DNotZ 68, 131, 149) meint, dreistufig in der Weise vorzustellen habe, daß zunächst das bisherige Sondereigentum aufgehoben werde, wodurch vorübergehend wieder Miteigentum entstehe, und dann erneut Sondereigentum, nun in Verbindung mit dem Miteigentumsanteil des Erwerbers, begründet werde, halte ich weder für nützlich noch für zwingend. Wenn das WEG Sondereigentum zuläßt, dann muß es in den durch die Natur des Rechtsinstituts gezogenen Schranken (§ 6) auch Verfügungen darüber einschließlich der Übertragung ermöglichen. Bei selbständigen Belastungen des Wohnungseigentums wäre dann aber noch die Zustimmung des dinglich Berechtigten erforderlich (§§ 877, 876 BGB). Dabei ist noch zu bedenken, daß Veränderungen der Wohnfläche in der Regel auch eine Veränderung des **Anteils an den Kosten und Lasten** zur Folge haben müssen, der seinerseits wieder, soweit keine abweichende Regelung besteht, von der Miteigentumsquote abhängt. Solche Verfügungen über das Sondereigentum werden also regelmäßig doch auch nur in Verbindung mit einer Teilverfügung über den Miteigentumsanteil vorkommen; wäre dies einmal nicht der Fall, so beim Tausch gleichwertiger Kellerräume oder Garagen, so wären für die Übertragung die Formvorschriften des § 4 zu beachten, also Einigung in der Form der Auflassung und Eintragung im Grundbuch erforderlich. So zutr. auch Tasche, DNotZ 1972, 710, der **noch zwei weitere** so zu regelnde **Fälle** anführt, nämlich einmal den Fall, daß zwei im Sondereigentum verschiedener Wohnungseigentümer stehende Räume durch Versetzung der Trennwände flächenmäßig verändert werden sollen, und zum andern den Fall, daß ein im Sondereigentum eines Wohnungseigentümers stehender Raum gegen einen im gemeinschaftlichen Eigentum stehenden Raum ausgetauscht werden soll (z. B. der bisherige Zählerraum gegen einen zu einer Eigentumswohnung gehörenden Kellerraum). Ebenso zu beurteilen ist der Fall, daß lediglich ein bisher im gemeinschaftlichen Eigentum stehender Raum in Sondereigentum überführt werden soll (BayObLG NJW 74, 152); vgl. im übrigen Vor § 1 Rdn. 61, § 3 Rdn. 98ff.; § 4 Rdn. 4.

3. Abs. 2 regelt den umgekehrten Fall. Rechte an dem Miteigentumsanteil erstrecken sich ohne weiteres auf das zugehörige Sondereigentum. Wird der Miteigentumsanteil mit einer Hypothek belastet oder auf einen Dritten übertragen, so erfassen diese Rechtsänderungen ohne weiteres stets auch das zugehörige Sondereigentum. Rechtliche Verfügungen über das Wohnungseigentum einschließlich Maßnahmen der Zwangsvollstreckung (dazu § 3 Rdn. 124ff.) können also nur in der Weise vorgenommen werden, daß über den Miteigentumsanteil verfügt wird. So ausdrücklich auch BayObLG 58, 264. 5

Aus der Haftung des Sondereigentums für die Hypothek folgt, daß eine Verschlechterung der im Sondereigentum stehenden Gebäudeteile eine „Verschlechterung des Grundstücks" im Sinne der §§ 1133–1135 BGB ist und dem Gläubiger die ***„Devastationsansprüche"*** gibt. Zum Hypothekenverband im übrigen § 1 Rdn. 9ff. 6

4. Waren die in Sondereigentum überführten Räume vermietet oder verpachtet, so tritt der Wohnungseigentümer gemäß § 571 BGB in das Miet- oder Pachtverhältnis ein. Zu den Problemen, die sich bei der Umwandlung vermieteter Wohnungen in Eigentumswohnungen ergeben, vgl. Anhang zu § 13. 7

5. Wegen der rechtlichen Behandlung des Anteils des Wohnungseigentümers **an anderen gemeinschaftlichen Vermögenswerten** als dem gemeinschaftlichen Eigentum i. S. des § 1 Abs. 5 WEG vgl. Vor § 1 Rdn. 44ff. und § 1 Rdn. 19ff. 8

§ 7 Grundbuchvorschriften

(1) **Im Falle des § 3 Abs. 1 wird für jeden Miteigentumsanteil von Amts wegen ein besonderes Grundbuchblatt (Wohnungsgrundbuch, Teileigentumsgrundbuch) angelegt. Auf diesem ist das zu dem Miteigentumsanteil gehörende Sondereigentum und als Beschränkung des Miteigentums die Einräumung der zu den anderen Miteigentumsanteilen gehörenden Sondereigentumsrechte einzutragen. Das Grundbuchblatt des Grundstücks wird von Amts wegen geschlossen.**

(2) **Von der Anlegung besonderer Grundbuchblätter kann abgesehen werden, wenn hiervon Verwirrung nicht zu besorgen ist. In diesem Falle ist das Grundbuchblatt als gemeinschaftliches Wohnungsgrundbuch (Teileigentumsgrundbuch) zu bezeichnen.**

(3) **Zur näheren Bezeichnung des Gegenstandes und des Inhalts des Sondereigentums kann auf die Eintragungsbewilligung Bezug genommen werden.**

(4) **Der Eintragungsbewilligung sind als Anlagen beizufügen:**

1. **eine von der Baubehörde mit Unterschrift und Siegel oder Stempel versehene Bauzeichnung, aus der die Aufteilung des Gebäudes sowie die Lage und Größe der im Sondereigentum und der im gemeinschaftlichen Eigentum stehenden Gebäudeteile ersichtlich ist (Aufteilungs-**

plan); alle zu demselben Wohnungseigentum gehörenden Einzelräume sind mit der jeweils gleichen Nummer zu kennzeichnen;

2. eine Bescheinigung der Baubehörde, daß die Voraussetzungen des § 3 Abs. 2 vorliegen.

Wenn in der Eintragungsbewilligung für die einzelnen Sondereigentumsrechte Nummern angegeben werden, sollen sie mit denen des Aufteilungsplanes übereinstimmen.

(5) **Für Teileigentumsgrundbücher gelten die Vorschriften über Wohnungsgrundbücher entsprechend.**

Übersicht

Literatur: Hedemann JR 51, 708, Das Wohnungseigentum im Grundbuch – Weitnauer DNotZ 51, 486, WEG und Grundbuch. – Diester, Aufgaben des Grundbuchamtes, Sonderdruck zu Rpfleger 1965, Heft 7/8. – Horber-Demharter, GBO, Anhang § 3. – Ertl-KEHE, GBO, Einl. Rdn. E 1ff.

Vorbemerkung

§ 7 Abs. 4 ist durch die Novelle vom 30. 7. 1973 in der Weise ergänzt worden, daß in Nr. 1 ein neuer Halbsatz angefügt, ferner ein neuer Satz 2 eingefügt worden ist (vgl. unten Rdn. 13, 16). § 7 zieht in bezug auf das **Grundbuchrecht** die Folgerungen aus der Entscheidung des WEG, den Miteigentumsanteil an dem Grundstück zur Grundlage des Wohnungseigentums zu machen. Da hiernach für das Wohnungseigentum Grundstückssachenrecht maßgeblich ist, gilt auch, daß für das Wohnungseigentum ein Grundbuch vorhanden sein muß und daß zur Übertragung des Wohnungseigentums, zu seiner Belastung mit beschränkten dinglichen Rechten (insbes. Grundpfandrechten und Dienstbarkeiten) sowie zur Übertragung, Belastung oder Aufhebung solcher Rechte außer rechtsgeschäftlichen Erklärungen (Einigung, einseitige Erklärungen) grundsätzlich **die Eintragung der Rechtsänderung in das Grundbuch** erforderlich ist. Die Voraussetzungen hierfür schafft § 7. Das Wohnungsgrundbuch (Teileigentumsgrundbuch) ist **Grundbuch i. S. der GBO.** Wegen des **„Inhalts des Sondereigentums"** und seiner Änderung vgl. § 5 Rdn. 32 und § 10 Rdn. 49ff. Zu beachten ist, daß das am 21. 12. 1993 in Kraft getretene Gesetz zur Vereinfachung und Beschleunigung registerrechtlicher und anderer Verfahren vom 20. 12. 1993 (BGBl. I S. 2182) **Änderungen der GBO** gebracht hat, die Auswirkungen für das Wohnungseigentum haben; vgl. Holzer NJW 1994, 481ff. Eine **Neufassung der GBO** ist unter dem 26. 5. 1994 bekanntgemacht in BGBl. I S. 1114. 1

I. Allgemeines

1. Das Miteigentum ist Eigentum, nicht etwa eine besondere Art der Beschränkung des Eigentumsrechts (vgl. RGRK-Pikart, § 1008 Anm. 2; BGHZ; 49, 250) und auch nicht lediglich ein grundstücksgleiches Recht (Vor § 1 Rdn. 24, 46). Grundbuchmäßig ist es jedoch nach allgemeinem Grundbuchrecht (§ 3 GBO) nicht möglich, für einen Miteigentumsanteil ein eigenes Grundbuchblatt anzulegen. Nur **im Ausnahmefall des § 3 Abs. 3 GBO a.F.,** dem der neue Abs. 4 des § 3 GBO n.F. entspricht, und in dem ihm nachgebildeten Fall der Doppelstockgarage (BayOLG 74, 466; § 5 Rdn. 29) kann ein schlichter Miteigentumsanteil für sich – allerdings nur zusammen mit Grundstücken – auf einem Grundbuchblatt eingetragen werden, wobei dieses Blatt dann als Grundbuch für den betreffenden Miteigentumsanteil gilt. Bei der Selbständigkeit, die das Wohnungseigentum gegenüber einem gewöhnlichen Miteigentumsanteil schon nach seiner rechtlichen Ausgestaltung, dann aber auch nach seiner wirtschaftlichen Zweckbestimmung hat und haben soll, ferner um eine selbständige Belastung des Wohnungseigen- 2 tums zu ermöglichen, sieht § 7 in Fortsetzung des in **§ 3 Abs. 3 GBO a. F.** zum Ausdruck gekommenen Gedankens als Grundsatz vor, daß **für jedes Wohnungseigentum ein eigenes Grundbuchblatt** angelegt wird; als **Ausnahmefall ist das gemeinschaftliche Grundbuchblatt** (Abs. 2) vorgesehen. Anlegung des Wohnungsgrundbuchs bedeutet hier – anders als im Sinne der §§ 7–17 der AusfVO zur GBO – die „Einrichtung" des besonderen Grundbuchblattes, d. h. die Eintragung des Wohnungseigentums im Bestandsverzeichnis und des Wohnungseigentümers in Abteilung I (vgl. Ertl-KEHE § 3 Rdn. 7). Da Sondereigentum nur in Verbindung mit sämtlichen Miteigentumsanteilen möglich ist (§ 3 Rdn. 31), entsteht vorbehaltlich des zu § 3 Rdn. 34 ff. Ausgeführten Wohnungseigentum erst, wenn sämtliche Wohnungseigentumsrechte in der angegebenen Weise eingetragen sind. Was vom Wohnungsgrundbuch gesagt ist, gilt ohne Abweichung auch für das Teileigentumsgrundbuch. Ist mit einem Miteigentumsanteil sowohl Sondereigentum an einer Wohnung als auch an gewerblichen Räumen verbunden, so wird das Blatt, wenn sich nicht ein Überwiegen der einen oder anderen Zweckbestimmung ergibt, als Wohnungs- und Teileigentumsgrundbuch bezeichnet.

3 **2.** Für das Wohnungsgrundbuch als Grundbuch i. S. der GBO (oben Rdn. 1) gilt auch deren § 12, wonach die **Einsicht** jedem gestattet ist, der ein berechtigtes Interesse darlegt; das Einsichtsrecht erstreckt sich auf Urkunden, auf die bei einer Eintragung Bezug genommen ist, sowie auf unerledigte Anträge; das hiernach vorausgesetze berechtigte Interesse hat jeder Wohnungseigentümer insbes. daran zu wissen, wer die anderen Teilhaber der Gemeinschaft sind. Dieses Einsichtsrecht kann unter Gesichtspunkten des **Datenschutzes** schon deshalb nicht in Zweifel gezogen werden, weil § 12 GBO dem BDSG vorgeht (§ 45 Nr. 7 BDSG); vgl. im übrigen Böhringer Rpfleger 1987, 181 und OLG Düsseldorf ITelex 1987/14/86 sowie OLG Stuttgart Die Justiz 1992, 107; zum Einsichtsrecht des Mieters BayObLG DWEigt 1993, 167). Zur Auskunftspflicht des Verwalters vgl. § 26 Rdn. 11, § 27 Rdn. 24).

4 **3.** Die **Besonderheiten der Grundbuchführung** sind in der **„Verordnung über die Anlegung und Führung der Wohnungs- und Teileigentumsgrundbücher (Wohnungsgrundbuchverfügung – WGV)"** i. d. F. der Bek. v. 24. 1. 1995 geregelt; diese ist mit Erläuterungen und Hinweisen auf Besonderheiten des Landesrechts in Anhang III 2 wiedergegeben. Im übrigen muß auf die Kommentare zur GBO von Horber-Demharter und Ertl-KEHE verwiesen werden. Wegen **landesrechtlicher Besonderheiten** vgl. Anhang III 3.

5 **4. Schon vor der Anlegung der Wohnungsgrundbücher** können vorbereitende Maßnahmen getroffen werden; so kann eine Vormerkung zur Sicherung des Anspruchs auf Verschaffung von Wohnungseigentum noch im Grundbuch des ungeteilten Grundstücks eingetragen werden (Anh. zu § 8 Rdn. 22; BayObLG DWEigt 1993, 165), für die Klage auf Bewilligung der Eintragung als Eigentümer ist das Rechtsschutzinteresse bereits zu bejahen, wenn dem Grundbuchamt die Teilungserklärung mit Aufteilungsplan und Abgeschlossenheitsbescheinigung vorliegt (BGH WE 1993, 219 = RPfleger 1993, 319).

6 **5. Das selbständige Grundbuchblatt (Wohnungsgrundbuch, Teileigentumsgrundbuch – Abs. 1 –).** Wegen der Aufschrift vgl. § 2 WGBV. Durch

die Anlegung eines besonderen Grundbuchblatts wird gewissermaßen der zum Wohnungseigentum ausgestaltete Miteigentumsanteil zum selbständigen Grundstück, das in Wohnungseigentumsanteile zerlegte Haus zu einer Summe aufeinander gestellter Einfamilienhäuser. Besonderheiten der Grundbuchführung ergeben sich daraus, daß Gegenstand und Inhalt des Sondereigentums (§ 5, § 7 Abs. 3) im Bestandsverzeichnis des Wohnungsgrundbuchs einzutragen sind (§ 3 WGBV). Das Grundbuch des Grundstücks wird geschlossen (Abs. 1 Satz 3); gleichwohl besteht das Grundstück im Rechtssinne fort (so mit Recht OLG Oldenburg Rpfleger 1977, 22) und kann Gegenstand rechtsgeschäftlicher Verfügungen sein (Vor § 1 Rdn. 59ff.; § 3 Rdn. 107ff.). Eine Schließung kommt allerdings dann nicht in Betracht, wenn auf dem Blatt weitere Grundstücke eingetragen sind (vgl. § 6 Satz 2 WGBV). Nicht zulässig wäre es, einen Miteigentumsanteil auf dem alten Grundbuchblatt stehen zu lassen und dieses in ein Wohnungsgrundbuch umzuwandeln; Grund: die besondere Gestaltung des Bestandsverzeichnisses (unten Rdn. 34). Der bei den Beratungen gelegentlich erörterte Gedanke, ein Grundbuch für das Grundstück und daneben besondere Grundbücher für die Sondereigentumsrechte zu führen, mußte abgelehnt werden, weil die Gefahr sich widersprechender Eintragungen bestünde, die dann Unklarheiten, insbes. hinsichtlich des gutgläubigen Erwerbs, zur Folge haben würden. Die rechtlichen Verhältnisse des Grundstücks als Ganzen können und müssen aus den Wohnungsgrundbüchern rückerschlossen werden, was, wie die Erfahrung gezeigt hat, ohne erhebliche Schwierigkeit möglich ist. Ein praktisches Bedürfnis für ein besonderes Grundbuch des Gesamtgrundstücks ist nicht hervorgetreten. Wohl aber würde dieses den wirtschaftlichen Zweck, der mit der Anlegung besonderer Grundbuchblätter für die Wohnungseigentumsrechte verfolgt wird, mindestens stören. Insbesondere soll die Anlegung besonderer Grundbuchblätter die selbständige (nicht gesamthypothekarische) Belastung des Wohnungseigentums ermöglichen und fördern. – Wenn, was in der Regel zutreffen wird, die zukünftigen Wohnungseigentümer nicht bereits Miteigentümer des Grundstücks sind, sondern den Miteigentumsanteil erst erwerben, ist es nicht nötig, zunächst den Erwerb des Miteigentums auf dem Blatt des Grundstücks oder, wenn dort weitere Grundstücke eingetragen sind, auf einem neu anzulegenden und alsdann sogleich gemäß Abs. 1 Satz 3 zu schließenden Grundbuchblatt einzutragen. Es genügt, wie in § 6 Satz 1 WGBV ausdrücklich vorgesehen, wenn die in Betracht kommenden Miteigentumsanteile von dem bisherigen Blatt abgeschrieben und nach den neu anzulegenden Wohnungsgrundbüchern übertragen werden, wo dann die Auflassung des Miteigentumsanteils in Abteilung I Spalte 4 einzutragen ist, etwa in folgender Form: „Der Miteigentumsanteil ist aufgelassen am . . ., eingetragen am . . ." (vgl. Muster Anl. 1 zur WGBV, 4. Seite, Anhang III Nr. 2).

6. Für die *Schließung des Grundbuchblattes* des Grundstücks gilt 36 GBV. 7
Die Schließung erfolgt durch Durchkreuzung und einen Schließungsvermerk, in dem der Grund der Schließung anzugeben ist. Für jedes Wohnungsgrundbuch sind auch besondere Grundakten anzulegen.

7. Gemeinschaftliches Wohnungsgrundbuch (Abs. 2). Abweichend von 8
der Regel des Abs. 1 kann im Falle der vertraglichen Begründung von Woh-

nungseigentum nach § 3 WEG, nicht auch im Falle der Teilung nach § 8 (§ 8 Abs. 2, wo § 7 Abs. 2 nicht mit in bezug genommen ist) von der Anlegung besonderer Grundbuchblätter abgesehen werden, „wenn hiervon Verwirrung nicht zu besorgen ist". Wegen dieses im Grundbuchrecht auch sonst verwendeten Begriffs im allgemeinen vgl. § 3 Abs. 3, §§ 4 bis 6 GBO a. F. Verwirrung dürfte immer dann zu befürchten sein, wenn entweder wegen der großen Zahl der Wohnungseigentümer Abteilung I des Grundbuchs unübersichtlich würde oder die Wohnungseigentumsrechte in Abteilung III verschieden belastet sind. Wegen der Aufschrift vgl. § 7 Abs. 2 Satz 2 WEG und § 7 Satz 1 WGBV. Die Angaben über die Einräumung von Sondereigentum sowie über dessen Gegenstand und Inhalt sind in diesem Falle in Abteilung I einzutragen (§ 7 Halbsatz 2 WGBV).

II. Voraussetzungen der Eintragung

Bei der Eintragung der Begründung von Wohnungseigentum ist zu unterscheiden zwischen dem **Erwerb des Miteigentums** (vgl. hierzu oben Rdn. 6 und § 3 Rdn. 5) und der **Einräumung von Sondereigentum** (§ 4 Rdn. 1ff.). Für die Eintragung der letzteren gilt folgendes:

9 **1. Eintragungsantrag** (§ 13 GBO). Ohne Besonderheiten. Der Antrag ist formfrei und kann bis zur Erledigung zurückgenommen werden (KEHE-Herrmann § 13 Rdn 46).

10 **2. Eintragungsbewilligung** (§ 19 GBO). Auch für diese gelten keine Besonderheiten. Nicht wird verlangt Nachweis der nach § 4 Abs. 2 erforderlichen Einigung wie in § 20 GBO, ebensowenig im Fall der Berichtigung Zustimmung wie nach § 22 Abs. 2 GBO (ebenso Horber-Demharter, GBO Anh. zu § 3 Rdn. 28; a. M. Ertl-KEHE, GBO, § 20 Rdn. 15 und 119; zweifelnd Bärmann-Pick-Merle § 7 Rdz. 61). Die Gründe – öffentlich-rechtliche Folgen des Eigentumserwerbs (vgl. KGJ 25 A 102) – treffen hier nicht zu (vgl. § 4 Rdn. 5). Wegen des **Gegenstandes und des Inhalts des Sondereigentums** kann auf die Eintragungsbewilligung Bezug genommen werden (Abs. 3, vgl. dazu unten Rdn. 32).

3. Anlagen zur Eintragungsbewilligung

11 Der Eintragungsbewilligung sind „als Anlagen" beizufügen ein von der Baubehörde ausgefertigter Aufteilungsplan und eine von der Baubehörde ausgestellte Abgeschlossenheitsbescheinigung. Ohne Vorliegen dieser beiden Dokumente darf Wohnungseigentum im Grundbuch nicht eingetragen werden, ihr Fehlen ist ein **Eintragungshindernis** (BayObLGE 1990, 168 = WE 1991, 28; BayObLG DWEigt 1990, 102). Verletzt der Grundbuchbeamte bei der Anlegung von Wohnungsgrundbüchern seine Pflicht, sich eine Abgeschlossenheitsbescheinigung vorlegen zu lassen, die das Grundstück bezeichnet, auf dem die Wohnungen errichtet sind oder werden, so haftet das Land aus **Amtshaftung** für die Abweichung des Gegenstandes der Teilungserklärung vom Gegenstand der in den Wohnungsgrundbüchern eingetragenen Miteigentumsanteile (BGH NJW 1994, 650).

a) Der **Aufteilungsplan** sichert die sachenrechtliche Bestimmtheit (unten Rdn. 20). Er ist eine von der Baubehörde mit Unterschrift und Siegel oder Stempel versehene Bauzeichnung, aus der die Aufteilung des Gebäudes sowie die Lage und Größe der im Sondereigentum und der im gemeinschaftlichen Eigentum stehenden Gebäudeteile ersichtlich ist; übertriebene Ansprüche dürfen an die Bauzeichnung nicht gestellt werden (BayObLG Rpfleger 1984, 314), sie muß aber die genaue Abgrenzung von Sondereigentum und gemeinschaftlichem Eigentum erkennen lassen und das ganze Gebäude einschließlich Dachgeschoß betreffen (BayObLGE 1980, 226). Ein Beispiel gibt Anhang I 3. Der Aufteilungsplan ist eine Karte i. S. von § 9 Abs. 1 Satz 2, 3, § 13a Abs. 4 BeurkG und kann zu einem Teil der Eintragungsbewilligung gemacht werden; da die Einigungserklärungen über die Einräumung von Sondereigentum (§§ 3, 4 WEG) und die Teilungserklärung (§ 8 WEG) unter Bezugnahme auf den Aufteilungsplan abgegeben werden, bestimmt dieser den Gegenstand des Sondereigentums und den verbleibenden Bereich des gemeinschaftlichen Eigentums und damit den **Inhalt des Grundbuchs** (OLG Zweibrücken OLGE 1982, 263; BayObLG Rpfleger 1982, 63). Zu dem Fall, daß nicht entsprechend dem Plan gebaut wird, vgl. § 4 Rdn. 1; § 3 Rdn. 44; zum Fall widersprüchlicher Erklärungen § 4 Rdn. 1. Eine einmalige Einreichung des Aufteilungsplans genügt. Der Aufteilungsplan wird dann zu den Grundakten eines Wohnungsgrundbuchs genommen, in den anderen Grundakten kann hierauf verwiesen werden (§ 24 Abs. 3 GBV). **12**

Der in Nr. 1 durch die Novelle vom 30. 7. 1973 eingefügte **zweite Halbsatz,** wonach alle zu demselben WEigt. gehörenden einzelnen Räume mit der jeweils gleichen Nummer zu kennzeichnen sind, soll einer Fehlinterpretation des § 7 Abs. 4 und der „Allgemeinen Verwaltungsvorschrift" (Anhang III 1; dazu nachstehende Rdn. 14) entgegenwirken. Offenbar waren in der Praxis gelegentlich Schwierigkeiten dadurch entstanden, daß die in den Richtlinien geforderte einheitliche Kennzeichnung zwar in der Bauzeichnung enthalten war, welche dem Antrag auf Erteilung der Abgeschlossenheitsbescheinigung beizufügen ist, während teilweise angenommen wurde, eine gleiche Kennzeichnung sei für die dem Grundbuchamt nach Nr. 1 einzureichende, als „Aufteilungsplan" bezeichnete Bauzeichnung nicht erforderlich. Es ist müßig zu ergründen, wie es zu einem solchen Mißverständnis kommen konnte, obwohl in Nr. 6 der Richtlinien bzw. Nr. 7 der Allgemeinen Verwaltungsvorschrift der Aufteilungsplan als „Ausfertigung" der mit der erforderlichen Kennzeichnung versehenen, in Nr. 3 der Vorschriften erwähnten Bauzeichnung bezeichnet ist. Der neue Halbsatz 2 bedeutet nicht, daß jeder Raum mit einer Nummer bezeichnet sein muß, es genügt eine farbliche Umrandung, welche erkennen läßt, welche Räume zu Sondereigentum zugewiesen sind (LG Bayreuth, MittBayNot 1975, 102); eine solche Kennzeichnung enthält keine Aussage darüber, daß die diese Räume begrenzenden tragenden und deshalb sonderrechtsunfähigen Konstruktionsteile im Sondereigentum stehen sollen (LG Frankenthal MittBayNot 1978, 60). Jedenfalls ist zu begrüßen, daß für den grundbuchlichen Vollzug lästige und unnötige Störungen nunmehr ausgeschlossen sind. Übergangsregelung in Art. 3 § 3 der Novelle. **13**

14 b) **Eine Bescheinigung der Baubehörde,** daß die Voraussetzungen des § 3 Abs. 2 **(Abgeschlossenheit)** vorliegen. Nichtbeachtung der Vorschrift ist ein **Eintragungshindernis** (BayObLG WE 1992, 290; BGH NJW 1994, 650). Durch diese Bescheinigung ist das Grundbuchamt der Notwendigkeit enthoben nachzuprüfen, ob diese Voraussetzungen in der Wirklichkeit gegeben sind (vgl. zur entsprechenden Frage bei § 32 Abs. 1 LG Frankfurt NJW 71, 759). Die Anforderungen an die Abgeschlossenheit sowie Form und Inhalt der Bescheinigung waren zunächst durch die auf Grund des § 59 WEG erlassenen „Richtlinien" (§ 59 Rdn. 1) geregelt. Nunmehr ist maßgeblich die auf derselben Rechtsgrundlage beruhende **„Allgemeine Verwaltungsvorschrift für die Ausstellung von Bescheinigungen gem. § 7 Abs. 4 Nr. 2 und § 32 Abs. 2 Nr. 2 des Wohnungseigentumsgesetzes"** vom 19. 3. 1974 (Anhang III 1), die am 1. 4. 1974 in Kraft getreten ist. Die Erteilung der Bescheinigung – nicht diese selbst (so aber Becker NJW 1991, 2742) – ist ein **Verwaltungsakt.** Wird die Bescheinigung über die Abgeschlossenheit verweigert, so ist hiergegen der Widerspruch und nach Maßgabe der VwGO Klage vor den Verwaltungsgerichten gegeben; Beispiel OVG Bremen ITelex 1986/4/26. Die Bescheinigung kann auf den Aufteilungsplan gesetzt werden (BayObLG Rpfleger 1984, 314).

15 **Zu a und b**: *Baubehörde* im Sinne des Abs. 4 ist die nach Landesrecht zur Erteilung von Baugenehmigungen zuständige Behörde. Die Zuständigkeit ergibt sich aus Landesrecht ohne Rücksicht auf die Bezeichnung der Behörden; für Bayern vgl. Entschl. v. 6. 9. 51 (MABl. 51, 435), für Nordrhein-Westfalen Erlaß vom 3. 9. 51 (MinBl. 51, 1095).

16 Der durch die Novelle vom 30. 7. 1973 in Abs. 4 neu eingefügte **Satz 2** zieht eine aus der Verbindung der Eintragungsbewilligung mit dem Aufteilungsplan an sich selbstverständliche Folgerung: Wenn in der Eintragungsbewilligung für ein Sondereigentumsrecht Nummern angegeben werden, dann sollen sie mit denen des Aufteilungsplans übereinstimmen, d. h. es soll für die Eintragungsbewilligung nicht eine andere Art der Kennzeichnung verwendet werden als für den Aufteilungsplan. Ein Verstoß macht, da es sich um eine Sollvorschrift handelt, die Eintragung nicht unwirksam.

17 Die Begründung oder Teilung von Wohnungs- oder Teileigentum ist nach § 19 Abs. 2 BauGB **baurechtlich genehmigungsfrei;** die Länderregierungen können aber durch Rechtsverordnung für Gebiete mit Fremdenverkehrsfunktion bestimmen, daß sie der Genehmigung unterliegt. Sonstige landesrechtliche Genehmigungen können in Betracht kommen. Einer Unbedenklichkeitsbescheinigung der **Finanzbehörde** bedarf es in der Regel nicht .

4. Prüfungsrecht und Prüfungspflicht des Grundbuchamts

18 **a) Außer Zweifel steht, daß das Grundbuchamt nach den allgemeinen grundbuchrechtlichen Grundsätzen** zu prüfen hat, ob es einem Antrag entsprechen kann. Diese Prüfung betrifft sowohl die formellen Voraussetzungen der Eintragung, insbesondere das Vorliegen eines wirksamen Antrags, einer wirksamen Eintragungsbewilligung und sonstiger erforderlicher rechtsgeschäftlicher Erklärungen und Nachweisungen, deren Formrichtig-

keit (§ 29 GBO), die Vor-Eintragung des Betroffenen, als auch die Verfügungsbefugnis desjenigen, der eine Eintragungsbewilligung abgibt. Zu den formellen Voraussetzungen gehört auch das Vorliegen eines den gesetzlichen Anforderungen genügenden Aufteilungsplanes und der Bescheinigung über die Abgeschlossenheit (§ 7 Abs. 4 WEG).

Inhaltlich unzulässige Eintragungsanträge sind zurückzuweisen. Inhaltlich unzulässig sind Eintragungen, die einen Rechtszustand verlautbaren, den es nicht geben kann, so wenn wegen eines Widerspruchs zwischen Teilungserklärung und Aufteilungsplan oder zwischen Angaben des Aufteilungsplans dieselben Räume sowohl als Sondereigentum als auch als Gemeinschaftseigentum dargestellt werden, oder wenn bei der Unterteilung eines Wohnungseigentums ein Miteigentumsanteil ohne Sondereigentum oder Sondereigentum ohne Miteigentumsanteil entstehen würde (BayObLG WE 1988, 114 = RPfleger 1988, 256; OLG Karlsruhe DWEigt 1993, 110). Gleiches gilt für die Abgeschlossenheitsbescheinigung (BayObLG RPfleger 1993, 335). Die Eintragung eines Teileigentums im Grundbuch ist nicht deshalb unzulässig, weil ein Bauverbot besteht (BGHZ 110, 36). 19

aa) Das Grundbuchamt hat zu prüfen, ob der **Aufteilungsplan** die in § 7 Abs. 4 Nr. 1 verlangten Angaben enthält, deren Sinn es ist, sicherzustellen, daß bei der Begründung des Wohnungseigentums der sachenrechtliche **Bestimmtheitsgrundsatz gewahrt** wird (OLG Frankfurt Rpfleger 1980, 391). Der Aufteilungsplan muß demgemäß in der Regel sowohl einen Aufriß des ganzen Gebäudes als auch die Grundrisse der einzelnen Stockwerke, sofern sich dort im Sondereigentum stehende Räume befinden, und die Angaben über die Größe der im Sondereigentum und der im gemeinschaftlichen Eigentum stehenden Gebäudeteile enthalten; dem letzterwähnten Erfordernis ist genügt, wenn sich die Flächen aus der maßstabgerechten Bauzeichnung ohne weitere Schwierigkeit errechnen lassen (LG Lüneburg RPfleger 1979, 314). Übertriebene Anforderungen an die Genauigkeit dürfen nicht gestellt werden. So genügt den Anforderungen bei einem Garagenbauwerk, das gemeinschaftliches Eigentum werden soll, eine Grundrißzeichnung, aus der sich Lage und Größe der Garage ersehen lassen (BayObLG DWEigt 1993, 167). **Nicht schlechthin** ist entgegen OLG Hamm (NJW 1976, 1752) zu verlangen, daß aus dem Aufteilungsplan **der Standort** des Gebäudes auf dem gemeinschaftlichen Grundstück hervorgehen müsse (dazu § 1 Rdn. 8); anders allerdings dann, wenn ohne diese Festlegung die Bestimmtheit nicht gewahrt ist, so wenn auf demselben Grundstück freistehende Garagen oder zwei völlig identische Fertighäuser aufgestellt werden sollen (OLG Bremen Rpfl. 1980, 68). Erfolgt die Eintragung im Grundbuch auf Grund eines mangelhaften Aufteilungsplanes, so stellt das die Wirksamkeit der Begründung von Wohnungseigentum solange nicht in Frage, als mit hinreichender Sicherheit die Begrenzung des Sondereigentums gegenüber dem gemeinschaftlichen Eigentum und die Verbindung von Sondereigentumsräumen mit dem zugehörigen Miteigentumsanteil festgestellt werden kann. Zu der Frage, welche Folgen eintreten, wenn nicht dem Plan entsprechend gebaut wird, vgl. § 3 Rdn. 41 ff. Soll der durch die Bezugnahme auf den Aufteilungsplan be- 20 stimmte Gegenstand des Sondereigentums nachträglich mit der Realität in Einklang gebracht werden, so bedarf es hierzu der Einigung und Eintragung gemäß § 4 WEG (vgl. § 4 Rdn. 4).

21 bb) Da die Vorlage der **Bescheinigung der Baubehörde** das Grundbuchamt gerade der Pflicht zur Nachprüfung der **Abgeschlossenheit** entheben soll, verletzt das Grundbuchamt seine Pflicht nicht, wenn es auf Grund der vorgelegten Bescheinigung einem Eintragungsantrag entspricht (so BayObLGE 1971, 102: Bescheinigung „grundsätzlich bindend"). Die Wirksamkeit der Begründung von Wohnungseigentum wird durch Fehlen der Abgeschlossenheit nicht in Frage gestellt (§ 3 Rdn. 64). Ein Recht oder eine Pflicht zu der Prüfung, ob die Wirklichkeit mit dem Plan übereinstimmt, hat das Grundbuchamt mit Sicherheit nicht; das ist Sache der Baubehörde bei der Bauabnahme.

22 Eine Prüfung der Richtigkeit der Bescheinigung kann dem Grundbuchamt aber nicht schlechthin versagt werden. Die Frage ist nunmehr durch den Beschluß des Gemeinsamen Senats der obersten Gerichtshöfe des Bundes vom 30. 6. 1992 (§ 3 Rdn. 58) entschieden wie folgt: „Die Einschaltung der Baubehörde bleibt auch dann sinnvoll, wenn sie allein dazu dient, dem Grundbuchamt die Prüfung bautechnischer Fragen zu erleichtern. Dementsprechend bindet die Abgeschlossenheitsbescheinigung das Grundbuchamt nicht ...; dieses hat vielmehr in eigener Verantwortung zu prüfen, ob die Baubehörde § 3 Abs. 2 Satz 1 richtig ausgelegt hat". Das Grundbuchamt kann also trotz Vorliegen der Bescheinigung die Eintragung ablehnen, es kann aber nicht die fehlende Bescheinigung ersetzen. Abweichende ältere Entscheidungen und Literaturmeinungen sind überholt.

23 b) Die Frage, ob und inwieweit das Grundbuchamt zur **Nachprüfung von Bestimmungen der Gemeinschaftsordnung**, deren Eintragung im Grundbuch als Inhalt des Sondereigentums gem. § 5 Abs. 4 i. V. m. § 10 Abs. 2 WEG beantragt ist, befugt oder verpflichtet ist, ist älter als das AGBG (vgl. die 5. Aufl. dieses Kommentars § 7 Rdn. 10b; Eickmann RPfleger 1971, 341, dem nicht zu folgen ist), ihre Erörterung ist aber durch das **AGBG** belebt worden. Zu ihrer Beantwortung ist zu unterscheiden:

24 Auch für diese Bestimmungen gilt der allgmeine Grundsatz, daß inhaltlich unzulässige Eintragungen abzulehnen sind, also insbes. Bestimmungen, die gem. **§§ 134, 138 BGB** nichtig sind. Darüber hinaus stellt sich aber die Frage, ob auf Bestimmungen der Gemeinschaftsordnung die Vorschriften über allgemeine Geschäftsbedingungen Anwendung finden, insbes. die Grundregel, daß allgemeine Geschäftsbedingungen unwirksam sind, wenn sie den Vertragsgegner des Verwenders entgegen den Geboten von Treu und Glauben unangemessen benachteiligen (§ 9 Abs. 1 AGBG). Das setzt voraus, daß sie überhaupt unter dieses Gesetz fallen. Darüber gehen die Meinungen auseinander.

Literatur: P. Ulmer, AGBG und einseitig gesetzte Gemeinschaftsordnungen von Wohnungseigentümern, in: Festgabe für Weitnauer, Berlin 1980, S. 205ff. – Eickmann, Rpfl. 1973, 341, Formalverfahren oder Rechtsverwirklichung? Ein Beitrag zu den Fragen um Prüfungsrecht und Prüfungspflicht des Grundbuchamts – Ulmer-Brandner-Hensen, AGBG, 7. Aufl. 1993, Anh. zu §§ 9–11 Rdnr. 965. – Löwe-Westphalen-Trinkner, AGBG, Heidelberg 1977, § 1 Rdnr. 7. – Schlosser-Coester-Waltz-Graba, AGBG, § 1 Rdnr. 8, § 23 Rdnr. 5. – Schlosser in Staudinger, AGBG, 1980, § 23 Rdn. 6. Ertl-KEHE, GBO, Einl E Rdnr. 86, 87. – Eickmann Rpfl 1978, 1. – Röll DNotZ 1978, 721. – Schippel-Brambring DNotZ 1977, 152. – Schmidt Baurecht 1979, 187 = MittBayNot 1979, 139. – Ertl RPfleger 1980, 1, 3, 7. – Ertl ZgemWWBay 1981, 21 – Ertl DNotZ 1981, 149 – Weitnauer, Beilage Nr. 4/81 zu Heft 9 DB 1981 – Bärmann-Pick-Merle § 7 Rdn. 76.

aa) **Anwendung des AGBG?** Das AGBG gilt **nur für AGB**, also nach seinem § 1 für alle für eine Vielzahl von Verträgen vorformulierten Vertragsbedingungen, die eine Vertragspartei (Verwender) der anderen Vertragspartei bei Abschluß eines Vertrages stellt, soweit die Vertragsbedingungen nicht zwischen den Vertragsparteien im einzelnen ausgehandelt sind. An der Voraussetzung, daß ein Teil dem anderen Vertragsbedingungen „stellt", die dieser nur entweder annehmen oder ablehnen kann, fehlt es bei der Begründung von Wohnungseigentum **nach § 3** jedenfalls in der Regel (so auch Ulmer, a. a. O.); denkbar ist allenfalls, daß der Eigentümer eines Grundstücks Dritten die Beteiligung an einem Bauherrenprojekt oder einer ähnlichen Unternehmung nur bei Anerkennung gewisser Regelungen der Gemeinschaftsordnung anbietet. Dagegen kann man wohl im Falle der Begründung von Wohnungseigentum durch Teilung **nach § 8** davon sprechen, daß hier ein Teil, der Bauträger, dem anderen Teil, dem Erwerber, hinsichtlich der Ausgestaltung der Gemeinschaftsordnung einseitig festgesetzte Bedingungen stelle. Aber in diesem Falle steht der Anwendung des AGBG entgegen, daß die Bestimmungen der Teilungserklärung, durch die der Teilende den Inhalt der Gemeinschaftsordnung einseitig festsetzt und zum Inhalt des Sondereigentums macht (§ 8 Abs. 2 i. V. mit § 5 Abs. 4 WEG), nicht in den Inhalt eines schuldrechtlichen Vertrages eingehen, sondern mit dem Erwerb des Wohnungseigentums den Inhalt des kraft Gesetzes entstehenden Gemeinschaftsverhältnisses bestimmen, ihr **Geltungsgrund** also nicht in einem schuldrechtlichen Vertrage liegt (so auch Ulmer, a. a. O.). Gegen die Anwendung des AGBG spricht weiter, daß dieses selbst sich keine Geltung für Gesellschaftsverträge beilegt (§ 23 Abs. 1 AGBG). Es liegt sehr nahe, diese Ausnahme wegen der Rechtsähnlichkeit der getroffenen Verhältnisse auf die Ausgestaltung der Gemeinschaftsordnung anzuwenden; denn hier wie dort geht es nicht um die Herstellung der Vertragsgerechtigkeit, sondern um die Regelung einer auf Wechselseitigkeit beruhenden Dauerbeziehung (a. M. Ulmer, a. a. O.). 25

Das **entscheidende Argument** gegen die Anwendbarkeit des AGBG liegt darin, daß durch die rechtsgeschäftliche Ausgestaltung des kraft Gesetzes entstehenden Gemeinschaftsverhältnisses der Wohnungseigentümer untereinander nicht ein dem AGBG unterfallendes Schuldverhältnis geregelt, sondern **der Inhalt eines dinglichen Rechts,** nämlich des Sondereigentums und damit des Wohnungseigentums, bestimmt wird. Das in seinem Inhalt so ausgestaltete Recht ist der Gegenstand des Rechtsverkehrs; diese Ausgestaltung bestimmt in rechtlicher Hinsicht Eigenart und Qualität des Wohnungseigentums nicht anders als etwa die Zins- und Fälligkeitsbedingungen einer Grundschuld, nicht anders auch als in tatsächlicher Hinsicht die Gestaltung des Gebäudes (Lage, äußere Gestalt, Größe, Farbe, Güte der Bauausführung 26 und Ausstattung usw.). Wer ein Wohnungseigentum erwirbt, erwirbt es so, wie es rechtlich und tatsächlich beschaffen ist; die Bestimmungen über das Gemeinschaftsverhältnis, mögen sie dem Erwerber günstig oder ungünstig erscheinen, haben möglicherweise Einfluß auf den Wert oder den Preis oder die Brauchbarkeit der Eigentumswohnung, mit den Bedingungen des Erwerbs selbst haben sie nichts zu tun.

27 Aus den angeführten Gründen ist mit Sicherheit **zu verneinen**, daß das AGBG auf Bestimmungen, welche das Verhältnis der Wohnungseigentümer untereinander regeln, **unmittelbar angewendet** werden kann (so insbesondere auch Ertl, Röll, Schmidt, a. a. O., denen Horber-Demharter, GBO, § 19 Rdn. 40f. zustimmt, Schippel-Brambring, alle a. a. O.; im Ergebnis insoweit zustimmend auch Ulmer, a. a. O.; grundsätzlich anderer Meinung Eickmann, a. a. O. und die Kommentare zum AGBG). Eine nicht weiter begründete und die Entscheidung nicht tragende Bemerkung des BayObLG (DB 1979, 545, nicht in der amtl. Sammlung), es stehe außer Zweifel, daß Bestimmungen in Gemeinschaftsordnungen überhaupt unter § 1 AGBG fielen, kann einer näheren Prüfung nicht standhalten.

28 bb) Eine andere Frage ist, ob, wie Ulmer, a. a. O. S. 215ff. empfiehlt, eine **analoge Anwendung des AGBG** in Betracht zu ziehen ist. Diese Frage ist entgegen Ulmer zu verneinen, weil es – trotz der nicht zu bestreitenden einseitigen Regelungsmacht des teilenden Bauträgers – an der vom AGBG vorausgesetzten Vertrags- und Verhandlungssituation fehlt und weil auch die vom AGBG angeordneten Nichtigkeitsfolgen ohne die Möglichkeit einer geltungserhaltenden Reduktion (§ 6 Abs. 1 AGBG) den Verhältnissen einer Gemeinschaftsordnung nicht gerecht werden. Die Anwendung des AGBG müßte folgerichtig zu einer Prüfung der Gemeinschaftsordnung durch das Grundbuchamt führen; damit würde dem Grundbuchamt eine Aufgabe gestellt, für die es nicht geschaffen ist (dazu insbes. Ertl ZgemWWBay 1981, 21; DNotZ 1981, 149). Wichtiger aber ist, daß vom AGBG mißbilligte Klauseln wie Aufrechnungsverbote, Vertragsstrafen (§ 11 Nrn. 3, 4 AGBG), Fiktion des Zugangs (§ 10 Nr. 6 AGBG) in einer Gemeinschaftsordnung nicht einen Teil begünstigen oder benachteiligen, sondern je nach Lage der Dinge sich wechselseitig auswirken und daß gerade typisch vom AGBG bekämpfte Klauseln wie der Ausschluß der Haftung bei Vertragsverletzungen in Teilungserklärungen keinen Platz haben. Auch ist nicht zu sehen, welchen Sinn Verbandsklagen (§§ 13ff. AGBG) im Bereich der Gemeinschaftsordnungen haben sollen. Die entsprechende Anwendung des AGBG auf Unternehmenssatzungen ist mit Recht verneint von OLG Frankfurt BB 1978, 926. Sie muß in bezug auf Gemeinschaftsordnungen auch daran scheitern, daß der in § 24 AGBG verlangte Unterschied zwischen Kaufleuten und Nichtkaufleuten nicht gemacht werden kann (so Weitnauer in Beilage zu DB Nr. 9/1981; Ertl DNotZ 1981, 149). Die Frage ist in BGHZ 99, 90 = JZ 1987, 463 m. Anm. Weitnauer berührt worden, aber unentschieden geblieben, doch hat der BGH erhebliche Zweifel an der Anwendbarkeit des AGBG angedeutet und allenfalls eine Überprüfung unter dem Gesichtspunkt der Unzumutbarkeit nach § 242 BGB in Betracht gezogen.

29 cc) Daß eine Prüfung nach dem AGBG durch das Grundbuchamt nicht stattfindet, bedeutet nicht, daß die Wohnungseigentümer unbilligen Bestimmungen, soweit solche in Teilungserklärungen vorkommen, schutzlos ausgeliefert wären. Auch und gerade wenn man die Anwendbarkeit des AGBG verneint, bleibt die bereits vor dem AGBG in Rechtsprechung und Rechtslehre entwickelte **Kontrolle auf Grund der §§ 242, 315 BGB** (so schon die Vorauflage; OLG Hamm Rpfleger 1975, 401; BayObLG 74, 294; BGHZ 99, 90 = JZ 1987, 463 m. Anm. Weitnauer). Jeder Teilhaber kann dann, wenn sich eine Klausel gegen ihn im Verhältnis zu den Mitteilhabern auch bei verständiger Auslegung (vgl. BGHZ 17, 1) in unbilliger, gegen Treu und Glauben verstoßender Weise auswirkt, im Verfahren nach §§ 43ff WEG die Anwendung im Einzelfall als „unangemessen und deshalb nach § 242 unbeachtlich" abwehren (BGH NJW 1965, 246; zu AGB vgl. auch BGHZ 20, 164; 22, 90; 38, 183 u. oft), ohne daß deshalb die Klausel schlechthin nichtig sein müßte, während sie unter anderen Bedingungen möglicherweise zu vernünftigen Ergebnissen führen könnte (gegen dieses Argument allerdings Ulmer, a. a. O. Fußn. 94). Wegen des besonderen Problems der Gebrauchsregelung vgl. § 15 Rdn. 19; dort ist besonders evident, daß eine Beschränkung eines Wohnungseigentümers im Gebrauch für die anderen vorteilhaft, sogar wesentlich sein kann, während umgekehrt die Möglichkeit eines bestimmten Gebrauchs für die anderen Störungen bedeuten kann, denen sie sich aber nicht widersetzen können, wenn sie ein Wohnungseigentum mit einer dadurch bestimmten Qualität erworben haben. Übermäßig lange Bindungen an einen Verwalter sind bereits durch § 26 Abs. 1 Satz 2 WEG unmöglich gemacht, gegen eine unbillige Majorisierung durch gehäufte Stimmrechte schützen die zu diesem Fall in der Rechtsprechung entwickelten Grundsätze (vgl. § 25 Rdn. 25). Es ist deshalb auch ein Bedürfnis für die Heranziehung des AGBG, dessen Generalklausel (§ 9 AGBG) nicht über §§ 242, 315 BGB hinausführt, nicht zu erkennen. Im übrigen besteht, wenn eine Bestimmung einer Gemeinschaftsordnung grundsätzlich verfehlt oder unangemessen ist, ein Anspruch des benachteiligten gegen die anderen Teilhaber auf Einwilligung in eine sachgemäße Änderung, wie das zu § 10 Rdn. 49ff. näher dargelegt ist.

dd) Die wohnungseigentumsrechtliche Rechtsprechung folgt dieser Linie. **30**
So ist in BayObLG WE 1991, 259 = DWEigt 1990, 114 ausgesprochen, daß Grenzen für den Inhalt einer Vereinbarung außer von §§ 134, 138 BGB auch von §§ 242, 315 BGB gezogen werden; nach BayObLGE 1988, 287 = WE 1989, 175 (m. Anm. Deckert) = DNotZ 1989, 428 (m. Anm. Weitnauer) unterliegt eine in der Teilungserklärung einseitig gesetzte Gemeinschaftsordnung der Inhaltskontrolle nach den Maßstäben des § 242 BGB. Wird eine Klausel für unwirksam erklärt, so läßt das die Wirksamkeit der übrigen wie bei Vereinssatzungen (BGHZ 47, 122) unberührt.

III. Inhalt der Eintragung

1. Die Eintragung **muß enthalten** den **Miteigentumsanteil** mit Bruch- **31**
teilsangabe (§ 47 GBO), die Bezeichnung des Grundstücks, das zu dem Miteigentumsanteil gehörende **Sondereigentum** und den Hinweis darauf, daß das Miteigentum durch die Einräumung der zu den anderen Miteigentums-

anteilen gehörenden Sondereigentumsrechte beschränkt ist, ferner **Gegenstand und Inhalt des Sondereigentums.** Ein Hinweis darauf, daß das Miteigentum auch durch das Sondereigentum des betreffenden Wohnungseigentümers beschränkt ist, ist nicht vorgesehen und erübrigt sich, da insoweit die Beschränkung ohne weiteres aus der Eintragung ersichtlich ist, vgl. § 3 Abs. 1 WGBV.

32 **2. Bezugnahme auf die Eintragungsbewilligung** ist nach Abs. 3 zulässig **sowohl** wegen des **Gegenstandes** des Sondereigentums, der seinerseits durch die Bezugnahme auf den Aufteilungsplan näher bestimmt ist (§ 5 Abs. 1–3 WEG; vgl. § 3 Rdn. 41ff., § 4 Rdn. 2; zur Bedeutung des Aufteilungsplanes auch BayObLG Rpfleger 1980, 295; OLG Frankfurt Rpfleger 1980, 391) **als auch wegen des Inhalts des Sondereigentums** (§ 5 Abs. 4, § 10 Abs. 2 WEG; § 5 Rdn. 31); insbes. zur Eintragung von „Sondernutzungsrechten" (§ 15 Rdn. 25ff.; OLG Hamm OLGE 1985, 19 = Rpfleger 1985, 109; OLG Köln Rpfleger 1985, 110). Alles, was in der Eintragungsbewilligung enthalten ist, wird durch die auf sie Bezug nehmende Eintragung zum Inhalt des Grundbuchs und nimmt am öffentlichen Glauben teil (BGHZ 21, 41), soweit dieser reicht (also nicht hinsichtlich des tatsächlichen Beschriebs), beachte auch § 10 Rdn. 47, 48. Vereinbarte Verfügungsbeschränkungen (§ 12) sind besonders zum Ausdruck zu bringen (vgl. § 3 Abs. 2 WGBV und § 12 Rdn. 8). Die Eintragung einer Gemeinschaftsordnung ist insgesamt abzulehnen, wenn auch nur eine einzige Bestimmung unzulässig ist (BayObLG Rpfleger 1986, 220). Werden zum Inhalt des Sondereigentums Regelungen gemacht, durch welche einem Wohnungseigentümer das **Nutzungsrecht** an bestimmten Teilen des gemeinschaftlichen Eigentums eingeräumt wird (§ 15 Abs. 1) – **„Sondernutzungsrecht"** (§ 15 Rdn. 25ff.) – z. B. das Recht zur Benutzung eines bestimmten Teiles der Gartenfläche, so **genügt es,** wenn der Grundstücksteil, auf den sich das Nutzungsrecht bezieht, entweder eindeutig beschrieben oder in eine in der Eintragungsbewilligung in bezug genommene allgemein zugängliche Karte (Aufteilungsplan, sonstiger Plan, Skizze o. ä.) eingezeichnet ist; es gilt hier das gleiche wie für Dienstbarkeiten (dazu BGHZ 59, 11).

IV. Art der Eintragung

33 Über die **grundbuchmäßige Durchführung** des Wohnungseigentumsgesetzes ist in Ergänzung der Grundbuchverfügung vom 8. 8. 35 (RMinBl. S. 637) die „Verfügung über die grundbuchmäßige Behandlung der Wohnungseigentumssachen", vom 1. 8. 1951 (BAnz. 1951 Nr. 152) – **„WGBV"** – mit Änderungen durch VO v. 15. 7. 59 und 21. 3. 74 ergangen (abgedruckt im Anhang III 2), auf die im einzelnen verwiesen werden kann; dort auch Muster für Hypothekenbrief. Die Ausführungen an dieser Stelle können sich daher auf einige wenige grundsätzl. Bemerkungen beschränken.

34 **1. Besonderes Wohnungsgrundbuch. In der im übrigen wie üblich gestalteten „Aufschrift"** ist nach § 2 WGBV unter die Blattnummer („Band 6 Blatt 171") die Bezeichnung „Wohnungsgrundbuch" oder „Teileigentumsgrundbuch", gegebenenfalls „Wohnungs- und Teileigentumsgrundbuch"

(so die Aufschrift des der WGBV beigegebenen Musters) zu setzen. Im **Bestandsverzeichnis** ist zunächst die Größe des Bruchteils und das im Miteigentum stehende Grundstück nach den allgemeinen Vorschriften einzutragen. Dazu kommt die Eintragung von Gegenstand und Inhalt des Sondereigentums, wobei auf die Eintragungsbewilligung Bezug genommen werden kann. Beispiel etwa: „1/6 Miteigentumsanteil an dem Grundstück ... (Bezeichnung und Eintragung wie gewöhnlich), verbunden mit Sondereigentum an der Wohnung im Erdgeschoß links (Nr. 1 des Aufteilungsplanes); das Miteigentum ist durch die Einräumung der zu den anderen Miteigentumsanteilen (eingetragen Band ... Blätter ...) gehörenden Sondereigentumsrechte beschränkt. Wegen des Gegenstands und des Inhalts des Sondereigentums wird auf die Eintragungsbewilligung vom ... Bezug genommen." Im einzelnen vgl. § 3 WGBV und das Muster Anl. 1 hierzu. In Ergänzung des amtlichen Musters wird es sich, wie oben geschehen, empfehlen, bei der Bezeichnung der Wohnung in der Grundbucheintragung auch noch die entsprechende Nummer des Aufteilungsplans anzugeben.

Ripfel BWNotZ 69, 224, ist der Meinung, daß die vertragliche Begründung von Sondereigentum nicht nur, wie das die WGBV vorsieht, im Bestandsverzeichnis durch Bezugnahme auf die Eintragungsbewilligung hinsichtlich Gegenstand und Inhalt des Sondereigentums, sondern auch in Abt. I Spalte 4 **eingetragen** werden müsse („das Sondereigentum eingetragen auf Grund Einigung v. 10. 2. 69"). Dem ist **nicht zu folgen.** Zwar verlangt § 4 Abs. 2 Satz 1 für die vertragliche Begründung von Sondereigentum eine Einigung in der Form der Auflassung, § 20 GBO ist aber bewußt nicht für anwendbar erklärt worden (vgl. § 4 Rdn. 5). Da es nach anerkannten Grundsätzen für die Wirkung einer Eintragung nicht darauf ankommt, an welcher Stelle des Grundbuchblatts sie vorgenommen wird, bestand kein Bedenken, die Begründung des Sondereigentums im Falle des § 3 im Bestandsverzeichnis zum Ausdruck zu bringen. Die von Ripfel vorgeschlagene Art der Eintragung wäre allerdings wenn auch überflüssig, so doch unschädlich. 35

Für den **grundbuchlichen Vollzug von Änderungen**, die sich auf den Bestand des Grundstücks, die Größe des Miteigentumsanteils oder den Gegenstand oder Inhalt des Sondereigentums beziehen, gibt **§ 3 Abs. 5 WGBV** die erforderlichen Hinweise. Hiernach sind insbesondere zu behandeln: 36

die Vereinigung mehrerer Wohnungseigentumsrechte (§ 3 Rdn. 92)

die Zuschreibung eines Wohnungs- oder Teileigentums zu einem anderen als Bestandteil (§ 3 Rdn. 92)

die Zuschreibung eines Grundstücks als Bestandteil zu einem Wohnungseigentum (BayObLGE 1993, 297)

die Teilung eines Wohnungseigentums (§ 3 Rdn. 92)

die Teilveräußerung eines Wohnungseigentums (§ 3 Rdn. 98)

die Veränderung von Miteigentumsquoten ohne Änderung des Sondereigentums (§ 3 Rdn. 101)

die Veränderung von Sondereigentum ohne Änderung der Miteigentumsquote (§ 3 Rdn. 102; vgl. auch das Muster Anlage 1 zur WGBV Spalte 6)

die Änderung des Inhalts des Sondereigentums (§ 5 Abs. 4 i. V. mit § 10 Abs. 2 WEG, § 5 Rdn. 33ff.)

der Hinzuerwerb eines realen Grundstücks zum gemeinschaftlichen Grundstück (§ 1 Rdn. 27ff.)

die Abveräußerung eines realen Teiles des gemeinschaftlichen Grundstücks (Vor § 1 Rdn. 46, 60).

Wegen der besonderen Fragen bezüglich der Eintragung einer Veräußerungsbeschränkung vgl. § 12 Rdn. 8.

37 § 7 Abs. 1 Satz 1 WEG verlangt **Anlegung eines besonderen Grundbuchblatts** (Wohnungsgrundbuchs) „für jeden Miteigentumsanteil". In der Praxis ist zweifelhaft geworden, ob diese Bestimmung die für Grundstücke nach § 4 GBO zulässige **„Zusammenschreibung"** mehrerer demselben Eigentümer gehörenden Wohnungs- oder Teileigentumsrechte auf **einem** Wohnungsgrundbuch ermöglicht, z. B. ob eine Eigentumswohnung und die dazu gehörende, zum Gegenstand eines selbständigen Teileigentums gemachte Garage auf einem Grundbuchblatt geführt werden können. Die Frage ist **zu bejahen** (LG Aachen ITelex 1983/13/72; so auch Ertl-KEHE, GBO, § 4 Rdn. 2). Der Miteigentumsanteil tritt hier an die Stelle eines Grundstücks; da im übrigen § 7 ohne weiteres von der Anwendbarkeit aller Vorschriften der GBO ausgeht und auch für die Grundbuchführung in § 1 WGBV (Anhang III 2) global auf die Vorschriften der Grundbuchverfügung Bezug genommen wird, wird damit auch auf die Vorschriften über die Zusammenschreibung verwiesen. Besondere Bedenken gegen die Zusammenschreibung sind nicht ersichtlich. Wenn, wie dies regelmäßig der Fall ist, die verschiedenen Rechte einheitlich belastet sind, erleichtert die Zusammenschreibung die Führung der Wohnungsgrundbücher erheblich. Abgesehen davon würde ohnehin ein Verstoß gegen bloße grundbuchrechtliche Ordnungsvorschriften die Wirksamkeit der Eintragungen nicht berühren. Die Zulässigkeit wird bestätigt durch die Möglichkeit des gemeinschaftlichen Wohnungsgrundbuchs (Abs. 2). **Im Falle des § 8** ist allerdings die Wirksamkeit der Teilung von der Anlegung der Wohnungsgrundbücher für jedes Wohnungs- und Teileigentum abhängig (§ 8 Abs. 2 Satz 2); es bestehen dann aber keine Bedenken, mehrere Rechte auf einem Grundbuchblatt zusammenzuschreiben, wenn sie von demselben Erwerber erworben werden. Auch **Zuschreibung eines gewöhnl. Miteigentumsanteils entspr. § 3 Abs. 3 GBO** zu WEigt als herrschendem Grundstück ist zulässig (OLG Düsseldorf Rpfleger 1970, 394; BayObLG 74, 466 Doppelstockgarage).

38 **2. Beim gemeinschaftlichen Wohnungsgrundbuch** ist Eintragung im BVerz. nicht möglich. Da die Einräumung des Sondereigentums eine Beschränkung, keine Belastung ist, kann sie auch nicht in Abt. II eingetragen werden. Sie ist daher in Abteilung I bei der Angabe des Gemeinschaftsverhältnisses der Miteigentümer einzutragen (§ 7 WGBV, mit Muster Anl. 2 hierzu; vgl. auch § 47 GBO; § 9 Buchst. b GBV).

39 **3. Wegen des Eigentümerverzeichnisses** vgl. § 21 Nr. 8 der Aktenordnung. Soweit ein **Sachregister** geführt wird, wird es sich empfehlen, die Auflösung des Grundbuchblatts in mehrere Wohnungsgrundbücher besonders zu kennzeichnen. Hinzuweisen ist auf §§ 12a bis 12c GBO n. F. und die aktualisierte Zusammenstellung landesrechtlicher Vorschriften über die geschäftliche Behandlung der Wohnungseigentumssachen in Anhang III 3.

4. Dienstbarkeiten, die ihrer Natur nach nicht am Wohnungseigentum als solchem, sondern nur an dem Grundstück als Ganzem bestehen können (wie z. B. ein Geh- und Fahrtrecht; vgl. auch § 3 Rdn. 78, 115) sind in Abt. II jedes Wohnungsgrundbuchs einzutragen unter Hinweis darauf; daß das Recht an dem Grundstück, nicht an dem Miteigentumsanteil besteht, wobei jeweils auf die anderen Eintragungen zu verweisen ist (§ 4 WGBV). Entsprechend muß auch der Vermerk über eine Dienstbarkeit nach § 9 GBO, wenn herrschendes Grundstück das gemeinschaftliche Grundstück der Wohnungseigentümer ist, erkennen lassen, daß die Dienstbarkeit nicht nur zugunsten des jeweils im Bestandsverzeichnis eingetragenen Miteigentumsanteils besteht. Vgl. hierzu auch § 3 Rdn. 115 und § 3 Abs. 7 WGBV. 40

5. Bestehende **Hypotheken,** Grund- und Rentenschulden sowie Reallasten werden bei der Anlegung besonderer Grundbuchblätter als Gesamtbelastungen auf die Grundbuchblätter der einzelnen Miteigentumsanteile zur Mithaft übertragen (§ 48 GBO; vgl. § 3 Rdn. 74 ff.; § 8 Rdn. 1). 41

6. Wegen der Eintragung vereinbarter **Veräußerungsbeschränkungen** vgl. § 12 Rdn 7. Wegen der Eintragung von sog. **„Sondernutzungsrechten"** vgl. § 15 Rdn. 33. 42

V. Grundbuchgebühren

1. Für die Eintragung der Miteigentümer wird die volle Gebühr erhoben (§ 60 Abs. 1 KostO). 43

2. Die Eintragung der **Einräumung und Aufhebung von Sondereigentum** fällt unter § 76 Abs. 1 und 3 KostO (1/2 Gebühr). Für Inhaltsvereinbarungen ist § 76 Abs. 2 in Verbindung mit § 64 KostO maßgeblich; handelt es sich dabei um mehrere Veränderungen, so gilt § 64 Abs. 3 KostO. Letztere Vorschrift ist auch dann maßgebend, wenn für jeden Miteigentumsanteil ein besonderes Wohnungsgrundbuch angelegt wird; denn es handelt sich immer um ein und dasselbe Recht, nämlich das in seiner Inhaltsausgestaltung zu verändernde Miteigentum. § 64 KostO ist auch im Falle nachträglicher Inhaltsänderungen anzuwenden. Für die Eintragung von Veräußerungsbeschränkungen (§ 12) gilt § 65, sofern die Eintragung ausschließlich diese Beschränkung betrifft. Trifft die Eintragung der Veräußerungsbeschränkung mit der Eintragung anderer Inhaltsvereinbarungen i. S. des § 10 Abs. 2 zusammen, so fallen lediglich die Gebühren des § 65 KostO an (§ 35 KostO). Der Geschäftswert bestimmt sich nach § 21 Abs. 2 KostO. 44

§ 8 Teilung durch den Eigentümer

(1) **Der Eigentümer eines Grundstücks kann durch Erklärung gegenüber dem Grundbuchamt das Eigentum an dem Grundstück in Miteigentumsanteile in der Weise teilen, daß mit jedem Anteil das Sondereigentum an einer bestimmten Wohnung oder an nicht zu Wohnzwecken**

dienenden bestimmten Räumen in einem auf dem Grundstück errichteten oder zu errichtenden Gebäude verbunden ist.

(2) **Im Falle des Absatzes 1 gelten die Vorschriften des § 3 Abs. 2 und der §§ 5, 6, § 7 Abs. 1, 3 bis 5 entsprechend. Die Teilung wird mit der Anlegung der Wohnungsgrundbücher wirksam.**

Übersicht

I. Bedeutung der Vorschrift

1 **1.** § 8 ermöglicht eine Teilung des Alleineigentums in „Miteigentumsanteile“, die mit Sondereigentum verbunden sind, also in Wohnungseigentumsrechte, und zwar ohne Abveräußerung in der Person des Alleineigentümers. Damit durchbricht das WEG – was zur Zeit seiner Schaffung als ein schwer zu überwindendes Hindernis angesehen wurde – ein allgemeines Prinzip; das geltende Recht schließt, wie man insbes. aus § 1114 BGB, § 864 Abs. 2 ZPO entnimmt, „grundsätzlich im Interesse der Klarheit des Grundbuchverkehrs und der Sicherung einer von vermeidbaren Schwierigkeiten befreiten Zwangsvollstreckung ... sowohl die ideelle (Vorrats-) Teilung des Grundstücks durch den Alleineigentümer als auch die quotenmäßig beschränkte Belastung eines im Alleineigentum stehenden Grundstücks aus“ (so BayObLG 74, 466 mit weiteren Nachweisungen, insbes. RGZ 68, 79/80; 88, 21, 26; BGHZ 49, 250; BayObLG 68, 104). Das WEG läßt sie zu.

Literatur: Röll, Teilungserklärung und Entstehung des Wohnungseigentums (Köln 1975).

2 Diese Teilung – häufig als **„Vorratsteilung“** bezeichnet – ist der realen Teilung eines Grundstücks nachgebildet, sie ist – entgegen MünchKomm-Röll § 8 Rdn. 1 – so wenig „begrifflich widersprüchlich“ wie die reale Tei-

lung eines Grundstücks in der Hand des Eigentümers oder wie die Bestellung eines dinglichen Rechts durch den Eigentümer eines Grundstücks für sich selbst, also z. B. einer Eigentümergrundschuld (§ 1196 BGB) oder einer Eigentümerdienstbarkeit (dazu Weitnauer DNotZ 1958, 352). Wohl allerdings wurde sie seinerzeit als eine dogmatische Kühnheit angesehen. Die durch die Aufteilung geschaffene Lage wird verkannt, wenn man sie – so allerdings Röll a. a. O. – als „Einmann-Gemeinschaft" bezeichnet, eine Gemeinschaft entsteht erst mit dem Hinzutritt des ersten Erwerbers eines der nach § 8 gebildeten Wohnungseigentumsrechte (unten Rdn. 18); so mit Recht Bärmann-Pick-Merle § 8 Rdn. 18, 32. Wenn Bärmann-Pick-Merle – Übersicht vor § 8 – von „mehreren Mitgliedschaftsrechten in einer Hand" sprechen, so erklärt sich das aus ihrer von der hier vertretenen gänzlich abweichenden grundsätzlichen Auffassung vom Wesen des Wohnungseigentums (vgl. Vor § 1 Rdn. 43ff.) und läßt sich mit dem sachenrechtlichen Charakter der Teilung nach § 8 nicht vereinbaren. Vgl. auch unten Rdn. 16. Die Anteile sind in ähnlicher Weise verselbständigt, wie dies bei der realen Teilung eines Grundstücks geschieht (vgl. § 7 Rdn. 6). Sie hat also *materielle Bedeutung* und macht selbständige Belastungen der Anteile möglich; **bestehende Belastungen** mit Grundpfandrechten werden zu **Gesamtbelastungen** und demgemäß zur Mithaft auf die einzelnen Wohnungsgrundbücher übertragen (§ 48 GBO, § 7 Rdn. 41). Auf dem durch § 8 gestatteten Wege kann ein Bauträger, der ein Haus baut, um es dann in Wohnungseinheiten zu veräußern, von vornherein die tatsächlichen und rechtlichen Verhältnisse der zu veräußernden Wohnungseigentumsrechte klarstellen, indem er die Anteile und das zugehörige Sondereigentum bestimmt und die Belastungsfrage klärt, ferner Bestimmungen über das Verhältnis der WEigt. untereinander i. S. des § 5 Abs. 4 trifft, die dann als „Inhalt des Sondereigentums" i. S. des § 10 Abs. 2 die Erwerber binden (vgl. dazu unten Rdn. 19).

2. Ein bereits bestehendes Wohnungseigentumsrecht kann in entsprechen- 3
der Anwendung, sei es des § 8 WEG (so BGHZ 49, 250), sei es des § 7 GBO (vgl. § 3 Rdn. 98) im Wege der **„Unterteilung"** auch seinerseits wieder geteilt werden. Vorzuziehen ist die Analogie zu § 7 GBO, weil hier die nach § 8 WEG gegebene Möglichkeit, Bestimmungen für das Gemeinschaftsverhältnis einseitig zu treffen, nicht besteht, Gegenstand und Inhalt des Sondereigentums bleiben – abgesehen von der Teilung – bei den entstehenden Teilrechten unberührt. Die Teilung ist Ausfluß des Eigentums und bedarf nicht der Zustimmung der übrigen Wohnungseigentümer (so zutr. BGHZ 49, 250; OLG Schleswig MDR 1965, 46; BayObLGE 1977, 1; BGH NJW 1979, 870; BayObLG WE 1992, 55). Nach Ansicht des BGH a. a. O., auch von BayObLG WE 1992, 397 kann eine Unterteilung allerdings mit der Wirkung einer echten, dinglich wirkenden Verfügungsbeschränkung von der Zustimmung anderer Wohnungseigentümer oder eines Dritten abhängig gemacht werden; dem ist nicht zu folgen, wie näher zu § 12 Rdn. 2 ausgeführt wird; zum Wohnungserbbaurecht vgl. § 30 Rdn. 7. Einer Zustimmung der Grundpfandgläubiger bedarf es hier ebenso wenig wie sonst zur Teilung des Grundstücks in Wohnungseigentumsrechte (§ 3 Rdn. 74, 104; unten Rdn. 15). Wird bei einer Unterteilung ein Raum, der bisher zum Sonderei-

gentum gehörte, nicht als Sondereigentum mit einem Miteigentumsanteil verbunden, so ist die Unterteilung nichtig; die Grundbucheintragungen, die eine solche Unterteilung vollziehen, sind inhaltlich unzulässig und können nicht Grundlage für einen Erwerb kraft öffentlichen Glaubens des Grundbuchs sein (so zutr. BayObLGE 1987, 300 – **„vergessener Flur"**). Die Kritik hieran von Röll (DNotZ 1993, 158, Die Unterteilung von Eigentumswohnungen) halte ich nicht für berechtigt. Vgl. auch § 3 Rdn. 31 und § 6 Rdn. 3.

Das BayObLG hat in WE 1992, 55 = DWEigt 1992, 166 das Recht des Wohnungseigentümers zur Unterteilung seines Wohnungseigentums anerkannt, aber bemerkt, es dürfe dadurch der **„Status"** der übrigen Wohnungseigentümer nicht verändert werden, es sei aber nicht zu beanstanden, wenn die Gemeinschaftsordnung für diesen Fall eine Regelung enthalte. Letzteres ist sicher richtig. Damit ist die Frage berührt, ob, wenn eine Veränderung im Bestand der Wohnungseigentumsrechte nach der maßgeblichen Regelung in der Gemeinschaftsordnung – Kopfprinzip, Wertprinzip, Objektprinzip – eine **Veränderung der Stimmrechtsverhältnisse** zur Folge habe, dafür ein Ausgleich gewährt werden müsse. Die Frage ist zu verneinen; das Stimmrechtsverhältnis ist nicht festgeschrieben, es kann sich aus mancherlei Gründen ändern; die Folgen, die nach dem gewählten System eintreten, sind hinzunehmen. Vgl. im übrigen § 3 Rdn. 104 und § 25 Rdn. 13.

II. Voraussetzungen

4 Die Voraussetzungen der Teilung sind z. T. denen der realen Teilung eines Grundstücks, z. T. denen der vertraglichen Begründung von Wohnungseigentum nachgebildet.

1. Erforderlich ist zunächst eine **Erklärung mit dem in Absatz 1 bezeichneten Inhalt** gegenüber dem Grundbuchamt: Diese Erklärung kann, da sie eine Verfügung über das Grundstück enthält, nur von demjenigen abgegeben werden, der im Zeitpunkt der Anlegung der Wohnungsgrundbücher Eigentümer des von der Teilung betroffenen Grundstücks ist (OLG Düsseldorf DNotZ 1976, 168); gegebenenfalls tritt an seine Stelle derjenige, der verfügungsberechtigt ist, z. B. der Konkursverwalter (BayObLG 1957, 108). Steht das Grundstück im Eigentum einer Mehrheit von Personen – sei es nach Bruchteilen oder zur gesamten Hand –, so ist die Teilungserklärung von ihnen allen abzugeben. Gemäß § 1 Abs. 4 kann Wohnungseigentum auch durch Teilung nur an **einem** Grundstück begründet werden (vgl. im übrigen § 3 Rdn. 7).

Das Recht zur Teilung ist aus dem Verfügungsrecht des Eigentümers abzuleiten, die Teilungserklärung ist also materiellrechtlicher Natur; eine Bedingung oder Zeitbestimmung kann ihr aus den gleichen Gründen, aus denen dies für die Einigungserklärungen nach § 4 Abs. 2 vorgeschrieben ist, nicht beigegeben werden, wenngleich das Gesetz dazu nichts aussagt. Die **Höfeeigenschaft** steht der Teilung eines Hofes in Wohnungseigentum nicht entgegen, doch geht dadurch die Höfeeigenschaft verloren (OLG Hamm OLGE 1988, 404).

5 Zusätzlich ist ein an das Grundbuchamt gerichteter **Eintragungsantrag**

erforderlich (§ 13 GBO), der verfahrensrechtlicher Natur ist und nicht der Form des § 29 GBO bedarf, jedoch nur schriftlich oder zu Niederschrift der Geschäftsstelle gestellt werden kann.

Die Teilungserklärung bedarf der durch **§ 29 GBO** vorgeschriebenen Form, d. h. der öffentlichen **Beglaubigung** durch einen Notar (§ 129 BGB). Wird sie, was möglich ist (§ 129 Abs. 2 BGB), aber erheblich höhere Kosten verursacht, **beurkundet** (§ 128 BGB), so erleichtert das die Bezugnahme nach § 13a BeurkG; vgl. Anhang zu § 8 Rdn 13. 6

Im einzelnen gilt folgendes:

a) Die Erklärung muß die zu schaffenden **Miteigentumsanteile** unter Angabe des Bruchteilsverhältnisses und das jeweils mit einem Anteil zu verbindende **Sondereigentum** an einer bestimmten Wohnung (dann Wohnungseigentum) oder an bestimmten nicht zu Wohnzwecken dienenden Räumen (dann Teileigentum) bezeichnen; sie kann sich auch auf ein noch **zu errichtendes Gebäude** beziehen. Stimmen der Beschrieb der in Sondereigentum zu überführenden Räume in der Teilungserklärung und der Aufteilungsplan (unten Rdn. 11) nicht überein, so gilt das zu § 4 Rdn. 1 Gesagte entsprechend. 7

b) Die Erklärung kann nach § 8 Abs. 2 Satz 1 i. V. mit § 5 Abs. 3 bestimmen, daß **Bestandteile des Gebäudes,** die an sich im Sondereigentum stehen würden, **zum gemeinschaftlichen Eigentum** gehören. 8

c) Die Erklärung kann nach § 8 Abs. 2 Satz 1 i. V. mit § 5 Abs. 4 alle Bestimmungen über das Verhältnis der künftigen Wohnungseigentümer untereinander enthalten, die Gegenstand von Vereinbarungen nach § 10 Abs. 1 Satz 2 sein können, also die **künftige Gemeinschaftsordnung** einseitig festlegen. Der teilende Eigentümer muß aber andererseits auch den Weg der Erklärung gegenüber dem Grundbuchamt gehen, wenn er Bestimmungen für das Gemeinschaftsverhältnis treffen will. Nur wenn sie im Grundbuch eingetragen sind, erlangen sie Bindungswirkung gegenüber dem ersten Erwerber und allen künftigen Wohnungseigentümern. Formlose schuldrechtliche Vereinbarungen, wie sie unter Wohnungseigentümern möglich wären, scheiden aus. Eine gegenteilige Bemerkung in BayObLG 1992, 262 = DWEigt 1992, 75 bedarf der Prüfung. Eine **Inhaltskontrolle** durch das Grundbuchamt unter Gesichtspunkten des AGBG kommt nach zutreffender Ansicht nicht in Betracht; hierzu und zur Prüfung überhaupt vgl. § 7 Rdn. 18. Auf die **richtige Gestaltung der Gemeinschaftsordnung** ist die größte mögliche Sorgfalt zu verwenden. Sie muß den Gegebenheiten der Anlage Rechnung tragen, darf sich also nicht unbesehen an irgendwelchen Vorbildern ausrichten, sie darf keine Bestimmungen enthalten, welche die Wohnungseigentümer in der Ausübung ihrer Befugnisse, insbes. auch ihres Mitverwaltungsrechts durch Ausübung des Stimmrechts, ungut beeinträchtigen (dazu § 25 Rdn. 7ff.). Wegen des möglichen Inhalts im einzelnen vgl. § 10 Rdn. 37ff.; möglich ist insbesondere auch der Vorbehalt der näheren Konkretisierung von Rechten und Pflichten aus dem Gemeinschaftsverhältnis (vgl. § 10 Rdn. 43). Bestimmungen, deren Gültigkeit ernstlich zweifelhaft ist, sollten unterbleiben, so die Einführung „dinglich verselbständigter 9

Untergemeinschaften" (§ 3 Rdn. 32) oder Bestimmungen, die – wie etwa über das Verwaltungsvermögen – mit den Vorschriften der ZPO oder des ZVG in Widerspruch geraten (§ 1 Rdn. 9ff.); vgl. Seuß (ZgemWWBay 1977, 59. Die Teilungserklärung als entscheidendes Kriterium für die Gemeinschaft der Wohnungseigentümer und die Verwaltung des gemeinschaftlichen Eigentums), dem freilich nicht in allen Punkten gefolgt werden kann; Röll, BWNotZ 1980, 25, Probleme der Teilungserklärung, der nützliche Anregungen gibt, insbes. rät, die Teilungserklärungen so vollständig wie nötig, aber auch so kurz wie möglich zu machen. Zur Regelung des Abstimmungsverfahrens bei großen Gemeinschaften vgl. § 23 Rdn. 6ff. Ein Muster einer Teilungserklärung ist in Anhang V Nr. 2 wiedergegeben. Zum Wirksamwerden solcher Inhaltsbestimmungen vgl. unten Rdn. 19.

10 2. **Erforderlich ist Abgeschlossenheit** i. S. des § 3 Abs. 2 (§ 8 Abs. 2 Satz 1 i. V. mit § 3 Abs. 2, allerdings nur „Soll"-Erfordernis).

11 3. **Erforderlich ist Beifügung der durch Abs. 2 Satz 1 i. V. mit § 7 Abs. 4 geforderten Anlagen,** also

a) **eines Aufteilungsplans;** ein Mangel des Plans ist ein Mangel der Teilungserklärung, daher kann Sondereigentum nicht entstehen, wenn es im Plan nicht ausgewiesen ist (BayObLG NJW 1974, 152); nach Entstehung der Wohnungseigentümergemeinschaft kann das nur mehr durch Einigung gem. § 4 Abs. 2 und Eintragung im Grundbuch korrigiert werden;

b) einer **Bescheinigung über die Abgeschlossenheit** (§ 3 Rdn. 48ff.);

Weiter beizufügen sind etwa erforderliche Genehmigungen (vgl. § 7 Rdn. 17.

12 4. **Erforderlich ist weiter Eintragung im Grundbuch** unter Anlegung besonderer Grundbuchblätter (Abs. 2 Satz 2). Ein gemeinschaftliches Grundbuchblatt ist hier nicht zulässig, was aus Abs. 2 Satz 1 hervorgeht, in dem § 7 Abs. 2 nicht für anwendbar erklärt ist. Ob bei Verstoß die Teilung wirksam ist, war bestritten, wird aber jetzt mit Recht allgemein bejaht (so jetzt auch Horber-Demharter, GBO, Anhang zu § 3 Rdn. 35, Bärmann-Pick-Merle, § 8 Rdz. 29); aus praktischen Gründen wird im Interesse der Rechtssicherheit zur Vermeidung der Nichtigkeitsfolge trotz des Wortlauts des Gesetzes dieser Ansicht der Vorzug zu geben sein, die sich auf den allgemeinen Grundsatz des Grundbuchrechts stützen kann, daß es für die Wirksamkeit einer Eintragung im Grundbuch nicht darauf ankommt, an welcher Stelle eine Buchung vorgenommen wird.

13 **Für den grundbuchlichen Vollzug** einer Teilungserklärung ist in den amtlichen Mustern ein Beispiel nicht gegeben. Die Eintragung im **Bestandsverzeichnis** muß entsprechend dem Fall des § 3 enthalten den Miteigentumsanteil sowie den Gegenstand und gegebenenfalls den Inhalt (§ 5 Abs. 4 WEG) des Sondereigentums; Bezugnahme auf die Eintragungsbewilligung ist nach § 7 Abs. 3 WEG zulässig; vgl. § 7 Rdn. 31.

14 Die **Eintragung in Abt. I Spalte 4** kann etwa lauten: „Aufgelassen am . . ., eingetragen am . . ., auf Grund Teilungserklärung nach § 8 WEG vom . . . hierher übertragen am . . ." Ripfel, BWNotZ 69, 224, ist der Meinung, daß im Falle des § 8 nicht nur die Aufteilung in WEigentumsrechte, sondern getrennt die Aufteilung in Miteigentumsanteile und in Sondereigentum ein-

getragen werden müsse. Diese Auffassung verkennt das Wesen der Teilungserklärung; diese schafft auf Grund einer einzigen Erklärung sofort WEigtrechte, ohne daß dabei zwischen dem Miteigentumsanteil und dem Sondereigentum unterschieden werden könnte und müßte.

5. Nicht erforderlich ist: 15

a) daß das aufzuteilende Grundstück im Zeitpunkt der Teilungserklärung bereits im Grundbuch als selbständiges Grundstück verzeichnet ist; es gelten insoweit die allgemeinen sachen- und grundbuchrechtlichen Grundsätze (OLG Saarbrücken NJW 72, 691);

b) falls das Grundstück mit einer **Hypothek** oder einem anderen Grundpfandrecht belastet ist, die **Zustimmung des Gläubigers,** wegen der Gründe und weiter damit zusammenhängenden Fragen vgl. § 3 Rdn. 74ff. und die dort erwähnten Entscheidungen, insbes. OLG Stuttgart NJW 54, 682; BayObLG 57, 102 = NJW 57, 1840; OLG Frankfurt/M. NJW 59, 1977; BGHZ 49, 250. Bestehende Grundpfandrechte werden durch die Aufteilung (nicht erst durch die Veräußerung) zu **Gesamtbelastungen** (so zutreffend insbesondere auch BayObLG 58, 273; OLG München MDR 72, 239). Vgl. im übrigen § 3 Rdn. 74.

c) Für **sonstige Belastungen** gilt das zu § 3 Rdn. 78ff. Ausgeführte entsprechend; zu einem Fall der Belastung mit einem Vorkaufsrecht und einem Rangvorbehalt vor diesem vgl. LG Köln Rpfleger 1987, 368.

III. Wirkung der Eintragung

1. Die Teilung wird nach Abs. 2 Satz 2 mit der Anlegung der Wohnungsgrundbücher wirksam. Maßgeblich ist die Anlegung des letzten Wohnungsgrundbuchs, weil Sondereigentum nur entstehen kann, wenn mit allen Anteilen Sondereigentum verbunden ist. Es entstehen dann die durch die Teilungserklärung nach Gegenstand und Inhalt bestimmten Wohnungs- und Teileigentumsrechte, für die nach Abs. 2 Satz 1 auch die §§ 5 und 6 WEG gelten. Von der Entstehung an sind diese Gegenstand selbständiger rechtsgeschäftlicher Verfügung, sie können also veräußert und belastet werden. Die Folgen entsprechen durchaus denen einer realen Teilung: Die Eigentumsverhältnisse ändern sich nicht; die neugeschaffenen Rechte stehen der Person oder den Personen zu, die Eigentümer des aufgeteilten Grundstücks war bzw. waren. Grundpfandrechte setzen sich an den durch die Teilung entstandenen Rechten als Gesamtpfandrechte fort (§ 7 Rdn. 41; § 3 Rdn. 74ff.; oben Rdn. 15). Die Vorstellungen von einer „originären Einmanngemeinschaft" (so Wolff-Raiser, § 89 S. 359 FN 14) treffen die Sache nicht; solange die Rechte in einer Hand, der des teilenden Eigentümers, vereinigt sind, gibt es keine irgendwie geartete einer Gemeinschaft ähnliche Rechtsbeziehung, so wenig von einer solchen die Rede sein kann, wenn ein Grundstück real geteilt wird. Die Gemeinschaft entsteht erst mit der Veräußerung des ersten Rechts an einen Erwerber, allenfalls wenn die Voraussetzungen eintreten, unter denen man eine wer- 16 dende Wohnungseigentümergemeinschaft annehmen kann (unten Anhang zu § 10).

17 2. **Eine einmal vorgenommene Teilung** nach § 8 **kann,** solange die Wohnungseigentumsrechte noch **in derselben Hand** vereinigt sind (OLG Frankfurt OLGE 1988, 439 = DWEigt 1989, 32) und auch noch **keine Auflassungsvormerkung** für den ersten Erwerber eines Wohnungseigentums eingetragen ist (BayObLG DNotZ 1994, 223 = WE 1994, 249), durch einseitige Erklärung des Eigentümers entsprechend § 8 **auch wieder geändert werden.** Anlaß hierzu kann z. B. bestehen, wenn unter Änderung des ursprünglichen Aufteilungsplanes Räume, die bisher als gemeinschaftliches Eigentum vorgesehen waren, z. B. Räume im Souterrain, nachträglich noch als Wohnungen ausgebaut und in Wohnungseigentum überführt werden sollen oder wenn eine Bestimmung der Gemeinschaftsordnung geändert werden soll. Das folgt aus § 9 Abs. 1 Nr. 3: Wenn der Alleineigentümer die Teilung durch einseitige Erklärung aufheben kann, muß er auch berechtigt sein, Änderungen geringeren Ausmaßes vorzunehmen (vgl. dazu Diester, NJW 71, 1153, 1158). Ist ein Wohnungseigentum bereits selbständig mit dem Recht eines Dritten belastet, so bedarf die nachträgliche Änderung seiner Zustimmung (§§ 877, 876 BGB; BayObLG 74, 217; § 3 Rdn. 75; vgl. auch Röll Rpfleger 1976, 283, Die Änderung der Teilungserklärung). Die **Aufhebung** bestimmt sich nach § 9 Abs. 1 Nr. 3; diese Vorschrift gilt auch, wenn und solange alle Rechte von Anfang an in einer Person vereinigt sind.

IV. Veräußerung eines Wohnungseigentumsrechtes

18 Wenn ein gemäß § 8 gebildetes Wohnungseigentum auf einen Erwerber übertragen wird und erst dann **entsteht** die besondere **Wohnungseigentümergemeinschaft** (allgemein anerkannt, vgl. die nachstehend Rdn. 19 angeführte Rechtsprechung zur Gemeinschaftsordnung) vorbehaltlich einer Anwendung der Grundsätze der werdenden Wohnungseigentümergemeinschaft in dem vorhergehenden Stadium (dazu Anhang zu § 10).

19 Hat der die Teilung nach § 8 vornehmende Eigentümer, wie das regelmäßig geschieht, von der Möglichkeit Gebrauch gemacht, gem. § 8 Abs. 2 Satz 1 i. Verb. mit § 5 Abs. 4 WEG **Bestimmungen über das Verhältnis der Wohnungseigentümer untereinander zu treffen** und zum Inhalt des Sondereigentums zu machen, dann werden diese Bestimmungen mit der Veräußerung der Wohnungseigentumsrechte an die Erwerber in gleicher Weise für das Verhältnis der Wohnungseigentümer (einschließlich des Veräußerers, so lange diesem noch ein Wohnungseigentumsrecht zusteht) maßgebend, wie das bei der Begründung von Wohnungseigentum nach § 3 auf Grund der Vereinbarungen der Wohnungseigentümer der Fall ist (BayObLG 61, 322, 329; 62, 16, 20; 65, 193, 200; 65, 283, 287; 71, 273, 276; 72, 314; 74, 217; BGHZ 73, 145; OLG Hamm DNotZ 1976, 165). Fehlt es an einer solchen rechtsgeschäftlichen Regelung, so bestimmt sich das Verhältnis der Wohnungseigentümer nach den gesetzlichen Vorschriften.

V. Gebührenrechtliches

1. Wird die **Teilungserklärung** beurkundet, so wird die volle Gebühr erhoben (§ 36 Abs. 1 KostO); dabei ist als **Geschäftswert** die Hälfte des Grundstückswerts anzunehmen (§ 21 Abs. 2 KostO) wie im Fall des § 3 (vgl. § 3 Rdn. 129). Wird ein nach § 8 begründetes Wohnungseigentum veräußert, so finden die §§ 19, 20 KostO Anwendung. Für die **Beglaubigung** der Unterschrift gilt § 45 KostO. 20

Für die Beurkundung des **Vertrages über die Veräußerung** eines nach § 8 gebildeten Wohnungseigentums und der Auflassungserklärung sowie für die Grundbucheintragungen gelten die allgemein für Grundstücksveräußerungen maßgeblichen Vorschriften, also §§ 36, 38 Abs. 2 Nr. 6a, §§ 60ff. KostO.

2. Für die Eintragung der Teilung im Grundbuch wird eine halbe Gebühr erhoben (§ 76 Abs. 1 KostO); der zugrunde zu legende Geschäftswert bestimmt sich nach § 21 Abs. 2 KostO. Für die Eintragung einer etwaigen nachträglichen Inhaltsänderung bestimmt sich die Gebühr nach §§ 76, 64 KostO, sofern sie nicht als Nebengeschäft neben der Teilung gebührenfrei ist. Wegen des **Geschäftswerts** vgl. § 3 Rdn. 129. 21

3. Die Gebührenbefreiung nach dem WohnBauGebGes. ist entfallen (vgl. § 3 Rdn. 133). 22

VI. Sonstiges

1. Da die Vorratsteilung keine Änderung der Eigentumsverhältnisse zur Folge hat, ist sie kein **grunderwerbsteuer**pflichtiger Vorgang. Die erste Veräußerung eines durch Teilung geschaffenen Wohnungseigentums ist u. U. nach dem GrErwStG 1983 grunderwerbsteuerfrei (vgl. hierzu Anhang zu § 60). Soweit das nicht der Fall ist, darf der Erwerber eines Wohnungseigentums im Grundbuch erst eingetragen werden, wenn dem Grundbuchamt die **Unbedenklichkeitsbescheinigung** der Finanzbehörde vorliegt (Art. 97 § 7 Abs. 1 EGAO v. 14. 12. 1976, BGBl. I S. 3341; vgl. dazu Horber-Demharter, GBO, § 20 Rdn. 48; Ertl-KEHE § 20 Rdn. 220ff.). 23

2. Die Vorratsteilung ist gem. § 19 Abs. 2 BauGB als ideelle Teilung nach diesem nicht genehmigungsbedürftig. Zum **gesetzlichen Vorkaufsrecht nach §§ 24ff.** BauGB § 3 Rdn. 95. 24

Anhang zu § 8

Der Vertrag über den Erwerb einer Eigentumswohnung und verwandte Probleme

Übersicht

Literatur: Bärmann-Seuß, Praxis des Wohnungseigentums, 3. Aufl., S. 121 ff. – Deckert, Baumängel am Gemeinschaftseigentum der Eigentumswohnung, 2. Aufl., Freiburg 1980 – zitiert als „Deckert, Baumängel". – Locher-Koeble, Baubetreuungs- und Bauträgerrecht, 2. Aufl., Düsseldorf 1980. – PiG 6 (Sachmängel am gemeinschaftlichen Eigentum) mit Beiträgen von Weitnauer und Deckert. – Reithmann-Brych-Pause, Kauf vom Bauträger und Bauherrenmodelle (Köln 1989) – Weitnauer ZfBR 1979, 84 = ZgemWWBay 1978, 399. Mängelrecht im Wohnungseigentum. – Weitnauer ZgemWWBay 1981, 63, Mängelgewährleistung und Instandhaltungspflichten am gemeinschaftlichen Eigentum = ZfBR 1981, 84 – jeweils mit ausführlichen Nachweisen der älteren Literatur. – PiG 5, Die Bauträger und ihre Verträge. – Reithmann/Meichssner/von Heymann, Kauf vom Bauträger 6. Aufl. Köln 1992. – Vgl. auch die in Anhang zu § 3 Rdn. 1 angeführte Literatur.

Wenngleich die Begründung von Wohnungseigentum im Wege des § 3 WEG seit der Ausbreitung der „Bauherrenmodelle" (Anh. zu § 3) ein weites Anwendungsfeld gefunden hat, ist doch die **Begründung nach § 8** nach wie vor **ein häufiger Fall geblieben.** Ein **Bauträger** (zum Begriff BGH NJW 1978, 1054; 1981, 757), der Eigentümer eines Baugrundstücks ist, teilt häufig schon vor Baubeginn, jedenfalls aber vor Fertigstellung des Bauwerks, das Grundstück gemäß § 8 WEG in die der geplanten Bebauung mit Wohnungen und/oder Geschäftsräumen entsprechenden Rechte. Er sucht dann für die so entstehenden Wohnungseigentums- bzw. Teileigentumsrechte Interessenten. Mit diesen schließt er meist **als „Kaufverträge" bezeichnete Ver-** 1

träge, durch die er sich verpflichtet, dem Erwerber einen bruchteilsmäßig bezeichneten Miteigentumsanteil an dem Grundstück und Sondereigentum an einer zu errichtenden Wohnung bzw. Geschäftsräumen zu verschaffen und das Gebäude zu errichten. Der Erwerber verpflichtet sich seinerseits, dafür ein Entgelt, regelmäßig nach Baufortschritt, zu bezahlen. Der Anspruch auf Verschaffung des Wohnungseigentums wird durch Vormerkung gesichert, die Auflassung ist regelmäßig erst Zug um Zug gegen Bezahlung der letzten Rate vorzunehmen. Beim Abschluß und bei der Abwicklung der Verträge ergeben sich gewisse, vielerörterte Probleme, zu denen im folgenden Stellung zu nehmen ist. Die Beurteilung eines Teiles der dabei auftretenden Rechtsfragen hat durch die **MaBV** (dazu unten Rdn. 18) und durch das **AGBG** eine neue Rechtsgrundlage gefunden. Die Klärung anderer Fragen, insbes. der mit der Mängelhaftung zusammenhängenden, durch die Rechtsprechung ist seit der Vorauflage weiter fortgeschritten.

I. Rechtsnatur und Form des Erwerbsvertrags

2 **1. Der Vertrag über den Erwerb einer bereits fertiggestellten Eigentumswohnung** – genauer: eines Miteigentumsanteils an dem Grundstück verbunden mit dem Sondereigentum an der zu erwerbenden Wohnung – ist eindeutig ein **Kaufvertrag** und nach den Regeln der §§ 433ff., 313 BGB zu beurteilen, während sich beim Erwerb einer zu errichtenden Eigentumswohnung Elemente des Kaufvertrags mit solchen des Werkvertrags verbinden (dazu nachstehend Rdn. 3). Die Anwendung reinen Kaufrechts ist dann und erst dann geboten, wenn eine Verpflichtung des Veräußerers zur Fertigstellung der Wohnung oder zur Beseitigung von Mängeln nach dem Inhalt des geschlossenen Vertrages nicht besteht. Die Feststellung, wann dies der Fall ist, kann, wenn sich der „Verkauf" der Eigentumswohnungen nach und nach vollzieht und bis in die Zeit hinein oder über die Zeit hinaus erstreckt, in der der Bau fertiggestellt ist, Schwierigkeiten machen. So hat der BGH mit Recht entschieden, daß die Sachmängelhaftung des Veräußerers sich auch dann noch nach Werkvertragsrecht richtet, wenn der Bau schon fertiggestellt war oder nur noch unbedeutende Kleinigkeiten fehlen (BGHZ 68, 372; 74, 204; 74, 258), auch beim Erwerb eines **„Musterhauses"** (BGH NJW 1982, 2243; abl. Köhler NJW 1984, 1321, dem nicht zu folgen ist) oder eines **Fertighauses** (BGHZ 87, 112 = NJW 1983, 1489). Dagegen ist Kaufrecht anzuwenden, wenn eine Eigentumswohnung, die der Bauträger zunächst, weil er sie nicht hatte absetzen können, vermietet hatte und die bereits einmal bezogen war, veräußert wird (abw., aber kaum überzeugend BGHZ 74, 204 bestätigt durch BGH NJW 1981, 2344); das ist dann auch nicht ein Vertrag über die Lieferung einer neu hergestellten Sache i. S. des § 11 Nr. 10 AGBG (so auch Ulmer-Brandner-Hensen, AGBG, § 11 Nr. 10 Rdn. 6; Schippel-Brambring DNotZ 1977, 197).

3 **2.** Der Vertrag über den Erwerb einer vom Veräußerer (Bauträger) **noch zu errichtenden Eigentumswohnung** i. S. der vorstehenden Abgrenzung ist **ein zwar einheitlicher, aber aus Kaufvertrag und Werkvertrag kombinierter Vertrag** (so auch BGHZ 92, 126 = NJW 1984, 2573: ein kombinierter

Vertrag mit kaufrechtlichen, werk- und werklieferungsvertragsrechtlichen Elementen sowie u. U. Elementen eines Auftrags oder Geschäftsbesorgungsvertrags): hinsichtlich der Verschaffung des Miteigentumsanteils am Grund und Boden und des Sondereigentums an der Wohnung ein Kaufvertrag (so ausdrücklich BGHZ 74, 204), hinsichtlich der Errichtung des Bauwerks ein Werkvertrag. Nur von dieser Betrachtungsweise aus läßt sich die Anwendung des **Werkvertragsrechts** in bezug auf Sachmängel des Bauwerks begründen und rechtfertigen; wie die einzelnen aus dem Vertrag entspringenden Verpflichtungen einzuordnen sind, ergibt sich aus diesem. Das ist ein Problem der Vertragsauslegung; die Beurteilung richtet sich allerdings nach allgemeinen Auslegungsgrundsätzen, nicht schlechthin – wie in BGHZ 74, 205 im Anschluß an BGHZ 60, 362 gesagt ist, – „nach Sinn und Zweck des Veräußerungsvertrages, seiner wirtschaftlichen Bedeutung und der Interessenlage der Parteien"; allerdings werden diese Umstände bei der Auslegung nach §§ 133, 157 BGB eine wichtige Rolle spielen; das Kündigungsrecht des Erwerbers als „Besteller" (§ 649 BGB) ist als abbedungen anzusehen (BGH NJW 1986, 925).

Die *Bezeichnung des Vertrags als „Kaufvertrag"* ist grundsätzlich ohne Be- 4
deutung (BGHZ 74, 204; 74, 258; BGH DWEigt 1988, 72). Allerdings ist denkbar, einen Vertrag, der seinem Typ nach ein Werkvertrag ist, kraft der Parteiautonomie dem Kaufrecht zu unterstellen, was insbesondere bedeutet, daß die Pflicht zur Mängelbeseitigung ausgeschlossen und für die Verjährung nicht § 638, sondern § 477 maßgeblich ist. Doch ist auf einen solchen Willen aus der bloßen Bezeichnung sicher nicht zu schließen. Außerdem wäre eine derartige Vereinbarung nur in einem Individualvertrag möglich, in AGB würde sie auf die allgemeine Schranke des § 9, insbesondere § 9 Abs. 2 Nr. 2, und auf § 11 Nr. 10 stoßen (vgl. BGHZ 74, 258, wo das Problem berührt wird).

Gegen die Kombination von kauf- und werkvertragsrechtlichen Verpflichtungen im Bauträgervertrag bestehen rechtliche Bedenken nicht. Die das Schuldrecht beherrschende **Vertragsfreiheit** gewährt die Möglichkeit, Verträge abzuschließen, die sich rein keinem der gesetzlich geregelten Vertragstypen einordnen lassen. Solche Verträge als eine „im Wege der Rechtsfortbildung contra legem neu geschaffene Sonderfigur des Werklieferungsvertrags" zu charakterisieren (so Wolfsteiner in „Partner im Gespräch 5, Die Bauträger und ihre Verträge", Hamburg 1979, S. 81) bedeutet eine gefährliche Einengung und Verkennung der Vertragsfreiheit (vgl. auch Erman-Weitnauer, 8. Aufl., Einl. vor § 433 Rdn. 5). Wegen VOB vgl. unten Rdn. 50, 51. Verpflichtet sich der Erwerber eines nach § 8 WEG gebildeten Wohnungseigentums im Zusammenhang mit dem Erwerb, zur Errichtung des Bauwerks die Planung zu verwenden, die nach § 7 Abs. 4 WEG der Aufteilung zugrundegelegt war, und den Ingenieur oder Architekten mit der Ausführung zu beauftragen, der den Plan gefertigt hat, so verstößt das nach BGH NJW 1986, 1811 **nicht gegen das Koppelungsverbot** des Art. 10 § 3 MR VerbG.

Die Beurteilung der Verpflichtungen des Bauträgers, soweit sie die Er- 5
richtung oder Fertigstellung des Gebäudes betreffen, als **Werkvertrag** und die Anwendung des Werkvertragsrechts entsprechen nunmehr einer **ständi-**

gen und gefestigten Rechtsprechung (BGHZ 60, 362 = JZ 1973, 735 m. A. Weitnauer; 61, 369; 62, 251; 63, 96; 68, 372; 65, 359; 72, 229; 74, 204; 74, 258; DB 1980, 2337; vgl. ferner oben Rdn. 3) und bedürfen keiner weiteren Begründung mehr. Als Werklieferungsvertrag über eine unvertretbare Sache i. S. des § 651 Abs. 1 Satz 2 Halbs. 2 läßt sich der Vertrag mit dem Bauträger entgegen BGHZ 72, 229 nicht verstehen. Man mag einen Vertrag über die Errichtung eines Bauwerks auf dem Grundstück des Bestellers als solchen Vertrag auffassen, im hier gegebenen Falle erschöpft sich eindeutig die Verpflichtung des Bauträgers, wie auch in BGHZ 74, 204 zum Ausdruck kommt, nicht darin, ein Werk aus einem von ihm zu beschaffenden Stoff herzustellen; die Verpflichtung zur Verschaffung von Miteigentum am Grundstück und von Sondereigentum an der Wohnung muß als für sich zu beurteilender Teil des Vertrages gesehen werden; nur deshalb ist es auch möglich, diesen Anspruch durch Vormerkung zu sichern (dazu unten Rdn. 21). Beachte auch BGH NJW 1981, 2344.

6 Die Verbindung kaufrechtlicher und werkvertraglicher Verpflichtungen auf der Veräußererseite steht nicht grundsätzlich der einheitlichen Betrachtung der **Verpflichtung des anderen Vertragsteils** zur Bezahlung der Vergütung entgegen. So ist in BGHZ 72, 229 (bestätigt durch BGHZ 74, 273) entschieden, daß der einheitlich für den Grundstücksanteil und die Herstellung der Eigentumswohnung bestimmte Vergütungsanspruch des kaufmännischen oder gewerbsmäßigen Veräußerers einheitlich, und zwar gemäß § 196 Abs. 1 Nr. 1 BGB in 2 Jahren, verjährt. So zu entscheiden war im gegebenen Fall wohl möglich, weil von der Gesamtvergütung von 199500 DM nurmehr ein Betrag von etwa 3500 DM offenstand, der unbedenklich auf die Werkleistung bezogen werden konnte. Bedenklich aber erscheint es, den Vergütungsanspruch des Bauträgers schlechthin als Anspruch „für Lieferung von Waren, Ausführung von Arbeiten“ i. S. des § 196 Abs. 1 Nr. 1 BGB zu qualifizieren; denn man kann entgegen dem BGH nicht sagen, daß die Werkleistung bei weitem überwiege und dem Vertragsverhältnis „seine charakteristische Note gebe“, und daß deshalb der Vergütungsanspruch notwendig einheitlich behandelt werden müsse. In Bestätigung von BGHZ 72, 229 hat der BGH in BGHZ 74, 273 ergänzend entschieden, daß es bei der 2-jährigen Verjährung auch dann verbleibt, wenn sich die Ansprüche gegen den Erwerber von drei Appartement-Eigentumswohnungen eines mehrere hundert Einheiten umfassenden Appartement-Hotels richten, der seine Appartements im Rahmen des nicht von ihm geführten Hotelbetriebs möbliert vermieten läßt; der Erwerber ist nicht deswegen Inhaber eines Gewerbebetriebs i. S. von § 196 Abs. 1 Nr. 1, Abs. 2 BGB. Beachte auch BGH NJW 1981, 1665.

7 **3.** Eine Eigentumswohnung kann auch Gegenstand eines **Leasing-Vertrages (Immobilien-Leasing)** sein; der Vertrag ist dann ein Mietvertrag, der, sofern er mit einer Kaufoption oder einer Ankaufsverpflichtung des Mieters gekoppelt ist, der Form des § 313 BGB bedarf. Entspricht der Vertrag den Voraussetzungen eines Finanzierungsleasingvertrages, so ist er der Anwendung des **Verbraucherkreditgesetzes** vom 17. 12. 1990 nicht gänzlich entzogen (§ 3 Abs. 2 Nr. 1 VerbrKrG). Das gleiche gilt für Erwerbsverträge, bei

denen der Kredit durch ein Grundpfandrecht gesichert ist (§ 3 Abs. 2 Nr. 2 VerbrKrG). Auf die Erörterung von Einzelheiten muß hier verzichtet werden.

4. Sowohl der reine Kaufvertrag über eine Eigentumswohnung (oben Rdn. 2) als auch der Erwerbsvertrag i. S. von Rdn. 3 bedürfen, weil eine Verpflichtung des Bauträgers zur Verschaffung von Miteigentum an Grund und Boden, also von Grundstückseigentum, begründet wird, **der Form des § 313 BGB,** also der notariellen Beurkundung. Im letzteren Falle erstreckt sich die Beurkundungsbedürftigkeit auf den ganzen Vertrag, also einschließlich der werkvertraglichen Verpflichtung des Bauträgers. Dies entspricht einer in Rechtsprechung und Literatur unangezweifelten Interpretation des § 313 BGB dahin, daß bei zusammengesetzten Verträgen der gesamte Vertrag dem Formzwang unterliegt, sofern er i. S. des § 139 BGB eine rechtliche Einheit bildet (RGZ 97, 219; 145, 246; BGHZ 74, 346; 76, 43; BGH NJW 1981, 274; im übrigen vgl. Erman-Battes § 313 Rdn. 46). Die Beurkundung ist selbstverständlich auch bei Erwerbsverträgen über **ein noch nach § 8 WEG zu begründendes Wohnungseigentum** erforderlich. Der Form des § 313 BGB ist genügt, wenn in dem notariell beurkundeten Vertrag dem Veräußerer (Bauträger) das Recht eingeräumt wird, in der noch zu errichtenden Teilungserklärung Bestimmungen über das Gemeinschaftsverhältnis (§ 5 Abs. 4, § 10 Abs 2. § 8 Abs. 2 Satz 1 WEG) zu treffen; das ist ein **schlichter Bestimmungsvorbehalt i. S. des § 315 BGB** (so mit Recht BGH NJW 1986, 845, auch schon KG OLGE 1984, 418 = DNotZ 1985, 305, abw. unrichtig OLG Düsseldorf DNotZ 1981, 743); die darüber entfesselte Kontroverse (Löwe BB 1986, 152; dazu Reinelt NJW 1986, 826; Brych NJW 1986, 1478; Löwe NJW 1986, 1479) war unverständlich und überflüssig (vgl. Weitnauer WE 1986, 16/17; auch JZ 1986, 761/764 in Anm. zu BGH v. 19. 2. 1986; Ludwig Rpfleger 1986, 92 und 1986, 218). Der Gültigkeit des schuldrechtlichen Vertrages steht es auch nicht entgegen, daß der Miteigentumsanteil noch nicht genau bestimmt ist (so zutr. KG OLGE 1984, 418 = DNotZ 1985, 305). Am Mangel der Bestimmtheit gescheitert ist allerdings der Vertrag in KG DNotZ 1987, 103. Bis zum Vollzug bedarf auch **jede Änderung** des Erwerbsvertrages der Form des § 313 (BGH NJW 1984, 612; NJW 1982, 1639). 8

Seit der Änderung des § 313 durch das Gesetz vom 30. 5. 1973 (BGBl. I S. 501) bedarf der Form auch eine Verpflichtung zum Erwerb eines Grundstücks; die vorher weitgehend üblich und möglich gewesene Vorbereitung des Erwerbsvertrags durch eine *privatschriftliche* „Erwerbsverpflichtung" ist damit unmöglich gemacht worden. Das Vorliegen einer Erwerbsverpflichtung ist verneint von BGHZ 76, 43 für einen „Bauwerksvertrag" über die Errichtung eines Fertighauses, wenn der Auftraggeber das Grundstück, auf dem das Haus errichtet werden soll, von einem Dritten erwerben soll, weil hier weder unmittelbar noch mittelbar eine Verpflichtung zum Erwerb des Grundstücks begründet war. Zur Rechtslage vor dem Inkrafttreten des Gesetzes vom 30. 5. 1973 vgl. die 5. Auflage Anhang zu § 8 Rdn. 8, 9; eine Erwerbsverpflichtung kann ihren guten wirtschaftlichen Sinn haben und ist keineswegs schlechthin zu beanstanden (zu Unrecht a. A. OLG Hamm VB 9

1971, 375); es kommt auf die Ausgestaltung im einzelnen an, vor allem auf die Rechtsfolge für den Fall, daß der Erwerber aus einem Grunde zurücktritt, der nicht in seiner Sphäre liegt, z. B. wegen einer vorbehaltenen Erhöhung des Erwerbspreises oder wegen ungenügender Aufklärung über die monatliche Dauerbelastung (BGH DB 1974, 1906); Fall der Sittenwidrigkeit BGH DB 1974, 1907. Ist ein unter § 313 fallender Vertrag nicht in der erforderlichen Form geschlossen, so ist er nichtig (§ 125 Satz 1 BGB); der **Mangel der Form** wird aber nach § 313 S. 2 BGB mit Wirkung ex nunc **geheilt**, wenn die Auflassung an den Erwerber und die Eintragung im Grundbuch erfolgen (vgl. Anh. zu § 3 Rdn. 7). Zur Heilung im Falle eines deutschem Recht unterliegenden Kaufvertrags über ein in Spanien gelegenes Grundstück vgl. BGHZ 73, 391. Zur Umdeutung eines wegen § 313 nichtigen Vertrages über die Verschaffung von Wohnungseigentum in eine Verpflichtung zur Einräumung eines Dauerwohnrechts BGH NJW 1963, 339.

10 **5.** a) Die Form der Beurkundung richtet sich nach den Vorschriften des Beurkundungsgesetzes vom 28. 8. 1969 mit späteren Änderungen. Die Erklärungen der Parteien müssen vom Notar in Form einer Niederschrift beurkundet und vorgelesen und von den Parteien genehmigt und unterschrieben werden. Die **Erwerbsverträge** stellen hier **besondere Probleme,** weil das Vertragsobjekt, die Eigentumswohnung, wesentlich komplizierter ist als ein Grundstück und durch **Bezugnahme auf** die regelmäßig nicht notariell beurkundete, sondern nur beglaubigte (§ 129 BGB) **Teilungserklärung** und die zum Inhalt des Sondereigentums gemachte Regelung der **Gemeinschaftsordnung** und den **Aufteilungsplan** oder sonstige Baupläne bezeichnet werden muß, und weil darüber hinaus die werkvertragliche Verpflichtung inhaltlich konkretisiert werden muß, was üblicherweise durch Bezugnahme auf die nicht beurkundete **Baubeschreibung** geschieht. Die Frage, ob die Baubeschreibung mit der Urkunde über den Erwerbsvertrag durch Zusammensiegeln verbunden werden muß, war streitig; während sie von der Vorauflage bejaht wurde (ebenso LG Stuttgart DNotZ 1972, 669), unterblieb diese Verbindung nach einer in der Praxis weithin verbreiteten und für zulässig gehaltenen Übung; noch in BGHZ 63, 359 (Urteil v. 20. 12. 1974) wurde die bloße Bezugnahme auf eine der Urkunde nicht beigefügte Baubeschreibung als ausreichend angesehen. Was die Teilungserklärung anlangt, so konnte man entsprechend BGHZ 63, 359 von der Zulässigkeit der Bezugnahme ausgehen, und zwar auch schon vor deren grundbuchlichem Vollzug (so Röll, NJW 1973, 167). Unbedenklich konnte man auch annehmen, daß auf den Aufteilungsplan Bezug genommen werden könne (BGHZ 59, 11).

11 b) Ein **Wandel in der Beurteilung** der Beurkundungserfordernisse bahnte sich mit Entscheidungen des BGH vom 16. 3. 1977 (NJW 1977, 2072) und vom 10. 6. 1977 (DB 1977, 1990) sowie mit BGHZ 69, 266 (Urteil vom 23. 9. 1977, zustimmend Brambring DNotZ 1978, 149) an, wo unter ausdrücklicher Abweichung von BGHZ 63, 359 entschieden wurde, daß die Bezugnahme auf eine der notariellen Urkunde nicht beigefügte Baubeschreibung nicht genüge. Der „anfänglichen Tendenz zur Auflösung des Beurkundungszwangs" (so Hagen NJW 1979, 2135) traten dann einige Urteile des V. Zivilsenats des BGH aus dem Jahre 1979 entgegen (Urteil v. 23. 2. 1979,

NJW 1979, 1495; v. 6. 4. 1979, BGHZ 74, 346 =NJW 1979, 1496, v. 27. 4. 1979, NJW 1979, 1498; v. 22. 6. 1979, DB 1979, 1887); es wurde gefordert, daß die Teilungserklärungen, selbst wenn sie notariell beurkundet oder beglaubigt sind, erst recht die Baubeschreibung, darüber hinaus auch „Abbildungen, Pläne, Karten und dergl. Anlagen zu Urkunden" in die Urkunde durch Verbindung, Vorlesung und Genehmigung einbezogen werden müßten. Dieser „Bruch mit der bisherigen Rechtsprechung und überwiegenden Meinung im Schrifttum und einer langjährig und einer allgemein geübten Beurkundungspraxis" (so Brambring DNotZ 1979, 484) kam für die Praxis überraschend und rief, weil die Wirksamkeit sehr vieler zu dieser Zeit bereits abgeschlossener und nicht abgewickelter Verträge in Frage gestellt war, **Unsicherheit und Unruhe** hervor, vor allem, als Parteien solcher Verträge die Nichtigkeit zum Vorwand nahmen, um sich von den geschlossenen Verträgen zu lösen. Die Entscheidungen des BGH stießen in Literatur auf harte Kritik (z. B. Brambring a. a. O.; Volhard NJW 1979, 1488; dagegen Hagen NJW 1979, 2135).

c) Die entstandene Verunsicherung des Grundstücks- und Baumarkts – 12
einzelne Gerichte suchten den Nichtigkeitseinwand durch § 242 zu überwinden (so OLG München DNotZ 1979, 748; LG Ravensburg BWNotZ 1980, 38; vgl. auch Reinhart BB 1979, 1378) – veranlaßte den Bundesgesetzgeber, schnell einzugreifen und **durch Gesetz v. 20. 2. 1980 (BGBl. I S. 157)** eine **Klärung der entstandenen Zweifel** durch Änderung des Beurkundungsgesetzes zu suchen und **rückwirkend** die nach der Rechtsprechung des BGH eingetretene Nichtigkeit **zu heilen** („nicht nichtig," §§ 1, 2 des Gesetzes, in Kraft seit 27. 2. 1980). Zu diesem Gesetz vgl. Arnold DNotZ 1980, 262; Brambring DNotZ 1980, 280; Lichtenberger NJW 1980, 864; Winkler Rpfleger 1980, 169. Die Verfassungsmäßigkeit der angeordneten Rückwirkung – in Zweifel gezogen von Dempewolf NJW 1980, 1802, Adlerholt und Fähnrich BB 1980, 1743 – ist von BGH NJW 1981, 228 und vom BVerfGericht (BVerfG NJW 1986, 2817) bejaht worden. Nach BGH DNotZ 1980, 539 tritt die Heilung nach dem Gesetz auch ein, wenn ein Grundstücksverkäufer zwischenzeitlich auf Grund eines vorbehaltenen Rücktrittsrechts vom Vertrag zurückgetreten war.

d) Die **Rechtslage hinsichtlich der Beurkundung** stellt sich nunmehr wie 13
folgt dar:

Erklärungen in einem Schriftstück, auf das in *der Niederschrift* verwiesen und das dieser **beigefügt** wird, insbesondere also eine Baubeschreibung oder Teilungserklärung, ebenso Karten, Zeichnungen und Abbildungen, auf die Bezug genommen wird, gelten als in der Niederschrift selbst enthalten (§ 9 Abs. 1 Satz 2, 3), für sie gilt also auch § 13 BeurkG.

Die Niederschrift muß nach § 13 BeurkG in Gegenwart des Notars den Beteiligten **vorgelesen,** von ihnen genehmigt und eigenhändig unterschrieben werden. Soweit sie auf *Karten, Zeichnungen oder Abbildungen* verweist, müssen diese den Beteiligten an Stelle der Vorlesung *zur Durchsicht vorgelegt* werden (Wirksamkeitserfordernis); in der Niederschrift „soll" festgestellt werden, daß dies geschehen ist (kein Wirksamkeitserfordernis). Schriftstücke, Karten, Zeichnungen und Abbildungen, die der Urkunde nach § 9

Abs. 1 Satz 2, 3 beigefügt sind, „sollen" nach § 44 Satz 1 *mit Schnur und Prägesiegel* mit der Urkunde verbunden werden.

Die **Vorlesungs- und Beifügungspflicht** wird **durch den neuen §13a BeurkG eingeschränkt:** Ist das Schriftstück, auf das verwiesen wird, eine nach den Vorschriften über die Beurkundung von Willenserklärungen errichtete notarielle Niederschrift (Abs. 1 Satz 1), insbes. also eine **beurkundete Teilungserklärung,** oder eine Karte oder Zeichnung, die von einer öffentlichen Behörde innerhalb der Grenzen ihrer Amtsbefugnisse oder von einer mit öffentlichem Glauben versehenen Person innerhalb des ihr zugewiesenen Geschäftskreises mit Unterschrift und Siegel oder Stempel versehen worden (Abs. 4), was z. B. für den Aufteilungsplan zutrifft, so bedarf es der Vorlesung nicht, sofern die Beteiligten erklären, daß ihnen der Inhalt bekannt ist, und sie auf das Vorlesen verzichten, was in der Niederschrift festgestellt werden soll. Im gleichen Umfang bedarf es der Beifügung nicht, wenn die Beteiligten erklären, daß sie darauf verzichten; auch dies soll in der Niederschrift festgestellt werden (§ 13a Abs. 2, 4); vgl. hierzu LG Stuttgart BWNotZ 1981, 91. Daneben sind in Sollvorschriften den Notaren Belehrungs- und Mitteilungspflichten auferlegt (§ 13a Abs. 1 Satz 3, Abs. 2, 3).

14 **6.** Für den Fall, daß der Form des § 313 BGB nicht genügt und auch keine Heilung nach § 313 Satz 2 eingetreten ist, ist der Vertrag nach § 125 Satz 1 BGB nichtig. Die Formnichtigkeit kann aber **nach § 242 BGB unbeachtlich**, die Berufung auf sie rechtsmißbräuchlich sein. Nach BGH NJW 1965, 812 (m. A. Marschall v. Bieberstein NJW 1965, 1014) soll das aber nicht schon dann der Fall sein, wenn die Nichtanerkennung des formnichtigen Vertrages zu einem „harten Ergebnis" für den Betroffenen führen, sondern nur dann, wenn das Ergebnis **„schlechthin untragbar"** sein würde, so nach BGH NJW 72, 1189, wenn es um die Existenz des Vertragspartners geht. Im übrigen soll hiernach eine Haftung des Verkäufers für *culpa in contrahendo* in Betracht kommen (vgl. dazu Lorenz JuS 66, 429; Klingsporn DB 67, 367). Wegen der früheren Rspr. vgl. BGHZ 16, 335 (Siedlerfall) und 20, 172. Aus der Rechtsprechung ist noch hinzuweisen auf BGHZ 48, 396 = NJW 68, 39 (mit ablehnender Anm. Reinicke), wo der Einwand aus § 242 für durchgreifend erachtet wurde (der Verkäufer, der Arbeitgeber des Käufers, hatte diesen unter Mißbrauch seines geschäftlichen Ansehens und seiner persönlichen Autorität veranlaßt, nicht auf Einhaltung der Form zu bestehen), ferner auf BGH NJW 73, 1455, wo der Einwand aus § 242 verworfen wurde.

15 Ist der Vertrag, insbes. wegen Formmangels, nichtig, sind die Wohnungen den Anwärtern aber bereits übergeben, so besteht zwischen ihnen und dem Bauträger bis zum Abschluß des wirksamen Vertrages ein formlos gültiges **mietähnliches Nutzungsverhältnis.** Für Sachmängel haftet dann der Bauträger entsprechend mietrechtlichen Grundsätzen (§§ 537ff. BGB), insbes. kann der Anwärter, wenn der Bauträger die Mängel nicht beseitigt, sie selbst auf Kosten des Bauträgers beseitigen oder beseitigen lassen und einen entsprechenden Vorschuß verlangen (BGHZ 56, 136 = NJW 71, 1450).

16 **7.** Hinsichtlich der **Vertragsabwicklung** ergeben sich bezüglich der beiden Vertragselemente (oben Rdn. 3) erhebliche Unterschiede. Während für Sach- und Rechtsmängel des Grundstücks nach Kaufrecht gehaftet wird,

insbes. bei Sachmängeln ein Anspruch auf Beseitigung nicht besteht und die Verjährung sich nach § 477 BGB bestimmt, findet hinsichtlich des Gebäudes Werkvertragsrecht Anwendung mit der Folge, daß ein Anspruch auf Beseitigung von Sachmängeln besteht und für die Verjährung § 638 BGB maßgeblich ist (dazu im einzelnen unten Rdn. 83, 84). Doch sind, da in diesen Fragen Vertragsfreiheit besteht, vorbehaltlich des AGBG in erster Linie die getroffenen Vereinbarungen maßgebend; im einzelnen dazu unten Rdn. 42.

Auch sonst bestehen erhebliche Unterschiede, namentlich ist, soweit **17**
Werkvertragsrecht anzuwenden ist, zu beachten, daß der **„Abnahme"** i. S. des § 640 BGB, auf welche der Bauträger als Werkunternehmer einen Rechtsanspruch hat, entscheidende Rolle zukommt. Unter „Abnahme" ist zu verstehen „die körperliche Hinnahme des Werks im Wege der Besitzübertragung verbunden mit der Erklärung, daß der Besteller die Leistung als in der Hauptsache vertragsgemäße Leistung anerkennt" (BGHZ 48, 257, 262). Die Abnahme hat **mehrfache Bedeutung** (vgl. weiter unten Rdn. 79): Soweit nichts anderes vereinbart ist, führt die Abnahme zur Fälligkeit des Werklohns (§ 641), zum Übergang der Gefahr auf den Besteller (§ 644) und zum Übergang der Beweislast für das Vorhandensein von Mängeln (§ 363 BGB); die Verjährung beginnt mit der Abnahme (§ 638); nimmt der Besteller die Leistung in Kenntnis von Mängeln ab, so verliert er die ihm an sich zustehenden Rechte wegen der Mängel, wenn er sich diese Rechte nicht vorbehält (§ 640 Abs. 2 BGB; wegen des Anspruchs auf Schadensersatz wegen Nichterfüllung vgl. oben BGHZ 61, 369). Von besonderer Bedeutung aber ist, daß der Erfüllungsanspruch des Erwerbers sich mit der Abnahme in einen Anspruch auf Beseitigung der Mängel und in die daraus weiter abzuleitenden Rechte (§§ 633ff. BGB) verwandelt, woraus, soweit es sich um Mängel des gemeinschaftlichen Eigentums handelt, weitere Probleme entstehen. Die *Unterscheidung* zwischen kaufrechtlichen und werkvertraglichen Rechten des Vertrages wird nicht dadurch in Frage gestellt, daß die Übereignung des Grundstücks bzw. Grundstücksanteile vor Fertigstellung des Bauwerks vorgesehen ist oder erfolgt (BGHZ 60,362).

II. Der Erwerbsvertrag im einzelnen

1. Wie oben Rdn. 3 bereits ausgeführt, ist der Vertrag über den Erwerb **18**
einer noch zu erstellenden Eigentumswohnung ein aus Kaufvertrag und Werkvertrag, gegebenenfalls auch noch weiteren Elementen gemischter, **„kombinierter" Vertrag.**

2. Für die Ausgestaltung der Erwerbsverträge gilt grundsätzlich **Ver-** **19**
tragsfreiheit (dazu oben Rdn. 4). Jedoch sind das **AGBG** und, soweit Veräußerer ein gewerbsmäßig tätiger Bauträger i. S. des § 34c GewO (in die GewO eingefügt durch Gesetz v. 16. 8. 1972; BGBl. I S. 1465) ist, die **Makler- und Bauträgerverordnung – MaBV** i. d. F. der Bek. v. 11. 6. 1975 (BGBl. I S. 1351) zu beachten, die auf Grund einer Ermächtigung in § 34c Abs. 3 GewO erlassen ist. Die Vorschriften der MaBV sind darüber hinaus von allgemeiner Bedeutung, weil sie einen Maßstab dafür abgeben, wie ein fairer Erwerbsvertrag zu gestalten ist; sie nehmen Vorschläge auf, die vorher

in Merkblättern der Notarorganisationen gemacht waren (vgl. die 5. Auflage Anh. V 8). Text der MaBV Anh. IV 2. Zum **Bestimmungsvorbehalt** i. S. des § 315 BGB vgl. oben Rdn. 8. Der **Anspruch auf den Erwerbspreis** kann von dem Bauträger zu Sicherungszwecken abgetreten werden, so an die finanzierende Bank oder im Wege des verlängerten Eigentumsvorbehalts an Baustofflieferanten; zu den komplizierten Fragen, die entstehen können, wenn der Erwerber seine Verpflichtung durch Zahlung auf das ihm angegebene Konto bei der finanzierenden Bank erfüllt, vgl. BGH NJW 1983, 2502. Der durch das neue **Bauhandwerkersicherungsgesetz** vom 27. 4. 1993 (BGBl. I S. 609) in das BGB eingefügte § 648a findet auf das Verhältnis zwischen dem Bauträger und dem Erwerber keine Anwendung; der Bauträger ist kein Bauhandwerker. Das **Verbraucherkreditgesetz** vom 17. 12. 1990 findet auf Verträge über den Erwerb von Immobilien, also auch von Eigentumswohnungen **grundsätzlich Anwendung**, doch sind Verträge, nach denen der kreditierte Anspruch durch Grundpfandrechte gesichert wird, von der Anwendung der §§ 7, 9, 11 bis 13 ausgenommen (§ 3 Abs. 2 Nr. 2 VerbrKrG); auf Einzelheiten kann nicht eingegangen werden.

20 a) Die **Bemessung des Erwerbspreises** ist den Parteien nach marktwirtschaftlichen Gesichtspunkten überlassen und weder durch preisrechtliche noch durch sonstige Vorschriften – abgesehen von § 138 BGB – gebunden. Wohl allerdings trifft die **MaBV** Vorschriften über die **Bezahlung.** Ein Bauträger – das ist ein Unternehmer, der im eigenen Namen und auf eigene Rechnung baut (vgl. oben Rdn. 1 und BGH NJW 1981, 757), nicht aber ein Generalunternehmer, der ein Haus auf dem Grundstück des Auftraggebers errichtet (BGH NJW 1978, 1054) – der Gewerbetreibender i. S. des § 34c GewO ist, darf „Vermögenswerte" eines „Auftraggebers" zur Ausführung des „Auftrags" erst entgegennehmen oder sich zu ihrer Verwendung ermächtigen lassen, wenn **folgende Voraussetzungen** gegeben sind (§ 3 Abs. 1 MaBV):

Der Erwerbsvertrag muß *rechtswirksam* sein, die etwa erforderlichen Genehmigungen müssen erteilt sein und dem Bauträger darf kein vertragliches Rücktrittsrecht eingeräumt sein;

zur Sicherung des Anspruchs auf Verschaffung des Wohnungseigentums oder eines Wohnungserbbaurechts muß eine *Vormerkung* zur vereinbarten Rangstelle im Grundbuch eingetragen, die Teilung (§ 8 WEG) muß im Grundbuch vollzogen sein;

die *Freistellung von allen Grundpfandrechten,* die der Vormerkung im Range vorgehen oder gleichstehen und nicht übernommen werden sollen, muß gesichert sein, und zwar auch für den Fall, daß das Bauwerk nicht vollendet wird

die *Baugenehmigung* muß erteilt sein.

21 Eine **Zahlung darf also frühestens** in dem Zeitpunkt erfolgen, in welchem die vorerwähnten Voraussetzungen erfüllt sind, dann aber nach § 3 Abs. 2 MaBV **nur in Raten nach Baufortschritt** nach näherer Maßgabe dieser Vorschrift. Insbesondere dürfen 30% der Vertragssumme (gewissermaßen das Entgelt für den Miteigentumsanteil an Grund und Boden) bzw. 20% im Falle der Bestellung eines Wohnungserbbaurechts frühestens nach

Beginn der Erdarbeiten, vom Rest 40% nach Rohbaufertigstellung, 25% nach Fertigstellung der Rohinstallation, 15% nach Fertigstellung der Schreiner- und Glaserarbeiten (ausgenommen Türblätter), 15% nach Bezugfertigkeit und Übergabe, 5% nach vollständiger Fertigstellung gefordert werden. Das ist eine Regelung, welche entgegen § 641 Abs. 1 BGB die **Fälligkeit des Entgelts nicht mit der Abnahme i. S. des § 640 BGB zusammenfallen** läßt, bei der aber die Fälligkeit (abgesehen möglicherweise von den beiden letzten Raten) jedenfalls vor der nach dem Gesetz maßgeblichen Zeit eintritt. Dies scheint für Verträge, die unter das AGBG fallen, eine mit § 11 Nr. 2 AGBG unvereinbare Regelung zu sein, weil das Leistungsverweigerungsrecht des Erwerbers auf Grund der **Einrede des nicht erfüllten Vertrages (§§ 320–323 BGB)** eingeschränkt wird. Gleichwohl wird sie – davon ist für die Praxis trotz aller Zweifel auszugehen (vgl. dazu Weitnauer, Baurecht 1978, 73; Ulmer-Brandner-Hensen, AGBG, § 11 Nr. 2 Rdn. 11) – für zulässig zu erachten sein. Das Ergebnis ist jedenfalls vernünftig.

b) Die MaBV verlangt (oben Rdn. 18, 19) die **Bestellung einer Vormerkung** zur Sicherung des Anspruchs des Erwerbers auf Verschaffung des Wohnungseigentums zu einer ungefährdeten Rangstelle. 22

aa) Die **Zulässigkeit** einer solchen Vormerkung steht außer Zweifel (so auch OLG Köln DNotZ 1985, 450). Der Anspruch auf Verschaffung von Wohnungseigentum – genauer des Miteigentumsanteils am Grundstück und des Sondereigentums an der Wohnung – ist ein Anspruch auf Einräumung eines Rechts an einem Grundstück i. S. des § 883 Abs. 1 BGB. Die Eintragung einer solchen Vormerkung ist nicht nur dann zulässig, wenn die Teilung in die entsprechenden Wohnungseigentumsrechte nach § 8 WEG bereits erfolgt ist, sondern auch schon im *Grundbuchblatt des ungeteilten Grundstücks* (anders für die Belastung mit einem Grundpfandrecht OLG Hamm Rpfleger 1983, 395 = OLGE 1983, 386). Zur Eintragung der Vormerkung bedarf es auch nicht zwingend eines Aufteilungsplans, es genügt, wenn die zu Sondereigentum bestimmten Räume so eindeutig beschrieben sind, daß sie **in der Örtlichkeit festgestellt werden können**, und zwar nicht nur, wenn das Gebäude bereits fertiggestellt ist (so BayObLGE 1974, 118; 1977, 155; auch OLG Frankfurt DNotZ 1972, 180), sondern auch, wenn dies noch nicht der Fall ist (BayObLG DWEigt 1993, 166); zur hinreichenden Bestimmbarkeit des durch Vormerkung zu sichernden Anspruchs vgl. auch BayObLGE 1992, 40 = WE 1993, 28. Anlaß, diese Art der Sicherung zu meiden, besteht (entgegen K. Müller DB 1974, 1561) also nicht. Würde, was vorgekommen ist, auf Grund einer Eintragungsbewilligung, die sich korrekt auf den Anspruch auf Verschaffung des Wohnungseigentums richtet, lediglich eine Vormerkung zur Sicherung des Anspruchs auf Übertragung des Miteigentumsanteils eingetragen, so wäre dies unschädlich; der Antrag kann unbedenklich dahin interpretiert werden, daß er, da das Miteigentum gewissermaßen eine Vorstufe des Wohnungseigentums darstellt, auch diese Art der Erledigung deckt (vgl. BayObLG Rpfleger 1976, 13). Nach LG Hamburg Rpfleger 1982, 272 und nach einer von Schmedes Rpfleger 1975, 284 mitgeteilten Entscheidung des LG Hannover vom 5. 11. 1974 darf die Vormerkung zur Sicherung des Anspruchs auf Verschaffung von Wohnungseigentum nur eingetragen werden, wenn der **Bruchteil beziffert** ist; der Entscheidung ist (mit Meyer-Stolte Rpfleger 1977, 121 gegen Schmedes a. a. O.) zuzustimmen, weil § 47 GBO, der für die Eintragung von Bruchteilsmiteigentum die Angabe eines bezifferten Bruchteils verlangt, auch für die Vormerkung gilt (BayObLG 1963, 132; Horber-Demharter, GBO, § 47 Rdn. 2); die Angabe dieses Verhältnisses ist auch dann zu verlangen, wenn für die Größe der Miteigentumsanteile eine gesetzliche Auslegungsregel wie § 742 BGB besteht (RGZ 54, 86). Werden Vormerkungen für Ansprüche verschiedener Gläubiger auf Verschaffung von Wohnungseigentum an verschiedenen Wohnungen bestellt, so stören sie sich gegenseitig nicht (BayObLG DNotZ 1976, 160). Zur Vormerkung eines Anspruchs gegen die Wohnungseigentümer auf Auflassung einer Teilfläche des gemeinschaftlichen Grundstücks vgl. BayObLG DNotZ 1975, 36 und § 3 Rdn. 15.

23 bb) Voraussetzung einer wirksamen Vormerkung ist ein **wirksamer Anspruch auf Verschaffung des Wohnungseigentums,** insbesondere muß also der zugrundeliegende Vertrag der Form des § 313 BGB genügen (dazu oben Rdn. 8, 9). Ist die Eintragung einer Vormerkung vor der Eröffnung des Konkurses über das Vermögen des Schuldners bindend i. S. der §§ 873 Abs. 2, 878 bewilligt und beantragt, so muß die Vormerkung in mindestens **entsprechender Anwendung des § 878 BGB** noch nach Konkurseröffnung eingetragen werden (vgl. BGHZ 28, 182) und entfaltet dann alle ihre Wirkungen (KEHE-Ertl GBR § 19 Rdn. 92; Knöchlein DNotZ 1959, 3), der gutgläubige Erwerb einer Vormerkung ist möglich, wenn die Bewilligung von einer im Grundbuch als Eigentümer eingetragenen Person, die in Wirklichkeit nicht Eigentümer ist, ausgeht (§§ 892, 893 BGB; BGHZ 25, 16; 57, 341).

24 cc) Die Vormerkung hat außer der Rangwirkung (§ 883 Abs. 3 BGB) Sicherungs- und Durchsetzungswirkung; „durch die Eintragung der Vormerkung wird die dingliche Wirkung des Anspruchs vorweggenommen, sofern er zur Entstehung und Erfüllung gelangt“ (RGZ 121, 144). Die **Sicherungswirkung** besteht darin, daß Verfügungen, welche den gesicherten Anspruch vereiteln oder beeinträchtigen würden, im Verhältnis zu dem Vormerkungsberechtigten – also relativ – unwirksam sind (§ 883 Abs. 2 BGB). Die **Durchsetzungswirkung** äußert sich insbesondere **im Konkurs** des Schuldners: nach **§ 24 Satz 1 KO** kann der Gläubiger des durch Vormerkung gesicherten Anspruchs im Konkurs des Schuldners „von dem Konkursverwalter die Befriedigung seines Anspruchs verlangen“, der Anspruch setzt sich also im Konkurs durch. Das Recht des Konkursverwalters nach § 17 KO, im Falle eines beiderseits noch nicht voll erfüllten Vertrages die Erfüllung abzulehnen und dadurch den gesicherten Anspruch zu Fall zu bringen, ist ausgeschaltet, weshalb man bis in die jüngste Zeit geglaubt hatte, daß die Vormerkung dem Gläubiger im Konkurs des Schuldners eine gesicherte Stellung gewähre. Gleichwohl haben sich neuerdings Zweifel in doppelter Hinsicht ergeben.

Einmal ist die Frage gestellt worden, ob der Konkursverwalter die Erfüllung des Vertrages ablehnen könne, wenn zwar der Anspruch auf Verschaffung des Eigentums nach § 24 KO konkursfest ist, aber die *Pflicht zur Besitzverschaffung noch nicht erfüllt* ist. Die Frage ist eindeutig zu verneinen (im

Ergebnis ebenso K. Müller JZ 1980, 554). Die gegenteilige Lösung würde die Durchsetzungswirkung der Vormerkung entscheidend schwächen, was deren Sinn und Zweck und einer lange gesicherten Rechtsüberzeugung widersprechen würde (vgl. auch Mentzel-Kuhn, KO, § 24 Rdn. 7). Es wäre auch **rechtsmißbräuchlich,** wenn der Konkursverwalter unter Berufung auf die fehlende Besitzverschaffung, die beim Grundstückskauf eine nur ganz sekundäre Bedeutung hat, trotz der Vormerkung den Eigentumserwerb zum Scheitern bringen würde, mit dem ohne weiteres das Recht zum Besitz verbunden wäre. Im gleichen Sinne mit anderer Begründung Ertl Rpfleger 1977, 88 unter VI 7d.

dd) Große Unruhe hat **zum anderen** eine Entscheidung des BGH vom **25**
29. 10. 1976 (DNotZ 1977, 234 = NJW 1977, 146) ausgelöst, welche allerdings nicht eine Eigentumswohnung, sondern einen zu errichtenden Bungalow betraf, mit dessen Bau noch nicht begonnen war. Der **BGH** hat hier den Satz aufgestellt, **§ 24 KO verdränge** im allgemeinen in Ansehung einer Übereignungsverpflichtung **den § 17 KO nicht,** wenn der einem durch Vormerkung gesicherten Übereignungsanspruch zugrundeliegende Vertrag auch auf Erstellung eines Bauwerks geht. Der BGH hat sicher richtig gesehen, daß der Konkursverwalter im Konkurs des Bauträgers die Möglichkeit haben muß, die Erfüllung der Bauverpflichtung abzulehnen, er hat aber zu Unrecht die Untrennbarkeit der beiden Verpflichtungen angenommen. Die richtige Lösung kann nur darin bestehen, dem Erwerber die Durchsetzung seines Anspruchs auf Verschaffung des Eigentums (Miteigentums) zu ermöglichen, unbeschadet von dessen Recht, seinerseits die Auflösung des ganzen Vertrages herbeizuführen (so zutreffend auch K. Müller, DB 1974, 1561). Der Entscheidung des BGH ist lebhaft widersprochen werden (Ertl, Rpfleger 1977, 81; Weitnauer, DNotZ 1977, 225; Häsemeyer NJW 1977, 737; Lichtenberger NJW 1977, 519; Götte NJW 1977, 524). Ihre möglichen unzuträglichen Folgen für den Grundstücks- und Baumarkt sind durch eine schnelle **gesetzliche Lösung** ausgeräumt worden; durch **Gesetz vom 22. 6. 1977** (BGBl. I S. 998) hat § 24 KO folgenden Satz 2 erhalten: „Dies gilt auch, wenn der Gemeinschuldner dem Gläubiger gegenüber weitere Verpflichtungen übernommen hat und diese nicht oder nicht vollständig erfüllt sind". Das Gesetz ist insoweit nach seinem Art. 8 § 4 Abs. 2 am 30. 6. 1977 in Kraft getreten und hat sich Rückwirkung für vor diesem Zeitpunkt eingetragene Vormerkungen zugelegt, soweit nicht eine rechtskräftige gerichtliche Entscheidung entgegensteht. Zu bezweifeln ist allerdings, daß § 24 KO der richtige Ort für die Gesetzesänderung war, zutreffend hätte wohl der Ansatz bei § 17 KO gesucht und das Wahlrecht des Konkursverwalters ausgeschaltet werden müssen. Doch ist der Sinn der Ergänzung des § 24 KO unmißverständlich und auch nicht mißverstanden worden (vgl. auch Fehl BB 1977, 1228; Mentzel-Kuhn, KO, § 24 Rdn. 7); die dort vertretene Auffassung, die gesetzliche Klarstellung treffe nur den Fall, daß der Preis für den Grundstücksanteil gesondert ausgewiesen ist, hat im Gesetz keine Stütze; notfalls kann und muß eine angemessene Aufteilung erfolgen; so auch mit Recht BGHZ 79, 103, wo überdies klargestellt wird, daß das Wahlrecht des Verwalters nicht vollständig, sondern nur hinsichtlich der Verpflichtung zur Eigen-

tumsverschaffung ausgeschaltet wird, während es hinsichtlich der Gebäudeherstellung bestehen bleibt.

26 ee) Ein dem vorstehenden ähnliches Problem, ergibt sich, wenn, nachdem die Auflassung bindend i. S. des § 873 Abs. 2 BGB erklärt und der Eintragungsantrag gestellt ist, der Veräußerer (Bauträger) die Verfügungsmacht durch Eröffnung des Konkurses verliert (§§ 6, 7 KO); in diesem Falle wird nach § 878 BGB der Eigentumserwerb trotz des Verlustes der Verfügungsmacht nicht gehindert. Daran ist der Konkursverwalter gebunden, fraglich ist aber, ob sein Wahlrecht i. S. des § 17 KO dann besteht, wenn der Gemeinschuldner das Grundstück (hier die Eigentumswohnung) dem Erwerber noch nicht übergeben hatte. Für diesen Fall will K. Müller (JZ 1980, 534) in Anlehnung an ältere Autoren das Wahlrecht zubilligen. Dies erscheint, da insoweit der Vertrag in der Tat trotz Eigentumserwerb noch nicht vollständig erfüllt ist, folgerichtig; dieses Ergebnis wird aber dem Sinn des § 878 BGB nicht gerecht, die Berufung auf das Fehlen der Besitzverschaffung ist als rechtsmißbräuchlich unzulässig aus dem oben Rdn. 24 angeführten Grund. Hat der Bauträger, der das zu bebauende Grundstück gekauft, aber noch nicht zu Eigentum übertragen erhalten hat, mit dem Dritten vereinbart, daß die Auflassung an ihn oder an einen von ihm zu benennenden Wohnungseigentümer unmittelbar zu erfolgen habe, so ist das ein Fall des § 328 BGB; auch wenn der Anspruch – was zulässig ist (BGHZ 28, 103) – durch Vormerkung gesichert ist, ist der Konkursverwalter im Konkurs des Bauträgers nicht gehindert, das Wahlrecht nach § 17 KO auszuüben. Vgl. im übrigen Ripfel BWNotZ 1967, 222; Haegele BWNotZ 1971, 1; von Barby NJW 1972, 8.

27 c) Das in § 3 Abs. 3 Nr. 3 MaBV aufgestellte Erfordernis, daß die **Freistellung von Grundpfandrechten gesichert** sein muß, wird in den Sätzen 2ff. der Vorschrift näher erläutert. Da die Löschung der vom Erwerber nicht zu übernehmenden Belastungen von deren Gläubigern nur bewilligt wird, wenn sie befriedigt sind, und da diese Befriedigung regelmäßig mit den Mitteln der vom Erwerber gezahlten ersten Rate erfolgt, ist es notwendig, die Verwendung dieser Zahlung sicherzustellen und zu verhindern, daß Gläubiger des Bauträgers auf sie zugreifen. Dies kann **in verschiedener Weise** geschehen (zur Auslegung einer Freistellungserklärung in einem komplizierten Fall – Gesamtgrundschuld – vgl. BGH DB 1983, 2462), z. B.

durch Zahlung des Betrages auf ein Sperr- oder Treuhandkonto des Erwerbers, das nur zum Zwecke der Ablösung des Grundpfandrechts verwendet werden darf;

durch Hinterlegung des Betrags bei einem Notar, der zur Aushändigung an den Grundpfandgläubiger nur Zug um Zug gegen Löschung des Grundpfandrechts ermächtigt wird;

durch Zahlung des Betrags auf ein Sonderkonto des Bauträgers bei der Bank, die Gläubigerin des Grundpfandrechts ist, mit der Maßgabe, daß diese darüber nur zum Zwecke der Ablösung des Grundpfandrechts verfügen darf;

durch Beibringung einer Bürgschaft eines Kreditinstituts, welche etwaige Verpflichtungen des Bauträgers aus der Nichterfüllung seiner Verpflichtung zur lastenfreien Eigentumsübertragung oder aus Rücktritt vom Vertrag deckt;

durch Abtretung des Anspruchs auf den diesbezüglichen Teil des Erwerbspreises an den Grundpfandgläubiger.

d) Das **Verbot der Koppelung** von Grundstückskaufverträgen mit Inge- **28**
nieur- und Architektenverträgen nach § 3 des Gesetzes zur Regelung von Ingenieur- und Architektenleistungen vom 4. 11. 1971 (BGBl I S. 1749) trifft Verträge mit Bauträgern und Baubetreuern nicht, weil diese weder Ingenieure noch Architekten sind (BGHZ 63, 302; BGH WE 1993, 2).

Ist in einem notariellen Vertrag bestimmt, daß der Erwerber an einen vom Verkäufer eingeschalteten Makler eine „Verkaufsgebühr" zu bezahlen habe, so ist das nach BGH DB 1976, 1180 nicht als Versprechen einer Maklerprovision, sondern als die zulässige Übernahme einer von der echten Maklertätigkeit unabhängigen Verpflichtung zugunsten des Maklers (§ 328 BGB) aufzufassen, der gezahlte Betrag kann also nicht zurückgefordert werden, wenn es auch ohne Mitwirkung des Maklers zum Erwerb der Wohnung kommt.

e) **Inhaltskontrolle (Allgemeine Geschäftsbedingungen).** Der Erwerbs- **29**
vertrag mit dem Bauträger fällt in den Anwendungsbereich des am 1. 4. 1977 in Kraft getretenen **AGBG**. In Betracht kommt der Fall, daß der Bauträger als „Verwender" der anderen Vertragspartei, dem Erwerber, bei Abschluß des Vertrages allgemeine Geschäftsbedingungen „stellt" (§ 1 AGBG). Werden diese Inhalt des Vertrages, so sind sie unwirksam, „wenn sie den Vertragspartner des Verwenders entgegen den Geboten von Treu und Glauben unangemessen benachteiligen" (§ 9 Abs. 1 AGBG). Zahlreiche, in § 11 näher bezeichnete Klauseln, darunter insbes. auch die die Freizeichnung des Verwenders von einer vertraglichen Haftung bezweckenden (§ 11 Nrn. 10, 11), sind für schlechthin unwirksam erklärt („Klauselverbote ohne Wertungsmöglichkeit").

Die wesentlichen Unterschiede zu der von den Gerichten bis zum AGBG und jetzt noch außerhalb seines Anwendungsbereichs (§§ 23, 24 AGBG) geübten Inhaltskontrolle auf Grund der §§ 242, 315 BGB bestehen darin, daß beanstandete Klauseln für unwirksam, nicht als „gegen Treu und Glauben verstoßend und deshalb unbeachtlich" erklärt werden, daß die Unwirksamkeit der Klausel die Wirksamkeit des Vertrages im übrigen unberührt läßt, ohne daß die Möglichkeit einer geltungserhaltenden Reduktion besteht, und daß bestimmte Verbände berechtigt sind, Unterlassungs- und Widerrufsansprüche gegen Verwender geltend zu machen. Von einer ins einzelne gehenden Erörterung muß abgesehen werden.

f) **Über das AGB-Gesetz hinaus** ist nach st. Rspr. des BGH (VII. Zivilse- **30**
nat) ein „formelhafter Ausschluß" der Gewährleistung für Sachmängel beim Erwerb neu errichteter oder noch zu errichtender Eigentumswohnungen und Häuser auch in einem notariellen Individualvertrag gem. § 242 BGB unwirksam, wenn die Freizeichnung nicht mit dem Erwerber unter ausführlicher Belehrung über die einschneidenden Rechtsfolgen eingehend erörtert worden ist (BHZ 101, 150 = NJW 1988, 135 m. w. N.). Dies gilt auch beim Erwerb einer Eigentumswohnung, die durch Umwandlung eines Altbaus

geschaffen worden ist (BGH NJW 1988, 1972), sowie im Falle der Umwandlung eines Bungalows in zwei Eigentumswohnungen (BGHZ 108, 164 = MDR 1990, 1092).

III. Störungen in der Abwicklung von Erwerbsverträgen

31 Der Erwerbsvertrag ist sowohl in seiner kaufvertraglichen als auch in seiner werkvertraglichen Komponente (oben Rdn. 3) ein **gegenseitiger Vertrag** i. S. der §§ 320ff. BGB, für Leistungsstörungen sind also diese Vorschriften in erster Linie maßgeblich. Über § 440 BGB gilt das auch für die Rechtsmängel des verkauften Grundstücks, dagegen gibt es für Sachmängel sowohl im Kaufrecht (§§ 459ff. BGB) als auch im Werkvertragsrecht besondere Regelungen (§§ 633ff. BGB). Die gegenseitigen Ansprüche und Verpflichtungen des Erwerbers und des Bauträgers beruhen auf dem zwischen ihnen geschlossenen Erwerbsvertrag. Gewisse, viel erörterte Probleme ergeben sich daraus, daß alle Leistungsstörungen, welche das gemeinschaftliche Eigentum betreffen, nicht nur die individuellen Rechtsbeziehungen der jeweiligen Vertragsparteien berühren, sondern sich auch auf die Erwerbsverträge der anderen Erwerber von Wohnungseigentumsrechten derselben Wohnungseigentumsanlage auswirken und **gleichgerichtete Ansprüche aller Erwerber** auslösen. Daraus ergibt sich die unter Rdn. 52ff. zu erörternde Frage, ob und inwieweit gegebenenfalls die Erwerber in ihrer Eigenschaft als Teilhaber der Wohnungseigentümergemeinschaft in der Geltendmachung und Durchsetzung ihrer Ansprüche an Entscheidungen der Wohnungseigentümergemeinschaft gebunden sind.

1. Nichterfüllung -Rechtsmängel -Verzug der Vertragsparteien

32 a) **Es steht außer Zweifel, daß jeder Erwerber** selbständig von dem Bauträger die **Erfüllung** des mit diesem geschlossenen Vertrages verlangen kann. Hat der Bauträger z. B. seine Verpflichtung, eine bestimmte Fläche des gemeinschaftlichen Eigentums als Rasenfläche auszugestalten, nicht erfüllt, so kann jeder Wohnungseigentümer auf Grund seines Vertrages die Herstellung des vertragsmäßigen Zustandes verlangen, ohne daß ihm dies von anderen Wohnungseigentümern unter Berufung auf die Verwaltungsbefugnisse der Wohnungseigentümergemeinschaft verwehrt werden könnte (so mit Recht BGHZ 62, 388); dies gilt selbst dann, wenn in den Verträgen mit anderen Erwerbern auf derselben Fläche die Einrichtung eines asphaltierten Parkplatzes vorgesehen ist (so BGH a. a. O.). Ebenso ist in BGH DB 1976, 1012 ohne weiteres anerkannt, daß einzelne Erwerber auf Grund ihres Vertrages vom Bauträger die Bereitstellung einer Hausmeisterwohnung und eines Heizöltanks verlangen können, in BGH NJW 1983, 2137, daß der Wohnungseigentümer den Anspruch auf Ersatz des Schadens wegen verspäteter Fertigstellung geltend machen kann (dort auch zur Schadensberechnung). Der Erwerber hat ein Rücktrittsrecht wegen Wegfalls der Geschäftsgrundlage, wenn der Bauträger das gemeinschaftliche Eigentum nicht vertragsmäßig gestaltet und den Gesamtcharakter der Anlage ändert (OLG Frankfurt VersR 1981, 487). Der Veräußerer eines Appartements, das als

„Teileigentum und Abstellräume" bezeichnet ist, hat, wenn er die Einheit als Wohnungseigentum verkauft, seine Verkäuferverpflichtung erst erfüllt, wenn das Teileigentum im Grundbuch als Wohnungseigentum umgeschrieben ist (OLG Celle OLGE 1983, 126).

b) Im gleichen Sinne wird in bezug auf **Rechtsmängel** entschieden: In 33
BGHZ 62, 388 ging es auch darum, daß ein Teil des gemeinschaftlichen Grundstücks durch die Pflicht zur Duldung eines Garagenüberbaues belastet war; der BGH hat die Befugnis einzelner Wohnungseigentümer, auf Grund des Erwerbsvertrags vom Bauträger die Beseitigung der Störung zu verlangen, nicht in Zweifel gezogen und die Klage nur deshalb abgewiesen, weil er das Verlangen unter den besonderen Umständen des Falles als rechtsmißbräuchlich ansah. Ein Rechtsmangel ist z. B. auch die Preisbindung nach dem Wohnungsbindungsgesetz (BGHZ 67, 134). Vgl. im übrigen zum Rechtsmangel Erman-Grunewald § 434 Rdn. 1ff.

Ein offenbar nicht seltener Rechtsmangel besteht darin, daß der Bauträger 34
seiner **Verpflichtung zur Freistellung** der Wohnungseigentumsrechte von einem auf ihnen lastenden **Global-Gesamt-Grundpfandrecht** nicht nachkommt (zu dieser auch von der MaBV geforderten Verpflichtung vgl. oben Rdn. 27). Diese Globalbelastungen entstehen insbesondere dadurch, daß das in Wohnungseigentum aufgeteilte Grundstück zur Zeit der Teilung mit einem Grundpfandrecht belastet ist, das sich mit der Teilung in Gesamtgrundpfandrechte an den einzelnen Wohnungseigentumsrechten verwandelt (vgl. § 3 Rdn. 74; BGH DB 1976, 1761 = NJW 1976, 2340; BGH NJW 1976, 2132). Fälle dieser Art haben mehrfach und unter verschiedenen rechtlichen Gesichtspunkten die Gerichte beschäftigt (vgl. Rdn. 35). Die hierbei sichtbar werdenden Gefahren für die Erwerber zeigen deutlich, wie wichtig die in der MaBV vorgeschriebene Freistellungsverpflichtung ist.

Die **Globalbelastung ist unschädlich,** wenn und soweit der Gläubiger das 35
Grundpfandrecht nur in dem Umfang geltend macht, der auf das jeweilige Wohnungseigentum entfällt, insbesondere nur bis zur Höhe des jeweiligen Erwerbspreises (dazu BGH DB 1976, 1761 – die Zahlung des Erwerbspreises befreit nicht ohne weiteres von der dinglichen Belastung; ferner BGH DB 1976, 2201, auch zu der Frage, inwieweit die Bank als Gläubigerin des Globalgrundpfandrechts verpflichtet ist, den Schuldner und Erwerber darüber zu belehren, daß er Zahlungen nur an sie, nicht an den Bauträger als Veräußerer leisten darf; ähnlich BGH DB 1976, 817). Nach BGH DB 1976, 624 ist ein Notar, der Zahlungen zur Ablösung der Belastung auf Notaranderkonto entgegennimmt, verpflichtet, dafür zu sorgen, daß der Betrag zweckentsprechend zur Ablösung verwendet wird. Soweit die Verwertung der Globalsicherung einer mit dem Veräußerer bei der Bestellung getroffenen Abrede widerspricht, kann dies dem Gläubiger im Wege der Vollstreckungsgegenklage auch von den Erwerbern entgegengehalten werden (BGH DB 1976, 1619, auch zur Frage der Beweislast). Hat sich der Erwerber verpflichtet, den Erwerbspreis auf ein bestimmtes Sperrkonto des Bauträgers bei der Bank zu zahlen, welche Gläubigerin des Globalgrundpfandrechts ist, so kommt es für die Entscheidung der Frage, ob die Zahlung (auch) auf die Grundschuld geleistet ist, in erster Linie auf den vom Leistenden bestimmten Zweck an

(insoweit zutreffend BGH NJW 1976, 2132; nicht überzeugend ist allerdings, daß es, wenn zwischen der Bank und dem Bauträger als dem früheren Eigentümer eine Abrede dahin getroffen ist, daß Zahlungen nur auf die persönliche Darlehensschuld und nicht auf die Grundschuld angerechnet werden sollen, für Zahlungen vor Eigentumsübergang allein auf den vom früheren Eigentümer bestimmten Zweck ankomme). Das Bestehen der Globalbelastung als solcher begründet keine schuldrechtliche Pflicht der Wohnungseigentümer, gegenseitig im Falle des Verzuges eines Wohnungseigentümers mit Leistungen einzuspringen (a. A unrichtig BayObLG DNotZ 1974, 78 m. Anm. Weitnauer; vgl. dazu § 3 Rdn. 113; § 16 Rdn. 13).

36 c) Kommt der Bauträger mit der Fertigstellung der Wohnung in **Verzug,** so kann der Erwerber nach der älteren Rspr. Schadensersatz nicht deshalb verlangen, weil ihm zeitweilig die Nutzungsmöglichkeit entzogen war oder weil er Aufwendungen für den auf den Verzugszeitraum entfallenden Kapitaldienst oder für die auf diese Zeit entfallenden Gemeinschaftskosten hatte (BGHZ 71, 234 = JZ 1978, 566 m. zust. Anm. Stoll JZ 1978, 797; BGHZ 66, 277; BGHZ 76, 179; anders für den Schadensersatz wegen Nichterfüllung nach § 635 BGB für den Fall, daß infolge der durch Mängel bedingten Nachbesserungsarbeiten die gewerbliche Nutzung des Objekts – Bowlingbahn – unmöglich ist, BGHZ 72, 31). Nach der unmittelbar allerdings nur die deliktische Besitzentziehung betreffenden Entscheidung des GSZ v. 9. 7. 1986 (BGHZ 98, 212 = NJW 1987, 50) und der Entscheidung des V.ZS vom 31. 10. 1986 (NJW 1987, 771) ist nunmehr wohl anzunehmen, daß ein zu ersetzender Vermögensschaden „allenfalls" dann zu bejahen ist, wenn der Betroffene die Wohnung selbst bewohnen wollte und diese für seine Lebenshaltung von „zentraler Bedeutung" war; bestätigt durch BGH VersR 1987, 765.

37 d) **Erfüllt der Bauträger die** ihm in bezug auf die Erfüllung außerhalb der Werkleistung überhaupt, die Beseitigung von Rechtsmängeln (§ 440 BGB) oder die rechtzeitige Erfüllung obliegenden **Verpflichtungen nicht,** so bestimmen sich die Rechte des Erwerbers, da insoweit die kaufrechtliche Komponente des Erwerbsvertrags ausschlaggebend ist, nach den §§ 320ff. i. V. mit §§ 433ff. BGB (zur nicht rechtzeitigen Erfüllung der Verpflichtung zur Verschaffung von Wohnungseigentum vgl. OLG Karlsruhe NJW-RR 1989, 1245). Der Erwerber kann gem. § 320 BGB gegenüber dem Bauträger die Zahlung einer nach Baufortschritt fälligen Rate des Erwerbspreises jedenfalls wegen bis dahin am Sondereigentum aufgetretener Baumängel in angemessenem Verhältnis zu dem Beseitigungsaufwand verweigern (BGH NJW 1984, 725). Wird die Leistung des Bauträgers aus einem von ihm nicht zu vertretenden Grund ganz oder teilweise unmöglich, so wird nach § 323 BGB der Bauträger – vorbehaltlich des Rechts des Erwerbers, das „stellvertretende commodum" zu verlangen – in entsprechendem Umfang von seiner Verpflichtung frei, anderseits entfällt insoweit die Verpflichtung des Erwerbers zur Bewirkung der Gegenleistung. Hat der Bauträger die Unmöglichkeit zu vertreten, so kann der Erwerber nach Maßgabe des § 325 BGB Schadensersatz wegen Nichterfüllung verlangen oder vom Vertrag zurücktreten oder auch die Rechte aus § 323 BGB geltend machen. Im Falle des Verzugs kann der Erwerber nach § 326 BGB dem Bauträger eine Nachfrist setzen mit der Erklärung, daß er nach Ablauf der Frist die Leistung ablehne, und nach fruchtlosem Ablauf der Frist entweder Schadensersatz wegen Nichterfüllung verlangen oder vom Vertrag zurücktreten (dazu BGH DB 1994, 2614); der Anspruch auf Erfüllung entfällt. Zusätzlich ist dem Erwerber, falls der Bau ganz oder zum Teil nicht rechtzeitig fertiggestellt wird, das von einem Verschulden des Bauträgers unabhängige Rücktrittsrecht nach § 636 BGB zuzubilligen. Ansprüche auf **Bewirkung möglicher,** aber bisher überhaupt **nicht bewirkter Leistungen** – also auf Erfüllung auch werkvertraglicher Verpflichtungen – **verjähren** gemäß § 195 BGB in 30 Jahren, die §§ 477, 638 BGB sind nicht anwendbar (OLG München MDR 1978, 1024).

Fraglich kann erscheinen, ob das in BGHZ 62, 388 ausgesprochene Prin- **38**
zip, daß **jeder Wohnungseigentümer für sich** ohne Bindung an die Wohnungseigentümergemeinschaft handeln kann, über den primären Erfüllungsanspruch hinaus auch für die weitere Vertragsabwicklung maßgeblich ist, also auch für die Ausübung von Gestaltungsrechten, insbes. des Rechts zur Nachfristsetzung und zur Wahl zwischen Schadensersatz und Rücktritt. Die Frage kann hier – **anders als im Falle von Sachmängeln** des gemeinschaftlichen Eigentums (dazu unten Rdn. 52ff.) – **uneingeschränkt bejaht** werden. Wenn, wie der BGH entschieden hat, sogar bei sich widersprechenden Verpflichtungen des Bauträgers jeder Wohnungseigentümer die seinen Wünschen entsprechende Lösung verfolgen kann, dann kann dies auch und erst recht gelten, wenn ein Erwerber Ansprüche für sich durchsetzen will, deren Erfüllung die anderen Wohnungseigentümer nicht stören kann, und Gestaltungsrechte ausübt, die allenfalls darauf hinauslaufen, daß er wieder aus der Wohnungseigentümergemeinschaft ausscheidet. Die in ZfBR 1979, 84, 89 hinsichtlich der Nachfristsetzung vertretene abweichende Ansicht halte ich nicht aufrecht.

Wird die Leistung des Bauträgers nur teilweise unmöglich oder nicht **39**
rechtzeitig bewirkt, so kann der Erwerber Schadensersatz wegen Nichterfüllung des ganzen Vertrags nur verlangen oder vom ganzen Vertrag nur zurücktreten, wenn die teilweise Erfüllung des Vertrags für ihn kein Interesse hat (§ 325 Abs. 1 Satz 2 i. V. mit § 280 Abs. 2, § 326 Abs. 1 Satz 3 BGB). In diesem Falle kann er, wenn ihm bereits das Wohnungseigentum übertragen ist, nach h. M. im Wege des Schadensersatzes wegen Nichterfüllung nicht unter Rückgewähr des Empfangenen seinen Schaden so berechnen, als habe er nichts erhalten (BGHZ 20, 338, 343; vgl. Weitnauer, Vertragsaufhebung und Schadensersatz nach EKG und BGB, in: Rechtsvergleichung und Rechtsvereinheitlichung, Heidelberg 1967, S. 71 um FN 104ff.).

e) Unter dem Gesichtspunkt des Verschuldens bei Vertragsschluß – **„cul- 40**
pa in contrahendo" – kann der Veräußerer schadensersatzpflichtig werden, so wenn er den Erwerber nicht über eine lästige behördliche Auflage aufklärt (BGH NJW 1989, 1793) oder diesen hinsichtlich von Steuervorteilen unrichtig berät (BGH DB 1991, 1617); das Verschulden eines „Verhandlungsgehilfen" muß er gegen sich gelten lassen (§ 278 BGB; BGH DB 1991, 1617).

f) **Leistungsstörungen** können **auch auf seiten des Erwerbers** eintreten, **41**
insbesondere in der Form des Verzugs mit der Zahlung des Entgelts oder der

Leistungsverweigerung. In solchen Fällen sind die allgemeinen Regeln für Leistungsstörungen in gegenseitigen Verträgen anzuwenden. Der Veräußerer hat im Fall des Verzuges den Anspruch auf etwaige Vertragszinsen (zur Abgrenzung zwischen Fälligkeitszinsen, Schadenpauschalierung und Vertragsstrafenvereinbarung vgl. BGH WE 1992, 255 = NJW 1992, 2625), den Anspruch auf Verzugszinsen und auf Ersatz weitergehenden Schadens (§§ 286, 288 BGB), weiter die Einrede des nicht erfüllten Vertrages (§§ 320ff. BGB) und die Rechte aus § 326 BGB, er kann also auf Erfüllung bestehen oder nach Nachfristsetzung Schadensersatz wegen Nichterfüllung verlangen oder vom Vertrag zurücktreten. Hat der Bauträger dem Erwerber bereits den Besitz eingeräumt, ist aber die Übereignung durch Auflassung und Eintragung im Grundbuch noch nicht erfolgt, so ist der Erwerber zwar noch nicht Eigentümer, aber er steht möglicherweise bereits in der werdenden Wohnungseigentümergemeinschaft, auf Grund deren er weitgehend die Stellung, insbesondere auch die Pflichten eines Wohnungseigentümers hat (dazu Anhang zu § 10), darunter auch die zur Zahlung des „Wohngeldes" (§ 16 Abs. 2 WEG). Hat sich der Bauträger ein Rücktrittsrecht für den Fall des Verzuges des Erwerbers mit der Entgeltzahlung vorbehalten, so deckt dieses nicht den Fall, daß der Erwerber lediglich mit der Wohngeldzahlung in Verzug gerät (BGHZ 59, 104). Die Verweigerung oder das Unterbleiben der Wohngeldzahlung kann aber eine positive Vertragsverletzung darstellen, die dem Veräußerer ein Recht zum Rücktritt gibt unter den Voraussetzungen, unter denen nach vollzogener Übereignung ein Anspruch auf Entziehung des Wohnungseigentums nach § 18 WEG bestehen würde (BGHZ 59, 104; vgl. auch § 18 Rdn. 1). Gerät der Erwerber durch Unterlassen einer Handlung, die zur Herstellung des Werks erforderlich ist, wie z. B. die Bereitstellung von Plänen, Grundbuchauszügen und dergl., in Annahmeverzug, so hat der Bauträger unbeschadet etwaiger Ansprüche nach § 324 Abs. 2 BGB den Entschädigungsanspruch nach § 642 BGB.

2. Sachmängel des gemeinschaftlichen Eigentums

42 a) Die Natur des Erwerbsvertrages als eines aus Kauf- und Werkvertrag **kombinierten Vertrages** (dazu oben Rdn. 2) wirkt sich auch in bezug auf **Sachmängel** aus. Man kann und muß unterscheiden zwischen **Mängeln des Grundstücks und Mängeln des Bauwerks. Erstere,** etwa die Untauglichkeit des Grundstücks, auf dem die Eigentumswohnungen errichtet werden sollen, als Baugrund, aber auch das Nichtbestehen der nach dem Vertrag vorausgesetzten Abschreibungsmöglichkeit nach § 7b EStG (so BGH DB 1981, 784, daher im Falle einer Zusicherung Schadensersatzpflicht nach § 463 S. 1 BGB), oder das Fehlen der zugesicherten Bebaubarkeit (BGH ZfBR 1987, 232), sind allein **nach Kaufrecht** zu beurteilen (§§ 459ff. BGB), das hier im einzelnen nicht dargestellt werden kann. Hervorzuheben ist, daß kein Anspruch des Käufers auf Beseitigung eines Sachmangels besteht, daß der Käufer Wandelung oder Minderung, bei Fehlen einer zugesicherten Eigenschaft und bei arglistigem Verhalten des Verkäufers wahlweise auch Schadensersatz wegen Nichterfüllung verlangen kann und daß die Verjährungsfrist „bei Grundstücken" ein Jahr seit der Übergabe beträgt (§ 477 Abs. 1 BGB). Daß

jeder Erwerber einer Eigentumswohnung die in Betracht kommenden Rechte für sich und ohne Bindung an die Wohnungseigentümergemeinschaft geltend machen kann, steht außer Zweifel. Macht der Erwerber vom Recht zur Wandelung Gebrauch, so führt dies notwendig zur Rückgängigmachung des ganzen Erwerbsvertrages; das gleiche gilt, wenn der Käufer den „großen" Schadensersatzanspruch nach § 463 BGB geltend macht, d.h. wenn er den etwa bereits übertragenen Miteigentumsanteil auf den Bauträger zurücküberträgt und seinen Schaden so berechnet, als habe er nichts erhalten (dazu Erman-Weitnauer Vor § 459 Rdn. 45ff.).

b) Es gibt auch Sachmängel, die weder dem gemeinschaftlichen Eigentum **43** noch dem Sondereigentum, sondern dem Wohnungseigentum als Ganzem anhaften; Beispiele; tiefgreifende Zerstrittenheit der Wohnungseigentümer (KG NJW 1992, 1901), Zurückbleiben der Wohnfläche um 10% hinter der im Kaufvertrag angegebenen (KG OLGE 1989, 193). Dagegen ist es vom OLG Hamburg (MDR 1992, 152) nicht als Mangel einer Eigentumswohnung angesehen worden, daß sie in einer überwiegend gewerblich genutzten Anlage liegt. In solchen Fällen ist Kaufmängelrecht anzuwenden.

c) Im Vordergrund stehen die **nach Werkvertragsrecht zu beurteilenden** **44** **Sachmängel des Bauwerks,** etwa die verfehlte Konstruktion oder mangelhafte Ausführung eines Daches, unzulängliche Schalldämpfung, mangelhafte Installation usw. Hier ergeben sich kompliziertere Probleme. Diese haben ihren Grund zum einen darin, daß schon das Werkvertragsrecht sehr viel komplizierter ist als das Kaufrecht, ferner darin, daß die Rechtsfolgen nicht nur hinsichtlich des Werks, sondern für den ganzen kombinierten Erwerbsvertrag in Betracht zu ziehen sind, schließlich auch darin, daß Sachmängel am gemeinschaftlichen Eigentum alle Wohnungseigentümer angehen, weshalb zu prüfen ist, ob und inwieweit der einzelne Wohnungseigentümer gegenüber dem Bauträger selbständig handeln kann oder an Entscheidungen der Gemeinschaft gebunden ist. Zu berücksichtigen ist weiter, daß für die Beziehungen zwischen dem Bauträger und dem Erwerber vielfach nicht oder in jeder Hinsicht das Werkvertragsrecht des BGB maßgeblich ist, sondern daß individuelle Abreden, vor allem aber die in vielen Fällen zum Vertragsinhalt gemachten Bestimmungen der Verdingungsordnung für Bauleistungen **(VOB Teil B)** die Abwicklung des Vertrages bestimmen und deshalb hier gleichfalls in Betracht zu ziehen sind. Die Bestimmungen der VOB sind AGB i. S. des AGBG, wie dessen § 23 Abs. 2 Nr. 5 zeigt; auch dieses Gesetz ist zu berücksichtigen. Die Ansprüche nach Werkvertragsrecht wegen Sachmängeln bestehen **unabhängig davon, ob dem Erwerber bereits das Eigentum übertragen** ist. Die nachträgliche Aufteilung in Wohnungseigentum ändert nichts an der Gewährleistung für das gesamte Bauwerk (BGH ITelex 1987/2/9). Nach BGHZ 59, 104 = LM Nr. 1 zu § 18 WEG mit Anm. Mattern soll auf das Stadium **zwischen Übergabe und Übereignung** gerade auch für Sachmängel Mietvertragsrecht anzuwenden sein; dem kann nur für den Fall zugestimmt werden, daß für diese Zeit auf Grund eines „Träger-Erwerber-Vertrags" ein mietähnliches „Nutzungsverhältnis" vereinbart ist; im übrigen ist und bleibt Werkvertragsrecht maßgeblich.

45 d) Das Werkvertragsrecht des BGB geht (ebenso wie die VOB) davon aus, daß auf Grund des Vertrages der „Besteller" – hier der Erwerber der Eigentumswohnung – den **Anspruch auf Herstellung** des versprochenen Werks, und zwar **eines Werks von der vertragsmäßigen Beschaffenheit, hat** (§§ 631, 633 BGB). Ist das Bauwerk nicht von dieser Beschaffenheit, so ist es mangelhaft (§ 633), der Besteller hat dann den Anspruch auf Beseitigung des Mangels (§ 633 Abs. 2 Satz 1 BGB), der auch auf die völlige Neuherstellung gerichtet sein kann, und zwar – entgegen früherer Rspr. (insbes. BGHZ 58, 7; 61, 42) – auch noch nach der Abnahme, wenn nur auf diese Weise Mängel nachhaltig zu beseitigen sind, und gleichviel, ob der Vertrag nach BGB oder nach VOB zu beurteilen ist (BGHZ 96, 111 = NJW 1986, 711). Die Abnahme hat weiter Bedeutung, weil Ansprüche nicht mehr erhoben werden können, wenn und soweit der Erwerber das Werk in Kenntnis eines Mangels abgenommen hat, ohne sich seine Rechte vorzubehalten (auch dazu oben Rdn. 17). Der Unternehmer – Bauträger – ist nicht nur verpflichtet, den Mangel zu beseitigen, er ist dazu auch berechtigt, der Erwerber muß ihm also dazu Gelegenheit geben. Die Mangelbeseitigungspflicht läßt sich einerseits wohl noch dem Erfüllungsanspruch zuordnen, sie hat aber andererseits auch bereits den Charakter eines Mängelrechts, weil nach § 638 Abs. 1 BGB der Beseitigungsanspruch der für die Mängelrechte geltenden, mit der Abnahme beginnenden **Verjährung** unterworfen ist, die **fünf Jahre beträgt** („bei Bauwerken", § 638 Abs. 1 BGB; BGH DB 1980, 2337), und zwar auch bei Modernisierung und Umbau von Altbauten (BGH NJW 1988, 490).

46 e) Des weiteren vollzieht sich die **Abwicklung in gewissen Stufen.**

aa) Gerät der Unternehmer mit der Beseitigung des Mangels in Verzug, so hat der Besteller nach § 633 Abs. 3 das Recht zur **„Eigenbeseitigung"**, eine Art Selbsthilferecht: Er kann den Mangel selbst beseitigen und Ersatz der erforderlichen Aufwendungen verlangen, nach der Rechtsprechung auch einen Vorschuß auf die Aufwendungen (st. Rspr., z. B. BGHZ 68, 372). Da Verzug vorausgesetzt ist, genügt nicht der bloße Umstand, daß der Mangel nicht beseitigt wird; der Unternehmer muß – regelmäßig durch Mahnung (§ 284 Abs. 1 BGB) – in Verzug gesetzt sein und er muß das Unterbleiben der rechtzeitigen Erfüllung wegen seines eigenen Verschuldens oder des Verschuldens seiner Erfüllungsgehilfen zu vertreten haben (§§ 285, 276, 278 BGB), es muß ihm also auch eine angemessene Frist zur Mängelbeseitigung zugebilligt werden. Das Recht zur Eigenbeseitigung besteht nur, wenn alle genannten Voraussetzungen gegeben sind; andernfalls besteht kein Anspruch auf Ersatz (BGH NJW 1968, 43). Mit der Geltendmachung des Anspruchs auf Ersatz der Aufwendungen verliert der Unternehmer sein Recht, den Mangel zu beseitigen; die Möglichkeit der Erhebung dieses Anspruchs ist eine **facultas alternativa** – Ersetzungsbefugnis – des Gläubigers, also des Bestellers, ihre Ausübung führt ähnlich wie im Falle des § 249 Satz 2 zu einer Veränderung der Rechtslage, ist also Ausübung eines Gestaltungsrechts.

47 bb) Der Besteller ist nicht gezwungen, das Verfahren der Eigenbeseitigung zu beschreiten. Führt es zum Erfolg, so hat sich das Mangelproblem

erledigt. Führt es nicht zum Erfolg oder ist es gar nicht gewählt worden, so kann der Besteller – er muß aber nicht, kann also den gegebenen Zustand fortbestehen lassen – die Abwicklung des Vertrages nach § 634 BGB weitertreiben, indem er **dem Unternehmer eine angemessene Frist** mit der Erklärung bestimmt, daß er die Beseitigung des Mangels nach dem Ablauf der Frist ablehne. Mit **fruchtlosem Ablauf der Frist** entfällt der Anspruch auf Beseitigung des Mangels und auf Ersatz der Aufwendungen, ähnlich wie im Falle des § 326 BGB. Hat der Bauträger im Erwerbsvertrag Renovierungsarbeiten versprochen, so kann der einzelne Wohnungseigentümer nach Fristsetzung (§ 326 BGB) ohne Gemeinschaftsbindung (Vor § 1 Rdn. 64 ff.) Schadensersatz wegen Nichterfüllung verlangen (BGH NJW 1988, 1718 = WE 1988, 137).

cc) Der Besteller kann nun nurmehr **entweder Wandelung oder Minderung oder,** falls der Unternehmer den Mangel zu vertreten hat, **nach § 635 BGB wahlweise Schadensersatz wegen Nichterfüllung** verlangen. Dieser kann nach st. Rspr. (BGHZ 27, 215; Erman-Seiler § 635 Rdn. 15) in zwei verschiedenen Formen geltend gemacht werden, als „kleiner" oder als „großer". Beim kleinen Schadensersatz behält der Erwerber das Empfangene und berechnet seinen Schaden unter dessen Anrechnung. Beim großen Schadensersatz gibt der Besteller das Empfangene zurück und berechnet seinen Schaden so, als ob er nichts erhalten hätte; das kann er allerdings nur, wenn er entweder das Empfangene zurückgewähren kann oder wenn ihm dies durch Zufall, also aus einem Grunde, für den er nicht verantwortlich ist, unmöglich geworden ist (§§ 350 ff. BGB). Mittels des großen Schadensersatzanspruchs kann insbesondere auch eine etwa bereits gezahlte Vergütung als Schadensposten geltend gemacht werden (RGZ 127, 245; 149, 135; BGHZ 27, 215). Der Schadensersatz wegen Nichterfüllung umfaßt auch den Ersatz eines merkantilen Minderwerts, und zwar auch dann, wenn der Besteller (Eigentümer) das Grundstück mit Gebäude inzwischen weiterveräußert hat (BGH NJW 1986, 428), ferner einen wegen der Unbenutzbarkeit entstandenen Nutzungsausfall (BGHZ 96, 124 = NJW 1986, 427; grundsätzlich BGH – Gr. Senat – BGHZ 98, 212 = NJW 1987, 50 mit ausführlicher Darstellung des Meinungsstandes). Ist der Schadensersatzanspruch auf den zur Mängelbeseitigung erforderlichen Geldbetrag gerichtet, so entfällt er nicht deshalb, weil der Gläubiger das bebaute Grundstück veräußert, bevor er den Geldbetrag erhalten hat (BGHZ 99, 81 = NJW 1987, 645). 48

dd) Wandelung, Minderung und Schadensersatz wegen Nichterfüllung in seinen beiden Formen stehen nicht im Verhältnis der Wahlschuld (§§ 262 ff. BGB), sondern in dem der sogenannten **"elektiven Konkurrenz"** (dazu Erman-Weitnauer Vor § 459 Rdn. 53 ff.). Dies bedeutet, daß entgegen § 263 Abs. 2 BGB die getroffene Wahl den Gläubiger nicht endgültig bindet, daß dieser vielmehr bis zur Herbeiführung eines endgültigen Zustandes, insbesondere bis zu einer Einigung über die Art der Abwicklung, das ius variandi, ein Änderungsrecht hat, wie sich aus der in § 639 Abs. 1 enthaltenen Verweisung auf § 477 Abs. 3 BGB ergibt. In dieser Phase der Abwicklung hat der Gläubiger also zwei hintereinander gestufte Gestaltungsrechte: zunächst das Recht, durch Nachfristsetzung die Erfüllung und Mängelbeseitigung auszuschließen, sodann die Wahl zwischen den verschiedenen möglichen Ansprüchen. 49

50 ee) Abweichungen ergeben sich, wenn die Vertragsparteien die **Verdingungsordnung für Bauleistungen – VOB –** (letzte Ausgabe 1992, BAnz 1992 Nr. 223 vom 27. 2. 1992; vgl. dazu Alvermann NJW 1993, 1244) **zum Vertragsinhalt gemacht** haben, ein Regelwerk, das die Auftraggeber der öffentlichen Hand der Vergabe von Bauaufträgen zugrundzulegen haben, das aber auch im privaten Bereich weithin Anwendung findet (Kommentar von Ingenstau-Korbion, 11. Aufl., Düsseldorf 1989; Kaiser, das Mängelhaftungsrecht der VOB, 7. Aufl., Heidelberg 1992). Der hier einschlägige Teil B der VOB hat den Charakter von Allgemeinen Geschäftsbedingungen (vgl. § 23 Abs. 2 Nr. 5 AGBG). Dabei ist aber zu beachten, daß nach § 23 Abs. 2 Nr. 5 **AGBG** dessen § 10 Nr. 5 (betr. fingierte Erklärungen) und § 11 Nr. 10 lit. f (betr. Gewährleistungsfrist) keine Anwendung finden, wenn die VOB „Vertragsgrundlage ist". Das ist zweifelsfrei der Fall, wenn die ganze VOB als AGB in den Vertrag einbezogen wird, dagegen ist nunmehr durch BGHZ 96, 129 = BGH NJW 1986, 315 klargestellt, daß es für den Ausschluß des AGBG **nicht** genügt, wenn **nur § 13 VOB** in Bezug genommen wird. Eine solche **"isolierte" Vereinbarung** ist aber wirksam, wenn bestimmt wird, daß die Verjährungsfrist 5 Jahre beträgt (BGH NJW 1989, 1602), ferner nach BGHZ 99, 160 = NJW 1987, 837 dann, wenn die isolierte Einbeziehung des § 13 auf Initiative des Erwerbers – „Auftraggebers" – vereinbart worden ist, und in „Individualvereinbarungen" (§ 1 Abs. 2 AGBG).

§ 13 VOB hat folgenden **Wortlaut** (Fassung v. 1992, s. oben):

„1. Der Auftragnehmer übernimmt die Gewähr, daß seine Leistung zur Zeit der Abnahme die vertraglich zugesicherten Eigenschaften hat, den anerkannten Regeln der Technik entspricht und nicht mit Fehlern behaftet ist, die den Wert oder die Tauglichkeit zu dem gewöhnlichen oder dem nach dem Vertrag vorausgesetzten Gebrauch aufheben oder mindern.

2. Bei Leistungen nach Probe gelten die Eigenschaften der Probe als zugesichert, soweit nicht Abweichungen nach der Verkehrssitte als bedeutungslos anzusehen sind. Dies gilt auch für Proben, die erst nach Vertragsabschluß als solche anerkannt sind.

3. Ist ein Mangel zurückzuführen auf die Leistungsbeschreibung oder auf Anordnungen des Auftraggebers, auf die von diesem gelieferten oder vorgeschriebenen Stoffe oder Bauteile oder die Beschaffenheit der Vorleistung eines anderen Unternehmers, so ist der Auftragnehmer von der Gewährleistung für diese Mängel frei, außer wenn er die ihm nach § 4 Nr. 3 obliegende Mitteilung über die zu befürchtenden Mängel unterlassen hat.

4. Ist für die Gewährleistung keine Verjährungsfrist im Vertrag vereinbart, so beträgt sie für Bauwerke und für Holzerkrankungen 2 Jahre, für Arbeiten an einem Grundstück und für die vom Feuer berührten Teile von Feuerungsanlagen ein Jahr. Die Frist beginnt mit der Abnahme der gesamten Leistung; nur für in sich abgeschlossene Teile der Leistung beginnt sie mit der Teilabnahme (§ 12 Nr. 2a).

5. (1) Der Auftragnehmer ist verpflichtet, alle während der Verjährungsfrist hervortretenden Mängel, die auf vertragswidrige Leistung zurückzuführen sind, auf seine Kosten zu beseitigen, wenn es der Auftraggeber vor Ablauf der Frist schriftlich verlangt. Der Anspruch auf Beseitigung

der gerügten Mängel verjährt mit Ablauf der Regelfristen der Nr. 4, gerechnet vom Zugang des schriftlichen Verlangens an, jedoch nicht vor Ablauf der vereinbarten Frist. Nach Abnahme der Mängelbeseitigungsleistung beginnen für diese Leistung die Regelfristen der Nr. 4, wenn nichts anderes vereinbart ist.

(2) Kommt der Auftragnehmer der Aufforderung zur Mängelbeseitigung in einer vom Auftraggeber gesetzten angemessenen Frist nicht nach, so kann der Auftraggeber die Mängel auf Kosten des Auftragnehmers beseitigen lassen.

6. Ist die Beseitigung des Mangels unmöglich oder würde sie einen unverhältnismäßig hohen Aufwand erfordern und wird sie deshalb vom Auftragnehmer verweigert, so kann der Auftraggeber Minderung der Vergütung verlangen (§ 634 Absatz 4, § 472 BGB). Der Auftraggeber kann ausnahmsweise auch dann Minderung der Vergütung verlangen, wenn die Beseitigung des Mangels für ihn unzumutbar ist.

7. (1) Ist ein wesentlicher Mangel, der die Gebrauchsfähigkeit erheblich beeinträchtigt, auf ein Verschulden des Auftragnehmers oder seiner Erfüllungsgehilfen zurückzuführen, so ist der Auftragnehmer außerdem verpflichtet, dem Auftraggeber den Schaden an der baulichen Anlage zu ersetzen, zu deren Herstellung, Instandhaltung oder Änderung die Leistung dient.

(2) Den darüber hinausgehenden Schaden hat er nur dann zu ersetzen:

a) wenn der Mangel auf Vorsatz oder grober Fahrlässigkeit beruht,

b) wenn der Mangel auf einem Verstoß gegen die anerkannten Regeln der Technik beruht,

c) wenn der Mangel in dem Fehlen einer vertraglich zugesicherten Eigenschaft besteht oder

d) soweit der Auftragnehmer den Schaden durch Versicherung seiner gesetzlichen Haftpflicht gedeckt hat oder innerhalb der von der Versicherungsaufsichtsbehörde genehmigten Allgemeinen Versicherungsbedingungen zu tarifmäßigen, nicht auf außergewöhnliche Verhältnisse abgestellten Prämien und Prämienzuschlägen bei einem im Inland zum Geschäftsbetrieb zugelassenen Versicherer hätte decken können.

(3) Abweichend von Nr. 4 gelten die gesetzlichen Verjährungsfristen, soweit sich der Auftragnehmer nach Absatz 2 durch Versicherung geschützt hat oder hätte schützen können oder soweit ein besonderer Versicherungsschutz vereinbart ist.

(4) Eine Einschränkung oder Erweiterung der Haftung kann in begründeten Sonderfällen vereinbart werden."

Wie hieraus ersichtlich ist, entspricht dieser § 13 VOB in seinem zweistufigen Aufbau dem Mängelhaftungsrecht der §§ 633ff. BGB. Die wichtigsten **Abweichungen** von diesen bestehen in folgendem: **Wandelung und großer Schadensersatzanspruch** sind ausgeschlossen; ist VOB vereinbart, so ist das dahin zu verstehen, daß Wandelung und großer Schadensersatzanspruch für den gesamten Erwerbsvertrag, nicht nur für den werkvertraglichen Teil, ausgeschlossen sind. Die **Verjährungsfrist** für die Gewährleistungsansprüche beträgt 2 Jahre, nicht 5 Jahre von der Abnahme an (ausgenommen den Fall von Nr. 7 Abs. 3 VOB). Zur **Unterbrechung der Verjährung** genügt **51** schon ein schriftliches Verlangen der Mängelbeseitigung; allerdings ist damit dem Besteller nicht geholfen, wenn der Mangel erst später als 2 Jahre hervortritt. Der Umfang des kleinen Schadensersatzes ist gem. Nr. 7 abgestuft, eine Regelung, die dem BGB fremd ist.

52 f) Im Falle eines **Mangels am gemeinschaftlichen Eigentum** einer Wohnungseigentumsanlage ergeben sich aus der vorstehend zunächst für den einzelnen Erwerbsvertrag dargestellten Rechtslage **zusätzliche Probleme.** Dem Bauträger steht anders als im Falle eines Einfamilienhauses nicht nur ein einzelner Erwerber, sondern eine Mehrzahl, möglicherweise eine große Zahl von Erwerbern gegenüber, die in der Wohnungseigentümergemeinschaft (dazu § 10 Rdn. 1 ff.) organisiert sind. Die Mängel betreffen das gemeinschaftliche Eigentum, in bezug auf welches die Wohnungseigentümer Miteigentümer und nach § 21 Abs. 5 Nr. 2 WEG zur ordnungsmäßigen, dem Interesse der Gesamtheit der Wohnungseigentümer entsprechenden Verwaltung, insbesondere zu dessen ordnungsmäßiger Instandhaltung und Instandsetzung gegenseitig verpflichtet sind. Die Frage, welche Bedeutung diesem Umstand zukommt, hat lebhafte, allerdings bereits weitgehend geklärte Meinungsverschiedenheiten entstehen lassen.

53 aa) Auf der einen Seite steht die namentlich von Deckert vertretene **Lehre von der „Gemeinschaftsbezogenheit" der Sachmängelansprüche**, nach welcher die Wohnungseigentümergemeinschaft als Grundlage der Sachmängelansprüche angesehen wird:

> „Das verdinglichte, pesonenrechtliche Gemeinschaftsverhältnis, mit anderen Worten die Gemeinschaftsbezogenheit ist somit nicht nur Grundlage der Rechte des einzelnen Miteigentümers gegen den oder die anderen Eigentümer auf Mitwirkung zur ordnungsmäßigen Verwaltung des Gemeinschaftseigentums einschl. der Erhaltung des status quo (Instandsetzung, Instandhaltung i. S. d. § 21 WEG), sondern auch die Grundlage für anfängliche Baumängelgewährleistungsansprüche, die erst das gemeinschaftliche Eigentum als mangelfreien, vertragsgemäßen Bestandteil des Wohnungseigentums zur Entstehung bringen sollen." (So Deckert, Baumängel, S. 138)

54 bb) Dieser Betrachtungsweise steht die insbes. von Weitnauer vertretene Auffassung – von Deckert (Baumängel, S. 179) als Individualrechtstheorie bezeichnet – gegenüber, daß **Grundlage** der Mängelansprüche für jeden einzelnen Erwerber **der von ihm mit dem Bauträger geschlossene Erwerbervertrag** ist. Jeder Erwerber kann vom Bauträger die mangelfreie Herstellung des zum gemeinschaftlichen Eigentum gehörenden Gebäudes verlangen, und zwar ohne Rücksicht darauf, daß er, abgesehen vom Sondereigentum an der Wohnung, nur einen Miteigentumsanteil am Bauwerk erworben hat oder erwirbt.

Dieser Miteigentumsanteil kann nur an der ganzen Sache bestehen, jeder Erwerber hat also einen eigenen Anspruch auf mangelfreie Herstellung des ganzen Bauwerks. Gleichwohl stehen die hierauf beruhenden Mängelansprüche der Erwerber nicht unverbunden nebeneinander (entgegen Kellmann DB 1979, 2261; NJW 1980, 401). Allerdings folgt diese Verbindung weder aus dem Miteigentum der Erwerber an dem herzustellenden Bauwerk noch aus ihrer Stellung als Teilhaber der Wohnungseigentümergemeinschaft (so allerdings Deckert, a. a. O). Vielmehr ergibt sie sich daraus, daß **sämtliche Ansprüche auf dieselbe Leistung,** die mangelfreie Herstellung eines und desselben Bauwerks **gerichtet** sind. Die Erwerber als Gläubiger dieser gleichgerichteten Ansprüche müssen also rechtlich in einer Verbindung koordiniert werden, die entweder eine Gesamtgläubigerschaft i. S. der §§ 428ff. BGB oder Mitgläubigerschaft i. S. des § 432 BGB sein kann. Da die geschuldete Leistung eine unteilbare **i. S. des § 432 BGB** ist, ist diese Beteiligungsform gegeben. Der Unterschied zur Gesamtgläubigerschaft besteht insbesondere darin, daß, wenngleich jeder Erwerber den Anspruch selbständig geltend machen kann, er im Falle des § 432 nicht Leistung an sich, sondern nur Leistung an alle Gläubiger gemeinschaftlich fordern kann.

Der Umstand, daß die Erwerber als Gläubiger je eines Anspruchs auf **55** mangelfreie Herstellung des gemeinschaftlichen Eigentums in der Rechtsform der Mitgläubigerschaft i. S. d. § 432 BGB koordiniert sind, hat rechtliche Folgen. Insbesondere folgt daraus, daß Gestaltungsrechte, die in der ersten Stufe der Abwicklung in den Bestand oder den Inhalt von Ansprüchen eingreifen, nur einheitlich von allen ausgeübt werden können (§ 432 Abs. 2 BGB; so auch Pause NJW 1993, 553 III 2). Das ist von wesentlicher Bedeutung für die Gestaltungsrechte, die dem Erwerber als Besteller nach Werkvertragsrecht im Falle einer mangelhaften Werkleistung zustehen, also die Entscheidung, zur Eigenbeseitigung zu schreiten (einschl. der Bestimmung, wie, wann und mit welchem Aufwand diese durchgeführt werden soll; dazu OLG Hamm WE 1993, 244) und Ersatz der Kosten und einen Vorschuß auf diese zu verlangen (§ 633 Abs. 3 BGB), sowie die Setzung einer Nachfrist mit Ablehnungsandrohung (§ 634 Abs. 1 Satz 1 BGB). Dagegen ist jeder Erwerber befugt, selbständig **Erfüllung,** also die Beseitigung des Mangels zu verlangen (§ 633 Abs. 2 Satz 2 BGB i. V. m. § 432 Abs. 1 Satz 1 BGB). Dem entspricht es, daß jeder Wohnungseigentümer berechtigt ist, ein gerichtliches Beweissicherungsverfahren zur Feststellung des Mangels einzuleiten (unten Rdn. 83) und daß jeder Wohnungseigentümer befugt ist, von den anderen und vom Verwalter zu verlangen, daß aufgetretene Baumängel durch Sachverständige festgestellt werden (BayObLGE 1982, 203 = Rpfleger 1982, 278).

Zweifelhaft kann die Frage hinsichtlich des **Anspruchs auf Kostenersatz** **56** und des **Anspruchs auf Vorschußleistung** hierauf erscheinen. Beide Ansprüche hängen von einer wirksamen Entscheidung für Eigenbeseitigung ab, durch die bestimmt wird, ob, in welcher Weise, zu welchem Zeitpunkt und mit welchem Kostenaufwand die Mängelbeseitigung durchgeführt werden soll; das spricht dafür, für diese Ansprüche ebenfalls eine gemeinschaftliche Entscheidung zu verlangen. Aber auch wenn man mit der st. Rspr. des BGH (unten Rdn. 60) jedem Erwerber das Recht zubilligt, einen Kostenvorschuß zu verlangen, nützt ihm das wenig; denn auch wenn er einen Vorschuß erstreitet, gibt ihm das nicht das Recht, auf eigene Faust die Mängelbeseitigung zu betreiben (so zutr. OLG Hamm WE 1993, 244); er findet sich also bereits in einem sehr frühen Stadium der Abwicklung in eine **Gemeinschaft**, nämlich derjenigen der **Mitberechtigten i. S. d. § 432 BGB**, eingebunden. Verlangen mehrere WEigt. mit Billigung der Gemeinschaft Zahlung von

Vorschuß zur Mängelbeseitigung, so kann der beklagte Bauträger nicht mit Restkaufpreisansprüchen gegen einzelne WEigt aufrechnen (BGH WE 1992, 80 = BGHZ 115, 213).

57 Die Brücke zur Wohnungseigentümergemeinschaft wird geschlagen durch den Umstand, daß diese Mitberechtigten gleichzeitig Miteigentümer des gemeinschaftlichen Eigentums und Teilhaber der Wohnungseigentümergemeinschaft sind. Als solche können sie die **Verfolgung der Mängelansprüche zur Angelegenheit der Gemeinschaft** machen (BGH LM Nr. 1 zu § 21 WEG; BayObLGE 73, 68; NJW 1981, 1841 = BGHZ 81, 35). Tun sie das, so wird das Prozeßrisiko von allen getragen. Über die Mittel, die auf diese Weise gewonnen werden, kann die Wohnungseigentümergemeinschaft verfügen, u. U. auch zugunsten eines einzelnen Wohnungseigentümers (BayObLG WE 1993, 140). Der Beschluß, in dieser Weise vorzugehen, liegt im Rahmen der ordnungsmäßigen Verwaltung und kann mit Mehrheit gefaßt werden; er bindet auch Wohnungseigentümer, die gegen den Beschluß gestimmt oder an der Beschlußfassung nicht mitgewirkt haben (§ 10 Abs. 4 WEG). Kommt ein solcher Beschluß nicht zustande, dann kann der einzelne Erwerber gem. § 21 Abs. 4 WEG von den anderen die Zustimmung zu der von ihm vorgeschlagenen Sanierungsmaßnahme verlangen, sofern diese im Rahmen ordnungsmäßiger Verwaltung liegt.

58 Diese **Verschränkung** der Mängelgewährleistung mit den Rechtsbeziehungen der Wohnungseigentümer aus der Wohnungseigentümergemeinschaft ändert nichts daran, daß diese beiden Ebenen strikt getrennt gesehen werden müssen; namentlich ist die auf der Wohnungseigentümergemeinschaft beruhende Verpflichtung der Wohnungseigentümer zur Behebung von anfänglichen Baumängeln (§ 21 Rdn. 33) als einer Maßnahme ordnungsmäßiger Verwaltung unabhängig davon, ob Mängelgewährleistungsansprüche gegen den Bauträger oder andere Baubeteiligte bestehen oder durchsetzbar sind (so auch OLG Hamm WE 1993, 244).

59 Ist die Stufe der **Mängelbeseitigung erfolglos geblieben** und der Anspruch auf Beseitigung des Mangels ausgeschlossen (§ 634 Abs. 1 Satz 3 HS 2 BGB), so tritt eine **neue Lage** ein (oben Rdn. 48): Die Erwerber können nunmehr wahlweise (i. S. d. elektiven Konkurrenz) entweder Wandelung oder Minderung oder Schadensersatz wegen Nichterfüllung in der Form des großen oder des kleinen Schadenersatzes verlangen. Die Frage ist, **ob sie** bei dieser Wahl einer **Gemeinschaftsbindung unterliegen**. Diese Frage ist vom Standpunkt der hier vertretenen Grundauffassung zu verneinen (näher hierzu nachstehende Rdn. 60ff. sowie Vor § 1 Rdn. 64ff.).

60 cc) Der **BGH** hat sich keiner der beiden geschilderten Grundpositionen angeschlossen (BGHZ 74, 258 = NJW 1979, 2207; BGH NJW 1983, 453 m. Anm. Weitnauer; BGH NJW 1985, 1551; BGHZ 108, 156 = NJW 1990, 2554 = JZ 1990, 143 m. A. Weitnauer; BGHZ NJW 1991, 2480; BGHZ 114, 383 = NJW 1991, 2480 = JZ1992, 316 m. A. Ehmann = WE 1992, 102; dazu Weitnauer S. 95) und in einer gewissermaßen salomonischen Weise **entschieden**, daß zwar jeder Erwerber frei sei in der Geltendmachung der auf die Beseitigung des Mangels gerichteten Ansprüche der ersten Stufe sowie der zum Ausscheiden aus der Gemeinschaft führenden Rechte zweiter Stufe, also der Wandelung und des großen Schadensersatzes, daß aber Minderung

und kleiner Schadensersatz nur von allen Erwerbern = Wohnungseigentümern gemeinschaftlich oder von dem einzelnen mit Ermächtigung der Gemeinschaft gewählt werden können.

Der BGH verkennt nicht, daß die Erwerbsverträge die Grundlage der Mängelansprüche sind, kommt aber trotzdem zu der von ihm gefundenen Lösung aufgrund von Erwägungen, die nachstehend im Wortlaut aus BGHZ 110, 258 wiedergegeben werden: 61

„Nach der Rechtsprechung des Senats kann der einzelne Wohnungseigentümer die auf Erfüllung des Vertrags zielenden Ansprüche ohne zuvor ergangenen Mehrheitsbeschluß der Wohnungseigentümer einklagen. Er kann daher selbständig Nachbesserung der Mängel am Gemeinschaftseigentum oder Zahlung eines dafür erforderlichen Vorschusses bzw. Erstattung der Mängelbeseitigungskosten verlangen ... Dagegen können die Wohnungseigentümer, wenn sie den Nachbesserungsanspruch (§ 633 Abs. 2 S. 1 BGB) und das Recht, die Mängel selbst zu beseitigen (§ 633 Abs. 3 BGB) verloren haben, nur noch gemeinschaftlich bestimmen, ob wegen der Mängel Minderung oder „kleiner" Schadensersatz verlangt werden soll. Diese Rechtsprechung hat der Senat anhand eines Falles entwickelt, in dem sich die Mängel am Gemeinschaftseigentum nur an diesem auswirkten ... Strahlen Mängel am Gemeinschaftseigentum auf das Sondereigentum aus, steht der Anspruch auf Minderung jedenfalls der Wohnungseigentümergemeinschaft zu... Der Senat hat die selbständige Durchsetzung der Gewährleistungsrechte durch den Wohnungseigentümer dann nicht zugelassen, wenn dem die Gemeinschaftsbezogenheit des Rechts entgegenstand. Maßgeblich war dabei, daß die Wohnungseigentümer nur gemeinschaftlich darüber befinden können, wie das Wahlrecht zwischen Minderung und Schadensersatz auszuüben ist und wie die vom Gewährleistungsschuldner erlangten Mittel verwendet werden sollen ... Diese Rechtsprechung dient auch dem Schutz des Schuldners ... Ist der Mangel noch behebbar, so ist die Wahl zwischen Minderung und Schadensersatz im wesentlichen davon abhängig, ob und inwieweit der Mangel beseitigt werden soll. Die Entscheidung hierüber fällt gem. § 21 Abs. 1, Abs. 5 Nr. 2 WEG in die Zuständigkeit der Wohnungseigentümergemeinschaft. Das gilt unabhängig davon, ob und inwieweit der Mangel auf das Sondereigentum ausstrahlt ... Anders ist die Sachlage, wenn der Mangel nicht behoben werden kann ...".

Wie diese Ausführungen zeigen, erkennt der BGH an, daß (auch) die Ansprüche auf Minderung und auf kleinen Schadensersatz ihren **Grund in den individuellen Verträgen** der einzelnen Erwerber mit dem Bauträger haben (so auch in BGHZ 106, 223; BGHZ 114, 383). Daß sie **trotzdem der Verfügungsgewalt der Erwerber entzogen** und von der Gemeinschaft ausgeübt werden können, rechtfertigt der BGH mit **der Natur der Sache, der Gemeinschaftsbezogenheit**, die bewirke, daß diese Ansprüche bereits mit dieser inhaltlichen Beschränkung begründet würden; sie stehen, wie in BGHZ 110, 358 gesagt wird, der Wohnungseigentümergemeinschaft zu, soweit die inhaltliche Beschränkung reicht, insbes. also soweit der Mangel behebbar ist. Der sachliche **Zweck der Beschränkung** wird darin gesehen, daß die zweckentsprechende Verwendung des „Minderungs- bzw. Scha- 62 densersatzbetrages“ (BGHZ 74, 258 unter I 4b.bb) sichergestellt und der Schuldner gegen die Inanspruchnahme aus unvereinbaren Ansprüchen geschützt werden müsse.

63 dd) **Stellungnahme**

Gegen die vom BGH gefundene Lösung sind Bedenken vorzutragen, wenngleich sie festgefügt erscheint und zuletzt im Trittschallschutz-Fall (BGHZ 114, 383) bestätigt worden ist, der dafür freilich wenig geeignet war, weil er das Bauherrenmodell, nicht das Bauträgermodell und primär nicht Baumängel, sondern eine mangelhafte Planungsleistung des mit der Bauplanung beauftragten Architekten betraf. Meinungsverschiedenheiten bestehen bzgl. der Fälle, in denen ein einzelner Wohnungseigentümer – sei es mit oder ohne Ermächtigung durch die Gemeinschaft – Mängel geltend macht, wie das in BGHZ 108, 56; 110, 258 und 114, 383 der Fall war.

64 Daß alle Wohnungseigentümer an die mit Mehrheit beschlossenen Entscheidungen bezgl. der Art des Vorgehens und der Verwendung des Erlöses gebunden sind, wenn die Gemeinschaft die Verfolgung der Mängelansprüche zu ihrer Angelegenheit macht, steht außer Frage. Im anderen Fall dagegen hat m. E. der BGH die **Gewichte** zwischen Gemeinschaftsbindung und Freiheit des einzelnen **nicht richtig verteilt**. Für die **Mängelrechte der ersten Stufe** hat er den einzelnen zuviel freie Hand gelassen und die Bindungen, die aus dem Umstand folgen, daß die auf mangelfreie Erfüllung und auf Mängelbeseitigung gerichteten Ansprüche der Erwerber der Koordinierung bedürfen, zu gering eingeschätzt. Es kann nicht richtig sein, daß der einzelne Wohnungseigentümer berechtigt sein soll, ohne weiteres den Anspruch auf Ersatz der Aufwendungen für die Mängelbeseitigung geltend zu machen, wie das in BGHZ 68, 372; BGHZ 81, 35 = NJW 1981, 1841; BGH NJW 1985, 1551 und in BGHZ 110, 258 (oben Rdn. 56) angenommen worden ist; die Gemeinschaft muß zuvor die Weichen betr. Art, Umfang, Zeitpunkt (oben Rdn. 56) durch Ausübung der dem Gläubiger der Werkleistung zustehenden Gestaltungsrechte gestellt haben. Nur so kann der Schuldner vor unvereinbaren Forderungen geschützt werden.

65 Auf der anderen Seite steht die Bindung bei der Entscheidung hinsichtlich der Wahl zwischen den verbleibenden **Mängelrechten zweiter Stufe**, also zwischen Minderung und kleinem Schadensersatz. Die dafür angeführten Gründe vermögen nicht zu überzeugen. Was zunächst die Sicherung der **zweckentsprechenden Verwendung der Mittel** betrifft, die den Erwerbern aus der Geltendmachung von Mängelrechten zufließen, so kommt ein Recht der Gemeinschaft zur Verfügung über diese Mittel nur in Betracht, wenn sie die Verfolgung der Ansprüche zu ihrer Angelegenheit gemacht hat. Was ein einzelner erstreitet, steht ihm zu. Das erscheint unmittelbar einleuchtend für die **Minderung**, die sich in einer nach dem bekannten Verhältnis (§ 472 BGB) eintretenden Ermäßigung des Erwerbspreises ausdrückt und zu einer Zahlung nur führt, wenn die bereits geleisteten Zahlungen des Erwerbers den ermäßigten Preis übersteigen. Die in BGH NJW 1981, 1841 und in BGH NJW 1983, 453 zum Ausdruck gekommene Vorstellung, daß die Minderung einen globalen „Minderungsbetrag“ ergebe, der dann nach Miteigentumsquoten auf die Wohnungseigentümer zu verteilen wäre, ist unrichtig, weil es keinen globalen Erwerbspreis gibt, der Gegenstand der Minderung sein

könnte (dazu Weitnauer NJW 1983, 455). Die Minderung ist ein rein individuelles Recht: wie es sich auswirkt, hängt außer von dem Maß der Mangelhaftigkeit vom individuellen Erwerbspreis ab, der die anderen nichts angeht.

Eine Zweckbindung ist aber auch zu verneinen, wenn ein Wohnungsei- 66
gentümer erfolgreich einen **Anspruch auf Schadensersatz wegen Nichterfüllung** geltend macht. Es gibt, wie der BGH in BGHZ 74, 258 selbst anerkannt hat, keinen Rechtssatz des Inhalts, daß eine Schadensersatzleistung zur Behebung des Schadens verwendet werden muß, ebensowenig ist ein Wohnungseigentümer aufgrund des Gemeinschaftsverhältnisses verpflichtet, Mittel, die er durch Geltendmachung von Mängelansprüchen vom Bauträger erlangt, der Gemeinschaft zur Verfügung zu stellen; seine Verpflichtung dieser gegenüber beschränkt sich auf den ihn treffenden Anteil an den Lasten und Kosten (§ 16 Abs. 2 WEG).

Macht **ein einzelner Wohnungseigentümer** mit oder ohne Ermächtigung 67
der Gemeinschaft erfolgreich einen Anspruch auf Schadensersatz wegen Nichterfüllung geltend (Fall von BGHZ 114, 383), so hat die **Gemeinschaft kein Recht**, von ihm zu verlangen, daß er den Ersatzbetrag ihr zur Verfügung stellt; der gegenteiligen Auffassung des BGH kann nicht gefolgt werden, wonach sogar dann, wenn von einer Vielzahl von Wohnungseigentümern nur ein einziger einen unverjährten Mangelanspruch hat, der von ihm erstrittene Schadensersatz an die Wohnungseigentümer gemeinschaftlich zu leisten (§ 432 BGB) und für die Mängelbeseitigung zu verwenden sei. Hier sind die beiden Ebenen – die der Mängelansprüche gegen den Bauträger und die der aus dem Gemeinschaftsverhältnis der Wohnungseigentümer folgende Verpflichtung zur Instandsetzung – nicht genügend auseinandergehalten worden.

Das zweite Argument – **Schutz des Bauträgers** – kann nicht an dem 68
Beispiel demonstriert werden, daß „der eine Wohnungseigentümer Nachbesserung, ein anderer Minderung und ein dritter Schadensersatz wegen Nichterfüllung verlangen" könnte (so Ehmann JZ 1992, 316/319); ein solcher Fall kann nicht eintreten, weil Minderung oder Schadensersatz nur und erst verlangt werden können, wenn der Anspruch auf Nachbesserung ausgeschlossen ist, (§ 634 Abs. 1 Satz 3 HS 2 BGB; BGH NJW 1976, 143). Dem Erwerber steht **nur die Wahl zwischen Minderung und kleinem Schadensersatz** zu. Diese beiden Ansprüche schließen sich aber nicht gegenseitig aus. Weder Regeln der Logik noch praktische Schwierigkeiten stehen dem entgegen, daß ein Wohnungseigentümer Minderung, ein anderer Schadensersatz verlangt. Gewisse Unbequemlichkeiten mögen entstehen, diese muß der Bauträger hinnehmen. Auch hier ist daran zu erinnern, daß das Gesagte nicht gilt, wenn die Gemeinschaft die Verfolgung der Mängelrechte zu ihrer Angelegenheit gemacht hat. Es kann auch nicht eingewendet werden, daß Gestaltungsrechte von allen Mitberechtigten gemeinschaftlich auszuüben sind (oben Rdn. 55); es fehlt hier – anders als in der ersten Stufe – an der Voraussetzung, daß mehrere eine und dieselbe Leistung zu fordern haben (unklar eine Bemerkung des BGH in BGHZ 74, 258 unter 4b, bb der Gründe unter irriger Berufung auf Weitnauer). **Das Synallagma kann in seine Funktion treten** nicht anders als bei einem Kaufvertrag, jeder Erwerber kann die auf seinem Vertrag beruhenden Rechte wahrnehmen, die sehr wohl untereinan-

der verschieden sein können, so wenn nur einem einzelnen eine Eigenschaft zugesichert oder ein Mangel arglisitig verschwiegen (Fall von BGHZ 108, 156) worden ist oder nur einem unverjährte Ansprüche zustehen (Fall von BGHZ 114, 383).

69 Als ein **Vorzug der hier vorgeschlagenen Lösung** sollte anerkannt werden, daß sie sich zwanglos und widerspruchsfrei in das System unseres bürgerlichen Rechts einfügt; gewaltsam anmutende Konstruktionen wie der ipso jure mit Vertragsschluß kraft der „Gemeinschaftsbezogenheit" unter unsicheren Bedingungen eintretende Übergang des Minderungs- und des Schadensersatzanspruchs auf die Gemeinschaft und die dadurch bewirkte Zerstörung des Systems der elektiven Konkurrenz der Mängelrechte (§ 477 BGB) werden vermieden. Abschließend wird noch auf die allgemeinen Ausführungen zu dem **grundsätzlichen Problem der Gemeinschaftsbindung des Wohnungseigentümers** bei der Geltendmachung von Ansprüchen (Vor § 1 Rdn. 64ff.) verwiesen.

70 ee) Für **Schaden und Schadensersatz gelten die allgemeinen Regeln**. Deren Anwendung auf die **besondere Situation des gemeinschaftlichen Eigentums** ist aber nicht immer zweifelsfrei.

71 Haben die Wohnungseigentümer die Verfolgung der Mängelansprüche zur **Angelegenheit der Gemeinschaft** gemacht (oben Rdn. 57) und sind sie berechtigt, nach Kaufrecht (§ 463 BGB) oder nach Werkvertragsrecht (§ 635 BGB) Schadensersatz wegen Nichterfüllung, und zwar in der Form des „kleinen Schadensersatzes" zu verlangen, dann bestimmt sich der Schaden nach dem **Minderwert**, den die Anlage wegen des Mangels erlitten hat (BGHZ 108, 156). Dieser Minderwert kann nach den Kosten bestimmt werden, die zur Behebung des Mangels aufgewendet werden müssen oder mußten (BGHZ 108, 156; BGHZ 114, 383; BGH NJW 1965, 34; BGH NJW 1983, 1424). Wird hierdurch der Schaden nicht völlig ausgeglichen, so können die Wohnungseigentümer individuell einen zusätzlichen Schadensersatzanspruch haben. Über die Verwendung des nach den Reparaturkosten berechneten Globalbetrages befinden sie im Rahmen ordnungsmäßiger Verwaltung, z. B. auch über die Zuführung zur Instandhaltungsrücklage, wenn die Kosten, wie meist, längst aufgebracht waren. Es darf aber nicht vergessen werden, daß dieser Globalbetrag sich aus der Summe der den einzelnen Wohnungseigentümern zustehenden Schadensersatzansprüche errechnet; die globale Berechnung läßt sich nur rechtfertigen, wenn man annimmt, daß die Wohnungseigentümer sich gegenseitig zur Geltendmachung des Gesamtbetrages ermächtigen.

72 Schwieriger ist die Lage, wenn **nur einer oder einige Wohnungseigentümer** einen Schadensersatzanspruch haben, so im Fall BGHZ 108, 156 – nur einem gegenüber war der Mangel der Heizungsanlage arglistig verschwiegen – oder im Falle BGHZ 114, 383 – nur einer hatte einen unverjährten Anspruch. Die Frage ist, ob in solchen Fällen der einzelne Schadensersatzgläubiger den Ersatz der gesamten Reparaturkosten verlangen kann. Das ist in BGHZ 108, 156 = NJW 1989, 25, 34 = WE 1990, 52 = JZ 1990, 143 m. A. Weitnauer verneint worden; dem Kläger wurde nur der seiner Miteigentumsquote entsprechende Teilbetrag zugebilligt. In BGHZ 114, 383 = NJW 1991, 2480 = WE 1992, 102 (dazu Weitnauer WE 1992, 95) wurde dem

Kläger der Betrag zugesprochen, der zur **Beseitigung des Mangels seiner Wohnung** und nur dieser aufgewendet werden muß, vorausgesetzt, daß diese Kosten nicht unverhältnismäßig hoch i. S. d. § 251 Abs. 2 BGB sind. Weitnauer hat in Anm. JZ 1990, 143 in Übereinstimmung mit der in dieser Sache ergangenen Entscheidung des OLG Düsseldorf die Auffassung vertreten, daß, wenn der Schadensersatz nach den notwendigen Reparaturkosten bestimmt wird, der Mindestschaden, den der einzelne erleidet, **gleich** dem Betrag ist, den er als **Kostenbeitrag** (§ 16 Abs. 2 WEG) beisteuern mußte, nicht etwa der Gesamtbetrag der Kosten. Dieser Betrachtungsweise ist der BGH in BGHZ 114, 383 mit der Erwägung entgegengetreten, daß nach ihr der Schuldner – Bauträger – besser stünde, wenn er auf Schadensersatz als wenn er auf Kostenvorschuß oder – Ersatz in Anspruch genommen wird. Das trifft aber nicht zu: Er steht nicht besser, sondern anders. Wird er auf Kostenvorschuß oder -Ersatz in Anspruch genommen, dann muß er zwar die gesamten Kosten der Mängelbeseitigung vorschießen oder ersetzen, aber das Ergebnis ist, daß das gesamte gemeinschaftliche Eigentum von dem Mangel befreit wird, er also den vollen vereinbarten Erwerbspreis verlangen kann, und das nicht nur von dem Erwerber, der den Vorschuß verlangt hat, sondern von jedem Erwerber. Wird dagegen Schadensersatz wegen Nichterfüllung verlangt, dann ist das Stadium der Erfüllung abgeschlossen (§ 634 Abs. 1 Satz 3 HS 2), das Schuldverhältnis konzentriert sich nach der „Differenztheorie“ auf den Schadensersatzanspruch, die mangelhafte Leistung, die der Erwerber behält, wird mit ihrem Wert in die Abrechnung eingesetzt; (BGHZ 27, 215; im einzelnen manches zweifelhaft; vgl. Kaiser, Mängelhaftungsrecht, S. 388f.); dies hat keine Rückwirkung auf die Rechtsstellung der anderen Erwerber.

Wenn man, was richtig ist, den Gesamtschaden nach den Reparaturkosten **73** bemißt, dann erscheint es unabweisbar, den Schaden des einzelnen nach seinem Anteil an diesen Kosten zu bemessen. Dieses Ergebnis ist auch nicht unbillig; daß im Fall von BGHZ 114, 383 der beklagte Architekt nach der hier vertretenen Lösung nur die auf den Kläger entfallende Quote der Kosten zu ersetzen hätte, hat seinen Grund darin, daß die übrigen WEigt ihre Mängelrechte hatten verjähren lassen.

Es geht – entgegen dem BGH – auch nicht um eine Entlastung des Schuld- **74** ners, sondern um eine in sich schlüssige Lösung. Eine solche bietet die Entscheidung des BGH nicht. Diese bringt einen Gedanken ins Spiel, der mit einem Grundprinzip des Wohnungseigentums unvereinbar ist: Sind Mängel des gemeinschaftlichen Eigentums zu beheben, so muß jeder Wohnungseigentümer nach seiner Quote zur Finanzierung beitragen ohne Rücksicht darauf, ob sein Wohnungseigentum von dem Mangel betroffen ist, und unabhängig davon, wie nahe oder ferne es der Ursache des Mangels steht. Dann muß dieses Prinzip auch im Verhätnis zum Bauträger durchgehalten werden.

ff) Die vorstehenden Erörterungen (Rdn. 42ff.) haben vorausgesetzt, daß **75** jeder Wohnungseigentümer, der vom Bauträger erworben hat, zugleich Gläubiger der Gewährleistungsansprüche wegen Mängeln des gemeinschaftlichen Eigentums gegen den Bauträger ist. Diese Lage **endigt, wenn auch nur ein Ersterwerber** sein Wohnungseigentum an einen Zweiterwerber **ver-**

äußert, ohne die Mängelansprüche mitzuübertragen. Ob man, wie Pause (NJW 1993, 533/534) vorschlägt, annehmen kann, daß eine Vermutung für die Mitübertragung spreche, erscheint zweifelhaft; der Zweiterwerber wird es wohl eher vorziehen, nicht in den Streit einbezogen zu werden. Ist bereits ein Rechtsstreit anhängig, so richten sich die Folgen nach den Regeln der Veräußerung der streitbefangenen Sache (§§ 265, 266 ZPO analog; vgl. Anh. zu § 43 Rdn. 8); die Veräußerung und ggf. die Abtretung der Mängelrechte ist auf den Prozeß ohne Einfluß. Beschlüsse, welche die Wohnungseigentümer unter Beteiligung des Ersterwerbers gefaßt haben, z. B. die Verfolgung der Ansprüche zur Angelegenheit der Gemeinschaft zu machen oder einem einzelnen die etwa erforderliche Ermächtigung zur selbständigen Geltendmachung zu erteilen, binden den Zweiterwerber (§ 10 Abs. 4 WEG). Sind die Mängelansprüche nicht an den Zweiterwerber abgetreten, so können Verfügungen über die Mängelansprüche nicht mehr im Rahmen der Wohnungseigentümergemeinschaft getroffen werden, weil der Gläubiger dieser nicht mehr angehört. Das bedeutet aber nicht, daß nun keine Verfügungen mehr möglich wären. Vielmehr bleibt der Ersterwerber als Mitgläubiger in der Form der Mitberechtigung i. S. d. § 432 BGB in deren Gemeinschaft einbezogen, die eine schlichte Bruchteilsgemeinschaft (§§ 741 ff. BGB) ist.

3. Weitere Fragen

76 a) Die **Nachfristsetzung nach § 634 Abs. 1 BGB** ist oben Rdn. 47 als Voraussetzung für die Geltendmachung der Mängelrechte 2. Stufe und als Gestaltungsrecht erörtert worden, das nur von den Wohnungseigentümern gemeinschaftlich ausgeübt werden kann. Dieser Nachfristsetzung **bedarf** es nach § 634 Abs. 2 BGB **nicht**, wenn die Beseitigung des Mangels unmöglich ist oder von dem Unternehmer verweigert wird oder wenn die sofortige Geltendmachung der endgültigen Mängelrechte „durch ein besonderes Interesse des Bestellers gerechtfertigt wird“. Unter diesen Voraussetzungen kann der Erwerber also Wandelung oder Minderung oder Schadensersatz wegen Nichterfüllung sofort verlangen. Doch ist das wie im Falle des § 326 BGB nicht ohne Risiko, weshalb Nachfristsetzung in jedem Falle zu empfehlen ist. Der Erwerber, der nach § 634 Abs. 2 BGB vorgehen will, kann das ohne Bindung an die Gemeinschaft tun wie sonst nach Ablauf der Nachfrist. Wird Wandelung verlangt, so hat das nicht den Rückfall des Eigentums zur Folge, vielmehr muß dieses durch Auflassung und Eintragung im Grundbuch zurückübertragen werden.

77 b) Nach § 640 Abs. 2 BGB verliert der Besteller „die in den §§ 633, 634 bestimmten Rechte“, wenn er das Werk **in Kenntnis des Mangels abnimmt**, ohne sich seine Rechte vorzubehalten. Nach BGHZ 61, 369 soll das nicht für den Anspruch auf Schadensersatz wegen Nichterfüllung des § 635 BGB gelten; das ist mindestens zweifelhaft, weil § 635 den Anspruch auf Schadensersatz „statt der Wandelung oder Minderung“, also nur dann zubilligt, wenn deren Voraussetzungen gegeben sind.

78 c) Die WEigt können, wie allgemein anerkannt, den Verwalter zur Geltendmachung der Mängelrechte im eigenen Namen, also als **„Prozeßstand-**

schafter", ermächtigen (BGHZ 74, 258 = NJW 1979, 2207; BGHZ 81, 35 = BGH NJW 1981, 1841). Bezieht sich die Ermächtigung auf bestimmte Mängel, z. B. Schallschutzmängel, so umfaßt sie nicht nur Mängel des gemeinschaftlichen Eigentums, sondern auch solche des Sondereigentums, wenn diese ineinandergreifen (BGH DB 1986, 1350).

d) Die **„Abnahme"** (§ 640 BGB) ist ein für den Werkvertrag charakteristischer Vorgang (zur Rechtsnatur und zu ihren Funktionen oben Rdn. 17), sie gehört, neben der Zahlung der Vergütung, zu den Hauptpflichten des Bestellers, die sich aus dem Werkvertrag ergeben, ist also eine **individualrechtliche Verpflichtung** jedes einzelnen Erwerbers. Die Abnahme bezieht sich auf das vertraglich geschuldete Werk, also sowohl auf das Sondereigentum an der Wohnung als auch auf das gemeinschaftliche Eigentum. An dieser individualrechtlichen Grundlage ändert sich nichts dadurch, daß jeder Erwerber zur Abnahme des gemeinschaftlichen Eigentums verpflichtet ist, an dem er zu einer Miteigentumsquote mitberechtigt ist Eine Verbindung, etwa in der Form der Gesamtschuld, besteht hinsichtlich dieser Verpflichtung unter den Erwerbern nicht. Vielmehr kann nur jeder Erwerber für sich die Abnahme erklären und dabei Vorbehalte machen, jeweils nur für ihn treten die Rechtsfolgen, insbesondere der Beginn der Verjährung, ein (BGH NJW 1985, 1551; OLG Köln NJW 1968, 2063; OLG Stuttgart MDR 1980, 495). Erfolgt eine Teilabnahme (§ 641 Abs. 1 Satz 2), die auch in Bezug lediglich auf das gemeinschaftliche Eigentum oder Sondereigentum möglich ist (BGH ZfBR 1983, 261), so treten auch die Wirkungen nur insoweit ein. Eine gemeinschaftliche Abnahme durch die Wohnungseigentümer, so erwünscht sie vom Standpunkt der Bauträger aus sein mag, kann, soweit nicht dahingehende Vereinbarungen getroffen sind, der Bauträger nicht verlangen, sie kann auch den Wohnungseigentümern durch Beschluß der Wohnungseigentümerversammlung nicht zur Pflicht gemacht werden. Eine solche Pflicht kann nicht aus dem Miteigentum der Erwerber am gemeinschaftlichen Eigentum und auch nicht aus der Wohnungseigentümergemeinschaft hergeleitet werden; der gegenteiligen, von Deckert (Baumängel S. 95 ff. m. w. N.) ausführlich begründeten Meinung kann nicht gefolgt werden. Folglich kann für jeden Erwerber die Verjährung verschieden laufen (so auch BGH LM Nr. 1 zu § 21 WEG; BGH NJW 1985, 1551), möglicherweise sogar für verschiedene Mängel verschieden. Ist ein Mängelanspruch eines Wohnungseigentümers verjährt, so hat dies keine Folgen für die Ansprüche der andern (BGH NJW 1985, 1551; BGHZ 114, 383 = WE 1992, 102). Dies gilt auch, soweit bezüglich der Ansprüche Gesamtgläubigerschaft oder Mitgläubigerschaft i. S. des § 432 BGB besteht (§ 429 Abs. 3 i. V. mit § 425, § 432 Abs. 2 BGB). 79

Abweichende Vereinbarungen können für die Abnahme getroffen werden, da die gesetzliche Regelung dispositiv ist. Spezifische Klauselverbote des **AGBG** stehen nicht entgegen. Eine Einheitlichkeit der Abnahme läßt sich also durch geeignete Bestimmungen in den Erwerbsverträgen erreichen. Sie kann auch durch organisatorische Maßnahmen ermöglicht werden, z. B. indem der Bauträger allen Erwerbern, soweit die Voraussetzungen gegeben sind, einen einheitlichen Termin für die Abnahme bestimmt, was bedeutet, 80 daß die Fälligkeit der Verpflichtung durch Mahnung herbeigeführt wird (§ 284 Abs. 1 BGB). Der **Verwalter** ist ohne besondere Ermächtigung **nicht** zur Abnahme des gemeinschaftlichen Eigentums befugt (OLG Stuttgart MDR 1980, 495; OLG München MDR 1978, 1024).

81 e) Die Befugnis, **über Mängelansprüche einen Vergleich** abzuschließen, hängt ab von der materiellen Berechtigung und der Verfügungsbefugnis. Über rein individuelle Ansprüche, vom hier vertretenen Standpunkt aus z. B. über den Minderungsanspruch, kann sich der einzelne Wohnungseigentümer und nur er vergleichen. Im Falle der Mitgläubigerschaft nach § 432 können nur alle Berechtigten gemeinsam einen Erlaß und damit einen Vergleich vereinbaren (§ 432 Abs. 2 BGB), was insbesondere für den Anspruch auf Aufwendungsersatz bei Eigenbeseitigung (§ 633 Abs. 3 BGB) wichtig ist. Im Falle der Gesamtgläubigerschaft kann nach § 429 Abs. 3 i. V. mit § 423 BGB jeder Gläubiger einen, einen Erlaß enthaltenden Vergleich entweder nur mit Wirkung für sich selbst oder mit Wirkung für alle Berechtigten vereinbaren, also „das ganze Schuldverhältnis aufheben". Tut er letzteres, so macht er sich den anderen Mitberechtigten ausgleichspflichtig (§ 430 i. V. mit §§ 429 Abs. 3, 423 BGB), weshalb dies kaum praktisch ist.

82 Machen die Wohnungseigentümer gemeinschaftlich Mängelansprüche geltend (oben Rdn. 54ff.), haben sie also das Prozeßrisiko gemeinschaftlich übernommen, so ist es eine Frage der ordnungsmäßigen Verwaltung, ob ein Vergleich bestimmten Inhalts geschlossen werden kann; trifft das zu, dann kann die Entscheidung durch Mehrheitsbeschluß getroffen werden (§ 21 Abs. 4 WEG); der Beschluß bindet alle Wohnungseigentümer (§ 10 Abs. 4 WEG). Vgl. zum Vorstehenden auch Deckert, Baumängel, S. 148, mit teilweise abweichenden Ausführungen.

83 f) Für den **Lauf der Verjährung** sind, soweit nicht zulässigerweise abweichende Vereinbarungen getroffen sind (wegen der Verkürzung gesetzlicher Verjährungsfristen durch **AGB** vgl. § 11 Nr. 10 lit. f AGBG), die Vorschriften der **§§ 638, 639 i. V. mit § 477 BGB** maßgebend; die Unterbrechung und Hemmung der Verjährung hinsichtlich eines der in § 638 bezeichneten Ansprüche, also auch des Anspruchs auf Mängelbeseitigung (§ 633 Abs. 2 BGB) oder des Anspruchs auf Aufwendungsersatz (§ 633 Abs. 3) und auf Vorschuß (dazu BGH DB 1976, 912), hat Wirkung für alle in Betracht stehenden Ansprüche (§ 639 Abs. 1 i. V. mit § 477 Abs. 3 BGB; BGHZ 58, 30). Die Frist beträgt 5 Jahre (oben Rdn. 45, 50). Zur **Unterbrechung** ist erforderlich ein **Beweissicherungsverfahren** (§ 477 Abs. 2 BGB; wegen der Anforderungen an ein solches vgl. BGH WE 1989, 23) oder eine der in den §§ 208ff. BGB angeführten Handlungen, insbesondere gerichtliche Geltendmachung oder ein Anerkenntnis des Schuldners. Eine bloße schriftliche Anzeige oder eine schriftliche Aufforderung zur Beseitigung des Mangels genügt nicht. Zur Einleitung eines Beweissicherungsverfahrens zwecks Unterbrechung der Verjährung ist **jeder Wohnungseigentümer** selbständig auf Grund seiner materiellrechtlichen Berechtigung (oben Rdn. 54ff.) befugt (BGH DB 1980, 204 zu dem entsprechenden Fall abgetretener Ansprüche), außerdem der Verwalter gemäß § 27 Abs. 2 Nr. 4 WEG (dazu § 27 Rdn. 19). Das von einem Wohnungseigentümer selbständig durchgeführte Beweissi-

cherungsverfahren unterbricht die Verjährung seiner Gewährleistungsansprüche ohne Rücksicht darauf, ob sie gemeinschaftlich verfolgt werden müssen (BGHZ 114, 383), was die Folgen der nach der Rechtsprechung des BGH gegebenen Gemeinschaftsbindung des einzelnen (dazu ausführlich Vor § 1 Rdn. 64ff.) mildert. Stehen **Eheleuten** aus der gemeinschaftlichen Errichtung einer Eigentumswohnung Gewährleistungsansprüche zu, so wird die Verjährung zugunsten beider unterbrochen, wenn nur einer der Ehegatten klagt und dabei Leistung an sich allein verlangt (BGHZ 94, 117 = NJW 1985, 1826). Für die **Hemmung** der Verjährung gelten die §§ 202ff. BGB; sie wird insbesondere durch Stundung bewirkt, darüber hinaus ist nach § 639 Abs. 2 BGB die Verjährung auch solange gehemmt, als der Unternehmer sich im Einverständnis mit dem Besteller der Prüfung oder Beseitigung des Mangels unterzieht.

Nach **§ 13 Ziffer 4 VOB** (zur Verjährung nach VOB vgl. ausführlich **84**
Ingenstau-Korbion, VOB, 12. Aufl. 1993, § 13; Kaiser, VOB, S. 447ff.) beträgt die Verjährungsfrist vorbehaltlich der Versicherungsklausel in § 13 Ziffer 7 Abs. 2d, 3, zwei Jahre. Zu ihrer Unterbrechung genügt das schriftliche Verlangen der Mängelbeseitigung, aus dem hervorgehen muß, was beanstandet und welche Abhilfe erwartet wird, ohne daß hieran „überspannte" Anforderungen gestellt werden dürften (BGH WEM 1983, 30; BGH DB 1987, 379). Doch gilt dies nur für die erste Unterbrechung (BGHZ 53, 122; 66, 142); durch sie wird lediglich eine neue zweijährige Verjährungsfrist in Lauf gesetzt, für die dann aber die allgemeinen Regeln gelten (BGH a. a. O.), für eine neue Unterbrechung sind also allein die §§ 208ff. BGB maßgeblich. Die Unterbrechung der Verjährung des Anspruchs auf Mängelbeseitigung (§ 13 Ziffer 5 VOB) hat Wirkung auch für die in Ziffer 7 bestimmten Ansprüche auf Minderung und Schadensersatz (BGHZ 59, 202). Die Verjährung von Ansprüchen aus unerlaubter Handlung wird durch die VOB nicht berührt und richtet sich nach den allgemeinen gesetzlichen Vorschriften (BGHZ 61, 203). Haben die Parteien gemäß § 13 Ziffer 7 VOB eine längere als die zweijährige Verjährungsfrist vereinbart, so bewirkt das schriftliche Verlangen der Mängelbeseitigung lediglich, daß eine neue Frist von zwei Jahren in Lauf gesetzt wird (BGHZ 66, 142). Auch diese Frist kann wieder unterbrochen werden (BGH DB 1987, 379). – Text des § 13 VOB oben Rdn. 51.

IV. Mängel des Sondereigentums

1. Haften Sachmängel **ausschließlich dem Sondereigentum** an – Beispiel: **85**
mangelhaft verlegter Parkettfußboden –, so ist jeder Wohnungseigentümer unzweifelhaft und unstreitig befugt, die daraus sich ergebenden Ansprüche selbständig und ohne Bindung an die Gemeinschaft geltend zu machen.

2. Wirken sich Sachmängel des gemeinschaftlichen Eigentums **im Be- 86**
reich des Sondereigentums aus – Beispiele: mangelhafte Schalldämmung im Gemeinschaftseigentum führt zu Geräuschbelästigungen in einer Wohnung (Fall von BGHZ 114, 383); Feuchtigkeitsschäden am Parkett einer Wohnung

infolge Eindringens von Wasser durch ein undichtes Dach –, so finden nach st. Rspr. des BGH die Regeln für Sachmängel des gemeinschaftlichen Eigentums Anwendung; sofern der Mangel behebbar ist, kann also Minderung oder kleiner Schadensersatz wegen Nichterfüllung nur von allen Wohnungseigentümern gemeinschaftlich, von einem einzelnen nur mit deren Ermächtigung verlangt werden; Zahlung kann nur an alle Wohnungseigentümer gemeinschaftlich (§ 432 BGB) gefordert werden (BGHZ 110, 258; 114, 383; vgl. oben Rdn. 55). Vom hier vertretenen Standpunkt wäre in der 1. Stufe der Werkvertragsabwicklung zu berücksichtigen, daß der Mangel nur durch Eingriffe ins gemeinschaftliche Eigentum beseitigt werden kann, in der 2. Stufe würde jede Gemeinschaftsbindung entfallen.

87 **3.** Ein WEigt kann ihm zustehende Ansprüche wegen Mängel des Sondereigentums zum Zwecke der einheitlichen Geltendmachung **treuhänderisch an die Gemeinschaft abtreten;** der Ausgleich ist dann im Innenverhältnis herbeizuführen. Wird der Verwalter zur Geltendmachung bestimmter Mängel im eigenen Namen ermächtigt, so umfaßt die Ermächtigung im Zweifel auch die Mängel des Sondereigentums, wenn die Mängel ineinandergreifen; vgl. oben Rdn 61. Eine andere Frage ist, ob und inwieweit ein Wohnungseigentümer von der Gemeinschaft Ersatz verlangen kann, wenn aus Anlaß der Behebung von Mängeln des gemeinschaftlichen Eigentums sein Sondereigentum beschädigt wird; diese Frage bestimmt sich nach § 21 Abs. 6 WEG (vgl. § 21 Rdn. 47).

V. Abgetretene Ansprüche

88 Machen die Wohnungseigentümer ihnen vom Bauträger abgetretene Ansprüche gegen Baubeteiligte geltend (dazu oben Rdn. 29), so sind das Ansprüche aus Verträgen, an denen sie im übrigen nicht beteiligt sind. So trifft ungeachtet der Abtretung die Pflicht zur Abnahme nicht sie, sondern den Bauträger, der Beginn der Verjährung hängt von der Abnahme durch den Bauträger ab. Die Wohnungseigentümer als Abtretungsgläubiger haben einen Anspruch nur, wenn und soweit der Bauträger einen Anspruch hatte, sie sind allen **Einwendungen der Schuldner** ausgesetzt, die diese gegenüber dem alten Gläubiger hatten (§ 404 BGB), so z. B einer Zurückbehaltungseinrede, die dem Schuldner, etwa einem Bauhandwerker, gegenüber dem Bauträger zusteht (BGH DB 1978, 439); insoweit kann dann der Erwerber seinerseits seine eigenen Leistungen gegenüber dem Bauträger zurückhalten (BGH a. a. O.). Umgekehrt wird durch die Abtretung das Recht des Bauträgers, gegenüber dem Vergütungsanspruch des Bauhandwerkers die Einrede des nichterfüllten Vertrages zu erheben, nicht berührt (RGZ 88, 254; BGH NJW 1971, 838). Hat sich der Bauträger für bestimmte Fälle ein Rücktrittsrecht vorbehalten, so muß der Erwerber als Zessionar nach BGH NJW 1986, 1986, 919 den nach der Abtretung erklärten Rücktritt des Bauträgers gegen sich gelten lassen.

89 Sind die Mängelansprüche, wie das regelmäßig geschieht, in den Erwerbsverträgen gleichförmig an jeden Erwerber abgetreten, so kann das nur den

Sinn haben, daß die **Abtretung jeweils nur beschränkt durch die Rechte der anderen** Zessionare, also an alle Erwerber gemeinschaftlich i. S. des § 432 BGB erfolgt. Das ist zulässig (BGH DB 1980, 204, Zweifel aus BGHZ 64, 67 sind bei dieser Sachlage sicher nicht angebracht) und bedeutet, daß gestaltende Entscheidungen nur von allen Erwerbern gemeinschaftlich getroffen werden können (dazu oben Rdn. 55); der Auffassung des BGH (DB 1980, 204), wonach jeder Wohnungseigentümer ohne weiteres den Vorschuß- und Erstattungsanspruch (§ 633 Abs. 3 BGB) soll selbständig geltend machen können, ist nicht zuzustimmen. Wohl allerdings kann jeder Wohnungseigentümer, wenn sich die Gemeinschaft für die Erhebung des Anspruchs entschieden hat, selbständig die Leistung verlangen, aber nur in Form einer Leistung an alle.

Jeder Wohnungseigentümer ist unabhängig von Maßnahmen der anderen Wohnungseigentümer berechtigt, ein **Beweissicherungsverfahren** zur Feststellung von Mängeln der Werkleistungen am gemeinschaftlichen Eigentun einzuleiten (BGH DB 1980, 204).

VI. Von den Wohnungseigentümern abgeschlossene Werkverträge

Haben die Wohnungseigentümer, insbesondere auch auf Grund eines alle 90
bindenden Mehrheitsbeschlusses (§ 10 Abs. 4 WEG), einen auf die Beseitigung von Mängeln am gemeinschaftlichen Eigentum gerichteten Werkvertrag mit einem Unternehmer abgeschlossen, so sind sie – das ist der Unterschied zu dem vorstehenden Fall – **selbst Vertragsparteien;** als Gläubiger stehen sie in der **Mitgläubigerschaft des § 432,** als Schuldner der Vergütung sind sie Gesamtschuldner (§ 427 BGB); es handelt sich um **„Verwaltungsschulden"** (BGHZ 67, 232; 75, 26 im Gegensatz zu den „Aufbauschulden", BGHZ 75, 26; BGHZ 76, 86). Sie können gestaltende Entscheidungen in bezug auf die Mängelansprüche nur gemeinschaftlich treffen (oben Rdn. 55), jeder Wohnungseigentümer kann aber die Leistung – allerdings nicht an sich, sondern nur an alle Berechtigten – verlangen. Die Abnahme kann, da sie eine einem Verzicht gleichkommende Wirkung hat, also eine nur gemeinschaftlich mögliche Verfügung über einen Mängelanspruch enthalten kann, durch die Wohnungseigentümer nur gemeinschaftlich vorgenommen werden; Vertretung ist möglich. Vgl. im übrigen Vor § 20 Rdn. 2 und § 27 Rdn. 14.

VII. Bauhandwerkersicherung

1. Die **Bauhandwerkersicherung** gem. dem durch Gesetz vom 27. 4. 1993 91
(BGBl. I S. 509) neu in das BGB eingefügten § 648a betrifft nicht das Verhältnis zwischen Bauträger und Erwerber.

2. Der Bauunternehmer kann nach § 648 BGB von dem Bauherrn („Be- 92
steller" im Sinne des BGB) für seine Forderungen aus dem Vertrage die **Einräumung einer Sicherungshypothek** an dem Baugrundstück verlangen; dieser Anspruch kann auch durch Vormerkung (§§ 883 ff. BGB) gesichert werden. Haben die **Wohnungseigentümer selbst** den Bauvertrag abge-

schlossen, so entscheidet sich die Frage, ob der Anspruch auf Einräumung einer Gesamthypothek an sämtlichen Wohnungseigentumsrechten oder nur auf Einräumung einer anteiligen Einzelhypothek geht, danach, ob die Wohnungseigentümer bezüglich der Verpflichtung gegenüber dem Bauhandwerker Gesamtschuldner, oder, jeweils nur anteilig Schuldner sind (§ 3 Rdn. 68; Anh. § 3 Rdn. 20).

93 Errichtet dagegen ein **Bauträger** Eigentumswohnungen, so kann nicht zweifelhaft sein, daß der Anspruch der Bauhandwerker vor der Teilung nach § 8 auf Einräumung der Hypothek am ganzen Grundstück, nach der Teilung, solange alle Wohnungseigentumsrechte sich noch in der Hand des Bauträgers befinden, auf Einräumung einer Gesamthypothek an sämtlichen neu gebildeten Wohnungseigentumsrechten gerichtet ist. Daran ändert sich auch dann nichts, wenn der Anspruch auf Einräumung der Sicherungshypothek erst geltend gemacht wird, nachdem ein Teil der Eigentumswohnungen veräußert worden ist. Dann kann zwar die Einräumung der Hypothek an den bereits abveräußerten Wohnungseigentumsrechten nicht verlangt werden, weil der Anspruch nur bezüglich des „Baugrundstücks des Bestellers" besteht; an den dem Bauträger verbliebenen Wohnungseigentumsrechten kann dagegen die Einräumung der Hypothek als Gesamthypothek verlangt werden (a M. OLG Frankfurt NJW 74, 62 – nur Teilhypotheken in Höhe des auf die einzelnen Wohnungen entfallenden Anteils – mit kritischer, wenn auch im Ergebnis zustimmender Anmerkung von Schmalzl; wie hier Brych NJW 74, 483; OLG Frankfurt NJW 1975, 785; OLG Frankfurt (Darmstadt) Rpfleger 1975, 174.

3. Gesetz über die Sicherung von Bauforderungen

94 Das G. über die Sicherung von Bauforderungen v. 1. 6. 1909 gilt auch im Falle der Errichtung von Eigentumswohnungen. Es bezweckt den Schutz der an der Herstellung eines Baues beteiligten Personen. Nach seinem § 1 ist der Empfänger von Baugeld verpflichtet, das „Baugeld" – Gelder, die zur Bestreitung der Kosten eines Baues gegen dingliche Sicherung gewährt sind (§ 1 Abs. 3 des Ges.) – zur Befriedigung solcher Personen zu verwenden, die an der Herstellung des Baues aufgrund eines Werk-, Dienst- oder Lieferungsvertrages beteiligt sind; die anderweitige Verwendung ist statthaft, wenn und soweit der Empfänger Baugläubiger aus anderen Mitteln bereits befriedigt hat. § 5 des Gesetzes stellt den vorsätzlichen Verstoß gegen § 1 unter Strafe. Zur Nichtigkeit eines gegen das Gesetz verstoßenden Vertrages (§ 134) führt das Gesetz nur im Falle vorsätzlicher Zuwiderhandlung (BGH NJW 1986, 1104). „Empfänger von Baugeld" i. S. des Gesetzes sind auch „Baubetreuer" (BGH NJW 1982, 1037) und „Generalübernehmer," die schlüsselfertige Häuser oder Eigentumswohnungen „verkaufen" (BGH NJW 1986, 1105). Das Gesetz ist ein Schutzgesetz i. S. des § 823 Abs. 2 BGB.

§ 9 Schließung der Wohnungsgrundbücher

(1) **Die Wohnungsgrundbücher werden geschlossen:**

1. **von Amts wegen, wenn die Sondereigentumsrechte gemäß § 4 aufgehoben werden;**
2. **auf Antrag sämtlicher Wohnungseigentümer, wenn alle Sondereigentumsrechte durch völlige Zerstörung des Gebäudes gegenstandslos geworden sind und der Nachweis hierfür durch eine Bescheinigung der Baubehörde erbracht ist;**
3. **auf Antrag des Eigentümers, wenn sich sämtliche Wohnungseigentumsrechte in einer Person vereinigen.**

(2) **Ist ein Wohnungseigentum selbständig mit dem Rechte eines Dritten belastet, so werden die allgemeinen Vorschriften, nach denen zur Aufhebung des Sondereigentums die Zustimmung des Dritten erforderlich ist, durch Absatz 1 nicht berührt.**

(3) **Werden die Wohnungsgrundbücher geschlossen, so wird für das Grundstück ein Grundbuchblatt nach den allgemeinen Vorschriften angelegt; die Sondereigentumsrechte erlöschen, soweit sie nicht bereits aufgehoben sind, mit der Anlegung des Grundbuchblatts.**

§ 9 betrifft *nur* den in § 7 Abs. 1 Satz 1 geregelten Fall, daß *besondere Wohnungsgrundbücher* angelegt sind; über den Fall des gemeinschaftlichen Wohnungsgrundbuchs (§ 7 Abs. 2) ist in § 9 keine Bestimmung enthalten (hierzu unten Rdn. 2, 9ff.). 1

I. Schließung der Wohnungsgrundbücher

1. Die besonderen, nach § 7 Abs. 1 Satz 1 angelegten Grundbuchblätter werden nach § 9 Abs. 1 in drei Fällen geschlossen; diese Fälle sind

a) **vertragliche Aufhebung der Sondereigentumsrechte durch Einigung und Eintragung** gemäß § 4; die Sondereigentumsrechte erlöschen mit der Eintragung der Aufhebung, die, wie Abs. 3, 2. Halbsatz zeigt, auf den einzelnen Wohnungsgrundbüchern zu geschehen hat; im Falle des gemeinschaftlichen Wohnungsgrundbuchs (§ 7 Abs. 2) wird die Aufhebung, was selbstverständlich ist, auf diesem eingetragen. Die Schließung erfolgt von Amts wegen. Zu beachten ist Abs. 2 (unten Rdn. 6), 2

b) **Gegenstandsloswerden der Sondereigentumsrechte** durch Zerstörung des Gebäudes: Das Gegenstandsloswerden allein bringt die Sondereigentumsrechte nicht zum Erlöschen; die Anwartschaft (§ 3 Rdn. 67) und die besondere Gemeinschaft nach §§ 10ff., bleiben vielmehr auch dann noch bestehen. Wenn in solchen Fällen keine Pflicht zum Wiederaufbau besteht, kann, sofern eine entsprechende Vereinbarung getroffen ist, die Aufhebung der Gemeinschaft verlangt werden (vgl. § 11 Abs. 1 Satz 3 und § 22). Es wäre aber eine unnötige Erschwerung, wollte man auch im Falle einer völligen Zerstörung des Gebäudes eine besondere vertragliche, an die Form des 3

§ 4 gebundene Aufhebung der Sondereigentumsrechte verlangen, wenn alle Wohnungseigentümer damit einverstanden sind, daß das Gebäude nicht wiederaufgebaut werden soll. Deshalb können in diesem Fall die Sondereigentumsrechte schon dadurch zum Erlöschen gebracht werden, daß die Grundbuchblätter geschlossen werden und für das Grundstück wieder ein Grundbuchblatt nach den allgemeinen Vorschriften angelegt wird; dies setzt voraus

aa) den *Nachweis* der völligen Zerstörung des Gebäudes durch Bescheinigung der Baubehörde, und

4 bb) einen *Antrag* sämtlicher Wohnungseigentümer, der der Form des § 29 GBO bedarf, weil er rechtsgestaltende Bedeutung hat (so – entgegen der Ansicht der l. Aufl. – die h. M.; vgl. Horber-Demharter, GBO, Anh. zu § 3, Rdn. 76).

5 c) **Vereinigung aller Wohnungseigentumsrechte** in einer Person: Dieser Fall kann insbesondere eintreten, wenn alle Wohnungseigentumsrechte mit einem Gesamtgrundpfandrecht belastet sind und der Gläubiger alle Rechte zugleich (d. h. der Sache nach: das ganze Grundstück) zur Versteigerung bringt und alle Wohnungseigentumsrechte von demselben Ersteher erworben werden. Der Alleineigentümer hat dann die Wahl, ob er – ebenso wie er das Eigentum teilen könnte (§ 8) – die Wohnungseigentumsrechte mit ihren besonderen Grundbuchblättern bestehen lassen will oder aber die Sondereigentumsrechte zum Erlöschen bringen will. Will er das Letztere, so genügt sein Antrag (wegen der Form gilt das vorstehend Rdn. 4 Ausgeführte) zur Schließung der Wohnungsgrundbücher und zur Anlegung eines Grundbuchblattes nach den allgemeinen Vorschriften. Der Fall der Vereinigung in „einer Person" liegt auch dann vor, wenn es sich um eine Personenmehrheit handelt (Gesellschaft, Gemeinschaft, Erbengemeinschaft); die (von Friese, NJW 51, 510 bemängelte) Ausdrucksweise entspricht der des BGB (vgl. z. B. § 1164 Abs. 2 BGB).

6 **2. Zustimmung der dinglich Berechtigten (Abs. 2)**. – Die Aufhebung der Sondereigentumsrechte oder deren sonstiges Erlöschen hat Rechtsfolgen, die in entgegengesetztem Sinn den bei Umwandlung des gewöhnlichen Miteigentums in Wohnungseigentum eintretenden Folgen (§ 3 Rdn. 20 ff.) entsprechen: Was Sondereigentum war, fällt jetzt nach den allgemeinen Regeln der §§ 93 und 94 BGB in das gemeinschaftliche Eigentum; die Gemeinschaft verliert ihre Unauflöslichkeit und ihre sonstigen Besonderheiten. Der Wegfall der Sondereigentumsrechte bedeutet also eine **Inhaltsänderung des Miteigentums** und bedarf deshalb unter den gleichen Voraussetzungen wie die Einräumung von Sondereigentum der Zustimmung der dinglich Berechtigten (§§ 877, 876 BGB; so auch BayObLG 58, 273 [277]). Entsprechend den Ausführungen Rdn. 74 zu § 3 hat man also zwischen selbständiger Belastung einzelner Wohnungseigentumsrechte und dem Fall zu unterscheiden, daß das Grundstück als Ganzes belastet ist; im letzteren Fall bedarf die Umwandlung nicht der Zustimmung der dinglich Berechtigten. Soweit eine Zustimmung notwendig ist, gilt dieses Erfordernis in allen 3 Fällen des Abs. 1 in gleicher Weise (a. A. für den Fall des Abs. 1 Nr. 2 Diester § 9 Bem. 6); Bärmann-Pick-Merle (§ 9 Rdz. 15) hält von seinem grundsätzlich abweichenden Standpunkt aus auch im Falle selbständiger Belastung die Zustim-

mung Dritter für nicht erforderlich. Besteht die selbständige Belastung eines Wohnungseigentums in einer **Dienstbarkeit,** so ist die Zustimmung des Berechtigten nicht erforderlich; die Dienstbarkeit verlegt sich ohne weiteres auf das gesamte Grundstück, wie sie im umgekehrten Fall vom Grundstück auf das Wohnungseigentum übergeht (§ 3 Rdn. 80); die Belastung kann aber einen Ausgleichsanspruch der anderen Teilhaber auslösen (§ 756 BGB; vgl. § 10 Rdn. 7). Zur grundbuchmäßigen Behandlung von Grundpfandrechten vgl. OLG Schleswig DWEigt 1992, 88.

3. Die Schließung wird gemäß § 24 GBV ausgeführt durch Durch- 7
kreuzung und den Schließungsvermerk, in dem der Grund der Schließung anzugeben ist.

4. Folgen der Schließung (Abs. 3). Abs. 3, der erst durch einen Zusatz- 8
antrag im Plenum seine jetzige Fassung erhalten hat, sieht als Folgen der Schließung vor:

a) *formell* die Anlegung eines Grundbuchblattes für das Grundstück nach den allgemeinen Vorschriften, wobei hinsichtlich des Begriffs „Anlegung" das zu § 7 Rdn. 2 Gesagte entsprechend gilt;

b) als Folge der Anlegung des Grundbuchblattes das *Erlöschen der Sondereigentumsrechte,* soweit dieses nicht – nämlich gem. Abs. 1 Nr. 1 – bereits durch die Eintragung der Aufhebung eingetreten ist. Diese Art des Erlöschens ist der Regelung des § 46 Abs. 2 GBO nachgebildet; das Erlöschen geschieht also durch Nichtübertragung, eine besondere Löschung ist daher nicht erforderlich. Der Zweck der Vorschrift ist namentlich der, das Erlöschen der Sondereigentumsrechte tunlichst erst in einem Zeitpunkt eintreten zu lassen, in dem es in sinnfälliger Weise zum Ausdruck kommt. In dem – praktisch nicht ins Gewicht fallenden – Zeitraum zwischen der Schließung des Wohnungsgrundbuchs und der Anlegung des Grundbuchblattes für das Grundstück besteht das Wohnungseigentum ungebucht fort.

Die Wirkung des Erlöschens tritt nur ein, wenn die materiellen Voraussetzungen gegeben sind; andernfalls wird das Grundbuch unrichtig. Teilweise abweichend Bärmann-Pick-Merle § 9 Rdz. 18, 19, der aber übersieht, daß es sehr wohl auch außerhalb des § 9 Abs. 1 Nr. 1 Fälle der Grundbuchunrichtigkeit geben kann, z. B. wenn der Erwerb sämtlicher Wohnungseigentumsrechte in einer Hand unwirksam ist, etwa wegen unerkennbarer Geisteskrankheit des Erwerbers oder des Veräußerers oder wenn im Falle von Abs. 2 Nr. 1 einer der Anträge unwirksam ist.

II. Gemeinschaftliches Wohnungsgrundbuch

Eine dem § 9 Abs. 1 entsprechende Regelung ist für den Fall des ge- 9
meinschaftlichen Wohnungsgrundbuchs (§ 7 Abs. 2) nicht getroffen. Es gilt hier folgendes:

1. Daß in der Aufschrift die Bezeichnung „gemeinschaftliches Wohnungsgrundbuch" gelöscht wird, wenn die Sondereigentumsrechte **erlöschen,** braucht nicht besonders gesagt zu werden. Wegen der Erfordernisse der Zustimmung dinglich Berechtigter gilt für die Aufhebung das oben Rdn. 6 Ausgeführte entsprechend.

10 **2.** Der Fall, daß sich alle Wohnungseigentumsrechte **in einer Person vereinigen,** regelt sich nach allgemeinen Grundsätzen. Der Umstand, daß sich alle Wohnungseigentumsrechte in einer Person vereinigen, führt – entgegen der in der 1. u. 2. Aufl. vertretenen Auffassung – nicht ohne weiteres zum Erlöschen des Sondereigentums und damit der Aufteilung in Wohnungseigentumsrechte. Vielmehr ist anzunehmen, daß die Aufteilung fortbesteht und nur aufgrund eines Antrags des Alleineigentümers, der wegen seiner materiell-rechtlichen Bedeutung der Form des § 29 GBO bedarf, durch Eintragung des Erlöschens zum Wegfall gebracht werden kann; der Erwerber hat also auch in diesem Falle die Wahl, ob er die Aufteilung aufrechterhalten will oder nicht. Falls die Anteile selbständig mit dem Recht eines Dritten belastet sind, bleiben diese Belastungen auch nach der Vereinigung bestehen (RGZ 94, 157); zur Aufhebung bedarf es dann nach der in Abs. 2 vorausgesetzten allgemeinen Regelung (vgl. dazu oben Rdn. 6) der Zustimmung des Dritten.

11 **3.** Zweifelhaft kann vielleicht sein, wie bei **Gegenstandsloswerden infolge Zerstörung** zu verfahren ist. In diesem Falle dürfte eine entsprechende Anwendung des §9 Abs. 1 Nr. 2 wohl für zulässig zu halten sein mit der Maßgabe, daß an die Stelle der Schließung der Wohnungsgrundbücher das Erlöschen der Sondereigentumsrechte durch Gegenstandsloswerden einzutragen und die Aufschrift „gemeinschaftliches Wohnungsgrundbuch" zu löschen ist (so auch Horber-Demharter, GBO, Anh. zu § 3 Rdn. 78).

III. Vereinigung einiger Wohnungseigentumsrechte

12 **Vereinigen sich einige, aber nicht alle Wohnungseigentumsrechte** in einer Person, so gelten nicht die unter I und II dargelegten Grundsätze. Die Selbständigkeit der einzelnen Wohnungseigentumsrechte bleibt erhalten; der Berechtigte kann, sofern nicht aus dem Rdn. 6 erörterten Grund ein Hindernis besteht, die Rechte in entsprechender Anwendung des § 890 Abs. 1 BGB, § 5 GBO zu einem Wohnungseigentumsrecht vereinigen (vgl. dazu auch § 3 Rdn. 91ff.).

2. Abschnitt. Gemeinschaft der Wohnungseigentümer

Der zweite und dritte Abschnitt behandeln **das Gemeinschaftsverhältnis der WEigentümer untereinander.** Wenn ein Ausschnitt aus diesen Rechtsbeziehungen, die Verwaltung, einen eigenen Abschnitt erhalten hat (§§ 20 bis 29), so nur deshalb, weil den dort geregelten Fragen ganz besondere Bedeutung zukommt. Die allgemeinen Grundsätze, insbesondere die des § 10, gelten für den Abschnitt Verwaltung in gleicher Weise wie für den zweiten Abschnitt. Umgekehrt finden namentlich die Vorschriften über die Beschlußfassung (§§ 23–25) auf den 2. Abschnitt Anwendung. 1

Die Vorschriften des 2. und 3. Abschnitts handeln vom „Verhältnis der WEigentümer untereinander", setzen also Beziehungen zwischen **Personen** voraus, **die WEigentümer sind**; es müssen somit mindestens zwei Personen vorhanden sein, denen ein mit Sondereigentum verbundener Miteigentumsanteil an demselben Grundstück zusteht, deren Rechtserwerb folglich durch die Eintragung im Grundbuch vollendet ist. WEigentümer ist, so läßt sich das in Anlehnung an BGHZ 87, 145 auf eine knappe Formel bringen, wer im Grundbuch als WEigentümer eingetragen ist, vorbehaltlich eines außerhalb des Grundbuchs sich vollziehenden Rechtserwerbs. Ob und inwieweit auf die Beziehungen zu oder zwischen Personen, deren Rechtserwerb nur eingeleitet, aber noch nicht vollendet ist, Regeln der WEigentümergemeinschaft einschließlich des Verfahrens nach §§ 43ff. angewendet werden können, ist das Problem der sog. **„werdenden" oder „faktischen" WEigentümergemeinschaft;** dazu näher im Anhang zu § 10. 2

§ 10 Allgemeine Grundsätze

(1) **Das Verhältnis der Wohnungseigentümer untereinander bestimmt sich nach den Vorschriften dieses Gesetzes und, soweit dieses Gesetz keine besonderen Bestimmungen enthält, nach den Vorschriften des Bürgerlichen Gesetzbuches über die Gemeinschaft. Die Wohnungseigentümer können von den Vorschriften dieses Gesetzes abweichende Vereinbarungen treffen, soweit nicht etwas anderes ausdrücklich bestimmt ist.**

(2) **Vereinbarungen, durch die die Wohnungseigentümer ihr Verhältnis untereinander in Ergänzung oder Abweichung von Vorschriften dieses Gesetzes regeln, sowie die Abänderung oder Aufhebung solcher Vereinbarungen wirken gegen den Sondernachfolger eines Wohnungseigentümers nur, wenn sie als Inhalt des Sondereigentums im Grundbuch eingetragen sind.**

(3) **Beschlüsse der Wohnungseigentümer gemäß § 23 und Entscheidungen des Richters gemäß § 43 bedürfen zu ihrer Wirksamkeit gegen den Sondernachfolger eines Wohnungseigentümers nicht der Eintragung in das Grundbuch.**

(4) **Rechtshandlungen in Angelegenheiten, über die nach diesem Gesetz oder nach einer Vereinbarung der Wohnungseigentümer durch Stimmenmehrheit beschlossen werden kann, wirken, wenn sie auf Grund eines mit solcher Mehrheit gefaßten Beschlusses vorgenommen werden, auch für und gegen die Wohnungseigentümer, die gegen den Beschluß gestimmt oder an der Beschlußfassung nicht mitgewirkt haben.**

Übersicht

Literatur: Bärmann, Für und wider die Novelle zum WEG, Rpfleger 1977, 233; ders., Zur Grundbuchfähigkeit der Wohnungseigentümergemeinschaft, DNotZ 1985, 395. – Bielefeld, Abänderbarkeit von Vereinbarungen – „Ersatzvereinbarungen" künftig unzulässig, DWEigt 1991, 138; ders., Doch keine „Ersatzvereinbarung" durch unangefochtenen Mehrheitsbeschluß, DWEigt 1993, 92. – Böhringer, Die Wohnungseigentümergemeinschaft als Gläubiger einer Zwangshypothek für Hausgeldrückstände, WE 1988, 154. – Bub, Gestaltung der Teilungserklärung, Gemeinschaftsordnung, WE 1993, 185; 212. – Deckert, Gemeinschaftsordnung, WE 1991, 4; ders., Vorteilhafte Vereinbarungsgestaltung bei der Begründung von Wohnungseigentum, WE 1992, 272; ders., Gemeinschaftsordnung, PiG 34, S. 79. – Demharter, Guter Glaube an Gemeinschaftsregelungen, DNotZ 1991, 28. – Ertl, Alte und neue Probleme der Gemeinschaftsregelungen, DNotZ 1979, 267; ders., Gutgläubiger Erwerb von Sondernutzungsrechten, FS für Seuß, S. 151. – Grebe, Das Rechtsverhältnis der Wohnungseigentümer im Konflikt zwischen Flexibilität und Bestandsschutz, Diss., Bochum 1986; ders., Rechtsgeschäftliche Änderungsvorbehalte im Wohnungseigentumsrecht, DNotZ 1987, 5; ders., Wege zur Abänderung der Gemeinschaftsordnung im Wohnungseigentumsrecht, DNotZ 1988, 275. – Heinrich, Das amtsgerichtliche Verfahren in Wohnungseigentumssachen nach §§ 43ff. WEG, NJW 1974, 125. – Jülicher, Mehrheitsgrundsatz und Minderheitenschutz bei der Erbengemeinschaft, AcP 175 (1975), 143. – Lange, Schenkungen an beschränkt Geschäftsfähige, NJW 1955, 1339. – Liver, Die privatrechtliche Rechtsprechung des BG, ZBJ 1979, 250. – Münstermann-Schlichtmann, Wirkt ein rechtswidriger, aber bestandskräftiger Beschluß gegen den Sonderrechtsnachfolger?, DWEigt 1991, 55. – Pabst, Mitwirkungspflichten bei Klagen nach §§ 117, 127, 140 HGB und bei der Anpassung von Verträgen im Recht der Personenhandelsgesellschaften, BB 1977, 1524. – Pick, Anmerkung zu BGH v. 22. 1. 1987, JR 1988, 205. – Riecke, Wirkung eines unangefochtenen Mehrheitsbeschlusses bei an sich erforderlicher Vereinbarung und deren Eintragung ins Grundbuch, DWEigt 1991, 60. – Röll, Die Gemeinschaftsordnung als Bestandteil des Wohnungseigentums, Rpfleger 1980, 90; ders., Gutgläubiger Erwerb von Wohnungseigentum, FS für Seuß, S. 233; ders., Vereinbarung oder einstimmiger Beschluß?, WE 1991, 212; ders., Änderung der Gemeinschaftsordnung durch Mehrheitsbeschluß, WE 1992, 244. – Sauren, Wege für Wohnungseigentümer zur Änderung der Gemeinschaftsordnung, NJW 1986, 2034; ders., Grenzen der Veränderungsmöglichkeiten des WEG, FS für Bärmann/Weitnauer, S. 531; ders., Ohne konkreten Nachweis keine höheren Verzugszinsen als 4% für Wohngeldschulden?, DWEigt 1991, 57; ders., Ersetzt ein bestandskräftiger Beschluß eine Vereinbarung?, DWEigt 1992, 50. – Tasche, Wege zur Änderung des Verteilungsschlüssels für die Betriebskosten bei Wohnungseigentum, DNotZ 1973, 453. – Weitnauer, Vereinsstrafe, Vertragsstrafe und Betriebsstrafe, FS für Reinhardt, S. 179; ders., Zeitgemäße und unzeitgemäße Betrachtungen zum Wohnungseigentum, DNotZ 1977, Sonderheft, S. 31; ders., Zur Novellierung des WEG, DWW 1979, 237; ders., Miteigentum – Gesamthand – Wohnungseigentum, FS für Seuß, S. 295; ders., Die neuere zivilrechtliche Rechtsprechung zum Wohnungseigentum, JZ 1985, 927; ders., Zum Gutglaubensschutz im Falle des § 10 Abs. 2 WEG, PiG 42, S. 253. – Wiedemann, Richterliche Kontrolle privater Vereinsmacht, JZ 1968, 219.

§ 10 enthält einige besonders wichtige Rechtssätze über das Verhältnis der WEigentümer untereinander und gibt damit die Grundlage für die weitere

Regelung überhaupt. Zur theoretischen Grundlegung vgl. die Ausführungen Vor § 1 Rdn. 17ff.

I. Verhältnis der WEigentümer untereinander

1 **Das Verhältnis der WEigentümer untereinander ist eine Gemeinschaft nach Bruchteilen** i. S. der §§ 741ff. BGB. Dies ergibt sich, wie Vor § 1 Rdn. 30ff. ausführlich und in Auseinandersetzung mit anderen Auffassungen dargelegt, schon aus dem Wesen des Wohnungseigentums als Miteigentum. Die Vorschriften des BGB über die Gemeinschaft haben aber nach Abs. 1 Satz 1 nur **subsidiäre** Bedeutung. In erster Linie sind die Vorschriften des Wohnungseigentumsgesetzes maßgebend; diese aber sind nichts anderes als eine Abwandlung der §§ 741ff. BGB unter Berücksichtigung der besonderen Verhältnisse der WEigentümergemeinschaft. Es entsprechen wörtlich oder mit geringen redaktionellen Änderungen

§ 16 Abs. 1 WEG dem § 743 Abs. 1 BGB
§ 13 Abs. 2 S. 1 WEG dem § 743 Abs. 2 BGB
§ 21 Abs. 1 WEG dem § 744 Abs. 1 BGB
§ 21 Abs. 2 WEG dem § 744 Abs. 2 BGB
§ 15 Abs. 2 und § 21 Abs. 3 WEG dem § 745 Abs. 1 BGB
§ 15 Abs. 3 und § 21 Abs. 4 WEG dem § 745 Abs. 2 BGB
§ 22 Abs. 1 WEG dem § 745 Abs. 3 BGB
§ 10 Abs. 2, 3 WEG dem § 746 i. V. mit § 1010 BGB
§ 16 Abs. 2 WEG dem § 748 BGB.

Es besteht also eine Rangordnung der Regelungsmaterien die sich folgendermaßen gliedert: unabdingbare Vorschriften des WEG – Vereinbarungen – abdingbare Vorschriften des WEG – Vorschriften des BGB über die Gemeinschaft. In den Grundzügen stimmen die §§ 10ff. mit den §§ 741ff. BGB überein. Demgemäß hat **Abs. 1 Satz 1** doppelte Bedeutung:

1. Er stellt einmal den **Charakter des Rechtsverhältnisses** klar (vgl. dazu auch Vor § 1 Rdn. 30 und unten Rdn. 10ff.). Dagegen hält Bärmann diese Verweisung auf die Vorschriften über die Gemeinschaft für „bedeutungslos" (Zuordnung, S. 7), weil sie sich von selbst verstehe und keine praktischen Folgen habe, für „überflüssig" (WEigentümergemeinschaft, S. 17), für „Vorstellungen, welche die wissenschaftliche Beurteilung nicht binden" (WEigentümergemeinschaft, S. 18). Dem ist entschieden zu widersprechen. Die Bezugnahme auf die Vorschriften über die Gemeinschaft hat ebenso wie die in § 3 auf die Vorschriften über das Miteigentum (§§ 1008ff. BGB) das erklärte Ziel, dem WEigentum von vorneherein seinen Standort im Zivilrechtssystem zuzuweisen und es in die vielfältigen Regelungen für Miteigentum und Gemeinschaft einzubetten. Näher dazu Weitnauer, FS für Seuß, S. 295ff.

2 **2.** Der Gesetzgeber läßt die Anwendung der Vorschriften des BGB (einschließlich der von der Rechtsprechung hierzu entwickelten Grundsätze) zu und verweist auf diese insoweit, als das Wohnungseigentumsgesetz keine besonderen Bestimmungen enthält. Dementsprechend kommt die **Anwendung folgender Vorschriften des BGB** in Betracht:

a) **§ 742 BGB:** Danach stehen den WEigentümern im Zweifel gleiche Anteile zu. Für den Grundbuchverkehr gilt diese Vermutung nicht (RGZ 54, 86; KGJ 25 A 134; 27 A 143); **3**

b) **§ 745 Abs. 3 Satz 2 BGB,** vgl. hierzu § 16 Rdn. 9; **4**

c) **§ 746 BGB,** soweit er die Wirkung von Vereinbarungen über das Verhältnis der WEigentümer als Miteigentümer untereinander **zugunsten eines Sondernachfolgers** anordnet (vgl. MünchKomm/K. Schmidt § 1010 Rdn. 7; OLG München NJW 1955, 637; Ertl, FS für Seuß, S. 151, 160). **5**

d) **§ 747 BGB,** der bestimmt: „Jeder Teilhaber kann über seinen Anteil verfügen. Über den gemeinschaftlichen Gegenstand im ganzen können die Teilhaber nur gemeinschaftlich verfügen." Vgl. hierzu § 3 Rdn. 99ff.; § 6 Rdn. 1ff. In der in Satz 1 statuierten Möglichkeit der Verfügung über den Anteil am gemeinsamen Gegenstand, hier am gemeinschaftlichen Eigentum, liegt der entscheidende Unterschied zur gesamthänderischen Berechtigung (auch dazu Weitnauer, FS für Seuß, S. 295, 298). Eine Teilverfügung über ein Wohnungseigentumsrecht ist zulässig, allerdings nur, soweit das Erfordernis der Abgeschlossenheit erfüllt bleibt (vgl. § 3 Abs. 2; RGRK/v. Gamm § 747 Anm. 1; § 3 Rdn. 99). Wird das Grundstück im ganzen von allen WEigentümern gemeinschaftlich veräußert – das ist der von § 747 Satz 2 BGB geregelte Fall –, so erfaßt die Veräußerung auch diejenigen Gebäudeteile, die im Sondereigentum stehen (in dieser Frage nicht ganz klar Aub GemWW 1951, 500); im übrigen vgl. § 9 Abs. 1 Nr. 3. Merle (System, S. 173, 193) hält beide Sätze des § 747 BGB für unanwendbar, weil sie nicht die schuldrechtlichen Beziehungen der WEigentümer untereinander (sondern, wie wohl gemeint ist, die Verfügungsbefugnis und damit eine sachenrechtliche Frage) beträfen; selbst wenn dieses Argument richtig wäre, würde es § 747 BGB nicht von der Verweisung in § 10 Abs. 1 Satz 1 ausschließen, weil dieser nicht von schuldrechtlichen Beziehungen, sondern vom „Verhältnis der WEigentümer untereinander" spricht, das von § 747 BGB sicher betroffen wird, weil dieser regelt, in welcher Weise die Befugnisse zur Verfügung über den gemeinschaftlichen Gegenstand unter den Teilhabern verteilt sind. Vgl. im übrigen zur Verfügung über das gemeinschaftliche Grundstück (Abveräußerung einer Parzelle) § 1 Rdn. 27. **6**

e) **§§ 752 bis 758 BGB** über die Aufhebung der Gemeinschaft. Diese Vorschriften kommen insbes. in Betracht, wenn auf Grund einer nach § 11 Abs. 1 S. 3 ausnahmsweise zulässigen Vereinbarung die Aufhebung der WEigentümergemeinschaft verlangt werden kann, ohne daß vorher die Sondereigentumsrechte aufgehoben oder sonst gem. § 9 erloschen sind. Hiervon ist zu unterscheiden der Fall, daß die WEigentümergemeinschaft in eine gewöhnliche Miteigentümergemeinschaft nach dem BGB verwandelt wird. Dann gelten selbstverständlich auch (sogar unmittelbar) die Vorschriften der §§ 752ff. BGB. Vgl. im übrigen die Erläuterungen zu § 11 Rdn. 8 und zu § 17 Rdn. 5, ferner RGZ 91, 416, insbes. über den Unterschied zwischen der Aufhebung der Gemeinschaft als solcher und der Durchführung der Teilung. **7**

f) **§ 1010 Abs. 2 in Verbindung mit §§ 755, 756 BGB.** Hieraus ergibt sich, daß die in §§ 755f. BGB bestimmten Ansprüche, wenngleich sie gesetzliche Ansprüche sind, gegen den Sondernachfolger nur geltend gemacht werden **8** können, wenn sie gem. § 1010 Abs. 2 BGB in das Grundbuch eingetragen sind. Wegen der Möglichkeit, Vereinbarungen auch über die Schuldenberichtigung im Falle der Aufhebung der Gemeinschaft zu treffen (unten Rdn. 37), kommt der Vorschrift kaum praktische Bedeutung zu.

g) Wegen **§ 1011 BGB** vgl. Vor § 1 Rdn. 64ff.; § 3 Rdn. 83; § 13 Rdn. 11; § 21 Rdn. 4; wegen **§ 1009** BGB vgl. § 3 Rdn. 118.

9 **3. Nicht anwendbar** sind die **§§ 746, 1010 Abs. 1 BGB,** soweit sie die Wirkung von Vereinbarungen **gegen einen Sondernachfolger** betreffen; § 746 BGB nicht, weil er für das Verhältnis von Grundstücksmiteigentümern durch § 1010 Abs. 1 BGB ersetzt ist (a. A. Bärmann/Pick/Merle § 10 Rdn. 60, dessen Auffassung von der „pseudodinglichen Wirkung nach § 746" nicht eingetragener Vereinbarungen nicht gefolgt werden kann; unrichtig LG Köln ZMR 1977, 377), § 1010 Abs. 1 BGB nicht, weil an seine Stelle für das Wohnungseigentum § 10 Abs. 2 getreten ist (dazu unten Rdn. 27ff.). Nicht ausgeschlossen ist eine Benutzungsregelung nach §§ 745, 1010 Abs. 1 BGB unter den (schlichten) Miteigentümern eines Wohnungs- oder Teileigentums (BayObLGE 1974, 466 – Doppelstockgarage; LG Stuttgart BWNotZ 1980, 91; BayObLG NJW-RR 1988, 271).

4. Rechtsnatur der WEigentümergemeinschaft

10 a) **WEigentümergemeinschaft als Bruchteilsgemeinschaft:** Die Rechtsbeziehungen der WEigentümer untereinander sind, wie Vor § 1 Rdn. 30ff. ausführlich dargelegt, als ein Gemeinschaftsverhältnis i. S. der **Bruchteilsgemeinschaft,** als „ein Sonderfall der schlichten Rechtsgemeinschaft" (so zutreffend Larenz, SchR II, S. 415) zu verstehen, das sich als ein besonderes, **kraft Gesetzes entstehendes**, aber parteiautonomer Gestaltung zugängliches **Schuldverhältnis** darstellt nicht anders, als das bei der gewöhnlichen Bruchteilsgemeinschaft der Fall ist (Vor § 1 Rdn. 30ff.). Nicht zu folgen ist K. Schmidt (MünchKomm § 741 Rdn. 3 u. 33; ähnlich BGHZ 62, 243), der die Gemeinschaft nicht nur nicht als ein „Schuldverhältnis mit wechselseitigen Erfüllungsansprüchen" – was zutrifft –, sondern überhaupt nicht als Schuldverhältnis, vielmehr nur als „Grundlage von Schuldverhältnissen" ansehen will. Die Gemeinschaft ist, wie schon ihr Name und Standort im Besonderen Schuldrecht zeigt, als **Schuldverhältnis im weiteren Sinne** zu sehen, das die Grundlage für einzelne Ansprüche abgeben kann (so z. B. auch Larenz, SchR II, S. 414; Kreß II, S. 376). Die Gemeinschaft wird weder im Falle des § 3 noch des § 8 durch Vertrag begründet, sie ist und bleibt ein gesetzliches Schuldverhältnis als Folge des allerdings durch Rechtsgeschäft begründeten Miteigentums am Grundstück, also der sachenrechtlichen Berührung (so in aller wünschenswerter Klarheit BayObLGE 1984, 198; irrig eine Bemerkung im Leitsatz von BGH NJW 1958, 1534 zu einem im übrigen gänzlich anders gelagerten Fall; irrig auch die Bemerkungen bei Bärmann/Pick/Merle § 14 Rdn. 31, 49, wo von „Vertragsverletzung", „Haftung aus Vertrag" die Rede ist). Das Bestehen des Gemeinschaftsverhältnisses ist unabhängig von der Person des jeweiligen Teilhabers: **Teilhaber sind die jeweiligen WEigentümer,** die Teilhaberschaft wird erlangt durch den Erwerb des WEigentums und mit diesem, sie endigt, wenn der bisherige Teilhaber aufhört, WEigentümer zu sein.

b) Die WEigentümergemeinschaft ist **keine Gesamthandsgemeinschaft** und einer solchen auch nicht angenähert (dazu ausführlich Vor § 1 Rdn. 44ff.; auch Weitnauer JZ 1985, 927, 928; FS für Seuß, S. 295). Sie ist insbes. **keine Gesellschaft,** einer solchen auch nicht ähnlich; dafür fehlt es sowohl an einer vertraglichen Verpflichtung zur Leistung von Beiträgen als auch an einem über die Verwaltung und Benutzung des gemeinschaftlichen Gegenstandes hinausgehenden Zweck (so auch MünchKomm/Ulmer, Vor § 705 Rdn. 91, 91a). Doch sind die WEigentümer nicht gehindert, sich für bestimmte Zwecke gesellschaftsrechtlich zusammenzuschließen (näher dazu § 3 Rdn. 12, Anh. zu § 3 Rdn. 3). Auch der Deutung der WEigentümergemeinschaft als „dingliche Gesellschaft", wie dies neuestens von Junker (aaO, passim) vertreten wird, kann nicht gefolgt werden (ablehnend auch Weitnauer WE 1994, 33ff.). Die Auffassung wird schon dem Umstand nicht gerecht, daß der Gesetzgeber – wie auch in § 10 Abs. 1 zum Ausdruck kommt – eben gerade von der Bruchteilsgemeinschaft ausging, und der einzelne WEigentümer nicht bloß einen Gesellschaftsanteil haben sollte. Im übrigen ist nicht erkennbar, welche Vorteile sich mit einer solchen Konstruktion verbinden sollen, fehlt doch ein zivilrechtliches Vorbild und damit ein Maßstab für die Lösung der einzelnen Probleme. Nicht überzeugen kann schließlich die Meinung von Merle (System, S. 133), es entstehe mit jedem Beschluß der WEigentümer über eine zu treffende Maßnahme jeweils immer wieder von neuem eine **Gelegenheitsgesellschaft** i.S. des § 705 BGB; für solche gekünstelt erscheinenden Konstruktionen fehlt jedes Bedürfnis, da die Vorschriften über die Verwaltung die erforderlichen rechtlichen Möglichkeiten bieten; vgl. auch Vor § 20 Rdn. 1ff. 11

c) **Materiellrechtliche Folgerungen:** Aus dem oben dargestellten Schuldverhältnis im weiteren Sinn entspringen dann **die einzelnen Ansprüche und Verpflichtungen – Schuldverhältnis im engeren Sinn** –, die z. T. besonders im Gesetz oder in der GemO. geregelt sind (z. B. §§ 14, 16, 21 Abs. 4), z. T. sich auch aus allgemeinen Rechtsgrundsätzen ergeben. Letzteres gilt insbes. für **Schutz- und Treuepflichten,** wie sie der Gemeinschaft wie jedem Schuldverhältnis innewohnen (§ 242 BGB; BayObLGE 1970, 65; 1971, 313; 1974, 118; DWEigt 1988, 109; WE 1992, 87; KG ZMR 1986, 189; BayObLG 12. 10. 1984 – 2 Z 65/84 – Verbot der Übervorteilung; BayObLG 8. 8. 1986 – 2 Z 8/86 – Gestattung des Betretens der Wohnung; Duldung von Arbeiten in der Wohnung zur Durchsetzung eines Anspruchs gegen Dritte – BayObLG DWEigt 1993, 156; KG ZMR 1986, 189; s. auch BGH MDR 1966, 111 – Miteigentümer eines Schiffes; § 14 ist Ausdruck dieses Gedankens; zu besonderen Anwendungsfällen unten Rdn. 52 und § 19 Rdn. 6). Solche Treuepflichten dürfen freilich auch nicht überspannt werden (Beispiel BayObLGE 1973, 142; dazu § 3 Rdn. 113). Für die Erfüllung der aus dem Gemeinschaftsverhältnis erwachsenden Verpflichtungen haftet jeder WEigentümer nach dem allgemeinen Haftungsmaßstab des **§ 276 BGB;** die Haftung ist also nicht etwa wie bei der Gesellschaft (§ 708 BGB) auf culpa in concreto abgeschwächt (BGHZ 62, 243). Für das Verschulden seiner **Erfüllungsgehilfen** (insbes. seiner Mieter und Untermieter, soweit sie als solche anzusehen sind; dazu § 13 Rdn. 18) haftet er den anderen Mitgliedern der 12

Gemeinschaft nach § 278 BGB (BayObLGE 1969, 209; 1970, 65). Eine Eintrittspflicht für deren Verhalten schlechthin ohne Rücksicht auf Verschulden trifft ihn nicht; doch kann in diesem Falle § 14 Nr. 3 eingreifen (§ 14 Rdn. 5). Wegen negatorischer Verpflichtungen vgl. Anhang zu § 13 Rdn. 4.

13 d) **Verfahrensrechtliche Stellung.** aa) Allgemeines: Die WEigentümergemeinschaft ist, wie die Rspr. wiederholt zu Recht betont hat, **keine Rechtspersönlichkeit** und weder rechts- noch parteifähig (BGHZ 78, 166; BGH NJW 1977, 1686; NJW 1983, 1901; OLG Koblenz NJW 1977, 55; OLG Frankfurt Rpfleger 1979, 181; BayObLG WEM 1980, 129; OLG Zweibrükken WE 1987, 88; BGH WE 1994, 45, dort wurde die Rechtsmittelbefugnis der nicht parteifähigen aber verurteilten WEigentümergemeinschaft aus allgemeinen verfahrensrechtlichen Gründen angenommen; auch BayObLGE 1959, 457, dort wird allerdings im Hinblick auf die zu entscheidende Frage – Vertrags- oder Vereinsstrafe – das korporationsrechtliche Element überbetont); sie steht auch nicht, wie das BayObLG in einer älteren Entscheidung (BayObLGE 1959, 457) in Anlehnung an Bärmann gemeint hat, „zwischen der einfachen Gemeinschaft des BGB (§§ 741 ff.) und der juristischen Person". Vielmehr sind es, wo immer im Rechtsverkehr oder vor Gericht eine „WEigentümergemeinschaft" auftritt, in Wahrheit die sämtlichen, also möglicherweise sehr zahlreichen WEigentümer selbst, die handeln und berechtigt oder verpflichtet werden. Den daraus entspringenden praktischen Schwierigkeiten im Verfahrensrecht hat die Rspr. in sinnvoller Weise Rechnung getragen. A. A. dagegen und eine Parteifähigkeit in Analogie zu § 124 HGB befürwortend: Junker, S. 200 ff., ohne allerdings für die konkrete Frage die Notwendigkeit einer solchen Analogie zu untersuchen (hierzu schon Vor § 1 Rdn. 47 ff.).

14 bb) **Teilnahme am Verfahren** (i) **Passivprozesse:** Der BGH (NJW 1977, 1686; ebenso BGHZ 78, 166, 173; BGH NJW 1983, 1901; WE 1990, 84) hat entschieden, daß es den Anforderungen des § 253 Abs. 2 Nr. 1 ZPO – **„Bezeichnung der Parteien"** – genügt, wenn die **Klage gegen „die WEigentümergemeinschaft F-Straße 24 in M,** vertreten durch die Hausverwaltung Fa. F" (also den Verwalter, § 27 Abs. 2 Nr. 3) gerichtet wird; **diese Sammelbezeichnung („vereinfachende Kurzbezeichnung",** BGHZ 78, 166) ergibt bei sinngemäßer Auslegung zweifelsfrei, daß die Klage gegen die WEigentümer gerichtet ist; die Angabe der einzelnen WEigentümer kann auf Auflage nachgeholt werden; die so erhobene Klage unterbricht also die Verjährung.

15 (ii) **Aktivprozesse:** Entsprechendes gilt auch, wenn die WEigentümer als **Kläger oder Antragsteller** auftreten, z. B. Schadensersatzansprüche gegen einen Unternehmer aus einem von ihnen allen geschlossenen Werkvertrag geltend machen. Die Praxis ist dieser Rspr. ausnahmslos gefolgt.

16 (iii) Der Gedanke ist ohne viel Aufhebens weiterentwickelt und auf **gerichtliche Auseinandersetzungen unter den WEigentümern** übertragen worden (vgl. BayObLG v. 26. 2. 1987 – 2 Z 11/87; so auch BGH WE 1990, 84 betreffend eine Klage auf Leistung von Lasten- und Kostenbeiträgen gegen einen WEigentümer nach dessen angeblichen Verzichts auf sein Wohnungseigentum).

Das BayObLG hat in zahlreichen, meist nicht oder jedenfalls insoweit nicht in diesem Teil veröffentlichten Entscheidungen Anträge in **WEG-Verfahren** (§§ 43ff.), insbes. wegen Wohngeld oder Beschlußanfechtung, als genügend angesehen, wenn die **Parteien** wie folgt **bezeichnet werden: die WEigentümer der Anlage X-Straße 1 mit Ausnahme des Antragsgegners** gegen Z als Antragsgegner; so z. B. BayObLG WE 1986, 142; BayObLG NJW-RR 1986, 564; OLG Zweibrücken WE 1987, 88. (*Umgekehrt:* WEigentümer Z gegen die übrigen WEigentümer der Anlage X-Straße 1; so z. B. BayObLG WE 1984, 64.)

In den dargestellten Fällen ist erforderlich, daß eine Liste der WEigentümer der Antragsschrift beigefügt oder sonst zu den Akten gegeben ist; „Eigentümerliste bei den Akten des Landgerichts" (BayObLG 16. 5. 1986 – 2 Z 68/85; BayObLG WE 1989, 64; BGH WE 1994, 45); maßgeblich ist der Zeitpunkt, in dem das Verfahren anhängig wird (BayObLG 26. 1. 1986 – 2 Z 11/87; BayObLGE 1984, 198, 206; 1984, 239, 242). Ergeht jedoch ein Urteil gegen die „WEigentümergemeinschaft A", ohne daß die vorhandene Liste oder die WEigentümer namentlich erwähnt werden, so hat die an sich parteiunfähige Personengemeinschaft das Recht, Rechtsmittel gegen diese Entscheidung einzulegen, ohne daß sie erneut deutlich machen muß, wer sich hinter der Bezeichnung verbirgt (BGH WE 1994, 45). Die Berichtigung offensichtlicher Unrichtigkeiten ist zulässig (BayObLG 2. 4. 1987 – 2 Z 23/87).

cc) **Zustellungen**: Während der Verwalter vom BGH (NJW 1977, 1686) **17**
als „gesetzlicher Zustellungsbevollmächtigter" bezeichnet wurde und daraus geschlossen wurde (Heinrich NJW 1974, 125), daß **für Zustellungen** § 189 Abs. 2 ZPO anwendbar sei, also so viele Ausfertigungen oder Abschriften zu übergeben seien, „als Beteiligte vorhanden sind", hat das Gericht mittlerweile seine Auffassung geändert (BGHZ 78, 166). Die gegen alle WEigentümer gerichtete Klage werde diesen zugestellt, indem die Zustellung **einer einzigen Ausfertigung** gegenüber dem Verwalter erfolge (§ 27 Abs. 2 Nr. 3). Der Verwalter habe insoweit eine (inhaltlich beschränkte) gesetzliche Verfahrensvollmacht und sei als **Vertreter i. S. von § 189 Abs. 1 ZPO** anzusehen (BGHZ 78, 166, 172). Ihm obliege es dann, die WEigentümer in der ihm geeignet erscheinenden Weise zu unterrichten. Unter den oben Rdn. 14 genannten Voraussetzungen ist auch eine Zustellung eines Beitragsbescheides nach dem KAG an den Verwalter zulässig (OVG Münster NJW-RR 1992, 458; anders OVG Schleswig NJW-RR 1992, 457).

dd) **Zwangsvollstreckung:** Die für das Erkenntnisverfahren ausreichende **18**
Bezeichnung der Personen genügt auch den Belangen der Zwangsvollstreckung, jedenfalls wenn die Gläubiger durch den Verwalter als Vertreter die Zwangsvollstreckung (BayObLG WE 1986, 142) **betreiben**. Auf der **Passivseite** müssen die Schuldner (WEigentümer) für die Zwangsvollstreckung namentlich bezeichnet sein (BayObLG WE 1986, 14).

Schwierigkeiten bereitet die Zwangsvollstreckung durch Eintragung ei- **19**
ner **Zwangshypothek** (§§ 866ff.; ZPO); da sind nicht nur die Bestimmungen des Vollstreckungsrechts anzuwenden, sondern es müssen auch die Voraussetzungen für eine Eintragung in das Grundbuch vorliegen. Das BayObLG (BayObLGE 1984, 239) hat in einem Fall, in dem rückständige Wohngeldforderungen gegen ein WEigentümerehepaar geltend gemacht wurden, die

Bezeichnung der Gläubiger im Grundbuch in folgender Weise: „... für die Gemeinschaft der WEigentümer in dem Anwesen ..., bestehend aus den in der dem Vollstreckungstitel beigefügten Liste aufgeführten Personen als Berechtigte gem. § 432 BGB" als mit § 1115 BGB und § 15 Abs. 1 GBV nicht vereinbar und deshalb als unzulässig angesehen und die namentliche Eintragung sämtlicher Gläubiger (also der WEigentümer mit Ausnahme des Vollstreckungsschuldners) verlangt (ähnlich LG Aachen Rpfleger 1988, 526; OLG Köln Rpfleger 1988, 526 m. Anm. Sauren). Damit dürften die formalen Anforderungen überspannt sein. Wenn die namentliche Angabe der Gläubiger wegen ihrer großen Zahl unverhältnismäßige Schwierigkeiten bereitet und die Gläubiger durch die Angabe im Grundbuch i. V. mit der zu den Grundbuchakten gegebenen Liste zweifelsfrei feststellbar sind, sollte das genügen; das hat mit einer Bezugnahme auf die Eintragungsbewilligung nichts zu tun. Im Ergebnis, nicht in der Begründung, ist Bärmann (DNotZ 1985, 395) daher zuzustimmen (vgl. auch Weitnauer, PiG 21, S. 67f.). Abgesehen davon besteht in den erörterten Fällen keine Notwendigkeit, gerichtlich im Namen sämtlicher WEigentümer vorzugehen; sowohl § 16 Abs. 2 für das „Wohngeld" (vgl. § 16 Rdn. 11ff.) als auch § 1011 BGB (vgl. Vor § 1 Rdn. 64ff.) für die Ansprüche aus dem Miteigentum geben jedem einzelnen WEigentümer das Recht, die Ansprüche „in Gemäßheit des § 432 BGB", also auf Leistung an die Gesamtheit der WEigentümer, geltend zu machen (Weitnauer, PiG 21, S. 67, 68). Eine andere Frage ist, wie das Verhältnis der Gläubiger im Grundbuch im Hinblick auf **§ 47 GBO** („das für die Gemeinschaft maßgebliche Rechtsverhältnis") zu verlautbaren ist. Das ist in erster Linie eine Frage des umstrittenen Rechts. Liegt der Fall des § 432 BGB vor, dann sind keine Bedenken zu erkennen, die Gläubiger als **Berechtigte** (oder Mitberechtigte) **nach § 432 BGB** zu bezeichnen.

20 Unrichtig und in der Begründung verwirrend ist eine Entscheidung des KG (OLGE 1986, 47), die den Fall betrifft, daß sämtliche WEigentümer einer Anlage einen Zahlungsanspruch gegen den früheren Verwalter geltend machen. Nach Ansicht des KG genügt die soeben vorgeschlagene Bezeichnung nicht; es soll erforderlich sein, „die WEigentümergemeinschaft als das maßgebliche Rechtsverhältnis" im Grundbuch einzutragen. Dem ist entgegenzuhalten, daß nach der hier vertretenen und von der Rspr. geteilten Auffassung der in Rede stehende Abwicklungsanspruch aus dem beendigten Verwalterverhältnis zwar den WEigentümern zusteht, aber nicht Gegenstand der auf das gemeinschaftliche Eigentum bezogenen WEigentümergemeinschaft ist (vgl. dazu § 1 Rdn. 19ff.).

21 Zur Vermeidung unnötiger Schwierigkeiten ist es wichtig, daß die dem Gericht eingereichte **Liste der WEigentümer richtig und vollständig** ist. Das OLG Zweibrücken (WE 1987, 88 m. Anm. Weitnauer) hat die Berichtigung der Parteibezeichnung entsprechend § 319 ZPO und die Vollstreckung aus dem Titel in folgendem Fall abgelehnt: Die Antragsteller begehrten Zahlung von Wohngeld. Die von ihnen übergebene Liste enthielt auch Personen, die nicht WEigentümer waren oder überhaupt nicht existierten. Bei mitberechtigten Ehegatten führte die Liste nur den Namen eines Ehegatten. Die Antragsteller waren als „WEigentümergemeinschaft X gemäß WEigentümerliste mit Ausnahme der Antragsgegner" bezeichnet. Zur Begründung hat das Gericht ausgeführt, daß in Wirklichkeit ein Wechsel der Parteien vorliege und nicht bloß Berichtigung beantragt werde. Zwar ist es richtig, daß eine Entscheidung, die nicht ergibt, wer die Parteien sind, der materiellen Rechtskraft unfähig und zur Zwangsvollstreckung ungeeignet ist (Stein/Jonas/Schumann/Leipold, ZPO, 20. Aufl., § 313 II 1). Die Unklarheit darüber, ob die wirklichen WEigentümer oder die aus der Liste ersichtlichen Personen die Antragsteller waren, mußte hier aber nicht zum Scheitern der Vollstreckung führen, weil in der Liste jedenfalls auch wirkliche WEigentümer aufgeführt waren und zur Geltendmachung des Wohngeldanspruchs jeder einzelne WEigentümer berechtigt ist (vorstehend Rdn. 19), also jedenfalls ein Teil der Gläubiger die Vollstreckung betreiben konnte.

ee) Durch diese begrüßenswerten verfahrensrechtlichen Erleichterungen **22** hat die WEigentümergemeinschaft eine Stellung erlangt, die sich deutlich derjenigen der Stockwerkseigentümer schweizerischen Rechts nach Art. 712 1. ZGB annähert, welche „unter ihrem Namen" aus Rechtsgeschäften berechtigt und verpflichtet werden, klagen und verklagt werden, betreiben und betrieben werden kann; vgl. Hauger, Schweizerisches Stockwerkeigentum und deutsches WEigentum im Rechtsvergleich, S. 152ff., und zum französischen Recht, das der Gemeinschaft („collectivité") der WEigentümer Rechtspersönlichkeit verleiht („personnalité morale") Schober, PiG 24, S. 67ff.

5. Gegenstand der Gemeinschaft. Die besondere WEigentümergemein- **23** schaft besteht nur in bezug auf das Grundstück und seine Bestandteile, insbes. also das Gebäude (§ 1 Abs. 5). Sie erstreckt sich nicht auf sonstige Vermögenswerte, die den WEigentümern gemeinschaftlich zustehen, vor allem nicht auf gemeinsame Guthaben oder Gelder oder sonstiges „Verwaltungsvermögen" (dazu Vor § 1 Rdn. 43ff., § 1 Rdn. 19ff.). Die Gemeinschaft hieran ist eine gewöhnliche – insbes. auflösbare – Gemeinschaft nach bürgerlichem Recht soweit nicht besondere Regeln eingreifen (vgl. § 1 Rdn. 9ff.).

6. Die Gemeinschaft **entsteht vollwirksam** im Falle des § 3 mit der wirk- **24** samen Begründung des WEigentums, im Falle des § 8 mit dem Erwerb mindestens eines durch Teilung gebildeten WEigentums durch einen Erwerber, also mit der Vollendung des Erwerbs durch Auflassung und Eintragung im Grundbuch. Doch können schon vor diesem Zeitpunkt unter den im Anh. zu § 10 erörterten Voraussetzungen auf die Beziehungen **„werdender WEigentümer"** Regeln der WEigentümergemeinschaft anwendbar sein.

II. Grundsätzliche Gestaltungsfreiheit (Abs. 1 Satz 2)

Das WEG bekennt sich zur **Vertragsfreiheit** (Vor § 1 Rdn. 35), es läßt in **25** sehr weitem Umfang die parteiautonome Gestaltung des Gemeinschaftsverhältnisses zu, übrigens nicht anders als die in §§ 741ff. BGB getroffene Regelung für die schlichte Bruchteilsgemeinschaft, welche den Teilhabern die Möglichkeit gibt, durch Vereinbarung die „Verwaltung und Benutzung des gemeinschaftlichen Gegenstandes" zu regeln (§ 746 i.V. mit § 1010 BGB). Demgemäß können nach § 10 Abs. 1 Satz 2 die WEigentümer ihr Verhältnis – aber immer nur im Rahmen der Bruchteilsgemeinschaft (Vor § 1 Rdn. 30ff., 44ff.) – durch „Vereinbarungen" untereinander grundsätzlich frei gestalten. Das gleiche gilt kraft der Verweisung auf § 5 Abs. 4 in § 8 Abs. 2 auch für die Bestimmungen über das Verhältnis der WEigentümer untereinander, welche der teilende Eigentümer in der Teilungserklärung (§ 8) einseitig trifft (dazu § 8 Rdn. 9). Mit Ausnahme der wenigen im folgenden bezeichneten zwingenden Vorschriften sind also die Vorschriften des 2. und 3. Abschnitts **dispositiv,** im einzelnen dazu unten Rdn. 37ff. Sowohl im Falle des § 3 als auch im Falle des § 8 können nicht nur Bestimmungen getroffen werden, welche die gesetzlichen Bestimmungen **ergänzen** oder von ihnen **abweichen,** sondern auch solche, welche sie **wiederholen** oder in Bezug nehmen; ein solcher Hinweis macht eine abdingbare gesetzliche Vorschrift nicht zu einer unabdingbaren (BayObLG 1972, 150). **Dispositiv** sind insbes. die Vorschriften über den Anteil an Nutzungen und Lasten (§ 16), die Form der Beschlußfassung in der WEigentümerversammlung (§ 23) und das Stimmrecht (§ 25). **Unabdingbar** sind:

26 **1. die Vorschriften über die Unauflöslichkeit** (§ 11) mit der durch § 11 Abs. 1 Satz 3 gestatteten Ausnahme;

2. § 12 Abs. 2 Satz 1, wonach die Zustimmung zu einer Veräußerung im Fall der vereinbarten Veräußerungsbeschränkung nur aus wichtigem Grund versagt werden darf;

3. der Anspruch auf Entziehung des WEigentums nach § 18 Abs. 1; dagegen sind die Bestimmungen in § 18 Abs. 2 und 3 dispositiv;

4. die Vorschrift, daß jede WEigentümergemeinschaft einen **Verwalter** haben muß **(§ 20 Abs. 2);**

5. nach neuerer Rspr. (BayObLG DWEigt 1981, 55; OLG Hamm OLGE 1978, 292; OLG Köln WEM 1977, 52) trotz § 10 Abs. 2 die Vorschrift des **§ 23 Abs. 3,** nach der ein schriftlicher Beschluß nur einstimmig gefaßt werden kann (dazu § 23 Rdn. 11);

6. dem Grunde nach, wenn auch in Einzelheiten modifizierbar, **das Minderheitenrecht des § 24 Abs. 2** (Einberufung der WEigentümerversammlung auf Verlangen von einem Viertel der WEigentümer); so unter Berufung auf §§ 37, 40 BGB: BayObLGE 1972, 314;

7. in dem aus § 26 Abs. 1, 2 ersichtlichen Umfang die **Voraussetzungen der Bestellung und Abberufung des Verwalters;**

8. die in § 27 Abs. 1 und 2 bestimmten Aufgaben und Befugnisse des Verwalters (§ 27 Abs. 3); nicht dagegen sonstige Befugnisse des Verwalters z. B. §§ 24, 28;

9. Bestimmungen, die **nicht das Verhältnis der WEigentümer** untereinander **betreffen** (z. B. §§ 4, 5, 6; § 19 Abs. 1 und 3; § 26 Abs. 2; § 43, allerdings unbeschadet der Möglichkeit einer Schiedsvereinbarung);

10. zwingend sind auch die allgemeinen Schranken der Vertragsfreiheit in **§§ 134, 138 BGB**. Bestimmungen, die **gegen ein gesetzliches Verbot** (Beispiel: BGHZ 99, 358 – Nichtigkeit einer „Solidaritätsklausel" wegen Verstoßes gegen § 56 ZVG, vgl. § 16 Rdn. 54) oder **gegen die guten Sitten** verstoßen, sind nichtig.

III. Vereinbarungen („Gemeinschaftsordnung") und Beschlüsse

Auszugehen ist von den Vorschriften des BGB: Wenn die Teilhaber einer Gemeinschaft die Verwaltung und Benutzung des gemeinschaftlichen Gegenstandes geregelt haben, wirkt die getroffene Bestimmung nach § 746 BGB auch für und gegen die Sondernachfolger. Bei Grundstücken wird diese Bestimmung durch § 1010 Abs. 1 BGB ergänzt; hiernach ist eine solche Regelung der Verwaltung und Benutzung eines Grundstücks gegenüber dem Sondernachfolger eines Miteigentümers nur wirksam, wenn sie als „Belastung" des Anteils im Grundbuch eingetragen ist. Eine Regelung i. S. des § 1010 BGB kann nach h. M. nicht nur durch Vertrag, sondern auch durch einen zulässigerweise getroffenen Mehrheitsbeschluß erfolgen. Daß sie gegenüber einem *Gesamtrechtsnachfolger* (insbes. einem Erben) auch ohne Eintragung gilt, versteht sich von selbst. 27

Von den Bestimmungen des BGB weicht § 10 in seinen Absätzen 2 und 3 **in einzelnen Punkten ab.** Hierüber und über die Regelung im einzelnen ist folgendes auszuführen:

1. § 10 unterscheidet zwischen „Vereinbarungen" und „Beschlüssen". 28
Unter Vereinbarungen versteht man das von den WEigentümern vertraglich oder im Falle des § 8 einseitig durch den Eigentümer festgelegte „Statut" (so z. B. BayObLGE 1978, 377), durch das die gegenseitigen Beziehungen der WEigentümer ausgestaltet werden. In seiner **Funktion** entsprechen sie **der Satzung eines Vereins** und bilden die **„Grundordnung"** der Gemeinschaft (so ebenfalls BayObLGE 1978, 377), für die sich allgemein die Bezeichnung **„Gemeinschaftsordnung"** (GemO.) durchgesetzt hat. In der Gestaltung und in der späteren Änderung dieser Beziehungen sind die WEigentümer mit den in Rdn. 26 dargelegten Ausnahmen frei.

Inwieweit Beschlüsse, insbes. Mehrheitsbeschlüsse, möglich sind, ergibt sich aus den Vereinbarungen und, soweit solche nicht bestehen, aus den Vorschriften des Gesetzes. Sie haben vor den gesetzlichen Vorschriften jedoch nur Vorrang, sofern sie abdingbare gesetzliche Vorschriften erkennbar ersetzen oder ergänzen wollen (so BayObLGE 1972, 150). Das kann insbes. für die Frage von Bedeutung sein, ob ein von der Regelung abweichender, nach dem Gesetz zulässiger Mehrheitsbeschluß zulässig bleibt; ein solcher Mehrheitsbeschluß war allerdings in casu – Verweisung auf § 16 Abs. 2 – entgegen der auf Bärmann gestützten Meinung des Gerichts nicht zulässig (vgl. § 16 Rdn. 19, auch unten Rdn. 29).

Die **Unterscheidung** von Beschlüssen und Vereinbarungen wird nicht dadurch in Frage gestellt, daß es **manchmal zweifelhaft** sein kann, ob eine allstimmig gefaßte Willenskundgabe der WEigentümer als Vereinbarung oder als Eigentümerbeschluß aufzufassen ist (so mit Recht BayObLGE 1984, 198; vgl. auch BayObLGE 1973, 83; 1978, 377; BayObLG DNotZ 1984, 101); es ist jeweils eine **Auslegungsfrage,** ob eine einstimmig gefaßte Willenskundgabe der WEigentümer als Beschluß oder als Vereinbarung aufzufassen ist (dazu BayObLGE 1973, 83; 1975, 201; 1978, 377). Hierfür kommt es auf die Bezeichnung nicht an (BayObLG WE 1990, 214). Entscheidend ist der Inhalt (BayObLG WE 1992, 233). Die Abgrenzung wird sich oftmals daraus ergeben, ob das Gesetz oder die bestehenden Vereinbarungen eine Beschlußfassung für diesen Fall vorsehen oder zulassen. Trifft dies zu, so wird auch ein einstimmiger Beschluß nicht als Vereinbarung anzusehen sein, weil jeder WEigentümer, der an der **Beschlußfassung** beteiligt ist, durch seine Stimmabgabe grundsätzlich nur die **konkrete Angelegenheit** in einem bestimmten Sinn **geregelt** sehen will, nicht aber eine darüber hinausgehende Bindung beabsichtigt (so auch OLG Karlsruhe MDR 1983, 672 – betr. Einräumung eines Sondernutzungsrechts). Dieses Merkmal trifft freilich nicht für Beschlüsse zu, die eine Änderung der Vereinbarung zum Gegenstand haben. Reicht dagegen nach dem Gesetz ein Mehrheitsbeschluß nicht aus, so liegt bei einer einstimmigen Entscheidung eine Vereinbarung vor, deren Wirksamkeit gegenüber dem Sondernachfolger der Eintragung in das Grundbuch bedarf (BayObLG WE 1990, 214; BayObLGE 1991, 165; BayObLG WE 1994, 17). Das OLG Köln (DWEigt 1991, 155) stellt dagegen auf ein anderes Kennzeichen ab: Beschlüsse beruhten auf gleichgerichteten Willenserklärungen, Vereinbarungen, aber enthielten korrespondierende Verpflichtungen. Daher scheide die Umdeutung auch eines einstimmigen Beschlusses in eine Vereinbarung aus. Das vom OLG Köln genannte Merkmal erscheint zur Abgrenzung beider Handlungsformen wenig geeignet. In dem entschiedenen Fall lag ohnehin nur ein Mehrheitsbeschluß vor, mit dem entgegen der Vereinbarung die nachträgliche Zuweisung von SNR an Gemeinschaftseigentum erfolgen sollte, so daß die Frage der „Umdeutung" sich nicht stellte. Einen einstimmigen „Beschluß" unterstellt, wäre nach den dargestellten Auslegungsgrundsätzen von einer Vereinbarung auszugehen gewesen. Die Bedeutung der Unterscheidung liegt vor allem in dem Umstand begründet, daß der Beschluß anders als die Vereinbarung zur Wirkung gegen einen Sondernachfolger nicht der Eintragung in das Grundbuch bedarf (§ 10 Abs. 3; s. aber unten Rdn. 57). Ein solches Ergebnis ist berechtigt; wer in eine bestimmte WEigentümergemeinschaft eintritt, weiß nämlich und muß damit rechnen, daß über Angelegenheiten, die durch Beschluß geregelt werden können, z. B. hinsichtlich des Wohngeldes, der Instandhaltungsrücklage, auch Beschlüsse gefaßt worden sind. Wegen der Möglichkeit, sich Kenntnis hiervon zu verschaffen, vgl. unten Rdn. 54. Zu dem Fall, daß die GemO. ihre Änderung durch Mehrheitsbeschluß zuläßt, vgl. unten Rdn. 57.

29 **2. Vereinbarungen,** durch die die WEigentümer **ihr Verhältnis untereinander regeln,** sind als rein schuldrechtliche Verträge an sich **formlos gültig** (§ 746 BGB; BGH NJW 1984, 612; BayObLG DWEigt 1986, 29; 1993, 168) und können deshalb auch stillschweigend getroffen werden. Zu den besonderen Anforderungen, insbes. im Hinblick auf das Bewußtsein, eine dauerhafte Regelung schaffen zu wollen, gehört es i. d. R., daß vor der Willenskundgabe die WEigentümergemeinschaft über den Gegenstand beraten hat (KG NJW-RR 1989, 976) und die WEigentümer die Bestimmung der GemO. kennen (BayObLG ZMR 1994, 69). § 10 Abs. 2 spricht nur von Vereinbarungen, durch die die WEigentümer ihr Verhältnis „in Ergänzung oder Abweichung von Vorschriften dieses Gesetzs" regeln. Das schließt aber nicht aus, in die GemO. **Regelungen des Gesetzes wörtlich oder sinngemäß aufzunehmen.** Geschieht das, wird z. B. § 16 Abs. 2 in Bezug genom-

men, so soll das nach der zumindest zweifelhaften Auffassung des BayObLG (BayObLGE 1972, 150) nicht bedeuten, daß diese Regelung als Vereinbarung festgeschrieben wird. Werden in die GemO. Bestimmungen aufgenommen, die typischerweise in der **Hausordnung** (§ 21 Abs. 5 Nr. 1) stehen, so bedeutet das nicht, daß Änderungen nurmehr einstimmig möglich sein sollen (so zutr. BayObLGE 1975, 201; vgl. § 21 Rdn. 26). Unter Berufung auf diese Entscheidung will das OLG Düsseldorf (WE 1988, 172 m. krit. Anm. d. Red.) eine Änderung des in der Teilungserklärung bestimmten Abrechnungszeitraumes für Heizkosten durch Mehrheitsbeschluß zulassen. Es soll sich bei der Regelung um eine „Ordnungsvorschrift von lediglich formaler Bedeutung handeln". Allein daraus, daß nach der GemO. der Verteilungsschlüssel mit Mehrheit geändert werden konnte, ist jedoch nicht zu folgern, daß dies auch für den Abrechnungszeitraum gelten soll. Dieser ist vielmehr ein eigener Regelungsgegenstand. Zur Abänderung wäre daher eine Vereinbarung erforderlich gewesen. In Abweichung von dem Grundsatz des § 746 BGB und in Anlehnung an den Grundgedanken des § 1010 Abs. 1 BGB bestimmt § 10 Abs. 2, daß Vereinbarungen ungeachtet ihrer grundsätzlichen Formfreiheit **gegen einen Sondernachfolger nur wirksam sind, wenn sie als Inhalt des Sondereigentums im Grundbuch eingetragen sind** (vgl. hierzu § 5 Abs. 4 – sog. **„Verdinglichung"** – unten Rdn. 35 und § 5 Rdn. 32ff.; s. auch Henkes/Niedenführ/Schulze § 10 Rdn. 19).

a) Da es zur Eintragung im Grundbuch der **Eintragungsbewilligungen** 30 **sämtlicher WEigentümer** bedarf (unten Rdn. 47), ist der Wille der WEigentümer zur Verdinglichung der Vereinbarung in grundbuchmäßiger Form (§ 29 GBO) hinreichend deutlich zum Ausdruck gebracht. Es kann deshalb dahinstehen, ob es zur Verdinglichung außer der Vereinbarung und den Eintragungsbewilligungen noch einer sachenrechtlichen Einigung darüber bedarf, daß die Vereinbarung verdinglicht werden soll; dem entsprechende Einigungserklärungen sind in den Eintragungsbewilligungen zu sehen, die nach § 873 Abs. 2 BGB binden. Eine im Grundbuch eingetragene GemO. muß dem grundbuchrechtlichen Bestimmtheitsgrundsatz genügen (BayOblG WE 1992, 49).

b) Die Vereinbarung wirkt also **gegen** einen Sondernachfolger **nur, wenn** 31 **sie eingetragen ist, ohne Eintragung auch dann nicht,** wenn der Rechtsnachfolger **sie kennt** (a. M. Ertl DNotZ 1979, 271; wie hier Röll Rpfleger 1980, 90; OLG München NJW 1955, 637 zu § 1010 BGB). Doch kann es gegen Treu und Glauben verstoßen, wenn ein Erwerber eine Regelung, die er gekannt hat, nicht gegen sich gelten lassen will (so auch Henkes/Niedenführ/Schulze § 10 Rdn. 20). Die **Wirkung zugunsten eines Rechtsnachfolgers** hängt nicht von der Eintragung ab (so auch BayObLG WE 1992, 229). **Gutgläubiger Erwerb** gem. § 892 Abs. 1 Satz 1 BGB kommt in folgendem Umfang in Betracht: Zum einen, wenn eine eingetragene und bestehende Vereinbarung mit falschem Inhalt ins Grundbuch eingetragen worden ist. Fehlt dagegen eine materiellrechtliche Vereinbarung, so scheidet ein gutgläubiger Erwerb der gleichwohl eingetragenen Abrede aus. Zum anderen wird aber auch der gute Glaube an den Nichtbestand einer Vereinbarung geschützt. Dies gilt etwa für den Fall, daß das Grundbuch infolge eines Übertragungsfehlers im Rahmen einer Bestandsabschreibung unrichtig geworden ist und eine zunächst geschlossene und auch eingetragene Vereinbarung nicht mehr enthält (OLG Hamm NJW-RR 1993, 1295; hierzu Weitnauer WE 1994, 60ff.). Der Erwerber kann also darauf vertrauen, daß über die ins Grundbuch aufgenommenen Vereinbarungen keine weiteren den Sonderrechtsnachfolger bindenden Abreden bestehen. Allerdings setzt das die Eintragungsfähigkeit auch solcher Beschlüsse voraus, die die Vereinbarung abändern (s. unten Rdn. 57). Andernfalls wird man eine Gutgläubigkeit des Erwerbers jedenfalls bei einer nach der GemO. bestehenden Abänderungsbefugnis durch Mehrheitsbeschluß verneinen müssen. Diese Auffassung verdient wegen der größeren Rechtssicherheit und der daraus folgenden verbesserten Verkehrsfähigkeit des WEigentums trotz gewisser mit ihr verbundener Unzuträglichkeiten für das GBA den Vorzug vor der Ablehnung jeglichen gutgläubigen Erwerbs, soweit es das Bestehen von Abreden betrifft (a. A. aber Demharter DNotZ 1991, 28ff.; zum guten Glauben beim SNR s. § 15 Rdn. 35). Der Anspruch auf eine Regelung, die zum Inhalt des Sondereigentums gemacht werden soll, kann durch **Vormerkung** gesichert werden; so für den Anspruch auf Änderung einer solchen Regelung BayObLGE 1974, 118. Wegen der Voraussetzungen und des Inhalts der Eintragung vgl. unten Rdn. 47, 48.

32 Ein **Beschluß der WEigentümer** kann grundsätzlich **nicht** in das Grundbuch eingetragen werden, selbst dann nicht, wenn er eine Abweichung von der GemO. enthält, die mangels Anfechtung Bestandskraft erlangt hat (§ 23 Abs. 4); so mit Recht BGH ZIP 1994, 1605 m. w. N.; BayObLG DNotZ 1984, 101; vgl. dazu unten Rdn. 57. Eine **Ausnahme** ist für den Fall zu machen, daß die GemO. nach den in ihr enthaltenen Regelungen durch Mehrheitsbeschluß abgeändert werden kann (unten Rdn. 51); da ein solcher Beschluß die Wirkung einer Vereinbarung haben soll und hat, muß er auch den für diese geltenden Grundsätzen unterliegen. Entsprechendes hat für gerichtliche Eingriffe in die GemO. zu gelten.

33 c) **Nicht** § 10 Abs. 2 unterliegen Vereinbarungen, nach denen Gegenstände des Sondereigentums zum gemeinschaftlichen Eigentum erklärt werden. Diese Abreden, die unmittelbare Wirkung i. S. einer sachenrechtlichen Zuordnung haben, erlangen Wirksamkeit durch die Eintragung ins Grundbuch (die durch Bezugnahme auf die Eintragungsbewilligung geschehen kann, § 7 Abs. 3); der Sondernachfolger ist nicht gem. § 10 Abs. 2 gebunden, sondern erwirbt das WEigentumsrecht in der durch die Vereinbarung (oder eine entsprechende Bestimmung nach § 8) herbeigeführten Beschaffenheit; vgl. § 5 Rdn. 31.

34 d) **Sondernachfolger** ist, wer das WEigentum durch Rechtsgeschäft, also durch Auflassung und Eintragung im Grundbuch, oder durch Zuschlag in der Zwangsversteigerung erwirbt (BayObLG WE 1988, 202). Mit dem Wirksamwerden des Erwerbs – und erst mit diesem (auch im Falle der §§ 18, 19; vgl. § 19 Rdn. 6) – tritt der Erwerber in die Gemeinschaft nach Maßgabe des § 10 Abs. 2 und 3 ein; für rückständige Verpflichtungen seines Rechtsvorgängers haftet er nicht wegen des Eintritts, sondern nur auf Grund einer entsprechenden Bestimmung in der GemO. (zulässig, vgl. § 16 Rdn. 45ff.)

oder besonderer vertraglicher Verpflichtung. Ein **Gesamtrechtsnachfolger,** insbes. ein Erbe, tritt kraft Gesetzes in alle Rechte und Verpflichtungen seines Vorgängers ein; einer besonderen Bestimmung hierfür bedarf es nicht.

e) Die **Wirkung gegenüber einem Sondernachfolger** und nichts anderes **35** ist gemeint, wenn von einer **„dinglichen Wirkung"** oder **„Verdinglichung"** der Vereinbarungen gesprochen wird (BayObLGE 1974, 172); sie bedeutet, daß die schuldrechtlichen Ansprüche und Verpflichtungen jeweils an die Person der Teilhaber geknüpft sind (so auch Bärmann/Pick/Merle § 5 Rdn. 70; Ertl DNotZ 1979, 267, 273; Röll Rpfleger 1980, 90). Weitergehende Vorstellungen, wie sie der BGH in BGHZ 73, 145 mit der „dinglichen Wirkung" zu verbinden scheint, können zu irrigen Folgerungen, insbes. bezüglich der „Sondernutzungsrechte" (dazu ausführlich § 15 Rdn. 29–32) führen, die im Gegensatz zu Dienstbarkeiten nicht dinglicher Natur sind und deshalb gegenüber dritten, außerhalb der Gemeinschaft stehenden Personen keine Wirkung äußern können. Besonderes gilt für die Veräußerungsbeschränkung nach § 12 (vgl. daselbst Rdn. 1, 2, 13ff.). Zur Form der Eintragung unten Rdn. 46.

f) Sind in einer GemO. Bestimmungen enthalten, welche einen WEigentümer über die gesetzliche Regelung hinaus belasten, z. B. die gesamtschuldnerische Haftung des Erwerbers für rückständige Verpflichtungen des Veräußerers vorsehen, so bringt die Schenkung eines so gestalteten Rechts nicht lediglich einen rechtlichen Vorteil. Bei Schenkung des Vaters an **sein** minderjähriges Kind bedarf es also eines Ergänzungspflegers; so BGHZ 15, 168, dazu H. Lange NJW 1955, 1339; BGHZ 78, 28 („Gesamtbetrachtung"). **36**

g) Zu den Beschlüssen im einzelnen unten Rdn. 54ff.

3. Möglicher Inhalt

a) Die Vorschrift des Abs. 2 bezieht sich auf **Vereinbarungen jeder Art,** **37** sofern sie nur das Verhältnis der WEigentümer untereinander betreffen, also nicht allein auf Vereinbarungen über die Verwaltung und Benutzung, wie dies in §§ 1010, 746 BGB vorgesehen ist. Daher können mit „dinglicher" Wirkung insbes. auch Vereinbarungen über den Anteil an Nutzungen, selbst wenn sie nicht in Gebrauchsvorteilen (§ 100 BGB) bestehen, getroffen werden. Da das BGB ausdrücklich neben der Verwaltung, die man im weitesten Sinne verstehen kann, nur die Benutzung erwähnt, mußte es zumindest zweifelhaft erscheinen, ob auch der **Anteil an den „Früchten"** (vgl. hierzu § 16 Rdn. 6) nach § 1010 BGB geregelt werden konnte. Bei der Fassung des WEG sind diese Zweifel beseitigt

Ebenso ist es bei der weiten Fassung des § 10 Abs. 2 – anders als nach der Regelung des BGB (vgl. Palandt/Thomas § 752 Rdn. 1) – möglich, **Vereinbarungen über die Schuldenberichtigung** (wegen § 1010 Abs. 2 BGB vgl. oben Rdn. 8) **und die Art der Teilung** im Falle der Aufhebung der Gemeinschaft mit Wirkung gegen den Sondernachfolger zu treffen. Derartige Vereinbarungen bedürfen allerdings, sofern sie von der gesetzlichen Regelung abweichende Übereignungsverpflichtungen schaffen, der Form des

§ 313 BGB (OGH Köln NJW 1949, 64); Beispiel: BayObLGE 1979, 414 (Aufhebung der Gemeinschaft bei zwei Einfamilienhäusern, sobald die reale Teilung möglich ist).

Ferner können – müssen aber natürlich nicht – im Rahmen der „Vereinbarungen" i. S. des § 10 Abs. 2 auch Abreden über die **Errichtung und Finanzierung des Gebäudes** getroffen werden (so schon die 4. Aufl. § 43 Rdn. 4f.), was sich bereits daraus ergibt, daß solche Abreden unzweifelhaft hinsichtlich der Instandhaltung und Instandsetzung und des Wiederaufbaus im Falle der Zerstörung, also für angrenzende Fälle mit fließenden Übergängen, getroffen werden können (§§ 21, 22). Streitigkeiten über derartige Vereinbarungen sind dann im Verfahren nach §§ 43ff. auszutragen und zu entscheiden; vgl. dazu § 43 Rdn. 8, 15.

Im übrigen wird auf die Möglichkeit von Vereinbarungen, durch welche die WEigentümer ihre Beziehungen abweichend von den abdingbaren gesetzlichen Vorschriften regeln, noch jeweils an den einzelnen einschlägigen Stellen hingewiesen; von besonderer Bedeutung ist die **Veräußerungsbeschränkung** nach § 12. Einige Punkte von allgemeinem Belang sind aber hier zu erörtern:

38 b) Beispiele:

aa) Unter § 10 Abs. 2 fallen nur Vereinbarungen, die **ausschließlich das Verhältnis der WEigentümer untereinander** betreffen. Deshalb können **nicht Rechte zur Benutzung eines Nachbargrundstücks** (Stellplätze, Tiefgaragen usw., OLG Frankfurt Rpfleger 1975, 179; OLG Hamburg Rpfleger 1980, 112; BayObLG Rpfleger 1979, 420 – Rampenfall; BayObLG DWEigt 1984, 30) oder ein **dingliches Vorkaufsrecht (§ 1094 BGB)** zum Inhalt des Sondereigentums i. S. des § 10 Abs. 2, § 5 Abs. 4 gemacht werden, weil es auch gegenüber außenstehenden Dritten wirken soll (so zutreffend OLG Celle DNotZ 1955, 320 m. Anm. Weitnauer; OLG Bremen Rpfleger 1977, 313; Bärmann/Pick/Merle Vor § 10 Rdn. 13); ebenso nicht **Gebrauchsrechte zugunsten eines Dritten** (so auch Ertl-KEHE Einl. D 30; a. A. OLG Hamm Rpfleger 1973, 167). Die dargestellten Grundsätze schließen aber nicht aus, daß in der GemO. die Nutzung einer Grunddienstbarkeit geregelt wird, die Bestandteil (§ 96 BGB) des im gemeinschaftlichen Eigentum stehenden Grundstücks der WEigentümer ist (BayObLGE 1990, 124); denn von einer solchen Regelung bleibt der Bestand des Rechts unberührt (so auch OLG Köln Rpfleger 1993, 335). Die Vereinbarung regelt somit nur eine interne Frage. Ebenso können die WEigentümer sich gegenseitig rein schuldrechtliche Vorkaufsrechte einräumen; auch deren Sicherung durch eine Vormerkung (§§ 883ff. BGB) ist zulässig; der Umstand, daß die gesicherten Ansprüche subjektiv dinglich jeweils mit einem WEigentumsrecht verbunden sind, steht nicht entgegen, weil es genügt, daß der jeweilige Gläubiger des gesicherten Anspruchs eindeutig feststeht (vgl. RGZ 128, 246; Erman/Hagen § 883 Rdn. 15). Nicht unter § 10 Abs. 2 fällt auch der Vertrag der WEigentümer mit dem Verwalter; wohl aber können die WEigentümer untereinander Vereinbarungen i. S. des § 10 Abs. 2 darüber treffen, in welcher Weise der Verwaltervertrag auszugestalten ist; eine solche Vereinbarung hat dann die Bedeutung, daß die WEigentümer verpflichtet sind, ihre Zustimmung zum Abschluß eines den vereinbarten Richtlinien entsprechenden Verwaltervertrages zu erteilen (zust. Bärmann/Pick/Merle § 10 Rdn. 51; BayObLGE 1972, 314; 1974, 275; im übrigen dazu § 26 Rdn. 26). Zum Eintritt eines Erwerbers in den Verwaltervertrag vgl. § 26 Rdn. 26. **Möglich** sind **drittbegünstigende Vereinbarungen zugunsten eines Dritten** i. S. des berechtigenden Vertrages zugunsten Dritter (§ 328 BGB); sie begründen eine Verpflichtung zugunsten des Dritten, so z. B. wenn eine Anschlußpflicht begründet werden soll (dazu § 15 Rdn. 41); der gegenteiligen Ansicht von OLG Frankfurt (MDR 1983, 580) ist nicht zu folgen; vgl. zum Gesellschaftsrecht MünchKomm/Gottwald § 328 Rdn. 44.

bb) Die Vereinbarung von **Geldstrafen**, die bei bestimmten Zuwider- **39**
handlungen durch Mehrheitsbeschluß der WEigentümerversammlung verhängt werden, ist zulässig (BayObLGE 1959, 457; 1985, 345), auch von Geldstrafen in festgelegter Höhe (so OLG Frankfurt Rpfleger 1979, 109). Sie haben nach BayObLGE 1959, 457 die Rechtsnatur von Vereinsstrafen, nach h. M. sind die §§ 339 ff. BGB, insbes. § 343 BGB, nicht anwendbar; Nachprüfung nur dahin, ob der Beschluß in der Satzung eine Stütze findet, das vorgeschriebene Verfahren beachtet ist, Verstoß gegen Gesetz oder gute Sitten vorliegt oder ob er „offenbar unbillig" ist (BGHZ 21, 370; vgl. auch BGHZ 47, 381 – Nachprüfung des Vereinsausschlusses, insbes. wegen Verstoßes gegen den Grundsatz der Gleichbehandlung, dazu Wiedemann JZ 1968, 219); Anfechtung von Beschlüssen über die Verhängung von Geldstrafen nach §§ 23 Abs. 4, 43; offenbare Unbilligkeit liegt auch vor bei unverhältnismäßiger Höhe („maßlos hoch und eindeutig ungerecht"). Der Richter kann die Strafen nicht selbst festsetzen (ermäßigen), sondern nur für ungültig erklären. Teilweise von der h. M. abweichend zu den Vereinsstrafen Weitnauer, FS für Reinhardt, S. 179. Angemessene **Verzugszinsen** i. S. eines pauschalierten Schadensersatzes können durch die GemO. festgesetzt werden (BayObLGE 1985, 345; BayObLG WE 1988, 200), nicht dagegen durch Mehrheitsbeschluß (BGH WE 1991, 321). Ein Beschluß, der einen überhöhten Zinssatz ergibt (1 Promille je Tag), ist nicht nur anfechtbar (§ 23 Abs. 4), sondern wegen Überschreitung der Regelungskompetenz absolut nichtig (so BayObLG aaO; OLG Celle ZMR 1985, 103).

cc) **Schiedsvereinbarungen** sind zulässig (BayObLGE 1973, 1; vgl. § 43 **40**
Rdn. 34); erst recht Abreden über die Erledigung von Streitpunkten durch **Schiedsgutachten.**

dd) Weiter ist es – wenngleich hier der Rahmen der internen Regelung **41**
etwas überschritten wird – möglich, Vereinbarungen über die Vertretung nach außen zu treffen, also z. B. zu bestimmen, daß zur Abgabe rechtsverbindlicher Äußerungen für alle WEigentümer in bestimmten Angelegenheiten etwa jeweils drei WEigentümer berechtigt seien, und insoweit eine unwiderrufliche **Vollmacht** zu erteilen (OLG Celle NJW 1958, 307; BayObLGE 1974, 294) oder dem Verwalter oder Dritten **Gestaltungsrechte** i. S. des § 317 BGB einzuräumen, so insbes. bezüglich der Zuweisung von Stellplätzen zu bestimmten Wohnungen (BayObLG Rpfleger 1980, 111; BayObLGE 1985, 124, und 1985, 378) oder zur Vornahme von Veränderungen am gemeinschaftlichen Eigentum (BayObLGE 1974, 217;

BayObLG WEM 1980, 31; LG Stuttgart BWNotZ 1980, 91); solche Ermächtigungen müssen allerdings nach Art und Umfang so **eingegrenzt** sein, daß die WEigentümer nicht der Willkür ausgesetzt sind (BayObLG 1974, 294). Ist ein **Gestaltungsrecht,** z.B. Zuweisung eines Stellplatzes, in der GemO. vorbehalten, so bedarf es, wenn das Recht ausgeübt wird, zur Eintragung im Grundbuch **nicht der Zustimmung** oder Eintragungsbewilligung etwaiger dinglich Berechtigter (§§ 877, 876 BGB), sofern die Ausübung in grundbuchmäßiger Form nachgewiesen wird (BayObLGE 1985, 378; vgl. auch Weitnauer JZ 1984, 1113 zu BGHZ 91, 343; unten Rdn. 50). Unzulässig ist die Ermächtigung an den Verwalter, einseitig die Verwaltung auf einen Dritten zu übertragen (BayObLGE 1975, 327).

42 ee) In entsprechender und erweiternder Anwendung des § 10 Abs. 2 ist es auch, übereinstimmend mit OLG Celle DNotZ 1955, 320, zulässig, daß eine **Unterwerfung unter die sofortige Zwangsvollstreckung** (§ 794 Abs. 1 Nr. 5 ZPO) wegen des „Wohngeldes" (d.h. der auf den einzelnen WEigentümer entfallenden Verpflichtung zur anteiligen Tragung der Lasten i.S. des § 16 Abs. 2) mit Wirkung für den jeweiligen WEigentümer zugunsten der jeweiligen anderen WEigentümer erfolgen kann. Dabei handelt es sich freilich nicht um eine Vereinbarung im eigentlichen Sinn des § 10 Abs. 2; der enge Sachzusammenhang, die Rücksicht auf die besonderen Verhältnisse der Gemeinschaft und die Analogie zu § 800 ZPO rechtfertigen aber die erwähnte Rechtsgestaltung. Der Erteilung der Vollstreckungsklausel stehen im Hinblick auf die Möglichkeit des Nachweises einer Rechtsnachfolge auf der Gläubiger- oder Schuldnerseite durch das Grundbuch keine Schwierigkeiten entgegen (§ 727 ZPO). Erforderlich ist allerdings Bestimmtheit des Geldbetrages in dem in § 794 Abs. 1 Nr. 5 ZPO verlangten Sinne sowie Einhaltung der von dieser Vorschrift verlangten Beurkundungsform der Teilungserklärung.

43 ff) **Weitere Beispiele** (vgl. auch Ertl DNotZ 1979, 267, 274):

Bestellung eines Verwalters (möglich, nicht notwendig, BayObLGE 1974, 275);

Ermächtigung des Verwalters zu Handlungen und Maßnahmen über die in § 27 zugewiesenen Befugnisse hinaus (BayObLGE 1974, 217; BayObLG WEM 1980, 31; Rpfleger 1978, 256 – Inkasso von Zins- und Tilgungsleistungen);

Regelung des Stimmrechts, so Stimmrecht nach Quoten statt nach Köpfen (OLG Hamm Rpfleger 1975, 401), Ruhen des Stimmrechts wegen Verzugs mit dem Wohngeld (BayObLGE 1965, 34; LG München Rpfleger 1978, 381), nicht aber vollkommener Stimmrechtsausschluß (OLG Hamm DWEigt 1990, 70); Regelung der Abstimmungsmodalitäten;

Pflicht zur **Bestellung eines Vertreters,** Fiktion des Zugangs von Erklärungen (zulässig, so auch Bärmann/Pick/Merle § 10 Rdn. 50); § 10 Nr. 5 AGBG steht nicht entgegen (vgl. § 7 Rdn. 23ff.); nicht aber Genehmigungsfiktion der Jahresabrechnung bei unterbliebenem Widerspruch (KG WE 1991, 323; anders OLG Frankfurt OLGE 1986, 45);

Haftung des rechtsgeschäftlichen **Erwerbers** für rückständige Verpflichtungen des Veräußerers (OLG Braunschweig MDR 1977, 230; OLG Köln OLGE 1978, 151; OLG Karlsruhe MDR 1979, 58; BayObLGE 1979, 352 –

Auslegung; BGH WE 1994, 207 auf Vorlage des KG WE 1994, 79). Vgl. im übrigen § 16 Rdn. 53f.;

Gebrauchsregelung (BayObLGE 1974, 217), Nutzungsbeschränkung (BGH NJW 1962, 1613), auch in Form einer **Konkurrenzschutzklausel** (BGH NJW 1974, 2317; OLG Köln WE 1994, 86), für Einzelheiten s. § 15. Ebenso kann durch GemO. von den Regeln des § 16 abgewichen werden (z.B. BayObLG WM 1993, 562; Einzelheiten s. unten § 16 Rdn. 19ff.). Zulässig ist aber auch, in der GemO. der WEigentümerversammlung die Befugnis einzuräumen, durch (qualifizierten) Mehrheitsbeschluß eine von § 16 abweichende Regelung zu treffen (z.B. BayObLG WE 1989, 145; 1992, 176); s. schon oben Rdn. 31; für Einzelheiten s. unten Rdn. 51;

Gestaltungsrechte, insbes. Ermächtigung eines Dritten zur näheren Ausgestaltung des Gemeinschaftsverhältnisses i.S. des § 317 BGB – so z.B. die Ermächtigung des Verwalters zum Erlaß einer Hausordnung (vgl. § 21 Rdn. 26) – oder zur Konkretisierung bestimmter Rechte – z.B. die Ermächtigung des Bauträgers zur Zuweisung eines bestimmten Stellplatzes in Ausführung eines zunächst nur in allgemeiner Form vorgesehenen SNR (vgl. oben Rdn. 41; § 15 Rdn. 26ff. und BayObLG Rpfleger 1980, 111, wo eine solche Ermächtigung nicht als Einräumung eines Gestaltungsrechts i.S. des § 317 BGB, sondern als Vollmacht aufgefaßt wird; vgl. auch § 8 Rdn. 9).

c) Für die **Auslegung der GemO.** gilt nach st. Rspr. folgendes: Die Be- **44**
stimmungen, die durch Eintragung im Grundbuch zum Inhalt des Sondereigentums gemacht sind, unterliegen den allgemeinen Grundsätzen für Eintragungsbewilligungen und Grundbucheintragungen, sie sind also nach Wortlaut und Sinn der Erklärung auszulegen, wie sie sich für den unbefangenen Betrachter als **nächstliegende Bedeutung der Erklärung** ergibt (BayObLGE 1983, 73, 78f.; BayObLG NJW-RR 1988, 140; WE 1991, 291; 1992, 290; 1993, 285; WM 1993, 289; WE 1994, 17; OLG Hamm WE 1993, 318; KG WE 1994, 55); es kommt nicht auf den Willen des Erklärenden, sondern darauf an, was jeder gegenwärtige und zukünftige Betrachter als objektiven Sinn der Erklärung ansehen muß. Nach Auffassung des BayObLG ist der gleiche Maßstab sogar bei einseitigen Regelungen durch den teilenden Eigentümer selbst dann anzuwenden, wenn sie nicht im Grundbuch eingetragen sind und nur schuldrechtlich wirken. Entscheidend sei, daß das Verhältnis der WEigentümer untereinander betroffen sei und insoweit die Bestimmung einheitlich für alle Erwerber ausgelegt werden müsse (BayObLG WE 1992, 262). Das Rechtsbeschwerdegericht ist zur selbständigen Auslegung befugt (BayObLGE 1980, 29; BayObLG DWEigt 1982, 131; Rpfleger 1982, 143; 1983, 79; DWEigt 1984, 30; WE 1991, 228; KG OLGE 1982, 131; OLG Zweibrücken WE 1987, 87; OLG Karlsruhe NJW-RR 1987, 651). Nach diesen Grundsätzen ist jeweils im Einzelfall zu verfahren. Verallgemeinerungen sind nicht möglich und wären gefährlich. Die Grenze zwischen Auslegung und gestaltender richterlicher Entscheidung nach § 15 Abs. 3, § 21 Abs. 4 kann fließend sein (so mit Recht AG Oldenburg ITelex 1983/22/115); solange der Wortlaut einen Anhalt bietet, ist Auslegung anzunehmen. Zum Prüfungsumfang des Gerichts im WEG-Verfahren s. unten Anh. zu § 43.

45 d) Wegen der **Schranken** und wegen der **Kontrolle** des Inhalts von GemO., insbes. der durch Teilungserklärung einseitig geschaffenen, vgl. § 7 Rdn. 23ff. Zum Schutz gegen überraschende Klauseln vgl. BayObLGE 1974, 294; 1979, 427.

46 e) Entsprechend der Konstruktion des Gesetzes werden diese Vereinbarungen nicht als „Belastungen", wie nach § 1010 BGB, sondern als **„Inhalt des Sondereigentums" eingetragen;** vgl. hierzu § 5 Rdn. 33. Die Frage nach einem *Rangverhältnis* zwischen solchen Vereinbarungen und dinglichen Belastungen des WEigentums kann daher nicht auftreten. Nach §§ 746, 1010 BGB ist die rechtliche Konstruktion der Verwaltungs- und Benutzungsregelung zweifelhaft. Bei Staudinger/Vogel (BGB, 10. Aufl. (1937), § 746 Anm. 1e), ist ausgeführt, „man hat es im Grunde wohl mit einer dinglich wirkenden Beschränkung und Besonderheit des Gemeinschaftsverhältnisses, im ganzen gedacht, zu tun"; als echte Belastung könnte sie jedenfalls nicht aufgefaßt werden; die Eintragung als Belastung sollte wohl nur den Weg der grundbuchmäßigen Behandlung weisen (vgl. hierzu Staudinger/Gursky § 1010 Rdn. 4; abw. MünchKomm/K. Schmidt § 1010 Rdn. 9); nach BayObLG Rpfleger 1980, 478 handelt es sich nicht um eine Verfügungsbeschränkung des jeweiligen Miteigentümers, sondern um eine Belastung von dessen Anteil zugunsten der übrigen Miteigentümer; „diese Belastung ist als Beschränkung des (Mit-) Eigentumsrechts in Abt. II des Grundbuchs einzutragen"; vgl. auch § 3 Rdn. 120. Im WEG ist der Weg, die Änderung des Inhalts dinglicher Rechte durch Vereinbarung zuzulassen, **in Anlehnung an die Erbbaurechtsverordnung** gewählt; diesem Vorbild folgt auch die technische Regelung für die grundbuchmäßigen Eintragungen (vgl. § 7 Rdn. 32.). Handelt es sich um Regelungen, die ihrem Inhalt nach **Dienstbarkeiten ähnlich** sind, wie z. B. Benutzungsregelungen, und die zum Inhalt des Sondereigentums i. S. des § 5 Abs. 4 gemacht werden, so ist für Art und Umfang der Bezugnahme auf die Eintragungsbewilligung und deren zeichnerische Anlagen auf die für die Eintragung von Dienstbarkeiten maßgeblichen Grundsätze zurückzugreifen (vgl. hierzu BGHZ 59, 11; OLG Hamm MDR 1973, 584); daraus folgt nicht, daß sie Dienstbarkeiten sind oder solchen gleichstehen (oben Rdn. 29; § 15 Rdn. 29ff.).

47 f) **Voraussetzungen und Inhalt der Eintragung.** Zur Eintragung der zum Inhalt des Sondereigentums zu machenden Vereinbarungen bedarf es im Falle des § 3 der **Eintragungsbewilligungen** sämtlicher WEigentümer (BayObLGE 1973, 267; 1974, 217; 1974, 294; 1978, 377; 1984, 50; OLG Köln OLGE 1982, 413), im Falle des § 8 der Eintragungsbewilligung des Eigentümers in der Form des § 29 GBO, also durch öffentlich beglaubigte oder beurkundete Erklärung; Nachweis in der Form des § 26 Abs. 4 genügt nicht (BayObLGE 1978, 377). Zur Begründung eines **Sondernutzungsrechts** vgl. § 15 Rdn. 25.

48 Bei der Eintragung ist Bezugnahme auf die Eintragungsbewilligung gem. § 7 Abs. 3 zulässig; Besonderes gilt für die Eintragung der Veräußerungsbeschränkung nach § 12 (vgl. daselbst Rdn. 7, 8).

4. Änderung und Aufhebung der GemO.

a) Die wirksam gewordene GemO. kann, da sie durch Vereinbarung, also durch einen Vertrag, oder im Falle des § 8 durch einen dem Vertrag gleichstehenden Vorgang geschaffen wird, auch **nur durch eine Vereinbarung geändert oder aufgehoben** werden, die Änderung bedarf also der Zustimmung aller WEigentümer und, falls eine Vormerkung zugunsten eines Auflassungsempfängers eingetragen ist, auch dessen Zustimmung (BayObLGE 1974, 217), grundbuchmäßig deren Eintragungsbewilligung (BayObLGE 1978, 377; 1983, 79; 1987, 66; BayObLG Rpfleger 1986, 177; OLG Celle DWEigt 1984, 90; OLG Frankfurt OLGE 1981, 154; OLG Hamburg MDR 1985, 501; OLG Frankfurt DWEigt 1986, 142 unter Abweichung von OLG Frankfurt OLGE 1983, 180; so für das geltende Recht auch Ertl DNotZ 1979, 267, 276). Die Erleichterung des Nachweises für Beschlüsse nach § 26 Abs. 4 kann hier nicht Anwendung finden (BayObLGE 1978, 377). Das ist in st. Rspr. anerkannt (BGHZ 49, 250; BayObLGE 1972, 314; 1974, 86; 172; 217; 1978, 377) und so selbstverständlich, daß es keiner Hervorhebung bedürfen sollte. Die GemO. kann vorsehen, daß eine Nutzungsänderung des Sondereigentums ohne Zustimmung der übrigen WEigentümer möglich ist (hierzu auch BayObLGE 1990, 107). In diesem Fall ist trotz § 877 BGB auch keine Zustimmung etwaiger Grundpfandrechtsgläubiger notwendig (BayObLGE 1989, 28; s. auch OLG Hamm OLGE 1989, 160). Änderungen der GemO. sind an sich **formlos gültig** (oben Rdn. 29), zur Wirksamkeit gegen Sondernachfolger bedürfen sie der **Eintragung in das Grundbuch** nach § 10 Abs. 2, § 5 Abs. 4 (nachstehende Rdn. 50). Eine abweichende Übung, selbst eine jahrelange – z. B. gegen die GemO. verstoßende unangefochten gebliebene Beschlüsse über die Jahresabrechnung –, vermag keine Änderung herbeizuführen (BayObLG NJW 1986, 385; DWEigt 1987, 56; Sauren NJW 1986, 2034); allerdings können solche Beschlüsse für die Dauer ihres Bestandes verbindlich sein (BayObLGE 1984, 50). Natürlich erschwert das Erfordernis der Einstimmigkeit – **„Einstimmigkeitsprinzip“** – Änderungen auch da, wo sie wünschenswert erscheinen können. Aber das muß so sein, weil Sicherheit und Wert des WEigentums davon abhängen, daß die einmal erworbene Rechtsstellung dem Erwerber nicht ohne seine Zustimmung entzogen werden kann; das ist auch für die Beleihbarkeit, die das Rückgrat des WEigentums ist, von entscheidender Bedeutung. Allen Bestrebungen, das Einstimmigkeitsprinzip zu durchbrechen und Änderungen der GemO. allgemein oder in bestimmten Punkten durch Mehrheitsentscheidungen – auch einer qualifizierten Mehrheit – zuzulassen, ist entschieden zu widersprechen (s. hierzu Junker, S. 211 ff., dessen Auffassung schon wegen der ihr zugrunde gelegten Annahme einer zwischen den WEigentümern bestehenden „dinglichen Gesellschaft“ nicht überzeugen kann; s. hierzu Weitnauer WE 1994, 33 ff. Auch Junkers Versuch, die hier angesprochene Frage im Wege des Minderheitenschutzes zu lösen, bringt keine erkennbaren Vorzüge mit sich). Der Hinweis darauf, daß im Vereins- und Aktienrecht Satzungsänderungen durch Mehrheitsbeschluß getroffen werden können, vermag nicht zu überzeugen; das WEigentum ist Eigentum, es geht um die 49

Ausübung sachenrechtlicher Befugnisse; der WEigentümer hat nicht die Möglichkeit, sich den Folgen von Beschlüssen, die er nicht billigt, durch Austritt aus dem Verein, die Veräußerung der Aktie zu entziehen (Weitnauer DWW 1979, 237; Bärmann Rpfleger 1977, 233; 1991, 313); der Regierungsentwurf (Vor § 1 Rdn. 93), dessen Kernstück gerade die Ermöglichung solcher Mehrheitsbeschlüsse war und der auf offenbar unzulänglichen Grundlagen beruhte, war auf falscher Spur (vgl. BayObLGE 1987, 66; OLG Frankfurt OLGE 1986, 26); wegen der Literatur vgl. Vor § 1 Rdn. 93. Zu erwägen ist allerdings, ob eine Vereinbarung dann nicht diesem strengen Grundsatz unterliegt, wenn von ihr bestimmte Eigentümer in keiner Weise betroffen sind, vgl. Weitnauer WE 1994, 60, 61.

50 b) Als **Änderung des Inhalts** des Sondereigentums und damit des WEigentums bedarf eine Änderung, wenn ein WEigentum mit dem Rechte eines Dritten – insbes. einem Grundpfandrecht, aber möglicherweise auch einer Dienstbarkeit, deren Ausübung betroffen wird, etwa einem Wohnungsrecht, das durch eine Gebrauchsbeschränkung beeinträchtigt würde – belastet ist, **der Zustimmung dieser Dritten nach §§ 877, 876 BGB** (in diesem Sinne endgültig geklärt durch BGHZ 91, 343; Weitnauer JZ 1984, 1113; vgl. ferner BayObLGE 1974, 217; 1991, 313; a. A. Junker, S. 213; OLG Frankfurt Rpfleger 1975, 309; im gleichen Sinne für die Änderung des Inhalts eines Erbbaurechts Soergel/Stürner § 877 Rdn. 3; § 2 ErbbauVO Rdn. 1). Die hiernach vorausgesetzte Betroffenheit des Rechts des Dritten wird durch jede Beeinträchtigung begründet, es muß „jede rechtliche, nicht bloß eine wirtschaftliche Beeinträchtigung ausgeschlossen sein" (so BGHZ 91, 343), wenn die Zustimmung entbehrlich sein soll; sie ist verneint worden für die Aufhebung einer Veräußerungsbeschränkung nach § 12 durch LG Bielefeld Rpfleger 1985, 232. Eine nur zwischen den Beteiligten wirkende, weil nicht im Grundbuch eingetragene Änderung des Kostenverteilungsschlüssels soll ebenfalls zustimmungsfrei beschlossen werden können (LG Lübeck NJW-RR 1990, 912). Das Erfordernis der Zustimmung bedeutet, worauf Ertl DNotZ 1979, 267, 281 mit Recht hingewiesen hat, für die Praxis eine erhebliche Erschwerung für die Verwirklichung auch sinnvoller und notwendiger Änderungen. Gleichwohl ist **daran festzuhalten** (so auch die Bundesregierung in der Begründung der Novelle S. 18, vgl. Vor § 1 Rdn. 93). Ein gesetzlicher Ausschluß des Zustimmungserfordernisses würde nicht nur die **Beleihbarkeit** des WEigentums **gefährden**, sondern auch mit Art. 14 GG in Widerspruch geraten. Eine Erleichterung für die Praxis könnte es wohl bedeuten, wenn man in Anlehnung an die landesrechtlichen Vorschriften über das **Unschädlichkeitszeugnis** (Art. 120 EGBGB) dem Richter der fG (§ 43) ermöglichen würde, die Feststellung zu treffen, daß eine beabsichtigte Inhaltsänderung die Interessen der dinglich Berechtigten nicht oder nicht erheblich beeinträchtigt; diese Feststellung könnte dann die Zustimmung ersetzen (vgl. Weitnauer DWW 1979, 237, 242), in diesem Sinne LG München I DWEigt 1984, 91 und BayObLG Rpfleger 1988, 140 – Begründung eines SNR; WE 1994, 250 – Erbbaurechtsgemeinschaft). Das OLG Köln (ZMR 1993, 428) hält eine gesetzliche Regelung für geboten. Eine der Sache nach die §§ 877, 876 BGB wiederholende Bestimmung einer GemO. kann nach

LG Berlin Rpfleger 1975, 59 nicht in das Grundbuch eingetragen werden, weil sie überflüssig ist. Der Zustimmung bedarf es nach BayObLGE 1987, 66 nicht im Falle der Anpassung aufgrund des § 242 BGB (Rdn. 52).

c) Die Frage, ob eine GemO. vorsehen kann, daß ihre **Änderung mit** **51**
Mehrheit, gegebenenfalls mit einer qualifizierten Mehrheit, beschlossen werden kann (bejahend insbes. die 6. Aufl.; OLG Stuttgart NJW-RR 1986, 815; verneinend OLG Köln OLGE 1982, 413; OLG Frankfurt OLGE 1984, 146; auch das Schweizerische Bundesgericht für das schweizerische Recht, vgl. BGE 103 I b 76, dazu Liver ZBJ 1979, 250) ist vom **BGH** unter ausführlicher Darlegung des Meinungsstandes durch Beschluß vom 27. 6. 1985 (**BGHZ 95, 137**; ihm folgend BayObLG DWEigt 1987, 29; WE 1989, 145; 1992, 176) auf Vorlage des BayObLG (BayObLGE 1984, 257) entschieden und **bejaht** worden. Allerdings sind gewisse Einschränkungen, wie der nachstehend wiedergegebene **Leitsatz** zeigt, zu beachten: Ist in die Teilungserklärung ein Verteilungsschlüssel für die Kosten des gemeinschaftlichen Eigentums aufgenommen, der durch „absoluten" Mehrheitsbeschluß geändert werden kann, so ist nach Ansicht des BGH eine solche Änderung des Schlüssels gleichwohl nur dann zulässig, wenn ein sachlicher Grund vorliegt und einzelne WEigentümer gegenüber dem früheren Rechtszustand nicht unbillig beeinträchtigt werden. Die Voraussetzungen, unter denen ein solcher Beschluß gefaßt werden kann, unterscheiden sich nicht wesentlich von denen einer aus **Treu und Glauben** gefolgerten Pflicht, in eine Änderung der GemO. einzuwilligen (nachstehende Rdn. 52; vgl. auch Grebe DNotZ 1987, 5, der die Schranken mit der Treuebindung der WEigentümer begründet; zur Voraussetzung des „sachlichen Grundes" siehe BayObLG WE 1989, 211). Im Ergebnis besteht der Unterschied darin, daß im Falle der erzwingbaren Zustimmung die WEigentümer aktiv werden müssen, die eine Änderung anstreben, während im Fall des Mehrheitsbeschlusses die WEigentümer, die sich für beeinträchtigt halten, den Beschluß nach § 23 Abs. 4 anfechten müssen, wie das in dem vom BGH entschiedenen Fall mit Erfolg geschehen ist. Ein die GemO. zulässigerweise ändernder Beschluß ist als Änderung der GemO. zu behandeln; er bedarf also zur Wirksamkeit gegen einen Sondernachfolger der Eintragung in das Grundbuch nach § 10 Abs. 2, § 5 Abs. 4 (ebenso Grebe DNotZ 1987, 5, 16), er bedarf ferner der Zustimmung der dinglich Berechtigten nach §§ 877, 876 BGB (dazu vorstehend Rdn. 50). Auf jeden Fall sollte von Änderungsklauseln nur begrenzt und mit Vorsicht Gebrauch gemacht werden (so schon die 6. Aufl.). Ob durch GemO. bestimmt werden kann, daß diese auf zwei Häuser getrennt angewendet werden soll, die Eigentümer die für sie geltende GemO. ohne Beteiligung der anderen ändern können und die WEigentümer aus der für sie nicht geltenden GemO. keine Rechte herleiten können, läßt das BayObLG (WE 1992, 22) offen. Eine solche Regelung ist nur unter der Voraussetzung wirksam, daß Interessen der jeweils anderen WEigentümer nicht verletzt werden; s. § 23 Rdn. 10.

d) Das Einstimmigkeitsprinzip darf allerdings die GemO. auch **nicht** **52**
gänzlich starr und unabänderlich machen. Es gibt in GemO. zweifellos mißlungene, ungeschickte, sachwidrige, unangemessene Bestimmungen so-

wie Fälle, in denen eine Änderung der Verhältnisse eine Anpassung notwendig macht. Um in solchen Situationen eine Korrektur oder Anpassung zu ermöglichen, ist es aber nicht erforderlich, wie der Regierungsentwurf der Novelle zum WEG (Vor § 1 Rdn. 93) vorschlug, in einem geradezu monströsen Verfahren qualifizierte Mehrheitsbeschlüsse zuzulassen. Die Lösung ergibt sich unter Wahrung des Einstimmigkeitsprinzips daraus, daß – wie im Gesellschaftsrecht anerkannt ist – (dazu MünchKomm/Ulmer § 705 Rdn. 190–193; LG Hamburg NJW 1974, 1911; Pabst BB 1977, 1524 m. w. N.; BGH LM Nr. 8 zu § 105 HGB; LM Nr. 3 zu § 114 HGB m. Anm. Fischer = BGHZ 44, 40; BGHZ 64, 253; BGH NJW 1974, 1656; BGHZ 98, 212 – GmbH; RGZ 162, 388; 169, 153) – zwischen den Teilhabern der Gemeinschaft nicht anders als unter Gesellschaftern **ein Treueverhältnis besteht** (oben Rdn. 12). Aus ihm kann sich die Pflicht ergeben, **einer Änderung der GemO. zuzustimmen,** wenn eine solche Änderung dringend geboten ist und die Versagung der Zustimmung gegen Treu und Glauben verstoßen würde, wenn – so BayObLGE 1984, 50 – „außergewöhnliche Umstände ein Festhalten an der getroffenen Regelung als grob unbillig und damit gegen Treu und Glauben verstoßend (§ 242 BGB) erscheinen lassen". Diese von Weitnauer schon seit langem vorgeschlagene Lösung (5. Aufl., § 16 Rdn. 4; DNotZ 1977 Sonderheft, S. 31, 43; DWW 1979, 237) hat sich inzwischen **in der Rechtsprechung durchgesetzt** (BGHZ 95, 137; BayObLGE 1984, 50; 1986, 322; 1987, 66; BayObLG WE 1986, 73; 1987, 14; DWEigt 1986, 95; WE 1989, 109, 110; WM 1992, 83; WE 1992, 140; OLG Frankfurt OLGE 1984, 146; KG WM 1991, 366; NJW-RR 1991, 1169; OLG Köln OLGE 1982, 413; OLG Düsseldorf NJW 1985, 2837; OLG Hamm MDR 1986, 939; 1987, 66) und einen Eingriff des Gesetzgebers überflüssig gemacht. Der Anspruch ist im Verfahren nach §§ 43ff. durchzusetzen, die Einwilligung wird durch die rechtskräftige Entscheidung ersetzt (§ 894 ZPO). Die Frage einer Änderung der GemO. tritt besonders häufig in bezug auf den Verteilungsschlüssel für Lasten und Kosten auf. Die Kostenverteilung wird dann erst mit Rechtskraft der Entscheidung verändert. Ein Anspruch auf Änderung des Schlüssels kann vor Rechtskraft der Entscheidung gegen gefaßte Eigentümerbeschlüsse nicht (auch nicht einredeweise) geltend gemacht werden (KG WM 1992, 560). Beispiele hierfür in § 16 Rdn. 19; die Rspr. ist mit Recht zurückhaltend. Der Zustimmung dinglich Berechtigter bedarf es in diesem Falle nicht (BayObLGE 1987, 66). Das BayObLG (WE 1988, 104, 105) erwägt eine „gleichsam automatische" Änderung der GemO. nach den Regeln über den Wegfall der Geschäftsgrundlage, ohne diese Frage freilich zu entscheiden.

53 e) Die in Rdn. 52 dargelegten Grundsätze gelten auch für den Fall, daß eine **Änderung der Miteigentumsquoten** angestrebt wird (BayObLGE 1985, 47). Die Erfahrung hat allerdings gezeigt, daß fast stets nicht eigentlich diese, sondern lediglich der davon abhängige Verteilungsschlüssel für die Nutzungen und insbes. für die Lasten- und Kostenbeiträge i. S. des § 16 Abs. 2 gemeint ist. Auch wenn sich ein solches Verlangen nicht nur auf einzelne Posten, wie etwa Kosten eines Aufzugs, des Schwimmbads und dergl., sondern auf die Veränderung des Verteilungsschlüssels schlechthin richtet, wird es in der Regel möglich sein, das schwierige Verfahren der nur durch Auflassung und Eintragung im Grundbuch möglichen Änderung der Miteigentumsquoten (dazu § 3 Rdn. 101) zu vermeiden und sich auf die Änderung des Verteilungsschlüssels zu beschränken.

IV. Beschlüsse und Entscheidungen des Richters

1. Beschlüsse sind die Form, in der die Willensbildung der WEigentümer- 54
gemeinschaft (wie aller Gemeinschaften, vgl. §§ 745, 2038 Abs. 2 Satz 2 BGB) Gestalt gewinnt. Das WEG kennt nach der (abdingbaren) gesetzlichen Regelung Beschlüsse, die in der WEigentümerversammlung gefaßt werden (§ 23 Abs. 1) und ein schriftliches Verfahren (§ 23 Abs. 3). Es unterscheidet weiter zwischen **Mehrheitsbeschlüssen** (§ 25) und Beschlüssen, die der **Einstimmigkeit** bedürfen; so können z. B. Maßnahmen der ordnungsmäßigen Verwaltung durch Mehrheit beschlossen werden (§ 21 Abs. 3, 5), während darüber hinausgehende Maßnahmen, etwa eine aufwendige Umgestaltung des Treppenhauses oder die Einrichtung eines Schwimmbads, nur einstimmig beschlossen werden können, d. h. der Zustimmung aller WEigentümer bedürfen. Ob der eine oder der andere Fall vorliegt, kann aus tatsächlichen Gründen manchmal schwierig zu entscheiden sein (vgl. BayObLGE 1978, 377); die Unterscheidung verliert ihre Bedeutung, wenn ein nur mit Mehrheit gefaßter Beschluß, der der Einstimmigkeit bedurft hätte, **nicht innerhalb der Frist des § 23 Abs. 4 angefochten** wird; dann erwächst der Beschluß in Bestandskraft (st. Rspr.; z. B. BGHZ 74, 258; dazu Weitnauer NJW 1980, 400; BayObLGE 1974, 86; 1974, 172; näher hierzu § 23 Rdn. 27ff.). Zum Umfang der Bindung des Gerichts an Beschlüsse der WEigentümerversammlung s. BayObLG WE 1988, 201; § 43 Rdn. 14.

2. Beschlüsse bedürfen einer **Grundlage** entweder in den „Vereinbarun- 55
gen" der WEigentümer, also in der GemO., oder im Gesetz. Ein einstimmig gefaßter Beschluß – mag die Einstimmigkeit notwendig oder nicht notwendig sein – ist nicht schon aus diesem Grund einer Vereinbarung gleichzusetzen. Für Einzelheiten der Unterscheidung zwischen Beschlüssen und Vereinbarungen, oben Rdn. 28. Zwar enthalten Beschlüsse grundsätzlich Regelungen über einzelne und einmalige Angelegenheiten; das schließt jedoch nicht aus, auch generelle Regelungen durch Beschluß zu treffen, wenn die GemO. oder das Gesetz das zuläßt (so etwa die Hausordnung, § 21 Abs. 5 Nr. 1). Abänderungen von GemO. bedürfen ihrerseits mit der in Rdn. 51 dargestellten Ausnahme einer Vereinbarung, der alle WEigentümer zustimmen müssen. Durch Beschluß kann im Zusammenhang mit Heizkostenverteilungsschlüsseln lediglich die Auswahl der Geräte zur Verbrauchsmessung und die Wahl des konkreten Verteilungsschlüssels, nicht jedoch eine Änderung des in der GemO. festgelegten Heizkostenverteilungsschlüssels vorgenommen werden (BayObLG WE 1990, 112; vgl. Anh. IV 4; in diesem Sinne auch allgemein für Kostenverteilungsschlüssel BayObLG WE 1991, 288). Selbst wenn der WEigentümergemeinschaft eine solche Befugnis zur Änderung des Verteilungsschlüssels im Beschlußwege eingeräumt ist, setzt die Änderung einen sachlichen Grund voraus; weiterhin dürfen einzelne WEigentümer

durch die Maßnahme nicht unbillig benachteiligt werden (BGHZ 95, 137; BayObLG DWEigt 1990, 75; WE 1992, 261; BayObLGE 1990, 107). Die gleichen Grundsätze gelten, wenn die WEigentümer von der ihnen eingeräumten Ermächtigung Gebrauch gemacht haben und den durch Beschluß festgelegten Verteilungsschlüssel wieder im Wege des Mehrheitsbeschlusses abändern wollen (BayObLG WE 1992, 261). Grundsätzlich kann durch Beschluß keine zusätzliche, im Gesetz nicht vorgesehene Zahlungspflicht einzelner WEigentümer festgelegt werden (KG OLGE 1989, 174, 177; BGH JZ 1992, 368 mit zust. Anm. Weitnauer auf Vorlage von: KG WE 1991, 132; s. auch: BayObLG NJW-RR 1988, 847; vgl. Rdn. 39). Im Einzelfall kann auch hier durch Vereinbarung oder Teilungserklärung Abweichendes bestimmt werden; so hat der BGH (aaO) dies bei einer pauschalierten Geltendmachung von (10%) Verzugszinsen für möglich erachtet.

56 **3. Abänderung von GemO. durch unangefochtenen Mehrheitsbeschluß?** Nachdem einige Zeit die Möglichkeit einer Abänderung auch durch (wegen fehlender Ermächtigung vereinbarungswidrigen) Mehrheitsbeschluß in Rspr. und Lit. befürwortet wurde, ist nach den Entscheidungen des OLG Karlsruhe (DWEigt 1990, 144; hierzu Münstermann-Schlichtmann aaO) und des OLG Köln (DWEigt 1991, 155; einschränkend dagegen wieder: OLG Köln NJW-RR 1993, 844) die Frage erneut aufgeworfen worden. Der BGH hat sie jüngst erneut bejaht (ZIP 1994, 1605f. m.w.N.). Die Ablehnung einer solchen Möglichkeit versperrt den Weg zu einer vereinfachten Änderung der GemO., die wohl vor allen Dingen in großen Gemeinschaften schwierig durchzuführen ist. Die Praxis behalf sich mit diesem Mittel. Sieht man einmal davon ab, daß nach dem hier eingenommenen Standpunkt auch ein solcher Beschluß der Eintragung in das Grundbuch bedarf (s. Rdn. 50), so erscheint eine solche Möglichkeit aus einer weiteren Erwägung problematisch: Die Vereinbarung ist als „Grundordnung" gegenüber einem Beschluß höherrangig. Änderungen durch Beschluß setzen daher eine entsprechende Befugnis voraus, die in der GemO. eingeräumt sein kann (s. im einzelnen: Bielefeld DWEigt 1993, 92ff.; für weitere Lit. s. oben die Übersicht). Der Beschluß, der durch Nichtanfechtung Bestandskraft erlangt (s. schon oben Rdn. 54; so z.B. BayObLGE 1974, 86; BayObLG Rpfleger 1979, 216), kann für die Zukunft die Bindung an die GemO. daher zwar nicht aufheben (BayObLGE 1974, 172); das schließt aber eine schuldrechtliche Wirkung nicht aus (KG DWEigt 1991, 72), die man als ein „Überlagern" der GemO. durch den Beschluß bezeichnen kann, der seinerseits durch einen entsprechenden Beschluß wieder aufgehoben werden kann (Hauger, PiG 39, S. 225, 231ff.).

57 4. Beschlüsse der WEigentümer **wirken ohne Eintragung im Grundbuch** auch gegen Sondernachfolger (§ 10 Abs. 3). Da sie nicht eintragungsbedürftig sind, sind sie grundsätzlich auch **nicht eintragungsfähig** (so zutreffend BayObLG DNotZ 1984, 101; BGH ZIP 1994, 1605 m.w.N.; näher dazu oben Rdn. 31; OLG Frankfurt Rpfleger 1980, 231; Tasche DNotZ 1973, 433; Ertl/KEHE Einl. Rdn. E 78); a.M. hinsichtlich der Eintragungsfähigkeit Bärmann/Pick/Merle § 10 Rdn. 64, die sich zu Unrecht auf BGHZ 54, 65 berufen, weil es dort nicht um den Unterschied zwischen Vereinbarung und Beschluß, sondern um die Frage geht, ob ein Mehrheitsbeschluß genügt oder

Einstimmigkeit erforderlich ist; auch Müller, Praktische Fragen, Rdn. 84; dem kann allerdings nicht zugestimmt werden. Eine Ausnahme ist für den oben Rdn. 31, 51 erörterten Fall zu machen, daß die GemO. ihre Abänderung durch Mehrheitsbeschluß zuläßt.

§ 10 Abs. 3 **weicht von § 1010 Abs. 1 BGB** auch **darin ab**, daß für Beschlüsse über die Regelung der Verwaltung oder Benutzung eine Grundbucheintragung nicht verlangt wird; die Vorschrift will das Grundbuch vor der Überlastung mit Eintragungen meist doch nur vorübergehender Art bewahren. Wenn wirklich grundsätzliche Angelegenheiten zu regeln sind, müssen die WEigentümer gem. § 10 Abs. 2 Vereinbarungen treffen und diese eintragen lassen. Im übrigen muß sich derjenige, der ein WEigentum erwerben will, Kenntnis der Beschlüsse und Entscheidungen verschaffen; sie wirken jedenfalls gegen ihn ohne Rücksicht darauf, ob er sie kannte oder kennen mußte. Die Möglichkeit, sich *Kenntnis* über den Inhalt der Beschlüsse zu verschaffen, ist durch § 24 Abs. 5 gegeben. Hiernach ist über Beschlüsse eine *Niederschrift* in bestimmter Form aufzunehmen; jeder WEigentümer ist berechtigt, diese einzusehen. Er kann dann auch Dritten die Einsicht gestatten. Darüber hinaus steht nichts im Wege, durch Vereinbarungen der WEigentümer weitere Sicherungen zu schaffen; insbes. käme in Betracht zu bestimmen, daß der Verwalter die Niederschriften in *Buchform* oder in einer im kaufmännischen Leben üblichen sonstigen Form zu sammeln und dieses Buch sowie die Entscheidungen des Richters ordnungsmäßig zu verwahren hat. Das KG (OLGE 1990, 421) lehnt dagegen die Wirksamkeit eines unangefochtenen Mehrheitsbeschlusses über Stimmrechtsbeschränkungen ab, sofern neue WEigentümer in die Gemeinschaft eintreten. Selbst wenn ein solcher Beschluß zulässig sei, könne er, um den später eintretenden Sondernachfolger nicht unangemessen zu benachteiligen, nicht über den Kreis der WEigentümer wirken. Das Gericht verweist in diesem Zusammenhang vor allem auf die Wirkung einer Vereinbarung entsprechenden Inhalts, die bei fehlender Eintragung auch nicht weiter reiche. Dem ist allerdings entgegenzuhalten, daß eine Eintragung solcher Beschlüsse gerade nicht möglich ist, der Rechtsnachfolger im übrigen nicht nur durch die dargestellten Informationsmöglichkeiten ausreichend geschützt ist. Ist nämlich der Erwerber eines WEigentums an einen Beschluß gebunden, der ihm unbekannt geblieben ist, so kann er sich an seinen Veräußerer (Verkäufer) halten und gegebenenfalls diesem gegenüber die allgemein gegebenen Ansprüche geltend machen. Die Wirkung eines die GemO. abändernden bestandkräftigen Mehrheitsbeschlusses auch ohne Eintragung gegen den Sondernachfolger bejaht auch: BayObLG ZMR 1994, 120. Vgl. auch § 24 Rdn. 21. **58**

5. Entscheidungen des Richters nach § 43 bedürfen zu ihrer Wirksamkeit gegenüber einem Sondernachfolger gleichfalls **nicht der Eintragung** in das Grundbuch (§ 10 Abs. 3). Eine Ausnahme ist für den Fall zu machen, daß die Einwilligung eines WEigentümers in eine Änderung der GemO. ersetzt wird (oben Rdn. 52); dann handelt es sich in der Sache um eine Änderung der GemO. selbst, für die § 10 Abs. 2 maßgeblich ist. Die Zustimmung wird durch die Rechtskraft der Entscheidung ersetzt (§ 45 Rdn. 9). **59**

60 **6. Abs. 4** betrifft die **Wirkung von Mehrheitsbeschlüssen gegenüber Dritten.** Die Frage, ob ein Mehrheitsbeschluß nicht nur die Teilhaber in ihrem Innenverhältnis, sondern auch nach außen in dem Sinne bindet, daß die Mehrheit mit Wirkung für und gegen die überstimmte Minderheit, also in deren Vertretung handeln kann, war für die Gemeinschaft i. S. der §§ 741 ff. BGB zweifelhaft (Palandt/Thomas § 745 Rdn. 4 m. w. N.), für die Erbengemeinschaft wird sie von BGHZ 56, 47 in Bestätigung von BGH LM Nr. 1 zu § 2038 BGB bejaht (a. M. Jülicher AcP 175, 143). Für die Gemeinschaft der WEigentümer ist sie eindeutig **durch Abs. 4 entschieden:** Durch einen Mehrheitsbeschluß, wie er insbes. in Angelegenheiten der Verwaltung (§ 21 Abs. 3, 5) möglich ist, werden **alle WEigentümer berechtigt und verpflichtet,** ohne Rücksicht darauf, ob sie für oder gegen den Beschluß gestimmt oder an der Beschlußfassung überhaupt nicht mitgewirkt haben (BayObLGE 1974, 305). Aufgrund dieser Bindung hat sich ein WEigentümer auch an einer Sonderumlage zur Deckung der Kosten für ein gegen ihn als Bauträger wegen Baumängeln am gemeinschaftlichen Eigentum eingeleitetes Gerichtsverfahren zu beteiligen (BayObLG WE 1993, 27).

Die Haftung für „Verwaltungsschulden" ist, sofern nichts Abweichendes vereinbart ist, eine gesamtschuldnerische (§ 427 BGB) im Gegensatz zu den sog. „Aufbauschulden" (BGHZ 67, 334; 75, 26; 76, 86). Vgl. im übrigen Anh. zu § 3 Rdn. 20, § 1 Rdn. 26. Eine auf Grund eines wirksamen oder durch Nichtanfechtung wirksam gewordenen Mehrheitsbeschlusses ausgesprochene Kündigung, z. B. gegenüber dem Verwalter, wirkt für alle (so zutr. auch Palandt/Bassenge § 10 Rdn. 17). Wird der Beschluß auf Anfechtung gem. § 23 Abs. 4 **für ungültig erklärt,** so bedeutet das, daß er als von Anfang an ungültig zu behandeln ist (§ 23 Rdn. 30), daß also im Verhältnis zu Dritten die Vertretungsmacht der Mehrheit von Anfang an nicht bestanden hat; die überstimmte Minderheit ist somit durch ein Handeln der Mehrheit nicht verpflichtet worden, diese haftet dem Dritten nach den Grundsätzen des Handelns in Vertretung ohne Vertretungsmacht (§§ 177 ff. BGB; so für den entsprechenden Fall der Ermächtigung des Verwalters nach § 27 Abs. 2 Nr. 5 BayObLGE 1976, 211); im Innenverhältnis hat die überstimmte Minderheit einen Anspruch auf Rückgängigmachung und Folgenbeseitigung (BayObLGE 1975, 201). Bei unerlaubten Handlungen kann sich eine gesamtschuldnerische Haftung nach §§ 830, 840 BGB ergeben.

61 Verpflichtet werden gegenüber Dritten auf Grund rechtsgeschäftlichen Handelns gem. § 10 Abs. 4 diejenigen WEigentümer, die der Gemeinschaft **z. Zt. des Beschlusses angehören.** Wer später durch Erwerb eines WEigentums in die Gemeinschaft eintritt, wird grundsätzlich weder durch den Beschluß verpflichtet, noch trifft ihn eine Mithaftung für die in der Person seines Vorgängers begründeten Verpflichtungen (so zutr. BGH NJW 1981, 282). „An der Beschlußfassung nicht mitgewirkt" i. S. des § 10 Abs. 4 haben aber auch WEigentümer, die erst **nach dem** aufgrund des Beschlusses erfolgten **Abschluß eines ein Dauerschuldverhältnis begründenden Vertrages** für die WEigentümergemeinschaft das WEigentum im Wege der Sondernachfolge erworben haben. In jedenfalls entsprechender Anwendung der Vorschrift hat deshalb das BayObLG (BayObLGE 1986, 368; ebenso schon Merle, Verwalter S. 50 und die 6. Aufl.; inzwischen auch KG WE 1994, 54)

angenommen, daß der **Sondernachfolger** durch den für seinen Rechtsvorgänger wirksamen Vertrag gebunden ist, er allerdings nur für die **nach seinem Eintritt** in das Dauerschuldverhältnis fällig werdenden Verpflichtungen haftet. Dies ist in casu zwar für den **Eintritt in das Verwalterverhältnis** entschieden, aber zumindest auf andere Dauerschuldverhältnisse, z. B. Mietverträge, Wartungsverträge zu übertragen. Der Gedanke § 10 Abs. 4 kann freilich nur die Bindung des Erwerbers an die vor seinem Erwerb eingegangenen Dauerschuldverhältnisse begründen; dem Austritt des Veräußerers aus dem Vertragsverhältnis muß der Dritte (d. i. der Vertragspartner) zustimmen. Fehlt es an einer solchen Zustimmung – die auch vorweg erklärt werden kann –, so ergibt sich im Wege der Auslegung des Kaufvertrages möglicherweise ein Freistellungsanspruch des Veräußerers gegenüber dem Erwerber bei Inanspruchnahme durch den Dritten (zum Freistellungsanspruch gegen den Verwalter s. Vor § 20 Rdn. 2). Von der Verpflichtung gegenüber Dritten zu unterscheiden, ist die gegenüber den anderen WEigentümern bestehende Verpflichtung des eintretenden WEigentümers zur Erfüllung der nach seinem Eintritt fällig werdenden Wohngeldverpflichtungen nach Maßgabe des § 28; darauf ist hier nur hinzuweisen.

Anhang zu § 10
Die „werdende" (faktische) Wohnungseigentümergemeinschaft

Literatur: Bielefeld DWEigt 1986, 105. – Coester, Die „werdende Wohnungseigentümergemeinschaft" im WEG, NJW 1990, 3184. – Deckert, Anm. zu BGH 1. 12. 1988 (WE 1989, 48), WE 1989, 34; ders., Anm. zu BayObLG 11. 4. 1990 (NJW 1990, 3216), WE 1990, 151. – Finger, Wohnungseigentümer in faktischer Rechtsgemeinschaft, BauR 1984, 108. – Röll, Die Rechtsprechung des BGH zur faktischen Gemeinschaft und ihre Auswirkungen auf die Praxis des Wohnungseigentums, NJW 1989, 1070; ders. und Sauren, Nochmals: Der „werdende" Wohnungseigentümer, Rpfleger 1986, 169. – Sauren, Faktische Gemeinschaft im Gründungsstadium, PiG 32, S. 195; ders., Der „werdende" Wohnungseigentümer, Rpfleger 1985, 261. – Schmidt, Die Bedeutung des Besitzübergangs bei Veräußerung von Wohnungseigentum, FS für Seuß, S. 241; ders., Werdende Wohnungseigentümer, WE 1987, 171. – Seuß, Faktische Wohnungseigentümer, FS für Bärmann/Weitnauer, S. 599; ders. GWWBay 1987, 516. – Weitnauer, Die „werdende" Wohnungseigentümergemeinschaft, WE 1986, 92; ders., Faktische Wohnungseigentümer, PiG 25, S. 213; ders., Stimmrechtsprobleme, PiG 27, S. 261; ders., Die neuere zivilrechtliche Rechtsprechung zum Wohnungseigentum, JZ 1985, 927.

I. Entstehung und Entwicklung des Problems

Wie in Rdn. 2 Vor § 10 ausgeführt, setzt die Anwendung der Vorschriften 1
des 2. und 3. Abschnitts voraus, daß die Beteiligten WEigentümer sind, sie also im Regelfall aufgrund eines sachenrechtlich vollendeten Erwerbs als WEigentümer im Grundbuch eingetragen sind. Entsprechendes gilt für die §§ 43ff.: Auch nach ihnen muß es sich um Angelegenheiten von WEigentü-

mern handeln. Schon ziemlich früh, nämlich gegen Ende der 50er Jahre, stellte sich aber die Frage, ob es nicht sinnvoll und zulässig wäre, diese Regeln sogar schon dann anzuwenden, wenn die Beteiligten zwar noch nicht vollwirksam WEigentum erworben haben, ihr Erwerb aber mit hinreichender Sicherheit eingeleitet ist (so mit wechselnden Formulierungen BayObLGE 1974, 275; KG Rpfleger 1974, 316; OLG Karlsruhe, Die Justiz 1978, 169) und sie sich tatsächlich bereits wie WEigentümer verhalten, die WEigentümergemeinschaft also **faktisch in Vollzug gesetzt** ist (vgl. BGH NJW 1974, 1140, in casu verneint). Anlaß, die Frage aufzuwerfen, gab der Umstand, daß bei der damals weit im Vordergrund stehenden Form des Erwerbs von WEigentum, nämlich beim **Erwerb vom Bauträger,** meist ein erheblicher und beim einzelnen Erwerber unterschiedlicher Zeitraum zwischen dem Abschluß des Erwerbsvertrags und der Vollendung des sachenrechtlichen Erwerbs verging, in dessen Verlauf den Erwerbern bereits der Besitz der Wohnungen eingeräumt war und Nutzungen, Lasten und Kosten auf die Erwerber übergegangen waren. In dieser Lage konnten die Erwerber mit Billigung des Bauträgers bereits wie WEigentümer zusammenleben und handeln, z. B. einen Verwalter bestellen, Beschlüsse fassen, insbes. Wohngelder beschließen und einfordern u.dgl.; es konnte auch zu Meinungsverschiedenheiten kommen, die im Verfahren nach §§ 43ff. zu klären waren. Es geht also um das Problem der **sog. werdenden oder faktischen WEigentümergemeinschaft.** Während es das OLG Hamburg noch im Jahre 1959 in einer Entscheidung (NJW 1960, 296) abgelehnt hatte, die Beteiligten wie WEigentümer zu behandeln, setzte sich schnell die gegenteilige Auffassung durch. Das OLG Hamburg gab im Jahre 1963 seine ablehnende Haltung auf (NJW 1963, 818), in die gleiche Richtung gehende Andeutungen finden sich in BGHZ 44, 43 und in BayObLGE 1965, 193. In einer die Auflösung eines Verwaltervertrags vor Eintragung der Erwerber im Grundbuch betreffenden Entscheidung vom 13. 9. 1968 (BayObLGE 1968, 233) hat das BayObLG dann folgendes ausgeführt: „Da bis zum Eintrag der WEigentumsrechte in das Grundbuch oft ein längerer Zeitraum vergeht, ist es im Interesse der einheitlichen Beziehungen der werdenden WEigentümergemeinschaft und der Verwaltung des Anwesens geboten, dieses Verhältnis von einem möglichst frühen Zeitraum an nach den Grundsätzen und Regeln des WEG zu vollziehen". Zahlreiche weitere Entscheidungen in demselben Sinne folgten, so KG NJW 1970, 330; BayObLG NJW 1974, 2134; OLG Frankfurt Rpfleger 1976, 253; OLG Karlsruhe OLGE 1978, 177; OLG Köln OLGE 1978, 151; OLG Stuttgart OLGE 1979, 34; BayObLGE 1981, 50; BayObLG DWEigt 1984, 124; WE 1986, 98.

2 Dabei wurde die Anwendung der Regeln der werdenden WEigentümergemeinschaft übertragen auf den **anders gearteten Fall,** daß ein einzelnes WEigentum nach vollständig und rechtlich in Vollzug gesetzter WEigentümergemeinschaft veräußert wird und zwischen dem Abschluß des Kaufvertrags und dem sich länger hinziehenden sachenrechtlichen Erwerb der Besitz dem Erwerber bereits übergeben wird – **„Zweiterwerb".** Das war die Sachlage in der Entscheidung BayObLGE 1981, 50. Dort ging es um die Frage, ob dem Erwerber ein eigenes – nicht auf einer Ermächtigung durch den Veräußerer beruhendes – Stimm- und Anfechtungsrecht zustand. Das

BayObLG bejahte dies, weil der Antragstellerin „als werdender und sogar auch schon als wirtschaftlicher Eigentümerin ... bereits ein eigenes Stimmrecht (§ 25 WEG) jedenfalls in den sie berührenden Angelegenheiten ... zustand" und damit „zwangsläufig auch ein eigenes Recht zur Anfechtung von Eigentümerbeschlüssen, zu deren Gegenstand die Antragstellerin stimmberechtigt war". Diese Ausdehnung der Figur der werdenden WEigentümergemeinschaft, gegen die Weitnauer bereits mehrfach Bedenken angemeldet hatte (insbes. ZfBR 1985, 182, 184; JZ 1985, 927, 929; PiG 17, S. 39, 48), ist auf den Widerspruch des KG gestoßen; da es im gegenteiligen Sinne entscheiden wollte, hat es die Frage dem BGH zur Entscheidung vorgelegt (WE 1986, 101). Der BGH hat sich aber der Entscheidung mit wenig überzeugender Begründung entzogen (Beschluß v. 11. 12. 1986 – NJW-RR 1987, 1036), so daß es zu der erhofften Klärung nicht gekommen ist. Das KG hat in einem Beschluß vom 1. 4. 1987 (DWEigt 1987, 97) an seiner ablehnenden Auffassung festgehalten und die Frage nach dem Stimmrecht des Zweiterwerbers (KG WE 1988, 91) sowie nach der Haftung für Verbindlichkeiten vor Eigentumserwerb (KG WE 1988, 169) dem BGH zur Entscheidung vorgelegt (für weitere Einzelheiten s. unten Rdn. 6). Die Darstellung in der 6. Aufl. (§ 3 Rdn. 6k; § 43 Rdn. 11ff.) ist zum Teil überholt.

II. Gegenwärtiger Stand

Es ist zu unterscheiden zwischen dem Anlaufstadium einer WEigentümergemeinschaft und dem „Zweiterwerb".

1. Anlaufstadium: Hier kann es für den Erwerb vom Bauträger als gesichert gelten, daß die Regeln der werdenden WEigentümergemeinschaft anzuwenden sind, wenn folgende Voraussetzungen vorliegen: ein gültiger Erwerbsvertrag (vgl. dazu unten Rdn. 9), die Übergabe des Besitzes an den Erwerber und die Bestellung einer Auflassungsvormerkung zugunsten des Erwerbers (so die Entscheidungen des BayObLG WE 1986, 98; 99; OLG Frankfurt DWEigt 1993, 77; BayObLG WE 1991, 364; 1992, 141; vgl. auch BayObLG Beschluß v. 7. 4. 1994 – 2 Z BR 65/94). Das Erfordernis der Vormerkung ist kein Formalismus, sondern entspringt dem Bedürfnis nach einem klar abgrenzenden Kriterium, außerdem entspricht es dem Wesen und Zweck der Vormerkung; denn durch sie wird „die dingliche Wirkung des Anspruchs vorweggenommen, sofern er zur Entstehung und Erfüllung gelangt" (RGZ 121, 144). Praktische Schwierigkeiten kann das Erfordernis der Vormerkung nicht bereiten, weil die MaBV dem Bauträger ohnehin die Bestellung einer Auflassungsvormerkung zur Pflicht macht (Anh. zu § 8 Rdn. 18, 19ff.). Sofern das KG in dem ersten Vorlagebeschluß Besitzübergabe und Vormerkung als alternative Voraussetzungen verstanden haben sollte, wäre dem nicht zu folgen. Entgegen KG WE 1986, 103 (ebenso OLG Hamm MDR 1968, 413; BayObLG WE 1991, 203) ist nicht als Voraussetzung zu fordern, daß bereits die Wohnungsgrundbücher angelegt sind (offengelassen von BayObLGE 1991, 150); der Anspruch auf Verschaffung von nach § 8 zu bildendem WEigentum kann durch Vormerkung auch schon gesichert werden, wenn die Teilung noch nicht vollzogen ist, die Vormer- 3 kung kann im Grundbuch des ungeteilten Grundstücks eingetragen werden (BayObLGE 1974, 118; 1977, 135; vgl. auch Anh. zu § 8 Rdn. 19ff.; Weitnauer WE 1986, 92, 94). Da bei einem Begründungsvertrag gem. § 3 die WEigentümer ohne vorherige Auflassungsvormerkung als Eigentümer im Grundbuch eingetragen werden, gibt es eine werdende WEigentümergemeinschaft grundsätzlich nur bei Teilung nach § 8 (BayObLG WE 1993, 26).

4 **Auch bei Bauherrenmodellen** (Anh. zu § 3) kann es aber ein Anlaufstadium geben, in dem die Figur der werdenden WEigentümergemeinschaft zur Anwendung kommen kann, und zwar dann, wenn zwischen dem Erwerb der Miteigentumsanteile und der späteren Einräumung des Sondereigentums bereits der Besitz übergeben wird und die „Bauherren" sich wie WEigentümer verhalten; Bedenken gegen die Anwendung sind nicht zu erheben, sofern der Anspruch der Bauherren auf Verschaffung des Sondereigentums durch Vormerkung gesichert ist (vgl. Weitnauer WE 1986, 92, 94).

5 Die Anwendung der Regeln der WEigentümergemeinschaft im Anlaufstadium könnte weiterhin damit begründet werden, daß die werdenden WEigentümer durch ihr Verhalten den Willen zum Ausdruck bringen, sich gegenseitig zu behandeln, als seien sie WEigentümer. Doch würde das nicht genügen, um auch den **Rechtsweg** zu den Gerichten der freiwilligen Gerichtsbarkeit zu eröffnen, weil darüber – jedenfalls nach h. M. – Vereinbarungen nicht möglich sind (vgl. KG WE 1986, 103). Die Figur der werdenden WEigentümergemeinschaft im Anlaufstadium besteht fort, obwohl sie für den Fall des Zweiterwerbs abgelehnt wird (so auch BayObLG NJW 1990, 3216). Nachdem ein Erwerber die Stellung eines Mitglieds in einer werdenden WEigentümergemeinschaft erlangt hat, gehen die daraus folgenden Rechte und Pflichten nicht dadurch verloren, daß andere Erwerber vor ihm als Eigentümer im Grundbuch eingetragen werden (BayObLG aaO). Bis zur Eintragung aller Ersterwerber als Eigentümer besteht die WEigentümergemeinschaft aus werdenden und Volleigentümern.

6 **2. Zweiterwerb:** Dagegen wird in Fällen des Zweiterwerbs die Rechtsfigur der werdenden WEigentümergemeinschaft nicht mehr angewendet. Dieser von Weitnauer z. B. in der 7. Aufl. vertretenen Ansicht ist der BGH gefolgt. In einer ersten Entscheidung zum Stimmrecht des Zweiterwerbers hat er die Ansicht vertreten, daß der Zweiterwerber vor Eigentumsumschreibung kein eigenes Stimmrecht hat (BGH NJW 1989, 1087). Dieses sei weder in der Form des nach Betroffenheit zwischen Eigentümer und Zweiterwerber aufgeteilten noch als einheitliches Stimmrecht entspr. § 25 Abs. 2 Satz 2 oder zu den bisherigen Stimmrechten hinzutretendes Stimmrecht praktikabel bzw. notwendig. In einer weiteren Entscheidung führte das Gericht aus, daß der Zweiterwerber zwar nicht für vor Eigentumsübergang begründeten Verbindlichkeiten haftet, jedoch etwas anderes vereinbart werden könne (BGH NJW 1989, 2697). Die übrigen Gerichte sind dem BGH gefolgt (BayObLG NJW 1990, 3216 – kein Antragsrecht des Zweiterwerbers i. S. von § 43 Abs. 1; BayObLG WE 1991, 367 – kein Stimmrecht des Zweiterwerbers). Der Ansicht des KG (WE 1986, 101, oben Rdn. 2) ist beizupflichten, daß für eine Anwendung der Rechtsfigur weder eine Notwendigkeit besteht noch Zweckmäßigkeitsgesichtspunkte sprechen. Veräußerer

und Erwerber können untereinander die Rechtsfolgen regeln, Schuldner aller Verpflichtungen gegenüber der Gemeinschaft bleibt der Veräußerer bis zu seinem rechtlichen Ausscheiden; mit dem Übergang der Nutzungen wird der Erwerber zur Ausübung des Stimmrechts ermächtigt, sofern nicht etwas Gegenteiliges vereinbart wird (so zutr. OLG Zweibrücken DWEigt 1984, 127; vgl. auch § 25 Rdn. 14); der Übergang der Lasten und Kosten bedeutet, daß der Erwerber gegenüber dem Veräußerer verpflichtet ist, diesen von den Verpflichtungen gegenüber der Gemeinschaft und Dritten freizustellen (Erfüllungsübernahme i. S. des § 329 BGB). Es kann nur zu Unklarheiten führen, wenn man den Erwerber in der Zwischenzeit als faktischen WEigentümer behandelt (so aus der Sicht der Praxis Bader, ZgemWW Bay 1987, 313). Insbes. darf nicht zweifelhaft sein, daß im Falle einer beabsichtigten Änderung der GemO. die erforderliche Zustimmungserklärung und Eintragungsbewilligung nur von dem eingetragenen Nocheigentümer abgegeben werden können (dazu H. Müller, PiG 15, S. 89, 102). Das KG (WE 1994, 54) erwägt in gewissen Fällen eine Art Vertrauensschutz im Hinblick auf die bisherige Rspr.

3. Ergänzende Bemerkungen

a) Soweit die Regeln der werdenden WEigentümergemeinschaft anzuwenden sind, ist der **Rechtsweg** zu den Gerichten der fG nach §§ 43ff. eröffnet. Im Falle der Begründung von WEigentum nach § 3 (Bauherrenmodell) kommen vier Stadien in Betracht: rein gesellschaftsrechtliche Beziehungen – schlichte Miteigentümergemeinschaft – werdende WEigentümergemeinschaft – vollendete WEigentümergemeinschaft. In den beiden ersten Stadien geht der Rechtsweg zu den ordentlichen Gerichten, in den beiden letzten zu den Gerichten der fG (z. B. BayObLG WE 1990, 142; 1992, 141). Für Ansprüche aus dem 2. Stadium kann nach KG WE 1986, 103 die Zuständigkeit der Gerichte der fG in Betracht kommen, wenn die Ansprüche Gegenstand eines Beschlusses im 3. Stadium sind. Dem werdenden WEigentümer steht ein Antragsrecht nach § 43 Abs. 1 zu (BayObLG WE 1992, 27). Ein Antragsrecht des Zweiterwerbers vor Eigentumsumschreibung gibt es dagegen nicht (BayObLG NJW 1990, 3216); ebensowenig ein Beschwerderecht, § 20 FGG (OLG Hamburg OLGE 1991, 312). 7

b) Der „werdende WEigentümer" hat **alle Rechte und Verpflichtungen** eines WEigentümers, insbes. also das Stimmrecht, Gebrauchsrechte. Im Fall des Zweiterwerbs dagegen schuldet der **eingetragene** Eigentümer Wohngeld bis zum Eigentumsübergang (BGH NJW 1989, 2697; die Entscheidung des BayObLG WE 1986, 98 ist überholt.). Eine Haftung des Zweiterwerbers kann sich nur aus Vertrag, Erfüllungsübernahme oder Vertrag zugunsten Dritter ergeben. Auch verfahrensrechtlich steht der werdende WEigentümer dem WEigentümer gleich, der vollwirksam WEigentum erworben hat; die §§ 43ff. sind also anzuwenden. 8

c) Die faktische WEigentümergemeinschaft **endigt mit der** Entstehung der rechtlich vollwirksamen WEigentümergemeinschaft. Dies ist der Fall, wenn die Wohnungsgrundbücher angelegt und mindestens zwei WEigentümer dort eingetragen sind (BayObLG NJW 1990, 3216; WE 1991, 364; 1992, 9

27; s. auch **KG WE 1994, 47**). Werden nicht alle Erwerber gleichzeitig als Eigentümer eingetragen, dann besteht die WEigentümergemeinschaft aus Volleigentümern und werdenden WEigentümern (BayObLG NJW 1990, 3216). Sondernachfolger eines eingetragenen WEigentümers [nur diese sind in BayObLG NJW 1990, 3216 genannt] werden dagegen nicht Mitglied der WEigentümergemeinschaft, bevor sie als solche in das Grundbuch eingetragen sind (s. oben Rdn. 7). Aus dem Wohnungsgrundbuch ergibt sich die Vermutung, daß eine WEigentümergemeinschaft besteht (KG aaO). Die Rechtsstellung des werdenden WEigentümers kann durch Abtretung des durch Vormerkung gesicherten Anspruchs und Verschaffung des Besitzes (BGHZ 44, 43) **übertragen** werden. Sie wird beendigt, wenn eine ihrer **Voraussetzungen,** insbes. der Vertrag, auf dem der Erwerbsanspruch beruht, wegfällt; deshalb ist dem OLG Karlsruhe (Die Justiz 1978, 169) nicht zuzustimmen, nach dessen Ansicht die Rechtsstellung des werdenden WEigentümers und damit seine Pflicht zur Zahlung des Wohngelds trotz wirksamen Rücktritts vom Vertrag solange fortbestehen soll, als er den Besitz an der Wohnung nicht aufgegeben hat. Die Gemeinschaft kann sich an den Veräußerer als den eingetragenen WEigentümer halten (BGHZ 87, 138).

§ 11 Unauflöslichkeit der Gemeinschaft

(1) **Kein Wohnungseigentümer kann die Aufhebung der Gemeinschaft verlangen. Dies gilt auch für eine Aufhebung aus wichtigem Grund. Eine abweichende Vereinbarung ist nur für den Fall zulässig, daß das Gebäude ganz oder teilweise zerstört wird und eine Verpflichtung zum Wiederaufbau nicht besteht.**

(2) **Das Recht eines Pfändungsgläubigers (§ 751 des Bürgerlichen Gesetzbuches) sowie das Recht des Konkursverwalters (§ 16 Abs. 2 der Konkursordnung), die Aufhebung der Gemeinschaft zu verlangen, ist ausgeschlossen.**

I. Grundsatz der Unauflöslichkeit

1 **Die Gemeinschaft des BGB** ist nicht auf Bestand gerichtet (vgl. §§ 749 bis 751 BGB). Grundsätzlich kann nach BGB jeder Teilhaber die Aufhebung der Gemeinschaft verlangen; das Recht, die Aufhebung aus wichtigem Grunde zu verlangen, kann auch durch Vereinbarung nicht ausgeschlossen oder beschränkt werden. Der Gläubiger, der die Pfändung eines Miteigentumsanteils erwirkt hat (§ 751 Satz 2 BGB), und ebenso der Konkursverwalter (§ 16 Abs. 2 KO) können ohne Rücksicht auf beschränkende Vereinbarungen die Aufhebung der Gemeinschaft verlangen. Unter solchen Voraussetzungen vermag eine Gemeinschaft an einem Gebäude keine Sicherheit zu gewähren. Deshalb gibt schon Art. 131 EGBGB der Landesgesetzgebung die Befugnis, der Gemeinschaft der Miteigentümer an einem Grundstück Bestand zu verleihen und das sog. „uneigentliche Stockwerkseigentum“ zu schaffen. Auf dieser Grundlage beruhte das württemberg-badische Gesetz Nr. 275 v. 12. 6.

50 (Reg.-Bl. S. 57) über das Miteigentum nach Wohneinheiten (hierzu Rdn. 5 vor § 1).

2 Bestimmungen gleichen Inhalts enthält **§ 11. Er schließt das gesetzliche Recht, die Aufhebung der Gemeinschaft zu verlangen, aus,** und zwar auch für den Pfändungsgläubiger und den Konkursverwalter (Beispiel für den letzteren Fall OLG Düsseldorf NJW 1970, 1137). Diese Vorschriften sind unabdingbar; dies ist durch Abs. 1 S. 3 ausgesprochen. Dabei ist zu der Vorschrift des Abs. 2, soweit sie vom Recht des *Pfändungsgläubigers* spricht, noch folgendes zu bemerken:

3 Die Pfändung eines Miteigentumsanteils an einem Grundstück ist, wie in Rdn. 128 zu § 3 näher ausgeführt ist, nicht möglich; die Zwangsvollstrekkung richtet sich vielmehr nach den §§ 864ff. ZPO. Wenn gleichwohl in Abs. 2 auch das Recht des Pfändungsgläubigers nach § 751 Satz 2 BGB ausdrücklich ausgeschlossen ist, so hat dies eine doppelte Bedeutung: Einmal ist zweifelhaft, ob der Anspruch auf Aufhebung der Gemeinschaft nach § 751 Satz 2 BGB nicht auch dem Gläubiger zusteht, der die Beschlagnahme zum Zweck der Zwangsversteigerung erwirkt hat (bejahend Planck/Lobe § 747 Anm. 3). Außerdem kann der Anspruch auf Aufhebung der Gemeinschaft auch selbständig gepfändet werden (h. M.: vgl. RGRK/v. Gamm § 751 Anm. 2; Jäckel/Güthe § 181 Bem. 7; a. M. Staudinger/Huber § 749 Rdn. 58). Für diesen Fall wird angenommen, daß § 751 Satz 2 BGB nach seinem Zweck auch dem Pfändungsgläubiger zur Seite stehe (RGRK aaO). Durch die Bestimmung in Abs. 2 ist vorsorglich die Anwendung des § 751 Satz 2 BGB auch für diese allerdings nicht unzweifelhaften Fälle ausgeschlossen. Da die für das schlichte Miteigentum streitigen Fragen durch Abs. 2 gegenstandslos gemacht worden sind, erübrigt sich ihre weitere Erörterung (aus neuerer Zeit vgl. OLG Köln, OLGE 1969, 338; dazu Furtner NJW 1969, 871 und Hoffmann JuS 1971, 20). Der einzige Fall, in dem die Aufhebung der Gemeinschaft einseitig verlangt werden kann, ist also – abgesehen von dem unter Rdn. 8 erörterten – der in § 11 Abs. 1 Satz 3 vorgesehene.

4 **Einer vertraglichen Aufhebung** (vgl. § 17 Rdn. 1) **steht § 11** selbstverständlich **nicht entgegen.** Ein solcher Vertrag bedarf nicht der Form des § 313 BGB, solange er keine von den gesetzlichen Vorschriften abweichenden Übereignungs- oder Erwerbsverpflichtungen schafft (OGH Köln NJW 1949, 64; a. A. Enneccerus/Lehmann § 186 I). Er ist zu unterscheiden einerseits von der Aufhebung des Sondereigentums (§ 4), andererseits auch von der Durchführung der Aufhebung, die eine Art Auseinandersetzung über den gemeinschaftlichen Gegenstand darstellt und – allerdings nicht ganz klar von dem eigentlichen Aufhebungsvertrag unterschieden – in §§ 752ff. BGB geregelt ist (vgl. auch RGZ 91, 416; unten Rdn. 8). Bärmann/Pick/Merle § 11 Rdn. 18 scheinen unter Kritik an der hier vertretenen Auffassung stets Formbedürftigkeit des schuldrechtlichen Aufhebungsvertrages im Hinblick auf § 4 Abs. 3 anzunehmen; dabei wird aber übersehen, daß die Vereinbarung der Aufhebung der Gemeinschaft zwar als gestaltender Akt (BayObLGE 1973, 82) deren Beendigung zur Folge hat (unten Rdn. 8), aber nichts über die Art der Aufhebung selbst sagt und in einer Weise durchgeführt werden kann, mit der die Aufhebung des Sondereigentums nicht notwendig verbunden ist, z. B. durch die Veräußerung des ganzen Grundstücks

an einen Dritten und durch Teilung des Erlöses. Dies ist ohnehin der gewöhnliche Weg der tatsächlichen Aufhebung der Gemeinschaft (§ 753 BGB). Die aus der Aufhebung folgenden Ansprüche sind im Zivilprozeß, nicht nach § 43 zu verfolgen (vgl. § 43 Rdn. 17).

5 Da § 11 **nur das gesetzliche Aufhebungsrecht** betrifft, schließt er nicht aus, daß WEigentümer sich – auch im Rahmen einer GemO. (§ 10 Rdn. 37) – **vertraglich verpflichten,** die Gemeinschaft unter bestimmten Voraussetzungen durch Realteilung aufzuheben (BayObLGE 1979, 414; BayObLG DWEigt 1984, 124); sie sind dann verpflichtet, beim Antrag auf Erteilung der behördlichen Teilungsgenehmigung mitzuwirken (so BayObLG DWEigt 1984, 124). Über diese Ansprüche ist im Verfahren nach §§ 43 ff. zu entscheiden. Überhaupt **nicht von § 11 betroffen ist** die Aufhebung einer schlichten Miteigentümergemeinschaft an einem WEigentum (dazu § 3 Rdn. 120 ff.); § 11 steht deshalb auch nicht der Anordnung einer Teilungsversteigerung des WEigentums entgegen (so zutr. LG Berlin Rpfleger 1976, 149).

II. Ausnahme von der Unauflöslichkeit

6 Eine Ausnahme von dem Grundsatz, daß die Gemeinschaft einseitig unauflöslich ist, läßt Abs. 1 S. 3 zu; er gestattet eine Vereinbarung dahin, daß die Aufhebung verlangt werden kann für den Fall, daß das Gebäude ganz oder teilweise zerstört wird und keine Verpflichtung zum Wiederaufbau besteht.

7 **1.** Der Fall, daß das Gebäude ganz oder teilweise zerstört wird, ist außer in dieser Bestimmung auch noch in § 9 Abs. 1 Nr. 2 und in § 22 Abs. 2 berücksichtigt. Die Vorschrift des § 22 Abs. 2, die unter bestimmten Voraussetzungen eine Pflicht zum Wiederaufbau eines zerstörten Gebäudes vorsieht, ist dispositiv. Mag diese Pflicht nun aber auch durch Vereinbarung erweitert oder eingeschränkt werden, jedenfalls besteht kein Anlaß, die Unauflöslichkeit der Gemeinschaft selbst dann aufrechtzuerhalten, wenn eine Pflicht zum Wiederaufbau nicht besteht. Das Gesetz gestattet deshalb eine Vereinbarung des in Abs. 1 Satz 3 bezeichneten Inhalts, ohne aber eine entsprechende Bestimmung unmittelbar zu treffen. Mangels einer dahingehenden Vereinbarung ist die Gemeinschaft also auch in dem gedachten Falle nicht auf einseitiges Verlangen aufzuheben.

8 **2.** Ist eine nach Abs. 1 Satz 3 zulässige Vereinbarung getroffen, so kann unter den vorgesehenen Voraussetzungen die **Aufhebung der Gemeinschaft verlangt werden.** Jeder WEigentümer hat dann gegen die anderen den Anspruch darauf, daß diese in die Aufhebung der Gemeinschaft einwilligen. Dabei ist früher allgemein (vgl. Staudinger/Vogel [11. Aufl.] § 752 Rdn. 1) die Einwilligung als solche („in abstracto“) und die Art der Teilung und Abwicklung unterschieden worden, worüber das Nähere in den §§ 752 ff. BGB bestimmt ist. Von dieser Zweistufigkeit ist man bei Schaffung des WEG ausgegangen, wie § 43 Abs. 1 Nr. 1 zeigt, der zwar den Anspruch auf Aufhebung dem FGG-Verfahren, die Ansprüche aus der Aufhebung aber dem Prozeßweg zuweist. Heute ist die Auffassung verbreiteter, daß der

Anspruch auf Aufhebung unmittelbar auf eine bestimmte Art der Teilung zu richten sei (MünchKomm/K. Schmidt § 749 Rdn. 19; Staudinger/Huber § 749 Rdn. 5ff.). Für das WEigentum ist die frühere Auffassung als maßgeblich anzusehen. Kommt eine entsprechende Vereinbarung der WEigentümer nicht zustande, so kann jeder WEigentümer den auf Aufhebung in abstracto gerichteten Anspruch gegen die anderen in dem Verfahren nach § 43 verfolgen. Die aus der Aufhebung sich ergebenden Ansprüche sind dagegen im Zivilprozeß geltend zu machen (§ 43 Abs. 1 Nr. 1; vgl. auch § 43 Rdn. 6). Eine besondere Aufhebung der Sondereigentumsrechte ist in diesem Falle nicht erforderlich. Vgl. im übrigen § 17 und § 22 Rdn. 24ff. Wegen der Möglichkeit, Vereinbarungen über die Art der Teilung mit Wirkung für den Sondernachfolger zu treffen, vgl. § 10 Rdn. 37.

In entsprechender Anwendung des § 11 Abs. 1 Satz 3 wird eine Verein- **9**
barung, nach der die Aufhebung der Gemeinschaft verlangt werden kann, auch für den Fall als zulässig angesehen werden können, daß das **Gebäude** von den WEigentümern **nicht fertiggestellt** werden kann und eine Verpflichtung zum Aufbau nicht besteht (so auch Palandt/Bassenge § 11 Rdn. 3). Ein solcher Fall kann z. B. eintreten, wenn infolge einer öffentlich-rechtlichen Baubeschränkung der Bau nicht ausgeführt oder fertiggestellt werden kann (§§ 275, 323 BGB); das wird von Bärmann/Pick/Merle § 11 Rdn. 37 übersehen, die die Möglichkeit einer solchen Vereinbarung uneingeschränkt verneinen. Ein Anspruch auf Aufhebung oder Anpassung der Gemeinschaft kann sich aus den allgemeinen Grundsätzen des Wegfalls oder der Änderung der **Geschäftsgrundlage** – also ohne ausdrückliche Vereinbarung – ergeben, wenn die Absicht, das Gebäude zu errichten, endgültig aufgegeben wird; einen unmittelbaren Einfluß auf den Bestand des einmal begründeten WEigentums hat dieser Umstand nicht; vgl. § 3 Rdn. 67.

III. Pfändungsgläubiger und Konkursverwalter

Im Fall einer Vereinbarung nach § 11 Abs. 1 S. 3 können auch der Pfän- **10**
dungsgläubiger und der Konkursverwalter den Aufhebungsanspruch geltend machen; dies wird durch Abs. 2 nicht ausgeschlossen.

IV. Geltungsbereich

§ 11 gilt nur, soweit die eigentliche WEigentümergemeinschaft reicht, **11**
also nicht für gemeinsame Gelder u. dgl. (vgl. dazu ausführlich § 1 Rdn. 20; § 27 Rdn. 30).

§ 12 Veräußerungsbeschränkung

(1) **Als Inhalt des Sondereigentums kann vereinbart werden, daß ein Wohnungseigentümer zur Veräußerung seines Wohnungseigentums der Zustimmung anderer Wohnungseigentümer oder eines Dritten bedarf.**

(2) **Die Zustimmung darf nur aus einem wichtigen Grunde versagt werden. Durch Vereinbarung gemäß Absatz 1 kann dem Wohnungseigentümer darüber hinaus für bestimmte Fälle ein Anspruch auf Erteilung der Zustimmung eingeräumt werden.**

(3) **Ist eine Vereinbarung gemäß Absatz 1 getroffen, so ist eine Veräußerung des Wohnungseigentums und ein Vertrag, durch den sich der Wohnungseigentümer zu einer solchen Veräußerung verpflichtet, unwirksam, solange nicht die erforderliche Zustimmung erteilt ist. Einer rechtsgeschäftlichen Veräußerung steht eine Veräußerung im Wege der Zwangsvollstreckung oder durch den Konkursverwalter gleich.**

Übersicht

Literatur: Diester, Wiedergabe von Verfügungs- und Veräußerungsbeschränkungen bei Bildung des Briefes für eine Grundschuld an einem Wohnungseigentum und Wohnungserbbaurecht, Rpfleger 1968, 41, 207; ders., Grenzen der Anwendbarkeit des § 12 WEG, Rpfleger 1974, 245. – Liessem, Zur Verwalterzustimmung bei Veräußerung von Wohnungseigentum, NJW 1988, 1306. – Schmedes, Bedarf die Übertragung eines ideellen Anteils an einer Eigentumswohnung auf den anderen Anteilsberechtigten der Zustimmung der übrigen Wohnungseigentümer?, Rpfleger 1974, 421. – Weitnauer, Wiedergabe von Veräußerungsbeschränkungen nach § 12 WEG im Grundbuch und im Hypothekenbrief, Rpfleger 1968, 205.

I. Allgemeines, Anwendungsbereich

1. Ratio legis

1 § 12 gestattet in Abweichung von § 137 BGB und in Anlehnung an die Vorschriften der §§ 5 bis 8 der ErbbVO eine Vereinbarung der WEigentümer dahin, daß ein WEigentümer zur Veräußerung seines WEigentums der Zustimmung anderer WEigentümer oder eines Dritten bedarf. Hierdurch soll den WEigentümern eine Möglichkeit geboten werden, sich gegen das Eindringen unerwünschter Personen in die Gemeinschaft – darin sahen OLG Celle Rpfleger 1974, 267 und Schmedes Rpfleger 1974, 421 den einzigen

Zweck des § 12, ähnlich auch die 6. Auflage –, darüber hinaus aber auch gegen sonstige unerwünschte Veränderungen im Personenkreis der Teilhaber (so mit Recht BayObLGE 1977, 40) zu schützen. Allerdings kann eine solche Vereinbarung den Wert des WEigentums und dessen Kreditmöglichkeiten beeinträchtigen. Die Gefahr, daß die Veräußerungsbeschränkung zu unlauteren Zwecken mißbraucht wird, ist durch die Bestimmung in Abs. 2 weitgehend eingeschränkt. Danach darf die Zustimmung zur Veräußerung nur aus wichtigem Grund versagt werden. Gleichwohl liegen in einer solchen Vereinbarung noch gewisse Gefahren. Wenn das Gesetz die Möglichkeit einer solchen Vereinbarung trotzdem zuläßt, und zwar auch für die in Abs. 3 Satz 2 bezeichneten Fälle sowie für die Versteigerung nach § 19, so um den WEigentümern bei der Gestaltung ihres Gemeinschaftsverhältnisses einen möglichst weiten Spielraum einzuräumen. Es bestand im übrigen kein Anlaß, die WEigentümer vor sich selbst zu schützen; ebensowenig ist ein Kreditgeber genötigt, das WEigentum unter ihm nicht genehmen Bedingungen zu beleihen.

2. Anwendungsbereich

Da § 12 die Möglichkeit einer rechtsgeschäftlichen Veräußerungsbeschränkung eröffnet, setzt er eine **Veräußerung**, also „die rechtsgeschäftliche Übertragung des WEigentums (Teileigentums) unter Lebenden, im Gegensatz zur Belastung des WEigentums und zum Eigentumsübergang kraft Gesetzes" (BayObLGE 1976, 328, z. B. durch Erbfolge, LG Aachen WM 1993, 287) voraus. Eine solche Veräußerung liegt nicht nur vor, wenn das WEigentum als Ganzes (dazu § 3 Rdn. 95), sondern auch, wenn ein ideeller Anteil an dem WEigentum übertragen wird (OLG Celle Rpfleger 1974, 438; BayObLG DWEigt 1986, 30 für den Fall, daß ein Miteigentumsanteil an einem Teileigentum – Hallenbad – auf eine GmbH übertragen werden soll; OLG Frankfurt OLGE 1990, 149) oder ein realer Teil, d. h. das Sondereigentum an einer Wohnung oder sonstigen Räumen in Verbindung mit einem Miteigentumsanteil, Vorgänge, die beide ohne eine Veräußerungsbeschränkung der Zustimmung der übrigen WEigentümer nicht bedürfen (BayObLGE 1977, 1; § 3 Rdn. 27, 98ff.). Keine Veräußerung i. S. des § 12 ist die Übertragung eines Miterbenanteils an einem Nachlaß, zu dem ein WEigentum gehört (OLG Hamm NJW 1980, 1397) und die Übertragung von BGB-Gesellschaftsanteilen (OLG Hamm OLGE 1989, 167). Ist eine Veräußerungsbeschränkung zum Inhalt des Sondereigentums gemacht, so trifft sie auch den Fall einer **Veräußerung an Personen, die bereits zum Kreis der Teilhaber gehören;** auch in diesem Falle können die Bedenken, vor allem finanzieller Art, bestehen, deretwegen § 12 geschaffen worden ist (so mit Recht OLG Celle Rpfleger 1974, 438; BayObLGE 1977, 40; KG Rpfleger 1978, 382); deshalb ist die Zustimmungsbedürftigkeit auf die Veräußerung von einer Erbengemeinschaft an einen Miterben in Erfüllung eines Vermächtnisses (BayObLGE 1982, 46) oder auf die Übertragung lediglich einer Miteigentumsquote ohne Sondereigentum und umgekehrt auf die Übertragung von Sondereigentum ohne Miteigentumsquote unter WEigentümern zu erstrecken (Entscheidungen hierzu nicht bekannt); vgl. § 3 Rdn. 98ff., § 4

2

Rdn. 4; § 6 Rdn. 1. Ein unter die Veräußerungsbeschränkung fallender Vorgang ist auch die Rückübertragung des WEigentums vom Erwerber an den früheren Veräußerer, wenn der Kaufvertrag von den Vertragsteilen einvernehmlich aufgehoben wird (BayObLGE 1976, 328); dagegen ist die Zustimmungsbedürftigkeit zu verneinen, wenn der Erwerber zur Rückübertragung auf Grund Rücktritts (§§ 346ff. BGB) oder Wandelung (§§ 459ff., 467 BGB) oder wegen Rechtsgrundlosigkeit des Erwerbs (§§ 812ff. BGB), z. B. nach Anfechtung gem. §§ 119, 123 BGB verpflichtet ist (angedeutet, aber offen gelassen in BayObLGE 1976, 328 und KG OLGE 1988, 399). Eine vereinbarte Veräußerungsbeschränkung umfaßt auch die **Veräußerung im Wege der Zwangsvollstreckung** – d. h. durch Zwangsversteigerung, die nicht rechtsgeschäftlicher Art ist – sowie **durch den Konkursverwalter** (Abs. 3 Satz 2), soweit nichts anderes bestimmt ist.

3. Erweiterung des Anwendungsbereichs?

3 Die Möglichkeit einer Belastungsbeschränkung mit dinglicher Wirkung ist anders als in § 5 Abs. 2 ErbbVO nicht vorgesehen. Da § 12 eine Ausnahme von einem tragenden Grundsatz unseres Zivilrechts darstellt, nämlich von der Nichtigkeit rechtsgeschäftlicher Verfügungsbeschränkungen (§ 137 Satz 1 BGB), ist er nach allgemeinen Grundsätzen einschränkend auszulegen (so auch BayObLG WE 1992, 142). Eine erweiternde Auslegung oder Analogie ist zwar nicht schlechthin ausgeschlossen, setzt aber zwingende Gründe voraus.

Der BGH hat in beiläufigen, die konkret zu entscheidende Frage nicht betreffenden Ausführungen eine Erweiterung des § 12 in doppelter Hinsicht für zulässig erachtet. Einmal soll nach Ansicht des Gerichts die Belastung des WEigentums mit einem Benutzungsrecht, insbes. Dauerwohnrecht oder dinglichem Wohnungsrecht i. S. des § 1093 BGB durch Vereinbarung von der Zustimmung der anderen WEigentümer oder eines Dritten (z. B. des Verwalters) abhängig gemacht werden können (so BGHZ 43, 203, in diesem Sinne ausdrücklich interpretiert durch BGHZ 49, 250). In gleicher Weise soll nach BGHZ 49, 250 die an sich zulässige und vom BGH mit Recht bejahte Teilung eines WEigentumsrechts nach § 8 ohne Veräußerung zustimmungsbedürftig gemacht werden können; in beiden Fällen will das Gericht allerdings die Vorschriften des § 12 Abs. 2 und 3 entsprechend angewendet wissen, so daß die Verfügungsbeschränkungen etwas von ihrer Schärfe verlieren würden. Gleichwohl ist diese Auffassung des BGH weder mit dem Wortlaut noch mit dem Sinn und Zweck des § 12 in Einklang zu bringen; die Anwendung des § 12 ist vielmehr, abgesehen von den echten Veräußerungsfällen, nur im Falle der Begründung eines eigentumsähnlichen Dauerwohnrechts angebracht, den man aus rechtlichen und wirtschaftlichen Gründen einer Veräußerung gleichstellen kann (vgl. dazu Weitnauer DNotZ 1953, 119; 1963, 180 Anm. zu BGHZ 37, 203; Anm. zu BGH DNotZ 1968, 302; Vor § 31 Rdn. 7). Im übrigen aber muß es, wie auch die Entstehungsgeschichte ergibt (vgl. die Begründung zu § 12), bei der grundsätzlichen Nichtigkeit dinglich wirkender rechtsgeschäftlicher Verfügungsbeschränkungen bleiben.

Dagegen bestehen solche grundsätzlichen Bedenken nicht gegen rein schuldrechtliche Verpflichtungen, über das WEigentum nicht oder nur unter bestimmten Voraussetzungen zu verfügen (§ 137 Satz 2 BGB), z. B. eine Teilung oder auch die Belastung des WEigentums mit einem Benutzungsrecht oder mit einem Grundpfandrecht (insoweit allerdings vorbehaltlich der Schranken des § 1136 BGB, dazu unten Rdn. 14) nicht oder nur mit Zustimmung der anderen WEigentümer oder des Verwalters vorzunehmen. Dasselbe gilt für Verpflichtungen, die Eigentumswohnung nur unter bestimmten Voraussetzungen zu vermieten oder zu verpachten (dazu § 15 Rdn. 21). Solche schuldrechtlichen Verpflichtungen können gem. § 10 Abs. 2 zum Inhalt des Sondereigentums gemacht und so mit Wirkung gegenüber dem Sondernachfolger ausgestattet werden, ohne daß sie dadurch freilich ihren schuldrechtlichen Charakter verlieren; wenn man insoweit von dinglicher Wirkung oder „Verdinglichung" spricht, weist das lediglich auf die Bindung des Sonderrechtsnachfolgers hin, mit anderen Worten auf die Verbindlichkeit derartiger Vereinbarungen für die jeweiligen WEigentümer (näher dazu § 5 Rdn. 23, § 10 Rdn. 31 ff.). Die Gültigkeit eines gegen eine solche schuldrechtliche Verpflichtung verstoßenden Rechtsgeschäfts, mag es nun der Abschluß eines Miet- oder Pachtvertrages oder die Bestellung eines dinglichen Rechtes sein, ist aber nicht in Frage gestellt, die Nichtigkeitsfolge des § 12 kann keinesfalls eintreten. Vielmehr sieht sich der WEigentümer lediglich widersprechenden Verpflichtungen und den daraus möglicherweise entstehenden Haftungsfolgen ausgesetzt (vgl. dazu OLG Frankfurt DNotZ 1959, 476; Anh. zu § 13 Rdn. 4, 5). Der schuldrechtliche Anspruch aus einer Verpflichtung i. S. des § 137 Satz 2 BGB kann durch Vormerkung nicht gesichert werden (Staudinger/Gursky § 883 Rdn. 14; 23; MünchKomm/Wacke § 883 Rdn. 15), weil er nicht auf eine Rechtsänderung, sondern auf deren Unterbleiben gerichtet ist. 4

II. Die Veräußerungsbeschränkung des § 12

1. Inhaltliche Ausgestaltung

Die Veräußerungsbeschränkung **kann vereinbart werden.** Sie ist aber **nicht gesetzlicher Inhalt des Gemeinschaftsverhältnisses.** Sie kann auch nur *für bestimmte Fälle* der Veräußerung vorgesehen oder für bestimmte Fälle der Veräußerung ausgeschlossen werden; letzteres kommt insbes. für die Fälle der Versteigerung nach § 19 und der Veräußerung im Wege der Zwangsversteigerung oder durch den Konkursverwalter in Betracht. Die Zulässigkeit einer solchen Vereinbarung wird bestätigt durch die Bestimmung in Abs. 2 Satz 2. Selbst eine solche Ausnahme erfaßt nicht den Fall des freihändigen Erwerbs durch einen Grundpfandgläubiger „zur Rettung seines Grundpfandrechts" (LG Düsseldorf Rpfleger 1981, 193). Die Verfügungsbeschränkung hat **„absolute"** Wirkung (unten Rdn. 13). Ist die Veräußerung von der **Zustimmung der anderen WEigentümer** abhängig gemacht, so wird damit im Zweifel die für Mehrheitsbeschlüsse der WEigentümerversammlung erforderliche Mehrheit gemeint sein. **Dritter** kann und wird **in der Regel der Verwalter** sein; von diesem Regelfall wird im folgenden 5 ausgegangen. Zur Frage, ob ein Hypothekengläubiger „Dritter“ sein kann, vgl. unten Rdn. 14.

Nach bislang h. M. ergab die Auslegung derartiger Klauseln in Teilungserklärungen, daß sie regelmäßig nicht die Erstveräußerung durch den teilenden Eigentümer erfaßten. Sie bedürfe daher nicht der Zustimmung des Verwalters (BayObLG Rpfleger 1983, 350; BayObLGE 1986, 380; BayObLG Rpfleger 1988, 95; OLG Frankfurt OLGE 1989, 44). Diese restriktive Auslegung des Zustimmungserfordernisses wurde allerdings nicht auf Fälle der Erstveräußerung eines nach § 3 begründeten WEigentums erstreckt (OLG Hamburg OLGE 1982, 53); sie betraf vielmehr die Vorratsteilung nach § 8 und dort nur solche Situationen, in denen die Veräußerung die WEigentümergemeinschaft nicht erst zur Entstehung brachte. Dem Verständnis der bislang h. M. vom Inhalt solcher Klauseln in Teilungserklärungen liegt die Überlegung zugrunde, daß es wohl kaum die Absicht des teilenden Eigentümers sein könne, sich selbst einem von ihm aufgestellten Zustimmungserfordernis zu unterwerfen.

Entgegen dieser Meinung entschied der BGH (BGHZ 113, 374) in einem auf Vorlage des OLG Düsseldorf ergangenen Beschluß. Nach seiner Auffassung ist auch die Erstveräußerung durch den teilenden Eigentümer zustimmungspflichtig, wenn eine entsprechende Klausel in der Teilungserklärung die Zustimmung des Verwalters zur Veräußerung verlangt. Das Gericht stützt sich dabei vor allem auf die Grundsätze der Auslegung von Grundbucheintragungen. Der Wortlaut der Eintragung sei eindeutig. Ein Interesse des veräußernden Eigentümers, von dem Zustimmungserfordernis befreit zu sein, sei durch außerhalb des Grundbuchs liegende Umstände nicht für jedermann erkennbar. Eine bloße Vorratsteilung lasse nicht auf ein Absatzinteresse des ersten Eigentümers schließen. Im übrigen stünde einer ausdrücklichen Vereinbarung durch die Beteiligten, nach der die Erstveräußerung nicht dem Zustimmungserfordernis unterliege, nichts im Wege. Im Kern geht es dem Gericht also um die Grundbuchklarheit. Diese wird durch die vom Gericht vertretene Auffassung sicherlich wirkungsvoller erreicht als durch die bisher h. M., gerade wenn diese – sachlich notwendig – die schon in der Vorauflage vertretenen Einschränkungen für bestimmte Situationen erforderlich macht (vgl. 7. Aufl. Rdn. 2 [2. Abs.]; ablehnend auf Grundlage der bislang h. M. für die wechselseitige Übertragung von WEigentumsanteilen: OLG Frankfurt OLGE 1990, 149). Folgerichtig lehnt das OLG Köln (Rpfleger 1992, 293), das sich der Auffassung des BGH anschließt, ein Zustimmungserfordernis dann ab, wenn die Teilungserklärung hiervon ausdrücklich für die Veräußerung durch den Bauträger absieht. Daran ändere sich auch nichts, wenn zwischen der Vorratsteilung und der Veräußerung ein Zeitraum von mehr als zehn Jahren liege (a. A. LG Wuppertal Rpfleger 1985, 190; LG Köln MittRhNotK 1988, 209, 210; Bärmann/Pick/Merle § 12 Rdn. 6; Diester Rpfleger 1974, 245; Schopp Rpfleger 1974, 112). Die Gegenauffassung führt im übrigen zu der Schwierigkeit, den genauen Zeitpunkt festzustellen, von dem ab auch eine solche Veräußerung zustimmungspflichtig ist (anders noch 7. Aufl. Rdn. 2).

Die Entscheidung des BGH hatte für die Praxis zur Folge, daß eine große Zahl von Erwerbsverträgen einschließlich der dinglichen Erfüllungsgeschäfte schwebend unwirksam war, da die Zustimmungspflicht des Verwalters eine weitverbreitete Vertragsgestaltung ist. Zwar bestand natürlich die Möglichkeit, eine Verwalterzustimmung zu erwirken, doch könnten sich hier im Einzelfall Schwierigkeiten ergeben, wenn der Verwalter diese Zustimmung verweigert. Um die hierdurch entstandene Rechtsunsicherheit zu beseitigen, hat der Gesetzgeber durch das **Gesetz zur Heilung des Erwerbs von Wohnungseigentum** vom 3. 1. 1994 (BGBl. I S. 6) § 61 in das WEG eingefügt. Nach dieser Vorschrift werden sämtliche Geschäfte, denen es an einer nach § 12 erforderlichen Zustimmung fehlt, rückwirkend für wirksam erklärt. Entscheidend ist, daß die Eintragung der Auflassung oder einer Auflassungsvormerkung bereits vor dem 15. 1. 1994 erfolgt ist und es sich um eine erstmalige Veräußerung dieser Wohnung handelt (für weitere Einzelheiten siehe § 61; sowie Pause NJW 1994, 501).

Eine nach der Teilungserklärung (zustimmungsfreie) Erstveräußerung liegt nach Auffassung des OLG Frankfurt (WE 1989, 172) auch dann vor, wenn der Erwerber nach Abtretung des Auflassungsanspruchs unmittelbar vom Veräußerer das Eigentum erlangt. In der Person des Abtretenden des (durch Vormerkung gesicherten) Auflassungsanspruchs fehle es an dem dinglichen Vollzug der Veräußerung (vgl. auch Rdn. 13).

2. Eintragung in das Grundbuch

Eine Veräußerungsbeschränkung ist **nur wirksam,** wenn sie zum Inhalt 6
des Sondereigentums i. S. des § 10 Abs. 2 gemacht ist. Sie bedarf also anders als die gewöhnlichen Vereinbarungen der WEigentümer schlechthin der *Eintragung in das Grundbuch.* Ohne solche ist sie nicht nur gegen den Sondernachfolger, sondern auch unter den WEigentümern selbst dinglich ohne Wirkung; sie könnte dann höchstens in eine schuldrechtliche Verpflichtung umgedeutet werden. Insoweit weicht die Regelung des § 12 von der des § 10 Abs. 2 ab: Vereinbarungen nach § 10 Abs. 2 sind unter den Beteiligten auch ohne Eintragung wirksam; die Veräußerungsbeschränkung nach § 12 muß dagegen zum Inhalt des Sondereigentums gemacht, also eingetragen sein, um überhaupt Wirksamkeit zu erlangen. Sie kann auch auf einzelne WEigentumsrechte beschränkt werden (so zutr. Bärmann/Pick/Merle § 12 Rdn. 30 unter Hinweis auf eine Praxis der Versorgungsämter; allerdings können auch dann nur die durch § 12 geschützten Zwecke verfolgt werden). Die **Aufhebung** einer Veräußerungsbeschränkung ist nach LG Bielefeld (Rpfleger 1985, 232) ohne die Zustimmung dinglich Berechtigter (dazu § 10 Rdn. 50) möglich.

3. Umfang der Eintragung

§ 3 Abs. 2 Halbs. 2 WGBV bestimmt (in sachlicher Übereinstimmung mit 7
der die entsprechende Frage beim Erbbaurecht betreffenden Bestimmungen des § 56 Abs. 2 GBV), daß vereinbarte Veräußerungsbeschränkungen **ausdrücklich einzutragen** sind. Daraus ergibt sich, daß es den Vorschriften über die Grundbuchführung nicht genügen würde, wenn eine zum Inhalt des Sondereigentums gemachte Veräußerungsbeschränkung nur durch eine allgemeine Bezugnahme auf die Eintragungsbewilligung im Grundbuch einge-

tragen würde. Die Bestimmung hat allerdings, wie schon ihr Standort zeigt, nur Ordnungscharakter; die materiellrechtliche Wirksamkeit einer Veräußerungsbeschränkung wäre durch einen Verstoß also nicht in Frage gestellt, weil Veräußerungsbeschränkungen zum Inhalt des Rechts i. S. des § 874 BGB und des § 14 Abs. 2 ErbbVO gehören (Eickmann/KEHE W § 3 Rdn. 8).

8 Streitig ist aber die Frage, **in welchem Umfang** das Grundbuch die Details der Veräußerungsbeschränkungen wiedergeben muß. In einzelnen Entscheidungen ist die Auffassung vertreten worden, daß der volle Inhalt der Veräußerungsbeschränkungen mit all ihren Modalitäten und Einzelheiten verlautbart werden müsse (LG Marburg Rpfleger 1960, 336; LG Mannheim Rpfleger 1963, 301; AG Göppingen Rpfleger 1966, 14; LG Nürnberg-Fürth, Beschluß vom 15. 3. 1967, zit. bei Diester Rpfleger 1968, 41, der zustimmt). Dem kann aber nicht gefolgt werden; ein solches Ausmaß der Eintragung ist weder erforderlich noch erwünscht, sondern bedeutet lediglich eine angesichts der vorhandenen Überlastung der Grundbuchämter nicht vertretbare zusätzliche Belastung mit überflüssigem Schreibwerk (so auch Eickmann/KEHE W § 3 Rdn. 8). Es genügt vielmehr, auf das Vorhandensein der Veräußerungsbeschränkung in der Eintragung selbst hinzuweisen und den für die Realgläubiger wichtigsten Inhalt ersichtlich zu machen, während für Einzelheiten auf die Eintragungsbewilligung Bezug genommen werden kann (so zutreffend insbes. auch LG Kempten Rpfleger 1968, 58); gleiches gilt im übrigen auch für die nähere Kennzeichnung von Bedingungen oder Befristungen, obwohl die Eintragung hier sogar Wirksamkeitsvoraussetzung ist (vgl. Horber/Demharter, GBO, § 44 Anh. Rdn. 17; KG DNotZ 1956, 556; OLG Köln DNotZ 1963, 48; vgl. auch Horber/Demharter aaO § 45 Rdn. 40 für Bedingungen und inhaltliche Beschränkungen eines Rangvorbehalts).

Demgemäß kann die **Eintragung** im Bestandsverzeichnis (§ 3 Abs. 2 WGBV) etwa folgendermaßen lauten:

„Zur Veräußerung des WEigentums mit Ausnahme bestimmter Fälle, insbes. im Wege der Zwangsversteigerung durch den Konkursverwalter oder den Ersteher, ist eine Zustimmung nach näherer Maßgabe des § 10 der GemO. erforderlich."

Die weiteren Einzelheiten der Veräußerungsbeschränkung werden dann durch die allgemeine Bezugnahme auf die Eintragungsbewilligung gedeckt. Vgl. dazu im übrigen auch Weitnauer Rpfleger 1968, 205 und Diester Rpfleger 1968, 207, der sich dieser Auffassung unter Einschränkung seiner in Rpfleger 1968, 41 vertretenen Meinung angeschlossen hat.

Wegen der Wiedergabe des Wortlauts des Bestandsverzeichnisses vgl. § 5 WGBV.

4. Anspruch auf Erteilung der Zustimmung (Abs. 2)

9 a) Die Zustimmung darf nur **aus einem wichtigen Grunde** versagt werden. Diese Bestimmung ist, wie sich aus Satz 2 ergibt, unabdingbar (BayObLGE 1972, 348; 1980, 29); eine dagegen verstoßende Bestimmung in einer GemO. ist nichtig und nicht eintragungsfähig; ein dagegen verstoßen-

der Beschluß der WEigentümerversammlung ist nichtig, einer Anfechtung nach § 23 Abs. 4 bedarf es nicht (BayObLGE 1980, 29; WE 1991, 202; OLG Hamm WE 1993, 53). Der Anspruch auf die Zustimmung kann erweitert, er kann aber nicht beschränkt werden. Mit dieser Regelung, die im Grunde der des § 7 ErbbVO entspricht, ist ein wesentlicher Teil der Gefahren, die mit einer Veräußerungsbeschränkung verbunden sein können, behoben. Die Zustimmung kann daher weder von der Einwilligung des Erwerbers zu einer Änderung oder Abweichung des Kostenverteilungsschlüssels (OLG Frankfurt WE 1989, 172) noch von der Vorauszahlung von Wohngeld (KG WE 1990, 86) oder der Kostenübernahme durch den Veräußerer (OLG Hamm WE 1989, 173) abhängig gemacht werden. Entsprechendes gilt für das Verknüpfen mit einer Kostenübernahme durch den Veräußerer (OLG Hamm WE 1989, 173) sowie von anderen „Maßgaben", die den grundbuchrechtlichen Vollzug der Eigentumsumschreibung wegen nicht zweifelsfreier Erkennbarkeit ihrer Bedeutung verhindern (OLG Hamm Rpfleger 1992, 294; s. schon oben Rdn. 5). Der Anspruch steht dem die Veräußerung anstrebenden WEigentümer, nicht dem beabsichtigten Erwerber zu. § 12 kann **nicht** – als Ausnahme von § 137 Satz 1 BGB – **Grundlage des Gebots** sein, das WEigentum nur an bestimmte Personen zu veräußern; eine schuldrechtliche Verpflichtung dieses Inhalts ist zulässig (§ 137 Satz 2 BGB) und kann gem. § 10 Abs. 2 zum Inhalt des Sondereigentums gemacht werden, die Wirksamkeit einer dagegen verstoßenden Verfügung wird dadurch nicht in Frage gestellt (BayObLG DWEigt 1984, 124).

Als **wichtig ist ein Grund** nur anzuerkennen, wenn die Veräußerung eine **10**
gemeinschaftswidrige Gefahr für die anderen WEigentümer herbeiführen würde, wenn also der in Aussicht genommene Erwerber für die anderen WEigentümer, etwa im Hinblick auf seine Persönlichkeit oder auf seine wirtschaftliche Leistungsfähigkeit unzumutbar ist; dagegen können bloße Zweckmäßigkeitserwägungen die Versagung der Zustimmung nicht rechtfertigen (so zutr. BayObLGE 1972, 348), auch nicht die inhaltliche Gestaltung des Kaufvertrages (OLG Frankfurt ZMR 1994, 124); kein Grund ist, daß der Erwerber eine türkische Ehefrau hat (BayObLG WEM 1981, 56) oder daß der Veräußerer einen Anspruch auf Ersatz von Aufwendungen geltend macht (BayObLG DWEigt 1983, 26) oder mit Wohngeldzahlungen im Rückstand ist (BayObLG MittBayNot 1981, 290; DWEigt 1984, 60; OLG Schleswig DWEigt 1983, 26). Mit dem Verkauf an eine GmbH allgemein verbundene Gefahren oder schlechte Erfahrungen mit einer anderen GmbH (BayObLG WE 1989, 67) rechtfertigen ebensowenig die Verweigerung der Zustimmung wie etwaige Maßnahmen der Baubehörde gegen den Erwerber wegen der Verletzung bauordnungsrechtlicher Vorschriften (BayObLG WE 1992, 142). Ein von der Auffassung der Zustimmungsberechtigten abweichender Rechtsstandpunkt des Erwerbers zur Frage des Innenausgleichs eines zwischen ihnen bestehenden Gesamtschuldverhältnisses reicht als Grund für die Verweigerung der Zustimmung nicht aus (BayObLGE 1990, 24). Mit Recht hat das BayObLG keinen Grund zur Versagung gesehen, wenn ein WEigentümer, ohne dazu verpflichtet zu sein, die ihm gehörende Wohnung als Hausmeisterwohnung vermietet hatte, die Wohnung aber nun an einen Interessenten veräußern will, der sie selbst zu

beziehen beabsichtigte (BayObLGE 1972, 348). Eine die Verweigerung der Zustimmung rechtfertigende Verletzung der Gemeinschaftsinteressen liegt auch dann nicht vor, wenn der Erwerber nicht eine Zweckentfremdung des WEigentums herbeiführen, sondern eine geduldete Nutzung fortsetzen möchte (OLG Hamm Rpfleger 1992, 294; BayObLG WE 1991, 202). Eine nur abstrakte, nicht in konkreten Tatsachen begründete Gefahr reicht nicht aus (LG Mannheim BB 1977, 319). Aus solchen Gründen darf der Verwalter auch kein Zurückbehaltungsrecht ausüben (so auch BayObLG WE 1991, 202). Im Falle schuldhafter Verzögerung wird der Verwalter, gegebenenfalls die WEigentümer dem Veräußerer, nicht aber dem Erwerber, zum Schadensersatz verpflichtet (BayObLG DWEigt 1984, 60; OLG Karlsruhe Die Justiz 1985, 143). Umgekehrt ist der Veräußerer verpflichtet, dem Verwalter jede ihm mögliche Information über den Erwerber zu geben oder diesen zu einer „Selbstauskunft" zu veranlassen (BayObLG DWEigt 1983, 26; KG WE 1990, 86).

11 Durch Vereinbarung kann ein unwichtiger Grund für die Versagung nicht zu einem wichtigen Grund i. S. des § 12 Abs. 2 gemacht werden (so auch BayObLGE 1980, 29; OLG Hamm WE 1993, 52). Das schließt aber nicht aus, daß die WEigentümer im Rahmen ihrer Vereinbarungen nach § 10 Abs. 2 Fälle vorsehen, die nach ihrer Auffassung regelmäßig als wichtiger Grund für die Versagung anzusehen wären, so z. B. den Fall, daß begründete Bedenken gegen die finanzielle Leistungsfähigkeit eines Erwerbers oder gegen dessen persönliche Eignung (befürchtete Störungen der Hausgemeinschaft) bestehen (so auch BayObLGE 1990, 24); deshalb ist auch die Eintragung solcher Vereinbarungen als Inhalt des Sondereigentums (§ 5 Abs. 4; § 10 Abs. 2) zulässig. A. A. unrichtig LG Kassel, wiedergegeben bei Diester, Rspr., S. 120 Nr. 40, der die Entscheidung mit Recht ablehnt; zu dem damit berührten allgemeinen Problem vgl. § 10 Rdn. 37; auch § 7 Rdn. 29f.

12 b) Der Anspruch auf Zustimmung ist, soweit er gegen die anderen WEigentümer oder gegen den Verwalter gerichtet ist, **im Verfahren nach § 43 Abs. 1** zu verfolgen, im übrigen im gewöhnlichen Prozeßverfahren. Es kommt hierfür auf die Umstände im Zeitpunkt der letzten mündlichen Tatsachenverhandlung an (OLG Hamm WE 1993, 52; im Gegensatz zu einem Verfahren, in dem die Nichtigkeit eines die Zustimmung verweigernden Beschlusses festgestellt werden soll: dort Zeitpunkt des Beschlusses). Die Verurteilung lautet auf Abgabe der Zustimmungserklärung, die mit Rechtskraft der Entscheidung gem. § 894 ZPO als abgegeben gilt (BayObLGE 1977, 40 unter Aufgabe von BayObLGE 1972, 348; in der letztgenannten Entscheidung hat das Gericht die Auffassung vertreten, die Zustimmung werde entsprechend § 7 Abs. 3 ErbbVO „ersetzt"; OLG Hamm WE 1989, 173; vgl. § 45 Rdn. 9). Bestimmt die GemO., daß die Zustimmung des Verwalters durch die WEigentümerversammlung ersetzt werden kann, so ergibt sich hieraus zugleich die Entscheidungsbefugnis der WEigentümer, wenn ein Verwalter nicht bestellt ist. Sofern dem Veräußerer die Anrufung der WEigentümerversammlung nicht zugemutet werden kann, ist der Versuch, die Zustimmung der WEigentümer zu erhalten, ausnahmsweise entbehrlich (BayObLGE 1990, 24). Ist in erster Linie die Zustimmung des

Verwalters und für den Fall, daß dieser sie versagt, die **Anrufung der WEigentümerversammlung** vorgesehen, so wird dadurch der Rechtsweg gegen die Entscheidung des Verwalters nicht ausgeschlossen, sondern nur bis zur Erschöpfung dieses innergemeinschaftlichen „Instanzenzuges" aufgeschoben (so zutreffend BayObLGE 1973, 1). Wenn die Veräußerung von der Zustimmung des **Verwalters** abhängig gemacht wird, handelt dieser bei der Entscheidung über die Zustimmung **als Treuhänder** der WEigentümer in verdeckter (mittelbarer) Stellvertretung (so BayObLGE 1980, 29). Er kann daher wegen des mit beiden Funktionen verbundenen Interessenkonflikts nicht gleichzeitig Makler des Erwerbers sein (BGHZ 112, 240; hierzu Schopp, PiG 36, S. 197, 206f.). Die WEigentümer können stets durch Mehrheitsbeschluß eine den Verwalter bindende Entscheidung treffen, soweit die Zustimmung noch nicht erteilt ist (BayObLGE 1980, 29; OLG Zweibrücken DWEigt 1987, 31). Die WEigentümer haben auch die Befugnis, durch einstimmigen Beschluß aller WEigentümer, die nach der GemO. an sich erforderliche Zustimmung des Verwalters zu ersetzen (OLG Saarbrücken DNotZ 1989, 439). Der Erwerber steht vor der Erteilung weder zu den WEigentümern noch zum Verwalter in einer Rechtsbeziehung, aus der diese ihm gegenüber Verpflichtungen hätten; sie sind deshalb – abgesehen vom Fall der vorsätzlichen sittenwidrigen Schädigung (§ 826 BGB) – auch bei unrichtiger oder verzögerlicher Behandlung der Angelegenheit dem Erwerber gegenüber nicht zum Schadensersatz verpflichtet, s. schon oben Rdn. 10. Befindet sich der Verwalter mit der Erteilung der Zustimmung in Verzug, so kann der anspruchsberechtigte WEigentümer die Rechtsverfolgungskosten als Schadensersatz geltend machen (BayObLG DWEigt 1993, 122). Der Anspruch des WEigentümers auf Erteilung der Zustimmung kann und muß, wenn diese verweigert wird, im Falle der Zwangsversteigerung von dem betreibenden Gläubiger gepfändet und diesem überwiesen werden (abw. Bärmann/Pick/Merle § 12 Rdn. 51), der Konkursverwalter kann den Anspruch kraft des § 6 Abs. 2 KO geltend machen (ebenso Palandt/Bassenge § 12 Rdn. 11). Der Zuschlag kann dem Ersteher nur bei Vorliegen der Zustimmung erteilt werden.

5. Wirkung (Abs. 3)

Die Wirkung der vereinbarten Veräußerungsbeschränkung (Abs. 3) ist die **13**
gleiche wie im Falle der §§ 5ff. ErbbVO, denen die Regelung des § 12 nachgebildet ist (vgl. Rdn. 1). Die Zustimmung ist eine einseitige empfangsbedürftige Willenserklärung, sie kann **gem. §§ 182–184 BGB** sowohl vor der Veräußerung als auch nachträglich, sowohl gegenüber dem Veräußerer als auch gegenüber dem Erwerber erklärt werden. Die Auslegung der erteilten Zustimmung kann ergeben, daß sie nicht auch für einen nach der Zustimmung geänderten Vertrag mit demselben Erwerber gilt (BayObLG WE 1992, 199). Der Verwalter ist im Falle der Veräußerung einer ihm gehörenden Eigentumswohnung nicht gehindert, die Zustimmung gegenüber dem Erwerber zu erteilen (BayObLG WE 1987, 54; OLG Düsseldorf NJW 1985, 390). Durch Mehrheitsbeschluß kann dem Verwalter für die Zustimmungserklärung eine **Kostenpauschale** zugebilligt werden; diese kann nicht vom

Erwerber verlangt werden (KG DWEigt 1989, 143). Solange die bei einer Vereinbarung nach § 12 erforderliche Zustimmung nicht erteilt ist, ist sowohl das dingliche als das schuldrechtliche Rechtsgeschäft schwebend unwirksam, und zwar gegenüber jedermann (BGHZ 33, 76; KG OLGE 1988, 399). Dies gilt auch für eine Veräußerung durch den Konkursverwalter, in der Zwangsversteigerung und im Falle einer Versteigerung nach §§ 18, 19, 53ff. (vgl. oben Rdn. 3). Die Veräußerung wird erst durch die erteilte **Zustimmung** wirksam und zwar **ohne Rückwirkung** („solange nicht"; anders die wohl h. L. unter Berufung auf § 184 BGB, so Bärmann/Pick/Merle § 12 Rdn. 41; Palandt/Bassenge § 12 Rdn. 11; dabei wird aber m. E. übersehen, daß § 12, wie es § 184 Abs. 1 BGB zuläßt, „ein anderes bestimmt", also keine Rückwirkung vorsieht). Wird umgekehrt die Zustimmung verweigert, ist der Vertrag endgültig unwirksam (OLG Hamm WE 1993, 52). Eine dem § 15 ErbbVO entsprechende Ordnungsvorschrift, wonach die Zustimmung dem Grundbuchamt nachgewiesen sein muß, ist nicht vorgesehen. Sie erscheint auch unnötig; denn die Verfügungsbefugnis muß stets von Amts wegen geprüft werden (Horber/Demharter, GBO, § 19 Rdn. 59; Eickmann/KEHE § 19 Rdn. 1ff.); die Veräußerung darf also nur im Grundbuch eingetragen werden, wenn die – materiell formfreie – Zustimmung gem. § 29 GBO nachgewiesen ist (so auch OLG Hamm OLGE 1967, 109; WE 1989, 173; Rpfleger 1992, 294; BayObLG DWEigt 1993, 122); wegen der grundbuchmäßigen Nachweise der Zustimmung der WEigentümerversammlung und der Legitimation des Verwalters vgl. § 24 Rdn. 22 und § 26 Rdn. 44, 45. Die Rechtswirksamkeit der Eintragung würde jedoch nicht berührt, wenn zwar der Nachweis fehlt, die Zustimmung aber materiell erteilt wäre. Keiner Zustimmung der Berechtigten bedarf es dagegen zur Eintragung einer Auflassungsvormerkung, (so zutr. BayObLG DNotZ 1964, 722 mit zust. Anm. Diester = Rpfleger 1964, 374 mit zust. Anm. Riedel; vgl. auch OLG Frankfurt WE 1989, 172); die Vormerkung schützt den Käufer, ohne daß die Möglichkeit des Berechtigten beeinträchtigt wird, den Eigentumswechsel zu verhindern. Die entsprechende Anwendung der §§ 1829 Abs. 2, 1366 Abs. 2 BGB, nach denen die Genehmigung unter bestimmten Voraussetzungen als verweigert gilt, kommt nicht in Betracht, weil § 12 in seinem Abs. 2 i. V. mit §§ 43ff. ein besonderes Verfahren zur Entscheidung über die Erteilung oder Nichterteilung der Genehmigung zur Verfügung stellt (a. M. Palandt/Bassenge § 12 Rdn. 11).

6. Zustimmung des Hypothekengläubigers

14 Die Frage, ob die Veräußerung auch von der **Zustimmung** eines *Hypothekengläubigers* abhängig gemacht werden kann, dürfte zu verneinen sein; insoweit geht § 1136 BGB, der sogar einen entsprechenden schuldrechtlichen Vertrag für nichtig erklärt, als lex specialis vor (ebenso Diester Bem. 5; Soergel/Stürner § 12 Rdn. 1). Der abweichenden Meinung von Bärmann/Pick/Merle § 12 Rdn. 22ff. ist entgegenzuhalten, daß die dingliche Veräußerungsbeschränkung noch stärker ist als eine bloß schuldrechtliche Verpflichtung nicht zu veräußern, und deshalb jedenfalls nach der ratio des § 1136 BGB unter dieses Verbot zu bringen ist, weil die Gefahr mißbräuchlicher

Ausnutzung bestehen kann. Die Frage ist in BayObLG v. 29. 1. 1987 – 2 Z 141/86 berührt, aber nicht entschieden worden.

7. Geschäftswert

Als Geschäftswert für die Streitigkeit über die Erteilung der Zustimmung werden 10% – 20% des Verkaufspreises angenommen; dabei wird die Obergrenze von 20% bei einem verhältnismäßig geringen Wert der verkauften Wohnung, bei hohem Verkaufspreis dagegen 10% dieser Summe gewählt (KG WE 1990, 86; BayObLGE 1990, 24 unter Aufgabe seiner in BayObLGE 1981, 202 geäußerten Rechtsauffassung; OLG Frankfurt ZMR 1994, 124). Ob dies auch für die Beurkundung der Zustimmung durch den Notar gilt, oder hierfür der volle Kaufpreis maßgeblich sein soll (so OLG Hamm DB 1984, 2564) läßt das KG (WE 1990, 86) offen. 15

8. Veräußerung des Grundstücks im ganzen

Wird das Grundstück im ganzen von den WEigentümern gemeinschaftlich veräußert (vgl. § 10 Rdn. 6), so liegt darin, falls die Veräußerung von der Zustimmung eines oder mehrerer WEigentümer abhängig gemacht ist, unzweifelhaft deren Zustimmung. Bedarf sie nach der Vereinbarung der Zustimmung eines Dritten, so kann die Frage aufgeworfen werden, ob dann nicht auch zur Veräußerung im ganzen die Zustimmung des Dritten erforderlich ist; die Frage ist zu verneinen, weil der Zweck der Veräußerungsbeschränkung lediglich darin besteht, die Gemeinschaft vor unerwünschten Veränderungen zu schützen; dieser Schutz kommt in derartigen Fällen nicht in Betracht. Das gleiche gilt auch dann, wenn das Grundstück im ganzen im Wege der Zwangsversteigerung (namentlich im Falle einer Gesamtbelastung) veräußert wird. Läßt der Erwerber die Aufteilung in WEigentumsrechte bestehen (§ 9 Abs. 1 Nr. 3), so bleibt auch die Veräußerungsbeschränkung unberührt, sobald erst wieder eine WEigentümergemeinschaft durch Hinzutreten eines zweiten WEigentümers entstanden ist (vgl. 8 Rdn. 18f.). 16

III. Vorkaufsrecht

Ein gesetzliches Vorkaufsrecht zugunsten der anderen WEigentümer für den Fall des Verkaufs eines WEigentums ist nicht vorgesehen (anders früher das Saarl. WEG § 12, Anh. VI der 2. Auflage). Die Belastung der WEigentumsrechte mit einem rechtsgeschäftlichen dinglichen Vorkaufsrecht ist aber möglich (§§ 1094, 1095 BGB; vgl. § 3 Rdn. 107). Wo das nicht geschehen ist, besteht ein Vorkaufsrecht nicht (BayObLGE 1972, 348). Als Inhalt des Sondereigentums i. S. der § 5 Abs. 4, § 10 Abs. 2 kann ein rein schuldrechtliches Vorkaufsrecht zugunsten anderer WEigentümer begründet werden (vgl. § 10 Rdn. 38). 17

§ 13 Rechte des Wohnungseigentümers

(1) **Jeder Wohnungseigentümer kann, soweit nicht das Gesetz oder Rechte Dritter entgegenstehen, mit den im Sondereigentum stehenden Gebäudeteilen nach Belieben verfahren, insbesondere diese bewohnen, vermieten, verpachten oder in sonstiger Weise nutzen, und andere von Einwirkungen ausschließen.**

(2) **Jeder Wohnungseigentümer ist zum Mitgebrauch des gemeinschaftlichen Eigentums nach Maßgabe der §§ 14, 15 berechtigt. An den sonstigen Nutzungen des gemeinschaftlichen Eigentums gebührt jedem Wohnungseigentümer ein Anteil nach Maßgabe des § 16.**

Übersicht

Literatur: Bielefeld, Rechtsfolgen bei zweckwidriger Vermietung, DWEigt 1991, 93. – Bub, Mietverhältnis und Wohnungseigentum, WE 1989, 122. – Ehmann, Die Einzelklagebefugnis der Wohnungseigentümer, FS für Bärmann/Weitnauer, S. 145. – Eisenschmid, Gebrauchsrechte des Mieters, FS für Bärmann/Weitnauer, S. 217. – Kirchhoff, Verantwortlichkeit des Wohnungseigentümers für seine Mieter, ZMR 1989, 323. – Merle, Zur Vermietung von Teilen des Gemeinschaftseigentums, WE 1989, 20; ders., Die zweckwidrige Nutzung von Wohnungseigentum, WE 1993, 148. – Ruthmann, Wohnungseigentumsrechtliche Bindungen bei Mietverträgen über Wohnungseigentum, Diss., 1993. – Schneider, Schadensersatzklagen des Sondereigentümers, NJW 1960, 276. – Weitnauer, Zur Vermietung von Teilen des gemeinschaftlichen Eigentums, WE 1989, 20; ders., Geltendmachung von Ansprüchen zugunsten der Gemeinschaft, WE 1989, 186; ders., Schadensersatz für Baumängel, WE 1992, 95; ders., Anm. zu BGH 11. 7. 1991, JZ 1992, 368; ders., Anm. zu BGH 11. 12. 1992, WE 1993, 135.

I. Allgemeines

§ 13 umschreibt, wenn auch keineswegs erschöpfend, die Rechtsstellung 1
des WEigentümers und unterscheidet dabei, wie sich aus der Natur der Sache ergibt, zwischen der Rechtsstellung in bezug auf das Sondereigentum und der Rechtsstellung in bezug auf das gemeinschaftliche Eigentum. Vgl. auch Rdn. 17ff. vor § 1. Unter beiden Aspekten ist **WEigentum echtes Eigentum** (BGHZ 49, 250; BayObLGE 1975, 177; OLG Stuttgart NJW 1970, 102) und genießt es Eigentumsschutz.

II. Rechte aus dem Sondereigentum (Abs. 1)

1. In bezug auf das Sondereigentum hat der WEigentümer die Rechts- 2
stellung eines **Alleineigentümers;** Abs. 1 umschreibt sie mit fast den gleichen Worten, die § 903 BGB gebraucht. Diese Rechtsstellung hat eine *positive* und eine *negative* Seite: Die **positive** besteht darin, daß der WEigentümer mit den im Sondereigentum stehenden Gebäudeteilen (§ 5) einschließlich der durch sie gebildeten „Räume" (§ 5 Rdn. 9) „nach Belieben verfahren" kann; beispielsweise zählt das Gesetz auf: bewohnen, vermieten (näher hierzu Anhang zu § 13), verpachten oder in sonstiger Weise nutzen. Er kann auch Gegenstände des Sondereigentums aus seiner Wohnung entfernen (KG WE 1994, 51). Darüber hinaus kommt insbes. in Betracht das Recht, die im Sondereigentum stehenden Gegenstände zu beseitigen oder zu verändern sowie bauliche Maßnahmen an ihnen vorzunehmen (BayObLG WE 1988, 106). Die **negative Seite** besteht darin, daß der WEigentümer berechtigt ist, andere von Einwirkungen auf das Sondereigentum auszuschließen; dieses Recht äußert sich darin, daß der WEigentümer in seiner Eigenschaft als Sondereigentümer, wenn ihm der Besitz ganz entzogen wird, Herausgabe **nach §§ 985ff. BGB („Vindikation"),** wenn er in sonstiger Weise gestört wird, von dem Störer Beseitigung der Beeinträchtigung, bei Wiederholungsgefahr Unterlassung verlangen kann (**§ 1004 BGB, „actio negatoria",** negatorische Ansprüche). Abweichend von § 903 BGB sagt Abs. 1 allerdings nicht, der WEigentümer könne andere „von jeder Einwirkung ausschließen", sondern verwendet im Hinblick auf die Duldungspflichten den unbestimmten Artikel („von Einwirkungen"). Vgl. auch § 5 Rdn. 32; zum Umbau von Eigentumswohnungen Matthäi S. 5; zur rechtlichen Teilung und Teilveräußerung § 3 Rdn. 98 und § 8 Rdn. 3.

2. Diese Rechte sind jedoch **beschränkt;** sie bestehen nur, „soweit nicht 3
das Gesetz oder Rechte Dritter entgegenstehen". Damit ist also der WEigentümer auch in bezug auf das Sondereigentum in die allgemeinen Schranken des Eigentums verwiesen. Als Rechte Dritter kommen insbes. die aus dem WEG sich ergebenden Beschränkungen in Betracht (§§ 14, 15); dabei ist zu beachten, daß der **Gebrauch** auch des Sondereigentums durch Vereinbarungen und in bestimmten Grenzen durch Mehrheitsbeschluß **geregelt werden kann** (§§ 15 Abs. 1, 10 Abs. 2); so können z. B. durch Vereinbarung Veräußerungen und bestimmte Arten der Nutzung (z. B. gewerbliche Nutzung oder Vermietung) ausgeschlossen oder an die Zustimmung anderer WEigen-

tümer gebunden werden (vgl. hierzu § 12 Rdn. 5 und § 15 Rdn. 13ff.), die Entfernung von Heizkörpern kann von der Zustimmung des Verwalters abhängig gemacht werden (OLG Hamm ITelex 1987/22/133). Daß der WEigentümer in mancher Hinsicht stärkere Beschränkungen auf sich nehmen muß als der Alleineigentümer eines Hauses, ist eine Folge des „intensivierten Nachbarschaftsverhältnisses" (so zutreffend Paulick AcP 152, 420, 432).

4 **3.** Die negatorischen Ansprüche wegen **Störung des Sondereigentums** können sich richten:

a) **gegen außerhalb** der WEigentümergemeinschaft **stehende Dritte,** so wenn vom Nachbargrundstück unzulässige Immissionen ausgehen oder wenn der Mieter einer anderen Eigentumswohnung Störungen verursacht; diese Ansprüche sind im Zivilprozeßwege geltend zu machen;

b) **gegen Mitwohnungseigentümer,** wenn diese die Grenzen des erlaubten Gebrauchs ihres Sondereigentums oder des Mitgebrauchs des gemeinschaftlichen Eigentums überschreiten (§ 14) und dadurch eine Störung des Sondereigentums verursachen, so z. B. durch Lärmen in der Wohnung oder im Treppenhaus oder durch Grillen auf dem Balkon (AG Wuppertal Rpfleger 1977, 445); in diesem Falle sind die Ansprüche im Verfahren nach §§ 43ff. geltend zu machen (§ 43 Rdn. 5). Dies gilt besonders bei unzulässigen Änderungen am gemeinschaftlichen Eigentum (§ 22 Rdn. 6ff.; BayObLGE 1975, 177), sofern sie das Sondereigentum eines anderen beeinträchtigen;

c) **gegen die übrigen WEigentümer,** wenn vom gemeinschaftlichen Eigentum, z. B. einer Pumpanlage, übermäßige und vermeidbare Immissionen ausgehen (BayObLG Rpfleger 1981, 284).

5 **4. Als Eigentümer** trägt der WEigentümer **die Gefahr des zufälligen Untergangs des Sondereigentums** (ebenso wie übrigens auch bezüglich des gemeinschaftlichen Eigentums), d. h. der Schaden trifft ihn, wenn für die Beschädigung oder Zerstörung von dritter Seite Ersatz nicht zu erlangen ist, nach der alten Rechtsparömie „casum sentit dominus" (so schon die Vorauflagen, bestätigt durch BayObLG NJW 1986, 3145; KG ITelex 1986/22/132; OLG Celle ITelex 1985/10/56; OLG Frankfurt WE 1986, 141).

6 Muß ein WEigentümer aus Anlaß von Arbeiten am gemeinschaftlichen Eigentum eine Beschädigung seines Sondereigentums hinnehmen, so hat er gegen die Gemeinschaft einen **Aufopferungsanspruch** (OLG Celle ITelex 1985/10/56; vgl. § 14 Rdn. 8). Zur Auslegung, wenn der betroffene WEigentümer und der Verwalter Reparaturarbeiten am gemeinschaftlichen Eigentum zwecks Behebung einer Störung des Sondereigentums verabredet haben, ohne die Kostenfrage zu regeln, und zur Bereicherungshaftung des WEigentümers wegen der vom Verwalter veranlaßten Maßnahme s. BayObLG NJW 1986, 2145. Der Umstand allein, daß eine Beschädigung des Sondereigentums ihre Ursache im gemeinschaftlichen Eigentum hat, begründet keinen Ersatzanspruch gegen die Gemeinschaft. Eine gewisse Instandhaltungspflicht ist dem WEigentümer durch § 14 Nr. 1 auferlegt. Vgl. im übrigen § 5 Rdn. 6 und § 21 Rdn. 48.

III. Rechte aus dem Miteigentum (Abs. 2)

Abs. 2 erwähnt hier:

1. Das Recht zum Mitgebrauch des gemeinschaftlichen Eigentums. 7
Durch Abs. 2 Satz 1 ist der auch in § 743 Abs. 2 BGB enthaltene Gedanke zum Ausdruck gebracht, daß jeder WEigentümer zum Mitgebrauch des gemeinschaftlichen Eigentums befugt ist. Während aber das BGB ein Recht zum „Gebrauch" gibt, „insoweit als nicht der Mitgebrauch der übrigen Teilhaber beeinträchtigt wird", ist hier von Anfang an von einem „Mitgebrauch" die Rede, der seinerseits wieder durch die Bestimmungen des § 14 umgrenzt ist und der Regelung nach § 15 unterliegt. Damit ist der Anteil jedes WEigentümers an den *Gebrauchsvorteilen* (§ 100 BGB) umschrieben, der seiner Natur nach nicht in einem Bruchteil bestehen kann (insoweit nicht ganz zutreffend § 745 Abs. 3 Satz 2 BGB; vgl. hierzu § 16 Rdn. 9), vielmehr allen WEigentümern unabhängig von der Größe ihrer Miteigentumsanteile **im gleichen Umfang** zusteht (BayObLGE 1972, 109; BayObLG WEM 1981, 36: Recht aller WEigentümer einer Mehrhausanlage zur Benutzung aller gemeinschaftlichen Wäschepflegeräume). Möglich ist natürlich eine einverständliche abweichende Regelung, z. B. durch Aufteilung eines Gartens in Teile, die der Nutzung einzelner WEigentümer zugewiesen werden. Wird ein dahingehender Beschluß gefaßt, ohne daß die Grenzen im einzelnen festgelegt werden, so ist **im Zweifel** entsprechend dem gleichmäßigen Recht zum Mitgebrauch auch eine Aufteilung in gleich große Teile anzunehmen, selbst wenn die Miteigentumsanteile verschieden groß sind (so für einen Fall mit zwei Beteiligten BayObLGE 1972, 109). Völlige Gleichheit des Mitgebrauchs ist nicht möglich; so wird ein WEigentümer kaum von dem Recht zur Benutzung einer Hauswand für **Reklamezwecke** Gebrauch machen können (vgl. Weitnauer, PiG 15, S. 53, 62; ferner zur **Außenwerbung** OLG Frankfurt Rpfleger 1982, 64; LG Aurich NJW 1987, 448). Zum (unentgeltlichen) Mitgebrauch bleibt ein WEigentümer berechtigt, wenn zwar ein Beschluß gefaßt wurde, der den Verwalter ermächtigt, Kfz-Stellplätze gegen ein monatliches Entgelt zu vermieten, bislang ein solcher Vertrag über den Stellplatz aber nicht geschlossen wurde (BayObLG WE 1990, 61). Vgl. im übrigen § 15 Rdn. 22.

2. Sonstige Nutzungen. Während S. 1, soweit er das Recht zum Mitge- 8
brauch normiert, einen selbständigen Rechtssatz enthält, verweist S. 2 des Abs. 2 nur auf den § 16, d. h. dessen Abs. 1. Durch die Worte „sonstige Nutzungen" ist zum Ausdruck gebracht, daß insoweit gemeint sind die Nutzungen ohne die Gebrauchsvorteile (§§ 100, 99 BGB), d. h. also die *„Früchte"* im Sinne des BGB. In Betracht kommen insbes. Erträge, welche das gemeinschaftliche Eigentum vermöge eines Rechtsverhältnisses gewährt (vgl. § 99 Abs. 3 BGB), also z. B. Miet- und Pachtzinsen aus einem zum gemeinschaftlichen Eigentum gehörenden Ladengeschäft; dann aber auch natürliche Früchte, z. B. die Erträge eines zum gemeinschaftlichen Eigentum gehörenden Gartens (§ 99 Abs. 1 BGB). Nur mit dieser Einschränkung ist dann auch § 16 Abs. 1 zu lesen; wenn dort von einem Bruchteil der Nutzungen die Rede ist, so ist dies nur in Verbindung mit § 13 Abs. 2 Satz 2 zu verstehen; bei ganz genauer Ausdrucksweise hätte es in § 16 heißen müssen

„Früchte". Gleichwohl ist die vorliegende Fassung des § 16 gewählt worden, weil es doch wohl etwas befremdlich gewirkt hätte, von „Früchten des gemeinschaftlichen Eigentums" zu sprechen.

IV. Nicht in § 13 behandelte Rechte

9 **Nicht in § 13 erwähnt** sind folgende Rechte des WEigentümers:

1. Das Recht, über das WEigentum rechtlich zu verfügen, es also ganz oder teilweise zu veräußern, zu belasten oder den Inhalt des Sondereigentums (§ 5 Abs. 4) zu verändern (§ 747 Satz 1 BGB; § 10 Abs. 2; vgl. § 3 Rdn. 95ff.; § 6 Rdn. 3; § 10 Rdn. 6).

10 **2.** Das Recht, in Gemeinschaft mit den anderen WEigentümern **über das Grundstück im ganzen** einschließlich der zum Sondereigentum gehörenden Gebäudeteile zu verfügen (§ 747 Satz 2 BGB; vgl. § 10 Rdn. 6).

11 **3. Ansprüche aus dem Miteigentum an Grundstück und Gebäude aus §§ 985ff., 1004 BGB** (oben Rdn. 2) geltend zu machen; hierzu ist nach **§ 1011 BGB** jeder Miteigentümer selbständig befugt (BayObLGE 1975, 177; BGH NJW 1992, 980; für Einzelheiten s. o. Vor § 1 Rdn. 64ff.); Herausgabe kann er jedoch nur an alle gemeinschaftlich („in Gemäßheit des § 432" BGB) verlangen. Auch hier können sich Ansprüche richten:

12 a) **gegen außerhalb der WEigentümergemeinschaft stehende Personen,** so wenn ein Nachbar ein Stück des gemeinschaftlichen Grundstücks in Besitz nimmt mit der Behauptung, es gehöre ihm (§ 985 BGB), wenn der Nachbar Schutt auf dem Grundstück der WEigentumsanlage ablädt (§ 1004 BGB) oder für den Pflanzenbewuchs schädliche Immissionen verursacht (§ 906 BGB) oder wenn er eine gefahrdrohende Anlage auf dem Nachbargrundstück hält (§ 907 BGB) oder wenn die Gefahr des Einsturzes des Nachbargebäudes besteht (§ 908 BGB) oder wenn das Nachbargrundstück unzulässig vertieft wird (§ 909 BGB): In all diesen Fällen kann **jeder WEigentümer Beseitigung,** gegebenenfalls Unterlassung **verlangen.** Beispiel aus der Rechtsprechung: BGHZ 62, 388, Belastung des gemeinschaftlichen Grundstücks durch einen Grenzüberbau, Anlage eines asphaltierten Parkplatzes durch den Bauträger auf einer als Grünfläche ausgewiesenen Grundstücksfläche. Diese negatorischen Ansprüche gegen die Störer sind im **Zivilprozeßwege** geltend zu machen. Nach BGHZ 92, 351 = JZ 1985, 633 m. krit. Anm. Waldner sind die klagenden Miteigentümer nicht notwendige Streitgenossen (Abweichung von RGZ 119, 163). Nach BGH NJW 1985, 2825 wirkt aber die Rechtskraft eines klageabweisenden Urteils gegen einen Miteigentümer, der der Klageerhebung zugestimmt hat, auch wenn das nach außen nicht erkennbar war. Wegen der besonderen Probleme im Falle der **Vermietung** einer Eigentumswohnung vgl. Anh. zu § 13 Rdn. 3ff.;

13 b) **gegen Mitwohnungseigentümer,** wenn sie vom gemeinschaftlichen Eigentum widerrechtlichen Gebrauch machen, z. B. ihren Wagen auf dem Rasen abstellen, oder wenn sie unzulässige Veränderungen am gemeinschaftlichen Eigentum vornehmen, charakteristisch BayObLGE 1975, 177 (Aufbringung eines Plattenbelags auf eine gemeinschaftliche Rasenfläche) oder BayObLG DWEigt 1981, 30 (Störung der Luft- und Lichtzufuhr zu einem

im Keller gelegenen Hobby-Raum). Weitere Beispiele bei § 22 Rdn. 6, 12. Jeder WEigentümer kann die Beseitigung verlangen; Grundlage sind das Gemeinschaftsverhältnis und § 1004 BGB. Ein ermächtigender Beschluß der WEigentümergemeinschaft, s. Rdn. 21, ist nicht erforderlich (KG WE 1990, 91; BGH NJW 1992, 980). Den Anspruch kann, wenn das WEigentum im Miteigentum steht, jeder Miteigentümer geltend machen (BayObLG NJW-RR 1988, 271), selbst wenn der andere Miteigentümer der Veränderung bereits zugestimmt hat (BayObLG DWEigt 1991, 163). Geltendmachung im Verfahren der §§ 43ff. (§ 43 Abs. 1 Nr. 1, Abs. 3 Nr. 1; Rechtskrafterstrekkung nach § 45 Abs. 2 Satz 2). Die GemO. kann Bestimmungen über die Schadensersatzpflicht treffen. Müssen die WEigentümer einen widerrechtlich herbeigeführten Zustand dulden, weil dem Beseitigungsanspruch der Einwand der unzulässigen Rechtsausübung entgegensteht, so haben sie einen Anspruch auf einen Anteil an den Nutzungen – in casu an der Miete für eine widerrechtlich erstellte Lagerhalle (OLG Düsseldorf NJW-RR 1987, 1163). Bei der Prüfung, ob das Beseitigungsverlangen rechtsmißbräuchlich ist, kann zum Nachteil des Anspruchsgegners berücksichtigt werden, daß sich die WEigentümerversammlung gegen die später vorgenommene Veränderung ausgesprochen hatte (BayObLG WE 1991, 257).

4. Das Recht zur **Mitwirkung bei der Verwaltung** (§§ 20ff.).

V. Besitzschutz

a) Der WEigentümer ist in bezug auf die im Sondereigentum stehenden Teile des Gebäudes **„Teilbesitzer"** und genießt hiernach hinsichtlich der von ihm innegehabten Räume Besitzschutz in gleicher Weise wie ein Alleinbesitzer, und zwar auch gegenüber den anderen WEigentümern (§ 865 BGB). Gleiches gilt für Flächen, an denen der WEigentümer ein SNR zum alleinigen Gebrauch des gemeinschaftlichen Eigentums unter Ausschluß aller anderen WEigentümer – also Alleinbesitz – hat (BayObLG WE 1991, 252). 14

b) Die WEigentümer sind Mitbesitzer der im gemeinschaftlichen Eigentum stehenden Teile des Gebäudes (vgl. RGZ 64, 182). Dies gilt etwa für das gemeinschaftlich genutzte Treppenhaus, gemeinschaftliche Speicherräume usw. Für diesen Fall bestimmt § 866 BGB, daß im Verhältnis der Mitbesitzer untereinander ein Besitzschutz insoweit nicht stattfindet, „als es sich um die Grenzen des den einzelnen zustehenden Gebrauchs handelt"; dies bedeutet nach herrschender Ansicht (vgl. Erman/Werner § 866 Rdn. 5), daß bei Besitzstörungen untereinander Besitzschutz ausgeschlossen ist und nur die Ansprüche aus dem Recht – hier also aus den §§ 13 bis 15 – gegeben sind, die gem. § 43 im Verfahren der fG geltend zu machen wären. Dem entspricht es, daß ein WEigentümer nicht mit der Nachbarklage gegen eine Baugenehmigung vorgehen kann, die der Gemeinschaft für einen zum gemeinschaftlichen Eigentum gehörenden Gebäudeteil erteilt worden ist (so zutr. VGH Mannheim ITelex 1985/10/59). 15

Gegenüber **Dritten** hat jeder WEigentümer als Mitbesitzer des gemeinschaftlichen Eigentums unbeschränkten Besitzschutz einschließlich der Befugnis, sich verbotener Eigenmacht mit Gewalt zu erwehren (§ 859 BGB); er 16 kann aber entsprechend § 1011 BGB (Wolff/Raiser § 21 I 2) nur Wiedereinräumung des Mitbesitzes, nicht des Alleinbesitzes verlangen. Das gleiche gilt dann, wenn ein Mitbesitzer den anderen den Mitbesitz völlig entzieht (Erman/Werner § 866 Rdn. 5; BGHZ 29, 377).

VI. Schadensersatzansprüche

17 Schadensersatzansprüche der WEigentümer untereinander oder gegen Dritte können entstehen aus der Verletzung schuldrechtlicher Verpflichtungen – mögen diese auf Gesetz oder auf Vertrag beruhen – oder aus unerlaubter Handlung. Vgl. auch Schneider, NJW 1960, 276. Die Gemeinschaft als solche ist ein gesetzliches, kein vertragliches Schuldverhältnis.

18 **1.** Beschädigt ein WEigentümer **das gemeinschaftliche Eigentum,** so ist er hierfür den anderen WEigentümern nach den allgemeinen Vorschriften verantwortlich, insbes. also im Falle einer vorsätzlichen oder fahrlässigen (widerrechtlichen) Beschädigung nach § 823 Abs. 1 BGB – unerlaubte Handlung – z. B. AG Mülheim DWEigt 1984, 29, aber möglicherweise auch nach anderen Vorschriften, z. B. nach § 7 StVG, wenn er wegen eines Versagens der Bremse seines Fahrzeugs das Garagentor beschädigt. Daneben kommt eine Haftung wegen Verletzung der aus der Gemeinschaft entspringenden **schuldrechtlichen Pflichten,** insbes. jener zur Instandhaltung des Sondereigentums und zum schonenden Gebrauch (§ 14 Nr. 1) oder der allgemeinen Schutzpflichten (§ 10 Rdn. 12) in Betracht. Der Unterschied ist von Bedeutung wegen der verschiedenen Haftung für Hilfspersonen (§§ 278, 831 BGB), auch wegen der Verjährung (§ 852 BGB). Dabei wird die Frage, ob die zum Hausstand eines WEigentümers oder zu dessen Geschäftsbetrieb gehörenden Personen als Erfüllungsgehilfen i. S. des § 278 BGB anzusehen sind, in Übereinstimmung mit den für die Miete entwickelten Grundsätzen zu beurteilen sein (RGZ 84, 222; BayObLGE 1970, 65), unbeschadet des § 14 Nr. 2 (vgl. daselbst Rdn. 5). Vorausgesetzt ist, daß ein innerer Zusammenhang zwischen der Tätigkeit der Hilfsperson und der Erfüllung der verletzten Pflichten besteht (vgl. RGZ 87, 276; 159, 32). Der Schadensersatzanspruch kann auf beide Haftungsgründe gestützt werden („Anspruchskonkurrenz"); diese beeinflussen sich gegenseitig nicht. So kann der Anspruch aus der Verletzung der schuldrechtlichen Schutzpflicht, der einer 30jährigen Verjährung unterliegt, noch geltend gemacht werden, wenn der auf unerlaubte Handlung gestützte Anspruch nach § 852 BGB verjährt ist. Die Haftung aus Delikt wird nicht dadurch ausgeschlossen, daß die WEigentümer Mitbesitzer sind (oben Rdn. 15); § 866 BGB steht dem nicht entgegen (BGHZ 62, 243).

19 Ist eine Schadensersatzpflicht entstanden, so hat der ersatzpflichtige WEigentümer **Schadensersatz** nach den Vorschriften der §§ 249ff. BGB zu leisten. In der Regel wird er also zur Naturalrestitution i. S. des § 249 BGB verpflichtet sein, d. h. den Zustand herzustellen haben, der bestehen würde, wenn der zum Ersatz verpflichtende Umstand nicht eingetreten wäre. Praktisch kann hier insbes. der Fall des § 249 Satz 2 BGB werden, in dem der Verwalter entsprechend seiner Pflicht (§ 27 Abs. 1 Nr. 2) die Instandsetzung veranlaßt und von dem verantwortlichen WEigentümer Ersatz der Herstellungskosten verlangt. Diese Herstellungskosten sind zwar Kosten der Verwaltung i. S. des § 16 Abs. 2; die anderen WEigentümer können aber vom ersatzpflichtigen WEigentümer Ersatz des ihnen entstandenen Schadens (in Höhe ihres Anteils an den Instandsetzungskosten) verlangen. Die Ansprüche sind in Verfahren der fG (§§ 43ff.) geltend zu machen, auch soweit sie auf unerlaubte Handlung gestützt werden; es genügt, daß eine Haftung wegen Verletzung der aus der Gemeinschaft erwachsenden Pflichten in Betracht kommt (§ 43 Rdn. 5).

2. Wegen des Falles, daß einem WEigentümer an seinem **Sondereigentum** 20
durch mangelhafte Instandhaltung des gemeinschaftlichen Eigentums ein Schaden entsteht, vgl. § 21 Rdn. 48; § 27 Rdn. 35; wegen der Gefahrtragung oben Rdn. 5.

3. Außerhalb der WEigentümergemeinschaft stehende **Dritte** sind für Be- 21
schädigung des gemeinschaftlichen Eigentums **nach den allgemeinen Vorschriften,** insbes. §§ 823ff. BGB, verantwortlich. Selbst wenn nur einem WEigentümer ein Mitverschulden zur Last fällt, müssen sich dieses die anderen WEigentümer gem. § 254 BGB anrechnen lassen (BGH NJW 1992, 1095). Jeder WEigentümer kann Ersatz des ihm entstandenen Schadens verlangen; da § 1011 BGB auch für Ansprüche aus unerlaubter Handlung gilt (BGH NJW 1953, 58), kann aber auch jeder WEigentümer den gesamten Schaden geltend machen, allerdings Leistung des Ersatzes nicht an sich, sondern nur an alle gemeinschaftlich verlangen („in Gemäßheit des § 432" BGB). Dies gilt auch für Schadensersatzansprüche **gegen den Verwalter;** sehr streitig, a. A. z. B. BGHZ 106, 222; BGH WE 1993, 135 m. krit. Anm. Weitnauer; vgl. im übrigen Vor § 1 Rdn. 64ff. und § 21 Rdn. 4; dazu auch § 27 Rdn. 37 und § 43 Rdn. 20.

4. Eine **deliktische Schadensersatzpflicht** der WEigentümer als Gemein- 22
schaft kann insbes. unter dem Gesichtspunkt der **Verletzung der Verkehrssicherungspflicht** begründet sein, so wegen Verletzung der **Streupflicht,** mit der die WEigentümer als Miteigentümer gemeinsam belastet sind (BGH NJW 1985, 484) und die auf die einzelnen WEigentümer abgewälzt werden kann (so BGH aaO). Näher hierzu § 27 Rdn. 42; die Haftung kann sowohl gegenüber Mitwohnungseigentümern als auch gegenüber außenstehenden Dritten gegeben sein, wie z. B. dem Mieter, der sich mangels einer genauen Regelung über die Streupflicht herausgefordert fühlte, selbst zu streuen und hierbei zu Schaden kam (OLG Hamm VersR 1988, 1181). Maßnahmen zur Einhaltung der Verkehrssicherungspflicht können mehrheitlich, § 21 Abs. 3, beschlossen werden (OLG Braunschweig DWEigt 1991, 39); vgl. § 21 Rdn. 10ff.

Anhang zu § 13
Probleme der Vermietung von Eigentumswohnungen

Literatur: Bielefeld, Rechtsfolgen bei zweckwidriger Vermietung, DWEigt 1991, 93. – Blank, FWW 1986, 175; ders., FWW 1986, 204; ders., Vermietung von Wohnungs- und Teileigentum, PiG 15, S. 33. – Börstinghaus, Die Kündigung von Mietverträgen über Eigentumswohnungen, WM 1991, 419. – Börstinghaus/Meyer, Aktuelle Mietrechtsänderung durch das Gesetz über eine Sozialklausel in Gebieten mit gefährdeter Wohnversorgung, NJW 1993, 1353. – Bub, Mietverhältnis und Wohnungseigentum, WE 1989, 122; – ders. Anspruch der WEigentümer gegen Miteigentümer auf Beendigung von Mietverhältnissen, PiG 26, S. 137. – Gather, Beendigung des Hauptmietverhältnisses bei gewerblicher Zwischenvermietung, PiG 26, S. 149. – Eisenschmid, Gebrauchsrechte des Mieters, FS für Bärmann/Weitnauer, S. 217. – Emmerich/Sonnenschein, Mietrecht, 2. Aufl. 1981. – Kirchhoff, Verantwortlichkeit des Wohnungseigentümers für seine Mieter, ZMR 1989, 323. – Kuntze, Fragen bei zweckwidriger Nutzung von vermieteten Wohnungs- und Teileigentum, DWEigt 1986, 44. – Merle, Die Abrechnung, ZgemWWBay 1986, 409 (hierzu Weitnauer, WE 1989, 42); ders., Zur Vermietung von Teilen des Gemeinschaftseigentums, WE 1989, 20; ders., Die zweckwidrige Nutzung von Wohnungseigentum, WE 1993, 148. – Ruthmann, Wohnungseigentumsrechtliche Bindungen bei Mietverträgen über Wohnungseigentum, Diss., 1993. – Schmid, Wenn dem Mieter erlaubt ist, was dem Wohnungseigentümer verboten ist, DWEigt 1987, 106. – Schmidt-Futterer/Blank, Mietrecht von A – Z, Art. Eigentumswohnung, 13. Aufl., 1991. – Voelskow, Überzogener Mieterschutz bei der Umwandlung von Miet- in Eigentumswohnungen, FS für Bärmann/Weitnauer, S. 685. – Weitnauer, Anm. zu BayObLG 11. 12. 1986 (WE 1987, 97), WE 1987, 89; ders., Zur Vermietung von Teilen des gemeinschaftlichen Eigentums, WE 1989, 20.

I. Anwendbare Vorschriften

1 Wie § 13 Abs. 1 ausdrücklich sagt, gehört es zu den Rechten des WEigentümers wie des Teileigentümers, die im Sondereigentum stehenden Räume zu vermieten, also durch Vermietung zu nutzen, auch durch kurzfristige Vermietung an Kur- und Feriengäste (BayObLG WE 1988, 32). Diese Mietverhältnisse sind Mietverhältnisse über ein Grundstück und über Räume i. S. der mietrechtlichen Vorschriften des BGB (z. B. § 551 Abs. 2, § 565 Abs. 1, §§ 571 ff., 580), im Falle der Vermietung einer Eigentumswohnung sind die besonderen Vorschriften für die **Vermietung** von Wohnraum anwendbar, insbes. also die §§ 537 Abs. 3, 543 Satz 2, 544, 547a Abs. 3, 549 Abs. 2, 550b, 552a, 554b, 556a ff., 557, 557a Abs. 2, 564a ff., 564c, 565 Abs. 2, 3, 565a bis 565e, 569 Abs. 2 bis 570a BGB, ferner sonstige für die Vermietung von Wohnraum geltenden Vorschriften, so vor allem das MHG. Das Verhältnis Vermieter/Mieter bestimmt sich nach den allgemeinen Regelungen des Mietrechts, soweit Regelungen im WEG allein das Innenverhältnis der WEigentümergemeinschaft betreffen. Daher kann der Mieter von seinem Vermieter Mängelbeseitigung gem. § 536 BGB verlangen, selbst wenn von dem Begehren Gemeinschaftseigentum betroffen ist und die WEigentümer nicht zugestimmt haben, §§ 21 Abs. 1 und 5 Nr. 2 (KG OLGE 1990, 467); zu Problemen des Gebrauchs, s. Rdn. 3, 4. Eine umfassende Darstellung der

Rechtslage ist hier nicht möglich. Wohl aber ist auf Besonderheiten des Mietrechts gerade mit Bezug auf Eigentumswohnungen hinzuweisen; für die Vermietung von Teileigentum gelten sie, soweit nicht eben nur Wohnraummietverhältnisse getroffen werden sollen.

II. Vermietungsbeschränkungen

Durch Gebrauchsregelung kann die Vermietung der im Sondereigentum stehenden Räume beschränkt werden; vgl. dazu § 15 Rdn. 21. 2

III. Rechtsstellung des Mieters

1. Umfang des Gebrauchsrechts

a) Der Mieter einer Eigentumswohnung tritt in vertragliche Beziehungen 3 nur zu seinem Vermieter, dem vermietenden WEigentümer, nicht zu den anderen WEigentümern, die Miete ist an den Vermieter zu zahlen. Leistet der Mieter gem. Absprache mit diesem Zahlungen an den Verwalter, der sie mit der Wohngeldverpflichtung des Vermieters verrechnet, so bedeutet das nicht die Übernahme der Wohngeldverpflichtung durch den Mieter (so zutr. BayObLG 13. 3. 1986 – 2 Z 123/85, nicht veröffentlicht). Der Umfang des ihm zu gewährenden Mietgebrauchs bestimmt sich **allein nach dem Mietvertrag,** nicht nach den für die Eigentumswohnung geltenden wohnungseigentumsrechtlichen Gebrauchsregelungen. Ist z. B. nach der Hausordnung das Musizieren zwischen 13 und 15 Uhr verboten, so steht nichts entgegen, im Mietvertrag eine Ruhezeit von 12–15 Uhr zu vereinbaren. Der Vermieter kann vom Mieter die Einhaltung der mietvertraglichen Verpflichtungen verlangen (§§ 550, 553 BGB). Vorbehaltlich abweichender mietvertraglicher Regeln umfaßt die Vermietung einer Eigentumswohnung auch den **Mitgebrauch des gemeinschaftlichen Eigentums,** soweit der vermietende WEigentümer dazu berechtigt ist (so auch BayObLG WE 1988, 32). Die anderen WEigentümer sind nicht berechtigt, vom Mieter für die Benutzung des gemeinschaftlichen Eigentums ein Entgelt zu fordern (BayObLG DWEigt 1984, 30).

b) Probleme ergeben sich aber, wenn der vermietende WEigentümer dem 4 Mieter **mehr Rechte einräumt,** als ihm selbst im Verhältnis zu den anderen WEigentümern zustehen, so wenn er Räume, die nach der GemO. nur zu Wohnzwecken genutzt werden dürfen, zum Betrieb einer Kindertagesstätte vermietet (so der Fall AG Hildesheim WM 1986, 17, 25). In einer solchen Situation können die durch den nach der GemO. unzulässigen Gebrauch gestörten anderen WEigentümer – entgegen verbreiteter Meinung (z. B. Blank, PiG aaO) – nicht nur von dem Vermieter (WEigentümer, LG Hamburg DWEigt 1984, 28; BayObLG WE 1987, 97; OLG Hamm WE 1992, 135) als dem Verursacher nach § 14 Nr. 2 verlangen, daß er die Störung abstellt. Der Vermieter hat gegen den Mieter alle Maßnahmen zu ergreifen, die geeignet (und mietrechtlich zulässig) sind, die Einhaltung der GemO. zu erreichen, wie z. B. eine inhaltliche Änderung oder die Beendigung des Mietvertrages (OLG Hamm WE 1992, 135). Die WEigentümer können auch unmittelbar **von dem Mieter auf Grund des § 1004 BGB die Unterlassung** der Störung fordern. Dieses Recht folgt daraus, daß sie zur Duldung der Störung (§ 1004 Abs. 2 BGB) nicht verpflichtet sind; der Mieter kann sich ihnen gegenüber auf ein Recht zur Störung nur berufen, wenn er das Recht dazu von seinem Vermieter ableiten kann, auch dieser also zur Störung berechtigt wäre (§ 1004 i. V. mit § 986 Abs. 1 Satz 2 BGB; allgemein anerkannt: BGH NJW 1958, 2061; LG Karlsruhe NJW 1961, 1166; BayObLG ZMR 1994, 25; Wolff/Raiser § 87 I 5 FN 17; Baur/Stürner, SR § 12 II 2); das aber ist nicht der Fall. Der Mieter kann also den ihm von seinem Vermieter versprochenen Mietgebrauch nicht ausüben, er kann daraus **die mietrechtlichen Konsequenzen** ziehen (§§ 537, 538, 539, 541, 542 BGB), also die Miete mindern, Schadensersatz wegen Nichterfüllung verlangen und fristlos kündigen. Der WEigentümer, der seine Verpflichtungen als Vermieter nicht erfüllen kann, hat kein Recht zur Kündigung (so zutr. AG Dachau ITelex 1986/22/129; Bub, PiG 26, S. 137), er kann auch nicht zur Kündigung des Mietverhältnisses verurteilt werden (so zutr. entgegen verbreiteter Meinung Bub aaO; siehe auch OLG Hamm WE 1992, 135, 136). Auch trifft nicht zu (a. M. Blank FWW 1986, 175), daß die Folgen nach den §§ 306, 307 BGB zu beurteilen sind; die Leistung des Vermieters ist nicht objektiv, sondern subjektiv unmöglich; der Vermieter muß die Folgen tragen, die sich daraus ergeben, daß er widersprechende Verpflichtungen eingegangen ist und dadurch die Störung verursacht hat.

Selbst wenn der Mieter einen sowohl nach der GemO. als auch nach dem Mietvertrag unzulässigen störenden Gebrauch von der Mietsache macht, kann jeder WEigentümer nicht nur von dem Mieter, sondern auch von dem Vermieter (Wohnungs- oder Teileigentümer) auf Grund des § 1004 BGB Unterlassung, gegebenenfalls Beendigung der Störung (z. B. der Offenhaltung der in den gemieteten Räumen betriebenen Gaststätte über Mitternacht hinaus) verlangen (BayObLG WE 1987, 97 m. Anm. Weitnauer; 1992, 22; 53; OLG Frankfurt OLGE 1990, 419; OLG Hamm WE 1990, 95; 96); der Anspruch besteht auch bei Untervermietung oder Unterverpachtung (BayObLG ZMR 1994, 25); das Gericht scheint allerdings anzunehmen, daß der Vermieter nur verpflichtet sei, „alles Zumutbare" zur Behebung der Störung zu tun; dem wäre nicht zu folgen, der negatorische Anspruch setzt ein Verschulden des Störers nicht voraus (zutreffend Bub, PiG 26, S. 137). Der Vermieter hat auf den Mieter auch durch Klageerhebung (OLG Stuttgart OLGE 1993, 65) einzuwirken, die Störung zu unterlassen bzw. zu beseitigen. Ist dies erfolglos, kann von ihm verlangt werden, daß er Maßnahmen zu einer freiwilligen Auflösung des Mietvertrages ergreift, z. B. eine Abstandszahlung leistet oder ein anderes Ladenlokal ausfindig macht, in dem der Mieter seine störende Tätigkeit ausüben kann (OLG Hamm WE 1990, 95). Sofern der Mieter auch hierzu nicht bereit ist, hat der Vermieter den Mietvertrag fristlos zu kündigen und Räumungsklage zu erheben (OLG Frankfurt OLGE 1990, 419; dies offenlassend BayObLG NJW 1992, 917). Das Gericht kann den Vermieter nicht zu einer bestimmten Maßnahme verpflichten (BayObLG ZMR 1994, 25). Im Einzelfall kann es angemessen sein, dem Vermieter eine Frist einzuräumen, innerhalb der er die Störung beseitigen kann (BayObLG WE 1992, 53).

Der Antrag der gestörten WEigentümer kann statt auf Unterlassung oder Beseitigung der Störung auch auf Feststellung lauten, daß der WEigentümer nicht berechtigt sei, das Teil- oder WEigentum in bisheriger Weise zu nutzen bzw. nutzen zu lassen (OLG Hamm WE 1990, 96). Für den Anspruch gegen den Mieter ist nicht das Verfahren der §§ 43ff., sondern der Prozeßweg gegeben. Die auf Unterlassung oder Beseitigung der Störung gerichtete Entscheidung gegen den Vermieter ist als Unterlassungstitel gem. § 890 ZPO zu vollstrecken. Dem steht auch nicht entgegen, daß die titulierte Unterlassungspflicht eine Verpflichtung zu aktivem Tun, etwa zur Beseitigung einer schon bestehenden Störung umfaßt (BayObLG DWEigt 1991, 76; WE 1992, 53; 56; OLG Hamm WE 1992, 135; a. A. noch die 7. Aufl. Rdn. 4 [2. Abs.]; BayObLG ZMR 1994, 25; allgemein hierzu: MünchKommZPO/Schilken § 890 Rdn. 2).

c) Dem Vermieter ist daher dringend zu raten, **Widersprüche zwischen dem Mietvertrag und der GemO. zu vermeiden.** Das geschieht zweckmäßig in der Weise, daß **in den Mietvertrag eine Klausel** aufgenommen wird, wonach der Mieter die GemO., die Hausordnung und sonstige Beschlüsse der WEigentümer als für sich verbindlich anerkennt, soweit sie das Gebrauchsrecht betreffen. Eine solche Klausel ist aber unter den Gesichtspunkten des AGBG zunächst insofern nicht unproblematisch, als sie nur wirksam ist, wenn dem Mieter die Möglichkeit verschafft wird, in zumutbarer Weise von dem Inhalt der Bestimmungen Kenntnis zu nehmen, **§ 2 AGBG** (Blank, PiG 15, S. 38). Eine andere Schwierigkeit besteht darin, daß mit einer solchen Klausel auch künftige Änderungen verbindlich gemacht werden sollen. Hierin könnte ein Verstoß gegen **§ 10 Nr. 4 AGBG** („Klauselverbot mit Wertungsvorbehalt") liegen, nach dem ein dem Verwender eingeräumter Änderungsvorbehalt nur wirksam vereinbart werden kann, wenn das dem anderen Teil zumutbar ist (Blank, PiG 15, S. 38). Das Eingreifen dieser Vorschrift ist aber mindestens zweifelhaft; denn die Änderungen, die der Mieter anerkennt, beruhen nicht auf dem Willen des Vermieters, sondern auf Entscheidungen der WEigentümergemeinschaft, auf die der Vermieter nur beschränkten Einfluß hat, wenn überhaupt; man müßte also schon an den Fall denken, daß der Vermieter eine den Mieter benachteiligende Änderung der Hausordnung bewußt betreibt. Vgl. im übrigen zum Vorstehenden ausführlich Bub und Weitnauer aaO. 5

2. Veräußerung der vermieteten Eigentumswohnung

Wird ein vermietetes Grundstück veräußert, so tritt der Erwerber gem. §§ 571ff. BGB mit sämtlichen Rechten und Pflichten in das bestehende Mietverhältnis ein – „Kauf bricht nicht Miete"; zum Nießbrauch BGH WE 1990, 53. Dies gilt auch für eine vermietete Eigentumswohnung, weil WEigentum Eigentum an einem Grundstück ist. Es gilt insbes. auch dann, wenn ein vermietetes Grundstück **in WEigentum umgewandelt** und das neugebildete WEigentum veräußert wird (BayObLG NJW 1982, 451); der Erwerber hat vom Eigentumsübergang an, auch in bezug auf Räume, die nach der Teilung gemeinschaftliches Eigentum werden (KG WM 1993, 423), die Stellung des Vermieters. Allerdings ist, soweit es die Kündigung betrifft, **§ 564b** 6

Abs. 2 Nr. 2 Satz 2 BGB zu beachten (vgl. Anh. IV 3a): Der Erwerber kann wegen Eigenbedarfs nicht vor Ablauf von 3 Jahren seit dem Erwerb, also der Eintragung im Grundbuch kündigen; zum Lauf der Frist BayObLG NJW 1982, 451. In Gebieten, in denen die ausreichende Versorgung der Bevölkerung mit Wohnraum zu angemessenen Bedingungen gefährdet ist, beträgt die Sperrfrist 5 Jahre. Solche Gebiete werden von der Landesregierung durch Rechtsverordnung bestimmt, § 564b Abs. 2 Nr. 2 Satz 3 und 4 BGB (s. Börstinghaus WM 1991, 419). Für den die Umwandlung durchführenden WEigentümer gilt die Kündigungsfrist nicht (BGH 6. 7. 1994 – VIII ARZ 2/94).

Durch das Gesetz über eine Sozialklausel in Gebieten mit gefährdeter Wohnungsversorgung (Art. 13 des Investitionserleichterungs- und Wohnbaulandgesetzes vom 22. 4. 1993, BGBl. I 1993, S. 466) wird in durch Rechtsverordnung festzulegenden Gebieten bei der Umwandlung von Mietwohnungen in WEigentum der Kündigungsschutz durch einen weitgehenden Ausschluß der Kündigung wegen Eigenbedarfs (für die Dauer von 10 Jahren nach der Veräußerung) und aus Gründen wirtschaftlicher Verwertung erheblich erweitert (s. hierzu Börstinghaus/Meyer NJW 1993, 1353).

7 Für **sonstige Fälle der Veräußerung** einer vermieteten Eigentumswohnung gibt es eine solche Beschränkung nicht; der Erwerber kann sich sofort auf seinen Eigenbedarf zur Rechtfertigung der Kündigung (§ 564b Abs. 2 Nr. 2 BGB) berufen (BayObLG NJW 1981, 232). Hatte der Veräußerer wegen (begründeten) Eigenbedarfs gekündigt, danach aber die Eigentumswohnung veräußert, so entfällt der Eigenbedarf; der Erwerber muß dann auf Verlangen des Mieters das Mietverhältnis fortsetzen (OLG Karlsruhe NJW 1982, 54). Will der Erwerber Eigenbedarf, der in seiner Person liegt, geltend machen, so muß er erneut kündigen. Eine Kündigung wegen Eigenbedarfs ist berechtigt, wenn der Vermieter vernünftige Gründe nachweisen kann (BGH WE 1988, 130). Erhebt der Mieter Widerspruch gegen die Kündigung (§ 556a BGB), hat, da nach Auffassung des BVerfG (NJW 1993, 2035) das **Besitzrecht des Mieters** Eigentum i. S. von Art. 14 Abs. 1 Satz 1 GG ist, eine Interessenabwägung der sich gegenüberstehenden Eigentumsrechte zu erfolgen (BGH WE 1988, 130, 132). Zu den Voraussetzungen einer Kündigung wegen eines „erheblichen Nachteils", § 564b Abs. 2 Nr. 3 Satz 1 BGB, bei Veräußerung der Eigentumswohnung s. BVerfG NJW 1992, 2752. Der Ersteher in der Zwangsversteigerung hat ein besonderes Kündigungsrecht nach §§ 57a ff. ZVG, jedoch hat er die sich aus § 564b Abs. 2 Nr. 2 Satz 2 BGB ergebende Frist von drei Jahren zu beachten (BayObLG DWEigt 1992, 167).

8 **Für öffentlich geförderte vermietete Wohnungen** gelten zusätzliche Bestimmungen: Wird eine solche Wohnung in eine Eigentumswohnung umgewandelt und an einen Dritten veräußert, so hat der Mieter ein **gesetzliches Vorkaufsrecht** nach Maßgabe des § 2b WoBindG i. d. F. vom 22. 7. 1982 (BGBl. I S. 972; vgl. Anh. IV 4). Das Kündigungsrecht des Erwerbers wegen Eigenbedarfs ist durch § 6 Abs. 7 dieses Gesetzes ausgeschlossen, solange die Wohnung als öffentlich geförderte gilt. Nach Rückzahlung der öffentlichen Mittel besteht – von § 16 Abs. 2 und 5 WoBindG abgesehen – eine 10jährige Nachwirkungsfrist, die die Kündigung ausschließt, § 16 Abs. 1 WoBindG (krit. Voelskow, FS für Bärmann/Weitnauer, S. 685).

3. Mietpreisrecht

Ist eine Eigentumswohnung nach dem Modell vermietet, das dem Gesetz zur Regelung der Miethöhe vom 18. 12. 1974 – MHG – zugrunde liegt (Grundmiete zuzüglich der „Betriebskosten" nach § 27 i. S. der 2. Berechnungsverordnung [BerVO], für die angemessene Vorauszahlungen verlangt werden können, über die dann jährlich abzurechnen ist [§ 4 MHG]), so umfassen die hiernach vom Mieter zu tragenden **Nebenkosten** nicht alle Lasten und Kosten, die der WEigentümer nach § 16 Abs. 2 anteilig zu tragen hat, insbes. fallen darunter nicht die Kosten der Instandhaltung und Instandsetzungsrücklage sowie die Verwaltungskosten. Die Frage ist, ob gleichwohl auch diese Posten als Nebenkosten in Rechnung gestellt werden können; das wird von einer verbreiteten Meinung verneint (OLG Koblenz ITelex 1986/3/13; Blank, PiG 15, S. 42 FN 12), aber wohl zu Unrecht, weil eine solche Regelung für das WEigentum sachgerecht ist und der gleiche Erfolg durch einen in der Grundmiete enthaltenen Pauschalbetrag erreicht werden könnte. Eine Bestimmung im Mietvertrag, nach der der Mieter die Nebenkosten i. S. des § 27 der 2. BerVO zu tragen hat, wird im Hinblick auf § 2 AGBG von Blank (PiG 15, S. 43) für unwirksam gehalten, kaum zu Recht, weil es jedem ohne große Mühe möglich ist, sich die einschlägigen Texte zu beschaffen. 9

Sind in die Miete die Nebenkosten nach Abrechnung eingeschlossen, dann ergeben sich **Rückwirkungen** für die Betriebskostenabrechnung des Verwalters. Nach BGH NJW 1982, 573 muß der Verwalter den Wohnungs-(Teil-)Eigentümern eine Abrechnung erstellen, die es diesen ermöglicht, ihrer Abrechnungspflicht gegenüber ihren Mietern zu genügen.

IV. Zwischenvermietung

Der Mieter einer Eigentumswohnung genießt – abgesehen von den vorstehend Rdn. 6–8 erörterten Besonderheiten – den Bestandschutz = Kündigungsschutz nach den allgemeinen Vorschriften der §§ 556a ff., 564a ff. BGB. Seine Rechtslage ändert sich grundlegend, wenn, wie das nicht selten geschieht, als Vermieter nicht der Wohnungs- oder Teileigentümer, sondern ein – meist gewerblicher – Zwischenvermieter, der auch der Verwalter sein kann, in der Weise in Erscheinung tritt, daß er die Räume vom Eigentümer als Hauptmieter anmietet, um sie dann in Untermiete an die eigentlichen Mieter weiterzuvermieten. Der Bestand der Untermietverhältnisse hängt dann vom **Bestand des Hauptmietverhältnisses** ab, das als gewerbliches Mietverhältnis keinen Kündigungsschutz genießt. Wenn das Hauptmietverhältnis aus irgendeinem Grunde beendigt wird, kann der Eigentümer (Hauptvermieter) die Mietsache vom Untermieter herausverlangen, ohne durch das Untermietverhältnis gebunden zu sein (§ 556 Abs. 3 BGB). Der Untermieter ist auf Schadensersatzansprüche gegen den Untervermieter angewiesen. Gegen diese Folge bedarf der Mieter eines gewissen Schutzes, den der BGH in der Weise zugebilligt hat, daß der Hauptvermieter/WEigentümer unter dem Gesichtspunkt des Rechtsmißbrauchs verpflichtet ist, das Mietverhältnis mit dem Untermieter fortzusetzen, wenn letzterer bei Ab- 10 schluß des Mietvertrages nicht darauf hingewiesen worden ist, daß sein Vermieter nicht der Wohnungs- oder Teileigentümer selbst ist (BGHZ 84, 90; vgl. dazu Emmerich/Sonnenschein, Miete, § 556 Rdn. 28). Vgl. im übrigen Gather, PiG 26, S. 149. Diesen Kündigungsschutz hat der BGH mittlerweile erheblich erweitert und gewährt ihn nunmehr auch demjenigen Untermieter, der zwar weiß, daß sein Vermieter nicht Eigentümer der Wohnung ist, der aber die daraus resultierende Gefahr nicht erkannt hat (BGHZ 114, 96). Der von einem Zwischenvermieter eine vollständige Wohnung Mietende wisse in der Regel nicht, daß er sich in einer ebenso schlechten Rechtsposition befinde wie der Untermieter eines möblierten Zimmers (BGHZ 114, 96, 102).

§ 14 Pflichten der Wohnungseigentümer

Jeder Wohnungseigentümer ist verpflichtet:

1. **die im Sondereigentum stehenden Gebäudeteile so instand zu halten und von diesen sowie von dem gemeinschaftlichen Eigentum nur in solcher Weise Gebrauch zu machen, daß dadurch keinem der anderen Wohnungseigentümer über das bei einem geordneten Zusammenleben unvermeidliche Maß hinaus ein Nachteil erwächst;**
2. **für die Einhaltung der in Nr. 1 bezeichneten Pflichten durch Personen zu sorgen, die seinem Hausstand oder Geschäftsbetrieb angehören oder denen er sonst die Benutzung der im Sonder- oder Miteigentum stehenden Grundstücks- oder Gebäudeteile überläßt;**
3. **Einwirkungen auf die im Sondereigentum stehenden Gebäudeteile und das gemeinschaftliche Eigentum zu dulden, soweit sie auf einem nach Nummer 1, 2 zulässigen Gebrauch beruhen;**
4. **das Betreten und die Benutzung der im Sondereigentum stehenden Gebäudeteile zu gestatten, soweit dies zur Instandhaltung und Instandsetzung des gemeinschaftlichen Eigentums erforderlich ist; der hierdurch entstehende Schaden ist zu ersetzen.**

Literatur: Hruschka, Die Konkurrenz von Goldener Regel und Prinzip der Verallgemeinerung in der juristischen Diskussion des 17./18. Jahrhunderts als geschichtliche Wurzel von Kants kategorischem Imperativ, JZ 1987, 941. – Kürzel, Umfang des Rechts des Wohnungseigentümers zum Gebrauch seiner Wohnung, DWW 1961, 212. – Spendel, Die Goldene Regel als Rechtsprinzip, FS für F. v. Hippel, S. 491.

1 § 14 bildet in gewissem Sinn ein Gegenstück zu § 13; wie dieser die Rechte, so betrifft § 14 die Pflichten des WEigentümers, er konkretisiert die aus der Gemeinschaft entspringende Schutz- und Treuepflicht der WEigentümer (dazu § 10 Rdn. 12) in einigen Punkten. Insbes. spricht Nr. 1, auf die Verhältnisse der WEigentümergemeinschaft zugeschnitten, eine Grundregel menschlichen Zusammenlebens, die sog. **„goldene Regel" – „regula aurea"** – aus: Was du nicht willst, das man dir tu, das füg' auch keinem andern zu (dazu Spendel, FS. F. v. Hippel, 1967, S. 491ff. und Hruschka JZ 1987, 941 m. w. N.; auch Weitnauer, PiG 15, S. 60f.). Diese Pflicht trifft alle WEigen-

tümer gleichmäßig (BayObGE 1985, 104 zur Musikausübung). Als Grundregel erscheint § 14 wieder in § 5 Abs. 1 und in § 22 Abs. 1 Satz 2. Die Vorschriften des § 14 sind allerdings abdingbar (§ 10 Abs. 1 Satz 2; so kann z. B. in der GemO. bestimmt werden, daß die zu duldenden Nachteile gewichtiger als die im Gesetz genannten sind, BayObLG DWEigt 1992, 162) und keineswegs erschöpfend (vgl. ergänzend z. B. §§ 16, 21, 22, 28); so kann z. B. eine Pflicht zur Duldung von Maßnahmen bestehen, die zur Einrichtung einer Heizungsanlage erforderlich sind – Durchführung einer Ölleitung (LG Ellwangen, zit. bei Diester, Rspr., S. 123 Nr. 44) oder durch die ein WEigentümer bei erhöhter Einbruchsgefahr Schutzvorkehrungen treffen will – Anbringung von Fenstergittern im Erdgeschoß (KG WM 1994, 103). **Die Pflicht, das gemeinschaftliche Eigentum nicht zu beschädigen,** folgt schon daraus, daß dieses als Ganzes, wie § 1009 BGB zeigt (dazu § 3 Rdn. 118) für den einzelnen WEigentümer (auch) fremdes Eigentum ist und den Schutz des § 823 Abs. 1 BGB genießt (§ 13 Rdn. 18, 19). Eine Verpflichtung gleichen Inhalts ergibt sich aus der in der Gemeinschaft begründeten Schutz- und Treuepflicht, so z. B. die Pflicht, das Abmontieren von Heizkörpern zu unterlassen, wenn dadurch das Heizsystem gestört wird (BayObLG ITelex 1985/10/66); zur Verantwortlichkeit für Feuchtigkeitsschäden infolge mangelhafter Isolierung des gemeinschaftlichen Eigentums BayObLG 8. 11. 1986 – 2 Z 98/86. Eine Verpflichtung, „alles zu tun, um Schäden sowohl am gemeinschaftlichen Eigentum wie auch am Gegenstand des Sondereigentums anderer WEigentümer zu verhindern“ (so Bärmann/Pick/Merle § 14 Rdn. 29), also eine so weitgehende Pflicht zu positivem Tun, kann nicht anerkannt werden. Allerdings sind die WEigentümer in Notfällen nicht nur nach § 21 Abs. 2 berechtigt, sondern aufgrund ihrer Zugehörigkeit zur Gemeinschaft auch verpflichtet, die Maßnahmen zu treffen, die zur Abwendung eines dem gemeinschaftlichen Eigentum unmittelbar drohenden Schadens notwendig sind. Im übrigen ist die Instandhaltung und Instandsetzung des gemeinschaftlichen Eigentums Sache der Gemeinschaft und des Verwalters (§§ 21, 27). Bezüglich der Rechte und Pflichten besteht stets eine Wechselseitigkeit: Den Rechten des einen WEigentümers stehen jeweils entsprechende Pflichten der anderen gegenüber und umgekehrt. Wegen der Rechtsnatur und rechtlichen Bedeutung der insbes. in § 14 zum Ausdruck kommenden Bindung des WEigentümers vgl. Vor § 1, Rdn. 24. Unter dieser Pflichtenbindung steht auch die **Geltendmachung von Ansprüchen;** so kann ein WEigentümer die Beseitigung eines von Anfang an vorhandenen Baumangels durch Herstellung einer Trennfuge zur besseren Schalldämmung von einem anderen nicht verlangen, wenn die durch den Mangel verursachte Geräuschimmission nur geringfügig ist und die Maßnahme unzumutbar wäre (BayObLG DWEigt 1980, 60).

I. Pflichten des Wohnungseigentümers

Zur Erläuterung der Vorschriften im einzelnen ist folgendes auszuführen:

1. Nr. 1 regelt zwei verschiedene Fragen:

2 a) **Die Pflicht zur Instandhaltung des Sondereigentums.** Die im Sondereigentum stehenden Gebäudeteile sind so instand zu halten, daß dadurch keinem der anderen WEigentümer über das bei einem geordneten Zusammenleben unvermeidliche Maß hinaus ein Nachteil erwächst. Damit ist eine wichtige Schranke für das „freie Belieben", mit dem der WEigentümer grundsätzlich über sein Sondereigentum verfügen kann, gezogen. Der WEigentümer darf sein Sondereigentum also nur soweit vernachlässigen, als den anderen WEigentümern an ihrem Sondereigentum oder auch am gemeinschaftlichen Eigentum kein Nachteil entsteht. So muß z. B. eine zum Sondereigentum gehörende Wasserleitung instandgesetzt werden, wenn daraus Feuchtigkeitsschäden für das gemeinschaftliche Eigentum entstehen können (BayObLG WE 1991, 224). Räume, durch die Wasserleitungen zu anderen WEigentümern verlaufen, sind so zu heizen, daß die Leitungen nicht einfrieren können (BayObLG DWEigt 1989, 135). Ein erlaubter Umbau des Sondereigentums hat in der Weise zu erfolgen, daß eine spätere Beeinträchtigung anderer WEigentümer ausgeschlossen ist (BayObLG DWEigt 1992, 78). **Nachteil** i. S. des § 14 Nr. 1 ist nach BayObLGE 1979, 267 (ebenso BayObLG NJW 1981, 690; WE 1988, 22) nicht nur eine erhebliche Beeinträchtigung oder Gefährdung, sondern „jede nicht ganz unerhebliche Beeinträchtigung" (BayObLGE 1989, 437); nur ganz geringfügige Beeinträchtigungen können außer Betracht bleiben. Ob ein Nachteil vorliegt, ist nach objektiven Kriterien zu beurteilen (BayObLG WE 1987, 156), eine ästhetische Beeinträchtigung ist zu verneinen, wenn der Gesamteindruck nicht berührt wird (BayObLG ZMR 1987, 382; auch BayObLG 19. 7. 1987 – 2 Z 67/86 –). DIN-Normen geben einen Anhaltspunkt, ob eine Geräuschbelästigung ein Nachteil ist (BayObLG WM 1993, 287); ebenso die VDI-Richtlinie 2058 (BayObLG ZMR 1994, 25). Schuldhafte Verstöße lösen Schadensersatzpflichten aus; vgl. hierzu im übrigen auch § 13 Rdn. 18, 19. Weitergehende Pflichten können durch Vereinbarung begründet werden; wegen der Rechte des Hypothekengläubigers vgl. §§ 1133ff. BGB und § 6 Rdn. 6.

3 b) **Pflicht zum schonenden Gebrauch sowohl des Sondereigentums als auch des gemeinschaftlichen Eigentums.** Dabei ist der Tatsache Rechnung zu tragen, daß gewisse gegenseitige Störungen beim Zusammenleben in einer Hausgemeinschaft nicht zu vermeiden sind; sie müssen aber auf das unvermeidliche Maß beschränkt werden (so auch OLG Frankfurt OLGE 1990, 414). Damit wird wie in § 138 BGB (gute Sitten), § 242 BGB (Treu und Glauben), § 276 BGB (im Verkehr erforderliche Sorgfalt) **auf die Verkehrsanschauungen verwiesen,** die je nach den konkreten Verhältnissen – z. B. weitläufige oder enge Anlage, Schalldämmung, Lage und Charakter des Gebäudes – zu unterschiedlichen Beurteilungen führen können. So kann die kurzfristige Vermietung an Feriengäste in einem Fremdenverkehrsort zulässig sein (so BayObLGE 1978, 305; auch 1975, 233; OLG Frankfurt OLGE 1983, 61), an einem anderen Orte nicht; zulässig ist die Vermietung an je eine Familie von Aus- oder Übersiedlern für eine Übergangszeit (KG WE 1992, 343), aber auch an mehrere Einzelpersonen (OLG Stuttgart NJW 1992, 3046); die Benutzung einer Wohnung als Arztpraxis wird sich im allgemeinen in den Grenzen des Zulässigen halten (dazu BayObLGE 1973, 1;

OLG Karlsruhe OLGE 1976, 146; AG Hamburg MDR 1957, 43; verneint von BayObLG ZMR 1980, 125); die Benutzung einer Wohnung als Massagesalon für zulässig gehalten von OLG Hamburg MDR 1974, 138 (sehr zweifelhaft); Bordellbetrieb und Prostitution sind unzulässig (BayObLG WEM 1981, 57; ITelex 1986/19/116 und 1987/2/11; WM 1993, 557; KG DWEigt 1986, 142; LG Hamburg DWEigt 1984, 28), ebenso Sexshop in einem Büro- und Geschäftshaus (LG Passau NJW 1983, 1683). Unzulässig ist eine von der Nutzung des Sondereigentums ausgehende Störung von Personen in einer WEigentumsanlage durch Lärm oder Beleidigungen, die das körperliche Wohlbefinden des Gestörten beeinträchtigen (KG NJW-RR 1988, 586). Zulässig sind Haustierhaltung (BayObLGE 1972, 90 – Katzen) und Musizieren (BayObLGE 1985, 104) in mäßigen Grenzen (OLG Hamburg WE 1987, 82), die Bepflanzung eines Balkons mit Bohnen (BayObLG ITelex 1984/6/34), das Aufstellen eines Blumenkastens im Eingangsbereich eines Doppelhauses (BayObLG WE 1994, 17). Für unzulässig erachtet: Betrieb einer Ballettschule in einer Eigentumswohnung (BayObLG DWEigt 1985, 125), Aufstellen eines Oldtimers auf der Terrasse (BayObLG DWEigt 1982, 133), die dauernde Aufstellung eines Wohnmobils auf den Abstellplatz (BayObLG ITelex 1984/25/116), störender Amateurfunk (BayObLG Rpfleger 1983, 14), Betrieb eines elektrischen Wäschetrockners im Keller (OLG Düsseldorf DWEigt 1985, 127). Wegen Beeinträchtigung des optischen Gesamteindrucks soll auch die Aufstellung von zwei Gartenzwergen geringer Größe im gemeinschaftlichen Eigentum unzulässig sein (OLG Hamburg OLGE 1988, 308); gleiches gilt für das Aufhängen von Spruchbändern, ohne daß es auf deren Inhalt ankommt (KG WE 1988, 132); die Verletzung von anerkannten Regeln der Baukunst durch nicht den Anforderungen an Trittschallschutz entsprechenden Bodenbelag (BayObLG WE 1993, 283). Auch wenn der Betrieb eines Ladengeschäfts zulässig ist, kann ein mit besonderen Belästigungen verbundener Betrieb – z. B. Fischladen – unzulässig sein. Das zulässige Maß zu bestimmen, wird in erster Linie Sache der Gebrauchsregelung nach § 15 Abs. 1 und 2 durch Vereinbarung, Beschluß, insbes. auch durch Hausordnung (vgl. § 21 Abs. 5 Nr. 1), sein. Bestehen solche Regelungen nicht, so kann jeder WEigentümer nach § 15 Abs. 3 eine Entscheidung des Richters herbeiführen (§ 43 Abs. 1 Nr. 1), wobei der in § 14 Nr. 1 aufgestellte Maßstab anzuwenden ist. Dies gilt sowohl für den Gebrauch des Sondereigentums wie für den Mitgebrauch des gemeinschaftlichen Eigentums. Ist es wegen mangelnder Kapazität der Zentralheizungsanlage nicht möglich, daß alle WEigentümer einen zusätzlichen Heizkörper einbauen, so ist der eigenmächtige Einbau eines solchen durch einen WEigentümer für die anderen ein Nachteil (OLG Schleswig DWEigt 1992, 157); erforderlich ist gem. § 15 Abs. 2 ein Mehrheitsbeschluß über die Verteilung der Kapazitäten (BayObLG WE 1989, 62). Wegen der Probleme bei dem Einbau einer Etagenheizung vgl. Lehmitz, GWW 1957, 216. Die Pflicht zum schonenden Gebrauch kann auch die Pflicht einschließen, rechtlichen Gefahren vorzubeugen; so kann der WEigentümer, der in einem zu seinem Sondereigentum gehörigen Keller einen Heizöltank aufstellt, verpflichtet sein, eine Gewässerschaden-Haftpflichtversicherung abzuschließen (OLG Braunschweig OLGE 1966, 571). Allgemein zum Benutzungsrecht der WEigtümer Kürzel, DWW

1961, 212. Aus § 14 Nr. 1 i. V. mit § 242 BGB kann sich die Pflicht zur Duldung von Maßnahmen ergeben, die eine für andere WEigentümer unzumutbare Situation beseitigen (BayObLG DWEigt 1993, 156 – Aufstellen von Pflanztrögen, um Einsicht in das Schlafzimmer zu verwehren). Wegen baulicher Veränderungen vgl. § 22 Abs. 1, dessen Satz 2 auf § 14 verweist.

4 **2. Zu Nr. 2. Einhaltung der Pflichten durch andere Personen.** Jeder WEigentümer hat für die Einhaltung der in Nr. 1 bezeichneten Pflichten, insbes. der Pflicht zum schonenden Gebrauch, durch Personen zu sorgen, die seinem Hausstand oder Geschäftsbetrieb angehören (z. B. Familienangehörige, Hausgehilfin, Geschäftspersonal) oder denen er sonst die Benutzung der im Sondereigentum oder Miteigentum stehenden Gebäudeteile überläßt (insbes. Mieter, Pächter); wegen unzulässigen Gebrauchs durch den Mieter s. Anh. § 13 Rdn. 4. Entsprechend der Pflicht des WEigentümers, seinen Mieter zur Wahrung der Pflichten aus § 14 Nr. 1 gegenüber den anderen WEigentümern anzuhalten, kann umgekehrt der Vermieter als WEigentümer verlangen, daß die anderen WEigentümer dem Mieter die ungestörte Ausübung des Mietbesitzes ermöglichen; dessen Beeinträchtigung wäre eine unzulässige Beschränkung des Nutzungsrechts des vermietenden WEigentümers (so zutr. OLG Frankfurt NJW 1961, 324).

5 Wenn gesagt wird, der WEigentümer habe für die Einhaltung dieser Pflichten durch die genannten Personen zu sorgen, so ist dies etwas anderes als die Verantwortlichkeit für diese Personen. Gemeint ist die Pflicht, auf diese Personen einzuwirken und Störungen durch sie nach Möglichkeit zu verhindern. Die Frage, inwieweit der WEigentümer für die genannten Personen haftet, wird durch Nr. 2 nicht berührt. Sie ist, soweit es sich um die Erfüllung schuldrechtlicher Verpflichtungen handelt, nach § 278 BGB (dazu § 13 Rdn. 18), im übrigen nach § 831 BGB zu beurteilen. Wegen der aus der Gemeinschaft erwachsenden schuldrechtlichen Verpflichtungen vgl. im übrigen § 10 Rdn. 10.

6 Nr. 2 bestimmt also nicht schlechthin eine Haftung des WEigentümers für die genannten Personen, insbes. nicht im Hinblick auf die Entziehungsklage nach § 18 Abs. 2 Nr. 1.

7 **3. Nr. 3** ist gewissermaßen das Spiegelbild der Nrn. 1 und 2. Jeder WEigentümer muß **Einwirkungen** dulden, die auf einem ordnungsmäßigen Gebrauch durch die anderen WEigentümer und die in Nr. 2 genannten Personen (dies ist der Sinn der allerdings etwas kurzen Verweisung auf Nr. 2) beruhen; gegen darüber hinausgehende Beeinträchtigungen kann er sich durch Besitz- und Eigentumsstörungsklagen wehren; im äußersten Fall kann von der Entziehungsklage nach § 18 Gebrauch gemacht werden. Eine gewisse Erweiterung der Duldungspflicht sieht § 21 Abs. 5 Nr. 6 vor (vgl. daselbst).

8 **4. Zu Nr. 4.** Jeder WEigentümer ist verpflichtet, das **Betreten** und die Benutzung der im Sondereigentum stehenden Gebäudeteile zu gestatten, soweit dies zur Instandhaltung und Instandsetzung des gemeinschaftlichen Eigentums (nicht des Sondereigentums eines anderen) erforderlich ist; Beispiele: OLG Hamburg ITelex 1986/3/13; BayObLG 11. 8. 1987 – 2 Z 32/87 –; BayObLG WE 1989, 60; WE 1992, 139. Aufgrund eines Beschlusses

über den Anschluß an das Breitbandkabel muß er die Verlegung der Leitung in seinem Sondereigentum dulden (BayObLG WE 1991, 370). In analoger Anwendung dieser Vorschrift muß jeder WEigentümer den Zutritt zu Meß- und Sicherungsvorrichtungen, die allen Wohnungen dienen, gewähren (KG WE 1994, 51). Ein Anspruch auf jederzeitiges Betreten und dauernden Aufenthalt in dem Sondereigentum besteht nicht (BayObLG WE 1992, 87). Für dabei notwendigerweise oder auch nur versehentlich eintretende Schäden am Sondereigentum kann der betroffene Eigentümer einen dem Aufopferungsanspruch des § 904 BGB ähnlichen Anspruch auf Ersatz des Schadens geltend machen (BayObLGE 1987, 50). Wird bei der Instandsetzung der gemeinsamen Schmutzwasserleitung ein WEigentümer von deren Nutzung abgeschnitten, so richtet sich der Anspruch auf Anschluß an die neue Leitung (KG WE 1994, 51). Der Ersatz umfaßt auch einen bleibenden Substanzschaden und einen Schaden durch entgangene Nutzung (so im Anschluß an BGH (GrS) BGHZ 98, 212: BayObLG DWEigt 1987, 58; KG WE 1994, 51 zu Mietausfall). Die Schadensersatzleistung gehört nach § 16 Abs. 4 zu den Kosten der Verwaltung i. S. des § 16 Abs. 2; auch der betroffene WEigentümer muß also seinen Anteil an dem Schaden tragen. Zu dem Schaden gehören nicht – so das BayObLG (DWEigt 1992, 131 [Ls.]) – die Kosten der WEigentümer, die im Wege der Selbsthilfe die Pflicht eines anderen erfüllen. Bei Schäden am Gemeinschaftseigentum besteht weder ein Anspruch aus § 14 Nr. 4 2. HS. noch aus Aufopferung (OLG Frankfurt OLGE 1989, 422).

Wegen des Falles, daß aus dem schadhaften Zustand des gemeinschaftlichen Eigentums ein Schaden am Sondereigentum entsteht, vgl. § 13 Rdn. 6 und § 21 Rdn. 48.

II. Folgen der Nichterfüllung

1. Jeder WEigentümer kann von jedem anderen die Einhaltung der Pflichten durch Handeln oder Unterlassen verlangen. Der Anspruch ist nach § 43 Abs. 1 Nr. 1 im **Verfahren der freiwilligen Gerichtsbarkeit** geltend zu machen, und zwar auch insoweit, als er auf § 1004 BGB gestützt ist oder werden kann (§ 43 Rdn. 5). 9

2. Jeder WEigentümer kann **Ersatz des** ihm aus der Nichterfüllung erwachsenen **Schadens** verlangen, sofern die Pflichtverletzung von dem anderen zu vertreten ist (BayObLG DWEigt 1985, 95 mit Hinweis auf eine etwaige Schadensminderungspflicht des Geschädigten; DWEigt 1989, 135; WE 1992, 23). Die Höhe des Schadensersatzanspruches ist gem. §§ 249 BGB ff. konkret zu berechnen. Der berechtigte WEigentümer ist so zu stellen, als habe die unzulässige Nutzung nicht stattgefunden (OLG Stuttgart WM 1993, 424). Der Anspruch kann geltend gemacht werden, obwohl der Schadensbetrag nicht in die Jahresgesamtabrechnung aufgenommen wurde; insoweit anders als ein Wohngeldanspruch (BayObLG WE 1992, 23). Führt eine schuldhafte Pflichtverletzung zu Schäden am Gemeinschaftseigentum, so ist der WEigentümer der Gemeinschaft schadensersatzpflichtig (BayObLG WE 1989, 60). Auch diese Ansprüche sind, selbst so- 10 weit sie auf unerlaubte Handlung gestützt sind, im Verfahren nach § 43 Abs. 1 zu verfolgen (vgl. § 43 Rdn. 4, 5; KG DWEigt 1988, 23; WE 1989, 97).

11 **3.** Wiederholte gröbliche Verstöße können nach § 18 Abs. 2 Nr. 1 Grund für die Erhebung der **„Abmeierungsklage"** geben; Verfahren: § 51.

§ 15 Gebrauchsregelung

(1) **Die Wohnungseigentümer können den Gebrauch des Sondereigentums und des gemeinschaftlichen Eigentums durch Vereinbarung regeln.**

(2) **Soweit nicht eine Vereinbarung nach Absatz 1 entgegensteht, können die Wohnungseigentümer durch Stimmenmehrheit einen der Beschaffenheit der im Sondereigentum stehenden Gebäudeteile und des gemeinschaftlichen Eigentums entsprechenden ordnungsmäßigen Gebrauch beschließen.**

(3) **Jeder Wohnungseigentümer kann einen Gebrauch der im Sondereigentum stehenden Gebäudeteile und des gemeinschaftlichen Eigentums verlangen, der dem Gesetz, den Vereinbarungen und Beschlüssen und, soweit sich die Regelung hieraus nicht ergibt, dem Interesse der Gesamtheit der Wohnungseigentümer nach billigem Ermessen entspricht.**

Übersicht

Literatur: Amann, Anm. zu BayObLG v. 30. 11. 1989, DNotZ 1990, 498. – Belz, Bedeutung und Grenzen eines unanfechtbar gebliebenen Mehrheitsbeschlusses – unter besonderer Berücksichtigung der Begründung eines Sondernutzungsrechts, DWEigt 1991, 130. – Bielefeld, Vereinbarte Nutzungsbeschränkungen beim Sondereigentum, DWEigt 1989, 8. – Blank, Die Hausordnung, FS für Seuß, S. 53. – Deckert, Speichernutzung zu Wohnzwecken, FS für Bärmann/Weitnauer, S. 97; ders., Wohngeldsäumnis: Ein stetes Ärgernis für die vertragstreuen Miteigentümer, WE 1991, 206; ders., Verbot der Hundehaltung nicht durchsetzbar, WE 1992, 218. – Derleder, Die Selbstorganisation der Wohnungseigentümer beim Gebrauch ihrer Wohnungen und die richterliche Intervention in ihr Sozialverhalten, FS für Seuß, S. 115. – Ertl, Eintragung von Sondernutzungsrechten im Sinne von § 15 WEG, Rpfleger 1979, 81; ders., Alte und neue Probleme der Gemeinschaftsregelungen des WEG, DNotZ 1979, 267; ders., Gutgläubiger Erwerb von Sondernutzungsrechten?, FS für Seuß, S. 151; ders., Dingliche und verdinglichte Vereinbarungen über den Gebrauch des Wohnungseigentums, DNotZ 1988, 4. – Ganten, Schritte zu größerer Verkehrsfähigkeit des Wohnungseigentums, BauR 1980, 117. – Gerauer, Die Nutzung von Sondereigentum, Rpfleger 1980, 330; ders., Anm. zu BayObLG v. 11. 10. 1989, ZMR 1990, 231. – Gramlich, Musik im Mehrfamilienhaus, NJW 1985, 2131. – Herrmann, Anm. zu BayObLG v. 18. 7. 1991, DNotZ 1992, 716. – Huff, Die Gartennutzung in der Wohnungseigentumsanlage, FS für Bärmann/Weitnauer, S. 379. – Kurbjuhn, Anm. zu OLG Hamburg v. 20. 4. 1988, VersR 1988, 1180. – Merle, Zur Übertragung sogenannter Sondernutzungsrechte, Rpfleger 1978, 86; ders., Sondernutzung im Wohnungseigentum, DWEigt 1986, 2; 34. – Otto, Regelung über Tierhaltung in Eigentumswohnungen, WE 1991, 130. – Paulick, Zur Dogmatik des Wohnungseigentums nach dem WEG v. 15. 3. 1951, AcP 152 (1952/1953), 420. – Pick, Ordnungsgemäßer Gebrauch und bauliche Veränderung i. S. des WEG, NJW 1972, 1741. – Röll, Die Veräußerung von Sondernutzungsrechten an Pkw-Abstellplätzen, MittBayNot 1977, 224; ders., Dienstbarkeiten und Sondernutzungsrechte nach § 15 Abs. 1 WEG, Rpfleger 1978, 352; ders., Die Gemeinschaftsordnung als Bestandteil des Wohnungseigentums, Rpfleger 1980, 90; ders., Alleinbenutzung?, WE 1987, 3. – Schauder, Die Relativität der Sondernutzungsrechte, FS für Bärmann/Weitnauer, S. 567. – Schmidt, Änderung des Gebrauchs von Sondereigentum und Gemeinschaftseigentum, PiG 32, S. 67. – Weitnauer, Die Übertragung des Gebrauchsrechts an Kfz-Abstellplätzen, Rpfleger 1976, 341; ders., Verdinglichte Schuldverhältnisse?, FS für Seuß, S. 705; ders., Anm. zu BGH v. 21. 4. 1988 und KG v. 24. 10. 1988, DNotZ 1989, 156; ders., Anm. zu BayObLG v. 28. 4. 1988, DNotZ 1989, 430; ders., Anm. zu BayObLG v. 30. 6. 1989, DNotZ 1990, 385. – Zimmermann, Nutzungsbeschränkungen des Sondereigentums im WEG und die vorgeschlagenen Änderungen, Rpfleger 1978, 120; ders., Der Gebrauch des gemeinschaftlichen Eigentums nach dem WEG, Rpfleger 1982, 401. – Zipperer, Zur Gebrauchsregelung nach § 15 WEG, WE 1991, 142. – S. des weiteren PiG 15 (1984) „Nutzung und Gebrauch von Sonder- und Gemeinschaftseigentum" mit Beiträgen von Merle, Röll, Blank, Weitnauer, Ganten, H. Müller, Deckert.

I. Allgemeines

Der dem § 745 BGB nachgebildete, allerdings nicht auch die Verwaltung umfassende § 15 betrifft die praktisch wichtige Frage der **Regelung des Gebrauchs des gemeinschaftlichen Eigentums und des Sondereigentums.** Er schließt an § 13 an, wo ausgesprochen ist, daß jeder WEigentümer zum 1

Gebrauch seines Sondereigentums und zum Mitgebrauch des gemeinschaftlichen Eigentums berechtigt ist. Während die Verwaltung (§§ 20ff.) sich ausschließlich auf das gemeinschaftliche Eigentum beziehen kann, läßt § 15 eine Gebrauchsregelung **auch für das Sondereigentum** zu. Darin drückt sich das „stark intensivierte Nachbarschaftsverhältnis" (so zutreffend Paulick AcP 152 [1952/1953], 420, 432) unter den WEigentümern aus. Dagegen kann eine Gebrauchsregelung i. S. des WEG **nicht** erstreckt werden auf ein im Miteigentum der WEigentümer stehendes **Nachbargrundstück** (OLG Frankfurt Rpfleger 1975, 179); insoweit ist nur eine Regelung nach § 1010 BGB möglich (vgl. auch BayObLG Rpfleger 1979, 420 – Rampenfall; OLG Hamburg Rpfleger 1980, 112; OLG Frankfurt Rpfleger 1975, 179). Besteht an dem Nachbargrundstück eine Grunddienstbarkeit, die die jeweiligen WEigentümer zu der Nutzung als Kfz-Stellplatz berechtigt, kann über die Ausübung eine Gebrauchsregelung getroffen werden (OLG Stuttgart WE 1990, 131), s. schon oben § 10 Rdn. 38.

2 § 15 ist **nicht zwingend,** doch sollte von der Möglichkeit, im Prinzip abweichende Vereinbarungen zu treffen, nur mit größter Vorsicht Gebrauch gemacht werden.

3 Der **Begriff „Gebrauch"** wird in den §§ 13, 15 im selben Sinne verwendet, wie in den §§ 743, 745, 100, 535 BGB. Eine Definition findet sich nirgends; das Gesetz geht mit Recht davon aus, daß der Begriff hinreichend klar ist. „Gebrauch" ist **abzugrenzen gegenüber** dem Begriff **„Verwaltung".** Gebrauch liegt eindeutig nicht vor, wenn in die Substanz einer Sache, hier des gemeinschaftlichen Eigentums oder des Sondereigentums, eingegriffen werden soll. Deshalb ist jede bauliche Veränderung, mag sie im Rahmen ordnungsmäßiger Verwaltung (§ 21 Abs. 3–5) liegen oder diesen überschreiten (§ 22 Abs. 1), eindeutig kein „Gebrauch" i. S. des § 15 (vgl. dazu die in dieser Form kaum nötige Gegenüberstellung zu Fällen des § 22 Abs. 1 Satz 2 bei Müller, Praktische Fragen, Rdn. 72ff.); so handelt es sich um eine nach §§ 21, 22 zu beurteilende Frage, wenn eine Stützmauer errichtet oder verändert werden soll (OLG Karlsruhe Rpfleger 1978, 415, in casu Fall von § 22 Abs. 1).

4 Es bestehen aber **Zusammenhänge zwischen Regelung des Gebrauchs und Verwaltung.** So kann es einerseits Aufgabe einer ordnungsmäßigen Verwaltung sein, durch bauliche Veränderung die Voraussetzung für einen ordnungsmäßigen Gebrauch zu schaffen. Andererseits kann es hierzu gehören, durch Gebrauchsregelungen den ordnungsmäßigen Gebrauch sowohl des gemeinschaftlichen Eigentums als auch des Sondereigentums zu sichern; eine solche Berührung ergibt sich insbes. im Bereich der **„Hausordnung",** deren Erlaß das WEG in § 21 Abs. 5 Nr. 1 zu den Aufgaben der Verwaltung rechnet. Wenn es also auch Überschneidungen geben kann, so ist doch die bereits im BGB vorgezeichnete Unterscheidung berechtigt und unerläßlich, schon im Hinblick darauf, daß die Verwaltung außer durch Gebrauchsregelung nicht in das Sondereigentum eingreifen darf (möglicherweise a. M. – dann aber unrichtig – Pick NJW 1972, 1741: „Das, was Gebrauch darstellt, wird letztlich ebenfalls von Verwaltung umfaßt").

II. Entstehung und Inhalt der Gebrauchsregelungen

Gebrauchsregelungen können, wie dargelegt (oben Rdn. 1), das gemeinschaftliche Eigentum wie auch das Sondereigentum betreffen; sie können auf dreifache Weise entstehen: durch Vereinbarung (Abs. 1), durch Beschluß (Abs. 2) und durch Entscheidung des Richters (Abs. 3). Sie können dreifachen Inhalt haben: eine Gebrauchsbeschränkung, ein Gebrauchsrecht, eine Benutzungspflicht. Aus diesen zahlreichen **Einteilungsgesichtspunkten** ergibt sich eine Vielfalt von Kombinationsmöglichkeiten. **Streitigkeiten** aus einer Gebrauchsregelung zwischen WEigentümern sind Streitigkeiten i. S. des § 43 Abs. 1 Nr. 1. 5

1. Gemeinschaftliches Eigentum – Sondereigentum

In der Natur der Sache ist es begründet, daß in bezug auf das Sondereigentum Nutzungsbeschränkungen eine besondere Rolle spielen, während hinsichtlich des gemeinschaftlichen Eigentums die Ordnung des Mitgebrauchs und die Einräumung von Nutzungsrechten, insbes. den sog. **„Sondernutzungsrechten“** (dazu unten Rdn. 25ff.) im Vordergrund stehen. Rechtlich bestehen weder hinsichtlich der Entstehung noch hinsichtlich des möglichen Inhalts Unterschiede zwischen der Regelung des Alleingebrauchs und des Mitgebrauchs. Im einzelnen vgl. unten Rdn. 13ff. 6

2. Entstehung

a) **durch Vereinbarung (Abs. 1):** Abs. 1 stellt klar, daß Vereinbarungen der WEigentümer einer der möglichen Entstehungsgründe sind. Mit „Vereinbarung“ ist gemeint eine **Vereinbarung** der WEigentümer zur Regelung ihres Verhältnisses untereinander **i. S. des § 10 Abs. 1, Abs. 2.** Solche Vereinbarungen können von den Vorschriften des WEG abweichen oder sie ergänzen, „soweit nicht etwas anderes ausdrücklich bestimmt ist“ (§ 10 Abs. 1 S. 2), sie können diese auch wörtlich oder sinngemäß wiederholen (vgl. § 10 Rdn. 25), wodurch u. U. Auslegungsprobleme ausgelöst werden können. Im Falle der Begründung von WEigentum nach § 8 stehen die vom teilenden Eigentümer einseitig getroffenen Bestimmungen i. S. des § 8 Abs. 2 Satz 1 den Vereinbarungen gleich; sie erlangen mit der Entstehung einer WEigentümergemeinschaft den Charakter der Vereinbarung (§ 8 Rdn. 19). Im übrigen ist auf § 10 und die Erl. dort zu verweisen. Wegen der „Sondernutzungsrechte“ vgl. unten Rdn. 25ff. Zu einer Gebrauchsregelung **durch einstimmigen Beschluß** und zur Abgrenzung gegenüber einer Vereinbarung vgl. BayObLG NJW-RR 1987, 1364 sowie oben § 10 Rdn. 28, 54ff. 7

Sind in dem nach § 8 Abs. 2 Satz 1 i. V. mit § 7 Abs. 4 Nr. 1 der Teilungserklärung beizufügenden **„Aufteilungsplan“**, der durch Bezugnahme in der Teilungserklärung deren Bestandteil und damit Bestandteil der GemO. wird, Angaben enthalten, die den Zweck bestimmter Räume, insbes. von Teileigentumsräumen, bezeichnen, so können sie das Recht zur Nutzung entsprechend beschränken; hierzu hat sich eine umfangreiche Rspr. wie Literatur entwickelt (dazu unten Rdn. 14); 8

9 b) **durch Mehrheitsbeschluß (Abs. 2)**: Die WEigentümer können „einen der Beschaffenheit der im Sondereigentum stehenden Gebäudeteile und des gemeinschaftlichen Eigentums entsprechenden ordnungsmäßigen Gebrauch" durch Mehrheitsbeschluß regeln. In formaler Hinsicht wird dadurch auf die §§ 23 bis 25 verwiesen. Materiell ist von Bedeutung, daß nach der **abdingbaren** gesetzlichen Regelung Mehrheitsbeschlüsse nur für Regelungen zugelassen sind, die **einen ordnungsmäßigen Gebrauch zum Inhalt** haben (Beispiel: BayObLG DWEigt 1985, 54 betr. Aufstellen eines Wohnmobils). Inhaltlich ist deshalb § 14 Nr. 1 zu beachten, wobei eine pauschalierende Regelung getroffen werden kann (BayObLG WE 1994, 17). Dagegen verstoßende Beschlüsse unterliegen der Anfechtung nach § 23 Abs. 4 (BayObLGE 1975, 233), können aber durch Versäumung der Anfechtungsfrist Bestandskraft erlangen (dazu § 23 Rdn. 31). Zu Vereinbarungen werden sie dadurch nicht (a. M. unrichtig Röll, PiG 15, S. 25, 31), auch nicht dadurch, daß ein Beschluß von allen WEigentümern einstimmig gefaßt worden ist. Vgl. dazu im übrigen § 10 Rdn. 57, insbes. auch zu der Frage, ob Beschlüsse im Grundbuch eingetragen werden können.

10 Die Stimmberechtigung kann sich **auf einen beschränkten Kreis aus der Gesamtheit der WEigentümer** konzentrieren, wenn nur deren Interessen eine Beschlußfassung erfordern. Diese Lage ist bei einer Mehrhaus-Wohnanlage gegeben, wenn ohne Außenwirkung ausschließlich der Gebrauch innerhalb eines Hauses zu regeln ist; vgl. BayObLGE 1961, 332 = Rpfleger 1962, 61 mit zust. Anm. Diester; im entschiedenen Falle ging es um den Gebrauch des nur der engeren Hausgemeinschaft dienenden Fahrradkellers. Vgl. dazu weiter § 23 Rdn. 10, § 25 Rdn. 28, § 43 Rdn. 16. Doch darf die Stimmberechtigung nicht allein deswegen verneint werden, weil ein Teil der WEigentümer an dem zu regelnden Gebrauch nicht interessiert ist, sofern nur die anderen WEigentümer, sei es auch mittelbar wegen der **Kosten**, interessiert sind. Wird z. B. eine zum gemeinschaftlichen Gebrauch gehörende Waschmaschine zwar nur von einem Teil der WEigentümer benutzt, sind aber alle an den Kosten beteiligt, so haben alle ein Stimmrecht;

11 c) **durch Entscheidung des Richters (Abs. 3)**: Jeder WEigentümer kann, insbes. wenn es nicht zu einer angemessenen Regelung durch Mehrheitsbeschluß kommt, – ein solcher ist vor Anrufung des Richters zu fassen (Autonomie der WEigentümerversammlung, KG WE 1994, 51) – von den anderen „einen dem Interesse der Gesamtheit der WEigentümer **nach billigem Ermessen" entsprechenden Gebrauch** verlangen. Aufgrund dieser Bestimmung kann er von ihnen in erster Linie begehren, daß sie ihm den den maßgeblichen Regelungen entsprechenden Gebrauch gewähren. Ist streitig, worin dieser Gebrauch besteht, so trifft der Richter die erforderlichen Festlegungen durch eine unmittelbar die Rechtsverhältnisse gestaltende Entscheidung im sog. **„Regelungsstreit"** (dazu § 43 Rdn. 1); Beispiel OLG Frankfurt ITelex 1987/3/18; BayObLG WE 1994, 17. Ein Anspruch auf nicht bestimmungsgemäßen Gebrauch – hier: Anschluß einer Dunstabzugshaube an einen stillgelegten Schornstein – besteht nicht (KG WE 1994, 51). Auch die Nutzungsmöglichkeit von Sondernutzungsflächen kann Gegenstand eines „Regelungsstreites" sein (KG DWEigt 1989, 143). Der Anspruch ist nach

§§ 43 ff. geltend zu machen; der Richter ersetzt durch seine Entscheidung die Regelung, die die WEigentümer nach billigem Ermessen gem. Abs. 2 hätten treffen sollen. Deshalb ist eine Entscheidung unzulässig, die einen Gebrauch untersagt, zu dessen Duldung die WEigentümer schuldrechtlich verpflichtet sind (BayObLG WE 1990, 142). Unabhängig hiervon und an andere Voraussetzungen anknüpfend ist die Möglichkeit, die GemO. nach den in § 10 Rdn. 56 dargelegten Grundsätzen durch einen einstimmigen Beschluß zu überlagern.

Im Gegensatz zu dem letzterwähnten Fall lautet die Entscheidung hier also nicht auf Abgabe einer Einwilligungserklärung, d. h. einer Willenserklärung, die mit der Rechtskraft gem. § 894 ZPO ersetzt würde. Aber auch wenn man letzteres annehmen wollte, wäre das Ergebnis kaum anders, denn in beiden Fällen wirkt die **rechtskräftige Entscheidung gegenüber allen WEigentümern** als Beteiligten (§ 45 Abs. 2 Satz 2 i. V. mit § 43 Abs. 4 Nr. 1). § 15 Abs. 3 kann (ebenso wie § 21 Abs. 4) auch dazu dienen, frühere Beschlüsse oder Entscheidungen anzugreifen und für die Zukunft eine Änderung zu erreichen (so auch Bärmann/Pick/Merle Rdn. 27, die darin allerdings – kaum zu Recht – den Hauptanwendungsfall zu sehen scheinen);

d) **Rangfolge.** Wie die „Soweit"-Sätze in Abs. 2 und 3 zum Ausdruck 12
bringen, besteht unter den Entstehungsgründen eine Rangordnung. Die Gebrauchsregelung bestimmt sich in erster Linie nach den getroffenen Vereinbarungen (OLG Frankfurt Rpfleger 1978, 415; OLG Zweibrücken WE 1994, 146), also der „GemO." (§ 10 Rdn. 27 ff.), in zweiter Linie nach etwaigen Beschlüssen (KG WE 1990, 208; 1992, 110; BayObLG WE 1994, 17), in dritter Linie nach den einen Beschluß ersetzenden richterlichen Entscheidungen und erst in letzter Linie nach den gesetzlichen Vorschriften der §§ 13, 14.

3. Inhalt der Gebrauchsregelung im einzelnen

a) **Gebrauch des Sondereigentums.** 13

aa) Eine **Beschränkung des Gebrauchs** des Sondereigentums kann bereits darin liegen, daß in der GemO. (Teilungserklärung) entweder unmittelbar und ausdrücklich oder durch Bezugnahme auf den Aufteilungsplan und auf die darin enthaltenen **Bezeichnungen von Räumen,** insbes. Teileigentumseinheiten, die daraus ersichtliche Zweckbestimmung festgelegt wird, z. B. „Archivraum" (OLG Stuttgart DWEigt 1987, 31) oder „Laden" (BayObLG WE 1990, 174). Zu den Auslegungsfragen hat sich eine breite Judikatur entwickelt, gegen die grundsätzliche Bedenken nicht zu erheben sind (BayObLGE 1965, 193; a. M. unrichtig Gerauer Rpfleger 1980, 330). Ob es sich bei der Bezeichnung um eine Nutzungsbeschränkung handelt, ist durch Auslegung zu ermitteln; eine Bezeichnung als „Raum" ist keine Zweckbindung (BayObLG WM 1994, 98); sofern nicht für alle Teileigentumseinheiten eine bestimmte Nutzung vorgeschrieben ist, spricht dies gegen eine Nutzungsbeschränkung der Einheiten, deren Nutzung konkret genannt ist (OLG Stuttgart OLGE 1991, 40). Durch Aufteilung von Teileigentum in Wohnungs- und Teileigentumseinheiten ändert sich die Nutzungsbestimmung entsprechend dem neuen Aufteilungsplan und der Teilungserklärung (OLG Stuttgart WE 1990, 106). Bestimmungen dieser Art werden im Zweifel so ausgelegt, daß die von der Benutzung ausgehende Beeinträchtigung der anderen Wohnungs- und Teileigentümer möglichst gering gehalten wird; u. U. kann eine von der angegebenen abweichende Art der Benutzung **hinzunehmen** sein, wenn sich daraus keine weitergehende und/oder unzumutbare Beeinträchtigung ergibt (§ 14 Nr. 1, vgl. OLG Hamm DWEigt 1986, 90 – „Eiscafé"; so ausdrücklich BayObLG WE 1993, 348; ZMR 1993, 530; WM 1994, 98; OLG Zweibrücken WE 1994, 146), wobei eine typisierende Betrachtung erfolgt. Sind die Räume in der Teilungserklärung als „gewerbliche Räume" bezeichnet, in einem Lageplan aber als „Laden mit Nebenräumen", so wurde die erste (weitergehende) Bezeichnung als entscheidend angesehen (BayObLG DWEigt 1986, 29; BGH NJW-RR 1990, 81; OLG Stuttgart WE 1990, 107; OLG Frankfurt OLGE 1993, 299). Bestimmungen in der Teilungserklärung beschränken i. d. R. eine nach der GemO. zulässige Nutzung nicht (BayObLGE 1988, 238; OLG Hamm WE 1990, 95).

14 **Aus der Rechtsprechung** sind die folgenden Beispielsfälle anzuführen:

Als nicht vereinbar wurden angesehen mit der Bezeichnung als

„abgeschlossener Raum" die Benutzung als Garage, wenn in der Teilungserklärung ein anderer Raum als „Garage" bezeichnet ist (BayObLG WM 1993, 289)

„Apotheke" der Betrieb einer Gaststätte (OLG Stuttgart DWEigt 1987, 139)

„Büro" der Betrieb eines Spielsalons (AG Passau Rpfleger 1980, 23)

„Einfamilienhaus" die heimartige Unterbringung von Aussiedlern (OLG Hamm WE 1993, 225)

„Garage" die Benutzung als Diele (BayObLG Rpfleger 1984, 409)

„Garagenhof" die Nutzung zum Spielen (BayObLG WE 1991, 28)

„Gaststätte" der Betrieb eines Nachtlokals (BayObLG ITelex 1984/17/100)

„Gewerbliche Einheit für Verkaufszwecke" der Betrieb einer Spielothek (OLG Frankfurt DWEigt 1986, 64)

„Hobbyraum" die Benutzung als selbständige Wohnung (BayObLG DWEigt 1985, 126; ebenso OLG Köln ITelex 1986/22/127; BayObLG WE 1991, 298)

„Keller" die Nutzung als Büro (BayObLG ZMR 1993, 530) oder als Wohnung (BayObLG WE 1993, 348); „Weinkeller, Kegelbahn" als Diskothek (BayObLG WE 1991, 51)

„Laden" der Betrieb eines Cafés oder einer sonstigen Gaststätte (BayObLG Rpfleger 1980, 348; DWEigt 1985, 60; WM 1993, 558; OLG Karsruhe WM 1993, 290); auch nicht unter der Zweckbestimmung nach der „Läden auch anderweitig in jeder Art genutzt werden" können (BayObLG WE 1991, 230); ebensowenig ein Bordell (KG DWEigt 1988, 35)

„Laden" der Betrieb einer chemischen Reinigung (OLG Hamm Rpfleger 1978, 60) oder einer Sauna außerhalb der Ladenschlußzeiten (BayObLG DWEigt 1986, 29) oder eines Salatrestaurants ohne Alkoholausschank (KG DWEigt 1985, 61) oder einer Imbißstube (KG DWEigt 1986, 30) oder einer bis in die Nacht geöffneten Speisegaststätte (BayObLGE 1983, 73) oder einer Stehpizzeria (OLG Düsseldorf WE 1993, 108) oder einer Teestube mit Spielsalon (BayObLG Rpfleger 1984, 269) oder eines Spielsalons (OLG Bremen ITelex 1987/19/56; OLG Zweibrücken WE 1987,

87; OLG Hamm WE 1990, 96); der Betrieb einer Kindertagesstätte nur mit Einschränkungen (KG WE 1992, 286)
„Laden“ oder „Blumenladen“ der Betrieb einer Pilsstube (BayObLG Rpfleger 1980, 349)
„Ladenraum“ Benutzung als Waschsalon mit Getränkeausschank (OLG Frankfurt OLGE 1987, 49)
„Massageraum“ die Nutzung als Pilsstube (BayOblG WE 1988, 37) oder Kampfsport- und Selbstverteidigungsschule (BayObLG DWEigt 1993, 168)
„Nutzung durch Branche, die geeignet ist, das Ansehen der übrigen WEigentümer zu beeinträchtigen“ der Betrieb eines Spielsalons (OLG Hamm WE 1990, 95)
„Wohnung“ die Benutzung als Arztpraxis oder zur Betreuung von Jugendlichen (OLG Frankfurt Rpfleger 1981, 148); die Überlassung an fortlaufend wechselnde Personen (OLG Hamm WE 1992, 135)

Als vereinbar wurden angesehen mit der Bezeichnung
„Büro“ die Nutzung als Arztpraxis (OLG Stuttgart NJW 1987, 385)
„freiberufliche Tätigkeit“ die nicht stärker störende gewerbliche Tätigkeit eines Versicherungsvertreters oder einer Wahrsagerin (KG WE 1994, 55)
„Garagenhof“ die Nutzung zum Spielen (BayObLG WE 1991, 28)
„Gaststätte“ die Darbietung von musikalischen Veranstaltungen bei Benutzung eines Lautstärkenbegrenzers und Beachtung öffentlich-rechtlicher Lärmschutzauflagen (BayObLG ZMR 1994, 25)
„Geschäftsräume“ der Betrieb eines Speiserestaurants (BayObLGE 1982, 139)
„Gewerbliche Räume“ die Verwendung zur Schulung von Asylbewerbern zu eingeschränkten Zeiten (BayObLG WE 1992, 227) oder als Gaststätte (OLG Frankfurt DWEigt 1993, 77)
„Gewerbliche Zwecke“ der Betrieb eines Cafés (OLG Zweibrücken WE 1987, 86), aber nicht Bordellbetrieb (KG ITelex 1987/18/108)
„gutes Wohnhaus“ die Ausübung eines freien Berufs, z. B. einer Krankengymnastin (BayObLG DWEigt 1984, 86); die dauerhafte Überlassung einer Wohnung an Asylberechtigte (BayObLG NJW 1992, 917)
„Hobbyraum“ die halbtägige Nutzung als Bewegungsstätte für Kleinkinder mit Ausnahme des Wochenendes (BayObLG WE 1992, 22)
„Laden“ der Betrieb eines Tagescafés, aber nicht schlechthin eines Cafés (BayObLG DWEigt 1985, 60)
„Rasenfläche“ die Nutzung zum Spielen (OLG Hamburg DWEigt 1991, 121)
„Rohbau“ die Fertigstellung unter Einfügung einer Tür (OLG Karlsruhe Die Justiz 1987, 189)
„Wohnung“ die Überlassung an Aussiedler, sofern die Wohnung nicht überbelegt ist – zwei Personen je Zimmer als Richtwert bei Vermietung an Einzelpersonen, mehr bei Vermietung an Familie – und die Überlassung jeweils für mindestens ein halbes Jahr erfolgt (OLG Stuttgart NJW 1992, 3046)

Zulässig ist die Zweckbindung einer Eigentumswohnung als **Hausmei-**

sterwohnung; dazu und zu ihrer Durchsetzung BayObLG DWEigt 1984, 125; WE 1989, 146.

15 **Jede Änderung der getroffenen Zweckbestimmung,** insbes. auch die Umänderung von WEigentum in Teileigentum und umgekehrt, bedeutet eine Änderung der GemO. und unterliegt den hierfür geltenden Regeln (OLG Braunschweig DNotZ 1977, 438; OLG Karlsruhe NJW-RR 1987, 651; BayObLG Rpfleger 1991, 500; WM 1993, 289). Sieht die GemO. vor, daß eine Nutzungsänderung durch Beschluß genehmigt werden kann, so kann die Genehmigung nur erteilt werden, wenn ein sachlicher Grund für die geänderte Nutzung besteht und die anderen WEigentümer nicht unbillig benachteiligt werden (BayObLG DWEigt 1993, 168; s. § 10 Rdn. 51). Unter Umständen besteht ein Anspruch auf Änderung der vereinbarten Gebrauchsregelung aus § 242 BGB (BayObLG WE 1989, 109; s. § 10 Rdn. 52).

16 bb) Da, wie die Ausführungen in Rdn. 14 zeigen, die Schranken für die Benutzung beliebig enger oder weiter gezogen werden können – Geschäftsräume, Laden, Gaststätte, Tagesgaststätten usw. – ist es möglich, die Benutzung von Geschäftsräumen auch branchenmäßig zu binden, und so einen Teileigentümer gegen **Wettbewerb** in der eigenen Anlage zu schützen. Das ist zulässig und verstößt insbes. nicht gegen Regeln des lauteren Wettbewerbs oder des Kartellrechts (BayObLGE 1965, 193; BayObLG WE 1991, 47; OLG Hamm DWEigt 1986, 90; Zimmermann Rpfleger 1978, 120, 124; zum gleichen Problem bei Dienstbarkeiten vgl. Erman/Baumert § 1018 Rdn. 17). Ist für einzelne Teileigentumseinheiten eine bestimmte Nutzungsart im Teilungsvertrag genannt, kann hierin kein Konkurrenzverbot für andere Einheiten gesehen werden (OLG Stuttgart OLGE 1991, 41). Zur Änderung einer **Konkurrenzschutzklausel** und zum Verzicht an den Rechten aus ihr s. OLG Köln WE 1994, 86.

17 cc) Durch Gebrauchsregelung können Beschränkungen für **störende Benutzungsarten** geschaffen werden, insbes., was in der Praxis einen breiten Raum einnimmt, für **Musizieren und Haustierhaltung.** Beide Tätigkeiten können **durch Mehrheitsbeschluß** (Abs. 2) nicht gänzlich verboten werden (OLG Stuttgart OLGE 1982, 301; OLG Hamm NJW 1981, 465; OLG Karlsruhe WE 1988, 96; KG WE 1992, 111; vgl. auch Derleder, FS für Seuß, S. 115ff.), weil ein solches Verbot mit der Regelung eines ordnungsmäßigen Gebrauchs nicht vereinbar ist; auch ein Beschluß, nach dem jeder WEigentümer der Haltung von Hunden und Katzen schriftlich zustimmen muß, ist unzulässig, da er ein faktisches Verbot enthält (OLG Karlsruhe WE 1988, 96); die Annahme der Sittenwidrigkeit und damit der absoluten Nichtigkeit des Beschlusses (so OLG Hamm aaO) geht aber wohl zu weit. Beide Tätigkeiten können in angemessenem Umfang durch Mehrheitsbeschluß oder richterliche Entscheidung geordnet werden (so für Musizieren OLG Frankfurt OLGE 1984, 120; OLG Hamm OLGE 1986, 167); Berufsmusiker und Musikstudenten haben keine besonderen Rechte (BayObLGE 1985, 104). Ruhezeitenregelungen haben keinen Einfluß auf öffentlich-rechtliche Lärmbekämpfungsvorschriften (KG WE 1992, 110). Inwieweit diese aber bei der Konkretisierung des vom Gericht zu übenden billigen Ermessens als Anhaltspunkt einbezogen werden können, ist streitig, dafür OLG Braun-

schweig NJW-RR 1987, 845; a. A. KG WE 1992, 110, mit letztlich nicht überzeugender Kritik an der Entscheidung des OLG Braunschweig; s. auch OLG Zweibrücken WE 1990, 213. Zu den angemessenen Grenzen der Haustierhaltung vgl. KG NJW 1956, 1679; BayObLGE 1972, 90; BayObLG DWEigt 1991, 126; KG WE 1991, 328. Das Halten von Tieren, die nicht als Haustiere angesehen werden, kann dagegen durch Mehrheitsbeschluß verboten werden, weil dies weder der Verkehrsanschauung des ordnungsgemäßen Gebrauchs noch der Nutzungsbestimmung „Wohnzwecke" entspricht (OLG Frankfurt OLGE 1990, 414). Zur Außenwerbung vgl. § 13 Rdn. 7 und unten Rdn. 22.

Die Regelung darf *nicht willkürlich* sein, sondern muß sich, da es sich um **18** die Bestimmung einer Leistung i. S. des § 315 BGB handelt, außer in den Schranken des § 15 Abs. 2 („ordnungsmäßiger Gebrauch") auch in denen des § 315 BGB („nach billigem Ermessen") halten; bei Verstoß Entscheidung nach § 43 Abs. 1; Beispiel: OLG Braunschweig NJW-RR 1987, 845 betr. Anordnung von „Ruhezeiten". Soweit diese Grenzen überschritten werden, ist Einstimmigkeit erforderlich (dazu BayObLGE 1972, 109; 1973, 267; sofern KG NJW 1972, 691 etwas anderes besagt, wäre dem zu widersprechen; vgl. auch Pick NJW 1972, 1741). Eine Gebrauchsregelung, die durch Mehrheitsbeschluß getroffen ist, kann auch durch Mehrheitsbeschluß wieder geändert werden. Eine Vertragsstrafenregelung für den Fall widerrechtlichen Gebrauchs kann durch Mehrheitsbeschluß nicht eingeführt werden (a. A. OLG Frankfurt Rpfleger 1979, 109). Dieser überschreitet die Grenzen des § 15 Abs. 2 wie auch des § 21 Abs. 3.

Ein völliger Ausschluß des Musizierens oder der Tierhaltung durch die GemO., also **durch Vereinbarung** (Abs. 1), kann dagegen nicht als schlechthin unzulässig angesehen werden; ein solches Verbot kann im Interesse übermäßig geräuschempfindlicher oder gegen Tiere allergischer Personen angemessen sein, die sich möglicherweise gerade im Hinblick auf die Beschränkungen zum Erwerb entschlossen haben können (so mit Recht OLG Hamm NJW 1981, 465; OLG Karlsruhe WE 1988, 96; offengelassen durch KG WE 1992, 111). Vgl. auch Gramlich NJW 1985, 2131.

Grundsätzliche rechtspolitische Bedenken dagegen bestehen deshalb **19** **nicht,** sondern lediglich gegen nach den Umständen allzu weitgehende Beschränkungen. Das ist in dem Entwurf des Bundesrats (Vor § 1 Rdn. 93) nicht richtig gesehen worden; eine Verbesserung der Stellung der WEigentümer insgesamt kann man durch ein mehr oder weniger weitgehendes Verbot von Nutzungsbeschränkungen nicht erreichen, sondern wegen deren Wechselseitigkeit nur eine andere Verteilung des Interessenschutzes. Auch gesetzestechnisch war der Vorschlag des Bundesrats nicht gelungen, wenn er Nutzungsbeschränkungen nur aus einem wichtigen Grund zulassen wollte. Nach dem Entwurf der Bundesregierung (Vor § 1 Rdn. 93) sollte sich ein WEigentümer auf Benutzungsbeschränkungen nur „berufen" können, wenn diese lediglich einen ordnungsmäßigen Gebrauch regeln, wenn ein der Bestimmung widersprechender Gebrauch andere WEigentümer mehr als nur unerheblich beeinträchtigt oder wenn ein wichtiger Grund vorliegt. Diese Regelung würde lediglich bedeuten, daß die WEigentümer die ihnen aus der Verletzung von zu weitgehenden Benutzungsregelungen erwachsenden Ansprüche gegen Mitwohnungseigentümer nur im Rahmen von § 242 BGB geltend machen können, eine Verpflichtung, die ohnehin besteht (§ 10 Rdn. 12) und der des Dienstbarkeitsberechtigten zur schonenden Ausübung seines Rechts entspricht (§ 1020 BGB).

20 dd) Eine Nutzungsbeschränkung kann in der GemO. in der Weise vorgesehen werden, daß eine bestimmte Benutzung **nur mit Erlaubnis des Verwalters oder auf Grund eines Mehrheitsbeschlusses oder nur mit Zustimmung eines anderen WEigentümers** (BayObLGE 1987, 291) zulässig ist; dann darf die Erlaubnis nur im Rahmen billigen Ermessens versagt werden (so auch BayObLG WE 1989, 219 in Abgrenzung zu BayObLGE 1987, 291, das bei **gleichbleibender Nutzungsart** eine Verweigerung nur aus wichtigem Grund zuließ; s. hierzu unten Rdn. 21 a. E. sowie BayObLG DWEigt 1992, 87; OLG Zweibrücken WE 1991, 333). Die gerichtliche Kontrolle erfolgt gem. § 43 Abs. 1 Nr. 2 bzw. Nr. 4; als Beispiele s.: OLG Frankfurt OLGE 1982, 419; DWEigt 1993, 77; KG WE 1992, 343. Entsprechendes gilt, falls die Erlaubnis nur aus einem wichtigen Grund versagt werden darf. Ist z. B. vorgesehen, daß die Ausübung einer Arzttätigkeit in den Wohnungen der Zustimmung des Verwalters bedarf und diese nur aus einem wichtigen Grunde versagt werden kann, so darf die Erlaubnis für eine im Erdgeschoß liegende Wohnung nicht verweigert werden, wenn sich daraus für die anderen WEigentümer erhebliche Beeinträchtigungen nicht ergeben, insbes. dann nicht, wenn bereits für eine andere im Erdgeschoß liegende Wohnung die gleiche Benutzung erlaubt worden ist (BayObLGE 1973, 1). Die WEigentümer können eine Beschlußfassung über die Nutzungsänderung hinausschieben, bis eine erforderliche öffentlich-rechtliche Genehmigung zur Änderung erteilt ist (BayObLG NJW-RR 1990, 83). Ist die von der Zweckbestimmung abweichende Nutzung von der Zustimmung des Verwalters abhängig gemacht worden, so bedeutet dessen Zustimmung nicht, daß die anderen WEigentümer zur Duldung der Nutzung verpflichtet sind. Vielmehr unterliegt die Entscheidung des Verwalters der Kontrolle durch die WEigentümer. Sofern die ausgeübte Nutzung mehr als die in der Zweckbestimmung genannte Nutzung stört, können die WEigentümer die Störungsbeseitigung verlangen (BayObLG NJW-RR 1991, 849). Eine Übertragung der Zustimmungsbefugnis auf den Verwalter hindert die WEigentümer nicht, einen ihn bindenden Beschluß zu fassen, da der Verwalter lediglich treuhänderisch im Interesse der WEigentümer tätig wird, ohne eine eigenständige Stellung zu haben (OLG Zweibrücken WE 1991, 333).

21 ee) Besonderer ergänzender Erörterung bedarf wegen ihrer großen praktischen Bedeutung und rechtlichen Konsequenzen die **Nutzungsbeschränkung in Gestalt der Vermietungs- und Verpachtungsbeschränkung.** Eine solche Beschränkung ist u. a. in § 5 des Musters einer Teilungserklärung (unten Anh. Nr. V 2) vorgesehen: „Will der WEigentümer die Wohnung ganz oder zum Teil einem Dritten zur Benutzung überlassen, so bedarf er der schriftlichen Einwilligung des Verwalters." Über die Frage, ob eine solche Vereinbarung zulässig ist und deshalb gem. §§ 5 Abs. 4, 10 Abs. 2 als Inhalt des Sondereigentums eingetragen werden kann, waren Meinungsverschiedenheiten entstanden: Das OLG Frankfurt (DNotZ 1959, 476) hat sie verneint, das BayObLG (BayObLGE 1962, 16) hat die gegenteilige Auffassung

vertreten; so ist es zu einer Entscheidung des BGH gekommen (BGHZ 37, 203 = DNotZ 1963, 180 m. Anm. Weitnauer = Rpfleger 1962, 373 m. Anm. Diester), der mit Recht i. S. des BayObLG entschieden hat; die **rechtliche Zulässigkeit** steht nunmehr **außer Zweifel** (BayObLGE 1982, 9). Weil der vereinbarten Schriftform auch eine Warnfunktion zukommt, ist die schriftliche Zustimmung i. d. R. konstitutiv (BayObLG WE 1990, 58). Wenn man in bezug auf eine derartige Vereinbarung von **„dinglicher" Wirkung** spricht, bedeutet das lediglich, daß sie für die jeweiligen WEigentümer, insbes. also auch für den Sondernachfolger eines WEigentümers, bindend ist, dagegen nicht, daß sie in irgendeiner Weise die Wirksamkeit eines entgegen der vereinbarten Beschränkung abgeschlossenen Miet- oder Pachtvertrages beeinträchtigt (BayObLGE 1983, 55; vgl. auch § 10 Rdn. 29ff.; § 12 Rdn. 4). Vielmehr tritt lediglich ebenso wie in der Anh. zu § 13 Rdn. 3ff. erörterten Lage der Fall ein, daß der WEigentümer, der den Miet- oder Pachtvertrag entgegen seiner anders lautenden Verpflichtung abgeschlossen hat, sich auf zwei miteinander kollidierende Verpflichtungen eingelassen hat; dies ist ein Fall, der in Form der zweimaligen Vermietung derselben Sache die Rspr. öfter beschäftigt hat (vgl. z. B. BGH MDR 1962, 398; NJW 1961, 917; Esser/Weyers, Schuldrecht Bd II, § 14 I 4; zum Grundsätzlichen Riezler AcP 98 [1906], 372ff.). Der WEigentümer setzt sich dem Unterlassungsanspruch, der nach OLG Frankfurt NJW 1965, 2205 im Verfahren der §§ 43ff. geltend zu machen ist, einem Schadensersatzanspruch der anderen WEigentümer und möglicherweise der Erfüllungsklage oder einem Schadensersatzanspruch wegen Nichterfüllung von seiten des Mieters oder Pächters aus. Keinesfalls können (was der BGH DB 1967, 1761 = DNotZ 1968, 302 mit Anm. Weitnauer, für den Fall des Verstoßes gegen einen zum Inhalt eines zum Erbbaurechts gemachten Vermietungsverbots dem Grundstückseigentümer = Ausgeber des Erbbaurechts zugebilligt hat) die anderen WEigentümer über § 986 Abs. 1 Satz 2 BGB gegen den im Besitz der Eigentumswohnung befindlichen Mieter einen Anspruch auf Herausgabe an den vermietenden WEigentümer geltend machen und dem Mieter so den Mietbesitz unmittelbar entziehen; ein „Obereigentum" steht den anderen WEigentümern keinesfalls zu. Insofern unterscheidet sich die hier erörterte Situation von dem in Anh. zu § 13 Rdn. 3ff. behandelten Fall: Der Mieter macht nämlich **keinen an sich unzulässigen Gebrauch** von der Mietsache. Ist die Vermietung der Wohnung von einer Zustimmung, insbes. der des Verwalters, abhängig gemacht, so darf diese entspr. § 12 Abs. 2 Satz 1 **nicht willkürlich,** sondern nur aus wichtigem Grund versagt werden. Die Abweichung von den allgemeinen Grundsätzen rechtfertigt sich u. a. daraus, daß diese Nutzung durch Dritte ausdrücklich im Gesetz (§ 13 Abs. 1) genannt ist, im übrigen mit der Vermietung als Wohnung auch keine andere Nutzungsart in Frage steht (so BayObLGE 1987, 291). Der WEigentümer, der vermieten will, kann dann auch verpflichtet sein, die zur Beurteilung erforderlichen Angaben über die Person des Mieters zu machen (vgl. LG Mannheim ZMR 1979, 319).

b) **Gebrauch des gemeinschaftlichen Eigentums.** 22

aa) **Regelung des Mitgebrauchs.** Der jedem WEigentümer zustehende

Mitgebrauch am gemeinschaftlichen Eigentum (§ 13 Abs. 2 Satz 1; dazu § 13 Rdn. 2, 3, 7ff.), z. B. am Treppenhaus, am Hof, vollzieht sich, sofern er unter Beachtung der Regeln des § 14, insbes. der „goldenen Regel" des § 14 Nr. 1, ausgeübt wird, weithin problemlos (vgl. dazu Weitnauer, PiG 15, S. 53ff.). Gleichwohl gibt es hinreichend Fälle, in denen eine besondere Regelung notwendig oder zweckmäßig ist, z. B. hinsichtlich des Spielens von Kindern im Hof oder auf einer Grünfläche, hinsichtlich der Benutzung des Aufzugs, eines Schwimmbads usw. Solche Bestimmungen werden häufig schon in der Teilungserklärung **(GemO.)** getroffen. Auch hier besteht die Möglichkeit, daß sich eine Regelung bereits aus dem in Bezug genommenen Aufteilungsplan ergibt, so wenn eine Fläche als Kinderspielplatz, Wäschetrockenplatz und dgl. ausgewiesen ist (zum entsprechenden Fall bei Sondereigentum vgl. oben Rdn. 14). Enthält die GemO. lediglich die Angabe, daß eine gewisse Anzahl von Stellplätzen anzulegen sei, kann über deren Anordnung ein Mehrheitsbeschluß gefaßt werden (BayObLG WE 1990, 72; zur Vergabe von Kellerräumen s. KG OLGE 1990, 54). Im **Rahmen des ordnungsmäßigen Gebrauchs** kann die Regelung **durch Mehrheitsbeschluß** getroffen werden (§ 15 Abs. 2); Beispiele: Regelung des Offen- oder Geschlossenhaltens der Haustür (BayObLGE 1982, 90; BayObLG WE 1991, 202; LG Wuppertal Rpfleger 1972, 451; bei automatischem Schließmechanismus KG DWEigt 1986, 89); Regelung über die Nutzung von Nachtstrom (BayObLG WE 1989, 62); Belüftungsregelung für Waschkeller, Trockenraum, Keller und Treppenhaus (BayObLG WE 1994, 17); Regelung über das Betreten des Heizungsraums (BayObLG Rpfleger 1972, 176), über die turnusmäßige Benutzung der Waschküche (BayObLGE 1972, 113; BayObLG WE 1991, 365; OLG Hamm ITelex 1985/7/40; KG ZMR 1985, 131) oder eines Trockenraums (OLG Hamm ITelex 1985/7/40); Ermächtigung, einen Wäschetrockner in der Waschküche aufzustellen (BayObLG WE 1989, 59); Regelung der Waschküchenbenutzung derart, daß auch Berufstätige sie am Spätnachmittag ausüben können (KG ZMR 1985, 131); Absperrung eines Parkplatzes (BayObLG WEM 1984, 34); Verbot, auf Stellplätzen LKWs zu parken (OLG Hamburg WE 1992, 115); Verbot, einen Teil der Rasenfläche als Spiel- oder Liegeplatz zu benutzen (BayObLG WE 1992, 264); Beschluß, daß Kfz-Stellplätze vermietet werden sollen (BayObLG WE 1990, 61); Anbringung einer Außenwerbung an der Fassade (OLG Frankfurt Rpfleger 1982, 64). Einen Grenzfall betrifft OLG Düsseldorf DWEigt 1986, 64: Bestimmung eines gemeinschaftlichen Raums für Ballspiele der Kinder, Mehrheitsbeschluß für unzulässig erachtet; ähnlich OLG Hamm ITelex 1985/7/40; s. dagegen aber OLG Frankfurt OLGE 1992, 53: *zulässig,* zumal der Beschluß mit einer solchen Mehrheit gefaßt wurde, daß nach der GemO. auch die Zweckbestimmung in der Teilungserklärung hätte geändert werden können (hierzu allgemein oben § 10 Rdn. 51); zulässig nach OLG Saarbrücken (NJW-RR 1990, 24) für andere als Ballspiele. Auch die **Außenwerbung** kann durch Mehrheitsbeschluß geregelt werden; Beispielsfall LG Aurich NJW 1987, 448, wo beschlossen wurde, daß „Werbung im Bereich des Sondereigentums (Balkon/Fenster/Türen) nicht gestattet ist, soweit das äußere Bild der Anlage dadurch verändert oder beeinträchtigt wird".

Das OLG Celle (OLGZ 1991, 50) hält unter engen Voraussetzungen (hohe

Wohngeldrückstände, fehlende Erfolgsaussichten eines Entziehungsverfahrens nach § 18 wegen hoher Belastung des WEigentums mit Grundpfandrechten) die WEigentümer für berechtigt, einen WEigentümer durch mehrheitlich beschlossene Ausübung des Zurückbehaltungsrechts gem. § 273 BGB von der **Belieferung mit Wasser, Strom oder Heizenergie** auszuschließen. Dieser Entscheidung hat sich das BayObLG (WE 1992, 347) in einem Fall angeschlossen, in dem die Wohngeldansprüche mehr als DM 10.000 betrugen (ebenso das OLG Hamm WE 1994, 84 bei Rückständen in Höhe von DM 250000.–; s. auch Deckert WE 1991, 206, 210).

Nicht im Rahmen des **ordnungsmäßigen Gebrauchs** und deshalb auch nicht eines Mehrheitsbeschlusses, selbst wenn er nicht angefochten ist (OLG Karlsruhe DWEigt 1990, 144; a.M. Röll, PiG 18, S. 143; BayObLG WE 1990, 176; 1991, 260; BayObLGE 1991, 165; BayObLG DWEigt 1992, 163; NJW-RR 1993, 149), liegt es, einem WEigentümer einen Teil des gemeinschaftlichen Eigentums, z. B. eine Terrasse, ein Stück Garten zur ausschließlichen Nutzung zu überlassen; dazu bedarf es der Zustimmung aller WEigentümer, weil den nicht begünstigten ihr Mitgebrauchsrecht entzogen wird (BayObLGE 1972, 109; BayObLG WEM 1982, 33; 1981, 62; OLG Frankfurt DWEigt 1984, 30; OLG Frankfurt OLGE 1986, 38; OLG Zweibrücken NJW-RR 1986, 1338; OLG Stuttgart DWEigt 1987, 31; OLG Frankfurt WE 1986, 141; BayObLG DWEigt 1983, 69; KG WE 1994, 213; vgl. auch BGHZ 91, 343 = JZ 1984, 1113 m. Anm. Weitnauer; KG NJW-RR 1987, 653 unter Aufgabe von NJW 1972, 691; WM 1993, 429; OLG Braunschweig NJW-RR 1990, 979; BayObLG WE 1991, 260; 1992, 173; OLG Köln DWEigt 1991, 155; dies gilt auch, wenn die Fläche nur durch ein Sondereigentum zu erreichen ist, BayObLG WE 1992, 194; teilweise a. A. 6. Aufl.). Einen Grenzfall betrifft der Mehrheitsbeschluß, der die Benutzung des im Gemeinschaftseigentum stehenden Kamins einem WEigentümer zur ausschließlichen Nutzung zuweist (nach BayObLG WE 1989, 109 selbst dann zulässig, wenn dadurch die Beheizbarkeit anderer Wohnungen beeinträchtigt wird). Ein Ausschluß vom Recht auf Mitgebrauch wurde dagegen in der Aufstellung eines Getränkeautomaten auf Gemeinschaftseigentum gesehen (BayObLG WE 1991, 260). 23

Möglich aufgrund Mehrheitsbeschlusses kann aber die **widerrufliche** – entgeltliche oder unentgeltliche – **Überlassung des Gebrauchs** des gemeinschaftlichen Eigentums sein (vgl. dazu die § 745 BGB betreffende Entsch. des BGH NJW 1974, 364; Röll WE 1987, 3; zweifelhaft OLG Zweibrücken NJW-RR 1986, 1338 = Deckert Wohnungseigentum 2/517; mit Recht krit. Deckert aaO; BayObLG WE 1988, 22; KG WE 1991, 327; OLG Köln DWEigt 1992, 121; OLG Hamburg WE 1993, 167); doch darf dadurch keinem WEigentümer ein Nachteil i. S. des § 14 Nr. 1 entstehen (so BayObLG WE 1988, 22; 1990, 72). Reicht die Anzahl der Garagenplätze nicht für alle interessierten WEigentümer aus, so kann auch über die Nutzung der Plätze eine Gebrauchsregelung durch Mehrheitsbeschluß getroffen werden. Mittels eines solchen Beschlusses kann natürlich kein die übrigen Eigentümer ausschließendes SNR begründet werden (s. unten Rdn. 37). Auch die Vermietung von im gemeinschaftlichen Eigentum befindlichen Stellplätzen kann auf diesem Weg beschlossen werden; es handelt sich dabei nicht etwa um den 24

Ausschluß der überstimmten Mitglieder von ihrem Mitgebrauchsrecht am gemeinschaftlichen Eigentum; denn der Mitgebrauch ist Voraussetzung für die Vermietung (Weitnauer WE 1989, 42; s. dagegen Merle WE 1989, 20), und an die Stelle des Mitgebrauchs tritt der Anteil an den Mieteinnahmen (BayObLG WE 1992, 346). Weitnauer (aaO) sieht hierin daher eine Maßnahme der Verwaltung gem. § 21 Abs. 3 (a. A. BayObLG WE 1992, 131, für das § 15 Abs. 2 eine gegenüber § 21 Abs. 3 spezielle Vorschrift ist). Unabhängig davon muß die Regelung über Gebrauch oder Verwaltung sich innerhalb der Grenzen des Ordnungsgemäßen befinden. Daraus folgt, daß bei besonders starker Nachfrage i. d. R. eine Vergabe nur zeitlich begrenzt und durch Losentscheid erfolgen darf (KG WE 1990, 208; BayObLG WE 1992, 346; ZMR 1993, 341; für die Vergabe von Kellerabteilen s. BayObLG DWEigt 1992, 131). Im übrigen hat der Mehrheitsbeschluß möglichst die Interessen der einzelnen WEigentümer zu beachten (vgl. § 15 Abs. 3; KG WE 1991, 327). Ein grob gegen die Interessen eines WEigentümers verstoßender Beschluß, der z. B. dem Eigentümer von 4 Teileigentumseinheiten die Nutzung lediglich eines Kfz-Stellplatzes erlaubt, ist wegen eines Verstoßes gegen § 242 BGB i. V. mit Art. 14 Abs. 1 GG nichtig (KG NJW-RR 1991, 1489). Ebenfalls außerhalb des ordnungsgemäßen Gebrauchs liegt eine gegen öffentlichrechtliche Vorschriften verstoßende Nutzung (BayObLG WE 1988, 200). Die Änderung einer mehrheitlich getroffenen Gebrauchsregelung darf nur unter Berücksichtigung von Treu und Glauben und des Vertrauenschutzes erfolgen (OLG Köln DWEigt 1992, 121).

25 bb) **Sondernutzungsrecht.** Durch **Vereinbarung der WEigentümer** – und **nur durch diese** (vgl. die vorstehende Rdn.) – kann einem WEigentümer – und nur einem solchen (OLG Zweibrücken NJW-RR 1986, 1338) – das Recht eingeräumt werden, gemeinschaftliches Eigentum, auch Räume (OLG Frankfurt NJW-RR 1987, 1163), allein, also unter Ausschluß der übrigen, zu benutzen. Die Möglichkeit solcher Vereinbarungen, die nach Art. 131 EGBGB zu den Charakteristika des uneigentlichen Stockwerkseigentums gehören und auch nach §§ 746, 1010 BGB getroffen werden können, ist von Anfang an gesehen, nicht wie Bärmann (WEigentümergemeinschaft, S. 338, 341) meint, erst durch die Rechtsprechung geschaffen worden (vgl. Weitnauer/Wirths, 1. Aufl., § 15 Rdn. 2 und den dort im Anh. abgedruckten Mustervertrag). Vereinbarungen dieses Inhalts sind wie alle vereinbarten Gebrauchsregelungen **Vereinbarungen** über das Verhältnis der WEigentümer untereinander **i. S. des § 10 Abs. 1 und 2,** sie gestalten das Gemeinschaftsverhältnis und sind folglich **schuldrechtlicher** Natur; sie gewähren dem begünstigten WEigentümer den Rechtsanspruch gegen die übrigen auf Gewährung des vereinbarten ausschließlichen Gebrauchs und sind ihrer Art nach nicht von dem Anspruch des Mieters gegen den Vermieter auf Gewährung des Mietgebrauchs verschieden. Ein den Gebrauch der Sondernutzungsfläche regelnder Mehrheitsbeschluß ist unzulässig, da auf diese Weise – wie sich schon aus § 15 Abs. 2 Satz 1 ergibt – nicht in die das SNR festlegende Vereinbarung eingegriffen werden kann (BayObLG WE 1992, 201). Zur **nachträglichen Einräumung** vgl. unten Rdn. 37.

26 (i) Für Rechte dieser Art hat sich die Bezeichnung **„Sondernutzungsrecht"** (hier: SNR) eingebürgert. Praktische Anwendung findet es insbes.

bei der Zuweisung eines bestimmten, im Freien gelegenen und deshalb nicht sondereigentumsfähigen **Stellplatzes** zu einem bestimmten WEigentum (Beispiele: BGHZ 73, 145; 91, 343; BayObLGE 1980, 111; BayObLG DWEigt 1984, 126), bei der Zuweisung der einer Wohnung vorgelagerten Terrasse oder Gartenfläche (Beispiele: KG DWEigt 1984, 126; BayObLG DWEigt 1985, 95), ferner z.B. bei der Zuweisung eines Dachraums (BayObLGE 1983, 69) oder eines Stellplatzes in einer Sammelgarage. Die unwirksame Einräumung von Sondereigentum kann in ein SNR **umgedeutet werden** (BayObLG DWEigt 1981, 27; 1984, 30); das ist praktisch wichtig für den Fall, daß ein Stellplatz auf dem Garagendeck unzulässigerweise zu Sondereigentum erklärt wurde (vgl. § 5 Rdn. 9f.).

Zugunsten eines **Dritten** (Nichtwohnungseigentümers) kann ein SNR nicht begründet werden (§ 10 Rdn. 38). Eine Belastung des WEigentums mit einer Dienstbarkeit, die sich auf die Benutzung eines SNR am gemeinschaftlichen Eigentum beschränkt, ist unzulässig (BayObLG DNotZ 1990, 496 m. Anm. Amann; wegen Einzelheiten s. § 3 Rdn. 116). Eine öffentlich-rechtliche Erlaubnis, z.B. Gaststättenkonzession, oder die bloße Verpflichtung zur Einräumung vermögen die notwendige Vereinbarung nicht zu ersetzen (OLG Frankfurt Rpfleger 1980, 391; OLG Hamburg MDR 1979, 158). Das SNR kann die volle Nutzung des betroffenen Teiles des gemeinschaftlichen Eigentums umfassen (KG OLGE 1982, 436), auch ist, was allerdings nicht ganz wörtlich genommen werden darf, die Aufteilung des ganzen gemeinschaftlichen Eigentums, jedenfalls des unbebauten Grundstücksteils zu SNR möglich (BayObLGE 1981, 56; a.A. Röll Rpfleger 1978, 352, dem nicht zu folgen ist; vgl. auch Weitnauer, PiG 15, S. 65f.). SNR können nicht nur den Gebrauch im eigentlichen Sinne, sondern auch sonstige Nutzungen gewähren (BayObLGE 1981, 56; 1986, 54; WE 1990, 139; 176; WM 1993, 565; jeweils gegen: KG Rpfleger 1983, 20; OLG Düsseldorf DWEigt 1989, 80 und wohl auch OLG Frankfurt OLGE 1989, 50, wo es auch um die Zulässigkeit von Eingriffen in die Substanz geht; dazu oben Rdn. 3). Selbst die Vornahme baulicher Veränderungen kann durch SNR gewährt werden (möglich auch die Vereinbarung, nach der eine Zustimmung zur baulichen Maßnahme erforderlich sein soll, wenn es ihrer bedürfte, sofern die Sondernutzungsfläche ein selbständiges Grundstück wäre (BayObLG WM 1993, 565). In der Einräumung des SNR liegt die Zustimmung zu der baulichen Veränderung. Ein Anspruch auf Beseitigung besteht nicht (BayObLG WE 1994, 20). SNR können bedingt (BayObLG WE 1988, 66) oder befristet – auch „persönlich", d.h. auf Lebenszeit des Berechtigten oder für die Dauer seiner Stellung als WEigentümer (BayObLGE 1985, 124; Ertl, FS für Seuß, S. 151, 155) – bestellt werden.

(ii) Das Recht des Sondernutzungsberechtigten reicht **so weit,** wie es ihm 27
eingeräumt ist. Unzulässig sind, sofern nicht ausdrücklich gestattet: bauliche Veränderungen (OLG Düsseldorf DWEigt 1989, 80; OLG Frankfurt OLGE 1991, 185; BayObLG WE 1988, 140; 1990, 70; 1991, 48; DWEigt 1992, 123; ZMR 1993, 476; KG WM 1994, 99); das Abstellen eines Wohnmobils auf einem „PKW-Stellplatz" (BayObLG WE 1992, 348); **zulässig** dagegen: die Nutzung der „Dach-, Speicherräume" als Hobbyraum (BayObLG WE 1990, 70); die Errichtung einer Schaukel (OLG Düsseldorf

WE 1990, 24). Das SNR kann im Gegensatz zu einer Dienstbarkeit (BayObLGE 1986, 54) auch darin bestehen, einen Teil des gemeinschaftlichen Eigentums dauernd und gänzlich zu benutzen. Es schließt dann die anderen vom Gebrauch aus, befreit aber den Berechtigten nicht von Bindungen, die für das gemeinschaftliche Eigentum aus anderem Grunde bestehen, so wenn gärtnerische Nutzung vorgesehen ist; deshalb können die Aufstellung eines Gartenhäuschens (BayObLG DWEigt 1986, 95) oder eines Oldtimers (BayObLGE 1982, 133) die Grenze des Zulässigen überschreiten. Der Sondernutzungsberechtigte einer Gartenfläche ist auch verpflichtet, anderen WEigentümern die Benutzung eines Weges über diese Fläche zu gestatten, wenn diese nur so einen im Gemeinschaftseigentum stehenden Kellereingang erreichen können, weil auch er der Gemeinschaftsbindung unterworfen ist (KG WE 1990, 90; BayObLG WE 1991, 163). Hinsichtlich der Bepflanzung – Grenzabstand – ist das Nachbarrecht entsprechend anzuwenden (BayObLG DWEigt 1987, 61), Pflanzen eines stark wachsenden Baumes kann unzulässig sein (KG WE 1987, 197). Gleiches gilt für die Pflanzung eines hohen Baumes auf einer Sondernutzungsfläche, wenn dieser den Seeblick, durch den die Anlage geprägt ist, verdeckt (BayObLG WE 1993, 115; für eine Beschränkung der Bepflanzbarkeit des Tiefgaragendaches s. BayObLG WM 1993, 206). Auch wenn das SNR eingeräumt wurde, als sei es Eigentum aufgrund einer Realteilung, bestimmt sich die Grenze der Nutzung nicht nach dem Nachbarrecht des BGB, sondern nach den Bestimmungen des WEG, insbes. § 14 (BayObLG WE 1994, 17). Wurde ein SNR zwei WEigentümern gemeinschaftlich eingeräumt, bestimmt sich deren Verhältnis untereinander nach §§ 741ff. BGB (BayObLG aaO). Gegen WEigentümer, die den Berechtigten in seinem Recht stören, kann sich dieser mit Beseitigungs- und Unterlassungsansprüchen im Verfahren nach §§ 43ff. zur Wehr setzen (BayObLG Rpfleger 1982, 418; WE 1991, 366; s. Rdn. 34), im übrigen genießt er den Besitzschutz (vgl. dazu auch unten Rdn. 42). Besteht ein SNR an einem Hauszugangsweg, so hat der Berechtigte die Verantwortung für die Instandhaltung und das Schneeräumen, er trägt die **Verkehrssicherungspflicht** (BayObLG DWEigt 1985, 95). Die Frage einer **Einzäunung** oder sonstigen Abgrenzung ist nach den Umständen zu beurteilen; verneinend BayObLG DWEigt 1984, 26 (Stellplatz); im übrigen vgl. BayObLGE 1982, 69; KG DWEigt 1984, 126; OLG Hamburg DWEigt 1984, 91; BayObLG WE 1987, 94; KG DWEigt 1989, 143; WM 1994, 101.

28 (iii) Im Planungsstadium kann oft nicht vorhergesehen werden, ob und gegebenenfalls welcher Stellplatz welchem WEigentum zugeordnet werden soll. Dieser Schwierigkeit kann dadurch abgeholfen werden, daß in der Vereinbarung (Teilungserklärung) lediglich bestimmt wird, daß jeder WEigentümer das Recht hat, einen oder mehrere Stellplätze unter Ausschluß der übrigen zu benutzen, und die konkrete Bestimmung zu gegebener Zeit dem Bauträger überlassen wird (vgl. Weitnauer JZ 1984, 1113, Anm. zu BGHZ 91, 343). Eine derartige Vereinbarung ist zulässig (BayObLGE 1985, 124), sie begründet zugunsten des Bauträgers ein Gestaltungsrecht (dazu § 10 Rdn. 37f.; s. auch BayObLG Rpfleger 1980, 111, wo eine solche Ermächtigung als Vollmachtserteilung aufgefaßt wird, was ebenfalls möglich ist). Der Zuteilung müssen weder die an der begünstigten Wohnung dinglich Berechtigten (§ 877 BGB), noch die anderen WEigentümer zustimmen (BayObLG Rpfleger 1988, 63). Wurden die anderen WEigentümer aufschiebend bedingt vom Mitgebrauch des gemeinschaftlichen Eigentums ausgeschlossen und stellt die Zuordnungserklärung die Bedingung dar, so ist keine Zustimmung erforderlich (OLG Düsseldorf Rpfleger 1993, 193). Möglich ist auch, daß der teilende Eigentümer bereits in der Teilungserklärung die anderen WEigentümer vom Mitgebrauch ausschließt und sich die Zuweisung vorbehält. Dieser Zuweisung müssen dann nur die am WEigentum des teilenden Eigentümers dinglich Berechtigten zustimmen (BayObLG Rpfleger 1990, 63).

(iv) Die an sich formlos, also auch stillschweigend (Ganten, PiG 15, S. 73, **29** 76; § 10 Rdn. 29ff.) mögliche Vereinbarung eines SNR wirkt wie jede Vereinbarung i. S. des § 10 Abs. 1 Satz 2 **gegen den Sondernachfolger** eines WEigentümers **nur,** wenn sie als **Inhalt des Sondereigentums** in das Grundbuch eingetragen, also, wie auch gesagt wird, „verdinglicht" wird (dazu § 10 Rdn. 29ff.). Die Frage ist, ob sich dadurch die Rechtsnatur des SNR als eines schuldrechtlichen Anspruchs (oben Rdn. 25) ändert; sie wird nicht nur in der Literatur (vgl. die übersichtliche Darstellung des Meinungsstandes bei Ertl, FS für Seuß, S. 151), sondern auch in der **Rechtsprechung** erörtert. In BGHZ 73, 145 wird ausgeführt, mit der Eintragung des SNR in das Grundbuch handle es sich „nicht mehr um einen lediglich schuldrechtlichen Anspruch", der Inhalt der Gebrauchsregelung sei durch die Eintragung zum Inhalt des Sondereigentums geworden und habe damit, „ohne ein selbständiges dingliches Recht zu sein – **dingliche Wirkung erlangt".** In BGHZ 91, 343 wird die Vereinbarung eines SNR, wenn sie im Grundbuch eingetragen wird, als „diese dann dinglich wirkende Vereinbarung" bezeichnet. Nähere Ausführungen darüber, was unter dieser dinglichen Wirkung zu verstehen ist, sind nicht gemacht worden. In der **Literatur** wollen Bärmann/Pick/Merle (§ 15 Rdn. 18) ein schuldrechtliches und ein dingliches SNR unterscheiden, je nachdem, ob die Eintragung im Grundbuch erfolgt ist; letzteren Falles entstehe „eine dingliche Rechtsposition, die den Inhalt des betreffenden Sondereigentums und damit des WEigentums überhaupt bestimmt"; dagegen könne ein „schuldrechtliches" SNR „auch in der Weise entstehen, daß die WEigentümer eine solche Zuweisung im Beschlußwege ohne Eintragung im Grundbuch vornehmen". Röll (MünchKomm, Vor § 1 Rdn. 16; Rpfleger 1980, 90) schreibt von seiner „Einheitstheorie" des WEigentums aus dem SNR „unmittelbare sachenrechtliche Wirkung" zu (vgl. Vor § 1 Rdn. 16a).

Zu diesen Meinungen ist in Ergänzung der Ausführungen zu § 10 Rdn. 35 **30** folgendes zu bemerken:

Ein auf einem Mehrheitsbeschluß beruhendes SNR kann es – entgegen Bärmann/Pick/Merle, aaO – überhaupt nicht geben (oben Rdn. 25); daher ist die Verwendung des Begriffs „schuldrechtliches SNR" insoweit gegenstandslos. Für die **durch Vereinbarung** begründeten SNR kann nichts anderes gelten als für sonstige Vereinbarungen i. S. des § 10 Abs. 1 Satz 2 auch, also z. B. für Vereinbarungen über eine Kostentragungs- oder Instandsetzungspflicht (§ 16 Abs. 2; § 21); sie sind **also rein schuldrechtlicher Art** und verlieren diesen Charakter weder deshalb, weil sie einer Dienstbarkeit zu ähneln scheinen, noch dadurch, daß sie im Grundbuch als Inhalt des Sondereigentums eingetragen werden (so auch Ertl, FS für Seuß, S. 151, 152). Diese Eintragung hat lediglich die Wirkung, daß der Sondernachfolger eines durch die Vereinbarung von seinem Mitgebrauchsrecht ausgeschlossenen WEigentümers das SNR gegen sich gelten lassen muß, während er andernfalls selbst dann nicht daran gebunden wäre, wenn er die Vereinbarung kannte; der Begünstigte kann also auch von dem Sondernachfolger verlangen, daß er ihm den durch das SNR eingeräumten Gebrauch gewährt. Das SNR wird dadurch aber **nicht zu einem dinglichen Recht,** so wenig das mit den nach § 2 ErbbVO – dem Vorbild des § 10 Abs. 2 (vgl. § 5 Rdn. 33) – zum Inhalt des Erbbaurechts gemachten schuldrechtlichen Vereinbarungen geschieht (dazu Ingenstau, ErbbVO, § 2 Rdn. 5).

31 Vielmehr **beschränkt sich die Wirkung** der Eintragung, die man ungenau und eher irreführend als „Verdinglichung" bezeichnet, **auf die Bindung des Sondernachfolgers,** eine Wirkung, die nach § 746 BGB in anderen Fällen der Rechtsgemeinschaft als der durch das Miteigentum an einem Grundstück begründeten Gemeinschaft kraft Gesetzes eintritt. Das hat das BayObLG (DWEigt 1984, 124) richtig gesehen: „Die hierdurch (sc. die Eintragung im Grundbuch) eintretende ‚dingliche Wirkung' besteht ... nur in der Bindung des Sondernachfolgers des verfügenden WEigentümers". Im gleichen Sinne ausführlich Weitnauer, FS für Larenz, S. 705. In einer anderen Entscheidung des Gerichts heißt es zutreffend, das SNR sei „seinem Wesen nach trotz der Eintragung im Grundbuch ein schuldrechtliches Gebrauchsrecht" (BayObLGE 1991, 313, 318), es sei ein „weder dingliches noch gar grundstücksgleiches Recht" (BayObLG DNotZ 1990, 496, 497).

32 Die als SNR bezeichnete Rechtsposition begründet also **kein dingliches Recht,** insbes. nicht eine der Dienstbarkeit gleiche Rechtsstellung. Deshalb ist § 1027 BGB nicht anwendbar, der Berechtigte hat nur den Besitzschutz nach §§ 858ff. BGB, die Übertragung (dazu unten Rdn. 36) bestimmt sich nach §§ 398ff. BGB, nicht §§ 873ff. BGB; zur Aufhebung bedarf es eines Vertrags (§ 397 BGB), einseitige Erklärung (§ 875 BGB) genügt nicht, Eintragung im Grundbuch ist nicht erforderlich. **Davon zu unterscheiden** sind die Wirkungen, die sich daraus ergeben, daß die Vereinbarung des SNR **„als Inhalt des Sondereigentums"** in das Grundbuch eingetragen und so zu dessen Inhalt gemacht wird (§ 5 Abs. 4); diese Wirkung besteht darin, daß die §§ 877, 876 BGB anzuwenden sind, wenn nachträglich ein SNR begründet oder inhaltlich verändert werden soll (dazu unten Rdn. 37). Unabhängig hiervon ist die Bestellung einer **Grunddienstbarkeit** am gemeinschaftlichen Grundstück zugunsten eines WEigentums als „herrschendem Grundstück" möglich (vgl. § 3 Rdn. 118; Röll Rpfleger 1978, 352; § 1009 BGB). Doch kann das Nutzungsrecht eines WEigentümers am gemeinschaftlichen Grundstück nicht Gegenstand einer Dienstbarkeit am einzelnen WEigentum sein (BayObLG 1974, 396). Ist ein SNR zu Unrecht im Grundbuch eingetragen, so haben die WEigentümer einen Grundbuchberichtigungsanspruch, § 894 BGB (BayObLG WE 1992, 116).

33 v) Zur **Eintragung der Vereinbarung über das SNR im Grundbuch** ist die Eintragung in den Wohnungsgrundbüchern sämtlicher WEigentumsrechte erforderlich, die aufgrund von Eintragungsbewilligungen (§§ 19, 29 GBO) der Betroffenen erfolgt, also entweder des teilenden Eigentümers

oder aller WEigentümer (auch des im Grundbuch vorgemerkten Auflassungsempfängers, BayObLGE 1974, 217), ferner die Zustimmung dinglich Berechtigter (unten Rdn. 38). Bei der Eintragung im Grundbuch kann nach § 7 Abs. 3 auf die Eintragungsbewilligung Bezug genommen werden (vgl. § 7 Rdn. 32); doch empfiehlt sich angesichts der großen praktischen Bedeutung, in die Eintragung einen Hinweis aufzunehmen, so etwa: „Wegen des Inhalts des Sondereigentums, insbes. wegen der Zuordnung eines Stellplatzes, wird auf die Eintragungsbewilligung Bezug genommen". Vgl. des Näheren Ertl Rpfleger 1979, 81. Dem **Bestimmtheitsgrundsatz** muß, gegebenenfalls durch Bezugnahme auf einen Plan, genügt sein (BayObLGE 1985, 204; BayObLG Rpfleger 1982, 418; WE 1990, 30).

(vi) **Streitigkeiten** über das Bestehen oder den Umfang eines SNR unter WEigentümern sind als Streitigkeiten über die aus der Gemeinschaft sich ergebenden Rechte und Pflichten gem. **§ 43 Abs. 1 Nr. 1** im Verfahren der fG zu entscheiden (BayObLGE 1986, 283; OLG Hamm OLGE 1975, 428; LG Stuttgart WE 1994, 119; zu Unrecht a. M. aufgrund einer irrigen Analogie zum Sondereigentum OLG Stuttgart OLGE 1986, 36, s. hierzu BGH WE 1990, 84 gegen OLG Stuttgart aaO). Das gleiche gilt für Streitigkeiten wegen Beseitigung oder Unterlassung von Störungen des durch das SNR gewährten Gebrauchs (BayObLG Rpfleger 1982, 418; DWEigt 1983, 30; 1984, 126). Nach BayObLG v. 26. 2. 1987 – 2 Z 7/87 – ist ein Mehrheitsbeschluß, durch den ein SNR beeinträchtigt wird, gem. § 23 Abs. 4 für ungültig zu erklären (ebenso BayObLG NJW-RR 1989, 720 und WE 1992, 201, wo der Gebrauch der Sondernutzungsfläche durch Beschluß geregelt werden sollte). 34

(vii) Die Frage, ob ein SNR **kraft guten Glaubens erworben werden** kann, ist von Schmidt (PiG 18, S. 37, 50; DNotZ 1984, 698, 700 in Anm. zu BGHZ 91, 343) aufgeworfen, in einer Entscheidung des OLG Stuttgart (OLGE 1986, 36) gestreift und grundsätzlich bejaht worden, ohne daß aber der das Problem auslösende Sachverhalt ersichtlich wäre. Sie ist von Ertl (FS für Seuß, S. 151) erstmals im Zusammenhang erörtert worden. Für eine Erstreckung des Gutglaubensschutzes auf Bestehen und Umfang des SNR bei Erwerb einer Eigentumswohnung inzwischen auch BayObLG WE 1990, 176; LG Stuttgart WE 1994, 119. Die Frage kann vom hier vertretenen Standpunkt aus (oben Rdn. 29) mit Sicherheit **verneint** werden, sowohl soweit es sich um die dem Schuldrecht zugehörige Begründung durch Vereinbarung **(„Ersterwerb")** als auch um die Übertragung des Rechts **(„Zweiterwerb")** handelt; einen gutgläubigen Erwerb von Forderungsrechten kennt unser Recht nur in ganz seltenen Ausnahmefällen, von denen keiner vorliegt; auch die Eintragung im Grundbuch als Inhalt des Sondereigentums vermag einen Mangel der Wirksamkeit nicht zu heilen. 35

In Betracht kann aber gutgläubiger Erwerb kommen, soweit es sich um die Eintragung als **„Inhalt des Sondereigentums"** handelt. Hier ist allerdings deren beschränkte Wirkung zu bedenken: Die Eintragung ist nicht konstitutiver Teil der Begründung eines Rechts, sondern hat lediglich zur Folge, daß die Vereinbarung nicht nur gegenüber dem an ihrer Begründung beteiligten WEigentümer, sondern auch gegenüber dessen Sonderrechtsnachfolger wirkt. Ein Schutz des guten Glaubens in dieser Richtung erscheint möglich. Ist die Vereinbarung wirksam, ist aber die Eintragungsbewilligung von einer Person abgegeben, die im Grundbuch als WEigentümer eingetragen ist, ohne es zu sein – z. B. wegen Geisteskrankheit des Veräußerers –, so muß der wirkliche Eigentümer die von dem Scheineigentümer durch die Eintragungsbewilligung vorgenommene Verfügung nach § 893 2. Alt. BGB gegen sich gelten lassen, der begünstigte WEigentümer kann also sein Recht den Sondernachfolgern der durch das Recht benachteiligten WEigentümer entgegenhalten (so wohl auch Ertl aaO). Für einen weitergehenden Gutglaubensschutz, wie er von Ertl (aaO) in Betracht gezogen und vom BayObLG befürwortet wird, scheint kein Raum zu sein.

36 (viii) Die **Übertragung von Sondernutzungsrechten** kann zwischen WEigentümern derselben Gemeinschaft ohne Zustimmung der anderen vereinbart werden; zur Wirkung gegenüber Sondernachfolgern ist auch hier die Eintragung als Inhalt des Sondereigentums erforderlich. So mit Recht BGHZ 73, 145; OLG Hamburg NJW 1976, 1457 gegen BayObLG DNotZ 1977, 168; WE 1992, 229; aus der Literatur vgl. Weitnauer Rpfleger 1976, 341; Röll MittBayNot 1977, 224; Merle Rpfleger 1978, 86; Ertl DNotZ 1979, 168, 171; Ganten BauR 1980, 117; überholt Wienicke § 5 Anm. 4. Möglich ist auch die Übertragung eines aufschiebend bedingten SNR (BayObLG WE 1988, 66). Die Übertragbarkeit ist damit zu begründen, daß es sich um schuldrechtliche Ansprüche handelt, die nach § 398 BGB abtretbar sind, allerdings im Hinblick auf ihre Natur nur innerhalb der WEigentümergemeinschaft (§ 399 BGB, so Weitnauer aaO), oder damit, daß die Übertragung die anderen WEigentümer nicht berührt, weil sie lediglich durch den Ausschluß von der Benutzung betroffen sind, während sie die Person der Berechtigten nichts angeht (so BGH aaO).

Vorschlag für die Eintragung im Falle eines Stellplatztausches bei Ertl Rpfleger 1979, 81, etwa: „an Stelle des Stellplatzes Nr. . . ist jetzt Stellplatz Nr. . . zugeordnet; eingetragen unter Bezugnahme auf die Eintragungsbewilligung vom . . .“.

Ein WEigentümer kann sich wirksam verpflichten, sein SNR einem anderen WEigentümer zu übertragen; der Anspruch kann durch Vormerkung gesichert werden, zu deren Eintragung bedarf es der Zustimmung der anderen WEigentümer nicht (BayObLG DNotZ 1979, 307 im Anschluß an BGHZ 73, 145).

37 (ix) Die Neueinräumung, Änderung (a. A. OLG Köln ZMR 1993, 428) oder Aufhebung eines SNR **bedarf wie jede Änderung der GemO. der Vereinbarung** aller WEigentümer, auch eines vorgemerkten Auflassungsempfängers (BayObLGE 1972, 109; 1974, 217). Entziehung durch Mehrheitsbeschluß ist ausgeschlossen (BayObLGE 1974, 217; OLG Köln WE 1992, 260, allerdings mit der Begründung, der Mehrheitsbeschluß würde schutzwürdige Belange verletzen). Zur Frage, ob ein Teil einer bisher als Kinderspielplatz benutzten Grünfläche durch Mehrheit zu einem Abstellplatz für PKW umbestimmt werden kann, vgl. OLG Stuttgart NJW 1961, 1359. Ist ein WEigentümer bereits aus einem anderen Grunde vom Mitgebrauch ausgeschlossen, so bedarf es seiner Zustimmung nicht (BayObLGE 1985, 124). Ein Sondernutzungsberechtigter kann ein weiteres SNR ohne Mitwirkung der bereits ausgeschlossenen WEigentümer begründen (BayObLG WE

1992, 116). Verfehlte Vorschläge, die eine Änderung durch Mehrheitsbeschluß zulassen wollten, sind schon im Lauf der Erörterungen über eine Novellierung des WEG (Vor § 1 Rdn. 93ff.) nicht weiterverfolgt worden; vgl. im übrigen § 10 Rdn. 49ff.

(x) Die **Neubegründung, Änderung, Aufhebung oder Übertragung** eines SNR bedarf, soweit ein WEigentum selbständig mit dem Recht eines Dritten belastet ist und dieses durch die Änderung beeinträchtigt wird, als Änderung des Inhalts des Sondereigentums der **Zustimmung des Dritten nach §§ 877, 876 BGB** (BGHZ 91, 343 = JZ 1984, 1113 m. Anm. Weitnauer; BayObLGE 1974, 217; BayObLG Rpfleger 1979, 111; WE 1990, 176; OLG Köln ZMR 1993, 428; OLG Frankfurt Rpfleger 1975, 319; OLG Hamm WE 1989, 172; 1990, 56, nach dem bei Grunddienstbarkeit aus einem Bergschädenminderwertverzicht die Zustimmung nicht erforderlich ist). Dieses Erfordernis kann zu praktischen Schwierigkeiten führen, die vermieden werden können, wenn **durch die Teilungserklärung** (GemO.) **selbst** das Recht auf Zuteilung eines Stellplatzes zur ausschließlichen Benutzung zugewiesen und lediglich die Bestimmung des konkreten Platzes als Gestaltungsrecht (oben Rdn. 28) vorbehalten bleibt; dann beruht die spätere Zuordnung auf der GemO. selbst und Drittberechtigte können durch die Ausführung nicht beeinträchtigt werden (so Weitnauer JZ 1984, 1113, Anm. zu BGHZ 91, 343). Die Zustimmung der Dritten ist auch dann für entbehrlich zu erachten, wenn in **Analogie zum Unschädlichkeitszeugnis** (Art. 120 EGBGB) das Gericht feststellt, daß die beabsichtigte Änderung die Rechte Dritter nicht oder nur unerheblich beeinträchtigt (so LG München DWEigt 1984, 91 unter Berufung auf Weitnauer § 10 Rdn. 50). Wegen der eindeutigen sachenrechtlichen Rechtslage hält das OLG Köln diese Möglichkeit für nicht gegeben (ZMR 1993, 428). 38

cc) Die Begründung eines dem SNR am gemeinschaftlichen Eigentum entsprechenden **Benutzungsrechts an Sondereigentum** ist denkbar, so z. B. ein Gebrauchsrecht zugunsten des WEigentümers A an dem im Sondereigentum (Teileigentum, § 3 Abs. 2 Satz 2) des WEigentümers B stehenden Garagenstellplatz (so zutr. Ertl Rpfleger 1979, 81; OLG Zweibrücken WE 1990, 56), wenngleich man die Bezeichnung SNR hier besser vermeidet; dagegen ist, wenn ein Wohnungs- oder Teileigentum mehreren als Mitberechtigten zusteht (dazu § 3 Rdn. 120f.), eine Gebrauchsregelung unter diesen nur nach § 1010 BGB möglich (insoweit a. M. Ertl Rpfleger 1979, 81). 39

Zu a) und b): Hinsichtlich der **Inhaltskontrolle** und der **Änderung und Korrektur** verfehlter oder unangemessener Regelungen gelten auch für Nutzungsbeschränkungen die allgemeinen Grundsätze; dazu § 7 Rdn. 23f.; § 8 Rdn. 9; § 10 Rdn. 49ff. So kann auch ein Anspruch auf Anpassung der Vereinbarung über das SNR bestehen (BayObLG WE 1992, 231). Zu den Einzelheiten s. § 10 Rdn. 52. 40

c) **Benutzungspflicht.** Durch Gebrauchsregelung kann den WEigentümern auch die **Teilnahme an einer Gemeinschaftsanlage,** z. B. der Anschluß an eine Gemeinschaftsantenne, Sammelheizung, zur Pflicht gemacht werden. In einem solchen Falle sind alle WEigentümer verpflichtet, sich an einer sachgemäßen Änderung der Anlage zu beteiligen, etwa der Umrüstung 41 einer gemeinsamen Fernsehantenne auf das 3. Programm (so zutr. AG Starnberg MDR 1970, 679). Weitere Beispiele: Bezug von Fernwärme OLG Frankfurt MDR 1983, 580; BayObLG DWEigt 1984, 122; Pflicht zur Vermietung oder Verpachtung an eine **Hotelbetriebsgesellschaft** BayObLG Rpfleger 1982, 15; 63; DWEigt 1984, 125; 1990, 152; WE 1988, 202; 1992, 49; 177; 208; doch muß diese ein angemessenes Angebot machen (BayObLG DWEigt 1984, 125).

III. Unzulässiger Gebrauch

42 Auf Grund des § 15 Abs. 3 kann jeder WEigentümer (KG WE 1992, 286; BayObLG WE 1992, 208) nicht nur den zulässigen Gebrauch für sich in Anspruch nehmen, also von den anderen verlangen, daß sie ihm diesen Gebrauch ermöglichen (oben Rdn. 19), sondern – zu befürchtende Störung (OLG Hamm WE 1993, 225) oder Wiederholungsgefahr vorausgesetzt – auch, daß die anderen einen unzulässigen störenden Gebrauch unterlassen, gegebenfalls beendigen, z. B. die Offenhaltung einer Gaststätte über Mitternacht hinaus (so der Fall BayObLG WE 1987, 97 m. Anm. Weitnauer). Der Anspruch ist gerichtet auf Maßnahmen, die die Verwendbarkeit von die Nutzungsänderung ermöglichenden Einrichtungen beenden; deren Beseitigung kann nicht verlangt werden (BayObLG ZMR 1993, 530). Dem Verlangen kann der Einwand der unzulässigen Rechtsausübung (BayObLG WE 1988, 142) oder der Verwirkung entgegenstehen (BayObLG WE 1990, 32; WM 1993, 558; 560). Den Unterlassungsanspruch können auch WEigentümer geltend machen, die selbst unzulässigen Gebrauch von Gemeinschaftseigentum gemacht haben (BayObLG WE 1992, 22). Die einmal eingetretene Verwirkung tritt für und gegen den Sonderrechtsnachfolger (BayObLG WE 1991, 292; BayObLGE 1991, 165) ein. Der Anspruch ist im Verfahren der §§ 43ff. geltend zu machen. Selbst wenn der Wohnungs- oder Teileigentümer seine Räume vermietet hat und der Mieter den unzulässigen Gebrauch macht, richtet sich der Anspruch auch gegen den Vermieter (WEigentümer); für den Anspruch gegen den Mieter ist der ordentliche Rechtsweg gegeben. Vgl. im übrigen Anh. zu § 13 Rdn. 3ff. Die nicht ordnungsgemäßem Gebrauch entsprechende Nutzung des Sondereigentums kann zu Schadensersatzansprüchen eines anderen WEigentümers führen, wenn dessen Mieter wegen der Störungen die Miete mindert (KG WE 1991, 328). Ebenfalls können durch unzulässige Nutzung erhöhte Nebenkosten eine Schadensersatzforderung begründen (OLG Stuttgart WM 1993, 424). Voraussetzung ist jedoch Verschulden des Anspruchsgegners; s. auch § 14 Rdn. 10.

§ 16 Nutzungen, Lasten und Kosten

(1) **Jedem Wohnungseigentümer gebührt ein seinem Anteil entsprechender Bruchteil der Nutzungen des gemeinschaftlichen Eigentums. Der Anteil bestimmt sich nach dem gemäß § 47 der Grundbuchordnung im Grundbuch eingetragenen Verhältnis der Miteigentumsanteile.**

(2) **Jeder Wohnungseigentümer ist den anderen Wohnungseigentümern gegenüber verpflichtet, die Lasten des gemeinschaftlichen Eigentums sowie die Kosten der Instandhaltung, Instandsetzung, sonstigen Verwaltung und eines gemeinschaftlichen Gebrauchs des gemeinschaftlichen Eigentums nach dem Verhältnis seines Anteils (Absatz 1 Satz 2) zu tragen.**

(3) **Ein Wohnungseigentümer, der einer Maßnahme nach § 22 Abs. 1 nicht zugestimmt hat, ist nicht berechtigt, einen Anteil an Nutzungen, die auf einer solchen Maßnahme beruhen, zu beanspruchen; er ist nicht verpflichtet, Kosten, die durch eine solche Maßnahme verursacht sind, zu tragen.**

(4) **Zu den Kosten der Verwaltung im Sinne des Absatzes 2 gehören insbesondere Kosten eines Rechtsstreits gemäß § 18 und der Ersatz des Schadens im Falle des § 14 Nr. 4.**

(5) **Kosten eines Verfahrens nach § 43 gehören nicht zu den Kosten der Verwaltung im Sinne des Absatzes 2.**

Übersicht

§ 16 regelt den **Anteil des Wohnungseigentümers an Nutzungen, Lasten und Kosten** des gemeinschaftlichen Eigentums; in seinen Absätzen 1 und 2 entspricht er im wesentlichen wörtlich dem § 743 Abs. 1 und dem § 748 BGB. § 16 ist **insgesamt abdingbar** (unstreitig; vgl. BayObLGE 1984, 257). Abs. 2 ist im Zusammenhang mit § 28 zu sehen (unten Rdn. 25, 26).

I. Das maßgebliche Verhältnis

1 Übereinstimmend ist in Abs. 1 Satz 2 und in Abs. 2 bestimmt, daß sich der Anteil jedes Wohnungseigentümers an den Nutzungen sowie an den Lasten und Kosten **nach dem gemäß § 47 GBO im Grundbuch eingetragenen Verhältnis der Miteigentumsanteile** bestimmt. Diese Regelung ist nur verständlich, wenn das Wohnungseigentum als Miteigentum i. S. des § 1008 BGB verstanden wird, und bestätigt so die hier vertretene dogmatische Einordnung des Wohnungseigentums (dazu ausführlich Vor § 1 Rdn. 28ff.) Sie ist aber **abdingbar** (§ 10 Abs. 1 Satz 2). Das WEG überläßt es den Wohnungseigentümern, **ihr Anteilsverhältnis selbst zu bestimmen.** Darum weicht das WEG von manchen ausländischen Gesetzen, insbesondere auch vom österreichischen Wohnungseigentumsgesetz und vom schweizerischen Recht (Art. 712e ZGB, Hauger, Schweiz. Stockwerkseigentum S. 97) ab, in denen eine *Übereinstimmung* zwischen dem Wert der den einzelnen Wohnungseigentümern gehörenden Wohnungen und ihrem Anteil am gemeinschaftlichen Eigentum verlangt wird. Unbestreitbar ist eine solche Übereinstimmung erwünscht. Es ist auch in den Beratungen des Gesetzes der Gedanke erwogen worden, zwingend eine solche Übereinstimmung zu verlangen. Der Gedanke ist aber dann mit Recht abgelehnt worden. Die Prüfung, ob ein solches Erfordernis erfüllt wäre, würde die Gerichte, namentlich die Grundbuchämter, vor eine kaum lösbare Aufgabe stellen und wäre nur geeignet, eine Fülle von Streitigkeiten über die Bewertung hervorzurufen. Das Wohnungseigentumsgesetz geht davon aus, daß die Übereinstimmung zwischen Sondereigentum und Anteil am gemeinschaftlichen Eigentum so sehr im Interesse der Wohnungseigentümer selbst liegt, daß man es ihnen überlassen

kann, diese Übereinstimmung herbeizuführen. Der Anteil am gemeinschaftlichen Eigentum und damit insbesondere auch an Grund und Boden ist ein sehr wesentlicher Faktor bei der Bestimmung des Werts des Wohnungseigentums im ganzen; der Anteil an den Nutzungen, Lasten und Kosten sowie im gewissen Umfang das Stimmrecht (§ 25 Abs. 3) richten sich grundsätzlich nach diesem Verhältnis. Dies kann auch für Kosten gelten, die für Teile des gemeinschaftlichen Eigentums angefallen sind, an denen ein Wohnungseigentümer ein Sondernutzungsrecht hat (BayObLG DWEigt 1993, 161; OLG Hamm WE 1993, 249 für die Fälle, daß Keller oder Garagen im Sondereigentum stehen, an den Wohnräumen aber nur Sondernutzungsrechte begründet worden sind), vgl. unten Rdn. 20. Darüber hinaus wird sich regelmäßig auch der Anteil der einzelnen Wohnungseigentümer an der Aufbringung des Kapitals – sei es in der Form von Eigenkapital oder in der Form einer anteiligen Haftung für Fremdkapital – nach diesem Schlüssel richten. Nach welchen Gesichtspunkten die Wohnungseigentümer aber ihr Verhältnis bestimmen, kann das Gesetz ihnen selbst überlassen (vgl. BayObLG 58, 263 = NJW 58, 2116 = DNotZ 59, 40 = Rpfleger 59, 277; auch § 3 Rdn. 2).

Allgemeingültige **Maßstäbe der Bewertung** lassen sich nicht aufstellen. 2
So kann z. B. bei einem Hochhaus in der Großstadt mit Fahrstuhl die Lage in den oberen Stockwerken einen Vorzug darstellen; es können die Lage, die Himmelsrichtung, Aussicht, Nachbarschaft, Benutzbarkeit des Fahrstuhls von Bedeutung sein. Mehr als Anhaltspunkte können solche Umstände nicht geben, letztlich wird die subjektive Bewertung den Ausschlag geben (vgl. auch Bärmann-Seuß, Praxis, A II Rdz. 98ff.; auch Bärmann-Pick-Merle § 16 Rdn. 129ff.). Ein wesentlicher Umstand wird in jedem Falle das Verhältnis der nutzbaren Wohnflächen sein. Mit exakten Methoden läßt sich dem Problem nicht beikommen. Es handelt sich um Schätzungen, die auf Erfahrungen und Verkehrsanschauungen aufbauen und über die dann Einverständnis der Wohnungseigentümer herbeigeführt werden muß. Vgl. hierzu auch Koepp, GWW 55, 158; Backhaus, GWW 59, 205.

Da die Regelung des Anteilsverhältnisses **abdingbar** ist, können die Woh- 3
nungseigentümer nach den Umständen des einzelnen Falles auch von ihr abweichen und über den Anteil an den Nutzungen, Lasten und Kosten auch in Einzelpunkten besondere Bestimmungen treffen, so z. B., wenn gewisse Einrichtungen (z. B. ein Fahrstuhl) in ihrer Bedeutung für die einzelnen Wohnungseigentümer verschieden sind oder wenn der Nutzwert unabhängig von der Quote für alle Wohnungseigentümer gleich ist (z. B. bei einer Antenne, einem Schwimmbad).

Die **Erfahrung** hat gezeigt, daß die **Frage der Beteiligung an Nutzungen** 4
und insbes. an den Lasten und Kosten sorgfältiger Regelung in den Vereinbarungen über das Gemeinschaftsverhältnis bedarf, wenn und soweit die Faust- und Hilfsregel des § 16 aus sachlichen Gründen nicht das Richtige trifft (vgl. dazu die Hinweise in dem Muster einer Teilungserklärung Anhang V 2); es können auch sehr differenzierte Regelungen (z. B. für Wasserverbrauch, Fahrstuhlkosten, Heizungskosten) geboten sein (näher hierzu unten Rdn. 20). Soweit die Beteiligten im Falle des Fehlens oder der sachlichen Unbilligkeit einer Regelung nicht zu einer gütlichen Einigung kommen können, besteht ein **Anspruch der Benachteiligten gegen die Begünstigten auf**

Einwilligung in eine sachrichtige Regelung nach den in § 10 Rdn. 52, 53 dargelegten Grundsätzen; je nach den Umständen kann eine Änderung der Miteigentumsquoten oder lediglich des Verteilungsschlüssels für einzelne Kosten verlangt werden (BayObLG Rpfleger 1976, 422; vgl. auch Tasche DNotZ 73, 453; BayObLG WE 1992, 233); Zur Wirkung einer eine Änderung aussprechenden Gerichtsentscheidung KG WE 1992, 342. Wegen des GB-Vollzugs vgl. § 3 Rdn. 103, § 7 Rdn. 11, § 10 Rdn. 49ff. Zu dem Fall, daß die Gemeinschaftsordnung ihre **Änderung durch Mehrheitsbeschluß** zuläßt, OLG Düsseldorf WE 1988, 94. Dem BayObLG DWEigt 1990, 75 ; WE 1992, 176 ist zuzustimmen, daß der Änderungsvorbehalt nicht jede Änderung des Kostenverteilungsschlüssels ermöglicht, sondern nur bei Vorliegen eines wichtigen Grundes und wenn niemand unbillig benachteiligt wird. Der aufgrund Änderungsvorbehalt und mit der erforderlichen Mehrheit gefaßte Beschluß tritt an die Stelle der Regelung in der Gemeinschaftsordnung. Er ersetzt sie. Anders ein Beschluß, der den Kostenverteilungsschlüssel neu bestimmt, ohne daß die Gemeinschaftsordnung die Änderung durch Beschluß zuläßt, oder der nicht mit der in der Gemeinschaftsordnung vorgeschriebenen qualifizierten Mehrheit gefaßt worden ist. Ein solcher Beschluß ist fehlerhaft und auf fristgerechte Anfechtung hin für ungültig zu erklären. Wird er bindend, ist die beschlossene Regelung wirksam und bis auf weiteres anstelle der in der Gemeinschaftsordnung enthaltenen zu beachten (OLG Düsseldorf WE 1986, 28). Jedoch ersetzt der Beschluß nicht die divergierende Bestimmung der Gemeinschaftsordnung, sondern überlagert sie lediglich. Die beschlossene Regelung kann deshalb so, wie sie geschaffen wurde, also wiederum durch einfachen Mehrheitsbeschluß aufgehoben werden. Dann gilt automatisch erneut die Bestimmung der Gemeinschaftsordnung (Hauger PiG 39 S. 225ff.); vgl. auch § 10 Rdn. 51.

II. Anteil an den Nutzungen (Abs. 1)

5 **1.** Wie sich aus § 13 Abs. 2 Satz 2 und den Erläuterungen hierzu ergibt, betrifft Abs. 1 nicht die Nutzungen schlechthin, sondern nur mit Ausnahme der Gebrauchsvorteile, nach dem Sprachgebrauch des BGB also die **„Früchte“**, und zwar sowohl natürliche wie Rechtsfrüchte; zu den letzteren gehören insbesondere etwa Miet- und Pachtzinsen aus dem gemeinschaftlichen Eigentum.

6 **2.** § 16 Abs. 1 regelt nicht die Frage, **wer das Eigentum an den Früchten** erwirbt; dafür sind die allgemeinen Vorschriften (§§ 953ff. BGB) maßgebend. Vielmehr bestimmt § 16 Abs. 1 nur, daß jedem Wohnungseigentümer ein seinem Anteil entsprechender Anteil an den Früchten *„gebührt“;* d.h. jeder Wohnungseigentümer kann von den anderen die Gewährung eines entsprechenden Bruchteils der gezogenen Früchte verlangen. Demgemäß kann auch ein *Gläubiger* des einzelnen Wohnungseigentümers nicht etwa Mietzinsforderungen aus dem gemeinschaftlichen Eigentum pfänden; ihm steht ein Zugriff nur auf den gegen die anderen Teilhaber gerichteten Anspruch aus § 16 Abs. 1 zu. Dabei kann nach RGZ 89, 176 (180) und BGH NJW 58, 1723 der Gläubiger nur den Anteil an dem verlangen, was sich als

Reinertrag nach Abzug der Lasten und Kosten ergibt. Eine das Wohnungseigentum selbständig belastende Hypothek erstreckt sich nicht auf diesen aus der Gemeinschaft erwachsenden Anspruch, der weder als Miet- oder Pachtzinsforderung (§ 1123 BGB) noch als ein mit dem Wohnungseigentum verbundenes Recht auf wiederkehrende Leistungen (§ 1126 BGB) angesehen werden kann; folgerichtig wird er auch nicht von der Zwangsverwaltung erfaßt (§§ 148, 21 Abs. 2 ZVG). Die im Rahmen der Verwaltung gezogenen natürlichen Früchte und Rechtsfrüchte gehören nicht zum „gemeinschaftlichen Eigentum" i. S. des § 1 Abs. 5 (vgl. § 1 Rdn. 9ff.; a. A. Bärmann-Pick-Merle § 16 Rdn. 14 von seinem grundsätzlich abweichenden Standpunkt aus; dazu Vor § 1 Rdn. 43ff., § 1 Rdn. 15ff.)

3. Die Art und Weise der Fruchtziehung ist eine Frage der Verwaltung; **7**
wenn nicht etwas anderes vereinbart oder durch Mehrheitsbeschluß nach § 21 Abs. 3 bestimmt ist, steht die Fruchtziehung den Wohnungseigentümern gemeinschaftlich zu (§ 21 Abs. 1) Der Verwalter hat nach dem gesetzlichen Inhalt seiner Befugnisse kein Recht zur Fruchtziehung (ebenso Palandt-Bassenge Rdn. 2; Bärmann-Pick-Merle § 16 Rdn. 13); es kann ihm aber übertragen werden.

4. Der Anteil bestimmt sich nach der abdingbaren Vorschrift des Abs. 1 **8**
Satz 2 nach den in Rdn. 1–3 näher erörterten Grundsätzen.

5. In § 745 Abs. 3 Satz 2 BGB ist bestimmt, daß das Recht des einzelnen **9**
Teilhabers auf einen seinem Anteil entspr. Bruchteil der Nutzungen nicht – d. h. in diesem Zusammenhang: nicht durch Mehrheitsbeschluß – ohne seine Zustimmung beeinträchtigt werden kann. Dieser Satz, der nach seiner Stellung den Anspruch jedes Teilhabers auf den Anteil an den Nutzungen in Verbindung mit der Verwaltung des gemeinschaftlichen Eigentums bringt, ist in seiner Bedeutung nicht ganz klar und vielleicht sogar überflüssig. Er ist deshalb in das WEG nicht übernommen. In seiner allgemeinen Fassung „Bruchteil der Nutzungen" kann er gar nicht zutreffen, wie in Rdn. 8 zu § 13 näher ausgeführt ist; denn an den Gebrauchsvorteilen ist ein Bruchteil nicht denkbar; hier greift vielmehr die Gebrauchsregelung ein, die in ihren Grenzen durch § 15 Abs. 2 und 3 näher bestimmt ist. Daß der Anteil an den „Früchten" nicht durch Mehrheitsbeschluß beeinträchtigt werden kann, ergibt sich daraus, daß eine solche Beschlußmöglichkeit nicht vorgesehen ist. Daß die Entziehung des Anteils an den Früchten (also am Reinertrag) nicht unter die Verwaltungshandlungen, jedenfalls aber nicht unter die nach § 21 mit Stimmenmehrheit zu beschließenden Verwaltungshandlungen fällt, dürfte sich von selbst verstehen; sie wäre eine Änderung der Gemeinschaftsordnung, würde also Einstimmigkeit verlangen.

In RG JW 31, 2722 ist die Frage erörtert, ob es eine Beeinträchtigung des **10**
Anspruchs aus § 745 Abs. 3 Satz 2 bedeutet, wenn die Teilhaber durch Stimmenmehrheit beschließen, aus den Mieteinnahmen eine Kapitalrücklage zwecks Rückzahlung einer noch nicht fälligen Hypothek zu bilden; die Frage ist in der Entscheidung bejaht; zur Begründung ist u. a. darauf verwiesen, daß sich eine derartige Kapitalansammlung nicht mit dem Recht jedes Teilhabers, jederzeit die Aufhebung der Gemeinschaft zu verlangen, vereinbaren lasse. Die Frage dürfte aber falsch gestellt sein. In Wirklichkeit handelt es sich

darum, ob die beschlossene Maßnahme im Rahmen einer ordnungsmäßigen Verwaltung liegt: Ist das zu bejahen, dann kann sie – wie jede andere Unkosten verursachende Verwaltungshandlung – mit Stimmenmehrheit beschlossen werden ohne Rücksicht darauf, daß dadurch der Reinertrag geschmälert wird (RGZ 89, 176); ist das zu verneinen, so ist zwar kein Mehrheitsbeschluß möglich; aber das hat mit § 745 Abs. 3 Satz 2 nichts zu tun. Im Ergebnis dürfte der Entscheidung zuzustimmen sein; denn die Kapitalrückzahlung fällt, wie unten Rdn. 15 ausgeführt ist, überhaupt nicht unter den Begriff der „Verwaltung", deshalb kann die Frage, ob es sich um ordnungsmäßige Verwaltung handelt oder nicht, gar nicht auftreten und gehören auch die durch die Kapitalrückzahlung verursachten Kosten nicht zu den Kosten der Verwaltung; Beschlüsse hierüber können also, sofern nichts anderes vereinbart ist, auch nicht mit Stimmenmehrheit (§ 745 Abs. 1 BGB; § 21 Abs. 3 WEG) gefaßt werden.

III. Lasten und Kosten („Wohngeld")

11 **§ 16 Abs. 2 entspricht** mit sachlich unerheblichen, rein redaktionellen Anpassungen **dem § 748 BGB;** klargestellt wird insbes., daß der „gemeinschaftliche Gegenstand" i. S. des § 748 BGB hier **das gemeinschaftliche Eigentum i. S. des § 1 Abs. 5 WEG** ist (dazu § 1 Rdn. 6ff.). Die Vorschrift würde ohne Berücksichtigung des § 28 bedeuten, daß jeder Wohnungseigentümer bei Anfall von Lasten oder Kosten von jedem anderen die Beteiligung an deren Bestreitung nach Maßgabe des Anteils, also insbes. die Bestreitung von Verbindlichkeiten gegenüber Dritten, soweit der eigene Anteil überschritten wird, verlangen könnte, was auf die Veranstaltung von Umlagen in jedem einzelnen Fall hinausläuft (vgl. dazu MünchKomm-K. Schmidt § 748 Rdn. 11ff.). Ein solches Verfahren ist schwierig, undurchsichtig und nur erträglich, wenn es sich um kurzlebige Gemeinschaften handelt. Da nach der Vorstellung des BGB-Gesetzgebers die Gemeinschaft ein vorübergehendes, auf Auflösung hindrängendes Schuldverhältnis ist (§ 749 BGB), konnte die Regelung in § 748 als ausreichend erscheinen. Für eine auf Dauer angelegte Rechtsbeziehung wie die Gemeinschaft der Wohnungseigentümer ist sie unzulänglich. Deshalb **hat das WEG in § 28 ein Verfahren mit Vorschuß und Abrechnung geschaffen,** das der Gemeinschaft die Mittel zur Verfügung stellt, die unter der Verwaltung des Verwalters (§ 27 Abs. 2 Nrn. 1, 2, § 27 Abs. 1 Nr. 4) eine geordnete Wirtschaftsführung ermöglichen. Deshalb kann § 16 Abs. 2 nur **im Zusammenhang mit § 28** richtig verstanden werden. Für sich betrachtet bestimmt § 16 Abs. 2, daß und in welchem Anteilsverhältnis die Wohnungseigentümer die Lasten und Kosten des gemeinschaftlichen Eigentums zu tragen haben, er erscheint also als **Grundlage der wechselseitigen Ansprüche bzw. Verpflichtungen.** Aus § 28 ergibt sich aber, daß Leistungsansprüche nur auf den beschlossenen Wirtschaftsplan und die beschlossene Jahresabrechnung gestützt werden können. Ohne Beschluß besteht keine Zahlungsverpflichtung, auch nicht auf einzelne aus der Gesamtabrechnung herausgegriffene Abrechnungspositionen, die unter den Beteiligten unstreitig sein mögen (OLG Karlsruhe DWEigt 1990, 116).

Die aus § 16 Abs. 2 und aus etwaigen abweichenden Regelungen (Gemeinschaftsordnung, HeizkostenVO) folgende Pflicht zur Lasten- und Kostentragung wird also zu einem **Rechnungsposten,** der in der Jahresabrechnung gegen die geleisteten Vorschüsse abzurechnen ist. Der Ansicht von Bub, Finanzwesen S. 25, wonach § 16 Abs. 2 eine weitergehende Bedeutung zukommme, kann nicht gefolgt werden. Eine weitergehende Bedeutung könnte nur darin bestehen, daß § 16 Abs. 2 einen Zahlungsanspruch bzw. eine Zahlungsverpflichtung schafft. Gerade dies ist nicht der Fall. Anspruch und Verpflichtung aus § 16 Abs. 2 erschöpfen sich darin, daß in die Einzelabrechnungen von Wirtschaftsplan, Jahresabrechnung und Sonderumlage die Ausgaben entsprechend den jeweils gültigen Kostenverteilungsschlüsseln eingestellt werden. Zahlungspflicht und -anspruch werden allein durch einen Beschluß nach § 28 begründet. Keines Beschlusses bedarf die Geltendmachung von persönliche Freistellungs- und Ausgleichsansprüche eines Wohnungseigentümers (KG OLGE 1988, 312 für die Kosten eines Entziehungsverfahrens, Abgrenzung zu BGH NJW 1985, 912). Für die nach § 28 geschuldeten Leistungen hat sich die Bezeichnung **„Wohngeld"** oder **„Hausgeld"** eingebürgert. Die Verpflichtung hierzu und der Anspruch hierauf entspringen unmittelbar aus dem gesetzlichen Schuldverhältnis der Gemeinschaft.

1. Begriffe

a) **Lasten des gemeinschaftlichen Eigentums.** Lasten sind Leistungen, die 12
aus dem Grundstück zu entrichten sind und insoweit im Gegensatz zu den Nutzungen stehen, als durch sie der Nutzwert des Grundstücks gemindert wird (vgl. RGZ 66, 318). Wie insbesondere die etwas nähere Begriffsbestimmung des § 1047 BGB ergibt (vgl. auch § 33 Abs. 4 Nr. 3), können diese Lasten öffentlich-rechtlicher oder privat-rechtlicher Natur sein, so z. B. ein Erschließungsbeitrag nach altem Recht (so zu § 134 a. F. BBauG LG Lüneburg Rpfleger 1976, 68; nach § 134 Abs. 1 Satz 3 i. d. F. v. 18. 8. 1976 anteilige Haftung). Unter den öffentlich-rechtlichen kommen hier nur solche in Betracht, **die das Grundstück im ganzen betreffen,** nicht dagegen z. B die Grundsteuer, weil sie gesondert für jedes Wohnungseigentum erhoben wird (vgl. Anhang zu § 60). Zu den privat-rechtlichen Lasten zählen unstreitig Hypotheken- und Grundschuldzinsen die auf Grund einer Rentenschuld zu erbringenden Leistungen (§ 1047 BGB); auch sie kommen aber für § 16 nur in Betracht, soweit das Grundpfandrecht alle Wohnungseigentumsrechte belastet; die „Bedienung" von Grundpfandrechten, die lediglich ein einzelnes Wohnungseigentum belasten, ist keine Angelegenheit der Gemeinschaft, sondern Sache des betreffenden Wohnungseigentümers (KG NJW 1975, 318). Nach RGJW 31, 2722 (mit Anm. von Oertmann) gehört die Hypothek als solche nicht zu den Lasten (a. A. zu Unrecht Bärmann-Pick-Merle, § 16 Rdn. 39 und 40 sowie BayObLG 73, 142 = DNotZ 74, 78 m. Anm. Weitnauer für eine alle WEigtRechte belastende Gesamtgrundschuld), ebensowenig eine Kapitalrückstellung, die zur Rückzahlung einer noch nicht fälligen Hypothek gemacht werden soll. Zweifelhaft kann erscheinen, ob regelmäßig wiederkehrende Tilgungsbeträge zu den Lasten in diesem Sinne zu rechnen sind; diese Frage wird vom Reichsgericht a. a. O. wohl zutreffend verneint.

Sind **alle Wohnungseigentumsrechte mit einer Gesamtgrundschuld** be- 13
lastet, so läßt sich aus dem Gemeinschaftsverhältnis der Wohnungseigentü-

mer nicht eine Verpflichtung jedes einzelnen Wohnungseigentümers herleiten, im Falle des Verzuges eines anderen Wohnungseigentümers für diesen mit eigenen Leistungen einzuspringen (a. M. BayObLG 73, 142 = DNotZ 74, 78 m. Anm. Weitnauer, wo auf die Folgen einer solchen unfreiwilligen Garantiepflicht aufmerksam gemacht wird). Vielmehr bestimmt sich die Frage, ob und in welcher Höhe ein Wohnungseigentümer, der auf die Gesamtgrundschuld mehr als die ihn treffende Quote leistet, gegen die anderen Wohnungseigentümer Regreß nehmen kann, ausschließlich nach den für die Gesamtgrundschuld geltenden Regeln, die allerdings, wenn man mit der h. M. grundsätzliche Regreßlosigkeit der Gesamtgrundpfandrechte annimmt, zu unbilligen Ergebnissen führen kann. Doch sind diese nicht mit Argumenten aus der Wohnungseigentümergemeinschaft, sondern ausschließlich in der Weise zu vermeiden, daß man bei Gesamtgrundpfandrechten entsprechend den Gesamtschuldregeln eine Regreßpflicht bejaht (so Weitnauer a. a. O. unter bezug auf Ehmann, ihre Gesamtschuld, Berlin 1972, S. 342 ff.); im übrigen zu den Problemen der (Gesamtbelastung § 3 Rdn. 76; § 10 Rdn. 12. Wie hier auch Erman-Ganten § 16 Rdn. 2; gegenteiliger Ansicht Bärmann-Pick-Merle § 16 Rdn. 66.

14 b) **Kosten der Verwaltung des gemeinschaftlichen Eigentums.** Der Begriff der Kosten **der Verwaltung** kann im weitesten Sinne verstanden werden. Insbesondere gehören hierher die Kosten der Instandhaltung und Instandsetzung einschließlich des Ersatzes für die durch Notgeschäftsführung im Sinne des § 21 Abs. 2 verursachten Kosten, Ersatz der Aufwendungen eines Dritten, den dieser aus GoA verlangt (BayObLG ITelex 1987/16/94). Im einzelnen vgl. die §§ 21, 22. Weiter gehören hierher die Vergütung des Verwalters, u. U. andere „Verwaltungskosten" (dazu BayObLG ITelex 1985/3/18 und KG OlGE 1989, 174 für Prozeßführungspauschale, hierzu aber auch unten Rdn. 35), etwaige Aufwandsentschädigungen des Verwaltungsbeirats, Kosten der gerichtlichen Verfahren gegenüber Dritten, z. B. wegen Schadensersatzes oder wegen Abwehr unzulässiger Immissionen oder wegen eines Anwaltshonorars (OLG Stuttgart Die Justiz, 1983, 416), gleichgültig ob der Wohnungseigentümer der Durchführung des Verfahrens zugestimmt hat (OLG Stuttgart wie vor), ebenso die Kosten von Verwaltungsgerichtsverfahren, z. B. wegen Gebühren u. dgl. (nicht dagegen die Kosten von Verfahren nach § 43, § 16 Abs. 5), auch die Kosten für die ortsübliche und angemessene Bepflanzung einer Gartenanlage (entgegen BayObLG 75, 201, das diese Kosten zu den „Lasten" rechnet; im Ergebnis allerdings unerheblich), Heizungskosten. Vgl. im übrigen unten Rdn. 47.

15 Von den Kosten der Verwaltung zu unterscheiden sind die **„Kapitalkosten";** dieser Unterschied entspricht auch den Grundsätzen (§§ 18 ff.) der II. BerechnungsVO i. d. F. v. 18. 7. 1979 (BGBI. I S. 1077), wo zwischen Kapitalkosten und Bewirtschaftungskosten unterschieden wird. Soweit also nicht durch Vereinbarung der Wohnungseigentümer etwas anderes bestimmt ist, gehören Rückzahlung und Tilgung von Hypotheken auch im Falle gesamtschuldnerischer Haftung und gesamt-hypothekarischer Belastung aller Miteigentumsanteile nicht zu den nach § 21 zu regelnden Angelegenheiten, die Kosten hierfür also auch nicht zu den in § 16 erwähnten Kosten der Verwal-

tung. Dem entspricht, daß in § 27 Abs. 2 Satz 1 neben den Lasten- und Kostenbeiträgen die Hypothekenzinsen und Tilgungsbeträge besonders aufgeführt sind; dabei ist nicht nur an die dingliche, sondern auch an die schuldrechtliche Seite dieser Verpflichtung gedacht. Eine *vertragliche Gleichstellung* der Tilgungsbeträge mit den Lasten- und Kostenbeiträgen dürfte sich aber auch wegen § 18 Abs. 2 Nr. 2, § 28 empfehlen. Im übrigen bestimmt sich das Verhältnis der Wohnungseigentümer insoweit nach den §§ 426, 1172ff. BGB.

c) **Kosten des gemeinschaftlichen Gebrauchs** des gemeinschaftlichen Ei- **16**
gentums. Die Erwähnung auch dieser Art von Kosten entspricht dem § 748 BGB. BayObLG 72, 150 rechnet dazu die Entgelte für Wasserversorgung, Abwasserbeseitigung und Müllabfuhr. Eine Abgrenzung gegenüber den Kosten der Verwaltung wird im allgemeinen kaum möglich sein und ist wegen der rechtlichen Gleichbehandlung auch nicht nötig.

d) Wie die Erfahrung gezeigt hat, ist es üblich geworden, gewisse Kosten **17**
des gemeinschaftlichen Gebrauchs, z. B. die Pflicht zur Reinigung des Treppenhauses oder zum Schneeräumen, nicht in der Gemeinschaftsordnung selbst zu regeln, sondern der Feststellung durch die **„Hausordnung“** (§ 21 Abs. 5 Nr. 1) und damit durch Mehrheitsbeschluß zu überlassen. Insoweit gilt dann § 21 Abs. 3 und 4, d. h. die Regelung muß einer „ordnungsmäßigen Verwaltung“ entsprechen und nach „billigem Ermessen“ getroffen werden. Ist das nicht der Fall, wird z. B. dem Inhaber einer kleinen Einliegerwohnung durch Mehrheitsbeschluß eine gleich große Beteiligung an solchen Pflichten auferlegt wie den Inhabern wesentlich größerer Wohnungen, so liegt das nicht im Rahmen der durch Mehrheit möglichen Beschlußfassung und überschreitet die Grenze des nach § 315 BGB Zulässigen („nach billigen Ermessen“). Ein solcher fehlerhafter Beschluß unterliegt der richterlichen Kontrolle nach § 23, § 43 Abs. 1 Nr. 1 WEG. Vgl. auch § 15 Rdn. 17.

2. Der Lasten- und Kostenbeitrag besteht grundsätzlich in einer **Geldzah- 18**
lung – daher **„Wohngeld“.** Zu **persönlichen Dienstleistungen** („tätiger Mithilfe“, gewissermaßen „Hand- und Spanndiensten“) sind die Wohnungseigentümer also **grundsätzlich nicht verpflichtet.** Doch darf dieser Satz (entgegen einigen Entscheidungen des OLG Hamm, so NJW 1982, 1108 = MDR 1982, 150 unter Berufung auf OLG Hamm OLGE 1978, 146; OLGE 1980, 261; ITelex 1987/6/36 jedenfalls für den „Winterdienst“) nicht verabsolutiert werden. In Gemeinschaftsordnungen können, wie OLG Stuttgart (DWEigt 1987, 99 mit abl. Anm. Bielefeld) zutreffend entschieden hat, solche Pflichten sicher vorgesehen werden; aber auch durch Mehrheitsbeschlüsse sind solche Regelungen nicht schlechthin ausgeschlossen (vgl. BayObLG DWEigt 1986, 95; auch BayObLG DWEigt 1982, 135 und BayObLG 1991, 421 – Hausordnung). Wenn, wie das üblicherweise geschieht, durch Ortssatzung die Streupflicht auf die Eigentümer der anliegenden Grundstücke abgewälzt ist, sind bei Wohnungseigentumsanlagen die **Wohnungseigentümer** als Miteigentümer **„gemeinsam mit der Streupflicht belastet“** (so BGH NJW 1985, 484); sie können diese dann auch durch Mehrheitsschluß auf die einzelnen Wohnungseigentümer **abwälzen**, soweit dies derart üblich ist, daß die Abwälzung einer ordnungsmäßigen Verwaltung i. S. des § 21 WEG ent-

spricht (BGH NJW 1985, 484; so schon die Vorauflage). Gleiches gilt auch für die Pflicht zur Reinigung des Treppenhauses und ähnliche Tätigkeiten, soweit dafür nicht in anderer Weise, insbes. durch Bestellung eines Hausmeisters, gesorgt ist. Diese Pflichten müssen dann aber angemessen verteilt werden (dazu BayObLGE 1991, 421 und vorst. Rdn. 13a). Besteht Wohnungseigentum an einzelnen Häusern, so haben die Eigentümer der einzelnen Häuser für den Winterdienst zu sorgen (BayObLG ITelex 1985/20/119). Alter und Gebrechlichkeit entbinden nicht von solchen Pflichten, wenn sie wirksam beschlossen sind (LG Flensburg ITelex 1987/6/36). Umgekehrt kann sich ein Wohnungseigentümer den durch die Bestellung eines Hausmeisters entstehenden Kosten nicht dadurch entziehen, daß er die Dienste ganz oder teilweise persönlich leistet (BayObLG DWEigt 1985, 125).

3. Verteilungsschlüssel

19 a) Der Anteil, den der einzelne Wohnungseigentümer an den Lasten und Kosten des gemeinschaftlichen Eigentums zu tragen hat, bestimmt sich in erster Linie nach den im Grundbuch eingetragenen **Miteigentumsquoten** (dazu oben Rdn. 1ff.). Diese Regelung ist **abdingbar** (oben Rdn. 1) und kann und sollte gegebenenfalls nach den besonderen Umständen abgewandelt werden (oben Rdn. 2a). Dazu bedarf es aber wie zu jeder sonstigen Änderung der Gemeinschaftsordnung einer **Vereinbarung** i. S. des § 10 Abs. 1 WEG, ein Mehrheitsbeschluß reicht nicht aus (so zutr. OLG Stuttgart Die Justiz 1981, 208 für die nachträgliche Einführung einer „Umzugspauschale"; OLG Frankfurt WE 1986, 141 unter Aufgabe der verfehlten Entsch. OLGE 1983, 180; BayObLGE 1987, 66; BayObLG WE 1991, 288; KG DWEigt 1989, 143 für Unkostenpauschale für Verwalterzustimmung bei Veräußerung; BayObLG WE 1991, 259 für Änderung des Heizkostenverteilungsschlüssels), sofern nicht die Gemeinschaftsordnung dies selbst vorsieht (vgl. § 10 Rdn. 49ff. und vorstehend Rdn. 4; so auch Bärmann-Pick-Merle Rdn. 119). Der Umstand allein, daß die gesetzliche Regel unzweckmäßig ist, genügt nicht, um sie auszuschalten (so mit Recht LG München DB 1977, 2231), auch nicht die hypothetische Erwägung, daß die Wohnungseigentümer oder der teilende Eigentümer (§ 8), wenn sie den Fall bedacht hätten, ihn anders geregelt hätten; für solche Fälle ist auf die Möglichkeit einer Änderung der Gemeinschaftsordnung (§ 10 Rdn. 49ff.) zu verweisen; eine solche ist z. B. abgelehnt von BayObLG WEM 1981/4/31, dagegen mit Erfolg verlangt in BayObLGE 1987, 66 (unterbliebene Errichtung der Tiefgarage) und KG NJW-RR 1991, 169 (krasses Mißverhältnis der Miteigentumsanteile zu den Wohn- und Nutzflächen). Wohl allerdings kann eine nach allgemeinen Grundsätzen mögliche Auslegung der Gemeinschaftsordnung zu einer abweichenden Regelung führen (so bezüglich der Aufzugskosten, wenn sich in einem Teil der Häuser keine Aufzüge befinden, BayObLG Rpfleger 1979, 427; siehe hierzu aber auch BayObLG WE 1992, 345). Doch müssen sich grundsätzlich auch Wohnungseigentümer, die den **Fahrstuhl** nicht benützen, an dessen Kosten beteiligen, wenn nichts Gegenteiliges bestimmt ist (BGHZ 92, 18; OLG Düsseldorf DWEigt 1986, 28; BayObLG WE 1993, 55 für die Instandsetzungskosten einer gemeinsamen Garagenzufahrt, die tatsächlich

nur von einem Wohnungseigentümer genutzt wird; BayObLG WE 1992, 280 für die Kosten des Umbaus einer Abwasserbeseitigungsanlage, wenn die Gemeinschaftsordnung nur für den Wasserverbrauch einen von § 16 Abs. 2 abweichenden Kostenverteilungsschlüssel vorsieht; zur Kostenregelung für „nach außen weisende Türen" BayObLG WE 1988, 201). Ein Beschluß über die Verteilung nach Miteigentumsquoten gem. Teilungserklärung ist nicht deshalb unwirksam, weil ein Miteigentumsanteil im Hinblick auf eine noch nicht erfolgte Errichtung einer Tiefgarage zu hoch angesetzt ist (BayObLG DWEigt 1984, 126).

b) **Abweichende Regelungen** kommen in Betracht für Aufzugskosten **20** (BayObLG Rpfleger 1979, 427), für die Wasser-, Heizungs- und Warmwasserkosten (Verteilung überwiegend nach dem tatsächlichen gemessenen **Verbrauch;** mangels Meßeinrichtungen Wasserkosten häufig nach Köpfen. Maßgeblich ist die Anzahl der Personen, die Gelegenheit zur Nutzung haben, nicht die der polizeilich gemeldeten, OLG Hamm DWEigt 1989, 179 ; wegen der Heizungs- und Warmwasserkosten siehe die Heizkosten-VO, unten Rdn. 13g), für die Kosten eines Schwimmbads oder einer Sauna (Verteilung zum Teil nach der **tatsächlichen Inanspruchnahme,** sofern sich diese ohne größere Schwierigkeit erfassen läßt), für die Kosten einer Waschmaschine („Trommelgeld") BayObLG NJW 1975, 2296; bei Mehrhausanlagen für die Betriebskosten aber auch für die Kosten der Instandhaltung und -setzung OLG Hamm OLGE 1990, 169 sowie BayObLG DWEigt 1993, 161, letzteres zum Fall einer Mehrhausanlage, bei der an den Wohnhäusern nur Sondernutzungsrechte bestehen und nach der Gemeinschaftsordnung jeder Sondernutzungsberechtigte die auf den von ihm allein genutzten Teil des Sondereigentums entfallenden ausscheidbaren Kosten zu tragen hat. Ausscheidbar sind nach zutreffender Ansicht des Gerichts lediglich die bereits im Außenverhältnis absonderbaren Kosten. Für alle anderen Kosten gilt § 16 Abs. 2 WEG. Sind Verwaltungskosten, z. B. die Verwaltervergütung, **„je Raumeinheit"** zu tragen, so hat ein Wohnungseigentümer, der zwei Wohnungen innehat, auch wenn diese als eine Wohnung genutzt werden, diese Kosten für 2 Wohnungen zu tragen (BayObLG 13. 8. 1986 – 2 Z 69/86, nicht veröffentlicht); ob dies auch dann gilt, wenn die Wohnungen zu einer rechtlichen Einheit vereinigt werden, ist offen geblieben, aber wohl jedenfalls dann zu bejahen, wenn nach dem Verwaltervertrag zwei Vergütungen geschuldet werden. Die Vergütung des Verwalters kann aber auch nach Miteigentumsquoten verteilt werden (KG WE 1986, 139). Die Verteilung der Kosten der Anschaffung von Heizzählern nach der **Stückzahl** ist nicht zu beanstanden (BayObLG DNotZ 1985, 429 = BayObLGE 1984, 251). Eine abweichende Kostenregelung liegt i. d. R. auch dann vor, wenn nach der Teilungserklärung Bauteile zu Sondereigentum erklärt werden, die **nicht sondereigentumsfähig** sind. Die fehlgeschlagene sachenrechenrechtliche Erklärung bringt auch zum Ausdruck, daß die Pflicht zur Unterhaltung dieser Bauteile einem oder einigen Wohnungseigentümer obliegen soll (OLG Hamm WE 1992, 82 für Fenster).

c) **Besondere Fälle.** Es kommt vor, daß Bauträger nach Fertigstellung des **21** Baues einige oder auch eine größere Anzahl von Wohnungen nicht absetzen können und sie **leerstehen lassen.** In diesem Falle sind sie als Teilhaber der Wohnungseigentümergemeinschaft „naturgemäß" (so BayObLG 78, 270) verpflichtet, gemäß der Gemeinschaftsordnung die auf die ihnen gehörenden Wohnungen entfallenden Beiträge zu leisten (BayObLG 78, 270; ebenso BayObLG Rpfleger 1976, 422); dies gilt auch dann, wenn die Gemeinschaftsordnung eine Lasten- und Kostenbeitragspflicht erst ab Bezugsfertigkeit vorsieht und diese bezüglich der nicht veräußerten Wohnungen nicht gegeben ist (so BayObLG a. a. O). Abweichungen können sich nach Treu und Glauben für solche Bewirtschaftungskosten ergeben, die ausschließlich verbrauchsabhängig anfallen, wie z. B. Müllabfuhrkosten (so wohl mit Recht Röll NJW 1976, 1473, 1474; ähnlich Bärmann-Pick-Merle § 16 Rdn. 112), ferner für die Instandhaltungsrücklage (BayObLG DWEigt 1980, 27).

22 Wird eine geplante Wohnungseigentumsanlage **nur teilweise fertiggestellt**, z. B. von zwei geplanten Blöcken mit je 50 Wohnungen nur einer errichtet, fertiggestellt und bezogen, während der Bau des anderen Blocks unterbleibt, so der Fall OLG Braunschweig ITelex 1989, 220, dann kann der vorgesehene Verteilungsschlüssel nicht angewendet werden; das ist ein Fall, wo ein Anspruch auf angemessene Änderung der Gemeinschaftsordnung besteht (vgl. dazu Röll NJW 1976, 1473; DNotZ 1977, 69; § 10 Rdn. 49). Anders dagegen nach BayObLG DWEigt 1984, 126, wenn nur ein Miteigentumsanteil im Hinblick auf die (noch nicht erfolgte) Errichtung einer Tiefgarage zu hoch angesetzt ist, auch BayObLG ITelex 1987/16/95. Das Problem wird berührt in BayObLG DWEigt 1982, 136.

23 d) Einen **Zwang zur Umstellung des Verteilungsschlüssels für Heizungs- und Warmwasserkosten** in Wohnungseigentumsanlagen auf eine verbrauchsabhängige Verteilung unter Verwendung von Verbrauchszählern hat die am 1. 3. 1981 in Kraft getretene **Heizkosten-Verordnung** i. d. F. v. 5. 4. 1984 (BGBl. I S. 593) geschaffen. Diese auf Grund des Energieeinsparungsgesetzes v. 22. 7. 1976 i. d. F. des Änderungsges. v. 20. 6. 1980 erlassene VO gilt auch für Eigentumswohnungen (§ 3 der VO). Sie verlangt, daß von den Kosten für Heizung und Warmwasser mindestens 50% und höchstens 70% nach dem durch Meßgeräte erfaßten tatsächlichen Verbrauch verteilt werden. Die Ausführung im einzelnen ist den Wohnungseigentümern nach den für sie maßgeblichen Bestimmungen für die Verwaltung des gemeinschaftlichen Eigentums überlassen. Vgl. Peruzzo NJW 1981, 801. Die Umstellung auf einen der HeizkostenVO entsprechenden Kostenverteilungsschlüssel stellt eine Maßnahme ordnungsmäßiger Verwaltung dar und kann mit einfacher Mehrheit beschlossen werden, so ausdrücklich § 3 Satz 2 HeizkostenVO. Dies gilt aber nur für die erste Anpassung bzw. Neuregelung und auch nur dann, wenn der geltende Verteilungsschlüssel nicht bereits den Erfordernissen der HeizkostenVO genügt (BayObLG WE 1991, 295; 1989, 62; KG OLGE 1988, 429). Ansonsten ist ein allstimmiger Beschluß (einstimmiger Beschluß aller Wohnungseigentümer), wird die Gemeinschaftsordnung geändert, eine Vereinbarung ist erforderlich (BayObLG WE 1990, 295), wenn nicht die Gemeinschaftsordnung die Änderung durch Mehrheitsbeschluß zuläßt (BayObLG 1990, 112 und oben Rdn. 4). Sind die

Kosten für die erforderliche Einrichtung nicht unverhältnismäßig hoch, § 11 Abs. 1 Nr. 1 a HeizkostenVO, hierzu BayObLG WE 1990, 136; KG DWEigt 1993, 80, gilt dies auch für einen Verzicht der Wohnungseigentümer auf die Heizkostenverbrauchserfassung (OLG Düsseldorf DWEigt 1989, 29) wonach ein einfacher Mehrheitsbeschluß nicht genügt. Fernwärme und Fernwarmwasser in Sinne der HeizkostenVO kann auch von einem Dritten bezogen werden, der die Energie auf dem Wohnungseigentumsgrundstück erzeugt; BayObLG WE 1990, 71. Wegen der Übergangsregelung für Räume, die vor dem 1. 7. 1981 bezugsfertig geworden sind, siehe § 12 der VO und die Erl. § 16 Rdn. 13g der Vorauflage; **Text** der HeizkostenVO m. w. N. in Anhang IV 5.

Ein Wohnungseigentümer, der die Heizkörper seiner Räume ständig absperrt, trägt die Heizkosten nicht nur entsprechend dem in seinen Räumen festgestellten Verbrauch, sondern wegen des Mitheizeffekts aus den Nachbarwohnungen mindestens ensprechend dem niedrigsten Verbrauchswert einer vergleichbaren Wohnung (BayObLG WE 1989, 54). 24

4. Geltendmachung

a) Wie schon oben Rdn. 9 als Grundsatz angedeutet, hat das WEG für die Wirtschaftsführung der Wohnungseigentümerschaft in den abdingbaren, von der Praxis aber allgemein angenommenen Vorschriften des § 28 den organisatorischen Rahmen für eine **geordnete Wirtschaftsführung** geschaffen, welche die sachlichrechtliche Regelung des § 16 Abs. 2 ergänzen und bis zu einem gewissen Grade ersetzen, ohne aber die Grundstruktur der Bruchteilsgemeinschaft zu verlassen; alles, was im § 28 bestimmt wird, könnte auch für das schlichte Bruchteilsmiteigentum durch eine Verwaltungs- und Benutzungsregelung i. S. der §§ 746, 1010 BGB bestimmt werden. Der Unterschied zu der Regelung des § 16 Abs. 2 (= § 748 BGB; ausdrücklicher Hinweis hierauf in BGH NJW 1985, 912) besteht darin, daß die Pflicht zu Leistungen auf Lasten- und Kostenbeiträge nicht jeweils von deren Anfall abhängt, also nicht jeweils durch deren Anfall fällig wird, daß vielmehr im Rahmen des Wirtschaftsplans (§ 28 Abs. 1, 2 WEG) **Vorschüsse** auf die zu erwartenden Beitragsverpflichtungen zu leisten und nach Ablauf des Wirtschaftsjahres auf Grund der **Jahresabrechnung** (§ 28 Abs. 3 WEG) etwaige Überschüsse oder Fehlbeträge zu ermitteln und gegebenenfalls durch entsprechende Zahlungen auszugleichen sind. Diese Verpflichtungen zur Leistung der Vorschüsse wie zur Abschlußzahlung setzen einen mit Mehrheit zu fassenden wirksamen Beschluß der Wohnungseigentümer voraus; ohne solchen können weder Beiträge eingefordert werden noch ist ein Wohnungseigentümer zu Beiträgen verpflichtet (BGH NJW 1985, 912; BGHZ 104, 197; ausführlicher Weitnauer in FS Korbion S. 463ff.; BayObLG WE 1989, 107; WE 1990, 57; WE 1991, 293; KG DWEigt 1990, 115). Zur Frage der Genehmigung von Gesamt- und Einzelabrechnung § 28 Rdn. 5. Der Anspruch auf die Lasten- und Kostenbeiträge, der in seiner ursprünglichen Form ein Befreiungs- und Rückgriffsanspruch ist (BGH NJW 1985, 912), wird also durch § 28, was die Erfüllung anlangt, modifiziert: Die Vorschüsse sind zu leisten zum Zwecke der Erfüllung von möglicherweise noch nicht entstande- 25 nen oder vielleicht gar nicht entstehenden Lasten- und Kostenbeiträgen, also zur Erfüllung einer der Höhe nach noch zu ermittelnden Verpflichtung; die Abschlußzahlung dient der Erfüllung des endgültig festgesetzten Anspruchs, der in der Jahresabrechung zum reinen Rechnungsposten wird. Diese Verpflichtungen im Verhältnis der Wohnungseigentümer untereinander sind scharf zu unterscheiden von etwaigen Verpflichtungen der Wohnungseigentümer oder eines einzelnen gegenüber Dritten, z. B. gegenüber der Heizwerkgenossenschaft (BayObLG WE 1986, 14, m. A. Weitnauer); sie können auch ohne solche Verpflichtung bestehen, was insbesondere für die Leistungen zur Instandhaltungsrücklage zutrifft. Die Aufrechnung gegen eine Wohngeldforderung ist grundsätzlich ausgeschlossen (BayObLG 1988, 219; vgl. auch unten Rdn. 28). Zu zahlen ist grundsätzlich auch dann, wenn Wirtschaftsplan oder Jahresabrechnung angefochten werden, da der Antrag nach § 23 Abs. 4 WEG die Wirksamkeit und damit den Vollzug des Eigentümerbeschlusses noch nicht berührt (BayObLG WE 1989, 60). Nur ein offensichtlich nichtiger Beschluß läßt die Zahlungspflicht entfallen (KG DWEigt 1990, 115).

26 **Zusammenfassend** hat das BayObLG (WE 1986, 14, bestätigt durch BayObLG v. 6. 3. 1987 – ITelex 1987/9/53) diese Grundsätze wie folgt dargestellt:

„Für die Entstehung der Pflicht des einzelnen Wohnungseigentümers, Zahlungen zur Deckung der Kosten gem. § 16 Abs. 2 WEG zu leisten, gilt folgendes . . .: Die Wohnungseigentümer sind zunächst zur Zahlung von Vorschüssen nach Maßgabe des von der Eigentümerversammlung beschlossenen Wirtschaftsplans verpflichtet (§ 28 Abs. 2, 5 WEG). Nach Ablauf des Kalenderjahres hat der Verwalter eine Jahresabrechnung aufzustellen (§ 28 Abs. 3 WEG) zu dieser gehört auch die Aufteilung des Ergebnisses der Gesamtabrechnung auf die einzelnen Wohnungs- und Teileigentümer . . . Über die Abrechnung beschließen die Eigentümer durch Stimmenmehrheit (§ 28 Abs. 5 WEG). Durch den billigenden Eigentümerbeschluß über die Abrechnung werden die in ihr festgesetzten Zahlungspflichten der einzelnen Eigentümer – vorbehaltlich rechtzeitig beantragter richterlicher Überprüfung – verbindlich . . . Vor einer Beschlußfassung der Wohnungseigentümer – oder einer sie ersetzenden gerichtlichen Entscheidung – entsteht dagegen eine Nachzahlungspflicht von Eigentümern nicht."

Der hiernach festgelegte Betrag ist der endgültige Beitrag – das **„Wohngeld"** – des einzelnen Wohnungseigentümers i. S. des § 16 Abs. 2. Ein unrichtiger Beschluß erwächst nach § 23 Abs. 4 in Bestandskraft, wenn er nicht rechtzeitig angefochten wird (BayObLG 74, 86; BayObLG Rpfleger 1979, 325). Ergibt sich eine Unterdeckung, so ist ein Nachtragsbeschluß zu fassen (unten Rdn. 18). Kommen die erforderlichen Mehrheitsbeschlüsse nicht zustande, so kann jeder Wohnungseigentümer nach § 21 Abs. 4 die sie ersetzenden richterlichen Entscheidungen herbeiführen (BGH NJW 1985, 912). Die abw. Entsch. BayObLG Rpfleger 1979, 355 ist überholt.

27 b) **Die Verpflichtung** zur Leistung des Lasten- und Kostenbeitrags – des „Wohngelds" – **trifft jeden Wohnungseigentümer,** und zwar **gegenüber „den anderen",** also allen anderen **Wohnungseigentümern;** jeder andere Wohnungseigentümer kann also den Anspruch geltend machen, allerdings nicht auf Leistung an sich, sondern an alle Wohnungseigentümer als Mitberechtigte **i. S. des § 432 BGB** zu Händen des Verwalters, § 27 Abs. Nr. 1

WEG (dazu unten Rdn. 20) und nach Ansicht des BGH nur dann, wenn er hierzu durch Mehrheitsbeschluß ermächtigt war (BGHZ 111, 148; ebenso BayObLG WE 1990, 177 für Zahlungsansprüche aus der Fertigstellung der Anlage; a. A. KG WE 1990, 92; ausführlich vor § 1 Rdn. 65ff. (75). Der Anspruch steht also nicht der Gemeinschaft der Wohnungseigentümer zu, auch wenn das oft vereinfacht so formuliert wird, darin liegt einer der fundamentalen **Unterschiede gegenüber der Gesellschaft,** bei der nicht nur die geleisteten Beiträge, sondern auch bereits die Ansprüche auf die Beiträge zum Gesellschaftsvermögen gehören, also den sämtlichen Gesellschaftern (einschließlich des Schuldners) in ihrer gesamthänderischen Verbundenheit zustehen (dazu Weitnauer, PiG 21, S. 59/66; zum Gesellschaftsrecht Münch-Komm-P. Ulmer § 718 Rdn. 12). Der Anspruch muß also auch nicht notwendig von allen Wohnungseigentümern, die Gläubiger sind, geltend gemacht werden (Weitnauer, PiG 21, S. 59/66). Wird er von allen oder einigen geltend gemacht, so sind sie nicht notwendige Streitgenossen i. S. von § 62 ZPO; doch ist die Entscheidung nach § 45 Abs. 2 S. 2 WEG für alle „Beteiligten" bindend (dazu § 45 Rdn. 8). **Steht ein Wohnungseigentum mehreren als Mitberechtigten** – Miteigentümern – **zu** (§ 3 Rdn. 120), so sind sie Gesamtschuldner der Wohngeldverpflichtung (OLG Stuttgart OLGE 1969, 232), während **zur Geltendmachung** des Anspruchs nach **§ 1011 BGB,** da es sich um einen Anspruch aus dem (Mit-)Eigentum handelt, jeder Mitberechtigte selbständig berechtigt ist, allerdings nach Maßgabe des § 432 BGB, was in doppelter Stufung bedeutet, daß er Leistung nur an alle Wohnungseigentümer verlangen kann. **Gesellschafter** haften gesamtschuldnerisch (OLG Frankfurt ITelex 1987/13/76; OLG Hamm OLGE 1989, 167). Der Umstand, daß das Wohnungseigentum mit einem **Nießbrauch,** einem dinglichen Wohnungsrecht (§ 1093 BGB) oder einem Dauerwohnrecht (§ 31 WEG) belastet ist, ändert nichts an der Beitragspflicht des Wohnungseigentümers (BGH LM Nr. 2 zu § 16 WEG = Rpfleger 1979, 58; ebenso BGH DB 1979, 545); das Innenverhältnis zwischen ihm und dem Nutzungsberechtigten berührt seine Verpflichtung gegenüber der Gemeinschaft nicht (möglicherweise a. M. Bärmann Pick-Merle § 16 Rdn. 107).

c) Eine **Aufrechnung** mit Gegenforderungen gegen die Gemeinschaft ist 28
nach nunmehr gefestigter Rechtsprechung (BayObLG 77, 67; 78, 290; BayObLG WEM 1979, 173; 1980, 129 DWEigt 1984, 30; DWEigt 1984, 61; BayObLGE 1986, 128; BayObLG DWEigt 1986, 94; OLG Stuttgart OLGE 1989, 179; BayObLG WE 1990, 214; WE 1991, 24; WE 1991, 26; WE 1991, 366; WE 1992, 138; ähnlich KG WEM 1977, 20) **nur mit anerkannten Gegenforderungen** (gleichgestellt sind rechtskräftig festgestellte, BayObLG DWEigt 1986, 95) **oder mit Ansprüchen aus Notgeschäftsführung** (§ 21 Abs. 2 WEG) zulässig. Zur Anerkennung ist der Verwalter nach seinen gesetzlichen Befugnissen (§ 27 WEG) nicht berechtigt (BayObLG DWEigt 1984, 61). Insbesondere ist die **Aufrechnung ausgeschlossen:** mit einer abgetretenen Forderung des Verwalters gegen die Gemeinschaft (BayObLG Rpfleger 1976, 422); schon wegen fehlender Gegenseitigkeit mit einer Forderung gegen den Verwalter (BayObLG MDR 1980, 57); mit einer nichtanerkannten Forderung aus überzahltem Wohngeld (BayObLG DWEigt

1984, 61); mit einer Forderung aus überzahlter Miete (BayObLG DWEigt 1984, 62). In der Gemeinschaftsordnung kann die Aufrechnung noch weiter beschränkt, aber auch in weiterem Umfang zugelassen werden; Kontrolle nicht nach § 11 Nr. 3 AGBG, sondern nach §§ 242, 315 BGB (vgl. § 7 Rdn. 23ff.). Zulässig ist die Verrechnung des Überschusses zugunsten eines Wohnungseigentümers aus der Jahresabrechnung mit der Wohngeldverpflichtung des folgenden Jahres, doch scheint sie nicht üblich zu sein. Ein **ausgeschiedener** Wohnungseigentümer ist in der Geltendmachung des Aufrechnungsrechts nicht beschränkt (so wohl BayObLG v. 3. 2. 1983, ITelex 1983/6/35). **Ein Zurückbehaltungsrecht** ist im gleichen Umfang ausgeschlossen wie die Aufrechnung. Gegen den Anspruch auf **Vorschußleistung** ist jedes Zurückbehaltungsrecht ausgeschlossen, weil der Gemeinschaft die flüssigen Mittel nicht vorenthalten werden dürfen (BayObLG Rpfleger 1976, 422); gleiches muß auch für die Abschlußzahlung aus der Jahresabrechnung gelten.

29 d) Fällt der Beitrag eines Wohnungseigentümers – aus welchen Gründen immer – aus, so sind die übrigen zur Deckung der entstandenen Lüke durch **Leistung eines weiteren Vorschusses –** „Nachschußpflicht" – verpflichtet, unbeschadet eines Rückgriffsanspruchs gegen den in Rückstand geratenen Wohnungseigentümer. Die Geltendmachung setzt voraus, daß ein entsprechender Beschluß gemäß § 28 Abs. 2, 5 gefaßt ist. Näher hierzu unten Rdn. 42f. m. w. N. und § 28 Rdn. 5.

30 e) Wie schon im Falle des § 748 BGB der mit der Pflicht zum Lasten- und Kostenbeitrag belastete Teilhaber gegen die anderen einen Freistellungs- und Rückgriffsanspruch hat (oben Rdn. 25), soweit er von einem Dritten über seinen Anteil hinaus in Anspruch genommen wird, so hat jeder Wohnungseigentümer unter dem System des WEG den **Anspruch auf Befreiung von jeder Inanspruchnahme** wegen einer Verpflichtung gegenüber einem Dritten, die unter die Lasten und Kosten i. S. des § 16 Abs. 2 WEG fällt, insbes. wegen der sog. „Verwaltungsschulden" (§ 1 Rdn. 26); zu seiner persönlichen Inanspruchnahme kann und darf es bei ordnungsmäßiger Verwaltung gar nicht kommen.

31 f) **Gläubiger und Schuldner**

aa) **Jeder Wohnungseigentümer** in seiner Eigenschaft als Teilhaber der Gemeinschaft kann **von jedem anderen** die Erfüllung der Wohngeldverpflichtung verlangen. Die Geltendmachung obliegt also nicht der Wohnungseigentümergemeinschaft als solcher, was denknotwendig daraus folgt, daß diese keine gesamthänderische oder gesamthandsähnliche Struktur besitzt (oben Rdn. 28; Vor § 1 Rdn. 43ff.), folglich ein Wohnungseigentümer nicht zugleich Schuldner und Gläubiger derselben Forderung sein kann. Die Rechtsfigur, in der die Wohnungseigentümer als Gläubiger miteinander verbunden sind, ist nicht die Gesamtgläubigerschaft (§ 428 BGB), sondern die **Mitberechtigung i. S. des § 432 BGB** (BayObLGE 1979, 56 unter Aufgabe von BayObLGE 1975, 53; 1975, 177; BGH NJW 1985, 912; nunmehr unstreitig). Empfangsberechtigt ist – zum Unterschied von der Gläubigerstellung – die Gesamtheit der Wohnungseigentümer, also unter Einschluß des Schuldners (OLG Hamm OLGE 1988, 185; Weitnauer PiG 21, 59/66). Das damit verbundene praktische Problem ist dadurch gelöst, daß nach § 27 Abs. 2 Nr. 1 WEG der Verwalter berechtigt ist, „im Namen aller Wohnungseigentümer und mit Wirkung für und gegen sie... die Lasten- und Kostenbeiträge... in Empfang zu nehmen". Die Zahlung hat schuldbefreiende Wirkung und zwar auch dann, wenn sie auf ein privates Konto des Verwalters erfolgte (OLG Hamm 1988, 45). Gefordert kann und muß also werden Leistung an die Gesamtheit der Wohnungseigentümer zu Händen des Verwalters (so zutreffend BGH NJW 1985, 912; OLG Karlsruhe WEM 1977, 118). Da es insoweit lediglich um die Empfangsberechtigung, nicht um die Parteistellung in einem Gerichtsverfahren geht, treten die zu § 10 Rdn. 13ff. erörterten Probleme hier nicht auf (Weitnauer, PiG 21, S. 59/66; vgl. auch § 10 Rdn. 20). Wegen der zur Geltendmachung erforderlichen Ermächtigung oben Rdn. 27 und vor § 1 Rdn. 65ff. (75).

bb) **Schuldner der Wohngeldverpflichtung** ist derjenige, der Eigentümer 32
eines Wohnungseigentums ist. Entsprechendes hat auch für die Gläubigerstellung zu gelten. Wohnungseigentümer ist in jedem Falle **„der im Grundbuch eingetragene Wohnungseigentümer"** (so BGHZ 87, 138 = JZ 1983, 618 m. A. Stürner = NJW 1983, 1615m A. Röll; ebenso BayObLGE 1984, 198 = ZfBR 1985, 182 m. A. Weitnauer), was auch im Falle der Veräußerung eines Wohnungseigentums bei voll eingerichteter Gemeinschaft gilt, sogen. Zweiterwerb (BGHZ 107, 289). Die hiervon abweichende Rechtssprechung BayObLG WuM 1986, 29; OLG Karlsruhe OLGZ 1978, 177ff.; OLG Köln 1978, 151; OLG Stuttgart OLGZ 1979, 34 ist überholt. Zur Frage, inwieweit dieser Grundsatz im Falle der „werdenden Wohnungseigentümergemeinschaft" eine Ausnahme erleidet, vgl. unten Rdn. 48 und Anhang zu § 10 Rdn. 8. Tritt der **Eigentumsübergang außerhalb des Grundbuchs** ein, ist der neue Eigentümer Wohnungseigentümer mit dem Rechtserwerb, nicht erst mit der Grundbuchberichtigung, z. B. beim Erwerb des Wohnungseigentums durch Zuschlag in der Zwangsversteigerung (BGHZ 88, 302) oder durch Erbfall (BayObLGE 1984, 198). Zur Haftung eines Erben, für nach dem Tod des Eigentümers entstandene Wohngeldschulden, wenn die Wohnung in der Folge zum Zwecke der Befriedigung der Nachlaßgläubiger verwertet worden ist, OLG Köln WE 1992, 344. Über die Art und Weise, wie die Zahlung erbracht wird, entscheidet der Schuldner, es sei denn, die Gemeinschaftsordnung gibt eine bestimmte Zahlungsart vor, z. B. Dauerauftrag oder Einzugsermächtigung (OLG Düsseldorf MDR 1990, 249). Ein Mehrheitsbeschluß, wonach alle Wohnungseigentümer am **Lastschriftverfahren** teilzunehmen haben, ist nicht nichtig, wohl aber anfechtbar, da der Ausschluß der übrigen Zahlungsweisen für den Verwalter bequemer sein mag, zur ordnungsmäßigen Verwaltung jedoch nicht erforderlich ist.

Schuldner der Hausgeldforderung eines Wohnungseigentümers, z. B. ei- 33
ner Rückforderung aufgrund Doppelzahlung oder eines Guthabens aus der Jahresabrechnung, sind alle Wohnungseigentümer einschl. des Gläubigers. Abzustellen ist auf die Grundbucheitragung bei Fälligkeit (Bub, Finanzwesen, S. 146). Der Anspruch richtet sich gegen die übrigen Wohnungseigentümer; das oben Rdn. 31 Ausgeführte gilt entsprechend. Der Verwalter ist nicht Schuldner (OLG Hamm OLG 1988, 185).

34 cc) Die Geltendmachung von Wohngeldforderungen der Wohnungseigentümer obliegt in erster Linie dem **Verwalter** (§ 27 Abs. 2 Nr. 1 WEG), der im Namen der vertretenen Wohnungseigentümer handeln kann. Zur gerichtlichen Geltendmachung ist er allerdings nur aufgrund besonderer Ermächtigung befugt, die allgemein, so z. B., auch durch die Gemeinschaftsordnung oder den Verwaltervertrag (BayObLG DWEigt 1985, 95), oder für den Einzelfall erteilt werden kann. Im Rahmen der ordnungsmäßigen Verwaltung kann die Ermächtigung durch Mehrheit beschlossen werden (§ 21 Abs. 3 WEG). Der Verwalter kann auch eigenen Namens als Prozeßstandschafter handeln (§ 27 Rdn. 20).

35 dd) Der Anspruch auf das Wohngeld ist im **Verfahren nach §§ 43ff.** geltend zu machen, er ist ein Anspruch, der sich aus der Gemeinschaft der Wohnungseigentümer ergibt (§ 43 Abs. 1 Nr. 1; BayObLGE 1979, 56; unzweifelhaft). Hat ein Wohnungseigentümer beantragt, die unterbliebene Beschlußfassung über die Festsetzung des Vorschusses i. S. des § 28 Abs. 2, 5 durch gerichtliche Entscheidung zu ersetzen, so kann er damit den Antrag auf Verurteilung zur Zahlung des festzusetzenden Betrags verbinden (Stufenklage, OLG Karlsruhe WEM 1977, 118; offengeblieben in BGH NJW 1985, 912). Werden Einwände nicht erwartet, empfiehlt sich das Mahnverfahren, welches sich nach den Vorschriften der ZPO richtet, § 46a. Bei Wider- oder Einspruch erfolgt Abgabe an das Gericht der freiwilligen Gerichtsbarkeit (vgl. die Erl. zu § 46a).

36 g) Daneben steht den Wohnungseigentümern bei erheblichen Wohngeldrückständen auch das Recht zu, dem Schuldner solche Leistungen zu verweigern, die aus laufenden Mitteln der Wohnungseigentümer finanziert werden müssen, ihn z. B. von der Strom- und Wasserversorgung abzuschneiden (OLG Celle OLG 1991, 50; BayObLG WE 1992, 347).

5. Durchsetzung

37 a) **Verzug.** Kommt ein Wohnungseigentümer mit der Wohngeldzahlung – sei es mit der Vorschußleistung aus dem Wirtschaftsplan, sei es mit der Abschlußzahlung aus der Jahresabrechnung oder einer Sonderumlage – in Verzug, so ist er nach §§ 286, 288 BGB zum Ersatz des **Verzugsschadens** und zur Zahlung von **Verzugszinsen** verpflichtet (§§ 286, 288 BGB, BayObLG DWEigt 1986, 23; auch BGH NJW 1985, 913). Der Schaden kann insbes. darin bestehen, daß Bankkredit mit höheren Zinsen in Anspruch genommen werden mußte (so der Fall von BayObLG DWEigt 1986, 23; vgl. auch Korff DWEigt 1985, 88). Der **Verzug** setzt – außer der Fälligkeit –, sofern nicht ein kalendermäßiger Termin für die Leistung bestimmt ist, eine Mahnung (§ 284 BGB) und ferner voraus, daß der Schuldner das Unterbleiben rechtzeitiger Leistung zu vertreten hat (§§ 285, 279 BGB), was z. B. nicht der Fall ist, wenn ihm ein Rückstand weder bekannt war noch bekannt sein mußte (BayObLG 1985, 125). Den Wohnungseigentümer trifft aber u. U. die Nebenpflicht, sich zu vergewissern, wer der empfangsberechtigte Verwalter ist (BayObLG DWEigt 1983, 94). Die Fälligkeit kann u. U. davon abhängen, daß der Verwalter dem Wohnungseigentümer die Höhe des geschuldeten Betrages mitteilt (BayObLG WE 1986, 73). Die Gemeinschafts-

ordnung kann Bestimmungen für den Fall des Verzuges treffen, z. B. darüber, daß höhere als die gesetzlichen Verzugszinsen (4% – § 288 BGB) zu zahlen sind; mit Mehrheit kann das nicht beschlossen werden (BGHZ 115, 151 = JZ 1992, 368 m. A. Weitnauer; KG OLGE 1989, 174). Allerdings ist ein Mehrheitsbeschluß nicht nichtig sondern nur anfechtbar. Wird der Beschluß bindend, können selbst 15% Zinsen für Wohngeldrückstände geltend gemacht werden (BayObLG WE 1987, 46). Dasselbe gilt für eine pauschale Sondervergütung des Verwalters, die dieser für die gerichtliche Geltendmachung von Wohnungsansprüchen oder die Beauftragung eines Rechtsanwalts erhalten soll (BayObLGE 1988, 54; Bub PiG 36, 94; Deckert, Eigentumswohnung, Gruppe 4/22; a. A. BayObLGE 1988, 440; OLG Köln DWE 1990, 109, wonach Mehrheitsbeschluß genügt.) Nach OLG Köln ITelex 1987, 105 ist ein Mehrheitsbeschluß, aufgrund dessen der Verwalter für die gerichtliche Geltendmachung von Hausgeldforderungen eine Vergütung nach der BRAGO fordern kann, zulässig und angemessen; ebenso Bub PiG 36, 94).

b) **Verjährung.** Für den Anspruch auf die **Abschlußzahlung** auf Grund der Jahresabrechnung (§ 28 Abs. 3, 5) ist zutreffend entschieden, daß die Verjährung gem. § 195 BGB 30 Jahre beträgt (BayObLG Rpfleger 1984, 317; WE 1986, 72). Zweifelhafter ist die Frage in bezug auf die Ansprüche auf **Vorschuß** (§ 28 Abs. 2, 5) jedenfalls in ihrer regelmäßigen Form; hier ist nicht auszuschließen, daß sie als „regelmäßig wiederkehrende Leistungen i. S. des § 197 BGB und damit als einer 4jährigen Verjährung unterliegend angesehen werden (so auch Bub, Finanzwesen S. 156), wenngleich sie jährlich neu und meist auch in unterschiedlicher Höhe beschlossen werden. Betrifft der Vorschuß hingegen eine Sonderumlage, verjährt der Anspruch in 30 Jahren, da es sich um eine einmalige oder in wenigen Raten zu erbringende Leistung handelt (Bub a. a. O.). Einen Anspruch aus nicht genehmigten Jahresabrechnungen, der nach Bärmann-Pick-Merle (§ 16 Rdn. 101) der 30jährigen Verjährung unterliegen soll, kann es wohl nicht geben (vgl. oben Rdn. 25). Zinsansprüche aus Wohngeld verjähren in 4 Jahren, auch wenn der Zinssatz durch Beschluß der Wohnungseigentümer festgesetzt ist (BayObLG DWEigt 1985, 95 = ZMR 1986, 127 m. A. Sauren). Vgl. auch die Zusammenstellung ITelex 1987/12/72. 38

c) **Zwangsvollstreckung** 39

aa) Vorausgesetzt ist ein **Vollstreckungstitel,** der insbesondere eine rechtskräftige Entscheidung des Wohnungseigentumsgerichts, ein Vollstreckungsbescheid (§ 46 a WEG), aber auch eine auf Grund des § 44 Abs. 3 S. 1 WEG für vorläufig vollstreckbar erklärte nichtrechtskräftige Entscheidung sein kann (dazu § 44 Rdn. 3). Die Zwangsvollstreckung kann – unbeschadet der Möglichkeit der Beschränkung der Erbenhaftung (§§ 1975 ff. BGB; OLG Hamburg MDR 1986, 319) – in das gesamte Vermögen, also auch das bewegliche Vermögen des Schuldners nach allgemeinen Grundsätzen erfolgen. Doch sind in bezug auf Zubehör des Wohnungseigentums (§ 865 ZPO) und in bezug auf Mietzinsforderungen im Hinblick auf Zwangsversteigerung und Zwangsverwaltung Besonderheiten zu beachten.

bb) Als Vollstreckungsobjekt kommt insbesondere **das Wohnungseigen-**

tum des Schuldners selbst in Betracht. Dieses unterliegt als Miteigentum an einem Grundstück der Zwangsvollstreckung in das unbewegliche Vermögen, die Vollstreckung kann erfolgen durch Eintragung einer Zwangshypothek, durch Zwangsversteigerung und Zwangsverwaltung (§ 866 ZPO), die kumulativ möglich sind.

40 (i) Die **Zwangssicherungshypothek** wird auf Antrag des Gläubigers ein getragen und entsteht mit der Eintragung; sie erlangt den Rang nach den bereits vorhandenen Belastungen (§ 867 ZPO), was ihren wirtschaftlichen Wert bestimmt. Sie wird im übrigen wie eine rechtsgeschäftlich bestellte Sicherungshypothek (§ 1185 BGB) behandelt. Zu der Frage, ob im Grundbuch sämtliche Wohnungseigentümer als Gläubiger namentlich eingetragen werden müssen, vgl. § 10 Rdn. 13ff.; das Problem läßt sich vermeiden, wenn die Eintragung nur zugunsten eines oder weniger Wohnungseigentümer als Gläubiger beantragt wird. Ein etwaiger Erlös fließt, sofern der Titel entsprechend gefaßt ist, wegen der Bindung aus § 432 BGB der Gemeinschaft zu. Hat der Verwalter als Prozeßstandschafter einen Vollstreckungstitel über Wohngeld erwirkt, so kann er als Gläubiger der Zwangshypothek im Grundbuch nur eingetragen werden, wenn ihm die Forderung abgetreten wird. Ansonsten fehlt es an der materiellen Berechtigung, und es sind alle Wohnungseigentümer namentlich (siehe hierzu Müller, Prakt. Fragen, Rdn. 220 und die Erl. § 45 Rdn. 11) einzutragen (OLG Köln Rpfleger 1988, 926; Hauger, PiG 30, S. 89/100; a. A. OLG Celle ITelex 1987/13/76; LG Bochum RPfleger 1985, 438 und noch die Vorauflage § 16 Rdn. 25). Zur Geltendmachung der Sicherungshypothek ist ein Titel auf Duldung der Zwangsvollstreckung („dinglicher Titel“) erforderlich, der notfalls erwirkt werden muß.

41 (ii) Die **Zwangsversteigerung** zielt auf die Verwertung des Substanzwertes ab. Sie erfaßt auch das Zubehör (§ 865 ZPO), das deshalb der Mobiliarzwangsvollstreckung entzogen ist. Mietzinsforderungen werden von der Zwangsversteigerung nicht erfaßt, sondern nur von der Zwangsverwaltung (§§ 20, 21, 148 ZVG). Wegen der Behandlung von Vorschüssen in einem Zwangsverwaltungsverfahren § 45 Rdn. 15. Zur Haftung des Erstehers oben Rdn. 32 unten Rdn. 45 und § 28 Rdn. 6, 8.

42 (iii) Die **Zwangsverwaltung** (dazu Steiger Rpfleger 1985, 474) zielt auf die Verwertung der Nutzungen ab. Der Zwangsverwalter ist zur Verwertung des Nutzungswertes verpflichtet. Ist das Wohnungseigentum vermietet oder wird es vom Zwangsverwalter vermietet, so sind die laufenden Wohngeldverpflichtungen als Ausgaben der Zwangsverwaltung i. S. des § 155 Abs. 1 ZVG vorweg aus den Nutzungen des Wohnungseigentums zu bestreiten (so zutr. LG Darmstadt Rpfleger 1977, 332; AG Dorsten NJW 1977, 1246); ansonsten hat der Zwangsverwalter durch Anforderung ausreichender Vorschüsse bei dem betreibenden Gläubiger für Deckung zu sorgen (Steiner § 152 ZVG Rdn. 30; OLG Köln DWEigt 1993, 84). Zu den laufenden Wohngeldverpflichtungen zählen alle während des Bestehens der Zwangsverwaltung originär fällig werdenden Beträge, sei es aus Wirtschaftsplan, Jahresabrechnung oder Sonderumlage, letztere auch, wenn sie lediglich dazu dient, Hausgeldrückstände des Schuldners vor Anordnung der Zwangsverwaltung auszugleichen; nicht hierher gehören Rückstände (BayObLGE

1991, 93; OLG Karlsruhe WE 1990, 105; OLG Köln DWEigt 1993, 84; OLG Düsseldorf OLGE 1991, 44 zur Sonderumlage; Hans. OLG Hamburg OLGE 1993, 431; OLG Karlsruhe Die Justiz 1989, 303 zur Zwangsverwaltung neben einem Sequestrationsverfahren). Dem BayObLG a. a. O., OLG Karlsruhe a. a. O. und OLG Köln a. a. O. kann jedoch insoweit nicht gefolgt werden, als es keinen Unterschied mache, ob der Saldo einer Jahresabrechnung nur dadurch entstanden ist, daß die tatsächlichen Kosten die im Wirtschaftsplan veranschlagten übersteigen, oder – auch – aus nicht gezahlten Vorauszahlungen aus dem Wirtschaftsplan für die Zeit vor Anordnung der Zwangsverwaltung herrührt. Soweit der Saldo aus den letztgenannten Beträgen besteht, handelt es sich nach der hier vertretenen Auffassung um Rückstände, die die Zwangsverwaltungsmasse daher nicht treffen (Hauger FS Bärmann und Weitnauer S. 353ff.; Schnauder WE 1991, 7; wohl ebenso Bub, Finanzwesen S. 93). Für die nach Konkurseröffnung beschlossene Jahresabrechnung, deren Saldo zum Teil auf rückständigen laufenden Vorauszahlungen aus der Zeit vor Konkurseröffnung beruht, hat der BGH sich dieser Auffassung angeschlossen (BGH NJW 1994, 1866). Zur Frage des Rückstandes grundsätzlich unten Rdn. 45ff.). Da die Zwangsverwaltung zu keinem Eigentumswechsel führt, haftet neben der Zwangsverwaltungsmasse nach wie vor auch der Eigentümer für die während der Zeit der Zwangsverwaltung entstehenden und fällig werdenden Wohngeldforderungen (OLG Köln DWEigt 1989, 143). Für die Wohngeldgläubiger bringt die Zwangsverwaltung daher einen zusätzlichen Schuldner (OLG Köln ITelex 1988, 354; Hauger a. a. O. sowie WE 1989, 15). Der Zwangsverwalter hat aber nicht nur aus der Masse Wohngelder zu bezahlen; er übt auch das Stimmrecht aus (OLG Hamm DWEigt 1987, 54).

d) **Konkurs**

aa) **Insolvenz des Wohnungseigentümers:** Wird über das Vermögen eines Wohnungseigentümers der Konkurs eröffnet, so haben die in der Zeit vor der Eröffnung fällig gewordenen, also rückständigen, Wohngeldverpflichtungen den Rang einfacher Konkursforderungen (BayObLGE 1978, 270; OLG Stuttgart OLGE 1978, 383; 1980, 70); die Gemeinschaftsordnung kann hieran nichts ändern (BayObLGE 1978, 370). Dagegen sind die nach Konkurseröffnung fällig werdenden Wohngeldverpflichtungen Masseverbindlichkeiten (§ 57 KO) – nach herrsch. Ansicht handelt es sich um Massekosten i. S. des § 58 KO, nicht um Masseschulden (so BGH WPM 1986, 800; BGHZ 108, 44; BGH NJW 1994, 1866; Kilger/K. Schmidt § 58 Anm. 31) – und daher vor den Konkursforderungen zu berichtigen. Auch hier tritt wie beim Eigentümerwechsel die Frage auf, welche Wohngeldverpflichtung nach Konkurseröffnung entsteht und bei welcher es sich um einen **Rückstand** handelt. Rückständig sind die Wohngelder, die vor Konkurseröffnung originär entstanden und fällig geworden sind. Die Sonderumlage, die nach Konkurseröffnung beschlossen wird, ist, auch wenn sie dazu dient, die durch den Ausfall der Zahlungen des Gemeinschuldners entstandene Lüke zu schließen, kein Rückstand, sondern gehört zu den Masseverpflichtungen, weil der Zahlungsanspruch aus der Sonderumlage erst durch den Umlagebeschluß entsteht (BGHZ 108, 44; die gegenteilige Ansicht des OLG Stuttgart 43

OLGE 1990, 70 ist überholt). Durch die Jahresabrechnung wird originär nur die sogen. Abrechnungsspitze begründet, nicht aber der Teil eines Solls, der sich daraus ergibt, daß die vor Konkurseröffnung fällig gewordenen Vorauszahlungen aus dem Wirtschaftsplan nicht bezahlt worden sind (BGH NJW 1994, 1866; a. A. KG WE 1994, 53 sowie die zur Zwangsverwaltung ergangenen Entscheidungen); hierzu oben Rdn. 42 und unten Rdn. 49ff.

44 bb) **Insolvenz des Bauträgers:** Wird der Bauträger in einem Zeitpunkt insolvent, in welchem noch nicht alle Eigentumswohnungen veräußert sind, so ist er der zur Zahlung des Wohngeldes verpflichtete „im Grundbuch eingetragene Wohnungseigentümer" (BGHZ 87, 145; oben Rdn. 35) der ihm verbliebenen Eigentumswohnungen. Für diesen Fall gilt, was vorstehend allgemein zum Konkurs eines Wohnungseigentümers ausgeführt ist. Der Konkursverwalter wird diese Eigentumswohnungen aus der Masse **freigeben,** wenn ihre Verwertung keine Vermehrung der Konkursmasse erwarten läßt. Die Wohngeldansprüche können dann außerhalb des Konkurses durch Vollstreckung in das Wohnungseigentum geltend gemacht werden; doch wird das in vielen Fällen wegen der vorgehenden vorhandenen Belastungen wenig Aussicht auf Erfolg bieten. Vgl. im übrigen zum vorstehenden Bub in FS Seuß S. 87ff.

45 **6. Eigentümerwechsel**

Die Frage, welche Folgen ein Eigentümerwechsel für die Verpflichtung zur Wohngeldzahlung hat, gehörte bis zu den Entscheidungen des BGH vom 21. 4. 1988 (BGHZ 104, 197) und vom 18. 5. 1989 (WE 1989, 196), dem Beschluß des BayObLG vom 11. 4. 1990 (NJW 1990, 3216) und dem Urteil des BGH vom 10. 3. 1994 (NJW 1994, 1866) neben der Frage des sog. „Verwaltungsvermögens" zu den am meisten umstrittenen des Wohnungseigentumsrechts. Sie hängt auf das engste mit den **gegensätzlichen Vorstellungen** über das Wesen und die Struktur des Wohnungseigentums zusammen und wird verschieden beantwortet je nachdem, ob man mit Bärmann und seiner Schule das Wohnungseigentum als ein der Gesamthand angenähertes Gebilde sui generis mit starken Parallelen zum Gesellschaftsrecht ansieht – dann kommt man zu der Annahme einer Mithaftung des Erwerbers für die Wohngeldverbindlichkeiten des früheren Eigentümers – oder ob man es mit dem Verfasser als ein besonders ausgestaltetes Bruchteilsmiteigentum und das Verhältnis der Wohnungseigentümer als besonders ausgestaltete Bruchteilsgemeinschaft versteht – dann ist eine solche Mithaftung zu verneinen. Des Näheren ist hierzu auf die Ausführungen Vor § 1 Rdn. 28ff. zu verweisen. Die Frage ist nunmehr durch eine zutreffende, ständige und zweifelsfrei gesicherte Rechtsprechung, von der die Darstellung bei Bärmann-Pick-Merle § 16 Rdn. 104 kein adäquates Bild gibt, im Sinne des Verfassers entschieden. Das ist im einzelnen darzulegen. Die Pflicht zur Leistung des Lasten- und Kostenbeitrags ist zu unterscheiden von **Verbindlichkeiten gegenüber Dritten,** die Lasten oder Kosten darstellen, insbes. „Verwaltungsschulden". Der Wohnungseigentümer, der Schuldner ist, bleibt der Schuldner, auch wenn er aufhört, Wohnungseigentümer zu sein (so zutr. BGH NJW 1981, 282; OLG Oldenburg WE 1994, 218 m. A. Weitnauer WE 1994,

218 für ein vom Verwalter mit Ermächtigung der Wohnungseigentümer aufgenommenes Darlehen). Wohl kommt ein Eintritt in **Dauerschuldverhältnisse anstelle** des Rechtsvorgängers in Betracht, so gem. §§ 571 ff. BGB in ein Mietverhältnis über gemeinschaftliches Eigentum oder in das Verwalterverhältnis (dazu unten Rdn. 51). Ebenso bleibt ein Wohnungseigentümer Gläubiger einer gegen einen Dritten entstandenen und fällig gewordenen Forderung (BGH NJW 1989, 451).

a) **Grundsatz.** Wohngeldverpflichtungen treffen nur denjenigen, der Ei- **46**
gentümer eines Wohnungseigentums ist; nur er ist Mitglied der Gemeinschaft. Eigentümer eines Wohnungseigentums ist grundsätzlich der im Grundbuch als Eigentümer Eingetragene (BGHZ 87, 138 = JZ 1983, 618 m. A. Stürner = NJW 1983, 615 m. A. Röll; BGHZ 95, 118 = JZ 1986, 191 m. A. Weitnauer; BGHZ 99, 358 = NJW 1987, 1638; ebenso BayObLGE 1984, 198 = DNotZ 1985, 416 = ZfBR 1985, 182 m. A. Weitnauer; KG WE 1986, 101; OLG Celle DWEigt 1983, 122, allerdings unrichtig insoweit als zusätzlich verlangt wird, daß der Eingetragene die Wohnung tatsächlich nutzt), weil sich bei den rechtsgeschäftlichen Erwerbsvorgängen mit der Grundbucheintragung der Eigentumswechsel vollzieht (§§ 873 Abs. 1; 925 BGB). Tritt der Rechtserwerb außerhalb des Grundbuchs ein, z. B. durch Zuschlag in der Zwangsversteigerung, ist auch hier der Zeitpunkt des Erwerbs maßgeblich, so daß in diesen Fällen unbeachtlich ist, wann das Grundbuch berichtigt wird (BGHZ 99, 358 für den Ersteher; BayObLG DWEigt 1993, 82 für den Erben; dazu auch oben Rdn. 32).

aa) Vorbehaltlich einer vertraglich übernommenen Mitschuld oder einer **47**
zu einer gesamtschuldnerischen Haftung führenden Regelung in der Gemeinschaftsordnung (hierzu unten Rdn. 52), gibt es daher bei einem Eigentumswechsel **nur einen Wohngeldschuldner**, wobei sich Voreigentümer und neuer Eigentümer nahtlos ablösen (BGH WE 1989, 196; BayObLG WE 1990, 217; KG WE 1987, 155; WE 1988, 104; die Frage einer Überschneidung war noch offengeblieben in BGHZ 87, 138). Die Ansicht, daß im Falle der Veräußerung der Erwerber anstelle des Verkäufers ab Eintragung der Auflassungsvormerkung und Besitzübergang Wohngeldschuldner sei (BayObLG WEM 1981, 37), ist überholt. Der **„Zweiterwerber"**, also derjenige, der ein Wohnungseigentum von einem eingetragenen Wohnungseigentümer erwirbt, stellt sich für die Zeit zwischen der Eintragung seiner Auflassungsvormerkung und Besitzübergang einerseits und dem Eigentumswechsel andererseits auch nicht faktisch wie ein Wohnungseigentümer (BGH WE 1989, 196).

bb) Anders ist die Situation beim Entstehen des Wohnungseigentums, **48**
solange die Wohnungseigentümergemeinschaft noch nicht voll eingerichtet ist. Nach den **Grundsätzen der werdenden Wohnungseigentümergemeinschaft** wird in dieser Phase ein im Grundbuch noch nicht eingetragener Erwerber bereits ab Eintragung der Auflassungvormerkung und Besitzübergang wie ein Wohnungseigentümer behandelt, zusammen mit weiteren Erwerbern, die die nämliche Rechtsposition einnehmen wie er, und dem aufteilenden Eigentümer (BayObLG WE 1992, 27; hierzu auch Anhang zu § 10 Rdn. 3f., 8f.). Die faktische Gemeinschaft schließt, sobald einer der Erwer-

ber im Grundbuch als Wohnungseigentümer eingetragen ist (BayObLG a.a.O.). Dieser Wohnungseigentümer, der aufteilende Eigentümer und die übrigen Mitglieder der faktischen Gemeinschaft bilden nunmehr die voll eingerichtete Gemeinschaft. Ein Erwerber, dessen Auflassungsvormerkung nach diesem Zeitpunkt eingetragen oder dem der Besitz danach übergeben wird, ist „Zweiterwerber", gleich ob er von dem aufteilenden Eigentümer erwirbt oder von einem Käufer, der der faktischen und nunmehr voll eingerichteten Wohnungseigentümergemeinschaft angehört.

49 cc) Im Falle eines Eigentümerwechsels **haftet** weder der Veräußerer nach Art des § 571 Abs. 2 BGB für Verbindlichkeiten des Erwerbers noch **der neue Eigentümer** für die rückständigen Wohngeldverpflichtungen des früheren Eigentümers (BGHZ 88, 302 = NJW 1984, 318; BayObLGE 1984, 198 wie vor; BayObLG RPfleger 1979, 352 = DNotZ 1980, 48; BayObLG Rpfleger 1985, 111; OLG Düsseldorf DWEigt 1989, 80). Mit besonderem Nachdruck wird dies für den Erwerb durch Zuschlag betont von BGHZ 99, 358 = NJW 1987, 1638 mit dem Hinweis darauf, daß es sich um einen originären Rechtserwerb handelt. Jede gegen den ausgeschiedenen Wohnungseigentümer entstandene und fällig gewordene Wohngeldschuld, ob aus Wirtschaftsplan, Jahresabrechnung oder Sonderumlage, besteht über dem Eigentumswechsel fort (BayObLG WE 1990, 332; WE 1991, 286 für rückständige Vorauszahlungen aus einem Wirtschaftsplan). In Übereinstimmung mit der Vorauflage (§ 28 Rdn. 2f) reduziert das BayObLG die Zahlungspflicht des Ausgeschiedenen hinsichtlich der rückständigen Vorauszahlungen jedoch, wenn und soweit sie sich durch die nach dem Eigentumswechsel beschlossene Jahresabrechnung als überhöht erweist; hierzu § 28 Rdn. 8. Der Schuldner haftet für den Rückstand trotz Ausscheidens selbst dann, wenn nach dem Eigentumswechsel über die nämliche Forderung erneut ein, eine Zahlungspflicht begründender Beschluß gefaßt wird (so zu Recht OLG Köln WE 1991, 332).

50 b) **Rückständige Wohngeldverpflichtungen.** Rückständig können nur Verpflichtungen sein, die vor dem Erwerb des Eigentums durch den neuen Eigentümer den früheren Eigentümer getroffen haben und von diesem trotz Fälligkeit nicht erfüllt worden sind (BayObLGE 1984, 198; BayObLG DWEigt 1983, 31). Eine einforderbare und erfüllbare Wohngeldverpflichtung – sei es als Vorschuß, sei es als Abschlußzahlung oder Sonderumlage – setzt einen wirksamen Beschluß der Wohnungseigentümerversammlung voraus (oben Rdn. 25; § 28 Rdn. 5; BGH NJW 1985, 912; BayObLG WE 1986, 14 m. A. Weitnauer; BayObLG WE 1986, 104 m. A. Weitnauer; auch Weitnauer in FS Korbion S. 463ff.). Daraus folgt denknotwendig, daß „rückständig" nur Verpflichtungen sein können, über die zur Zeit des Eigentumswechsels ein wirksamer Beschluß vorlag und deren Fälligkeit eingetreten war. Diese von LG Frankfurt (DWEigt 1987, 138) vertretene klare und folgerichtige Lösung fand in der übrigen Rechtsprechung jedoch lange Zeit keine Zustimmung (BGHZ 95, 118 = JZ 1986, 191 m. A. Weitnauer zum Vorlagebeschluß des KG Rpfleger 1985, 11; BayObLG Rpfleger 1985, 111 = DWEigt 1985, 58; LG Mannheim ITelex 1987/1/4) und wurde von der Literatur zu Unrecht kritisiert (Jennißen DWEigt 1987, 118); zum Meinungsstand bis 1988 siehe die Erl. Rdn. 34ff. zu § 16 der Vorauflage.

In seiner Entscheidung vom 21. 4. 1988 (BGHZ 104, 197 m. A. Hauger WE 1988, 147, ergangen auf Vorlage des OLG Karlsruhe WE 1987, 153) hat der BGH die Rechtsprechung des 7. Senats (a. a. O.) aufgegeben und entschieden, daß die maßgeblichen Kriterien, ob eine Hausgeldschuld den ausgeschiedenen oder den neuen Eigentümer trifft, Beschlußfassung und Fälligkeit sind, weil erst durch den Beschluß der Wohnungseigentümer die Forderung nach § 28 WEG zur Entstehung gelangt. Der BGH hat seine Rechtsprechung auf eine Vorlage des KG (DNotZ 1989, 153 m. A. Weitnauer = WE 1989, 28 m. A. Hauger) zur Frage der Haftung des Konkursverwalters fortgeführt (BGH WE 1989, 197). Zutreffend hat der BGH entschieden, daß die auf die dem Gemeinschuldner gehörende Eigentumswohnung entfallende Wohngeldschuld aus einer nach Konkurseröffnung beschlossenen Sonderumlage selbst dann aus der Konkursmasse als Masseverbindlichkeit zu befriedigen ist, wenn die Sonderumlage allein dazu dient, Hausgeldausfälle aus der Zeit vor Konkurseröffnung auszugleichen. Während es sich bei den Hausgeldausfällen um Rückstände handelt, entsteht die Pflicht zur Zahlung der anteiligen Sonderumlage erstmals und originär durch den Sonderumlagebeschluß (so jetzt auch BayObLG WE 1989, 212; KG OLGE 1991, 190). Die Grundsätze der Entscheidung lassen sich nicht nur auf den Fall, in dem über ein Wohnungseigentum die Zwangsverwaltung angeordnet worden ist und nach Beschlagnahme Wohngeldforderungen beschlossen werden, übertragen, sondern können ebenso für den Wechsel im Eigentum herangezogen werden (Hauger FS Bärmann und Weitnauer S. 353).

Die Frage, wer Schuldner ist, wenn der Eigentumswechsel zwar nach Beschlußfassung aber vor Fälligkeit eintritt, blieb, weil für die entschiedenen Fälle unerheblich, in beiden Entscheidungen des BGH offen. Jedoch kann es **nur auf die Fälligkeit ankommen,** und zwar auf die **Fälligkeit der beschlossenen Leistungen** (KG WE 1988, 169; Weitnauer DNotZ 1989, 153; Hauger, PiG 18, S. 77/84). Das steht im Einklang mit § 103, auch mit § 1108 BGB („die während der Dauer seines Eigentums fällig werdenden Leistungen") und mit § 571 BGB („die sich während der Dauer seines Eigentums aus dem Mietverhältnis ergebenden Rechte und Verpflichtungen") sowie mit der Entsch. des BayObLG DWEigt 1986, 127 = BayObLGE 1986, 368, nach der der Erwerber in den Verwaltervertrag eintritt, aber nur für die nach seinem Eintritt fällig werdenden Verpflichtungen haftet. Für die laufenden Vorauszahlungen aus dem Wirtschaftsplan scheint dies in der Praxis unstreitig. **Verzögern** die Wohnungseigentümer eine Beschlußfassung über Hausgeldschulden im Hinblick auf einen bevorstehenden Eigentumswechsel, kann der neue Eigentümer gegen den so gefaßten Beschluß Rechtsmißbrauch einwenden. Der Beschluß ist aber nicht nichtig (BayObLG WE 1992, 180).

Dem BayObLG (BayObLGE 1991, 93) und mit ihm dem OLG Karlsruhe **51**
(We 1990, 105) und dem OLG Köln (DWEigt 1993, 84), siehe oben Rdn. 42, sowie den OLG'en Frankfurt (WE 1990, 170) und Stuttgart (DWEigt 1989, 32/48 m. A. Hauger) kann jedoch insoweit nicht gefolgt werden, als der Beschluß über die Jahresabrechnung den sich hieraus gegebenden Saldo in vollem Umfang neu zur Entstehung bringen soll. Dabei macht es keinen Unterschied, daß die drei erstgenannten Beschlüsse die Haftung des Zwangsverwalters behandeln, die beiden letztaufgeführten zur Haftung des

Erwerbers ergangen sind, da in beiden Fällen und dem Fall der Haftung des Konkursverwalters die Schuldnerstellung erst ab einem bestimmten Zeitpunkt einsetzt. Die Jahresabrechnung begründet **originär** nur den Betrag, um den die tatsächlich entstandenen Kosten den Kostenansatz aus dem Wirtschaftsplan übersteigen, die sogen. **„Abrechnungspitze"**. Soweit der Saldo auf rückständigen Vorauszahlungen aus dem Wirtschaftsplan gründet, wird die Schuld aus dem Wirtschaftsplan lediglich verstärkt, nicht aber neu geschaffen (BGH NJW 1994, 1877 für die gegen den Konkursverwalter gerichtete Schuld aus einer Jahresabrechnung, deren Saldo rückständige Vorauszahlungen aus der Zeit vor Konkurseröffnung enthält. Die tragenden Teile der Entscheidung lassen sich jedoch auf den Fall des Eigentumswechsels ohne Einschränkung übertragen (oben und Hauger FS Bärmann und Weitnauer S. 353). Der Beschluß über eine Einzeljahresabrechnug, deren Saldo rückständige Vorauszahlungen des Voreigentümers umfaßt, ist somit fehlerhaft und auf Anfechtung aufzuheben (KG WE 1994, 48). Der Beschluß ist aber nicht nichtig, so daß der neue Eigentümer verpflichtet ist, auch den auf rückständigen Vorauszahlungen seines Voreigentümers beruhenden Teil des Abrechnungssaldos zu bezahlen, wenn der Beschluß bestandskräftig wird (OLG Düsseldorf DWEigt 1990 m. A. Drasdo). Enthält die Abrechnung hingegen auch die Rückstände des Voreigentümers aus vor dem Eigentumswechsel beschlossenen Jahresabrechnungen, kommt dem Beschluß insoweit keine konstitutive Bedeutung zu. Diese Fehlbeträge sind nicht Gegenstand der jetzt beschlossenen Jahresabrechnung und werden daher auch nicht bestandskräftig. Sie geben lediglich Auskunft über den Umfang der insgesamt für dieses Wohnungseigentum aufgelaufenen Wohngeldschulden.

c) **Rechtsgeschäftliche Regelung**

52 aa) **Im Verhältnis zwischen Veräußerer und Erwerber** kann die Frage der Wohngeldzahlung durch den **Erwerbsvertrag** (Kaufvertrag) geregelt werden, indem bestimmt wird, von welchem Zeitpunkt an auf den Erwerber die Lasten und Kosten übergehen (vgl. auch Röll DNotZ 1986, 130). Im allgemeinen ist das der Zeitpunkt, in welchem dem Erwerber der Besitz übergeben wird; so ist auch die Lösung des ergänzend anwendbaren § 446 BGB. Dies bedeutet, daß der Erwerber von dem bestimmten Zeitpunkt an die Wohngeldzahlung übernimmt und den Veräußerer von seiner Verpflichtung freistellt, es handelt sich um Erfüllungsübernahme, allenfalls um eine kumulative Schuldübernahme. An der Verpflichtung des Veräußerers, solange er noch als Eigentümer im Grundbuch eingetragen ist, ändert sich dadurch nichts. Eine befreiende Schuldübernahme setzt die Zustimmung sämtlicher Wohnungseigentümer voraus und wird regelmäßig nicht vorliegen. Zu den hiermit zusammenhängenden Problemen der „werdenden Wohnungseigentümergemeinschaft" vgl. Anhang zu § 10 Rdn. 8.

53 bb) Wie allgemein anerkannt, kann die **Gemeinschaftsordnung** bestimmen, daß der **rechtsgeschäftliche Erwerber** von Wohnungs- und Teileigentum gesamtschuldnerisch für etwaige rückständige Verpflichtungen des Veräußerers gegenüber der Gemeinschaft, insbesondere also Wohngeldverpflichtungen, haftet (BGH WE 1994, 210; BGHZ 99, 358 = NJW 1987, 1638; BayObLG, Rpfleger 1979, 352; BayObLGE 1984, 198 WE 1989, 222;

OLG Düsseldorf Rpfleger 1983, 387). Nachträglich kann eine solche Bestimmung nur im Wege einer Änderung der Gemeinschaftsordnung, also nur durch Vereinbarung sämtlicher Wohnungseigentümer, eingeführt werden (§ 10 Rdn. 49ff.); ein Mehrheitsbeschluß genügt dazu nicht.

Für den **Erwerb durch Zuschlag in der Zwangsversteigerung** kann eine **54** Mithaftung des Erstehers durch die Gemeinschaftsordnung nicht bestimmt werden (BGHZ 99, 358 = NJW 1987, 1638 auf Vorlage des OLG Düsseldorf und in Übereinstimmung mit der 6. Auflage Rdn. 13r, entgegen OLG Köln DNotZ 1981, 584 und Bärmann-Pick-Merle Rdn. 105). Eine solche Bestimmung verstößt gegen § 56 S. 2 ZVG und ist gemäß § 134 BGB nichtig. Erst recht kann eine Mithaftung nicht durch Mehrheitsbeschluß der Wohnungseigentümer begründet werden; ein solcher Beschluß ist schon mangels Regelungszuständigkeit nichtig (BayObLGE 1984, 198). Im gleichen Sinne wird übrigens im französischen Recht die Frage der dort sogenannten „Solidaritätsklausel" beurteilt (Schober PiG 24 S. 158ff.). Eine gegenteilige gesetzliche Regelung ist rechtspolitisch nicht zu empfehlen (a. M. Bub Festschrift Seuß S. 87/97); sie würde die Sicherheit des Realkredits und die Beleihbarkeit des Wohnungseigentums erheblich beeinträchtigen. Der Grundsatz des § 91 ZVG, wonach der Ersteher das Grundsück frei von Rechten Dritter erwirbt, darf nicht angetastet werden.

d) **Prozessuales.** Ein Eigentümerwechsel erlangt Bedeutung für **ein anhängiges Wohngeldverfahren,** wenn der Wohnungseigentümer, der den **55** Anspruch geltend macht, oder der Wohnungseigentümer, gegen den der Anspruch geltend gemacht wird, aufhört Wohnungseigentümer zu sein, ferner in bezug auf die Empfangsermächtigung (§ 432 BGB).

Gläubiger und Schuldner des Anspruchs können nur Wohnungseigentümer als Teilhaber der Gemeinschaft sein, weil der Anspruch aus dem gesetzlichen Schuldverhältnis der Gemeinschaft entspringt, was voraussetzt, daß beide Teile Teilhaber derselben Wohnungseigentümergemeinschaft sind.

Veräußert der **Gläubiger,** der das Verfahren betreibt, sein Wohnungseigentum, so ist dieses nicht streitbefangene Sache i. S. des § 265 ZPO (so zutr. Hauger ZgemWWBay 1987, 70/72 und die Vorauflage) der alte Eigentümer kann weiterhin den bereits entstandenen und fällig gewordenen Anspruch geltend machen. Dagegen finden die Regeln des **§ 265 ZPO** Anwendung, wenn der alte Eigentümer dem neuen seine Mitberechtigung auf das Wohngeld **abtritt.** Unabhängig hiervon erwirbt der Erwerber mit dem Wohnungseigentum originär den Anspruch aus § 16 Abs. 2, der auch rückständige Verpflichtungen umfaßt. Hat der Verwalter den Anspruch in eigenem Namen geltend gemacht, so tritt der **neue Verwalter** an seiner Stelle in das Verfahren ein (vgl. BayObLGE 1986, 128).

Verliert der **Schuldner** sein Wohnungseigentum, so ändert das nichts daran, daß er der Schuldner der bis zu seinem Ausscheiden fällig gewordenen Wohngeldverpflichtungen ist (oben Rdn. 45), das anhängige Verfahren wird fortgesetzt (§ 43 Rdn. 15), im übrigen vgl. § 43 Rdn. 14).

Zu bedenken ist noch, daß der Wohngeldanspruch in Form der Leistung **56** an sämtliche Wohnungseigentümer als **Mitberechtigte nach § 432 BGB** geltend gemacht werden muß. Die Frage ist, ob dieser Kreis sich nach dem

Stand zur Zeit des Anhängigwerdens des Verfahrens oder nach dem Stand z. Zt. der Entscheidung bestimmt. Das ist ein materiell-rechtliches Problem. Wird der Anspruch wie üblich in der Weise geltend gemacht, daß der Antrag auf Leistung zu Händen des Verwalters gerichtet ist, so ist anzunehmen, daß diejenigen Wohnungseigentümer gemeint sind, die der Verwalter zur Zeit der Entscheidung zu vertreten berechtigt ist, der Erlös fließt also der Gemeinschaft in dieser Zusammensetzung zu.

57 **5. Die besonderen Vorschriften der Abs. 3–5** entscheiden einige Fragen, die andernfalls Anlaß zu Zweifeln gehen könnten.

a) Abs. 3 zieht die notwendigen Folgerungen aus § 22 Abs. 1: Ein Wohnungseigentümer, dessen Zustimmung zu einer über die ordnungsmäßige Verwaltung hinausgehenden baulichen Veränderung oder Aufwendung nicht erforderlich und nicht erteilt ist, ist weder an den Nutzungen noch an den zusätzlichen Lasten und Kosten beteiligt (OLG Köln DWEigt 1991, 77 für die Kosten des Einbaus eines nur der Etagenheizung eines Wohnungseigentümers dienenden Rohrs in einen nur von diesem Eigentümer genutzten Kamin). Die Kostenbefreiung wird durch einen infolge unterbliebener Anfechtung verbindlich gewordenen Kostenumlagebeschluß beseitigt (OLG Frankfurt Rpfleger 1979, 217). Weitere Folgerung aus § 22 Abs. 1 in § 17.

58 b) Kosten eines **Rechtsstreits wegen Entziehung des Wohnungseigentums (Abs. 4)** sind als Kosten der Verwaltung zu behandeln. Die Bestimmung betrifft nicht die prozessuale Kostenregelung. Diese bleibt unberührt, wie sich aus § 19 Abs. 2 ergibt. Die Vorschrift betrifft vielmehr lediglich die rein bürgerlich-rechtliche Pflicht der Wohnungseigentümer untereinander zur Beteiligung an den Kosten des Rechtsstreits und hat zur Folge, daß ein Wohnungseigentümer, gegen den ein Prozeß aus § 18 geführt wird, sich auch dann zu seinem Anteil an den Prozeßkosten beteiligen muß, wenn er obsiegt, wenn also die Klage abgewiesen wird. (OLG Stuttgart OLGE 1986, 32). Doch hat er dann den Kostenerstattungsanspruch nach §§ 91 ff. ZPO. Zweck der Vorschrift ist sicherzustellen, daß die Erhebung einer Entziehungsklage nicht durch besondere Umlagen erschwert wird, und zugleich für jeden Wohnungseigentümer eine Warnung zu geben, es nicht erst zu einer Klage kommen zu lassen. Die Vorschrift gilt auch für eine nur aus zwei Personen bestehende Gemeinschaft (BayObLGE 1983, 109) und umfaßt auch die Kosten einer Richterablehnung (BayObLGE 1983, 109), sie ist abdingbar.

59 c) **Ersatz des Schadens im Fall des § 14 Nr.** 4, d. h. wenn durch die Instandhaltung oder Instandsetzung des gemeinschaftlichen Eigentums Schaden am Sondereigentum eines Wohnungseigentümers verursacht wird (Abs. 4), gehört zu den Kosten der Verwaltung. Das gleiche gilt für ähnliche Kosten (§ 14 Rdn. 8) und für den Ersatz der Kosten einer Notgeschäftsführung (§ 21 Abs. 2).

60 **6. Nicht zu den Kosten der Verwaltung** gehören **nach Abs. 5** Kosten des Verfahrens gemäß § 43, ebenso Vorschüsse auf die Kosten eines solchen Verfahrens (BayObLG 76, 223); wenn an einem solchen Verfahren auch stets alle Wohnungseigentümer beteiligt sind, so ist doch durch § 47 Vorsorge dafür getroffen, daß denjenigen Wohnungseigentümern, die Anlaß zu einem

solchen Verfahren gegeben haben, die Kosten auferlegt werden können. Die von BayObLG 76, 223 ausdrücklich als sachgerecht bezeichnete Regelung verhindert, daß Wohnungseigentümer untereinander Streitigkeiten, z. B. wegen Gebrauchsregelung oder Beschlußanfechtung, auf Kosten der Gemeinschaft austragen. Die Regelung des Abs. 5 sie ist abdingbar, wozu es grundsätzlich einer Vereinbarung bedarf (KG DWEigt 1989, 39). Eine Ausnahme ist zu machen, wenn die Wohnungseigentümer als Maßnahme der ordnungsmäßigen Verwaltung beschließen, **Ansprüche** geltend zu machen, die **auf Leistung an alle Wohnungseigentümer** i. S. des § 432 BGB gerichtet sind, insbes. also Ansprüche auf Wohngeldzahlung gegen einen säumigen Wohnungseigentümer (BayObLGE 1973, 68 = NJW 1973, 1086; vgl. § 21 Rdn. 16). Soweit im Anwendungsbereich des Abs. 5 Verfahrenskosten nicht als Kosten der Verwaltung behandelt werden dürfen, dürfen sie auch **nicht aus den gemeinschaftlichen Mitteln** der Wohnungseigentümer bestritten werden (BayObLGE 1976, 223; BayObLGE 1987, 86; LG Frankenthal 20. 10. 1987 – 1 T 301/87, bestätigt durch OLG Zweibrücken vom 28. 12. 1987). Die Kosten dürfen folglich auch nicht in den Wirtschaftsplan und in die Jahresabrechnung eingestellt werden; ein dagegen verstoßender Beschluß ist auf Antrag nach § 23 Abs. 4 für ungültig zu erklären (BayObLG WE 1991, 360, BayObLG OLGE 1992, 420; KG WE 1987, 122; OLG Frankfurt ITelex 1987/3/15; OLG Hamm ITelex 1988/7). Zu Unrecht aus gemeinschaftlichen Mittel bestrittene Verfahrenskosten sind, weil die Ausgabe getätigt und offengelegt werden muß, im Anschluß an die Jahresabrechnung (Gesamtabrechnung) aufzuführen und abzurechnen. Die bloße Aufnahme in der Einzelabrechnungen des Wohnungseigentümers, der die Kosten vorzustrecken oder nach der Entscheidung zu tragen hat, genügt nicht (BayObLG WE 1993, 86; so auch KG OLGE 1992, 420, das allerdings insoweit eine abw. Ansicht vertritt, daß die verauslagten Kosten in die Gesamtabrechnung eingehen müssen). Sowohl beim Vorschuß, als auch bei dem aufgrund einer Kostenentscheidung bezahlten Betrag ist für das Innenverhältnis der beteiligten Wohnungseigentümer § 426 Abs. 1 S. 1 BGB maßgeblich; d. h. Beteiligung zu gleichen Teilen, nicht nach den Miteigentumsquoten (OLG Hamm OLGE 1989, 47). Eine von Abs. 5 abweichende Entscheidung über die Kostenbelastung ist aufgrund des **§ 47 WEG** möglich (BayObLGE 1973, 246). Wegen der Probleme der Zustellung in Fällen des Abs. 5 vgl. § 27 Rdn. 16, 17.

§ 17 Anteil bei Aufhebung der Gemeinschaft

Im Falle der Aufhebung der Gemeinschaft bestimmt sich der Anteil der Miteigentümer nach dem Verhältnis des Wertes ihrer Wohnungseigentumsrechte zur Zeit der Aufhebung der Gemeinschaft. Hat sich der Wert eines Miteigentumsanteils durch Maßnahmen verändert, denen der Wohnungseigentümer gemäß § 22 Abs. 1 nicht zugestimmt hat, so bleibt eine solche Veränderung bei der Berechnung des Wertes dieses Anteils außer Betracht.

I. Aufhebung der Gemeinschaft

1 **1.** Die WEigentümergemeinschaft kann – abgesehen von der in § 11 Rdn. 8 erörterten besonderen Situation – in **zwei Fällen** aufgehoben werden:

2 a) solange das Gebäude besteht, nur durch Vereinbarung sämtlicher WEigentümer (vgl. § 11 Rdn. 4);

b) bei völliger oder teilweiser Zerstörung des Gebäudes auch auf Grund eines einseitigen Verlangens eines WEigentümers dann, wenn eine Vereinbarung gem. § 11 Abs. 1 Satz 3 dies vorsieht (§ 11 Rdn. 6ff.).

3 **2. Werden bei völliger Zerstörung des Gebäudes** gem. § 9 Abs. 1 Nr. 2 die Wohnungsgrundbücher geschlossen, so führt dies zum Erlöschen der Sondereigentumsrechte; die WEigentümergemeinschaft verwandelt sich dann wieder in die gewöhnliche Miteigentümergemeinschaft nach BGB zurück; dies kann, muß aber nicht zur Aufhebung der Gemeinschaft führen. Für die Aufhebung einer derart zurückverwandelten gewöhnlichen Gemeinschaft gelten die Vorschriften des § 17 nicht; wegen der entsprechenden Anwendung vgl. unten Rdn. 7.

4 **3.** Wird die WEigentümergemeinschaft gem. vorstehenden Rdn. 1, 2 aufgehoben, so hat dies zur Folge, daß das Gebäude und Grundstück nunmehr als ganzes und ohne Rücksicht darauf, was hiervon zum gemeinschaftlichen Eigentum und was zum Sondereigentum gehört hatte, nach den Vorschriften der §§ 752ff. BGB entweder durch Teilung in Natur, oder, weil dies in der Regel ausgeschlossen sein wird, durch Verkauf verwertet werden muß. Vgl. im übrigen § 11 Rdn. 8. § 17 betrifft in erster Linie den Fall der freiwilligen Aufhebung, in welchem die vorausgesetzten baulichen Veränderungen am Sondereigentum oder am gemeinschaftlichen Eigentum z. Zt. der Aufhebung (noch) vorhanden sind. Zweck der Vorschrift ist, ungerechtfertigte Vor- und Nachteile auszugleichen, die bei einer Teilung nach dem Verhältnis der Miteigentumsquoten eintreten könnten. Satz 1 kann auch zur Korrektur von vornherein unrichtig bestimmter Miteigentumsquoten bei der Teilung herangezogen werden, weil er ganz allgemein das wirkliche Wertverhältnis als maßgeblich bestimmt.

II. Anteil bei Aufhebung

5 **1.** Würde man im Falle der Aufhebung der Gemeinschaft den Anteil jedes einzelnen WEigentümers nach dem in § 16 Abs. 1 Satz 2 als maßgebend bezeichneten Verhältnis – nämlich dem im Grundbuch eingetragenen Verhältnis der Miteigentumsanteile – bestimmen, so hätte dies zur Folge, daß alle Wertänderungen, die sich aus Verbesserungen oder Verschlechterungen der im **Sondereigentum** stehenden Gebäudeteile ergeben und die bei der Aufhebung der Gemeinschaft für den Wert des gesamten Grundstücks von Bedeutung sind, unberücksichtigt bleiben würden. Ein solches Ergebnis wäre nicht nur offenbar unbillig, sondern auch gefährlich, weil es die Neigung zu Wertverbesserungen wesentlich beeinträchtigen würde. Deshalb be-

stimmt § 17 Satz 1, daß im Falle der Aufhebung der Gemeinschaft der Anteil jedes WEigentümers – gemeint ist der Anteil, der bei der Teilung nach §§ 752ff. BGB, regelmäßig also des Versteigerungserlöses, auf den einzelnen WEigentümer entfällt – sich *nach dem wirklichen Wert der WEigentumsrechte* zur Zeit der Aufhebung der Gemeinschaft bestimmt, der durch Schätzung zu ermitteln ist. Vorausgesetzt ist also, daß in diesem Zeitpunkt die Wertverbesserung noch vorhanden ist, was bei völliger Zerstörung nicht, wohl aber bei teilweiser der Fall sein kann. Die Wertverschiebungen, die sich aus Verbesserungen und ebenso auch aus Verschlechterungen des Sondereigentums ergeben, werden also berücksichtigt. Dies hat zum Ergebnis, daß wertverbessernde Aufwendungen, die ein WEigentümer auf sein Sondereigentum macht, ihm nicht nur bei der selbständigen Verwertung des WEigentums, sondern auch in dem selteneren Falle der Aufhebung der Gemeinschaft zugute kommen, während eine Vernachlässigung sich für ihn nachteilig auswirkt. Von der Vorschrift des § 17 Satz 1 abweichende Vereinbarungen sind zulässig (§ 10 Abs. 1 Satz 2).

2. Während Satz 1 des § 17 den Fall von Wertverschiebungen durch das Sondereigentum betrifft, hat **Satz 2 Wertveränderungen des gemeinschaftlichen Eigentums** zum Gegenstand und zwar solche, die auf Maßnahmen nach § 22 Abs. 1 beruhen; Näheres hierzu vgl. daselbst. Hat sich z. B. ein WEigentümer an der nach § 22 Abs. 1 möglichen Errichtung einer Garage oder eines Swimming-Pools nicht beteiligt und ist die Werterhöhung z. Zt. der Aufhebung noch vorhanden, was bei vollständiger Zerstörung nicht der Fall sein kann, so nimmt er an der dadurch bewirkten Werterhöhung nicht teil. **6**

Wird nur das Sondereigentum gem. § 4 aufgehoben, die Bruchteilsgemeinschaft aber aufrechterhalten, so kann ein Wertausgleich notwendig werden, für den § 17 entsprechend angewendet werden kann (Bärmann/Pick/Merle § 17 Rdn. 8). **7**

III. Verfahren

Nach § 43 Abs. 1 Nr. 1 Zivilprozeß, nicht fG. **8**

§ 18 Entziehung des Wohnungseigentums

(1) **Hat ein Wohnungseigentümer sich einer so schweren Verletzung der ihm gegenüber anderen Wohnungseigentümern obliegenden Verpflichtungen schuldig gemacht, daß diesen die Fortsetzung der Gemeinschaft mit ihm nicht mehr zugemutet werden kann, so können die anderen Wohnungseigentümer von ihm die Veräußerung seines Wohnungseigentums verlangen.**

(2) **Die Voraussetzungen des Absatzes 1 liegen insbesondere vor, wenn**

1. der Wohnungseigentümer trotz Abmahnung wiederholt gröblich gegen die ihm nach § 14 obliegenden Pflichten verstößt;

2. der Wohnungseigentümer sich mit der Erfüllung seiner Verpflichtungen zur Lasten- und Kostentragung (§ 16 Abs. 2) in Höhe eines Betrages, der drei vom Hundert des Einheitswertes seines Wohnungseigentums übersteigt, länger als drei Monate in Verzug befindet.

(3) **Über das Verlangen nach Absatz 1 beschließen die Wohnungseigentümer durch Stimmenmehrheit. Der Beschluß bedarf einer Mehrheit von mehr als der Hälfte der stimmberechtigten Wohnungseigentümer. Die Vorschriften des § 25 Abs. 3, 4 sind in diesem Falle nicht anzuwenden.**

(4) **Der in Absatz 1 bestimmte Anspruch kann durch Vereinbarung der Wohnungseigentümer nicht eingeschränkt oder ausgeschlossen werden.**

Literatur: Friese, Versteigerung von Wohnungseigentum, MDR 1951, 592; ders., Bemerkungen zum WEG, NJW 1951, 510. – Hauger, Schweizerisches Stockwerkeigentum im Rechtsvergleich, Frankfurt 1977. – Stache, Die Problematik der §§ 18, 19 WEG, Diss., 1968.

1 § 18 sieht einen besonderen Rechtsbehelf, eine Art von „Abmeierungsklage" vor; indem er die Möglichkeit einer Entziehung des WEigentums bietet, schafft er einen Ausgleich dafür, daß die Gemeinschaft unauflöslich ist. Dadurch wird verhindert, daß in einer WEigentümergemeinschaft durch Streit und Unfrieden unerträgliche Verhältnisse hervorgerufen werden. Das Fehlen einer solchen Möglichkeit hat, worauf die Begründung (PiG 8, S. 223, 233) hinweist, viel dazu beigetragen, das Stockwerkseigentum alter Art zu einer Quelle endloser und unerträglicher Streitigkeiten werden zu lassen. § 18 ist nicht in dem Sinne abschließend, daß bei Vorliegen seiner Voraussetzungen keine anderen Maßnahmen ergriffen werden dürfen; ist z. B. wegen starker Belastung mit Grundpfandrechten nicht mit einer Veräußerung im Wege der Versteigerung zu rechnen, so können Maßnahmen im Rahmen des § 15 Abs. 2 beschlossen werden (OLG Celle OLGE 1991, 50; BayObLG WE 1992, 347; OLG Hamm WE 1994, 84; s. § 15 Rdn. 22). Nach dem WEG kann der Störenfried aus der Gemeinschaft unter den in § 18 näher umschriebenen Voraussetzungen und auf dem durch § 18 und die ergänzenden Vorschriften gewiesenen Wege ausgeschlossen werden. Die Entziehung des WEigentums ist, wie sich aus dem Merkmal der „Unzumutbarkeit" ergibt, die „ultima ratio", also letztes Mittel, das folglich erst nach Ausschöpfung anderer möglicher und zumutbarer Maßnahmen – Herbeiführung einer Entscheidung über die möglicherweise zweifelhafte Rechtslage, Abmahnung – angewendet werden darf (AG München MDR 1961, 604; AG Stuttgart-Bad Cannstadt ITelex 1984/13/74; LG Landau ITelex 1986/14/82; LG Passau Rpfleger 1984, 412 m. Anm. Gerauer; LG Aachen ZMR 1993, 233). Vgl. im übrigen auch Vor § 1 Rdn. 39 und § 19 Rdn. 1. Die Gesichtspunkte, die nach § 18 die Entziehung des WEigentums rechtfertigen, sind in BGHZ 59, 104 herangezogen worden zur Begründung des Rücktrittsrechts des Bauträgers zwischen dem Abschluß des Erwerbsvertrages und der Übertragung eines nach § 8 gebildeten WEigentumsrechts wegen grober Vertragsverletzungen durch den Erwerber (positive Vertragsverletzung analog §§ 325, 326 BGB). Vgl. dazu weiter Anh. zu § 8 Rdn. 41. Die Entziehung führt nicht wie im Gesellschaftsrecht zur Anwachsung, sondern zur erzwingbaren Veräußerung (vgl. dazu § 19 Rdn. 1). Das Verfahren der §§ 18, 19 ist kompliziert und oft

langwierig und hat daher Anlaß zu Kritik gegeben; doch ist bisher eine bessere Lösung nicht vorgeschlagen worden. In der Praxis wird es, wie die in den Erläuterungen angeführten Gerichtsentscheidungen zeigen, angewendet; eine „stumpfe Waffe" ist es nicht (so auch Röll WEM 1983, 10).

I. Voraussetzungen der Entziehung des Wohnungseigentums

1. Die Generalklausel des Abs. 1. Voraussetzung der Entziehungsklage ist, daß der WEigentümer sich einer so schweren Verletzung der ihm gegenüber anderen WEigentümern obliegenden Verpflichtungen schuldig gemacht hat, daß diesen die Fortsetzung der Gemeinschaft mit ihm nicht mehr zugemutet werden kann. Das WEG nimmt damit, worauf Bärmann/Pick/Merle (§ 18 Rdn. 4) mit Recht hinweist, einen Gedanken auf, der für alle Dauerschuldverhältnisse gilt und in §§ 737, 723 BGB für die Gesellschaft, in §§ 553ff. BGB für die Miete, in § 626 BGB für den Dienstvertrag positivrechtlichen Ausdruck gefunden hat. 2

a) Die Verpflichtungen, deren Verletzung hier in Betracht kommt, können finanzieller oder anderer Art sein. Es muß sich dabei um Verpflichtungen handeln, die einem WEigentümer gegenüber anderen WEigentümern obliegen. Nicht ist verlangt, daß es sich um Verpflichtungen handelt, die auf der Gemeinschaft beruhen, wenn dies auch regelmäßig der Fall sein wird. Allerdings muß sich die Verletzung nicht gegen alle anderen WEigentümer richten, wie es in den Worten: „gegenüber anderen WEigentümern" (nicht: „gegenüber *den* anderen WEigentümern") zum Ausdruck kommt. 3

b) Die Verletzung muß so schwer sein, daß den betroffenen WEigentümern die Fortsetzung der Gemeinschaft mit dem Störer nicht mehr zugemutet werden kann. Ob dies zutrifft, ist im Streitfalle von den Gerichten unter Berücksichtigung aller Umstände des Einzelfalles zu entschieden (Beispiele: Duldung bordellartiger Zustände in einer vermieteten Eigentumswohnung, LG Nürnberg-Fürth, wiedergegeben bei Diester, Rspr. Nr. 52; dauernde Beleidigungen anderer WEigentümer, KG NJW 1967, 2268; andererseits LG Passau Rpfleger 1984, 412; wiederholte Sachbeschädigungen und Beschmutzungen (AG Reinbek DWEigt 1993, 127); Streitigkeiten, Randalieren, Gewalttätigkeiten LG Essen (zit. von Bärmann, PiG 17, S. 252); Nichteinhaltung der Heizregelung (LG Aachen ZMR 1993, 233). Dabei wird man weitgehend die Maßstäbe heranziehen können, die die Rechtsprechung zu § 2 des früher geltenden MSchG und zu den §§ 553ff. BGB entwickelt hat, wobei aber immer dem Umstand Rechnung getragen werden muß, daß es sich nicht um Miete, sondern um ein Zusammenleben zwischen Miteigentümern handelt. Für die Beurteilung der Zumutbarkeit kann der Zeitablauf von Bedeutung sein (Gedanke der Verwirkung, so auch Bärmann/Pick/Merle § 18 Rdn. 8). 4

c) Die Verletzung muß **schuldhaft** sein (vgl. „schuldig gemacht"). Das Verschulden kann auch eine allgemeine Lebensführungsschuld sein, so z. B., wenn ein WEigentümer in einem durch Trunk- oder Drogensucht bewirkten Zustand der Unzurechnungsfähigkeit Brandgefahr verursacht. Gegen 5 eine vertragliche Erweiterung, u. U. auch gegen eine erweiternde Auslegung auf unverschuldete schwere Störungen der Gemeinschaft bestehen aber keine Bedenken (ähnlich Bärmann/Pick/Merle § 18 Rdn. 16; a. A. Diester § 18 Bem. 5a; für Anwendung auch bei Schuldunfähigkeit AG Reinbek DWEigt 1993, 127); im Falle des Abs. 2 Nr. 2 gilt § 279 BGB; ein eigentliches Verschulden ist insoweit also nicht vorausgesetzt. Das BVerfG (DWEigt 1993, 151) hält die Entziehung auch bei Schuldunfähigkeit für möglich, verlangt aber bei unverschuldeter Pflichtverletzung entweder eine besondere Schwere (sofern es sich um einen einmaligen Verstoß gegen Verhaltenspflichten handelt) oder eine Wiederholungsgefahr (wenn diese Schwere nicht erreicht wird). Ein entsprechendes Problem ergibt sich zu § 554a BGB; nach zutr. Ansicht ist selbst hier trotz der ein Verschulden voraussetzenden Fassung des Gesetzes das Kündigungsrecht aus wichtigem Grund auch im Falle einer unverschuldeten, aber unzumutbaren Belästigung der Mitmieter anzuerkennen, vgl. z. B. Palandt/Putzo § 554a Rdn. 5.

6 **2. Die besonderen Tatbestände.** Um die in Abs. 1 nur sehr allgemein umschriebenen Voraussetzungen zu verdeutlichen, stellt Abs. 2 zwei besondere Tatbestände der Entziehung auf; dies bedeutet einerseits, daß bei deren Vorliegen eine weitere Prüfung der Frage der Zumutbarkeit nicht mehr erforderlich ist. Diese Tatbestände sind aber andererseits, wie das Wort „insbesondere" erkennen läßt, nicht erschöpfend. Nicht berücksichtigt ist bei den Tatbeständen des Abs. 2 namentlich der Fall eines nicht einwandfreien Verhaltens, das nicht eine Verletzung der im § 14 bestimmten Pflichten darstellt, also z. B. beleidigendes, gewalttätiges, anstößiges Verhalten eines WEigentümers gegenüber anderen WEigentümern. Die besonderen Tatbestände der Entziehung sind:

7 a) der Fall, daß ein WEigentümer trotz Abmahnung wiederholt **gröblich gegen die ihm nach § 14 obliegenden Pflichten verstößt (Abs. 2 Nr. 1)**. Derartige Verstöße – Beispiele oben Rdn. 4 – müssen also trotz Abmahnung – sei es durch andere WEigentümer oder durch den Verwalter – wiederholt (d. h. nach der Abmahnung mindestens noch zweimal) und gröblich sein. Die Haftung für die zum Hausstand oder Geschäftsbetrieb gehörenden Personen, Mieter usw. bestimmt sich in diesem Fall ausschließlich nach § 14 Nr. 2; eine Haftung nach § 278 BGB kommt insoweit nicht in Betracht. Die Vorschrift des Abs. 2 Nr. 1 schließt nicht aus, daß auch schon ein einmaliger grober Verstoß, namentlich wenn Wiederholungsgefahr besteht, als Grund zur Entziehung ausreicht; in diesem Falle muß aber die Frage der Zumutbarkeit nach Abs. 1 geprüft werden;

8 b) der Fall, daß der WEigentümer seinen **Zahlungsverpflichtungen** nicht nachkommt **(Abs. 2 Nr. 2)**. Hierfür muß der WEigentümer sich mit der Erfüllung seiner Verpflichtungen zur Lasten- und Kostentragung (§ 16 Rdn. 10ff.), also mit dem „Wohngeld", in Verzug befinden und zwar mit einem Betrag, der 3 vom Hundert des Einheitswerts des WEigentums übersteigt; Beispiel AG Mülheim DWEigt 1986, 92. Wegen des Einheitswertes des WEigentums ist dabei auf das Bewertungsgesetz (Anh. zu § 62, Rdn. 4ff.) zu verweisen. Bei einem Einheitswert von angenommen 30.000 DM müßte also der nach Abs. 2 Nr. 2 verlangte Betrag 900 DM übersteigen.

Mit einem solchen Betrag muß sich der WEigentümer länger als 3 Monate in Verzug befinden; die Rückstände in dieser Höhe und Dauer müssen im Zeitpunkt der letzten mündlichen Verhandlung bestehen. Nach Erlaß des Urteils kann der WEigentümer die Folgen, d. h. die Entziehung des WEigentums, gem. § 19 Abs. 2 abwenden.

II. Die Beschlußfassung über die Klageerhebung (Abs. 3)

Sind die vorstehend dargelegten Voraussetzungen gegeben, „so können die anderen WEigentümer von ihm die Veräußerung seines WEigentums verlangen". Dieser Anspruch steht, wie die Fassung „die anderen WEigentümer" zu erkennen gibt, allen anderen WEigentümern gemeinschaftlich zu. Abs. 3 verlangt aber nicht einen einstimmigen Beschluß aller anderen WEigentümer zur Erhebung der Klage. Vielmehr erklärt er einen Mehrheitsbeschluß der WEigentümer für ausreichend; für die Überstimmten gilt § 10 Abs. 4. Deshalb wird auch der Frage, ob jeder nach § 432 BGB den Anspruch allein geltend machen kann (bejahend Palandt/Bassenge § 18 Rdn. 4; LG Nürnberg-Fürth, wiedergegeben bei Diester, Rspr. Nr. 52; OLG Hamm WE 1990, 97), kaum große Bedeutung zukommen; die Frage erscheint zweifelhaft. Vorzuziehen ist jedenfalls die Klage durch alle Berechtigten (vgl. § 10 Rdn. 13). Als Mehrheit wird verlangt – abweichend von § 23 – die Mehrheit der stimmberechtigten (also nicht nur der anwesenden) WEigentümer. Dabei hat jeder WEigentümer eine Stimme ohne Rücksicht auf die Größe seines Anteils (§ 25 Abs. 2) und ohne Rücksicht darauf, ob sonst das Kopfprinzip (§ 25 Abs. 2 Satz 1) abbedungen ist; der WEigentümer, gegen den die Klage erhoben werden soll, ist nach § 25 Abs. 5 nicht stimmberechtigt. Die Vorschriften des § 25 Abs. 2 und 3 über die Beschlußfähigkeit der WEigentümerversammlung sind ausdrücklich für nicht anwendbar erklärt. Es genügt also nicht die Mehrheit der erschienenen WEigentümer, vielmehr wird die absolute Mehrheit verlangt, berechnet nach der Zahl der insgesamt vorhandenen stimmberechtigten WEigentümer, und zwar der gesamten Anlage, nicht nur des betreffenden Blocks (BayObLG Rpfleger 1972, 144). Bei einer Zweiergemeinschaft (Beispiele: BayObLGE 1983, 109; LG Aachen ZMR 1993, 233) bedarf es des Beschlusses nicht. Wird die erforderliche Mehrheit nicht erreicht, so gilt nicht die Vorschrift über die Wiederholungsmöglichkeit unter erleichterten Voraussetzungen nach § 25 Abs. 3. 9

Der Beschluß, von dem in Abs. 3 die Rede ist, betrifft ausschließlich die Frage, *ob* die Veräußerung *verlangt werden soll,* nicht die Frage, ob der Anspruch besteht (so zutr. OLG Frankfurt DWEigt 1984, 62); es handelt sich also keineswegs, wie schon angenommen worden ist, um eine Art von schiedsgerichtlicher oder schiedsgutachtlicher Entscheidung; die sachliche Entscheidung steht vielmehr dem zuständigen Gericht (§ 51) zu. Der gegebenenfalls durch Auslegung zu ermittelnde Inhalt des Beschlusses muß das Veräußerungsverlangen als solches sein; die Ermächtigung des Verwalters zur gerichtlichen Geltendmachung des Anspruchs reicht nicht aus (OLG Hamm WE 1990, 97). Wird der Beschluß angefochten, so hat das WEG-Gericht nur die Ordnungsmäßigkeit der Beschlußfassung, nicht die Berech- 10 tigung des Verlangens zu prüfen (OLG Frankfurt aaO; OLG Hamm aaO). Für eine Änderung des Beschlusses – Abstandnahme von einer beschlossenen Klageerhebung, Klagerücknahme – gilt Entsprechendes wie für die Erhebung. Wegen der Geltendmachung durch den Verwalter vgl. § 27 Rdn. 20. Wegen des Verfahrens vgl. unten Rdn. 13.

III. Abdingbarkeit (Abs. 4)

11 **Abs. 4,** der erst durch einen Zusatzantrag im Plenum des Bundestages eingefügt worden ist, bestimmt, daß der in **Abs. 1** bestimmte Anspruch durch Vereinbarung der WEigentümer *nicht eingeschränkt* oder ausgeschlossen werden kann. Dies beruht auf der Erwägung, daß dem Grundsatz der unabdingbaren Unauflöslichkeit (§ 11) auch eine ebenso unabdingbare Möglichkeit, das Gemeinschaftsverhältnis von unerträglich gewordenen Störungen zu befreien, gegenüberstehen muß.

Diese Unabdingbarkeit schließt nicht aus, daß durch Vereinbarung der WEigentümer i. S. des § 10 Abs. 2 nähere Bestimmungen darüber getroffen werden, unter welchen Voraussetzungen die Fortsetzung der Gemeinschaft nicht oder nicht mehr als „zumutbar" i. S. des § 18 Abs. 1 anzusehen ist; z. B. kann in der Vereinbarung bestimmt werden, daß die Veräußerung nicht mehr verlangt werden könne, wenn seit Kenntnis des Verwalters von den die Entziehung begründenden Tatsachen mehr als 6 Monate, ohne Rücksicht auf diese Kenntnis mehr als 2 Jahre verstrichen sind; eine solche Vereinbarung kann allerdings nicht schlechthin den Anspruch aus § 18 Abs. 1 ausschließen, sie läßt also die Möglichkeit offen, daß trotz Vorliegens dieser Umstände im Einzelfall gleichwohl das Verbleiben des betreffenden WEigentümers in der WEigentümergemeinschaft unzumutbar ist. Gleichwohl wird eine solche Vereinbarung für den Regelfall ergeben, daß die WEigentümer selbst den Verstoß unter solchen Voraussetzungen nicht mehr als so schwerwiegend ansehen, daß er zum Ausschluß führen müßte. Deshalb kann auch das Grundbuchamt die Eintragung solcher und ähnlicher Vereinbarungen nicht ablehnen (so zutr. auch Diester, Aufgaben der Grundbuchämter, S. 20 gegen LG Kassel, wiedergegeben bei Diester, Rspr. unter Nr. 51a; a. M. Bärmann/Pick/Merle § 18 Rdn. 52, die aber die Möglichkeit der Verwirkung anerkennen; anders wohl aaO Rdn. 11); zu der damit berührten grundsätzlichen Frage der Prüfung durch die Grundbuchämter vgl. § 7 Rdn. 18ff.

12 Dagegen sind **die in Abs. 2, 3 gegebenen Vorschriften abdingbar** (ebenso OLG Celle DNotZ 1955, 320 mit zust. Anm. Weitnauer). Die WEigentümer können also vorbehaltlich der allgemeinen Inhaltskontrolle (§ 7 Rdn. 29) durch Vereinbarung bestimmte Tatbestände, bei deren Vorliegen ohne weiteres auf Entziehung des WEigentums zu erkennen ist, abweichend von Abs. 2 bestimmen. Sie können auch, namentlich in bezug auf die Voraussetzungen der Abmeierung wegen Zahlungsverzuges, abweichende Bestimmungen treffen. Ebenso können sie andere Voraussetzungen für die Beschlußfassung über die Klageerhebung aufstellen. Sie können also z. B., was namentlich bei größeren Wohnblocks in Betracht kommen wird, die Be-

schlußfassung im Falle von Störungen der unmittelbar beteiligten Hausgemeinschaft überlassen oder größere Mehrheiten verlangen (so auch Bärmann/Pick/Merle § 18 Rdn. 50, 51; a. A. bezüglich Abs. 3 Diester § 18 Anm. 11). Dagegen wird es sich nicht empfehlen, die Beschlußfassung über Störungen, die die Gesamtheit der WEigentümer betreffen, insbes. also Verstöße gegen die Zahlungsverpflichtungen, kleineren als den in Abs. 3 vorgesehenen Mehrheiten zu übertragen; wohl aber könnte für diesen Fall das Stimmrecht unter Umständen abweichend von § 25 Abs. 2 geregelt werden.

IV. Ergänzendes

1. Über die Wirkungen eines **Mehrheitsbeschlusses** nach Abs. 3 vgl. § 10 Abs. 4. Der Auszuschließende hat kein Stimmrecht (§ 25 Abs. 5). Streitigkeiten über die Gültigkeit des Beschlusses sind gem. § 43 Abs. 1 Nr. 4 im Verfahren der fG auszutragen (KG NJW 1968, 2268; oben Rdn. 10); auch ein solcher Beschluß kann, wenn er nicht fristgerecht angefochten wird, nach § 23 Abs. 4 in Bestandskraft erwachsen (als Beispiel s. BayObLGE 1975, 57). **13**

2. Das Verfahren, in dem der Anspruch auf Entziehung des WEigentums zu verfolgen ist, ist der gewöhnliche **Zivilprozeß** (§ 43 Abs. 1 Nr. 1). Örtlich und sachlich zuständig ist das Amtsgericht, in dessen Bezirk das Grundstück liegt (§ 51). Aussetzung des Verfahrens zur Wiederherstellung des Friedens in der Hausgemeinschaft ähnlich dem früheren § 11 MSchG kann in Betracht kommen. **14**

3. Kosten des Rechtsstreits gem. § 18 gehören zu den Kosten der Verwaltung i. S. des § 16 Abs. 2 (vgl. § 16 Abs. 4 und die Erläuterungen hierzu). Entfällt der Entziehungsgrund vor Rechtshängigkeit der Klage, können die entstandenen Anwaltskosten als Verzugsschaden geltend gemacht werden; es ist § 254 Abs. 1 BGB zu beachten, so sind z. B. die Kosten für mehrere Klagen gegen einen Mehrfacheigentümer nicht erstattungsfähig (KG WE 1992, 257). Der Streitwert bestimmt sich nach dem Verkehrswert des WEigentums (OLG Karlsruhe Rpfleger 1980, 308; anders BayObLG WE 1992, 180: i. d. R. 20% des Verkehrswertes). **15**

4. Die Entscheidung verurteilt den betroffenen WEigentümer, sein WEigentum zu veräußern. Kommt der verurteilte WEigentümer diesem Urteil nicht freiwillig nach, so wird das WEigentum **gem. § 19 versteigert;** das Verfahren dieser Versteigerung ist in den §§ 53 bis 58 näher geregelt. **16**

5. Wegen eines gerichtlichen oder vor der Gütestelle geschlossenen **Vergleichs** vgl. § 19 Abs. 3. **17**

§ 19 Wirkung des Urteils

(1) **Das Urteil, durch das ein Wohnungseigentümer zur Veräußerung seines Wohnungseigentums verurteilt wird, ersetzt die für die freiwillige Versteigerung des Wohnungseigentums und für die Übertragung des Wohnungseigentums auf den Ersteher erforderlichen Erklärungen. Aus dem Urteil findet zugunsten des Erstehers die Zwangsvollstreckung auf Räumung und Herausgabe statt. Die Vorschriften des § 93 Abs. 1 Satz 2 und 3 des Gesetzes über die Zwangsversteigerung und Zwangsverwaltung gelten entsprechend.**

(2) **Der Wohnungseigentümer kann im Falle des § 18 Abs. 2 Nr. 2 bis zur Erteilung des Zuschlags die in Absatz 1 bezeichnete Wirkung des Urteils dadurch abwenden, daß er die Verpflichtungen, wegen deren Nichterfüllung er verurteilt ist, einschließlich der Verpflichtung zum Ersatz der durch den Rechtsstreit und das Versteigerungsverfahren entstandenen Kosten sowie die fälligen weiteren Verpflichtungen zur Lasten- und Kostentragung erfüllt.**

(3) **Ein gerichtlicher oder vor einer Gütestelle geschlossener Vergleich, durch den sich der Wohnungseigentümer zur Veräußerung seines Wohnungseigentums verpflichtet, steht dem in Absatz 1 bezeichneten Urteil gleich.**

Literatur: siehe Hinweise zu § 18.

1 Nach Gesellschaftsrecht wächst beim Ausschluß eines Gesellschafters dessen Anteil am Gesellschaftsvermögen den übrigen Gesellschaftern an (§§ 737, 738 BGB). Anders hier: Der WEigentümer, der aus der Gemeinschaft entfernt werden soll, ist verpflichtet und wird verurteilt, sein WEigentum zu veräußern; an seiner Stelle muß also ein anderer als WEigentümer in die Gemeinschaft eintreten. Dies kann dadurch erreicht werden, daß der verurteilte WEigentümer sein WEigentum durch Rechtsgeschäft an einen Dritten veräußert. Tut er dies nicht, so kann gemäß § 19 Zwang gegen ihn ausgeübt werden, und zwar in der Weise, daß sein WEigentum in einem als „freiwillige Versteigerung" ausgestalteten Verfahren nach der näheren Regelung der §§ 53ff. versteigert wird. Über die Gründe, die zur Wahl dieses Verfahrens geführt haben, vgl. Vorbem. vor § 53. Kommt es zur Veräußerung und ist das WEigentum vermietet, so tritt der Erwerber gem. §§ 571ff. BGB in das Mietverhältnis ein (vgl. Anh. zu § 13 Rdn. 6ff.). Das außerordentliche Kündigungsrecht, das dem Ersteher in der Zwangsversteigerung nach §§ 57a f. ZVG zusteht, besteht im Falle des § 19 nicht. Zu den Vorschriften des § 19 ist im einzelnen folgendes auszuführen.

2 1. Wirkung des Urteils (Abs. 1)

Das Urteil, durch das ein WEigentümer zur Veräußerung seines WEigentums verurteilt wird, ersetzt die für die freiwillige Versteigerung des WEigentums und für die Übertragung des WEigentums auf den Ersteher erforderlichen Erklärungen. Es werden also ersetzt

a) die zum **Abschluß des Kaufvertrags** (vgl. § 894 ZPO) in der Versteigerung erforderliche Vollmacht für den versteigernden Notar; mit dem Zuschlag kommt der Kaufvertrag zwischen dem verurteilten WEigentümer und dem Ersteher zustande; 3

b) die für die **Übertragung des WEigentums** auf den Ersteher erforderlichen Erklärungen, also die Auflassungserklärung (§ 925 BGB; vgl. hierzu § 57 Rdn. 6), nicht aber die Auflassungserklärung des Erstehers (d. h. die Erklärung, daß er mit dem Übergang des Eigentums einverstanden ist) und selbstverständlich auch nicht die zum Eigentumsübergang erforderliche Eintragung im Grundbuch (§ 925 BGB). Die Lage entspricht derjenigen, die bei Verurteilung zur Abgabe der Auflassungserklärung nach § 894 ZPO eintritt. Für den Rechtserwerb oder die Veräußerung erforderliche Genehmigungen, z. B. nach § 1821 BGB die des Vormundschaftsgerichts, müssen erteilt sein, ebenso die Unbedenklichkeitsbescheinigung des Finanzamts wegen der Grunderwerbsteuer. Eine Eintragungsbewilligung ist nach h. A. neben der Auflassung nicht erforderlich, sofern diese in einem der Form des § 29 GBO genügenden Protokoll nachgewiesen oder unmittelbar vor dem Grundbuchamt erklärt ist (vgl. RGZ 141, 377; 132, 408). Sollte ein Gericht abweichender Ansicht sein, so wäre auch dieses Erfordernis durch § 19 Abs. 1 erfüllt. 4

c) Ist ein WEigentümer durch vorläufig vollstreckbares Urteil gem. §§ 18, 19 zur Veräußerung seines WEigentums verurteilt, so gilt nach KG Rpfleger 1979, 198 gem. § 895 ZPO die Eintragung einer **Vormerkung** zur Sicherung des Anspruchs der Titelgläubiger auf Rechtsübertragung an den künftigen Ersteigerer als bewilligt. Auf diese Weise ist ein nicht unerheblicher Teil der unter Rdn. 6 erörterten Schwierigkeiten überwunden. Der Eintragung der Vormerkung steht, wie das KG aaO zutreffend ausführt, nicht entgegen, daß z.Zt. der Eintragung der Erwerber noch nicht bestimmt ist. 5

d) Das Urteil ersetzt aber nicht nur Willenserklärungen; es ist darüber hinaus ein **Vollstreckungstitel,** aus dem zugunsten des Erstehers die Zwangsvollstreckung auf Räumung und Herausgabe stattfindet, allerdings nur gegen den verurteilten WEigentümer, nicht gegen dritte Personen (Mieter, aber auch unberechtigte Besitzer). Gegen solche Dritte wirkt das Urteil anders als der Zuschlagsbeschluß im Zwangsversteigerungsverfahren nicht. Gleichwohl kann der Fall eintreten, daß die Vollstreckung der Räumung sich gegen dritte Personen richtet. Für diesen Fall sind die Vorschriften des § 93 Abs. 1 Satz 2 und 3 ZVG entsprechend anzuwenden. Sie lauten: „Die Zwangsversteigerung soll nicht erfolgen, wenn der Besitzer auf Grund eines Rechts besitzt, das durch den Zuschlag nicht erloschen ist. Erfolgt gleichwohl die Zwangsvollstreckung, so kann der Besitzer nach Maßgabe des § 771 ZPO Widerspruch erheben." Hiernach kann sich also der berechtigte Besitzer, insbes. der Mieter, durch Widerspruchsklage gem. § 771 ZPO und die mit dieser sonst verbundenen Rechtsbehelfe (vorläufige Anordnungen) zur Wehr setzen. 6

Es sind Zweifel geäußert worden, **ob die Regelung** des § 19 i. V. mit §§ 53ff. **ihr Ziel erreicht** (schon durch Friese NJW 1951, 510), insbes. dann, wenn „der Ersteher mit dem verurteilten WEigentümer gemeinsame Sache macht" (Friese aaO) oder wenn der WEigentümer das WEigentum über 7 seinen Wert hinaus belastet und dadurch die Aussichten einer Versteigerung vereitelt. Befürchtungen dieser Art kann nach den inzwischen gemachten Erfahrungen die Berechtigung nicht abgesprochen werden. Während Fälle eines kollusiven Zusammenspiels zwischen dem verurteilten WEigentümer und dem Ersteher nicht vorzukommen scheinen, hat es Fälle gegeben, in denen der Veräußerungszwang infolge einer Überbelastung mit Grundpfandrechten gegenstandslos wird. Liegt der Grund der Entziehung in Wohngeldrückständen, dann kann das Zwangsversteigerungsverfahren nach dem ZVG betrieben werden. Dies hat allerdings nur Aussicht auf Erfolg, wenn im Range vorgehende Gläubiger dem Verfahren beitreten (§ 27 ZVG); dazu scheinen sie aber nicht stets bereit zu sein. Im übrigen ist folgendes zu bedenken: Gegen böswilliges Verhalten eines Schuldners gibt es hier wie auch sonst fast nur den Schutz des § 826 BGB (vgl. dazu auch Bärmann/Pick/Merle § 18 Rdn. 54, § 19 Rdn. 12). Immerhin schützt von dem Erlaß des vorläufig vollstreckbaren Urteils an die Eintragung der Vormerkung nach § 895 ZPO (oben Rdn. 4) gegen Belastungen und gegen eine Veräußerung an einen anderen Erwerber als den künftigen Ersteher. Schon vorher haben die anderen WEigentümer gegen den Störer aus dem Gemeinschaftsverhältnis (vgl. § 10 Rdn. 12) einen Anspruch auf Unterlassung von Handlungen, welche den Entziehungsanspruch beeinträchtigen oder gefährden, und können gem. § 44 Abs. 3 einstweilige Anordnungen zum Schutz dieses Anspruchs im Verfahren nach §§ 43ff. erwirken. Für die bisher offenbar nicht praktisch gewordene Frage, wie zu verfahren ist, wenn der Ersteher die zum Erwerb des WEigentums erforderlichen Schritte nicht tut, zeigen sich verschiedene **Lösungsmöglichkeiten:** Man kann (so bis zur 6. Aufl. im Anschluß an Erman/H. Westermann, 6. Aufl., § 19 Anm. 2) den Notar als ermächtigt ansehen, den Anspruch auf Abnahme als Vertreter des Verurteilten geltend zu machen; dagegen läßt sich aber einwenden, daß das nicht im Aufgabenbereich des Notars liege (so Bärmann/Pick/Merle § 19 Rdn. 8). Näher liegt es wohl anzunehmen, daß die WEigentümer, die die stattgebende Entscheidung erwirkt haben, ermächtigt sind, im eigenen Namen den Anspruch des Verurteilten auf Abnahme geltend zu machen (§ 19 Abs. 1 Satz 1: „die für die Übertragung erforderlichen Erklärungen"); da das gegenüber einem fraudulösen Ersteher kaum Sinn haben wird, würden sie auf diese Weise wenigstens die Möglichkeit erhalten, den durch den Zuschlag zustandegekommenen Kaufvertrag durch Rücktritt nach oder entsprechend § 326 BGB zu Fall zu bringen. Ist ein Veräußerungsverbot nach § 12 in der GemO. vorgesehen und stellt der verurteilte WEigentümer nicht den Antrag auf die Erteilung der erforderlichen Zustimmung, so wird mit Friese (MDR 1951, 592) anzunehmen sein, daß der Ersteher, falls er erwerbswillig ist, den Anspruch des Verurteilten auf Erteilung der Zustimmung pfänden und sich überweisen lassen kann. Daß das Eigentum nicht einfach wie in der Zwangsversteigerung mit dem Zuschlag auf den Ersteher übergehen kann (§ 90 ZVG), folgt aus der gegebenen Konstruktion des Entziehungsverfahrens. Jedenfalls scheidet der verurteilte WEigentümer erst mit der Vollendung des sachenrechtlichen Erwerbs durch den Ersteher aus der Gemeinschaft aus (vgl. § 10 Rdn. 34); der abw. Ansicht von Bärmann kann nicht gefolgt werden (Bärmann/Pick/Merle § 19 Rdn. 5). Zum ganzen auch Stache, Die Problematik der §§ 18, 19 WEG, Diss. München 1968. Im schweizerischen Recht besteht eine entsprechende Regelung für das Miteigentum schlechthin, nicht nur für das Stockwerkeigentum, in Art. 649b ZGB; dazu Liver, Das Eigentum, Basel 1977, S. 73ff.; Hauger, Schweizerisches Stockwerkeigentum und deutsches WEigentum im Rechtsvergleich, S. 144ff.

2. Abwendungsbefugnis des Verurteilten (Abs. 2) 8

Der WEigentümer, der wegen Zahlungsverzuges zur Veräußerung seines WEigentums verurteilt ist, kann die Wirkungen des Urteils bis zur Erteilung des Zuschlags (§ 57) abwenden, indem er seine rückständigen Verpflichtungen und außerdem die Kosten des Rechtsstreits und des Versteigerungsverfahrens sowie die bis dahin weiter fällig gewordenen Verpflichtungen zur Lasten- und Kostentragung erfüllt. Ob diese Voraussetzungen gegeben sind, hat der versteigernde Notar bei der Entscheidung über die Durchführung des Versteigerungstermins und letzten Endes über die Erteilung oder Versagung des Zuschlages zu entscheiden (§ 57; eine Beschwerdemöglichkeit ist durch § 58 gegeben).

3. Vergleich (Abs. 3) 9

Ein gerichtlicher oder vor einer Gütestelle geschlossener Vergleich des in Abs. 3 bezeichneten Inhalts steht in seinen Wirkungen einem Urteil auf Veräußerung gleich; dies gilt sowohl für Abs. 1 als auch für Abs. 2.

4. Abdingbarkeit 10

Die Absätze 1 und 3 sind als Vorschriften prozessualen Inhalts und auch als notwendige Ergänzungen des ebenfalls zwingenden § 18 Abs. 1 unabdingbar. Dagegen dürfte Abs. 2, da er den materiellen Anspruch auf Entziehung des WEigentums betrifft und den auch abdingbaren § 18 Abs. 2 Nr. 2 ergänzt, gem. § 10 Abs. 1 Satz 2 disponibel sein (vgl. § 10 Rdn. 26; ebenso Bärmann/Pick/Merle § 19 Rdn. 27).

3. Abschnitt. Verwaltung

Vorbemerkung

1 **I.** Wie bereits in der Vorbem. zu dem zweiten Abschnitt ausgeführt ist, bilden die Vorschriften über die Verwaltung des gemeinschaftlichen Eigentums einen Teil der Vorschriften, die das Verhältnis der WEigentümer untereinander betreffen. Da es sich aber hier um Fragen von besonderer Bedeutung handelt, die einer eingehenden Regelung bedürfen, werden sie in einem besonderen Abschnitt behandelt. Dabei ist darauf hinzuweisen, daß im Gegensatz zur Gebrauchsregelung die Vorschriften über die Verwaltung sich, wie in den §§ 20, 21 ausdrücklich gesagt wird, **ausschließlich auf das gemeinschaftliche Eigentum beschränken** und sich nicht auf das Sondereigentum beziehen (BayObLG Rpfleger 1979, 216; BayObLGE 1973, 78; KG OLGE 1992, 318; BayObLG WE 1993, 142). In der Verwaltung des Sondereigentums ist also jeder WEigentümer in den durch § 13 Abs. 1 gezogenen Grenzen frei und von den anderen WEigentümern unabhängig. Eine Verwaltungszuständigkeit aller WEigentümer – sogar für Sondereigentum – kann aufgrund der GemO. (BayObLG WE 1992, 198) dann bestehen, wenn es sich bei dem Sondereigentum um Eigentumswohnungen innerhalb einer Ferienanlage handelt und sämtliche dieser Wohnungen verpachtet (BayObLG WE 1992, 208) oder ganz überwiegend vermietet werden (BayObLG WE 1992, 198). Die allgemeinen Vorschriften über die WEigentümergemeinschaft, insbes. § 10, gelten ebenso hier. **Gemeinschaftliches Eigentum** auch i. S. der §§ 20ff. sind das gemeinschaftliche Grundstück und die Teile, Anlagen und Einrichtungen des Gebäudes, die nicht im Sondereigentum oder im Eigentum eines Dritten stehen **(§ 1 Abs. 5).** Wegen der umstrittenen und hier eindeutig verneinten Frage, ob zum gemeinschaftlichen Eigentum noch weitere Vermögenswerte – das sog. **„Verwaltungsvermögen"** – zu rechnen sind, vgl. Vor § 1 Rdn. 43f. und § 1 Rdn. 11ff. Die **„Herren" der Verwaltung** sind die **WEigentümer** (§ 20 Rdn. 1); sie üben ihr Recht zur Verwaltung des gemeinschaftlichen Eigentums insbes. durch Ausübung des **Stimmrechts** in der WEigentümerversammlung aus (dazu §§ 23–25), das folglich ein **entscheidend wichtiges Recht** ist (§ 23 Rdn. 3).

2 **II. Verwaltung** bedeutet den Inbegriff aller Maßnahmen, die in tatsächlicher oder rechtlicher Hinsicht auf die Änderung des bestehenden Zustandes abzielen oder sich als Geschäftsführung zugunsten der WEigentümer in bezug auf das gemeinschaftliche Eigentum darstellen (so Staudinger/Huber § 744 Rdn. 7; ähnlich MünchKomm/K. Schmidt §§ 744, 745 Rdn. 3). Zur Verwaltung gehören die in § 21 Abs. 5 aufgeführten Maßnahmen, aber auch der Abschluß von Verträgen, die sich auf das gemeinschaftliche Eigentum beziehen, z. B. Miet- oder Pachtverträge, Werkverträge über Reparaturen, die Wirtschaftsführung (§ 21 Abs. 5 Nr. 4 i. V. mit § 28), die Erfüllung von Verkehrssicherungspflichten, insbes. der Streupflicht (OLG Hamm NJW 1982, 1108; BGH NJW 1985, 484; vgl. § 27 Rdn. 42ff.), ferner die Geltend-

machung von Mängelansprüchen (vgl. Anh. zu § 8 Rdn. 42ff.) und Schadensersatzansprüchen wegen Beschädigung gemeinschaftlichen Eigentums (z. B. BGH WE 1993, 135; s. hierzu § 13 Rdn. 21 und § 21 Rdn. 4). Eine Maßnahme, die in keiner Weise das Interesse der WEigentümer an der Erhaltung und Nutzung des gemeinschaftlichen Eigentums fördert, wie die Übernahme einer öffentlich-rechtlichen Baulast zugunsten eines Nachbargrundstücks, ist dagegen kein Akt der Verwaltung (OLG Hamm OLGE 1992, 302).

Die Verwaltung umfaßt auch die **Befriedigung von Verbindlichkeiten,** die von allen oder einzelnen WEigentümern eingegangen worden sind und Kosten der Verwaltung i. S. des § 16 Abs. 2 darstellen; dazu gehören insbes. die sog. **„Verwaltungsschulden"** (§ 1 Rdn. 26), für welche die WEigentümer gesamtschuldnerisch haften, z. B. aus Werklohn für eine Dachreparatur, aus einem für die Gemeinschaft aufgenommenen Darlehen, aus dem Verwaltervertrag (KG WE 1994, 54); es gehören hierzu aber auch Verbindlichkeiten, die nur einen einzelnen WEigentümer treffen, etwa aus einem in Notgeschäftsführung geschlossenen Vertrag (Beispiel: BayObLG WE 1987, 14). Schuldner sind die zur Zeit der Entstehung des Anspruchs im Grundbuch eingetragenen, nicht jedoch ein später hinzugekommener WEigentümer (BayObLG WE 1992, 207; OLG Oldenburg WE 1994, 218 m. Anm. Weitnauer). Die einmal eingetretene Haftung wird durch eine spätere Veräußerung des WEigentums nicht berührt (KG NJW-RR 1992, 84). Ungeachtet des Umstands, daß die WEigentümer gegenüber dem Dritten Schuldner sind und mit ihrem ganzen Vermögen haften, haben sie gegen die übrigen einen Anspruch darauf, aus den gemeinsamen Mitteln **von solchen Schulden befreit zu werden,** also aus den Mitteln, die im Wege von Vorschuß- und Abschlußzahlung aufgebracht werden (§ 16 Rdn. 11; § 28); zu einer persönlichen Inanspruchnahme durch den Dritten darf und kann es bei ordnungsmäßiger Verwaltung nicht kommen (vgl. BGH NJW 1981, 282; abw. OLG Stuttgart OLGE 1986, 32). Eine Freistellungs- oder Regreßforderung kann der in Anspruch genommene Gesamtschuldner ohne Ermächtigung der Gemeinschaft geltend machen (KG OLGE 1991, 172). Vgl. im übrigen § 21 Rdn. 5.

Die **Verwaltung ist abzugrenzen gegenüber dem „Gebrauch", der „Benutzung" des gemeinschaftlichen Eigentums** (dazu § 15, Gebrauchsregelung), 3

gegenüber Verfügungen über das gemeinschaftliche Eigentum: Davon handelt § 747 Satz 2 BGB, nach dem **rechtliche** Verfügungen nur von allen Teilhabern gemeinschaftlich getroffen werden können, **tatsächliche** Verfügungen nur von allen gemeinschaftlich getroffen werden dürfen (§ 10 Rdn. 6). Letztere sind z. B. die Errichtung oder der Abriß einer Garage, die Instandsetzung des Daches, rechtliche Verfügungen z. B. die Abtretung einer Parzelle des gemeinschaftlichen Grundstücks für Straßenzwecke an die Gemeinde oder die Einräumung einer Grunddienstbarkeit zugunsten eines Nachbarn. Entgegen dem ersten Anschein schließen sich Verwaltung und Verfügung nicht gegenseitig aus; vielmehr können Verfügungen tatsächlicher und rechtlicher Art sehr wohl ein Mittel der Verwaltung sein, wie die angeführten Beispiele zeigen (unrichtig: Belz S. 99). Daraus folgt, daß sie auch Maßnahmen der ordnungsmäßigen Verwaltung sein und dann mit Mehrheit beschlossen oder gem. § 21 Abs. 4 verlangt werden können (so zum entsprechenden Fall des

§ 745 Abs. 2 BGB, BGH NJW 1987, 3177 – Zustimmung zur Widmung einer Fläche des gemeinschaftlichen Grundstücks als öffentlicher Weg; vgl. auch MünchKomm/K. Schmidt §§ 744, 745 Rdn. 31 und unten Rdn. 5); ein besonders deutliches Beispiel hierfür ist die ordnungsmäßige Instandsetzung des gemeinschaftlichen Eigentums, über die durch Mehrheitsbeschluß entschieden werden kann, obgleich sie doch so gut wie nie ohne Eingriff in die Substanz des gemeinschaftlichen Eigentums, also nicht ohne tatsächliche Verfügung über dieses möglich ist. Eine Ausnahme vom Erfordernis gemeinschaftlichen Handelns ist das insofern nicht, als der Mehrheitsbeschluß für alle WEigentümer bindend ist (§ 10 Abs. 4), nach außen also alle gemeinschaftlich handeln (vgl. unten Rdn. 5),

4 **gegenüber dem Schuldendienst:** Der Punkt wird in § 27 Abs. 2 Nr. 1 berührt. Die dort geregelte Befugnis des Verwalters, Tilgungsbeträge und Hypothekenzinsen einzufordern, in Empfang zu nehmen und abzuführen, „soweit es sich um gemeinschaftliche Angelegenheiten der WEigentümer handelt", überschreitet möglicherweise die Grenzen der Verwaltung (vgl. allerdings § 16 Rdn. 15), erklärt sich aber aus den Verhältnissen der Entstehungszeit des WEG, in der die Gesamtbeleihung der Eigentumsanlagen üblich war (vgl. auch § 3 Rdn. 110; § 16 Rdn. 15; § 27 Rdn. 13), und ist heute nur mehr in Ausnahmefällen von Bedeutung. Die Bedienung von Einzelbelastungen ist zweifellos keine Angelegenheit der Gemeinschaft (so zutr. KG MDR 1975, 230); sie durch die GemO. dazu zu machen, wäre wohl möglich (offengelassen von KG aaO), aber nicht zweckmäßig.

5 **III.** Das Gesetz unterscheidet – der Natur der Sache gem. – zwischen einer **ordnungsmäßigen, dem Interesse der Gesamtheit der WEigentümer entsprechenden Verwaltung** (§ 21 Abs. 3 bis 5), hierunter versteht es Maßnahmen der gewöhnlichen, laufenden Verwaltung **und Verwaltungsmaßnahmen, die diesen Rahmen überschreiten,** also etwa der Einbau eines Swimmingpools, der Erwerb eines Nachbargrundstücks, Maßnahmen, die sehr wohl vernünftig und zweckmäßig sein können, die aber im Gegensatz zu den Maßnahmen der ordentlichen Verwaltung, nicht mit Mehrheit, sondern nur einstimmig beschlossen werden können. Einen **Sonderfall** betrifft **§ 22 Abs. 1 Satz 2**. Soweit eine **Verfügung im Rahmen der ordnungsmäßigen Verwaltung getroffen** und deshalb mit Mehrheit beschlossen werden kann (oben Rdn. 3), ist der **Mehrheitsbeschluß** nach § 10 Abs. 4 für alle WEigentümer verbindlich, die erforderlichen rechtsgeschäftlichen Erklärungen können im Namen aller WEigentümer abgegeben werden, sobald der Beschluß nach § 23 Abs. 4 unanfechtbar geworden ist. Nachweis hierüber durch eine Bescheinigung des nach § 43 zuständigen Gerichts; der Beschluß kann dem Grundbuchamt durch Vorlage einer Niederschrift mit den beglaubigten Unterschriften der in § 24 Abs. 6 bezeichneten Personen nachgewiesen werden. Vgl. dazu auch Weitnauer WEM 1978, 103; Hauger, Schweizerisches Stockwerkeigentum und deutsches WEigentum im Rechtsvergleich, S. 237 ff.; zum grundbuchmäßigen Nachweis § 26 Rdn. 46.

Zur Verwaltung allgemein: PiG 4, S. 16 mit zahlreichen Einzelbeiträgen; Bärmann/Seuß, Praxis des Wohnungseigentums, passim.

IV. Verwaltung von WEigentum kann auch noch **in einem ganz anderen Sinne** in Betracht kommen. Die WEigentümer sind nicht gehindert, sich für bestimmte Zwecke eine gesellschaftsrechtliche Organisation zu geben (vgl. § 1 Rdn. 19; § 3 Rdn. 12; Anh. zu § 3 Rdn. 3), so insbes. bei im Bauherrenmodell errichteten großen Anlagen zum Zwecke der Vermietung der Wohnungen an Kurgäste, Feriengäste u. ä. Dann geht es nicht um die Verwaltung des gemeinschaftlichen Eigentums, sondern um die der Wohnung als solcher, also des Sondereigentums. Streitigkeiten, die sich aus diesen Beziehungen ergeben, fallen nicht unter § 43, sie gehören vor die Streitgerichte, wenn es sich um arbeitsrechtliche Streitigkeiten mit Arbeitnehmern oder daraus abgeleitete Ansprüche handelt, somit vor die Arbeitsgerichte (§ 2 ArbGG, BAG AP Nr. 1 zu § 31 ZPO); sie können dann auch Streitigkeiten „aus einer Vermögensverwaltung" i. S. des § 31 ZPO sein. 6

§ 20 Gliederung der Verwaltung

(1) **Die Verwaltung des gemeinschaftlichen Eigentums obliegt den Wohnungseigentümern nach Maßgabe der §§ 21 bis 25 und dem Verwalter nach Maßgabe der §§ 26 bis 28, im Falle der Bestellung eines Verwaltungsbeirats auch diesem nach Maßgabe des § 29.**

(2) **Die Bestellung eines Verwalters kann nicht ausgeschlossen werden.**

Literatur: H. Müller, Verwirklichung durch Selbstverwaltung, PiG 32 (1991), S. 13.

I. Abs. 1 gibt als **Leitvorschrift** einen Überblick über die Gliederung der Verwaltung und weist auf die nachfolgenden Vorschriften hin. Von diesen betreffen die §§ 21, 22 die materiellen Vorschriften für die Verwaltung durch die WEigentümer, die die eigentlichen Herren und Träger der Verwaltung sind (§ 21 Abs. 1), weshalb es der Sache nicht gerecht wird, von einer „Mitbestimmung der WEigentümer" zu sprechen (so aber BGHZ 67, 232); die §§ 23 bis 25 ergänzen diese Bestimmungen durch Vorschriften über die Beschlußfassung. Hieran schließen sich dann die Vorschriften über die Aufgaben des Verwalters, endlich noch eine Vorschrift über den Verwaltungsbeirat an. Selbständige Bedeutung hat Abs. 1 nicht, insbes. besagt er nichts über die Abgrenzung der gegenseitigen Befugnisse der zur Verwaltung berufenen Organe. 1

II. Wohl aber ist **Abs. 2 von wesentlicher materieller Bedeutung.** Während grundsätzlich auch die Regelung der Verwaltung der freien Vereinbarung der WEigentümer unterliegt (§ 10 Abs. 1 Satz 2), macht hiervon Abs. 2 eine wichtige Ausnahme: Die Bestellung eines Verwalters kann durch Vereinbarung nicht ausgeschlossen werden. Der **Verwalter ist also ein unabdingbar notwendiges Organ** jeder WEigentümergemeinschaft (dazu § 27 2

Rdn. 1), aus seiner organschaftlichen Stellung hat der BGH in BGHZ 78, 166 in bezug auf § 189 ZPO wichtige Folgerungen abgeleitet (dazu § 10 Rdn. 14). Unabdingbar ist auch das Recht, einen Verwalter zu ortsüblichen Bedingungen zu bestellen. Daher ist eine Bestimmung in der Teilungserklärung, die dieses Recht beschränkt (§ 26 Abs. 1 Satz 4), indem sie die Verwaltervergütung unabänderbar für die Zukunft festlegt, nichtig (KG WM 1994, 36). Es wird kein Unterschied zwischen kleinen und großen Gemeinschaften gemacht. Der ursprünglich erörterte Gedanke, für kleine Gemeinschaften etwa bis zu 4 Beteiligten das Erfordernis eines Verwalters entfallen zu lassen, ein Gedanke, der in § 22 des saarländischen WEG übernommen worden ist, wurde aufgegeben aus der Erwägung heraus, daß auch bei kleinen Gemeinschaften nicht von einem mit gewissen Mindestbefugnissen ausgestatteten Organ abgesehen werden sollte, das in den alltäglichen Geschäften die Aufgaben des rechtlich von der Gemeinschaft gebildeten Hauseigentümers übernehmen kann und muß. Entsprechend ist dann auch in § 27 bestimmt, daß die gesetzlich bestimmten Befugnisse und Aufgaben des Verwalters durch Vereinbarung der WEigentümer nicht eingeschränkt werden können. Entgegen Bärmann/Pick/Merle (§ 20 Rdn. 26) liegt kein Widerspruch darin, daß der Verwaltung durch die WEigentümer keine Grenzen gesetzt, gleichwohl aber dem Verwalter unabdingbare Befugnisse zugewiesen sind. Letztere überlagern zwar in gewissen Situationen die Befugnisse der WEigentümer, sie verdrängen sie aber nicht; z. B. ist durch § 27 Abs. 1 Nr. 3 die Notgeschäftsführung der WEigentümer (§ 21 Abs. 2) nicht ausgeschlossen, ebensowenig die Zustellung an die WEigentümer selbst durch § 27 Abs. 2 Nr. 3. Der **Verwalter** ist und bleibt stets **Treuhänder** der WEigentümer (so BayObLGE 1980, 29), ist also an deren rechtmäßige Weisungen gebunden.

3 Wenn das WEG einen Verwalter verlangt, so folgt es damit dem Vorbild der meisten ausländischen Rechte, denen die Rechtsform des WEigentums bekannt ist.

4 **Fehlt ein Verwalter**, so wird ein solcher gem. § 26 Abs. 3 durch den Richter bestellt, wenn sich ein Bedürfnis herausstellt. Darüber hinaus wird ein Zwang in Richtung auf die Bestellung eines Verwalters nicht ausgeübt. Insbes. haben außerhalb der Gemeinschaft stehende Dritte keinen Anspruch auf Bestellung eines Verwalters (BayObLG DWEigt 1990, 74). Die Gemeinschaft kann also – ebenso wie ein Verein zeitweilig ohne Vorstand – auch zeitweilig ohne Verwalter sein (so auch LG Hannover DWEigt 1983, 124). Eine Bestimmung in der Teilungserklärung des Inhalts, daß vorläufig kein Verwalter bestellt werden soll, ist nicht zu beanstanden (OLG Köln MittRhNotk 1981, 200). Das BayObLG (WE 1993, 83) bezeichnet es sogar als „nicht unüblich", daß in der Teilungserklärung einer kleinen Anlage auf die Bestellung eines Verwalters verzichtet wird. In einem solchen Fall kann ein WEigentümer von den anderen zur Ausübung ihrer Mitwirkungsrechte und -pflichten bei der Verwaltung des Gemeinschaftseigentums bevollmächtigt werden. Doch gehört die Bestellung eines Verwalters zu den Maßnahmen der ordnungsmäßigen Verwaltung i. S. des § 21 Abs. 4 (vgl. § 21 Rdn. 23; § 26 Rdn. 22). Die Voraussetzungen der Bestellung und Abberufung des Verwalters nach Maßgabe des § 26 Abs. 1 und 2 sind nur in gewissem Umfang abdingbar.

§ 21 Verwaltung durch die Wohnungseigentümer

(1) **Soweit nicht in diesem Gesetz oder durch Vereinbarung der Wohnungseigentümer etwas anderes bestimmt ist, steht die Verwaltung des gemeinschaftlichen Eigentums den Wohnungseigentümern gemeinschaftlich zu.**

(2) **Jeder Wohnungseigentümer ist berechtigt, ohne Zustimmung der anderen Wohnungseigentümer die Maßnahmen zu treffen, die zur Abwendung eines dem gemeinschaftlichen Eigentum unmittelbar drohenden Schadens notwendig sind.**

(3) **Soweit die Verwaltung des gemeinschaftlichen Eigentums nicht durch Vereinbarung der Wohnungseigentümer geregelt ist, können die Wohnungseigentümer eine der Beschaffenheit des gemeinschaftlichen Eigentums entsprechende ordnungsmäßige Verwaltung durch Stimmenmehrheit beschließen.**

(4) **Jeder Wohnungseigentümer kann eine Verwaltung verlangen, die den Vereinbarungen und Beschlüssen und, soweit solche nicht bestehen, dem Interesse der Gesamtheit der Wohnungseigentümer nach billigem Ermessen entspricht.**

(5) **Zu einer ordnungsmäßigen, dem Interesse der Gesamtheit der Wohnungseigentümer entsprechenden Verwaltung gehört insbesondere:**

1. **die Aufstellung einer Hausordnung;**
2. **die ordnungsmäßige Instandhaltung und Instandsetzung des gemeinschaftlichen Eigentums;**
3. **die Feuerversicherung des gemeinschaftlichen Eigentums zum Neuwert sowie die angemessene Versicherung der Wohnungseigentümer gegen Haus- und Grundbesitzerhaftpflicht;**
4. **die Ansammlung einer angemessenen Instandhaltungsrückstellung;**
5. **die Aufstellung eines Wirtschaftsplans (§ 28);**
6. **die Duldung aller Maßnahmen, die zur Herstellung einer Fernsprechteilnehmereinrichtung, einer Rundfunkempfangsanlage oder eines Energieversorgungsanschlusses zugunsten eines Wohnungseigentümers erforderlich sind.**

(6) **Der Wohnungseigentümer, zu dessen Gunsten eine Maßnahme der im Absatz 5 Nr. 6 bezeichneten Art getroffen wird, ist zum Ersatz des hierdurch entstehenden Schadens verpflichtet.**

Übersicht

Literatur: Bielefeld, Instandhaltung und Instandsetzung von Fenstern, DWEigt 1989, 6. – Blank, Die Hausordnung, FS für Seuß, S. 53. – Brych, Der Bausparvertrag der Wohnungseigentümergemeinschaft, FS für Seuß, S. 65. – Bub, Ordnungsgemäße Verwaltung von Rücklagen und sonstigen Vermögensgegenständen, WE 1988, 114. – Deckert, Die „modernisierende Instandsetzung" am Gemeinschaftseigentum der Eigentumswohnanlage, FS für Korbian, 1986, S. 57. – Ehmann, Die Einzelklagebefugnis der Wohnungseigentümer, FS für Bärmann/Weitnauer, S. 145; ders., Wohnungseigentum ist kein Eigentum mehr, JZ 1992, 22; ders., Anm. zu BGH v. 20. 4. 1990, JZ 1992, 251. – Jansen/Köhler, Versicherung im Wohnungseigentum, WE 1990, 194; dies., Kündigung von Versicherungsverträgen der Wohnungseigentümergemeinschaft, WE 1991, 194; dies., Versicherung von Wohnungseigentum, WE 1993, 132; dies., Versicherungen der Wohnungseigentümergemeinschaft und Schadensersatz- und Auskehransprüche gegenüber dem Verwalter, WE 1993, 293. – H. Müller, Instandhaltung, Instandsetzung und bauliche Veränderungen, WE 1993, 121. – Niedenführ, Die Durchsetzung des Anspruchs auf ordnungsgemäße Verwaltung im WEG-Verfahren, ZMR 1991, 121. – Pick, Ordnungsgemäßer Gebrauch und bauliche Veränderung i. S. des WEG, NJW 1972, 1741. – Röll, Die Instandhaltungsrücklage nach dem WEG, NJW 1976, 937. – Stein, Versicherung im Wohnungseigentum, WE 1990, 161. – Weimar, Die Haftung des Verwalters und der Wohnungseigentümer nach dem WEG, JR 1973, 8. – Weitnauer, Geltendmachung von Ansprüchen zugunsten der Gemeinschaft, WE 1989, 186; ders., Gemeinschaftsbindung des Wohnungseigentümers bei der Geltendmachung von Ansprüchen?, JZ 1992, 1054; ders., Anm. zu BGH v. 15. 2. 1990, JZ 1990, 248. – Zimmermann, Modernisierung des gemeinschaftlichen Eigentums nach dem WEG, ZMR 1985, 150.

§ 21 regelt, ergänzt durch § 22, die materielle Seite der Verwaltung des gemeinschaftlichen Eigentums durch die WEigentümer. Alle Bestimmungen sind **abdingbar** (§ 10 Abs. 1 Satz 2).

I. Grundsatz: Gemeinschaftliche Verwaltung (Abs. 1)

1 Abs. 1 entspricht dem § 744 Abs. 1 BGB, die in Abs. 3 vorgesehene Möglichkeit der Regelung von Verwaltungsangelegenheiten durch Mehrheitsbeschluß, soweit es sich um „eine der Beschaffenheit des gemeinschaftlichen Eigentums entsprechende ordnungsmäßige Verwaltung" handelt, dem § 745 Abs. 1 BGB, von wo auch der (von Pick NJW 1972, 1741 als „verwirrend" bezeichnete) Begriff der ordnungsmäßigen Verwaltung übernommen ist. Abs. 2 entspricht dem § 744 Abs. 2 BGB, Abs. 4 dem § 745 Abs. 2 BGB. Da das WEG – anders als § 745 Abs. 1 und 2 BGB – die Frage der Verwaltung

im Gesetzesaufbau von der der Benutzung (dazu §§ 13ff.) getrennt hat, war es folgerichtig, **zwischen „ordnungsmäßigem Gebrauch" in § 15 Abs. 2 und „ordnungsmäßiger Verwaltung" in § 21 Abs. 3 zu unterscheiden,** wenngleich die beiden Fälle gleichmäßig geregelt, nämlich der Beschlußfassung durch Stimmenmehrheit unterstellt sind. Allerdings kann es zu den Aufgaben einer ordnungsmäßigen Verwaltung gehören, für eine angemessene, Streit verhütende Regelung des Gebrauchs, sei es des gemeinschaftlichen Eigentums (Benutzung der Waschküche, BayObLGE 1972, 113), sei es des Sondereigentums (so der Haustierhaltung, BayObLGE 1972, 90), zu sorgen (§ 15 Rdn. 5). Anders als § 15, der auch den Gebrauch des Sondereigentums umfaßt, hat **§ 21 nur das gemeinschaftliche Eigentum zum Gegenstand.** Das **sog. „Verwaltungsvermögen"** (§ 1 Rdn. 6ff.) dient zwar der Verwaltung des gemeinschaftlichen Eigentums i. S. von § 1 Abs. 5, bildet aber nicht dessen Bestandteil. Da es mittelbar der Verwaltung des gemeinschaftlichen Eigentums dient, wird es in diese nach den Regeln der §§ 20ff. einbezogen, ohne aber im übrigen das Schicksal des gemeinschaftlichen Eigentums zu teilen (näher hierzu Vor § 1 Rdn. 43ff.; § 1 Rdn. 19ff.).

1. Wegen des **Begriffs der Verwaltung** vgl. Vor § 20 Rdn. 2ff. 2

2. Nach dem Grundsatz des Abs. 1 steht die Verwaltung des gemein- 3
schaftlichen Eigentums **allen WEigentümern gemeinschaftlich zu.** Damit ist zweierlei gesagt: Einmal, daß die Verwaltung des gemeinschaftlichen Eigentums Sache der WEigentümer ist, ein Satz, der allerdings durch die §§ 26 bis 28 ergänzt wird. Zum zweiten, daß die WEigentümer in ihrer Gesamtheit – „gemeinschaftlich" – über das gemeinschaftliche Eigentum in demselben Umfang und in derselben Weise rechtlich und tatsächlich verfügen können wie ein Alleineigentümer über eine ihm gehörige Sache. Das damit ausgesprochene **Einstimmigkeitsprinzip** wird aber **in doppelter Weise durchbrochen:** Maßnahmen der ordnungsmäßigen Verwaltung können durch **Mehrheitsbeschluß** getroffen werden (§ 21 Abs. 3, 5). Für Maßnahmen, die darüber hinausgehen, bedarf es der Zustimmung solcher WEigentümer nicht, die dadurch nicht oder nur unerheblich beeinträchtigt werden **(§ 22 Abs. 1 Satz 2).** Auf beide Ausnahmen weist auch bereits der Wortlaut des Abs. 1 hin durch den Vorbehalt: „soweit nicht in diesem Gesetz oder durch Vereinbarung der WEigentümer etwas anderes bestimmt ist". Dadurch ist weiter auf die Möglichkeit **abweichender** vertraglicher Vereinbarungen hingewiesen (§ 10 Abs. 1 Satz 2); da solche Vereinbarungen, wenn sie nicht „verdinglicht" werden, formfrei sind, können sie auch stillschweigend geschlossen werden (§ 10 Rdn. 29; Bärmann/Pick/Merle § 21 Rdn. 12; jetzt unbestritten).

Geltendmachung von Ansprüchen der WEigentümer: Besonders um- 4
stritten ist die Frage, ob auch einzelne WEigentümer Ansprüche geltend machen können, die sämtlichen WEigentümern zustehen (ausführlich hierzu: Ehmann, FS für Bärmann/Weitnauer, S. 144ff.). Der BGH hat sich hierzu in verschiedenen Entscheidungen geäußert. Keinem Zweifel kann es unterliegen, daß der einzelne WEigentümer ihm an seinem Eigentum oder Teileigentum entstandene Schäden (BGHZ 115, 253) geltend machen kann, die ihm durch Dritte, d. h. außerhalb der WEigentümergemeinschaft stehende

Personen, zugefügt wurden. Die Ansprüche des WEigentümers sind herkömmliche Individualansprüche. Dies gilt auch, so der BGH, für solche Beeinträchtigungen seines WEigentums, die durch Einwirkung auf das gemeinschaftliche Eigentum verursacht wurden (BGH WE 1993, 135 m. Anm. Weitnauer).

Während dieses Ergebnis jedenfalls weitgehend unbestritten ist (s. aber LG Köln WM 1990, 369) bereitet die Geltendmachung von Ansprüchen wegen Schäden am gemeinschaftlichen Eigentum durch Dritte oder Miteigentümer sehr viel mehr Probleme und ist sehr umstritten. Der BGH verlangt hierfür einen ermächtigenden Beschluß der WEigentümerversammlung. Zwar handele es sich um gemeinsame Verwaltung i. S. von § 21 Abs. 1; anders als in den Fällen der §§ 744f. BGB, in denen allgemein eine Anwendung des § 432 BGB (Bruchteilsgläubigerschaft) und eine Geltendmachung für die Gemeinschaft befürwortet wird (s. z. B. BGH NJW 1958, 1727; 1983, 2020; vgl. auch Ehmann, FS für Bärmann/Weitnauer, S. 168ff.; so auch BayObLG WE 1994, 117 für Ansprüche von WEigentümern, die eine aus mehreren WEigentümergemeinschaften bestehende Bruchteilsgemeinschaft bilden), gehe es nicht um Ansprüche gegen Personen außerhalb der Gemeinschaft, sondern gegen eines ihrer notwendigen Organe. Im übrigen sieht der BGH in einem nach seiner Auffassung stärkeren Gemeinschaftsbezug der WEigentümergemeinschaft einen wesentlichen Grund für eine von der Bruchteilsgemeinschaft abweichende Regelung. Die geforderte Ermächtigung schütze die Gemeinschaft vor WEigentümern, die unbegründete oder Bagatellbeträge betreffende Ansprüche geltend machen. Der einzelne Eigentümer könne statt dessen gem. § 24 Abs. 2 eine außerordentliche WEigentümerversammlung einberufen lassen. Die Entscheidung des Gerichts ist teilweise auf heftige Kritik gestoßen. Gleichwohl erstreckte der BGH in einem späteren Beschluß auf Vorlage des KG (WM 1990, 123) seine Auffassung auf die Klage eines einzelnen WEigentümers gegen einen anderen auf Zahlung von Wohngeld. Auch hier bedürfe der WEigentümer der Ermächtigung, denn die Forderung stünde sämtlichen WEigentümern zu (BGHZ 111, 148 = JZ 1991, 249 m. krit. Anm. Ehmann; so schon BayObLG WM 1989, 532). Auf Einzelheiten dieser Problematik wurde bereits an früherer Stelle eingegangen (s. oben Vor § 1 Rdn. 64ff.). Trotz der begründeten Kritik an dieser Rechtsprechung ist die obergerichtliche Rechtsprechung der Auffassung des BGH weithin gefolgt und befürwortet die Lösung auch für eine Klage gegen den nicht mehr amtierenden Verwalter (KG WM 1990, 180) und für andere Fälle (s. schon oben, BayObLG WM 1989, 532). Ein „Gemeinschaftsanspruch" der WEigentümer kann danach auch nicht ohne Ermächtigung von einem WEigentümer, der von einem anderen WEigentümer wegen einer Individualforderung in Anspruch genommen wird, auch nicht im Wege der Aufrechnung oder des Zurückbehaltungsrechts, durchgesetzt werden (BayObLG WM 1993, 482).

II. Ausnahmen vom Grundsatz des Abs. 1

1. Notgeschäftsführung (Abs. 2) 5

Jeder WEigentümer ist berechtigt, **ohne Zustimmung** der anderen WEigentümer die Maßnahmen zu treffen, die zur **Abwendung eines** dem gemeinschaftlichen Eigentum **unmittelbar drohenden Schadens** notwendig sind – sog. **„Notgeschäftsführung“** (BayObLGE 1977, 67; 1978, 290; 1980, 129; BayObLG WE 1987, 14; WE 1991, 200). Gleiches gilt, wenn bereits eine Beschädigung eingetreten ist und diese weitere Schäden verursacht (OLG Oldenburg WE 1988, 175). In der Sache handelt es sich ebenso wie bei § 744 Abs. 2 BGB um einen Fall der berechtigten Geschäftsführung ohne Auftrag (§§ 677, 683 BGB), auf deren Regelung zurückgegriffen werden kann. Daraus folgt insbes., daß der WEigentümer, der handelnd eingegriffen hat, von den anderen **Ersatz seiner Aufwendungen** verlangen kann (§ 683 Satz 1; §§ 670, 257 BGB; OLG Frankfurt OLGE 1985, 144; BayObLG WE 1987, 14). Dieser Anspruch kann, da die Geschäftsführung auch dem Interesse des Handelnden dient, gegen den einzelnen nur jeweils anteilig in Höhe seiner nach § 16 Abs. 2 zu tragenden Quote als Teilschuldner (OLG Hamm WE 1993, 314; offengelassen in BayObLGE 1986, 322), und deshalb nicht gesamtschuldnerisch geltend gemacht werden (Erman/Ehmann, Vor § 677 Rdn. 3; MünchKomm/Seiler § 683 Rdn. 25; a. A. H. Müller, Praktische Fragen, Rdn. 69 a. E.). Der Ersatz dieser Aufwendungen gehört zu den Kosten der Verwaltung i. S. des § 16 Abs. 2 (BayObLG WE 1987, 14 m. Anm. Weitnauer). Der Anspruch kann deshalb gegen die anderen nur in der Form geltend gemacht werden, daß die Einwilligung in die Befriedigung aus den gemeinschaftlichen, der Verwaltung dienenden Mitteln verlangt wird, die nach dem System des § 28 durch Vorschuß- und Abschlußzahlungen aufgebracht werden (in diese Richtung deutend eine Bemerkung in BayObLG WE 1987, 14; auch in BGH NJW 1981, 282; abw. OLG Stuttgart OLGE 1986, 32; OLG Frankfurt OLGE 1985, 144; OLG Hamm WE 1993, 110; 314, nach denen der Anspruch auf Zahlung von Geld gerichtet ist; vgl. Vor § 20 Rdn. 2). Der in Vorlage getretene WEigentümer muß sich also an den Verwalter wenden, zu dessen Pflichten die Berichtigung solcher Forderungen zählt (§ 27 Abs. 2 Nr. 2). Die unmittelbar in Anspruch Genommenen können die Gläubiger **auf diese Art der Befriedigung verweisen** (unabhängig vom Anspruchsinhalt, s. OLG Hamm WE 1993, 110; 314). Selbst wenn die persönlich in Anspruch Genommenen von einem solchen Recht keinen Gebrauch machen, kann der Ersatzberechtigte (wenn etwa dieser Anspruch uneinbringlich ist) gleichwohl Zahlung aus Gemeinschaftsmitteln verlangen (OLG Hamm WE 1993, 314). Geltendmachung des Anspruchs nach §§ 43 ff.

Aus der Gemeinschaft kann sich nicht nur ein Recht, sondern sogar die 6
Pflicht zum Eingreifen ergeben (Treuepflicht, § 10 Rdn. 12; anders OLG Hamm WE 1989, 102).

Ansprüche aus der allgemeinen Geschäftsführung ohne Auftrag (§§ 677 ff. 7
BGB) bleiben unberührt (so auch Bärmann/Pick/Merle § 21 Rdn. 20; BayObLG DWEigt 1982, 137; WM 1993, 482; KG MDR 1984, 495; OLG

Hamm WE 1993, 314). Über die GoA können Kosten für die Begutachtung von Bauschäden durch einen Sachverständigen, nicht aber Kosten eines zur Finanzierung der Reparaturarbeiten aufgenommenen Kredites geltend gemacht werden (OLG Hamm WE 1993, 110).

8 Die Vorschrift des § 21 Abs. 2 engt die Voraussetzungen eines einseitigen Eingreifens eines WEigentümers gegenüber der Regelung des § 744 Abs. 2 HS. 1 BGB ein. Während das BGB jedem Miteigentümer gestattet, die „zur Erhaltung des Gegenstandes erforderlichen Maßnahmen ohne Zustimmung der anderen Teilhaber zu treffen", sind durch § 21 Abs. 2 nur die zur Abwendung eines „unmittelbar drohenden" Schadens notwendigen Maßnahmen gestattet. Diese Einschränkung beruht darauf, daß die WEigentümergemeinschaft in dem Verwalter das zur Instandhaltung und Instandsetzung befugte und verpflichtete Organ hat (§ 27 Abs. 1 Nr. 2). Außer in Fällen dringender Gefahr ist es daher Sache des Verwalters, nicht der einzelnen WEigentümer, die erforderlichen Maßnahmen zu ergreifen. Daß die Voraussetzungen des Abs. 2 insbes. dann gegeben sein können, wenn ein Verwalter nicht vorhanden oder nicht erreichbar ist, braucht nicht besonders gesagt zu werden. Nicht unter die Notgeschäftsführung fällt – jedenfalls i. d. R. – die Geltendmachung von Schadensersatzansprüchen gegen den Verwalter (OLG Celle MDR 1970, 678) oder die Vornahme einer baulichen Veränderung (OLG Oldenburg WE 1988, 175); vgl. auch § 13 Rdn. 21. Bestand die Notwendigkeit zu einer Sanierung schon Jahre und haben die WEigentümer bereits Gespräche darüber geführt, so scheidet ebenfalls i. d. R. eine Notgeschäftsführung aus (BayObLG WM 1993, 482).

9 Die Bestimmung des § 744 Abs. 2 HS. 2 BGB, wonach jeder Teilhaber verlangen kann, daß die anderen Teilhaber ihre Einwilligung zu einer Maßnahme i. S. des § 744 Abs. 2 erteilen, ist nicht übernommen, aber auch kaum subsidiär anwendbar. Die Instandhaltung und Instandsetzung des gemeinschaftlichen Eigentums ist, wie erwähnt, Sache des Verwalters. Darüber hinaus hat jeder WEigentümer den Anspruch aus § 21 Abs. 4.

10 2. Mehrheitsbeschluß (Abs. 3)

Von größter praktischer Bedeutung ist die Regelung des Abs. 3. Hiernach können die WEigentümer, soweit nicht durch Vereinbarung eine abweichende Regelung getroffen ist, durch Stimmenmehrheit „eine der Beschaffenheit des gemeinschaftlichen Eigentums entsprechende ordnungsmäßige Verwaltung" beschließen. Diese Regelung entspricht dem § 745 Abs. 1 Satz 1 BGB.

11 a) Die Möglichkeit, durch Mehrheitsbeschluß die Verwaltung zu regeln, ist vorbehaltlich abweichender Bestimmung in der GemO. durch Abs. 3 in Verbindung mit § 22 **begrenzt:** Sie besteht nur für Verwaltungshandlungen, die einmal der Beschaffenheit des **gemeinschaftlichen Eigentums** und außerdem **einer ordnungsmäßigen Verwaltung entsprechen,** weshalb Eingriffe in das **Sondereigentum** einzelner WEigentümer von vornherein aus dem Regelungsbereich des § 21 ausscheiden (so auch BayObLGE 1973, 68; BayObLG WE 1993, 142).

12 Die **Entscheidung** darüber, was (noch) als Maßnahme ordnungsmäßiger Verwaltung angesehen und mit Mehrheit beschlossen werden kann und was

darüber hinausgeht und der Einstimmigkeit bedarf, ist **nach der Verkehrsauffassung** zu treffen, die Ordnungsmäßigkeit ist ähnlich wie die „im Verkehr erforderliche Sorgfalt" des § 276 BGB ein der Konkretisierung im Einzelfall bedürftiger „offener" Rechtsbegriff, der einen gewissen **Ermessensspielraum** bietet (so mit Recht BayObLG DWEigt 1984, 124; OLG Düsseldorf WE 1991, 251; BayObLG WE 1992, 177) und seinen Inhalt jeweils durch die Umstände und Verhältnisse des Einzelfalles gewinnt (krit. dazu Pick NJW 1972, 1741). Darauf, ob eine Regelung „in jeder Hinsicht notwendig und zweckmäßig ist", kommt es nicht an (OLG Hamburg WE 1993, 87; 167). **Ordnungsmäßig** ist, was dem geordneten Zusammenleben in der Gemeinschaft dient (§ 14 Nr. 1), was dem Interesse der Gesamtheit der WEigentümer nach billigem Ermessen entspricht (§ 15 Abs. 3; § 21 Abs. 4), im Vordergrund steht das Gemeinschaftsinteresse, die Nützlichkeit für die Gemeinschaft (BayObLGE 1975, 201). Rechtsunsicherheit hervorrufende Beschlüsse, z. B. durch Wiederholung der in der Teilungserklärung getroffenen Regelung, dienen nicht diesem Interesse (KG WE 1993, 275).

Die **Erfüllung öffentlich-rechtlicher Pflichten** und Auflagen entspricht stets ordnungsmäßiger Verwaltung, so die Anstellung eines Fahrstuhlwärters für einen Personenaufzug in einer gewerblich genutzten Anlage nach der FahrstuhlVO (OLG Hamm DWEigt 1986, 16) oder die nach dem EichG erforderliche Eichung von Wasserzählern (BayObLG WE 1991, 261 – weitere Beispiele unten Rdn. 29), während umgekehrt ein Verstoß gegen öffentlich-rechtliche Vorschriften ordnungsgemäßer Verwaltung widerspricht (BayObLG WE 1988, 143; OLG Celle DWEigt 1989, 80). Das Vorliegen eines behördlichen Verbots ist aber nicht Voraussetzung für die Untersagung eines Vorhabens durch Mehrheitsbeschluß (BayObLG WM 1993, 206). Einen guten Anhalt bietet die **Gegenüberstellung mit § 22 Abs. 1**, wo zum Ausdruck gebracht ist, daß bauliche Änderungen und Aufwendungen, die über die ordnungsmäßige Instandhaltung oder Instandsetzung des gemeinschaftlichen Eigentums hinausgehen, nicht mehr im Rahmen der ordnungsmäßigen, laufenden Verwaltung liegen. Der Sinn ist klar: Wer in eine WEigentümergemeinschaft eintritt, muß sicher sein können, daß das damit verbundene finanzielle Engagement bestimmte Grenzen hat und ohne seine Zustimmung nicht ausgeweitet werden kann (so zutr. auch BayObLGE 1975, 201). 13

Bei solcher Verweisung auf generalklauselartige Maßstäbe können im Einzelfall Zweifel nicht ausgeschlossen werden. Darüber kann aber hinweghelfen, daß nach st. Rspr. **Mehrheitsbeschlüsse,** wenngleich die Entscheidung der Einstimmigkeit bedurft hätte, **in Bestandskraft erwachsen,** wenn sie nicht fristgerecht nach § 23 Abs. 4 angefochten werden (BGHZ 54, 65; 73, 302; 74, 253; BayObLGE 1975, 57; BayObLG Rpfleger 1979, 446; WEM 1980, 78; WE 1987, 90); in der Rspr. stellen sich die Beispiele fast stets in der Alternative zwischen § 21 Abs. 5 Nr. 2 und § 22 Abs. 1; dazu unten Rdn. 28 und § 22 Rdn. 6ff. Wurde über die Durchführung einer baulichen Veränderung wirksam entschieden, so kann die konkrete Ausgestaltung mit Mehrheit beschlossen werden (BayObLG WE 1989, 53; 1992, 20; OLG Braunschweig DWEigt 1991, 77). Die gärtnerische Gestaltung des Gemeinschaftseigentums kann mit Mehrheit beschlossen werden, wenn diese nicht durch 14

Teilungserklärung oder GemO. verbindlich festgelegt ist; der Beschluß muß das Gemeinschaftsinteresse beachten (BayObLG WE 1992, 177; 263 zur Gestaltung der Hoffläche; wegen baulicher Maßnahmen s. § 22 Rdn. 6); der ordnungsmäßigen Verwaltung entspricht eine ortsübliche, dem Charakter der Wohnanlage entsprechende Bepflanzung mit Blumen, Sträuchern und Bäumen, ebenso die Instandhaltung und Instandsetzung des Gartens, etwa durch Erneuerung abgestorbener Pflanzen (BayObLGE 1975, 201), die Beseitigung eines Baumes wegen Störung des Lichteinfalls (LG Freiburg ITelex 1987/6/35; OLG Düsseldorf DWEigt 1989, 80), das Zurückschneiden einer Hecke (BayObLGE 1985, 158), das Schneiden eines Durchgangs durch eine Hecke (BayObLG WE 1990, 60), die Beseitigung von Blumenkästen über dem Gehsteig und der Tiefgarageneinfahrt (BayObLG WE 1992, 197), das Pflanzen von Blumen (BayObLG DWEigt 1990, 75), eine Regelung über den Betrieb der Heizungsanlage im Sommer (BayObLG WE 1994, 150), bei einer großen Hotel-Appartement-Anlage das zeitweilige Abschalten der Heizung in belegschwachen Zeiten (BayObLG 6. 2. 1986 – 2 Z 17/85 –, nicht veröffentlicht), die Unterbrechung der über den Gemeinschaftszähler laufenden Stromzufuhr zu einem in Sondereigentum stehenden Kellerabteil (BayObLG WE 1992, 169), die Regelung des Öffnens und Schließens der Haustür (BayObLGE 1982, 90), u. U. die Verpachtung an eine Hotelbetriebsgesellschaft (BayObLG Rpfleger 1982, 63), die Verlegung einer Gasleitung (BayObLG ITelex 1986/24/143), die Markierung von Parkflächen (BayObLG WE 1988, 37), die Benutzung von Flächen zum Befahren und Parken von PKW (OLG Hamburg WE 1993, 167), das entgeltliche Streichen von Außenfenstern durch WEigentümer in Eigenleistung (KG WE 1991, 325), während spätere Verschönerungen, sofern sie Kosten verursachen, vorbehaltlich des § 22 Abs. 1 Satz 2 nur einstimmig beschlossen werden können.

15 **Die Grenzen** der ordnungsmäßigen Verwaltung werden im allgemeinen **überschritten,** wenn einem Nachbarn unentgeltlich die Benutzung des gemeinschaftlichen Grundstücks in größerem Umfang erlaubt werden soll (BayObLGE 1975, 201) oder wenn ein Gebrauch, zu dessen Duldung die WEigentümer schuldrechtlich verpflichtet sind, untersagt wird (BayObLG WE 1990, 142); ebenso eine pauschale Verwaltervergütung i. H. von DM 120,– für das Betreiben des gerichtlichen Mahnverfahrens wegen Wohngeldrückständen (BayObLG WE 1988, 200) und die Übernahme alter Schulden einer GbR, auch wenn diese für die WEigentümer tätig wurde (BayObLG WE 1992, 207). Nicht der ordnungsmäßigen Verwaltung entspricht es, wenn eine an sich gebotene Maßnahme **nicht ordnungsmäßig**, z. B. in Pfuscharbeit oder Schwarzarbeit, ausgeführt werden soll; Beispiel KG DWEigt 1987, 30 – unfachmännische Experimente mit der Heizungsanlage. Nicht ordnungsmäßig ist die Stillegung einer funktionsfähigen Dachantenne, auch wenn sie durch Kabelanschluß ersetzt werden soll (unten Rdn. 46). Eine Verfügung über das gemeinschaftliche Grundstück, z. B. die Abtretung einer Parzelle zu Straßenbauzwecken, kann der ordnungsmäßigen Verwaltung entsprechen; nicht jedoch die Übernahme einer öffentlich-rechtlichen Baulast zugunsten des Nachbargrundstücks (OLG Hamm OLGE 1991, 302). Außerhalb ordnungsmäßiger Verwaltung liegt ein Beschluß, der die

Beauftragung eines Rechtsanwalts rückwirkend für die Gemeinschaft regelt, obwohl von Anfang an einzelne WEigentümer dagegen waren (BayObLG WE 1993, 142) sowie die Übernahme der Verpflichtung zur Zahlung einer Ablösesumme für von Dritten errichtete Stellplätze, obwohl eine Kostenbeteiligung ausgeschlossen worden war (BayObLG WE 1993, 344); dazu Vor § 20 Rdn. 3.

Zur ordnungsmäßigen Verwaltung gehören auch **Maßnahmen rein wirt- 16 schaftlicher Art** wie die Aufstellung des Wirtschaftsplans, die Beschlußfassung über die Abrechnung des Verwalters nach Ablauf des Wirtschaftsjahres, das Verlangen der Rechnungsauslegung, die Rechnungsprüfung (§ 28 Abs. 2, 4, 5), die Schließung eines Schwimmbades aus Wirtschaftlichkeitsgründen (BayObLG WE 1988, 21), die Bestellung eines Verwalters (vgl. § 26 Rdn. 22), desgleichen **Maßnahmen rechtlicher Art,** z. B. die Geltendmachung von Schadensersatzansprüchen (s. hierzu ausführlich oben Vor § 1 Rdn. 64ff. sowie Anh. zu § 8 Rdn. 42ff.) oder die Durchsetzung von Zahlungspflichten einzelner WEigentümer gegenüber der Gemeinschaft (BayObLGE 1973, 68), das Festhalten eines WEigentümers an der von ihm eingegangenen Zahlungspflicht (BayObLG WE 1993, 140), der Abschluß eines Vergleiches (BayObLG DWEigt 1982, 104), die Kündigung eines Mietverhältnisses (OLG Frankfurt OLGE 1987, 50), die Anlegung gemeinschaftlicher Gelder, die Anschaffung von Gegenständen des „Verwaltungsvermögens" (§ 1 Rdn. 19), z. B. einer Kehrmaschine (BayObLG 2. 10. 1986 – 2 Z 90/86), oder eines Schneeräumgerätes (BayObLG WE 1992, 52), bei einer Einheit aus Hotelanlage und zu vermietenden Eigentumswohnungen die Einrichtung einer Rezeption und die Einstellung eines Nachtportiers (BayObLG WE 1988, 104), u. U. die Anstellung eines Hausmeisters (BGHZ 106, 179; BayObLG WE 1992, 87). Nach BayObLG DWEigt 1983, 94 soll hierher auch gehören die Ermächtigung des Verwalters zur Herbeiführung der gerichtlichen Klärung einer streitigen Frage; dazu ist aber zu bemerken, daß Streitigkeiten unter WEigentümern, z. B. wegen Gebrauchsregelung oder Beschlußanfechtung, wie ein Rückschluß aus § 16 Abs. 5 ergibt, überhaupt nicht eine einem Mehrheitsbeschluß der WEigentümer zugängliche Angelegenheit der ordnungsmäßigen Verwaltung sein können (vgl. dazu § 16 Rdn. 60, auch wegen der Ausnahmen).

Eine Vereinbarung der WEigentümer, die **Verwaltung einem Verwalter 17 zu übertragen,** genügt allein noch nicht, um weitere Mehrheitsbeschlüsse gem. § 21 Abs. 3 auszuschließen. Es bleibt den WEigentümern vielmehr unbenommen, ihre Verwaltungsbefugnisse durch Mehrheitsbeschlüsse auszuüben, in denen dem Verwalter ins einzelne gehende **Weisungen** erteilt werden; Einschränkung der Befugnisse lediglich durch § 27 (so zutreffend LG Hamburg MDR 1970, 762).

Eine Verwaltung ist nur dann eine ordnungsgemäße, wenn auch die **Ko- 18 stenfrage ordnungsmäßig geregelt** wird. Wäre etwa in einer das Gemeinschaftsverhältnis der WEigentümer regelnden Vereinbarung (auch stillschweigend, dann allerdings Vorsicht wegen § 10 Abs. 2; vgl. oben Rdn. 3) vorgesehen, daß eine zum gemeinschaftlichen Eigentum gehörende Waschmaschine nur gegen eine die Kosten deckende „Gebühr" benutzt werden darf, dann wäre es eine ordnungswidrige Maßnahme der Verwaltung, wenn die an der Benutzung interessierten WEigentümer durch Mehrheitsbeschluß die Gebühr derart ermäßigen, daß die übrigen gem. der Hilfsregel des § 16 Abs. 2 zu einem den Rest der Kosten deckenden Kostenbeitrag herangezogen würden. Allerdings wäre ein derartiger Mehrheitsbeschluß nicht schlechthin nichtig, sondern im Verfahren des § 23 Abs. 4 i. V. mit §§ 43ff. anzufechten (unrichtig der Beschluß des LG Darmstadt v. 5. 8. 1970 – 5 T 198/70, nicht veröffentlicht, wo eine derartige Nachprüfung versagt worden ist). Zulässig ist die Überführung des Waschmünzerlöses in die Instandhaltungsrücklage (BayObLG DWEigt 1990, 75). Eine Übernahme der Kosten für ordnungsmäßige Verwaltung durch die Gemeinschaft entspricht § 16 Abs. 2 und ist nicht zu beanstanden (BayObLG WE 1989, 178); anders, wenn in der GemO. bestimmt ist, daß WEigentümer in einer Mehrhausanlage nicht an der Instandhaltung des anderen Hauses beteiligt sind (KG WM 1993, 562). Unzulässig ist auch die Kostenübernahme für die Beseitigung einer nicht genehmigten baulichen Veränderung (BayObLG WE 1993, 256).

19 b) Wegen des **Verfahrens und der Berechnung der Stimmenmehrheit** vgl. die §§ 23 bis 25. Die Nachprüfung, ob ein Mehrheitsbeschluß sich in den angemessenen Grenzen hält, ist Sache richterlicher Entscheidung gem. § 43 Abs. 1 Nr. 4. Überschreitet ein Beschluß die Grenze, so ist er nur ungültig, wenn er gem. § 23 Abs. 4 durch Beschluß des Richters für ungültig erklärt ist (oben Rdn. 12).

20 Die Beschlüsse, auch die Mehrheitsbeschlüsse, wirken gem. **§ 10 Abs. 3** ohne Eintragung gegen den Sondernachfolger. **Rechtsgeschäfte,** die auf Grund eines Mehrheitsbeschlusses gegenüber Dritten vorgenommen werden, wirken im Namen aller WEigentümer **(§ 10 Abs. 4).** Aus Verträgen, die so namens der WEigentümer abgeschlossen werden, haften diese als Gesamtschuldner (**„Verwaltungsschulden“** – BGHZ 67, 334; 75, 26; 76, 86). Darauf, ob die Voraussetzungen der GoA vorlagen, kommt es hierbei nicht an (BayObLG WE 1990, 146); dazu § 1 Rdn. 26; Vor § 20 Rdn. 2.

III. Anspruch auf ordnungsmäßige Verwaltung (Abs. 4)

21 Abs. 4 entspricht dem § 745 Abs. 2 BGB. Während aber nach BGB ein entsprechendes Verlangen nicht gestellt werden kann, soweit die Verwaltung durch Vereinbarung oder durch Mehrheitsbeschluß geregelt ist (vgl. aber auch MünchKomm/K. Schmidt §§ 744, 745 Rdn. 29), kann nach § 21 Abs. 4 jeder WEigentümer von jedem anderen die Befolgung der Vereinbarungen und Beschlüsse als auch, soweit solche nicht bestehen, eine dem Interesse der Gesamtheit der WEigentümer nach billigem Ermessen entsprechende Verwaltung verlangen (individualrechtlicher Anspruch, OLG Celle OLGE 1979, 133; BayObLG WE 1991, 223). In Anlehnung an die Rspr., die für die Geltendmachung eines der Gemeinschaft zustehenden Schadensersatzanspruchs eine Ermächtigung für erforderlich hält (s. oben Vor § 1 Rdn. 64ff.), wird verlangt, daß ein WEigentümer, bevor er die Gerichte wegen seines Anspruchs aus § 21 Abs. 4 anruft, diesen Anspruch zum Gegenstand eines Eigentümerbeschlusses gemacht hat (KG WE 1989, 170; 1991, 326; OLG Hamburg ZMR 1993, 536). Lediglich, wenn die Vorge-

hensweise nach § 24 Abs. 2 aussichtslos oder unzumutbar ist, könne auf einen vorherigen Beschluß verzichtet werden (OLG Düsseldorf WE 1991, 252). Das BayObLG (WE 1989, 221) hält es für möglich, daß der Anspruch auf **Instandsetzung** rechtsmißbräuchlich ist. Durch einen Beschluß, auf die Beseitigung von Baumängeln zu verzichten, ist ein WEigentümer gehindert, die Instandsetzung (s. Rdn. 33) zu verlangen (BayObLG WE 1990, 175, das einen Anspruch aus § 242 BGB auf Änderung des Beschlusses verneint, wenn dessen Anfechtung möglich ist). Dem Anspruch auf Herstellung eines erstmals ordnungsgemäßen Zustandes steht § 242 BGB entgegen, wenn tiefgreifende Eingriffe in die Substanz nötig wären; der Anspruch richtet sich dann auf eine geeignete Ausgleichsmaßnahme (BayObLG Rpfleger 1990, 204). Bei langjähriger Duldung der der Teilungserklärung widersprechenden äußeren Gestaltung der Wohnungsanlage kann der Herstellungsanspruch verwirkt sein (OLG Hamm WE 1990, 101). Hat der teilende Eigentümer vor Entstehung der werdenden WEigentümergemeinschaft von der Teilungserklärung abweichend gebaut, s. § 22 Rdn. 5, so besteht, wenn die späteren WEigentümer an deren Gestaltung mitgewirkt haben, ein Anspruch auf Herstellung eines der Teilungserklärung entsprechenden Zustandes (OLG Schleswig WE 1994, 87). Der Anspruch aus Abs. 4 besteht, unabhängig von den finanziellen Verhältnissen der WEigentümer, auch innerhalb einer sich aus Familienmitgliedern zusammensetzenden Gemeinschaft (BayObLG WM 1993, 561).

Das Verlangen ist gerichtet auf eine den Vereinbarungen und Beschlüs- 22
sen oder dem Interesse der Gesamtheit der WEigentümer nach billigem Ermessen entsprechende Verwaltung. In Übereinstimmung mit dem BGB ist dieser Anspruch also, soweit er sich nicht auf eine Vereinbarung oder einen Beschluß stützt, dem Sinne nach an die gleichen Voraussetzungen gebunden wie ein Mehrheitsbeschluß. Denn es bedarf wohl keiner näheren Begründung, daß nur eine ordnungsmäßige Verwaltung dem Interesse der Gesamtheit der WEigentümer entspricht. Demgemäß werden auch die Voraussetzungen der Abs. 3 und 4 sowohl im Abs. 5 als auch im § 22 einander gleichgestellt. Der *Hinzuerwerb eines weiteren Grundstücks* kann – abgesehen vielleicht von ganz ungewöhnlichen Fällen – nicht zu den Maßnahmen einer ordnungsmäßigen Verwaltung gehören, deshalb auch weder Gegenstand eines Mehrheitsbeschlusses sein noch gem. §§ 21 Abs. 4, 43 erzwungen werden (BayObLGE 1973, 30).

Der Fall des Abs. 4 wird namentlich dann praktisch werden, wenn es nicht 23
gelingt, den erforderlichen Mehrheitsbeschluß zustande zu bringen, z. B. bei **Stimmengleichheit** (§ 25 Rdn. 3) oder bei **nur zwei Beteiligten mit gleichem Stimmrecht** (z. B. BayObLG WE 1992, 197) oder wenn eine Mehrheit böswillig die Fassung notwendiger Beschlüsse vereitelt und wenn auch der Verwalter nicht von sich aus die entsprechenden Handlungen vornimmt oder wenn es sich darum handelt, einen Verwalter zu bestellen (§ 26 Rdn. 9) oder abzuberufen. Ein Verlangen i. S. des § 21 Abs. 4 ist in dem Verfahren der fG nach § 43 Abs. 1 Nr. 1 zu verfolgen. Dabei wird in dem Antrag die begehrte Maßnahme näher zu bezeichnen sein. Die strengeren Anforderungen, die in dem entsprechenden Fall des § 745 Abs. 2 BGB an eine Klage zu stellen wären, erscheinen jedoch in dem Verfahren der fG nicht als berech-

tigt. Es handelt sich, ebenso wie in dem entsprechenden Fall des § 15 Abs. 3 (dazu § 15 Rdn. 11), um eine **„Regelungsstreitigkeit"**; der Richter trifft unmittelbar die erforderliche Bestimmung. Näher hierzu § 43 Rdn. 1, auch Anh. zu § 43 Rdn. 3.

24 Kann ein Mehrheitsbeschluß, z. B. wegen Versäumung der Frist (§ 23 Abs. 4 Satz 2), nicht mehr angefochten werden, so kann der Antrag gleichwohl als Verlangen ordnungsmäßiger Verwaltung i. S. des § 21 Abs. 4 für die Zukunft aufzufassen sein (BayObLGE 1972, 150). Der Anspruch auf einen ordnungsmäßiger Verwaltung entsprechenden Beschluß ist nicht dadurch ausgeschlossen, daß Beseitigungsansprüche (§§ 1004 Abs. 1 Satz 1 BGB i. V. mit § 14) wegen des jetzigen Zustandes, z. B. wegen Verwirkung, nicht mehr bestehen (KG WE 1989, 170).

IV. Die besonderen Fälle des Abs. 5

25 Abs. 5 zählt eine Reihe besonders wichtiger Verwaltungshandlungen auf, über die durch Stimmenmehrheit nach Abs. 3 beschlossen werden kann oder die gem. Abs. 4 verlangt werden können. Er stellt dabei die Voraussetzungen der beiden Fälle einander gleich. Zu den einzelnen Punkten ist folgendes auszuführen, wobei noch hervorzuheben ist, daß die gesamte Regelung **abdingbar** und **in keiner Weise abschließend** ist:

1. Aufstellung einer Hausordnung (Abs. 5 Nr. 1)

26 In Abs. 5 Nr. 1 kommt deutlich zum Ausdruck, daß eine ordnungsmäßige Regelung des Gebrauchs eine Angelegenheit der ordnungsmäßigen Verwaltung ist (vgl. § 15 Rdn. 4). Der Begriff der Hausordnung ist hier nicht näher bestimmt und wird vorausgesetzt. Hausordnungen haben sich im Mietrecht herausgebildet; während sie dort zum Inhalt des Mietvertrages gemacht werden, bilden sie beim WEigentum einen **Teil der Regelung des Gemeinschaftsverhältnisses** (vgl. Blank, FS für Seuß, S. 53ff.). Sie können in der GemO. selbst enthalten sein (so im Fall BayObLGE 1975, 201). Da sie aber Fragen zu regeln haben, in denen eine gewisse Beweglichkeit nötig ist, empfiehlt es sich, in den GemO. die Aufstellung der Hausordnung einem Mehrheitsbeschluß der WEigentümer zu überlassen, allenfalls vorbehaltlich der Beschlußfassung der WEigentümer dem Verwalter zu übertragen (so der Fall KG NJW 1956, 1679). Auch wenn die Hausordnung in der GemO. enthalten ist, wird diese in der Regel dahin auszulegen sein, daß die Hausordnung **durch Mehrheitsbeschluß geändert** werden kann (BayObLGE 1975, 201). Das gleiche gilt für den Fall, daß der Verwalter zum „Erlaß" ermächtigt ist. Auch in diesem Fall bleibt die WEigentümergemeinschaft befugt, die Hausordnung aufzustellen (KG WE 1992, 110). Da die Schaffung einer Hausordnung zur ordnungsmäßigen Verwaltung gehört, kann sie nach § 21 Abs. 4 verlangt und gegebenenfalls durch eine richterliche Entscheidung ersetzt werden (OLG Hamm NJW 1969, 884). Im Rahmen einer Hausordnung können geregelt werden: der Gebrauch des gemeinschaftlichen und des Sondereigentums, z. B. ein Verbot geräuschvoller Tätigkeit zu bestimmten Zeiten, Beschränkung der Haustierhaltung (OLG Karlsruhe WE 1988, 96), Benutzung der Waschküche, des Trockenbodens usw., Abstellen von Fahrrädern und Kinderwagen an bestimmten Stellen (BayObLGE 1975, 201; OLG Hamburg WE 1993, 87, dort führte allerdings die Regelung zur Beeinträchtigung des Treppenhausgebrauchs), Reinhaltung des Treppenhauses (zur Frage, ob die WEigentümer zu aktiver Arbeitsleistung verpflichtet werden können § 16 Rdn. 18), Treppenbeleuchtung, Vorsichtsmaßregeln wie das Verbot eines Betretens des Speichers mit offenem Licht, Verbot des Betretens des Heizungsraumes (BayObLG Rpfleger 1972, 176), Verbot von Kinderspielen auf Zufahrt zu Kfz-Stellplätzen (BayObLG WE 1992, 201), ein Bade- und Duschverbot zu bestimmten Zeiten (BayObLG WE 1992, 60).

Die Schranken der Hausordnung ergeben sich aus den allgemeinen 27 Aspekten; es kann also nur angeordnet werden, was dem ordnungsgemäßen Gebrauch des gemeinschaftlichen und des Sondereigentums und der ordnungsmäßigen Verwaltung entspricht. So überschreitet ein völliger Ausschluß der Haustierhaltung den Rahmen der Regelungsbefugnis (KG NJW 1956, 1679), ebenso ein praktisch vollständiges Verbot des Musizierens (OLG Hamm NJW 1981, 465) oder eine unangemessene Verteilung der Reinigungslasten (BayObLG WE 1992, 291). Ziel muß ein **vernünftiger Kompromiß** zwischen den widerstreitenden Interessen sein (BayObLG DWEigt 1982, 67 – Kinderspielplatz). Musterbeispiele für Hausordnungen bei Bärmann/Seuß, Praxis S. 730ff. Vgl. ferner § 15 Rdn. 9, 10.

2. Ordnungsmäßige Instandhaltung und Instandsetzung des gemeinschaftlichen Eigentums (Abs. 5 Nr. 2)

Literatur: Peters, Instandhaltung und Instandsetzung von Wohnungseigentum, 1984.

a) Wegen der durch den Begriff „ordnungsmäßig" sich ergebenden und 28 weiter aus § 22 folgenden Beschränkungen vgl. oben Rdn. 11, 12 und § 22 Rdn. 4, 6. Daneben ist es nach § 27 Abs. 1 Nr. 2 auch Aufgabe des Verwalters, die für die ordnungsmäßige Instandhaltung und Instandsetzung des gemeinschaftlichen Eigentums erforderlichen Maßnahmen zu treffen. Die durch entsprechende Maßnahmen verursachten Kosten sind Kosten der Verwaltung i. S. des § 16 Abs. 2. Durch diese Vorschriften will das WEG allen jenen Schwierigkeiten vorbeugen, die sich beim Stockwerkseigentum alter Art aus der mangelhaften Instandhaltung der Gebäude ergeben haben. In Situationen, die zur „Notgeschäftsführung" berechtigen, hat der Verwalter auch ohne Beschluß der WEigentümer Vertretungsmacht (OLG Hamm WE 1989, 102; s. wegen Einzelheiten § 27 Rdn. 6). Wegen der Instandhaltungsrückstellung vgl. unten Rdn. 42. Da die Vorschrift – wie der ganze § 21 – abdingbar ist, schließt sie nicht aus, die Instandhaltungs- und Instandsetzungspflicht bezüglich von Teilen des gemeinschaftlichen Eigentums einzelnen WEigentümern aufzuerlegen, so, wie das weithin üblich und auch zweckmäßig ist, bezüglich der Fenster einschließlich deren Anstrich. Durch Absatz 5 Nr. 2 ist nicht die Modernisierung des Sondereigentums geregelt (BayObLG WE 1994, 21).

b) Unter ordnungsmäßiger Instandhaltung und Instandsetzung ist die **Er-** 29 **haltung des bestehenden bzw. die Wiederherstellung des einmal vorhan-**

den gewesenen ordnungsmäßigen Zustandes zu verstehen, bei von Anfang an vorhandenen Mängeln aber auch die **erstmalige Herstellung eines einwandfreien Zustands.** Möglich sind auch solche Maßnahmen, „die unter Änderung der bisherigen Bauausführung zur dauerhaften Beseitigung von Baumängeln oder Alterungsschäden führen" (BayObLG WE 1992, 20). Zur Instandhaltung gehören Pflege- und Erhaltungsmaßnahmen, die das Eintreten von Schäden verhindern sollen (BayObLG WE 1992, 139; KG WM 1993, 562); ebenso Maßnahmen, die einen gesundheitsgefährdenden Zustand beseitigen (BayObLG WM 1993, 207 zu asbesthaltigen Pflanztrögen). Zur Instandsetzung im weiteren Sinn gehören auch die notwendige **Ersatzbeschaffung** gemeinschaftlicher Geräte in einwandfreiem modernen Zustand sowie **„öffentlich-rechtlich** (etwa bau- oder energierechtlich) **vorgeschriebene bauliche Veränderungen"** (so wörtlich unter Anführung älterer Judikatur BayObLG NJW 1981, 690 = DWEigt 1981, 93 – Rauchklappenfall). Mit der Instandsetzung kann auch ein WEigentümer beauftragt werde, wenn zuvor Kostenvoranschläge von anderen Firmen eingeholt wurden (KG WM 1993, 426; auf letzteres kann bei außerordentlicher Dringlichkeit und Unterschreiten einer amtlichen Kostenschätzung verzichtet werden). Es kann im Rahmen ordnungsmäßiger Verwaltung liegen, zunächst nur eine Teilsanierung vorzunehmen (BayObLG WE 1992, 177). Die folgenden Beispiele aus der Rechtsprechung können lediglich Anhaltspunkte für die Beurteilung geben, maßgeblich bleiben stets die Umstände des Einzelfalles.

30 (i) **Ordnungsmäßige Instandhaltung und Instandsetzung.** Die beiden Fälle bedürfen im Hinblick auf ihre rechtliche Gleichbehandlung in § 21 Abs. 5 Nr. 2 und in § 16 Abs. 2 hier keiner Unterscheidung (anders möglicherweise im öffentlichen Baurecht und im Mietrecht). Der Rahmen wird sicher eingehalten, wenn lediglich ein dem ursprünglichen entsprechender Zustand hergestellt wird, so bei der Reparatur eines schadhaft gewordenen Dachs, bei der notwendig gewordenen Erneuerung des Fassadenanstrichs, bei der Beseitigung von Schäden an der Zufahrtsstraße. Die Arbeiten müssen fachmännisch ausgeführt werden (BayObLG WE 1992, 177). Das alles ist weithin unproblematisch und kann lediglich von der tatsächlichen Seite her Anlaß zu Zweifeln geben. Die Probleme zeigen sich am deutlichsten in der Gegenüberstellung zu § 22 Abs. 1, weshalb auf die dort angeführten zahlreichen Beispiele verwiesen werden kann. Die Grenze ist klar überschritten, wenn eine Grünfläche in einen Abstellplatz für PKW umgewandelt werden soll (OLG Stuttgart NJW 1961, 1359) oder wenn auf einer Grünfläche Fertiggaragen aufgestellt werden sollen (KG NJW 1968, 160) oder beim Ersatz der vorhandenen Haustür durch eine schalldichte Doppeltür (BayObLGE 1978, 117). Der zeitlich unbefristete Ausschluß eines in gemeinschaftlichem Eigentum stehenden Gebäudeteils von der Instandhaltung kann nicht mehrheitlich beschlossen werden (OLG Braunschweig NJW-RR 1990, 979). In dem Beschluß, einen vom Bauträger wegen Baumängeln erhaltenen Abgeltungsbetrag anteilsmäßig an die WEigentümer auszuzahlen, kann der Verzicht auf die Behebung dieser Mängel liegen (BayObLG WE 1990, 175).

31 Ordnungsmäßig ist auch der **Ersatz abgenutzter** oder unbrauchbar ge-

wordener Geräte, so einer Waschmaschine (BayObLG NJW 1975, 2296) oder einer Kehrmaschine, von Thermostatventilen (OLG Karlsruhe DWEigt 1990, 116) oder Außenfenstern (BayObLG WM 1993, 562).

(ii) **Erfüllung öffentlich-rechtlicher Pflichten.** Beispiele bieten LG München DB 1977, 2231 (Liftumbau); VGH Mannheim NJW 1974, 74 (Fahrstuhltüren); OLG Düsseldorf MDR 1983, 320 (baupolizeiliche Auflagen); OLG Hamm WE 1993, 318 (Sicherheitsausstieg); BayObLG ITelex 1985/4/48 (Entlüftung). **32**

(iii) **Behebung von Baumängeln.** Es sind „technisch einwandfreie Lösungen" zu wählen, „die eine dauerhafte Beseitigung von Mängeln und Schäden versprechen", die aber auch wirtschaftlich sein müssen (BayObLG WE 1990, 181). Deshalb sind i. d. R. Konkurrenzangebote einzuholen (BayObLG WE 1990, 183). Beispiele bieten: BGH NJW 1977, 44 (Auswechselung eines korrosionsgefährdeten Boilers); BayObLGE 1982, 203 (Anspruch auf Feststellung von Baumängeln als Vorbereitungsmaßnahme); BayObLG DWEigt 1984, 59 (Thermohaut); BayObLG DWEigt 1984, 89 (Geräuschbelästigung); BayObLGE 1982, 30 und BayObLG DWEigt 1993, 156 (Schalldämpfung); OLG Frankfurt OLGE 1984, 129 (Wärmedämmung); OLG Frankfurt OLGE 1984, 48 (Balkonsanierung); BayObLG WE 1990, 181 (Dachentwässerungsanlage); BayObLG WE 1989, 178 (Anlegen eines sicheren Weges); BayObLG WE 1989, 221 (Sanierung feuchter Grundmauern); BayObLG WE 1990, 183 (Sanierung von Giebel und Dachterrasse); BayObLG WE 1992, 20 (Gehweg, Treppensockel, Stützmauern); OLG Hamm OLGE 1982, 260 (Einbau einer von Anfang an vorgesehenen Regelanlage); OLG Hamm DWEigt 1984, 126 (Sachverhalt nicht ersichtlich); KG OLGE 1986, 174; BayObLG DWEigt 1984, 89; OLG Hamm ITelex 1987/18/113. Zur Abgrenzung der baul. Veränderung gegenüber der erstmaligen Herstellung vgl. BayObLG DWEigt 1986, 94; WE 1990, 142. Möglich ist auch ein Beschluß über die Errichtung eines Zaunes, durch den Dritte vom gemeinschaftlichen Eigentum ferngehalten werden sollen (BayObLG NJW-RR 1990, 82; OLG Braunschweig DWEigt 1991, 77) oder über die Verlegung der Wäschespinne (BayObLG WM 1993, 295). **33**

(iv) **Modernisierende Instandsetzung.** Ordnungsmäßige Instandsetzung liegt nach nunmehr gefestigter Rechtsprechung auch dann vor, wenn eine technisch bessere moderne Lösung wirtschaftlich sinnvoll ist; diese kann über die Wiederherstellung des mangelfreien Zustandes hinausgehen (KG WE 1989, 136; BayObLG WE 1991, 196) und kann bereits vorgenommen werden, wenn jederzeit mit der Funktionslosigkeit der alten Einrichtung zu rechnen ist (OLG Celle WE 1993, 224). Die Abgrenzung zwischen modernisierender Instandsetzung und einer darüber hinausgehenden baulichen Maßnahme hat u. a. anhand der Gesichtspunkte: Funktionsfähigkeit des bisherigen Zustandes, Kosten-Nutzen-Verhältnis sowie der Frage, ob die neue Lösung aktueller Standard ist, zu erfolgen (BayObLG WE 1989, 208 m. zust. Anm. Seuß; 1991, 228). Beispiele: OLG Schleswig SchlHA 1968, 70 (Asphaltboden ersetzt durch Plattenboden); AG Hamburg DWEigt 1980, 56 und OLG Celle WE 1993, 224 (Umstellung von Öl- auf Gasheizung); BayObLG WM 1993, 427 (umfassende Erneuerung der Heizungsanlage); KG WM 1993, 430 (Fassadenanstrich); KG WE 1989, 136 und BayObLG **34**

WE 1991, 196 (Dachkonstruktion); DWEigt 1993, 168 (Umstellen der Außenbeleuchtung von Zeit- auf Dämmerungsschalter); NJW 1981, 690 (Rauchklappenfall, offengeblieben); LG Krefeld („Fassaden-Fall"; 27. 4. 1983 – 1 T 180/181/91); BayObLG DWEigt 1983, 30 (Türverglasung); 1984, 59 (Thermohaut, vgl. Rdn. 33); OLG Frankfurt OLGE 1984, 89 (Wärmedämmung); OLG Düsseldorf ITelex 1986/19/112 (Zaunanlage); OLG Oldenburg WE 1988, 175 (Isolierglasfenster); KG WE 1990, 210 (Kinderschaukel); BayObLG WE 1989, 208 (wahlweiser Betrieb der Heizungsanlage mit Heizöl oder Erdgas); 1992, 50 (Ersatz von Holz- durch Kunststoffenster); u. U. der Ersatz einer Dachantenne durch den Anschluß an das Breitbandkabelnetz (unten Rdn. 46). Von dem Mehrheitsbeschluß umfaßt sind auch mit der modernisierenden Instandsetzung verbundene Baumaßnahmen (BayObLG WM 1993, 427). Betrifft die Modernisierung nur einzelne Wohnungen und sind hiermit bauliche Veränderungen am Gemeinschaftseigentum verbunden, kann hierüber nur nach § 22 Abs. 1, beschlossen werden (BayObLG WE 1994, 21). Über eine modernisierende Instandsetzung geht die völlige Umstellung auf Nachtstrom hinaus (BayObLG WE 1989, 62). Eine Auswechslung der funktionsfähigen Gemeinschaftsantenne durch einen Anschluß an das Breitbandkabel kann unter keinem der genannten Gesichtspunkte als modernisierende Maßnahme beschlossen werden (OLG Karlsruhe NJW-RR 1991, 1041).

35 Nicht zur ordnungsmäßigen Instandsetzung gehört die Umrüstung bereits vorhandener **zentraler Heizungs- und Warmwasserversorgungsanlagen** auf Meßeinrichtungen, durch die eine verbrauchsabhängige Kostenabrechnung ermöglicht wird; dies gilt jedenfalls dann, wenn damit eine Änderung des in der GemO. festgelegten Verteilungsschlüssels verbunden ist, die nicht durch Mehrheitsbeschluß herbeigeführt werden kann (§ 16 Rdn. 19). Eine Pflicht zur Einführung solcher Abrechnungsmethoden ist jedoch geschaffen durch die **Heizkosten-VO v. 23. 2. 1981;** dazu § 16 Rdn. 23 und Anh. IV 4).

3. Versicherung (Abs. 5 Nr. 3)

Literatur: Bärmann/Seuß, Praxis A VIII 18ff., B VII. – Brugger, Sicherung durch Versicherung, PiG 4, S. 75ff. – Hennig bei Deckert, Eigentumswohnung 9 II. – Stein, Probleme der Gebäude- und Haftpflichtversicherung im Wohnungseigentum, FS für Seuß, S. 271ff.

36 Die Bestimmung bringt zum Ausdruck, daß zu einer ordnungsmäßigen Verwaltung ein ebensolcher Versicherungsschutz gehört, und nennt zwei wichtige Hauptfälle, die zugleich Beispiele für die beiden hauptsächlich in Betracht kommenden Arten der Versicherung, Feuerversicherung als Sachversicherung und Haftpflichtversicherung, bieten. Die Regelung ist abdingbar und keineswegs erschöpfend, wie schon aus dem Wort „insbesondere" im Obersatz hervorgeht. Im folgenden können nur einige Hinweise gegeben werden; es ist zweckmäßig, sachverständigen Rat in Anspruch zu nehmen und genau zu prüfen, welche Risiken gedeckt werden sollen und durch den zu schließenden Versicherungsvertrag gedeckt sind.

a) **Sachversicherung.** Vorgeschrieben ist die „**Feuerversicherung** des gemeinschaftlichen Eigentums zum Neuwert". Die Feuerversicherung wird zum Teil von privaten Versicherungsunternehmen, in einem erheblichen Teil des Bundesgebiets durch staatliche Anstalten mit Monopolcharakter betrieben. Zunehmend wird dort, wo eine staatliche Monopolversicherung besteht, das Monopol aufgegeben und das Unternehmen in eine juristische Person des Privatrechts überführt; so z. B. die Hamburger Feuerkasse am 1. 7. 1994. Beide Arten der Unternehmen decken mit der Feuerversicherung zugleich Leitungswasserschäden (nicht Schäden durch Abwasserleitungen) und Sturmschäden, manche auch Hagelschäden und Schäden durch Blitzschlag, Explosion und den Aufprall oder Absturz von bemannten Flugkörpern (sog. „verbundene Gebäudeversicherung"). Es empfiehlt sich und entspricht ordnungsmäßiger Verwaltung, solchen weitgehenden Versicherungsschutz zu nehmen, wo er angeboten wird. Hat ein WEigentümer durch eine **Obliegenheitsverletzung** den Versicherungsschutz verloren, so wirkt dies, wie durch die Versicherungsbedingungen klargestellt ist, nur gegen ihn, nicht gegen die übrigen WEigentümer. Im Falle der Veräußerung oder Zwangsversteigerung geht das Versicherungsverhältnis auf den Erwerber über (§ 69ff. VVG). 37

Die Bestimmung schreibt Versicherung **„zum Neuwert"** vor, läßt aber offen, ob die Versicherung mit einem festen Betrag oder zum „gleitenden Neuwert" genommen werden soll; letzteres ist sachgerecht.

Vorgesehen ist nur die Versicherung des gemeinschaftlichen Eigentums, nicht auch des Sondereigentums, auf das sich ja die Verwaltung nicht erstreckt. Das damit angedeutete Problem hat sich erledigt; für WEigentumsanlagen wird eine sowohl das gemeinschaftliche als auch das Sondereigentum deckende einheitliche Gebäudeversicherung angeboten (Beispiel: KG DWEigt 1984, 93). Der Aufgabenkreis des Verwalters ist auch in diesem Fall auf das Gemeinschaftseigentum beschränkt. Der Verwalter ist jedoch verpflichtet, den Sondereigentümer bei der Geltendmachung dessen Versicherungsanspruchs zu unterstützen, z. B. durch Nennung der Versicherungsnummer (KG OLGE 1992, 318). Falls eine einzelne Eigentumswohnung besonders aufwendig ausgestattet ist und dies sich auf die einheitliche Prämie auswirkt, ist es berechtigt, deren dadurch bewirkte Erhöhung auf den betreffenden WEigentümer abzuwälzen. Der am Heizkessel durch ein in ihm verlaufendes Wasserrohr entstandene Schaden fällt unter die Leitungswasserversicherung (BGH WE 1993, 310).

b) **Haftpflichtversicherung.** Gegenstand der Haftpflichtversicherung ist die Befriedigung begründeter und die Abwehr unbegründeter Schadensersatzansprüche, die gegen den Versicherungsnehmer geltend gemacht werden, hier also gegen die WEigentümer. Vorgeschrieben ist die „angemessene Versicherung der WEigentümer gegen **Haus- und Grundbesitzerhaftpflicht";** damit sind lediglich die vom **gemeinschaftlichen Eigentum** ausgehenden Gefahren betroffen, insbes. die Haftpflicht wegen Verletzung einer Verkehrssicherungspflicht, z. B. der Streupflicht, aber auch aus § 836 BGB. Die Versicherung umfaßt außer der Haftung der WEigentümer auch die des Verwalters und des Hausmeisters. Die Deckung der vom **Sondereigentum** 38 ausgehenden Gefahren, z. B. der Schaden durch Sturz in einer Wohnung infolge zu glatt gebohnerten Parketts, ist nur durch Abschluß einer besonderen Versicherung möglich, als welche die Haushaltshaftpflichtversicherung in Betracht kommt. „Angemessen" muß insbes. die Höhe der Versicherungssumme sein.

39 c) Für Anlagen, die mit **Ölheizung** ausgestattet sind, ist dringend der Abschluß einer Gewässerschadenhaftpflichtversicherung zu empfehlen; das Risiko des Eindringens von Heizöl in das Grundwasser infolge des Undichtwerdens eines Tanks oder aus anderem Grunde ist außerordentlich groß.

40 d) Weiter in Betracht zu ziehen ist eine **Gebäude-Glasversicherung;** diese ist entbehrlich, wenn eine Hausratversicherung abgeschlossen ist.

41 e) Soweit es ordnungsmäßiger Verwaltung entspricht, Versicherungsschutz zu nehmen, können die erforderlichen Entscheidungen durch **Mehrheitsbeschluß** getroffen werden; der einzelne WEigentümer hat den Anspruch aus § 21 Abs. 4. Der **Verwalter** hat aufgrund seiner gesetzlichen Vertretungsmacht nicht das Recht, die WEigentümer beim Abschluß oder bei der Kündigung eines Versicherungsvertrags zu vertreten; er bedarf dazu besonderer Ermächtigung. Auch die Kündigung kann ordnungsmäßiger Verwaltung entsprechen, so wenn begründeter Anlaß besteht, den Versicherer zu wechseln, z. B. im Falle des § 96 VVG. Beim Abschluß des Vertrages ist besonders darauf zu achten, daß die Versicherungssumme bei der Sachversicherung in ausreichender Höhe bestimmt wird, um eine Unterdeckung zu vermeiden. Ein Verstoß gegen § 21 Abs. 5 Nr. 3 begründet für Dritte keine Rechte (BayObLG DWEigt 1990, 74).

4. Die „Ansammlung einer Instandhaltungsrückstellung" (Abs. 5 Nr. 4)

42 Einer der Gründe für die Unzuträglichkeiten beim Stockwerkseigentum alter Art waren die Schwierigkeiten bei der Aufbringung der Mittel für notwendige Instandsetzungsarbeiten. Solchen Schwierigkeiten soll durch die zur Pflicht gemachte Ansammlung einer Instandhaltungsrückstellung vorgebeugt werden – richtiger wäre nach dem heutigen Sprachgebrauch, da Rückstellung ein bilanztechnischer Begriff ist, von „Instandhaltungsrücklage" zu sprechen. Die Ansammlung gehört zu den pflichtmäßigen Aufgaben der Verwaltung, kann also durch Mehrheit beschlossen und gem. Abs. 4 erzwungen werden. Vgl. auch § 28 Abs. 1 Nr. 3. Die Rücklage ist auch für Instandsetzungsmaßnahmen zu bilden, die durch Teileigentum veranlaßt sind (BayObLG WE 1991, 360). Anderes als die Aufbringung und gemeinschaftliche Verwendung der Mittel fällt nicht unter Nr. 4 (OLG Hamm NJW-RR 1991, 212). Die **Auflösung** einer angesammelten **Instandsetzungsrücklage** kann durch Mehrheit nur dann beschlossen werden, wenn dies – was regelmäßig nicht der Fall sein wird (vgl. BayObLG Rpfleger 1981, 284 – vorzeitige Inanspruchnahme der Instandhaltungsrücklage) – im Rahmen einer ordnungsmäßigen Verwaltung liegt. Jedenfalls solange die Instandhaltungsrücklage noch nicht eine angemessene Höhe erreicht hat, können deshalb die WEigentümer mit Mehrheit beschließen, die Kosten einer Reparatur nicht der Rücklage zu entnehmen, sondern durch eine Umlage zu decken

(BayObLG WEM 1981, 31). Der Zweck der Instandhaltungsrücklage verbietet es dem einzelnen WEigentümer, gegen die Ansprüche der Gemeinschaft auf Zahlung der anteiligen Kosten aufzurechnen (BayObLG WE 1989, 106). Mehrheitsbeschlüsse, die gegen die Grundsätze ordnungsmäßiger Verwaltung verstoßen, können im Verfahren nach §§ 23 Abs. 4, 43 angefochten werden, und zwar sowohl von jedem WEigentümer als auch vom Verwalter (§ 43 Abs. 1 Nr. 4). Zu beachten ist nur, daß durch Versäumung der Frist des § 23 Abs. 4 auch gegen diese Grundsätze verstoßende Beschlüsse Rechtsgültigkeit erlangen können. Die Verwaltung der Rücklage obliegt gem. § 27 Abs. 1 Nr. 4 und § 27 Abs. 4 dem Verwalter. Wegen der steuerlichen Behandlung von Rücklagen und von tatsächlichen Ausgaben für Instandsetzungszwecke ist auf die jeweils geltenden steuergesetzlichen Vorschriften (insbes. des EStG und die EinkSt.-Richtlinien) zu verweisen; vgl. auch Anh. zu § 62. Einen interessanten Vorschlag für die Anlage der Instandhaltungsrücklage in Gestalt eines Bausparvertrags hat Brych, FS für Seuß, S. 65ff., gemacht.

Nach den Vorschlägen zur **Novellierung** des WEG sollte die Ansamm- **43**
lung der Instandhaltungsrücklage zur unabdingbaren Pflicht erhoben werden (Vor § 1 Rdn. 44ff. der 7. Aufl.); dagegen ist grundsätzlich nichts einzuwenden, jedoch ist zu bedenken, daß, da die Höhe keinesfalls vorgeschrieben werden kann, der Nutzen einer solchen Regelung nur sehr beschränkt sein kann. Die angesammelte Rücklage steht den WEigentümern gemeinschaftlich zu, doch gehört sie nach der hier vertretenen, freilich bestrittenen Auffassung **nicht zum gemeinschaftlichen Eigentum** i. S. des § 1 Abs. 5 (vgl. hierzu ausführlich § 1 Rdn. 6; auch Röll NJW 1976, 937).

5. Die Aufstellung eines Wirtschaftsplans (Abs. 5 Nr. 4)

Die Bestimmung bringt den Zusammenhang zum Ausdruck, in dem die **44**
materiellen Grundsätze der Verwaltung, insbes. die Verpflichtung zur Lasten- und Kostentragung nach § 16 Abs. 2, zu dem in § 28 geregelten System der Aufbringung der Mittel stehen. Die Aufstellung des Wirtschaftsplans obliegt nach § 28 in erster Linie dem Verwalter. Nach § 28 Abs. 4 beschließen über den Plan die WEigentümer durch Stimmenmehrheit; diese Beschlußfassung ist durch § 21 Abs. 5 Nr. 5 zur Pflicht gemacht. Hier nicht erwähnt, aber ebenso zu den Pflichten einer ordnungsmäßigen Verwaltung zu rechnen ist die Beschlußfassung über die **„Abrechnung"** des Verwalters, welche den endgültigen Lasten- und Kostenbeitrag – das „Wohngeld" in seiner endgültigen Höhe – ergibt (§ 28 Abs. 5).

6. Duldungspflichten (Abs. 5 Nr. 6)

Die Pflicht zur Duldung gewisser in Nr. 6 bezeichneter Maßnahmen be- **45**
steht ohne Rücksicht darauf, ob die Maßnahmen, die zur Herstellung einer **Fernsprechteilnehmereinrichtung,** einer **Rundfunkempfangsanlage** oder eines **Energieversorgungsanschlusses** erforderlich sind, das in § 14 vorgesehene Maß überschreiten (Beispiel: OLG Hamburg OLGE 1992, 186). Allerdings besteht die Duldungspflicht nur in bezug auf das gemeinschaftliche Eigentum, nicht das Sondereigentum (kritisch dazu H. Schulte, Eigentum

und öffentliches Interesse, S. 27). Die genannten Anlagen müssen daher so verlegt werden, daß sie das Sondereigentum eines nicht beteiligten WEigentümers nicht berühren; andernfalls ist dessen Zustimmung erforderlich. Nach Ansicht des BayObLG fällt unter Nr. 6 nur der Anschluß an eine bereits vorhandene Hauptleitung, nicht aber der Anschluß an die öffentliche Versorgungsleitung (WE 1994, 21). Die für den Eingriff in das gemeinschaftliche Eigentum erforderliche Zustimmungserklärung „Eigentümererklärung" kann der Verwalter kraft seiner gesetzlichen Vertretungsbefugnis im Namen aller WEigentümer abgeben (§ 27 Abs. 2 Nr. 6; vgl. § 27 Rdn. 23); diese Befugnis deckt aber nicht die Umrüstung von einer Gemeinschaftsantenne auf Kabelfernsehen (vgl. § 22 Rdn. 11).

46 Unter Abs. 5 Nr. 6 fallen auch **Fernsehempfangsanlagen** und der Anschluß an das **Breitbandkabelnetz** der Bundespost. Für letzteren kommt die Vorschrift aber nur in Betracht, wenn es sich um den technisch und nach den Verwaltungsvorschriften und -praktiken möglichen, aber tatsächlich atypischen Einzelanschluß handelt (so auch Bub, Wohnungseigentum, S. 269). Eine mit Mehrheit zu beschließende Maßnahme ordnungsmäßiger Verwaltung kann der Anschluß dann darstellen, wenn zu entscheiden ist, ob er anstelle der Erneuerung einer veralteten oder mangelhaft gewordenen Antennenanlage gewählt werden soll (OLG Celle DWEigt 1986, 54; WM 1987, 97; WE 1988, 170; OLG Karlsruhe NJW-RR 1991, 1041; LG Würzburg NJW 1986, 66). Auch wenn wegen der Lage des Gebäudes mit einer Gemeinschaftsantenne nicht der übliche Empfangsstandard zu erreichen ist, kann über den Anschluß an das Breitbandkabel mit Mehrheit entschieden werden (OLG Hamburg OLGE 1991, 295). Nach a. A. kommt ein Mehrheitsbeschluß nicht in Betracht, weil die Ersetzung einer Gemeinschaftsantenne durch Kabelanschluß – z.Zt. noch – nicht üblicher Standard ist (OLG Oldenburg MDR 1989, 823; BayObLG NJW-RR 1990, 330). Eine zwischenzeitlich eingetretene Änderung des Standards deutet das KG (WE 1992, 109) an. Eine solche Einschätzung entspricht wohl den Gegebenheiten. In der überwiegenden Zahl der Fälle ist die Frage nach § 22 Abs. 1 zu beurteilen (vgl. dort Rdn. 11).

47 **Nach Abs. 6** hat der durch den Einzelanschluß begünstigte WEigentümer den Schaden, der durch die Maßnahme am gemeinschaftlichen Eigentum entsteht, aus dem Gesichtspunkt der **Aufopferung** zu ersetzen. Eine weitere Ergänzung enthält § 27 Abs. 2 Nr. 6; hiernach ist der **Verwalter** befugt, mit Wirkung für alle WEigentümer die etwa zur Vornahme der genannten Maßnahmen erforderlichen Erklärungen abzugeben; dabei ist insbes. an die sog. Eigentümererklärung gedacht, die nach der Telekommunikationsordnung vom 16. 7. 1987 zur Anlegung eines Fernsprechteilnehmeranschlusses erforderlich ist. Wie schon aus dem Wort „insbesondere" in dem Obersatz hervorgeht, können **ähnliche Duldungspflichten** in entsprechenden Fällen bestehen, z. B. wenn in einem Rechtsstreit die Untersuchung des Bauwerks auf Mängel durch einen Sachverständigen Eingriffe in die Bausubstanz erforderlich macht. Aus der Gemeinschaft kann sich ebenfalls eine Pflicht zur Duldung nicht nur des Betretens und der Benutzung (dazu § 14 Nr. 4), sondern auch von Eingriffen in die Substanz des Sondereigentums ergeben; dann ist auch entsprechend § 14 Nr. 4 eine Pflicht der Gemeinschaft zum Ersatz des Schadens zu bejahen.

V. Pflichtverletzung

48 Die Pflicht, zur ordnungsmäßigen Verwaltung des gemeinschaftlichen Eigentums zusammenzuwirken, obliegt allen WEigentümern gegenseitig und gehört zu den in § 10 Rdn. 12, § 13 Rdn. 17ff. erwähnten Pflichten aus der Gemeinschaft. Wer gegen diese Pflicht verstößt, ist, wenn er die Verletzung zu vertreten hat, den hierdurch geschädigten WEigentümern zum Schadensersatz verpflichtet. Unter diesem Gesichtspunkt ist insbes. auch die Frage zu beurteilen, ob ein WEigentümer Schadensersatz von den anderen WEigentümern verlangen kann, wenn sein **Sondereigentum** infolge mangelhafter Instandhaltung des gemeinschaftlichen Eigentums **Schaden erleidet,** also z. B. wenn das Sondereigentum dadurch beschädigt wird, daß durch ein schadhaftes Dach Feuchtigkeit eindringt (vgl. § 13 Rdn. 5; ferner OLG Frankfurt OLGE 1987, 23 zur Anwendbarkeit der §§ 286, 287 ZPO). In einem solchen Fall wird sich der Schadensersatzanspruch in erster Linie gegen den Verwalter zu richten haben, vorausgesetzt, daß dieser schuldhaft seine Instandhaltungspflicht (§ 27 Abs. 1 Nr. 2) verletzt hat. Eine Schadensersatzpflicht anderer WEigentümer wird dann anzunehmen sein, wenn diese nicht pflichtgemäß an der Behebung des Schadens mitgewirkt haben, also z. B. die erforderlichen Vorschüsse nicht leisten oder über erkannte Mängel den Verwalter nicht rechtzeitig informiert haben. Sie kann sich aber auch aus der gem. § 278 BGB bestehenden Haftung für die schlecht arbeitende Sanierungsfirma ergeben (BayObLGE 1992, 146). Zwar hat auch der geschädigte WEigentümer für deren Verschulden einzustehen. Dies schließt aber die Anwendbarkeit des § 278 BGB nicht aus, sondern führt zu einer Minderung des Anspruchs gem. §§ 278, 254 BGB. Der Verwalter kann bei der Erfüllung der erwähnten Pflichten gegenüber dem geschädigten WEigentümer nicht als Erfüllungsgehilfe der anderen WEigentümer angesehen werden, diese haben deshalb für sein Verschulden nicht einzustehen; denn abgesehen davon, daß sich dann auch der betroffene WEigentümer selbst das Verschulden des Verwalters nach §§ 278, 254 BGB anrechnen lassen müßte, kann der Verwalter im Verhältnis der WEigentümer untereinander nicht Erfüllungsgehilfe sein, weil er eigene ihm vom Gesetz zugewiesene Aufgaben selbständig, wenn auch als Treuhänder der WEigentümer, zu erfüllen hat (ebenso Weimar JR 1973, 8; vgl. im übrigen § 27 Rdn. 35).

49 Die Pflicht zur Mitwirkung an der ordnungsmäßigen Verwaltung schließt die Pflicht ein, die **Durchführung wirksam gefaßter Beschlüsse zu ermöglichen** und die nach § 10 Abs. 4 eintretende Bindungswirkung solcher Beschlüsse anzuerkennen. Ein WEigentümer kann sich also z. B. einer Schadensersatzpflicht aussetzen, wenn er die Durchführung eines auf Grund wirksamen Beschlusses abgeschlossenen Vergleichs mit einem Bauhandwerker durch widerspenstiges Verhalten gefährdet; das ist nicht der Fall, wenn er aus vertretbaren Gründen den zugrundeliegenden Beschluß gem. § 23 Abs. 4 anficht.

§ 22 Besondere Aufwendungen, Wiederaufbau

(1) **Bauliche Veränderungen und Aufwendungen, die über die ordnungsmäßige Instandhaltung oder Instandsetzung des gemeinschaftlichen Eigentums hinausgehen, können nicht gemäß § 21 Abs. 3 beschlossen oder gemäß § 21 Abs. 4 verlangt werden. Die Zustimmung eines Wohnungseigentümers zu solchen Maßnahmen ist insoweit nicht erforderlich, als durch die Veränderung dessen Rechte nicht über das in § 14 bestimmte Maß hinaus beeinträchtigt werden.**

(2) **Ist das Gebäude zu mehr als der Hälfte seines Wertes zerstört und ist der Schaden nicht durch eine Versicherung oder in anderer Weise gedeckt, so kann der Wiederaufbau nicht gemäß § 21 Abs. 3 beschlossen oder gemäß § 21 Abs. 4 verlangt werden.**

Übersicht

Literatur: Bielefeld, Bauliche Veränderungen oder modernisierende Instandsetzung, DWEigt 1989, 96; ders., Kabelfernsehen – Streit mit der Bundespost, DWEigt 1988, 84. – Deckert, Zum Anspruch des einzelnen Wohnungseigentümers auf Beseitigung einer beeinträchtigenden baulichen Veränderung und zur Ausfallhaftung, WE 1992, 186. – Florian, Kabelanschluß und Wohnungseigentum – Zwang zur Einstimmigkeit, ZMR 1989, 128. – Hauger, Bauliche Veränderung und Modernisierung, PiG 32, S. 83. – Otto, Amateurfunk- und Parabolantenne für Eigentumswohnungen, WE 1991, 221. – Pick, Ordnungsmäßiger Gebrauch und bauliche Veränderung i. S. des WEG, NJW 1972, 1741. – Röll, Parabolspiegel und das Grundrecht auf Informationsfreiheit, WE 1993, 325. – Schober, Die Gemeinschaft der Wohnungseigentümer im französischen Recht, Diss., 1986 (PiG 24). – Seuß, Parabolantenne, WE 1993, 98. –

Wellkamp, Die „Rentabilitätsmodernisierung" im Lichte der §§ 21, 22 WEG, NJW 1985, 1686. – Weitnauer, Die Vormerkung im Konkurs der Bauträgers, DNotZ 1977, 225; ders., Zeitgemäße und unzeitgemäße Betrachtungen zum Wohnungseigentum, DNotZ 1977, Sonderheft, S. 31.

I. Allgemeines

1. Normzweck

§ 22 ergänzt den § 21 und betrifft zwei verschiedene Fälle: Maßnahmen, die über die ordnungsmäßige Instandhaltung und Instandsetzung hinausgehen, sowie den Wiederaufbau eines ganz oder teilweise zerstörten Gebäudes. In beiden Fällen geht es um Verfügungen tatsächlicher Art über die **Substanz des gemeinschaftlichen Eigentums** und um Entscheidungen, die angesichts der **verwickelten Interessenlagen** sowohl was die Aufstellung einer allgemeinen Regel als auch was die Beurteilung im Einzelfall anlangt, schwierig sind. Wegen Verfügungen rechtlicher Art vgl. Vor § 20 Rdn. 2, 3, 5. 1

Die Vorschriften des § 22 sind **abdingbar** (so zutreffend auch KG MDR 1969, 925; ZMR 1986, 189; BayObLGE 1974, 269; BayObLG Rpfleger 1986, 217; WE 1988, 63; 1990, 134; 139; 1992, 54). Die GemO. kann die Vornahme einer baulichen Veränderung von der **Zustimmung des Verwalters** abhängig machen (BayObLG WE 1991, 261). Diese **ersetzt**, wenn entsprechendes nicht ausdrücklich bestimmt ist, **nicht** die Zustimmung aller anderen WEigentümer (KG WE 1991, 328). Sie stellt vielmehr **eine zusätzliche Voraussetzung** für die Zulässigkeit des Vorhabens dar (BayObLG WE 1992, 195; OLG Zweibrücken NJW 1992, 2899). Der Verwalter handelt auch hier als Treuhänder der WEigentümer. Er kann bei eigenen Zweifeln eine Entscheidung der WEigentümer herbeiführen (Vorlagebeschluß KG ZMR 1994, 124). Die GemO. kann bestimmen, daß bauliche Maßnahmen, z. B. zur Anpassung „an gestiegene Wohnansprüche" (BayObLG WE 1992, 290), oder für Änderungen der äußeren Gestalt des Gebäudes (OLG Düsseldorf WE 1990, 24) aufgrund Mehrheitsbeschluß vorgenommen werden dürfen. Soll der Grundsatz der Einstimmigkeit aufgegeben werden, muß die GemO. eine eindeutige Regelung treffen (KG WE 1991, 328). Sofern ein Mehrheitsbeschluß ausreichend ist, beurteilt sich die Zulässigkeit der Maßnahme nicht nach § 21 Abs. 3, sondern danach, ob sachliche Gründe für die Maßnahme sprechen und ob andere WEigentümer nicht unbillig benachteiligt werden (BayObLG NJW-RR 1990, 209). 2

Möglich ist es auch, in der GemO. festzulegen, daß ein einstimmiger Beschluß nur dann erforderlich ist, wenn er auch für Bauvorhaben auf einem selbständigen Grundstück notwendig wäre (BayObLG WM 1993, 565 zu Bau auf Sondernutzungsfläche). Anwendbar sind dann allein die nachbarrechtlichen Vorschriften des BGB.

Ist ein WEigentümer nach der Teilungserklärung berechtigt, das Dachgeschoß auszubauen, so handelt es sich bei dem Ausbau um die erstmalige Herstellung des in der Teilungserklärung vorgesehenen Zustandes (BayObLG WE 1992, 206). Bei mehreren Möglichkeiten für den Ausbau hat 3 er sich für diejenige zu entscheiden, die die Rechte anderer nicht in vermeidbarer Weise wesentlich beeinträchtigt (BayObLG WE 1990, 134). Sofern der Ausbau nach der Teilungserklärung „auf eigene Kosten und Gefahr" erfolgt, haftet der WEigentümer verschuldensunabhängig für alle Schäden, die durch den Bau entstanden sind (KG WM 1993, 209).

4 Abs. 1 Satz 1 entspricht dem § 745 Abs. 3 Satz 1 BGB („Eine wesentliche Veränderung des Gegenstandes kann nicht beschlossen oder verlangt werden"), weicht aber doch von dieser Bestimmung ab, indem er klarstellt, daß nicht nur Maßnahmen, die zu einer „wesentlichen Änderung" des gemeinschaftlichen Gegenstandes führen würden (vgl. dazu BGH NJW 1953, 1427), sondern bereits alle **Maßnahmen, die über die ordnungsmäßige Instandhaltung oder Instandsetzung des gemeinschaftlichen Eigentums hinausgehen,** nicht mit Stimmenmehrheit beschlossen werden können, und zwar selbst dann nicht, wenn solche Maßnahmen sehr wohl noch im Rahmen einer wirtschaftlich sinnvollen, zweckmäßigen Verwaltung liegen könnten (insoweit zutreffend KG NJW 1968, 160). Unklar Pick NJW 1972, 1741, der offenbar den Relativsatz „die über . . . hinausgehen" nur auf die Aufwendungen, nicht aber, wie richtig, auch auf die baulichen Veränderungen beziehen will, und bauliche Veränderungen und Aufwendungen gleichsetzt. Dagegen ist nach dem Gesetz gemeint, daß auch Maßnahmen dem Mehrheitsbeschluß entzogen sind, die, ohne bauliche Veränderungen zu sein, zu übermäßigen Aufwendungen führen würden (z. B. wenn die an sich gebotene Mängelbeseitigung in einer nach Sachlage übermäßig aufwendigen Weise ausgeführt oder wenn der Versicherungsschutz über den nach den Verhältnissen üblicherweise als ausreichend angesehenen Umfang hinaus erweitert werden soll). Die Regelung des § 22 rechtfertigt sich daraus, daß beim WEigentum die Miteigentümer nicht in der Lage sind, jederzeit die Aufhebung der Gemeinschaft herbeizuführen und sich so den Auswirkungen eines mit nicht vorhersehbaren finanziellen Folgen verbundenen Mehrheitsbeschlusses zu entziehen. Ein **Verstoß** hat keine **Nichtigkeit** des Beschlusses zur Folge, sondern bewirkt lediglich, daß der Beschluß gem. § 23 Abs. 4 für ungültig erklärt werden kann (vgl. dazu § 23 Rdn. 24, 26, 28 und § 43 Rdn. 28). Ein bestandskräftiger Mehrheitsbeschluß über die bauliche Veränderung steht einem Beseitigungsverlangen entgegen (BayObLG WE 1988, 32). Dasselbe gilt für einen Mehrheitsbeschluß, mit dem die Veränderung nachträglich genehmigt wurde (BayObLG DWEigt 1990, 28).

Abs. 1 Satz 2 will dagegen werterhöhende Maßnahmen nach Möglichkeit erleichtern. Abs. 2 entscheidet eine Frage, deren Beurteilung nach dem BGB zweifelhaft wäre (vgl. MünchKomm/K. Schmidt §§ 744, 745 Rdn. 18ff.; BGH NJW 1953, 1427 zu § 745 Abs. 3 BGB).

2. Abgrenzung

5 Zur **Abgrenzung** ist folgendes zu beachten: Baumaßnahmen, die zur Fertigstellung des Gebäudes **nachgeholt** werden müssen, fallen nicht unter § 22 Abs. 1 (KG OLGE 1986, 174; BayObLG WE 1990, 142; vgl. § 21 Rdn. 33) Errichtet der Bauträger die Anlage **von vorneherein abweichend vom Aufteilungsplan** – Einbau einer Wendeltreppe, Deckendurchbruch und Einbau

von Fenstern –, so ist das kein Fall von § 22 Abs. 1, auch nicht von Baumängeln (so zutr. BayObLG WE 1986, 99 mit Anm. Bärmann S. 109; BayObLGE 1987, 78; BayObLG WE 1992, 54; KG WE 1989, 170; DWEigt 1990, 38; WE 1991, 329), sondern ein Problem der Nichterfüllung des Erwerbsvertrags. Ein Anspruch auf Beseitigung einer solchen Anlage gegen den WEigentümer aus § 1004 BGB, s. Rdn. 18, besteht in diesem Fall nicht (BayObLG WE 1988, 106; 1991, 364; anders OLG Schleswig WE 1994, 87, wenn alle WEigentümer den Inhalt der Teilungserklärung gemeinsam gestaltet haben). Dies gilt auch, wenn der Bauträger auf Wunsch des späteren WEigentümers vom Aufteilungsplan abgewichen ist (BayObLG WE 1992, 194; ZMR 1994, 126; OLG Hamm WE 1993, 318). Eine Beseitigung solcher Veränderungen, die vor Entstehung der werdenden WEigentümergemeinschaft (s. Anh. § 10) abgeschlossen waren, kann nicht verlangt werden (BayObLG WE 1992, 194; ZMR 1994, 126; OLG Frankfurt OLGE 1993, 299). Nach Auffassung des BayObLG (aaO) sind nach diesem Zeitpunkt selbst fertigstellende Maßnahmen von den WEigentümern nicht mehr hinzunehmen; dagegen sieht das OLG Hamm (WE 1993, 318) solche bauliche Veränderungen vom Anspruch auf Beseitigung als ausgeschlossen an, wenn im Zeitpunkt der Entstehung der werdenden WEigentümergemeinschaft das Bauvorhaben „im wesentlichen“ abgeschlossen war. Diese Beschränkung des Unterlassungsanspruchs kann allerdings im Einzelfall zu beträchtlichen Abgrenzungsproblemen führen. Überhaupt nicht um Maßnahmen der Verwaltung des gemeinschaftlichen Eigentums, sondern um **schlicht unzulässige,** lediglich unter den Voraussetzungen des § 22 Abs. 1 Satz 2 erlaubte Eingriffe in die Substanz des gemeinschaftlichen Eigentums handelt es sich, wenn ein WEigentümer einseitige Änderungen vornimmt, etwa seine Terrasse überdacht (OLG Stuttgart NJW 1970, 102) oder unterkellert (OLG Hamm OLGE 1976, 61).

II. Außerordentliche bauliche Veränderungen und Aufwendungen

1. Einstimmigkeit

a) Abs. 1 zieht die Folgerung aus der Unterscheidung zwischen ordnungs- 6
mäßigen Maßnahmen der Verwaltung – „baulichen Veränderungen und Aufwendungen“ –, die gem. § 21 Abs. 3 durch Stimmenmehrheit beschlossen oder gem. § 21 Abs. 4 verlangt werden können (dazu § 21 Rdn. 28ff.), und darüber hinausgehenden baulichen Veränderungen und Aufwendungen, für die grundsätzlich Einstimmigkeit erforderlich ist (Vor § 20 Rdn. 1; § 21 Rdn. 3; auch oben Rdn. 1). Unter einer baulichen Veränderung ist „nicht nur eine Veränderung vorhandener Gebäudeteile, sondern jede auf Dauer angelegte gegenständliche Veränderung des gemeinschaftlichen Eigentums ..., die von dem im Aufteilungsplan vorgesehenen Zustand abweicht, zu verstehen, wenn sie über eine ordnungsmäßige Instandhaltung und -setzung hinausgeht“ (BayObLG WE 1992, 194; 1994, 21). Zu den baulichen Veränderungen gehören insbes. Veränderungen an der „äußeren Gestaltung des Gebäudes“ (§ 5 Abs. 1 a. E.), also des architektonischen, ästhetischen Bildes, auch der farblichen Gestaltung. Eine „bauliche Veränderung“ kann auch an

unbebauten Teilen des gemeinschaftlichen Grundstücks vorgenommen werden, so z. B. durch Aufbringen eines Plattenbelags (OLG Stuttgart WEM 1980, 31; BayObLGE 1975, 179) oder Umgestaltung des Containerplatzes (OLG Frankfurt OLGE 1980, 78). Die Gestaltung des Gartens ist eine bauliche Veränderung, wenn sie „mit einer gegenständlichen Veränderung des Grundstücks verbunden ist" (BayObLG WE 1990, 60; 1992, 177). Zu den **„darüber hinausgehenden Aufwendungen"** gehören sowohl Verwaltungsmaßnahmen, die unnötig sind (z. B. eine nach den Grundsätzen ordnungsmäßiger Wirtschaft unnötige oder verfrühte Instandsetzung der Außenfront, des Daches usw.), als auch eine Verbesserung des Gebäudes durch bauliche Maßnahmen, die über den ordnungsmäßigen Stand des Gebäudes und dessen modernisierende Instandsetzung (§ 21 Rdn. 28f.) hinausgehen.

7 b) Daß für solche Maßnahmen Einstimmigkeit erforderlich ist, folgt schon daraus, daß diese die Regel ist, Ausnahmen also besonders bestimmt sein müssen. Des besonderen Hinweises auf die Einstimmigkeit in Abs. 1 Satz 1 hätte es also nicht bedurft; er ist aber als Parallele zu § 745 Abs. 3 Satz 1 BGB immerhin nützlich und bildet zudem den Anknüpfungspunkt für den wichtigen Satz 2, der mit dem Mehrheitsprinzip nichts zu tun hat, sondern **unter dem Gesichtspunkt der Betroffenheit Ausnahmen von der Einstimmigkeit** zuläßt und so eine gewisse Flexibilität ermöglicht, allerdings auch nicht zu störendem eigenmächtigem Verhalten führen darf. Die Vorschrift, die im BGB kein Gegenstück hat, hat sich im ganzen bewährt und wird rechtspolitisch nicht angegriffen. Wie aus der verhältnismäßig großen Zahl veröffentlichter Entscheidungen zu schließen ist, kommt es in der Praxis nicht selten zu Meinungsverschiedenheiten über die Grenzen der Ordnungsmäßigkeit und die Betroffenheit; das aber liegt in der Natur der Sache; die Gerichte haben im allgemeinen treffsicher die erforderlichen Unterscheidungen gefunden.

8 c) Das Erfordernis der Einstimmigkeit ist **noch in anderer Weise eingeschränkt:** Wenn die WEigentümer mit Mehrheit eine Maßnahme beschließen, die bei zutreffender Beurteilung der Einstimmigkeit bedurft hätte, so hat das **keine Nichtigkeit,** sondern nur die **Anfechtbarkeit** des Beschlusses zur Folge (st. Rspr., vgl. § 23 Rdn. 26; z. B. BayObLG DWEigt 1986, 94; BayObLG WE 1989, 53; 1992, 177). Wird er nicht fristgemäß angefochten, so erwächst er in Bestandskraft; die gem. dem Beschluß getroffene Maßnahme ist rechtmäßig und muß auch von den WEigentümern, die dagegen gestimmt haben, geduldet werden (BayObLG WE 1986, 71; DWEigt 1986, 94; 1991, 28; WE 1992, 139; 177). Dies gilt allerdings nicht, wenn die WEigentümer in einer Angelegenheit, bei der sie sich des Erfordernisses der Einstimmigkeit bewußt sind, nur mit Mehrheit stimmen; dann liegt ein Nichtbeschluß vor, der nichtig ist und nicht in Bestandskraft erwachsen kann (vgl. § 23 Rdn. 17; OLG Hamburg DWEigt 1984, 123). Ist der angefochtene Mehrheitsbeschluß für keinen WEigentümer mit einem Nachteil verbunden, wird er nicht für ungültig erklärt (BayObLGE 1992, 288, 295). Allein der Mangel, daß nicht einstimmig beschlossen wurde, reicht nicht zur Ungültigerklärung aus. Nach BayObLG WE 1988, 38 kann ein Mehrheitsbeschluß, der auf der Grenze zur modernisierenden Instandsetzung liegt

(nachträglicher Einbau von Wärmemengenzählern), dahin verstanden werden, daß nur diejenigen, die dafür gestimmt haben, an Nutzungen und Kosten beteiligt sein sollen; das ist mit den Folgen der oben dargestellten Bestandskraft schwerlich vereinbar und bringt auch große praktische Schwierigkeiten mit sich (ebenfalls kritisch Deckert, Eigentumswohnung 2/648); ähnlich BayObLG WE 1987, 156 m. Anm. Seuß.

d) Unter § 22 Abs. 1 fällt insbes. die in manchen ausländischen Rechten 9
besonders und eingehend geregelte (so im französischen Recht, vgl. Schober, PiG 24, S. 75ff.) **„Aufstockung"** (Beispiele KG OLGE 1976, 56; OLG Karlsruhe NJW 1969, 1442) und auch der bei uns häufigere **Ausbau des Dachgeschosses** oder eines Speichers (BayObLG Rpfleger 1984, 409; WE 1985, 125; 1986 72; 73 KG WE 1990, 91 mit ausführlicher Darstellung der Beeinträchtigungen).

Weitere Beispiele aus der Rechtsprechung:

Errichtung einer **Garage** (OLG Celle DWW 1961, 29) oder eines **Geräte-** 10
hauses (KG Rpfleger 1977, 314); Aufstellung fest verankerter **Fertiggaragen** in einer geschlossenen Reihe auf einem Platz, der bisher allen WEigentümern als Abstellplatz zur Verfügung stand (KG NJW 1968, 160); der Anbau eines **Personenaufzuges** an der Hausaußenwand (BayObLG WE 1993, 286); Umgestaltung einer Grünfläche (OLG Zweibrücken WE 1987, 162); Errichtung eines **Zauns** (BayObLG WE 1992, 177), Entfernung (BayObLG WM 1993, 207), nicht jedoch das Aufstellen von **Pflanztrögen** (BayObLG WE 1992, 203); **Umwandlung einer Grünfläche** in einen Abstellplatz für Pkw's (OLG Stuttgart NJW 1961, 1359; BayObLG WE 1991, 290); eine Unterteilung der Garage mit einem **Maschendrahtzaun** zur Bildung zweier abgeschlossener Kfz-Stellplätze (BayObLG WE 1992, 58; dort bestand allerdings keine Beeinträchtigung der anderen WEigentümer); das **Zumauern eines Fensters** (OLG Düsseldorf DWEigt 1989, 176); Umgestaltung eines **Abstellplatzes in Garagen** (BayObLGE 1973, 81; OLG Stuttgart OLGE 1974, 404; OLG Zweibrücken DWEigt 1986, 26; BayObLG DWEigt 1984, 125; ähnlich OLG Frankfurt WE 1986, 141); **nicht dagegen:** die bloße **Änderung der Parkordnung** (OLG Köln WEM 1978, 122) oder die **Verlegung von Betonschwellen** in die Zufahrt zum Parkplatz zwecks Verkehrsberuhigung (KG OLGE 1985, 263); **wohl aber** Anbringen einer das architektonische Bild verändernden **Terrassenüberdachung** (OLG Stuttgart NJW 1970, 102), einer **Balkonüberdachung** der Garageneinfahrt (BayObLG WE 1991, 228) oder **Balkonverglasung** (OLG Stuttgart WEM 1980, 36; ähnlich BayObLG WEM 1980, 31; BayObLGE 1978, 116; OLG Frankfurt OLGE 1985, 48; OLG Zweibrükken WE 1988, 60; BayObLG WE 1988, 63; 65; 1991, 257; 1993, 286; ZMR 1994, 121; OLG Köln WE 1990, 172; OLG Bremen WM 1993, 209; einschränkend BayObLG WE 1988, 65) oder einer **Pergola** (BayObLG Rpfleger 1981, 284; WE 1991, 48; KG WE 1991, 328; OLG Frankfurt DWEigt 1989, 70) oder einer **Markise** (BayObLG WE 1986, 137; OLG Frankfurt OLGE 1986, 43) oder **Außenjalousie** (OLG Düsseldorf WE 1990, 203; BayObLG WE 1992, 232) oder **-rolladen** (BayObLG WE 1992, 138); Verlegung von Platten auf einer **Grünfläche,** Montage von **Vortüren** am Eingang von Eigentumswohnungen (OLG Stuttgart WEM 1980, 75); Errichtung ei-

ner **Terrasse** und eines darunter liegenden **Kellers** (BayObLG DWEigt 1992, 163); Entfernen des **Plattenbelags** auf der Terrasse (BayObLG WE 1992, 203); Umwandlung des **Müllcontainerplatzes** in einen Parkplatz (OLG Frankfurt Rpfleger 1980, 112); Verlegung des **Mülltonnenplatzes** (OLG Karlsruhe MDR 1978, 495); Anbringen einer **Regenrinne** (OLG Düsseldorf WE 1990, 204) oder von **Parkabsperrbügeln** (OLG Frankfurt OLGE 1992, 437); Ersatz einfach **verglaster Fenster** durch Thermopane-Fenster unter Veränderung des äußeren Bildes (OLG Köln NJW 1981, 585) oder Anbau einer **Balkontreppe** (BayObLGE 1974, 269); Entfernung oder Stillegung einer **Gasleitung** (BayObLG Rpfleger 1976, 291); der Einbau eines **Schrankes** in der im Gemeinschaftseigentum stehenden Diele unter Einbeziehung eines Treppenpodestes (KG WM 1993, 83; offengelassen von BayObLG WM 1993, 560); Verlegen der **Wäschespinne** (BayObLG WM 1993, 295); u. U. das Anbringen von **Fahrradständern** (BayObLG WE 1991, 228); der Einbau eines **Entlüftungsventilators** (KG WE 1992, 256); die Verlegung von **Versorgungsleitungen** (OLG Zweibrücken WE 1988, 60); der Ausbau des **Speicherraumes** (BayObLG WE 1990, 134); Montage von **Schaukästen** an der Außenwand (OLG Stuttgart WEM 1980, 38); Einbau eines **Fahrstuhles** oder einer **Zentralheizung;** Anschaffung eines **Treppenläufers,** wenn ein solcher bisher nicht vorhanden war; Einbau einer **Hausmeisterwohnung,** wenn diese nicht von Anfang an vorgesehen war; Umbau einer **Gemeinschaftsantenne** für einen größeren Empfangsbereich (AG Wiesbaden MDR 1967, 126); die zum Lärmschutz nicht erforderliche **Anpflanzung von Fichten** (BayObLGE 1975, 201); **Anlage oder Wiedereröffnung eines Weges über eine Grünfläche** (OLG Stuttgart DWEigt 1980, 62; BayObLG WE 1989, 178); Veränderung des äußeren Bildes durch **Anbringung eines Klimageräts** (OLG Frankfurt DWEigt 1986, 64) oder durch die Auswechslung einer **Fenster-Tür-Kombination** (BayObLG WEM 1982, 109); der Einbau **von Dachflächenfenstern** (KG OLGE 1991, 186; WE 1992, 256; BayObLG ZMR 1993, 476) oder von **Dachfenstern** und Umgestaltung der **Giebelfenster** (BayObLG Rpfleger 1983, 14); Durchbruch durch **Flachdach** (OLG Hamburg DWEigt 1987, 98); **Durchbruch der Außenwand** und Errichtung eines **Wintergartens** (BayObLG WE 1991, 254); **Durchbruch** einer zwei Zimmer trennenden **Wand** (OLG Düsseldorf WE 1989, 98; BayObLG WE 1992, 171; NJW-RR 1992, 272); eigenmächtige **Zusammenlegung von zwei Eigentumswohnungen** unter Einbeziehung des gemeinschaftlichen Treppenpodestes (KG DWEigt 1986, 22); Schaffung **neuer Eingänge** (BayObLG WE 1987, 51; DWEigt 1986, 94; WE 1992, 195); Veränderung der **Schornsteinverhältnisse** (BayObLG DWEigt 1986, 22; OLG Frankfurt OLGE 1986, 43); Betonfundament für einen **Wintergarten** (OLG Hamburg WE 1989, 141); **Kellervorbau** unter dem Garten (BayObLG DWEigt 1984, 30); Anbringung eines **Tors an offenen Tiefgaragenstellplätzen** (BayObLG MDR 1986, 853; WE 1992, 54); **Einbau einer Wasserenthärtungsanlage** (BayObLG Rpfleger 1984, 406); Schaffung der notwendigen **Vorrichtungen** zum Betrieb eines **Münzwaschsalons** (BayObLGE 1991, 256); **Umrüstung auf Nachtstrom** (BayObLG WE 1989, 62); Anbringung einer **Amateurfunkantenne** auf dem Dach (OLG Celle DWEigt 1982, 33) oder **einer Mauer auf der Terrasse,** auch wegen des äußeren Bildes (BayObLG DWEigt 1984,

62); Errichtung einer **Gartenlaube** (OLG Frankfurt DWEigt 1986, 60) oder eines **überdachten** und seitlich abgeschlossenen **Sitzplatzes** im Garten (BayObLG DWEigt 1992, 123); die **Verglasung eines Sitzplatzes** (OLG Zweibrücken WE 1989, 102); der Bau einer **Betontreppe** (BayObLG WE 1992, 198); der **Deckendurchbruch** zur Verbindung zweier Wohnungen (BayObLG NJW-RR 1992, 272; KG WM 1993, 292); der Einbau eines Stahlrohres zum Betrieb eines Niedertemperaturkessels in den **Schornstein** (OLG Köln DWEigt 1991, 77) oder die Verlegung von Versorgungsleitungen in einem **stillgelegten Schornstein** (KG WE 1994, 51). Weitere Beispiele bei Deckert, PiG 7, S. 21ff.

e) **Kabelfernsehen:** Unter § 22 Abs. 1 fällt im Regelfalle auch die vielerörterte Umrüstung von einer **funktionsfähigen Gemeinschaftsantenne** auf Breitbandkabelanschluß – „Kabelfernsehen" –; es ist also **vorbehaltlich des S. 2** (dazu Rdn. 12) – **Einstimmigkeit** aller WEigentümer erforderlich (so seit AG Neustadt NJW 1983, 2949 st. Rspr.; insbes. sind zu erwähnen OLG Celle DWEigt 1986, 54; ITelex 1987/9/51; WE 1988, 170; LG Würzburg NJW 1986, 66; AG München DWEigt 1985, 62; OLG Karlsruhe NJW-RR 1989, 1041; BayObLG NJW-RR 1990, 330; OLG Oldenburg MDR 1989, 823; aus der **Literatur:** Weimar/Seuß, Eigentumswohnung S. 378ff.; Müller, Praktische Fragen Rdn. 111; Bub, Eigentumswohnung S. 259; Bielefeld, Ratgeber S. 280ff. je m. w. N.; Bärmann/Pick/Merle § 22 Rdn. 13; dagegen: Röll, Handbuch, S. 95 – Mehrheitsbeschluß). Die **Bundespost** hat früher Einstimmigkeit verlangt, und zwar schlechthin, also ohne die Möglichkeit einer Ausnahme gem. S. 2 zu prüfen. Nach neuen Verwaltungsvorschriften der TELEKOM ist es möglich und üblich, für den Fall, daß sich Einstimmigkeit nicht erreichen läßt, die **Gruppe** der WEigentümer, die den Anschluß wünschen, als **„Teilnehmergemeinschaft"** anzuerkennen und für diese den Anschluß herzustellen, sofern die finanziellen Voraussetzungen erfüllt sind und technisch sichergestellt ist, daß die Ablehnenden sich den vorhandenen Anschluß nicht nutzbar machen können; unter diesen Voraussetzungen werden auch **Einzelanschlüsse** verlegt (BayObLG WE 1992, 290). Soll in einer Mehrhausanlage nur ein Haus an das Breitbandkabel angeschlossen werden und sind die WEigentümer des anderen Hauses hiervon nicht berührt, so ist nur die Zustimmung der WEigentümer des Hauses, das angeschlossen werden soll, erforderlich (BayObLG DWEigt 1990, 75). Angesichts der Möglichkeit eines Einzelanschlusses ergibt sich auch aus dem Grundrecht auf Informationsfreiheit, selbst wenn es im Verhältnis der WEigentümer gelten sollte, kein Anspruch auf Zustimmung (OLG Karlsruhe NJW-RR 1989, 1041). 11

Zur Rechtslage im Falle der Ersetzung einer **erneuerungsbedürftigen Antenne** durch Kabelanschluß vgl. § 21 Rdn. 28f.

Auch die Anbringung einer **Parabolantenne** bedarf i. d. R. der Zustimmung aller WEigentümer (BayObLGE 1991, 296; OLG Zweibrücken NJW 1992, 2899; OLG Hamm NJW 1993, 1276; BVerfG NJW 1993, 1252; WE 1994, 205; zur Parallele im Mietrecht). Durch die Parabolantenne kann der optische Gesamteindruck des Gebäudes nachteilig verändert werden (verneint von OLG Düsseldorf NJW 1993, 1274 für eine Antenne mit einem

Durchmesser von ca. 80 cm; anders OLG Düsseldorf WE 1994, 108). Zudem bedarf es einer sicheren Verankerung, die einen erheblichen Eingriff in die Gebäudesubstanz erforderlich machen kann. Diese Nachteile brauchen die WEigentümer nicht zu dulden, weil der Empfang von Sendern über die Parabolantenne nicht zum allgemeinen Wohnkomfort gehört. Daher scheidet auch eine Anbringung nach den Grundsätzen der modernisierenden Instandsetzung, s. § 21 Rdn. 28f., aus (OLG Frankfurt DWEigt 1993, 110). Ob die Möglichkeit, daß andere WEigentümer in Zukunft ebenfalls eine Parabolantenne anbringen wollen, und ihnen dies wegen der bereits vorhandenen nicht untersagt werden kann, ebenfalls einen Nachteil i. S. von § 14 Nr. 1 darstellt (so BayObLGE 1991, 296; OLG Zweibrücken NJW 1992, 2899; OLG Hamm NJW 1993, 1276) ist zweifelhaft (OLG Düsseldorf NJW 1993, 1274; s. auch BayObLGE 1992, 288, 294 zu „Wehret den Anfängen"). Sind die mit der Anbringung verbundenen Nachteile relativ gering, so kann sich aus dem Grundrecht auf Informationsfreiheit eine Duldungspflicht hinsichtlich der Antenne z. B. dann ergeben, wenn der WEigentümer Ausländer ist und über die Parabolantenne Heimatsender empfangen möchte (OLG Düsseldorf NJW 1993, 1274; BVerfG NJW 1993, 1252). Verfügt die Eigentumswohnung dagegen über Breitbandkabelanschluß, über den der Empfang eines Heimatsenders möglich ist, ist das Informationsbedürfnis i.d.R. befriedigt (OLG Düsseldorf WE 1994, 108; anders – ohne allerdings einen konkreten Maßstab zu nennen: BVerfG WE 1994, 205 m. krit. Anm. Bachmann NJW 1994, 2143). Bei nicht ausreichender Versorgung mit Heimatsendern über das Breitbandkabel – wobei sich das Gericht dem BVerfG anschließt und den Empfang eines solchen Senders als nicht genügend ansieht – gibt das OLG Celle (NJW-RR 1994, 977) dem ausländischen WEigentümer einen Anspruch auf Zustimmung zur baulichen Veränderung. Es weist jedoch auf die praktischen Schwierigkeiten einer vom BVerfG verlangten Interessenabwägung hin und gesteht der WEigentümergemeinschaft zu, bei einer Vielzahl solcher Ansprüche die Anschaffung einer Gemeinschaftsantenne zu beschließen.

2. Entbehrlichkeit der Zustimmung (Abs. 1 Satz 2)

12 a) Wenn auch Einstimmigkeit das tragende Prinzip sein muß, so wäre es doch eine zu weitgehende Beschränkung der Betätigungsfreiheit des einzelnen WEigentümers, wenn eine gewünschte Veränderung des Zustands von Grundstück und Gebäude schon deshalb unterbleiben müßte, weil das gemeinschaftliche Eigentum berührt wird und die Einstimmigkeit nicht zu erzielen ist. Deshalb **lockert Abs. 1 Satz 2 das Einstimmigkeitserfordernis** in vorsichtiger Form **auf:** Die Zustimmung eines WEigentümers zu einer Maßnahme, für die an sich Einstimmigkeit erforderlich wäre, wird für entbehrlich erklärt, wenn aus der Maßnahme für ihn i. S. des § 14 Nr. 1 kein Nachteil erwächst, der über das bei einem geordneten Zusammenleben unvermeidliche Maß hinausgeht. Das ist eine Ausprägung des Gedankens von Treu und Glauben: Ein WEigentümer kann und darf das ihm durch das Einstimmigkeitsprinzip eingeräumte **Vetorecht** nicht ausüben, wenn er daran kein verständiges Interesse hat, weil die Maßnahme, die er verhindern

will, ihn nicht oder nicht in rechtserheblicher Weise beeinträchtigt, weshalb **stets zu prüfen ist, ob der Widersprechende beeinträchtigt ist** (BayObLG ITelex 1987/23/140; auch OLG Hamburg WE 1987, 161). Ohne diese Beeinträchtigung ist auch eine Veränderung gemeinschaftlichen Eigentums hinzunehmen (BayObLG WE 1988, 34). Das ist der sachliche Gehalt der Vorschrift, deren Verweisung auf § 14 von Pick (bei Bärmann/Pick/Merle § 22 Rdn. 61) als unklar bezeichnet worden ist, und so ist sie auch in der Rechtsprechung stets verstanden worden (BGHZ 73, 196; BayObLGE 1977, 89; BayObLG WEM 1981, 62; OLG Frankfurt NJW 1981, 585; OLG Karlsruhe OLGE 1978, 172). Dabei wird unter „Nachteil" verstanden „jede nicht ganz unerhebliche Beeinträchtigung" (so z. B. BayObLG WE 1987, 51 unter Berufung auf BayObLGE 1982, 69; BayObLG DWEigt 1984, 27; auch BayObLG NJW 1981, 690 – Rauchklappenfall, wo bereits das Vorliegen eines Nachteils verneint wurde; BayObLG WE 1988, 38; 1992, 84). Für die Beurteilung, ob der Widersprechende beeinträchtigt ist, ist nicht auf sein subjektives Empfinden sondern darauf abzustellen, ob **nach der Verkehrsanschauung** ein WEigentümer in der betreffenden Lage sich verständigerweise beeinträchtigt fühlen kann (so BayObLG WE 1987, 156 m. Anm. Seuß; in casu verneint für Umrüstung von Ölheizung auf Öl- oder Gasheizung; ebenso für Umrüstung des Sondereigentums von Elektro- auf Gasetagenheizung OLG Frankfurt OLGE 1993, 51). Es muß eine objektive und konkrete Beeinträchtigung bestehen (BGHZ 116, 392; BayObLG WE 1992, 201). Nachteil kann auch eine Kostenbelastung sein (OLG Celle DWEigt 1986, 34). Bei einem Verwandtschaftsverhältnis unter den WEigentümern besteht aufgrund des in § 1618a BGB niedergelegten Rücksichtnahmegebots eine gesteigerte Duldungspflicht (BayObLG WE 1994, 25). Die Abwägung mit den Gegeninteressen findet bei der Prüfung statt, ob die Beeinträchtigung hinzunehmen ist; dabei sind an die „Unvermeidlichkeit" keine übertriebenen Anforderungen zu stellen. Ergibt die Abwägung, daß die Beeinträchtigung nicht „über das bei einem geordneten Zusammenleben unvermeidliche Maß hinausgeht", ist diese kein Nachteil (BayObLG WE 1992, 84). Zu Ungunsten des WEigentümers kann in die Abwägung einbezogen werden, daß der WEigentümer das Vorhaben entgegen dem Beschluß der Eigentümerversammlung durchgeführt hat (BayObLG WE 1991, 257).

b) Die Entscheidung der Frage, ob die Zustimmung eines WEigentümers 13
erforderlich oder entbehrlich ist, hängt ausschließlich von dem **Maße der Betroffenheit** des einzelnen ab; ist sie entbehrlich, so kann die Maßnahme auch gegen seinen Willen durchgeführt werden. Dabei kommt es nicht darauf an, ob die WEigentümer, die die Maßnahme treffen wollen, eine irgendwie geartete Mehrheit darstellen; auch ein einzelner WEigentümer kann bei Vorliegen der Voraussetzung handeln. Ein **Mehrheitsbeschluß** ist also **weder erforderlich noch genügend,** weil die nicht betroffenen WEigentümer nicht gefragt zu werden brauchen, die betroffenen aber sämtlich zustimmen müssen; frühere Unsicherheiten in dieser Frage (z. B. KG NJW 1968, 160) sind überwunden (BGHZ 73, 196 – Vorlagebeschluß; BayObLGE 1975, 177; OLG Hamm OLGE 1976, 61; OLG Hamburg MDR 1977, 230 in Übereinstimmung mit den Vorauflagen; BayObLG Beschluß v. 7. 9. 1994 – 2 Z 65/94;

dort auch zur Bindung an eine Zustimmung vor Entstehung der faktischen Eigentümergemeinschaft). Umgekehrt kann eine Änderung am **Widerspruch eines einzelnen** scheitern; um diesen auszuräumen, muß feststehen, daß die Vorteile die Nachteile derart überwiegen, daß die Maßnahme dem Widersprechenden zugemutet werden kann und der Erfolg nicht mit geringerer Beeinträchtigung erreicht werden kann (OLG Köln OLGE 1986, 19). Ist der Widerspruch treuwidrig, so kann die Zustimmung durch gerichtliche Entscheidung gem. § 43 Abs. 1 Satz 1 ersetzt werden (OLG Köln WE 1990, 26). Einen Anspruch auf Erteilung der Zustimmung, wenn sie erforderlich ist, gibt es nicht (BayObLG Rpfleger 1983, 14). Nicht erforderlich ist, daß die beabsichtigte Maßnahme für das Zusammenleben der WEigentümer zwingend notwendig ist (so zutr. BayObLGE 1975, 177 unter Aufgabe von BayObLGE 1971, 273; OLG Karlsruhe MDR 1978, 1495). **Von § 22 Abs. 1 Satz 2 zu unterscheiden** ist der Fall, daß eine Angelegenheit nur einen Teil der WEigentümer angeht und deshalb durch Mehrheitsbeschluß dieser Gruppe geordnet werden kann (dazu § 23 Rdn. 10). Die Beurteilung der Betroffenheit hängt weithin von den **Umständen des Einzelfalles** ab; deshalb können die nachstehenden **Beispiele aus der Rechtsprechung** nicht mehr als Anhaltspunkte geben.

14 c) **Beispielsfälle:** Als Beeinträchtigung durch bauliche Veränderung kommen (so BayObLG NJW 1981, 690 – Rauchklappenfall; ähnlich schon BayObLGE 1975, 179) insbes. in Betracht eine Beschränkung des Rechts auf **Mitgebrauch** (§ 13 Abs. 2), **lästige Immissionen,** die Beeinträchtigung der **konstruktiven Stabilität,** die naturgemäß keinesfalls angetastet werden darf (so auch BayObLG WE 1991, 254; KG WE 1992, 285), die Veränderung des **optischen Gesamteindrucks,** der optischen Harmonie (OLG Hamburg WE 1989, 141), die in der Rechtsprechung eine verhältnismäßig große Rolle spielt, aber von BayObLG DWEigt 1984, 27; WE 1988, 63; 142; 1989, 65; 1990, 177; 1991, 261; 1992, 138; 195; BayObLGE 1992, 288, 294; BayObLG WE 1992, 201; DWEigt 1992, 88; WM 1993, 207; WE 1993, 286; 1994, 21; ZMR 1994, 126 nicht als Beeinträchtigung angesehen wird, wenn sie sich nicht negativ auswirkt. Andere Gerichte sehen in jeder optischen Veränderung einen Nachteil, weil dieser nicht von einer ästhetischen Wertung durch den Tatrichter abhängig gemacht werden dürfe, sondern objektiv zu bestimmen sei (KG WE 1992, 256; OLG Düsseldorf WE 1990, 203; OLG Zweibrücken WE 1988, 60; OLGE 1989, 181; OLG Köln WE 1990, 172). Nicht von Bedeutung ist, daß die Maßnahme Kosten verursacht; denn die nichtbeteiligten WEigentümer sind nach § 16 Abs. 3 zur Tragung solcher Kosten nicht verpflichtet (so auch BayObLG NJW 1981, 690). Auch die Möglichkeit, wegen Zahlungsunfähigkeit des die Veränderung vornehmenden WEigentümers mit Kosten belastet zu werden, macht das Vorhaben nicht zustimmungspflichtig (BGH NJW 1992, 978 auf Vorlage des KG OLGE 1991, 186).

Im einzelnen sind zu erwähnen:

Beeinträchtigung des Mitgebrauchs: Errichtung einer Garage statt eines Stellplatzes (BayObLG DWEigt 1984, 125) – Zustimmung erforderlich; Aufstellung festverankerter Garagen auf Abstellplatz (KG OLGE 1967, 479) – nicht hinzunehmen; Aufbringung eines Plattenbelags auf einem Streifen des gemeinschaftlichen Eigentums (BayObLGE 1975, 179) – hinzunehmen, insbes. weil ein SNR bestand; Errichtung eines Balkons vor Erdgeschoßwohnung über 75 cm breitem Grünstreifen (BayObLG WE 1992, 54) – hinzunehmen; Verlegung von Müllboxen (OLG Hamburg MDR 1977, 230) – hinzunehmen; Umgestaltung des Müllcontainer-Platzes zwecks Schaffung von zwei Parkplätzen (OLG Frankfurt OLGE 1980, 78) – nicht hinzunehmen; Verlegung von Müllbehältern unter Änderung einer Stützmauer (OLG Karlsruhe OLGE 1978, 172) – hinzunehmen; Aufstellung verankerter Fertiggaragen (KG OLGE 1967, 479) – nicht hinzunehmen; Ausschluß einer Wohnung von der Benutzung einer neuverlegten Schmutzwasserleitung (KG WE 1994, 51) – nicht hinzunehmen.

Lästige Immissionen: Einschränkung des Lichteinfalls (BayObLG DWEigt 1984, 27) – nicht hinzunehmen; Belästigung durch Geräusch (OLG Hamm WE 1989, 141), Gerüche in Betracht gezogen in OLG Frankfurt OLGE 1980, 78, OLG Karlsruhe OLGE 1978, 172 und BayObLG WE 1991, 204.

Äußeres Bild: Ersatz einfacher Fenster durch Thermopane-Fenster (OLG Köln NJW 1981, 585) – hinzunehmen; Ersatz eines Fensters durch Terrassentür (KG WE 1994, 55) – hinzunehmen, da Maßnahme wegen Balkonbrüstung optisch kaum wahrnehmbar war; Anbringung von zwei Solarzellen (BayObLGE 1992, 288, 294) – hinzunehmen; Einbau eines größeren Dachflächenfensters (BayObLG WE 1992, 19) – hinzunehmen; anders KG OLGE 1991, 186; Umwandlung eines Kellerfensters in eine Tür (OLG Hamburg OLGE 1992, 186) – hinzunehmen; vgl. aber auch BayObLG WM 1993, 564 (dort Umbau eines Fensters zu einer Tür wegen intensiverer Nutzung unzulässig); Anbau eines Balkons (BayObLG DWEigt 1984, 27) – möglicherweise hinzunehmen; Dachdurchbruch und Einbau von Fenstern (OLG Karlsruhe DWEigt 1985, 127) – möglicherweise hinzunehmen, wohl Grenzfall; farbliche Abweichung von der beschlossenen Balkonverglasung (OLG Frankfurt OLGE 1985, 179) – nicht hinzunehmen; Anbringen einer zusätzlichen Antenne (BayObLG WE 1991, 261) – hinzunehmen; Anbringung einer Markise, Umwandlung eines Fensters in ein Schiebeelement (OLG Düsseldorf DWEigt 1989, 177) – hinzunehmen.

Kabelfernsehen: Da auch der Anschluß eines einzelnen WEigentümers an 15
das Kabelfernsehen technisch möglich ist, kommt außer den in § 21 Rdn. 46 und unter Rdn. 11 erörterten Fällen auch dieser in Betracht. Da der Anschluß hergestellt werden kann, ohne daß den anderen WEigentümern ein unzumutbarer Nachteil erwächst, ist deren Zustimmung nicht erforderlich (so zutr. OLG Celle DWEigt 1986, 54; ebenso Weimar/Seuß, Eigentumswohnung S. 380; Bielefeld, Ratgeber, S. 281; Bub, Wohnungseigentum A-Z, S. 260; Müller, Praktische Fragen, Rdn. 111 ; schon oben Rdn. 9). Besteht für einen WEigentümer, der gegen den Kabelanschluß gestimmt hat, die Möglichkeit, Fernsehprogramme wie bisher zu empfangen, und muß er keine Teilnehmer- und Anschlußgebühr für die Verkabelung bezahlen, so ist auch vor dem Hintergrund des Grundrechts auf Informationsfreiheit seine Zustimmung zum Anschluß an das Breitbandkabel nicht erforderlich (BayObLG NJW-RR 1990, 330; KG WE 1992, 109).

Neben den oben genannten Beispielen kommen folgende Auswirkungen 16
der **baulichen Maßnahme als Nachteil** in Betracht:

- erhöhte Reparaturanfälligkeit (BayObLG WE 1989, 65; KG WE 1992, 285),
- Bevorzugung einzelner WEigentümer (OLG Hamm WE 1990, 101) durch die Möglichkeit, Räume intensiver als zuvor zu nutzen (OLG Düsseldorf WE 1989, 98; OLG Stuttgart OLGE 1991, 40; BayObLG WE 1992, 171; NJW-RR 1992, 272; ZMR 1993, 476; KG WM 1993, 83). Soll ein im Gemeinschaftseigentum stehender Raum nach dem Umbau von einem WEigentümer alleine genutzt werden, so ist die Rechtsposition der anderen WEigentümer nachteilig betroffen; eine solche Nutzung ist nur aufgrund eines einstimmig eingeräumten SNR möglich (BayObLG WE 1994, 25),
- ein erheblicher Eingriff in die Substanz des Gebäudes (BayObLG WE 1992, 171), insbes. wegen der Möglichkeit der nachteiligen Auswirkungen auf Gemeinschafts- oder Sondereigentum und der gesteigerten Schwierigkeit, Schäden am Gemeinschaftseigentum festzustellen, zuzuordnen und zu beheben (BayObLG WE 1991, 256). Bei solchen größeren Baumaßnahmen kann bereits in dem von den Bauarbeiten und -maschinen verursachten Lärm und Schmutz ein nicht hinzunehmender Nachteil liegen (BayObLG WE 1991, 254),
- ein Verstoß gegen öffentlich-rechtliche Vorschriften, sofern diese im Verhältnis der WEigentümer Wirkung haben (BayObLG WE 1992, 54).

17 d) Ist **streitig,** ob ein mit Mehrheit gefaßter Beschluß sich in den Schranken des § 21 Abs. 3 – 5 hält, so ist das durch **Anfechtung gem. § 23 Abs. 4** innerhalb der dort vorgesehenen Frist geltend zu machen; nach Ablauf der Frist erwächst der Beschluß in Bestandskraft, die vollzogene Änderung muß von allen geduldet werden (BayObLG WE 1986, 71). Gegebenenfalls kann auch schon vor der Beschlußfassung durch einen Feststellungsantrag (§ 43 Rdn. 1) geklärt werden, ob eine beabsichtigte Maßnahme auf Grund Mehrheitsbeschlusses getroffen werden kann oder ob ein WEigentümer gem. § 22 Abs. 1 Satz 2 eine bauliche Veränderung hinnehmen muß (KG NJW 1968, 160). Will ein WEigentümer eine Änderung vornehmen, zu der es nach seiner Auffassung der Zustimmung eines anderen WEigentümers nicht bedarf, der aber widerspricht, so kann er von diesem nicht die Zustimmung verlangen (vgl. oben Rdn. 13), sondern gegen ihn nur die Feststellung beantragen, daß es seiner Zustimmung nicht bedarf.

18 Nimmt ein WEigentümer eine **Änderung unter Verstoß gegen Abs. 1,** also ohne die erforderliche Zustimmung, vor, so können die betroffenen WEigentümer von ihm die **Beseitigung verlangen.** Eine öffentlich-rechtliche Baugenehmigung hat auf den Anspruch keinen Einfluß (BayObLG WE 1992, 84). Grundlage des Anspruchs ist § 1004 BGB, nicht § 22 Abs. 1 (so zutr. OLG Stuttgart NJW 1970, 102 und BayObLG WE 1988, 106). Der negatorische Anspruch ist im Verfahren nach §§ 43ff. geltend zu machen, da die Widerrechtlichkeit der Störung sich aus der Verletzung einer aus dem Gemeinschaftsverhältnis der WEigentümer entspringenden Pflicht ergibt (auch insoweit zutreffend OLG Stuttgart NJW 1970, 102 in einem Fall, in welchem bei einem Zweifamilienhaus ein WEigentümer über seiner im Erdgeschoß liegenden Terrasse eigenmächtig eine Überdachung angebracht hat-

te; ebenso BayObLGE 1971, 279; OLG Hamm OLGE 1976, 61; BayObLG WEM 1978, 116; KG ZMR 1986, 189; BayObLG DWEigt 1984, 30; WE 1987, 93). Der Rechtsnachfolger des die bauliche Veränderung Vornehmenden ist als Zustandsstörer nur zur Duldung der Beseitigung verpflichtet (KG WE 1991, 328). Die Eigenschaft des Handlungsstörers geht nicht auf ihn über. Ein zur Geltendmachung des Anspruchs ermächtigender Beschluß der WEigentümergemeinschaft ist nicht erforderlich (BGH NJW 1992, 978 auf Vorlage des KG OLGE 1991, 186; s. auch KG WM 1993, 292). Der Anspruch richtet sich auf Beseitigung, soweit ein Nachteil vorliegt, z. B. Abtrennung der Ver- und Entsorgungsleitungen, nicht Ausbau der Kücheneinbauten (BayObLG WE 1992, 19). Die Gerichte haben den Nachteil konkret festzustellen (KG WE 1992, 285).

War der Anspruch verwirkt, so lebt er bei Eigentumsübergang auf einen **19**
Rechtsnachfolger nicht wieder auf (KG WE 1989, 170; 1994, 51). Dem Anspruch steht ein die Änderung billigender Mehrheitsbeschluß, sofern er angefochten ist, nicht entgegen (BayObLG WE 1992, 195). Der Anspruch auf Beseitigung des störenden Zustandes entfällt, wenn diese unzumutbar ist, z. B.im Falle eines geringfügigen, aber nur mit unverhältnismäßigen Aufwendungen zu behebenden Überbaus in den Bereich eines anderen WEigentümers (OLG Hamm OLGE 1976, 61; BayObLG WE 1991, 256); dann ist die Störung zu dulden (vgl. ähnlich BGHZ 62, 388). Angesichts der eigenmächtigen Handlung besteht diese Duldungspflicht nur in Ausnahmefällen (OLG Bremen WM 1993, 209). Möglich ist auch eine Verwirkung des Beseitigungsanspruchs (BayObLG NJW-RR 1988, 589). Eine weitergehende Güterabwägung findet nicht statt (OLG Hamm WE 1993, 318; BayObLG WE 1993, 286). Dem Anspruch steht nicht entgegen, daß auch andere WEigentümer bauliche Veränderungen vorgenommen haben (BayObLG WE 1993, 286). Die Übernahme der Kosten für die Beseitigung der Störung durch die Gemeinschaft widerspricht ordnungsmäßiger Verwaltung. Aus einem solchen Beschluß kann ein WEigentümer in einem späteren Fall keinen Gleichbehandlungsanspruch herleiten (BayObLG WE 1993, 256). Ist § 22 Abs. 1 Satz 2 (zulässigerweise oben Rdn. 1) dahin **abbedungen,** daß der Verwalter die erforderliche Zustimmung zu einer baulichen Änderung erteilen kann, so ist seine Entscheidung der Nachprüfung durch Beschluß der WEigentümerversammlung unterworfen, der seinerseits der Anfechtung nach § 23 Abs. 4 unterliegt (BayObLGE 1974, 269); die Zustimmung kann schon vor Fertigstellung erteilt werden (BayObLGE 1971, 273). Ist der Anspruch auf Zustimmung begründet, so muß der WEigentümer die bereits vorgenommene bauliche Veränderung nicht rückgängig machen (BayObLG WE 1992, 54). Ein WEigentümer kann nicht auf Beseitigung in Anspruch genommen werden, wenn er in einer Situation, in der ein Beschluß über eine Instandsetzung hätte gefaßt werden müssen, eigenmächtig gehandelt hat. Dies gilt, solange nicht feststeht, daß die Maßnahme nicht zur Durchführung des Instandsetzungsbeschlusses tauglich ist (KG WE 1991, 324). Es muß also zunächst ein Mehrheitsbeschluß gem. § 21 Abs. 5 Nr. 2 gefaßt werden; anders ist es, wenn Gewährleistung verlangt wurde (BayObLG WE 1992, 55). Bei begründeter Besorgnis, daß ein WEigentümer eine bauliche Maßnahme unter Verstoß gegen § 22 Abs. 2 vornehmen werde, besteht bereits vor Baubeginn

ein Unterlassungsanspruch aus § 1004 Abs. 1 Satz 2 BGB (BayObLG WM 1993, 294). In entsprechender Anwendung von § 10 Abs. 3 ist ein WEigentümer an die Zustimmung seines Rechtsvorgängers gebunden; ein Anspruch auf Beseitigung besteht daher nicht (OLG Hamm OLGE 1991, 418).

3. Rückwirkungen

20 Werden **Veränderungen** vorgenommen, die unter § 22 Abs. 1 Satz 2 fallen, so hat dies **Rückwirkungen** auf die allgemeinen Rechtsverhältnisse der WEigentümer, auf die in einigen Vorschriften Rücksicht genommen ist, und zwar:

21 a) **§ 16 Abs. 3.** Ein WEigentümer, der einer Maßnahme der erwähnten Art nicht zugestimmt hat, ist nicht berechtigt, einen Anteil an den auf dieser Maßnahme beruhenden Nutzungen zu verlangen (also z. B. nicht einen ohne seine Zustimmung geschaffenen Dachgarten zu benutzen); er ist anderseits auch nicht verpflichtet, Kosten, die durch die Maßnahmen verursacht sind, zu tragen (so z. B. BayObLG NJW 1981, 690; OLG Celle DWEigt 1986, 54). Dies gilt jedoch nur für solche Kosten, die nicht ohnehin angefallen wären, wie z. B. für Maßnahmen, die über eine modernisierende Instandsetzung hinausgehen (BayObLG WE 1989, 212, 214). Eine Beteiligungspflicht an den gesamten anfallenden Kosten kann sich zudem aus §§ 812ff. BGB ergeben (BayObLG aaO). Nach den gesetzlichen Vorschriften hat er keinen Anspruch darauf, daß ihm nachträglich eine Beteiligung an der durchgeführten Maßnahme gestattet wird (z. B. Anschluß an eine Zentralheizung). Vereinbarungen über diesen Punkt können gem. § 10 Abs. 1 Satz 2, Abs. 2 getroffen werden.

22 b) **§ 17 Satz 2.** Wird die Gemeinschaft aufgehoben (vgl. hierzu § 17 Rdn. 51ff.), so müssen Änderungen des gemeinschaftlichen Eigentums der hier gedachten Art ähnlich wie die durch das Sondereigentum verursachten Wertverschiebungen berücksichtigt werden. Mögen Maßnahmen gem. § 22 Abs. 1 Satz 2 eine Wertverbesserung oder eine Wertverschlechterung des gemeinschaftlichen Eigentums hervorrufen, wäre es jedenfalls unbillig, solche Veränderungen denjenigen WEigentümern zum Vorteil oder zum Nachteil gereichen zu lassen, die sich nicht daran beteiligt haben. Deshalb bestimmt § 17 Satz 2, daß die Veränderungen bei der Aufhebung der Gemeinschaft nicht berücksichtigt werden, soweit es sich um WEigentümer handelt, die sich an der Maßnahme nicht beteiligt haben. Hat sich z. B. der Wert eines Hauses durch Einbau einer Zentralheizung um DM 10.000 erhöht, so wird diese Werterhöhung bei der Berechnung des Anteils derjenigen WEigentümer, die dieser Maßnahme nicht zugestimmt haben, abgezogen und den Anteilen der übrigen nach dem Verhältnis ihres Wertes zugerechnet.

23 c) Entsprechende Wertberechnungen sind auch bei der **Festsetzung des Einheitswerts** des WEigentums anzustellen; die Möglichkeit hierzu gibt das Bewertungsgesetz (Anh. zu § 62).

III. Wiederaufbau, steckengebliebener Bau

1. Für den Fall, daß das **Gebäude ganz oder teilweise zerstört** ist, gibt 24
§ 22 Abs. 2 folgende *abdingbare* Regelung:

a) **Eine unbedingte Verpflichtung zum Wiederaufbau** (Beispielsfall AG Ebersberg ITelex 1985/10/55: Wiederaufbau einer wegen Baufälligkeit abgerissenen Garage) besteht dann, wenn der Schaden durch Versicherung (vgl. § 21 Abs. 5 Nr. 3) oder in anderer Weise, z. B. durch einen Schadensersatzanspruch, gedeckt ist. Der Wiederaufbau als Gemeinschaftsaufgabe richtet sich auf die Wiederherstellung des Gebäudes in seinem früheren Zustand; dabei kann nicht zwischen gemeinschaftlichem Eigentum und Sondereigentum unterschieden werden, wie auch die Sachversicherung, insbes. Feuerversicherung, die Wiederaufbaukosten beider Eigentumssphären deckt (§ 21 Rdn. 37). Bestehen allerdings im Bereich des Sondereigentums Ausstattungen, die nach Art und Wert von der gewöhnlichen Ausführung abweichen, so sind die sich daraus ergebenden Unterschiede in den Aufwendungen ebenso auszugleichen, wie dies im Falle der Aufhebung der Gemeinschaft nach § 17 zu geschehen hätte (§ 17 Rdn. 5).

b) Ist das Gebäude **zu nicht mehr als der Hälfte seines Wertes** zerstört, so 25
besteht gleichfalls eine Verpflichtung zum Wiederaufbau. Dabei kommt es auf den **Wert des Gebäudes** (also unter Außerachtlassung des Grundstücks) und beim Wert des Gebäudes wieder auf das gemeinschaftliche Eigentum an; denn nur in bezug auf dieses besteht die Wiederaufbaupflicht der Gemeinschaft; den Verlust des Sondereigentums hat jeder WEigentümer selbst zu tragen, ohne hierbei die Hilfe der Gemeinschaft in Anspruch nehmen zu können (vgl. § 13 Rdn. 5; teilweise abweichend Bärmann/Pick/Merle § 22 Rdn. 94).

c) Liegen die vorstehend erörterten Fälle nicht vor, so kann der Wieder- 26
aufbau des Gebäudes weder durch Stimmenmehrheit beschlossen noch gem. § 21 Abs. 4 verlangt werden. Gleichwohl kann sich in solchen Fällen auf Grund eines **einstimmigen Beschlusses** der WEigentümer oder auf Grund eines besonderen von ihnen geschlossenen Vertrages eine Pflicht ergeben, zum Wiederaufbau des Gebäudes zusammenzuwirken.

d) Liegen alle diese Fälle nicht vor oder besteht auf Grund einer in der 27
GemO. getroffenen abweichenden Regelung **keine Verpflichtung zum Wiederaufbau,** dann sind die Voraussetzungen gegeben, für die gem. § 11 Abs. 1 Satz 3 durch Vereinbarung ein Anspruch auf Aufhebung der Gemeinschaft begründet werden kann. Ist eine solche Vereinbarung nicht getroffen, so bleibt die Gemeinschaft bestehen, bis sich die WEigentümer über die Aufhebung oder die sonstige Regelung ihres Rechtsverhältnisses einigen. An der Veräußerung seines Anteils ist auch dann kein WEigentümer gehindert. Da ein solcher Zustand aber im allgemeinen kaum als wünschenswert erscheinen wird, wird es sich empfehlen, von der durch § 11 Abs. 1 Satz 3 gebotenen Möglichkeit Gebrauch zu machen.

An Stelle eines Aufhebungsanspruchs können auch andere Arten der 28
Abwicklung für diesen Fall vereinbart werden; insbes. ist daran zu denken, den WEigentümern, die das Gebäude wiederaufbauen wollen gegen die an-

dern, die das nicht wollen, einen Anspruch auf Übertragung der diesen gehörenden WEigentumsrechte zu geben; eine solche Verpflichtung bedarf außer der Eintragung nach § 10 Abs. 2 dann allerdings der Form des § 313 BGB (vgl. auch § 10 Rdn. 37). Der Anspruch auf Aufhebung kann auch nur mit Einschränkung gegeben werden; z. B. kann er ausgeschlossen werden für den Fall, daß die anderen WEigentümer oder einer von ihnen sich bereit erklären, den Anteil des die Aufhebung verlangenden WEigentümers zu übernehmen. Eine solche Vereinbarung wäre, da sie keine Übereignungspflicht schafft, sondern lediglich den Aufhebungsanspruch einschränkt, formlos gültig und bedürfte lediglich zur Wirksamkeit gegenüber dem Sondernachfolger der Eintragung in das Grundbuch (§ 10 Abs. 2).

2. Steckengebliebener Bau

29 Ein der Zerstörung eines bereits errichteten Gebäudes ähnlicher Fall liegt vor, wenn der Bau während der Errichtung infolge des wirtschaftlichen Zusammenbruchs des Bauträgers stecken bleibt (sog. „Bauruine"). In solchen Fällen läßt sich der Verlust für die Erwerber, wenn sie, wie das die MaBV vorschreibt (dazu Anh. zu § 8 Rdn. 20ff.), Zahlungen nur nach Baufortschritt geleistet haben und durch Vormerkung gesichert sind, verhältnismäßig gering halten. Der Konkursverwalter des Bauträgers kann sich der Verpflichtung, den Erwerbern das WEigentum am Grundstück und am Gebäude in dem Zustand zu übertragen, in dem es sich befindet, nicht entziehen (§ 24 Satz 2 KO; Anh. zu § 8 Rdn. 25; vgl. auch Weitnauer DNotZ 1977, 225). Es liegt nahe, entsprechend dem Gedanken des § 22 Abs. 2 anzunehmen, daß die **Erwerber verpflichtet** sind, **zur Fertigstellung zusammenzuwirken;** im Grundsatz bejahend KG OLGE 1979, 287; OLG Karlsruhe NJW 1981, 466 m. Anm. Röll; BayObLG DWEigt 1983, 60; OLG Hamm DWEigt 1984, 121; OLG Hamburg OLGE 1990, 308; OLG Köln WE 1990, 26; OLG Frankfurt OLGE 1991, 293. Voraussetzung ist, daß die Erwerber eine werdende Eigentümergemeinschaft (s. Anh. § 10) bilden (BayObLG WE 1993, 142). Fraglich erscheint, ob man die Verpflichtung wie in 22 Abs. 2 davon abhängig machen soll, daß das Bauwerk bereits zu mehr als der Hälfte seines Wertes errichtet ist (so die 6. Aufl.; Weitnauer DNotZ 1977, Sonderheft S. 31, 45; Röll, Handbuch S. 184; die oben angeführten Entscheidungen betreffen jeweils bereits weit fortgeschrittene Bauten); besser erscheint es, die Verpflichtung ohne Rücksicht auf den Baufortschritt dann zu bejahen, wenn die Fertigstellung wirtschaftlich sinnvoll und finanziell gesichert ist (so wohl auch Bärmann/Pick/Merle § 22 Rdn. 128; Pick, PiG 4, S. 59, 68). Erwerber, die hierzu nicht bereit sind, können entsprechend § 18 zum Ausscheiden gezwungen werden. Da die wirtschaftlich schlechteste Lösung darin besteht, den Bau unfertig liegen zu lassen, sind bisher in der Praxis auf der angedeuteten Linie unter Mitwirkung der beteiligten Banken Lösungen gefunden worden. Die Verpflichtung ist gerichtet auf Fertigstellung des Baus entsprechend der Teilungserklärung; davon abweichende Bauvorhaben können nicht mehrheitlich beschlossen werden (OLG Hamburg OLGE 1990, 308; OLG Köln WE 1990, 26). Der während der Erörterungen über eine Novellierung des WEG (Vor § 1 Rdn. 93) aufgekommene

Gedanke, eine gesetzliche Regelung zu treffen, ist mit Recht fallen gelassen worden. Die Ansprüche auf Mitwirkung und anteilige Kostentragung (§ 21 Abs. 4) sind im **Verfahren nach § 43ff.** geltend zu machen (OLG Karlsruhe NJW 1981, 466). Für das Verhältnis der WEigentümer ist die **Miteigentumsquote maßgebend,** für eine Abweichung hiervon nach der Höhe der an den Bauträger geleisteten Zahlungen (so OLG Karlsruhe aaO) besteht nur dann Anlaß, wenn diese nachweislich in den Bau eingegangen sind, also die Fertigstellungskosten entsprechend verringert haben (vgl auch Röll NJW 1981, 465; diesem Gedanken folgt OLG Frankfurt OLGE 1991, 293). Ein die Abweichung von der Regel rechtfertigender Grund besteht dann nicht, wenn ein WEigentümer zwar schon den gesamten Kaufpreis gezahlt hat, er jedoch die Möglichkeit hatte, Rechte aus einer Bürgschaft auf anteilige Rückzahlung geltend zu machen, dies aber unterließ (OLG Hamburg OLGE 1990, 308). Falls über eine solche Anrechnung Streit besteht, können nach OLG Hamm DWEigt 1984, 121 die anderen WEigentümer dem die Anrechnung Verlangenden den Anschluß an die Versorgungsleitungen (Wasser, Strom, Abwasser) nicht verweigern. Stellt ein WEigentümer auf eigene Kosten eine Gemeinschaftseinrichtung fertig, so hat er gegen die anderen einen **Erstattungsanspruch** aus Geschäftsführung ohne Auftrag oder ungerechtfertigter Bereicherung (BayObLG DWEigt 1982, 137); der Anspruch ist in der § 21 Rdn. 5ff. dargestellten Weise geltend zu machen (anders die Ansicht von BayObLG aaO, wohl überholt).

IV. Verfahren

Alle im § 22 bestimmten Ansprüche entspringen aus der Gemeinschaft **30**
und sind daher in dem **Verfahren** der fG geltend zu machen (§ 43 Abs. 1 Satz 1). Vgl. auch oben Rdn. 18.

§ 23 Wohnungseigentümerversammlung

(1) **Angelegenheiten, über die nach diesem Gesetz oder nach einer Vereinbarung der Wohnungseigentümer die Wohnungseigentümer durch Beschluß entscheiden können, werden durch Beschlußfassung in einer Versammlung der Wohnungseigentümer geordnet.**

(2) **Zur Gültigkeit eines Beschlusses ist erforderlich, daß der Gegenstand bei der Einberufung bezeichnet ist.**

(3) **Auch ohne Versammlung ist ein Beschluß gültig, wenn alle Wohnungseigentümer ihre Zustimmung zu diesem Beschluß schriftlich erklären.**

(4) **Ein Beschluß ist nur ungültig, wenn er gemäß § 43 Abs. 1 Nr. 4 für ungültig erklärt ist. Der Antrag auf eine solche Entscheidung kann nur binnen eines Monats seit der Beschlußfassung gestellt werden, es sei denn, daß der Beschluß gegen eine Rechtsvorschrift verstößt, auf deren Einhaltung rechtswirksam nicht verzichtet werden kann.**

Übersicht

Literatur: Deckert, Der Eigentümer-Beschluß, FS für Seuß, S. 101. – Dürr, Informationspflichten des Verwalters nach und vor der Wohnungseigentümerversammlung, §§ 23, 24, 27 WEG, ZMR 1987, 121. – Hauger, Der vereinbarungswidrige Beschluß, WE 1993, 231. – Hurst, Organisationsformen und -möglichkeiten des Raumeigentums in der Fortentwicklung des Gesetzes über das Wohnungseigentum, AcP 181 (1981), 169. – Keith, Rechtsfolgen ungültiger Beschlüsse der Wohnungseigentümer, PiG 14, Diss., 1983. – Merle, Der auflösend bedingte „Zitterbeschluß" – Brot oder Steine?, FS für Bärmann/Weitnauer, S. 497; ders., Die Feststellung des Beschlußergebnisses im Wohnungseigentumsrecht, PiG 18, S. 125. – H. Müller, Der Übergang von der Bauherrengemeinschaft zur Wohnungseigentümergemeinschaft, FS für Seuß, S. 211; ders., Der Eigentümerbeschluß mit Vereinbarungsinhalt, FS für Bärmann/Weitnauer, S. 505. – Patermann, Zum Anwendungsbereich des § 23 Abs. 4 WEG, ZMR 1991, 361. – Röll, Schriftliche Eigentümerbeschlüsse, WE 1991, 308. – Sauren, Rechte eines BGB-Gesellschafters zur Beschlußanfechtung, WE 1992, 40. – Schmid, Unzuständigkeit der Wohnungseigentümerversammlung zur Beschlußfassung, MDR 1990, 297. – K. Schmidt, Verfahrenskoordination bei Anfechtungssachen im Fall der Bestätigung angefochtener Beschlüsse, NJW 1979, 409. – Schwab, Die Kompetenzen der Wohnungseigentümergemeinschaft, Diss., 1992. – Tasche, Eventualeinberufung und verdrängende Vollmacht zur Erleichterung von Wohnungseigentümerversammlungen, DNotZ 1974, 581. – v. Tuhr, Die unwiderrufliche Vollmacht, FS für Laband, S. 61. – Wangemann, Die Willensbildung in der unzuständigen und der absolut unzuständigen Wohnungseigentümerversammlung, MDR 1991, 1010. – Weitnauer, Die unverzichtbare Handlungsfreiheit, FS für F. Weber, S. 429; ders., Zeitgemäße und unzeitgemäße Betrachtungen zum Wohnungseigentum, DNotZ 1977, Sonderheft, S. 31. – S. des weiteren: PiG 25 „Versammlung der Wohnungseigentümer" mit Beiträgen von Seuß, Bub, Bader, Bassenge, Merle.

I. Allgemeines

Die §§ 23–25 regeln das **formelle Verfahren der Beschlußfassung** und beziehen sich auf diejenigen Vorschriften des WEG, in denen eine Beschlußfassung der WEigentümer vorgesehen ist (insbes. §§ 15 Abs. 2, 18 Abs. 3, 21 Abs. 3, 22 Abs. 2, 26 Abs. 1 u. 2, 27 Abs. 2 Nr. 5, 28 Abs. 2, 4 u. 5, 29). Sie treten an die Stelle des § 745 Abs. 1 BGB und geben den WEigentümern **eine etwas straffere Organisationsform** in Gestalt der **WEigentümerversammlung,** teilweise in Anlehnung an Vorschriften des Vereinsrechts. Dadurch wird aber die Gemeinschaft **weder zur juristischen Person** noch ändert sie ihren Charakter als Bruchteilsgemeinschaft (Vor § 1 Rdn. 30), auch werden die Rechte, die den WEigentümern als Mitgliedern einer Gemeinschaft von Miteigentümern zustehen, insbes. die Befugnisse nach §§ 1011, 432 BGB nicht berührt s. oben Vor § 1 Rdn. 64ff. Die Vorschriften sind **abdingbar** (BayObLGE 1970, 1 zu § 23 Abs. 2; auch AG Mannheim DWEigt 1984, 29), insbes. ist es für kleinere Gemeinschaften möglich, eine von den Bestimmungen des Gesetzes abweichende Art der Beschlußfassung zu vereinbaren. Auf die Einhaltung des Abs. 2 kann in einer Versammlung, an der alle WEigentümer teilnehmen („Universalversammlung"), verzichtet werden. Dies kann auch konkludent geschehen. Voraussetzung ist jedoch, daß die WEigentümer den Inhalt der Vorschrift kennen (BayObLG WE 1988, 67) und ein einstimmiger Beschluß über den Verzicht gefaßt wird (OLG Hamm WE 1993, 111). 1

Die WEigentümerversammlung ist ein Organ der WEigentümergemeinschaft. Das ist hervorzuheben, weil im Falle der Errichtung einer Anlage im **Bauherrenmodell** (Anh. zu § 3) die Abgrenzung und Unterscheidung von einer **Versammlung der Bauherren** als Teilhaber der Bauherrengemeinschaft, die eine (Innen-)Gesellschaft des bürgerlichen Rechts ist, notwendig sein kann. Die Unterscheidung kann, da der Kreis der beteiligten Personen derselbe ist, Schwierigkeiten machen und nur **vom Gegenstand der Beschlußfassung** her getroffen werden. Wenn die WEigentümerversammlung in Funktion treten kann, wird die Bauherrengemeinschaft wegen Zweckerreichung (§ 726 BGB) endigen und werden allenfalls Abwicklungsverpflichtungen übrig sein, die nichts mit der WEigentümergemeinschaft zu tun haben. Vgl. auch H. Müller, FS für Seuß, S. 211ff. 2

II. Beschlußfassung

1. Die WEigentümer können im Rahmen ihrer Vereinbarungen und der gesetzlichen Vorschriften die Angelegenheiten der Gemeinschaft durch Beschluß ordnen (dazu grundsätzlich § 10 Rdn. 28, 55; § 20 Rdn. 1); dabei ist es zunächst ohne Bedeutung, ob diese Angelegenheiten durch Mehrheitsbeschluß geordnet werden können oder eines einstimmigen Beschlusses aller WEigentümer bedürfen. Wird zu einem TOP lediglich ein Hinweis gegeben, aber keine Regelung getroffen, so liegt kein Beschluß i. S. von Abs. 1 vor (BayObLG WE 1988, 66). Ein lediglich die gesetzliche Regelung wiederholender Beschluß ist auf Anfechtung wegen Bedeutungslosigkeit aufzuheben 3

(KG WE 1989, 135). Während das BGB zwar auch eine Beschlußfassung der Teilhaber kennt, aber das dabei zu beobachtende Verfahren nicht regelt, sieht das WEG in seinem § 23 in Anlehnung an das Vereins- und Genossenschaftsrecht hierfür bestimmte Formen vor, und zwar als Regelfall die Beschlußfassung in einer **Versammlung der WEigentümer** (§§ 23 Abs. 1 u. 2, 24, 25), ausnahmsweise eine **schriftliche Beschlußfassung** (§ 23 Abs. 3). **Die Mitwirkung und Abstimmung in der WEigentümerversammlung** ist die regelmäßige Form, in welcher der WEigentümer an der **Willensbildung der Gemeinschaft** teilhat und die Rechte ausübt, die ihm als Miteigentümer und Teilhaber der Gemeinschaft in bezug auf alle einer Regelung durch die WEigentümer zugänglichen Angelegenheiten, insbes. Verwaltungsmaßnahmen, zustehen. Das **Stimmrecht** ist deshalb **ein entscheidend wichtiges Recht** des WEigentümers (näher § 25 Rdn. 7ff.) und von nicht geringerer Bedeutung als die aus dem Eigentum folgenden Rechte zur Verfügung über das WEigentum im Verhältnis zu Dritten, insbes. zur Veräußerung und Belastung (§ 3 Rdn. 28ff.). Unter diesem Gesichtspunkt sind alle – wohlgemeinten – Bestrebungen zu sehen, die Ausübung dieser Rechte zu beschränken (dazu unten Rdn. 7, 8). Das Stimmrecht hängt **nicht von der Fertigstellung der Wohnung** ab (BayObLG MDR 1980, 142; vgl. § 3 Rdn. 67), auch nicht unbedingt von der Stellung als sachenrechtlicher Eigentümer; es kann auch bei einer erst „werdenden WEigentümergemeinschaft" (dazu Anh. zu § 10) bestehen. Vgl. im übrigen § 25 Rdn. 7ff.

4 **Ob und welche Angelegenheiten** durch Beschluß geordnet werden können, bestimmt sich in erster Linie nach den Vereinbarungen der WEigentümer, also der GemO. (§ 10 Rdn. 27), im übrigen nach dem WEG. Eine Beschlußfassung ist vorgesehen insbes. in §§ 15 Abs. 2, 18 Abs. 3, 21 Abs. 2, 22 Abs. 2, 26 Abs. 1 u. 2, 27 Abs. 2 Nr. 5, 28 Abs. 2 u. 4, 5, 29. Die GemO. kann Angelegenheiten, die nach der gesetzlichen Regelung einer Vereinbarung bedürfen, einer Beschlußfassung, auch einem Mehrheitsbeschluß überlassen (§ 10 Rdn. 51).

Gegenstand eines Beschlusses kann auch eine Regelung sein, über die bereits zu einem früheren Zeitpunkt ein Beschluß gefaßt wurde; es sind dabei aber durch bestandskräftigen Beschluß (s. Rdn. 31) begründete Rechte zu beachten (BGHZ 113, 197 = JR 1991, 511 m. Anm. Merle/Hausmann). Mit der erneuten Beschlußfassung endet die Regelungswirkung des älteren Beschlusses (BayObLG WE 1988, 200). Dieser kann daher nicht mehr Gegenstand eines Verfahrens nach Abs. 4 sein (BayObLG WE 1991, 289). Ein Beschluß, nach dem alle vorher gefaßten Beschlüsse generell ohne Einzelfallprüfung aufgehoben werden, ist nicht zulässig (KG WE 1989, 135).

5 **2.** Soweit nach GemO. oder Gesetz die Möglichkeit einer Ordnung durch Beschluß besteht, sind die möglichen und erforderlichen Beschlüsse in der **WEigentümerversammlung** zu fassen (§ 23 Abs. 1). Die näheren Bestimmungen über deren Einberufung und Organisation sind in §§ 23 Abs. 2, 24, 25 getroffen. Die WEigentümerversammlung ist eine Versammlung, an der teilzunehmen und ihr Stimmrecht auszuüben grundsätzlich alle WEigentümer berechtigt sind (wegen gewisser Beschränkungen des Stimmrechts vgl. unten Rdn. 9, 10 und § 25 Rdn. 19ff.). Die WEigentümerversammlung ist

nicht öffentlich (unstr., z. B. OLG Hamm WE 1990, 97; BGH WE 1993, 165), die Teilnahme unbefugter Personen kann von dem Vorsitzenden kraft Hausrechts verhindert werden. **Zur Teilnahme berechtigt** sind die WEigentümer, auch soweit sie im Einzelfall kein Stimmrecht haben (§ 25 Rdn. 19ff.), ferner Personen, die von einem WEigentümer zur Ausübung bevollmächtigt oder ermächtigt sind (§ 25 Rdn. 14ff.), Begleitpersonen, die ein WEigentümer zu seiner Beratung zuzuziehen wünscht, wie z. B. „Beistand" (OLG Hamm DWEigt 1986, 31) oder die „Benutzer" (OLG Hamm WE 1990, 97), soweit nicht im Einzelfall ein Rechtsmißbrauch vorliegt, schließlich Personen, deren Zuziehung die Versammlung beschließt, z. B. ein Rechtsanwalt, Architekt, Buchprüfer, deren sachverständiger Rat gehört werden soll, gegebenenfalls ein Mitglied des Verwaltungsbeirats, das nicht WEigentümer ist (§ 29 Rdn. 4). An dieser Meinung wird auch nach der Entscheidung des BGH (WE 1993, 165 m. Anm. Deckert), nach der die Anwesenheit von Beratern nur in sachlich begründeten Fällen zulässig sein soll, ansonsten ihre Anwesenheit gegen den Grundsatz der Nichtöffentlichkeit verstoße, festgehalten; s. die in WE 1993, 260 geäußerte Kritik des Verf.; zur Frage, ob die Vertretung durch einen Bevollmächtigten ausgeschlossen werden kann, vgl. § 25 Rdn. 16 m. w. N. Ist in einer GemO. bestimmt, daß „Besucher keinen Zutritt" haben, so soll dies nach KG DWEigt 1986, 59 bedeuten, daß ein Versammlungsteilnehmer jedenfalls dann „keinen Zuhörer oder Berater" mitbringen kann, wenn auch nur ein Teilnehmer widerspricht; dem ist – abgesehen von der Zweifelhaftigkeit der Auslegung – nicht zu folgen, weil jedenfalls dann, wenn der WEigentümer ein berechtigtes Interesse an der Zuziehung eines Beraters hat, dieses den Vorrang hat. Die störende Öffentlichkeit einer Versammlung ist ein Anfechtungsgrund für die in der Versammlung gefaßten Beschlüsse (OLG Hamm WE 1990, 97). Findet die WEigentümerversammlung in einem Saale statt, für dessen Überlassung ein Entgelt zu zahlen ist, so gehört dieses zu den Kosten der Verwaltung i. S. des § 16 Abs. 2, ist also von den WEigentümern zu tragen und gegebenenfalls dem Verwalter zu erstatten, sofern nicht etwas anderes vereinbart ist (AG Köln DWEigt 1980, 23).

3. Aus dem allgemeinen Teilnahmerecht können sich **bei größeren und** 6
großen Gemeinschaften praktische Schwierigkeiten ergeben, die sich aber, wie die Praxis gezeigt hat, bewältigen lassen.

a) Wegen der Abdingbarkeit des § 23 Abs. 1 ist es möglich, in der GemO. statt einer einheitlichen WEigentümerversammlung mehrere zeitlich und örtlich getrennte **Teilversammlungen** für bestimmte abgrenzbare Gruppen von WEigentümern, z. B. jeweils eines Blocks, mit jeweils derselben, die ganze Anlage betreffenden Tagesordnung – das ist der strikt zu beachtende Unterschied zu dem unter Rdn. 10 erörterten Fall – vorzusehen, deren Abstimmungsergebnisse zusammengerechnet das Endergebnis ergeben. Um einem WEigentümer, der ein die Gesamtanlage angehendes Anliegen verfolgt, das rechtliche Gehör hinreichend zu sichern, ist es dann notwendig, ihm das Recht auf Anhörung auch in den Teilversammlungen einzuräumen, denen er nicht angehört. Eine solche Regelung, die in einer großen Wohnanlage in Stuttgart mit über 500 Einheiten mit Erfolg angewendet wird, ist vom OLG Stuttgart mit Recht als zulässig angesehen worden (DWEigt 1980, 62). Sie kann zur Übernahme empfohlen werden. Bei bereits bestehenden Gemeinschaften kann ein solches Verfahren nur durch Änderung der GemO. eingeführt werden.

7 b) Tasche (DNotZ 1974, 581) hat vorgeschlagen, bei großen Gemeinschaften die Zahl der Teilnehmer an der WEigentümerversammlung dadurch zu verringern, daß durch die GemO. die WEigentümer verpflichtet werden, jeweils in Gruppen (z. B. 10) einen Vertreter zu wählen, der dann das Stimmrecht i. S. der jeweiligen Mehrheitsentscheidung in der WEigentümerversammlung ausübt. Der Vorschlag eines derartigen **Wahlmännersystems** ist abzulehnen nicht nur, weil er es den in der Untergruppe überstimmten WEigentümern unmöglich macht, ihre Auffassung zu vertreten, und im Endergebnis ein gänzlich falsches Bild von den Mehrheitsverhältnissen geben kann, sondern auch, weil er den WEigentümern einen Stellvertreter aufzwingt und ihnen gleichzeitig das eigene Stimmrecht gänzlich entzieht; da die Ausübung des Stimmrechts ein Rechtsgeschäft ist (dazu unten Rdn. 12), verstößt eine solche Regelung, gegen das in unserem Recht mit gutem Grund bestehende **Verbot der verdrängenden Vollmacht,** also gegen den Grundsatz, daß niemand auf seine Handlungsfähigkeit verzichten kann (so Art. 27 des Schweiz. ZGB, dem im BGB in sehr verklausulierter Form § 137 entspricht; zur verdrängenden Vollmacht wie hier auch Bärmann/Pick/Merle § 25 Rdn. 19; Flume, Rechtsgeschäft, S. 883ff. gegen Müller-Freienfels, Vertretung beim Rechtsgeschäft, Tübingen 1955, S. 124ff.; Weitnauer, FS für F. Weber, S. 429, 433; v. Tuhr, FS für Laband, S. 61; Weitnauer DNotZ 1977, Sonderheft, S. 31, 44; Wienicke § 25 Anm. 2; LG München Rpfleger 1978, 381; vgl. auch BGHZ 3, 354; 20, 363; das Problem ist berührt in BGHZ 99, 90 = JZ 1987, 463 m. Anm. Weitnauer). Dieser Weg kann also nicht eingeschlagen werden. A. A. mit ausführlicher, aber letztlich nicht überzeugender Begründung Hurst AcP 181 (1981), 169, der es für möglich und empfehlenswert hält, in der GemO. großer Gemeinschaften das System der „Vertreterversammlungen" einzuführen.

8 c) Während auf der einen Seite Schwierigkeiten wegen der großen Zahl von Teilnehmern gesehen werden, werden auf der anderen Seite Befürchtungen geäußert, die WEigentümerversammlungen könnten mangels Erreichung des in § 25 Abs. 3 vorgeschriebenen **Quorums** scheitern; wenn man dem durch Abschaffung oder Senkung des Quorums begegnen will, so ist dagegen grundsätzlich nichts einzuwenden, weil § 25 Abs. 3 abdingbar ist. Allerdings sollte dann in der GemO. vorgeschrieben werden, daß in der Einladung zur WEigentümerversammlung darauf hingewiesen werden muß; vgl. dazu § 25 Rdn. 6.

9 d) Stimmberechtigt sind grundsätzlich alle WEigentümer (so ausdrücklich BayObLGE 1982, 131) und zwar entspr. der (abdingbaren) Regel des § 25 Abs. 2 nach dem **Kopfprinzip,** nicht nach dem in § 745 Abs. 1 Satz 2 BGB vorgeschriebenen System der Größe der Miteigentumsanteile (Wertprinzip). Näher hierzu § 25 Rdn. 7ff.

10 Einen besonderen Fall stellen **Angelegenheiten** dar, **die nur einen abgrenzbaren Teil, eine Gruppe** von WEigentümern **angehen,** z. B. Vorder-

haus – Hinterhaus (BayObLG 6. 8. 1982, zit. bei Deckert ZgemWWBay 1982, 577, 583). Zwar gibt es keine dinglich verselbständigten Untergemeinschaften (§ 3 Rdn. 32). Doch ist in solchen Fällen das Stimmrecht auf diejenigen Beteiligten beschränkt, die von der Angelegenheit betroffen sind (so st. Rspr. und als unstreitig anerkannt seit BayObLGE 1961, 322 – Fahrradkellerfall; z. B. auch BayObLGE 1975, 177; LG Wuppertal Rpfleger 1972, 451; BayObLG DNotZ 1985, 414; DWEigt 1990, 75; WE 1992, 140 mit Hinweis darauf, daß es sich um „eng umgrenzte Ausnahmefälle" handelt); der Hauptfall wird dann gegeben sein, wenn in Anlagen mit mehreren Wohnblocks Angelegenheiten zu entscheiden sind, die nur einen davon angehen, z. B. die Gebrauchsregelung für die Waschküche usw. Sobald die Angelegenheit finanzielle Folgen hat, die nach § 16 Abs. 2 von allen WEigentümern zu tragen sind, kann die Beteiligung nicht auf die unmittelbar Interessierten beschränkt werden (so zutr. LG München DB 1977, 2231; OLG Hamm WE 1990, 99, das aber nach Auffassung Weitnauers WE 1990, 100 verkannt hat, daß § 16 Abs. 2 durch die GemO. abbedungen war). Wo diese Beschränkung besteht, entscheidet die Mehrheit der Gruppe, wenn eine Angelegenheit durch Mehrheitsbeschluß geordnet werden kann; das ist der Unterschied zu dem in § 22 Abs. 1 Satz 2 geregelten Fall, in dem Zustimmung aller Betroffenen, aber keine Mehrheitsentscheidung vorausgesetzt ist (dazu § 23 Rdn. 12). Es kann sich empfehlen, in geeigneten Fällen Bestimmungen dieser Art unter näherer Bezeichnung der Verhältnisse in die GemO. aufzunehmen; deren Zulässigkeit, z. B. über die Abhaltung besonderer Versammlungen, wird ausdrücklich bejaht in BayObLG DNotZ 1985, 414 und WE 1989, 211, doch können nur Beschlüsse in Angelegenheiten gefaßt werden, die lediglich die Betreffenden angehen (BayObLG DWEigt 1984, 61). Eine weitergehende Bestimmung ist unwirksam (offengelassen von BayObLG WE 1992, 22). Befindet sich eine solche Bestimmung nicht in der GemO., ist ein Beschluß, an dem alle Mitglieder der Gemeinschaft mitgestimmt haben, jedenfalls nicht nichtig (BayObLG WE 1989, 59; 1992, 26). Auch ein Beschluß, der nur von einer Eigentümergruppe statt von allen WEigentümern gefaßt wird, ist nicht nichtig (OLG Hamm WE 1990, 99 m. Anm. Weitnauer). **Umgekehrt** ist es **unzulässig,** bei Großanlagen, die aus jeweils rechtlich selbständigen mehreren WEigentümergemeinschaften bestehen, die Versammlungen **zusammenzulegen;** diese müssen für jede Gemeinschaft getrennt abgehalten werden (so zutr. AG München ITelex 1987/10/59). Vgl. ferner § 15 Rdn. 10, zur verfahrensrechtlichen Seite § 43 Rdn. 40.

4. Auch ohne Versammlung – schriftliches Verfahren Abs. 3 – ist ein **11**
Beschluß dann gültig, wenn alle WEigentümer, im Falle von Rdn. 10 alle beteiligten, ihre Zustimmung schriftlich erklären (Abs. 3, wörtlich übereinstimmend mit § 32 Abs. 2 BGB). Ein Beschluß liegt erst vor, wenn sämtliche Zustimmungserklärungen dem zur Leitung der WEigentümerversammlung Berechtigten, i. d. R. also dem Verwalter, zugegangen sind (§ 24 Abs. 5, so auch BayObLG MDR 1972, 145); Schweigen auf eine mit einer Widerspruchsfrist verbundene Aufforderung zur Abgabe der Erklärung reicht nicht aus. Die Anfechtungsfrist des § 23 Abs. 4 Satz 2 beginnt erst mit Zugang der letzten schriftlichen Zustimmungserklärung zu laufen (so zutr.

OLG Hamburg MDR 1971, 1012); vorher ist noch kein Beschluß vorhanden (Nichtbeschluß OLG Frankfurt Rpfleger 1979, 217). Anfechtung der Stimmabgabe durch einen WEigentümer nach §§ 119, 123 BGB macht einen Beschluß hinfällig. Das Zustandekommen eines Beschlusses hängt nicht von der Mitteilung des Ergebnisses an die WEigentümer ab, doch kann die Unkenntnis einen Grund für die Wiedereinsetzung bezüglich der Anfechtungsfrist § 23 Abs. 4 (unten Rdn. 28) abgeben. Eine einmal abgegebene Zustimmungserklärung ist bindend (a. A. Palandt/Bassenge § 23 Rdn. 6; Bärmann/Pick/Merle § 23 Rdn. 15 und Hamburg OLG MDR 1971, 1012). Einstimmigkeit ist bei schriftlicher Beschlußfassung auch dann erforderlich, wenn die Angelegenheit an sich durch Mehrheitsbeschluß geregelt werden könnte. Zweifelhaft kann die Frage sein, ob ein Beschluß, für den Einstimmigkeit erforderlich ist, in der Weise gefaßt werden kann, daß ein Teil der WEigentümer in der Versammlung, ein anderer aber schriftlich zustimmt. Die Frage dürfte zu bejahen sein (vgl. RGZ 136, 189; KG WE 1989, 135). Auf keinen Fall kann ein Mehrheitswohnungseigentümer ohne Beachtung des Verfahrens nach Abs. 1 oder 3 einen die anderen bindenden Beschluß fassen (OLG Zweibrücken OLGE 1983, 339). **Abweichende Regelungen**, nach denen etwa auch Mehrheitsbeschlüsse im Wege schriftlicher Abstimmung zustande kommen können, sind nach früher h. M. als möglich angesehen worden; sie waren aber nicht zu empfehlen, weil auf eine den Rechtsfrieden sichernde Erörterung aller für und wider einen Beschluß sprechender Gesichtspunkte in der WEigentümerversammlung nicht verzichtet werden sollte, wenn keine Einstimmigkeit besteht. Aus diesem Grunde hat das BayObLG (BayObLGE 1980, 331) trotz § 10 Abs. 1 Satz 2 die Vorschrift des § 23 Abs. 3 **als unabdingbar erklärt** (ebenso OLG Hamm OLGE 1978, 292; OLG Köln WEM 1977, 52). Diese Auffassung ist für die Praxis richtungsweisend geworden. Eine Beschlußfassung in der Weise, daß die Jahresabrechnung als anerkannt gilt, wenn ihr nach Absendung nicht schriftlich widersprochen wird, ist nicht möglich (Vorlagebeschluß KG WE 1990, 209; BGH DNotZ 1989, 428 m. Anm. Weitnauer; offengelassen von BGH NJW 1991, 979; s. hierzu auch BayObLG WE 1988, 207; KG WE 1991, 323; 1994, 48, dort wurde gleichzeitig zur WEigentümerversammlung eingeladen, in der ein Beschluß über die Jahresabrechnung erfolgen sollte; wegen Einzelheiten s. § 28 Rdn. 30). Ist ein Verwalter durch schriftlichen Beschluß bestellt worden, so macht seine Legitimation Schwierigkeiten (BayObLG WE 1986, 144; vgl. § 26 Abs. 4 und § 26 Rdn. 44); diese Form der Bestellung ist nicht zu empfehlen.

III. Beschlußfassung der WEigentümerversammlung

12 **1.** Der Beschluß ist die Form, in der eine Personenmehrheit ihren für alle Beteiligten verbindlichen **Willen** bildet; der „Beschluß" eines Alleineigentümers ist schlechthin nichtig (OLG Frankfurt OLGE 1986, 40). Der Beschluß setzt sich als **„Gesamtakt"** (so BayObLGE 1977, 226; 1984, 198) aus den abgegebenen Stimmen zusammen, die ihrerseits empfangsbedürftige Willenserklärungen, also **Rechtsgeschäfte** sind; der Beschluß ist ebenfalls ein

Rechtsgeschäft (so BayObLG aaO; allgem. M.; statt aller Palandt/Heinrichs § 32 BGB Rdn. 8). Er kann deshalb auch wegen Perplexität unwirksam sein (OLG Hamm NJW-RR 1991, 212). Die Stimmabgabe unterliegt **den für Willenserklärungen geltenden Regeln,** insbes. soweit es Zugangsbedürftigkeit, Anfechtbarkeit, Nichtigkeit, z. B. wegen Geschäftsunfähigkeit (OLG Stuttgart DWEigt 1986, 60), Teilnichtigkeit (§ 139 BGB; z. B. OLG Düsseldorf WE 1991, 251) betrifft; Beispiele für Anfechtung: OLG Frankfurt Rpfleger 1979, 217 und BayObLG WE 1991, 259. Zur Auslegung vgl. unten Rdn. 21, zur Aufhebung und zur Bestandskraft vgl. unten Rdn. 31. **Antragsberechtigt** in der WEigentümerversammlung ist jeder WEigentümer sowie der Verwalter; dies ergibt sich aus allgemeinen Rechtsgrundsätzen der Organisation von Rechtsgemeinschaften und bestätigt sich durch die in § 43 Abs. 1 geregelte Antragsbefugnis für das gerichtliche Verfahren. Dritte sind also nicht antragsberechtigt; der den Fall des § 26 Abs. 2 betreffende § 43 Abs. 1 Nr. 3 kann insoweit kein Gegenstück haben. Die Art der Beschlußfassung kann in der **Annahme** oder in der **Ablehnung eines Antrags** bestehen, letztere auch in der Form der „Nichtbefassung" (Beispiel dafür BayObLGE 1972, 150); vgl. dazu unten Rdn. 17. Über die **Form der Abstimmung** sagt das WEG nichts aus, die GemO. kann Bestimmungen treffen. Mangels solcher ist die **Verkehrssitte** maßgeblich. Regel ist also die offene Abstimmung durch Handaufheben; der Vorsitzende kann eine andere Art der Abstimmung – schriftlich, geheim – vorschlagen, die Entscheidung trifft die Versammlung durch Mehrheitsbeschluß (vgl. KG Rpfleger 1985, 412; zum Vereinsrecht Palandt/Heinrichs § 32 BGB Rdn. 7).

2. Einer **formellen Feststellung und Verkündung** des Abstimmungser- 13
gebnisses bedarf es zur Gültigkeit eines Beschlusses nicht (so die 6. Aufl. und BayObLG DWEigt 1984, 62; OLG Schleswig DWEigt 1987, 133; KG WE 1989, 207); „konstitutive Bedeutung für die Existenz eines Beschlusses" haben sie nicht (a. M. Merle, PiG 25, S. 119, 124ff.; PiG 18, S. 135; auch schon Merle, Verwalter S. 41ff.; zu konstitutiver Wirkung auch neigend: OLG Frankfurt OLGE 1992, 437). Ob das mit einer Parallele zum Vereinsrecht (BGH NJW 1975, 2101) begründet werden kann, erscheint allerdings, wie Merle aaO zuzugeben ist, zweifelhaft, weil es im Vereinsrecht eine dem § 23 Abs. 4 entsprechende Anfechtungsmöglichkeit nicht gibt; entscheidend ist die Erwägung, daß es nicht sinnvoll sein kann, einen im übrigen ordnungsmäßigen Beschluß nur an der unterbliebenen oder nicht nachzuweisenden Feststellung scheitern zu lassen; die strenge Regelung des Aktienrechts läßt sich auf die Verhältnisse des WEigentums nicht übertragen. Eine andere Frage ist, welche Bedeutung es hat, wenn die – weithin übliche – Feststellung und Verkündung erfolgt sind. Für diesen Fall ist Merle darin zu folgen, daß **das festgestellte Ergebnis maßgeblich** ist (so auch BayObLGE 1984, 213; LG Lübeck DWEigt 1986, 63), jedenfalls wenn die Feststellung nicht sofort auf Widerspruch stößt, wenn also ein auf Beschlußfassung gerichteter Wille der Versammlungsteilnehmer erkennbar ist (so für den Fall, daß derjenige Bewerber um die Verwalterstellung als gewählt bezeichnet wird, der die meisten Stimmen auf sich vereinigt hat, obwohl keiner die erforderliche Mehrheit erreicht hatte, OLG Schleswig DWEigt 1987, 133; KG WE 1992,

283, dort wurde das Abstimmungsergebnis zusätzlich in der Niederschrift festgehalten). Nahm umgekehrt der Versammlungsleiter irrtümlich an, für die Abwahl des Verwalters sei eine qualifizierte Mehrheit erforderlich, und verkündete er die Ablehnung des Antrags, obgleich die an sich ausreichende einfache Mehrheit gegeben war, so ist der Antrag abgelehnt. Das OLG Hamm (WE 1990, 102) begründet dies zum einen mit der vorläufig verbindlichen Feststellung des Versammlungsleiters und geht insofern von einer – hier abgelehnten – konstitutiven Wirkung aus, zum anderen – eher überzeugend – damit, daß im zu entscheidenden Fall die Versammlungsteilnehmer eine Richtigkeit des verkündeten Ergebnisses angenommen hatten und deshalb kein „Nichtbeschluß" vorlag. Einwendungen können – abgesehen von Fällen absoluter Nichtigkeit – nur mehr im Verfahren des § 23 Abs. 4 geltend gemacht werden (so Merle aaO). Wird der festgestellte Beschluß für ungültig erklärt, dann kann das Gericht bei Aufklärbarkeit des Sachverhalts das richtige Ergebnis feststellen (so KG Rpfleger 1979, 65, allerdings von einer anderen Ausgangslage). Irrtümer bei der Feststellung des Ergebnisses können ihren Grund außer in reinen Zählfehlern insbes. in der Beurteilung des Stimmrechts und seines Ausschlusses sowie der Stimmenthaltung (§ 25 Rdn. 3ff.) und von Vollmachten (OLG Hamm WEM 1979, 175) haben. Aber auch wenn über Jahre die Abstimmungsergebnisse unrichtig (nach Köpfen statt nach Quoten) festgestellt worden sind, ist daraus nicht eine Änderung der GemO. abzuleiten (BayObLG NJW 1986, 385; DWEigt 1987, 56).

14 3. Ein **Beschluß** liegt nur vor, wenn bestimmte **Voraussetzungen** gegeben sind.

a) Der Beschluß muß in einer **Versammlung der WEigentümer** gefaßt sein. Das ist **nur** der Fall, wenn die Versammlung **von einer dazu befugten Person,** also entweder dem Verwalter oder im Falle des § 24 Abs. 3 vom Vorsitzenden des Verwaltungsbeirats oder, falls die gesetzliche Regelung **abbedungen** ist, von der danach bestimmten Person **einberufen** ist. Die Folgen der Einberufung durch eine hierfür unzuständige Person – etwa einem opponierenden WEigentümer – sind streitig. In der Rechtsprechung hat sich die Auffassung durchgesetzt, daß auf einer solchen Versammlung Beschlüsse gefaßt werden können (BayObLG MDR 1982, 323; OLG Frankfurt OLGE 1985, 142; OLG Düsseldorf DWEigt 1989, 28; KG OLGE 1990, 421; BayObLG DWEigt 1990, 75; WE 1991, 285; 297; DWEigt 1992, 167; OLG Hamm OLGE 1992, 309; WE 1993, 24; AG Lahr WE 1993, 116 mit krit. Anm. Seuß); dieser Rechtsprechung folgend: Erman/Ganten § 24 Rdn. 2; Soergel/Stürner § 24 Rdn. 6a; Wangemann B 17. Dies wird damit begründet, daß es sich bei § 24 Abs. 1, 2 und 3 nicht um zwingendes Recht handele, sondern um i. S. von § 23 Abs. 4 „verzichtbare" Regelungen. Ein Verstoß gegen sie führe zwar zur Rechtswidrigkeit, nicht aber zu ihrer Nichtigkeit (BayObLG MDR 1982, 323; vgl. auch Wangemann B 17, der den entscheidenden Grund in dem Umstand sieht, daß die WEigentümer eine Bestimmung in die GemO. aufnehmen könnten, nach der auch eine wegen Einberufungsmängeln entscheidungsunzuständige WEigentümerversammlung zur Beschlußfassung berechtigt sein soll. Im Hinblick auf § 23 Abs. 4 könne daher nicht von einer „absoluten Unwirksamkeit" ausgegangen werden). Solche Beschlüsse sind nach der Rechtsprechung erst auf Anfechtung für ungültig zu erklären, wenn der Einberufungsfehler für die Beschlußfassung ursächlich war. Wäre ohne den Fehler der Beschluß ebenso zustandegekommen, ist die Anfechtung erfolglos (KG WE 1993, 221). Die Ursächlichkeit des Fehlers für den Beschluß wird zunächst vermutet (BayObLG WE 1992, 79).

Dem steht allerdings die Rechtsprechung des BGH (Z 87, 1) im GmbH-Recht entgegen, nach der § 241 Abs. 1 AktG entsprechend anwendbar ist, und somit die Beschlüsse einer nicht ordnungsgemäß einberufenen Gesellschafterversammlung nichtig sind. Weiterhin läßt sich gegen die dargestellte Auffassung vorbringen, daß nur die WEigentümerversammlung die Befugnis zu rechtsgestaltenden Eingriffen in die Gemeinschaft hat. Daneben verlangt auch die Rechtssicherheit eine Nichtigkeit der Beschlüsse (Seuß WE 1989, 43). Die Schwierigkeit dieser Ansicht besteht darin, daß sie in ihrer Begründung schon die Existenz eines – wenn auch rechtswidrigen – Beschlusses voraussetzt, während sich doch gerade die Frage stellt, ob die Versammlung von WEigentümern überhaupt einen Beschluß i. S. des WEG erlassen kann, dessen Wirksamkeit dann noch zu klären wäre. Der mehr oder weniger zufälligen Zusammenkunft von WEigentümern wird man schwerlich eine solche Befugnis einräumen können; dagegen ist ein **Nichtbeschluß** anzunehmen. Dies schließt natürlich eine Änderung der GemO. bei Einstimmigkeit aller WEigentümer nicht aus. Die hier vertretene Auffassung vermeidet auch ein Leerlaufen des § 24 Abs. 2. Im übrigen wird man Wangemann (aaO) jedenfalls nicht darin zustimmen können, daß die GemO. vorsehen kann, jegliche „Beschlüsse" anläßlich von Treffen von WEigentümern als Beschlüsse i. S. des WEG seien anzuerkennen. 15

Die Bedeutung des Meinungsstreits liegt vor allem in der Situation bei unterbliebener Anfechtung des vermeintlichen Beschlusses. Gerade hier bleibt die Rechtsprechung die Erklärung schuldig, weshalb der einzelne durch einen derartigen „Beschluß" gezwungen werden kann, selber die Initiative zu ergreifen und diesen anzufechten, wenn er etwa im Vertrauen auf die Unwirksamkeit der Einberufung der WEigentümerversammlung fernblieb. Erfolgt eine Anfechtung, so wird diese in Anbetracht der dargestellten Vermutung regelmäßig erfolgreich sein.

Trotz der dargestellten unterschiedlichen Standpunkte kommen beide Auffassungen in vielen Fällen zu gleichen Ergebnissen. So ist in Übereinstimmung mit OLG Celle (DWEigt 1983, 62) ein Nichtbeschluß auch dann anzunehmen, wenn nicht alle WEigentümer zu der Eigentümerversammlung eingeladen waren. **Anders** ist die Rechtslage **zu beurteilen,** wenn die Versammlung von einer Person einberufen wird, die die WEigentümer für den Verwalter halten, deren Bestellung aber auf einem nichtigen oder später für ungültig erklärten Beschluß beruht; für diesen Fall rechtfertigt der Vertrauensschutz die Aufrechterhaltung der Beschlüsse (so LG Frankfurt MDR 1982, 497; 1984, 147; LG Hannover MDR 1983, 1027; jedenfalls im Ergebnis wohl auch BayOLG MDR 1987, 58; WE 1991, 367 unter Heranziehung der Grundsätze zu Anscheins- und Duldungsvollmacht; OLG Hamm OLGE 1992, 309; WE 1993, 111 aufgrund entsprechender Anwendung von § 32 16

FGG). Eine Ungültigerklärung allein aus diesem Grund scheidet aus (BayObLG WE 1992, 227; anders wohl OLG Stuttgart WE 1990, 106). Nach OLG Frankfurt WE 1989, 172 soll eine ordnungsmäßige Einladung vorliegen, wenn sie ein Verwalter ausgesprochen hat, über dessen Bestellung rechtliche Bedenken bestanden, der aber mit bestandskräftigem Beschluß zur Einladung ermächtigt war. **Heilung** ist möglich, wenn nachträglich alle WEigentümer zustimmen. Beruft ein dazu nicht befugter WEigentümer auf eigene Faust eine Versammlung ein, so können die anderen von ihm **Unterlassung** verlangen und ein gerichtliches Verbot erwirken (KG NJW 1987, 386). Anfechtbar, weil nicht während einer repräsentativen Versammlung zustandegekommen, sind nach KG (OLGE 1989, 51) Beschlüsse, die gefaßt werden, nachdem der Verwalter unberechtigt, aber aus vernünftigen Gründen die Auflösung der Versammlung verkündet hat und sich einige WEigentümer im Vertrauen auf die „Auflösung" entfernt haben; dem ist allerdings aus den oben dargestellten Erwägungen zu widersprechen. Anfechtbarkeit ist gegeben, wenn die Versammlung vollkommen unkontrolliert abläuft (KG WE 1991, 133). Auf einer „ad-hoc-Zusammenkunft" von WEigentümern kann kein Beschluß gefaßt werden (OLG Hamm WE 1993, 24). In diesem Fall ist auch nach Auffassung des Gerichts keine WEigentümerversammlung gegeben.

17 b) Die Willensbildung muß **für einen Antrag eine Mehrheit ergeben** haben (BayObLGE 1974, 172; BayObLG Rpfleger 1979, 446; näher hierzu § 25 Rdn. 3). Ist das nicht der Fall, so ist das Ergebnis ein **„Nichtbeschluß"** der schlechthin keine Wirkungen hat, also auch nicht der Anfechtung nach § 23 Abs. 4 unterliegt (BayObLG NJW 1970, 1136; BayObLGE 1980, 29; 1985, 104; BayObLG DWEigt 1982, 33; 1984, 59; 1986, 95; WE 1988, 32; 1989, 109; 1991, 200; OLG Frankfurt OLGE 1992, 437; OLG Zweibrücken WE 1988, 60; vgl. auch unten Rdn. 25, 27, § 43 Rdn. 28, Anh. zu § 43 Rdn. 3). Gleiches gilt selbstverständlich, wenn keine Abstimmung erfolgte (BayObLG WE 1991, 261). Dagegen kann ein **Beschluß, wonach etwas nicht geschehen soll,** z. B. Heizkostenzähler nicht eingebaut werden sollen, ein Verwalter nicht abberufen werden soll, ein **anfechtbarer Beschluß** sein, weil eine Regelung für die Zukunft getroffen, nicht nur ein Antrag abgelehnt wird (BayObLG 6. 10. 1986 – 2 Z 14/86). Ebenso soll ein „Beschluß" anfechtbar sein, der den Antrag ablehnt, dem Verwalter aber aufgibt, das Ergebnis schriftlich dem Antragsteller mitzuteilen (BayObLG DWEigt 1992, 64). Besteht Unsicherheit, ob ein wirksamer Beschluß zustandegekommen ist, ist ein Verfahren gem. § 43 Abs. 1 Nr. 4 einzuleiten (OLG Frankfurt OLGE 1988, 316; 1992, 437). Nach dem OLG Celle (WE 1989, 199) gilt hierfür die Frist des § 23 Abs. 4 S. 2 nicht. Ein Nichtbeschluß ist auch ein Beschluß, der unter der **Voraussetzung der Einstimmigkeit** gefaßt werden soll, diese aber nicht erreicht (OLG Düsseldorf WE 1986, 135). Sofern die Beteiligten nach der Abstimmung von einem wirksamen Beschluß ausgehen, kann nach Auffassung des KG nicht von einem Nichtbeschluß gesprochen werden (KG WE 1992, 283). Hierfür kann von Bedeutung sein, ob der Leiter ein Ergebnis verkündet hat (OLG Hamm WE 1990, 102; KG WE 1992, 283); s. zur Bedeutung der Verkündung Rdn. 13. Dem wird man

jedenfalls mit der Maßgabe zustimmen können, daß es sich um eine Universalversammlung handelte. Weitergehend allerdings OLG Hamm WE 1990, 99 m. Anm. Weitnauer (s. hierzu Rdn. 10; ein nur von einer Gruppe von WEigentümern gefaßter Beschluß sei selbst dann wirksam, wenn alle WEigentümer stimmberechtigt waren, aber übereinstimmend von einer Zuständigkeit der – sogar eine Minderheit bildenden – Gruppe ausgingen). Nach BayObLG 30. 4. 1987 – 2 Z 3/87 – kann sich ein Beschluß – in casu zur Gebrauchsregelung – als **vorläufige Regelung** darstellen, die den Anspruch auf eine endgültige Regelung durch Gerichtsbeschluß nicht ausschließt. Bei einer sicheren Mehrheit schadet es nicht, wenn bei der Stimmauszählung Fehler unterlaufen (BayObLG DWEigt 1990, 152).

Ein Beschluß liegt auch dann nicht vor, wenn zur Erkundung der Mei- **18**
nungen lediglich eine **Probeabstimmung** stattfindet; das Ergebnis ist keine Willensbildung, eine Anfechtung nach § 23 Abs. 4 ist weder möglich noch nötig. Ob eine Probeabstimmung oder eine Beschlußfassung vorliegt, ist danach zu beurteilen, als was der Versammlungsleiter den Abstimmungsvorgang angekündigt hat und wovon die WEigentümer ausgingen (KG WE 1992, 283). Wohl allerdings ist die Entscheidung, einen Punkt nicht in die Tagesordnung aufzunehmen oder von dieser abzusetzen **(„Nichtbefassung“)**, ein Beschluß, der jedenfalls dann, wenn ein Anspruch auf Beschlußfassung besteht (insbes. nach § 21 Abs. 4), der Anfechtung unterliegt (BayObLGE 1972, 150). Die Feststellung des Nichtzustandekommens eines Beschlusses geschieht nach § 43 Abs. 1 Nr. 4 („Gültigkeit“ von Beschlüssen), allenfalls auch nach § 43 Abs. 1 Nr. 1; einer Anfechtung nach § 23 Abs. 4 bedarf es nicht. Vgl im übrigen § 25 Rdn. 8ff. zu den Fragen der Abstimmung.

c) Der **Gegenstand** der Beschlußfassung **muß bei der Einberufung be-** **19**
zeichnet sein (§ 23 Abs. 2). Das wird nur für Mehrheitsbeschlüsse von Bedeutung sein, weil bei Erscheinen sämtlicher WEigentümer und einstimmigem Beschluß Mängel der Einberufung keine Rolle mehr spielen können. Der Gegenstand muß so bezeichnet sein, daß die Geladenen erkennen können, was Gegenstand der Entscheidung sein soll. Nicht erforderlich ist, daß die WEigentümer aus der Ladung von vornherein alle Einzelheiten des Gegenstandes übersehen und die Auswirkungen eines etwaigen Beschlusses erkennen können (so mit Recht BayObLGE 1961, 322; OLG Stuttgart NJW 1974, 2137 unter Aufgabe der weitergehenden Anforderungen in NJW 1961, 1359); es genügt (so BayObLG Rpfleger 1978, 445; WE 1988, 104), wenn die Geladenen weitestgehend vor Überraschungen geschützt werden und ihnen die Möglichkeit der Vorbereitung und Entscheidung, ob ihre Teilnahme veranlaßt ist, gewährt wird; maßgeblich ist ihr Informationsbedürfnis; Einzelheiten des Beschlußgegenstandes brauchen, jedenfalls wenn es sich nicht um einen wichtigen Gegenstand handelt (OLG Hamm WE 1992, 136), nicht angegeben zu werden (BayObLG Rpfleger 1985, 412; WE 1990, 27; 1992, 233; KG WE 1990, 210); weitergehende Anforderungen früherer Entscheidungen werden nicht aufrechterhalten. Der Tagesordnungspunkt „Verschiedenes“ reicht für Angelegenheiten, die von nicht nur untergeordneter Bedeutung sind, nicht aus (BayObLG WE 1986, 72; NJW-RR 1987, 1463; WE

1988, 67; 1991, 227; 1992, 229; OLG Hamm WE 1993, 111), wohl „Dachsanierung und Folgeschäden" (BayObLG DWEigt 1984, 124). Wenn die Ladung nur das Stichwort „Wohngelderhöhung" enthält, es in der Sache aber darum geht, lediglich das Wohngeld eines Teileigentümers (Ladeninhabers) zu erhöhen, reicht das nicht aus (so mit Recht BayObLG Rpfleger 1978, 445; anderes Beispiel OLG Hamm WEM 1979, 175). Die nach § 24 Abs. 5 mögliche Wahl des Vorsitzenden braucht als Punkt nicht in der Ladung bezeichnet zu werden (BayObLGE 1965, 34).

Entgegen dem Wortlaut, der unverändert aus dem Vereinsrecht (§ 32 Abs. 1 Satz 2 BGB) übernommen ist, wo es ein dem § 23 Abs. 4 entsprechendes Verfahren nicht gibt, ist ein **Verstoß gegen § 23 Abs. 2** kein Grund für eine absolute Nichtigkeit des Beschlusses, sondern kann **nur im Wege des § 23 Abs. 4** geltend gemacht werden (BayObLGE 1961, 322; 1970, 1; BayObLG Rpfleger 1979, 446; WE 1991, 297; OLG Düsseldorf DWEigt 1990, 116; zustimmend auch Bärmann/Pick/Merle § 23 Rdn. 35). Die Anfechtung ist allerdings erfolglos, wenn feststeht, daß auch **bei ordnungsgemäßer Bezeichnung in der Einladung der Beschluß** in gleicher Weise gefaßt worden wäre (BayObLG WE 1991, 227; 1993, 169). Die bloße Anfechtbarkeit als Folge des Verstoßes ist vertretbar, weil jedem WEigentümer zugemutet werden kann, sich innerhalb eines Monats nach dem Ergebnis der Versammlung zu erkundigen, selbst wenn aus der Angabe in der Ladung die Tragweite der Angelegenheiten nicht zu überschauen gewesen sein sollte. Das Interesse der WEigentümergemeinschaft an der durch die Bestandskraft geschaffenen Rechtssicherheit geht vor. Vgl. auch unten Rdn. 26. Im Einzelfall kann die Anfechtung gegen Treu und Glauben verstoßen; so etwa wenn ein WEigentümer in Kenntnis der Verletzung des Abs. 2 ausdrücklich mit der Beschlußfassung einverstanden ist (OLG Hamm WE 1993, 111; BayObLGE 1992, 79).

20 d) Ist ein **Beschluß fehlerhaft zustande gekommen,** so ist er nur nichtig, wenn er gegen ein zwingendes gesetzliches Verbot oder gegen die guten Sitten verstößt (§§ 134, 138 BGB); im übrigen erwächst trotz eines Mangels ein Beschluß in Bestandskraft, wenn er nicht gem. § 23 Abs. 4 angefochten wird. **Mängel** der letzteren Art werden **geheilt,** wenn in einer neuen Versammlung unter Vermeidung des Fehlers der alte Beschluß durch einen neuen bestätigt wird. Diese **Bestätigung** hat nach BayObLGE 1977, 226 (dazu K. Schmidt NJW 1979, 409) in Analogie zu § 144 BGB (Bestätigung eines anfechtbaren Rechtsgeschäfts) rückwirkende Kraft. Bei erfolgreicher Anfechtung des bestätigenden Beschlusses entfällt diese Wirkung ex tunc (BGH WE 1989, 48 auf Vorlage KG WE 1988, 91). **Heilung** ist auch möglich **durch Verzicht** sämtlicher WEigentümer auf das Anfechtungsrecht (BayObLGE 1970, 1); von einem einstimmigen Beschluß unterscheidet sich dieser Verzicht dadurch, daß er nicht in den Formen der Beschlußfassung zustandekommen muß. Ein einzelner WEigentümer kann für sich auf das Anfechtungsrecht verzichten, ebenso wie er es durch Fristversäumnis bewußt verwirken kann.

21 **4. Beschlüsse** bedürfen gegebenenfalls der **Auslegung.** Für Beschlüsse, die einen Einzelfall ordnen, gilt § 133 BGB (BayObLG 18. 11. 1986 – 2 Z 54/

86); es ist also der wirkliche Wille zu erforschen und nicht am Wortlaut zu haften. Beschlüsse, die eine Dauerregelung betreffen, sind nach den für die Auslegung der GemO. geltenden Grundsätzen auszulegen (BayObLG WE 1987, 14; KG OLGE 1981, 307; vgl. § 10 Rdn. 44). Es ist also die objektive Erklärungsbedeutung maßgeblich, weil subjektive Vorstellungen der Beteiligten voneinander abweichen können und der Beschluß „normähnliche Auswirkungen" hat (OLG Hamm WE 1990, 97; BayObLG WE 1988, 143; 1989, 212; 1992, 204; 1993, 27). Die Auslegung hat daher anhand des Wortlautes, gegebenenfalls unter Hinzuziehung der Niederschrift über die Versammlung zu erfolgen (BayObLG DWEigt 1991, 39; WE 1992, 20; DWEigt 1992, 163); auf subjektive Vorstellungen der seinerzeit Abstimmenden darüber, was mit dem Beschluß gemeint sein soll, kann es deshalb nicht, jedenfalls nicht entscheidend, ankommen (BayObLG WE 1987, 14; 1988, 65; 1991, 260; 1992, 229; DWEigt 1992, 155). Eine Zeugenaussage ist zur Auslegung ungeeignet (BayObLG WE 1992, 263). Der ein Verbot aussprechende Beschluß, z. B. Beschluß über Nutzungsverbot, ist eng auszulegen (BayObLG WE 1992, 201). Als Auslegungsmethode kommt auch die ergänzende Auslegung, unter besonderer Berücksichtigung der sich aus der Gemeinschaft ergebenden Rechte und Pflichten in Betracht (BayObLG WM 1993, 482). Läßt sich ein Sinn nicht ermitteln, weil es dem Beschluß an der erforderlichen **Klarheit und Bestimmtheit** fehlt, so ist der Beschluß nichtig und unbeachtlich (KG OLGE 1981, 307; OLG Frankfurt OLGE 1993, 299), einer Anfechtung nach § 23 Abs. 4 bedarf es nicht. Möglicherweise a. M. – nur Anfechtbarkeit – BayObLGE 1984, 213; WE 1988, 143; 1992, 20; DWEigt 1992, 164; 1993, 168; offengelassen in BayObLGE 1989, 13. Jedoch ist ein solcher Beschluß, bevor er für unbestimmt erklärt wird, auszulegen (KG WE 1990, 207).

Die Auslegung obliegt nach h. M., ebenso wie die Feststellung, ob eine Antragsannahme gegeben ist (BayObLG NJW-RR 1990, 210; KG WE 1992, 283), dem **Tatrichter** (BayObLG WE 1987, 14). Das **Rechtsbeschwerdegericht** hat nur eine **beschränkte Überprüfungsbefugnis** (h. M., z. B. BayObLGE 1978, 194; WE 1988, 65; 1991, 200; DWEigt 1991, 39; 1992, 163; WE 1992, 201; OLG Hamm NJW-RR 1989, 1161). Erst wenn ein Rechtsfehler bei der Auslegung festgestellt sei, könne das Rechtsbeschwerdegericht eine eigene Auslegung vornehmen (BayObLG WE 1991, 200). Das setze voraus, daß der Tatrichter gegen den klaren Sinn des Wortlautes, gegen gesetzliche Auslegungsregeln und allgemein anerkannte Denkgesetze oder Erfahrungssätze verstoßen habe oder nicht alle in Betracht kommenden Gesichtspunkte gewürdigt habe (st. Rspr., z. B. BayObLGE 1988, 75).

Die dargestellten Grundsätze zur Auslegung von WEigentümerbeschlüssen lassen eine solche prinzipielle Beschränkung auf die tatrichterliche Ebene zumindest fraglich erscheinen. Es sind keine Gründe für eine nur begrenzte Überprüfung durch das Rechtsbeschwerdegericht, erkennbar da die Auslegung anhand des objektiven Erwärungswertes der Niederschrift erfolgen muß. So hat denn auch das OLG Stuttgart (NJW-RR 1991, 913) unter Hinweis auf die Rechtsprechung des BGH zur Auslegung von Satzungen im Vereinsrecht eine volle Überprüfung der Auslegung befürwortet.

22 **5. Nicht selbständig anfechtbar** sind nach BayObLG ITelex 1987/20/119 **Beschlüsse über die Geschäftsordnung,** z. B. über die Form der Abstimmung (so auch BayObLG WE 1988, 33, sofern sich der Fehler nicht auf andere Beschlüsse ausgewirkt hat; KG WE 1989, 168; vgl. oben Rdn. 12). Zur „Genehmigung" der Niederschrift vgl. § 24 Rdn. 20.

IV. Nichtigkeit und Ungültigerklärung fehlerhafter Beschlüsse (§ 23 Abs. 4)

23 Ein Beschluß ist nach § 23 Abs. 4 nur ungültig, wenn er auf Anfechtung durch gerichtliche Entscheidung (§ 43 Abs. 1 Nr. 4) für ungültig erklärt worden ist. Diese Vorschrift, die in §§ 195 ff. AktG 1937 und in § 51 GenG ein gewisses Vorbild hatte und ein stark vereinfachtes Anfechtungsverfahren vorsieht, hat große praktische Bedeutung erlangt und sich als nützlich erwiesen, weil sie die Berufung auf die Ungültigkeit von Beschlüssen weitgehend einschränkt und so der Verwaltung eine gesicherte Grundlage bietet. § 23 Abs. 4 ist vollen Umfangs **abdingbar** (BayObLG Rpfleger 1963, 14; zu Unrecht a. M. Palandt/Bassenge § 23 Rdn. 33; AG Mannheim DWEigt 1984, 29; differenziert Bärmann/Pick/Merle § 23 Rdn. 3). Zulässig sind also z. B. eine dem Vereinsrecht entsprechende Regelung, die nur Gültigkeit oder Nichtigkeit kennt, Verkürzung oder Verlängerung der Anfechtungsfrist, Vorschaltung eines Güteverfahrens usw. Von der Möglichkeit abweichender Regelung scheint allerdings so gut wie kein Gebrauch gemacht zu werden. Kann angefochten werden, so ist ein Anspruch auf Beschlußänderung aus § 242 BGB ausgeschlossen (BayObLG WE 1990, 175; anders bei tatsächlichen Änderungen nach Unanfechtbarkeit, z. B. OLG Stuttgart OLGE 1988, 437).

24 **1.** § 23 Abs. 4 setzt einen **Beschluß** (oben Rdn. 14, 17) voraus, betrifft also nicht den „Nichtbeschluß" und regelt die Frage, unter welchen Voraussetzungen ein Beschluß gültig oder ungültig, d. h. für die WEigentümer **verbindlich** ist oder nicht. Dagegen läßt er die Frage, ob und unter welchen Voraussetzungen ein Beschluß **absolut nichtig** ist, unberührt, wie sich auch aus § 23 Abs. 4 Satz 2 ergibt, nach dem es der Ungültigkeitserklärung nicht bedarf, wenn der Beschluß gegen eine **Vorschrift** verstößt, **auf deren Einhaltung rechtswirksam nicht verzichtet werden kann.** Ein Beschluß ist als Rechtsgeschäft (oben Rdn. 12) nichtig, wenn er seinem Inhalt nach gegen ein zwingendes gesetzliches Verbot oder die guten Sitten verstößt (§§ 134, 138 BGB) ebenso wie das für das alte Aktienrecht zutraf und jetzt noch im Genossenschaftsrecht gilt (so auch BayObLGE 1958, 234; 1959, 457; KG MDR 1969, 125). Die Nichtigkeit eines Beschlusses ist in jedem gerichtlichen Verfahren zu berücksichtigen, auch wenn sie zuvor noch nicht festgestellt wurde (BGH WE 1989, 167 m. zust. Anm. Hauger; auf Vorlage BayObLG WE 1990, 60). Die gerichtliche Feststellung der Nichtigkeit unterliegt nicht der Frist des § 23 Abs. 4 Satz 2; dem Antrag kann aber die verfahrensrechtliche Verwirkung entgegenstehen (OLG Braunschweig OLGE 1989, 186). Nicht unter § 23 Abs. 4 fällt die Entscheidung, **ob überhaupt ein Beschluß** vorliegt (OLG Celle NJW 1958, 307). Entscheidung darüber und über die absolute Nichtigkeit: § 43 Abs. 1 Nr. 4.

Beispiele für absolute Nichtigkeit: Bestellung eines Verwalters, soweit diese über 5 Jahre hinaus erfolgt (§ 26 Abs. 2 Satz 2; insoweit ist die Bestellung rechtlich verboten und damit unmöglich, BayObLG Rpfleger 1980, 391); Bestellung einer BGB-Gesellschaft zum Verwalter (BGH WE 1989, 167 m. zust. Anm. Hauger); Versagung der Zustimmung zu einer Veräußerung entgegen § 12 Abs. 2 (BayObLGE 1980, 29; BayObLG WE 1991, 202; OLG Hamm WE 1993, 52); generelles Verbot der Hundehaltung (KG WE 1992, 111); in Ausnahmefällen Stimmrechtsmißbrauch (BayObLG WE 1990, 67). Ein besonders wichtiger Fall der Nichtigkeit ist die **Überschreitung der Regelungsbefugnis;** aus diesem Grund sind für **nichtig erklärt** worden: ein Beschluß, nach dem der Ersteher für Wohngeldrückstände des früheren Eigentümers haften soll (Beschluß zu Lasten eines Dritten, BayObLGE 1984, 198); Belastung des Erwerbers mit einer Unkostenpauschale des Verwalters für Zustimmung gem. § 12 (KG DWEigt 1989, 143); Einbeziehung von Kosten, die vor Entstehung der Gemeinschaft angefallen sind, in die Jahresabrechnung (KG WE 1992, 285; s. auch KG OLGE 1989, 38); Festsetzung eines pauschalen Verzugsschadens i. H. von 10% rückständiger Beiträge (offengelassen in BGH WE 1991, 321 auf Vorlage KG WE 1991, 132); Beschluß, durch den der Verwalter ermächtigt wird, Sondereigentum in gemeinschaftliches Eigentum umzuwandeln und umgekehrt (BayObLG Rpfleger 1987, 64); Eingriff in den wesentlichen Gehalt des Sondereigentums (BayObLG Rpfleger 1979, 446; KG NJW-RR 1991, 1489); Beschluß, durch den ein SNR begründet werden sollte (OLG Köln DWEigt 1991, 155; anders BayObLG WE 1991, 260; 1993, 341; hierzu schon § 15 Rdn. 23); ein Beschluß, nach dem Wohngeldrückstände eines WEigentümers mit dessen Guthabenanteil an der Instandhaltungsrücklage verrechnet werden (OLG Hamm NJW-RR 1991, 212); Beschluß über Ansprüche aus der Verletzung des allgemeinen Persönlichkeitsrechts (offengelassen durch BayObLG WE 1992, 25, da angefochten wurde); Verzicht durch Entlastung des Verwalters auf einen dem einzelnen WEigentümer zustehenden Schadensersatzanspruch (BayObLG WE 1990, 146). 25

2. Alle sonstigen Mängel eines Beschlusses haben nicht seine Nichtigkeit, sondern lediglich die **Anfechtbarkeit gem. § 23 Abs. 4** zur Folge. Dies gilt insbes. für: 26

- Einberufungsmängel außer den oben Rdn. 14 erörterten Fällen (BayObLG Rpfleger 1979, 446; BayObLGE 1980, 29) einschließlich Verstoßes gegen § 23 Abs. 2 (oben Rdn. 31; OLG Hamm WEM 1979, 175; BayObLG WE 1991, 227, auch zu dem Einwand, daß der Verstoß nicht kausal für die Entscheidung sei) und Beschlußunfähigkeit (BayObLGE 1981, 21; BayObLG WE 1988, 205; 1991, 285; WM 1993, 488; OLG Düsseldorf zit. bei Deckert, Eigentumswohnung 2/ 536; § 25 Rdn. 6);
- Verstoß gegen die Heizkostenverordnung (BayObLG WE 1991, 295);
- Verstoß gegen die GemO. (Verteilungsschlüssel u. ä., BayObLG WEM 1980, 78; Rpfleger 1979, 216; DWEigt 1984, 126 – Kostenverteilung; s. auch NJW-RR 1988, 274; WE 1991, 295; ZMR 1994, 69; 121; OLG Hamm WE 1990, 99);
- Verstoß gegen die Grundsätze ordnungsmäßiger Verwaltung (BayObLGE 1980, 78; 1985, 171 – unberechtigte Abmahnung);

- fehlerhafte Gebrauchsbeschränkung (BayObLGE 1975, 233; auch BayObLGE 1975, 286; OLG Frankfurt Rpfleger 1978, 414; BayObLG WE 1990, 69 – Eingriff in SNR durch Mehrheitsbeschluß; WE 1991, 295 – Billigung eines Verwaltervertrages, der gegen die GemO. und das AGBG verstößt);
- fehlerhafter Strafbeschluß (BayObLGE 1959, 457);
- Mehrheitsbeschluß an Stelle der erforderlichen Einstimmigkeit (BGHZ 54, 65; 73, 302; 74, 258; BGH NJW 1981, 282; OLG Köln OLGE 1969, 389; OLG Hamburg DWEigt 1984, 123; BayObLG WE 1989, 218; BayObLGE 1992, 79; OLG Braunschweig OLGE 1989, 186); auch im Falle des § 22 Abs. 1 S. 2 (z. B. BayObLG WE 1992, 54);
- Mitwirkung eines geschäftsunfähigen WEigentümers an der Abstimmung (OLG Stuttgart DWEigt 1986, 60; LG Bonn Rpfleger 1982, 100); Verletzung des Grundsatzes der Nichtöffentlichkeit der WEigentümerversammlung (OLG Hamm WE 1990, 97);
- bauliche Veränderung (OLG Hamm DWEigt 1984, 126; 1986, 94); Beschluß, der Verwalter zur Vergabe von Malerarbeiten unabhängig von Anfechtung verpflichtet und ihn von Schadensersatzansprüchen freistellt (OLG Düsseldorf WE 1991, 251); bei nahezu gegebener Personengleichheit von Bauherrengesellschaft und WEigentümergemeinschaft die Beauftragung des Verwalters mit der Abwicklung der Bauherrengesellschaft (BayObLG WE 1988, 55); Verstoß gegen § 242 BGB bei Stimmabgabe durch widersprüchliches Verhalten (BayObLG WE 1990, 67);
- fehlerhafter Beschluß über Wirtschaftsplan oder Jahresabrechnung (BayObLG WEM 1979, 173; BGH WE 1994, 207); Genehmigung der Jahresabrechnung unter der Bedingung, daß der Beirat ebenfalls billigt (BayObLG WE 1988, 55).

3. Geltendmachung der Ungültigkeit

27 a) Anfechtbar sind nur **Beschlüsse** (oben Rdn. 14, 17), d. h. ein Antrag muß eine Mehrheit gefunden haben. „Beschlüsse“, durch die ein Antrag mehrheitlich abgelehnt wird, sind nicht anfechtbar, weil auch durch die Ungültigerklärung eines solchen negativen Beschlusses kein positiver Beschluß zustandekäme (BayObLGE 1972, 150; 1974, 172). Ein Beschluß ist nur ungültig, wenn er durch Entscheidung des Richters der fG gem. § 43 Abs. 1 Nr. 4 **für ungültig erklärt** ist. Antragsberechtigt ist – Rechtsschutzinteresse vorausgesetzt (BayObLGE 1975, 233) – nach § 43 Abs. 1 Nr. 4 **jeder WEigentümer,** und zwar auch dann, wenn er nicht geladen war (BayObLGE 1985, 436) oder wenn er für den Antrag gestimmt hat (KG MDR 1981, 407; OLG Celle DWEigt 1984, 126; OLG Düsseldorf DWEigt 1989, 28; BayObLG WE 1988, 207; 1993, 344; offengelassen von BayObLG WM 1993, 564; OLG Hamm WE 1993, 111), bei mehreren Mitberechtigten jeder für sich allein (BayObLG Rpfleger 1985, 436; KG WM 1993, 427, § 1011 BGB; nicht aber ein einzelner BGB-Gesellschafter, BayObLGE 1990, 260), **ferner der Verwalter.** Antragsberechtigt ist auch derjenige, der zwar nicht im Zeitpunkt der Beschlußfassung, wohl aber bei Antragstellung WEigentümer ist (OLG Frankfurt OLGE 1992, 439). Anträge anderer Personen sind unzulässig (BayObLG DWEigt 1987, 56). Der Antrag ist gegen diejenigen WEigentümer zu richten, die sich auf die Gültigkeit des Beschlusses berufen, gegebenenfalls gegen den Verwalter. Das Rechtsschutzinteresse wird insbes. nicht dadurch ausgeschlossen, daß die Mehrheit, die den Beschluß gefaßt hat, beabsichtigt, von sich aus die Klärung der streitigen Frage in einem gerichtlichen Verfahren herbeizuführen (BayObLGE 1975, 233). Die Anfechtung kann rechtsmißbräuchlich sein (BayObLG WE 1992, 86). Der Antragsteller, dessen Antrag abgelehnt worden ist, kann nach § 15 Abs. 3, § 21 Abs. 4 vorgehen (vgl. auch § 25 Rdn. 3, § 43 Rdn. 28ff. und Anh. zu § 43 Rdn. 3). Der Antrag kann im Rahmen des § 139 BGB (BayObLGE 1986, 29) auf einen oder **einzelne Punkte,** z. B. auf selbständige Rechnungsposten in der Jahresabrechnung (BayObLGE 1988, 326; BayObLG WE 1989, 64; KG WE 1991, 325), beschränkt werden, ebenso die Ungültigerklärung (BayObLG DWEigt 1986, 57; WE 1991, 228; WM 1993, 48 [Ls]); das Gericht ist nicht befugt, von sich aus nach Ungültigkeitsgründen zu suchen oder einen Beschluß in einem Punkt für ungültig zu erklären, in dem das nicht beantragt ist. Macht der Anfechtende also einen Punkt bewußt nicht geltend, stützt er die Anfechtung nur auf andere Gründe, darf das Gericht den Beschluß nicht wegen des nicht gerügten Mangels für ungültig erklären, da es sich um ein echtes Streitverfahren handelt (BayObLG WE 1988, 205). Dagegen ist das Gericht nicht gehindert, die Nichtigkeit des Beschlusses festzustellen, wenn sich der Grund aus dem zu beurteilenden Sachverhalt ergibt. Eine Beeinträchtigung durch den Beschluß ist nicht vorausgesetzt (OLG Frankfurt OLGE 1982, 420).

b) Der Antrag auf gerichtliche Entscheidung muß **innerhalb einer Ausschlußfrist von 1 Monat** seit der Beschlußfassung gestellt werden; die Frist kann zwar durch die GemO., nicht aber durch eine Vereinbarung im Einzelfall verlängert werden (BayObLGE 1981, 21). Ein verspäteter Antrag ist, weil es sich um eine Ausschlußfrist handelt, unbegründet (BayObLG WE 1992, 139). Eine Rechtsmittelerweiterung auf bisher unangefochtene Beschlüsse ist nach Ablauf der Frist nicht möglich (KG WE 1991, 328). Ob die Frist auch für den Antrag auf Feststellung gilt, daß entgegen der Verkündung kein Beschluß gefaßt wurde, läßt das BayObLG (NJW-RR 1990, 210) offen; dafür: KG OLGE 1990, 421. Der **Lauf der Frist beginnt** mit dem Tage der Beschlußfassung (BayObLG DWEigt 1983, 126) und hängt nicht davon ab, daß der WEigentümer, der den Antrag stellen will, an der WEigentümerversammlung teilgenommen hat oder daß ihm eine Niederschrift übersandt worden ist (BayObLGE 1972, 246; OLG Hamm WE 1993, 24); der Verwalter kann sich allerdings schadensersatzpflichtig machen, wenn er die Niederschrift nicht spätestens 1 Woche vor Ablauf der Frist übersendet. Für den **Lauf** der Frist gilt §193 BGB (BayObLG DWEigt 1983, 103; BayObLGE 1989, 13). Zur Wahrung ist eine **ausdrückliche Erklärung** gegenüber dem Gericht, daß Ungültigerklärung begehrt wird, erforderlich (BayObLG DWEigt 1983, 60), ein Antrag auf Berichtigung des Protokolls genügt nicht. In dem Antrag sind die angefochtenen Beschlüsse hinreichend bestimmt zu bezeichnen (OLG Celle OLGE 1989, 183); die Anforderungen sind aber geringer als im Zivilprozeß (BayObLG WE 1992, 147). Die An- 28 fechtung durch einen Mitberechtigten wahrt für die anderen die Frist nicht (KG WM 1993, 427); ebensowenig der Parteibeitritt auf Antragstellerseite nach Fristablauf (OLG Frankfurt WE 1989, 171).

29 Gegen die Versäumnis der Frist kann, wenn sie auf Verhinderung durch unabwendbaren Zufall beruht, entsprechend § 22 Abs. 2 FGG (zum Verschulden LG Köln DWEigt 1985, 128; es fehlt Verschulden insbes., wenn der Beschlußgegenstand sich nicht aus dem Einladungsschreiben ergibt und die Niederschrift erst nach Fristablauf [BayObLG WE 1992, 229] oder erst so kurz vor Fristablauf zugeht, daß keine Zeit für eine rechtliche Beurteilung der Beschlüsse bleibt [BayObLGE 1989, 13]) **Wiedereinsetzung in den vorigen Stand gewährt** werden (BGHZ 54, 65, = NJW 1970, 1316 m. Anm. Pick NJW 1970, 2061; vgl. zu § 16 Abs. 4 BRAO: BGH NJW 1964, 2109; zu dem damaligen § 664 Abs. 1 ZPO: BGH NJW 1970, 900; gegen OLG Celle DWW 1961, 29), wie nunmehr in st. Rspr. und allgemein anerkannt ist (vgl. z. B. BayObLG DWEigt 1984, 62, hier versagt wegen Anwaltsverschuldens; LG Köln DWEigt 1985, 128; BayObLG DWEigt 1982, 103; WE 1992, 229; OLG Oldenburg MDR 1989, 916; OLG Zweibrücken WE 1987, 85). Versäumt der Antragsteller die Frist, weil ihm die Niederschrift nicht innerhalb eines Monats zugeschickt wurde, so kann keine Wiedereinsetzung in den vorigen Stand gewährt werden, wenn der Verwalter nicht zur Übersendung verpflichtet war (BayObLG WE 1992, 139); ebensowenig bei unterlassener Glaubhaftmachung und Verzicht auf rechtliche Beratung trotz Unkenntnis der Rechtslage (OLG Braunschweig OLGE 1989, 186). Die Wiedereinsetzung muß binnen zwei Wochen seit Beseitigung des Hindernisses beantragt werden (entspr. § 22 Abs. 2 FGG; OLG Hamm WE 1993, 24); die Frist wird gewahrt durch rechtzeitige Stellung des Antrags, die Begründung kann nachgeholt werden (BayObLGE 1974, 305). Der Ungültigerklärung steht nicht entgegen, daß der Beschluß bereits ausgeführt ist (BayObLGE 1975, 201), gegebenenfalls besteht ein **Folgenbeseitigungsanspruch. Fristgemäße Antragstellung** bei einem wegen Unwirksamkeit der Gerichtsstandsvereinbarung **örtlich unzuständigen Gericht genügt,** wenn der Antragsteller alsbald nach Belehrung über die Unzuständigkeit den Antrag auf Abgabe an das zuständige Gericht stellt, auch wenn die Sache erst nach Fristablauf bei diesem eingeht (BayObLGE 1968, 233). Noch weitergehend will das OLG Stuttgart nach Mitteilung von Belz (S. 125) in einer unveröffentlichten Entscheidung v. 14. 11. 1977 die Frist als gewahrt ansehen, wenn das unzuständige Gericht den Antrag zurückgibt und dieser dann erst nach Ablauf der Frist beim zuständigen Gericht eingereicht wird; dem ist aus Gründen der Rechtssicherheit zu widersprechen; die WEigentümer müssen auf die Bestandskraft vertrauen können. Nach dem OLG Braunschweig ist die Frist grundsätzlich nur bei Anrufung des zuständigen Gerichts gewahrt (OLGE 1989, 186). Das Gericht ist an den Antrag in gleicher Weise wie nach § 308 ZPO gebunden (BayObLGE 1974, 172; 1975, 28), weil andernfalls der Umfang der Bestandskraft des Beschlusses ins Ungewisse gerückt würde.

30 c) Die Ungültigerklärung hat die Ungültigkeit von Anfang an zur Folge (**„ex tunc"**, BayObLGE 1976, 211; OLG Hamm OLGE 1992, 309); so ent-

fällt rückwirkend die Ermächtigung des Verwalters im Falle des § 27 Abs. 2 Nr. 5, ebenso die Vertretungsmacht der Mehrheit nach § 10 Abs. 4. Der Antrag hat als solcher keine aufschiebende Wirkung (BayObLGE 1975, 53; 1977, 226; BayObLG WE 1989, 147; ZMR 1993, 290; KG Rpfleger 1978, 257; OLG Stuttgart WE 1990, 106); doch kann das Gericht Anordnungen nach § 44 Abs. 4 treffen. Die Anfechtung der Beschlüsse über das Wohngeld, § 16 Abs. 2, gebietet nicht, ein gerichtliches Verfahren zur Durchsetzung dieser Wohngeldansprüche auszusetzen (BayObLG ZMR 1993, 290). Das Gericht ist im Anfechtungsverfahren ohne weiteren Antrag nicht befugt, die in dem für ungültig erklärten Beschluß enthaltene Regelung zu ändern, zu ergänzen oder zu ersetzen (BayObLGE 1985, 171). Zum Vorstehenden auch Keith, Rechtsfolgen ungültiger Beschlüsse der WEigentümer, PiG 14, S. 19ff.

4. Bestandskraft

Wird der Beschluß nicht fristgerecht angefochten, so erwächst er in Bestandskraft (BGHZ 54, 30 = NJW 1970, 1316 m. Anm. Pick NJW 1970, 2061; BGHZ 73, 302; 74, 258; BayObLGE 1975, 284; BayObLG WE 1992, 139). Er hat Wirkung für und gegen alle WEigentümer (z. B. hinsichtlich baulicher Veränderungen, BayObLG DWEigt 1990, 28), den Verwalter und, soweit Außenwirkung eintritt, auch gegenüber Dritten. Gegenüber einem bestandskräftigen Beschluß kann ein WEigentümer nicht geltend machen, der Beschluß verstoße gegen Treu und Glauben (BayObLG NJW-RR 1992, 15). Nach OLG Stuttgart (OLGE 1988, 437) soll ein erneuter, inhaltlich gleicher Beschluß nicht zum Verlust der Bestandskraft des früheren Beschlusses führen. Eine inhaltliche Überprüfung des neuen Beschlusses könne daher nicht stattfinden (vgl. aber BayObLGE 1975, 284, 286). Das Anfechtungsverfahren ist nicht erledigt, wenn ein bestätigender Beschluß gefaßt, dieser aber angefochten wird (BayObLG WE 1990, 174). Wird der Antrag abgewiesen, so hat das zur Folge, daß der Beschluß unter allen denkbaren Gesichtspunkten, auch denen der §§ 134, 138 BGB, als wirksam anzusehen ist (Präklusionswirkung, BayObLGE 1980, 29). Ein unanfechtbar gewordener Beschluß ist also selbst dann maßgeblich, wenn er gegen das Gesetz oder die GemO. verstößt (BayObLGE 1986, 94; 1985, 125). Er kann aber – das ist der Unterschied zu einer Änderung der GemO. – jederzeit mit der Mehrheit, mit der er gefaßt wurde, auch **wieder aufgehoben oder geändert** werden (so zutr. OLG Frankfurt OLGE 1982, 268; DWEigt 1984, 126; BayObLGE 1985, 57); selbst ein einstimmig gefaßter Beschluß kann, wenn der Beschlußgegenstand keine Einstimmigkeit verlangt, mit Mehrheit aufgehoben werden (BayObLG WE 1992, 233); doch darf dadurch nicht in eine durch den früheren Beschluß begründete Rechtsstellung eines WEigentümers eingegriffen werden (BGHZ 113, 197; BayObLG WE 1989, 56; 1994, 17; OLG Stuttgart WE 1990, 106; OLG Köln WE 1992, 260 zur Aufhebung eines SNR durch Mehrheitsbeschluß; KG ZMR 1993, 232). 31

V. Nachweis eines Beschlusses

32 Wegen des **grundbuchmäßigen Nachweises** eines Beschlusses vgl. § 24 Rdn. 22; § 26 Rdn. 46.

§ 24 Einberufung, Vorsitz, Niederschrift

(1) **Die Versammlung der Wohnungseigentümer wird von dem Verwalter mindestens einmal im Jahre einberufen.**

(2) **Die Versammlung der Wohnungseigentümer muß von dem Verwalter in den durch Vereinbarung der Wohnungseigentümer bestimmten Fällen, im übrigen dann einberufen werden, wenn dies schriftlich unter Angabe des Zweckes und der Gründe von mehr als einem Viertel der Wohnungseigentümer verlangt wird.**

(3) **Fehlt ein Verwalter oder weigert er sich pflichtwidrig, die Versammlung der Wohnungseigentümer einzuberufen, so kann die Versammlung auch, falls ein Verwaltungsbeirat bestellt ist, von dessen Vorsitzenden oder seinem Vertreter einberufen werden.**

(4) **Die Einberufung erfolgt schriftlich. Die Frist der Einberufung soll, sofern nicht ein Fall besonderer Dringlichkeit vorliegt, mindestens eine Woche betragen.**

(5) **Den Vorsitz in der Wohnungseigentümerversammlung führt, sofern diese nichts anderes beschließt, der Verwalter.**

(6) **Über die in der Versammlung gefaßten Beschlüsse ist eine Niederschrift aufzunehmen. Die Niederschrift ist von dem Vorsitzenden und einem Wohnungseigentümer und, falls ein Verwaltungsbeirat bestellt ist, auch von dessen Vorsitzenden oder seinem Vertreter zu unterschreiben. Jeder Wohnungseigentümer ist berechtigt, die Niederschriften einzusehen.**

Übersicht

Literatur: Bub, Geschäftsordnung in der Versammlung, WE 1987, 68. – Dürr, Informationspflichten des Verwalters vor und nach der Wohnungseigentümerversammlung, §§ 23, 24, 27 WEG, ZMR 1987, 121. – Huff, Ort und Zeit der Wohnungseigentümerversammlung, WE 1988, 51. – Merle, Zur Absage einer einberufenen Versammlung der Wohnungseigentümer, ZMR 1980, 25. – Röll, Vorsicht bei Ankündigung der Tagesordnung und Zusendung des Versammlungsprotokolls, WE 1989, 151; ders., Die Niederschrift über die Wohnungseigentümerversammlung, FS für Bärmann/Weitnauer, S. 523. – Seuß, Die Einberufung zur Wohnungseigentümerversammlung, WE 1989, 43.

§ 24 regelt einige mehr technische Fragen der WEigentümerversammlung. Abs. 3 ist neu eingefügt durch Gesetz v. 30. 7. 1973. Die Vorschriften sind **abdingbar** mit Ausnahme einer von der Rechtsprechung eingeführten Einschränkung (unten Rdn. 3). Es ist die Abdingbarkeit der Abs. 1 – 3 von BayObLG Rpfleger 1982, 15; WE 1991, 285; des Abs. 4 Satz 1 von BayObLG WE 1991, 297; des Abs. 6 von OLG Oldenburg DWEigt 1986, 20 und BayObLG NJW-RR 1989, 1168 anerkannt; zu durch die GemO. geschaffenen zusätzlichen Formerfordernissen s. Rdn. 18. Der **Verstoß gegen die abdingbaren Vorschriften** macht Beschlüsse **anfechtbar**, es sei denn, es steht fest, daß diese auch bei ordnungsgemäßem Vorgehen so gefaßt worden wären; für Verstoß gegen Einladungspflicht s. OLG Köln WE 1989, 30; KG WE 1989, 28.

I. Einberufung (Abs. 1 bis 4)

1. Die Einberufung der WEigentümerversammlung obliegt dem **Verwalter** (vgl. LG Hamburg NJW 1962, 1867 und BayObLGE 1970, 1), sofern nicht in der GemO. etwas anderes bestimmt ist, hilfsweise dem Vorsitzenden des Verwaltungsbeirats (neuer Abs. 3). „Verwalter" meint den **rechtswirksam bestellten Verwalter**. Für die Einberufungsbefugnis kommt es allein auf den Bestellungsakt durch den Eigentümerbeschluß, nicht auf einen Verwaltervertrag an (BayObLG WE 1988, 205); zur Rechtslage in Fällen, in denen ein nicht wirksam bestellter oder bereits abberufener Verwalter oder eine sonstige nicht befugte Person die Versammlung einberuft, vgl. § 23 Rdn. 14. Gibt es weder einen Verwalter noch einen Verwaltungsbeirat, so beruft ein vom Gericht ermächtigter WEigentümer die Versammlung ein (OLG Hamm OLGE 1992, 309). Der Verwalter ist zur Einberufung **jederzeit berechtigt** (OLG Hamm DWEigt 1987, 54); nach Abs. 1, 2 ist er **hierzu verpflichtet:** 1

a) mindestens einmal im Jahr **(Abs. 1)**,

b) in den durch Vereinbarung der WEigentümer bestimmten Fällen **(Abs. 2, 1. Fall)**,

c) dann, wenn dies schriftlich unter Angabe des Zwecks und der Gründe von mehr als einem Viertel der WEigentümer verlangt wird **(Abs. 2, 2. Fall)**. Maßgebend ist die Kopfzahl, nicht ein Viertel der Miteigentumsanteile (so zutr. OLG Hamm NJW 1973, 2300).

Wer zur Einberufung befugt ist, kann die Versammlung auch wieder **absagen** und **verlegen** (OLG Hamm OLGE 1981, 24; Merle ZMR 1980, 225; nach KG OLGE 1989, 51 ist der Verwalter i. d. R. nicht zur Auflösung einer formell ordnungsmäßigen Versammlung befugt); pflichtwidriges Ver- 2 halten kann schadensersatzpflichtig machen. Pflichtwidrig handelt z. B. der Verwalter, der eine einberufene Versammlung absagt, weil ein Viertel der WEigentümer einen zusätzlichen TOP verlangt und nicht gleichzeitig einen neuen Termin bestimmt (KG DWEigt 1989, 39).

Der zur Einberufung Befugte hat weiter das Recht, den **Ort** und die **Zeit** (OLG Frankfurt OLGE 1984, 333) zu bestimmen; er hat dabei ein Ermessen, das gerichtlich nachprüfbar ist (OLG Frankfurt OLGE 1982, 418; OLG Hamm WE 1992, 136). Der Zeitpunkt muß verkehrsüblich und zumutbar sein (OLG Frankfurt OLGE 1982, 418; BayObLG WE 1988, 32). Gleiches gilt für den Ort (OLG Düsseldorf DWEigt 1990, 116; OLG Hamm WE 1992, 136). Bei kurzer Tagesordnung kann die Versammlung auch in der Waschküche (OLG Düsseldorf WM 1993, 305) oder im Kellerflur (OLG Hamm WE 1992, 136) stattfinden.

Der **Ort** muß – entgegen verbreiteter Meinung – nicht zwingend, in der politischen Gemeinde liegen, in der die Anlage sich befindet (OLG Frankfurt OLGE 1984, 333; OLG Düsseldorf DWEigt 1990, 116). Nach OLG Köln WE 1990, 171 soll ein Ort unzumutbar sein, der zwar für 80% der WEigentümer gut erreichbar ist, sich aber nicht im näheren Umkreis der Wohnanlage befindet (ebenso OLG Köln NJW-RR 1991, 725). Die Wahl eines unzumutbaren Ortes macht dort gefaßte Beschlüsse anfechtbar (BayObLG WE 1991, 285). **Unzumutbarkeit des Termins:** Unzumutbar ist z. B. der Karfreitag Vormittag (LG Lübeck NJW-RR 1986, 313; a. M. OLG Schleswig NJW-RR 1987, 1363, falls dadurch die Teilnahme am Hauptgottesdienst nicht gestört wird), der Karfreitag Nachmittag (OLG Schleswig DWEigt 1989, 143), auch der Vormittag eines gewöhnlichen Werktags (OLG Frankfurt NJW 1983, 398), Samstag vor 11.00 Uhr (BayObLG WE 1988, 32) oder Sonntag vor 11.00 Uhr (BayObLGE 1987, 219), nicht aber Samstag abend 20.00 Uhr (OLG Zweibrücken WE 1994, 146). Wegen der **Einberufungsfrist** vgl. Abs. 4 (unten Rdn. 7).

Wer zur Einberufung befugt ist, hat auch das Recht und die Pflicht, die **Tagesordnung aufzustellen,** wie sich schon aus § 23 Abs. 2 ergibt (BayObLGE 1970, 1; OLG Düsseldorf DWEigt 1986, 23; Merle, Verwalter, S. 27 ff.), also die „Gegenstände" der Beschlußfassung zu bezeichnen (dazu § 23 Rdn. 31). Ein einzelner WEigentümer hat keinen Anspruch auf Aufnahme bestimmter Punkte in die Tagesordnung (arg. § 24 Abs. 2 S. 2, 2. Fall), so z. B. BayObLG WE 1989, 175; OLG Düsseldorf WM 1993, 305; eine Ausnahme ist aber für den Fall anzuerkennen, daß die Ablehnung pflichtwidrig ist, z. B. wenn es um die wegen § 26 Abs. 1 Satz 2 notwendige Neubestellung eines Verwalters geht (vgl. Merle, Verwalter, S. 29); bestehen sachliche Gründe, so verpflichtet das Gericht den Verwalter, den Punkt in die Tagesordnung der nächsten Versammlung aufzunehmen (BayObLG WE 1989, 175 m. zust. Anm. Deckert); der Anspruch kann nach §§ 43 Abs. 1 Nr. 2, 45 Abs. 3 WEG, § 887 ZPO durchgesetzt werden. Wer zur Einberufung befugt ist, führt schließlich auch den **Vorsitz** in der Versammlung, sofern diese nichts anderes beschließt (Abs. 5).

3 Das **Minderheitenrecht des Abs. 2, zweiter Fall,** ist nicht ausdrücklich als unabdingbar bezeichnet und wäre deshalb nach § 10 Abs. 1 Satz 2 abdingbar, ist auch lange allgemein als abdingbar angesehen worden. Das BayObLG

(BayObLGE 1972, 314) hat aber unter Mißbilligung einer Bestimmung in einer GemO. (Teilungserklärung), nach der ein Quorum in Höhe der Hälfte der WEigentümer verlangt wurde, und unter Berufung auf § 40 BGB, der die entsprechende Regelung des § 37 BGB für zwingend erklärt, das Minderheitenrecht für zwar in Einzelheiten modifizierbar, aber für insoweit unabdingbar erklärt, als das Einberufungsrecht **nicht als Minderheitenrecht beseitigt werden darf.** Dem ist zuzustimmen. Das Fehlen einer ausdrücklichen Bestimmung über die Unabdingbarkeit erklärt sich daraus, daß mit Rücksicht auf kleinere WEigentümergemeinschaften die Angabe einer zahlenmäßig bestimmten Minderheit unmöglich, jedenfalls untunlich erschien. Bei der großen, damals nicht vorhersehbaren Ausbreitung des WEigentums und in Anbetracht der nicht immer glücklichen Gestaltung der GemO. durch die Bauträger ist aber nun eine andere Beurteilung geboten.

2. **Kommt der Verwalter der Verpflichtung zur Einberufung nicht nach,** so stehen **zwei Wege** zur Einberufung zur Verfügung:

a) **Jeder WEigentümer** kann die Entscheidung des Richters nach § 43 4
Abs. 1 Nr. 2 anrufen. Der Richter kann die WEigentümer, die das Verlangen gestellt haben, entspr. § 37 Abs. 2 BGB zur Einberufung ermächtigen; ohne solche Ermächtigung sind sie zur Einberufung nicht berechtigt (BayObLGE 1970, 1; BayObLG WE 1991, 226; abw. Merle, Verwalter, S. 25, 26, der empfiehlt, nach §§ 43 Abs. 1 Nr. 2; 45 Abs. 3 WEG, § 887 ZPO [Erzwingung einer vertretbaren Handlung] vorzugehen). Das Gericht hat nicht zu prüfen, ob die Versammlung notwendig ist (BayObLG WE 1991, 226).

b) Nach dem erst später eingefügten Abs. 3 kann, wenn ein Verwalter 5
fehlt oder der Verwalter sich pflichtwidrig weigert, die Versammlung einzuberufen, **der Vorsitzende des Verwaltungsbeirats** oder sein Vertreter die Versammlung einberufen, vorausgesetzt, daß ein Verwaltungsbeirat bestellt ist. Es besteht kein Anlaß, zusätzlich zu verlangen, daß der Vorsitzende des Verwaltungsbeirats WEigentümer ist. Damit ist dem Verwaltungsbeirat eine echte Befugnis verliehen, die sicher sinnvoll ist, wenn ein Verwalter fehlt. Zweifelhaft erscheint allerdings, ob die Ersatzeinberufung auch dann zweckmäßig ist, wenn sie von einer pflichtwidrigen Weigerung des Verwalters abhängig ist. Dann hängt nämlich die Wirksamkeit der Einberufung und damit die Wirksamkeit der in der so einberufenen Versammlung gefaßten Beschlüsse davon ab, ob der Verwalter sich pflichtwidrig geweigert hat, die Versammlung einzuberufen; darüber, ob diese Voraussetzung gegeben ist, werden aber regelmäßig gerade die Auseinandersetzungen zwischen den WEigentümern und dem Verwalter gehen, weshalb der Konflikt nur scheinbar vermieden wird und in einem Streit über die Wirksamkeit der in der Versammlung gefaßten Beschlüsse wieder erscheint. Diese Problematik war Anlaß der Entscheidung des BayObLG WE 1992, 51; das BayObLG wies darauf hin, daß der Verwalter bei der verlangten Einberufung hinsichtlich des Zeitpunktes einen Ermessensspielraum habe, innerhalb dessen er nicht pflichtwidrig handele. Es wird daher, wenn immer solche Zweifel in Betracht stehen, der in Rdn. 4 erörterte Weg vorzuziehen sein und das **Rechtsschutzbedürfnis** für die gerichtliche Entscheidung nicht mit dem Hinweis auf die Möglichkeit der Einberufung durch den Vorsitzenden des Verwal-

tungsbeirats verneint werden können. Die in Abs. 3 getroffene Regelung ist abdingbar (§ 10 Abs. 1 Satz 2).

6 **3. Form der Einberufung.** Die Einberufung erfolgt **nach Abs. 4 Satz 1** schriftlich, d. h. sie muß eigenhändig unterschrieben sein, § 126 Satz 1 BGB (BayObLG WE 1991, 297); sie muß außer der Tagesordnung – Bezeichnung des Gegenstandes der Beschlußfassung i. S. des § 23 Abs. 2 (dazu § 23 Rdn. 19) – Ort und Zeit der Versammlung angeben. Diese Form ist mangels gegenteiliger Regelung in der GemO. Gültigkeitsvoraussetzung, es sei denn, daß alle stimmberechtigten WEigentümer auf die Einhaltung verzichten. Bei Verstoß kann auf Antrag der Beschluß nach §§ 23 Abs. 4, 43 Abs. 1 Nr. 4 für ungültig erklärt werden (im Ergebnis ebenso Bärmann/Pick/Merle § 24 Rdn. 14; BayObLGE 1972, 140; 1973, 68; § 23 Rdn. 26; a. M. OLG Hamm ITelex 1987/13/79), vorausgesetzt, daß der Beschluß auf dem Mangel beruht (BayObLG WE 1991, 297). Wegen Bezeichnung des Gegenstandes vgl. § 23 Abs. 2 und dortselbst Rdn. 19. Die **schriftliche** Einberufung ist nur wirksam, wenn sie **zugeht**; für den Zugang gelten die allgemeinen Grundsätze. Es kann sich empfehlen, abweichend von Abs. 4 Satz 1 in der GemO. die Einberufung durch eingeschriebenen Brief vorzusehen; in diesem Falle wäre die Einberufung ohne Rücksicht auf den Zugang mit der Aufgabe zur Post als bewirkt anzusehen (RGZ 60, 144). Ist das Einberufungsschreiben einem WEigentümer **nicht zugegangen,** so ist er, wenn er aus diesem Grunde nicht an der Versammlung teilgenommen hat und dies für das Abstimmungsergebnis erheblich war, zur Anfechtung nach § 23 Abs. 4 berechtigt (Einberufungsmangel, vgl. § 23 Rdn. 26). Entsprechendes gilt bei unter der Einladung fehlender Unterschrift (BayObLG WE 1991, 297).

7 **4. Frist der Einberufung (Abs. 4 Satz 2).** Grundsätzlich beträgt sie mindestens **eine Woche,** in Fällen besonderer Dringlichkeit kann die Einberufungsfrist von dem Verwalter nach seinem Ermessen, das nachprüfbar ist (OLG Frankfurt OLGE 1982, 418), auch kürzer bemessen werden. Da aber Abs. 4 Satz 2 eine Sollvorschrift ist, kann wegen eines Verstoßes (anders als im Fall des S. 1) nicht die Ungültigerklärung beantragt werden (so auch OLG Hamm ITelex 1987/13/79); gleichwohl kann aber ein Verstoß eine Schadensersatzpflicht des Verwalters auslösen, wenn er schuldhaft eine zu kurze Frist angesetzt und dadurch einem WEigentümer die Ausübung seines Stimmrechts unmöglich gemacht hat. Beschlüsse, die in einer unter **Verstoß** gegen eine in der GemO. festgelegten **Frist** einberufenen Versammlung gefaßt werden, sind **anfechtbar;** der Einberufungsmangel muß ursächlich für die Beschlußfassung sein (BayObLG WE 1991, 261). Ist die Angabe der Uhrzeit bei der Einladung vergessen, aber ohne Einhaltung der Frist nachgeholt worden, so ist das kein Anfechtungsgrund (BayObLG ITelex 1984/6/53). Zur Frage der „Eventualeinberufung“ vgl. § 25 Rdn. 6.

8 **5. Wer ist zu laden?** Die Frage, wer zur WEigentümerversammlung zu laden ist, hängt auf das engste mit der Frage nach dem Stimmrecht (dazu § 25 Rdn. 7ff.) zusammen: **Jedem, der stimmberechtigt ist,** muß auch die Möglichkeit der Teilnahme und der Ausübung seines Rechts gegeben werden. Näher zur Stimmberechtigung vgl. § 25 Rdn. 7ff. Hier ist folgendes hervorzuheben:

a) Zu laden sind die WEigentümer, das sind diejenigen Personen, welche, wie der BGH (BGHZ 87, 145; 95, 118) mit Bezug auf die Pflicht zur Lasten- und Kostentragung (§ 16 Abs. 2) zutreffend entschieden hat, **im Grundbuch als WEigentümer eingetragen** sind (vorbehaltlich eines Rechtserwerbs außerhalb des Grundbuchs durch Zuschlag in der Zwangsversteigerung, § 90 ZVG, oder sonstiger Unrichtigkeit des Grundbuchs, sofern sie dem Ladenden bekannt ist). Wer die Lasten und Kosten zu tragen hat, muß auch die korrespondierenden Rechte haben. 9

b) Steht ein WEigentum **mehreren** zu, sei es als Bruchteilsmitberechtigten (Miteigentümern) oder als Gesamthandsberechtigten, insbes. Miterben oder Gesellschaftern, so sind sie **sämtlich** zu laden. Nur so ist sichergestellt, daß nicht ein Berechtigter ohne Wissen des anderen die Stimme abgibt (OLG Köln WE 1989, 30). Es empfiehlt sich, dafür zu sorgen, daß in diesem Falle ein gemeinsamer Empfangsberechtigter bestellt wird. 10

c) Im Falle einer **werdenden WEigentümergemeinschaft** (Anh. zu § 10) im Anlaufstadium sind die Personen, für die die Voraussetzungen zutreffen, als die WEigentümer anzusehen und zu laden. Dagegen ist im Falle der Veräußerung eines WEigentums nach vollwirksamer Entstehung der Gemeinschaft gem. der Grundregel der Veräußerer solange als der WEigentümer zu laden, als noch nicht der Erwerber im Grundbuch eingetragen ist, so inzwischen auch BGH NJW 1989, 1087. Der Veräußerer kann den Erwerber zur Ausübung des Stimmrechts ermächtigen; das wird im Zweifel anzunehmen sein, wenn Besitz und Nutzungen auf den Erwerber übergegangen sind (vgl. Anh. zu § 10 Rdn. 6). 11

d) Ist das WEigentum mit einem **Nießbrauch** oder einer beschränkten persönlichen Dienstbarkeit belastet, so kann das Stimmrecht nur vom Eigentümer und dem Berechtigten gemeinsam ausgeübt werden; es empfiehlt sich jedenfalls, beide zu laden (vgl. dazu § 25 Rdn. 10). Da der Konkursverwalter für den Gemeinschuldner die ordnungsgemäße Bewirtschaftung von dessen in die Konkursmasse fallender Eigentumswohnung zu besorgen hat, ist er zur Eigentümerversammlung zu laden (KG WE 1989, 28). 12

e) Ohne Bedeutung ist, ob ein WEigentümer in einer zu behandelnden Angelegenheit **vom Stimmrecht ausgeschlossen** ist; er ist auf jeden Fall zur Anwesenheit berechtigt und zu laden. 13

f) Zur Frage der Ladung eines Mitglieds des Verwaltungsbeirats, das nicht WEigentümer ist, vgl. § 29 Rdn. 4.

II. Vorsitz (Abs. 5)

Soweit nicht durch Vereinbarung der WEigentümer oder durch einen Beschluß (für den Stimmenmehrheit genügt, da es sich um eine im Rahmen ordnungsmäßiger Verwaltung liegende Maßnahme handelt) etwas anderes bestimmt ist, führt **der Verwalter den Vorsitz**, im Falle des Abs. 3 der Vorsitzende des Verwaltungsbeirats (oben Rdn. 2). Dem Vorsitzenden steht das **Hausrecht** zu, ihm obliegt die **Leitung** der Versammlung; insbes. ruft er die Tagesordnungspunkte auf, erteilt das Wort, bestimmt, wenn mehrere 14

Anträge zum selben Gegenstand vorliegen, die Reihenfolge der Abstimmung, auch deren Form (dazu § 23 Rdn. 12), und die Art der Fragestellung (OLG Düsseldorf WM 1993, 305), sowie eine Begrenzung der Redezeit (OLG Stuttgart DWEigt 1987, 30); stets geschieht dies allerdings vorbehaltlich abweichender Entscheidung der Versammlung, die mit Mehrheit getroffen werden kann. Das Verfahren zur Herbeiführung eines Beschlusses muß so gestaltet werden, daß das Ergebnis sicher festgestellt werden kann (BayObLG WE 1990, 140). Unter dieser Voraussetzung schadet es nicht, wenn entgegen der GemO. statt nach Miteigentumsanteilen nach Köpfen gezählt wird, solange feststeht, daß eine Mehrheit auch nach der Regelung der GemO. erreicht ist. Die WEigentümer können sich auch durch Mehrheitsbeschluß eine **Geschäftsordnung** geben (dazu ausführlich Bub WE 1987, 68); vgl. zur Stimmenthaltung § 25 Rdn. 4. Bei Streitigkeiten ist die Zuständigkeit der fG nach § 43 Abs. 1 Nrn. 1, 4 gegeben (OLG Stuttgart DWEigt 1987, 30). Ist der Ablauf einer Versammlung vollkommen ungeordnet, weil der Verwalter nicht in der Lage ist, diese zu leiten, können gefaßte Beschlüsse anfechtbar sein (KG WE 1991, 133).

15 Ist als **Verwalter eine natürliche Person** (Herr oder Frau X) bestellt, so hat sie den Vorsitz persönlich zu führen, sofern nicht im Verwaltervertrag etwas anderes bestimmt ist. Die Frage, ob sich der bestellte Verwalter, insbes. durch einen Mitarbeiter, vertreten lassen kann, ist unter dem Gesichtspunkt zu beurteilen, daß nach der ausdrücklichen Bestimmung des § 24 Abs. 5 die Versammlung über den Vorsitz anderweitig beschließen kann, sie kann also auch den erschienenen Vertreter akzeptieren. Dies kann sogar durch schlüssiges Verhalten geschehen; dabei ist darüber hinwegzusehen, daß ein dahingehender ausdrücklicher oder stillschweigender Beschluß ohne befugten Vorsitzenden gefaßt wird. Kommt es zu einem solchen Beschluß nicht, dann scheitert die Versammlung, gleichwohl gefaßte „Beschlüsse“ wären **Nichtbeschlüsse**.

16 Ist als Verwalter eine **Personengesellschaft** (OHG, KG) oder eine **juristische Person,** insbes. eine GmbH, bestellt, dann ist die persönliche Wahrnehmung des Vorsitzes schon durch die Natur der Sache ausgeschlossen. Falls die Frage nicht durch den Verwaltervertrag geregelt ist, ist anzunehmen, daß der Vorsitz jedenfalls durch allgemein vertretungsberechtigte Personen, also vertretungsberechtigte Gesellschafter, Geschäftsführer der GmbH usw., geführt werden kann, auch durch einen Prokuristen (§§ 48ff. HGB). Eine weitergehende Delegierung des Vorsitzes werden die WEigentümer nicht hinzunehmen haben, sie können sie aber akzeptieren; es gilt das gleiche wie oben.

III. Niederschrift (Abs. 6)

17 Beschlüsse der WEigentümer wirken nach § 10 Abs. 3 ohne Eintragung in das Grundbuch gegen den Sondernachfolger, und zwar ohne Rücksicht auf Kennen oder Kennenmüssen. Darin liegt eine gewisse Gefahr für den Erwerber. Die Vorschriften des Abs. 6 sollen es daher dem Erwerber möglich machen, zuverlässige Kenntnis von dem Inhalt gefaßter Beschlüsse zu erhalten. Ebenso ist es auch für die WEigentümer selbst von Bedeutung, daß der Beweis gefaßter Beschlüsse gesichert und die Einsicht in die Niederschriften ermöglicht wird. Die Frage, wie dies zu erreichen ist, ist im Gesetzgebungsverfahren eingehend erörtert worden.

Man hat insbes. daran gedacht vorzuschreiben, daß alle Beschlüsse zu den Grundakten eingereicht werden sollten; dies hätte aber das Grundbuchamt mit Aufgaben belastet, die ihm fremd sind, und es zu einer Art Registergericht gemacht. Man hat sich daher darauf beschränkt, im Gesetz nur Mindesterfordernisse für die Festhaltung der Beschlüsse aufzustellen. Da es nicht Aufgabe der Niederschrift ist, abwesende WEigentümer vollständig über den Ablauf der Versammlung zu informieren, steht es im Ermessen des Verfassers, welche über die Mindesterfordernisse hinausgehenden Tatsachen er in die Niederschrift aufnimmt. Das Ermessen hat sich nach der Bedeutung der Angelegenheit für die WEigentümer zu richten. Bei offensichtlichem Ermessensfehlgebrauch ist die Niederschrift zu berichtigen, s. Rdn. 20 (OLG Hamm MDR 1989, 914; BayObLG DWEigt 1990, 113).

1. Über die in der Versammlung gefaßten Beschlüsse ist eine **Niederschrift** aufzunehmen. Über deren **Form** ist lediglich in Abs. 6 S. 2 bestimmt, wer die Niederschrift zu unterschreiben hat. Die dort genannten Personen sind dafür verantwortlich, daß die Niederschrift angefertigt wird, und übernehmen durch ihre Unterschrift auch die Verantwortung für die Richtigkeit. Das Fehlen der Unterschrift hat Auswirkungen auf den Beweiswert (BayObLG DWEigt 1990, 113; s. Rdn. 20). Beleidigende Äußerungen dürfen in die Niederschrift nicht aufgenommen werden und können einen Beseitigungsanspruch auslösen (BayObLGE 1973, 68; 1974, 86); jedoch ist die richtige Wiedergabe kritischer Äußerungen zulässig (OLG Köln ITelex 1986/17/101). Im Hinblick auf die Frist des § 23 Abs. 4 ist der verantwortliche Schriftführer verpflichtet, die Niederschrift so rechtzeitig fertigzustellen, daß sie vor Fristablauf eingesehen werden kann; andernfalls Pflichtverletzung, die schadensersatzpflichtig machen kann (LG Freiburg Rpfleger 1968, 93). Nach BayObLGE 1972, 246 und BayObLG WE 1991, 229 muß die Niederschrift bis spätestens eine Woche vor Ablauf der Anfechtungsfrist (§ 23 Abs. 4 Satz 2) aufgenommen sein. Weitere Bestimmungen über die **Form** und Aufbewahrung der Niederschrift sind den WEigentümern überlassen; insbes. kann es zweckmäßig sein, die Beschlüsse in bestimmter Weise zu sammeln oder in ein Buch einzutragen und die Aufbewahrung der Niederschriften sowie etwa ergangener gerichtlicher Entscheidungen dem Verwalter in Erweiterung seines gesetzlichen Aufgabenkreises zu übertragen. Die Verletzung von solchen zusätzlichen Formerfordernissen (hier Protokollierung mit 3 Unterschriften) macht Beschlüsse nicht anfechtbar (Vorlagebeschluß des KG ZMR 1993, 532, über den wegen Rechtsmittelrücknahme nicht zu entscheiden war). 18

2. Die **Gültigkeit** der Beschlüsse hängt nicht davon ab, daß Niederschriften aufgenommen sind (BayObLGE 1980, 29, 35). Aus einer Verletzung der Pflicht, eine Niederschrift aufzunehmen, folgt nicht das Recht zur Anfechtung nach § 23 Abs. 4 (KG WE 1991, 133; a. M. unrichtig OLG Oldenburg DWEigt 1986, 20), wohl aber können Schadensersatzansprüche entstehen; 19

dies gilt insbes. für den Fall, daß ein Erwerber wegen Fehlens einer Niederschrift keine Kenntnis von einem ihn beschwerenden Beschluß hat erlangen können.

20 Die Niederschrift ist ein **Beweismittel,** doch begründet sie als bloße Privaturkunde nicht – wie öffentliche Urkunden nach § 417 ZPO – den Beweis für die Richtigkeit ihres Inhalts (BayObLG MDR 1984, 495; DWEigt 1987, 56; WE 1991, 53; KG MDR 1989, 914; WE 1992, 283). Der Beweiswert der Niederschrift ist eingeschränkt, wenn eine erforderliche Unterschrift fehlt (BayObLG DWEigt 1990, 113). Gegebenenfalls kann **Berichtigung** verlangt werden, Verfahren nach § 43 Abs. 1 Nr. 1 oder 2; dieses ist nur bei rechtswidriger Beeinträchtigung des Antragstellers und falscher Protokollierung rechtlich erheblicher Erklärungen zulässig (KG MDR 1989, 742; BayObLG WE 1992, 86; 87; 178); eine solche Erheblichkeit kann sich auch daraus ergeben, daß die Niederschrift zur Auslegung von Beschlüssen, s. § 23 Rdn. 21, herangezogen werden kann (OLG Hamm MDR 1989, 914), doch ist das Rechtsschutzbedürfnis für ganz geringfügige Berichtigungen zu verneinen. Verlangt ein WEigentümer in der Versammlung Berichtigung einer Niederschrift und wird diese durch Beschluß abgelehnt, so ist dieser Beschluß nicht gem. § 23 Abs. 4 anfechtbar (BayObLG DWEigt 1984, 125). Die weithin übliche **„Genehmigung" der Niederschrift** über die letzte Versammlung hindert einen überstimmten oder an dem Beschluß nicht beteiligten WEigentümer nicht, die Unrichtigkeit eines Beschlusses geltend zu machen; da sie aber den gegenteiligen unrichtigen Eindruck erwecken kann, hat das BayObLG (Beschluß v. 6. 2. 1987 – 2 Z 129/86; ebenso WE 1988, 33) entschieden, daß ein solcher Genehmigungsbeschluß ordnungsmäßiger Verwaltung widerspricht und auf Anfechtung nach § 23 Abs. 4 für ungültig zu erklären ist. Das erscheint als mindestens zweifelhaft; der „Beschluß" über die Genehmigung dient nicht der Willensbildung, ist deshalb auch kein der Anfechtung nach § 23 Abs. 4 unterliegender Beschluß, sondern bringt lediglich zum Ausdruck, daß nach Meinung der Genehmigenden die Niederschrift den Inhalt des früheren Beschlusses zutreffend wiedergibt; insofern hat sie auch praktische **Bedeutung als ein Beweismittel.** In einer neueren Entscheidung verneint dagegen das BayObLG ein Rechtsschutzbedürfnis für eine gerichtliche Entscheidung darüber, welche Fassung der Niederschrift maßgeblich ist, bevor – wie nach der GemO. vorgesehen – die Niederschrift bestätigt ist (NJW-RR 1989, 1168). § 23 Abs. 4 gilt auch, wenn die Feststellung, daß ein Beschluß in der Niederschrift unrichtig wiedergegeben ist, und deren Berichtigung begehrt wird (OLG Hamm OLGE 1985, 147).

21 **3.** Jeder WEigentümer ist nach Abs. 5 Satz 3 berechtigt, die Niederschriften **einzusehen;** daraus folgt auch sein Recht, dritten Personen, insbes. etwa einem Kauflustigen, Einsicht in die Niederschriften und ebenso in gerichtliche Entscheidungen zu gestatten (einschränkend Diester § 24 Rdn. 5). Ein selbständiges Recht Dritter auf Einsicht besteht nicht, sofern nicht entsprechende Vereinbarungen oder Beschlüsse der WEigentümer bestehen, die dem Dritten ein solches Recht geben (so auch Bärmann/Pick/Merle § 24 Rdn. 34ff.). Wohl allerdings kann der WEigentümer einen Dritten zur Einsicht ermächtigen (vgl. Bärmann/Pick/Merle aaO), auch selbst Abschriften

anfertigen oder gegen Erstattung der Unkosten verlangen. Soweit nicht GemO. oder Verwaltervertrag etwas anderes bestimmen, ist der Verwalter nicht verpflichtet, den WEigentümern eine **Abschrift des Protokolls zu übersenden** (so auch OLG Zweibrücken WE 1991, 333; BayObLG WE 1992, 139), doch ist das zu empfehlen und weithin üblich, es kann auch durch Übung zur Pflicht werden. Ist der Verwalter zur Zusendung verpflichtet, hat diese spätestens eine Woche vor Ablauf der Anfechtungsfrist zu erfolgen (BayObLG WE 1991, 229). Der Lauf der Frist des § 23 Abs. 4 hängt nicht von der Zusendung einer Niederschrift ab (§ 23 Rdn. 28).

4. Die Zustimmung der Eigentümerversammlung im Falle des § 12 Abs. 1 **22**
kann dem **Grundbuchamt** in der Form des § 29 GBO durch eine Niederschrift der Beschlußfassung mit den öffentlich beglaubigten Unterschriften der in § 24 Abs. 6 genannten Personen **nachgewiesen** werden (BayObLGE 1961, 392). Entsprechend genügt, wie nunmehr **durch den neuen Abs. 4 des § 26** (vgl. § 26 Rdn. 44) **ausdrücklich klargestellt** ist, für den Nachweis der Verwalterstellung in grundbuchmäßiger Form die Vorlage einer Niederschrift über die Verwalterbestellung, bei der die Unterschriften der in § 24 Abs. 6 bezeichneten Personen öffentlich beglaubigt sind. Auf dem vom BayObLG gewiesenen Wege, der nun durch § 26 Abs. 4 bestätigt ist, sind die Schwierigkeiten überwunden, die anderenfalls für den Grundbuchverkehr bestehen würden (vgl. auch Diester DNotZ 1964, 722). Die öffentliche Beglaubigung besteht darin, daß die Unterschriften von einem Notar beglaubigt werden (§ 129 BGB, § 40 BeurkG).

§ 25 Mehrheitsbeschluß

(1) **Für die Beschlußfassung in Angelegenheiten, über die die Wohnungseigentümer durch Stimmenmehrheit beschließen, gelten die Vorschriften der Absätze 2 bis 5.**

(2) **Jeder Wohnungseigentümer hat eine Stimme. Steht ein Wohnungseigentum mehreren gemeinschaftlich zu, so können sie das Stimmrecht nur einheitlich ausüben.**

(3) **Die Versammlung ist nur beschlußfähig, wenn die erschienenen stimmberechtigten Wohnungseigentümer mehr als die Hälfte der Miteigentumsanteile, berechnet nach der im Grundbuch eingetragenen Größe dieser Anteile, vertreten.**

(4) **Ist eine Versammlung nicht gemäß Absatz 3 beschlußfähig, so beruft der Verwalter eine neue Versammlung mit dem gleichen Gegenstand ein. Diese Versammlung ist ohne Rücksicht auf die Höhe der vertretenen Anteile beschlußfähig; hierauf ist bei der Einberufung hinzuweisen.**

(5) **Ein Wohnungseigentümer ist nicht stimmberechtigt, wenn die Beschlußfassung die Vornahme eines auf die Verwaltung des gemeinschaftlichen Eigentums bezüglichen Rechtsgeschäfts mit ihm oder die Einleitung oder Erledigung eines Rechtsstreits der anderen Wohnungseigentümer gegen ihn betrifft oder wenn er nach § 18 rechtskräftig verurteilt ist.**

Übersicht

Literatur: Bader: Majoritätsmißbrauch bei der Stimmrechtsausübung, WE 1990, 118 (PiG 25, S. 67). – Bassenge, Probleme des Stimmrechts bei Mitberechtigung am Wohnungseigentum, FS für Seuß, S. 33. – Bielefeld, Das Stimmrecht des Verwalters, FS für Seuß, S. 41. – Bornheimer, Das Stimmrecht im Wohnungseigentumsrecht, Diss., 1993. – Brych, Darlehensaufnahme durch Wohnungseigentümergemeinschaften, NJW 1988, 1068. – Deckert, Die Eventualeinberufung einer Wohnungseigentümerversammlung, NJW 1979, 2291; ders., Die richtige Stimmenmehrheit, WE 1988, 51; ders., Anm. zu BGH v. 20. 1. 1993, WE 1993, 165. – Drasdo, Stimmrechtsbeschränkungen des Mehrheitseigentümers, DWEigt 1989, 50. – W. Lüke, Das – beschränkte – Vertretungsverbot in der Gemeinschaftsordnung, WE 1993, 260 (PiG 42, S. 217). – Merle, Das Stimmrecht des Verwalters, WE 1987, 35. – Otto, Stimmrechtsregelung zugunsten eines Wohnungseigentümers, DWEigt 1990, 48. – F. Schmidt, Vollmacht des Verwalters zur Vertretung der Wohnungseigentümer in der Versammlung, WE 1989, 2 (PiG 30, S. 197). – Schoene, Das Stimmrecht des mehrfachen Wohnungseigentümers NJW 1981, 435. – Schöner, Das Stimmrecht des Nießbrauchers in der Versammlung der Wohnungseigentümer, DNotZ 1975, 78. – Seuß, Ausübung des Stimmrechts in der Versammlung, WE 1991, 276. – Weitnauer, Stimmrechtsprobleme, WE 1988, 3.

I. Allgemeines

1 § 25 regelt die praktisch wichtige Frage, in welcher Weise **Mehrheitsbeschlüsse** gefaßt werden. Daß die WEigentümer „durch Stimmenmehrheit beschließen" können, ist in einer Reihe von Vorschriften bestimmt: §§ 15 Abs. 2, 18 Abs. 3 (mit Besonderheiten), 21 Abs. 3, 26 Abs. 2, 28 Abs. 4 u. 5, 29 Abs. 1. Wegen der Wirkung der Beschlüsse gegen den Sondernachfolger vgl. § 10 Abs. 3, wegen der Wirkung gegenüber Dritten vgl. § 10 Abs. 4. Auch für die Beschlußfassung in den Fällen der Stimmenmehrheit sind zunächst die Vorschriften der §§ 23 und 24 anzuwenden. In Ergänzung dieser Bestimmungen enthält § 25 in seinen Absätzen 2 bis 5 noch besondere Vorschriften, die das Stimmrecht und die Beschlußfähigkeit der WEigentümerversammlung betreffen. Die Abs. 3, 4 haben kein Vorbild im Vereinsrecht.

Die Regelungen des § 25 sind **sämtlich abdingbar** (§ 10 Abs. 1 Satz 2); so kann z. B. auch bei einer Zweiergemeinschaft das Stimmrecht abweichend von Abs. 2 nach den Miteigentumsanteilen bestimmt werden (BayObLG Rpfleger 1986, 220). Abs. 3 ist abdingbar (OLG Hamburg WE 1989, 140), daher kann die GemO. z. B. vorsehen, daß Beschlußfähigkeit unabhängig von der Stimmberechtigung vorliegt, wenn mehr als die Hälfte der Miteigentumsanteile vertreten ist (BayObLG WE 1989, 64; KG WE 1994, 82); eine Beschlußfähigkeit kann auch völlig ohne Rücksicht auf die Zahl der erschienenen WEigentümer und vertretenen Miteigentumsanteile vereinbart werden (OLG Hamburg WE 1989, 140); a. A. hinsichtlich des Ausschlusses der Stimmrechtsausübung (Abs. 5) Bärmann/Pick/Merle § 25 Rdn. 61; wie hier LG Hamburg NJW 1962, 1867. Vgl. im übrigen hierzu unten Rdn 14. Zur Abdingbarkeit des Abs. 2 siehe auch OLG Hamm DNotZ 1967, 38; OLG Köln OLGE 1969, 389; BayObLG WE 1990, 111; NJW-RR 1991, 910; zu Abs. 4 unten Rdn. 6. Zum Stimmrecht der **„werdenden WEigentümer“** vgl. BGH WE 1989, 48 und Anh. zu § 10.

II. Beschlußfähigkeit, Mehrheit

1. Beschlußfähigkeit (Abs. 3, 4). Die Vorschrift des Abs. 3 fordert Beschlußfähigkeit der Versammlung, und zwar zum Zeitpunkt jeder Beschlußfassung und zu jedem Punkt der Tagesordnung (OLG Köln DWEigt 1982, 130). Der Versammlungsleiter kann aber, wenn zu Beginn der Versammlung Beschlußfähigkeit gegeben ist, davon ausgehen, daß diese fortbesteht. Hat er oder ein Versammlungsteilnehmer Zweifel daran, und klärt er diese nicht auf, so folgt aus der späteren Unaufklärbarkeit, daß die gefaßten Beschlüsse auf Anfechtung für ungültig erklärt werden (BayObLG WE 1990, 140; 1993, 169). Für eine Prüfungspflicht vor jeder Beschlußfassung noch BayObLG WE 1989, 64; 1991, 226. Anders als das Stimmrecht bestimmt sich die Beschlußfähigkeit nach der Größe der vertretenen Anteile. Nach Abs. 3 ist die WEigentümerversammlung nur beschlußfähig, wenn die erschienenen (einschließlich der vertretenen, OLG Celle NJW 1958, 307) stimmberechtigten (vgl. hierzu unten Rdn. 8ff.; BayObLG WE 1987, 158) WEigentümer **mehr als die Hälfte der Miteigentumsanteile,** berechnet nach der im Grundbuch eingetragenen **Größe** dieser Anteile (§ 47 GBO), vertreten (sog. **„Quorum“**). Sind also z. B. die Anteile in Hundertsteln ausgedrückt, so müssen die erschienenen stimmberechtigten WEigentümer mindestens 51/100 vertreten. Ohne Bedeutung ist, wie die erschienenen stimmberechtigten WEigentümer ihre Stimme abgeben; auch eine Stimmenthaltung würde an der Beschlußfähigkeit nichts ändern. Ist ein WEigentümer zu einem einzelnen Punkt der Tagesordnung, z. B. wegen § 181 BGB, nicht stimmberechtigt, so ändert das nichts daran, daß für das Quorum die Gesamtzahl der Anteile maßgeblich ist (KG Rpfleger 1974, 438). Das Quorum ist also eine feststehende Grenze. Sie richtet sich nach dem notwendigerweise auf einer Versammlung vertretenen Eigentum; die Stimmberechtigung ist im Gegensatz zur Beschlußfähigkeit hierfür ohne Bedeutung. Letztere kann demzufolge von TOP zu TOP schwanken. Die Beschlußfähigkeit 2 selbst unterliegt somit auch bei gleichbleibender Zusammensetzung der WEigentümerversammlung Abweichungen (BayObLG WE 1987, 158; 1991, 226; BayObLGE 1992, 288; OLG Frankfurt OLGE 1989, 429; OLG Düsseldorf WE 1992, 81 m. Anm. d. Red., die sich zu Unrecht auf Weitnauer beruft). Die Entscheidung des KG (OLGE 1989, 38), nach der für die Beschlußfähigkeit auch Personen mitzuzählen sind, die kein Stimmrecht haben, überzeugt dagegen nicht. Das vorgebrachte Argument der Repräsentanz hat Bedeutung für das Tatbestandsmerkmal „erschienenen", kann aber nicht zu einer Auslegung entgegen dem Wortsinn führen. Fehlt der Versammlung infolge eines Stimmrechtsausschlusses die Beschlußfähigkeit zu einem einzelnen Punkt, der der einzige der Tagesordnung sein kann, so wenn über die Vergabe umfangreicher Instandsetzungsarbeiten zu beschließen ist, so ist nach Abs. 4 zu verfahren (so wohl auch BayObLG DWEigt 1982, 67 und Bärmann/Pick/Merle § 25 Rdn. 35; ferner BayObLG WE 1992, 207). Fraglich ist, ob in dieser Weise auch vorzugehen ist, wenn der Stimmrechtsausschluß WEigentümer betrifft, die mehr als die Hälfte der Stimmen auf sich vereinigen (so wohl BayObLG DWEigt 1982, 67; vgl. auch 7. Aufl. Rdn. 2). Käme auch dann kein Beschluß zustande, z. B. wegen Stimmengleichheit, dann bliebe nur die Anrufung des Richters gem. § 21 Abs. 4. Nach BayObLG (WE 1988, 104; BayObLGE 1992, 288) ist Abs. 3 in diesem Fall nicht anzuwenden, so daß bereits die erste Versammlung beschlußfähig ist (so auch KG WE 1994, 82). In der Tat wäre hier die Anwendung des § 25 Abs. 3 ein sinnloser Formalismus. Die Gründe, die es sinnvoll machen, auf eine Beschlußfähigkeit erst in einer weiteren WEigentümerversammlung zu verzichten, greifen in Situationen nicht ein, in denen die Eigentumsanteile ein Erreichen der Beschlußfähigkeit i. S. von Abs. 3 von vornherein ausschließen. Das Fehlen der Beschlußfähigkeit begründet nur die Anfechtbarkeit des Beschlusses (§ 23 Rdn. 26), nicht die Nichtigkeit (so auch BayObLG WE 1988, 205; 1991, 285; WM 1993, 488; OLG Hamm WE 1993, 24).

3 2. Ist die Versammlung **beschlußfähig,** so entscheidet nach der **abdingbaren Regel** des Abs. 2 Satz 1 (BayObLG Rpfleger 1982, 143; es kann insbes. vereinbart werden, daß Enthaltungen als Neinstimmen zu zählen sind, BayObLG WE 1992, 140), die **Mehrheit der von den Erschienenen abgegebenen Stimmen, berechnet nach Köpfen – Kopfprinzip, nicht Wertprinzip.** Nicht erforderlich ist die Mehrheit aller vorhandenen WEigentümer (Ausnahme § 18 Abs. 3). Ein Antrag ist angenommen, wenn er die Mehrheit der Stimmen der stimmberechtigten erschienenen WEigentümer gefunden hat (vgl. § 23 Rdn. 5;), von 20 also mindestens 11, sofern es keine Stimmenthaltungen gibt (hierzu Rdn. 4). Haben alle anwesenden WEigentümer einem Beschluß zugestimmt, ist dies die Mehrheit, auch wenn entgegen der GemO. nach Köpfen gestimmt wurde (BayObLG WE 1988, 205). Bei **Stimmengleichheit** ist der Antrag abgelehnt.

4 Überaus umstritten war lange Zeit die im Recht aller Personenverbände auftretende Frage, wie die **Stimmenthaltung** zu werten ist. Das WEG enthält ebensowenig wie das BGB eine ausdrückliche Regelung, die dort anzutreffenden Formulierungen der „Mehrheit" sind nicht einheitlich. Im Vereinsrecht entscheidet nach § 32 Abs. 2 Satz 3 BGB „die Mehrheit der erschie-

nenen Mitglieder", nach anderen Vorschriften „die Mehrheit der abgegebenen Stimmen" (so z. B. § 43 GenG). Da Stimmberechtigte, die sich der Stimme enthalten, beim Quorum mitgezählt werden (oben Rdn. 2), die Stimmenthaltung eine Form der Abstimmung ist und die Mehrheit der abgegebenen Stimmen maßgeblich sein muß, ist nach dieser Ansicht ein Antrag nur angenommen, wenn die Zahl der Ja-Stimmen die übrigen Stimmen – also Nein-Stimmen und Enthaltungen – überwiegt, so daß im Ergebnis die **Enthaltungen wie Nein-Stimmen** wirken (so die 6. Aufl., ausführlich und grundsätzlich Weitnauer DWEigt 1982, 108; die ältere Rspr. zum Vereinsrecht: RGZ 80, 189; zu § 25: OLG Celle NJW 1958, 307; KG NJW 1978, 1439; BayObLG Rpfleger 1979, 66 und DWEigt 1982, 104; OLG Köln W+H 1986, 168; Bader, PiG 25, S. 67, 92; Bärmann/Pick/Merle § 25 Rdn. 47; für weitere Einzelheiten s. 7. Aufl. Rdn. 3a). Der BGH hat hingegen, einer Entscheidung zum Vereinsrecht (BGHZ 83, 35) folgend, entschieden, daß Enthaltungen **nicht mitzuzählen** sind (BGHZ 106,179). Wer sich der Stimme enthalte, sei weder für noch gegen den Antrag, sondern sei unentschlossen. Die Zählung seiner Stimme als Nein-Stimme verfälsche den Willen derer, die mit Ja oder Nein gestimmt haben. Dieser allgemeine Grundsatz gelte auch im WEigentumsrecht. Im übrigen führe eine solche Wertung der Enthaltung zu einer Erleichterung, zustimmende Beschlüsse herbeizuführen, und erspare, das Verfahren nach § 21 Abs. 4 einzuschlagen. Die Praxis wird dieser Auffassung folgen. Waren einem Teil der Stimmberechtigten bei der Stimmabgabe die Rechtsfolgen ihrer Enthaltung nicht bewußt, so kann bei Einverständnis der Mehrheit die Abstimmung wiederholt werden (OLG Düsseldorf DWEigt 1989, 80). Für Beschlüsse, die eine **qualifizierte Mehrheit** erfordern, z. B. eine nach der GemO. für die Änderung des Kostenverteilungsschlüssels nötige Zweidrittelmehrheit, soll nach OLG Celle (OLGE 1991, 431), eine Enthaltung als Nein-Stimme zählen. Begründet wird dies mit einem durch Auslegung des Grundbuchinhalts zu ermittelnden eigenständigen Mehrheitsbegriffs für solch wichtige Entscheidungen; hierbei könne auf Art. 77 Abs. 4 und Art. 79 Abs. 2 i. V. mit Art. 121 GG zurückgegriffen werden.

3. Ist eine WEigentümerversammlung nach den vorstehenden Grundsät- 5
zen **nicht beschlußfähig,** so beruft der Verwalter **nach Abs. 4** entsprechend den §§ 23 Abs. 2, 24 eine neue Versammlung mit dem gleichen Gegenstand ein. Diese Versammlung ist dann, worauf bei der Einberufung **hinzuweisen** ist, ohne Rücksicht auf die Höhe der vertretenen Anteile beschlußfähig. Abs. 4 gilt auch, wenn eine Versammlung die zunächst gegebene **Beschlußfähigkeit verliert,** z. B. wenn ein Teil der Teilnehmer sie verläßt. In diesen Fällen sind dann die bei Wegfall der Beschlußfähigkeit noch nicht erledigten Tagungsordnungspunkte auf der neu einzuberufenden Versammlung zu behandeln (so auch BayObLG WEM 1983, 30).

Das **Scheitern** einer WEigentümerversammlung **wegen Beschlußunfä-** 6
higkeit und ihre Wiederholung nach Abs. 4 sind für die Erschienenen und den Verwalter lästig. Man hat deshalb versucht, dem dadurch vorzubeugen, daß der Verwalter durch **„Eventualeinberufung"** mit der Einladung zu der Versammlung für den Fall, daß das Quorum nicht erreicht wird, die **Einla-**

dung zu einer zweiten, eine halbe Stunde später beginnenden **Versammlung** verbindet, bei der das Quorum nach § 25 Abs. 4 entfällt. Ein solches Verfahren ist vom LG Wuppertal (Rpfleger 1978, 23 = BB 1979, 347 m. zust. Anm. Brych; zust. auch Deckert NJW 1979, 2291) gutgeheißen, von anderen Gerichten (OLG Bremen Rpfleger 1980, 295; BayObLG WEM 1981, 30; OLG Frankfurt OLGE 1983, 29; KG ZMR 1986, 189; OLG Köln NJW-RR 1990, 26) in Übereinstimmung mit Wortlaut und Zweck des § 25 Abs. 4 für unzulässig erachtet worden: die Wiederholungsversammlung darf erst einberufen werden, wenn die Beschlußunfähigkeit der Erstversammlung festgestellt worden ist. Der letzteren Ansicht ist zu folgen, trotz der von Brych angeführten beachtlichen praktischen Gesichtspunkte und des Umstandes, daß der BGH (DB 1989, 317) für das Vereinsrecht die Zulässigkeit einer Eventualeinladung befürwortet hat; das Erfordernis des Quorums ist zwar im Vereinsrecht des BGB nicht vorgesehen (RGZ 82, 386), aber weithin üblich und entspricht wohl einer alten Erfahrung des Minderheitenschutzes. Die Eventualeinladung führt der Sache nach zu einer Funktionslosigkeit des § 25 Abs. 3, der dann nur noch einen sinnlosen Formalismus anordnet. Sicher unzulässig ist die Einberufung der zweiten Versammlung während der ersten beschlußunfähigen (OLG Köln DWEigt 1982, 130). **§ 25 Abs. 4** ist aber **abdingbar** (BayObLG MDR 1983, 405; WE 1991, 49), es kann also davon in der GemO. abgewichen werden. Eine derartige Regelung ist vertretbar, wenn gleichzeitig vorgeschrieben wird, daß die WEigentümer bei der Einberufung darauf hingewiesen werden, daß die Versammlung ohne Rücksicht auf die Zahl der Erschienenen und die Größe der vertretenen Anteile beschlußfähig ist (ebenso Erman/Ganten § 25 Rdn. 6). Auch die – hier abgelehnte – Eventualeinladung muß nach Ansicht des BayObLG (WE 1991, 49) einen eindeutigen Zeitpunkt angeben. Der Übergang in die zweite Versammlung sei förmlich festzustellen (BayObLG WE 1990, 141 [Ls]). Eine gesetzliche Regelung in diesem Sinne wäre kaum zu empfehlen. Ein Verstoß gegen § 25 Abs. 4 Satz 1 macht den Beschluß nicht nichtig, sondern begründet nur die Anfechtbarkeit gem. § 23 Abs. 4 (BayObLG WE 1991, 49; OLG Düsseldorf ITelex 1987/14/83; § 23 Rdn. 26). Der Mangel ist jedoch unerheblich, wenn bei der Wiederholungsversammlung so viele WEigentümer anwesend sind, daß die Beschlußfähigkeit erreicht wird (OLG Frankfurt OLGE 1983, 29).

III. Das Stimmrecht und seine Ausübung

7 Das Stimmrecht ist Ausfluß des Miteigentums und der Teilhabe an der Gemeinschaft, es hat verfügenden Charakter und ist ein **„Gestaltungsrecht“** (E. Bötticher, Gestaltungsrecht und Unterwerfung im Privatrecht, Berlin 1964, S. 27ff.); die Ausübung des Stimmrechts, die **Stimmabgabe,** also die Teilnahme an der Abstimmung, ist eine empfangsbedürftige Willenserklärung (§ 23 Rdn. 12). Das Stimmrecht kann nach einem für alle Personenverbände maßgeblichen Prinzip (BayObLG DB 1986, 421) nicht vom WEigentum **abgespalten** werden; möglich ist die Bevollmächtigung eines anderen (unten Rdn. 14) und die **Ermächtigung zur Ausübung** (vgl. § 1059 Satz 2

BGB); zur „werdenden WEigentümergemeinschaft“ in ihren beiden Formen vgl. Anh. zu § 10. Stimmberechtigt ist **der WEigentümer,** d. i. regelmäßig derjenige, der **als Eigentümer im Grundbuch eingetragen** ist (KG WE 1989, 28), so wie diesen auch die Pflicht zur Lasten- und Kostentragung trifft (BGHZ 87, 145; 95, 118). Für ihn spricht die Vermutung des § 891 BGB (KG WE 1989, 168). Ist das **Grundbuch unrichtig,** also der eingetragene nicht der wirkliche Eigentümer, so bei nichtigem rechtsgeschäftlichen Erwerb oder Erwerb durch Zuschlag in der Zwangsversteigerung, wird zwar vermutet, daß der eingetragene der wirkliche Eigentümer ist, entscheidend ist aber die wirkliche Rechtslage. Übt der Scheineigentümer das Stimmrecht aus, so muß das der wirkliche Eigentümer zum Schutze der gutgläubigen anderen WEigentümer nach § 893 BGB gegen sich gelten lassen (vgl. auch Weitnauer WE 1988, 3).

1. Stimmrecht nach Köpfen (Abs. 2 Satz 1). Vorbehaltlich einer abwei- 8
chenden Regelung in der GemO. (Beispiele: OLG Hamm Rpfleger 1975, 401; DWEigt 1990, 70; KG Rpfleger 1978, 24; OLGE 1986, 56; BayObLG WE 1990, 111 – Stimmrecht nach Einheiten **(Objektprinzip);** WE 1989, 183 – Stimmrecht nach Anzahl der WEigentumsrechte; OLG Zweibrücken OLGE 1990, 186 – absolute Stimmenmehrheit für einen Teileigentümer, der ca. 30% der Miteigentumsanteile hält; OLG Hamm DWEigt 1990, 70 – unzulässiger Ausschluß eines Teileigentümers vom Stimmrecht) bestimmt Abs. 2 Satz 1, daß jeder WEigentümer *eine* Stimme hat. Das bedeutet also Abstimmung nach Köpfen und eine grundsätzliche Abweichung von § 745 Abs. 1 Satz 2 BGB, wonach die Stimmenmehrheit nach der Größe der Anteile zu berechnen ist. Auch mehrere Wohnungs- oder Teileigentumsrechte in einer Hand (z. B. im Falle der Teilung nach § 8 oder bei nachträglichem Erwerb) geben also nur eine Stimme (OLG Hamm Rpfleger 1975, 401; KG Rpfleger 1978, 24; BGHZ 49, 250; LG Hamburg NJW 1974, 1911; a. M. unrichtig Schoene NJW 1981, 435, der aus Abs. 2 Satz 1 als „neue Auslegung“ herauslesen will, daß mit jeder Einheit eine Stimme verbunden sei). Das gilt auch für den nicht ganz seltenen Fall, daß Eheleuten zwei Eigentumswohnungen als Mitberechtigten je zur Hälfte zustehen; sie haben dann zusammen nur eine Stimme, die sie nur einheitlich ausüben können (Abs. 2 Satz 2). Diese Regelung, die den gewöhnlichen Fall eines mit annähernd gleichwertigen Wohnungen ausgestatteten Hauses im Auge hat, soll einer Majorisierung vorbeugen. Sie kann freilich unter Umständen den wirtschaftlichen Verhältnissen nicht gerecht werden; dann steht es den Beteiligten frei, eine abweichende Vereinbarung zu treffen. Doch sollte hierbei größtmögliche Klarheit angestrebt werden. Zu den Schwierigkeiten einer Auslegung im Einzelfall vgl. BayObLGE 1965, 283 = Rpfleger 1965, 334 mit zust. Anm. Diester. Wird nach Köpfen statt wie vereinbart nach Quoten abgestimmt, so ist das unerheblich, wenn die erforderliche Mehrheit tatsächlich gegeben war (LG Düsseldorf 28. 8. 1984, nicht veröffentlicht; s. auch BayObLG WE 1990, 140; hierzu schon § 24 Rdn. 14). Bei Einstimmigkeit ist nicht entscheidend, ob nach Köpfen, nach der Zahl der Einheiten oder nach Miteigentumsanteilen gestimmt wurde (BayObLG WE 1988, 205; ähnlich OLG Schleswig DWEigt 1989, 143). Die von Bassenge (FS für Seuß, S. 33, 38) aufgeworfene

Frage, wie sich das Stimmrecht unter dem Kopfprinzip gestaltet, wenn von drei Rechten eines A und B je zur Hälfte, das zweite A und C je zur Hälfte und das dritte C allein gehört, ist wohl so zu beantworten, daß auf jedes Recht eine Stimme entfällt, A und B bzw. A und C das Recht aber nur jeweils einheitlich ausüben können. Sind Eigentümer zweier Wohnungen verschiedene Rechtsträger, so stehen diesen, trotz teilweiser Personenidentität, zwei Stimmrechte zu (KG OLGE 1988, 434 für den Fall, daß eine Wohnung der Ehefrau alleine, eine andere ihr und ihrem Ehemann hälftig gehören). Auf Grenzfälle, in denen dies anders sein kann, weist das KG (aaO) hin.

9 **2. Einheitliche Ausübung des Stimmrechts (Abs. 2 Satz 2).** Ein WEigentum kann **mehreren zustehen,** sei es zur gesamten Hand (Erbengemeinschaft, Gütergemeinschaft, Gesellschaft), sei es als Miteigentümern in gewöhnlicher Miteigentümergemeinschaft. Für solche Fälle bestimmt Abs. 2 Satz 2, daß die mehreren Beteiligten das Stimmrecht nur einheitlich ausüben können; geschieht das nicht, so ist die abgegebene Stimme unwirksam (OLG Celle NJW 1958, 307; KG WE 1989, 207). Die Frage, wie im Streitfalle unter den Mitberechtigten eine einheitliche Stimmabgabe erreicht werden kann, richtet sich nach deren Innenverhältnis; sind sie schlichte Miteigentümer oder Miterben, so ist § 745 Abs. 2 BGB bzw. § 2038 Abs. 2 BGB maßgeblich. Die Bruchteilseigentümer können durch Mehrheitsbeschluß einen gemeinsamen Vertreter bestellen; dessen Vollmacht kann beschränkt oder unbeschränkt sein (BayObLG WE 1991, 226). Ist einer der Mitberechtigten gem. Abs. 5 von der Stimmrechtsausübung ausgeschlossen, so erstreckt sich der Ausschluß auf den anderen Mitberechtigten. Dies ergibt sich aus der Einheitlichkeit und wurde von BayObLGE 1992, 288 jedenfalls für den Fall angenommen, daß die Mitberechtigten Ehegatten sind.

10 Die Rechtslage im Falle der **Belastung mit einem Nießbrauch** oder einem gleichstehenden Recht (**Wohnungsrecht** i. S. des § 1093 BGB, **Dauerwohnrecht**) ist umstritten; in der Literatur werden fast alle denkbaren Ansichten vertreten (vgl. die Darstellung des Meinungsstandes in KG WE 1987, 126 m. Anm. Weitnauer). Nach BGH MDR 1977, 299 steht die Ausübung des Stimmrechts dem Inhaber eines dinglichen Wohnungsrechts zu, soweit es um die Benutzung der Räume und des gemeinschaftlichen Eigentums geht. Ähnlich will Schöner (DNotZ 1975, 78) das Stimmrecht dem Nießbraucher zubilligen, wenn es um die Verwaltung und die Art der Benutzung des gemeinschaftlichen Eigentums geht (§ 1066 BGB). Dagegen will z. B. Bader (ZgemWWBay 1987, 313) das Stimmrecht allein dem Eigentümer zubilligen. Das KG (WE 1987, 126; ihm folgend OLG Hamburg WE 1988, 92) hat unter ausführlicher Darlegung des Meinungsstandes und im wesentlichen Bärmann/Pick/Merle (§ 25 Rdn. 25ff.) folgend entschieden, daß aufgrund des § 1066 BGB das Stimmrecht **allein dem Nießbraucher** „jedenfalls" in Angelegenheiten zustehe, „die sich auf die Verwaltung, den Gebrauch und die Nutzung des Nießbrauchs belasteten WEigentums beziehen"; die in der 6. Aufl. vertretene Auffassung, nach der stets der Eigentümer und der Nießbraucher oder sonstige Berechtigte das Stimmrecht nur gemeinsam und einheitlich ausüben können, hat es ausdrücklich abgelehnt.

11 **Dem kann nicht gefolgt werden** (vgl. ausführlich Weitnauer in Anm. zu

KG WE 1987, 126, 130). Zunächst kann, wie BGH NJW 1983, 932 zutreffend entschieden hat, § 1066 BGB im Hinblick auf § 1037 BGB nicht für Maßnahmen gelten, die in die Substanz der Sache eingreifen, also über die ordnungsmäßige Verwaltung hinausgehen; in bezug auf solche Verwaltungsmaßnahmen kann also auch der Nießbraucher nicht das alleinige Stimmrecht haben. Aber selbst mit dieser Einschränkung ist die Lösung des KG abzulehnen. Auch das KG hat zwar die Schwierigkeiten gesehen, welche die nach seiner Ansicht gebotene „Kompetenzaufspaltung" verursacht, ihnen aber zu geringes Gewicht beigemessen. Es hat weiter nicht genügend berücksichtigt, daß Verwaltungsmaßnahmen finanzielle Folgen haben oder haben können; diese treffen aber den WEigentümer, weil er gegenüber den anderen WEigentümern der Schuldner der Wohngeldverpflichtungen und anderer Verpflichtungen aus dem Gemeinschaftsverhältnis ist, gleichgültig, wie die Frage zwischen Eigentümer und Nießbraucher geregelt ist. Es kann auch nicht richtig sein, daß der Nießbraucher allein das Stimmrecht in Angelegenheiten des Wirtschaftsplans und der Jahresabrechnung haben soll, die Angelegenheiten der ordnungsmäßigen Verwaltung sind. Auch das KG sieht im übrigen, daß der WEigentümer nicht gänzlich ausgeschaltet werden kann. Es billigt ihm zu, daß er zur WEigentümerversammlung geladen werden muß, daß er anfechtungsberechtigt ist, auch wenn er kein Stimmrecht hat, und daß sein Stimmrecht auflebt, wenn aus irgendeinem Grund (z. B. § 25 Abs. 5) das Stimmrecht des Nießbrauchers ausgeschlossen ist, z. B. in bezug auf die Entlastung, wenn der Nießbraucher zugleich Verwalter ist. Es ist deshalb daran festzuhalten, daß das Stimmrecht in jedem Falle nur **vom WEigentümer und vom Nießbraucher gemeinsam und einheitlich** ausgeübt werden kann; ist einer der beiden Beteiligten vom Stimmrecht ausgeschlossen, so kann der andere das Stimmrecht allein ausüben, weil die Beschränkung des Stimmrechts entfallen ist. Soweit das Stimmrecht gemeinsam auszuüben ist, hat jeder der beiden Beteiligten gegen den anderen den Anspruch auf Zustimmung zu einer den beiderseitigen Interessen entsprechenden Entscheidung; das folgt daraus, daß sie in einer Rechtsgemeinschaft in bezug auf das Stimmrecht stehen, für die § 745 Abs. 2 BGB gilt.

Die mit der Anordnung der **Zwangsversteigerung** verbundene Beschlag- **12**
nahme (§ 20 ZVG) läßt das Stimmrecht des WEigentümers unberührt (LG Berlin ITelex 1986/15/91). Im Falle der **Zwangsverwaltung** soll nach KG WE 1987, 120 der Zwangsverwalter nicht schlechthin befugt sein, die Rechte des WEigentümers wahrzunehmen; vielmehr sei jeweils zu prüfen, ob die Handlung durch den Zweck der Vollstreckung gedeckt ist, was eine Aufspaltung des Stimmrechts nach dem Gegenstand bedeutet. Dem ist zu widersprechen (vgl. vorstehende Rdn. 11); mit OLG Hamm (ITelex 1987/12/72) ist anzunehmen, daß der Zwangsverwalter während der Zwangsverwaltung alle Rechte und Pflichten des WEigentümers, also auch das Stimmrecht hat. Das KG hat seine Auffassung inzwischen dahingehend ergänzt, daß eine Vermutung bestehe, nach der alle Beschlüsse die Zwangsverwaltung berührten (WE 1990, 206). Erstreckt sich diese nur auf einen Teil der WEigentumseinheiten eines WEigentümers, so kann das Stimmrecht nur einheitlich ausgeübt werden, entspr. § 25 Abs. 2 Satz 2, und kann daher bei fehlender Einigkeit zwischen den gemeinsam Berechtigten nicht wirksam ausgeübt

werden (KG WE 1989, 207). Auch der Konkursverwalter übt, soweit die ordnungsgemäße Bewirtschaftung des WEigentums betroffen ist, § 6 Abs. 2 KO, das Stimmrecht für den WEigentümer aus (KG WE 1989, 28, s. schon § 24 Rdn. 12).

13 3. **Teilt** ein WEigentümer, soweit zulässig, sein WEigentum nach § 8 in zwei oder mehrere Rechte auf (§ 8 Rdn. 3), so ändert das nach dem Kopfprinzip nichts daran, daß er nur **eine** Stimme hat. Wird ein so gebildetes WEigentum veräußert oder wird ein solches durch Unterteilung zu einem Teil **veräußert** oder wird **aus Teilen** mehrerer Rechte **ein neues** gebildet (dazu § 3 Rdn. 100ff.), so erlangt der Erwerber mit dem WEigentum (vgl. auch § 3 Rdn. 46) auch das Stimmrecht; die so eintretende Vermehrung der Stimmrechte ist kein Grund, für die Veräußerung die Zustimmung der anderen WEigentümer zu verlangen (so zutr. BGHZ 49, 250). **Erwirbt** ein WEigentümer ein **Recht hinzu,** so hat er nach dem Kopfprinzip nur eine Stimme. Die mit solchen Eigentumswechseln verbundene **Veränderung der Stimmrechtsverhältnisse** ist die notwendige Folge der Veräußerlichkeit der WEigentumsrechte und des Kopfprinzips, die hingenommen werden muß; insbes. besteht kein Anlaß, im Falle der Vermehrung von Stimmrechten in entsprechender Anwendung des § 25 Abs. 2 Satz 2 die einheitliche Ausübung zu verlangen (vgl. § 3 Rdn. 104; a.M. Matthäi, S. 18; offengeblieben in BGHZ 73, 150). Gilt nach der GemO. dagegen das Objektprinzip, so soll gleichwohl jeder WEigentümer, dessen Wohnung durch Zweiteilung einer Wohnungseinheit entstanden ist, ein halbes Stimmrecht erhalten (OLG Düsseldorf OLGE 1990, 152). Für eine entsprechende Anwendung von Abs. 2 Satz 2 oder eine Vermehrung der ursprünglichen Stimmenzahl ist kein Raum. Eine Änderung des Stimmengewichts der bisherigen WEigentümer durch Stimmrechtsvermehrung kann nur eintreten, wenn die GemO. dies vorsieht (BayObLG NJW-RR 1991, 910; OLG Köln WE 1992, 259).

4. Ausübung durch einen Vertreter

14 a) Das Stimmrecht steht dem **WEigentümer** zu (oben Rdn. 7). Ist der WEigentümer nicht geschäftsfähig, so wird das Stimmrecht durch seinen **gesetzlichen Vertreter** (Eltern, Vormund, Pfleger) ausgeübt. Für **juristische Personen** handelt, wer die Stellung des gesetzlichen Vertreters hat (so die Formulierung in § 26 Abs. 2 Satz 1 HS. 2 BGB), für Personengesellschaften der vertretungsberechtigte Gesellschafter, für Handelsgesellschaften kann auch ein Prokurist (§ 49 HGB), nach BayObLG (BayObLGE 1981, 220) auch ein Handlungsbevollmächtigter, handeln, was aber bereits in den Bereich der Bevollmächtigung fällt. Das Stimmrecht des WEigentümers ist – anders als nach Vereinsrecht (§ 38 BGB) – **nicht höchstpersönlicher Natur,** sondern Ausfluß des veräußerlichen und vererblichen WEigentums und der Teilhabe an der rein schuldrechtlichen – nicht personenrechtlichen, s. § 10 Rdn. 10 – Gemeinschaft. Der stimmberechtigte WEigentümer kann deshalb einen anderen **zur Ausübung des Stimmrechts** in seinem Namen **bevollmächtigen** (§§ 164ff. BGB) oder zur Stimmabgabe im eigenen Namen ermächtigen. Das ist im Grundsatz unbestritten (BGHZ 99, 90; BayObLGE 1974, 294; 1984, 15; Bärmann/Pick/Merle § 25 Rdn. 19; OLG Celle NJW

1958, 307). Die Vollmacht kann auch dem Verwalter erteilt werden (vgl. dazu Bielefeld, FS für Seuß, S. 41 ff.), sie braucht nicht auf eine einzige Versammlung beschränkt zu sein (OLG Zweibrücken ITelex 1986/26/153), sie kann nach OLG Frankfurt (OLGE 1986, 45) in der GemO. erteilt sein. Ist in der GemO. bestimmt, daß der Verwalter nicht mehr als drei WEigentümer vertreten darf, kann er, sobald ihm mehr als drei Vollmachten erteilt werden, **weisungsunabhängige Untervollmachten** erteilen (BayObLG WE 1991, 227); anders OLG Zweibrücken WE 1991, 357 für den Fall, daß die GemO. schriftliche Vollmacht vorsieht und diese für eine solche Situation keine Untervollmacht erwähnt. Zu empfehlen ist die Bevollmächtigung des Verwalters nicht, weil sie zu Interessenkonflikten führen kann, die den Ausschluß des Verwalters von der Ausübung des Stimmrechts zur Folge haben können (unten Rdn. 19 ff.). Auch die Vertretung kraft Duldungsvollmacht ist möglich (KG WE 1989, 135); ebenso eine Blankettvollmacht (KG OLGE 1990, 421). Wenn die GemO. schriftliche Bevollmächtigung verlangt, dann kann eine nicht in dieser Form bevollmächtigte Person zurückgewiesen werden; nimmt sie an der Abstimmung teil, so kommt es darauf an, ob sie tatsächlich bevollmächtigt war (BayObLGE 1984, 15; BayObLG WE 1991, 261); ebenso BayObLG ITelex 1984/18/103 für die Vertretung durch einen Ehegatten. Ein Telegramm erfüllt nicht die Schriftformvoraussetzung für die Erteilung der Vollmacht, reicht aber für den Widerruf aus (KG DWEigt 1990, 38). Nach inzwischen anerkannter Rspr. (BGH NJW 1989, 1087) hat ein WEigentümer als „Zweiterwerber" erst mit seiner Eintragung im Grundbuch als Eigentümer ein Stimmrecht (vgl. auch Anh. zu § 10 Rdn. 6 – „Zweiterwerb"). Bei Stimmrechtsausschluß eines WEigentümers nach Abs. 5 (dazu unten Rdn. 19 ff.) kann dieser auch nicht das Stimmrecht aufgrund Vollmacht eines anderen WEigentümers ausüben (BayObLG Rpfleger 1983, 14). Ebenso kann der Verwalter die ihm erteilten Stimmrechtsvollmachten nicht ausüben, soweit über seine Entlastung beschlossen wird (so zutr. KG WE 1989, 134; OLG Zweibrücken WE 1991, 357).

b) Fraglich ist nur, ob und inwieweit die Vertretung **eingeschränkt** oder ausgeschlossen werden kann. Sicher ist, daß die Befugnis des WEigentümers zu entscheiden, ob und durch wen er sich vertreten lassen will, **nicht durch Mehrheitsbeschluß** beschränkt werden kann, wenn die GemO. keine Beschränkung vorsieht, (so auch BayObLG WE 1988, 208; 1991, 295); dies gilt ebenso für die Vertretung durch einen Rechtsanwalt (LG Hamburg Rpfleger 1979, 65). Unberührt bleibt das Recht der WEigentümerversammlung, einen Vertreter, der wegen Interessenkonflikts oder aus anderen Gründen unzumutbar ist, von der Teilnahme auszuschließen (vgl. MünchKomm/Ulmer § 709 Rdn. 68; BGH NJW 1970, 706 zur entsprechenden Frage im Gesellschaftsrecht). **15**

c) Die Frage, **ob der Kreis** der Personen, deren Bevollmächtigung zulässig ist, **durch die GemO. beschränkt** werden kann (dazu aus der früheren Rspr. insbes. OLG Frankfurt Rpfleger 1979, 218; OLG Karlsruhe MDR 1976, 758; BayObLGE 1981, 161; AG Baden-Baden MDR 1984, 941), ist nun – jedenfalls für die Praxis und bis auf weiteres – entschieden durch einen auf Vorlage des KG (OLGE 1986, 56) ergangenen Beschluß des BGH (BGHZ 99, 90 = **16**

JZ 1987, 463 mit krit. Anm. Weitnauer = WE 1987, 79 mit zust. Anm. Schmidt). Danach ist die in einer Teilungserklärung enthaltene Klausel, nach der WEigentümer sich in der Eigentümerversammlung nur durch den Ehegatten, einen Wohnungs- oder Teileigentümer und den Verwalter derselben Wohnanlage vertreten lassen können, grundsätzlich wirksam; ob im Einzelfall Ausnahmen wegen Unzumutbarkeit nach Treu und Glauben geboten sein können, ist offen geblieben. Eine solche Ausnahme ist inzwischen dann angenommen worden, wenn bei einer kleinen WEigentümergemeinschaft die Beteiligten derart zerstritten sind, daß ein WEigentümer seine Interessen durch einen anderen, als Vertreter für ihn handelnden WEigentümer nicht gewahrt sehen kann (OLG Braunschweig NJW-RR 1990, 979; s. hierzu auch Red. WE 1994, 17). Zur Begründung seiner Entscheidung hat der BGH, von der Möglichkeit privatautonomer Gestaltung der GemO. ausgehend, den Satz aufgestellt, daß die Befugnis, sich durch Bevollmächtigte vertreten zu lassen, abdingbar sei, und sich dafür auf Reichel (Höchstpersönliche Rechtsgeschäfte, Hamburg 1931) und diesem folgende Autoren berufen. Der BGH hat aber verkannt, daß für Reichel der Ausschluß der Vertretung aus dem höchstpersönlichen Charakter gewisser Rechtsgeschäfte folgt und davon bei dem gesetzlichen Schuldverhältnis der Gemeinschaft nicht die Rede sein kann. Er hat auf der anderen Seite außer acht gelassen, daß Vollmachtserteilung zulässig ist, soweit sie nicht ausnahmsweise durch Gesetz für unzulässig erklärt ist (Flume, Rechtsgeschäft S. 761) und daß, wie aus § 137 Satz 1 BGB hervorgeht und im schweizerischen ZGB Art. 27 ausdrücklich sagt, niemand auf seine Handlungsfähigkeit und folglich auch nicht auf die Fähigkeit, Vollmacht zu erteilen, verzichten kann. Es wird deshalb daran festgehalten, daß Klauseln der erörterten Art nicht anerkannt werden können. Daß auch praktische Gesichtspunkte für diese Beurteilung sprechen (so inbes. MünchKomm/Röll § 25 Rdn. 8; ders., Handbuch S. 121), ist erst in zweiter Linie von Bedeutung. Mit den §§ 3, 9 AGBG kann die Unwirksamkeit der Klausel nicht begründet werden (so mit Recht Seuß WEM 1981, 41 gegen Weimar DWEigt 1980, 44; vgl. auch § 7 Rdn 25). In einer weiteren Entscheidung (BGH WE 1993, 165 auf Vorlage KG WE 1992, 287) hat der BGH seine Auffassung, daß solche Klauseln zulässig sind, bestätigt und ausgeführt, eine derartige Bestimmung sei nicht einengend (so BayObLG WE 1991, 261), sondern dahingehend auszulegen, daß auch eine **„aktive Beteiligung" von Nichtwohnungseigentümern (ohne Stimmrechtsausübung)** durch Abgabe von Erklärungen ausgeschlossen sei. Diese Auffassung kann, wie Deckert in seiner Anm. (WE 1993, 165) und der Verf. (WE 1993, 260) bereits dargelegt haben, weder in der Auseinandersetzung mit der an BGHZ 99, 90 geäußerten Kritik, noch hinsichtlich der neuen Aussage überzeugen. Ein WEigentümer, der an der Versammlung nicht teilnehmen kann und keine der laut GemO. möglichen Personen bevollmächtigen kann oder möchte, hat nach dem BGH nicht einmal das Recht, einem Vertrauten das „aktive Teilnahmerecht" einzuräumen. Angesichts der außerordentlichen Bedeutung der Teilnahme an der Versammlung liegt hier eine ungerechtfertigte Benachteiligung vor. Zum Ausschluß von Beratern s. § 23 Rdn. 5. Das BayObLG (WM 1994, 105) folgt dem BGH in der Beurteilung einer entspr. in den Verwaltervertrag aufgenommenen Klausel, die die WEigentümer durch „Billigung" binde.

Möglich ist eine **Verpflichtung,** sich nur durch bestimmte Personen vertreten zu lassen; die Folge eines Verstoßes wäre eine Schadensersatzpflicht, für die es aber im allgemeinen an einem Schaden fehlen wird. Wenn im Gesellschaftsrecht eine Beschränkung der Vertretung bei der Beschlußfassung für zulässig gehalten wird, ergibt das nichts für das WEigentum; die Rechte und Pflichten der Gesellschafter sind höchstpersönlicher Art (§ 717 BGB), gleichwohl wird auch dort die Stellvertretung nicht für schlechthin unzulässig erachtet (vgl. BGH DB 1970, 247; näher hierzu MünchKomm/Ulmer § 709 Rdn. 68; § 717 Rdn. 16). 17

d) Zur Unzulässigkeit einer aufgezwungenen (verdrängenden) Vollmacht – **„Wahlmännersystem"** – vgl. § 23 Rdn. 7. 18

5. Ausschluß, Beschränkung und Ruhen des Stimmrechts

a) **Abs. 5.** Die Vorschrift übernimmt in ihren beiden ersten Varianten eine Regelung für den **Ausschluß** des Stimmrechts aus dem Vereinsrecht (§ 34 BGB), die „eine verbandsrechtliche Ergänzung des Verbots von Insichgeschäften" (so zutr. MünchKomm/Reuter § 34 Rdn. 4), also des § 181 BGB, zum Gegenstand hat. Während aber dieser die Wirksamkeit von Rechtsgeschäften für den Vertretenen betrifft, geht es hier um die innere Willensbildung des Verbands. Soweit ein WEigentümer vom Stimmrecht ausgeschlossen ist, kann er auch nicht das Stimmrecht eines anderen als dessen **Bevollmächtiger** ausüben (oben Rdn. 14; BayObLG Rpfleger 1983, 14; WE 1991, 226; OLG Düsseldorf WE 1992, 81; a. A. Schmidt WE 1989, 2). Ähnliche Vorschriften finden sich auch anderwärts, so in § 136 AktG, § 47 Abs. 4 GmbHG, § 43 Abs. 6 GenG. Ein Beschluß, an dem vom Stimmrecht ausgeschlossene WEigentümer mitgestimmt haben, ist auf Anfechtung für ungültig zu erklären, wenn ohne die Stimmen der Ausgeschlossenen keine Mehrheit besteht (BayObLG WE 1988, 104; 1992, 207). Der Verstoß gegen § 25 Abs. 5 muß also ursächlich für das Stimmergebnis gewesen sein (BayObLG WE 1988, 104). 19

§ 25 Abs. 5 schließt das Stimmrecht eines WEigentümers **in drei Fällen** aus (vgl. dazu Merle WE 1987, 35; Bielefeld, FS für Seuß, S. 41ff.):

aa) wenn die Beschlußfassung die Vornahme eines auf die Verwaltung des gemeinschaftlichen Eigentums bezüglichen **Rechtsgeschäfts mit ihm betrifft.** Beispiele: Vergabe von Instandsetzungsarbeiten an einen WEigentümer, Vermietung von gemeinschaftlichem Eigentum an ihn, **Entlastung des Verwalters,** wenn dieser zugleich WEigentümer ist (BayObLG Rpfleger 1979, 66; OLG Stuttgart Rpfleger 1974, 361; OLG Zweibrücken DWEigt 1984, 127; BayObLG WE 1987, 158; 1989, 64; KG WE 1989, 134); die Übernahme der Schulden einer aufgelösten GbR durch die WEigentümergemeinschaft bei teilweiser Personenidentität (BayObLG WE 1992, 207); der Pachtvertrag zwischen Handelsgesellschaft als WEigentümer mit persönlich haftendem Gesellschafter (BayObLG WE 1990, 69). Ein Rechtsgeschäft „mit ihm" liegt auch vor, wenn es sich um ein Rechtsgeschäft mit einer Gesellschaft handelt, mit der der WEigentümer **eng verflochten** ist (BayObLG DWEigt 1982, 67; WE 1990, 69; 1992, 27, zu persönlich haftendem Gesellschafter einer GmbH & Co KG; OLG Frankfurt OLGE 1983, 175) oder eine 20 enge persönliche Verbindung unter Mitberechtigten besteht (BayObLGE 1992, 288).

21 **Dagegen ist ein WEigentümer nach nunmehr gesicherter Rspr. vom Stimmrecht nicht** ausgeschlossen, wenn über seine **Wahl zum Verwalter** oder seine **schlichte Abwahl** oder Nichtverlängerung zu beschließen ist (so OLG Celle NJW 1958, 307; OLG Hamm Rpfleger 1978, 182; OLG Karlsruhe OLGE 1976, 145; KG Rpfleger 1979, 65; OLG Stuttgart WEM 1980, 75; BayObLG WE 1990, 67; WM 1993, 488; WE 1991, 226 zur Wahl des Verwaltungsbeirates); anders dagegen, wenn über die **Abberufung aus wichtigem Grund** zu entscheiden ist (vgl. § 26 Rdn. 31; BayObLG WE 1987, 45; Bärmann/Pick/Merle § 25 Rdn. 59). Kein Ausschluß greift ein, wenn in einer GemO. die Vornahme baulicher Änderungen von einem zustimmenden Mehrheitsbeschluß abhängig gemacht ist und über diese Zustimmung entschieden wird (BayObLGE 1974, 269);

22 bb) wenn die Beschlußfassung die **Einleitung oder Erledigung eines Rechtsstreits** (auch eines selbständigen Beweisverfahrens, OLG Köln NJW-RR 1991, 850) der anderen WEigentümer mit ihm betrifft; Beispiel: BayObLG WEM 1984, 36; dort geht es um die Einleitung eines Gerichtsverfahrens gegen WEigentümer, die ein SNR beanspruchten; letztere waren nicht stimmberechtigt, sofern das überhaupt eine einem Mehrheitsbeschluß zugängliche Angelegenheit der ordnungsmäßigen Verwaltung war (vgl. § 15 Rdn. 25; § 16 Rdn. 27; § 21 Rdn. 16). Ebenso BayObLG (WE 1993, 27) für Beschluß über gerichtliche Geltendmachung von Gewährleistungsrechten gegen Bauträger, der gleichzeitig WEigentümer ist. Ein WEigentümer ist ebenso vom Stimmrecht ausgeschlossen, wenn über die Einleitung eines Rechtsstreits mit ihm in seiner Funktion als Verwalter abgestimmt werden soll (BGHZ 106, 222);

23 cc) wenn ein WEigentümer **gem. § 18 zur Veräußerung seines WEigentums rechtskräftig verurteilt ist**, diese aber noch nicht erfolgt ist. In diesem Falle kann er nicht mehr als zur Gemeinschaft gehörig betrachtet werden. Dagegen wird durch die bloße Rechtshängigkeit des Verfahrens das Stimmrecht nach der gesetzlichen Regelung nicht berührt. Nach KG OLGE 1986, 179 soll auch durch die GemO. nicht bestimmt werden können, daß das Stimmrecht des WEigentümers ruht, wenn gegen ihn ein Beschluß nach § 18 Abs. 3 gefaßt worden ist (mindestens zweifelhaft; vgl. unten Rdn. 27). Die unberechtigte Weigerung des Versammlungsleiters, den WEigentümer an der Abstimmung teilnehmen zu lassen, führt bei Anfechtung des Beschlusses zu dessen Ungültigerklärung (KG WE 1989, 168).

Nach dem KG besteht allerdings kein Anspruch auf Feststellung eines Beschlußinhaltes, wie er bei Teilnahme des ausgeschlossenen WEigentümers gefaßt worden wäre. Im Gegensatz zur Situation des unrichtig protokollierten Beschlusses, in der eine solche Feststellung befürwortet werde, fehle es hier überhaupt an einem wirksamen Beschluß, der festgestellt werden könne.

24 b) **Analoge Anwendung?** Die Frage, ob gegebenenfalls noch andere Interessenkollisionen in analoger Anwendung des Abs. 5 zum Ausschluß des Stimmrechts führen können, ist ebenso wie im Vereinsrecht zu § 34 BGB zu

verneinen (vgl. MünchKomm/Reuter § 34 Rdn. 2ff.). Wegen der besonderen Bedeutung des Stimmrechts, ist ein Stimmrechtsausschluß, z. B. wegen bestehender Wohngeldrückstände, unzulässig (KG WE 1989, 168).

c) **Stimmrechtsmißbrauch.** Das Stimmrecht kann wie jedes Recht insoweit nicht ausgeübt werden, als dies Rechtsmißbrauch darstellt; das ist allgemein anerkannt (grundsätzlich KG Rpfleger 1979, 65, in casu Mißbrauch verneint). Ein Rechtsmißbrauch kommt insbes. in Betracht, wenn das Stimmrecht abweichend vom Kopfprinzip des § 25 Abs. 2 nach der Größe der innegehabten Miteigentumsanteile oder nach der Zahl der innegehabten Wohnungs- oder Teileigentumseinheiten bestimmt ist oder wenn einer Einheit ein unverhältnismäßig großer Stimmrechtsanteil zugeordnet ist, so daß eine Kumulierung von Stimmrechten bei einem einzelnen WEigentümer und damit eine Majorisierung der Minderheit ermöglicht wird. Zwar ist eine Regelung, bei der eine Stimmenmehrheit die Folge ist, nicht schlechthin zu mißbilligen; aber es ist unstreitig, daß **einem Mißbrauch entgegenzuwirken** ist. Ein solcher ist insbes. angenommen oder in Betracht gezogen worden, wenn ein WEigentümer sein Stimmenübergewicht dazu benutzt, um die Wahl eines ihm genehmen Verwalters durchzusetzen (OLG Hamm Rpfleger 1978, 182; ähnlich der Fall KG OLGE 1986, 56; LG Berlin DWEigt 1986, 62; BayObLG WE 1993, 169; OLG Celle WE 1989, 199, dort wollte der Zwangsverwalter den die Zwangsvollstreckung betreibenden Gläubiger zum Verwalter wählen; OLG Zweibrücken OLGE 1990, 186). Fraglich ist aber, in welcher Weise dem Rechtsmißbrauch zu begegnen ist. Das OLG Hamm (aaO) hat die Lösung in der Rückführung der Mehrheit auf eine Sperrminorität von 25% gefunden; ähnlich hat das OLG Karlsruhe (OLGE 1976, 146) in einem Fall, in dem der Bauträger 63 von 68 Einheiten innehatte, eine solche Beschränkung erwogen, dann aber Mißbrauch im Hinblick darauf verneint, daß der Bauträger auch die Lasten und Kosten von 63 Einheiten zu tragen habe. Auch das OLG Celle (WE 1989, 199) spricht diese Lösung an. Dagegen hat das KG in einem Vorlagebeschluß (OLGE 1986, 56), der allerdings wegen der Rücknahme des Rechtsmittels nicht zu einer Entscheidung des BGH geführt hat, die Auffassung vertreten, daß die nachträgliche Einführung einer Stimmrechtsbeschränkung mit der Rechtssicherheit nicht zu vereinbaren sei; zu prüfen sei allein, ob der Mehrheitseigentümer sein Stimmrecht zur **Durchsetzung einer mit einer ordnungsmäßigen Verwaltung unvereinbaren Maßnahme** mißbraucht habe; wenn das zutreffe, sei der Beschluß gem. § 23 Abs. 4 für ungültig zu erklären, wie das in casu hätte geschehen müssen (so i. E. OLG Celle WE 1989, 199; KG WE 1989, 134; 168; OLG Hamm DWEigt 1989, 179; OLG Zweibrücken OLGE 1990, 186). Eine generelle Stimmrechtsbeschränkung für die Zukunft kommt, weil der Mißbrauch im Einzelfall feststehen muß, nicht in Betracht (KG OLGE 1988, 432). Wäre auch bei gesetzlichem Stimmrecht eine Mehrheit vorhanden gewesen, kann der Beschluß – jedenfalls unter dem Aspekt der Majorisierung der Minderheit – nicht für ungültig erklärt werden (BayObLG WE 1990, 111). Dieser Ansicht ist zu folgen. Wurden in „sachwidriger Weise eigene Zwecke auf Kosten der übrigen WEigentümer oder der Gemeinschaft“ verfolgt, kann dies in Ausnahmefällen sogar zur Nichtigkeit des Beschlusses führen (BayObLG WE 1990, 67). 25

26 Auch ein Mehrheitseigentümer kann bei der Wahl des Verwalters mitstimmen; ein Mißbrauch liegt nicht allein schon darin, daß er die Wahl einer Person seines Vertrauens durchsetzt (so zutr. KG DWEigt 1987, 24; WE 1989, 168; OLG Hamm DWEigt 1989, 179), auch nicht darin, daß der von ihm vorgeschlagene Verwalter von der Mehrheit der übrigen WEigentümer abgelehnt wird (so mit Recht KG OLGE 1986, 56 gegen LG Berlin DWEigt 1986, 62). Das Gesagte gilt auch dann, wenn eine Gruppe von WEigentümern ihre Mehrheit zur Durchsetzung einer von ihr gewünschten Maßnahme benutzt; ein Mißbrauch liegt nur vor, wenn die beschlossene Maßnahme von der Sache her nicht den Grundsätzen einer ordnungsmäßigen Verwaltung entspricht. Dies ist z. B. der Fall, wenn ein Reparaturauftrag aufgrund eines von einer Mehrheitsgruppe gefaßten Beschlusses an ein Mitglied dieser Gruppe vergeben werden soll, ohne daß vergleichende Kostenvoranschläge eingeholt wurden (KG WE 1993, 311). Einen Anspruch auf Schadensersatz kann gemeinschaftswidriges Stimmverhalten nach Ansicht des KG nicht begründen (KG ZMR 1994, 124). Für einen solchen ist neben dem Verfahren nach § 23 Abs. 4 kein Raum (KG OLGE 1991, 172).

27 d) In der GemO. kann für bestimmte Fälle **das Ruhen des Stimmrechts** vorgesehen werden, insbes. für den Fall, daß ein WEigentümer sich einer ernsthaften Verletzung einer Verpflichtung schuldig gemacht hat (BayObLGE 1965, 34; 1961, 322; KG WE 1994, 82); solche Vereinbarungen sind (so zutr. BayObLGE 1965, 34) im Zweifel dahin auszulegen, daß das Ruhen nur bei verschuldeter Pflichtverletzung eintreten soll. Zumindest zweifelhaft erscheint die Auffassung des KG (OLGE 1986, 179), nach der das Ruhen des Stimmrechts nicht für den Fall vorgesehen werden kann, daß ein Beschluß nach § 18 Abs. 3 gefaßt worden ist; denn ein solcher Beschluß würde kaum ohne ernste Pflichtverletzung gefaßt werden (vgl. oben Rdn. 23). Die Regelung kann auch in der Form getroffen werden, daß ein WEigentümer, der mit seinen Verpflichtungen, insbes. der Wohngeldzahlung, in Verzug ist, von der Abstimmung ausgeschlossen werden kann (LG München Rpfleger 1978, 381). Nach LG München (aaO) kann der WEigentümer auch von der Teilnahme an der WEigentümerversammlung ausgeschlossen werden; im Hinblick darauf, daß die Teilnahme ein wesentliches, aus dem WEigentum fließendes Recht ist, kann aber eine solche Regelung als zu weitgehend nicht gebilligt werden; der Ausschluß wird, sofern nicht im Einzelfall noch weitere erschwerende Umstände vorliegen, gem. § 242 BGB als unbeachtlich anzusehen sein (vgl. § 7 Rdn. 25ff.). Durch Vereinbarung aller WEigentümer kann eine Stimmrechtsbeschränkung in gesetzlich nicht vorgesehenen Fällen geregelt werden. Auch wenn ein Mehrheitsbeschluß dieses Inhalts nicht nichtig sein sollte, endet seine Wirksamkeit jedenfalls mit dem Eintritt neuer WEigentümer in die Gemeinschaft (KG OLGE 1990, 421).

28 e) Das Stimmrecht kann in Angelegenheiten, die nur einen **abgrenzbaren Teil der WEigentümer angehen**, auf diesen begrenzt sein; näher dazu § 23 Rdn. 10.

§ 26 Bestellung und Abberufung des Verwalters

(1) **Über die Bestellung und Abberufung des Verwalters beschließen die Wohnungseigentümer mit Stimmenmehrheit. Die Bestellung darf auf höchstens fünf Jahre vorgenommen werden. Die Abberufung des Verwalters kann auf das Vorliegen eines wichtigen Grundes beschränkt werden. Andere Beschränkungen der Bestellung oder Abberufung des Verwalters sind nicht zulässig.**

(2) **Die wiederholte Bestellung ist zulässig; sie bedarf eines erneuten Beschlusses der Wohnungseigentümer, der frühestens ein Jahr vor Ablauf der Bestellungszeit gefaßt werden kann.**

(3) **Fehlt ein Verwalter, so ist ein solcher in dringenden Fällen bis zur Behebung des Mangels auf Antrag eines Wohnungseigentümers oder eines Dritten, der ein berechtigtes Interesse an der Bestellung eines Verwalters hat, durch den Richter zu bestellen.**

(4) **Soweit die Verwaltereigenschaft durch eine öffentlich beglaubigte Urkunde nachgewiesen werden muß, genügt die Vorlage einer Niederschrift über den Bestellungsbeschluß, bei der die Unterschriften der in § 24 Abs. 6 bezeichneten Personen öffentlich beglaubigt sind.**

Übersicht

Literatur: Merle, Bestellung und Abberufung des Verwalters nach § 26 des Wohnungseigentumsgesetzes (Berlin 1977). – PiG 1, Wohnungseigentümer und Verwalter, mit Beiträgen von Stammler, Seuß, Bielefeld, Stoll und Müller. – PiG 3, Funktionen des Verwalters, mit Beiträgen von Bärmann, Seuß, Weitnauer, Merle, Deckert u. Müller. – Partner im Gespräch 4, Sicherung des Wohnungseigentums, mit Beiträgen von Röll, Weitnauer, Peters, Pick, Brugger und Bärmann. – Bader, FS Seuß S. 1 ff., Aktuelle Fragen der Verwalterbestellung. – Peters FS Seuß S. 223 ff., Wohnungseigentumsverwalter – Beruf oder Freizeitbeschäftigung? – PiG 27, Das Rechnungswesen des Verwalters, mit Beiträgen von Seuß, Müller, Spiegelberger, Erlebach, Bub und Hauger. – PiG 39, Wirtschaftsführung des Verwalters, mit Beiträgen von Bub, Müller, Seuß, Blank, Deckert und Bader.

I. Allgemeines

1 **1.** Der Verwalter ist, wie in § 20 Abs. 2 zum Ausdruck kommt, **ein unabdingbar notwendiges Organ jeder Wohnungseigentümergemeinschaft.** Das bedeutet nicht, daß jede Gemeinschaft in jedem Augenblick einen Verwalter haben müsse, aber daß sie einen Verwalter haben solle und daß, wenn ein Bedürfnis dafür im Rechtsverkehr in Erscheinung tritt, ein Verwalter durch gerichtliches Eingreifen bestellt werden kann. Auch eine **„werdende"** – „faktische" – **Wohnungseigentümergemeinschaft** kann bereits einen Verwalter bestellen; näher hierzu Anhang zu § 10. § 26 gibt die organisationsrechtlichen Vorschriften über die Bestellung und Abberufung des Verwalters, § 27 betrifft die Stellung des Verwalters gegenüber den Wohnungseigentümern und im Verhältnis zu Dritten, § 28 enthält u. a. auch wichtige Vorschriften über die Aufgaben des Verwalters in bezug auf die Bewirtschaftung des gemeinschaftlichen Eigentums. Zur organschaftlichen Stellung des Verwalters und zu ihrer Ausgestaltung im einzelnen vgl. § 27 Rdn. 1.

2 Für eine Gemeinschaft kann jeweils **nur ein einziger Verwalter** bestellt werden; dies kann eine natürliche Person sein oder eine juristische Person oder Handelsgesellschaft (unten Rdn. 5). Hingegen können nicht mehrere Personen nebeneinander, z. B. „das Ehepaar Müller" oder die „Müller GdbR," zu Verwaltern bestellt werden, und zwar auch dann, wenn sie für verschiedene Teile einer Anlage bestellt werden sollen (so zutr. Bader, FS Seuß, S. 1, 3). Ein solcher Beschluß ist nichtig. Die Nichtigkeit kann ohne besondere gerichtliche Feststellung überall geltend gemacht werden und ist deshalb auch vom Grundbuchamt von Amts wegen zu prüfen und zu berücksichtigen (BGHZ 1990, 84 zur Bestellung eines Ehepaars; zur Bestellung einer BGB-Gesellschaft BGHZ 107, 268; WE 1990, 84; BayObLG 1989, 1; Freiburg DNotZ 1985, 453; Bader FS Seuß S. 1/2; Weitnauer JZ 1989, 796); der abweichenden Ansicht von OLG Frankfurt zur Anwaltssozietät (Rpfleger 1988, 184 m. A. Demharter und WE 1989, 172) kann nicht gefolgt

werden. Zur bedingten Bestellung – Bestellung des B für den Fall des Ausscheidens des A – vgl. unten Rdn. 19, 21. Zur Bestellung eines Sonderverwalters für eine bestimmte Angelegenheit OLG Hamm, WE 1993, 244 m. A. Weitnauer.

2. § 26 hat seine **vorliegende Fassung** erhalten durch Art. 1 Nr. 5 des 3
Gesetzes vom 30. 7. 1973 (Vor § 1 Rdn. 89); die wesentliche Änderung gegenüber der früheren Fassung besteht darin, daß die Dauer der Bestellung des Verwalters auf höchstens 5 Jahre begrenzt worden ist (Abs. 1 S. 2, 3, Abs. 2). Außerdem ist die den Nachweis der Verwaltereigenschaft erleichternde Vorschrift des Abs. 4 eingefügt worden.

3. § 26 ist in seinen Abs. 1 u. 2 jedenfalls **insoweit unabdingbar,** als ein 4
Verwalter wirksam nur auf die Dauer von höchstens 5 Jahren bestellt und die Abberufung aus wichtigem Grund nicht ausgeschlossen werden kann (weitergehend LG Lübeck DWEigt. 1986, 64, das den Abs. 1 schlechthin für unabdingbar hält). Wegen der Einzelheiten vgl. unten Rdn. 27ff. Abs. 3 ist schlechthin unabdingbar, wie sich aus § 20 Abs. 2 ergibt. Abs. 4 betrifft Probleme der Form, die einer rechtsgeschäftlichen Regelung entzogen sind.

II. Eignung zum Verwalter

Über die Frage, wer Verwalter sein kann, enthält das Gesetz keine Bestim- 5
mung. Eine besondere Befähigung, ein Befähigungsnachweis wird nicht gefordert; jedoch ist als Verwalter ungeeignet, gegen den ein wichtiger Grund zur Entlassung bestehen würde (unten Rdn. 8, 33). Eine berufliche Organisation nach Art von Kammern besteht nicht; es hat aber der „Dachverband Deutscher Hausverwalter e. V." mit Sitz in München gebildet, dessen Mitglieder ihren Sitz über das Gebiet der Bundesrepublik verteilt haben und ihrerseits regionale Verbände unterhalten. Diese Verbände nehmen die fachlichen und wirtschaftlichen Interessen insbes. auch der Wohnungseigentumsverwalter wahr. Verwalter kann auch ein Wohnungseigentümer sein; dies kann sich bei kleineren Gemeinschaften empfehlen; ebenso kann sich aber auch gerade bei kleinen Gemeinschaften ein Fremdverwalten als erforderlich erweisen, um bei erheblichen Interessenkonflikten oder starker Zerstrittenheit der Wohnungseigentümer die Neutralität des Verwalters sicherzustellen (zur Fremdverwaltung bei zehn Einheiten, OLG Hamburg OLGE 1988, 299). Unzulässig wäre allerdings, alle Wohnungseigentümer gemeinsam zum Verwalter zu bestellen, weil das mit dem Zweck der gesetzlichen Regelung nicht vereinbar wäre (so auch Bärmann-Pick-Merle § 26 Rdn. 21; a. M. für den Fall, daß sich die Wohnungseigentümer eine gesellschaftsrechtliche Organisation geben, Merle, Verwalter, S. 73/74). Vgl. auch oben Rdn. 2.

Verwalter kann nur sein, wer im Rechtsverkehr handlungsfähig auftreten 6
kann, somit **auch juristische Personen und Handelsgesellschaften** OHG, KG (Beispiel BayObLGE 1987, 50; OLG Hamburg OLGE 1988, 299), GmbH, AG (unzweifelhaft, vgl. KG NJW 1956, 1679). Bei ihnen wird die Verwalterbestellung nicht berührt, wenn der Allein-, Mehrheitsgesellschafter oder der Geschäftsführer oder der persönlich haftende Gesellschafter

wechselt (BayObLG WE 1988, 204 für die KG). Dagegen kann ein rechtlich nicht erfaßbares Gebilde, wie etwa die Bauabteilung eines größeren Unternehmens, nicht zum Verwalter bestellt werden (ebenso Merle, Verwalter, S. 72; a. M. bezüglich der „Bauabteilung eines Werkes" Bärmann-Pick-Merle § 26 Rdn. 10 a. E.); ebenso nicht eine Gesellschaft bürgerlichen Rechts, weil auch sie als solche im Rechtsverkehr nicht auftreten kann (BGH a. a. O.; BayObLG 1989, 1; ; s. oben Rdn. 2); auch nicht eine in Liquidation getretene und deshalb nur mehr im Rahmen des Abwicklungszwecks handlungsfähige Handelsgesellschaft (AG München ITelex 1987/4/20); vgl. im übrigen unten Rdn. 9.

7 Wie Seuß (Partner im Gespräch 1, S. 31) mit Recht bemerkt hat, „ist die Leistung des Verwalters für die Gemeinschaft eine **schwere Aufgabe** und eine große Verpflichtung. Vom Verwalter einer Wohnungseigentümergemeinschaft wird Wissen, Einfühlungsvermögen, Standhaftigkeit und ständige Leistungsfähigkeit verlangt. Wie wenige Dienstleistungen wird seine Arbeit ständig überwacht. Jedes Jahr muß er Rechnung legen, nicht nur über die verauslagten Kosten, sondern auch über seine Leistungsfähigkeit." Die Schwierigkeit, vor der der Verwalter steht, liegt darin, daß er auf der einen Seite für den möglichst reibungslosen Ablauf der Organisation einer Rechtsgemeinschaft verantwortlich ist, die ein wertvolles und vielerlei Probleme stellendes Vermögensgut zum Gegenstand hat und aus sehr verschiedenartigen Menschen mit sehr unterschiedlichen Vorstellungen bestehen kann, daß er aber auf der anderen Seite in der Ausübung seiner Befugnisse nie die Grenzen überschreiten darf, die ihm durch die Respektierung der Eigentumsrechte der Wohnungseigentümer gezogen sind. Darin offenbart sich ein in der Natur der Sache begründeter und vom Prinzip her nicht auflösbarer Gegensatz, der zu Konflikten und zu der Frage Anlaß geben kann, ob der Verwalter „Partner oder notwendiges Übel" ist (PiG 4, S. 161 ff. mit Diskussionsbeiträgen aus beiden Lagern). Die Antwort darauf kann nur lauten, daß, wie auch die Rechtsgeschichte und die Rechtsvergleichung zeigen, eine Wohnungseigentümergemeinschaft ohne einen mit hinreichenden Befugnissen ausgestatteten Verwalter nicht funktionsfähig ist, daß er also jedenfalls notwendig ist und auch nicht als Übel empfunden zu werden braucht, wenn nicht auf einer oder beiden Seiten grobe Fehler gemacht werden.

III. Die Bestellung des Verwalters

8 **1.** Für die Bestellung des Verwalters bestehen verschiedene **Möglichkeiten.** Sie kann erfolgen:

a) **Durch die Wohnungseigentümer, und zwar**

aa) **entweder** nach der gesetzlichen Regel des Abs. 1 Satz 1 **durch Mehrheitsbeschluß** (§§ 23–25 WEG; unten Rdn. 9ff.). Ergänzend hierzu bestimmt Satz 2, daß eine Bestellung für mehr als 5 Jahre unzulässig ist, und Satz 4, daß „andere Beschränkungen der Bestellung" nicht zulässig, also unwirksam sind. Das kann nicht dahin zu verstehen sein, daß eine allstimmige Bestellung, wie sie insbes. im Falle eines „Umlaufbeschlusses" nach § 23 Abs. 3 in Betracht kommt, oder eine Bestellung durch Vereinbarung der Wohnungseigentümer oder durch die Teilungserklärung im Falle des § 8 WEG verboten sein sollten; aber auch für diese Fälle gilt die Höchstdauer des Satzes 2. In jedem Falle aber **reicht der Mehrheitsbeschluß aus;** das Erfordernis einer qualifizierten Mehrheit wäre eine unzulässige Beschränkung i. S. des Abs. 1 Satz 4. **Welcher Art die Mehrheit** sein muß, ist nicht vorgeschrieben und richtet sich nach dem von der Gemeinschaftsordnung gewählten System – nach Köpfen, nach Miteigentumsanteilen, nach Einheiten; es ist also nicht etwa für die Verwalterbestellung zwingend das Kopfprinzip vorgeschrieben (so zutr BayObLG Rpfleger 1982, 143). Vgl. im übrigen unten Rdn. 9ff;

bb) **oder** durch entsprechende Willenserklärungen in der **Gemeinschaftsordnung**, die man sich auch als einstimmigen Beschluß i. S. des § 23 Abs. 3 WEG vorstellen kann; diese Art der Bestellung ist auch möglich in der einseitig vom teilenden Eigentümer gemäß § 8 Abs. 2 Satz 1 i. V. mit § 5 Abs. 4 aufgestellten und zum Inhalt des Sondereigentums gemachten Teilungserklärung (Beispiele BayObLG 74, 275; OLG Oldenburg Rpfleger 1979, 266; vgl. auch Merle, Verwalter, S. 21, 51ff.; dazu unten Rdn. 21);

cc) **oder** durch eine auf Grund eines **Verlangens nach § 21 Abs. 4** ergangene richterliche (gestaltende) Entscheidung (dazu § 21 Rdn. 23); wenn ein Mehrheitsbeschluß nicht zustandekommt, insbesondere wenn die Mehrheit die Bestellung eines Verwalters verweigert oder die erforderliche Mehrheit nicht zu erzielen ist;

b) durch den **Richter gemäß 26 Abs. 3.**

c) durch **einstweilige Anordnung nach § 44 Abs. 3 Satz 1** (KG ITelex 1987/10/58).

2. Die Bestellung des Verwalters durch Mehrheitsbeschluß

Die Bestellung des Verwalters ist eine Angelegenheit der ordnungsmäßi- **9**
gen Verwaltung. Sie geschieht deshalb in der Regel, wie § 26 Abs. 2 Satz 1 auch ausdrücklich bestimmt, durch Mehrheitsbeschluß der Wohnungseigentümer. Liegen gegen den Gewählten gravierende Bedenken, insbes. Gründe vor, die die Abberufung aus wichtigem Grund rechtfertigen würden, so ist der Beschluß auf Anfechtung nach § 23 Abs. 4 für ungültig zu erklären (BayObLG WE 1990, 68; WE 1990, 111; KG DWEigt 1990, 74; OLG Stuttgart DWEigt. 1987, 31; vgl. auch Bader, FS Seuß, S. 1, 3; KG WE 1989, 168 zur Eignung eines Verwalters mit getilgten Vorstrafen); wegen der Abberufung vgl. unten Rdn. 29.

a) Wie schon zu § 25 Rdn. 20, 21 ausgeführt, ist ein **Wohnungseigentümer** in der Frage, ob er zum Verwalter bestellt werden soll, **stimmberechtigt.** Dies gilt auch, wenn dieser Wohnungseigentümer der Bauträger ist, der noch unveräußerte Wohnungen innehat. Falls das Kopfprinzip des § 25 Abs. 1 S. 1 abbedungen und deshalb eine Häufung von Stimmrechten in der Hand des Bauträgers oder eines sonstigen Wohnungseigentümers möglich ist, kann einem Mißbrauch dieser Machtstellung entgegengewirkt werden (dazu § 25 Rdn. 25).

b) Der Beschluß allein genügt nicht, er hat für sich keine „konstitutive“ **10**
Wirkung (so aber BayObLG 58, 234), sondern im Verhältnis zu dem zu

Bestellenden lediglich die Natur eines Angebots (so auch BayObLG 11. 9. 1986 – 2 Z 30/86, nicht veröfftl.). Da mit der Stellung des Verwalters Pflichten verbunden sind, muß die **Annahme durch die gewählte Person** hinzukommen, also der **Abschluß eines Vertrages** zwischen dieser und den Wohnungseigentümern. Erst mit der Annahme und dem Abschluß erlangt der Bestellte die organschaftliche Rechtsstellung als Verwalter (näher dazu § 27 Rdn. 1, 2). **Eine Pflicht zur Annahme der Bestellung besteht nicht,** auch nicht für Wohnungseigentümer. Der Verwaltervertrag bedarf keiner Form; war zunächst der Abschluß eines schriftlichen Vertrages vorgesehen, kann hiervon durch konkludentes Handeln abgerückt werden (BayObLG DWEigt 1989, 24). Der Verwaltervertrag kann seiner Natur nach entweder ein (unentgeltlicher) Auftrag (§§ 662ff. BGB) oder ein entgeltlicher Geschäftsbesorgungsvertrag i. S. des § 675 BGB (so auch BGH NJW 1980, 2466; NJW 1981, 282; BayObLG WE 1992, 23) mit teilweise dienst –, teilweise werkvertraglichem Charakter sein, letzteres z. B. hinsichtlich der Erstellung der Jahresabrechnung; in jedem Falle begründet er die typisch auftragsrechtlichen Verpflichtungen der Auskunfts- und Rechenschaftspflicht (§ 666 BGB) und der Pflicht zur Herausgabe des Erlangten (§ 667 BGB) auf der Seite des Verwalters und der Verpflichtung zur Vorschußleistung und zum Ersatz von Aufwendungen auf der Seite der Wohnungseigentümer (§§ 669, 670 BGB), vgl. auch § 28 Rdn. 17. Die hier ähnlich wie bezüglich der Bestellung von Organen erörterte Frage (Merle und Trautmann NJW 1973, 118; Merle, Verwalter S. 15ff.), ob die Annahme der Bestellung und der abzuschließende Vertrag eine Einheit bilden („Einheitstheorie") oder von einander getrennt betrachten sind („Trennungstheorie"), führt für das WEG kaum weiter (so auch Merle, Verwalter, S. 17), weil nicht angenommen werden kann, daß irgend jemand die Bestellung ohne gleichzeitige Regelung der schuldrechtlichen Beziehungen zu den Wohnungseigentümern annimmt (anders wohl bei der Abberufung, vgl. unten Rdn. 35). Der Vertrag wird auf Grund des Mehrheitsbeschlusses im Namen aller Wohnungseigentümer und mit verpflichtender Wirkung für diese abgeschlossen (§ 10 Abs. 4 WEG; BayObLG 74, 305), sei es durch den noch amtierenden Verwalter oder aufgrund eines entsprechenden Ermächtigungsbeschlusses durch einen oder einige Wohnungseigentümer (OLG Köln NJW 1991, 1312 zum Abschluß durch den Verwaltungsbeirat). Ein Verwaltervertrag muß auch dann abgeschlossen werden, wenn die Wohnungseigentümer aufgrund der Teilungserklärung i. V. mit den Kaufverträgen verpflichtet sind, eine bestimmte Person zum Verwalter zu bestellen, die erst dann einen Anspruch auf Abschluß des Vertrages erwirbt, wenn ein entsprechender Mehrheitsbeschluß der Wohnungseigentümer gefaßt ist (KG OLGE 1976, 266). Eines gesonderten Vertragsschlusses bedarf es hingegen nicht, wenn bereits bei der Bestellung ein Vertragsangebot des Verwalters vorliegt und die Wohnungseigentümer keine Änderungen wünschen. Der Vertrag kommt dann mit dem Beschluß über die Bestellung zustande (BayObLG WE 1991, 223 für den Fall der Wiederbestellung).

11 c) In dem Vertrag ist insbesondere die Frage der **Vergütung** und deren Fälligkeit zu regeln; hilfsweise greifen §§ 612; 614 Abs. 1 BGB ein, wonach im Zweifel ein Entgelt als stillschweigend vereinbart gilt, dessen Höhe sich nach der üblichen Vergütung richtet und das nach Erbringung der Hauptleistung, insbesondere der Jahresabrechnung, fällig wird (OLG Hamm DWEigt 1993, 83). Einen gewissen Anhalt kann die jeweilige Höhe der „Verwaltungskosten" i. S. des § 26 der zweiten BerechnungsVO geben. Ein Bedürfnis für eine Wertsicherungsklausel (Beispiel BayObLG DWEigt. 1984, 30) ist angesichts der Höchstvertragsdauer von 5 Jahren nicht ersichtlich; solche Klauseln bedürfen, soweit sie nicht reine „Spannungsklauseln" sind, der Genehmigung nach § 3 WährungsG. Der Vergütungsanspruch und seine Fälligkeit werden nicht davon bestimmt, daß die Wohnungseigentümer die erforderlichen Mittel bereitstellen, insbesondere den Wirtschaftsplan für den laufenden Abrechnungszeitraum beschließen. Ist nicht anderes vereinbart kann der Verwalter sich erforderlichenfalls direkt an einen, einzelne oder alle Wohnungseigentümer (§ 426 BGB) halten (KG OLGE 1990, 61). Für die Gestaltung der Verwalterverträge werden sehr verschiedenartige Muster vorgeschlagen, von denen manche sich auf die nötigsten Bestimmungen, also Dauer der Bestellung, Kündigungsmöglichkeiten, Höhe der Vergütung, zweckmäßig auch die Ermächtigung i. S. des § 27 Abs. 2 Nr. 5, beschränken, was empfehlenswert ist, manche sich auch mehr oder weniger ausführlich über die Pflichten des Verwalters verhalten; Beispiele bei Bärmann-Seuß, Praxis S. 675 ff., andere Muster sind veröffentlicht in „ Heidelberger Musterverträge" Heft 49 – Weimar, Verwaltervertrag von Wohnungseigentum (Heidelberg 1979) – und Stein, Wohnungseigentum, Organisations- und Musterhandbuch für Verwalter, Beiräte und Wohnungseigentümer, München. Im Falle einer unwirksamen Bestellung kann der Betroffene Aufwendungsersatz nach GoA verlangen (BGH NJW – RR 1989, 970); hingegen hat er im Falle der Anfechtung der Verwalterbestellung den vollen Vergütungsanspruch (KG OLGE 1990, 61), es sei denn er erbringt aufgrund einstw. Anordnung keine Tätigkeit (KG NJW – RR 1991, 274). **Die wichtigsten Pflichten** des Verwalters sind in den §§ 27, 28 WEG erwähnt, im übrigen ergeben sich die Pflichten aus dem Berufsbild der Verwalter, aus dem mancherlei und je nach den Umständen auch verschiedenartige **„ungeschriebene" Verpflichtungen** abzuleiten sind. Hierzu zählen z. B. die Verpflichtung, die Bestellung von Baumängeln zu ermöglichen oder zu veranlassen (OLG Frankfurt OLGE 1985, 144 oder die Verpflichtung, den Wohnungseigentümern Auskunft über den Stand der Teilhaber der Gemeinschaft (Eigentümerlisten mit Namen und Anschriften) zu geben (OLG Frankfurt OLGE 1984, 259; BayObLGE 1984, 133). Diese Auskunft kann auch nicht aus Gründen des Datenschutzes verweigert werden, da schutzwürdige Belange im Verhältnis der Wohnungseigentümer untereinander nicht entgegenstehen. Zu den „ungeschriebenen" Verpflichtungen gehört nicht, daß der zum Ende eines Wirtschaftsjahres ausgeschiedene Verwalter noch die Jahresabrechnung für dieses Wirtschaftsjahr zu erstellen hat, es sei denn, er hätte diese Verpflichtung im Vertrag übernommen (OLG Hamm WE 1993, 384; § 28 Rdn. 20).

Der Verwalter hat seine Verpflichtungen mit der **Sorgfalt eines ordentlichen Verwalters** zu erfüllen; im Falle einer Pflichtverletzung macht er sich schadensersatzpflichtig (dazu § 27 Rdn. 35 ff.). 12

13 Für Leistungen, die über die Erfüllung der Verpflichtungen aus dem Verwaltervertrag hinausgehen – **Sonderleistungen** – kann der Verwalter eine Sondervergütung verlangen (BayObLGE 1985, 63; BayObLG DWEigt 1985, 124); dazu gehört z. B. die Geltendmachung von Baumängeln, zu deren Übernahme der Verwalter nicht verpflichtet ist (OLG Celle DWEigt 1984, 126; OLG Köln ITelex 1987/18/105); wenn er sie aber übernimmt, ohne dieser Aufgabe gewachsen zu sein, macht er sich schadensersatzpflichtig (OLG Celle DWEigt 1984, 127). Nach OLG Frankfurt (OLGE 1991, 308) kann aufgrund Mehrheitsbeschlusses in den Verwaltervertrag eine zusätzliche Vergütung des Verwalters für vermietete Eigentumswohnungen aufgenommen werden, die den erfahrungsgemäß bei vermieteten Wohnungen entstehenden Mehraufwand decken soll; nach OLG Köln (WE 1990, 212) ist der zum Abschluß mit dem Verwalter ermächtigte Verwaltungsbeirat berechtigt, den Verwalter nicht nur gemäß § 27 Abs. 2 Nr. 5 mit der gerichtlichen Geltendmachung von Hausgeldrückständen zu beauftragen, sondern mit ihm hierfür auch eine Sondervergütung zu vereinbaren; beide Regelungen entsprechen ordnungsmäßiger Verwaltung und können deshalb auch mehrheitlich beschlossen werden (BGH WE 1993, 308 für Gebühren nach BRAGO im Falle der gerichtlichen Geltendmachung von Hausgeldrückständen durch den Verwalter) s. auch § 27 Rdn. 20f.; entgegen BayObLG WE 1991, 111 ist ein Mehrheitsbeschluß, durch den der Verwalter zur Erhebung von Mahngebühren ermächtigt wird, fehlerhaft, da die außergerichtliche Geltendmachung zu den dem Verwalter kraft Gesetzes obliegenden Aufgaben gehört. Wird ein solcher Beschluß bindend, ist er zu beachten, jedoch nicht rückwirkend (OLG Frankfurt OLGE 1988, 44). Die Wohnungseigentümer sind für alle Verpflichtungen aus dem Verwaltervertrag Gesamtschuldner, dies gilt insbesondere für den Vergütungsanspruch des Verwalters. Bei dem Verwalterentgelt handelt es sich um „Verwaltungsschulden" (BGH NJW 1980, 2466; BGHZ 67, 252; 75, 26; BayObLG DWEigt 1985, 95); es ist Teil des Wohngeldes; der Verwalter darf die Beträge vom Gemeinschaftskonto entnehmen („abbuchen" § 181 BGB); für den Fall, daß nicht genügend Mittel vorhanden sind, oben Rdn. 11. Hat er vorsätzlich zuviel entnommen, so steht § 393 BGB einer Aufrechnung nicht entgegen, die er gegenüber dem Rückzahlungsanspruch mit einer Forderung aus dem Verwaltervertrag erklärt (OLG Stuttgart ZMR 1983, 422).

14 Alle Streitigkeiten zwischen den Wohnungseigentümern und dem Verwalter über dessen Rechte und Pflichten, die in innerem Zusammenhang mit der dem Verwalter übertragenen Verwaltung des gemeinschaftlichen Eigentums stehen, auch Streitigkeiten über den Vergütungsanspruch oder über eine Schadensersatzpflicht des Verwalters, werden im **Verfahren der freiwilligen Gerichtsbarkeit** nach §§ 43ff. WEG entschieden (BGHZ 59, 58; 65, 264; BGH NJW 1980, 2466). Das WE-Gericht ist aber auch zuständig für Streitigkeiten der Wohnungseigentümer über die Bestellung und die Abberufung des Verwalters sowie des abberufenen Verwalters über seine Abberufung (hierzu auch Rdn. 38; vgl. im übrigen § 43 Rdn. 22).;

d) **Beschränkungen der Bestellung**

15 aa) **Höchstdauer 5 Jahre.** Eine Bestellung auf bestimmte Zeit, also eine

befristete Bestellung, ist möglich, z. B. auf 1 Jahr, 2 Jahre, ebenso eine Bestellung auf unbestimmte Zeit oder des Inhalts, daß die auf 1 Jahr befristete Bestellung sich jeweils um 1 Jahr bis zur Gesamtzeit von höchstens 5 Jahren verlängert, wenn nicht der Verwaltervertrag gekündigt wird (OLG Köln, WE 1990, 171). Nach § 26 Abs. 1 Satz 2 kann der Verwalter aber **nicht für eine längere Zeit als 5 Jahre** bestellt werden (zur Wiederwahl vgl. unten Rdn. 8). Eine auf längere Zeit erfolgte Bestellung endigt, ohne im übrigen nichtig zu sein, mit Ablauf der Frist, ohne daß es dazu irgendeiner Rechtshandlung bedarf. Maßgebend für den **Beginn der Frist** ist der Zeitpunkt, in welchem der Verwalter seine Tätigkeit aufnimmt, so auch im Falle einer „werdenden Wohnungseigentümergemeinschaft" (dazu Anh. zu § 10), nicht der Zeitpunkt des Beschlusses (so auch Merle, Verwalter S. 67), entgegen LG Bremen Rpfleger 1987, 199 im Falle der Bestellung in der Teilungserklärung nicht die Anlegung der Wohnungsgrundbücher, entgegen KG WE 1987, 121 auch nicht schlechthin im Falle der Begründung nach § 8 WEG die Eintragung des 2. Wohnungseigentümers. Die Bestellung eines vor dem Inkrafttreten des Gesetzes vom 30. 7. 1973, also vor dem 1. 10. 1973 bestellten und in Tätigkeit getretenen Verwalters endigte spätestens mit Ablauf des 30. 9 1978 (Art. 3 § 2 des Gesetzes, BayObLG Rpfleger 1980, 391). Die Begründung ist in beiden Fällen, wie das BayObLG a. a. O. ausführt, darin zu sehen, daß mit dem Ablauf der Frist die Tätigkeit des Verwalters verboten, der Vertrag also auf eine verbotene und damit unmögliche Leistung gerichtet ist. Zu den Hintergründen dieser die **Vertragsfreiheit einschränkenden Regelung** vgl. § 26 Rdn. 11 der 7. Aufl. n. w. N. Die durchaus wünschbare Kontinuität der Verwaltung in den geeigneten Fällen wird durch die gesetzliche Höchstdauer nicht beeinträchtigt. Die Möglichkeit einer Abberufung ist auch jetzt wie früher unberührt (dazu unten Rdn. 27 ff.).

bb) **„Andere Beschränkungen"** der Bestellung des Verwalters sind nach Satz 4 **nicht zulässig.** Die Tragweite der Vorschrift ist nicht in jeder Hinsicht zweifelsfrei. Nach der Begründung (Anhang III 8 unter B I 5a) soll sie sowohl schuldrechtliche Vereinbarungen mit beliebigen Personen, durch die die Verpflichtung begründet wird, eine bestimmte Person als Verwalter zu bestellen, als auch unmittelbar die Bestellung beschränkende Vereinbarungen, insbes. Vereinbarungen, nach denen die Bestellung des Verwalters von einer qualifizierten Mehrheit (BayObLG DWEigt 1985, 60) oder von der Zustimmung eines Dritten (Realgläubigers, Bauträgers usw.) abhängig gemacht wird, betreffen und nichtig machen. Ganz besonders muß dies für Bestimmungen gelten, die zunächst in die Teilungserklärung aufgenommen werden und dann Inhalt der Gemeinschaftsordnung werden (vgl. dazu § 8 Rdn. 16). Die damit verbundenen, in der 4. Auflage Rdn. 7 und 8 erörterten Fragen haben sich dadurch erledigt. Die Vertragsfreiheit ist also eingeschränkt, jedoch nur, wenn die Vereinbarungen die WEigt. in ihren Rechten bei der Bestellung zu ihrem Nachteil **einengen,** nicht dagegen, wenn sie die Bestellung des Verwalters zu ihren Gunsten erleichtern (so Begründung a. a. O.). Die Bestellung über Absatz 1 Satz 1 hinaus erleichternde Vereinbarungen sind allerdings schwer vorstellbar, es kann jedenfalls kaum an Bestimmungen gedacht sein, durch die etwa eine geringere als die einfache Mehrheit als ausreichend erklärt wird, so wenn bei gleichzeitiger Abstim- 16 mung über drei Kandidaten die relative Mehrheit für genügend erklärt wird. Eine unzulässige Einengung liegt auch vor, wenn die Wohnungseigentümer bei der Auswahl des Verwalters auf bestimmte Personen oder Personenkreise (z. B. Mitglieder bestimmter Verbände) beschränkt werden (OLG Bremen Rpfleger 1980, 68).

17 Eine „andere" unzulässige Beschränkung des Rechts der Mehrheit auf Bestellung des Verwalters ist auch in einer Regelung zu erblicken, nach welcher die Bestellung des Verwalters einem oder mehreren **Dritten,** z. B. dem Bauträger oder einer Minderheit von Wohnungseigentümern oder dem Verwaltungsbeirat (LG Lübeck Rpfleger 1985, 232) **übertragen** wird, mag das in der Gemeinschaftsordnung oder im Einzelfall durch Mehrheitsbeschluß einer Wohnungseigentümerversammlung geschehen (Bader, FS Seuß, S. 1, 15; Merle, Verwalter S. 64; wohl abw. Bärmann-Pick-Merle § 26 Rdn. 10).

18 e) Eine **wiederholte Bestellung** ist zulässig (§ 26 Abs. 2 WEG;); sie bedarf, da die alte Bestellung kraft Gesetzes mit Fristablauf endigt, eines erneuten Bestellungsbeschlusses der Wohnungseigentümer, der wirksam **nur frühestens 1 Jahr vor Ablauf der Fünfjahresfrist** gefaßt werden kann. Ein vorher gefaßter Beschluß ist absolut nichtig (BayObLG DWEigt 1984, 125), einer Ungültigerklärung nach § 23 Abs. 4 bedarf es nicht. Die Fünfjahresfrist der Wiederbestellung beginnt, wenn nicht ein früherer Termin bestimmt wird, mit dem Ende der ablaufenden Bestellungsperiode; das ist (entgegen Merle, Verwalter S. 69 ff.) nicht unvereinbar mit § 26 Abs. 1 Satz 2, weil die Frist nicht mit dem Bestellungsbeschluß, sondern mit der Übernahme der Tätigkeit zu laufen beginnt. Für zulässig zu halten, weil nicht gegen den Zweck des § 26 Abs. 2 verstoßend, ist ein Beschluß über die erneute Bestellung, der schon vor dem in § 26 Abs. 2 bezeichneten Zeitpunkt gefaßt wird, wenn die Bestellung von dem Beschluß an auf neue 5 Jahre vorgenommen wird (so OLG Hamm OLGE 1990, 191; Merle, Verwalter S. 70), ebenso eine Verlängerungsklausel, wenn insgesamt die Dauer von 5 Jahren nicht überschritten wird (OLG Frankfurt OLGE 1984, 257 unter Berufung auf Merle, Verwalter S. 71).

19 f) Eine **bedingte Bestellung** wird von Merle (Verwalter S. 71) für schlechthin zulässig gehalten. Dem ist aus den gleichen Gründen, aus denen die Bestellung des Vorstandes eines Vereins (§ 27 BGB) nicht von einer Bedingung abhängig gemacht werden kann (OLG Celle NJW 1969, 326; BayObLG 1969, 33; Erman-H. P. Westermann § 27 Rdn. 1), nicht zu folgen (ebenso KG OLGE 76, 266; Soergel-Stürner § 27 WEG Rz 4): Im Interesse der Rechtssicherheit muß eindeutig feststehen, wer Verwalter ist und wem somit die sich aus § 27 WEG ergebenden Rechte zustehen. Eine Ausnahme ist auch nicht für den von Merle angeführten Fall zu machen, daß ein Verwalter in der Zeit, in der Streit über die Wirksamkeit der Abberufung des bisherigen Verwalters besteht, unter der auflösenden Bedingung bestellt werden soll, daß die Abberufung des alten Verwalters wirksam war; diesem Fall läßt sich durch Vereinbarung eines entsprechenden Kündigungsrechts des Verwaltervertrages und einer unbefristeten Bestellung Rechnung tragen.

g) **Leidet der Bestellungsbeschluß an einem Mangel,** der zur Ungültigerklärung nach § 23 Abs. 4 mit Rückwirkung (BayObLG 76, 211; § 23 Rdn. 9) führt – absolute Nichtigkeit ist abgesehen von dem Fall der Teilnichtigkeit nach Absatz 1 S. 2 wegen Überschreitung der Bestellungsfrist kaum denkbar – oder kommt die Annahme durch die bestellte Person (z. B. wegen Minderjährigkeit, Fehlen der Vertretungsmacht) nicht wirksam zustande oder wird die Annahme rückwirkend durch Anfechtung nach §§ 119 BGB vernichtet, so ist die Verwalterstellung nicht rechtswirksam begründet. Nimmt der Verwalter gleichwohl Rechtsgeschäfte vor, die unter die in § 27 Abs. 2 umschriebene Vertretungsbefugnis fallen, so werden die WEigt sie nach den Regeln der **Anscheins-,** unter Umständen auch der **Duldungsvollmacht** gegen sich gelten lassen müssen (s. hierzu Keith, PiG 14, S. 21ff.). Das gleiche gilt, wenn die Abberufung des alten Verwalters und deshalb auch die Bestellung des neuen Verwalters unwirksam war (unten Rdn. 39ff.), für dessen Handlungen (vgl. auch unten Rdn. 40; Palandt-Heinrichs §§ 170–173 Rn 4; Flume, Rechtsgeschäft § 49, 3, 4). Für den Grundbuchverkehr kommen solche Grundsätze nicht in Betracht (BayObLGE 1980, 331). 20

3. Die Bestellung in der Gemeinschaftsordnung

Der Verwalter kann unstreitig auch bereits in der Gemeinschaftsordnung bestellt werden (KG OLG 76, 266; BayObLG 75, 327; WE 1992, 171). Der teilende Eigentümer (Bauträger) kann sich in dieser Weise auch selbst durch eine Bestimmung in der Teilungserklärung zum Verwalter bestellen (KG a. a. O.; BayObLG 74, 275). Unzulässig ist eine bedingte Bestellung, etwa die Bestimmung, daß an die Stelle des zunächst bestimmten ein anderer namentlich bezeichneter Verwalter treten soll, „sobald 40% der Wohnungen verkauft sind" (so mit Recht OLG Frankfurt OLGE 76, 276); die Gründe sind die gleichen wie zu Rdn. 19 ausgeführt. Die Bestellung in der Gemeinschaftsordnung bedeutet nicht, daß sie notwendig deren materieller Bestandteil ist, insbesondere auch nicht, wenn sie in den im übrigen als vereinbart geltenden Inhalt der Teilungserklärung aufgenommen ist; dieser Umstand steht also schon aus diesem Grunde nicht der Bestellung eines neuen Verwalters durch Mehrheitsbeschluß entgegen (BayObLG 74, 275); im übrigen wäre eine Bestimmung, welche die Bestellung des Verwalters von einer einstimmigen Entscheidung der Wohnungseigentümer abhängig macht, auch wegen § 26 Abs. 1 Satz 4 WEG – unzulässige Beschränkung der Bestellung – unzulässig und nichtig. Die Höchstdauer von 5 Jahren gilt auch hier (Abs. 1 Satz 2, vgl. oben Rdn. 15). 21

Auch hier muß die **Annahme der Bestellung durch den Verwalter,** also der Abschluß eines Vertrages **hinzukommen.** Das zu Rdn. 10–16 Ausgeführte gilt auch hier.

4. Bestellung auf Grund Verlangens nach § 21 Abs. 4

Da die Bestellung eines Verwalters eine Maßnahme der ordnungsmäßigen Verwaltung ist, können die Wohnungseigentümer, welche die Bestellung anstreben, gegen die widerstreitenden im Wege der Regelungsstreitigkeit ihr 22

Begehren auf gestaltende richterliche Entscheidung über die Bestellung eines Verwalters verfolgen (vgl. § 21 Rdn. 23; auch oben Rdn. 8). Der Antrag ist gerichtet auf die Bestellung eines bestimmten Verwalters; anders im Fall des § 26 Abs. 3 (hierzu unten Rdn. 24). Eines ermächtigenden Mehrheitsbeschlusses bedarf es nicht; da vorausgegangen sein muß, daß die Bestellung eines Verwalters keine Mehrheit gefunden hatte. Die Entscheidung hat die gleiche Wirkung wie ein Beschluß der Wohnungseigentümer. Deshalb muß auch hier die Annahme durch den zu Bestellenden hinzutreten. Im übrigen vgl. oben Rdn. 10–16 und BayObLG DWEigt 1990, 152.

5. Bestellung durch den Richter

23 Der Verwalter – **„Notverwalter"** – wird nach § 26 Abs. 3 i. V. mit § 43 Abs. 1 Nr. 3 durch den Richter – d. i. hier der Richter der freiwilligen Gerichtsbarkeit nach §§ 43ff. WEG (BGH NJW 1980, 2466; OLG Hamm NJW 1973, 2301) – bestellt unter **drei Voraussetzungen:** Es muß ein Verwalter fehlen; das kann auch der Fall sein bei einer Zweiergemeinschaft (BayObLG DWEigt 1984, 59) und u. U. davon abhängen, ob der Bestellungsbeschluß, der von einer von einem Unbefugten einberufenen Versammlung gefaßt ist, als gültig anzusehen ist (dazu § 23 Rdn. 14; OLG Frankfurt OLGE 1985, 142), nicht aber, wenn der Verwalter seine Tätigkeit verweigert (BayObLG ITelex 1989, 62, vgl. auch unten Rdn. 36). Ferner muß ein dringender Fall vorliegen, d. h. ein dringendes Bedürfnis für die Bestellung bestehen. Schließlich muß ein Antrag von einem Wohnungseigentümer oder einem Dritten gestellt sein, der ein berechtigtes Interesse an der Bestellung hat, z. B. von einem Gläubiger. Im einzelnen ist die Vorschrift ebenso auszulegen und anzuwenden wie § 29 BGB. Der bestellte Verwalter, der das Amt angenommen hat, hat gegen die Wohnungseigentümer einen Anspruch auf eine Vergütung nach §§ 612, 675 BGB, auch dann, wenn der Verwalter nach der Teilungserklärung unentgeltlich tätig zu sein hat (OLG Frankfurt DWEigt 1993, 78); die erforderlichen Willenserklärungen der Wohnungseigentümer sind durch den Bestellungsbeschluß ersetzt (vgl. BGH WM 1959, 598; BGH NJW 1980, 2466). Die Vergütung wird im Streitfall vom FGG-Richter festgesetzt (BGH NJW 1980, 2466). Die Bestellung des Notverwalters wird erst mit der Rechtskraft des Beschlusses wirksam; für die Verfahrensdauer bedarf es einer Anordnung nach § 44 Abs. 3 WEG (oben Rdn. 8). Eine solche Anordnung kann auch zusammen mit dem Gerichtsbeschluß in der Hauptsache ergehen und die Bestellung für sofort wirksam erklären; erforderlichenfalls hat das Landgericht zu erwägen, den bereits tätigen Notverwalter durch Erlaß einer entsprechenden einstweiligen Anordnung zu legitimieren, falls das Amtsgericht dies verabsäumt hat (KG DWEigt 1989, 143). Ein aufgrund einstweiliger Anordnung tätig gewordener Notverwalter hat auch dann einen Vergütungsanspruch, wenn der Beschluß aufgehoben wird (OLG Hamm NJW 1973, 2301), auf die von ihm getätigten Rechtshandlungen hat die Aufhebung wegen § 32 FGG keine Auswirkung (BayObLG DWEigt 1992, 87). Wählen die Wohnungseigentümer während eines auf Einsetzung eines Notverwalters gerichteten Verfahrens einen Verwalter, erledigt sich die Hauptsache; wird der Eigentümerbe-

schluß angefochten, kann die Handlungsfähigkeit der Gemeinschaft nur durch einstweilige Anordnung im Anfechtungsverfahren wiederhergestellt werden. Zulässig ist, daß die Wohnungseigentümer den Notverwalter durch Mehrheitsbeschluß zum ordentlichen Verwalter bestellen (BayObLG DWEigt 1992, 87); zur Beendigung des Amts unten Rdn. 43.

Der gerichtlich bestellte Verwalter hat in jeder Hinsicht **die gleiche Stellung wie der von den Wohnungseigentümern selbst bestellte Verwalter;** 24 er kann deshalb auch wirksam alle die Geschäfte vornehmen, die nach den Vereinbarungen der Wohnungseigentümer oder nach dem Gesetz dem Verwalter zugewiesen sind, nicht etwa nur dringende und unaufschiebbare Geschäfte. Ist z. B. gem. § 12 vorgesehen, daß ein Wohnungseigentümer zur Veräußerung eines Wohnungseigentums der Zustimmung des Verwalters oder einer Mehrheit der Wohnungseigentümer bedarf, so genügt die Zustimmung des gerichtlich bestellten Verwalters, nicht etwa kommt in einem solchen Falle nur die zweite Alternative in Betracht (so zutr. OLG Hamm, OLGE 67, 109 = DNotZ 67, 686). Von dem in Rdn. 22 erörterten Fall des § 21 Abs. 4 **unterscheidet sich** die Bestellung nach § 26 Abs. 3 dadurch, daß sie einen dringenden Fall voraussetzt, daß nicht die Bestellung eines bestimmten Verwalters verlangt werden kann und daß sie auch auf Antrag eines Dritten erfolgen kann. Der antragstellende Wohnungseigentümer bedarf hierzu eines ermächtigenden Beschlusses.

6. Übertragung der Verwalterbefugnisse und -pflichten. Eintritt in den Verwaltervertrag

Ein Verwalter ist, sofern nicht etwas anderes vereinbart ist, nicht ver- 25 pflichtet und, falls es sich um eine juristische Person handelt, auch nicht in der Lage, die Aufgaben in eigener Person wahrzunehmen, er kann sich zur Erfüllung seiner Aufgaben anderer Personen, insbesondere Angestellter, – „Erfüllungsgehilfen" (§ 278 BGB) – bedienen (BayObLG 75, 327; die dort gebrauchte Wendung von der „höchstpersönlichen" Verpflichtung ist nicht wörtlich zu nehmen). Er darf jedoch nicht die gesamte Verwaltertätigkeit und damit seine Verwalterstellung auf einen Dritten übertragen (BayObLG 1990, 173 zur Übertragung auf eine Tochter-GmbH). Eine Regelung in der Gemeinschaftsordnung, daß der Verwalter **ermächtigt** sein soll, **einen Dritten** mit der Verwaltung **zu beauftragen,** ist unwirksam, sofern damit gemeint ist, daß der bestellte Verwalter seine Rechte und Pflichten ohne Mitspracherecht der Wohnungseigentümer ganz oder teilweise auf den Dritten übertragen kann (BayObLG 75, 327; im entschiedenen Falle wurde die Übertragung, weil mit Zustimmung der Wohnungseigentümer geschehen, als zulässig angesehen; vgl. auch BGH NJW 1981, 282, wo die Frage offengeblieben ist; eindeutig BayObLG WEM 1981/4/34). Bedenken gegen die Übertragung hat das OLG Frankfurt (Rpfleger 1976, 253) nicht gesehen in einem Falle, wo der Verwalter seine Ermächtigung in einem Zeitpunkt ausgeübt hatte, in welchem die Verwaltungstätigkeit noch nicht aufgenommen war und keiner der Wohnungseigentümer widersprochen hatte; dem kann nur deshalb zugestimmt werden, weil nach Lage der Dinge die Wohnungseigentümer sich mit der Übertragung einverstanden erklärt hatten. Das **Amt** des Verwalters geht auch nicht auf den Gesamtrechtsnachfolger über, so nicht, wenn eine GmbH und Co. KG dadurch beendigt wird, daß die einzige Kommanditistin ihren Gesellschaftsanteil auf die einzige Komplementärin, die GmbH, überträgt (so BayObLGE 1987, 54), oder das Vermögen einer zum Verwalter bestellten KG, deren Komplementär eine natürliche Person war, einer GmbH anwächst (OLG Düsseldorf OLGE 1990, 428). Auch der Erwerb des Einzelhandelsgeschäftes eines zum Verwalter bestellten Kaufmanns mit der Firma macht den Erwerber nicht schon dadurch zum Verwalter (BayObLG 1990, 28). für den **Verwaltervertrag** gelten die Vorschriften der §§ 679, 664 BGB.

26 Wenn der **Erwerber eines Wohnungseigentums** in die Gemeinschaft eintritt, ist er **an die bestehende Bestellung eines Verwalters** nach § 10 Abs. 3 WEG gebunden; er **tritt zugleich,** wie das BayObLG (WE 1987, 91 BayObLGE 1986, 368) nun im Anschluß an Merle, Verwalter S. 49/50 und die 6. Auflage zutreffend und klärend entschieden hat (BayObLG 1986, 368), in entsprechender Anwendung des § 10 Abs. 4 WEG ohne weiteres, also ohne eine rechtsgeschäftliche Übernahme, **in den Verwaltervertrag ein,** er haftet aber nicht für „Verwaltervergütungen, die vor dem Erwerb entstanden und fällig geworden sind" (so auch KG WE 1994, 54), was dem allgemeinen Prinzip der Haftung im Falle der Veräußerung von Wohnungseigentum (§ 16 Rdn. 45 ff.) entspricht. Zu demselben Ergebnis würde auch die (entsprechende) Anwendung des § 613 a BGB führen. **Scheidet ein Wohnungseigentümer** durch Veräußerung seines Wohnungseigentums aus der Gemeinschaft **aus,** so bleiben seine bis dahin fällig gewordenen Verpflichtungen gegenüber dem Verwalter unberührt; das Geschäftsbesorgungsverhältnis hat noch Nachwirkungen, solange Gemeinschaftsangelegenheiten zwischen ihm und dem Verwalter abzuwickeln sind, auch die Vertretungsmacht des Verwalters bleibt insoweit bestehen (BGH NJW 1981, 282).

IV. Die Abberufung des Verwalters

1. Abberufung

27 a) Für die Abberufung des Verwalters kennt das WEG **zwei Wege**: die Abberufung aufgrund eines Mehrheitsbeschlusses (§ 26 Abs. 1 Satz 1) und die Abberufung als Maßnahme der ordnungsmäßigen Verwaltung aufgrund eines Verlangens nach § 21 Abs. 4.

28 aa) Nach **§ 26 Abs. 1 Satz 1** beschließen die Wohnungseigentümer über die Abberufung mit Stimmenmehrheit, also einfacher Mehrheit; die Art der Mehrheit ist nicht vorgeschrieben, insoweit gilt das oben Rdn. 8 Ausgeführte entsprechend. Die Abberufung ist grundsätzlich jederzeit möglich (BayObLGE 1974, 275); sie wird aber regelmäßig beschränkt auf das Vorliegen eines wichtigen Grundes (dazu näher unten Rdn. 39).

29 bb) Die Abberufung kann nach **§ 21 Abs. 4** verlangt werden (OLG Stuttgart OLGE 1977, 433). Für diesen Weg wird ein Bedürfnis und folglich auch ein Rechtsschutzbedürfnis nur bestehen, wenn der Versuch, einen Mehrheitsbeschluß herbeizuführen, gescheitert ist, (KG WE 1988, 168). Ausnahmsweise kann aber diese Vorschaltung unterbleiben, wenn sie unzumut-

bar ist, insbes. wenn in Anbetracht der Mehrheitsverhältnisse ein Mehrheitsbeschluß nicht zu erwarten ist (BayObLG WE 1986, 64), oder der Antragsteller alle anderen Wohnungseigentümer wegen der Abwahl angeschrieben hatte und bereits nicht die für ein Verlangen auf Einberufung einer Eigentümerversammlung erforderliche Mehrheit erhalten hat (OLG Düsseldorf WE 1991, 252).

b) Insbes. die Abberufung aufgrund Mehrheitsbeschlusses 30

aa) Der Abberufungsbeschluß – nicht die Abberufung (so unrichtig KG Rpfleger 1978, 257) – wird mit der Beschlußfassung wirksam; er führt aber für sich allein nicht zur Beendigung der Verwalterstellung, vielmehr ist die Abberufung eine **empfangsbedürftige Willenserklärung**, die gegenüber dem Verwalter abzugeben ist und aufgrund des Beschlusses im Namen aller, auch der überstimmten Wohnungseigentümer abgegeben wird (§ 10 Abs. 4).

bb) Ist der Verwalter zugleich Wohnungseigentümer oder von solchen 31 bevollmächtigt, so ist er bei der Abstimmung **nicht schlechthin vom Stimmrecht ausgeschlossen** (oben Rdn. 9 und § 25 Rdn. 21), **wohl aber** dann, wenn die **Abberufung aus wichtigem Grunde** zur Entscheidung steht, weil die Ablehnung des Antrags einer Entlastung gleichkäme (§ 25 Rdn. 20, 21) und weil die Abwahl zugleich auch die Kündigung des Verwalterverhältnisses aus wichtigem Grund, also die Vornahme eines Rechtsgeschäfts gegenüber dem Verwalter, bedeutet (so auch BayObLG WE 1987, 45; Bärmann-Pick-Merle § 25 Rdn. 59; vgl. auch Gerauer ZMR 1987, 165 und unten Rdn. 39ff.).

cc) Die **Voraussetzungen der Abberufung** können vertraglich geregelt 32 werden, die **Abberufung aus wichtigem Grund** durch Mehrheitsbeschluß kann aber nicht ausgeschlossen werden (§ 26 Abs. 1 Satz 3, 4). **Andere Beschränkungen der Abberufung** sind nach Abs. 1 Satz 4 unzulässig und nichtig; das gilt z. B. für das Erfordernis einer qualifizierten Mehrheit (BayObLG DWEigt. 1985, 60) oder das Erfordernis der Zustimmung eines Dritten, z. B. eines Realgläubigers (BayObLG NJW 1958, 1824) oder eine Bestimmung, wonach ein Abberufungsbeschluß im Falle seiner rechtzeitigen Anfechtung erst gültig werden soll, wenn über seine Gültigkeit rechtskräftig entschieden ist (KG Rpfleger 1978, 257).

dd) Ein **wichtiger Grund** liegt für die Wohnungseigentümer vor, wenn 33 unter Berücksichtigung aller – nicht notwendig vom Verwalter verschuldeter – Umstände das Vertrauensverhältnis zerstört ist und deshalb nach Treu und Glauben eine Fortsetzung der Zusammenarbeit mit dem Verwalter nicht mehr zugemutet werden kann (BayObLGE 1972, 139 – unzumutbare Selbstherrlichkeit und Mißachtung des Willens der Wohnungseigentümer; ähnlich BayObLG DWEigt. 1985, 126; LG Freiburg NJW 1968, 1973; weitere Beispiele: BayObLG 1958, 234; 1965, 34; WE 1992, 236; OLG Schleswig NJW 1961, 1870; OLG Köln OLGE 1969, 389; OLG Düsseldorf DWEigt. 1981, 25 – Entnahme einer überhöhten Vergütung; KG WE 1986, 140; BayObLG 22. 1. 1987 – 2 Z 140/86); KG WE 1994, 50 – in einem Vorgespräch ausweichend oder bagatellisierend beantwortete Fragen nach Vorstrafen des später zum Verwalter Bestellten durch ihn oder seinen Vertreter; BayObLG DWEigt 1993, 928 – Verwalter läßt sich Ansprüche eines Dritten gegen die

Wohnungseigentümer abtreten und macht sie geltend; BayObLG WE 1993, 276 – hartnäckige Weigerung des Verwalters die Jahresabrechnungen als Einnahmen- und Ausgabenrechnung zu fertigen; OLG Frankfurt OLGE 1988, 43 – Verwalter verhindert Eigentümerversammlung mit Tagesordnung Abwahl des Verwalters.

34 ee) Wenn Wohnungseigentümer, möglicherweise zu Unrecht, die Abberufung eines Verwalters betreiben, greifen sie nicht in dessen Recht am eingerichteten und ausgeübten Gewerbebetrieb ein; deliktische Ansprüche kann der Verwalter daraus nicht herleiten (OLG Köln DB 1979, 2369).

35 **2. Fraglich** und auch durch die Novelle nicht geklärt ist, **ob die Abberufung ein abstraktes, von der Beendigung des zugrundeliegenden Vertrages verschiedenes und unabhängiges Geschäft** ist, wie das das BayObLG in einer Grundsatzentscheidung (BayObLG 58, 234 = NJW 58, 1824 m. A. Bärmann NJW 59, 1277) angenommen hat. Von dieser Auffassung aus kann die Verwalterbestellung, wenn die Abberufung nicht beschränkt ist, jederzeit beendigt werden, während der Verwaltervertrag, wenn er mit der Verwalterbestellung nicht gekoppelt und, soweit noch zulässig, auf bestimmte Zeit geschlossen und nur aus wichtigem Grund kündbar ist, weiter bestehen kann (so auch OLG Köln WE 1989, 142). Es sind dann Fälle möglich, in denen wegen Fortbestehens des Verwaltervertrages trotz Abberufung dem Verwalter der Anspruch auf Vergütung gem. § 615 BGB verbleibt. Da ein unentgeltlicher Auftrag jederzeit von seiten der WEigt widerrufen (§ 671 Abs. 1 BGB), ein Geschäftsbesorgungsvertrag stets aus wichtigem Grund gekündigt werden kann (§§ 675, 626 BGB) und da Umstände, die einen wichtigen Grund zur Abberufung abgeben, regelmäßig auch die Kündigung aus wichtigem Grund i. S. des § 626 BGB rechtfertigen werden, ist die praktische Bedeutung der Frage nicht allzu groß, kann aber insbesondere dann auftreten, wenn die WEigt. von der Möglichkeit zur jederzeitigen Abberufung Gebrauch machen, ohne daß ein wichtiger Grund zur Kündigung des Verwaltervertrages vorliegt, oder wenn die Bestellung unwirksam ist oder mit Rückwirkung für ungültig erklärt wird (vgl. unten Rdn. 38, 40), der unwirksam Bestellte aber tatsächlich als Verwalter tätig geworden ist. Für solche Fälle ist mit dem BayObLG daran festzuhalten, daß Abberufung und Beendigung des Verwaltervertrages voneinander unabhängig sind, daß also die Abberufung des Verwalters nicht notwendig zur Beendigung des Verwaltervertrages führt und umgekehrt die Unkündbarkeit des Verwaltervertrages die Abberufung nicht schlechthin ausschließt (so auch BayObLG 74, 275). Jedoch greift, wenn der Verwaltervertrag auf längere Zeit als zwei Jahre geschlossen ist und die Voraussetzungen im übrigen vorliegen, § 11 Nr. 12a AGBG; wird also ein unbefristet abberufener oder ein auf einen Zeitraum bis zu 2 Jahren befristet bestellter Verwalter nicht wiederbestellt, können die Wohnungseigentümer den Verwaltervertrag nach Ablauf von 2 Jahren binnen einer Frist von 6 Wochen zum Quartalsende kündigen (insoweit zutreffend KG WE 1989, 132 m. A. Seuß; dazu auch Röll WE 1989, 114); liegt hingegen eine längerfristige Verwalterbestellung vor, greift § 11 Nr. 12a AGBG nicht, da § 26 Abs. 1 S. 2 als lex specialis vorgeht, wobei auf die konkrete Verwalterbestellung abzuheben ist, nicht auf eine allgemeine

Regelung in der Gemeinschaftsordnung, wonach die Verwalterbestellung jeweils auf 5 Jahre gelten soll.

Die Vorschrift des § 626 Abs. 2 BGB, wonach die Kündigung eines Dienstverhältnisses aus wichtigem Grund nur innerhalb von 2 Wochen seit dem Zeitpunkt erfolgen kann, in welchem der Kündigungsberechtigte von den für die Kündigung maßgeblichen Tatsachen Kenntnis erlangt hat – „Kündigungserklärungsfrist" –, gilt für die Abberufung als solche nicht und kann auf diese allenfalls in der Weise angewendet werden, daß die Abberufung innerhalb angemessener Frist erfolgen muß (so OLG Frankfurt NJW 1975, 545; OLGE 1988, 43; KG WE 1986, 140); die Anwendung auf die Kündigung des Dienstverhältnisses mit dem Verwalter bereitet Schwierigkeiten, die sich nur lösen lassen, wenn man es für genügend ansieht, daß innerhalb angemessener Frist seit dem Bekanntwerden von Umständen, die eine Kündigung rechtfertigen können, zur Erörterung eine Wohnungseigentümerversammlung einberufen wird.

3. Der **Verwalter** kann **seinerseits** das Verwalterverhältnis kündigen und 36
dadurch auch seine Stellung als Verwalter beendigen. Grundsätzlich ist dies nicht fristlos möglich, sondern nur bei Vorliegen eines wichtigen Grundes; ansonsten muß der Verwalter nach den Bestimmungen des Verwaltervertrages (oben Rdn. 11, 12), ergänzend nach den Vorschriften des BGB über die Kündigung des Dienstverhältnisses (§§ 621, 626, 627, 628) vorgehen (offengelassen in BayObLG WE 1992, 227). Die bloße Einstellung der Tätigkeit beendet das Amt nicht (a. A. Müller, Praktische Fragen des Wohnungseigentums, Rdn. 179), gibt den Wohnungseigentümern u. U. aber die Handhabe zur fristlosen Abberufung und Kündigung des Verwaltervertrages aus wichtigem Grund (ebenso Müller a. a. O. aber nur für den Fall, daß nach der Gemeinschaftsordnung die Abberufung des Verwalters auf das Vorliegen eines wichtigen Grundes beschränkt ist). **Einvernehmlich** kann der Verwalter jederzeit ausscheiden (BayOLG DWEigt. 1985, 60).

4. Die Beendigung des Verwalterverhältnisses bedeutet nicht, daß alle 37
Verpflichtungen von da an entfielen; es bleiben vielmehr **Nachwirkungen und Abwicklungsverpflichtungen,** insbes. zur Herausgabe dessen, was der Verwalter „aus der Geschäftsbesorgung erlangt" hat (§ 667 BGB), z. B. Herausgabe von Hausschlüsseln BayObLG DWEigt. 1985, 125; Herausgabe einer für ihn als Treuhänder bestellten Sicherungsgrundschuld BayObLG DWEigt 1983, 30. Da die wichtigsten dieser Verpflichtungen im Zusammenhang mit der **Wirtschaftsführung** (§ 28) stehen, werden sie dort erörtert (§ 28 Rdn. 37). Wird der Verwalter nach Beendigung des Verwalterverhältnisses noch tätig, so kann er Ansprüche nur aus Geschäftsbesorgung ohne Auftrag herleiten (BayObLG MDR 1985, 145); zur Vergütung des während eines Anfechtungsverfahrens über seine Bestellung durch einstweilige Anordnung suspendierten und trotzdem für die Gemeinschaft tätigen Verwalters KG OLGE 1989, 430. Eine andere Frage ist, ob und inwieweit der Verwalter befugt ist, für Personen zu handeln, die zwar Wohnungseigentümer gewesen sind, es aber **nicht mehr** sind; dazu § 27 Rdn. 12.

5. Streitigkeiten, die sich **aus der Abberufung** des Verwalters oder einer 38
sonstigen Beendigung des Verwalterverhältnisses ergeben, einschließlich der

Folgen für den Verwaltervertrag, z. B. über den Vergütungsanspruch, die Verpflichtung zur Herausgabe von Unterlagen (dazu § 28 Rdn. 37), sind nach nunmehr gefestigter Rechtsprechung (BGH NJW 1980, 2466; BayObLG DWEigt ITelex 1987/19/115) im Verfahren der freiwilligen Gerichtsbarkeit nach §§ 43 ff. zu entscheiden; näher dazu § 43 Rdn. 22; zum Einheitswert OLG Schleswig WE 1991, 19; vgl. auch BayObLG 76, 165 (der Verwalter kann nach der Abberufung gegen Ansprüche der Gemeinschaft auf Herausgabe von Geldern mit seinem Abfindungsanspruch aufrechnen).

6. Abberufung aus wichtigem Grund

39 Ergänzender Erörterungen (vgl. oben Rdn. 31 ff.) bedarf noch der Fall der vorzeitigen Abberufung des Verwalters aus wichtigem Grund. Der auf Abberufung gerichtete Beschluß der Wohnungseigentümerversammlung hat zunächst nur die Bedeutung einer Willensbildung der Wohnungseigentümergemeinschaft (oben Rdn. 30), er enthält aber nicht eine Entscheidung darüber, daß ein wichtiger Grund vorliegt, hierzu BayObLG WE 1991, 358 – Abschluß von Gebäudeversicherungen ohne Eigentümerbeschluß, obwohl hierfür wirksam Einberufung verlangt war; Behinderung bei der Prüfung der Jahresabrechnung; LG Frankfurt WE 1991, 31 – Mißachtung der Wünsche zahlreicher Wohnungseigentümer. Will der Verwalter geltend machen, daß ein wichtiger Grund nicht vorliege, so hat er dafür zwei Möglichkeiten, er kann den Beschluß anfechten und er kann gegen die Wohnungseigentümer Rechte geltend machen, die den Fortbestand seiner Verwalterstellung voraussetzen.

40 a) Der abberufene Verwalter ist, wie fast allgemein anerkannt (a. M. allerdings KG DWEigt 1988, 35), befugt, den Abberufungsbeschluß nach § 23 Abs. 4 i. V. mit § 43 Abs. 1 Nr. 4 WEG **anzufechten** (BGH NJW 1898, 1087; BayObLG WEM 1980, 125), unbeschadet des Umstands, daß dieser Beschluß bis zur Ungültigerklärung wirksam ist (so zutreffend Merle, Zur Anfechtung der Abberufung durch den abberufenen Verwalter, in: Festgabe für H. Weitnauer, Berlin 1980, S. 195). Hat die Anfechtung keinen Erfolg, wird also das Vorliegen eines wichtigen Grundes bejaht, so wird dieses für alle Beteiligten bindend festgestellt (§ 45 Abs. 2 Satz 2 WEG), die Abberufung ist wirksam.

41 Wird der Abberufungsbeschluß aber **für ungültig erklärt** und ist **in der Zwischenzeit ein neuer Verwalter** bestellt worden, so erweist sich, daß die Bestellung des alten Verwalters noch fortbesteht und, da nicht gleichzeitig zwei Verwalter vorhanden sein können (oben Rdn. 2), die Bestellung des neuen Verwalters auf einen rechtlich unmöglichen Erfolg gerichtet, folglich nichtig war. Das bedeutet nicht, daß der Vertrag mit dem neuen Verwalter nichtig sein müsse (oben Rdn. 27); der neue Verwalter, der tatsächlich die Verwaltungsgeschäfte geführt hat und dessen Handlungen die Wohnungseigentümer gegen sich gelten lassen müssen (oben Rdn. 20), hat bis zur Beendigung seiner Tätigkeit die Rechte und Pflichten, die sich aus dem Vertrag ergeben. Der alte Verwalter kann Ansprüche aus dem mit ihm geschlossenen Vertrag herleiten, die nach § 615 BGB darauf gerichtet sind, daß er die versprochene Vergütung abzüglich dessen verlangen kann, was er infolge

Unterbleibens seiner Dienstleistung erspart oder durch anderweitige Verwendung seiner Dienste erwirbt oder zu erwerben böswillig unterläßt. Eine Anfechtung des Beschlusses über die Bestellung des neuen Verwalters ist von dem hier vertretenen Standpunkt aus weder nötig noch möglich (a. A. KG DWEigt 1990, 74, wonach der Beschluß über die Verwalterbestellung ordnungsmäßiger Verwaltung widerspreche und deshalb aufzuheben sei; das KG hat bereits früher angenommen, daß, wenn beide Beschlüsse angefochten werden, beide auch für ungültig erklärt werden können (KG WE 1986, 140), was jedenfalls dann zu billigen wäre, wenn der hier vertretenen Ansicht nicht zu folgen und der Anfechtende ein Wohnungseigentümer wäre; dagegen wäre dem abberufenen Verwalter ein Recht zur Anfechtung des zweiten Beschlusses nicht zuzubilligen (vgl. die redaktionelle Anmerkung zu der Entscheidung des KG in WE 1986, 140; oben Rdn. 21; KG Rpfleger 1978, 257). Angesichts der großen Unsicherheiten, die in solchen Fällen bestehen, empfiehlt es sich, nach Möglichkeit in den Vereinbarungen mit dem neuen Verwalter Vorsorge für den Fall zu treffen, daß der Beschluß über die Abberufung des alten Verwalters für ungültig erklärt wird. Der Richter kann für die Dauer des Verfahrens zur Ordnung der Verhältnisse **einstweilige Anordnungen** nach § 44 Abs. 3 treffen, insbes., wenn ihm das Vorliegen eines wichtigen Grundes hinreichend dargetan ist, anordnen, daß der alte Verwalter dem neuen die zur Weiterführung der Verwaltung erforderlichen Unterlagen herauszugeben hat.

b) Die Frage, ob ein wichtiger Grund vorliegt, kommt auch zur Entschei- 42
dung, wenn der Verwalter in einem Verfahren gegen die Wohnungseigentümer **die Feststellung begehrt,** daß seine **Verwalterstellung** oder das Verwalterverhältnis mangels wirksamer Beendigung **fortbestehen,** oder wenn er Ansprüche aus dem Verwaltervertrag geltendmacht, ferner auch, wenn die Wohnungseigentümer ihrerseits die Feststellung begehren, daß die Verwalterstellung und das Verwalterverhältnis nicht fortbestehen. Auch in diesen Fällen kann, wenn der wichtige Grund verneint wird, die in Rdn 41 erörterte Lage eintreten; das dort Gesagte gilt entsprechend.

V. Beendigung des Amtes des gerichtlich bestellten Verwalters

Das Amt des gerichtlich bestellten Verwalters erlischt, sobald der Man- 43
gel behoben ist, also ein Verwalter durch Beschluß der Wohnungseigentümer oder durch gerichtliche Entscheidung nach § 21 Abs. 4 bestellt worden ist. Einer besonderen Abberufung des Notverwalters durch das Gericht bedarf es in diesem Falle nicht (für § 29 BGB bestr.; vgl. MünchKomm/Reuter § 29 Rdn 12; RG JW 18, 363). Schließen die Wohnungseigentümer mit dem gerichtlich bestellten Verwalter nachträglich einen Anstellungsvertrag, so hat dies die gleiche Wirkung wie eine Bestellung aufgrund eines Beschlusses der Wohnungseigentümer; der Verwalter ist dann nicht mehr „Notverwalter" i. S. des § 26 Abs. 2 (vgl. OLG Hamm OLGE 67, 109 = DNotZ 67, 686). Zur Abberufung des Notverwalters sind die Wohnungseigentümer nicht befugt (KG OLGE 1989, 435), wohl aber das Gericht (vgl. LG Dortmund MDR 66, 844); ebenso kann das Gericht die Amtszeit des Notverwal-

ters von Anfang an sinnvoll begrenzen, muß es aber nicht (BayObLG NJW – RR 1989, 461; DWEigt 1990, 152).

VI. Legitimation des Verwalters (Abs. 4)

44 Der durch das Gesetz vom 30. 7. 1973 eingefügte Abs. 4 stellt klar, daß der Nachweis **der Verwaltereigenschaft** in grundbuchmäßiger Form (§ 29 GBO) **durch öffentlich beglaubigte Urkunde,** d. h. durch die Vorlage einer Niederschrift über den Bestellungsbeschluß geführt werden kann, bei der die Unterschriften der in § 24 Abs. 6 bezeichneten Personen – nämlich des Vorsitzenden der Versammlung, eines WEigt und, falls ein Verwaltungsbeirat bestellt ist, auch des Vorsitzenden des Verwaltungsbeirats oder seines Vertreters – öffentlich beglaubigt sind. Damit ist eine Frage, die für die Praxis bereits durch BayObLG 64, 237 = NJW 64, 1962 (m. Anm. Diester DNotZ 64, 722) im gleichen Sinn entschieden war, außer Zweifel gestellt. Bei Zweifeln an der Fortdauer der Verwalterbestellung ist das Grundbuchamt berechtigt, auch hierüber formgerechten Nachweis zu verlangen (BayObLG NJW-RR 1991, 918 bei 5jähriger Verwalterbestellung ab Fertigstellung der Gebäude in der Teilungserklärung, wenn seit Errichtung der Teilungserklärung 5 Jahre verstrichen sind. Die u. U. weiter klärungsbedürftigen Fragen, wer den Vorsitz in der WEigentümerversammlung geführt hat, wer WEigt ist und ob ein Verwaltungsbeirat bestellt ist, können an Hand der dem Grundbuchamt vorliegenden Urkunden entschieden werden. Grundsätze der Anscheins- und Duldungsvollmacht sind im Grundbuchverkehr nicht anwendbar (oben Rdn. 20). Ist der Verwalter durch „Umlaufbeschluß" gem. § 23 Abs. 3 bestellt, so müssen die Unterschriften sämtlicher Wohnungseigentümer beurkundet oder beglaubigt sein (BayObLG Rpfleger 1986, 299), was dieses Verfahren im allgemeinen nicht als zweckmäßig erscheinen läßt.

Unabhängig hiervon kann der Verwalter zu seiner Legitimation die Ausstellung einer **öffentlich beglaubigten Vollmacht** verlangen (§ 27 Abs. 5). Wegen der öffentlichen Beglaubigung vgl. § 24 Rdn. 22; zum Geschäftswert hierfür, regelmäßig DM 5.000, OLG Stuttgart DWEigt 1988, 104. Der gerichtlich bestellte Verwalter kann sich durch den Gerichtsbeschluß ausweisen.

45 Die Regelung des § 26 Abs. 4 bezieht sich lediglich auf den Nachweis des Beschlusses über die **Bestellung des Verwalters;** die Annahme durch den Verwalter braucht nicht nachgewiesen zu werden und wird vermutet. Ist der Verwalter in der Teilungserklärung (§ 8 WEG) bestellt, so kann der Nachweis der Bestellung durch deren Vorlage geführt werden. In beiden Fällen besteht die **Vermutung, daß die Bestellung fortbesteht,** es bedarf hierfür also keines Nachweises (OLG Oldenburg Rpfleger 1979, 266; OLG Köln ITelex 1987/10/60 für die Bestellung in der Teilungserklärung). Die Vermutung greift nicht mehr, wenn sich aus den Grundakten begründete Zweifel an dem Fortbestehen ergeben; das Grundbuchamt ist in einem solchen Fall berechtigt, einen – formgerechten – Nachweis über das Fortbestehen der Verwalterbestellung zu verlangen (BayObLG WE 1992, 141 für eine Verwalterbestellung in der Teilungserklärung, befristet auf 5 Jahre ab Fertigstellung, wenn seit Errichtung der Teilungserklärung 5 Jahre verstrichen sind).

Außerhalb eines Eintragungsverfahrens, also vorsorglich, ist das Grundbuchamt nicht verpflichtet, den Nachweis eines Wechsels in der Person des Verwalters zu den Grundakten zu nehmen; es hat keinerlei registerrichterliche Funktionen für die Wohnungseigentümergemeinschaft.

VII. Sonstiger grundbuchmäßiger Nachweis

Ausgangspunkt für die in § 26 Abs. 4 festgehaltene Rechtspraxis war das **46**
Bedürfnis, in Fällen einer Veräußerungsbeschränkung nach § 12 WEG den **Nachweis der Zustimmung des Verwalters** zu erleichtern. Daraus erklärt sich, daß die beweisrechtliche Regelung in § 26 WEG eingefügt worden ist. Es gibt aber **auch andere Fälle,** in denen es notwendig ist, grundbuchmäßig einen Beschluß der Wohnungseigentümer nachzuweisen, insbesondere wenn im Falle des § 12 die Zustimmung der Wohnungseigentümerversammlung nachzuweisen ist (dazu BayObLG 61, 392) oder wenn im Rahmen der ordnungsmäßigen Verwaltung eine Verfügung über das gemeinschaftliche Grundstück getroffen werden muß, z. B. die Bestellung einer Dienstbarkeit oder die Veräußerung einer Parzelle. In solchen Fällen ist eine entsprechende Anwendung des § 26 Abs. 4 möglich und geboten; vgl. dazu Vor § 20 Rdn. 5, § 21 Rdn. 12. **Keinesfalls** kann die Beweiserleichterung des § 26 Abs. 4 herangezogen werden, wenn eine **Änderung der Gemeinschaftsordnung** in das Grundbuch eingetragen werden soll (so zutr BayObLG 78, 377); hier ist der Nachweis durch öffentlich beglaubigte Eintragungsbewilligungen sämtlicher Wohnungseigentümer zu führen (§ 10 Rdn. 49).

§ 27 Aufgaben und Befugnisse des Verwalters

(1) **Der Verwalter ist berechtigt und verpflichtet:**

1. **Beschlüsse der Wohnungseigentümer durchzuführen und für die Durchführung der Hausordnung zu sorgen;**
2. **die für die ordnungsmäßige Instandhaltung und Instandsetzung des gemeinschaftlichen Eigentums erforderlichen Maßnahmen zu treffen;**
3. **in dringenden Fällen sonstige zur Erhaltung des gemeinschaftlichen Eigentums erforderliche Maßnahmen zu treffen;**
4. **gemeinschaftliche Gelder zu verwalten.**

(2) **Der Verwalter ist berechtigt, im Namen aller Wohnungseigentümerund mit Wirkung für und gegen sie:**

1. **Lasten- und Kostenbeiträge, Tilgungsbeträge und Hypothekenzinsen anzufordern, in Empfang zu nehmen und abzuführen, soweit es sich um gemeinschaftliche Angelegenheiten der Wohnungseigentümer handelt;**
2. **alle Zahlungen und Leistungen zu bewirken und entgegenzunehmen, die mit der laufenden Verwaltung des gemeinschaftlichen Eigentums zusammenhängen;**
3. **Willenserklärungen und Zustellungen entgegenzunehmen, soweit sie an alle Wohnungseigentümer in dieser Eigenschaft gerichtet sind;**

4. Maßnahmen zu treffen, die zur Wahrung einer Frist oder zur Abwendung eines sonstigen Rechtsnachteils erforderlich sind;
5. Ansprüche gerichtlich und außergerichtlich geltend zu machen, sofern er hierzu durch Beschluß der Wohnungseigentümer ermächtigt ist;
6. die Erklärungen abzugeben, die zur Vornahme der in § 21 Abs. 5 Nr. 6 bezeichneten Maßnahmen erforderlich sind.

(3) **Die dem Verwalter nach den Absätzen 1, 2 zustehenden Aufgaben und Befugnisse können durch Vereinbarung der Wohnungseigentümer nicht eingeschränkt werden.**

(4) **Der Verwalter ist verpflichtet, Gelder der Wohnungseigentümer von seinem Vermögen gesondert zu halten. Die Verfügung über solche Gelder kann von der Zustimmung eines Wohnungseigentümers oder eines Dritten abhängig gemacht werden.**

(5) **Der Verwalter kann von den Wohnungseigentümern die Ausstellung einer Vollmachtsurkunde verlangen, aus der der Umfang seiner Vertretungsmacht ersichtlich ist.**

Übersicht

I. Die organschaftliche Stellung des Verwalters

1. Die Wohnungseigentümergemeinschaft, in BGHZ 78, 162 als „kompliziertes Gebilde" bezeichnet, steht im Rechtsverkehr und muß, obwohl sie weder rechts- noch parteifähig ist (§ 10 Rdn. 13), als **Trägerin von Rechten und Pflichten** handelnd auftreten und auftreten können. Ihre rechtliche Organisation als Rechtsgemeinschaft i. S. der §§ 741 ff. BGB, die zu wählen zwingende Gründe bestanden (vgl. § 10 Rdn. 10 ff.; Vor § 1 Rdn. 24 ff.), macht sie dazu nicht sonderlich geeignet; anders wäre es, wie man an der Erbengemeinschaft und der BGB-Gesellschaft sieht, übrigens auch nicht, wenn man der Wohnungseigentümergemeinschaft die Rechtsform einer Gesamthandsgemeinschaft gegeben hätte. Das WEG mußte also, um den beim Stockwerkseigentum alter Art aufgetretenen Mißhelligkeiten vorzubeugen, **ein gewisses Maß an Handlungsfähigkeit sicherstellen,** es mußte aber auf der anderen Seite auch alles vermeiden, was die Herrschaftsrechte, die das Eigentum in Gestalt von Sondereigentum und Miteigentum gewährt, über das unvermeidliche Maß hinaus einschränken konnte. Es hat diesen „Zielkonflikt" in einer Weise entschieden, wie das insbesondere aus den §§ 15, 21 und 27 ersichtlich ist: Die die Verwaltung und Benutzung des gemeinschaftlichen Eigentums betreffenden Angelegenheiten werden von der Gesamtheit der Wohnungseigentümer entschieden, in bezug auf das Sondereigentum ist der Gemeinschaft wegen des „intensivierten Nachbarschaftsverhältnisses" (Paulick AcP 152, 420) der Wohnungseigentümer (Vor § 1 Rdn. 20) zwar Einfluß auf die Gebrauchsregelung, nicht aber auf die Verwaltung eingeräumt. Ohne daß die hiernach den Wohnungseigentümern zustehende Verfügungsmacht eingeschränkt würde, ist der Wohnungseigentümergemeinschaft im **Verwalter ein unabdingbar notwendiges Organ** gegeben, dem die Ausführung der Entscheidungen der Wohnungseigentümer und die Besorgung der im Zusammenhang mit der gemeinschaftlichen Verwaltung veranlaßten Geschäfte sowohl im Verhältnis der Wohnungseigentümer untereinander – insbesondere die Bewirtschaftung der gemeinschaftlichen Mittel im Rahmen des Wirtschaftsplans – als auch gegenüber Dritten obliegt. Keine der dem Verwalter zugeteilten Befugnisse nimmt aber den Wohnungseigentümern ihre Entscheidungsmacht oder Rechtszuständigkeit. Eine „beherrschende Funktion" hat er nicht (so mit Recht BayObLG 72, 139 im Anschluß an Pfeuffer NJW 1970, 2233), er nimmt **treuhänderisch** die Rechte und Pflichten der Wohnungseigentümer wahr, ist daher stets deren Weisungen unterworfen (BayObLG 80, 29; 72, 139). Ob man den Verwalter als **Organ der Wohnungseigentümergemeinschaft,** seine Stellung als eine organschaftliche bezeichnen soll, wie das hier geschieht, ist nicht unstreitig (z. B. verneinend BayObLG 72, 139; Palandt-Bassenge § 27 Rn 1; OLG Frankfurt OLGE 1985, 144; so jetzt auch Bärmann-Pick-Merle § 27 Rdn. 2; ebenso Röll § 20 Rdn. 5, anders aber § 27 Rdn. 2, abw. von der 1. Aufl.; bejahend die Vorauflagen; Merle, Verwalter, S. 10 ff. m. w. N.), und ist zum Teil, aber nicht ausschließlich, eine terminologische Frage. Wer den Begriff des Organs auf den Vorstand und die verfassungsmäßigen Vertreter einer juristischen Person i. S. des § 31 BGB beschränkt, kann den Verwalter nicht als Organ auffassen. Doch besteht zu solcher Beschränkung kein Anlaß; 1

denn unzweifelhaft kann man auch bei Rechtsgebilden ohne eigene Rechtspersönlichkeit von Organen sprechen, so beim nichtrechtsfähigen Verein, etwa den Gewerkschaften (so BAG 2, 76; vgl. im übrigen Erman-H. P. Westermann § 54 Rdn. 13) und bei der OHG (z. B. Reinhardt, Gesellschaftsrecht, Tübingen 1973 Rdn. 122). Wegen der haftungsrechtlichen Folgen hieraus vgl. unten Rdn. 24ff. Der BGH (NJW 1981, 282; ebenso KG OLG 76, 239; BayObLG 76, 344) hat in Übereinstimmung mit der in der Vorauflage vertretenen Auffassung den Verwalter als **Vertreter der Wohnungseigentümer mit gesetzlicher Vertretungsmacht** angesehen und daraus die Folgerung abgeleitet, daß für Zustellungen nicht § 189 Abs. 2, sondern § 189 Abs. 1 ZPO maßgeblich ist (dazu unten Rdn. 15ff., §10 Rdn. 17); daraus ist zu entnehmen, daß auch der BGH den Verwalter als ein Organ der Wohnungseigentümergemeinschaft ansieht. Die hier vorgeschlagene Betrachtungsweise schließt nicht aus, mit Merle (Verwalter S. 10/11) gewisse Vorschriften, die für die Vollmacht gelten, auf den Verwalter anzuwenden, so § 166 Abs. 2 BGB für den Fall, daß der Verwalter seine Befugnisse nach Weisungen der Wohnungseigentümer ausübt (ähnlich für den Ergänzungspfleger BGHZ 38, 68 = NJW 1962, 2251), ferner die §§ 172ff. (dazu unten Rdn. 34; Weitnauer, PiG 3, S. 55/58).

2 Der Verwalter i. S. des WEG ist, sofern ihm nicht über seine gewöhnlichen Aufgaben hinaus die Vermietung von Eigentumswohnungen übertragen ist, wie etwa in einer Ferienwohnanlage, nicht Verwalter i. S. des § 2 Abs. 2 Nrn. 2, 3 des Gesetzes zur Regelung der Wohnungsvermittlung vom 4. 11 1971 (BGBl. I S. 1745); so zutr. OLG Hamburg DB 1976, 577; a. M. v. Hoyningen-Huene BB 1974, 1006. Nach LG Frankfurt (ITelex 1985/4/19) kann der Verwalter, wenn er über seine Verwalterpflichten hinaus eine Vermittlungstätigkeit beim Verkauf von Eigentumswohnungen ausübt, Provision verlangen, ohne daß § 2 Abs. 2 Nr. 2 WohnVermG entgegenstünde; anders aber (so OLG, Hamburg ITelex 1985/4/21), wenn er in wirtschaftlicher Verflechtung mit dem Veräußerer steht.

3 **2.** § 27 trifft, wie schon die Überschrift besagt, Vorschriften über die Aufgaben und Befugnisse des Verwalters. Die hier zu findende Aufzählung ist **nicht erschöpfend;** weitere Befugnisse und Pflichten sind dem Verwalter zugewiesen in § 24 Abs. 1, 2, 4 (Einberufung der Wohnungseigentümerversammlung, dazu § 23 Abs. 2), in § 24 Abs. 4 (Vorsitz in der Wohnungseigentümerversammlung), in § 24 Abs. 5 (Niederschrift), in § 25 Abs. 2 (wiederholte Einberufung der Wohnungseigentümerversammlung), in § 28 (Wirtschaftsplan, Jahresabrechnung), in § 43 Abs. 1 Nrn. 2 u. 4 (verfahrensrechtliche Stellung des Verwalters).

4 **3.** § 27 unterscheidet zwischen Aufgaben und Pflichten mehr allgemeiner und tatsächlicher Art (Abs. 1), die aber Vertretungsrechte einschließen (unten Rdn. 3), und der Befugnis zur Vertretung der Wohnungseigentümer bei bestimmten Rechtsgeschäften und Rechtshandlungen (Abs. 2). Abs. 3 macht die Regelung der Abs. 1, 2 **unabdingbar insofern** als die erwähnten Rechte und Pflichten nicht eingeschränkt, wohl allerdings erweitert werden können

Abs. 4 ergänzt die Bestimmung des Abs. 1 Nr. 4, ist aber seinerseits nicht unabdingbar (a. M. Bärmann-Pick-Merle § 27 Rdn. 10). **Zur Erfüllung der** ihm zugewiesenen **Aufgaben** ist der Verwalter aufgrund seiner organschaftlichen Stellung und aufgrund des Verwaltervertrages **verpflichtet** (OLG Frankfurt DWEigt 1983, 58); diese können von ihm Erfüllung verlangen, im Falle schuldhafter Pflichtverletzung ist er ihnen zum Schadensersatz verpflichtet (unten Rdn. 35). Streitigkeiten zwischen dem Verwalter und den Wohnungseigentümern über seine Befugnisse und Pflichten werden nach § 43 Abs. 1 Nr. 2 WEG im Verfahren der freiwilligen Gerichtsbarkeit entschieden.

Aufgaben und Befugnisse des Verwalters nach Abs. 1

1. Durchführung der Beschlüsse der Wohnungseigentümer und der Hausordnung (Abs. 1 Nr. 1) 5

Die Wohnungseigentümer sind in ihrer Gesamtheit die Herren der Verwaltung des gemeinschaftlichen Eigentums (§ 21 Rdn. 3), die ihren Willen in Form von Beschlüssen (§§ 23–25 WEG) bilden; der Verwalter hat die Rolle eines Sachwalters (oben Rdn. 1), daher wird als erster Punkt seine Berechtigung und Verpflichtung zur Durchführung von Beschlüssen der Wohnungseigentümer genannt. Da die Hausordnung regelmäßig durch Beschluß der Wohnungseigentümer aufgestellt wird (§ 21 Abs. 5 Nr. 1), ist die Sorge für ihre Durchführung (besser wohl Einhaltung) eingeschlossen. In Betracht kommen hier im wesentlichen Maßnahmen tatsächlicher Art: Sorge für die Reinigung von Hof und Treppen, Schneeräumen, Einhaltung der Ruhezeiten, Aufstellen von Schildern, durch die entsprechend der Hausordnung das Parken von Fahrzeugen auf bestimmten Grünflächen verboten wird (so der Fall BayObLG WEM 1981/6/32), und dergl. wie überhaupt die Einhaltung der in § 14 bestimmten Pflichten, auch das Recht, die in § 18 Abs. 2 Nr. 1 vorgesehene „Abmahnung" auszusprechen. Es kommen aber auch Maßnahmen rechtsgeschäftlicher Art in Betracht, so z. B. wenn der Verwalter beauftragt wird, eine zum gemeinschaftlichen Eigentum gehörige Garage zu vermieten; dann wird er, wenn nicht etwas Gegenteiliges bestimmt wird, auch bevollmächtigt sein, den Mietvertrag abzuschließen, dagegen nicht zu einer späteren Kündigung (unten Rdn. 22). Eine gesetzliche Vertretungsmacht kann aus Nr. 1 nicht hergeleitet werden.

Der Verwalter hat das Recht, Beschlüsse, die er für nicht rechtmäßig hält, selbständig anzufechten (§ 43 Abs. 1 Nr. 4); wird ein fehlerhafter Beschluß bestandskräftig, ist auch der Verwalter daran gebunden (BayObLG 74, 86; LG Düsseldorf ITelex 1984/9/54); führt der Verwalter einen angefochtenen Beschluß aus, der später für ungültig erklärt wird, kann der Verwalter für Schäden aus der Vollziehung ersatzpflichtig sein (BayObLG WE 1991, 198).

2. Instandhaltung und Instandsetzung des gemeinschaftlichen Eigentums (Abs. 1 Nr. 2)

Die Bestimmung ergänzt § 21 Abs. 5 Nr. 2 und kann sich inhaltlich mit 6
Nr. 1 überschneiden. Wenn auch die Instandhaltung und Instandsetzung des gemeinschaftlichen Eigentums (dazu § 21 Rdn. 28ff.) in erster Linie Sache der Wohnungseigentümer selbst ist, so ist doch deren Entscheidung vielfach nicht schnell genug herbeizuführen; deshalb gibt Nr. 2 dem Verwalter die

notwendigen Befugnisse, so etwa wenn Wasser durch das Dach eindringt, ein Abwasserrohr verstopft ist und in ähnlichen Fällen. Dagegen ist der Verwalter z. B. nicht befugt, eigenmächtig an Stelle der bisherigen Haustüre eine schalldämmende Doppeltür einbauen zu lassen, auch wenn dies nützlich sein mag (BayObLG 78, 117). Nr. 2 ist so weit gefaßt, daß sie Maßnahmen rechtlicher und tatsächlicher Art deckt, sie gibt deshalb, da der Verwalter in der Lage sein muß, die ihm auferlegten Pflichten auch zu erfüllen, über Abs. 2 hinaus und unabdingbar (Abs. 3) unabhängig von einer rechtsgeschäftlichen Bevollmächtigung dem Verwalter das Recht, **im Namen der Wohnungseigentümer** die zur Instandhaltung oder Instandsetzung erforderlichen **Verträge abzuschließen** (so bereits 5. Auflage und BayObLG NJW 1975, 2296 in einem Falle der Ersatzbeschaffung; jetzt auch Bärmann-Pick-Merle § 27 Rdn. 11ff., 16). Nach BGHZ 67, 232, ebenso BayObLG WE 1990, 135 für den Fall, daß die Ursache eines Feuchtigkeitschadens behoben war, ist der Verwalter nicht berechtigt, einen zur weiteren Schadensbeseitigung nicht dringlichen Instandsetzungsauftrag größeren Umfangs ohne vorherigen Beschluß der Wohnungseigentümer in deren Namen zu vergeben; dem ist zuzustimmen, schon aus dem vom BGH mit Recht angeführten Grund, daß das Maß der finanziellen Verpflichtungen der Wohnungseigentümer begrenzt und kalkulierbar bleiben müsse. Der BGH hat aber ausdrücklich offengelassen, wie in einem dringlichen Fall notwendiger Instandsetzung zu entscheiden wäre; es kann wohl angenommen werden, daß der BGH in einem solchen Falle die Vertretungsmacht des Verwalters bejahen würde. Bejaht wurde die Vertretungsmacht für den Abschluß eines „Antennen-Gestattungs- und Lieferungsvertrags" von BayObLG 1983, 60; mit Recht verneint für den Abschluß eines langfristigen ausgelegten Wartungsvertrages (OLG Zweibrücken OLGE 1983, 339; OLG Hamburg DWEigt 1993, 164); zur Kündigung von Verträgen unten Rdn. 22. Unter die Instandsetzung fällt nach BGHZ 67, 233 auch die **Behebung von Baumängeln;** doch ist das selbständige Handeln des Verwalters „erforderlich" i. S. des § 27 Abs. 1 Nr. 2 nur, soweit sein Eingreifen unaufschiebbar ist, also eine Notmaßnahme nach Abs. 1 Nr. 3 ergriffen werden muß; im übrigen ist der Verwalter, da es sich in der Regel um schwierige Entscheidungen handelt (vgl. Anh. zu § 8 Rdn. 42ff.), nur verpflichtet, das gemeinschaftliche Eigentum regelmäßig zu überwachen – verneinend für Dachbegehungen durch den Verwalter OLG Zweibrücken NJW-RR 1991, 1301 –, die Wohnungseigentümer über aufgetretene Mängel zu unterrichten und eine Entscheidung der Wohnungseigentümerversammlung herbeizuführen (BayObLG WE 1991, 22; BayObLG 1992, 146, dazu auch § 21 Rdn. 29), Beschlüsse auszuführen, wobei der Handwerker nicht sein Erfüllungsgehilfe ist, da der Verwalter nicht die Vornahme der Maßnahme schuldet (BayObLG a. a. O.), und auf Baumängel und den Ablauf von Gewährleistungspflichten hinzuweisen, es sei denn allen Wohnungseigentümern wären die Baumängel bekannt, (BayObLG WE 1988, 31; WE 1991, 22) bzw. die sich hieraus ergebenden Gewährleistungsansprüche zu verfolgen (KG WE 1993, 83). Der Verwalter, der zugleich Bauträger ist, darf, weil das nicht erforderlich ist, Instandsetzungsaufträge nicht namens der Wohnungseigentümer vergeben und die Vergütung aus Mitteln der Wohnungseigentümer entnehmen, wenn er selbst wegen dieser Mängel gewährleistungspflichtig ist (OLG Köln WEM 1978, 91; a. A. OLG Hamm OLGZ 1989, 54 für eine Notmaßnahme); zur Bestellung eines Notverwalters bei Interessenkollision (OLG Hamm WE 1993, 244). Soweit der Verwalter im Rahmen seiner Befugnisse handelt, werden die Wohnungseigentümer als **Gesamtschuldner** verpflichtet (**„Verwaltungsschulden"**, BGHZ 67, 232; BGH NJW 1977, 1686; BGHZ 75, 26).

3. Notmaßnahmen (Abs. 1 Nr. 3)

Das Recht und die Pflicht des Verwalters, in dringenden Fällen die zur 7
Abwendung von Gefahren („zur Erhaltung des gemeinschaftlichen Eigentums") erforderlichen Maßnahmen zu treffen, korrespondiert mit der entsprechenden Befugnis jedes einzelnen Wohnungseigentümers (§ 21 Abs. 2 WEG; vgl. § 21 Rdn. 5); zur Befugnis des Bauträger-Verwalters, ohne Beschluß Instandsetungsarbeiten zur Behebung von Baumängeln für die Wohnungseigentümer in Auftrag zu geben OLG Hamm OLGE 1989, 54. Die Befugnisse von Verwalter und Wohnungseigentümern schließen sich nicht gegenseitig aus; aber wenn ein Teil das Erforderliche bereits veranlaßt hat, entfällt für den anderen die Erforderlichkeit. Im Rahmen des Abs. 1 Nr. 3 kommen auch Maßnahmen in Betracht, die nicht der Instandhaltung oder Instandsetzung dienen, z. B. Abriß eines Gebäudeteils bei Brandgefahr. Die Befugnis, in Vertretung der Wohnungseigentümer Maßnahmen zur **Wahrung von Fristen** – z. B. Verjährungsfristen – und zur Abwendung sonstiger Rechtsnachteile – z. B. die Inanspruchnahme eines Gewährleistungsbürgen – zu treffen, ist in Abs. 2 Nr. 4 besonders und ausdrücklich aufgeführt (unten Rdn. 19). Nr. 3 schließt ebenso wie Nr. 2 die Befugnis ein, die Wohnungseigentümer zu vertreten.

4. Verwaltung der gemeinschaftlichen Gelder (Abs. 1 Nr. 4)

Die gemeinschaftlichen Gelder – Bargeld, Guthaben – sind (entgegen ver- 8
breiteter Auffassung, vgl. § 1 Rdn. 19ff.) nicht Teil des gemeinschaftlichen Eigentums i S. von § 1 Abs. 5 WEG. Sie kommen insbesondere zustande durch die Einzahlungen oder Vorschüsse auf das „Wohngeld" (§ 16 Abs. 2, § 28 Abs. 2), aus der Nutzung, z. B. Vermietung oder Verpachtung des gemeinschaftlichen Eigentums. Zu den gemeinschaftlichen Geldern gehört auch die Instandhaltungsrücklage (§ 21 Abs. 5 Nr. 4). Über die Art der Verwaltung bestimmt Abs. 4 das Nähere (dazu unten Rdn. 26ff.). Der Verwalter hat über die Verwaltung Rechnung zu legen (§ 28 Abs. 4). Aus der Befugnis zur Geldverwaltung folgt nicht die Befugnis zur **Aufnahme von Krediten** im Namen der Wohnungseigentümer (so mit Recht OLG Koblenz DB 1979, 788), auch nicht zur Kontoüberziehung (BGH NJW-RR 1993, 1227); sowohl zur Kreditaufnahme als auch zur Kontoüberziehung bedarf der Verwalter vielmehr eines Beschlusses der Wohnungseigentümer. Ein solcher Beschluß entspricht nur dann ordnungsmäßiger Verwaltung, wenn die Höhe limitiert und die Rückzahlung in angemessener Zeit durch Hausgeldzahlungen sichergestellt ist; als Obergrenze wird ein Betrag in Höhe der Hausgeldvorauszahlungen für drei Monate angesetzt (BayObLG WE 1991, 111; OLG Hamm 1992, 136). Dies kann aber nur gelten, wenn die laufenden

Vorauszahlungen für die vorfinanzierten Kosten bestimmt sind; ansonsten muß eine Sonderumlage beschlossen werden, wobei jedem Wohnungseigentümer freisteht, den auf ihn entfallenden Anteil aus eigenen Mitteln zu bestreiten oder zu finanzieren, ohne für den Kredit anderer Wohnungseigentümer zu haften. Der ohne Beschluß aufgenommene Kredit, auch der auf Kontoüberziehung beruhende, ist schwebend unwirksam (BGH a. a. O.); versagen die Wohnungseigentümer die Genehmigung, ist Schuldner der Verwalter, der jedoch u. U. von den Wohnungseigentümern Freistellung bzw. Erstattung verlangen kann; dieser Anspruch verjährt in 30 Jahren (BGH a. a. O.). Stehen höhere Versicherungsprämien, Heizölkäufen u. ä. zu Beginn eines Wirtschaftsjahres an, empfiehlt sich, eine limitierte Kontoüberziehung durch den Verwalter oder eine Vorfinanzierung aus der Instandhaltungsrücklage vorab zu genehmigen; die im übrigen abweichende Ansicht der 7. Auflage wird aufgegeben; wie hier Erlenbach PiG 27, 85ff./88, 89. Die Befugnis ist nach Abs. 3 **unabdingbar,** während die Regelung des Abs. 4 – „von seinem Vermögen gesondert zu halten“ – abdingbar ist; die Zweifel von Bärmann-Pick-Merle (§ 27 Rdn. 9) sind nicht begründet.

III. Vertretungsmacht des Verwalters (Abs. 2)

9 Der Verwalter ist nach Abs. 2 in bestimmten Angelegenheiten befugt, **„im Namen und mit Wirkung für und gegen alle Wohnungseigentümer“** zu handeln. Er erlangt also durch seine Bestellung eine ihrem Umfang nach gesetzlich umschriebene und nicht einschränkbare (insofern der Prokura oder Handlungsvollmacht ähnliche) Vertretungsmacht, aufgrund deren er die Wohnungseigentümer nach außen vertreten und Rechtsgeschäfte mit Wirkung für und gegen sie vornehmen kann, er wird also in begrenztem Umfang gesetzlicher Vertreter der Wohnungseigentümer und hat eine **organschaftliche Stellung** (oben Rdn. 1); **in den Fällen des § 27 Abs. 2 und auch im Falle von Abs. 1 Nr. 2 und 3** (oben Rdn. 6, 7) besteht also nicht nur eine „gesetzliche Vermutung einer Bevollmächtigung“ (so früher Bärmann, 3. Aufl., § 27 Rdn. 33; anders jetzt: „gesetzlich umschriebene Vertretungsmacht“, Rdn. 35). Freilich können dem Verwalter zusätzliche Vertretungsbefugnisse durch Erteilung einer Vollmacht im Einzelfall oder allgemein verliehen werden. Daß der Verwalter gegebenenfalls auch verpflichtet ist, die im Rahmen seiner Vertretungsmacht liegenden Maßnahmen zu treffen, wo dies zur ordnungsmäßigen Erfüllung seiner Aufgaben erforderlich ist, bedarf keiner Hervorhebung und folgt aus den mit dem Amt und dem Verwaltervertrag übernommenen Pflichten, zu deren Erfüllung ihn die ihm verliehene Vertretungsmacht gerade instandsetzen soll.

10 Die Wirkung für und gegen die Wohnungseigentümer tritt allerdings nur ein, wenn der Verwalter als **offener Stellvertreter** handelt (so zutr. BayObLG 58, 234 = NJW 58, 1824). Natürlich kann das Gesetz dem Verwalter nicht verwehren, als **mittelbarer (indirekter) Stellvertreter** zu handeln, also z. B. einen Vertrag, der eine Maßnahme der Instandsetzung des gemeinschaftlichen Eigentums (z. B. eine Dachreparatur) zum Gegenstand hat, im eigenen Namen abzuschließen und sich dadurch selbst zu verpflichten. Ebenso kann andererseits auch der Verwalter ermächtigt werden, eige-

nen Namens Ansprüche oder sonstige Rechte der Wohnungseigentümer geltend zu machen, soweit das rechtlich zulässig ist (§ 185; wegen der Einziehungsermächtigung bei Forderungen vgl. auch Erman-Westermann § 398 Anm. III), und insoweit auch auf Leistung an sich selbst zu klagen (so zutr. OLG Hamburg MDR 66, 146, BayObLG 75, 233; BGHZ 74, 258, 267; BGH NJW 1981, 1841; OLG Stuttgart OLGE 1990, 175). Eine solche Ermächtigung kann durch Beschluß der Wohnungseigentümerversammlung (KG OLGE 1992, 57) oder in der Gemeinschaftsordnung oder im Verwaltervertrag (BayObLG MDR 1982, 151; BayObLGE 1986, 128; BayObLG Rpfleger 1980, 23; BayObLG DWEigt 1986, 95), allgemein oder für den Einzelfall, sie kann auch stillschweigend erteilt sein, wenn dies aufgrund der Umstände und der Interessenlage anzunehmen ist, was namentlich bei großen Wohnungseigentümergemeinschaften der Fall sein wird, weil die gerichtliche Geltendmachung von Ansprüchen im Namen aller Wohnungseigentümer gewisse technische Schwierigkeiten, jedenfalls Umständlichkeiten mit sich bringen kann (so OLG Hamburg a. a. O.); vgl. zur Frage der Ermächtigung auch Heinrich NJW 1974, 125. Die Ermächtigung muß, wenn eine Frist zu wahren ist, im Zeitpunkt der Antragstellung gegeben sein (vgl. den ähnlichen Fall BayObLGE 1981, 50); ansonsten kann sie nachgeholt werden (KG a. a. O.; BayObLG WE 1990, 218). Eine solche **„Prozeßstandschaft“** ist nur auf der Aktiv-(Kläger-)Seite, nicht auch auf der Passiv-(Beklagten-)Seite möglich (so zutr. BayObLG 75, 233 unter Aufgabe von BayObLG 70, 290; BGHZ 78, 162). Eine Befugnis, im eigenen Namen ohne besondere Ermächtigung eine Beschwerde in Grundbuchsachen einzulegen, hat der Verwalter nicht (OLG Stuttgart BWNotZ 1977, 46). Hat der Verwalter eigenen Namens einen Vollstreckungstitel erwirkt, so kann er auch die Zwangsvollstreckung betreiben; die Eintragung einer Zwangssicherungshypothek auf seinen Namen jedoch nur nach Abtretung der Forderung (OLG Celle, DWEigt 1987, 62; § 16 Rdn. 40; abw. LG Bochum Rpfleger 1985, 438 und die 7. Aufl.). Zu den Folgen des Ausscheidens eines Verwalters, der in Prozeßstandschaft für einen Anspruch der Wohnungseigentümer ein Verfahren betreibt oder einen Titel erwirkt hat, vgl. Anh. § 43 Rdn. 16). Ist der Verwalter zur Geltendmachung im eigenen Namen ermächtigt und erteilt er einem Anwalt entsprechenden Prozeßauftrag, so hat der Anwalt nur **einen** Auftraggeber, die Gebühr erhöht sich nicht gem. § 6 BRAGO (OLG Koblenz VersR 1986, 47).

Die gesetzliche Vertretungsmacht des Verwalters hat insbesondere zur Folge, daß er an das **Verbot des „Selbstkontrahierens“** (§ 181 BGB) gebunden ist, er kann also, soweit ihm nicht ein anderes gestattet ist, im Namen der Wohnungseigentümer nicht mit sich im eigenen Namen oder als Vertreter eines Dritten Rechtsgeschäfte vornehmen; eine Ausnahme gilt nur für den Fall, daß dieses Rechtsgeschäft ausschließlich in der Erfüllung einer Verbindlichkeit besteht. Der Verwalter kann also z. B. nicht als Vertreter der Wohnungseigentümer mit sich selbst einen Vertrag über die Vornahme von Instandsetzungsarbeiten schließen; gleichwohl aber kann er einen von ihm selbst geschuldeten Geldbetrag auf das Sonderkonto der Wohnungseigentümergemeinschaft überweisen oder die ihm geschuldete Vergütung aus dem Gemeinschaftskonto entnehmen (vgl. § 26 Rdn. 11). Wenn dem Verwalter 11

Befreiung von der Beschränkung des § 181 BGB erteilt, ihm also „ein anderes gestattet“ ist, kann er auch im Falle eines wirklichen Interessenkonflikts tätig werden (so für die Vertretung vor Gericht BayObLG ITelex 1983/22/125). Soweit der Verwalter auf Grund des § 181 verhindert ist, müssen die Wohnungseigentümer selbst handeln (oder nach § 26 Abs. 3 vorgehen), wenn sie ihm nicht die nach § 181 BGB mögliche Erlaubnis zum Selbstkontrahieren erteilen. Wegen § 181 BGB bei Zustellungen vgl. unten Rdn. 15; wegen Erteilung der Zustimmung nach § 12 vgl. dort Rdn. 13.

12 Die gesetzliche Vertretungsmacht des Verwalters beschränkt sich nicht auf diejenigen Personen, welche im Zeitpunkt seines Tätigwerdens Wohnungseigentümer sind; sie kann auch für **ausgeschiedene Wohnungseigentümer** fortbestehen; in BGHZ 78, 162 = NJW 1981, 282 wird dazu folgendes ausgeführt: „Die gesetzliche Vertretungsmacht des Verwalters gem. § 27 II WEG dauert ... für einen aus der Gemeinschaft ausgeschiedenen Wohnungseigentümer jedenfalls insofern und solange fort, als gemeinschaftliche Verpflichtungen der Wohnungseigentümer gegenüber Dritten aus der Zeit seiner Zugehörigkeit zur Wohnungseigentümergemeinschaft abzuwickeln sind.“ Der Verwalter ist demgemäß befugt, Zustellungen entgegenzunehmen, auch wenn die Adressaten (zum Teil) nicht mehr Wohnungseigentümer sind.

Vertretungsbefugnisse im einzelnen:

13 **1. Zu Abs. 2 Nr. 1. Lasten- und Kostenbeiträge, Hypothekenzinsen und Tilgungsbeträge.** Wegen des Begriffs der Lasten- und Kostenbeiträge vgl. § 16 Rdn. 14ff. Hypothekenzinsen gehören zu den Lasten, nicht dagegen nach richtiger Ansicht Tilgungsbeträge (vgl. § 16 Rdn. 12); sicherlich gehören letztere nicht zu den Kosten der Verwaltung (§ 16 Rdn. 14, 15). Da zu diesen Fragen nicht ausdrücklich im Gesetz Stellung genommen werden sollte und auch mit von § 16 Abs. 2 abweichenden Vereinbarungen gerechnet werden muß, namentlich in der Entstehungszeit des WEG gerechnet werden mußte, erschien es angebracht, auch die Hypothekenzinsen und Tilgungsbeträge (einschließlich der zugrunde liegenden persönlichen Schuldverpflichtungen) hier ausdrücklich zu erwähnen. Der Zusatz, daß es sich „um gemeinschaftliche Angelegenheiten der Wohnungseigentümer“ handeln müsse, weist darauf hin, daß die erwähnten gesetzlichen Befugnisse des Verwalters dann entfallen, wenn es sich um Verpflichtungen handelt, die den einzelnen Wohnungseigentümer selbständig treffen, also z. B. Grundsteuern (Anhang zu § 62) oder Verpflichtungen aus Hypotheken, die nur das einzelne Wohnungseigentum belasten (vgl. § 3 Rdn. 107). Es kann jedoch zweckmäßig sein, auch die laufende Abwicklung solcher an sich nur den einzelnen Wohnungseigentümer treffenden Verpflichtungen in die Hand des Verwalters zu legen und die Gläubiger von einer zu weit in das einzelne gehenden Verwaltungsarbeit zu entlasten. Eine derartige Erweiterung der Befugnisse des Verwalters durch Vereinbarung (Gemeinschaftsordnung) ist zulässig (OLG Schleswig NJW 1961, 1871; BayObLG Rpfleger 1978, 256; zu Unrecht a. M. KG NJW 1975, 318; wie hier jetzt auch Bärmann-Pick-Merle § 27 Rdz. 39). Von selbst versteht sich, daß der Verwalter, wenn er die Lasten-

und Kostenbeiträge anfordert, nicht etwa als Vertreter des Gläubigers, sondern als Vertreter der Wohnungseigentümer handelt, er macht nicht den Anspruch der Gläubiger, sondern den Anspruch der Wohnungseigentümer gegeneinander auf Leistung der erforderlichen Beiträge geltend (vgl. oben Rdn. 9). Ob der Schuldner durch die Zahlung an den Verwalter bereits gegenüber dem Gläubiger befreit wird oder ob der Schuldner trotz der Vereinbarung mit befreiender Wirkung an den Gläubiger selbst leisten kann, ist nach den jeweils getroffenen Vereinbarungen zu beurteilen; vgl. aber nachstehende Rdn. 14. Zu einer gerichtlichen Geltendmachung und Beitreibung ist der Verwalter nur nach Maßgabe des Abs. 2 Nr. 5 befugt, vgl. Rdn. 20.

2. Zu Abs. 2 Nr. 2. Befugnis, alle **Zahlungen und Leistungen** zu bewirken 14
und entgegenzunehmen, die mit der laufenden Verwaltung des gemeinschaftlichen Eigentums zusammenhängen, insbes. mit den sogen. „Verwaltungsschulden" (BGHZ 67, 232; oben Rdn. 6); hiernach ist der Verwalter z. B. berechtigt, Instandsetzungsarbeiten zu bezahlen, geleistete Arbeiten abzunehmen (§ 640 BGB) und ähnliches. Mit der aus Abs. 2 Nr. 2 folgenden Befugnis korrespondiert die Pflicht des Verwalters dafür zu sorgen, daß der einzelne Wohnungseigentümer aus „Verwaltungsschulden" nicht persönlich in Anspruch genommen wird (vgl. Vor § 20 Rdn. 2). Im Rahmen der Nr. 2 ist der Verwalter befugt, über die von ihm verwalteten „gemeinschaftlichen Gelder" der Wohnungseigentümer, gegebenenfalls auch die „Instandhaltungsrückstellung" (§ 21 Abs. 5 Nr. 4), zu verfügen, vorbehaltlich einer abweichenden Bestimmung nach Abs. 4 Satz 2. Er muß sich aber in den Schranken seiner treuhänderischen Stellung halten, er darf deshalb, wenn er zugleich Bauträger ist, nicht Gelder aus der Instandhaltungsrückstellung entnehmen, um damit Reperaturaufträge zu bezahlen, wenn er den Wohnungseigentümern gewährleistungspflichtig ist und die Reparatur auf eigene Kosten ausführen müßte (OLG Köln WEM 1978, 91; vgl. auch oben Rdn. 6). Wegen der Abführung von Hypothekenzinsen und Tilgungsbeträgen vgl. Nr. 1. Aus § 27 Abs. 2 Nr. 1 folgt auch, daß ein einzelner Wohnungseigentümer nicht berechtigt ist, einen seiner Quote entsprechenden Betrag von Tilgungen oder Zinsen, für welche die Wohnungseigentümer gesamtschuldnerisch oder gesamthypothekarisch haften, unmittelbar an den Gläubiger abzuführen; er ist vielmehr den anderen Wohnungseigentümern gegenüber verpflichtet, dem Verwalter den entsprechenden Betrag (als Vorschuß i. S. der §§ 669, 675) zur Verfügung zu stellen und diesem die Abführung an den Gläubiger zu überlassen. Die Vorschrift dient der Erleichterung der Abwicklung bei gemeinschaftlichen Verpflichtungen der Wohnungseigentümer; der Gläubiger wäre ohnehin nicht verpflichtet, Teilleistungen eines Wohnungseigentümers entgegenzunehmen (§ 266 BGB); vgl. dazu auch BayObLG 58, 234.

3. Zu Abs. 2 Nr. 3. Der Verwalter ist zur **Entgegennahme von rechtsge-** 15
schäftlichen Erklärungen befugt, soweit diese an alle Wohnungseigentümer in dieser Eigenschaft gerichtet sind. Es kann also z. B. ihm gegenüber die Kündigung eines Mietvertrages über gemeinschaftliches Eigentum, einer auf dem gemeinschaftlichen Grundstück ruhenden Hypothek erklärt werden. Bei rechtsgeschäftlichen Erklärungen ist die sich aus § 181 BGB ergebende Schranke zu berücksichtigen (vgl. oben Rdn. 11).

16 Weiter können nach Abs. 2 Nr. 3 **an den Verwalter Zustellungen bewirkt werden,** wenn und soweit sie **„an alle Wohnungseigentümer in dieser Eigenschaft** gerichtet sind," so die Terminbestimmung in einem Zwangsversteigerungsverfahren über ein Wohnungseigentum, an dem die anderen Wohnungseigentümer als Miteigentümer beteiligt sind (OLG Stuttgart NJW 1966, 1036), so Klagen gegen die Wohnungseigentümer aus „Verwaltungsschulden" (BGH NJW 1981, 282); bei letzteren kommt es nicht darauf an, ob die Personen, denen zugestellt werden soll, im Zeitpunkt der Zustellung (noch) Wohnungseigentümer sind, es genügt, daß es sich um eine Angelegenheit der Gemeinschaft handelt (so BGH a. a. O.; vgl. auch oben Rdn. 12); das ist auch dann der Fall, wenn nicht oder nicht mehr alle gegenwärtigen Wohnungseigentümer betroffen sind (BGH a. a. O.) Der **Verwalter** wird, soweit seine Befugnis zur Entgegennahme von Zustellungen nach Abs. 2 Nr. 3 reicht, nicht als Zustellungsbevollmächtigter i. S. des § 189 Abs. 2 ZPO (insoweit unrichtig OLG Düsseldorf DWEigt 1989, 80), sondern als **Zustellungsvertreter** i. S. des § 189 Abs. 1 angesehen (BGHZ 78, 166; näher § 10 Rdn. 17). Es genügt also die Zustellung einer einzigen Ausfertigung oder Abschrift. Die Unterrichtung der betroffenen Wohnungseigentümer obliegt dem Verwalter, die Kosten der Herstellung der erforderlichen Kopien und deren Zusendung an die Wohnungseigentümer sind **Kosten der Verwaltung** i S. des § 16 Abs. 2. Ist der Verwalter zugleich Wohnungseigentümer, muß für ihn deutlich erkennbar sein, daß ihm die Zustellung als Zustellungsvertreter für die Wohnungseigentümer zugeht, ansonsten ist sie unwirksam (BayObLG WE 1989, 55). Ist dem Verwalter Prozeßvollmacht i. S. der §§ 80ff. ZPO erteilt, dann sind die Zustellungen an ihn gemäß § 176 ZPO zu bewirken (BayObLG WM 1979, 173); hierzu unten Rdn. 29.

17 Wohl in Anlehnung an die Rechtsprechung, wonach in einem Streit zwischen Wohnungseigentümern genügt, wenn die jeweils andere Partei als „die Wohnungseigentümer der Anlage X mit Ausnahme des Antragstellers/Antragsgegners" bezeichnet werden (vgl. § 10 Rdn. 16, 18), hat sich eine weit verbreitete Praxis der Gerichte entwickelt, auch in wohnungseigentumsrechtlichen Verfahren, in denen einem oder einigen Wohnungseigentümer die restlichen Teilhaber gegenüberstehen, die Zustellungen an den Verwalter als **Vertreter der jeweils „übrigen" Wohnungseigentümer** zu bewirken (so BayObLG 1973, 145). Mit § 27 Abs. 2 Nr. 3 steht diese Ausdehnung der Zustellungsvertretung des Verwalters nicht in Einklang, es sei denn, es handelt sich um ein Verfahren, dessen Kosten entgegen § 16 Abs. 5 als Kosten der Verwaltung behandelt werden können (§ 16 Rdn. 60). Die Zustellungen müssen an die Beteiligten unmittelbar bewirkt werden, die Kosten, die dadurch der betreibenden Partei entstehen, sind außergerichtliche Kosten des Verfahrens, über die endgültig nach § 47 entschieden wird; zu Schreibauslagen des Gerichts BayObLG 1989, 462. Die unter Verstoß gegen § 27 Abs. 2 Nr. 3 an den Verwalter bewirkten Zustellungen sind unwirksam, allerdings ist Heilung nach § 187 ZPO möglich.

§ 27 Abs. 2 Nr. 3 verschafft dem Verwalter keine weitergehende Vertretungsmacht; er ist weder Willens- noch Erklärungsvertreter (BayObLG WE 1992, 51 für ein wohnungseigentumsrechtliches Verfahren) und kann deshalb für die Wohnungseigentümer weder vortragen noch verhandeln noch einen Vergleich schließen. Ein Vergleich ist nur wirksam, wenn der Verwalter von allen, in Verfahren nach § 43 von den übrigen Wohnungseigentümern, Prozeßvollmacht erhält. Ein Verfahren nach § 43 läßt sich u. U. auch dadurch beendigen, daß die Wohnungseigentümerversammlung den Vergleich, der das Verfahren erledigen soll, mehrheitlich beschließen.

Die Zustellung kann **an den Verwalter nicht bewirkt** werden in Fällen, 18
die dem § 185 ZPO vergleichbar sind, wenn also der Verwalter in dem Verfahren den Wohnungseigentümern als Antragsteller oder Antragsgegner oder Rechtsmittelführer gegenübersteht, (BayObLG 1990, 173, BayObLG WE 1991, 297, 1992, 51), oder wenn im konkreten Einzelfall ein sonstiger Interessenkonflikt vorliegt, der Befürchtungen an einer sachgerechten Information der – übrigen – Wohnungseigentümer durch den Verwalter aufkommen läßt (BayObLG WE 1988, 104; 1990, 216); handelt es sich um ein Verfahren nach § 43, muß es also konkrete Pflichtverletzungen des Verwalters zum Gegenstand haben (Fall von BayObLGE 1973, 145); allein die Möglichkeit einer Interessenkollision (so noch BayObLG 1973, 145 aber auch OLG Hamm DWEigt 1989, 69 und OLG Frankfurt OLGE 1989, 433, beide für den Fall der Anfechtung einer Jahresabrechnung, wenn über die Entlastung kein gesonderter Beschluß gefaßt wurde) hindert nach neuerer Rechtsprechung (BayObLG WE 1988, 104; 1990, 216) nicht, die für die – übrigen – Wohnungseigentümer bestimmten Schriftstücke dem Verwalter zuzustellen. Besteht jedoch eine **Konfrontation**, so ist die Folgerung daraus zu ziehen, daß der Verwalter nicht ein „Zustellungsbevollmächtigter", sondern ein Organ der Wohnungseigentümergemeinschaft ist und daß er insbes. nicht die Stellung eines „gewillkürt-gemeinschaftlichen Zustellungsbevollmächtigten" hat, an den allerdings Zustellungen für beide Parteien bewirkt werden können (RGZ 157, 168). Das ist in der Sache bereits von BayObLGE 1973, 145 und von BayObLG WEM 1981/4/37 anerkannt. Im Fall einer **Interessenkollision** muß die Zustellung an den Verwalter also unterbleiben (§ 185 ZPO) und ist, wenn sie trotzdem erfolgt, unwirksam (ebenso, jedenfalls im Ergebnis, Bärmann-Pick-Merle § 27 Rdn. 48). Das daraus folgende praktische Problem ist in der Weise zu lösen, daß für die Wohnungseigentümer in einem solchen Falle entsprechend §§ 57, 494 Abs. 2, 779 Abs. 2, 787 Abs. 2 ZPO ein gemeinsamer Zustellungsbevollmächtigter zu bestellen ist (BayObLGE 1973, 145).

4. Zu Nr. 4 19

Der Verwalter ist befugt, Maßnahmen zu treffen, die zur **Wahrung einer Frist,** z. B. einer Verjährungsfrist, Rechtsmittelfrist, oder zur Abwendung eines sonstigen Rechtsnachteils, z. B. Durchführung eines Beweissicherungsverfahren (Beispiel: BayObLG 76, 211; in Anspruchnahme eins Gewährleistungsbürgen OLG Düsseldorf DWEigt 1992, 88 oben Rdn. 7; vgl. auch BGH NJW 1981, 282) notwendig sind.

5. Gerichtliche und außergerichtliche Geltendmachung von Ansprüchen (Abs. 2 Nr. 5) 20

Der Verwalter ist berechtigt, im Namen aller Wohnungseigentümer und mit Wirkung für diese, Ansprüche gerichtlich und außergerichtlich geltend zu machen, sofern er dazu durch Beschluß der Wohnungseigentümer **ermächtigt** ist, wobei die Ermächtigung auch noch während des Verfahrens erteilt werden kann (OLG Köln WE 1990, 172); dies gilt nicht, wenn eine Frist zu wahren ist, vgl. oben Rdn. 10. Die Vorschrift bezieht sich auf Ansprüche, die den Wohnungseigentümern **in ihrer Eigenschaft als Wohnungseigentümer** zustehen. Dazu zählen Ansprüche aus Verträgen, die im Rahmen der Verwaltung des gemeinschaftlichen Eigentums im Namen der Wohnungseigentümer abgeschlossen worden sind, z. B. aus Werkverträgen über die Instandsetzung des gemeinschaftlichen Eigentums (dazu Anhang zu § 8 Rdn. 90), oder aus der Vermietung von Teilen des gemeinschaftlichen Eigentums (OLG Köln WE 1989, 31), Ansprüche, die den Wohnungseigentümern als Gesamtgläubigern (§ 428 BGB) oder gemeinschaftlich i. S. des § 432 BGB zustehen, wie insbesondere die Ansprüche, die den Wohnungseigentümer auf Grund ihrer Erwerbsverträge wegen Mängeln des gemeinschaftlichen Eigentums gegen den Bauträger zustehen und die wegen ihrer Beziehung auf das gemeinschaftliche Eigentum nicht unverbunden nebeneinander stehen können (Anhang zu § 8 Rdn. 54ff.), Ansprüche, die an die Wohnungseigentümer als Gesamtgläubiger abgetreten sind, wie Mängelansprüche, die der Bauträger an sie abgetreten hat (Anhang zu § 8 Rdn. 88), gesetzliche Ansprüche aus der Verletzung des gemeinschaftlichen Eigentums (§ 1011 BGB einschließlich der Ansprüche aus unerlaubter Handlung, § 3 Rdn. 83; § 1 Rdn. 18). Weiter gehören hierher Ansprüche aus dem Gemeinschaftsverhältnis, die sich gegen einen Wohnungseigentümer richten, wie Ansprüche auf Unterlassung und insbesondere Ansprüche auf das **„Wohngeld,“** wenngleich diese nicht allen Wohnungseigentümern zustehen (vgl. § 16 Rdn. 31); BayObLGE 1971, 316; BayObLG MDR 1982, 151; zu dem in Teilungserklärung und Verwaltervertrag begründeten Anspruch des Verwalters auf Ermächtigung zum Bankeinzug fälliger Hausgelder OLG Düsseldorf DWEigt 1990, 39; zur Verpflichtung des Verwalters, aus einem Hausgeldtitel die Zwangsverwaltung zu betreiben OLG Hamburg DWEigt 1993, 104). **Keine** gemeinschaftliche Angelegenheit i. S. der Nr. 5 ist die Geltendmachung des **„Abmeierungsanspruchs“** aus § 18 (zweifelnd Bärmann Pick-Merle Rdn. 64, a. M. Soergel-Stürner Rdn. 5d); es handelt sich nicht um eine Gemeinschaftsangelegenheit, sondern um das Gegenteil, den Ausschluß eines Teilhabers, weshalb besondere Prozeßvollmacht erforderlich ist. Unbenommen ist es den Wohnungseigentümern, den Verwalter zur Geltendmachung eines solchen Anspruchs wie auch beliebiger anderer Ansprüche zu bevollmächtigen, das liegt aber nicht im Rahmen der Nr. 5.

21 Die Geltendmachung setzt eine **besondere Ermächtigung** voraus; diese kann durch **Beschluß** erfolgen – so die Nr. 5 – und zwar durch Mehrheitsbeschluß, soweit die Entscheidung im Rahmen der ordnungsmäßigen Verwaltung liegt (BayObLG 1988, 287), im übrigen durch einstimmigen Beschluß (vgl. BGHZ 78, 166). Die Ermächtigung durch Mehrheitsbeschluß kann zusätzlich von der Zustimmung der Mitglieder des Verwaltungsbeirats abhängig gemacht werden (OLG Zweibrücken WE 1987, 163). Die Ermächtigung kann aber auch in mehr oder weniger allgemeiner Form durch die **Gemeinschaftsordnung** selbst oder durch den **Verwaltervertrag** (BayObLG DWEigt 1988, 108; BayObLG 1988, 212) erteilt werden; es gilt das oben Rdn. 10 Ausgeführte (BayObLG WE 1991, 263). Die Bestimmung geht, wie der Zusammenhang zeigt, von der direkten (offenen) Stellvertretung aus, die Ermächtigung kann aber auch zur Geltendmachung durch den Verwalter im eigenen Namen erteilt werden und ist, wenn nichts besonderes gesagt wird, in diesem Sinne zu verstehen (BayObLG ITelex 1985/9/50). Ist der Verwalter ermächtigt, Ansprüche aus beschlossenen Umlagen im Rahmen der laufenden Verwaltung geltend zu machen, so deckt diese Ermächtigung die Geltendmachung von Umlagen, die während der Tätigkeit eines früheren Verwalters beschlossen worden sind (BayObLG WE 1986, 26) und braucht nicht ausdrücklich zu sein, kann sich also auch aus den Umständen ergeben (so zutreffend OLG Hamburg MDR 1966, 146). Eine in **der Gemeinschaftsordnung** enthaltene Ermächtigung ist nicht unwiderruflich und kann durch Mehrheitsbeschluß der Wohnungseigentümer eingeschränkt werden (BayObLG Rpfleger 1980, 23; zur Wirkung einer Beschränkung im Verwaltervertrag BayObLG WE 1991, 263). Ist die Ermächtigung erteilt, so hat der Verwalter die in § 81 ZPO vorgesehenen Befugnisse eines Prozeßbevollmächtigten, er ist in der Regel als zur Beauftragung eines Rechtsanwalts ermächtigt anzusehen (BayObLG 80, 154; DWEigt 1982, 103; WE 1989, 176; 1992, 144; OLG Frankfurt DWEigt 1984, 126; OLG Celle DWEigt 1984, 126). Ist eine Prozeßvollmacht (§§ 79ff. ZPO) erteilt, dann bedarf es einer Ermächtigung nicht (BayObLG WEM 1979, 173). Weder die aufgrund Ermächtigung, noch die aufgrund Prozeßvollmacht beruhende Prozeßführung des Verwalters fällt unter das **Rechtsberatungsmißbrauchsgesetz** (BGH NJW 1993, 1924; BayObLG 1991, 165, zu Unrecht a. A. KG OLGE 1991, 315, WE 1992, 112). Dem Verwalter kann deshalb für seine Verfahrensführung auch eine nach BRAGO abzurechnende Sondervergütung bewilligt werden (BGH a. a. O.; ausführlich Schnauder WE 1991, 179; Merle PiG 42, 241).

Die Ermächtigung, Ansprüche geltend zu machen, schließt nicht ohne 22
weiteres die Ermächtigung ein, **Gestaltungsrechte** auszuüben; so kann der Verwalter, wenn er zum Abschluß von Mietverträgen oder zur Geltendmachung von Mietzinsansprüchen ermächtigt ist, nicht selbständig und nach eigenem Gutdünken abgeschlossene Mietverträge (LG Bamberg NJW 1972, 1376) oder Versicherungsverträge kündigen (Köhler PiG 42, 143); a. A. OLG Köln (DWEigt 1990, 108) zur Kündigung eines Hausmeistervertrags).

6. Der Verwalter ist befugt, die **Erklärungen, die zur Vornahme der in** 23
§ 21 Abs. 5 Nr. 6 bezeichneten Maßnahmen (Anlage einer Fernsprechteilnehmereinrichtung, Rundfunkempfangsanlage, Energieversorgungsanschluß) **erforderlich** sind, insbes. die nach der Fernsprechordnung erforderliche Eigentümererklärung abzugeben (vgl. § 21 Rdn. 45). Die durch § 27 Abs. 2 Nr. 6 erteilte Befugnis ist auf Erklärungen zu ähnlichen Maßnahmen zu erstrecken, die in sinngemäßer Auslegung des § 21 Abs. 5 Nr. 6 unter die Maßnahmen einer ordnungsmäßigen Verwaltung fallen (vgl. dazu § 21 Rdn. 45), insbes. zum Kabelfernsehen (§ 21 Rdn. 46).

7. Weitere Befugnisse und Pflichten des Verwalters ergeben sich aus 24
§ 28, § 43 Abs. 1 Nrn. 2 und 4, § 24, § 25 Abs. 4. Weitergehende Befugnisse können dem Verwalter durch Vereinbarung der Wohnungseigentümer ein-

geräumt werden. Weitere Verpflichtungen kann er in dem mit ihm zu schließenden **Verwaltervertrag** übernehmen oder können sich sonst aus diesem ergeben, so z B. die Pflicht, die Wohnungseigentümer hinsichtlich der Geltendmachung von Ansprüchen zu beraten und zu unterstützen (BayObLG WE 1988, 31), die Pflicht, Wohnungseigentümer, die an den Verwalter schriftliche Anfragen gestellt haben, nicht durch öffentliche Bekanntgabe dieser Anfragen bloßzustellen (BayObLG Rpfleger 72, 411), oder die Pflicht, über den Stand der Teilhaber der Gemeinschaft Auskunft zu erteilen (§ 26 Rdn. 11; OLG Frankfurt OLGE 1984, 259) oder die Pflicht, von der Aufnahme beleidigender Äußerungen in die Niederschrift über die Wohnungseigentümerversammlung abzusehen (BayObLG 73, 68; 74, 86; § 24 Rdn. 18). Die Wohnungseigentümer können auch Vereinbarungen im Sinne des § 10 darüber treffen, daß in den Verwaltervertrag bestimmte Verpflichtungen aufzunehmen sind.

IV. Unabdingbarkeit (Abs. 3)

25 Die **in Abs. 1 und 2 bestimmten** Aufgaben und Befugnisse des Verwalters können durch Vereinbarung nicht eingeschränkt, wohl aber erweitert werden; diese Unabdingbarkeit bezieht sich aber nicht auf die Vorschriften der Abs. 4, 5 sowie auf die §§ 24, 25, 28 (a. A. Bärmann-Pick-Merle § 27 Rdn. 10 hinsichtlich Abs. 4). Die Vorschriften des § 43 Abs. 1 Nrn. 2 und 4, wonach der Verwalter bestimmte Antragsrechte hat, sind verfahrensrechtlicher Natur und einer abweichenden Vereinbarung nicht zugänglich. Vgl. auch oben Rdn. 4.

V. Geldverwaltung (Abs. 4)

26 Der Verwalter ist nach Abs. 1 Nr. 4 befugt und verpflichtet, gcmeinschaftliche Gelder der Wohnungseigentümer zu verwalten. Über die **Art und den Umfang** dieser Verwaltungsbefugnisse gibt Abs. 4 nähere Bestimmungen .

27 **1.** Der Verwalter ist verpflichtet, die Gelder der Wohnungseigentümer von seinem Vermögen **gesondert** zu halten; damit ist zugleich zum Ausdruck gebracht, daß sie nicht zu seinem Vermögen gehören, er ist vielmehr nur zur Verfügung hierüber im Sinn des § 185 BGB ermächtigt. Unter Geldern sind dabei auch Konten bei Geldinstituten zu verstehen. Daraus folgt: Der Verwalter hat für Bargeld eine gesonderte Kasse zu führen; eine Vermischung mit seinem eigenen Geld (§ 948 BGB) ist ihm nicht gestattet. Soweit Gelder nicht als Bargeld zur Verfügung gehalten werden, sind sie auf einem besonderen Konto zu führen, das **nicht ein Eigenkonto des Verwalters** sein darf. In Betracht kommen (vgl. zum folgenden Stand/Canaris, Bankvertragsrecht, Rdn. 263ff.; Sühr WM 1978, 806 ausführlich; BGH DB 1976, 96; BayOLG Rpfleger 1979, 266; Erlebach PiG 27 S. 83):

a) **Offene Fremdkonten,** d.h. Konten, als deren Inhaber die Wohnungseigentümer selbst angegeben sind und über die die Verfügungsberechtigung dem Verwalter zusteht; z.B. „Verwaltungskonto der Wohnungseigentümer der Wohnungsanlage X-Straße 15"; das ist die in erster Linie zu empfehlende Form, eine Aufrechnung der Bank mit einer Forderung gegen den Verwalter oder gegen einen einzelnen Wohnungseigentümer ist ausgeschlossen (vgl. BGH NJW 1985, 1954);

b) **offene (schlichte) Treuhandkonten,** d.h. Konten, als deren Inhaber der Verwalter bezeichnet ist, bezüglich deren aber der kontoführenden Bank zum Ausdruck gebracht worden ist, daß die auf dem Konto eingehenden Beträge dem Kontoinhaber (hier also dem Verwalter) nur als Treuhänder zustehen und daß sie treuhänderisch für die Berechtigten, die Wohnungseigentümer, angelegt werden sollen (BGH NJW 1987, 3250). Bei solchen Guthaben kann die Bank wegen ihrer Forderungen gegen den Verwalter kein Aufrechnungs-, Pfand- oder Zurückbehaltungsrecht ausüben, sondern nur wegen ihrer Ansprüche gegenüber den berechtigten Inhabern, den Wohnungseigentümern selbst (BGH DB 1973, 2041; BGHZ 11, 37; OLG Hamburg MDR 1970, 1008; BayObLG Rpfleger 1979, 266); wird das Guthaben von einem Gläubiger des Verwalters gepfändet, ist die kontoführende Bank berechtigt und verpflichtet, an ihn auszuzahlen, es ist Sache der Wohnungseigentümer, gemäß § 771 ZPO die Freigabe zu erwirken (so LG Köln ITelex 1987/15/87);

c) **Anderkonten,** das sind Treuhandkonten, die unter dieser Bezeichnung nur für Angehörige bestimmter Berufsstände wie Notare, Rechtsanwälte mit Standesaufsicht errichtet werden können (Capeller MDR 1954, 718); auch hier sind Aufrechnungs-, Pfand- und Zurückbehaltungsrechte der Bank wegen ihrer Forderungen gegen den Treuhänder ausgeschlossen.

Zu a)–c):

Bei Treuhandkonten und Anderkonten sind die Wohnungseigentümer **28** auch gegen Vollstreckungsmaßnahmen von Gläubigern des Verwalters und im Falle von dessen Konkurs geschützt, sie haben das Widerspruchsrecht nach § 771 ZPO bezw. das Aussonderungsrecht nach § 43 KO (hierzu für ein von einem Grundstücksverwalter geführten Sonderkonto BGH WE 1993, 79).

Welche der verschiedenen Möglichkeiten für ein Konto zutrifft, bestimmt sich nach dem zum Ausdruck gebrachten Willen des die Kontoeröffnung beantragenden Kunden (vgl. BGHZ 61, 72, nicht Wohnungseigentum betreffend); nach BGH DB 1979, 96 genügt es für die Errichtung eines Treuhandkontos **nicht**, wenn die Bezeichnung lautet: „Verwaltungskonto Eigentumswohnungen X, Eska," wobei Eska die Verwaltungsgesellschaft war; das Konto wurde als Eigenkonto der Eska angesehen.

Mit dem Wortlaut, nicht aber mit dem Sinn des § 27 Abs. 4 vereinbar ist **29** es, Gelder mehrerer Wohnungseigentümergemeinschaften auf einem und demselben Treuhand- oder Anderkonto zu führen und nur buchhalterisch zu trennen. Solche Art der Handhabung wäre, sofern nicht etwas Gegenteiliges vereinbart wird, ein Verstoß gegen die Verpflichtungen aus dem Verwaltervertrag und ein wichtiger Grund für eine Kündigung (§ 26 Rdn. 33). Die Entscheidung über die **Art der Anlage** ist, soweit die Wohnungseigentümer keine Weisung erteilt haben, vom Verwalter mit der gebotenen Sorgfalt zu treffen; er wird ein Girokonto zu führen und größere Beträge, die nicht in naher Zukunft benötigt werden, auf einem Festgeldkonto oder in festverzinslichen Wertpapieren anzulegen haben (vgl. BayObLG DWEigt 1983, 123, wo das Problem berührt wird; Seuß, Eigentumswohnung S. 486; abw. LG Bonn DWEigt 1985, 127); dies gilt insbesondere für die **Instandhaltungsrücklage** (§ 21 Abs. 5 Nr. 4). Der Ansicht des KG (DWEigt 1988, 35), der Verwalter dürfe ohne entsprechende Regelung in der Gemeinschaftsordnung oder Beschluß der Wohnungseigentümer die Gelder der Instandhaltungsrücklage auf dem Girokonto belassen, kann nicht gefolgt werden, auch wenn nicht verkannt wird, daß dem Wohnungseigentumsverwalter nicht die Aufgaben eines Finanzmaklers zukommen. Nach OLG Hamm (DWEigt 1986, 30) macht sich der Verwalter nicht schon dadurch schadensersatzpflichtig, daß er unbefugt Gelder von einem Sparkonto auf das Girokonto überträgt, andererseits aber auch nicht dadurch, daß er zur Schließung einer Deckungslücke nicht auf die Instandhaltungsrücklage zurückgreift, wenn Zinsrückstände aus einem Debetsaldo zu tilgen sind, was sicher richtig ist, weil eine solche Verwendung mit der Zweckbestimmung der Instandhaltungsrücklage nicht vereinbar ist.

30 2. Die **gemeinschaftlichen Gelder** können – entgegen verbreiteter Meinung – **nicht als ein Teil des gemeinschaftlichen Eigentums** i. S. des § 1 Abs. 5 angesehen werden (vgl. schon oben Rdn. 8). Sie stehen zwar den Wohnungseigentümern gemeinschaftlich zu, die Gemeinschaft hieran ist aber nicht die unauflösliche Gemeinschaft der §§ 10ff. WEG, sondern eine schlichte Rechtsgemeinschaft nach §§ 741ff. BGB, der Anteil des einzelnen Wohnungseigentümers hieran ist nicht unlöslich mit dem Wohnungseigentum verbunden, wird nicht von einem das Wohnungseigentum belastenden Grundpfandrecht erfaßt und kann Gegenstand besonderer Verfügung sein. Andere Lösungen sind wohl denkbar, stehen aber mit dem geltenden Recht nicht in Einklang und geraten in Widerspruch zu tragenden Grundsätzen des Sachen-, Hypotheken- und Vollstreckungsrechts. Ausführlich hierzu § 1 Rdn. 9ff., auch Vor § 1 Rdn. 44 sowie Vor § 1 Rdn. 30h, i der 7. Auflage.

Die **Zweckbindung** der gemeinschaftlichen Gelder – nämlich ihre Bestimmung, der Verwaltung des gemeinschaftlichen Eigentums zu dienen – macht den Anspruch des einzelnen Wohnungseigentümers grundsätzlich unabtretbar – Ausnahme: Abtretung an den Rechtsnachfolger – und damit auch für seine Gläubiger **unpfändbar** (§ 399 BGB, § 851 ZPO); vgl. auch LG Köln DWEigt 1987, 63 zu dem ähnlichen Fall der Wohngeldansprüche).

31 **3. Satz 2 des Abs. 4** soll nicht etwa eine Bestimmung des zwischen den Wohnungseigentümern und dem Verwalter zu schließenden Verwaltervertrages (Rdn. 10 zu § 26) ersetzen. Auch enthält er nicht etwa eine Ausnahme vom Grundsatz des § 137 Satz 1 BGB; denn, da es sich um Fremdgelder handelt, über die der Verwalter nur mit Zustimmung der Berechtigten verfügen kann, besteht ohne weiteres die Möglichkeit, diese Zustimmung (zur Verfügung eines Nichtberechtigten im Sinn des § 185 BGB) auch mit Bedingungen oder Einschränkungen zu erteilen. Die Bedeutung des Satzes 2 liegt vielmehr in der Klarstellung der sich aus Abs. 1 Nr. 4 ergebenden Befugnis zur Geldverwaltung.

32 Abs. 4 Satz 2 steht nicht, wie gelegentlich angenommen worden ist, im Widerspruch zu Abs. 1 Nr. 4. Er enthält allerdings eine Einschränkung die-

ser Vorschrift, indem er die Möglichkeit gibt, die an sich nach Abs. 3 unabdingbare Befugnis des Verwalters zur Verwaltung gemeinschaftlicher Gelder in der angegebenen Weise durch das Erfordernis der Zustimmung eines Mitverfügungsberechtigten zu beschränken. Dieser bereits in früheren Auflagen vertretenen Auffassung hat sich das OLG Karlsruhe in einer Entscheidung vom 3. 11. 1960 (wiedergegeben nur bei Diester, Rspr. Nr. 65) angeschlossen .

Eine andere Frage ist, ob und unter welchen Voraussetzungen eine derarti- **33**
ge Beschränkung in der Verfügung über die gemeinschaftlichen Gelder vorgesehen oder aufgehoben werden kann. Da der alleinige Zweck der Vorschrift ist, die Möglichkeit einer Sicherung für die Wohnungseigentümer zu eröffnen, über deren Zulässigkeit andernfalls vielleicht doch Zweifel hätten bestehen können, ist es Sache der Wohnungseigentümer zu entscheiden, ob sie von einer solchen Möglichkeit Gebrauch machen wollen. Entspricht sie einer ordnungsmäßigen Verwaltung, so kann sie mit Stimmenmehrheit beschlossen werden (§ 21 Abs. 3) und auch von jedem Wohnungseigentümer verlangt werden (§ 21 Abs. 4). Umgekehrt kann die Beschränkung, wenn sie eine ordnungsmäßige Verwaltung stört, namentlich im Falle einer überörtlich tätigen Verwaltungsgesellschaft deren Geschäftstätigkeit in unangemessener oder unzweckmäßiger Weise beinträchtigt, auch wieder aufgrund der gleichen Vorschriften aufgehoben werden, u. U. unter Sicherungs- oder Kontrollvorkehrungen anderer geeigneter Art. Namentlich kann auch ein einstimmig gefaßter Beschluß, wenn er sich nachträglich als einer ordnungsmäßigen Verwaltung nicht entsprechend erweist, auf Verlangen jedes Wohnungseigentümers auch wieder geändert und ggf. ein solcher Anspruch aus § 21 Abs. 4 im Verfahren der §§ 43ff. durchgesetzt werden (vgl. § 23 Rdn. 31). Bis zur Änderung ist allerdings der Verwalter nach § 27 Abs. 1 Nr. 1 zur Durchführung des wirksam gewordenen Beschlusses verpflichtet. Beeinträchtigt ein mit Mehrheit gefaßter Beschluß die Arbeitsmöglichkeiten des Verwalters in ordnungswidriger Weise, so kann auch der Verwalter den Beschluß gem. §43 Abs. 1Nr. 2 WEG im Verfahren der §§ 43ff. angreifen. Vgl. zum Vorstehenden auch Diester NJW 61, 1329 (1332).

VI. Legitimation des Verwalters

Eine gerichtliche Kontrolle über die Bestellung und Abberufung des **34**
Verwalters findet **nicht** statt. Daher kann seine **Legitimation** nicht (etwa wie bei einem rechtsfähigen Verein die Vertretungsmacht des Vorstandes, § 69 BGB) durch ein gerichtliches Zeugnis nachgewiesen werden; eine Ausnahme gilt nur im Falle des § 26 Abs. 3. Zum Ersatz gibt § 27 Abs. 5 dem Verwalter den Anspruch auf **Ausstellung einer „Vollmachtsurkunde,"** aus der einmal die Person des Verwalters und dann der Umfang seiner Vertretungsmacht, sei es auch nur der gesetzliche, ersichtlich ist. Ob die Urkunde mit vollem Recht als „Vollmachtsurkunde" bezeichnet werden konnte, mag zweifelhaft erscheinen, wenn sie nur den Inhalt der gesetzlichen Vertretungsmacht des Verwalters wiedergibt; doch kann man in der Ausstellung die rechtsgeschäftliche Bestätigung und Wiederholung der gesetzlichen Vertretungsmacht sehen. Sinn der Vorschrift ist es, mit der Bezeichnung auf § 172

BGB und damit auf die Vorschriften über die rechtlichen Folgen der Ausstellung (§§ 172ff. BGB) Bezug zu nehmen. Eine Person, die sich durch eine solche Urkunde als Verwalter ausweist, bleibt Dritten gegenüber auch nach der Abberufung zur Vertretung befugt, es sei denn, daß der Dritte, dem gegenüber das Rechtsgeschäft vorgenommen wird, das Erlöschen der Vertretungsmacht kannte (§§ 172, 173 BGB); erlischt das Amt des Verwalters, so hat der Verwalter die Urkunde zurückzugeben (§ 175 BGB). Der Anspruch des Verwalters auf Erteilung der Urkunde ist, weil die Vollmacht dem Verwalter die Ausübung seiner Verwaltungstätigkeit ermöglicht, nach § 43 Abs. 1 Nr. 2 im FGG-Verfahren geltend zu machen (so auch Palandt-Bassenge Rn 7). Soweit, wie im Grundbuchverkehr (§ 29 GBO), der Nachweis der Vertretungsmacht einer besonderen Form (insbes. der öffentlichen Beglaubigung) bedarf, ergibt sich aus § 27 Abs. 5 der Anspruch auf Erteilung der Vollmacht in der erforderlichen Form. Soweit die Bevollmächtigung auf einem Beschluß der Wohnungseigentümer beruht (insbesondere im Fall des § 27 Abs. 2 Nr. 5), ist der Nachweis durch § 26 Abs. 4 erleichtert. Zur Vermeidung von Schwierigkeiten ist von vornherein Erteilung der Vollmachtsurkunde in öffentlich beglaubigter Form zu empfehlen. Zum Nachweis im Falle der Bestellung des Verwalters durch schriftlichen Beschluß (§ 23 Abs. 3) vgl. § 26 Rdn. 44.

VII. Haftung des Verwalters und für den Verwalter

Vgl. zum folgenden Weitnauer, Die Haftung des Verwalters und für den Verwalter, in: PiG 3, S. 55ff.

1. Die Haftung des Verwalters gegenüber den Wohnungseigentümern

35 Der Verwalter ist den Wohnungseigentümern für die Erfüllung seiner **Verpflichtungen aus dem Geschäftsbesorgungsverhältnis** (§ 675 BGB, § 26 Rdn. 10) verantwortlich. Er hat seine Pflichten mit der Sorgfalt eines ordentlichen Verwalters zu erfüllen (§ 276 BGB) und hat den Wohnungseigentümern den Schaden zu ersetzen, den er ihnen durch schuldhafte (vorsätzliche oder fahrlässige) Verletzung dieser Pflichten zufügt. Der Umfang der Ersatzpflicht bestimmt sich nach §§ 249ff. BGB. Bedient sich der Verwalter, was grundsätzlich zulässig ist, der **Hilfe anderer Personen,** so ist er für deren Verschulden nach § 278 BGB verantwortlich. Der Verwalter hat Beschlüsse der Wohnungseigentümer mit der erforderlichen Sorgfalt auszuführen, wozu auch gehört, daß er sie auf etwaige Gefahren aufmerksam macht; für die von den Wohnungseigentümern getroffenen Entscheidungen ist er nicht verantwortlich. Er macht sich gegenüber den Wohnungseigentümern **ersatzpflichtig,** z. B. wenn er durch die nachlässige Art der Buchführung einen Schaden verursacht (BayObLG DWEigt 1985, 60), insbes. wenn er die Zuziehung eines Buchprüfers zur Prüfung erforderlich macht und dadurch vermeidbare Kosten verursacht (BayObLGE 1975, 325) oder wenn er pflichtwidrig die Einberufung der Wohnungseigentümerversammlung unterläßt (BayObLG ITelex 1984/18/106), u. U. auch, wenn er einen angefochtenen Eigentümerbeschluß vollzogen hat, der im nachhinein aufgehoben

wird, oder wenn er Reparaturen nicht rechtzeitig ausführen läßt (OLG Frankfurt ITelex 1985/10/56; BayObLG NJW-RR 1988, 599), wenn er Verbindlichkeiten erfüllt, die ein Wohnungseigentümer ohne Ermächtigung für alle Teilhaber begründet hatte (BayObLG WE 1988, 38 zugleich zur Vorteilsausgleichung) oder wenn er widerrechtlich Beträge aus der Instandhaltungsrücklage entnimmt (BGHZ 59, 58; BayObLG ITelex 1986/3/17); wegen der Pflichten bei der Geldverwaltung vgl. oben Rdn. 26ff.; weitere Beispiele in § 24 Rdn. 18, § 28 Rdn. 16, 18, 33. Für die **Behebung von Baumängeln** zu sorgen ist in erster Linie Sache der Wohnungseigentümer selbst; die Verpflichtung des Verwalters beschränkt sich grundsätzlich darauf, Baumängel festzustellen, jedoch ist er nicht verpflichtet, zu Kontrollzwecken selbst Dachbegehungen vorzunehmen, und nicht berechtigt, ohne Ermächtigungsbeschluß einen Wartungsvertrag mit einem Fachunternehmen abzuschließen (OLG Zweibrücken NJW-RR 1991, 1301); der Verwalter ist verpflichtet, die Wohnungseigentümer über festgestellte Mängel zu unterrichten und eine Entscheidung der Wohnungseigentümerversammlung über das weitere Vorgehen herbeizuführen (BayObLG DWEigt 1988, 34, WE 1991, 22; Näheres hierzu oben Rdn. 6). Haben die Wohnungseigentümer eine Fachfirma eingeschaltet, kann sich der Verwalter in der Regel auf deren Empfehlung verlassen (WE 1992, 23; über die Hinzuziehung eines Sachverständigen BayObLG 25. 6. 1987 – 2 Z 39/86). Muß der Verwalter erkennen, daß die Leistung des Unternehmers magelhaft ist, darf er die Vergütung nicht voll erfüllen, so daß den Wohnungseigentümern auch dann keine Schaden entsteht, wenn die Gewährleistungsansprüche gegen den Werkunternehmer nicht durchgesetzt werden können (KG WE 1993, 197); muß er bei Anwendung der im Verkehr erforderlichen Sorgfalt erkennen, daß Ansprüche gegen einen Bauhandwerker in Betracht kommen, hat er dafür zu sorgen, daß der Eintritt der Verjährung verhindert wird (so BayObLG a. a. O., auch OLG Schleswig 17. 8. 1979 – 2 W 95/78, nicht veröffentlicht).

Der Verwalter kann den Wohnungseigentümern auch nach den Grundsät- **36**
zen der **Verantwortlichkeit für unerlaubte Handlungen** i. S. der §§ 823ff. BGB ersatzpflichtig werden, wenn er fahrlässig das gemeinschaftliche Eigentum beschädigt oder wenn er eine ihm – auch gegenüber einem Wohnungseigentümer – obliegende Verkehrssicherungspflicht verletzt (OLG Frankfurt DWEigt 1993, 76 auch zur Haftung der Wohnungseigentümer untereinander; vgl. auch unten Rdn. 42ff.). Diese Haftung wird regelmäßig mit der vertraglichen Haftung konkurrieren, sie kann von selbständiger Bedeutung sein, wenn es zu einem Unfall eines Wohnungseigentümers kommt, weil die Ansprüche aus unerlaubter Handlung weiter gehen als die aus Vertragsverletzung und insbesondere den Anspruch auf Schmerzensgeld (§ 847 BGB) und im Falle des tödlichen Ausgangs einen Anspruch der Hinterbliebenen auf Ersatz des durch den Verlust des Unterhaltspflichtigen entstehenden Schadens (§ 844 Abs. 2 BGB) umfassen. Für Hilfspersonen muß der Verwalter hierbei nur nach § 831 BGB haften, er kann sich durch den Nachweis entlasten, daß er bei der Auswahl und Überwachung der Hilfspersonen die erforderliche Sorgfalt angewendet hat.

Schadensersatzansprüche aller Wohnungseigentümer gegen den Verwalter **37**
können **von jedem Wohnungseigentümer geltend gemacht** werden, aller-

dings nur mit der Maßgabe, daß Leistung an alle verlangt wird (BayObLG Rpfleger 1984, 317; OLG Zweibrücken ZMR 1984, 166), und nach der Rechtsprechung, daß ein **Ermächtigungsbeschluß** der Wohnungseigentümer vorliegt, weil ansonsten das **Rechtsschutzbedürfnis** fehle (BGHZ 106, 222; 115, 253; BayObLG DWEigt 1993, 122; 1993, 126; KG WE 1991, 103; OLG Celle WE 1988, 171; ausführlich Vor § 1 Rdn. 70ff.; § 21 Rdn. 4). Aus einem Verhalten, das sie gebilligt haben, können die Wohnungseigentümer keine Ersatzansprüche herleiten (OLG Zweibrücken ZMR 1984, 166); wegen der **„Entlastung"** des Verwalters vgl. § 28 Rdn. 31. Die Geltendmachung wird nicht dadurch behindert, daß der Verwalter ausgeschieden ist (OLG Hamm ITelex 1985/6/34); auch für diese Ansprüche ist das WE-Gericht zuständig und bedarf es, handelt es sich um einem gemeinschaftlichen Anspruch der Wohnungseigentümer, eines ermächtigenden Mehrheitsbeschlusses (KG WE 1990, 89; BayObLG WE 1990, 172; OLG Hamburg OLGE 1990, 435). Macht ein Wohnungseigentümer einen nur ihm zustehenden Schadensersatzanspruch gegen den amtierenden oder den ausgeschiedenen Verwalter geltend, der auf die Nichtvollziehung eines Eigentümerbeschlusses gestützt ist, sind die übrigen Wohnungseigentümer am Verfahren zu beteiligen (BayObLG WE 1992, 204); zur Verfahrensbeteiligung s. auch § 43 Rdn. 36ff.

2. Haftung der Wohnungseigentümer für den Verwalter gegenüber Dritten

38 a) **Verletzung schuldrechtlicher Verpflichtungen.** Die Wohnungseigentümer können für den Verwalter als ihren Erfüllungsgehilfen (§ 278 BGB) haftbar werden. Vorausgesetzt ist, daß eine bereits bestehende schuldrechtliche Verpflichtung der Wohnungseigentümer zu erfüllen ist, z. B. die Verpflichtung zur Überlassung des Gebrauchs einer zum gemeinschaftlichen Eigentum gehörenden vermieteten Garage oder die Verpflichtung aus einem im Namen der Wohnungseigentümer abgeschlossenen Werkvertrag zur Zahlung des Werklohns; weiter muß der **Verwalter in Erfüllung,** nicht nur bei Gelegenheit der Erfüllung einer solchen Verpflichtung tätig geworden sein und es muß ihn ein **Verschulden** treffen. Hiernach sind die Wohnungseigentümer z. B. für den Verzugsschaden verantwortlich, wenn der Verwalter eine geschuldete Zahlung nicht rechtzeitig bewirkt. Nach den gleichen Grundsätzen haften die Wohnungseigentümer auch, wenn eine ihnen obliegende **Schutz- oder Treuepflicht** verletzt wird, sei es aus bestehenden Verträgen, sei es auch auf Grund des Eintritts in Vertragsverhandlungen (sogenannte „culpa in contrahendo", Verschulden bei Vertragsschluß, BGHZ 6, 330). So ist z. B. anerkannt, daß der Werkbesteller gegenüber dem Werkunternehmer und dessen Leuten verpflichtet ist, dafür zu sorgen, daß sie nicht durch ordnungswidrigen oder gefährlichen Zustand des Grundstücks oder Gebäudes, wo sie zu arbeiten haben, einen Schaden an ihrer Gesundheit oder ihrem Eigentum erleiden, z. B. durch die nichterkennbare Schadhaftigkeit einer Treppe oder eine gefährliche Grube (BGHZ 26, 371); nach solchen Grundsätzen kann dann eine Haftung der Wohnungseigentümer durch schuldhaftes Verhalten des Verwalters begründet werden.

In ähnlicher Weise kann den Wohnungseigentümern ein fehlerhaftes Verhalten des Verwalters zugerechnet werden, wenn dieser Verpflichtungen aus einem namens der Wohnungseigentümer abgeschlossenen **Versicherungsvertrag,** z. B. Hausbesitzerhaftpflichtversicherung oder Feuerversicherung (§ 21 Abs. 5 Nr. 3 WEG) nicht ordnungsmäßig erfüllt, insbesondere die Verpflichtung zur Prämienzahlung (§ 27 Abs. 2 Nr. 2 WEG). Durch solches Verhalten kann der Versicherungsschutz gefährdet sein (§§ 38, 39 VVG; ebenso im Falle einer Obliegenheitsverletzung, § 6 VVG). Insoweit ist der Verwalter als „Repräsentant" der Wohnungseigentümer i. S. des Versicherungsrechts anzusehen, die Wohnungseigentümer müssen sich sein Verschulden zurechnen lassen (st. Rspr. seit RGZ 51, 20; Prölss, VVG, 21. Aufl. § 6 Anm. 8b; Köhler, PiG 42, S. 143). Der Heranziehung des Gesichtspunkts, daß der Verwalter gegenüber den Wohnungseigentümern eine organschaftliche Stellung hat, bedarf es insoweit nicht. **39**

b) Im **Verhältnis der Wohnungseigentümer untereinander** ist der Verwalter nicht Erfüllungsgehilfe eines Teils der Wohnungseigentümer gegenüber einem anderen (OLG Hamburg OLGE 1991, 47; OLG Frankfurt DWEigt 1993, 76); vgl. dazu auch § 21 Rdn. 48. **40**

c) **Haftung außerhalb bestehender schuldrechtlicher Verpflichtungen.** **41**
Ob und inwieweit die Wohnungseigentümer außerhalb bestehender schuldrechtlicher Beziehungen für den Verwalter verantwortlich sind, hängt davon ab, ob der Verwalter als ein **Organ der Wohnungseigentümergemeinschaft** anzusehen ist. Bejaht man dies, wie das hier (oben Rdn. 1) vertreten wird, so bedeutet das, daß die Wohnungseigentümer ohne Entlastungsmöglichkeit für die vom Verwalter in Ausführung seiner Verrichtungen begangenen zum Schadensersatz verpflichtenden Handlungen verantwortlich sind **(§ 31 BGB)**, verneint man sie, so bestimmt sich die Haftung nach **§ 831 BGB,** den Wohnungseigentümern wird also die Möglichkeit zugebilligt, sich durch den Nachweis zu entlasten, daß sie den Verwalter mit der gebotenen Sorgfalt ausgewählt und beaufsichtigt haben. Rechtsprechung zu dieser Frage gibt es, soweit ersichtlich, bisher nicht. Die Frage stellt sich insbesondere bei der Verletzung von Verkehrssicherungspflichten (dazu nachstehende Rdn. 42), sie hat nicht die Bedeutung, die ihr zuzukommen scheint, wenn, wie das allgemein üblich ist, für die Wohnungseigentümergemeinschaft eine **Hausbesitzerhaftpflichtversicherung** abgeschlossen ist; denn dann ist gleichgültig, unter welchem Gesichtspunkt sie begründet ist, die Haftung des Verwalters und die der Wohnungseigentümer für ihn gedeckt. Gleichwohl ist der Frage nachzugehen.

Die Schadensersatzpflicht aus unerlaubter Handlung nach § 823 BGB, also, was hier in Betracht kommt, wegen der Verletzung des Körpers oder der Gesundheit oder wegen der Tötung eines Menschen oder wegen der Verletzung fremden Eigentums, kann nicht nur durch positives Tun, sondern auch durch Unterlassen ausgelöst werden, und zwar dann, wenn eine Rechtspflicht zum Handeln besteht. Eine solche Rechtspflicht wird insbesondere durch die sogenannten **„Verkehrssicherungspflichten"** begründet; das sind in st. Rspr. anerkannte Pflichten, die der BGH z. B. in NJW 1969, 1958 in einem die Streupflicht betreffenden Fall wie folgt zuammengefaßt hat: **42**

„Die Pflicht zur Sicherung des Verkehrs beruht auf dem Gedanken, daß derjenige, der eine Gefahrenquelle schafft und in der Lage ist, ihr abzuhelfen, auch verpflichtet ist, die nötigen Vorkehrungen zu treffen, um eine Schädigung anderer abzuwenden".

43 Zu diesen Verkehrssicherungspflichten gehört insbesondere die Verpflichtung desjenigen, der sein Grundstück oder Gebäude anderen Personen zugänglich macht (**„einen Verkehr eröffnet"** so die st. Rspr. seit RGZ 54, 53), für den verkehrssicheren Zustand zu sorgen, insbesondere die Pflicht zur Beleuchtung, zum Schneeräumen, zum Streuen bei Glätte, zur Beseitigung von Hindernissen oder Unebenheiten und zur Warnung vor solchen und dergleichen. In bezug auf das gemeinschaftliche Grundstück (so bezüglich eines Spielplatzes OLG Celle ITelex 1987/19/112) und Gebäude treffen diese Pflichten die Wohnungseigentümer insgesamt, in bezug auf das Sondereigentum den einzelnen Wohnungseigentümer, was aber hier nicht weiter zu verfolgen ist. Eine weitere Verkehrssicherungspflicht trifft die Wohnungseigentümer gemeinschaftlich dann, wenn und soweit die **Pflicht zur Reinigung öffentlicher Wege** einschließlich der Streupflicht aufgrund landesgesetzlicher Regelungen und gemeindlicher Satzungen auf die Eigentümer der angrenzenden Grundstücke abgewälzt ist; sie trifft dann die Wohnungseigentümer als Miteigentümer des gemeinschaftlichen Grundstücks, diese sind „gemeinsam mit der Streupflicht belastet" (BGH NJW 1985, 484).

Die Verkehrssicherungspflicht für das gemeinschaftliche Grundstück und Gebäude besteht auch gegenüber den Mietern eines Wohnungseigentümers (BGH NJW 1985, 484) und gegenüber den Wohnungseigentümern selbst, insbes. wenn die Pflicht auf einen Wohnungseigentümer (OLG Frankfurt DWEigt 1985, 58) oder einen Dritten (BGH NJW 1989, 1094) übertragen ist.

Der Verkehrssicherungspflicht muß der Verantwortliche **mit der im Verkehr erforderlichen Sorgfalt** nachkommen, die sich ihrerseits wieder nach den Umständen und Verhältnissen richtet.

44 Es ist anerkannten Rechts, daß der Sicherungspflichtige seiner Verpflichtung dadurch genügen kann, daß er sie einem zur Gefahrabwehr generell geeigneten Dritten überträgt; er ist dann grundsätzlich nur noch für die ordnungsmäßige Auswahl und Beaufsichtigung des Dritten verantwortlich. Der Dritte, der die Pflicht übernimmt, wird dann seinerseits zum Verkehrssicherungspflichtigen und verantwortlich, wenn infolge der Verletzung dieser Pflicht andere Personen einen Schaden erleiden (vgl. dazu im einzelnen die Kommentare zu § 823 BGB; Peter Ulmer JZ 1969, 163, Die deliktische Haftung aus der Übernahme von Handlungspflichten; Vollmer, JZ 1977, 371, Die haftungsbefreiende Übertragung von Verkehrssicherungspflichten).

45 Faßt man diese Grundsätze zusammen, so gilt für das Wohnungseigentum folgendes: Für die Verkehrssicherheit verantwortlich sind die **Wohnungseigentümer** in ihrer Gesamtheit; neben ihnen aber auch der **Verwalter,** und zwar auf Grund seiner organschaftlichen Stellung und seiner in § 27 Abs. 1 Nr. 1 statuierten Pflicht, für die Durchführung der Hausordnung zu sorgen, die zugleich auch eine Pflicht aus dem Verwaltervertrag ist. Die Wohnungseigentümer und der Verwalter können die ihnen obliegenden Verkehrssicherungspflichten auf andere Personen, z. B. einen Hausmeister, nach Maßgabe

der Ausführungen zu § 16 Rdn. 18 auch auf die einzelnen Wohnungseigentümer, **übertragen,** ohne dadurch von ihrer Überwachungspflicht befreit zu sein (BGH NJW 1985, 484). In jedem Falle sind die Wohnungseigentümer nach der hier vertretenen Auffassung von der organschaftlichen Stellung des Verwalters **gemäß § 31 BGB** für dessen Verschulden bei der Ausführung der ihm obliegenden Aufgaben ohne Rücksicht auf eigenes Verschulden verantwortlich. Hierzu ausführlich Deckert PiG 42, S. 89; zum Haftpflichtversicherungsschutz vgl. oben Rdn. 41.

Einen Sonderfall der Verkehrssicherungspflicht bildet die Haftung des **46**
„Eigenbesitzers" eines Grundstücks (d. i. wer das Grundstück als ihm gehörend besitzt, § 872 BGB, insbes. also der besitzende Eigentümer oder die mitbesitzenden Miteigentümer selbst) für den ordnungsmäßigen Zustand des auf dem Grundstück errichteten Gebäudes nach § 836 BGB. Auch hier können die Wohnungseigentümer als die Verantwortlichen die Gefahrenabwehr auf eine geeignete Person, insbesondere also den Verwalter, übertragen, der dann dem Geschädigten aus § 838 BGB haftet (BGH NJW 1993, 1783 bzgl. eines Sturmschadens durch abgelöste Teile einer Dachhaut); die Wohnungseigentümer müssen sich ein Verschulden des Verwalters nach § 31 BGB zurechnen lassen.

Eine Haftung aus dem Gesichtspunkt der **Gefährdungshaftung** kann sich auch ergeben, wenn **Öltanks** undicht werden. Neben die aus Verletzung der Verkehrssicherungspflicht entstehende Schadenshaftung tritt dann die Haftung der Wohnungseigentümer aus § 22 des Wasserhaushaltsgesetzes; die Wohnungseigentümer sind als „Inhaber" der Öltankanlage für den Schaden verantwortlich, der dadurch entsteht, daß Öl in das Grundwasser eindringt und dieses verunreinigt. Die Haftung besteht ohne Rücksicht auf Verschulden, ohne Haftungshöchstbetrag und für Schäden jeder Art, also auch reine Vermögensschäden, nicht nur Schäden durch Verletzung der Gesundheit oder des Eigentums, die ein Dritter infolge der Verunreinigung des Wassers erleidet. Eine eigene Haftung des Verwalters wird durch § 22 WHHG nicht begründet, sie kommt nur in Betracht, wenn der Verwalter die ihm obliegende Verkehrssicherungspflicht verletzt, z. B. die erforderlichen Kontrollen schuldhaft unterlassen hat.

3. Ausgleichspflicht

Sind nach den dargelegten Grundsätzen sowohl die Wohnungseigentümer **47**
als auch der Verwalter ersatzpflichtig, so sind sie **Gesamtschuldner** (vgl. § 840 BGB). Inwieweit unter ihnen eine Ausgleichspflicht besteht (§ 426 BGB), richtet sich in erster Linie nach etwaigen Vereinbarungen, z. B. im Verwaltervertrag; im übrigen ist § 254 BGB entsprechend anzuwenden, maßgebend ist also das Maß der Verursachung und des Verschuldens (st. Rspr., vgl. Palandt-Heinrichs § 254 Rn 46). Die Frage der Ausgleichspflicht erledigt sich, wenn, wie allgemein üblich, die Haftung aller Personen durch eine Hausbesitzerhaftpflichtversicherung gedeckt ist.

§ 28 Wirtschaftsplan, Rechnungslegung

(1) **Der Verwalter hat jeweils für ein Kalenderjahr einen Wirtschaftsplan aufzustellen. Der Wirtschaftsplan enthält:**

1. die voraussichtlichen Einnahmen und Ausgaben bei der Verwaltung des gemeinschaftlichen Eigentums;

2. die anteilmäßige Verpflichtung der Wohnungseigentümer zur Lasten- und Kostentragung;

3. die Beitragsleistung der Wohnungseigentümer zu der in § 21 Abs. 5 Nr. 4 vorgesehenen Instandhaltungsrückstellung.

(2) **Die Wohnungseigentümer sind verpflichtet, nach Abruf durch den Verwalter dem beschlossenen Wirtschaftsplan entsprechende Vorschüsse zu leisten.**

(3) **Der Verwalter hat nach Ablauf des Kalenderjahres eine Abrechnung aufzustellen.**

(4) **Die Wohnungseigentümer können durch Mehrheitsbeschluß jederzeit von dem Verwalter Rechnungslegung verlangen.**

(5) **Über den Wirtschaftsplan, die Abrechnung und die Rechnungslegung des Verwalters beschließen die Wohnungseigentümer durch Stimmenmehrheit.**

Übersicht

1. Allgemeines

§ 28 ist eine für das praktische Funktionieren einer Wohnungseigentümergemeinschaft wichtige Vorschrift, denn er ermöglicht zusammen mit § 16 Abs. 2 für die auf Dauer ausgerichtete Wohnungseigentümergemeinschaft eine geordnete Bewirtschaftung des gemeinschaftlichen Eigentums. § 28 modifiziert die Abrechnungskriterien der schlichten Bruchteilsgemeinschaft für das Wohnungseigentum in ganz entscheidendem Maße. Während nämlich bei der schlichten Bruchteilsgemeinschaft die jeweils im Außenverhältnis anfallenden Kosten und Lasten auf die einzelnen Gemeinschafter umgelegt werden, finanziert sich die Wohnungseigentümergemeinschaft nach einem von der einzelnen Außenverbindlichkeit unabhängigen Rechnungswesen, bestehend aus Vorschüssen, eventuellen Nachforderungen aus der Jahresabrechnung und, soweit erforderlich, Sonderumlagen. Die Hausgeldschuld ist somit eine originäre aus der Wohnungseigentümergemeinschaft entspringende Verbindlichkeit des einzelnen Wohnungseigentümers gegenüber den übrigen (BHGZ 104, 197; Weitnauer FS Korbion S. 463ff., Hauger, PiG 18, S. 79ff., PiG 25, S. 219ff.; siehe auch § 16 Rdn. 25ff.). 1

Die Verpflichtung zur Zahlung von laufenden Hausgeldvorauszahlungen beruht auf dem Wirtschaftsplan, die Verpflichtung zur Zahlung weiterer Beträge auf entsprechenden Beschlüssen über Sonderumlagen, eine Nachforderung auf das Ergebnis eines Wirtschaftsjahres auf der Jahresabrechnung. Der Vorschuß aus dem Wirtschaftsplan und die Nachforderung aus der Jahresabrechnung sind im WEG ausdrücklich erwähnt, die Sonderumlage ist aus der Praxis entstanden und findet ihre Stütze in den Grundsätzen über eine ordnungsmäßige Verwaltung des gemeinschaftlichen Eigentums, zu der insbesondere auch ein geordnetes Rechnungs- und Finanzwesen gehört (Bub, Finanzwesen, S. 22f.; Deckert, Eigentumswohnung, Gruppe 4 S. 38m4 – S. 38m19; Müller, Praktische Fragen des Wohnungseigentums, Rdn. 123). 2

Gemäß § 28 Abs. 1 hat der Verwalter der Gemeinschaft für jedes **Wirtschaftsjahr** einen Kostenvoranschlag, den **Wirtschaftsplan,** aufzustellen. Soweit nicht in der Gemeinschaftsordnung oder durch bindenden Beschluß etwas anderes festgelegt wird, ist das Wirtschaftsjahr das Kalenderjahr (§ 28 Abs. 3). Der Wirtschaftsplan hat den geschätzten Betrag aller durch die Ver- 3 waltung des gemeinschaftlichen Eigentums anfallenden Lasten und Kosten im Sinne des § 16 Abs. 2 (vgl. § 16 Rdn. 12–17) und den zur Ansammlung der Instandhaltungsrücklage zu leistenden Beitrag (§ 21 Abs. 5 Nr. 4) - **Gesamtwirtschaftsplan** – auszuweisen und die Aufteilung dieser Beträge auf die einzelnen Wohnungseigentümer nach dem in der Gemeinschaftsordnung festgesetzten, einem bindend beschlossenen, hilfsweise nach dem gesetzlichen Verteilungsschlüssel (§ 16 Abs. 2 WEG) – (**Einzelwirtschaftspläne** – (BayObLG WEM 1981, 60). Jeweils zum Ende eines Kalenderjahres hat der Verwalter eine „Abrechnung" (Abs. 3) – **„Jahresabrechnung"** – aufzustellen und zwar für die gesamte Anlage (**Gesamtjahresabrechnung**) und hinsichtlich der auf die einzelnen Wohnungseigentümer hiervon entfallenden Beträge (**Einzeljahresabrechnungen**). Über Wirtschaftsplan, Jahresabrechnung und Sonderumlage hat die Wohnungseigentümergemeinschaft mehrheitlich zu beschließen (§ 28 Abs. 5, § 21 Abs. 3, Abs. 5 Nr. 5); hierauf hat jeder einzelne Eigentümer einen Anspruch gegen die anderen nach § 21 Abs. 4 WEG. Zahlungsverpflichtungen entstehen erst durch den Beschluß (BayObLG DWEigt 1992, 76 für die Sonderumlage; siehe auch § 16 Rdn. 11). Der Beschluß muß das Gesamt- und die Einzelrechnungswerke zum Gegenstand haben, hierzu unten Rdn. 5; zur Abrechnungsfiktion unten Rdn. 12.

4 Mit dem Beschluß über die Jahresabrechnung verliert der Wirtschaftsplan, der für dieses Jahr aufgestellt war, an Bedeutung. Da beide den Wohngeldanspruch für ein bestimmtes Wirtschaftsjahr betreffen, wird in der Regel der Anspruch auf den Vorschuß durch das abschließend festgestellte Jahresergebnis **überholt**. Mit dem Beschluß über die Gesamt- und Einzelabrechnungen sind rückständige Hausgeldvorauszahlungen grundsätzlich nur noch aus der Jahresabrechung und nicht mehr aus dem Wirtschaftsplan geltend zu machen (BayObLG 1986, 128; BayObLG WE 1988, 64; 1989, 60; 1989, 147; 189, 212) und zwar auch dann, wenn der Beschluß über die Einzelabrechnungen fehlerhaft ist (AG Hamburg DWEigt 1989, 77) und hierüber ein gerichtliches Verfahren schwebt, solange er nicht für ungültig erklärt ist (BayObLG WE 1989, 60). Mit Ungültigkeitserklärung verlieren die Einzeljahresabrechnungen dann allerdings ihre Wirkung (BayObLG WE 1989, 147), so daß die Hausgeldansprüche wieder auf die Einzelwirtschaftspläne zu stützen sind (OLG Köln DWEigt 1990, 116; BayObLG WE 1991, 24 für den Fall, daß der geringere Betrag, wie er sich aus der Jahresabrechung ergeben hatte, nunmehr aus dem Einzelwirtschaftsplan geltend gemacht wird). Durch die Jahresabrechnung wird der Wirtschaftsplan aber nicht völlig außer Funktion gesetzt. Er gibt nach wie vor den Behaltensgrund für die geleisteten Vorschüsse ab und die Anspruchsgrundlage für die Geltendmachung von Verzugszinsen und Verzugsschäden (BayObLG, WE 1986, 104); zur Wirkung nach Sondernachfolge unten Rdn. 7.

5 Jede Hausgeldforderung, ob Vorschuß nach dem Wirtschaftsplan, Sonderumlage oder Nachforderung aus der Jahresabrechnung, entsteht erst durch den **Mehrheitsbeschluß der Wohnungseigentümer** (§ 28 Abs. 5, BGH NJW 85, 912; BayObLG WE 86, 14; 86, 104ff.; Weitnauer FS Korbion S. 463f., Hauger, PiG 18, S. 19ff., PiG 25, S. 219ff., PiG 27, S. 128) **und nur durch diesen** (BGHZ 104, 197; BayObLG DWEigt 1985, 60 für die Nachforderung, m. Anm. Weitnauer WE 1986, 14; BayObLG NJW-RR 1987, 1356; WE 1989, 147; so wohl auch KG OLGE 1989, 423, wonach keine Zahlungspflicht besteht, wenn zwar laut Protokoll eine Jahresabrechnung oder ein Wirtschaftsplan mehrheitlich beschlossen worden sei, der Antrag aber tatsächlich keine Stimmenmehrheit auf sich vereinigt hatte; in einem solchen Fall fehlt es an einem Beschluß (hierzu § 16 Rdn. 25ff.). Da der Beschluß über den insgesamt zu erhebenden Betrag (**Gesamtjahresabrechnung, Gesamtwirtschaftsplan, Gesamtsonderumlage**) nichts aussagt über die Schuld des einzelnen Wohnungseigentümers, ist zur Entstehung der Hausgeldforderungen neben dem Gesamtbeschluß die **Beschlußfassung** über die **Einzelpläne bzw. -abrechnungen** unerläßlich. Die Einzelschuld entsteht aber nur, wenn sie **bestimmt** oder aus dem Beschluß zweifelsfrei und **unschwer bestimmbar** ist. Diesem Erfordernis ist genügt, wenn für jeden Wohnungseigentümer der zu zahlende Betrag betragsmäßig beschlossen wird (so zutreffend das BayObLG in ständ. Rspr. WE 1990, 111; WE 1991, 166; NJW-RR 1990, 1107; Bub, Finanzwesen, S. 93; Deckert NJW 1989, 1065; Müller, Praktische Fragen des Wohnungseigentums, Rdn. 115), oder der Zahlbetrag durch wenige einfache Rechnungen von jedem Wohnungseigentümer unschwer bestimmt werden kann. Das BayObLG WE 1991, 166 bejaht dies für den **Wirtschaftsplan**, wenn für alle Positionen eines Plans nur ein oder einige wenige Verteilungsschlüssel zu beachten sind oder in einem umfangreichen Plan lediglich die eine oder andere Position nicht so beschlossen wurde wie vom Verwalter vorgeschlagen und der Verteilungsschlüssel hierfür aus dem Wirtschaftsplan ersichtlich und die einzelnen Quoten den Wohnungseigentümern zweifelsfrei bekannt sind. Die Zahlungsverpflichtung für eine vorschußweise erhobene **Sonderumlage** hingegen soll auch dann entstehen, wenn weder die Einzelbeträge beschlossen sind, noch aus dem Gesamtbeschluß der Verteilungsschlüssel ersichtlich ist. Die Sonderumlage würde die einzelnen Wohnungseigentümer in einem solchen Fall nach dem „allgemein geltenden Schlüssel" treffen (BayObLG DWEigt 1992, 87; WE 1993, 27; ähnlich KG OLGE 1991, 290). Dieser Ansicht kann nicht gefolgt werden, da bereits die Kostenart Streit aufkommen lassen wird, welcher Schlüssel im konkreten Fall der „allgemein geltende" ist. Wie beim Wirtschaftsplan ist auch bei der Sonderumlage der geschuldete Betrag erst bestimmbar, wenn der Beschluß zumindest den anzuwendenden Kostenschlüssel ausweist und die Einzelquoten gleichfalls aus dem Beschluß ersichtlich oder jedem Wohnungseigentümer bekannt sind. Zahlungspflichten begründende **Einzelabrechnungen** liegen grundsätzlich nur dann vor, wenn die nachzuzahlenden Beträge oder Guthaben beziffert sind, was wohl auch für den Fall zu bejahen ist, daß die Gesamtabrechnung betragsmäßig genau festgestellt ist und für die Einzelabrechnungen auf die vom Verwalter vorgelegten Entwürfe abgestellt wird mit der Maßgabe, daß eine bestimmte Position statt DM X einen Betrag von DM Y ausmacht und letzterer nach dem ausgewiesenen Schlüssel auf die einzelnen Eigentümer verteilt wird. Die sich daraus gegenüber den Entwürfen ergebenden Änderungen können vom Verwalter und von jedem Wohnungseigentümer unschwer errechnet werden. Ein solches Vorgehen bei der Beschlußfassung kann erforderlich werden, wenn sich erst in der Wohnungseigentümerversammlung herausstellt, daß ein Ausgabenbetrag falsch oder gar nicht eingesetzt worden ist. Die strengeren Anforderungen an die Bestimmbarkeit sind gerechtfertigt, da bei der Jahresabrechnung die Gesamtkosten abschließend feststehen, i. d. R. eine Vielzahl von Verteilungsschlüsseln zu beachten ist und, anders als bei Wirtschaftsplan und Sonderumlagen, die vorschußweise erhoben werden, die Hausgeldverpflichtungen durch die Jahresabrechnung für einen bestimmten Zeitraum abschließend geregelt werden. Der Ansicht des KG (WE 1990, 92) – ebenso OLG Zweibrücken (OLGE 1989, 423) und Bader (DWEigt 1991, 52) –, wonach über die Einzelabrechnungen kein Beschluß gefaßt werden müsse, wenn die zur Verteilung erforderlichen Kriterien aus der Gesamtabrechnung ersichtlich sind, kann nicht gefolgt werden, da ohne Beschluß kein Anspruch entsteht (siehe hierzu auch S. 153 der auf den o. g. Beschluß des KG, aber nicht zu dieser Frage ergangenen Entscheidung BGHZ 111, 148).

Der Hausgeldanspruch ist durchsetzbar, sobald die Forderung fällig gestellt ist. **Fälligkeit** tritt ein, indem die Gemeinschaft einen Zahlungstermin mitbeschließt oder der Verwalter die Wohnungseigentümer zur Zahlung ihres Beitrages auffordert, § 28 Abs. 1, 5; § 271 BGB, näher hierzu § 16 Rdn. 50 m. w. N. Alle Beschlüsse sind im Rahmen ordnungsmäßiger Verwaltung zu fassen (§ 21 Abs. 4) und unterliegen unter diesem Gesichtspunkt der gerichtlichen Kontrolle (Beispiele: KG WE 1987, 122; BayObLG WE 1987, 125; dazu Deckert WE 1987, 102). Gläubiger der Hausgeldforderung sind die jeweils anderen Wohnungseigentümer (§ 16 Rdn. 31). Der Verwalter ist nach § 27 Abs. 2 Nr. 1 berechtigt, die Hausgeldforderung im Namen aller Wohnungseigentümer einzufordern. Maßnahmen zur Durchsetzung kann er aber nur auf Grund einer – möglicherweise allgemein – erteilten Ermächtigung gemäß § 27 Abs. 2 Nr. 5 (vgl. hierzu § 27 Rdn. 20ff.) ergreifen. Bei der gerichtlichen Geltendmachung ist der Antrag auf Zahlung an alle, unter Einschluß des Säumigen zu richten (§ 432 BGB). Nach herrsch. Ansicht bedarf aber auch ein Wohnungseigentümer trotz seiner Gläubigerstellung zur gerichtlichen Geltendmachung von Hausgeldforderungen einer Ermächtigung durch Mehrheitsbeschluß (BGHZ 111, 148; a. A. KG WE 1990, 92; näher § 21 Rdn. 4 und Vor § 1 Rdn. 70ff.).

6 **Schuldner einer Wohngeldforderung** ist derjenige, der bei Fälligkeit Wohnungseigentümer ist. Dies ist außer in den Fällen, in denen der Eigentumswechsels außerhalb des Grundbuchs eintritt, der im Grundbuch als Wohnungseigentümer Eingetragene (BGHZ 104, 197; ausführl. und m. w. N. § 16 Rdn. 46ff.). Der nur Buchberechtigte ist nicht Wohnungseigentümer und somit auch nicht Hausgeldschuldner. Allerdings hat er den Nachweis über die Unrichtigkeit des Grundbuchs zu führen (§ 891 BGB).

7 Für **Rückstände** eines ausgeschiedenen Wohnungseigentümers haften weder der rechtsgeschäftliche **Erwerber** (BGHZ 88, 303) noch der **Ersteher** in der Zwangsversteigerung (BGHZ 99, 358). Rückstände liegen vor bei offenen Nachforderungen aus vor dem Eigentumswechsel beschlossenen Jahresabrechnungen, aber auch bei nicht bezahlten Vorauszahlungen auf den Wirtschaftsplan eines Wirtschaftsjahres, welches erst unter dem neuen Eigentümer abgerechnet wird (BGH NJW 1994, 1877 zur Haftung des Konkursverwalters; KG B.v. 6. 9. 1993 – 24 W 4142/92 – für eine in mehreren Teilbeträgen fällig werdende Sonderumlage). Nicht richtig ist die von einigen OLG's

(Nachweise § 16 Rdn. 51) zur Haftung des Zwangsverwalters und des Erwerbers vertretene Ansicht, daß der Beschluß über die Jahresabrechnung den Saldo auch insoweit neu entstehen lasse, als er auf rückständigen Vorauszahlungen des Voreigentümers beruht; näher § 16 Rdn. 49–51 m. w. N. Wie der BGH a. a. O. zu Recht ausführt, wird nur die sogen. **Abrechnungsspitze** durch den Beschluß über die Jahresabrechnung originär begründet. Soweit der Fehlbetrag auf rückständigen Vorauszahlungen beruht, wird die Forderung verstärkt, was aber Schuldneridentität voraussetzt, woran es nach einem Eigentumswechsel für die vor diesem Ereignis fällig gewordenen Beträge fehlt. Enthält der Saldo rückständige Vorauszahlungen des durch Einzelrechtsnachfolge ausgeschiedenen Wohnungseigentümers, ist die Abrechnung fehlerhaft, erwächst aber in Bestandskraft, wenn sie nicht auf fristgerechte Anfechtung (§ 23 Abs. 4) durch Gerichtsbeschluß aufgehoben wird; zur Anfechtbarkeit eines Abrechnungsbeschlusses durch den neuen Eigentümer wegen bewußter Verzögerung der Beschlußfassung (BayObLG NJW-RR 1992, 14). Entgegen Bärmann-Pick-Merle besteht auch keine gesamtschuldnerische Haftung von Voreigentümer und Erwerber (§ 16 Rdn. 45 ff.), es sei denn, sie würde durch eine entsprechende Regelung in der Gemeinschaftsordnung begründet. Zur Zulässigkeit einer solchen Vereinbarung, unten Rdn. 12; zur Haftung allgemein § 16 Rdn. 49.

Gegenüber dem durch Sondernachfolge **ausgeschiedenen Wohnungseigentümer** ändert sich die Anspruchsgrundlage auch nach dem Beschluß über die Jahresabrechnung nicht. Beschlüsse der Wohnungseigentümer wirken nur gegen die Teilhaber der Gemeinschaft und gem. § 10 Abs. 3 gegenüber deren Sondernachfolgern, nicht aber gegenüber einem ausgeschiedenen Wohnungseigentümer. Daher haftet der Ausgeschiedene den übrigen Wohnungseigentümern für rückständige Vorauszahlungen nach wie vor aus dem Wirtschaftsplan (BayObLG WE 1990, 220; 1991, 286). Dennoch kann die Jahresabrechnung auch gegenüber dem Ausgeschiedenen Rechtswirkungen entfalten. Bleiben die tatsächlichen Kosten des betreffenden Wirtschaftsjahres hinter den im Wirtschaftsplan veranschlagten zurück, sind die rückständigen Vorschüsse des Voreigentümers um den zeitanteiligen Minderbetrag der Jahresabrechnung zu kürzen, da die übrigen Wohnungseigentümer ansonsten um diesen Betrag ungerechtfertigt bereichert sind (BayObLG a. a. O., so auch die 7. Auflage; die abw. Ansicht in PiG 30, 89 ff. halte ich nicht aufrecht). Der Schuldner muß die Kürzung einredeweise geltend machen. Zum Anspruch auf einen Überschuß, unten Rdn. 8.

Umfaßt die Jahresabrechnung geringere Gesamtkosten als im Wirtschafts- 8
plan angenommen, ergibt sich bei vollständiger Zahlung der geschuldeten Vorauszahlungen ein **Überschuß**, der auszuzahlen ist. Ein Beschluß, die Überschüsse der Instandhaltungsrücklage zuzuführen, ist fehlerhaft (a. A. Bub, Finanzwesen, S. 95, wonach der Beschluß wegen absoluter Unzuständigkeit der Eigentümergemeinschaft nichtig sei). Der Anspruch auf **Auszahlung** richtet sich gegen alle übrigen Wohnungseigentümer (KG WE 1993, 51); bei gerichtlicher Geltendmachung ist der Antrag auf Auszahlung aus den gemeinschaftlichen Geldmitteln durch den Verwalter zu richten. Nach einem **Eigentumswechsel**, der aufgrund Rechtsgeschäfts oder Zuschlags in der Zwangsversteigerung während oder nach dem abzurechnenden Wirt-

schaftsjahr und vor Fälligkeit des Guthabens aus der Jahresabrechnung eingetreten ist, steht der Überschuß grundsätzlich dem neuen Eigentümer zu. Hatte aber der Voreigentümer seine Verpflichtungen aus dem Wirtschaftsplan bis zu seinem Ausscheiden nicht vollständig erfüllt, ergibt sich nur insoweit ein Guthaben des Erwerbers, als im Abrechnungszeitraum Vorauszahlungen erbracht wurden. Dem ausgeschiedenen Wohnungseigentümer kann der Beschluß über die Jahresabrechnung nur die Einrede verschaffen, daß die rückständigen Vorauszahlungen, die er weiterhin aus dem Wirtschaftsplan schuldet, um den anteilig auf den rückständigen Zeitraum entfallenden Überschuß gemindern werden, hierzu oben Rdn. 7. Einen Anspruch auf Rückzahlung von ihm geleisteter Vorschüsse erlangt er nicht, vgl. hierzu Rdn. 4.

9 Unabhängig von der Aufstellung des Wirtschaftsplanes und der Jahresabrechnung ist der Verwalter den Wohnungseigentümern, wie das seinem mit diesen bestehenden Geschäftsbesorgungsverhältnis entspricht, nach Abs. 4 in Verbindung mit §§ 675, 666, 259 BGB zur **Rechnungslegung** verpflichtet; hieraus folgt die Pflicht zu einer geordneten Buchführung und, soweit Belege erteilt zu werden pflegen, die Pflicht, die Belege vorzulegen und **Einsicht in die Unterlagen** zu gestatten (RGZ 53, 254; 127, 243; BGHZ 10, 385; unten Rdn. 33ff.). Mit der Jahresabrechnung beschließen die Wohnungseigentümer nicht automatisch auch über die im WEG nicht ausdrücklich vorgesehene, bei Geschäftsbesorgungsverhältnissen jedoch weiterhin übliche **„Entlastung"** des Verwalters (vgl. Rdn. 31). Ist ein **Verwaltungsbeirat** bestellt (§ 29), so soll er zur Erleichterung der Beschlußfassung den Wirtschaftsplan, die Jahresabrechnung und eine etwaige Rechnungslegung einer Vorprüfung unterziehen und mit einer Stellungnahme versehen (§ 29 Abs. 3).

10 Wie die dargestellte Regelung zeigt, liegt die Vorbereitung der für die Wirtschaftsführung wesentlichen Entscheidungen und deren Ausführung bei dem Verwalter. **Das entscheidende Wort** haben aber **die Wohnungseigentümer** zu sprechen. Alle einschlägigen Entscheidungen sind **im Rahmen der ordnungsmäßigen Verwaltung** i. S. des § 21 Abs. 3 zu treffen; Beschlüsse, die hiergegen verstoßen, sind auf fristgerechte Anfechtung hin für ungültig zu erklären, z. B. ein Beschluß, wonach Einzelwirtschaftspläne oder Einzelabrechnungen unter der Bedingung genehmigt werden, daß sie richtig sind (BayObLG WE 1990, 138) oder vom Verwaltungsbeirat gebilligt werden (BayObLG WE 1989, 55). Findet der vorgelegte Entwurf eines Wirtschaftsplans oder einer Jahresabrechnung unbegründet keine Mehrheit, ist jeder Wohnungseigentümer, ohne daß er hierzu durch Beschluß ermächtigt werden müßte (insoweit zutreffend KG OLGE 1991, 434), berechtigt, bei Gericht den Antrag stellen, die übrigen Wohnungseigentümer zu verpflichten, dem Entwurf zuzustimmen, § 43 Abs. 1 Nr. 1 WEG (insoweit unklar KG a. a. O.). Der Beschluß des Gerichts ersetzt den Eigentümerbeschluß; vgl. auch unten Rdn. 14 und Rdn. 32.

11 Der **Leistungsort** = Erfüllungsort (§ 269 BGB) für die Erfüllung der dem Verwalter obliegenden Pflichten ist, wie sich aus den Umständen ergibt, der Ort, wo sich die Wohnanlage befindet (so zutr. OLG Karlsruhe NJW 1969, 1968 m. Anm. Diester; anders BayObLG Rpfleger 1972, 412); eine Ausnahme ist nur für die Verpflichtung zur Vorlage der Belege und zur Gewährung der Einsicht in diese zu machen; für diese Verpflichtung kann und muß es bei der Grundregel des § 269 BGB bleiben, wonach der Wohnsitz oder Sitz des Schuldners, hier also des Verwalters, Erfüllungsort ist (BayObLG WE 1989, 146).

Grundlegende Abweichungen sind nicht zu empfehlen, sind aber grund- 12
sätzlich wirksam, wenn sie vereinbart werden; zur Änderung durch Mehrheitsbeschluß, KG WE 1987, 122. **§ 28 kann zur Gänze abbedungen** werden, dann greifen die Vorschrift des § 748 BGB ein (a. A. LG Berlin ZMR 1984, 424). **Abdingbar** sind aber auch **alle einzelnen Regelungen**. Daher können durch Vereinbarung sämtliche hier berührten Pflichten im einzelnen näher ausgestaltet oder abgewandelt werden, es sei denn, die neue Regelung verstößt gegen eine unabdingbare Norm, z. B. gegen § 23 Abs. 3 (hierzu § 23 Rdn. 1,11), wie die in Gemeinschaftsordnungen hin und wieder zu findende **Genehmigungsfiktion**, wonach die Jahresabrechnung als genehmigt gelten soll, wenn ihr nicht von Seiten der Wohnungseigentümer binnen einer bestimmten Frist nach Absendung durch den Verwalter widersprochen wird (für Nichtigkeit dieser Regelung KG OLGE 1990, 334; a. A. Bub, Finanzwesen S. 92, der die Wohnungseigentümer durch die Abrechnungsfiktion in ihren Rechten nicht beeinträchtigt sieht, weil der Wohnungseigentümer, der die Abrechnung nicht erhalten hat, die Möglichkeit der Anfechtung des fingierten Beschlusses nach § 23 Abs. 4; 43 Abs. 1 Nr. 4 WEG habe, gerade so, als wenn er die Einladung zu einer Eigentümerversammlung, auf der dann über die Jahresabrechnung beschlossen wurde, nicht erhalten hätte). Sieht die Gemeinschaftsordnung eine Genehmigungsfiktion vor und verschickte der Verwalter die Abrechnungen demgemäß, ist den Wohnungseigentümern unbenommen, über die nämliche Jahresabrechnung auf der Eigentümerversammlung einen Beschluß zu fassen (BGHZ 113, 197; BayObLG 1992, 49); wird ein solcher Beschluß angefochten, ist er auf seine Vereinbarkeit mit den Grundsätzen ordnungsmäßiger Verwaltung zu prüfen (so auch Bub a. a. O.). Wirksam ist die Bestimmung in einer Gemeinschaftsordnung, nach der der Erwerber von Wohnungseigentum für die Hausgeldrückstände seines Rechtsvorgängers haftet, **kraft Vereinbarung** also eine **gesamtschuldnerische Haftung** von Erwerber und Veräußerer begründet wird (BGH WE 1994, 710 gegen KG (DWEigt 1993, 153; BayObLG WE 1989, 222). Kraft Gesetzes tritt eine solche gesamtschuldnerische Haftung nicht ein (oben Rdn. 7 und § 16 Rdn. 49ff.).

II. Einzelprobleme des Wirtschaftsplans

Der Wirtschaftsplan ist der **Haushaltsvoranschlag** der Gemeinschaft, er 13
enthält die geschätzten Ansätze für die Ausgaben und Einnahmen eines Wirtschaftsjahres und bildet die Grundlage für die Anforderung der von den Wohnungseigentümern zu leistenden Vorschüsse, durch welche die für die Wirtschaftsführung erforderlichen Geldmittel aufgebracht und zur Verfügung des Verwalters gestellt werden. Bei der Schätzung kann weithin von Daten ausgegangen werden, die im wesentlichen festliegen, wie gemeindli-

che Gebühren oder Versicherungsprämien oder das Verwalterhonorar, oder für die Erfahrungswerte vorliegen, wie etwa für den Erneuerungsbedarf. Je sorgfältiger die geschätzten Ansätze sind, um so geringer wird die Fehlerwahrscheinlichkeit, d. h. die Gefahr einer Differenz zur Jahresabrechnung, sein.

1. Der Wirtschaftsplan enthält nach Abs. 1 drei wesentliche Positionen:

14 a) eine **Gegenüberstellung ("Aufstellung„) der voraussichtlichen Einnahmen und Ausgaben,** und zwar eine geordnete, übersichtliche, nachprüfbare Zusammenstellung, weshalb der Wirtschaftsplan sich nicht auf die Angabe globaler Beträge beschränken darf, sondern Grund und Höhe der einzelnen erwarteten Einnahmen und Ausgaben ersichtlich machen muß. Zu den **Ausgaben** gehören insbesondere die Betriebskosten für Strom, Wasser, Müllabfuhr, Versicherungen, Hausmeister, Heizung (BayObLG WE 1988, 204) die Kosten der Verwaltung wie das Verwalterhonorar und Bankgebühren, die Kosten der Instandhaltung und -setzung, so für Kleinreparaturen und die geplanten größeren Maßnahmen; ggf. sind auch die Zins- und Tilgungsbeträge gemeinschaftlicher Belastungen (§ 27 Abs. 2 Nr. 1 WEG) auszuweisen. Die Kosten für bereits durchgeführte aber noch nicht bezahlte Maßnahmen, die erst während der Gültigkeit des zu beschließenden Wirtschaftsplans bezahlt werden, müssen ebenfalls eingestellt werden, ggf. mit gesonderter Fälligkeit. Bereits im Vorjahr für eine solche Maßnahme erhobene Beträge führen in der Abrechnung dieses Jahres zu Guthaben, die mit der neuen Sonderumlage verrechnet werden können. Möglich ist aber auch, mit der Jahresabrechnung zu beschließen, die für eine bestimmte Maßnahme erhobenen Beträge der Instandhaltungsrücklage zuzuführen und die Kosten hieraus zu bestreiten. Alle Kosten sind in den Wirtschaftsplan möglichst vollständig und in ausreichender Höhe aufzunehmen (BayObLG WE 1991, 362; WE 1990, 363). Zu berücksichtigen sind auch unbeibringliche Hausgeldrückstände und die zu erwartenden Ausfälle beim laufenden Hausgeld desselben Wohnungseigentümers (BayObLG 1986, 263), da anderenfalls während des Wirtschaftsjahres Zahlungsschwierigkeiten der Gemeinschaft vorgegeben sind. Einzustellen sind auch alle sonstigen zu erwartenden **Einnahmen** der Wohnungseigentümer (OLG Düsseldorf WE 1991, 331 für Zinseinnahmen aus der Instandhaltungsrücklage; a. A. BayObLG 1986, 263/269 wenn die Zinsen bisher regelmäßig dem für die Instandhaltungsrücklage geführten Sparkonto gutgebracht worden waren und deshalb für die laufenden Ausgaben nicht zur Verfügung standen), es sei denn, es handelt sich um unwesentliche Beträge, die das Gesamtvolumen des Wirtschaftsplanes nicht beeinflussen (BayObLG WE 1991, 362 für die Einnahmen aus dem Verkauf von Waschmaschinenmarken). Der wesentliche Teil der Einkünfte wird regelmäßig in den von den Wohnungseigentümern zu leistenden **Hausgeldvorschüssen** bestehen; ihre Höhe muß im gesamten und in den Einzelbeträgen aus dem Wirtschaftsplan ersichtlich sein, da sie durch den Wirtschaftsplan entstehen sollen (unten Rdn. 15). Der Wirtschaftsplan sollte in Struktur und Gliederung in der nämlichen Weise aufgebaut sein wie die Jahresabrechnung, um den Vergleich der Soll-Werte mit den wirklichen Werten zu erleichtern. Der Wirtschaftsplan wird erst durch den **Beschluß** der Wohnungs-

eigentümer wirksam (BayObLG 71, 313), der, weil zur ordnungsmäßigen Verwaltung gehörend (§ 21 Abs. 3), mit Mehrheit gefaßt werden kann; er greift der Beschlußfassung über die Abrechnung nicht vor (OLG Hamm Rpfleger 1970, 400; BayObLG 74, 172). Haben sich die Ansätze des zuletzt beschlossenen Wirtschaftsplanes als zutreffend erwiesen und sind für das anstehende Wirtschaftsjahr auf Einnahmen- wie Ausgabenseite allenfalls unerhebliche Änderungen zu erwarten, kann von der Erstellung eines neuen Wirtschaftsplanes abgesehen und die Fortgeltung des zuletzt beschlossenen Plans beschlossen werden (zur Auslegung eines solchen Beschlusses, BayObLG WE 1988, 75; WE 1991, 295; WE 1991, 362).

Bei ordnungsmäßiger Verwaltung ist der Wirtschaftsplan vor Beginn des Wirtschaftsjahres zu erstellen und zu beschließen. Ein erst während des Wirtschaftsjahres gefaßter Beschluß ist indes nicht deshalb fehlerhaft (OLG Hamburg OLGE 1988, 299). War für das abgelaufene Wirtschaftsjahr noch kein Wirtschaftsplan erstellt oder beschlossen worden, entfällt der Anspruch auf Aufstellung bzw. Beschlußfassung; stattdessen ist nunmehr Abrechnung zu verlangen (KG ZMR 1986, 189).

Die Wohnungseigentümer schulden die bisherigen Vorschüsse auch über das **Ende des Wirtschaftsjahres** hinaus, bis ein neuer Wirtschaftsplan oder unter Umständen eine vorläufige Regelung (§ 23 Rdn. 17) beschlossen ist. Jedoch ist dem BayObLG zuzustimmen, daß ein Wirtschaftsplan, der für ein **bestimmtes Wirtschaftsjahr** beschlossen wurde, nicht über das Ende dieses Wirtschaftsjahres hinaus wirkt (BayObLG WE 1988, 141), es sei denn die Gemeinschaftsordnung sieht die weitergehende Gültigkeit vor, z. B. bis zur Beschlußfassung über den nächsten Wirtschaftsplan. Die Fortwirkung der Wirtschaftspläne kann mehrheitlich beschlossen werden, da eine solche Regelung der ordnungsmäßigen Verwaltung dient (BayObLG OLGE 1990, 58; OLG Hamm WE 1990, 25). Sofern sich diese Wirkung auf den gerade beschlossenen Wirtschaftsplan beschränken soll, ist eine Ankündigung in der Einladung entbehrlich (KG OLGE 1990, 425).

Der Beschluß über den Wirtschaftsplan unterliegt der **Anfechtung** nach § 23 Abs. 4 WEG, wenn die sich nach dem Wirtschaftsplan ergebenden Vorauszahlungen wesentlich überhöht sind, weil eine oder einige der eingesetzten Positionen, z. B. eine Erbbauzinsforderung (BayObLG WE 1987, 55), mit einem zu hohen Betrag eingestellt wurden. Ein solcher Plan entspricht nicht mehr ordnungsmäßiger Verwaltung und ist auf Anfechtung hin aufzuheben. Ist der Beschluß über den Gesamt- und die Einzelwirtschaftspläne verbindlich, müssen die festgesetzten Wohngelder auch dann gezahlt werden, wenn ein Wohnungseigentümer zu Recht nachträglich zu der Auffassung gelangt, die veranschlagten Beträge seien übersetzt (BayObLG ITelex 1985/9/50). Nicht anfechtbar sondern ergänzungsbedürftig ist der Wirtschaftsplan, in dem eine wesentliche Ausgabenposition fehlt oder die Kosten zu niedrig angesetzt werden, so daß erhebliche Nachzahlungsverpflichtungen aus der Jahresabrechnung vorgegeben sind (BayObLG WE 1991, 363; a. A. KG OLGE 1991, 299, welches die Ungültigkeitserklärung nicht grundsätzlich verneint, eine solche Entscheidung aber „nur in Betracht kommen läßt," wenn sie zusammen mit dem gerichtlichen Beschluß über einen Wirtschaftsplan mit höheren Ansätzen ergeht); zur Jahresabrechnung, unten

Rdn. 30. Legt der Verwalter keinen Wirtschaftsplan vor oder findet der Vorschlag keine Mehrheit, kann jeder Wohnungseigentümer, im letztgenannten Fall auch der Verwalter, den Mehrheitsbeschluß der Wohnungseigentümer **gerichtlich ersetzen** lassen (oben Rdn. 10). Der Auffassung des KG (OLGE 1991, 180; NJW-RR 1991, 1424), das Gericht könne von sich aus den Wirtschaftsplan aufstellen, kann nicht gefolgt werden. Der Antrag ist darauf gerichtet, einen inhaltlich genau bestimmten Mehrheitsbeschluß zu ersetzen, so daß der Antragsteller den Vorschlag für den Wirtschaftsplan mit seinem Antrag vorlegen muß. Da das Gericht im wohnungseigentumsrechtlichen Verfahren nicht so streng an die Anträge der Beteiligten gebunden ist wie im Zivilprozeß, sind Abänderungen der Vorlage zulässig, wenn und soweit sich aus dem Vortrag der Beteiligten ergibt, daß der Vorschlag die Grundsätze ordnungsmäßiger Verwaltung nicht beachtet. Durch einstweilige Anordnung werden die Zahlungspflichten aus einem solchen Gerichtsbeschluß sofort fällig gestellt (KG OLGE 1991, 180).

15 b) Aus der Gegenüberstellung der Einnahmen – ohne Wohngelder – und der Ausgaben ergibt sich der **geschätzte Finanzbedarf.** Dieser Betrag ist nach dem durch die Gemeinschaftsordnung oder einen bindenden Beschluß festgelegten Schlüssel, mangels eines solchen nach § 16 Abs. 2 entsprechend dem Verhältnis der Miteigentumsanteile **auf die Wohnungseigentümer aufzuteilen.** Soweit in der Jahresabrechnung auf einzelne Positionen verschiedene Verteilungsschlüssel anzuwenden sind, müssen auch im Wirtschaftsplan die Kostenansätze entsprechend umgelegt werden (KG DWEigt 1985, 126); dabei sind geringfügige Ungenauigkeiten hinzunehmen (KG OLGE 1990, 425 für Heizkosten, die im Wirtschaftsplan statt nach Miteigentumsanteilen nach dem Verhältnis der beheizten Fläche aufgeschlüsselt wurden).

16 c) Außerdem ist ein angemessener Beitrag zur **Instandhaltungsrücklage** (§ 21 Rdn. 42) vorzusehen. Die Höhe ist nach wirtschaftlichen Überlegungen unter Berücksichtigung des zu erwartenden Bedarfes nach Erfahrungswerten, auch bei ähnlichen Anlagen, zu bestimmen. Der auf jeden Wohnungseigentümer entfallende Betrag ist auszuwerfen. Gleichzeitig ist zu entscheiden, ob die Ausgaben für geplante oder möglicherweise vorauszusehende Instandsetzungsmaßnahmen über den Vorschuß oder durch Entnahme aus der Rücklage zu decken sind (vgl. OLG Hamm Rpfleger 1970, 400).

17 **2.** Aus der **Summe** der gemäß Rdn. 14–16 ermittelten Beträge ergibt sich die **Höhe des Vorschusses,** den jeder Wohnungseigentümer regelmäßig auf das „Wohngeld" zu Händen des Verwalters auf ein Konto der Gemeinschaft (§ 27 Rdn. 27) zu zahlen hat. Die Zahlung ist entweder „nach Abruf durch den Verwalter," also auf dessen Anforderung, durch welche die Fälligkeit der Verpflichtung herbeigeführt wird (§ 271 Abs. 1 BGB), oder zu den mitbeschlossenen Terminen, z. B. monatlich zum 3. Werktag des Kalendermonats zu bewirken. Im letzteren Fall kommt der Wohnungseigentümer nach Fristablauf automatisch in Verzug, im ersteren hingegen erst, wenn er auch auf eine Mahnung des Verwalters nicht unverzüglich leistet (§ 284 Abs. 1 BGB).

18 Mit dem Vorschuß ist die Verpflichtung des Wohnungseigentümers für das laufende Jahr **nicht endgültig begrenzt.** Es kann sehr wohl vorkommen, daß infolge eines unvorhergesehenen Bedarfs, z. B. notwendiger Instandsetzungsarbeiten, aber auch wegen eines erst im Laufe des Wirtschaftsjahres bekanntwerdenden Ausfalles des Beitrags eines Wohnungseigentümers, **ein weiterer Vorschuß (Sonderumlage)** eingefordert werden muß, wenn die Mittel zur Deckung der Verbindlichkeiten nicht ausreichen (OLG Karlsruhe Die Justiz 1977, 310). Doch müssen auch darüber zunächst die Wohnungseigentümer einen Mehrheitsbeschluß fassen (vgl. hierzu oben Rdn. 14). Die selbständige Aufnahme von Krediten im Namen der Wohnungseigentümer ist dem Verwalter kraft Gesetzes nicht gestattet (§ 27 Rdn. 8).

3. Weder die Bestimmungen des § 27 Abs. 2 Nr. 1 noch eine Regelung in 19
der Teilungserklärung, wonach der Verwalter befugt ist, den Vorschuß für das nächste Wirtschaftsjahr „aufgrund des Wirtschaftsplans und der effektiven Kosten im Vorjahr" festzustellen, ersetzen den Beschluß der Eigentümer über den Gesamt- und die Einzelwirtschaftspläne (BayObLG WE 1990, 111). Ist der Anspruch auf den Vorschuß entstanden, entfällt er nicht schon deshalb, weil inzwischen das Wirtschaftsjahr abgelaufen (OLG Frankfurt OLGZ 1984, 257) oder die Jahresabrechnung vom Verwalter erstellt worden ist (BayObLG 77, 67), weshalb über ein Beschlußanfechtungsverfahren auch noch nach Ablauf der Rechnungsperiode sachlich zu entscheiden ist (KG MDR 1986, 189). Dagegen verliert die Anforderung des Vorschusses ihren Sinn in dem Augenblick, in welchem die Wohnungseigentümer die Jahresabrechnung und damit die Höhe des endgültigen Wohngeldes beschlossen haben; dann muß im Wege einer **Antragsänderung** auf die Geltendmachung des endgültig festgesetzten Wohngeldes übergegangen werden (s. oben Rdn. 4, BayObLG WE 1986, 104); es sei denn das Verfahren richtet sich gegen einen ausgeschiedenen Wohnungseigentümer. Dieser haftet nach wie vor aus dem Wirtschaftsplan, jedoch ggf. nur noch auf die um den nicht benötigten Betrag zeitanteilig geminderten Abschläge (oben Rdn. 7, 8). Ein Beschlußanfechtungsverfahren über den Wirtschaftsplan des abgerechneten Zeitraums erledigt sich (BayObLG WE 1989, 218; OLG Stuttgart OLGE 1990, 175; offenbar a. A. KG Berlin WE 1993, 84 zu Sonderumlagebeschlüssen, die aufgehoben wurden, obwohl inzwischen die endgültige Abrechnung beschlossen worden war).

III. Einzelprobleme der Jahresabrechnung

1. Nach Ablauf des Wirtschaftsjahres und zweckmäßigerweise gleichzeitig 20
mit der Aufstellung des Wirtschaftsplanes für das nächste Jahr hat der Verwalter innerhalb angemessener Zeit – nach BayObLG NJW – RR 1990, 659 soll die Wohnungseigentümerversammlung in den ersten drei Monaten abgehalten werden –, eine **„Abrechnung"** aufzustellen. Verpflichtet ist grundsätzlich derjenige Verwalter, der dieses Amt zum Abrechnungszeitpunkt ausübt; weiter hierzu Rdn. 37.

Bei der Jahresabrechnung handelt es sich um das Gegenstück zum Wirtschaftsplan; sie wird nach Ablauf des **Abrechnungszeitraums** erstellt und muß deshalb grundsätzlich die gesamten wirklichen Einnahmen und Ausgaben des Wirtschaftsjahrs berücksichtigen. Eine Abrechnung, die neben dem ersten Wirtschaftsjahr der Wohnungseigentümer auch Zeiträume aus der Bauphase, also Ansprüche der damaligen Bauherren abrechnet, entspricht nicht ordnungsmäßiger Verwaltung (KG, OLGE 1989, 37); zur Zusammenfassung von Heizungs- und Warmwasserkosten mehrerer Abrechnungsperioden in einer Abrechnung BayObLG 1992, 210. Die **Abrechnung** muß **übersichtlich, verständlich und nachprüfbar** sein; sie muß grundsätzlich alle in dem betreffenden Wirtschaftsjahr zugeflossenen Einnahmen und getätigten Ausgaben wiedergeben, unten Rdn. 24ff., und für einen Wohnungseigentümer „auch ohne Zuziehung eines Buchprüfers oder sonstigen Sachverständigen verständlich sein" (BayObLG WE 1991, 225 m. w. N.; OLG Hamm Rpfleger 1975, 255; OLG Düsseldorf WE 1991, 251; BayObLG Beschluß vom 10. 03. 1994, Az: 2Z BR 11/94, zum Teil gegen KG, Beschluß vom 28. 01. 1994, Az: 24 W 1145/93). Auch muß sie den Grund der Einnahmen und Ausgaben in hinreichender Aufgliederung, so nach Buchungsdatum, Gegenstand, Belegnummer und Höhe aufgeschlüsselt (LG Bielefeld WEG-Recht 1984–1986 S. 181), nach Möglichkeit in einer dem Wirtschaftsplan (oben Rdn. 14) entsprechenden Struktur und Gliederung, angeben. Desweiteren gehören zur Jahresabrechnung die Mitteilung der **Kontenstände** der gemeinschaftlichen Konten zum Beginn und am Ende des Abrechnungszeitraums (BayObLG WE 1991, 164) und die Entwicklung der **Instandhaltungsrücklage** (BayObLG WE 1990, 179).

21 Der Verwalter ist deshalb zu einer eine solche Abrechnung und Nachprüfung ermöglichenden **ordnungsmäßigen Buchführung** verpflichtet (BayObLG NJW – RR 1988, 18, siehe auch Müller PiG 27, 59); verletzt er diese Pflicht, so ist er den Wohnungseigentümern zum Ersatz des daraus entstehenden Schadens verpflichtet, insbesondere des Schadens, den sie dadurch erleiden, daß sie zur Nachprüfung der Geschäftsführung einen Buchprüfer zuziehen müssen (BayObLG Rpfleger 1977, 66: BayObLG ITelex 1987/23/139). Vgl. auch § 27 Rdn. 35. Zur Buchführungspflicht des Verwalters vgl. die ausführlichen Darlegungen von Seuß in PiG 27 S. 13: Die Buchführung muß den Grundsätzen einer ordnungsmäßigen Buchführung entsprechen, insbes. dem Dokumentations- und dem Belegprinzip genügen; die Aufzeichnungen müssen folglich **vollständig, richtig, zeitgemäß und geordnet** sein (vgl. dazu §§ 38ff. HGB, insbes. § 43 Abs. 2).; zur Aufbewahrung der Belege, unten Rdn. 36

22 **2.** Die Jahresabrechnung dient der **rechnungsmäßigen Ermittlung und der verbindlichen Feststellung der endgültigen Höhe der Wohngeldverpflichtung** der einzelnen Wohnungseigentümer; sie entspricht dem Wirtschaftsplan mit dem Unterschied, daß an die Stelle der geschätzten Beträge die tatsächlichen Einnahmen und Ausgaben treten. Zu den Einnahmen gehören die in dem Abrechnungszeitraum geleisteten Wohngelder, gleich ob es sich um Vorauszahlungen auf das laufende Wirtschaftsjahr, um Nachforderungen aus der während des betreffenden Zeitraums beschlossenen Jahresabrechnung oder um Rückstände aus früheren Abrechnungen handelt. Eine Jahresabrechnung, die die Hausgeldzahlungen oder die anderen Geldeinnahmen nicht oder nicht vollständig enthält, entspricht nicht den Grundsätzen ordnungsmäßiger Verwaltung (BayObLG B. v. 10. 3. 1994 – 2Z BR 11/94 –

m. w. N.). Die Jahresabrechnung gliedert sich (vgl. oben Rdn. 3) in zwei Teile: eine **Gesamtabrechnung** gegenüber der Wohnungseigentümergemeinschaft und **Einzelabrechnungen** für die einzelnen Wohnungseigentümer, aus denen sich deren Wohngeldverpflichtung ergibt (BayObLGE 1979, 89; BayObLG WEM 1981/3/42; BayObLG Rpfleger 1985, 111; KG DWEigt 1986, 27; Merle ZgemWWBay 1986, 409/411); Gesamt- wie Einzelabrechnungen müssen, um Zahlungspflichten zu begründen, beschlossen werden, oben Rdn. 2 und 5. Die von den Wohnungseigentümern und ihren Rechtsvorgängern während des Abrechnungszeitraums für diesen geleisteten Vorschußzahlungen werden auf ihre endgültig festgesetzten Wohngeldverpflichtungen angerechnet. Bei der Gegenüberstellung von Einnahmen und Ausgaben kann sich ein Überschuß oder ein Fehlbetrag ergeben; im letzteren Fall ist mit dem die Jahresabrechnung billigenden Beschluß die Verpflichtung zur **Abschlußzahlung** gegründet, in Höhe rückständiger Vorschüsse grundsätzlich rechtsverstärkend zum Anspruch aus dem Wirtschaftsplan, in Höhe der anteiligen Mehrkosten, der sogenannten **Abrechnungsspitze**, originär (BGH NJW 1994, 1877, hierzu ausführlich oben Rdn. 7). Ergeben die anteiligen Kosten gegenüber den gezahlten Vorschüssen einen Überschuß, begründet der Beschluß einen Anspruch auf **Auszahlung** des Überschusses (OLG Karlsruhe WEM 1980, 80 und oben Rdn. 8; zur Schuldner- und Gläubigerstellung nach einem Eigentumswechsel während oder nach dem abzurechnenden Wirtschaftsjahr, oben Rdn. 7, 8.) Rückstände an Vorschüsse und Sonderumlage sind weder in die Gesamt- noch in die Einzelabrechnung einzustellen, es sei denn als Ausgabenposition, weil sie bereits vor der Abstimmung über die Jahresabrechnung als unbeibringlich zu gelten haben, z. B. nachdem Vollstreckungsmaßnahmen wegen früherer Rückstände erfolglos geblieben sind. Der Hausgeldausfall ist auf alle Wohnungseigentümer entsprechend dem hierfür vereinbarten Kostenschlüssel, hilfsweise gem. § 16 Abs. 2 nach Miteigentumsanteilen, aufzuteilen.

3. Einzelpunkte

a) Für die Jahresabrechnung gibt es **keine vorgeschriebene Form.** Abweichende Regelungen sind, da § 28 abdingbar ist, möglich; hinzunehmen ist jede Form, die den Anforderungen an Bestimmtheit und Klarheit genügt (OLG Celle DWEigt 1984, 126; BayObLGE 1987, 86). 23

b) Nach dem gesetzlichen Modell ist die Jahresabrechnung eine **reine Einnahmen- und Ausgabenrechnung** (WE 1991, 225), sie ist **keine Gewinn- und Verlustrechnung** (BayObLG WE 1989, 178), sie ist erst recht **keine Bilanz,** weder im handels- noch im steuerrechtlichen Sinne (BayObLGE 1986, 263; WE 1989, 179; OLG Frankfurt OLGE 1984, 333; Bub, Finanzwesen, S. 65ff.); so auch im französichen Recht (de Kaenel, PiG 39, 207). Eine Jahresabrechnung, die in Form einer Bilanz erstellt wurde, ohne daß dies vereinbart oder bindend beschlossen worden ist, genügt den Anforderungen nicht (BayObLG WE 1993, 185). Sie ist für die Mehrzahl der Wohnungseigentümer ohne fremde Hilfe nicht nachvollziehbar und prüfbar; der eine bilanzmäßige Abrechnung genehmigende Beschluß ist für ungültig zu erklären. Entgegen Maul (DB 1980, 937), dem Jennißen (Verwalterabrechnung 24

Rdn. 68ff.) zuzuneigen scheint, ist die Jahresabrechnung auch nicht in eine „Erfolgsrechnung" und eine „Vermögensrechnung" aufzuspalten, noch ist der Wert des gemeinschaftlichen Vermögens mit 1 DM einzusetzen. Grundsätzlich findet auch keine Rechnungsabgrenzung statt, hierzu unten Rdn. 25. Durch eine wiederholte Weigerung, die Abrechnungen entsprechend den gesetzlichen Vorschriften zu fertigen, kann sich der Verwalter als ungeeignet erweisen (BayObLG WE 1993, 276).

25 Die Jahresabrechnung hat sämtliche Einnahmen (BayObLG WE 1990, 133 bzgl. der Wohngeldvorschüsse) und Ausgaben des abzurechnenden Wirtschaftsjahres einander gegenüberzustellen, ohne Rücksicht darauf, ob die zugrundeliegenden Vorgänge, insbesondere Schuldverpflichtungen, im Abrechnungszeitraum begründet worden sind. Aufzunehmen sind nur die **tatsächliche Einnahmen** (dazu BayObLG 1986, 263; KG DWEigt 1986.27 bzgl. Zinsen) und – mit wenigen Ausnahmen – nur die **tatsächlichen Ausgaben** und zwar auch dann, wenn sie zu Unrecht getätigt worden sind (BayObLG WE 1991, 75), ein Vorgehen, das nicht durch Anfechtung der Jahresabrechnung sondern des Entlastungsbeschlusses zur gerichtlichen Überprüfung zu bringen ist (BayObLG DWEigt. 1993, 100); zur Behandlung von Verfahrenskosten nach § 16 Abs. 5, siehe dort Rdn. 60.

Die Korrektur für Ausgaben, die ein einzelner Wohnungseigentümer hätte tragen müssen, z. B. weil die Maßnahme sein Sondereigentum betraf, erfolgt in den Einzelabrechnungen; belastet wird allein der betreffende Wohnungseigentümer (KG OLGE 1992, 420; WE 1993, 275; BayObLG WE 1992, 143 zur Frage, wenn der Einzelne zu Unrecht belastet wurde); sonstige Ausgaben sind auf alle Wohnungseigentümer zu verteilen und im Wege des Regresses bei dem, der die rechtsfehlerhafte Ausgabe getätigt hat, geltend zu machen. Eine Rückerstattung ist in der Abrechnung des Jahres zu berücksichtigen, in dem der Zufluß erfolgt. Forderungen sind also nicht einzustellen, gleich ob es sich um Hausgeldrückstände – ausgenommen unbeibringliche, hierzu Rdn. 22 –, rückständige Ansprüche gegen einen Teilhaber aus der Benützung gemeinschaftlichen Eigentums (BayObLG 1986, 263) oder gegen Dritte handelt.

Insoweit und darüber, daß auch bei der gesetzlichen Form der Abrechnung **Ausnahmen** statthaft sind, ohne daß hierüber eine Vereinbarung oder ein Mehrheitsbeschluß vorliegen müßte, besteht in Rspr. und Literatur weitgehend Übereinstimmung. Das BayObLG läßt in ständ. Rspr. (WE 1992, 175 m. w. N.) eine Abweichung jedoch nur für die **Kosten verbrauchsbezogener Wirtschaftsgüter** (Heizenergie, B.v. 10. 3. 1994 – 2Z BR 11/94 –; BayObLG 1987, 86) und bei der Verbuchung von **Sollbeträgen für die Instandhaltungsrücklage** (NJW-RR 1991, 15) zu. Das Kammergericht hingegen hat keine Bedenken, auch Wohngeldrückstände und offene Verbindlichkeiten, soweit die Beträge annähernd gleich hoch seien, und offene Rechnungen, wenn der Eigentümerkreis bei der Beschlußfassung und beim Entstehen der Außenverbindlichkeit identisch sei (KG WE 1993, 195) in die Jahresabrechnung einzustellen; ähnlich auch OLG Celle DWEigt 1987, 104, wonach es auf die „Entstehung" ankommen soll. Dieser und der Ansicht des KG kann vom Ansatz her nicht gefolgt werden, da das Liquiditätsprinzip, welches die Einnahmen- und Ausgabenrechnung darstellt, hierdurch so grundlegend durchbrochen wird, daß die Jahresabrechnung und die Stimmigkeit der Konten nicht mehr nachprüfbar sind. Die Ausnahme bei den verbrauchsabhängigen Wirtschaftsgütern ist vertretbar, weil sich in den einzelnen Wirtschaftsjahren die Art der Positionen nicht und ihre Höhe nur unwesentlich ändert; führt eine Gemeinschaft diesen Abrechnungsmodus konsequent durch, entsteht daraus keinem Wohnungseigentümer ein Nachteil (BayObLG a. a. O. zu den Heizkosten). Die verbrauchsbezogene Abrechnung trägt überdies dem Umstand Rechnung, daß viele Eigentumswohnungen vermietet sind und der Wohnungseigentümer mit seinem Mieter Heizung, Wasser und ähnliche Kosten verbrauchsbezogen abrechnen muß, er also bei einer reinen Ausgabenrechnung nach § 28 die Abrechnung des Verwalters insoweit nicht heranziehen könnte und sich die Grundlagen für die Mieterabrechnung selbst zusammentragen müßte (hierzu Blank WE 1991, 39). Trotzdem besteht kraft Gesetzes kein Anspruch auf eine § 27 der 2. BerO. genügende Abrechnung (OLG Stuttgart OLGE 1990, 175). Zum Aufbau einer verbrauchsbezogenen Abrechnung Deckert, WE 1994, 222 mit Mustervorschlag.

Da aber auch die vom BayObLG als zulässig erachteten Abweichungen **26**
vom reinen Einnahmen-/ Ausgabenprinzip dem einzelnen Wohnungseigentümer die Kontrolle über die Entwicklung der gemeinschaftlichen Geldkonten, insbesondere des Girokontos, nehmen, hat die Durchbrechung zur Folge, daß zur Jahresabrechnung die Abgrenzung der verbrauchsbezogen abgerechneten Kosten ins Vor- und ins Folgejahr gehört, ebenso Deckert (Die Eigentumswohnung Gruppe II S. 2219ff.). Ansonsten müßten, wie in der 7. Auflage zu § 28 Rdn. 15d dargestellt, die getätigten Mehrkosten in die Gesamtabrechnung eingestellt und entsprechend dem allgemeinen Schlüssel auf die einzelnen Wohnungseigentümer verteilt werden (zu einer solchen Abrechnung BayObLG WE 1991, 360); entsprechend wäre mit Minderkosten zu verfahren, die als Guthaben in der Abrechnung zu berücksichtigen wären (zustimmend Bub, Finanzwesen S. 78f.). Das BayObLG (B.v. 10. 3. 1994 – 2Z BR 11/94 –) sieht die **Abgrenzung** in dem genannten Umfang zwar als erforderlich an, jedoch nicht als Teil der Jahresabrechnung sondern im Rahmen der Entlastung. Diese Betrachtungsweise wird dem Verlust an Transparenz der Jahresabrechnung nicht gerecht; sie trifft zu, soweit weitere Abgrenzungen erforderlich sind, um den Wohnungseigentümern die Finanzlage der Gemeinschaft darzulegen, z. B. bei Rückständen von Hausgeldvorauszahlungen des Abrechnungsjahres, die zu Beginn des nächsten Wirtschaftsjahres bezahlt wurden, bei Hausgeldrückständen, die noch offen stehen aber noch nicht als unbeibringlich anzusehen sind, bei höheren Kosten, deren Begleichung für das abzurechnende Wirtschaftsjahr geplant und die deshalb bereits eingezogen worden sind, aber erst im neuen Wirtschaftsjahr getätigt werden, hierzu oben Rdn. 14.

c) Die Ansätze für Einnahmen und Ausgaben – namentlich die letzteren – **27**
sind nach ihrem Grund so weit **aufzuschlüsseln**, daß sich ihre Berechtigung beurteilen läßt; dabei ist jedoch nicht in alle Einzelheiten zu gehen; so können z. B. kleinere Reparaturen zu einem Gesamtposten zusammengezogen werden (Merle ZgemWWBay 1986, 409, 410).

28 d) In der **Einzelabrechnung** sind die zu deckenden Kosten, der Verteilungsschlüssel und der errechnete Endbetrag anzugeben (BayObLG WE 1991, 225; oben Rdn. 3). Kosten, die nicht in der Gesamtabrechnung enthalten sind, können auch nicht in die Einzelabrechnung eingehen (BayObLG WE 1991, 258). Die in und für den Abrechnungszeitraum gezahlten Vorschüsse sind anzurechnen (BayObLG WE 1990, 147). Hieraus kann sich ein **Überschuß** ergeben (hierzu oben Rdn. 8) oder ein **Fehlbetrag**. In der Regel besteht der Fehlbetrag aus der Abrechnungsspitze und evtl. rückständigen Abschlägen; anders bei Eigentumswechsel, hier ist eine Abrechnung, deren Saldo rückständige Vorauszahlungen des ausgeschiedenen Wohnungseigentümers umfaßt, fehlerhaft, oben Rdn. 22 und 7 sowie § 16 Rdn. 49–51. Unrichtig ist aber auch die Abrechnung, in die der Verwalter trotz gegenteiliger Zweckbestimmung des Wohnungseigentümers laufende Wohngeldzahlungen eines Wirtschaftsjahres auf rückständige Hausgeldforderungen früherer Jahre verrechnet. Eine solche Verrechnung ist nur zulässig, hat der Schuldner keine **Zweckbestimmung** getroffen (§ 366 BGB). Keine Unrichtigkeit liegt vor, wenn eine Jahresabrechnung nach dem **Saldo** des abzurechnenden Zeitraumes Rückstände aus früheren Jahresabrechnungen wiedergibt; dieser Vortrag ist nicht Teil der zu beschließenden Jahresabrechnung (BayObLG WE 1992, 2175; WE 1993, 194; KG WE 1993, 285; anders noch KG WE 1992, 285, wonach der Beschluß nichtig sei). Anders jedoch, wenn die Wohnungseigentümer abweichend von den Regelungen des § 28 WEG vereinbart haben, daß die Hausgeldkonten jährlich zu saldieren sind. In diesem Fall umfaßt der Beschluß auch den letzten Saldo und ist wirksam (hierzu BayObLG WE 1990, 28). Eine Saldierung, die vereinbart sein muß, liegt erst recht vor, wenn den anteiligen Ausgaben des abzurechnenden Wirtschaftsjahres zunächst die Rückstände des betreffenden Wohnungseigentümers aus früheren Jahresabrechnungen zugeschlagen werden, bevor die in dem abzurechnenden Zeitraums geleisteten Hausgeldzahlungen abgezogen werden, und der sich so ergebende Saldo als Ergebnis des Abrechnungszeitraumes beschlossen wird (BayObLG DWEigt 1992, 128). Zu der Behandlung von Wohngeldforderungen im Konkurs, § 16 Rdn. 43, in der Zwangsverwaltung § 16 Rdn. 42.

29 e) **Kosten aus Verfahren** zwischen Wohnungseigentümern nach § 43 WEG gehören i. d. R. nicht zu den Kosten der Verwaltung, es sei denn, mit dem Verfahren würde eine Maßnahme ordnungsmäßiger Verwaltung verfolgt, z. B. die Geltendmachung von Hausgeldansprüchen gegen einen säumigen Wohnungseigentümer. Solche Kosten sind „Kosten der Verwaltung" i. S. des § 16 Abs. 2 WEG und deshalb in den Wirtschaftsplan bzw. die Jahresabrechnung einzustellen, unbeschadet eines Kostenerstattungsanspruches aufgrund der Kostenentscheidung und – festsetung. Hierauf eingehende Gelder sind mit ihrem Zufluß als Einnahmen zu behandeln und auf die im Titel genannten Gläubiger zu verteilen. Zur Behandlung von Verfahrenskosten im übrigen § 16 Rdn. 60; zur Erhebung einer Sonderumlage für Verfahrenskosten, BayObLG DWEigt 1993, 82.

30 **4.** Auch die Jahresabrechnung wird **vom Verwalter nur vorgeschlagen** (so auch KG ITelex 1987/20/119). Zur Vorlage ist der Verwalter jedem Woh-

nungseigentümer verpflichtet; wegen der Geltendmachung des Anspruches § 21 Rdn. 4 und Vor § 1 Rdn. 70. Solange allerdings der Beschluß über die Jahresabrechnung nicht abgelehnt oder für ungültig erklärt ist, hat der einzelne Wohnungseigentümer kein Recht, von dem Verwalter eine neue Abrechnung oder eine Berichtigung zu verlangen (BayObLG DB 1988, 333). Durch eine wiederholte Weigerung, die Abrechnungen entsprechend den gesetzlichen Vorschriften zu fertigen, kann sich der Verwalter als ungeeignet erweisen (BayObLG WE 1993, 276). Die endgültige Festlegung der Gesamtabrechnung und Einzelabrechnungen ist einem mit Mehrheit zu fassenden **Beschluß der Wohnungseigentümer** überlassen. Die Beschlußfassung über die Jahresabrechnung ist – anders als die über den Wirtschaftsplan – zwar nicht in § 21 Abs. 5, wohl aber in § 28 Abs. 5 genannt; auch sie ist **Teil der ordnungsmäßigen Verwaltung** und kann gemäß § 21 Abs. 4 verlangt und erforderlichenfalls gerichtlich ersetzt werden (oben Rdn. 10). Ohne Beschluß entsteht keine Forderung; daher ist die abw. Ansicht BayObLG 79, 152, wonach jeder Wohnungseigentümer gegen den anderen die im Entwurf ausgewiesene Nachzahlung geltend machen könne, in doppelter Hinsicht überholt (oben Rdn. 3; § 16 Rdn. 31; § 21 Rdn. 4; Vor § 1 Rdn. 70). Ein wirksamer Beschluß setzt nicht voraus, daß die Abrechnungen in der Niederschrift über die Eigentümerversammlung ausdrücklich bezeichnet sind. Es genügt, daß Gesamt- und Einzelabrechnungen den Eigentümern vor der Versammlung übersandt und in der Versammlung behandelt wurden (BayObLG WE 1994, 153). Ist eine Einzelabrechnung versehentlich noch gegen einen ausgeschiedenen Wohnungseigentümer gerichtet, wird dieser hieraus nicht verpflichtet (oben Rdn. 7). Die Wirksamkeit des Beschlusses im übrigen wird hierdurch aber nicht in Frage gestellt. Den Wohnungseigentümern ist unbenommen, die Einzelabrechnung gegen den jetzigen Eigentümer neu zu beschließen (OLG Stuttgart OLGE 1990, 775), mit der Maßgabe, daß dieser zu rückständigen Vorschüssen des Ausgeschiedenen nicht herangezogen werden darf (oben Rdn. 7).

Wird, was möglich ist, der Beschluß über die Jahresabrechnung auf die Gesamtabrechnung beschränkt, ist dieser Beschluß nicht fehlerhaft (BayObLG WE 1990, 182); es fehlt aber die Voraussetzung für die Geltendmachung der Abschlußbeträge (oben Rdn. 3, 5); der Beschluß über die Einzelabrechnungen muß entweder nachgeholt oder durch eine richterliche Entscheidung nach § 21 Abs. 4 ersetzt werden. Wird die in Gesamt- und Einzelabrechnungen vorgelegte Jahresabrechnung beschlossen, so sind damit sowohl das Gesamtergebnis als auch die Einzelabrechnungen beschlossen, es sei denn, der Beschluß würde sich ausdrücklich auf den Gesamtteil oder die Einzelabrechnungen beschränken (zum Vorstehenden Deckert, PiG 18, S. 149 und Merle ZgemWWBay 1986, 409, 457 sowie Deckert ZgemWW-Bay 1986, 461).

Der Beschluß über die Abrechnung unterliegt der **Anfechtung** nach § 23 Abs. 4. Anfechtbar ist die Jahresabrechnung, die fehlerhaft ist, z. B. weil darin eine getätigte Ausgabe nicht berücksichtigt ist oder Ausgabenpositionen eingestellt sind, die nicht getätigt worden sind. Hinsichtlich der nichtberücksichtigten Ausgabe unterscheidet sich die Rechtslage zum Wirtschaftsplan, der nicht anfechtbar ist sondern ergänzt werden muß (oben Rdn. 14).

Müller, Praktische Fragen des Wohnungseigentums Rdn. 115, der die unterschiedliche rechtliche Behandlung kritisiert, ist entgegenzuhalten, daß der Wirtschaftsplan nur eine vorläufige Zahlungsverpflichtung schafft und es unerheblich ist, ob die Rechtsgrundlage aus einem Beschluß oder mehreren Beschlüssen besteht. Die Jahresabrechnung hingegen schließt einen Abrechnungszeitraum verbindlich und endgültig ab (so auch Bub, Finanzwesen, S. 94). Ein Anspruch auf **Ergänzung** der Jahresabrechnung kann nur bestehen, wenn wesentliche Bestandteile fehlen, die Entwicklung der Instandhaltungsrücklage oder die Darstellung der Kontenbestände zu Beginn und am Ende des Wirtschaftsjahres (BayObLG WE 1993, 255). Die diesbezügliche Unvollständigkeit hat auf das Rechnungswerk als solches keinen Einfluß. Ist dies ohne Fehler, ist der auf Aufhebung gerichtete Antrag unzulässig (BayObLG DWEigt 1993, 166). Trotz Zulässig- und Begründetheit führt eine Anfechtung dann nicht zur Ungültigkeit der Abrechnung, wenn die Unrichtigkeit sich nur in Pfennigbeträgen auswirkt (BayObLG WE 1989, 218).

Die Anfechtung der Jahresabrechnung kann auf einzelne selbständige Punkte **beschränkt** werden. Werden einzelne Positionen der Gesamtabrechnung angegriffen, sind auch die Einzelabrechnungen nur insoweit angefochten. Die Anfechtung kann sich aber auch auf die Einzelabrechnungen beschränken und auch hier wiederum auf einzelne selbständige Positionen, z. B. die Verteilung eines bestimmten Betrags wegen der Anwendung eines unzutreffenden Verteilungsschlüssels oder die Höhe der angerechneten Hausgeldzahlungen. Die Beschränkung bewirkt, daß die Abrechnung im übrigen bestandskräftig wird und der Antragsteller nur mit Einwendungen zu den angegriffenen Punkte durchdringen kann; nur sie sind Verfahrensgegenstand (BayObLG WE 1989, 64; WE 1992, 144; NJW – RR 1993, 1039; KG OLGE 1991, 425). Vergleichbar mit einem Beschluß, der vom Entwurf in geringem Umfang abweicht (oben Rdn. 5), können die Endbeträge der Abrechnungen von dem Verwalter und den Wohnungseigentümern berichtigt werden.

Die **Anfechtung** berührt die **Verpflichtung zur Zahlung** nicht. Ein **Zahlungsaufschub** läßt sich nur durch eine einstweilige Anordnung erwirken (§ 44 Abs. 4 WEG). Hierzu besteht i. d. R. keine Veranlassung (BayObLG DWEigt 1993, 82). Zuviel oder zuwenig gezahlte Beträge werden in der nächsten Jahresabrechnung berücksichtigt.

Hat der Beschluß **Bestandskraft** erlangt, so bestimmt er endgültig die Höhe des Wohngeldes, auch wenn er fehlerhaft zustandegekommen ist, z. B. gegen eine Bestimmung der Gemeinschaftsordnung hinsichtlich des Verteilungsschlüssels verstoßen haben sollte (BayObLG WEM 1977, 49). Jedoch stehen jahrelang unangefochten gebliebene Beschlüsse, durch die eine vereinbarungswidrige Kostenverteilung Bestandskraft erlangt hat, weder einer richtigen Beschlußfassung für ein neues Jahr noch der Anfechtung eines erneuten fehlerhaften Beschlusses entgegen (BayObLG 74, 172). Die Bestandskraft betrifft den als geschuldet festgestellten Betrag, nicht die Richtigkeit der der Errechnung zugrundeliegenden Daten. Trotzdem können Einwendungen gegen die Berechnungsgrundlagen nur durch fristgerechte Anfechtung des Beschlusses geltend gemacht werden (KG WE 1993, 223).

5. Der die Jahresabrechnung nach dem Vorschlag des Verwalters billigende Beschluß der Wohnungseigentümer bedeutet nicht ohne weiteres, daß dem Verwalter die weder im WEG noch in sonstigen Gesetzen vorgesehene, aber in vergleichbaren Lagen weithin übliche **„Entlastung"** erteilt wird. Sie ist in diesem Beschluß nicht wesensnotwendig enthalten (BayObLGE 1983, 314/319, ebenso OLG Karlsruhe WEM 1980, 80); ob im Einzelfall eine stillschweigende Entlastung ausgesprochen wurde, ist eine Frage der Auslegung (BayObLG 1987, 86; WE 1989, 64). Demgegenüber wird in dem Beschluß, mit dem der Verwalter für ein bestimmtes Wirtschaftsjahr entlastet wird, über welches er in der nämlichen Eigentümerversammlung die Abrechnung vorgelegt hat, im Zweifel zugleich die Genehmigung der Abrechnung gesehen (BayObLG ZMR 1990, 232). Dennoch handelt es sich auch hierbei um zwei Beschlüsse, die gesondert angefochten werden können (BayObLG WE 1989, 144). Der Klarheit halber und, um den unterschiedlichen Regelungsbereichen Rechnung zu tragen, empfiehlt sich, über Jahresabrechnung und Entlastung getrennt zu beschließen. Die Entlastung besteht in der Billigung der Geschäftsführung und im Verzicht auf die Geltendmachung von Schadensersatzansprüchen, soweit die Voraussetzungen für solche für alle Wohnungseigentümer bekannt oder bei Anwendung der gebotenen Sorgfalt erkennbar sind (KG WE 1993, 83; BayObLG WE 1991, 22 und WE 1988, 31 zur Entlastung bei Baumängeln). Sie hat die Wirkung eines negativen Schuldanerkenntnisses (OLG Frankfurt OLGE 1989, 60), ist aber nach zutreffender Ansicht kein Vertrag i. S. von § 397 Abs. 2 BGB, sondern als einseitiger Beschluß mit der erwähnten Präklusionswirkung aufzufassen (vgl. dazu MünchKomm.-v. Feldmann § 397 Rdn. 10). Strafbares Verhalten des Verwalters begründet trotz Entlastung Schadenersatzansprüche gegen den Verwalter (OLG Celle OLGE 1991, 309). Auch erstreckt sich die Entlastung nicht auf Ansprüche eines Wohnungseigentümers aus seinem Sondereigentum (BayObLG DWeigt 1988, 35); zum Umfang der Wirkung eines Entlastungsbeschlusses BayObLG NJW-RR 1988, 81; bei Versäumnissen hinsichtlich Gewährleistungsansprüchen, BayObLG DWEigt 1988, 34; WE 1991, 22). Wird auf Anfechtung eine Jahresabrechnung oder Teile derselben für ungültig erklärt, ist bei entsprechender Anfechtung auch der Beschluß über die Entlastung des Verwalters aufzuheben (BayObLG WE 1990, 133). Der Entlastungsbeschuß ist aber auch dann aufzuheben, wenn die Jahresabrechnung richtig ist, darin aber Ausgaben enthalten sind, die der Verwalter unberechtigt getätigt hat (BayObLG WE 1991, 75). Zum Stimmrechtsausschluß beim gesonderten Entlastungsbeschluß, BayObLG WE 1989, 64; KG WE 1989, 134; AG Frankfurt/Main NJW-RR 1992, 86 m. A. Niedenführ; zu Unrecht a. A. OLG Zweibrücken WE 1991, 357, wonach der Verwalter, der zugleich Wohnungseigentümer ist, auch bei der Abstimmung über die Jahresabrechnung ausgeschlossen sei (§ 25 Rdn. 19f.); zum Beschwerderecht des Verwalters gegen einen den Entastungsbeschluß aufhebenden Gerichtsentscheid, KG WE 1989, 134. 31

Die Frage, ob der Verwalter bei Zutreffen der Voraussetzungen einen **Anspruch auf Entlastung** hat, ist wohl nach den gleichen Grundsätzen zu beurteilen wie die entsprechende Frage bezüglich der Entlastung des Geschäftsführers einer GmbH; für diese ist der Anspruch nach herrschender, 32 allerdings bestrittener Ansicht (a. M. z. B. Scholz, GmbHGes., 6. Aufl., Köln 1978/1983, § 46 Rdn. 80), insbesondere unter Berufung auf RGZ 89, 396, anerkannt. Dem ist für das Recht des WEG zu folgen; zweifelnd BayObLG Rpfleger 1980, 192; Bub Finanzwesen, S. 108, der einen Anspruch erst nach jahrelanger Übung bejaht. Die Entlastung liegt bei Zutreffen der Voraussetzungen im Rahmen der ordnungsgemäßen Verwaltung, weil sie die Grundlage für die weitere vertrauensvolle Zusammenarbeit mit dem Verwalter bildet. Auch wenn der Anspruch verneint wird, ist im Falle der Verweigerung das rechtliche Interesse des Verwalters an einem negativen Feststellungsantrag (entsprechend § 256 ZPO) ohne weiteres gegeben (so Scholz a. a. O. Rdn. 81; BayObLG WE 1989, 144 für den Fall, daß die Jahresabrechnung genehmigt und die Entlastung nur wegen formaler Mängel versagt wurde). Schon um einen Rechtstreit zu vermeiden, ist ratsam, die Entlastung nicht ohne triftigen Grund zu verweigern. Die Entlastung kann gegenständlich beschränkt werden; entsprechend ist dann auch die Präklusionswirkung beschränkt.

IV. Rechnungslegung

33 1. Die in Abs. 4 erwähnte Rechnungslegung unterscheidet sich von der „Abrechnung" nicht nur dadurch, daß sie jederzeit verlangt werden kann, während die Abrechnung regelmäßig (alljährlich) zu erstellen ist (so aber wohl Bärmann-Pick-Merle § 28 Rdz. 26). Sie ist ein davon nach Zweck und Inhalt verschiedener Vorgang und gehört zur **Abwicklung des** zwischen dem Verwalter und den Wohnungseigentümern bestehenden **Geschäftsbesorgungsverhältnisses**; siehe auch oben Rdn. 9. Das Ausscheiden des Verwalters berührt seine Verpflichtung zur Rechnungslegung für die Zeit seiner Tätigkeit nicht (KG WE 1988, 17; unten Rdn. 37). Abs. 4 nimmt der Sache nach Bezug auf § 666 BGB (so ausdrücklich für die Auskunftspflicht KG WE 1987, 81), wonach der Beauftragte dem Auftraggeber die erforderlichen Nachrichten zu geben, auf Verlangen über den Stand des Geschäfts Auskunft zu erteilen und nach der Ausführung des Auftrags Rechenschaft abzulegen verpflichtet ist (BayObLG 69, 209; BGHZ 59, 58). Der Umfang der Rechenschaftspflicht ist in § 259 BGB näher geregelt, und zwar dahin, daß der Verpflichtete dem Berechtigten „eine die **geordnete Zusammenstellung der Einnahmen oder der Ausgaben enthaltende Rechnung mitzuteilen** und, soweit Belege erteilt zu werden pflegen, Belege vorzulegen„ hat. Während also die Jahresabrechnung den Zweck hat, die Finanzierung der Verwaltung des gemeinschaftlichen Eigentums sicherzustellen, dient die Rechnungslegung der **Kontrolle der Geschäftsführungstätigkeit des Verwalters,** der als Treuhänder der Wohnungseigentümer fremdes Vermögen verwaltet und durch die Rechnungslegung nachweisen muß, daß er dies treu und ordnungsmäßig getan hat. Hierin ist auch die Pflicht zur **Vorlage von Belegen** (dazu LG Freiburg NJW 1968, 1973), zur **Auskunfterteilung** und zur Gestattung der **Einsicht** in die Unterlagen begründet. Der Wohnungseigentümer ist berechtigt, mit Prüfung und Einsichtnahme einen sachkundigen Dritten zu beauftragen, dem der Verwalter Einsicht in die Unterlagen zu gewähren hat (LG Berlin WEM 1983, 53; BayObLG WE 1989, 145). Nach §§ 259, 261

BGB ist der Verwalter auch verpflichtet, die in § 259 inhaltlich näher bestimmte **eidesstattliche Versicherung** abzugeben (KG NJW 1972, 2093). Dem entspricht es, daß bei der Rechnungslegung anders als bei der Abrechnung eine Aufteilung auf die einzelnen Wohnungseigentümer nicht in Betracht kommt (BayObLG 79, 30). Einsicht in die Unterlagen (vgl. dazu auch oben Rdn. 2) kann auch **noch nach dem Beschluß** über die Jahresabrechnung verlangt werden (BayObLG 78, 231 unter Klarstellung gegenüber BayObLG 72, 246; ebenso OLG Frankfurt NJW 1972, 1376; OLG Karlsruhe MDR 1976, 758; OLG Hamm OLGE 1988, 37 für den Fall, daß Entlastung erteilt wurde).

2. Gem. **Abs. 4** können die Wohnungseigentümer **durch Mehrheitsbeschluß** jederzeit **Rechnungslegung** verlangen (BayObLG WE 1989, 145), einem mißbräuchlichen Verlangen kann mit Hilfe des § 242 BGB begegnet werden (OLG Celle OLGE 1983, 177). Der Anspruch kann in den Schranken von Treu und Glauben auch **von jedem einzelnen Wohnungseigentümer** geltend gemacht werden, allerdings gemäß § 432 BGB nur auf Rechenschaftslegung und Auskunfterteilung gegenüber der Gesamtheit der Wohnungseigentümer, also gegenüber der Wohnungseigentümerversammlung (BayObLG 72, 161), und nur, soweit die Wohnungseigentümergemeinschaft nicht bereits Auskunft verlangt hat (OLG Celle OLGE 1983, 177; KG WE 1988, 17). Damit ist schwerlich vereinbar, daß zur gerichtlichen Geltendmachung wegen der Gemeinschaftsbezogenheit des Anspruchs eine Ermächtigung durch Mehrheitsbeschluß erforderlich sei (BayObLG WE 1988, 198 und WE 1991, 253; KG a. a. O. für den Anspruch gegen den ausgeschiedenen Verwalter); vgl. hierzu Vor § 1 Rdn. 88. Der Anspruch des oder der Wohnungseigentümer besteht unabhängig davon, ob der Verwaltungsbeirat gemäß § 29 Abs. 3 die Rechnungslegung geprüft und mit seiner Stellungnahme versehen hat. Nach OLG Hamm (OLGE 1988, 37) würde ein Mehrheitsbeschluß, wonach nur der Verwaltungsbeirat Einsicht nehmen darf, die einzelnen Wohnungseigentümer mit ihrem Recht auf Einsichtnahme nicht ausschließen. Eine besondere Vergütung kann der Verwalter für die Rechnungslegung nicht verlangen. Zur Anfertigung und Überlassung von Fotokopien ist er entgegen OLG Karlsruhe MDR 1976, 758 im Rahmen des Zumutbaren und gegen Erstattung der Unkosten verpflichtet (weitergehend, aber unrichtig LG Köln DWEigt 1980, 25; zutreffend OLG Hamm OLGE 1988, 29 vgl. unten Rdn. 37). **Leistungsort** ist der Sitz der Verwaltung (BayObLG WE 1989, 145 und oben Rdn. 11). 34

3. Zur **steuerlichen** Behandlung von Hausgeldzahlungen, Anh. § 60 Rdn. 1ff. 35

4. Der Verwalter ist auf Grund des Geschäftsbesorgungsverhältnisses verpflichtet, die **Unterlagen aufzubewahren;** für diese Verpflichtung wird § 44 HGB entsprechend gelten können, die Aufbewahrungspflicht also 10 Jahre für die Bücher und Journale, im übrigen 6 Jahre seit dem Ablauf des Jahres betragen, in welchem die Buchungsbelege entstanden sind (so Bärmann-Pick-Merle 28 Rdz. 25; für eine 6-jährige Aufbewahrung AG München DWEigt 1990, 16). 36

V. Pflichten des Verwalters nach Beendigung seiner Tätigkeit

37 Rechnungslegung kann insbesondere verlangt werden, wenn ein Verwalter abberufen wird oder aus einem sonstigen Grund ausscheidet; das folgt schon aus § 666 BGB. Nach Beendigung seiner Tätigkeit ist der Verwalter verpflichtet, einen, in Art und Umfang der Jahresgesamtabrechnung entsprechenden Status über die noch nicht abgerechneten Zeiträume bis zu seinem Ausscheiden (KG MDR 1988, 234) zu fertigen und den Wohnungseigentümern, zu Händen des neuen Verwalters, zusammen mit den Buchhaltungsunterlagen **herauszugeben,** die er für die Wohnungseigentümergemeinschaft angelegt hat und die zur ordnungsmäßigen Fortführung der Verwaltung erforderlich sind (BayObLG 69, 209; WE 1989, 63; OLG Köln WEM 1980, 82). Dazu gehören, wenn der Verwalter auch der Bauträger war, die Bauunterlagen, die er als Verkäufer nach § 444 BGB herauszugeben hätte (so OLG Köln a. a. O.; ähnlich OLG Hamm OLGE 1988, 29, wonach der Bauträger und erste Verwalter auf seine Kosten gefertigte Kopien aller Bauunterlagen herauszugeben hat, die zur Durchsetzung der abgetretenen Gewährleistungsansprüche erforderlich sind; keine Herausgabe handschriftlicher Notizen, die sich der Verwalter zur Vorbereitung des Versammlungsprotokolls gefertigt hat, KG NJW 1989, 532). Da es sich um die Herausgabe eines Inbegriffs von Gegenständen handelt, kommt § 260 BGB zur Anwendung; der Verwalter ist gegebenenfalls zur Abgabe der in § 260 Abs. 2 BGB vorgesehenen **eidesstattlichen Versicherung** über die Richtigkeit seiner Angaben bezüglich der Einnahmen verpflichtet (so auch OLG Stuttgart BWNotZ 1976, 69), nicht jedoch wegen der Ausgaben. Ausgaben, die der Verwalter nicht belegen kann, werden nicht anerkannt; dadurch entstehende Fehlbeträge hat der Verwalter der Wohnungseigentümergemeinschaft auszugleichen. Weiter bleibt der Verwalter zur Auskunfterteilung und Rechnungslegung verpflichtet für Vorgänge, die sich während seiner Verwaltertätigkeit ereignet haben, wie das allgemein für Geschäftsbesorgungsverträge gilt, ohne daß es dazu eines Beschlusses der Wohnungseigentümerversammlung bedarf (OLG Hamburg WE 1987, 83; OLG Hamm NJW-RR 1988, 269 allerdings sehr weitgehend).

Wechselt der Verwalter während oder zum Ende eines Wirtschaftsjahres, hat der ausgeschiedene Verwalter einen genauen Status auf den Tag der Beendigung seines Amtes zu erstellen und zu übergeben; dem neuen Verwalter obliegt die Erstellung der **Jahresabrechnung**; es sei denn, Gemeinschaftsordnung oder Verwaltervertrag sehen eine andere Regelung vor (OLG Köln NJW 1986, 328; OLG Hamburg OLGE 1987, 188; OLG Stuttgart Die Justiz 1980, 278; OLG Frankfurt WEG-Recht 1984–1986, S. 139; OLG Hamm DWEigt. 1993, 114, das sich allerdings in Bezug auf die Voraussetzungen zur Geltendmachung des Anspruchs in Widerspruch zu BGH NJW 1983, 2020 und KG WM 1990, 180 setzt; wie hier bereits die 6. Auflage § 28 Rdn. 16; Müller, Praktische Fragen Rdn. 192). Bei einem Verwalterwechsel zum Jahresende ist die Erstellung der Jahresabrechnung für das abgelaufene Wirtschaftsjahr mit der regulären Verwaltervergütung abgegolten, da die Verpflichtung zur Erstellung dieser Abrechnung erst mit seinem Amtsantritt entstanden ist. Für die Abrechnungen früherer Zeiträume wird der neue

Verwalter in der Regel eine Sondervergütung verlangen können, deren Höhe sich nach dem erforderlichen Arbeitsaufwand richtet. Der ausgeschiedene Verwalter, der seinen Verpflichtungen nicht nachgekommen ist, ist unter Umständen schadenersatzpflichtig. Ein Gerichtsbeschluß, der den Verwalter verpflichtet hat, die geschuldete Jahresabrechnung (Gesamt- und Einzelabrechnung) zu erbringen, ist nach § 887 ZPO vollstreckbar (BayObLG WE 1989, 220).

VI. Verfahren

Alle im Vorstehenden erörterten Ansprüche sind im Verfahren der §§ 43ff. **38**
WEG geltendzumachen, soweit sie sich gegen einen Wohnungseigentümer, den bestellten oder den ausgeschiedenen Verwalter (BayObLG 72, 161; 74, 172; OLG Frankfurt NJW 1972, 1376; OLG Hamm Rpfleger 1975, 255; OLG Köln WEM 1980, 82) richten. Hingegen sei ein ausgeschiedener Wohnungseigentümer im Zivilprozeß in Anspruch zu nehmen (BGHZ 44, 43; § 43 Rdn. 14), zu unrecht, weil Anspruchsgrundlage auch in diesem Fall einzig die Rechtsbeziehungen der Wohnungseigentümer untereinander ist; zur Veräußerung nach Rechtshängigkeit vgl. auch § 16 Rdn. 55; § 43, 38, 39; für den Fall der Veräußerung nach Rechtshängikeit Anh. § 43 Rdn. 8.

Für die **Vollstreckung** verurteilender Entscheidungen verweist § 45 Abs. 3 WEG auf die Vorschriften der ZPO. Da Auskunftserteilung und Rechnungslegung unvertretbare Handlungen sind (so mit ausführlicher Begründung zutreffend KG NJW 1972, 2093), richtet sich die Vollstreckung insoweit nach § 888 ZPO (Beugestrafen). Zweifelhaft erscheint, ob die Aufstellung des Wirtschaftsplans und der Jahresabrechnung vertretbare Handlungen (so Belz S. 162 unter Berufung auf eine nicht veröffentlichte Entscheidung des OLG Stuttgart vom 26. 5. 1977) oder unvertretbare Handlungen sind. Ersteren Falles kann die Vollstreckung im Wege der Ersatzvornahme erfolgen (§ 887 ZPO). Sinnvoll ist ein solches Vorgehen kaum; zweckmäßig erscheint es, in solchen Fällen den Verwalter, der seine Pflichten nicht erfüllt, abzuberufen (§ 26 Rdn. 27ff.). Im übrigen vgl. § 45 Rdn 9.

§ 29 Verwaltungsbeirat

(1) **Die Wohnungseigentümer können durch Stimmenmehrheit die Bestellung eines Verwaltungsbeirats beschließen. Der Verwaltungsbeirat besteht aus einem Wohnungseigentümer als Vorsitzenden und zwei weiteren Wohnungseigentümern als Beisitzern.**

(2) **Der Verwaltungsbeirat unterstützt den Verwalter bei der Durchführung seiner Aufgaben.**

(3) **Der Wirtschaftsplan, die Abrechnung über den Wirtschaftsplan, Rechnungslegungen und Kostenanschläge sollen, bevor über sie die Wohnungseigentümerversammlung beschließt, vom Verwaltungsbeirat geprüft und mit dessen Stellungnahme versehen werden.**

(4) **Der Verwaltungsbeirat wird von dem Vorsitzenden nach Bedarf einberufen.**

Literatur: Brych, Der Verwaltungsbeirat, WE 1990, 15; ders., Der Profi-Beirat, WE 1990, 43. – Nirk, Zur Haftung des Berates einer Publikums-Personengesellschaft, FS für Weitnauer, S. 387. – Peters, Was soll und was darf der Verwaltungsbeirat in der Eigentümergemeinschaft?, PiG 2, S. 49ff.; ders., Verwaltungsbeiräte im Wohnungseigentum, 3. Aufl., 1985. – Röll, Nichteigentümer als Verwaltungsbeirat, WE 1989, 121. – Sauren, Verwaltungsbeirat und Kassenprüfer nach dem WEG, ZMR 1984, 325. – Weimar, Die Haftung des Verwalters und der Wohnungseigentümer nach dem WEG, JR 1973, 8.

I. Allgemeines

1 Bei größeren Gemeinschaften empfiehlt es sich, neben der WEigentümerversammlung und dem Verwalter und gewissermaßen zwischen ihnen ein drittes, die Interessen der WEigentümergemeinschaft wahrnehmendes Organ vorzusehen, eben den in § 29 in Umrissen geregelten **„Verwaltungsbeirat“**. Die Bestellung eines Verwaltungsbeirats ist in der Praxis zur Regel geworden, sie hat sich bewährt und als nützlich erwiesen; der Verwaltungsbeirat kann als eine Stelle, an der die einzelnen WEigentümer Wünsche, Anregungen, Beschwerden vorbringen können und durch die u. U. Konflikte schon im Keime ausgeräumt werden können, viel zum inneren Frieden einer Gemeinschaft beitragen. Die Bestellung eines Verwaltungsbeirats ist **fakultativ**, praktisch aber zur Regel geworden. § 29 ist **in jeder Hinsicht abdingbar.**

II. Einzelfragen

1. Bestellung

2 Sofern die Bestellung nicht durch die GemO. ausgeschlossen ist, gilt die gesetzliche Regelung. Ist in einem Vordruck für die Teilungserklärung die Bestimmung über die Bestellung eines Verwaltungsbeirats gestrichen worden, so bedeutet das nicht, daß die Bestellung durch Mehrheitsbeschluß ausgeschlossen wäre, sondern lediglich, daß es für diese Frage bei der gesetzlichen Regelung verbleibt (OLG Köln Rpfleger 1972, 261). Diese betrachtet die Bestellung als Angelegenheit der ordnungsmäßigen Verwaltung, sieht folglich **Wahl mit einfacher Stimmenmehrheit** vor, doch kann die GemO. auch einen einstimmigen Beschluß verlangen (BayObLG ZMR 1994, 69). Gleiches gilt für die Abwahl. Die Bestellung kann befristet sein und ist frei widerruflich. Eine Pflicht zur Annahme des Amtes besteht nicht.

2. Zusammensetzung

3 Nach der gesetzlichen Regelung besteht der Verwaltungsbeirat aus einem WEigentümer als Vorsitzendem und zwei weiteren WEigentümern als Beisitzern. Wollen die WEigentümer hiervon abweichen, z. B. indem sie nur einen Verwaltungsbeirat (OLG Düsseldorf OLGE 1991, 37) oder Außenstehende (KG WE 1989, 137; BayObLGE 1991, 356) wählen, bedarf es hierfür, sofern in der GemO. nichts Gegenteiliges bestimmt ist, einer Vereinbarung

(KG WE 1989, 137; BayObLG DWEigt 1990, 130 unter Aufgabe von BayObLGE 1972, 161; WE 1994, 20; OLG Düsseldorf OLGE 1991, 37). Nicht als Außenstehender betrachtet wurde von OLG Frankfurt (OLGE 1986, 432) der Geschäftsführer einer KG, die Eigentümerin eines Wohnungs- oder Teileigentums war. Besteht keine derartige Vereinbarung, so scheidet ein WEigentümer mit Verlust seines Eigentums an der Wohnung aus dem Verwaltungsbeirat aus und tritt bei späterem Eigentumserwerb nicht ohne weiteres wieder in diesen ein (BayObLG WE 1994, 20). Wegen der lediglich unterstützenden Funktion, s. für Einzelheiten Rdn. 4, widerspricht die Bestellung nur dann ordnungsmäßiger Verwaltung, wenn **schwerwiegende** Gründe gegen die Person sprechen (BayObLG WE 1991, 226). Bei Auseinandersetzungen über die Eignung eines Bewerbers ist es zulässig, auf seine Vorstrafen hinzuweisen, wenn sie die Eignung in Frage stellen (OLG Frankfurt NJW 1976, 1410). Nicht als Mitglied wählbar ist der Verwalter, der Beschluß ist nichtig (OLG Zweibrücken OLGE 1983, 438; OLG Frankfurt OLGE 1988, 188). Der Vorsitzende kann durch die WEigentümerversammlung oder von den Gewählten selbst bestimmt werden.

3. Aufgaben und Befugnisse

Nach der **Konzeption des Gesetzes** (§ 29 Abs. 2) sind dem Verwaltungs- 4
beirat Entscheidungsbefugnisse nicht zugedacht, sondern lediglich **Funktionen ergänzender Art.** Er soll den Verwalter unterstützen, nicht ersetzen, er soll die vom Verwalter vorgelegten Grundlagen der Wirtschaftsführung, den Wirtschaftsplan und die Jahresabrechnung, Rechnungslegungen des Verwalters und Kostenanschläge einer Vorprüfung unterziehen und mit seiner Stellungnahme versehen; diese Stellungnahme kann er, sofern nicht etwas anderes bestimmt ist, noch mündlich oder schriftlich in der WEigentümerversammlung abgeben (BayObLG DWEigt 1984, 30). Der Entscheidung der WEigentümerversammlung kann er nicht vorgreifen. Durch Beschluß kann ihm nicht die Befugnis zur Auftragsvergabe von Sanierungsarbeiten (OLG Frankfurt OLGE 1988, 188) oder zur endgültigen Entlastung des Verwalters und Billigung der Jahresabrechnung übertragen werden (BayObLG WE 1988, 207). Hierfür ist die Gemeinschaft der WEigentümer zuständig. **Weitergehende Befugnisse und Pflichten** können dem Verwaltungsbeirat durch die GemO. oder durch Beschluß übertragen werden, so z. B. die Überwachung der laufenden Verwaltungstätigkeit des Verwalters (BayObLG DWEigt 1984, 30) oder die Bevollmächtigung zur Abnahme des gemeinschaftlichen Eigentums und zur Geltendmachung von Sachmängeln (OLG Frankfurt NJW 1975, 2297). Sieht der Verwaltervertrag vor, daß vor einer Maßnahme die Zustimmung des Verwaltungsbeirates eingeholt werden muß, so kann jedes Mitglied des Beirates einzeln zustimmen (BayObLG WE 1989, 106 [Ls]). Eine Grenze findet die Vertragsfreiheit nur in den zwingenden gesetzlichen Vorschriften über die Aufgaben und Befugnisse des Verwalters. Der Verwaltungsbeirat **überschreitet** seine Befugnisse, wenn er eine dem Verwalter erteilte Ermächtigung zur Geltendmachung von Ansprüchen (§ 27 Abs. 2 Nr. 5) erweitert oder einschränkt (BayObLG Rpfleger 1980, 23) oder wenn er dem Verwalter kündigt; die Kündigung bleibt wir-

kungslos, auch wenn der Beirat im Einverständnis mit der Mehrheit der WEigentümer handelt (§ 180 BGB; BayObLGE 1965, 34 = Rpfleger 1965, 224 mit zust. Anm. Diester). Wegen der Unterzeichnung der Niederschriften der WEigentümerversammlungen vgl. § 24 Abs. 5 Satz 2. Der Verwaltungsbeirat ist im Gegensatz zum Verwalter grundsätzlich nicht verpflichtet, einzelnen WEigentümern außerhalb der WEigentümerversammlung Auskünfte zu erteilen, es sei denn, es bestünde dazu aufgrund vertraglicher Abrede oder nach Treu und Glauben (§ 242 BGB) eine Informationspflicht (BayObLGE 1972, 161). Eine echte **eigene Befugnis** ist, wenn auch abdingbar (vgl. dazu § 24 Rdn. 5), **dem Vorsitzenden des Verwaltungsbeirats** durch den neuen § 24 Abs. 3 verliehen. Nach Beendigung seiner Tätigkeit ist das Mitglied des Verwaltungsbeirats zur Herausgabe von Aktenunterlagen verpflichtet (LG München I zit. bei Deckert, Eigentumswohnung 2/212). Ist ein **Außenstehender Mitglied** des Verwaltungsbeirats (oben Rdn. 3), so ist er sicher berechtigt, an der WEigentümerversammlung teilzunehmen; ob er zu dieser zu laden ist, ist von BayObLG WE 1988, 99 (selbst für den Fall, daß eine Vereinbarung die Ladung vorsieht) offengelassen, aber wohl zu bejahen. Doch ist das Unterbleiben der Ladung kein Grund für die Ungültigerklärung von Beschlüssen der Versammlung (so BayObLG aaO). Unmittelbar aus dem Gesetz (§ 666 BGB) ergibt sich die gegenüber der Gesamtheit der WEigentümer bestehende Pflicht des Beirats zur Auskunft über seine Tätigkeit (BayObLG Beschluß v. 9. 6. 1994 – 2Z BR 27/94).

5 4. **Die Haftung** der Mitglieder des Verwaltungsbeirats bestimmt sich nach dem zugrundeliegenden Rechtsverhältnis (also regelmäßig unentgeltliche Geschäftsbesorgung, d. h. Auftrag §§ 662ff. BGB), u. U. auch nach den Grundsätzen der unerlaubten Handlung, nicht (so jetzt auch Bärmann/Pick/Merle § 29 Rdn. 26) in Analogie zu den aktienrechtlichen Grundsätzen für die Haftung des Aufsichtsrats. Der Verwaltungsbeirat hat seine Verpflichtungen mit der Sorgfalt eines ordentlichen Verwaltungsbeirats-Mitgliedes zu erfüllen; die Haftung ist nicht auf Vorsatz und grobe Fahrlässigkeit beschränkt, aber durch Mehrheitsbeschluß beschränkbar (OLG Frankfurt OLGE 1988, 188). Doch kann, auch bei der Prüfung der Tätigkeit des Verwalters (Abs. 3), nur die Sorgfalt verlangt werden, die man von einem ehrenamtlichen Mitglied erwarten kann, nicht etwa die eines Buchprüfers. Nicht vergleichbar ist die Stellung des Verwaltungsbeirats mit der des Beirats einer Publikums-Personengesellschaft (dazu Nirk, FS für Weitnauer, S. 387). Die **Entlastung** durch die Mitgliederversammlung enthält den Verzicht auf entstandene und erkennbare Schadensersatzansprüche. Bereits die objektiv begangene Pflichtverletzung des Verwaltungsbeirates führt dazu, daß der Entlastungsbeschluß nicht ordnungsgemäßer Verwaltung entspricht (BayObLG WE 1992, 174). Auf ein Verschulden kommt es erst für die Haftung an. Entlastung kann nicht erteilt werden, wenn der Verwaltungsbeirat die Annahme einer unübersichtlichen und unvollständigen Jahresabrechnung empfiehlt (OLG Düsseldorf WE 1991, 251). Eine Haftung der WEigentümer für Maßnahmen des Verwaltungsbeirats kann sich allenfalls aus § 831 BGB, keinesfalls aus § 31 BGB ergeben (a. A. Weimar JR 1973, 8, der schlechthin jede Verantwortlichkeit verneinen will).

5. Angemessene Aufwendungen sind dem Verwaltungsbeirat nach Auftragsgrundsätzen zu erstatten (§ 670 BGB); so ist es nach BayObLG DWEigt 1983, 123 nicht zu beanstanden, wenn bei einer größeren Wohnanlage einem Mitglied des Verwaltungsbeirats die Kosten seiner Teilnahme an einem Seminar ersetzt werden und ein Fachbuch überlassen wird. Sollte sich ein Verwaltungsbeirat Dritten gegenüber schadensersatzpflichtig gemacht haben, so ist ihm, sofern ihm nicht grobe Fahrlässigkeit zur Last fällt, ein **Freistellungsanspruch** gegen die Gemeinschaft zuzubilligen (vgl. die einen Pfadfinderführer betreffende Entsch. BGHZ 89, 153 = JZ 1984, 619 m. Anm. Löwisch, auf dem Gedanken beruhend, daß man ehrenamtliche Mitarbeit unterstützen muß). 6

6. Streitigkeiten über die Bestellung, die Aufgaben oder die Befugnisse des Verwaltungsbeirats sind Streitigkeiten aus der Gemeinschaft der WEigentümer und deshalb im Verfahren der fG nach § 43 Abs. 1 Nr. 1 zu entscheiden; das gilt auch, wenn dem Verwaltungsbeirat ein außenstehender Dritter angehört (BayObLGE 1972, 161; vgl. auch § 43 Rdn. 4). 7

4. Abschnitt. Wohnungserbbaurecht

§ 30

(1) **Steht ein Erbbaurecht mehreren gemeinschaftlich nach Bruchteilen zu, so können die Anteile in der Weise beschränkt werden, daß jedem der Mitberechtigten das Sondereigentum an einer bestimmten Wohnung oder an nicht zu Wohnzwecken dienenden bestimmten Räumen in einem auf Grund des Erbbaurechts errichteten oder zu errichtenden Gebäude eingeräumt wird (Wohnungserbbaurecht, Teilerbbaurecht).**

(2) **Ein Erbbauberechtigter kann das Erbbaurecht in entsprechender Anwendung des § 8 teilen.**

(3) **Für jeden Anteil wird von Amts wegen ein besonderes Erbbaugrundbuchblatt angelegt (Wohnungserbbaugrundbuch, Teilerbbaugrundbuch). Im übrigen gelten für das Wohnungserbbaurecht (Teilerbbaurecht) die Vorschriften über das Wohnungseigentum (Teileigentum) entsprechend.**

Übersicht

Schrifttum: Ingenstau, Erbbaurecht, § 1 Rdn. 84ff.; v. Öfele-Winkler Kap. 3 Rdn. 96ff.; Demharter DNotZ 1986, 457, Zur Begründung von Wohnungserbbaurechten an einem Gesamterbbaurecht.

I. Allgemeines

1. Das geltende Recht kennt *zwei Arten von Erbbaurechten,* das Erbbaurecht alter Art, das in den §§ 1012ff. BGB, und das Erbbaurecht neuer Art, das durch die Verordnung über das Erbbaurecht vom 15. 1. 1919 (RGBl. S. 72, 122) geregelt ist. Die Begriffsbestimmung ist für beide Arten der Erbbaurechte die gleiche: „Ein Grundstück kann in der Weise belastet werden, daß demjenigen, zu dessen Gunsten die Belastung erfolgt, das veräußerliche und vererbliche Recht zusteht, auf oder unter der Oberfläche des Grundstücks ein Bauwerk zu haben." Das Erbbaurecht kann auf einen für das Bauwerk nicht erforderlichen Teil des Grundstücks erstreckt werden, sofern das Bauwerk wirtschaftlich die Hauptsache bleibt. Die Beschränkung des Erbbaurechts auf einen Teil des Gebäudes, insbesondere ein Stockwerk, ist unzulässig. Das Erbbaurecht darf nur zur ausschließlich ersten Rangstelle bestellt werden (§ 10 ErbbauVO); die Eintragung mehrerer erstrangiger Erbbaurechte im Gleichrang ist für zulässig zu halten, sofern die Rechte sich in ihrem tatsächlichen Ausübungsbereich nicht überschneiden (a. A. OLG Frankfurt DNotZ 67, 688; zum Teil-Erbbaurecht vgl. unten Rdn. 19). 1

Für das Erbbaurecht gelten die sich auf Grundstücke beziehenden Vorschriften, es ist ein **„grundstücksgleiches Recht"**; während dieser Satz für Erbbaurechte alter Art nach § 1017 BGB schlechthin gilt, ist er für Erbbaurechte neuer Art durch § 11 der ErbbauVO insofern eingeschränkt, als die Anwendung des § 925 (Auflassung), des § 927 (Aufgebotsverfahren) und des § 928 (Aufgabe) ausgeschlossen ist. Ein Erbbaurecht kann nicht unter einer auflösenden Bedingung, wohl aber unter einer aufschiebenden Bedingung und befristet – „auf Zeit," z. B. 99 Jahre – bestellt werden (§ 1 Abs. 4 Satz 1 ErbbauVO). Die Übertragung unter einer Bedingung oder Zeitbestimmung ist unzulässig und unwirksam (§ 11 Abs. 1 Satz 2 ErbbauVO). Ein Vertrag, durch den sich jemand verpflichtet, ein Erbbaurecht zu bestellen oder zu erwerben, bedarf der Form des § 313 BGB, also der notariellen Beurkundung (§ 11 Abs. 2 ErbbauVO), ebenso jede Änderung eines solchen Vertrags (BGH NJW 1984, 612). Wegen gewisser Besonderheiten bei der Belastung mit Grundpfandrechten **(„Beleihung")** vgl. § 18ff. ErbbauVO. 2

Weder für das Erbbaurecht alter Art (§§ 1012ff. BGB) noch für das Erbbaurecht neuer Art ist eine Regelung des gesetzlichen Schuldverhältnisses zwischen dem Grundstückseigentümer und dem Erbbauberechtigten getroffen. Die ErbbauVO gibt aber die Möglichkeit, **bestimmte Vereinbarungen,** welche das Verhältnis des Grundstückseigentümers zum Erbbauberechtigten betreffen, **zum Inhalt des Erbbaurechts zu machen** und auf diese Weise zu „verdinglichen," d. h. für den jeweiligen Grundstückseigentümer und den jeweiligen Erbbauberechtigten verbindlich zu machen; „eine weitergehende dingliche Wirkung wird dadurch nicht begründet" (so wörtlich und zutreffend BGH NJW 1990, 832; vgl. auch Weitnauer WE 1994, 60). Das Gesetz verlangt, anders als § 32 Abs. 3 WEG für das Dauerwohnrecht, nicht, daß solche Vereinbarungen getroffen werden: Das dem Erwerb des Erbbaurechts zugrundeliegende Geschäft wird regelmäßig ein Kauf (Rechtskauf, § 433 Abs. 1 Satz 2 BGB) sein. Wird ein **Entgelt** in wiederkehrenden Leistungen 3 bedungen, so kann das Recht auf die Leistungen als **"Erbbauzins"** durch Belastung des Erbbaurechts entsprechend den Vorschriften des BGB über die Reallasten (§ 1105 ff. BGB) dinglich gesichert werden – **Erbbauzins-Reallast** (BayObLGE 1990, 212 = WE 1991, 264). Der Erbbauzins kann in Leistungen beliebiger Art – nicht nur in Geld, sondern auch in Naturalleistungen oder in der Überlassung des Gebrauchs von Räumen – bestehen, sofern sie nur wiederkehrender oder dauernder Art und nach Zeit und Höhe für die ganze Erbbauzeit im voraus bestimmt sind (§ 9 Abs. 1 und 2 ErbbauVO); nicht verlangt ist, daß die Leistungen von stets gleichbleibender Höhe sind. Wegen Preisgleitklauseln vgl. § 9a ErbbauVO, eingefügt durch Gesetz v. 8. 1. 1974 (BGBl. I S. 41), zur Frage, ob auf Grund des § 242 BGB – Änderung der Geschäftsgrundlage - eine Erhöhung verlangt werden kann, Ingenstau § 9 Rdn. 27 ff. Im Falle eines Wohnungserbbaurechts muß eine Änderung des Erbbauzinses mit jedem einzelnen Wohnungserbbauberechtigten vereinbart werden (BayObLG WE 1987, 55). Der **Erbbauzins** kann **nur** zugunsten des jeweiligen Grundstückseigentümers – also **"subjektiv-dinglich"** - bestellt werden. Doch kann das Erbbaurecht als grundstücksgleiches Recht im übrigen wie ein Grundstück mit Reallasten sonstiger Art belastet werden (vgl. OLG Düsseldorf DNotZ 1977, 305). **Nur mit schuldrechtlicher Wirkung** - also nicht als Inhalt des Erbbaurechts – kann vereinbart werden, daß der Erbbauberechtigte auf Verlangen des Grundstückseigentümers verpflichtet ist, das Grundstück – hier also einen Miteigentumsanteil – käuflich zu übernehmen; eine solche „Ankaufsverpflichtung" ist nicht schlechthin unwirksam oder sittenwidrig (BGHZ 68, 1; Ingenstau § 2 Rdn. 76 ff.).

4 Das Erbbaurecht ist, wenn es wohl auch nicht die von manchen Seiten in es gesetzten Erwartungen erfüllt hat, auch heute ein wichtiges und wertvolles Mittel der Bodenpolitik namentlich in der Hand der Gemeinden und anderer öffentlich-rechtlicher Rechtsträger. Es kann Bodenspekulationen weitgehend verhindern und gibt die Möglichkeit, Bauland zu verhältnismäßig günstigen Bedingungen zu erwerben. Vom Wohnungserbbaurecht wird in der Praxis nicht selten Gebrauch gemacht.

5 **2.** Wird ein *Gebäude* auf Grund des Erbbaurechts errichtet, so wird es nicht, wie dies den §§ 93, 94 BGB entsprechen würde, Eigentum des Grundstückseigentümers, es wird auch nicht Scheinbestandteil des Grundstücks nach § 95 Abs. 1 Satz 2 BGB, sondern es wird *wesentlicher Bestandteil des Erbbaurechts* (§ 12 Abs. 1 ErbbauVO). Gleichwohl ist das Recht, das der Erbbauberechtigte an dem Gebäude hat, Eigentum. Das Erbbaurecht ermöglicht auf diese Weise eine Gestaltung der Rechtsverhältnisse, die das Eigentum am Gebäude vom Eigentum an Grund und Boden trennt. Zu der Frage, ob ein Gebäude, das zur Zeit der Einräumung des Erbbaurechts bereits bestanden hat, im Eigentum des Erbbauberechtigten oder des Grundstückseigentümers steht, nimmt das WEG keine Stellung Soweit bei Erbbaurechten alter Art das letztere angenommen wird (vgl. dagegen § 12 Abs. 1 Satz 2 der ErbbauVO), ergeben sich bei der Anwendung des Wohnungseigentumsgesetzes keine Besonderheiten; es kann dann kein Wohnungserbbaurecht, aber Wohnungseigentum unmittelbar nach den §§ 3, 8 durch Mit-

eigentum am Grundstück begründet werden (so auch Palandt-Bassenge Anm. 3).

Soweit das Gebäude Eigentum des Erbbauberechtigten wird, erschien es, 6
wenngleich § 11 der ErbbauVO und ebenso § 1017 BGB das Erbbaurecht dem Eigentum an einem Grundstück gleichstellt, zweckmäßig, wenn vielleicht auch nicht notwendig, die Zulässigkeit einer dem Wohnungseigentum entsprechenden Regelung auch für den Fall des Erbbaurechts ausdrücklich auszusprechen.

II. Die Regelung des § 30

1. Die Begründung des Wohnungserbbaurechts (Abs. 1, 2). Die Vor- 7
schriften entsprechen den §§ 3, 8 (Beispiele für Abs. 2: OLG Düsseldorf DNotZ 1977, 305; BayObLGE 1978, 157). An Stelle des Miteigentums am Grundstück tritt die Mitberechtigung nach Bruchteilen an einem Erbbaurecht. Dem „gemeinschaftlichen Eigentum" entspricht die Mitberechtigung am Erbbaurecht einschließlich des gemeinschaftlichen Eigentums am Gebäude. Da das Gebäude, wie oben Rdn. 5, 6 erwähnt, im Eigentum des oder der Erbbauberechtigten steht, ist es möglich, auch im Falle des Erbbaurechts von der Einräumung von **„Sondereigentum"** zu sprechen. Sondereigentum kann nur erwerben, wer Mitberechtigter an dem Erbbaurecht ist; dies ist wohl zu unterscheiden von der in § 1014 BGB und § 1 Abs. 3 der ErbbauVO verbotenen Bestellung eines Erbbaurechts an einem Stockwerk (vgl. Weitnauer, DNotZ 58, 413 [415]; ebenso Ingenstau, ErbbauVO, § 1 Rdn. 85). Zweifelhaft kann erscheinen, ob es zur Begründung des Wohnungserbbaurechts der Zustimmung des Eigentümers bedarf, wenn eine Veräußerungsbeschränkung nach § 5 ErbbauVO besteht. Die Frage ist, soweit es sich um die Einräumung der Mitberechtigung am Erbbaurecht handelt, sicher zu bejahen, sicher zu verneinen für die Vorratsteilung durch den Erbbauberechtigten entsprechend § 8 WEG (ebenso BayObLGE 1978, 157; Ingenstau § 1 Rdn. 94; nicht klar Bärmann-Pick-Merle § 30 Rdz. 31); ebenso zu verneinen für den Fall bereits bestehender Mitberechtigung, wenn die Mitberechtigten entsprechend § 3 WEG durch Vereinbarung über die Einräumung von Sondereigentum Wohnungserbbaurechte begründen; dieser Fall kann nicht wohl anders behandelt werden als der der Vorratsteilung (a. M. Ingenstau § 1 Rdn. 93). Ist ein Erbbaurecht, das in Wohnungserbbaurechte aufgeteilt werden soll, mit einer Erbbauzins-Reallast belastet, so bedarf die Aufteilung nicht der Zustimmung des Grundstückseigentürmers; die Reallast setzt sich als Gesamtreallast entsprechend den für Grundpfandrechte zu § 3 Rdn. 74 dargelegten Grundsätzen an den Teilrechten fort (so auch BayObLGE 1978, 157).

2. Grundbuchmäßige Behandlung. Ebenso wie beim Wohnungseigen- 8
tum das Grundbuch des Grundstücks, so wird hier grundsätzlich das Erbbaugrundbuch (§ 14 ErbbauVO, für Erbbaurechte altcr Art § 8 GBO) in Grundbuchblätter für die einzelnen Anteile (die Wohnungserbbaugrundbücher bzw. Teilerbbaugrundbücher) aufgelöst. Es gibt also hier nicht etwa neben dem Grundbuchblatt des Grundstücks und den Wohnungserbbau-

grundbüchern noch ein (drittes) Erbbaugrundbuch für das Erbbaurecht im ganzen. Dies folgt aus den Vorschriften des Abs. 3. In entsprechender Anwendung des § 7 Abs. 2 ist es allerdings auch möglich, das Erbbaugrundbuch als gemeinschaftliches Wohnungserbbaugrundbuch zu führen. Für die Führung der Wohnungs- und Teilerbbaugrundbücher gelten nach § 1 WGBV deren Vorschriften, im übrigen die der GBV; ein Muster für ein Wohnungserbbaugrundbuch ist der WGBV als Anlage 3 beigefügt (vgl. Anhang III Nr. 3).

9 **3.** Im übrigen gelten nach **§ 30 Abs. 3 Satz 2** für das Wohnungserbbaurecht die **Vorschriften über das Wohnungseigentum entsprechend** (offenbar irrig eine Bemerkung über das Fehlen einer solchen Bezugnahme auf §§ 1 bis 29 WEG bei Bärmann-Pick-Merle, § 30 Rdz. 34; vgl. dagegen Rdz. 47 daselbst). Daraus folgt z. B., daß eine Benutzungsregelung für Grundstücksflächen, auf die gemäß § 1 Abs. 2 der ErbbauVO, § 1013 BGB das Erbbaurecht erstreckt ist, in entsprechender Anwendung der § 15 Abs. 2, § 10 Abs. 2 erfolgen kann. Die Probleme sind im wesentlichen die gleichen wie beim Wohnungseigentum, wie z. B. BayObLG WEM 1982, 109 (unzulässige bauliche Veränderung) oder OLG Hamm DWEigt 1992, 107 (Nichterrichtung eines Teiles der Wohnungen) zeigen. Doch ergeben sich aus den Besonderheiten des Erbbaurechts auch einzelne **Besonderheiten** des Wohnungserbbaurechts.

10 a) Ist als Inhalt des Erbbaurechts gem. § 2 Nr. 1 ErbbauVO (Vereinbarungen über die Verwendung des Bauwerks) vereinbart, daß der Erbbauberechtigte zur Vermietung der Zustimmung des Grundstückseigentümers bedarf, so bestimmt diese Vereinbarung auch das Verhältnis zwischen den einzelnen Wohnungserbbauberechtigten und dem Grundstückseigentümer. Vermietet ein Wohnungserbbauberechtigter entgegen einer solchen Vereinbarung die in seinem Eigentum (Miteigentum und Sondereigentum) stehende Wohnung, so ist der Grundstückseigentümer nicht aufgrund des § 986 Abs. 1 Satz 2 BGB berechtigt, über den Kopf des Wohnungserbbauberechtigten hinweg von dem Mieter die Herausgabe an diesen zu verlangen; denn das Eigentum des Grundstückseigentümers am Grundstück wird insoweit durch das Eigentum des Erbbauberechtigten an dem Bauwerk verdrängt, der Grundstückseigentümer ist insoweit überhaupt nicht der „Eigentümer", er hat während des Bestehens des Erbbaurechts (zum Zeitablauf vgl. § 12 Abs. 3, §§ 27ff. ErbbauVO und unten Rdn. 12) keine irgendwie gestaltete sachenrechtliche Berechtigung an dem Bauwerk oder der Wohnung (unrichtig BGH DNotZ 68, 302 mit ablehnender, näher begründeter Anm. Weitnauer). Vgl. im übrigen wegen einer Gebrauchsregelung bezüglich des Sondereigentums § 15 Rdn. 6.

11 b) Wie bereits oben Rdn. 7 erwähnt, kann gemäß §§ 5ff. ErbbauVO **als Inhalt des Erbbaurechts** vereinbart werden, daß der Erbbauberechtigte zur Veräußerung oder zur Belastung des Erbbaurechts mit einem Grundpfandrecht der Zustimmung des Grundstückseigentümers bedarf. Eine solche **Verfügungsbeschränkung** bleibt bestehen, wenn das Erbbaurecht gemäß § 30 Abs. 1 oder 2 in Wohnungserbbaurechte überführt wird, sie gilt also auch für die neu begründeten Wohnungs- oder Teilerbbaurechte (Beispiel:

OLG Frankfurt Rpfleger 1979, 24). Unabhängig hiervon kann auch eine **Veräußerungsbeschränkung** gemäß § 12 WEG bei Wohnungserbbaurechten zum **„Inhalt des Sondereigentums"** gemacht werden. Treffen beide Veräußerungsbeschränkungen zusammen, so sind zur Wirksamkeit einer Veräußerung beide Zustimmungen erforderlich. Zur Vermeidung unnötiger Erschwernisse empfiehlt es sich, die beiden Zustimmungserfordernisse zu koordinieren. **Nicht** kann als Inhalt des Erbbaurechts bestimmt werden, daß **die Teilung** nach § 8 als solche der Zustimmung des Eigentümers bedarf (OLG Celle Rpfleger 1981, 22).

c) Insbesondere ist der Fall zu berücksichtigen, daß das Erbbaurecht durch 12
Zeitablauf **erlischt** (§ 27ff. der ErbbauVO). In diesem Falle geht das Gebäude im ganzen in das Eigentum des Grundstückseigentümers über (§ 12 Abs. 3 der ErbbauVO). Damit erlischt auch die Einräumung des Sondereigentums. Tritt das Erlöschen durch Zeitablauf ein, so ist den Erbbauberechtigten eine Entschädigung gemäß §§ 27ff. ErbbauVO zu gewähren.

d) Ist auf Grund einer Vereinbarung nach § 2 Nr. 4 der ErbbauVO ein 13
Heimfallanspruch des Eigentümers vorgesehen, so sind die Mitberechtigten verpflichtet, das Erbbaurecht auf den Eigentümer oder einen von diesem bezeichneten Dritten zu übertragen. Ein solcher Heimfallanspruch kann bezüglich einer einzelnen Mitberechtigung, er kann auch bezüglich des Erbbaurechts im ganzen geltend gemacht werden. Die Folge ist nicht etwa ein Erlöschen des Erbbaurechts, sondern lediglich die Übertragung des Erbbaurechts auf den Grundstückseigentümer. Wird der Heimfallanspruch in bezug auf das Erbbaurecht im ganzen geltend gemacht, so bestimmen sich die Folgen in entsprechender Anwendung des § 9 Abs. 1 Nr. 3 WEG.

e) Zweifelhaft erscheint, ob zur vertragsmäßigen Einräumung von Son- 14
dereigentum (§ 30 Abs. 3 Satz 2, § 3) die Einhaltung der *Formvorschriften* für die Auflassung (§ 4 Abs. 2) verlangt werden kann oder ob im Hinblick auf § 11 Abs. 1 Satz 2 ErbbauVO (oben Rdn. 2) von dieser strengen Form abgesehen werden kann und lediglich dessen Erfordernisse (in Verbindung mit § 20 GBO) erfüllt sein müssen, so daß schlichte Einigung, in grundbuchmäßiger Form nachgewiesen, genügt (zweifelnd Bärmann-Pick-Merle § 30 Rdn. 34); die Frage dürfte im zweiten Sinne zu entscheiden sein, weil man schwerlich für die schwächere Rechtsänderung schärfere Voraussetzungen verlangen kann als für die Bestellung oder Übertragung des Erbbaurechts. Eine solche Abweichung liegt auch noch durchaus im Rahmen der entsprechenden Anwendung.

4. Teilerbbaurecht. Bezieht sich die Einräumung des Sondereigentums 15
auf nicht zu Wohnzwecken dienende Räume, so wird das Recht entsprechend dem § 1 als Teilerbbaurecht, das Grundbuchblatt als Teilerbbaugrundbuch bezeichnet. Sonstige rechtliche Unterschiede ergeben sich nicht.

5. Eigentümererbbaurecht. Wie heute unstreitig, kann ein Grundstücks- 16
eigentümer für sich selbst Dienstbarkeiten jeder Art bestellen (BGHZ 41, 209; Weitnauer DNotZ 1958, 415; zum heutigen Stand Ingenstau § 1 Rdn. 35ff.). Es ist daher möglich, daß ein Grundstückseigentümer für sich ein Eigentümererbbaurecht bestellt, dieses gemäß § 30 Abs. 2 in Verbindung mit § 8 WEG in Wohnungserbbaurechte teilt einschließlich der Festlegung

der Gemeinschaftsordnung und dann die so gebildeten Wohnungserbbaurechte veräußert; vgl. dazu den instruktiven Fall von BayObLG Beschluß vom 17. 3. 1994 – 2 Z BR 5/94 –.

17 **6. Gebührenrechtliche Fragen:** maßgeblich für Geschäftswert bei Begründung von WohnungsErbbR: § 21 Abs. 3 KostO, für Eintragung der Begründung, Änderung oder Aufhebung von WErbbR: § 76 Abs. 4 KostO. Im übrigen wie WEigt.; vgl. § 3 Rdn. 129ff.; § 8 Rdn. 20ff.

III. Anwendungsfälle

18 **Die Anwendung des Wohnungserbbaurechts** wird sich insbesondere in Fällen empfehlen, in denen bisher die Lösung mit Hilfe einer Teilung des Erbbaurechts oder einer Begründung von Untererbbaurechten gesucht worden ist.

19 **1.** Die Zulässigkeit der **Teilung eines Erbbaurechts** in „reale" Teile – d. h. ohne entsprechende Teilung des belasteten Grundstücks – wird heute allgemein bejaht (vgl. Hauschild Rpfleger 56, 601; Weitnauer DNotZ 58, 413). BGH NJW 74, 498 verlangt allerdings die Zustimmung des Eigentümers nach § 26 ErbbauVO (ebenso Ingenstau § 11 Rdn. 87); zusätzlich verlangen OLG Neustadt NJW 60, 1157, und Ingenstau, § 11 Rdn. 93 die Zustimmung der Hypothekengläubiger nach §§ 876, 877 BGB, was aber ebensowenig zutreffen kann wie im Falle der realen Teilung eines Grundstücks (vgl. § 3 Rdn 74), weil sich bestehende Belastungen an den Teilrechten als Gesamtbelastungen fortsetzen. – Auch wenn man eine solche Teilung für zulässig hält und auch wenn man von dem mindestens zweifelhaften Erfordernis der Zustimmung von Grundstückseigentümer und Hypothekengläubiger absieht, stößt eine solche Teilung auf gewisse Schwierigkeiten insofern, als der jeweils in Betracht kommende Teil in seiner räumlichen Begrenzung kartenmäßig festgelegt werden muß nicht anders, als das im Falle einer Teilung des belasteten Grundstücks selbst nötig wäre. Wird das belastete Grundstück geteilt, so entstehen ebensoviele Teilrechte wie neue Grundstücke gebildet werden; die h. M. will in diesem Falle allerdings die Entstehung oder jedenfalls die Möglichkeit der Entstehung eines sog. „Gesamterbbaurechts" annehmen (im Anschluß an KGJ 51, 228; vgl. dazu Ingenstau § 1 Rdn. 42ff. und unten Rdn. 21); die damit verbundene Vorstellung ist aber unklar. Eine der Gesamthypothek entsprechende Belastung kann es bei dienstbarkeitsartigen Rechten wie dem Erbbaurecht nicht geben; es ist in Wahrheit nicht ein und dasselbe Erbbaurecht, das auf mehreren Grundstücken lastet, sondern es gibt nur eine Summe von Erbbaurechten, die in ihrer Gesamtheit die Erstellung eines oder mehrerer Gebäude ermöglichen ebenso wie mehrere aneinander anschließende Geh- und Fahrtrechte über mehrere Grundstücke keine Gesamtdienstbarkeit ergeben. Die Grundlage für ein Wohnungserbbaurecht kann ein solches „Gesamterbbaurecht" sowenig sein wie mehrere Grundstücke die Grundlage für die Begründung von Wohnungseigentum sein können (§ 1 Abs. 4 WEG; vgl. dazu § 3 Rdn. 72); wenn Wohnungserbbaurechte begründet werden sollen, müssen also zunächst die in Betracht kommenden Grundstücke zu einem Grundstück vereinigt und mit einem einheitlichen

Erbbaurecht belastet werden, das dann natürlich auch mehreren Berechtigten in Bruchteilsgemeinschaft zustehen kann und für die Begründung von Wohnungserbbaurechten zustehen muß. Jedenfalls können die mit der Teilung von Erbbaurechten verbundenen Schwierigkeiten und Zweifel vermieden werden, wenn statt der Teilung die Rechtsform des Wohnungserbbaurechts gewählt wird, die auch dann die geeignete Rechtsgrundlage abgibt, wenn die Erstellung von Einfamilienhäusern beabsichtigt ist (vgl. dazu § 3 Rdn. 72).

2. Die Frage, ob es möglich ist, ein Erbbaurecht an einem Erbbaurecht – **20** **„Untererbbaurecht“** - zu bestellen, war lange umstritten; vgl. dazu die Vorauflage. Von der h. M. ist sie im Gefolge von BGHZ 62, 179 bejaht worden. Die Frage ist nunmehr im gleichen Sinne vom Gesetzgeber entschieden worden, indem durch das Registerverfahrensbeschleunigungsgesetz vom 20. 12. 1993 (BGBl. I S. 2182) ein neuer § 6a in die GBO eingefügt wurde, der die Zulässigkeit der Bestellung voraussetzt (dazu Holzer NJW 1994, 481). Dann sind auch Wohnungsuntererbbaurechte möglich. Zu empfehlen ist diese Konstruktion nicht. Dem wirtschaftlichen Bedürfnis nach Ausgabe einheitlicher Rechte kann ohne Untererbbaurecht entsprochen werden, indem den Erbstättern Wohnungserbbaurechte an den einzelnen Häusern verschafft werden (vgl. § 3 Rdn. 72) und die Befugnisse, deren Zusammenfassung in einer Hand dem Ausgeber erwünscht erscheint, dem Verwalter (§ 20) übertragen werden; dadurch kann die höchst problematische Rechtsfigur vermieden werden.

3. Gesamterbbaurecht? Zweifelhaft ist, ob ein WErbbR im Hinblick auf **21** die in § 30 Abs. 2 Satz 2 angeordnete **entsprechende Anwendung auch des § 1 Abs. 4** begründet werden kann, wenn das Gebäude auf Grund mehrerer Erbbaurechte – sei es am gleichen oder an verschiedenen Grundstücken – errichtet werden soll. Die in der Literatur (Nachweise bei Ingenstau § 1 Rdn. 47) lebhaft umstritten gewesene Frage, ob mehrere Grundstücke mit einem und demselben Erbbaurecht belastet werden können – **„Gesamterbbaurecht“-**, ist von BGHZ 65, 345 im bejahenden Sinne entschieden worden (zustimmend BayObLGE 1984, 105 und BayObLGE 1989, 354 = WE 1991, 23; Ingenstau § 1 Rdn. 42ff.; v. Öfele-Winkler 3. Kap. Rdn. 37; a. M. u.a. Weitnauer DNotZ 1958, 413; Bärmann-Pick-Merle § 30 Rdn. 68). Dabei ist aber unklar geblieben, ob es sich ungeachtet des Umstandes, daß mehrere Grundstücke belastet sind, um ein einheitliches Erbbaurecht oder um die Summe von Teilerbbaurechten entsprechend der Zahl der belasteten Grundstücke handelt. Die gleiche Unklarheit besteht bei dem vom BGH als Parallele herangezogenen Fall der Teilung eines mit einem Erbbaurecht belasteten Grundstücks (oben Rdn. 19). Im Hinblick auf § 1 Abs. 4 WEG kann deshalb nicht empfohlen werden, ein solches Gesamterbbaurecht zur Grundlage der Begründung von Wohnungs- oder Teilerbbaurechten zu machen (a. M. Demharter DNotZ 1986, 457, dem ich nicht zu folgen vermag). Die Begründung eines Gesamt-Erbbaurechts an räumlich auseinanderliegenden Grundstücksparzellen und dessen Aufteilung in Wohnungserbbaurechte erscheint mit dem Sinn und Zweck des § 1 Abs. 4, der m. E. nur bestätigt, was ohnehin gilt(§ 3 Rdn. 7), nicht vereinbar (a. M. Demharter a.a.O.). Der neue § 6a GBO (dazu vorstehende Rdn. 20) setzt die Zulässigkeit der Bestellung von Gesamterbbaurechten voraus („... Erbbaurechte an mehreren Grundstücken oder Erbbaurechten“).

22 **4.** Nach § 5 ErbbauVO (oben Rdn. 11) kann als Inhalt des Erbbaurechts vereinbart werden, daß der Erbbauberechtigte zur Veräußerung oder Belastung des Erbbaurechts der Zustimmung des Grundstückseigentümers bedarf; eine ohne die erforderliche Zustimmung getroffene Verfügung ist unwirksam. Die Möglichkeit einer Veräußerungsbeschränkung nach § 12 WEG i. V. mit § 30 Abs. 2 Satz 2 WEG bleibt davon unberührt.

Ist als Inhalt des Erbbaurechts eine Veräußerungs- oder Belastungsbeschränkung vereinbart, so wird diese mit **Begründung von Wohnungserbbaurechten** Inhalt eines jeden dieser Rechte. Durch Einigung zwischen dem Inhaber eines Wohnungserbbaurechts und dem Grundstückseigentümer sowie Eintragung in das Grundbuch kann das Zustimmungserfordernis für ein einzelnes Recht aufgehoben werden; die Mitwirkung (Zustimmung) der übrigen Wohnungserbbauberechtigten und der an den Wohnungserbbaurechten oder am Grundstück dinglich Berechtigten ist dazu nicht erforderlich (BayObLGE 1989, 354 = WE 1991, 320).

II. Teil. Dauerwohnrecht

Vorbemerkungen

Übersicht

I. Allgemeines

1. Die zweite Rechtsform, die das Gesetz zur Verfügung stellt, **das Dauerwohnrecht, ist ein vererbliches, veräußerliches, im übrigen in gewissem Umfang dem Wohnungsrecht nach § 1093 BGB nachgebildetes Recht an einem Grundstück.** Es hat zum Inhalt, daß derjenige, zu dessen Gunsten die Belastung erfolgt, berechtigt ist, unter Ausschluß des Eigentümers eine bestimmte Wohnung in einem auf dem Grundstück errichteten oder zu errichtenden Gebäude zu bewohnen oder in anderer Weise zu nutzen; es kann auf einen außerhalb des Gebäudes liegenden Teil des Grundstücks erstreckt werden, sofern die Wohnung wirtschaftlich die Hauptsache bleibt. Ob ein Recht ein Dauerwohnrecht ist, hängt allein von dem Vorliegen dieser Merkmale ab; deshalb kann, wie BGHZ 27, 158 zutr. entschieden hat, ein vor Inkrafttreten des WEG vereinbartes, veräußerliches und vererbliches Wohnungs- und Nutzungsrecht, das zur Eintragung in das Grundbuch bestimmt war, als Dauerwohnrecht i. S. des § 31 behandelt werden. Dagegen kann der Antrag auf Eintragung einer beschränkten persönlichen Dienstbarkeit nicht als Antrag auf Eintragung eines Dauerwohnrechts aufgefaßt werden (so zutr. OLG Hamm, Rpfleger 57, 251). Die dem Dauerwohnrecht entsprechende Rechtsstellung kann auch an nicht zu Wohnzwecken dienenden Räumen begründet werden, sie heißt dann „Dauernutzungsrecht" (§ 31 Abs. 2). Eine verglei- 1 chende Gegenüberstellung des DWohnR und des dinglichen Wohnungsrechts i. S. des § 1093 gibt Dammertz, Wohnungsrecht und Dauerwohnrecht (Herne/Berlin 1970).

2 **2.** Ihrer Natur nach gehört diese Art der Grundstücksbelastung zu den **Dienstbarkeiten.** Von den bekannten Dienstbarkeiten unterscheidet sie sich dadurch, daß sie einerseits nicht wie die Grunddienstbarkeiten subjektiv dinglich, andererseits auch nicht wie Nießbrauch und beschränkte persönliche Dienstbarkeiten höchstpersönlich ist. § 1093 BGB ist im übrigen unberührt geblieben. Die Ausgestaltung des Rechts lehnt sich in Einzelheiten an die des Erbbaurechts an. So kann der Inhalt des Rechts weitgehend durch Vereinbarung der Beteiligten bestimmt und eine dinglich wirkende Veräußerungsbeschränkung vereinbart werden, ein Heimfallanspruch ist auch hier vorgesehen; das Dauerwohnrecht kann auch ebenso wie das Erbbaurecht nicht subjektiv dinglich (d. h. zugunsten des jeweiligen Eigentümers eines anderen Grundstücks) bestellt werden. Zum Unterschied vom Erbbaurecht ist aber das Entgelt nicht verdinglicht; das Dauerwohnrecht kann also nicht dinglich mit einem reallastähnlichen Zins belastet werden. Auch im übrigen ist das Dauerwohnrecht nicht als grundstücksgleiches Recht ausgebildet; es kann also nicht mit Hypotheken usw. belastet, wohl aber kann es verpfändet und auch gepfändet werden.

3 **3.** Die Frage, ob der Eigentümer eines Grundstücks für sich selbst einDauerwohnrecht bestellen kann **(„Eigentümer-Dauerwohnrecht"),** ist zu bejahen (so mit ausführlicher Begründung unter grundsätzlicher Erörterung auch anderer einschlägiger Fragen, insbesondere der Zulässigkeit der Bestellung eines Erbbaurechts und einer beschränkten persönlichen Dienstbarkeit zugunsten des Eigentümers, Weitnauer DNotZ 58, 352 und DNotZ 64, 716). Das AG Düsseldorf DNotZ 58, 426 hat die Zulässigkeit des Eigentümer-Dauerwohnrechts verneint, das OLG Düsseldorf DNotZ 58, 423 die entsprechende Frage für das Erbbaurecht bejaht. Die Zulässigkeit der Bestellung einer beschränkten persönlichen Dienstbarkeit für den Eigentümer wird bejaht von BGHZ 41, 209 = DNotZ 64, 293, allerdings mit der Einschränkung, daß die Belastung „mit Rücksicht auf eine beabsichtigte Übertragung des Eigentums an dem belasteten Grundstück geschieht und aus diesem Grunde ein Bedürfnis an der Bestellung zu bejahen ist" (ebenso OEG Oldenburg DNotZ 67, 687); auch diese Einschränkung erscheint aber nicht gerechtfertigt, die Möglichkeit eines Interesses des Eigentümers an der Bestellung eines solchen Rechts – nämlich die Erleichterung des Durchgangs zum Fremdrecht im Falle der Veräußerung des Grundstücks – muß genügen (dazu Weitnauer DNotZ 64, 716). Vgl. auch oben § 30 Rdn. 16 und Hägele BWNotZ 1975, 49.

4 **4.** Als Belastung eines Grundstücks unterliegt das Dauerwohnrecht den **allgemeinen Vorschriften über Rechte an Grundstücken (insbesondere §§ 873ff. BGB, GBO, ZVG).** In den §§ 39 und 40 des Gesetzes sind Besonderheiten vorgesehen, die das Fortbestehen in der Zwangsversteigerung und die Wirksamkeit von Verfügungen über den Anspruch auf das Entgelt betreffen. Von den dadurch eröffneten Möglichkeiten scheint allerdings kaum Gebrauch gemacht zu sein.

II. Wirtschaftliche Aufgaben das Dauerwohnrechts

Das Dauerwohnrecht soll der Sicherung von Finanzierungsbeiträgen dienen und kann im Rechtsverkehr zwei ganz verschiedene Aufgaben erfüllen. 5

1. Es kann zu dem Zweck bestellt werden, seinem Inhaber ein dinglich gesichertes Recht zur Nutzung eines Gebäudes oder Gebäudeteils **auf Zeit** zu verschaffen; dann ist es **wirtschaftlich der Miete oder Pacht verwandt** und unterscheidet sich von dieser nur dadurch, daß das Recht zum Gebrauch nicht schuldrechtlicher, sondern dinglicher Art, ein unmittelbares Recht an dem belasteten Grundstück ist. Dieses Recht ist dann aber wirtschaftlich nur auf Nutzung oder Benutzung gerichtet; der Berechtigte soll und will keinen Anteil am Grundstück und an dem Gebäude als solchen haben. In diesen Fällen wird sich das *Entgelt* nach den *Grundsätzen der Miete* errechnen; das Dauerwohnrecht wird auf Zeit bestellt. Das Entgelt wird in der Regel ganz oder zum Teil in Form eines Finanzierungsbeitrags zu den Baukosten gegeben werden; wenn dieser Beitrag „abgewohnt“ ist, wird in der Regel auch die Bindung der Beteiligten gelöst werden. Dies ist der typische Fall eines **Baukostenzuschußvertrages,** für den das Gesetz eine rechtlich zuverlässige Grundlage schaffen soll, wobei die §§ 39, 40 weitere Möglichkeiten bieten. Als Rechtsform für die Modernisierung von Mietwohnungen empfiehlt das DWR Wolf, BIGBW 1977, 124. 6

2. Das Dauerwohnrecht kann aber auch in der Art verwendet werden, daß es zu einem **das Eigentum vertretenden Recht,** zu einer Art „Untereigentum“ unter einem „Obereigentümer“ ausgestaltet wird, kraft dessen der Berechtigte **wirtschaftlich einem Eigentümer oder Wohnungseigentümer gleichgestellt** ist – sog. **„eigentumsähnliches Dauerwohnrecht“.** Der Begriff ist in § 20 Abs. 4 des Ersten WBG geprägt und seitdem auch in verschiedene Rechts- und Verwaltungsvorschriften übergegangen (vgl. hierzu Anhang zu § 62 Rdn. 22). In einem solchen Fall handelt es sich für den Berechtigten nicht nur darum, ein mietartiges Benutzungsrecht zu erhalten. Vielmehr hat er dann die volle Finanzierung des Baues einschließlich der Kosten des Grundstückserwerbs und der Errichtung des Gebäudes sowie die Verzinsung und Tilgung des Fremdkapitals und weiter die laufenden Bewirtschaftungskosten (einschließlich einer etwaigen Verwaltungsgebühr für den „Obereigentümer“) zu übernehmen. Für diese Leistung wird ihm *die zeitlich unbeschränkte* oder wenigstens auf lange Zeit (etwa 50, 99 Jahre) vorgesehene Nutzung der Wohnung überlassen; das Recht des Eigentümers beschränkt sich dann auf gewisse Verwaltungsbefugnisse, die im einzelnen durch Vertrag festzulegen sind. Dieser Fall, für den § 41 noch ergänzende Bestimmungen trifft, kann namentlich **in Verbindung mit genossenschaftlichen Rechtsgestaltungen** praktisch werden. Das Wohnungseigentumsgesetz gab hierdurch die zuverlässige Grundlage für eine namentlich in Süddeutschland nach dem Krieg häufiger angewendete, namentlich von den Bausparkassen entwickelte Vertragsgestaltung, die auf dem Wege über § 1093 BGB dem Wohnungsinhaber eine über die Stellung eines Mieters hinausgehende, dinglich verstärkte und wirtschaftlich dem Eigentum angenäherte Rechtsstellung, das sogenannte **„Eigenwohnrecht“,** verschaffen 7

sollte. Diese Rechtsform ist inzwischen aber – wohl zu Recht – gegenüber dem WEigt. ganz in den Hintergrund getreten. Erörterungen zum eigentumsähnlichen DWR bei Dammertz (oben Rdn. 1).

8 Nicht ganz zu Unrecht ist gelegentlich die Frage aufgeworfen worden, ob die Bezeichnung „Eigenwohnung", „Eigenwohner" nicht – namentlich wegen ihrer Ähnlichkeit mit den Begriffen „Wohnungseigentum", „Wohnungseigentümer" – Anlaß zu Mißverständnissen und falschen Vorstellungen über das Wesen des damit bezeichneten Rechtsverhältnisses führen und deshalb nicht gebilligt werden könne (vgl. Diester Bem. 8 vor § 31); falls die Bezeichnung für ein „eigentumsähnliches" Dauerwohnrecht gebraucht wird, können die erwähnten Bedenken aber wohl zurückgestellt werden, nachdem der Begriff der Eigenwohnung sich in Süddeutschland bereits längere Zeit vor der Entstehung des WEG eingebürgert hatte.

9 In solchen Fällen will und soll der Dauerwohnberechtigte *in das Eigentum „hineinwachsen"* in dem Maße, in dem die Tilgung des Fremdkapitals fortschreitet. Deshalb wird das Dauerwohnrecht im Rang nach den Fremdgeldhypotheken bestellt, die den Vorrang vor dem von dem Dauerwohnberechtigten aufgewendeten Eigenkapital beanspruchen können und müssen. Ist das Fremdkapital getilgt, so beschränken sich die Wohnkosten auf die reinen Bewirtschaftungskosten, was durch § 41 Abs. 2 begünstigt wird; das Dauerwohnrecht ist an die erste Stelle der Grundstücksbelastungen gerückt; der Dauerwohnberechtigte steht wirtschaftlich einem Eigentümer fast gleich wobei noch zu berücksichtigen ist, daß bereits kraft Gesetzes – unabdingbar – der Dauerwohnberechtigte beim Heimfall einen Anspruch auf angemessene Entschädigung hat (§ 41 Abs. 3). Eine wesentliche Ausnahme ist allerdings, daß das Dauerwohnrecht nicht wie das Wohnungseigentum beliehen werden kann. Anderseits ist auch der Eigentümer an der Beleihung des Grundstücks praktisch dadurch gehindert, daß er wohl kaum einen Kreditgeber finden wird, der mit einer im Rang nach dem Dauerwohnrecht einzuräumenden Hypothek einverstanden ist. Eine Beleihung des Grundstücks mit Vorrang bedarf dann der Zustimmung des Dauerwohnberechtigten. Ein solches Ergebnis wird zwar im allgemeinen durchaus auch den wirtschaftlichen Verhältnissen entsprechen, es kann aber dann zu Schwierigkeiten führen, wenn z. B. zu Reparaturzwecken die Aufnahme einer Hypothek notwendig wird. Es kann sich deshalb empfehlen, für solche Fälle von vornherein die Möglichkeit eines Rangrücktritts des Dauerwohnrechts vorzusehen.

10 Ob ein DWR eigentumsähnlich ist, ist in verschiedener Hinsicht von Bedeutung, so hinsichtlich der Förderung nach § 19 Abs. 3 des 1. WoBauG (dagegen keine Förderung nach dem 2. WoBauG), der Anwendbarkeit der Veräußerungsbeschränkung nach § 12 WEG (vgl. § 12 Rdn. 3) sowie nach § 5 ErbbVO im Falle der Belastung eines Erbbaurechts mit einem DWR (§ 42 Rdn. 5), sowie in steuerlicher Hinsicht (oben Rdn. 7). Die praktische Bedeutung ist, soweit ersichtlich, sehr gering geblieben.

11 **3. Nicht gelingen** kann der Versuch, das **„Time-sharing"** mittels der Bestellung von 52 gleichrangigen, jeweils auf eine Woche befristeten Dauernutzungsrechten an einer Teileigentumseinheit (Hotelappartement) zu erreichen. Das OLG Stuttgart (Rpfleger 1987, 107) hat einen diesbezüglichen

Eintragungsantrag zurückgewiesen mit der Begründung, daß eine derartige kurzfristige Nutzung mit dem Wesen des Dauernutzungsrechts unvereinbar sei, im Ergebnis sicher zu Recht; das wirtschaftliche Ziel läßt sich auf andere Weise erreichen (vgl. § 3 Rdn. 123), der ungeheuere sinnlose grundbuchtechnische Aufwand läßt die gewählte Gestaltung als rechtsmißbräuchlich erscheinen.

III. Die rechtliche Ausgestaltung des Dauerwohnrechts

Im Gegensatz zur Regelung des Wohnungseigentums enthalten die Vorschriften über das Dauerwohnrecht (§§ 31 bis 42) **keine in sich abgeschlossene Regelung** der Rechtsbeziehungen (hier zwischen dem Eigt. und dem Dauerwohnberechtigten). Die Vorschriften über den gesetzlichen Inhalt des Rechts beschränken sich vielmehr auf das Notwendigste (vgl. §§ 31, 33, 41). Diese Rechtsbeziehungen sind auch nicht (etwa nach Art der Regelung für den Nießbrauch im BGB) voll als gesetzliches Schuldverhältnis ausgestaltet. Vielmehr gestattet das Gesetz, um die Gestaltung der Rechtsbeziehungen den verschiedenen (oben Rdn. 6, 7) erörterten Anwendungsmöglichkeiten anzupassen, in weitem Umfang, den Inhalt des Dauerwohnrechts durch vertragliche Vereinbarungen zu bestimmen und so diesen „dingliche Wirkung" im Sinne einer Wirkung für und gegen Sondernachfolger auf beiden Seiten zu geben. In dieser technischen Ausgestaltung folgt die Regelung der ErbbauVO. Darüber hinaus sind die schuldrechtlichen Beziehungen zwischen den Beteiligten insofern weitgehend einem dinglichen Recht angenähert, als nach § 38 sowohl bei Veräußerung des Dauerwohnrechts als des Grundstücks die Erwerber jeweils auch in die schuldrechtlichen Pflichten bzw. Rechte ihrer Vorgänger eintreten, ähnlich wie der Erwerber eines Grundstücks nach § 571 BGB in das Mietverhältnis eintritt. Wegen des Entgelts vgl. § 38. Besondere Formvorschriften sind weder für den schuldrechtlichen Vertrag noch für die Bestellung des dinglichen Rechts getroffen, vgl. hierzu § 38 Rdn. 2. 12

Ein wesentlicher Unterschied zwischen Wohnungseigentum und DWR besteht darin, daß es bei letzterem an einer organisierten Gemeinschaft der Dauerwohnberechtigten fehlt. Dauerwohnrechte schaffen lediglich Beziehungen zwischen dem Eigentümer und jedem einzelnen Berechtigten. Deshalb ist es auch nicht notwendig, daß mehrere Dauerwohnrechte an demselben Gebäude nebeneinander bestehen. 13

IV. Zugrundeliegendes Schuldverhältnis, Entgelt

Die Bestellung eines Dauerwohnrechts wird regelmäßig – abgesehen von besonderen Fällen wie der Bestellung aus Anlaß eines Altenteils – gegen Entgelt erfolgen, das zugrundeliegende Rechtsverhältnis ist dann ein keiner besonderen Form, insbes. **nicht der Form des § 313 BGB, bedürftiger Kaufvertrag** (Rechtskauf) i. S. des § 433 Abs. 1 Satz 2 BGB (so auch BGHZ 52, 243; z. Teil abweichend Bärmann-Pick-Merle § 31 Rdn. 59, 63, der u. U. einen kaufähnlichen Vertrag i. S. der §§ 445, 493 annimmt). Die Mängelhaf- 14 tung richtet sich in jedem Falle nach kaufrechtlichen Grundsätzen (§§ 440, 459ff. BGB). Das gilt namentlich auch für die Sachmängel, die im Falle eines Mietvertrags nach den §§ 537ff. zu beurteilen wären (so zutr. auch Palandt-Bassenge, § 31 WEG Rn 5). Für den Bestand des Rechts wird gem. § 437 BGB gehaftet. Ungeachtet des Charakters als Kaufvertrag ist es kraft der Vertragsfreiheit möglich, die Gegenleistung von der Dauer des Bestandes des Dauerwohnrechts abhängig zu machen und das Entgelt insoweit nach Art einer Miete zu bemessen, also von der Dauer der tatsächlichen Überlassung der Raumnutzung abhängig zu machen; dann entfällt nach § 323 vom Zeitpunkt des Wegfalls des Dauerwohnrechts an auch die Verpflichtung zur Gegenleistung. Doch wird dadurch die schuldrechtliche Beziehung nicht zum Mietverhältnis oder mietähnlichen Rechtsverhältnis. Vgl. im übrigen auch § 38 Rdn. 2.

15 Anders als beim Erbbaurecht ist der Anspruch auf das Entgelt für das Dauerwohnrecht **nicht** in der Weise **verdinglicht,** daß er als eine reallastähnliche Belastung des Dauerwohnrechts ausgestaltet wäre; vielmehr handelt es sich um einen rein schuldrechtlichen Anspruch. Wenn dies auch zur Folge hat, daß für den Anspruch das Dauerwohnrecht nicht unmittelbar dinglich haftet, so wird doch damit anderseits eine Folge vermieden, die beim Erbbaurecht eine beträchtliche Gefahr bedeutet: Beim Erbbaurecht kann es vorkommen, daß der Erbbauzins im Fall der Zwangsversteigerung des Erbbaurechts erlischt, wenn die entsprechende Reallast, wie dies in der Regel der Fall ist, der hypothekarischen Belastung des Erbbaurechts im Rang nachgeht und der im Rang vorgehende Gläubiger die Zwangsversteigerung betreibt. Der Anspruch auf das Entgelt für das Dauerwohnrecht besteht dagegen als schuldrechtlicher Anspruch, solange das Dauerwohnrecht besteht. Eine **Wertsicherungsklausel** für das Entgelt kann in Betracht kommen (OLG Hamburg ITelex 1987/12/73).

V. Besonderheiten

16 **1.** Die Frage, wie die **Baukostenzuschüsse** rechtlich gesichert werden können, bereitete nach der früheren Rechtslage ernstliche Schwierigkeiten und ist mit Hilfe des Mietvertrages (vgl. Vorwort zur 1. Auflage unter I) nicht zuverlässig zu lösen. Anderseits reicht auch die Ausgestaltung des Dauerwohnrechts zum dinglichen Recht nicht schlechthin aus, um den Baukosten-Zuschußgeber nach jeder Richtung zu schützen, denn das Dauerwohnrecht unterliegt als Grundstücksbelastung den Rangvorschriften. Es muß daher, wenn die Zwangsversteigerung von einem dem Dauerwohnrecht im Range vorgehenden oder gleichstehenden Gläubiger betrieben wird, erlöschen (§§ 44, 52, 91 ZVG). Es bietet dann sogar einen geringeren Schutz als ein Mietvertrag, der nach § 571 BGB mit dem Ersteher fortgesetzt wird, zumal das Kündigungsrecht des Erstehers (§ 57a ZVG), soweit das Mietverhältnis dem Mieterschutz unterlag, durch § 1 Abs. 4 des Mieterschutzgesetzes ausgeschaltet war und, soweit kein Mieterschutz besteht, durch die in das ZVG durch das Gesetz über Maßnahmen auf dem Gebiete der Zwangsvollstreckung vom 20. 8. 53 (BGBl. I S. 952) neu eingefügten §§ 57c, 57d ZVG, im übrigen auch durch die §§ 556a–556c BGB und andere Schutzvorschriften (vgl. dazu § 36 Rdn. 4ff.) beschränkt ist. Um dem DWR diese unzweifelhaft vorhandene Schwäche zu nehmen, wird **durch § 39** das **Fortbestehen in der Zwangsversteigerung** erleichtert.

2. Zur Frage, ob ein **über § 39 hinausgehender Schutz** gewährt werden kann, vgl. auch Weitnauer, Allg. Immob. Z 1958, 149. Das **Bundesjustizministerium** hat im Einvernehmen mit dem Bundesministerium für Wohnungsbau auf eine Kleine Anfrage der SPD unter dem 10. 11. 1959 zu Drucksache 777 u. a. folgende Ausführungen gemacht, die auch heute noch zutreffen: 17

„Die Bundesregierung sieht sich nicht in der Lage, gesetzliche Maßnahmen in Erwägung zu ziehen, durch welche einem Dauerwohnberechtigten im Falle der Zwangsversteigerung des mit dem Dauerwohnrecht belasteten Grundstücks über die bestehenden Vorschriften hinaus ein zusätzlicher Schutz gewährt wird. Zur Begründung ist folgendes auszuführen:

a) Das Dauerwohnrecht ist ein dienstbarkeitsähnliches dingliches Recht an einem Grundstück, das als solches den allgemeinen Vorschriften des Sachen-, Grundbuch- und Zwangsversteigerungsrechts über den Rang dinglicher Rechte an Grundstücken unterliegt. Aus diesen Vorschriften folgt, daß ein Dauerwohnrecht erlischt, wenn es im Falle der Zwangsversteigerung des belasteten Grundstücks nicht in das geringste Gebot aufgenommen wird; dieser Fall tritt nach den gesetzlichen Versteigerungsbedingungen ein, wenn die Zwangsversteigerung von einem Gläubiger betrieben wird, dessen Recht dem Dauerwohnrecht im Range vorgeht oder gleichsteht. Das Dauerwohnrecht wird in der Praxis – wenn auch nicht allzu häufig – dazu verwendet, um Personen, die Finanzierungsbeiträge zur Durchführung eines Bauvorhabens auf einem fremden Grundstück leisten, ein dinglich gesichertes Wohnrecht zu gewähren. Dabei hat sich jedoch gezeigt, daß die Dauerwohnberechtigten mit ihren Rechten regelmäßig hinter die sonstigen Geldgeber, deren Darlehen durch Grundpfandrechte an dem Grundstück gesichert werden (Hypothekenbanken, Sparkassen, Bausparkassen usw.), zurücktreten müssen, da diese Geldgeber – vielfach, wie z. B. die Hypothekenbanken, schon im Hinblick auf die für sie geltenden Beleihungsgrundsätze – eine bestimmte Rangstelle im Grundbuch verlangen.

Die Dauerwohnberechtigten nehmen in solchen Fällen also die Gefahr in Kauf, ihre Rechte zu verlieren, wenn die Zwangsversteigerung von den dinglichen Gläubigern betrieben wird. Diese Gefahr ist bei den Beratungen über die einschlägigen Vorschriften des Wohnungseigentumsgesetzes keineswegs verkannt worden. Man hat vielmehr eingehend geprüft, welche Möglichkeiten eines Schutzes der Dauerwohnberechtigten etwa in Betracht gezogen werden könnten. Namentlich ist damals erwogen worden, ob man nicht dem Dauerwohnrecht kraft Gesetzes ersten Rang einräumen oder – wie beim Erbbaurecht – seine Bestellung nur zur ersten Rangstelle zulassen oder ob man wenigstens das Fortbestehen im Falle der Zwangsversteigerung durch verfahrensrechtliche Vorschriften entsprechend dem Artikel 9 EGZVG erleichtern sollte. Im Ergebnis sind alle diese Vorschläge abgelehnt worden: der erste deshalb, weil er zu einer als nicht erträglich angesehenen 18

Durchbrechung aller sachenrechtlichen Grundsätze und zu einer Gefährdung des Realkredits geführt hätte; der zweite, weil er dem Dauerwohnrecht kaum ein praktisches Anwendungsgebiet eröffnet hätte; der letzte deshalb, weil man von rein verfahrensrechtlichen Erleichterungen, wie sie bei Altenteilsrechten auf landwirtschaftlichem Gebiet vielleicht von Nutzen sein können, auf dem Gebiet des Wohnungsbaus keinen praktischen Erfolg glaubte erwarten zu können.

Nach eingehender Prüfung aller Gesichtspunkte hat man sich schließlich zu der Regelung des § 39 WEG entschlossen, auf die ich bereits in meiner Stellungnahme vom 8. Januar 1959 – Drucksache 777 – hingewiesen habe. Der Dauerwohnberechtigte kann hiernach durch eine Vereinbarung mit dem Grundstückseigentümer und mit Zustimmung der im Range vorgehenden oder gleichstehenden Grundpfandgläubiger unter im einzelnen jeweils festzulegenden Bedingungen das Bestehenbleiben des Dauerwohnrechts im Falle der Zwangsversteigerung des belasteten Grundstücks sicherstellen. Die Zustimmung der Grundpfandgläubiger, die notwendigerweise zur Voraussetzung gemacht werden mußte, wenn man nicht in die Rechtsstellung des Realkredits eingreifen wollte, wird, wie ich den mir zugegangenen Berichten entnehme, in geeigneten Fällen erteilt. Ich darf hierzu insbesondere auf die Stellungnahme des Deutschen Sparkassen- und Giroverbandes (Fachmitteilungen Nr. 296 41/52 vom 25. 10. 1952) hinweisen, wonach gegen Erteilung der Zustimmung bei Zugrundelegung des von der Sparkassenorganisation ausgearbeiteten Mustervertrages keine Bedenken bestehen, „sofern das Bestehenbleiben des Dauerwohnrechts davon abhängig gemacht ist, daß der Dauerwohnberechtigte (Eigenwohner) im Zeitpunkt der Feststellung der Versteigerungsbedingungen seine fälligen Zahlungsverpflichtungen aus dem Dauerwohnrechtsvertrag gegenüber dem Eigentümer (Genossenschaft) erfüllt hat und dieser die entsprechenden Verpflichtungen gegenüber dem Realkreditgläubiger erfüllt hat“. Diese Gestaltung gewährt dem Dauerwohnberechtigten den Vorteil, daß er den aus dem Nachrang erwachsenden Gefahren, die denen der Gesamtbelastung beim Wohnungseigentum entsprechen, enthoben ist; er trägt allerdings die Gefahr, daß der Eigentümer die an ihn geleisteten Zahlungen nicht bestimmungsgemäß weiterleitet, eine Gefahr, die zu tragen ihm aber zugemutet werden kann. Den Gläubigern staatlicher Darlehen ist verschiedentlich (insbesondere durch Erlaß des BMWO vom 8. Juli 1954, Bundesbaublatt S. 404) empfohlen worden, die Zustimmung zu Vereinbarungen im Sinne des § 39 WEG zu erteilen.

19 b) Die Frage, ob den Dauerwohnrechten ein weitergehender Schutz gewährt werden kann, ist mit den Landesjustizverwaltungen, den Wohnungsbauressorts der Länder sowie mit den interessierten Verbänden, insbesondere der Wohnungswirtschaft und des Realkredits, eingehend erörtert worden. Dabei hat sich ergeben, daß eine Gesetzesänderung weder als geboten noch als zweckdienlich angesehen werden kann.

In erster Linie ist geprüft worden, ob der in der Kleinen Anfrage offenbar als wünschenswert angesehene Schutz dadurch geschaffen werden kann, daß abweichend von den allgemeinen Rangvorschriften dem Dauerwohnrecht ein Vorrang eingeräumt wird. Die Prüfung hat ebenso wie seinerzeit vor

Erlaß des Gesetzes zu dem Ergebnis geführt, daß derartige Maßnahmen nicht in Betracht gezogen werden können; denn sie würden die Beleihbarkeit der mit einem Dauerwohnrecht belasteten Grundstücke oder, wenn sie das Dauerwohnrecht ohne Rücksicht auf vorher eingetragene Rechte schützen würden, die Beleihbarkeit der Grundstücke überhaupt durch den Realkredit in Frage stellen.

Von verschiedenen Seiten ist der Gedanke zur Erörterung gestellt worden, ob man nicht den Dauerwohnberechtigten einen Schutz ähnlich dem gewähren könnte, den die Aufbaumieter gemäß §§ 57c, d des Zwangsversteigerungsgesetzes genießen. Auch diese Frage muß verneint werden. Das Dauerwohnrecht wird in zwei wirtschaftlich verschiedenen Erscheinungsformen angewendet, nämlich einmal zur Sicherung eines zeitlich begrenzten Wohnrechts unter Bedingungen, die denen der Miete regelmäßig ähnlich sind, und ferner als sogenanntes eigentumsähnliches Dauerwohnrecht. In dem letzten Fall wird dem Dauerwohnberechtigten eine Rechtsstellung eingeräumt, bei der er wirtschaftlich als Eigentümer erscheint und dann auch steuerlich, z. B. nach § 7b des Einkommensteuergesetzes, die Stellung eines Eigentümers hat. Seine Leistungen bestimmen sich in diesem Falle allein nach den auf die Wohnung entfallenden Bau- und Finanzierungskosten, also nach anderen wirtschaftlichen Gesichtspunkten als bei der Miete (vgl. hierzu auch den von dem Herrn Bundesminister für Wohnungsbau bekanntgemachten Mustervertrag über die Bestellung eines eigentumsähnlichen Dauerwohnrechts – Bundesbaublatt 1956 S. 615).

Die Anwendung der für die §§ 57c, d ZVG maßgebenden Gesichtspunkte **20**
auf die eigentumsähnlichen Dauerwohnrechte ist sicher nicht möglich. Der Dauerwohnberechtigte muß, da er die Vorteile der wirtschaftlichen Stellung eines Eigentümers hat, auch die mit dem Eigentum verbundenen Risiken auf sich nehmen; zu diesen Risiken gehört es, daß die Grundpfandgläubiger, wenn sie nicht vertragsgemäß befriedigt werden, zur Zwangsvollstreckung in das Grundstück berechtigt sind, welche bei Durchführung der Zwangsversteigerung zum Verlust ebenso wie des Eigentums so auch des eigentumsähnlichen Dauerwohnrechts führen muß. Der Fall Inwog, Frankfurt (Main), der wohl Anlaß zu der Kleinen Anfrage gegeben hat und bei dem es in der Tat dazu kam, daß eine größere Anzahl von Dauerwohnberechtigten in der Zwangsversteigerung ausgefallen sind, war ein Fall solcher eigentumsähnlicher Dauerwohnrechte. Die wirtschaftlichen Verhältnisse, die den Anlaß zum Zusammenbruch der Wohnungsbaugesellschaft und letztlich zum Verlust der Dauerwohnrechte geführt haben, waren, soweit ersichtlich, hier derart, daß der Verlust auch bei Anwendung einer anderen Rechtsform, etwa des Wohnungseigentums, nicht hätte vermieden werden können

Bei mietähnlichen Dauerwohnrechten könnte eine entsprechende Anwendung der §§ 57c, d ZVG näherliegend erscheinen. Auch hier muß jedoch von einer entsprechenden Anwendung abgesehen werden. Die Vorschriften des § 57c ZVG, welche den Aufbaumieter unter gewissen Bedingungen vor der Kündigung schützen und ihm in Verbindung mit der Rechtsprechung zur Frage der Mietvorauszahlungen (BGHZ 6, 202; 15, 296) das „Abwohnen" seines Beitrags ermöglichen, sind nicht zwingend; in der Praxis verlangen die Realkreditgeber aus den gleichen Gründen, aus denen sie einen unbedingten Vorrang des Dauerwohnrechts nicht hinnehmen können, von den Aufbaumietern verpflichtende Erklärungen, nach denen diese auf die ihnen nach § 57c und der Rechtsprechung zustehenden Rechte insoweit verzichten müssen, als sie im Falle der Zwangsversteigerung die Rechte der Grundpfandgläubiger beeinträchtigen würden. Auch bei Mietverhältnissen kann also den Mietern in der Regel ihre Aufbauleistung im Falle der Zwangsversteigerung nur zu Bedingungen erhalten bleiben, denen die Grundpfandgläubiger zustimmen. Im Ergebnis entspricht die Rechtslage also derjenigen, die § 39 WEG den Dauerwohnberechtigten gewährt. Das Gesetz gibt also bereits eine voll ausreichende, dem Charakter des Dauerwohnrechts als dingliches Recht entsprechende Rechtsgrundlage für die etwa möglichen Vereinbarungen; ein darüber hinausgehendes Bedürfnis für neue Rechtsvorschriften muß verneint werden.

21 Aus den gleichen Gründen kann auch der Gedanke, besondere Vollstrekkungsschutzbestimmungen zugunsten der Dauerwohnberechtigten zu treffen und dabei die Dauerwohnberechtigten gegen eine Räumung etwa für die Zeit, für die nach § 57c ZVG das Kündigungsrecht ausgeschlossen ist, zu schützen, nicht in Betracht gezogen werden.

Aus den vorstehend dargelegten Gründen ist nicht vorgesehen, das Wohnungseigentumsgesetz zu ändern. Ergänzend ist noch folgendes auszuführen:

22 Im Zusammenhang mit den vorstehend dargelegten Erörterungen ist auch die Frage aufgeworfen worden, ob das Rechtsinstitut des Dauerwohnrechts ganz aufgehoben werden sollte. Die Frage ist nach dem Ergebnis der Erörterungen zu verneinen. Die Landesjustizverwaltungen haben sich einhellig für die Beibehaltung des Dauerwohnrechts ausgesprochen, während von den Wohnungsbauressorts der Länder einige das Dauerwohnrecht beibehalten sehen möchten, andere einer Aufhebung nicht widersprechen würden, wieder andere eine Meinung dazu nicht geäußert haben. Auch von den Verbänden wird die Frage nicht einheitlich beurteilt.

Wenn auch von dem Rechtsinstitut nur in unterschiedlichem Umfange Gebrauch gemacht worden ist, so hat sich doch gezeigt, daß es einem gewissen Bedürfnis Rechnung trägt. Die Zahlen, die ich in meiner Stellungnahme vom 8. Januar 1959 mitgeteilt habe, lassen erkennen, daß von Dauerwohnrechten in einem nicht unerheblichen Umfang Gebrauch gemacht wird. Die weitere Entwicklung läßt sich, namentlich wenn man etwa die langsame Ausbreitung des Erbbaurechts zum Vergleich heranzieht, nicht absehen.

Das Dauerwohnrecht dient insbesondere als Zwischenlösung, wenn bei einem Neubau erst nach Tilgung der Hypotheken Wohnungseigentum begründet werden kann (vgl. § 18 des oben genannten Mustervertrages). Ihm kommt weiter Bedeutung in den Fällen zu, in denen ein Wohnungsuchender, der nicht über hinreichende Mittel für ein Wohnungseigentum verfügt, einen Baukostenzuschuß zu leisten bereit ist; der Wohnungsuchende ist dann nicht auf den Abschluß eines Mietvertrages angewiesen, sondern kann sich ein dingliches Recht bestellen lassen. Auch sonst, insbesondere bei Altbauten, hat sich das Dauerwohnrecht als ein vielseitig verwendbares Rechtsinstitut erwiesen, das namentlich bei Erbauseinandersetzungen oder Übergabeverträgen praktisch brauchbare Lösungen ermöglicht.

In Ergänzung dieser Ausführungen des BJM ist nur noch darauf hinzuweisen, daß selbstverständlich auch den Dauerwohnberechtigten der Vollstreckungsschutz der §§ 721, 765a ZPO zugute kommt.

3. Weiter war zu berücksichtigen, daß im Fall des Baukostenzuschusses eines Mieters regelmäßig vertragliche Vereinbarungen dahin getroffen werden, daß der Beitrag, den der Mieter zu den Baukosten leistet, ganz oder teilweise auf die Miete verrechnet wird (sog. **„Abwohnklausel"**); eine solche Vereinbarung stellt sich als Verfügung über den Mietzins dar und ist durch die Vorschriften, die die Wirksamkeit von Vorausverfügungen über den Mietzins beschränken, gefährdet (vgl. hierzu § 40 Rdn. 1 ff.). Nun hat die Rspr. allerdings, wie Rdn. 3ff. zu § 40 näher ausgeführt, derartige Vorausverfügungen weithin im Krisenfall geschützt und die Rechtsstellung des Aufbaumieters sehr gestärkt. Gleichwohl ist ein wirtschaftlich und rechtlich berechtigtes Interesse an einer auch sachenrechtlich einwandfreien Klärung dieser Fragen geblieben, zumal die Realkreditgeber sich durch besondere Abreden gegen die Rspr. schützen (vgl. Weitnauer, Betrieb 54, 796). Eine Klärung dieser bei der Miete problematischen Fragen gestattet **§40 WEG** für das DWR, indem er zuläßt, Vereinbarungen über die Wirksamkeit solcher Verfügungen zum Inhalt des DWR zu machen. 23

VI. Nebeneinanderbestehen von Dauerwohnrecht und Mietvertrag

Das der Bestellung eines DWR gegen Entgelt zugrundeliegende Schuldverhältnis wird regelmäßig als Kaufvertrag (Rechtskauf) anzusehen sein (vgl. dazu oben Rdn. 14; a. M. Bettermann, ZMR 52, 29 Fußnote 11). Es wird nun häufig neben der Bestellung eines DWR noch ein Mietverhältnis begründet oder ein bereits bestehendes Mietverhältnis aufrechterhalten, namentlich dann, wenn eine den Bestand des DWR in der Zwangsversteigerung sichernde Vereinbarung nach § 39 nicht zustande kommt und dem Wohnungsinhaber dann das Mietverhältnis größere Sicherheit verspricht (§§ 571ff. BGB, §§ 57, 57a, 57c ZVG). Die sich ergebende Rechtslage ist wie folgt zu beurteilen: 24

Sicher ist, daß das Dauerwohnrecht nicht nach Art einer Hypothek zur Sicherung von Ansprüchen aus einem Mietverhältnis dienen kann (so zutr. für das Verhältnis von Mietvertrag und beschränkter persönlicher Dienstbarkeit i. S. der §§ 1090, 1093 BGH BB 68, 767; OLG Hamm Rpfleger 57, 251 mit Anm. Haegele). Man wird vielmehr davon ausgehen müssen, daß, wenn nebeneinander ein Dauerwohnrecht bestellt und ein Mietvertrag geschlossen ist, die Erfüllung der aus dem Mietvertrag entspringenden Verpflichtungen zur Überlassung des Mietbesitzes objektiv unmöglich ist, solange das Dauerwohnrecht besteht und der Besitz und die Nutzung der Räume dem Berechtigten bereits auf Grund des dinglichen Dauerwohnrechts überlassen ist; es liegt also ein Fall vor, der in gewisser Weise dem Kauf einer eigenen Sache vergleichbar ist, jedoch nur für die Zeit, für welche das dingliche Benutzungsrecht besteht. Für diese Zeit und insoweit vermag das Mietverhältnis keine Wirkungen zu entfalten, weil die vertragliche Verpflichtung auf eine von Anfang an unmögliche Leistung gerichtet ist (§ 306 BGB). Jedoch hat 25 dies keineswegs die endgültige Nichtigkeit des Mietvertrags zur Folge, weil anzunehmen ist, daß ein solches Mietverhältnis jedenfalls auch für den Fall geschlossen ist, daß die Unmöglichkeit der Leistung durch Erlöschen des Dauerwohnrechts wegfällt (§ 308 Abs. 1 BGB), ein Fall der insbes. eintreten kann, wenn das Dauerwohnrecht in der Zwangsversteigerung erlischt.

26 Für diesen Fall (wie auch für sonstige Fälle der nachträglichen Veräußerung des Grundstücks) kann dann allerdings zweifelhaft sein, ob der Ersteher oder sonstige Erwerber **in das Mietverhältnis eintreten** muß. Die Frage war für die unter Mieterschutz stehenden Mietverhältnisse ohne weiteres zu bejahen (§ 1 Abs. 4 MSchG), weil es hier nicht auf die Überlassung des Mitbesitzers ankam. Bei mieterschutzfreien Mietverhältnissen kann allerdings im Hinblick auf § 571 BGB (in Verb. mit § 57 ZVG) in bezug auf das Erfordernis der Überlassung des Mietbesitzes Zweifel bestehen; man wird es aber für ausreichend ansehen können und müssen, daß der Mieter sich jedenfalls im Besitz der den Gegenstand des Mietvertrags bildenden Sache befindet und die Überlassung des Besitzes aufgrund des Dauerwohnrechts zugleich eine bedingte Überlassung des Mietgebrauchs i. S. des § 571 Abs. 1 BGB darstellt. Auch die Rspr. scheint diese Auffassung zu teilen (vgl. LG München BBauBl. 54, 273; ähnlich die soweit ersichtlich nicht veröffentlichte Entscheidung des BGH V ZR 112/53 vom 21. 12. 54); dieser Auffassung ist auch deshalb zuzustimmen, weil die Rechtsstellung des Mieters nicht durch die zusätzliche Sicherung, die er sich in Gestalt des Dauerwohnrechts hat verschaffen wollen, verschlechtert werden darf. Insbes. muß also der Ersteher trotz des Erlöschens des Dauerwohnrechts in den bedingt geschlossenen Mietvertrag eintreten (§§ 57ff. ZVG, § 571 BGB); ob er kündigen kann, hängt von den Voraussetzungen der Kündigung nach §§ 556a ff. BGB, §§ 57a ff. ZVG (Baukostenzuschuß) ab. Ohne weiteres ist allerdings sicher die Bestellung des Dauerwohnrechts nicht als Vereinbarung eines bedingten Mietvertrages anzusehen (so zutr. LG Kassel DWW 55, 221; vgl. auch Roquette NJW 57, 525, allerdings zu § 1093 BGB; OLG Hamm Rpfleger 57, 251 = DNotZ 57, 314). Hat umgekehrt der Grundstückseigentümer in einem Mietvertrag als Nebenverpflichtung die Verpflichtung übernommen, dem Mieter ein Dauerwohnrecht einzuräumen, so geht nach BGH NJW 1978, 2264 diese Verpflichtung – weil vom gesetzgeberischen Grundgedanken von § 21 Abs. 4 KO, § 57 ZVG, §§ 571ff. BGB nicht gedeckt – nicht mit der Veräußerung des Grundstucks – in casu durch den Konkursverwalter nach § 21 KO – auf den Erwerber über.

VII. Wohnungseigentum oder Dauerwohnrecht?

27 **1.** Bei der Planung eines Bauvorhabens werden sich die Beteiligten auch über die rechtliche Form schlüssig werden müssen. Dabei kann auch die Frage auftreten, ob die Rechtsform des Wohnungseigentums oder die des Dauerwohnrechts zu wählen ist. Diese Frage ist eindeutig zugunsten des Dauerwohnrechts zu entscheiden, wenn Rechtsbeziehungen lediglich auf bestimmte Zeit nach Art eines Mietvertrages in Aussicht genommen sind, wenn es sich also um Vertragsbeziehungen im Sinne des mietähnlichen Dauerwohnrechts (oben Rdn. 6) handelt. Andererseits kann aber, da das Dauerwohnrecht zwar gegenüber dem Wohnungseigentum ein schwächeres Recht ist, aber immerhin eine dingliche Rechtsstellung gewährt, ein im Hinblick auf § 313 BGB formnichtiges Versprechen auf Einräumung von Wohnungseigentum (im Rahmen des Aufbauvertrages über ein kriegszerstörtes Grundstück) gem. § 140 BGB in einen Anspruch auf Verschaffung eines Dauerwohnrechts umgedeutet werden (so zutr. BGH NJW 63, 339).

2. Ist eine auf Dauer berechnete Beziehung des Wohnungsinhabers zu der Wohnung und dem Grundstück beabsichtigt, so stehen das Wohnungseigentum und das eigentumsähnliche Dauerwohnrecht (oben Rdn. 6ff.) zur Wahl. Da das Dauerwohnrecht auch in dieser Ausgestaltung nur „wirtschaftliches" und nicht rechtliches Eigentum gewähren kann, werden sich die Beteiligten im Zweifel, wenn nicht besondere Gründe für das Dauerwohnrecht sprechen, für das Wohnungseigentum entscheiden. Sie haben dann das unmittelbare Eigentum am Grundstück, das auch mit Grundpfandrechten belastet werden und als Kreditunterlage dienen kann, sie haben im Rahmen des Sondereigentums ein Recht auf unmittelbaren Zugriff auf die Substanz, Rechte, die das Dauerwohnrecht nicht gewähren kann. Was die Sicherheit der Rechtsstellung anlangt, so wird (insbesondere von Diester, Eigentumsgedanke S. 92ff.) darauf hingewiesen, daß der Dauerwohnberechtigte, falls nicht eine das Fortbestehen nach § 39 WEG sichernde Vereinbarung zustande kommt, im Falle der Zwangsversteigerung durch vorgehende Realgläubiger aufs höchste gefährdet sei. Dies trifft sicherlich zu; es wäre aber ein Irrtum anzunehmen, daß ein Wohnungseigentümer im Falle der Gesamtbelastung weniger gefährdet wäre, denn es ist unausweichlich, daß der Eigentümer – mag er nun der rechtliche oder der wirtschaftliche Eigentümer sein – im Rang hinter den Grundpfandgläubigern rangiert. Auch Vereinbarungen nach § 39 WEG können also, wenn das Dauerwohnrecht zum wirtschaftlichen Eigentum ausgestaltet wird, dem Dauerwohnberechtigten dieses Risiko nicht abnehmen, sondern es nur, wie Rdn. 17 zu § 39 erörtert, einschränken. 28

VIII. Preisrechtliche Fragen

Wegen der nahen wirtschaftlichen Verwandtschaft des Dauerwohnrechts mit der Miete hat man bei der Beantwortung der Frage, ob und inwieweit die preisrechtlichen Vorschriften für die Miete bei bestehendem Dauerwohnrecht anwendbar sind, von folgenden Gesichtspunkten auszugehen: 29

1. Stellt das Dauerwohnrecht wirtschaftlich i. S. der Ausführungen oben Rdn. 6 den **Ersatz für ein Mietverhältnis** dar und wird das Entgelt auch nach Art einer Miete berechnet, so ist streitig, ob die mietpreisrechtlichen Vorschriften für die Miete entsprechend anzuwenden sind. Der BGH hat in ausführlicher Auseinandersetzung mit der Gegenmeinung in BGHZ 52, 243 entschieden, daß der Vertrag über die Bestellung eines DWR gegen Entgelt in jedem Falle ein Kaufvertrag (Rechtskauf) ist und daß das auf Grund der Bestellung eines DWR gegen Entgelt entstehende Nutzungsverhältnis nicht ein „den Miet- oder Pachtverhältnissen ähnliches Nutzungsverhältnis" i. S.

des § 33 des Ersten BMietG und anderer mietpreisrechtlicher Vorschriften sein könne, und demgemäß insbes. auch die Anwendbarkeit der §§ 18 ff. des Ersten BMietG über die Durchsetzung von Mieterhöhungen abgelehnt. Die Frage dürfte damit (entgegen der in der 2. Auflage vertretenen Auffassung) entschieden sein, was für Berlin noch von Bedeutung sein kann. Das Gesetz zur Regelung der Miethöhe vom 18. 12 1974 (BGBl. I S. 2221) mit späteren Änderungen ist keinesfalls anwendbar.

2. Mietrechtliche Grundsätze finden sicher dann keine Anwendung, wenn das Dauerwohnrecht i. S. der Ausführungen oben Rdn. 7 zu einem **das Eigentum vertretenden Recht** ausgebildet ist und der Dauerwohnberechtigte wirtschaftlich einem Eigentümer gleichsteht. Die Gesichtspunkte, die für die Berechnung der Kostenmiete und die Kontrolle von Mieten maßgebend sind, können hier keinesfalls durchgreifen (vgl. die entsprechende Regelung in § 31 des 1. WBG).

§ 31 Begriffsbestimmungen

(1) **Ein Grundstück kann in der Weise belastet werden, daß derjenige, zu dessen Gunsten die Belastung erfolgt, berechtigt ist, unter Ausschluß des Eigentümers eine bestimmte Wohnung in einem auf dem Grundstück errichteten oder zu errichtenden Gebäude zu bewohnen oder in anderer Weise zu nutzen (Dauerwohnrecht). Das Dauerwohnrecht kann auf einen außerhalb des Gebäudes liegenden Teil des Grundstücks erstreckt werden, sofern die Wohnung wirtschaftlich die Hauptsache bleibt.**

(2) **Ein Grundstück kann in der Weise belastet werden, daß derjenige, zu dessen Gunsten die Belastung erfolgt, berechtigt ist, unter Ausschluß des Eigentümers nicht zu Wohnzwecken dienende bestimmte Räume in einem auf dem Grundstück errichteten oder zu errichtenden Gebäude zu nutzen (Dauernutzungsrecht).**

(3) **Für das Dauernutzungsrecht gelten die Vorschriften über das Dauerwohnrecht entsprechend.**

I. Begriffsbestimmung

1 **Die Begriffsbestimmung des Dauerwohnrechts (Dauernutzungsrechts)** in den Abs. 1 und 2 lehnt sich weitgehend wörtlich an die Begriffsbestimmung für das dingliche Wohnungsrecht (§§ 1093, 1090 BGB) an. Es ist ein dienstbarkeitsartiges, vererbliches und veräußerliches Recht an einem Grundstück und hat zum Inhalt, daß derjenige, zu dessen Gunsten es bestellt wird, berechtigt ist, *„unter Ausschluß des Eigentümers“* (d. h. nicht nur neben dem Eigentümer; vgl. aber unten Rdn. 7) eine Wohnung in dem Gebäude (zum Begriffe „Gebäude“ vgl. LG Frankfurt NJW 71, 759) zu bewohnen oder in anderer Weise zu nutzen. Es handelt sich also nicht nur um ein Recht zur „Benutzung“ (so aber unrichtig Palandt-Bassenge § 31 Rn 1), sondern um das Recht zur *Fruchtziehung im weitesten Sinn* (so auch Bärmann-Pick-

Merle § 31 Rdn. 5), daher fällt darunter namentlich auch das Recht, die Rechtsfrüchte zu ziehen, insbesondere also die betreffenden Gebäudeteile zu vermieten oder zu verpachten (vgl. hierzu § 37 sowie die zum dinglichen Wohnrecht ergangene Entscheidung des BGH, BGHZ 59, 51); soweit das DWR auf einen außerhalb des Gebäudes liegenden Teil des Grundstücks erstreckt ist, auch das Recht, die Sachfrüchte zu ziehen; der Umfang der Nutzung kann allerdings eingeschränkt werden (vgl. § 33 Rdn. 12). Bezieht sich das Nutzungsrecht auf nicht zu Wohnzwecken dienende Räume, so wird es als **Dauernutzungsrecht** bezeichnet; rechtliche Unterschiede bestehen ebensowenig wie zwischen Wohnungseigentum und Teileigentum (vgl. Abs. 3). Eine Verwechslung dieses dinglichen Rechts mit dem schuldrechtlichen sog. „Dauernutzungsvertrag“ der gemeinnützigen Wohnungsunternehmen – d. h. dem mit der Mitgliedschaft bei einer Genossenschaft gekoppelten Mietvertrag – ist nicht eingetreten, auch bei der Verschiedenheit der beiden Rechtsgestaltungen kaum möglich. Die Möglichkeit einer Verwechselung mit dem Dauerwohnrecht des „Wohnbesitzes“ ist mit der Aufebung der einschlägigen Vorschriften (Vor § 1 Rdn. 95) entfallen. Wegen des Begriffs *„Wohnung“* und der für die Unterscheidung maßgeblichen Gesichtspunkte kann auf § 1 Rdn. 37ff. Bezug genommen werden. Entsprechend der für das Wohnungseigentum getroffenen Regelung kann auch das Dauerwohnrecht *an erst zu errichtenden Gebäuden* bestellt werden (vgl. hierzu § 3 Rdn. 67); ein Anspruch auf Errichtung der den Gegenstand des DWR bildenden Gebäudeteile als „dinglicher Inhalt des Rechtes eo ipso“ ist daraus – entgegen Bärmann-Pick-Merle § 31 Rdn. 39 – nicht abzuleiten (vgl. auch unten Rdn. 4f.). Das DWR kann auch an einem Gebäude im ganzen (vgl. BGHZ 27, 158), das Dauernutzungsrecht kann auch an einem einzelnen Raum bestellt werden (LG Münster, DNotZ 53, 148, mit Anm. Hoche = MDR 53, 175 = BBaubl. 54, 225). Dauerwohnrecht und Dauernutzungsrecht können als Einheit bestellt und eingetragen werdem: BayObLG 1960, 231 = MDR 60, 927 = DNotZ 60, 596 = NJW 60, 2100. Vgl. auch Rdn. 13 vor § 31. Bestellung auch an einem **unterirdischen Bauwerk** (U-Bahnhof) ist möglich (LG Frankfurt NJW 71, 759). Auch ein **Wohnungseigentum** (§ 3 Rdn. 115, BGH Rpfleger 1979, 58; BGH DB 1979, 545), ein Erbbaurecht (so ausdrücklich § 42) und ein Wohnungserbbaurecht (§ 42 Rdn. 1) können mit einem Dauerwohnrecht belastet werden, nicht dagegen ein schlichter Bruchteils-Miteigentumsanteil (§ 3 Rdn. 115) oder ein Nießbrauch.

Das Dauerwohnrecht kann **auf einen außerhalb des Gebäudes liegenden** 2
Teil des Grundstücks erstreckt werden, sofern die Wohnung wirtschaftlich die Hauptsache bleibt (ähnlich § 1 Abs. 2 der ErbbVO; ebenso für das Wohnrecht nach § 1093 BGB SchlHOLG SchHAnz 66, 67; BayObLGE 1985, 31). Die Einschränkung ist gemacht, um zu verhüten, daß das Dauerwohnrecht etwa zu einer Art Erbpachtrecht entwickelt wird. Durch die Erstreckung auf einen nicht bebauten Teil des Grundstücks wird das Dauerwohnrecht zu einem in seinem Inhalt dem Nießbrauch entsprechenden dinglichen Recht auf Nutzung (z. B. in bezug auf einen Hausgarten u. dgl.); der Berechtigte hat dann ein dinglich wirkendes Fruchtziehungsrecht im Sinne des § 954 BGB (z. B. in bezug auf die Früchte eines seiner Nutzung unterliegenden Obstbaumes) entsprechend der Rechtsstellung eines Nießbrauchers.

Zum Verhältnis zwischen dem Dauerwohnberechtigten und dem Grundstückseigentümer vgl. des näheren die Erl. zu § 33.

3 Auf einen in den Räumen geführten **Gewerbebetrieb** kann das Dauernutzungsrecht nicht erstreckt werden (also keine Analogie zur Rechtspacht). Zweifelhaft erscheint mangels ausdrücklicher Regelung, ob das DWR oder Dauernutzungsrecht auch Grundstückszubehör erfaßt; die Frage – wird in sinngemäßer Anwendung des § 1093 Abs. 1, § 1031 BGB bejaht werden können (ebenso Bärmann-Pick-Merle § 31 Rdn. 27).

II. Begründung und Aufhebung

4 Das Dauerwohnrecht ist eine **Belastung des Grundstücks im Sinne der §§ 873 ff. BGB** und unterliegt daher den allgemein für Rechte an Grundstükken geltenden Vorschriften Da es eine Grundstücksbelastung ist, kann es an Gebäuden, die nicht wesentlicher Bestandteil des Grundstücks sind, nicht bestellt werden (so zutreffend LG Münster, DNotZ 53, 148). Vgl. im übrigen auch Vorbem. vor § 31 Rdn. 3. **Gutgläubiger Erwerb** des DWR ist möglich (§ 892 BGB), sei es, daß der im Grundbuch Eingetragene, der das DWR bestellt, in Wirklichkeit nicht Eigentümer des Grundstücks ist, sei es, daß im Falle der Veräußerung der im Grundbuch Eingetragene nicht der Berechtigte des DWR ist.

5 **1. Zur Begründung** ist Einigung und Eintragung erforderlich, ebenso zur Veräußerung. Für die Eintragung gelten die allgemeinen Grundbuchvorschriften; vgl. im übrigen § 32. Die Einigung ist formfrei; zur Eintragung im Grundbuch genügt die Eintragungsbewilligung des betroffenen Eigentümers (§ 29 GBO). Das Dauerwohnrecht unterliegt weiter den *Rangvorschriften* (§§ 879 ff. BGB; vgl. § 39), es gelten auch die Vorschriften über den *guten Glauben* (§§ 892, 893 BGB).

6 **2.** Die Frage, ob die Belastung **mehrerer Grundstücke** oder Erbbaurechte mit einem **einheitlichen Dauerwohnrecht** als „Gesamtbelastung" zulässig ist, ist bejaht von LG Hildesheim, NJW 60, 49. Die Zulässigkeit einer solchen Gesamtbelastung ist grundsätzlich ebenso zu beurteilen wie die entsprechende Frage beim Erbbaurecht (vgl. dazu § 30 Rdn. 12a). In der Sache kann es sich nur darum handeln, daß die verschiedenen Grundstücke je mit einem DWR oder Dauernutzungsrecht belastet werden und dann die den Gegenstand der Rechte bildenden Räume einheitlich, z. B. zum Betrieb eines Warenhauses, genutzt werden. Keine Bedenken bestehen jedenfalls dann, wenn die den Gegenstand der verschiedenen Dauerwohnrechte bildenden Räume auf den verschiedenen Grundstücken jeweils in sich abgeschlossen sind i. S. des § 32 Abs. 1; Zweifel können dann bestehen, wenn zwar die Gesamtheit der den Gegenstand des Dauerwohnrechts bildenden Räume in sich abgeschlossen ist, die Abgeschlossenheit für die einzelnen auf den verschiedenen Grundstücken liegenden Teile aber nicht gegeben ist; dem Sinn des Gesetzes wird es entsprechen, auch für den letzteren Fall die Bestellung des Dauerwohnrechts zuzulassen; dabei ist zu berücksichtigen, daß die Abgeschlossenheit nicht ein zwingendes, sondern lediglich ein Sollerfordernis ist und überdies nur gegenüber „fremden" Räumen gegeben sein soll (§ 3 Rdn. 54 ff.; § 32 Rdn. 2).

3. Das Dauerwohnrecht kann auch **für mehrere bestellt** werden oder mehreren zustehen. Das ist unzweifelhaft für eine Mitberechtigung nach Bruchteilen oder zur gesamten Hand. Im Falle einer Mitberechtigung nach Bruchteilen stehen die Berechtigten in einer Rechtsgemeinschaft i. S. der §§ 741 ff. BGB, sie können im Wege einer Gebrauchsregelung nach § 746 BGB untereinander und mit Wirkung für den Sondernachfolger regeln, welcher Teilhaber zu welcher Zeit den tatsächlichen Gehrauch der Wohnung (z. B. einer Ferienwohnung) haben soll. Wird ein Dauerwohnrecht für mehrere Personen, insbesondere für Ehegatten oder Geschwister an denselben Räumen je für deren Lebensdauer bestellt (dazu § 33 Rdn. 3), so werden darunter in der Regel, wie das BayObLG (BayObLG 1954, 322) für ein dingliches Wohnungsrecht i. S. des § 1093 mit Recht angenommen hat, mehrere Selbständige gleichrangige Wohnungsrechte für die genannten Berechtigten gemeint sein, die sich gegenseitig beschränken; die Zulässigkeit ist (entgegen Bärmann-Pick-Merle § 31 Rdn. 26) nicht in Zweifel zu ziehen. Ein Gemeinschaftsverhältnis i. S. des § 47 GBO liegt dann zwischen den Berechtigten nicht vor. Trotzdem können in einem solchen Falle die Eintragungen aus Vereinfachungsgründen unter einer laufenden Nummer im Grundbuch zusammengefaßt werden (so gleichfalls BayObLG 54, 322; ebenso OLG Oldenburg DNotZ 57, 317 mit Anmerkung Saage). Als bloßes Mitbenutzungsrecht neben dem Eigentümer kann das DWR nicht bestellt werden (oben Rdn. 1); doch kann ein entsprechender Zustand dadurch erreicht werden, daß der Eigentümer ein DWR für sich selbst (Vorb. vor § 31 Rdn. 3) im Gleichrang mit dem DWR zugunsten des Dritten bestellt. Ergeben sich aus dem Zusammentreffen der Rechte Schwierigkeiten, so kann eine Regelung entsprechend §§ 1060, 1024 BGB erreicht werden 7

4. Zweifelhaft erscheint, ob ein Dauerwohnrecht **für mehrere Personen als „Gesamtgläubiger"** i. S. des § 428 BGB bestellt werden kann. Die Frage ist vom BGH (BGHZ 46, 253 = NJW 67, 627 = DNotZ 67, 183 mit Anmerkung Faßbender) für den entsprechenden Fall der Bestellung eines dinglichen Wohnungsrechts unter ausführlicher Auseinandersetzung mit den Gegenmeinungen bejaht worden. Diese Auffassung, die für den entsprechenden Fall der Grunddienstbarkeit auch vom BayObLG (NJW 66, 56) geteilt wird, wird für die Praxis auch in bezug auf Dauerwohnrechte bestimmend sein. Gleichwohl bestehen gegen sie erhebliche Bedenken: eine der Gesamtgläubigerstellung entsprechende Rechtsstellung ist durchaus vorstellbar bei Befriedigungsrechten, insbesondere bei Hypotheken- und Grundschulden (so auch BGHZ 29, 363), keinesfalls kann das aber für das Verhältnis mehrerer dinglich Nutzungsberechtigter untereinander gelten; wird das dingliche Wohnungsrecht oder Dauerwohnrecht gleichzeitig zugunsten mehrerer Personen begründet, so beschränken diese Personen sich gegenseitig in dem Gebrauch, sind aber nicht Gesamtgläubiger in dem Sinne, daß ein (in Wahrheit gar nicht vorhandener) Schuldner sich durch Leistung an einen von mehreren Berechtigten auch im Verhältnis zu den übrigen von seiner Verpflichtung (die es nicht gibt) befreien könnte. Es ist deshalb an der Auffassung des BayObLG gem. der Entsch-. BayObLG 1954, 322 festzuhalten (kritisch zu BGHZ 46, 253 auch Reinicke JZ 67, 414; ablehnend mit guter Begründung Wölki, Rpfleger 68, 208 ff.). 8

9 **5.** Zur **Aufhebung des DWR** ist erforderlich die einseitige Auflhebungserklärung des Berechtigten und Eintragung in das Grundbuch (§ 875 BGB). Der Zustimmung des Eigentümers bedarf es im allgemeinen nicht; anders ist die Frage aber wohl zu beurteilen, wenn als Inhalt des DWR ein *Heimfallanspuch* vereinbart ist (§ 36 WEG); in diesem Falle muß man wohl annehmen, daß der Berechtigte sich insoweit seiner Verfügungsbefugnis begeben hat; auch die Berücksichtigung der Interessen des Eigentümers, dem bei Erlöschen des DWR die Möglichkeit eines Erwerbs durch Heimfall genommen wäre und die Rangstelle des DWR verlorenginge, sprechen für diese Lösung (ebenso Bärmann-Pick-Merle § 31 Rdn. 95; beim ErbbauR kann die Frage wegen § 26 ErbbVO nicht auftreten).

10 Das DWR **erlischt nicht durch die Zerstörung** des Gebäudes; dies ist für das dingliche Wohnungsrecht des § 1093 BGB in der Rspr. anerkannt (BGHZ 7, 271; 8, 58), auch das WEG selbst geht, wie § 33 Abs. 4 Nr. 4 zeigt, hiervon aus. Ein Anspruch auf Wiederaufbau ergibt sich (entgegen Bärmann-Pick-Merle § 31 Rdn. 39) nicht ohne weiteres aus dem DWR, er kann aber gem. § 33 Abs. 4 Nrn. 2, 4 durch Vereinbarung begründet und zum Inhalt des DWR gemacht werden (ebenso Palandt-Bassenge § 33 Rn 5).

11 **6.** An einem DWR kann, da es ein übertragbares Recht ist (§ 33 Abs. 1), ein **Pfandrecht** (§§ 1273, 1274 Abs. 2) und ein **Nießbrauch** (§§ 1068, 1069 Abs. 2) bestellt werden. Mit einem Grundpfandrecht kann das DWR, da es kein grundstücksgleiches Recht ist, nicht belastet werden.

III. Das Dauerwohnrecht in der Zwangsvollstreckung

12 **1. Das Dauerwohnrecht** ist ein veräußerliches Vermögensrecht, das der Zwangsvollstreckung nach **§857 ZPO** unterliegt. Die Pfändung bedarf entsprechend § 857 Abs. 6 i. V. mit § 830 ZPO (KG NJW 1968, 1882) zur Wirksamkeit der Eintragung in das Grundbuch (vgl. Weitnauer, DNotZ 51, 497; ebenso Bärmann-Pick-Merle § 31 Rdn. 103). Die Verwertung erfolgt in entsprechender Anwendung des § 844 ZPO, also in der Regel durch freihändige Veräußerung oder Versteigerung (vgl. Baumbach-Lauterbach, § 857 Rn 14). Dabei ist zu beachten, daß der Erwerber des Dauerwohnrechts nicht nur in die Rechte, sondern auch in die Verpflichtungen seines Rechtsvorgängers eintritt (§ 38), insbesondere also auch von dem Augenblick des Erwerbs an in die mit dem Dauerwohnrecht verbundenen Verpflichtungen einschließlich der Verpflichtung zur Leistung des Entgelts. Für den Fall der Vermietung vgl. § 37 Abs. 3 Satz 2. Die Miet- oder Pachtzinsen für die im DWR stehenden Räume können nur im Wege der Forderungspfändung erfaßt werden; eine der Zwangsverwaltung entsprechende Form der Zwangsvollstrekkung gibt es hier nicht.

13 **2.** Ist das Dauerwohnrecht, was in der Regel zutreffen wird, gegen Entgelt bestellt, so unterliegt auch **der Anspruch auf das Entgelt** der Zwangsvollstreckung, und zwar grundsätzlich nach den für die Forderungspfändung geltenden Vorschriften. Hiervon besteht eine Ausnahme: **§40 Abs. 1 Satz 1** bestimmt, daß der Anspruch auf das Entgelt in bestimmtem Umfang für die Belastungen des Grundstücks in gleicher Weise haftet wie eine Mietzinsfor-

derung; daraus folgt, daß in den Anspruch nach Grundsätzen der Mobiliarvollstreckung nur solange vollstreckt werden kann, als nicht die Beschlagnahme im Wege der Zwangsvollstreckung ist das unbewegliche Vermögen erfolgt ist, also die Zwangsverwaltung angeordnet ist (§§ 1123, 1124 BGB, § 865 ZPO, §§ 148, 21 ZVG).

§ 32 Voraussetzungen der Eintragung

(1) **Das Dauerwohnrecht soll nur bestellt werden, wenn die Wohnung in sich abgeschlossen ist. § 3 Abs. 3 gilt ensprechend.**

(2) **Zur näheren Bezeichnung des Gegenstandes und des Inhalts des Dauerwohnrechts kann auf die Eintragungsbewilligung Bezug genommen werden. Der Eintragungsbewilligung sind als Anlagen beizufügen:**

1. **eine von der Baubehörde mit Unterschrift und Siegel oder Stempel versehene Bauzeichnung, aus der die Aufteilung des Gebäudes sowie die Lage und Größe der dem Dauerwohnrecht unterliegenden Gebäude- und Grundstücksteile ersichtlich ist (Aufteilungsplan); alle zu demselben Dauerwohnrecht gehörenden Einzelräume sind mit der jeweils gleichen Nummer zu kennzeichnen;**
2. **eine Bescheinigung der Baubehörde, daß die Voraussetzungen des Absatzes 1 vorliegen.**

Wenn in der Eintragungsbewilligung für die einzelnen Dauerwohnrechte Nummern angegeben werden, sollen sie mit denen des Aufteilungsplans übereinstimmen.

(3) **Das Grundbuchamt soll die Eintragung des Dauerwohnrechts ablehnen, wenn über die in § 33 Abs. 4 Nrn. 1 bis 4 bezeichneten Angelegenheiten, über die Voraussetzungen des Heimfallanspruchs (§ 36 Abs. 1) und über die Entschädigung beim Heimfall (§ 36 Abs. 4) keine Vereinbarungen getroffen sind.**

§ 32, dessen Überschrift insofern nicht ganz zutrifft, als in Abs. 1 auch 1
eine materielle Vorschrift enthalten ist, entspricht in den Abs. 1, 2 fast wörtlich den Vorschriften über das Wohnungseigentum (§ 3 Abs. 2, § 7 Abs. 3, 4). Er behandelt in den Absätzen 2 und 3 die – neben der Einigung (§ 31 Rdn. 5) – zur Entstehung des DWR erforderliche Eintragung in das Grundbuch. Abs 2 ist durch die Novelle vom 30. 7. 1973 durch einen neuen Halbsatz in Nr. 1 und einen Satz 2 ergänzt worden. Die Regelung entspricht wörtlich der gleichen Änderung des § 7 Abs. 4, vgl. unten Rdn. 6. Die Eintragung erfolgt in Abt. II des Grundbuchs (§ 10 GBV).

1. Abgeschlossenheit (Abs. 1) gegenüber „fremden" Räumen (dazu LG 2
München I Rpfleger 1973, 141) wird für das Dauerwohnrecht in gleicher Weise und aus den gleichen Gründen verlangt, wie für das Wohnungseigentum; vgl. hierzu Rdn. 7ff. zu § 3. Der Nachweis der Abgeschlossenheit ist durch eine **Bescheinigung der Baubehörde** zu erbringen (Abs. 2 Satz 2 Nr. 2); Voraussetzungen, Form und Inhalt der Bescheinigung waren zu-

nächst durch die auf Grund des § 59 WEG erlassenen, „Richtlinien" (Anhang III 1a) und sind nunmehr durch die „Allgemeine Verwaltungsvorschrift" (Anhang III 1b) geregelt, die am 1. 4. 1974 in Kraft getreten ist. Im einzelnen vgl. § 3 Rdn 48ff., § 7 Rdn. 14, § 59 Rdn. 2. Eine eigene Prüfungspflicht hat das Grundbuchamt nicht (LG Frankfurt NJW 71, 759). Die Rechtswirksamkeit der Bestellung eines Dauerwohnrechts kann, da Abs. 1 (ebenso wie § 3 Abs. 2) eine Sollvorschrift ist, nach der Eintragung in das Grundbuch nicht mehr aus dem Grund in Zweifel gezogen werden, daß das Erfordernis der Abgeschlossenheit nicht erfüllt sei.

3 **2. Eintragungsbewilligung und Eintragung.** Grundbuchrechtlich genügt zur Eintragung in das Grundbuch neben dem Antrag (§ 13) die Eintragungsbewilligung des Betroffenen (§ 19 GBO); Besonderheiten gegenüber anderen dinglichen Rechten bestehen insoweit nicht. Die Eintragungsbewilligung bedarf der in § 29 GBO vorgeschriebenen Form; sie muß also durch öffentliche oder öffentlich beglaubigte Urkunde nachgewiesen werden. Wegen der öffentlichen Beurkundung vgl. die Vorschriften des Beurkundungsgesetzes, insbes dessen § 6ff., wegen der öffentlichen Beglaubigung § 129 BGB in Verbindung mit § 40 BeurkG. Zur Beurkundung oder Beglaubigung sind im ganzen Bundesgebiet die Notare, daneben auch andere Stellen zuständig (vgl. dazu die Kommentare zu § 29 GBO).

4 a) **Bezugnahme auf die Eintragungsbewilligung (Abs. 2 Satz 1).** Die Vorschrift entspricht dem § 7 Abs. 3 und ergänzt den § 874 BGB. Das, was zulässigerweise in Bezug genommen wird, gilt als im Grundbuch eingetragen (RGZ 113, 229). Ist eine Veräußerungsbeschränkung gemäß § 35 vereinbart, so wird es sich jedenfalls empfehlen, hierauf in der Eintragung hinzuweisen (wegen der hieran sich knüpfenden Fragen vgl. § 7 Rdn. 32, §12 Rdn. 7). Die Eintragung eines Dauerwohnrechts könnte also etwa folgenden **Wortlaut** haben (vgl. auch § 35 Rdn. 2, § 39 Rdn. 13):

> „Dauerwohnrecht für den Kaufmann Fritz Müller in Waslingen an der Wohnung Nr. 1 des Aufteilungsplans. Der Dauerwohnberechtigte bedarf zur Veräußerung des Dauerwohnrechts der Zustimmung des Grundstückseigentümers. Über das Fortbestehen im Falle der Zwangsversteigerung ist eine Vereinbarung gemäß § 39 des Wohnungseigentumsgesetzes getroffen. Im Gleichrang mit den Dauerwohnrechten Abteilung II Nr. 2 bis 6 unter Bezugnahme auf die Eintragungsbewilligung vom 20. Juli 1951 hinsichtlich des Gegenstandes und des Inhalts des Dauerwohnrechts eingetragen am ..."

5 Ist das DWR aufschiebend oder auflösend **befristet** – eine Bedingung kommt nach § 33 Abs. 1 S. 2 nicht in Betracht so muß die Befristung in der Eintragung selbst zum Ausdruck gebracht werden, die Bezugnahme auf die Eintragungsbewilligung reicht nicht aus, nur hinsichtlich der näheren Kennzeichnung ist die Bezugnahme zulässig (Horber-Demharter, GBO, Anhang zu § 44 Rn 12ff., 26; OLG Köln DNotZ 1963, 48; BayObLG 73, 24; vgl. auch § 56 Abs. 2 GBV). Das Fehlen einer Befristung bedarf einer Erwähnung nicht, auch nicht im Hinblick auf § 41.

6 b) **Anlagen der Eintragungsbewilligung.** In fast wörtlicher Übereinstimmung mit § 7 Abs. 4 und aus den gleichen Erwägungen heraus verlangt

Abs. 2 Satz 2, daß der Eintragungsbewilligung als Anlagen beizufügen sind: **ein Aufteilungsplan** (vgl. hierzu § 7 Rdn. 11) und eine **Bescheinigung der Baubehörde** über die Abgeschlossenheit. Vgl. hierzu oben Rdn. 2. Abs. 2 Nr. 1, Halbsatz 2 und Satz 2 des Abs. 2 entsprechen wörtlich der Änderung des § 7 Abs. 4; auf die Erläuterungen dort wird Bezug genommen.

3. Inhaltsprüfung (Abs. 3). Die in Rdn. 5ff. vor § 31 näher erörterten 7
verschiedenartigen Anwendungsmöglichkeiten des Dauerwohnrechts lassen es als fast unmöglich, jedenfalls aber als unzweckmäßig erscheinen, den Inhalt des Rechts in Einzelheiten zu umschreiben. Man hätte, wie dies in einem früheren Entwurf des Gesetzes vorgesehen war, ähnlich wie in § 1093 BGB einen erheblichen Teil der Nießbrauchsvorschriften für entsprechend anwendbar erklären und damit ein gesetzliches Schuldverhältnis zwischen dem DW-Berechtigten und dem Eigentümer schaffen können. Dabei wäre es aber dann jedenfalls nötig geworden, abweichende Vereinbarungen zuzulassen, ein Weg, der Schwierigkeiten mit sich gebracht hätte (vgl. hierzu Planck Vorb. 6 vor § 1030; Wolff-Raiser § 117 III). Deshalb wurde in Anlehnung an die ErbbVO den Beteiligten die Möglichkeit eröffnet, die vertragliche Regelung über eine Reihe von Punkten zum Inhalt des Dauerwohnrechts zu machen. Anderseits mußte es aber erwünscht erscheinen, daß über die wesentlichen, den Inhalt des Rechts ausmachenden Fragen auch Vereinbarungen getroffen werden. Der *Zwang* hierzu wird durch Abs. 3 ausgeübt: Das Grundbuchamt soll die Eintragung des Dauerwohnrechts ablehnen, wenn über die in Abs. 3 im einzelnen aufgeführten Punkte Vereinbarungen nicht getroffen sind, wobei das Grundbuchamt nicht die erfolgte Einigung zu prüfen, sondern lediglich **die Eintragungsbewilligung** zugrunde zu legen hat; das Grundbuchamt hat also insoweit eine gewisse Prüfungspflicht. Darüber hinaus ist das Grundbuchamt weder berechtigt (so aber Bärmann-Pick-Merle § 32 Rdn. 15, 16) noch gar verpflichtet (so aber OLG Düsseldorf Rpfleger 1977, 446), den Nachweis des Zustandekommens der Vereinbarung in grundbuchmäßiger Form (§ 29 GBO) zu verlangen; eine solche Prüfung widerspricht dem formellen Konsensprinzip des Grundbuchrechts (§ 19 GBO) und wird nur in Ausnahmefällen von besonderer Bedeutung gefordert (§ 20 GBO); ein solcher liegt hier sicher nicht vor. Der Wortlaut des § 32 Abs. 3 i. V. mit § 33 Abs. 4 zwingt zu einer anderen Auslegung nicht. Wegen der in Betracht kommenden Fragen im einzelnen ist auf die Erläuterungen zu den §§ 33 und 36 zu verweisen. Ist über den **Heimfall (§ 36)** nichts bestimmt, so kann das Grundbuchamt davon ausgehen, daß ein solcher nicht vorgesehen ist (BayObLG NJW 1954, 959); nur wenn erkennbar ein Heimfall in Betracht kommt, kann und soll das Grundbuchamt gemäß § 32 Abs. 3 darauf drängen, daß über die „Voraussetzungen" zulässige Bestimmungen getroffen und als Inhalt des DWR eingetragen werden (so auch Staak SchlHAnz 1959, 140). Ist letzteres nicht geschehen, so tritt ein Erwerber in die rein schuldrechtliche Heimfallverpflichtung nicht ein (dazu 38 Rdn. 5; a. A. Hoche NJW 1954, 959 von anderem Ausgangspunkt aus; nicht widerspruchsfrei Palandt-Bassenge § 38 Rn 3).

Abs. 3 ist eine grundbuchrechtliche, also verfahrensrechtliche **Vor-** 8
schrift, und zwar eine Ordnungsvorschrift. Erfolgt trotz Fehlens einer nach

Abs. 3 verlangten Regelung die Eintragung, so ist die Bestellung des Dauerwohnrechts deshalb nicht ungültig. Für das Verhältnis der Beteiligten sind dann die schuldrechtlichen Abreden maßgebend; ein Erwerber tritt nach§ 38 in die schuldrechtlichen Verpflichtungen ein, jedoch **nur insoweit,** als es sich nicht um einen in § 32 Abs. 3 bezeichneten Punkt handelt, bezüglich dessen eine „verdinglichte" Regelung unterblieben ist (vgl. § 38 Rdn. 5).

9 Die Sollvorschrift des Abs. 3 steht im übrigen nicht in Widerspruch zur Regelung der §§ 33, 36, 39, 40, wonach bestimmte Vereinbarungen als Inhalt des Dauerwohnrechts getroffen werden „können"; denn dies sind materiell-rechtliche Bestimmungen, die eine Ausnahme vom Grundsatz der Bestimmtheit der Sachenrechte darstellen, während § 32 Abs. 3 lediglich mittelbar einen gewissen Zwang auf die Vertragschließenden dahin ausübt, Vereinbarungen zu den verlangten Punkten zu treffen. Dabei wird nicht verlangt werden können, daß eine *negative Entschließung* (z. B. dahin, daß der Dauerwohnberechtigte keine Lasten übernimmt) ihren ausdrücklichen Niederschlag findet; es genügt, wenn dieser Wille mit genügender Sicherheit aus dem Zusammenhang zu erkennen ist (so auch BayObLG NJW 54, 959, mit zust Anm. von Hoche, DNotZ 54, 391, betr. Fehlen einer Vereinbarung über den Heimfall). Unrichtig wäre es, mit Diester (§ 32 Rdn. 12; § 33 Rdn. 11) zu sagen, daß das Wort „können" als „müssen" zu lesen sei.

10 **4. Gebührenrechtliches.** a) Der *Geschäftswert* bei der Bestellung des DWR bestimmt sich nach § 24 KostO (vgl. hierzu Rohs-Wedewer KostO § 24 Rdn. 11ff., 17ff.), bei Dauerwohnrechten von unbeschränkter Dauer also nach dem 25fachen des Jahresbezugswertes. Für die Beurkundung gilt § 36 KostO; ist das Entgelt höher als der nach dem Vorstehenden ermittelte Wert, so ist dieser maßgebend (§ 39 Abs. 2 KostO). Vielfach wird man auch bei der Ermittlung des Bezugswerts (§ 24 KostO) von dem Wert des Entgelts ausgehen können, da dieser mindestens einen Anhalt für den objektiven Wert geben kann. Für Beglaubigungen gilt § 45 KostO.

11 b) Werden Erklärungen, die sowohl die Bestellung eines DWR wie Vereinbarungen über den Inhalt des Rechts zum Gegenstand haben, einheitlich *beurkundet oder beglaubigt,* so ist § 44 KostO (einheitlicher Gegenstand) anzuwenden. Bei der Eintragung ins Grundbuch, für die § 62 KostO gilt, ist die Eintragung der Inhaltsvereinbarungen gebührenfreies Nebengeschäft i. S. des § 35 KostO. Für die Eintragung nachträglicher Inhaltsänderungen gilt § 64 KostO, für Veräußerungsbeschränkungen § 65 KostO.

§ 33 Inhalt des Dauerwohnrechts

(1) **Das Dauerwohnrecht ist veräußerlich und vererblich. Es kann nicht unter einer Bedingung bestellt werden.**

(2) **Auf das Dauerwohnrecht sind, soweit nicht etwas anderes vereinbart ist, die Vorschriften des § 14 entsprechend anzuwenden.**

(3) **Der Berechtigte kann die zum gemeinschaftlichen Gebrauch bestimmten Teile, Anlagen und Einrichtungen des Gebäudes und Grundstücks mitbenutzen, soweit nichts anderes vereinbart ist.**

(4) **Als Inhalt des Dauerwohnrechts können Vereinbarungen getroffen werden über:**

1. **Art und Umfang der Nutzungen;**
2. **Instandhaltung und Instandsetzung der dem Dauerwohnrecht unterliegenden Gebäudeteile;**
3. **die Pflicht des Berechtigten zur Tragung öffentlicher oder privatrechtlicher Lasten des Grundstücks;**
4. **die Versicherung des Gebäudes und seinen Wiederaufbau im Falle der Zerstörung;**
5. **das Recht des Eigentümers, bei Vorliegen bestimmter Voraussetzungen Sicherheitsleistung zu verlangen.**

Der **Inhalt des Dauerwohnrechts** ist zunächst in § 31 umschrieben. Dar- 1
über hinaus gibt auch § 33 Vorschriften über den gesetzlichen oder durch Vereinbarung zu bestimmenden Inhalt dieses Rechts; weitere Vorschriften, die es gestatten, Vereinbarungen bestimmter Art zum „Inhalt" des DWR zu machen, sind in den § 35, 36, 39, 40, 41 enthalten. *Andere* als diese *Vereinbarungen* können nicht in solcher Weise verdinglicht werden; dies gilt insbesondere für Vereinbarungen über das Entgelt, soweit es nicht in der Übernahme von Lasten nach § 33 Abs 4 Nr. 2 besteht (vgl. Rdn. 14 vor § 31), ferner für Vereinbarungen des Inhalts, daß unter bestimmten Voraussetzungen ein Anspruch auf Umwandlung in Wohnungseigentum besteht. Die zulässigerweise zum Inhalt des DWR gemachten Vereinbarungen treten *an die Stelle des* bei den Dienstbarkeiten sonst bestehenden *„gesetzlichen Schuldverhältnisses"*. Sie sind – soweit sie nicht den Inhalt des dinglichen Rechts betreffen, wie im Falle des § 33 Abs. 4 Nr. 1 – ihrer Natur nach schuldrechtlich; „dinglich" sind sie nur insofern, als sie zwischen dem jeweiligen Berechtigten und den jeweiligen Eigentümer bestehen; für rein schuldrechtliche Abreden führt allerdings § 38 zu fast gleichen Ergebnissen.

I. Das Dauerwohnrecht ist vererblich und veräußerlich (Abs. 1)

Dadurch unterscheidet es sich grundsätzlich von dem dinglichen Woh- 2
nungsrecht nach § 1093 BGB und, was die Veräußerlichkeit anlangt, auch von der Miete (§§ 399, 549 BGB; h. M.). Für die **Veräußerung** gilt **§ 873 BGB**; erforderlich ist also Einigung über den Rechtsübergang und Eintragung in das Grundbuch. Das schuldrechtliche **Grundgeschäft** bedarf, wenn es, wie regelmäßig, ein Rechtskauf ist (vgl. Vor § 31 Rdn. 14), **keiner besonderen Form;** darauf bezieht sich wohl die Bemerkung bei Bärmann-Pick-Merle § 33 Rdn. 37. **Grundbuchmäßig** ist der Nachweis der Einigung nicht erforderlich, es genügt die Eintragungsbewilligung des Veräußerers (§ 19 GBO; § 20 GBO ist weder unmittelbar noch entsprechend anwendbar); doch führt die Eintragung im Grundbuch zur Übertragung des Rechts auf den Erwerber nur, wenn die Einigung vorliegt; daher kann ein Dritter

ein DWR so wenig wie eine Grundschuld ohne seinen Willen erwerben (unklar Bärmann-Pick-Merle § 33 Rdn. 37). Die Folgen der Veräußerung sind in den §§ 37 Abs. 3, 38 näher geregelt. Gegen die Veräußerung an einen ungeeigneten Erwerber kann sich der Eigentümer entweder durch eine vereinbarte Veräußerungsbeschränkung (§ 35) oder durch Vereinbarung eines Heimfallanspruchs für bestimmte Fälle (§ 36) schützen. Eine bedingte Übertragung ist möglich, Abs. 1 Satz 2 steht nicht entgegen.

II. Bedingungsfeindlichkeit

3 Das Dauerwohnrecht kann nicht unter einer **Bedingung,** wohl aber unter einer **Zeitbestimmung** (aufschiebend oder auflösend) bestellt werden (Abs. 1 Satz 2; vgl. § 41). Eine bestimmte Laufzeit ist nicht verlangt. Daher ist auch Bestellung auf Lebenszeit möglich. Es handelt sich dann (so auch bereits die 2. Auflage) um einen „dies certus an incertus quando", folglich um eine Befristung, nicht um eine (unzulässige – § 33 Abs. 1 Satz 2) Bedingung (so auch Erman-Hefermehl 163 BGB Anm. 1; Erman-Ganten § 33 WEG Rdn. 3; Westermann, Sachenrecht, 5. Aufl., § 68 II 3). Daß das Dauerwohnrecht ein vererbliches Recht ist, steht nicht entgegen; dadurch wird lediglich eine Möglichkeit eröffnet, nicht aber ein Zwang ausgeübt, das Dauerwohnrecht von der Dauer des Lebens des Berechtigten unabhängig zu machen (a. A. OLG Neustadt, NJW 61, 1974; dagegen mit Recht Diester NJW 63, 183 und Marschall DNotZ 62, 381; so jetzt auch Bärmann-Pick-Merle § 33 Rdn. 61; wie hier für den entsprechenden Fall beim Erbbaurecht OLG Celle Rpfleger 64, 213). Die Bestellung eines DWR zugunsten eines Ehegatten mit der Bestimmung, daß es nach dessen Vorversterben dem anderen zufallen soll (Fall von LG München MittBayNot 1954, 74), ist nicht möglich, weil die Bestellung zugunsten des zweiten Ehegatten unter der Bedingung seines Überlebens, also nicht nur aufschiebend befristet erfolgt (ebenso im Ergebnis Bärmann-Pick-Merle § 33 Rdn. 61). Das gewünschte Ziel kann aber auf dem in § 31 Rdn. 7 aufgezeigten Weg erreicht werden. Ungewisse Ereignisse können durch Vereinbarung eines Heimfallanspruchs (§ 36) berücksichtigt werden. Da das Dauerwohnrecht nicht von einer Bedingung abhängig gemacht werden kann, ist seine Bestellung nur abstrakt – ebenso wie die Übertragung des Eigentums an einem Grundstück – möglich. Fehlt ein schuldrechtliches Kausalverhältnis oder entfällt es nachträglich, so hat der Eigentümer lediglich einen Anspruch auf Aufhebung, allenfalls einen Heimfallanspruch, wenn ein solcher vereinbart ist. Der Bestand des Dauerwohnrechts wird hierdurch aber nicht berührt.

III. Pflicht zur Instandhaltung und zum schonenden Gebrauch (Abs. 2)

4 Durch Abs. 2 werden *vorbehaltlich einer abweichenden Vereinbarung,* die zum Inhalt des Dauerwohnrechts gemacht werden kann und, um gegenüber dem Sondernachfolger wirksam zu sein, gemacht werden muß, also der Eintragung in das Grundbuch bedarf, die Vorschriften des § 14 auf das Dauer-

wohnrecht übertragen; daraus folgt, wobei im übrigen auf die Erläuterungen zu § 14 Bezug genommen werden kann, daß dem Dauerwohnberechtigten gewisse – nachbarrechtlich begründete (vgl. auch Bärmann-Pick-Merle § 33 Rdn. 80) – Pflichten gegenüber dem Eigentümer und sonstigen Betroffenen auferlegt sind:

1. Der Dauerwohnberechtigte ist verpflichtet, die dem Dauerwohnrecht unterliegenden Gebäudeteile so **instandzuhalten,** daß dadurch keinem der anderen Dauerwohnberechtigten oder, wenn das Haus im übrigen vermietet oder vom Eigentümer genutzt wird, auch keiner dieser Personen über das bei einem geordneten Zusammenleben unvermeidliche Maß hinaus ein Nachteil erwächst. Damit ist also eine allerdings sehr begrenzte Instandhaltungs- und Instandsetzungspflicht zum gesetzlichen Inhalt des Dauerwohnrechts gemacht; darüber hinaus gestattet Abs. 4 Nr. 2 Vereinbarungen über die gleiche Frage. **5**

2. Der Dauerwohnberechtigte ist verpflichtet, von den dem Dauerwohnrecht unterliegenden Gebäudeteilen sowie den gemeinschaftlich benutzten Gebäudeteilen (vgl. hierzu Abs. 3) nur in solcher Weise **Gebrauch zu machen,** daß dadurch keiner der vorstehend Rdn. 5 genannten Personen über das bei einem geordneten Zusammenleben unvermeidliche Maß hinaus ein Nachteil erwächst. **6**

3. Jeder Dauerwohnberechtigte hat die Pflicht, für die **Einhaltung der angeführten Pflichten durch die Personen** zu sorgen, die seinem Hausstand oder Geschäftsbetrieb angehören oder denen er sonst (z. B auf Grund Mietvertrags, § 37) die Benutzung der dem Dauerwohnrecht unterliegenden Räume überläßt; die Haftung für diese Personen richtet sich im übrigen nach den §§ 278, 831 BGB. **7**

4. Der Dauerwohnberechtigte muß umgekehrt **Einwirkungen dulden,** die auf einem zulässigen Gebrauch des Gebäudes durch andere beruhen. **8**

5. Der Dauerwohnberechtigte hat **das Betreten und die Benutzung** der dem Dauerwohnrecht unterliegenden Gebäudeteile **zu gestatten,** soweit dies zur Instandhaltung und Instandsetzung des Gebäudes erforderlich ist; die in der 1. Aufl. verneinte, von Diester, Bem. 9, näher erörterte und gleichfalls verneinte Frage, ob eine Schadensersatzpflicht nach § 14 Nr. 4 Halbsatz 2 auch beim Dauerwohnrecht besteht, wird zu bejahen sein; an die Stelle des gemeinschaftlichen Eigentums tritt bei Anwendung des § 14 Abs. 4 das Eigentum außerhalb der im DWR stehenden Räume. **9**

IV. Recht auf Mitbenutzung (Abs. 3)

Nach Abs. 3 hat der Dauerwohnberechtigte in Übereinstimmung mit der durch § 1093 Abs. 3 BGB getroffenen Regelung das Recht, die gemeinschaftlichen Teile und Anlagen des Gebäudes und Grundstücks mitzubenutzen, soweit dies nicht durch Vereinbarung (vgl. hierzu vorstehende Rdn. 4) ausgeschlossen ist. Zu den „zum gemeinschaftlichen Gebrauch bestimmten Teilen, Anlagen und Einrichtungen des Gebäudes und Grundstücks" gehören insbes. Treppenhaus, Hofraum, Trockenspeicher, Fahrradkeller, eine **10** gemeinschaftliche Zentralheizung (so zu dem entsprechenden Fall des § 1093 Abs. 3 BGB BGHZ 52, 234). Das Dauernutzungsrecht an Geschäftsräumen schließt das Recht ein, die Außenwände wie ein Geschäftsraummieter zu Reklamezwecken zu benutzen (OLG Frankfurt BB 1970, 731). Wegen der Instandhaltung vgl. unten Rdn. 13.

V. „Verdinglichung" von Vereinbarungen

11 **Abs. 4 gestattet, Vereinbarungen bestimmten Inhalts** zum Inhalt des Dauerwohnrechts zu machen und auf diese Weise zu **„verdinglichen"**; dies geschieht, indem sie durch Bezugnahme auf die Eintragungsbewilligung in das Grundbuch eingetragen werden (vgl. § 32 Rdn. 4). Diese Vereinbarungen treten in Ergänzung der wenigen gesetzlichen Bestimmungen an die Stelle des bei den Dienstbarkeiten sonst bestehenden gesetzlichen Schuldverhältnisses. Eine vorsichtige entsprechende Anwendung der in § 1093 BGB angeführten Nießbrauchsvorschriften wird, namentlich auch zur Schließung etwaiger Vertragslücken, zulässig sein; so können die §§ 1060, 1024 (vgl. § 31 Rdn. 7) entsprechend angewendet werden, nicht dagegen (entgegen Bärmann-Pick-Merle § 31 Rdn. 29) § 1023 – Verlegung einer Dienstbarkeit –, weil Gegenstand des DWR nur eine „bestimmte" Wohnung, also ein räumlich festgelegter Gebäudeteil, sein kann, allenfalls kann das für § 31 Abs. 1 Satz 2 in Betracht kommen. Die in Abs. 4 unter Nrn. 1 bis 4 aufgeführten Angelegenheiten gehören zu denjenigen, deren vertragliche Regelung das Grundbuchamt zu prüfen hat und bei deren Fehlen es die Eintragung ablehnen „soll" (vgl. hierzu auch § 32 Abs. 3 und Rdn. 9 zu § 32; ferner oben Rdn. 1).Werden, was § 32 Abs. 3 verhindern will, Vereinbarungen über die erwähnten Punkte nicht getroffen, so berührt das die Wirksamkeit der Entstehung des eingetragenen Rechts nicht; maßgeblich sind die schuldrechtlichen Vereinbarungen, in die die Sondernachfolger nach § 38 eintreten, jedoch nur mit der in § 32 Rdn. 8 dargelegten Maßgabe (vgl. auch § 38 Rdn. 5). Im einzelnen handelt es sich in Abs. 4 um folgende Punkte:

12 **1. Art und Umfang der Nutzungen.** Durch eine solche Vereinbarung kann z. B. eine Benutzung zu gewerblichen Zwecken ausgeschlossen oder eine Vermietung von der Zustimmung des Eigentümers abhängig gemacht werden Im letzteren Falle wäre ein ohne Zustimmung geschlossener Mietvertrag zwar nicht unwirksam; wohl aber kann der Verstoß Unterlassungsansprüche, im Falle einer entsprechenden Vereinbarung auch einen Heimfallanspruch begründen. Beispiel einer Vereinbarung über Nutzung: BayObLG 1960, 231. Schon aus der Bezeichnung des Rechts als Dauerwohnrecht kann sich ein Schluß auf die zulässige Nutzung, insbes. die Unzulässigkeit einer Nutzung zu anderen als Wohnzwecken, ergeben; vgl. zu dem entsprechenden Problem beim Wohnungseigentum § 1 Rdn. 3. Für den Fall der Veräußerung vgl. § 37 Rdn 5.

13 **2. Instandhaltung und Instandsetzung der dem Dauerwohnrecht unterliegenden Gebäudeteile.** In der Regelung dieser Frage sind die Beteiligten frei. Die Pflicht zur Instandhaltung oder Instandsetzung kann also sowohl dem Eigentümer als dem Dauerwohnberechtigten auferlegt werden, auch

kann z. B. zwischen Schönheitsreparaturen und anderen Reparaturen unterschieden werden. Die aus Abs. 2 sich ergebende – abdingbare – Instandhaltungspflicht (oben Rdn. 5) ist zu berücksichtigen. Wenn die Nr. 2 lediglich von den „dem Dauerwohnrecht unterliegenden Gebäudeteilen" spricht, so ist das nicht eng auszulegen; da nach § 33 Abs. 3 WEG das Benutzungsrecht des Dauerwohnberechtigten sich auch auf „die zum gemeinschaftlichen Gebrauch bestimmten Teile, Anlagen und Einrichtungen des Gebäudes und Grundstücks" erstreckt, werden durch Abs. 4 Nr. 2 auch Vereinbarungen bezügl. der Instandhaltung und Instandsetzung solcher Teile, Anlagen und Einrichtungen gedeckt (so in Übereinstimmung mit der 2. Auflage auch BayObLG 59, 520 = DNotZ 60, 540 mit Anm. Weitnauer). Auch die Vereinbarung eines Schiedsgutachtens für den Fall von Streitigkeiten über die Instandhaltung oder Instandsetzung wird noch in den Rahmen der Nr. 2 fallen.

3. Die Pflicht des Berechtigten zur **Tragung öffentlicher oder privat- rechtlicher Lasten** des Grundstücks, vgl. hierzu auch § 1047 BGB. Auch hier können die Vereinbarungen die Verteilung der Lasten in jedem Sinn regeln. Wegen des Begriffs Lasten § 16 Rdn. 12; es bestehen keine Bedenken, ihn hier auf die in § 16 besonders erwähnten „Kosten" (etwa Kosten der Unterhaltung oder Instandsetzung oder des Betriebs einer Zentralheizungsanlage) zu erstrecken (zu der entsprechenden Frage beim Wohnungsrecht i. S. des § 1093 BGB vgl. BGHZ 52, 234 = JZ 70, 70 mit abl. Anm. Baur). Die Regelung wirkt nur im Innenverhältnis (ebenso Palandt-Bassenge § 1047 Rn 2). 14

4. Die **Versicherung des Gebäudes** und seinen **Wiederaufbau** im Falle der Zerstörung (vgl. § 2 ErbbauVO, § 1045 BGB), wohl auch den ersten Aufbau (Palandt-Bassenge § 33 Rn 4). 15

5. Das Recht des Eigentümers, bei Vorliegen bestimmter Voraussetzungen **Sicherheitsleistung** zu verlangen (vgl. § 1051 BGB). Ohne Vereinbarung kann § 1051 nicht analog angewendet werden (ebenso Bärmann-Pick-Merle § 33 Rdn. 153). 16

§ 34 Ansprüche des Eigentümers und der Dauerwohnberechtigten

(1) **Auf die Ersatzansprüche des Eigentümers wegen Veränderungen oder Verschlechterungen sowie auf die Ansprüche der Dauerwohnberechtigten auf Ersatz von Verwendungen oder auf Gestattung der Wegnahme einer Einrichtung sind die §§ 1049, 1057 des Bürgerlichen Gesetzbuches entsprechend anzuwenden.**

(2) **Wird das Dauerwohnrecht beeinträchtigt, so sind auf die Ansprüche des Berechtigten die für die Ansprüche aus dem Eigentum geltenden Vorschriften entsprechend anzuwenden.**

1 § 34 regelt im Anschluß an Vorschriften des BGB über den Nießbrauch (§§ 1049, 1057, 1065 BGB) einige Fragen, die teils das Verhältnis zwischen

dem Dauerwohnberechtigten und dem Eigentümer (Abs. 1), teils die Rechtsstellung des Dauerwohnberechtigten gegenüber Dritten (Abs. 2) betreffen.

I. Aus **Abs. 1** ergibt sich folgendes:

2 **1. Verwendungen auf die Sache.** Macht der Dauerwohnberechtigte auf die seiner Nutzung unterliegenden Gebäudeteile Verwendungen (dazu RGZ 152, 100; enger BGHZ 41, 157), zu denen er nicht verpflichtet ist (z. B. die Einrichtung einer Etagenheizung), so kann er für die gemachten Verwendungen („die Geschäftsführung") entsprechend § 1049 Abs. 1 BGB Ersatz von dem Eigentümer nur verlangen, soweit ein Ersatzanspruch nach den Vorschriften über die Geschäftsführung ohne Auftrag begründet ist. Dies bedeutet: Entspricht die Geschäftsführung dem Interesse und dem wirklichen oder mutmaßlichen Willen des Eigentümers (berechtigte GoA), so kann der Dauerwohnberechtigte wie ein Beauftragter, d. h. also in vollen Umfang (§ 670 BGB), Ersatz seiner Aufwendungen verlangen (§ 683 Satz 1 BGB). 1n der gleichen Weise kann der Dauerwohnberechtigte Ersatz der Aufwendungen verlangen, wenn zwar die Geschäftsführung mit dem Willen des Eigentümers in Widerspruch steht, wenn aber durch die Geschäftsführung eine Pflicht des Eigentümers, deren Erfüllung im öffentlichen Interesse liegt, erfüllt wird (§ 683 Satz 2, §§ 679, 670 BGB; z. B. eine Maßnahme, die zur Beseitigung eines polizeiwidrigen Zustandes des Gebäudes erforderlich ist). Liegen die beiden genannten Voraussetzungen nicht vor, so hat der Dauerwohnberechtigte einen Anspruch nur nach den Grundsätzen der ungerechtfertigten Bereicherung (§ 684 Satz 1, §§ 812ff. BGB); genehmigt allerdings der Eigentümer die Geschäftsführung, so hat der Dauerwohnberechtigte Anspruch auf Ersatz der Verwendungen nach den Grundsätzen der berechtigten GoA (§ 684 S. 2 BGB; der Fall des § 685 BGB wird kaum in Betracht kommen). § 951 BGB ist nicht anwendbar, wenn und soweit die Frage der Verwendungen durch § 34 Abs. 1 WEG geregelt ist, weil insoweit diese für das bestehende Rechtsverhältnis getroffene Regelung vorgeht (vgl. Erman-Hefermehl § 951 Rdz. 1 und 17ff.). §§ 994ff. BGB scheiden mangels Vindikationslage aus.

3 Der Dauerwohnberechtigte ist anderseits berechtigt, eine **Einrichtung,** mit der er das Gebäude versehen hat (also z. B. in dem obigen Beispiel die eingerichtete Etagenheizung), **wegzunehmen** (§ 1049 Abs. 2, § 258 BGB). Dieses Recht ist durch § 951 Abs. 2 Satz 1 BGB ausdrücklich für unberührt erklärt.

4 **2. Ersatzansprüche des Eigentümers wegen Veränderungen oder Verschlechterungen.** Die Frage, unter welchen Voraussetzungen der Eigentümer von dem Dauerwohnberechtigten Schadenersatz wegen Veränderungen oder Verschlechterungen der dem Dauerwohnrecht unterliegenden Gebäudeteile verlangen kann, ist im Gesetz nicht geregelt. Klar ist, ohne daß es besonders hätte ausgesprochen werden müssen, daß Veränderungen oder Verschlechterungen, die auf einer vereinbarungsgemäß zulässigen Nutzung beruhen, keine Ersatzpflicht auslösen (vgl. § 1050 BGB). Schadensersatzan-

sprüche können also nur bei Vorliegen einer unerlaubten Handlung (§§ 823ff. BGB) oder bei Verletzung schuldrechtlicher Ansprüche entstehen. Die §§ 989ff. sind auf Veränderungen und Verschlechterungen, die während Bestehens des DWR eintreten, mangels Vindikationslage nicht anwendbar.

3. Rückgabeanspruch des Eigentümers. Daß der Dauerwohnberech- 5
tigte verpflichtet ist, die benutzten Räume nach Beendigung des Dauerwohnrechts (z. B. wegen Zeitablaufs oder bei rechtsgeschäftlicher Aufhebung oder wegen Erlöschens in der Zwangsversteigerung) an den Eigentümer herauszugeben, ergibt sich schon aus § 985 BGB, da mit der Beendigung des Dauerwohnrechts auch das Recht zum Besitz (§ 986 Abs. 1 Satz 1 BGB) entfällt. Von der ausdrücklichen Anordnung eines zusätzlichen Herausgabeanspruchs aus dem gesetzlichen Schuldverhältnis (entsprechend der Regelung für den Nießbrauch, § 1055 Abs. 1 BGB) ist abgesehen; Haftung im Falle verzögerter oder vereitelter Herausgabe nach §§ 987ff. BGB.

4. Verjährung. Die vorstehend in Rdn. 2 bis 5 näher erörterten Ansprüche 6
auf Ersatz von Verwendungen, auf Wegnahme einer Einrichtung und auf Schadensersatz wegen Veränderung oder Verschlechterung der Sache verjähren nach der in Abs. 1 für entsprechend anwendbar erklärten Vorschrift des § 1057 BGB in 6 Monaten. Über den **Beginn der Verjährungsfrist** ergibt sich abweichend von den gewöhnlichen Vorschriften über die Verjährungsfrist und den Beginn der Verjährung (§§ 198ff., 852 BGB; vgl. auch § 902 Abs. 1 BGB) aus § 1057 BGB in Verbindung mit § 558 BGB folgendes:

a) Die Verjährung der **Ersatzansprüche** des Eigentümers wegen Verände- 7
rungen oder Verschlechterungen beginnt in dem Zeitpunkt, in welchem er die bisher von dem Dauerwohnberechtigten genutzten Gebäude- und Grundstücksteile zurückerhält; der in § 1057 Satz 2 weiter für anwendbar erklärte § 558 Abs. 3 scheidet hier praktisch aus, weil der Anspruch des Eigentümers auf Rückgabe der Sache nicht verjährt, wenn das Eigentum im Grundbuch eingetragen ist (§ 902 BGB).

b) Die Verjährung des Anspruchs des Dauerwohnberechtigten auf **Ersatz** 8
von Verwendungen oder Wegnahme von Einrichtungen beginnt nach § 1057 BGB in Verbindung mit § 558 Abs. 2 BGB mit der Beendigung des Dauerwohnrechts.

II. Abs. 2 bestimmt in Übereinstimmung mit § 1065 BGB, daß dem Dau- 9
erwohnberechtigten im Falle der Beeinträchtigung seines Rechts die gleichen Ansprüche zustehen wie dem Eigentümer; der Dauerwohnberechtigte kann also von dem nicht berechtigten Besitzer die Herausgabe in entsprechender Anwendung des § 985 BGB, von dem Störer Beseitigung der Beeinträchtigung oder Unterlassung in entsprechender Anwendung des § 1004 BGB verlangen.

§ 35 Veräußerungsbeschränkung

Als Inhalt des Dauerwohnrechts kann vereinbart werden, daß der Berechtigte zur Veräußerung des Dauerwohnrechts der Zustimmung des Eigentümers oder eines Dritten bedarf. Die Vorschriften des § 12 gelten in diesem Falle entsprechend.

1 Auch beim Dauerwohnrecht ist in Übereinstimmung mit der für das Wohnungseigentum getroffenen Regelung eine rechtsgeschäftliche Veräußerungsbeschränkung abweichend von § 137 BGB für zulässig erklärt. Der Zweck der Vorschrift ist, eine Möglichkeit zu schaffen, um den Eigentümer in gewissen Grenzen vor den Folgen der freien Veräußerlichkeit zu schützen. Insbesondere können Genossenschaften auf diese Weise die Verbindung zwischen Mitgliedschaft und Dauerwohnrecht sichern. In der Ausgestaltung im einzelnen nimmt die Regelung auf § 12 Bezug (Satz 2); auf die Erläuterungen hierzu wird verwiesen. Hervorzuheben ist, daß die Zustimmung zu einer Veräußerung nur aus wichtigem Grund versagt werden darf; gänzlicher Ausschluß der Veräußerung ist nicht möglich (Weitnauer DNotZ 1953, 119; Bärmann-Pick-Merle § 35 Rdn. 6). Wegen der Eintragung einer öffentlichrechtlichen Veräußerungsbeschränkung (§ 75 BVersG) vgl. BayObLG 1956, 278.

2 Aus den Rdn. 7 zu § 12 dargelegten Gesichtspunkten wird es sich auch hier empfehlen, wenn vielleicht auch nicht unerläßlich sein, im Grundbucheintrag die Veräußerungsbeschränkungen in ihrem wesentlichen Inhalt zum Ausdruck zu bringen und nicht als durch die Bezugnahme auf die Eintragungsbewilligung (§ 32 Abs. 2 Satz 1) gedeckt zu betrachten (ebenso Bärmann-Pick-Merle § 35 Rdn. 4).

3 Die Verweisung auf § 12 schließt auch die Bezugnahme auf die *Verfahrensvorschriften* der §§ 43ff. für die Ersetzung der Zustimmung (FGG-Verfahren) in sich. Der Wortlaut mag zweifelhaft erscheinen, wohl aber sprechen Zweckmäßigkeitsgesichtspunkte und auch die Analogie zu den §§ 5ff. ErbbauVO für die Bejahung. Verneinendenfalls wäre der Anspruch auf Zustimmung im Klagewege zu verfolgen (so Diester, Bem. 3; Bärmann-Pick-Merle § 35 Rdn. 10, § 52 Rdn. 3; auch Weitnauer, Sparkasse 1951, 228). Gerichtliche Entscheidungen sind nicht bekannt geworden.

4 Die von Diester (Bem. 1 a. E.) erörterte Frage, ob nicht bereits aus den §§ 413, 399 BGB die Möglichkeit eines Ausschlusses der Veräußerlichkeit folge, und in welchem Verhältnis diese Möglichkeit zum § 33 Abs. 1 Satz 1 steht, ist kaum richtig gestellt; denn § 413 BGB gilt, wenn überhaupt für Sachenrechte, dann nur für Pfandrechte (vgl. Baur, Sachenrecht, § 4 IV); im übrigen geht § 137 Satz 1 BGB vor.

§ 36 Heimfallanspruch

(1) **Als Inhalt des Dauerwohnrechts kann vereinbart werden, daß der Berechtigte verpflichtet ist, das Dauerwohnrecht beim Eintritt bestimmter Voraussetzungen auf den Grundstückseigentümer oder einen von diesem zu bezeichnenden Dritten zu übertragen (Heimfallanspruch). Der Heimfallanspruch kann nicht von dem Eigentum an dem Grundstück getrennt werden.**

(2) **Bezieht sich das Dauerwohnrecht auf Räume, die dem Mieterschutz unterliegen, so kann der Eigentümer von dem Heimfallanspruch nur Gebrauch machen, wenn ein Grund vorliegt, aus dem ein Vermieter die Aufhebung des Mietverhältnisses verlangen oder kündigen kann.**

(3) **Der Heimfallanspruch verjährt in sechs Monaten von dem Zeitpunkt an, in dem der Eigentümer von dem Eintritt der Voraussetzungen Kenntnis erlangt, ohne Rücksicht auf diese Kenntnis in zwei Jahren von dem Eintritt der Voraussetzungen an.**

(4) **Als Inhalt des Dauerwohnrechts kann vereinbart werden, daß der Eigentümer dem Berechtigten eine Entschädigung zu gewähren hat, wenn er von dem Heimfallanspruch Gebrauch macht. Als Inhalt des Dauerwohnrechts können Vereinbarungen über die Berechnung oder Höhe der Entschädigung oder die Art ihrer Zahlung getroffen werden.**

I. Heimfallanspruch

Die Regelung der Abs. 1 bis 3 lehnt sich an die Vorschriften des § 2 Nr. 4 1
und der §§ 3, 4 der ErbbauVO an. Der Heimfallanspruch ist ein dem jeweiligen Eigentümer zustehender, **mit dem Eigentum untrennbar verbundener** (Abs. 1 Satz 2) Anspruch gegen den jeweiligen Dauerwohnberechtigten und darauf gerichtet, daß der Dauerwohnberechtigte sein Recht rechtsgeschäftlich (§ 873 BGB; vgl. § 33 Rdn. 2) auf den Eigentümer oder einen von diesem bezeichneten Dritten überträgt. Der Heimfallanspruch steht, wenn er als Inhalt des DWR verreinbart ist, **dem jeweiligen Grundstückseigentümer gegen den jeweiligen Dauerwohnberechtigten** zu, und zwar auch dann, wenn der Eigentümer Übertragung an einen von ihm bezeichneten Dritten verlangt. Die bloße Geltendmachung des Anspruchs bewirkt den „Heimfall" nicht. Die Sicherung des Heimfallanspruchs durch Vormerkung (§§ 883ff. BGB) wird wie im entsprechendem Fall des Erbbaurechts (dazu Ingenstau § 2 Rdn. 51; LG Münster NJW 1954, 1246) von Bärmann-Pick-Merle (Rdn. 8, 29ff.) für überflüssig und unzulässig gehalten, weil der Anspruch, einmal entstanden, sich, wenn das DWR übertragen wird, ohne weiteres gegen den Erwerber richte; dabei wird aber nicht beachtet, daß der Schutz durch die Vormerkung – relative Unwirksamkeit der Veräußerung – weiter geht. Der Heimfallanspruch zielt nicht darauf, das Dauerwohnrecht zum Erlöschen zu bringen, vielmehr wird das Dauerwohnrecht, wenn es **auf den Eigentümer übertragen wird,** zu einem *„Eigentümer-Dauerwohnrecht"*, zu einem Recht an eigener Sache (ebenso für das Erbbaurecht *Staudinger-Ring*

Rdn. 14ff. zu § 2 ErbbVO; vgl. § 889 BGB). Zur Frage der ursprünglichen Bestellung eines Dauerwohnrechts für den Eigentümer, vgl. Rdn 3 vor § 31. Der Heimfall ist zu unterscheiden vom Zeitablauf bei einem befristeten Dauerwohnrecht; auch in der Hand des Eigentümers erlischt beim Heimfall ein befristetes Recht mit Ablauf der vorgesehenen Zeit. Vgl. im übrigen auch Staak, SchlHAnz 1959, 140, Der Heimfallanspruch des Grundstückseigentümers beim Dauerwohnrecht. Der Heimfallanspruch ist **mit dem Eigentum** an dem belasteten Grundstück **untrennbar verbunden** (Abs. 1 Satz 2), also dessen Bestandteil – und zwar wesentlicher Bestandteil – i. S. des § 96 BGB.

2 Vereinbarungen über den Heimfallanspruch gehören **zu den im § 32 Abs. 3 genannten Angelegenheiten;** für den Fall des Fehlens einer ausdrücklichen Regelung vgl. § 32 Rdn. 7, 9 und § 33 Rdn. 11. Die Vereinbarung eines völlig voraussetzungslosen Heimfallanspruchs ist – wie Abs. 1 Satz 1: „beim Eintritt bestimmter Voraussetzungen" zeigt – unzulässig.

3 **1. Voraussetzungen des Heimfallanspruchs (Abs. 1, 2).** Die Voraussetzungen, unter denen ein Heimfallanspruch bestehen soll, können von den Beteiligten **grundsätzlich durch freie Vereinbarung bestimmt** werden (vgl. aber nachstehend Rdn. 4, 6, 7). Insbesondere wird ein Heimfallanspruch an die Verletzung der aus dem Rechtsverhältnis zwischen Eigentümer und Dauerwohnberechtigten entspringenden Verpflichtungen des Dauerwohnberechtigten geknüpft werden.

4 a) Dieser **Grundsatz** wird **durch** den nur aus der Rechtslage z. Zt. der Entstehung des WEG verständlichen **Abs. 2** allerdings **stark eingeschränkt**: Bei Räumen, die im Falle der Vermietung dem Mieterschutz unterliegen würden (Fassung des Abs. 2 insoweit etwas ungenau), kann der Eigentümer von dem Heimfallanspruch nur Gebrauch machen, wenn „ein Grund vorliegt, aus dem ein Vermieter die Aufhebung des Mietverhältnisses verlangen oder kündigen kann."

5 Mieterschutz bestand zuletzt *nurmehr in Berlin* (Mieterschutzgesetz v. 15. 2. 1942, zuletzt geändert durch Art. 3 des Gesetzes zur Verbesserung des Mietrechts usw. vom 4. 11. 71 – MRVerbG – BGBl. I S. 1745), aber auch dort nur für Wohnräume (§ 5 des Geschäftsraummietengesetzes für Berlin v. 10. 1. 1961, BGBl. I S. 13) und ist auch in Berlin mit dem 31. 12. 1975 außer Kraft getreten (Art. 8 des Gesetz v. 18. 12. 1974, BGBl. I S. 3603). Damit ist, da das MSchG im Bundesgebiet auch in den letzten „schwarzen Kreisen" bereits mit dem 31. 12. 1967 außer Kraft getreten war (Gesetz v. 21. 12. 1967, BGBl. I S. 1251), das Mieterschutzgesetz im Geltungsbereich des Grundgesetzes nirgends mehr geltendes Recht. Die Verweisung auf das MSchG in § 36 Abs. 2 hat also unmittelbar keinen Inhalt mehr.

6 b) § 36 Abs. 2 ist jedoch, wie allgemein anerkannt (Bärmann-Pick-Merle § 36 Rdn. 58, 59; Palandt-Bassenge § 36 Rn. 2), dahin zu verstehen, daß die an die Stelle des MSchG getretenen **Kündigungsschutzvorschriften** auf den Heimfallanspruch sinngemäß anzuwenden sind; das sind nun die §§ 556a–c und die §§ 564b–565e BGB. Läßt man die Besonderheiten der Dienst- und Werkwohnungen außer Betracht (§ 565b–e), so ergibt sich folgendes: Kündigungsschutz besteht nur für Mietverhältnisse über Wohnräume. Ein Mietverhältnis über Wohnraum kann der Vermieter nur kündigen, wenn er ein

berechtigtes Interesse an der Beendigung des Mietverhältnisses hat; ein solches Interesse wird insbesondere durch erhebliche Vertragsverletzungen des Mieters und durch Eigenbedarf begründet. Auch wenn ein Interesse des Vermieters in diesem Sinne besteht, kann gleichwohl der Mieter der Kündigung widersprechen und die Fortsetzung des Mietverhältnisses verlangen, wenn dessen Beendigung für ihn oder seine Familie eine Härte bedeuten würde, die „auch unter Würdigung der berechtigten Interessen des Vermieters nicht zu rechtfertigen ist". Diese Vorschriften gelten für Wohnräume ohne Rücksicht darauf, ob diese öffentlich gefördert, steuerbegünstigt oder frei finanziert sind. Wegen der im einzelnen komplizierten Regelung ist im übrigen auf die gesetzlichen Vorschriften zu verweisen.

Überträgt man diese Rechtssätze **auf den Heimfallanspruch,** so kann der Heimfall also nur verlangt werden, wenn der Eigentümer ein berechtigtes Interesse am Heimfall hat und nicht die entsprechend § 556a BGB zu berücksichtigenden Interessen des Dauerwohnberechtigten das Übergewicht haben. Nicht berührt ist die Möglichkeit, das DWR zu befristen (§ 33 Rdn. 3). Zum Verfahrensrecht vgl. unten Rdn. 11.

c) **Aus Abs. 2 folgt aber nicht,** daß der Heimfallanspruch kraft Gesetzes bei Vorliegen eines der genannten Gründe gegeben wäre. Vielmehr schränkt Abs. 2 die Vertragsfreiheit **ausschließlich zugunsten des Dauerwohnberechtigten** ein. 7

Andererseits wäre die Vereinbarung weiterer als der in Rdn. 3 bezeichneten Heimfallgründe weder unzulässig noch schlechthin unwirksam; der Eigentümer kann nur, solange und soweit Kündigungsschutz bestehen würde, von dem Heimfallanspruch keinen Gebrauch machen.

d) Die Vereinbarung eines Heimfallanspruchs **für jeden Fall der Veräußerung** des Dauerwohnrechts wäre zwar kein voraussetzungsloser Heimfallanspruch und deshalb mit dem Wortlaut des § 36 Abs. 1 Satz 1 vereinbar; sie stünde auch nicht im Widerspruch zu der in § 33 WEG ausgesprochenen Veräußerlichkeit des Dauerwohnrechts (a. A. Bärmann-Pick-Merle § 36 Rdn. 68). Wohl aber wäre eine solche Vereinbarung als rechtsmißbräuchlich Ausnützung der durch § 36 eingeräumten Gestaltungsfreiheit unwirksam, da sie auf eine Veräußerungsbeschränkung hinausläuft; der Weg, den das WEG dem Eigentümer zur Wahrung seiner Interessen im Falle der Veräußerung des Dauerwohnrechts eröffnet, ist die Veräußerungsbeschränkung nach § 35 WEG, die ihrerseits wieder nur in den durch § 12 vorgesehenen Grenzen (Versagung der Zustimmung nur aus wichtigem Grund) zulässig ist (im Ergebnis ebenso Bärmann-Pick-Merle § 36 Rdn. 68; vgl. auch Staak, SchlHAnz 59, 140). Zum Heimfallanspruch für den Fall der Zwangsversteigerung des Grundstücks vgl. § 38 Rdn. 10. 8

2. Verjährung des Heimfallanspruchs (Abs. 3). Abs. 3 entspricht dem § 4 ErbbVO; er schließt die Anwendung des § 902 BGB aus, wonach Ansprüche aus einem eingetragenen Recht grundsätzlich nicht der Verjährung unterliegen. 9

II. Entschädigung beim Heimfall

10 Das Entgelt für das Dauerwohnrecht wird vielfach nicht in Form einer stets gleichbleibenden, eine gewisse Kapitalverzinsung für den Eigentümer in sich schließenden Miete, sondern in Form einer „Nutzungsentschädigung" festgesetzt werden (vgl. hierzu Rdn. 7 vor § 31). Dabei hat der Dauerwohnberechtigte dann den auf ihn entfallenden Teil der Bewirtschaftungskosten (Steuern, öffentliche Abgaben, Unterhaltungskosten, allenfalls Verwaltungsgebühr) und den der Kapitalkosten (Zinsen und Tilgungen) zu leisten. Namentlich dann, wenn der Dauerwohnberechtigte einen einmaligen Kapitalbeitrag zur Errichtung des Hauses geleistet hat, würde er, wenn von dem Heimfallanspruch Gebrauch gemacht wird, eine wirtschaftliche Einbuße erleiden. Daher sieht Abs. 4 – in Anlehnung an § 32 ErbbauVO – die Möglichkeit vor, mit dinglicher Wirkung **Vereinbarungen** darüber zu treffen, daß dem Dauerwohnberechtigten beim Heimfall eine Entschädigung zu gewähren ist, und Bestimmungen über Art und Höhe der Entschädigung zu treffen. Ein Beispiel für eine derartige Vereinbarung bietet BayObLG 60, 231 = NJW 60, 2100 = Rpfleger 61, 400 mit Anmerkung Haegele. Bei **langfristigen Dauerwohnrechten** gehört eine solche Verpflichtung zum unabdingbaren **gesetzlichen Inhalt** des Rechts (§ 41 Abs. 3). Wegen der Prüfungspflicht des Grundbuchamtes vgl. § 32 Abs. 3 und § 32 Rdn. 7; sie gilt (entgegen Diester, Bem. 14, 16) auch für Abs 4 Satz 2, erstreckt sich aber nicht auf die Angemessenheit der Entschädigungsregelung (ebenso Bärmann-Pick-Merle § 36 Rdn. 83).

III. Prozessuales

11 Der Heimfallanspruch ist im Zivilprozeßwege geltend zu machen, zuständig ist örtlich und sachlich das im § 52 bezeichnete Amtsgericht; Verurteilung nach § 894 ZPO. Aus der Übertragung des DWR auf den Heimfallberechtigten folgt dessen Herausgabeanspruch gegen den bisherigen Berechtigten (§ 34 Abs. 2). Die Geltendmachung des Heimfallanspruchs ist weder einer Kündigung noch der nach dem früheren Mieterschutzrecht möglichen Mietaufhebungsklage vergleichbar (unklar Riebandt-Korfmacher GemWW 51, 141, 144), sondern ein Rechtsbehelf eigener Art, doch ist auf die oben Rdn. 6ff. erörterte Verbindung mit dem Kündigungsschutz hinzuweisen. Aus der Verklammerung mit dem Wohnungsmietrecht (oben Rdn. 6) folgt, daß, wenn das Landgericht in 2. Instanz entscheidet und mietrechtliche Vorschriften auf den Heimfallanspruch angewendet werden, auch verfahrensrechtlich eine Gleichstellung erforderlich ist; das LG als Berufungsgericht ist verpflichtet, in allen Rechtsfragen von grundsätzlicher Bedeutung sowie dann, wenn es von einer Entscheidung eines Oberlandesgerichts oder des BGH abweichen will, den **„Rechtsentscheid"** des OLG (bzw. des BayObLG) einzuholen (Art. III des Dritten Gesetzes zur Änderung mietrechtlicher Vorschriften vom 21. 12. 1967, BGBl. I S. 1248, i. d. F. des Gesetzes v. 5. 6. 1980, BGBl. I S. 657, in Kraft seit 1. 7. 1980).

§ 37 Vermietung

(1) **Hat der Dauerwohnberechtigte die dem Dauerwohnrecht unterliegenden Gebäude- oder Grundstücksteile vermietet oder verpachtet, so erlischt das Miet- oder Pachtverhältnis, wenn das Dauerwohnrecht erlischt.**

(2) **Macht der Eigentümer von seinem Heimfallanspruch Gebrauch, so tritt er oder derjenige, auf den das Dauerwohnrecht zu übertragen ist, in das Miet- oder Pachtverhältnis ein; die Vorschriften der §§ 571 bis 576 des Bürgerlichen Gesetzbuches gelten entsprechend.**

(3) **Absatz 2 gilt entsprechend, wenn das Dauerwohnrecht veräußert wird. Wird das Dauerwohnrecht im Wege der Zwangsvollstreckung veräußert, so steht dem Erwerber ein Kündigungsrecht in entsprechender Anwendung des § 57a des Gesetzes über die Zwangsversteigerung und Zwangsverwaltung zu.**

Der Dauerwohnberechtigte ist nicht nur zur Benutzung (wie der Mieter), 1 sondern zur Nutzung und damit zur Vermietung oder zur Verpachtung berechtigt (vgl. Rdn. 1 zu § 31). Für den Fall, daß von diesem Recht Gebrauch gemacht ist, gibt § 37 **Vorschriften über das Schicksal des Mietverhältnisses.** Wegen Mieterschutz und Kündigungsschutz vgl. § 36 Rdn. 4ff.

1. Erlöschen des Dauerwohnrechts. Das Erlöschen kann eintreten durch 2 Zeitablauf, durch Erlöschen in der Zwangsversteigerung (§ 91 ZVG; vgl. Rdn. 1 zu § 39) oder durch rechtsgeschäftliche Aufhebung. Da es sich wirtschaftlich, wenn auch nicht rechtlich, nur um eine Art von Untervermietung handelt, erschien es berechtigt, abweichend von § 1056 BGB und § 30 ErbbVO zu bestimmen, daß das Miet- oder Pachtverhältnis erlischt, wenn das Dauerwohnrecht erlischt. Der Eigentümer tritt also in das Mietverhältnis nicht ein, sondern kann gemäß §§ 985ff. BGB von dem infolge Erlöschens des Mietverhältnisses nicht mehr zum Besitz berechtigten Mieter die Herausgabe der Räume verlangen. Den aus dem Mietverhältnis entspringenden Rückgabeanspruch (§ 556 Abs. 1 BGB) kann dagegen der Eigentümer nicht geltend machen; § 556 Abs. 3 BGB findet keine entsprechende Anwendung. Im Falle des Erlöschens, namentlich auch bei einseitiger Aufhebung durch den Dauerwohnberechtigten, haftet dieser (nicht, wie Constantin NJW 69, 1417 die hier vertretene Ansicht irrig wiedergibt, der Eigentümer) gegenüber dem Mieter nach den Grundsätzen der Rechtsmängelhaftung (§ 541 BGB, ebenso Bärmann-Pick-Merle § 37 Rdn. 8; Erman-Ganten, § 37 WEG, Rdn. 1). Constantin (NJW 69, 1417) ist der Meinung, eine Vereinbarung, wonach der Dauerwohnberechtigte sich verpflichtet, für den Fall unberechtigter Vermietung auf das DWR zu verzichten und durch den Verzicht gemäß § 37 Abs. 1 das Mietverhältnis zum Erlöschen zu bringen, bedeute eine Umgehung des § 37 Abs. 2 und sei deshalb unwirksam; dem ist aber nicht zu folgen, weil die Struktur des Heimfallrechts durchaus von der des Verzichts verschieden ist.

3 **2. Eintritt in das Mietverhältnis.** Anders als im Fall des Abs. 1 tritt in das Mietverhältnis ein, wer im Wege der Sondernachfolge das Dauerwohnrecht erwirbt. Diesen Fall behandeln die Abs. 2 und 3, in denen der Grundsatz des ! 571 BGB (Kauf bricht nicht Miete) seinen Ausdruck findet.

4 a) **Heimfallanspruch.** Wird das Dauerwohnrecht auf Grund eines Heimfallanspruchs auf den Eigentümer oder einen Dritten übertragen, so treten diese in entsprechender Anwendung der §§ 571 bis 576 BGB einschließlich des § 573 Satz 2 (anders § 1056 BGB) – also nach den für die Veräußerung eines vermieteten Grundstücks geltenden Vorschriften – in das Mietverhältnis ein. Ein Kündigungsrecht hat der Erwerber nicht. Er kann das Mietverhältnis allerdings durch Aufhebung des DWR beendigen (ebenso Bärmann-Pick-Merle § 37 Rdn. 41; a. M. Palandt-Bassenge Rdn. 3; Constantin NJW 1969, 1417), setzt sich dann aber der in Rdn. 2 erörterten Haftung aus.

5 b) Ebenso tritt in das Mietverhältnis ein, wer das DWR aufgrund rechtsgeschäftlicher Veräußerung erwirbt (Abs. 3 S. 1). Auch wenn durch eine die Nutzung beschränkende Vereinbarung gem. § 33 Abs. 4 Nr. 1 das Recht der Vermietung ausgeschlossen oder die Vermietung ohne eine erforderliche Genehmigung erfolgt ist, handelt der Dauerwohnberechtigte nicht als Nichtberechtigter; der Erwerber des Dauerwohnrechts tritt also auch in diesem Falle in das Mietverhältnis ein, er ist aber andererseits auch an die zum Inhalt des Dauerwohnrechts gehörende Vermietungsbeschränkung gebunden, also dem Unterlassungsanspruch des Eigentümers ausgesetzt (ebenso Constantin NJW 69, 1417; Bärmann-Pick-Merle § 33 Rdn. 129).

6 **3.** Da das Dauerwohnrecht veräußerlich ist, ist es auch pfändbar; die Verwertung geschieht dann durch Versteigerung oder freihändige Veräußerung (Rdn. 4 zu § 31). In diesem Falle tritt der Erwerber zwar auch in das Mietverhältnis ein; er hat aber nach Abs. 3 Satz 2 entsprechend § 57a ZVG ein außerordentliches Kündigungsrecht. § 57a ZVG lautet: „Der Ersteher ist berechtigt, das Miet- oder Pachtverhältnis unter Einhaltung der gesetzlichen Frist zu kündigen. Die Kündigung ist ausgeschlossen, wenn sie nicht für den ersten Termin erfolgt, für den sie zulässig ist." Dieses außerordentliche Kündigungsrecht ist eingeschränkt durch die §§ 57c, d ZVG (i. d. F. d. G. v. 20. 8. 53, BGBl. I S. 952). Entsprechende Einschränkungen gelten auch in dem in § 37 Abs. 3 Satz 2 WEG behandelten Fall, wenngleich eine ausdrückliche dahingehende Vorschrift nicht getroffen ist (vgl. aber Art. 6 des G. v. 20. 8. 53; ebenso Bärmann-Pick-Merle § 37 Rdn. 47).

4. Sind die Räume, in bezug auf die das Dauerwohnrecht bestellt wird, bereits vermietet, so tritt der Dauerwohnberechtigte gemäß **§577 BGB** in das Mietverhältnis ein.

§ 38 Eintritt in das Rechtsverhältnis

(1) **Wird das Dauerwohnrecht veräußert, so tritt der Erwerber an Stelle des Veräußerers in die sich während der Dauer seiner Berechtigung aus dem Rechtsverhältnis zu dem Eigentümer ergebenden Verpflichtungen ein.**

(2) **Wird das Grundstück veräußert, so tritt der Erwerber an Stelle des Veräußerers in die sich während der Dauer seines Eigentums aus dem Rechtsverhältnis zu dem Dauerwohnberechtigten ergebenden Rechte ein. Das gleiche gilt für den Erwerb auf Grund Zuschlages in der Zwangsversteigerung, wenn das Dauerwohnrecht durch den Zuschlag nicht erlischt.**

I. Allgemeines

Das Wohnungseigentumsgesetz trifft nur Bestimmungen über den Inhalt 1 des Dauerwohnrechts, nicht dagegen über **das der Bestellung zugrunde liegende Schuldverhältnis.** Dieses Schuldverhältnis wird in der Regel als ein Kaufvertrag (Rechtskauf) aufzufassen sein (BGHZ 52, 243). Im einzelnen vgl. Vorbem. 8 vor § 31 und § 33 Rdn. 2. Ergänzend ist folgendes hervorzuheben:

1. Der Vertrag über die Bestellung des Dauerwohnrechts ist **formfrei** 2 gültig; insbesondere ist § 313 BGB nicht anwendbar. Einer Form bedarf lediglich die Eintragungsbewilligung bezüglich des dinglichen Rechts und der zu seinem Inhalt gemachten Vereinbarungen (vgl. hierzu Rdn. 3ff. zu § 32). In Anbetracht der freien Veräußerlichkeit des Dauerwohnrechts und des in § 38 vorgesehenen Eintritts des Sondernachfolgers in die schuldrechtlichen Beziehungen bei Veräußerung des Dauerwohnrechts oder des Grundstücks wird es sich aber empfehlen, diese Verträge *mindestens privatschriftlich* zu schließen. Es wird sich weiter empfehlen, von der durch § 125 Satz 2 BGB gebotenen Möglichkeit Gebrauch zu machen und die *Gültigkeit von Änderungen* des Vertrags mindestens von der Einhaltung der Schriftform abhängig zu machen. Zweckmäßig wäre es, darüber hinaus die Gültigkeit von Nachträgen zu dem Vertrag noch davon abhängig zu machen, daß die Änderungen auf die Vertragsurkunde oder ein mit dieser zu verbindendes Blatt gesetzt werden. Das ist vor allem deshalb zweckmäßig, weil u. U. im Falle der Zwangsversteigerung des Grundstücks der Ersteher in die Rechte des bisherigen Eigentümers eintritt; wenn Unklarheiten über die hieraus sich ergebende Rechtsstellung bestehen, kann dies von Einfluß auf die Höhe der Gebote sein. § 556 BGB ist nicht, auch nicht entsprechend anwendbar. Auch im Falle der Vereinbarung der Schriftform oder einer zusätzlichen Qualifikation ist aber zu berücksichtigen, daß eine dahingehende Vereinbarung jederzeit formfrei wieder aufgehoben werden kann (vgl. RGZ 95, 175; 118, 108; BGH NJW 65, 293; Erman-Brox, § 125 Rdz. 8); eine volle Sicherung kann also auch durch eine solche Vereinbarung nicht erreicht werden (ausführlich dazu auch Flume, Rechtsgeschäft, S. 264ff.).

3 **2. Der Anspruch auf das Entgelt** ist, wie Vorbem. 8a vor § 31 ausgeführt ist, nicht verdinglicht. Eine Ausnahme gilt nur für die gemäß § 33 Abs. 4 Nrn. 2, 3 zum Inhalt der DWR gemachten Verpflichtungen. Das Entgelt kann im übrigen als einmalige oder als wiederkehrende Leistung vereinbart sein; vgl. hierzu auch Rdn. 9ff. zu § 40.

4 **3. Die Folgen von Vertragsverletzungen** richten sich nach allgemeinem bürgerlichen Recht. Kommt insbesondere der Dauerwohnberechtigte seinen Verpflichtungen nicht nach, so kann der Eigentümer die nach allgemeinem bürgerlichen Recht begründeten Ansprüche wegen Verzuges (§§ 284ff., 326 BGB) oder positiver Vertragsverletzung geltend machen. Das Rücktrittsrecht des § 326 ist, wenn der Eigentümer das Dauerwohnrecht bestellt und den Kaufpreis gestundet hat, nach § 454 ausgeschlossen. Vgl. im übrigen Vorbem. 8 vor § 31. Macht der Dauerwohnberechtigte von den überlassenen Räumen einen nicht gestatteten Gebrauch, so hat der Eigentümer auch die allgemeinen Rechte aus Eigentumsstörung (§ 1004 BGB). Alle diese Folgen werden aber dann nicht von wesentlicher Bedeutung sein, wenn die Beteiligten für die von ihnen als wesentlich angesehenen Fälle einen **Heimfallanspruch** vereinbaren (vgl. hierzu § 36 Rdn. 3).

II. Der Eintritt in das Rechtsverhältnis

5 **1.** Soweit die Rechtsbeziehungen **zum Inhalt des dinglichen Rechts** gehören, versteht sich von selbst, daß bei Veräußerungen des Grundstücks oder des Dauerwohnrechts der jeweilige Erwerber in diese Rechtsbeziehungen eintritt. Dabei kann es sich auf beiden Seiten um Rechte und Pflichten handeln; allerdings werden auf seiten des Eigentümers mehr die Pflichten, auf seiten des Dauerwohnberechtigten mehr die Rechte im Vordergrund stehen; vgl. insbes. § 33 Abs. 4 und die Erläuterungen hierzu. Soweit die Möglichkeit besteht, Vereinbarungen gemäß § 33 Abs. 4 und § 36 zum Inhalt des Dauerwohnrechts zu machen, kann fraglich erscheinen, ob die Beteiligten von einer solchen Verdinglichung absehen können und der Eintritt dann nach § 38 stattfindet. Die Frage ist mit Bärmann-Pick-Merle § 38 Rdn. 17 entgegen Hoche NJW 1954, 959 zu verneinen; da durch § 32 Abs. 3 sogar ein gewisser mittelbarer Zwang zur Verdinglichung solcher Vereinbarungen ausgeübt wird, ist es der erkennbare Wille des Gesetzes und dient es auch u. U. dem Schutz der Sondernachfolger, daß solche Vereinbarungen, wenn sie nicht zum Inhalt des Dauerwohnrechts gemacht sind, von dem Übergang auf den Rechtsnachfolger ausgeschlossen werden (vgl. dazu Staak SchlHAnz 59, 140).

6 **2.** Selbstverständlich ist, daß im Falle **der Gesamtrechtsnachfolge,** insbesondere also der Erbfolge, beide Teile in vollem Umfang in die Rechtsstellung ihres Vorgängers eintreten.

7 **3.** Darüber hinaus bestimmt aber § 38, daß **auch die rein schuldrechtlichen Rechtsbeziehungen** (mit der aus Rdn. 5 ersichtlichen Einschränkung) mit der jeweiligen dinglichen Rechtslage in Übereinstimmung gehalten werden (unrichtig die Annahme von Riebandt-Korfmacher, GemWW 51, 141,

daß § 38 sich nur auf die zum Inhalt des DWR gemachten Vereinbarungen beziehe). Damit folgt § 38 dem Vorbild des § 571 BGB, überträgt ihn aber auch auf die Veräußerung des Dauerwohnrechts. Wenn in Abs. 1 nur von den „Verpflichtungen", in Abs. 2 nur von den „Rechten" die Rede ist, so beruht dies auf der im Regelfall zutreffenden Annahme, daß die gegenüberstehenden Rechte bzw. Verpflichtungen zum Inhalt des dinglichen Rechts gehören. Es bestehen aber keine Bedenken, sofern dies im Einzelfalle nicht zutreffen sollte, den Eintritt der Erwerber auch in solche schuldrechtlichen Rechtsbeziehungen anzunehmen, die sich im Falle des Abs. 1 als „Rechte", im Falle des Abs. 2 als „Verpflichtungen" darstellen (zweifelnd und enger Bärmann-Pick-Merle § 38 Rdn. 14; wie hier Palandt-Bassenge § 38 Rn 3). Der Eintritt wird sich, wie sich aus den Worten „während der Dauer seiner Berechtigung" (Abs. 1) und „während der Dauer seines Eigentums" (Abs. 2) ergibt, in erster Linie auf in der Zeit teilbare, dauerschuldartige Verpflichtungen oder Rechte beziehen. Ein Eintritt in Verpflichtungen des veräußernden DWBer., insbes. in Verpflichtungen, die sich in einer einmaligen, vor der Veräußerung bereits voll entstandenen, wenn auch vielleicht gestundeten Zahlungsverpflichtung erschöpfen, ferner im Falle der Veräußerung des Grundstücks ein Eintritt des neuen Eigentümers in entsprechende Verpflichtungen des bisherigen Eigentümers findet nicht statt, weil es sich nicht um Verpflichtungen handelt, die sich „während der Dauer der Berechtigung" bzw. „während der Dauer seines Eigentums" ergeben (so wohl auch Bärmann-Pick-Merle § 38 Rdn. 16).

a) **Wird das Dauerwohnrecht veräußert,** so tritt der Erwerber an Stelle des Veräußerers in die aus dem Rechtsverhältnis zu dem Eigentümer sich ergebenden schuldrechtlichen Verpflichtungen ein, insbesondere also in die Verpflichtung zur Zahlung des Entgelts. Dieser Eintritt erfolgt kraft Gesetzes; er bezieht sich aber nur auf die **während der Dauer der Berechtigung** sich ergebenden Verpflichtungen (zweifelnd Bärmann-Pick-Merle § 38 Rdn. 39; wie hier Palandt-Bassenge § 38 Rdn. 1). Von dem Augenblick an, wo der Erwerb des Dauerwohnrechts vollendet ist, ist also der bisherige Berechtigte frei und der neue Berechtigte verpflichtet. Für Rückstände haftet der Erwerber nicht, ebenso haftet der Veräußerer nicht etwa kraft Gesetzes in entsprechender Anwendung des § 571 Abs. 2 BGB für die Verpflichtung seines Rechtsnachfolgers. *Gegen diese Folge,* die auch das Erlöschen von Sicherheiten (§ 418 BGB) zur Folge hat, kann sich der Eigentümer durch eine Veräußerungsbeschränkung nach § 35 *schützen;* Bedenken gegen eine vertragliche Übernahme der Haftung durch den Veräußerer oder für den Fall der Veräußerung bestehen nicht. Über den Fall der Vermietung der dem Dauerwohnrecht unterliegenden Räume vgl. § 37 Abs. 2. 8

b) **Wird das Grundstück veräußert,** so tritt der Erwerber an Stelle des Veräußerers in die aus dem Rechtsverhältnis zu dem Dauerwohnberechtigten sich ergebenden schuldrechtlichen Rechte ein. Insbesondere also geht der Anspruch auf das Entgelt auf ihn über (Forderungsübergang i. S. des § 412 BGB). Wegen der **zeitlichen Trennung** gilt das gleiche wie zu a). Eine den §§ 573, 574 BGB entsprechende Beschränkung der Wirkung von Vorausverfügungen über das Entgelt ist nicht vorgesehen, würde auch dem System des 9

Rechtskaufs grundsätzlich nicht entsprechen. Sie gilt aber im Falle des § 40 für das Verhältnis zum Gläubiger eines Grundpfandrechts, das dem Dauerwohnrecht im Range vorgeht oder gleichsteht; vgl. im übrigen daselbst. Die Regelung des § 38 WEG räumt die Schwierigkeiten aus, die sich im Falle der Veräußerung des mit einem Wohnungsrecht nach § 1093 BGB belasteten Grundstücks ergeben können und in BGHZ 52, 234 sichtbar geworden sind.

10 Die gleichen Grundsätze gelten nach Abs. 2 Satz 2 auch dann, wenn das Grundstück **im Wege der Zwangsversteigerung** veräußert wird, allerdings unter der selbstverständlichen Voraussetzung, daß das Dauerwohnrecht nicht durch den Zuschlag erlischt. Es bleibt in der Zwangsversteigerung bestehen, wenn der betreibende Gläubiger dem Dauerwohnberechtigten im Rang nachgeht oder wenn eine Vereinbarung über das Fortbestehen gemäß § 39 getroffen ist oder eine sonstige Abweichung von den gesetzlichen Bestimmungen über das geringste Gebot vorliegt (§§ 44, 59, 91 ZVG). Der Ersteher des Grundstücks steht, was den Eintritt in die schuldrechtlichen Beziehungen anlangt, völlig einem rechtsgeschäftlichen Erwerber gleich. Diese Tatsache gehört zu den gesetzlichen Versteigerungsbedingungen. Ein gesetzliches Kündigungsrecht (§ 57a ZVG) oder ein entsprechender Heimfallanspruch besteht nicht. Die Vereinbarung eines Heimfallanspruchs für den Fall der Zwangsversteigerung des Grundstücks wäre, soweit nicht der Schutz des § 36 Abs. 2 entgegensteht, wirksam (vgl. § 36 Rdn. 3ff.; a. M. Bärmann-Pick-Merle § 36 Rdn. 75; § 39 Rdn. 2), würde aber die Rechtsstellung des Dauerwohnberechtigten überaus gefährden und sollte daher nur unter ganz besonderen Umständen getroffen werden. Wegen der Wirksamkeit von Vorausverfügungen über das Entgelt vgl. § 40 Rdn. 15.

11 **4.** Der Erwerber tritt in die schuldrechtlichen Verpflichtungen ein ohne Rücksicht darauf, ob er sie gekannt hat oder hätte kennen können; einen Schutz dagegen unter dem Gesichtspunkt des **guten Glaubens** gibt es **nicht** (so zutr. Palandt-Bassenge § 38 Rn 3), für eine von Bärmann-Pick-Merle (§ 38 Rdn. 69) in Betracht gezogene und mit Recht abgelehnte Analogie zu § 1157 BGB fehlt es an allen Voraussetzungen. Jedoch ist die oben Rdn. 5 gemachte Einschränkung zu beachten.

§ 39 Zwangsversteigerung

(1) **Als Inhalt des Dauerwohnrechts kann vereinbart werden, daß das Dauerwohnrecht im Falle der Zwangsversteigerung des Grundstücks abweichend von § 44 des Gesetzes über die Zwangsversteigerung und Zwangsverwaltung auch dann bestehen bleiben soll, wenn der Gläubiger einer dem Dauerwohnrecht im Range vorgehenden oder gleichstehenden Hypothek, Grundschuld, Rentenschuld oder Reallast die Zwangsversteigerung in das Grundstück betreibt.**

(2) **Eine Vereinbarung gemäß Absatz 1 bedarf zu ihrer Wirksamkeit der Zustimmung derjenigen, denen eine dem Dauerwohnrecht im Range vorgehende oder gleichstehende Hypothek, Grundschuld, Rentenschuld oder Reallast zusteht.**

(3) **Eine Vereinbarung gemäß Absatz 1 ist nur wirksam für den Fall, daß der Dauerwohnberechtigte im Zeitpunkt der Feststellung der Versteigerungsbedingungen seine fälligen Zahlungsverpflichtungen gegenüber dem Eigentümer erfüllt hat; in Ergänzung einer Vereinbarung nach Absatz 1 kann vereinbart werden, daß das Fortbestehen des Dauerwohnrechts vom Vorliegen weiterer Voraussetzungen abhängig ist.**

Übersicht

I. Ausgangspunkt

1 Das Dauerwohnrecht unterliegt den allgemeinen **Rangvorschriften;** es muß daher, wenn ein im Rang vorgehender oder gleichstehender Gläubiger (§ 10 ZVG) die Zwangsversteigerung betreibt, durch den Zuschlag erlöschen (§ 91 ZVG). Die Frage, ob und inwieweit dieser Grundsatz, der unzweifelhaft eine ernste Gefahr für den Dauerwohnberechtigten darstellt, für das Dauerwohnrecht durchbrochen werden sollte und könnte, war Gegenstand eingehender Erörterungen. Als deren Ergebnis war jedenfalls festzustellen, daß eine Regelung, bei der das Dauerwohnrecht ohne Rücksicht auf seinen Rang kraft Gesetzes in der Zwangsversteigerung bestehen geblieben wäre, weder mit allgemeinen Rechtsgrundsätzen noch mit den wirtschaftlichen Notwendigkeiten, insbesondere den Schutz der Realgläubiger, vereinbar gewesen wäre. Denn auch der Baukostenzuschuß, für den das Dauerwohnrecht häufig die Gegenleistung bilden wird, ist wirtschaftlich gesehen Eigenkapital und muß daher im allgemeinen nach dem Fremdkapital rangieren. Andererseits erschien es aber doch geboten, das Fortbestehen in der Zwangsversteigerung zu begünstigen, soweit dies mit den Belangen der Realgläubiger in Einklang zu bringen war. Auf diesen Erwägungen beruht § 39, dessen Wirkung freilich auch durch einen *bedingten Rangrücktritt* (vgl. hierzu Güthe-Triebel S. 980) hätte erreicht werden können. Da ein solcher bedingter Rangrücktritt aber schon grundbuchmäßig gewisse Schwierigkeiten gemacht hätte, andererseits die Bedingungen, unter denen er erfolgen sollte, zum Teil im Gesetz selbst festgelegt werden sollten (vgl. Abs. 3 Halbsatz 1), so empfahl es sich, einen anderen Weg zu suchen, um die oben erwähnte Gefahr auszuschließen oder zu verringern. Diesen Weg zeigt § 39; die Vorschrift selbst weist zwar deutlich auf die bestehende Gefahr hin, aber sie schafft diese Gefahr nicht (dies gegen Palandt-Bassenge, Rdn. 1, 2 und

Diester, Rpfleger 54, 281 [284]). Die aus der sachenrechtlichen Natur des DWR folgende Gefährdung bei Nachrang ist zweifellos eine empfindliche Schwäche, die nun um so mehr in Erscheinung tritt, als nach den durch das Gesetz über Maßnahmen auf dem Gebiet der Zwangsvollstreckung vom 20. 8. 53 (BGBl. I S. 952) in das ZVG eingefügten §§ 57c, d ZVG ein Aufbaumieter gegen eine Kündigung seitens des Erstehers weitgehend geschützt ist (vgl. auch Weitnauer, Betrieb, 1954, 796 mit weiteren Nachweisungen). Im übrigen ist wegen der aus § 39 sich ergebenden rechtspolitischen Fragen auf die ausführliche Stellungnahme des BJM, wiedergegeben oben Vorbem. 17ff. vor § 31, zu verweisen.

2 **Den Ausgangspunkt des § 39 WEG bildet § 59 ZVG;** hiernach kann jeder Beteiligte eine von den gesetzlichen Vorschriften abweichende Feststellung des geringsten Gebots und der Versteigerungsbedingungen verlangen; wird durch die Abweichung das Recht eines anderen Beteiligten beeinträchtigt, so ist dessen Zustimmung erforderlich; sofern nicht feststeht, ob das Recht durch die Abweichung beeinträchtigt wird, ist das Grundstück mit der verlangten Abweichung und ohne sie auszubieten (sogenanntes Doppelausgebot). § 39 gestattet nun eine Regelung dahin, daß über die abweichende Feststellung des geringsten Gebots schon vor der Einleitung eines Zwangsversteigerungsverfahrens bindende Abmachungen getroffen werden können. Diese Regelung läßt also den Rang der vorgehenden Rechte unangetastet, sie bringt auch in Anbetracht der in Abs. 3 verlangten Voraussetzungen keine wirtschaftliche Beeinträchtigung der Realgläubiger mit sich. Es wird sich hier stets um Wohnblocks handeln, die nicht zur Eigennutzung, sondern zur Überlassung an Dritte bestimmt sind, also, wenn nicht das Dauerwohnrecht bestünde, vermietet würden. Da das Dauerwohnrecht nur bestehen bleibt, wenn der Berechtigte seine Verpflichtungen erfüllt hat, und darüber hinaus der Realgläubiger oder Ersteher durch Vereinbarung weiterer Bedingungen oder eines entsprechenden Heimfallanspruchs gesichert werden kann, werden die Realgläubiger ihre Zustimmung zu Vereinbarungen nach § 39 erteilen können. Näheres hierzu vgl. nachstehende Rdn. 17. Die aus der Entstehungszeit zu erklärende Regelung des § 39 hat ebenso wie die der §§ 40, 41 kaum mehr praktische Bedeutung.

II. Vereinbarung

3 **Nach § 44 ZVG** wird bei der Versteigerung nur ein solches Gebot zugelassen, durch welches die dem Anspruch des betreibenden Gläubigers vorgehenden Rechte gedeckt werden. Betreibt also ein Gläubiger der ersten bis dritten Klasse (§ 10 ZVG) oder der Gläubiger einer dem Dauerwohnrecht im Range vorgehenden oder gleichstehenden Hypothek (entsprechendes gilt stets auch für den Gläubiger einer Grundschuld, Rentenschuld oder Reallast) die Zwangsversteigerung, so wird nach den gesetzlichen Vorschriften das Dauerwohnrecht nicht im geringsten Gebot berücksichtigt und muß gemäß §§ 52, 91 ZVG erlöschen. § 39 gestattet nun in Verfolg des in § 9 EGZVG zum Ausdruck gekommenen Gedankens eine bindende **Vereinbarung** zwischen dem Dauerwohnberechtigten und dem Eigentümer **über das Bestehenbleiben im Falle der Zwangsversteigerung,** die, sofern sie zum **„Inhalt**

des DWR" gemacht wird, zu einer von den gesetzlichen Vorschriften abweichenden Feststellung des geringsten Gebots im Sinne des § 59 ZVG führt. Ist das DWR mit einem Pfandrecht oder Nießbrauch belastet, so ist § 876 BGB zu beachten; da die Vereinbarung des Bestehenbleibens das Recht ausschließlich begünstigt, ist die Zustimmung des dinglich Berechtigten nicht erforderlich (BayObLG 59, 520, 528), wohl aber zu einer nachträglichen Änderung zum Nachteil des DWR.

1. Die Vereinbarung trifft nur den Fall, daß die Zwangsversteigerung von dem Gläubiger einer dem Dauerwohnrecht **im Rang vorgehenden oder gleichstehenden Hypothek,** Grundschuld, Rentenschuld oder Reallast betrieben wird; sie ist also ohne Wirkung, wenn Gläubiger der Klassen eins bis drei (Zwangsverwaltungskosten, Lidlohn, öffentliche Lasten) die Versteigerung betreiben. Die Ansprüche der letztgenannten Gläubiger müssen daher vom Dauerwohnberechtigten auch im Falle einer Vereinbarung nach Abs. 1 erfüllt werden, wenn er sich sein Dauerwohnrecht erhalten will. Dies entspricht der Rechtslage, wie sie im Falle des Rangrücktritts bestehen würde. **4**

2. Erfordernis der Zustimmung (Abs. 2). Die Vereinbarung bedarf der Zustimmung derjenigen, denen eine dem Dauerwohnrecht im Rang vorgehende oder gleichstehende Hypothek, Grundschuld, Rentenschuld oder Reallast zusteht. *Beispiel:* Ein Grundstück des Eigentümers E ist belastet an erster Rangstelle mit einer Hypothek des A, an zweiter Rangstelle mit einer Hypothek des B, an dritter Rangstelle mit dem Dauerwohnrecht des X. Bei der Bestellung des Dauerwohnrechts wird eine Vereinbarung gemäß Abs. 1 getroffen; diese Vereinbarung bedarf zu ihrer Wirksamkeit nach Abs. 2 der Zustimmung von A und B. **5**

Der Prüfung bedarf aber, wie sich die Rechtslage gestaltet, wenn nur entweder A oder B ihre Zustimmung erteilen. Die Entscheidung hängt dann davon ab, ob das Fortbestehen des Dauerwohnrechts das Recht des Hypothekengläubigers beeinträchtigen würde. Es ergeben sich hierbei **folgende Fälle:** **6**

a) A, der die Zwangsversteigerung betreibt, hat zugestimmt, B hat nicht zugestimmt. Hier kann das Gebot durch das Bestehenbleiben des Dauerwohnrechts beeinträchtigt und damit der auf B entfallende Teil des Erlöses geschmälert werden; das Dauerwohnrecht ist also nicht in das geringste Gebot aufzunehmen, allenfalls kann Doppelausgebot erfolgen (§ 59 Abs. 2 ZVG) . **7**

b) A betreibt die Zwangsversteigerung und hat nicht zugestimmt, dagegen hat B zugestimmt. In diesem Falle ist gleichfalls das Dauerwohnrecht nicht in das geringste Gebot aufzunehmen; allenfalls Doppelausgebot. **8**

c) B betreibt die Zwangsversteigerung und hat nicht zugestimmt; dagegen hat A zugestimmt. Entscheidung wie zu b. **9**

d) B betreibt die Zwangsversteigerung und hat zugestimmt, dagegen ist A, der nicht zugestimmt hat, nicht betreibender Gläubiger. In diesem Falle wird A durch das Bestehenbleiben des Dauerwohnrechts nicht beeinträchtigt; das Dauerwohnrecht ist also in das geringste Gebot aufzunehmen; insoweit bedarf der Wortlaut des Abs. 2 einer einschränkenden Auslegung, die **10** sich ohne weiteres aus dem Zweck der Vorschrift und aus § 59 Abs. 2 ZVG ergibt.

11 **3.** Ist eine dem Dauerwohnrecht im Range vorgehende oder gleichstehende Hypothek, Grundschuld, Rentenschuld oder Reallast **mit dem Recht eines Dritten belastet** - in Betracht kommen nur Pfandrecht und Nießbrauch –, so ist nach allgemeinen Rechtsgrundsätzen auch die Zustimmung des Dritten erforderlich (vgl. BayObLG 59, 520); das ergibt sich daraus, daß die Zustimmung eine Verfügung darstellt; überdies ist dies in § 1071 BGB für den Nießbrauch, in § 1276 BGB für das Pfandrecht ausdrücklich bestimmt. Einer entsprechenden Heranziehung des § 880 Abs. 3 BGB bedarf es also nicht.

12 **4. Der Zustimmung anderer als der genannten dinglich Berechtigten bedarf es nicht.** Beispiel: Das Grundstück ist belastet an erster Rangstelle mit einer Hypothek zugunsten des A; an zweiter Rangstelle mit einer Grunddienstbarkeit zugunsten des B, an dritter Rangstelle mit dem Dauerwohnrecht des C; eine Vereinbarung gemäß Abs. 1 wird mit Zustimmung des A getroffen. Wenn nun auf Betreiben des A die Zwangsversteigerung erfolgt, so ist zwar das Dauerwohnrecht des C, nicht aber die Dienstbarkeit des B in das geringste Gebot aufzunehmen; die Dienstbarkeit des B erlischt dann durch den Zuschlag, nicht dagegen das Dauerwohnrecht des C.

13 **5.** Über die **Eintragung einer Vereinbarung nach Abs. 1, 2** in das Grundbuch enthält § 39 keine Bestimmungen. Die Frage, ob eine solche Vereinbarung durch Bezugnahme auf die Eintragungsbewilligung als Inhalt des Dauerwohnrechts im Grundbuch eingetragen werden kann, ist in gleicher Weise zu beantworten wie die Frage der Eintragung von Bedingungen überhaupt, insbesondere eines bedingten Rangrücktritts; es bedarf also eines Hinweises auf die Vereinbarung über das Bestehenbleiben des Dauerwohnrechts in der Eintragung selbst, doch kann wegen des näheren Inhalts der Voraussetzungen, unter denen das Dauerwohnrecht bestehen bleiben soll, auf die Eintragungsbewilligung Bezug genommen werden (vgl. zum bedingten Rangrücktritt KG DNotZ 56, 556; OLG Köln DNotZ 63, 48). Auch im übrigen sind die für die Rangänderung geltenden Grundsätze (§ 18 GBV) entsprechend anzuwenden; ebenso LG Hildesheim Rpfleger 66, 116 mit Anm von Riedel. Voraussetzung der Wirksamkeit ist, daß die Vereinbarung auch bei den betroffenen Grundpfandrechten eingetragen wird (vgl. dazu Horber-Demharter GBO § 45 Rdn. 49; ebenso Bärmann-Pick-Merle § 39 Rdn. 49). Der Eintragung im Grundbuch steht es nicht entgegen, wenn nicht alle vorrangigen oder gleichstehenden Gläubiger ihre Zustimmung erteilt haben; die fehlende Zustimmung bewirkt dann nur eine relative Unwirksamkeit gegenüber diesen Gläubigern (SchlHOLG SchlHA 62, 146).

III. Bedingungen des Fortbestehens

14 Nach Abs. 3 hängt das Fortbestehen von einer gesetzlichen Bedingung ab (Halbsatz 1); es kann von rechtsgeschäftlichen Bedingungen abhängig gemacht werden (Halbsatz 2).

1. Gesetzliche Bedingung. Die Vereinbarung über das Fortbestehen des Dauerwohnrechts ist nach Abs. 3 Halbsatz 1 nur wirksam für den Fall, daß der Berechtigte im Zeitpunkt der Feststellung der Versteigerungsbedingungen seine fälligen Zahlungsverpflichtungen gegenüber dem Eigentümer erfüllt hat. Wegen des hiernach **maßgebenden Zeitpunkts** vgl. § 66 ZVG: Die Feststellung des geringsten Gebots und der Versteigerungsbedingungen erfolgt im Versteigerungstermin. Die Nichterfüllung eines völlig unerheblichen Teilbetrags wird außer Betracht bleiben können. Die gesetzliche Bedingung kann nicht abbedungen werden. Soll das DWR unter günstigeren Voraussetzungen bestehen bleiben, so kann der Erfolg nur durch Rangrücktritt erreicht werden. **15**

2. Vereinbarte Bedingungen. Zusätzlich können nach Abs. 3 Halbsatz 2 weitere Bedingungen durch eine zum Inhalt des Dauerwohnrechts gemachte Vereinbarung bestimmt werden. Als solche Bedingung kommt z. B. in Betracht: daß kein Heimfallanspruch begründet ist oder daß der Dauerwohnberechtigte sich verpflichtet, vom Zuschlag an ein höheres Entgelt zu bezahlen und Sicherheit hierfür zu leisten, und was dergleichen mehr sein kann. Da alle diese Bedingungen die Rechtsstellung der im Range vorgehenden Hypothekengläubiger nicht beeinträchtigen, sondern verbessern, wäre zu einer nachträglichen Hinzufügung derartiger Bedingungen die Zustimmung nach Abs. 2 nicht erforderlich. **16**

In der Praxis hat sich zunächst namentlich die Sparkassenorganisation der Frage angenommen und zur Förderung des besonders von den öffentlichen Bausparkassen geforderten „Eigenwohnungs-"Systems (vgl. Rdn. 7 vor § 31) in „Fachmitteilungen" Nr. 29641/52 v. 25. 10. 52 erklärt, daß bei Zugrundelegung des von der Sparkassenorganisation ausgearbeiteten Mustervertrages gegen Erteilung der Zustimmung keine Bedenken bestünden, „sofern das Bestehenbleiben des DWR davon abhängig gemacht ist, daß der Dauerwohnberechtigte (Eigenwohner) im Zeitpunkt der Feststellung der Versteigerungsbedingungen seine fälligen Zahlungsverpflichtungen aus dem DWR-Vertrag gegenüber dem Eigentümer (Genossenschaft) erfüllt hat *und* dieser die entsprechenden Verpflichtungen gegenüber dem Realkreditgläubiger erfüllt hat". Bei dieser Gestaltung ist dem Dauerwohnberechtigten der große Vorteil verschafft, daß er den aus dem Nachrang erwachsenden Gefahren, die denen der Gesamtbelastung beim Wohnungseigentum entsprechen, enthoben ist; er trägt allerdings die Gefahr, daß der Eigentümer die an ihn geleisteten Beiträge nicht bestimmungsgemäß weiterleitet; diese Gefahr der Veruntreuung kann ihm aber zugemutet werden. Im übrigen wird sich der Realgläubiger häufig nicht so sehr gegen das Fortbestehen des Rechts als solches, sondern gegen die Möglichkeit schützen wollen, Vorausverfügungen über das Entgelt – insbes. beim mietähnlichen DWR – anerkennen zu müssen. Insoweit vermag sich der Gläubiger durch Vereinbarungen nach § 40 Abs. 2 zu schützen (vgl. Rdn. 3ff., 12 zu § 40). **17**

Den Gläubigern des staatlichen Baudarlehens ist verschiedentlich nahegelegt worden, die Zustimmung nach § 39 Abs. 2 zu erteilen (vgl. Vor § 31 Rdn. 18). **18**

19 **3. Berücksichtigung im Versteigerungsverfahren.** Das Fortbestehen des Dauerwohnrechts gegenüber dem Ersteher hängt vom Vorliegen der gesetzlichen sowie etwa vereinbarter Voraussetzungen ab, das von Amts wegen zu prüfen ist (Bärmann-Pick-Merle § 39 Rdn. 54). Das Dauerwohnrecht ist daher in der Zwangsversteigerung als bedingtes Recht nach den §§ 51, 50 ZVG zu behandeln. Demnach ist das Dauerwohnrecht, sofern nicht die Voraussetzungen des Erlöschens unzweifelhaft feststehen („liquide vorliegen"; vgl. Jäckel-Güthe, § 51 Anm. 2, 11, § 45 Anm. 2), in das geringste Gebot aufzunehmen, so als ob es unbedingt bestehen bliebe (ebenso Bärmann-Pick-Merle § 39 Rdn. 66). Stellt sich nachträglich heraus, daß die auflösende Bedingung eingetreten war, so hat der Ersteher einen Betrag, um den sich der Wert des Grundstücks durch den Wegfall der Belastung erhöht, zu bezahlen. Dieser Ersatzbetrag ist nicht sofort fällig, sondern erst drei Monate nach erfolgter Kündigung, die jederzeit nach Rechtskraft des Zuschlagsbeschlusses möglich ist, zu zahlen und vom Zuschlag an zu verzinsen. Der Ersatzbetrag soll vom Gericht bei der Feststellung des geringsten Gebots bestimmt werden. Der Streit über den Eintritt oder Nichteintritt der Bedingung ist dann allenfalls im Verteilungsverfahren auszutragen.

§ 40 Haftung des Entgelts

(1) **Hypotheken, Grundschulden, Rentenschulden und Reallasten, die dem Dauerwohnrecht im Range vorgehen oder gleichstehen, sowie öffentliche Lasten, die in wiederkehrenden Leistungen bestehen, erstrecken sich auf den Anspruch auf das Entgelt für das Dauerwohnrecht in gleicher Weise wie auf eine Mietzinsforderung, soweit nicht in Absatz 2 etwas Abweichendes bestimmt ist. Im übrigen sind die für Mietzinsforderungen geltenden Vorschriften nicht entsprechend anzuwenden.**

(2) **Als Inhalt des Dauerwohnrechts kann vereinbart werden, daß Verfügungen über den Anspruch auf das Entgelt, wenn es in wiederkehrenden Leistungen ausbedungen ist, gegenüber dem Gläubiger einer dem Dauerwohnrecht im Range vorgehenden oder gleichstehenden Hypothek, Grundschuld, Rentenschuld oder Reallast wirksam sind. Für eine solche Vereinbarung gilt § 39 Abs. 2 entsprechend.**

Übersicht

Wegen des wirtschaftlichen Zwecks der Vorschrift vgl. Rdn. 23 vor § 31.

I. Die allgemeinen Rechtsgrundlagen des § 40

Eine Hypothek (gleiches gilt auch für Grundschulden, Rentenschulden und Reallasten, §§ 1192, 1200, 1107, BGB) erstreckt sich, wenn das Grundstück vermietet oder verpachtet ist, nach § 1123 Abs. 1 BGB auf die Miet- oder Pachtzinsforderung. Unter den in § 1123 Abs. 2 BGB bestimmten Voraussetzungen tritt eine Enthaftung ein. Die Zwangsvollstreckung in das Grundstück erfaßt auch diese Forderungen, allerdings nur die Zwangsverwaltung (§ 865 ZPO, §§ 148, 21 ZVG). Über die Wirksamkeit von Verfügungen über die Miet- oder Pachtzinsforderung, die vor der Beschlagnahme vorgenommen worden sind, bestimmt § 1124 BGB (i. d. F. des G. v. 5. 3. 1953, BGBl. I S. 33) folgendes: Eine vor der Beschlagnahme vorgenommene Verfügung ist auch dem Hypothekengläubiger gegenüber grundsätzlich wirksam, aber mit einer einschneidenden Ausnahme; sie ist unwirksam, soweit sie sich auf den Miet- oder Pachtzins für eine spätere Zeit als den zur Zeit der Beschlagnahme laufenden Kalendermonat bezieht; erfolgt die Beschlagnahme nach dem 15. d. M., so ist die Verfügung jedoch auch insoweit wirksam, als sie sich auf den Miet- oder Pachtzins für den folgenden Kalendermonat bezieht. 1

Diese Regelung hat zur Folge, daß im Falle der Zwangsverwaltung dem Zwangsverwalter gegenüber Verfügungen über den Miet- oder Pachtzins, soweit § 1124 BGB in Betracht kommt, unwirksam sind. Daher muß ein Mieter, der über die nach § 1124 BGB zulässige Zeit hinaus die Miete oder Pacht vorausbezahlt hat, an den Zwangsverwalter noch einmal bezahlen. Entsprechende Vorschriften gelten im Falle der Zwangsversteigerung zugunsten des Erstehers (§§ 57, 57b ZVG), zugunsten desjenigen, der vom Konkursverwalter erwirbt (§ 21 KO) sowie – mit einer Ausnahme bezüglich solcher Verfügungen, welche der Erwerber zur Zeit des Eigentumsübergangs kennt (§ 573 Satz 2 BGB) – auch zugunsten des rechtsgeschäftlichen Erwerbers. Die außerordentliche Kündigung nach § 57a ZVG ist dem Ersteher nach Maßgabe des § 57c im Falle eines Baukostenzuschusses für eine von der Höhe des Baukostenzuschusses abhängige Zeit versagt. Der Ausschluß des Kündigungsrechts bedeutet freilich nicht, daß auch die Mietvorauszahlungen für die Zeit des Kündigungsschutzes wirksam sein müßten. Vgl. dazu unten Rdn 5. 2

Die Rechtsprechung hat nun allerdings im Interesse der Mieter versucht, die Tragweite des § 1124 BGB und der entsprechenden Vorschriften (§§ 573, 574 BGB, § 21 KO) einzuschränken. In RGZ 94, 279 hat das Reichsgericht die Rechtswirksamkeit der Vorauszahlung einer Pacht anerkannt und ausgeführt, gegen Vorauserhebungen und Vorauszahlungen von Mietzinsen, die *„in Gemäßheit des Mietvertrags"* erfolgen (womit auf den Zusammenhang der §§ 566, 571 ff. BGB hingewiesen wird), lasse das Gesetz dem Erwerber usw. keinen Schutz angedeihen. In dem entschiedenen Falle handelt es sich um die Wirksamkeit von Vorausverfügungen nicht gegenüber einem dinglichen Gläubiger, sondern gegenüber einem rechtsgeschäftlichen Erwerber des Grundstücks. Unter Berufung auf diese Entscheidung hat das Reichsgericht dann in der Entscheidung RGZ 127, 116 den Satz aufgestellt, der Erwerber müsse eine Anzahlung gegen sich gelten lassen, wenn sie schon im Mietvertrag vorgesehen, nicht etwa nachträglich herbeigeführt worden sei. 3

In RGZ 136, 414 hat das Reichsgericht, ohne sich mit § 1124 BGB auseinan- 4 derzusetzen, eine Pachtzinsherabsetzung, die mit Rücksicht auf die von dem Pächter übernommene Instandsetzung des gepachteten Gebäudes vereinbart war, dem Zwangsverwalter gegenüber als wirksam angesehen; zur Begründung ist ausgeführt, daß eine vertragsgemäß zur Erhaltung und Erhöhung des Ertragswerts des Grundstücks gemachte und damit der Verbesserung der Realsicherung dienende Leistung vom Zwangsverwalter nicht außer Betracht gelassen werden dürfe. Schließlich hat das Reichsgericht in RGZ 144, 194 den Satz aufgestellt, daß auch der Beschlagnahmegläubiger und der Zwangsverwalter eine Vorausverfügung über den Mietzins gegen sich gelten lassen müssen, wenn diese vor dem Eintritt des Verwalters in das Mietverhältnis in Gemäßheit des Mietvertrags geschehen sei; die Entscheidung beruht allerdings nicht auf diesem Satz. Das Kammergericht ist in einer Entscheidung JW 1936, 3132 (mit Anmerkung von Roquette) der Rechtsprechung des Reichsgerichts, soweit sie sich vom Wortlaut des § 1124 BGB entfernt hatte, entgegengetreten; es hat die Meinung vertreten, daß Mietvorauszahlungen für einen längeren Zeitraum als einen Monat gegenüber dem Zwangsverwalter unwirksam seien; auf den Zeitpunkt der vertraglichen Fälligkeit der Miete komme es nicht an. Das Risiko der Vorauszahlung treffe im Falle der Beschlagnahme den Mieter.

5 **Seit Erlaß des WEG** hat sich in der Rspr. fast einhellig die Auffassung durchgesetzt, daß als Finanzierungsbeitrag geleistete Mietvorauszahlungen auch gegenüber dem Zwangsverwalter, Konkursverwalter und Ersteher wirksam sind (vgl. BGHZ 6, 202; 15, 296; 16, 31; 29, 289; 37, 346; BGH MDR 53, 473; BGH NJW 55, 302; BGH NJW 59, 380; BGH NJW 59, 872); nur vereinzelt hat sich Widerspruch erhoben (vgl. OLG Bremen, Urteile vom 4. 4. 51 – BB 52, 182 – und vom 8. 7. 54 – ZMR 55, 75 = Rpfleger 55, 69 mit Anm. Bruns). In der Entscheidung BGHZ 15, 296, welche durch BGHZ 37, 346 bestätigt worden ist, hat der BGH auch das von der früheren Rspr. verlangte Erfordernis, daß die Vorauszahlung im ursprünglichen Mietvertrag vereinbart gewesen sein müsse, fallen lassen und als entscheidend lediglich angesehen, ob die Leistung einen sachlichen Wert geschaffen hat, der eine mindestens später sich auswirkende Besserstellung des Eigentümers und der Gläubiger herbeiführt; ob die Vorausverfügung über den Mietzins im Mietvertrag selbst vereinbart ist oder nicht, ist also nach dem gegenwärtigen Stand der Rspr. gänzlich unerheblich geworden, was eine wesentliche Abweichung vom Ausgangspunkt der reichsgerichtlichen Rspr. bedeutet.

6 Die Wirkung eines Baukostenzuschusses als Vorausverfügung über den Mietzinsanspruch geht soweit, daß nach BGHZ 16, 31 der Ersteher, der – insbesondere wegen § 57c ZVG – das außerordentliche Kündigungsrecht des § 57a ZVG nicht ausüben kann, zur Rückzahlung des anteiligen Baukostenzuschusses verpflichtet ist, wenn er nach Eintritt in das Mietverhältnis aufgrund der §§ 553ff. BGB später kündigt (oder soweit Mieterschutz bestand, das Mietverhältnis durch Mietaufhebung beendigt), bevor der Baukostenzuschuß ganz abgewohnt ist. Ein Ausschluß dieser Verpflichtung des Erstehers durch eine Vereinbarung zwischen Mieter und Vermieter ist von BGHZ 53, 35 bei Wohnraum im Hinblick auf § 557a BGB für unwirksam gehalten worden (kritisch dazu Pergande NJW 70, 1171).

Vereinbarungen, nach denen ein dem Eigentümer gewährtes Darlehen jeweils bei Fälligkeit eines Mietzinsanspruchs mit diesem zu verrechnen ist (sog. „Aufrechnungsvorvertrag"), ist die Wirksamkeit im Krisenfall versagt worden: im Zweifel wird aber Mietvorauszahlung angenommen. Daß die weitgehende Anerkennung von Vorausverfügungen auf Bedenken seitens der Realkreditgeber stößt, erscheint verständlich; allerdings wird die Tragweite manchmal wohl etwas überschätzt (vgl. zu dem Fragenkreis Weitnauer, Betrieb 54, 796). Weitere Fragen aus dem Problemkreis der Baukostenzuschüsse sind behandelt in BGH NJW 66, 1705 = DB 66, 1271 (Rückforderungsanspruch des Mieters oder Nachmieters, der dem Vormieter einen verlorenen Baukostenzuschuß erstattet hatte, gegen den Vermieter im Falle der vorzeitigen Beendigung des Mietverhältnisses) und in BGH NJW 66, 1703 = DB 66, 1272 (Schadensersatzanspruch des Mieters gegenüber dem Vermieter im Falle der Unwirksamkeit einer Vorauszahlung gegenüber dem Erwerber). Die Frage der Mietvorauszahlungen und Baukostenzuschüsse hat ihre praktische Bedeutung, die in der Zeit nach dem Kriege groß gewesen war, inzwischen so gut wie völlig verloren.

II. Die Regelung des § 40

Die Regelung des § 40 ist nur auf dem Hintergrund der geschilderten Rechtslage zu verstehen, wobei allerdings zu berücksichtigen ist, daß § 40 in einem Zeitpunkt geschaffen wurde, in dem noch nicht abzusehen war, ob und wie die Rspr. oder der Gesetzgeber über die Rechtslage des Mieters im Falle eines Baukostenzuschusses entscheiden würden. Es lag an sich wohl nahe, den Anspruch auf das Entgelt in gleicher Weise zu behandeln wie den Mietzinsanspruch. Diese Frage wird nun in § 40 geregelt. Dabei ist in gewisser Hinsicht der Anspruch auf das Entgelt dem Mietzins gleichgestellt. Eine unmittelbare Anwendung der Vorschriften über den Mietzins ist deshalb unmöglich, weil das Verhältnis zwischen Dauerwohnungsberechtigtem und Eigentümer keinesfalls ein Mietverhältnis sein kann, sondern regelmäßig ein Kaufvertrag sein wird (Vorbem. 8 vor § 31). Unerheblich ist, ob es sich um eine einmalige oder um wiederkehrende Leistungen handelt (so zutreffend auch Bärmann-Pick-Merle § 40 Rdn. 4ff.). Besondere Vorschriften für ein in wiederkehrenden Leistungen bemessenes Entgelt sind allerdings in Abs. 2 getroffen. 7

Der Anspruch auf das Entgelt für das Dauerwohnrecht – rechtlich also ein Kaufpreisanspruch (nicht ganz klar Bärmann-Pick-Merle § 40 Rdn. 25) – wird durch § 40 in bezug auf die Haftung gegenüber Grundpfandgläubigern, nicht aber in sonstiger Hinsicht dem Mietzinsanspruch gleichgestellt. Der Käufer eines Dauerwohnrechts muß also, auch wenn er den Kaufpreis in einer einzigen Zahlung entrichtet hat, damit rechnen, daß nach Maßgabe der im folgenden zu erläuternden gesetzlichen Regelung seine Zahlung pro rata temporis als unwirksam behandelt wird, wenn das Dauerwohnrecht in der Zwangsversteigerung bestehen bleibt. § 1126 BGB ist nicht anwendbar. 8

1. Öffentliche Lasten, die in wiederkehrenden Leistungen bestehen (vgl. 9 hierzu das Gesetz über die Pfändung von Miet- und Pachtzinsforderungen wegen Ansprüchen aus öffentlichen Grundstückslasten vom 9. 3. 1934, RGBl. I 181) sowie **Hypotheken, Grundschulden, Rentenschulden und Reallasten**, die dem Dauerwohnrecht im Range vorgehen oder gleichstehen, erstrecken sich auf den Anspruch auf das Entgelt (einschließlich der zum Inhalt des Rechtes gemachten Verpflichtungen nach § 33 Abs. 4 Nrn. 2, 3; so zutr. Diester, Bem. 1, Bärmann-Pick-Merle § 40 Rdn. 5) für das Dauerwohnrecht in gleicher Weise wie auf eine Mietzinsforderung. Wird also wegen eines solchen Rechts die Zwangsverwaltung angeordnet, so erfaßt sie diesen Anspruch gemäß § 865 ZPO, §§ 21, 148 ZVG.

Wegen der **Wirksamkeit von Vorausverfügungen** ergibt sich aus § 40 folgendes:

10 a) Vorausverfügungen über das Entgelt für das DWR sind nach Abs. 1 Satz 1 gegenüber den Grundpfandgläubigern in der Zwangsverwaltung **insoweit wirksam, als sie** unter entsprechenden Voraussetzungen **über Mietzinsforderungen wirksam wären,** also nach Maßgabe der §§ 1123, 1124 BGB und der oben Rdn. 3ff. dargestellten Rspr. zum Baukostenzuschuß. Betreibt ein Grundpfandgläubiger die Zwangsversteigerung, so gilt Entsprechendes auch zugunsten und zu Lasten des Erstehers (dazu unten Rdn. 15).

11 b) Darüber hinaus aber **gibt Abs. 2 noch eine Möglichkeit,** auch Verfügungen, die nach den erwähnten Grundsätzen oder auch im Falle einer Änderung der Rechtsprechung an sich unwirksam wären, gegenüber vorgehenden Hypotheken, Grundschulden, Rentenschulden und Reallasten (nicht dagegen gegenüber öffentlichen Lasten) wirksam zu machen, indem eine entsprechende Vereinbarung des Eigentümers mit dem Dauerwohnberechtigten zum Inhalt des Dauerwohnrechts gemacht wird – die Vereinbarung bedarf der Zustimmung derjengen, denen eine im Range vorgehende oder gleichstehende Hypothek, Grundschuld, Rentenschuld oder Reallast zusteht. Bezüglich des Erfordernisses der Zustimmung sowie bezüglich der Eintragung einer solchen Vereinbarung und der hierzu erteilten Zustimmung im Grundbuch sind die in § 39 Rdn. 5ff. dargelegten Grundsätze entsprechend anzuwenden.

12 c) § 40 geht von der Rechtslage aus, wie sie bei Erlaß des WEG bestand, also davon, daß auch als Finanzierungsbeitrag geleistete Vorauszahlungen durch die oben angeführten Vorschriften im Krisenfall ihrer Wirksamkeit beraubt seien (vgl. die Einleitung und die Erläuterungen zu § 40 in der amtl. Begründung des WEG, PiG 8, 157). Deshalb erwähnt er nur die Möglichkeit, Vereinbarungen über Vorauszahlungen dahin zu treffen, „daß" sie wirksam sind, nicht schlechthin, ob und inwieweit sie wirksam sind. Die Vorschrift ist aber angesichts der Entwicklung der Rspr. unbedenklich dahin auszulegen, daß sie Vereinbarungen jeder Art über Vorauszahlungen zuläßt, also auch gestattet zu vereinbaren, daß Vorauszahlungen entgegen den in der Rspr. entwickelten Grundsätzen unter gewissen Voraussetzungen oder in gewissem Umfang unwirksam sind (zustimmend Bärmann-Pick-Merle § 40 Rdn. 32, möglicherweise anders Rdn. 44). Vereinbarungen solcher Art sind auch gegenüber Mietvorauszahlungen getroffen worden (vgl. Weitnauer, Betrieb 54, 796).

2. Im übrigen sind nach der ausdrücklichen Vorschrift des Abs. 1 Satz 2 die für die Mietzinsen geltenden Vorschriften nicht entsprechend anzuwenden. Das bedeutet: 13

a) Die Zwangsverwaltung **zugunsten** anderer als der in Abs. 1 Satz 1 bezeichneten Gläubiger, insbes also der im Rang nachgehenden Gläubiger, ergreift den Anspruch auf das Entgelt überhaupt nicht. Ein Zugriff ist nur im Wege der Einzelvollstreckung möglich. Das gleiche gilt, wenn das Entgelt nicht in wiederkehrenden Leistungen besteht.

b) Alle Vorschriften, die die **Wirksamkeit von Vorausverfügungen** über 14
den Mietzins einschränken, sind außer in den oben Rdn. 7 erörterten Fällen nicht anzuwenden. Daher gelten **für den rechtsgeschäftlichen Erwerber** des Grundstücks **nicht** die §§ 573, 574 BGB. Der Erwerber des Grundstücks tritt vielmehr in das Rechtsverhältnis ein, so wie es besteht (§ 38). Ebenso muß derjenige die Vorausverfügung gegen sich gelten lassen, der wegen anderer als der in Abs. 1 Satz 1 bezeichneten Ansprüche die Zwangsverwaltung betreibt oder der das Grundstück vom Konkursverwalter erwirbt.

3. Gegenüber dem Ersteher kommt die Wirksamkeit einer Vorausverfü- 15
gung nur in Betracht, wenn das Dauerwohnrecht bestehen bleibt (vgl. § 38 Rdn. 10). Grundsätzlich muß er dann die Vorausverfügungen gegen sich gelten lassen (Abs. 1 Satz 2). Geht das DWR dem betreibenden Gläubiger zwar im Range nach, bleibt es aber aufgrund einer Vereinbarung nach § 39 bestehen, so muß der Ersteher die Vorausverfügungen gegen sich nur insoweit gelten lassen, als sie auch gegenüber dem betreibenden Gläubiger wirksam wären (oben Rdn. 9ff.), da andernfalls der betreibende Gläubiger durch die Vorausverfügungen beeinträchtigt wäre (möglicherweise teilweise abweichend die Ausführungen bei Bärmann-Pick-Merle § 40 Rdn. 27ff.).

§ 41 Besondere Vorschriften für langfristige Dauerwohnrechte

(1) **Für Dauerwohnrechte, die zeitlich unbegrenzt oder für einen Zeitraum von mehr als zehn Jahren eingeräumt sind, gelten die besonderen Vorschriften der Absätze 2 und 3.**

(2) **Der Eigentümer ist, sofern nicht etwas anderes vereinbart ist, dem Dauerwohnberechtigten gegenüber verpflichtet, eine dem Dauerwohnrecht im Range vorgehende oder gleichstehende Hypothek löschen zu lassen für den Fall, daß sie sich mit dem Eigentum in einer Person vereinigt, und die Eintragung einer entsprechenden Löschungsvormerkung in das Grundbuch zu bewilligen.**

(3) **Der Eigentümer ist verpflichtet, dem Dauerwohnberechtigten eine angemessene Entschädigung zu gewähren, wenn er von dem Heimfallanspruch Gebrauch macht.**

Das Dauerwohnrecht kann **zeitlich unbegrenzt oder auf lange Zeit bestellt** werden (zur Eintragung der Befristung vgl. § 32 Rdn. 5). Für diesen Fall gibt § 41 noch zwei besondere Vorschriften, die im übrigen nach § 31 1

Abs. 3 gleichermaßen auch für langfristige **Dauernutzungsrechte** gelten. Die längere Laufdauer allein sagt allerdings nichts über die Eigentumsähnlichkeit des Rechts aus (vgl. Rdn. 7ff. vor § 31). Bei nachträglicher Verlängerung kommt es darauf an, ob die Laufzeit von der Verlängerung an die 10-Jahres-Grenze überschreitet (Diester, Bem. 2a). Wegen steuerlicher Fragen vgl. Anhang zu § 60. Die Regel des Abs. 2 ist, wie der Wortlaut ergibt, abdingbar, Abs. 3 dagegen unabdingbar (ebenso Bärmann-Pick-Merle § 41 Rdn. 11, 22). Die Regelung des § 41 hat wie die der §§ 39, 40 kaum mehr praktische Bedeutung.

2 **1. Löschung im Range vorgehender Eigentümerhypotheken und Grundschulden (Abs. 2).** In Fällen der hier gedachten Art wird das Dauerwohnrecht stets im Range nach den für das aufgenommene Fremdkapital bestellten Hypotheken eingetragen werden. Die Verzinsung und Tilgung dieser Hypotheken wird aus den von dem Dauerwohnberechtigten erbrachten Leistungen bestritten. Deshalb wird es in der Regel der Interessenlage entsprechen, daß der Dauerwohnberechtigte den Vorteil von der fortschreitenden Tilgung des Fremdkapitals hat, indem sein Recht allmählich in die erste Rangstelle einrückt. Dieser Gedanke ist in Abs. 2 zum Ausdruck gekommen. Der Dauerwohnberechtigte hat hiernach, **soweit nicht etwas anderes vereinbart** ist, gegen den Eigentümer einen Anspruch darauf, daß dieser die Eigentümergrundschulden und -hypotheken, die dem Dauerwohnrecht im Range vorgehen oder gleichstehen, löschen läßt und die Eintragung einer entsprechenden Löschungsvormerkung (§ 1179 BGB) bewilligt. Dagegen hat das Dauerwohnrecht nicht – was in den Beratungen erwogen, aber mit Recht abgelehnt worden ist – schon kraft Gesetzes die Wirkung einer solchen Löschungsvormerkung (ebenso jetzt Palandt-Bassenge Rdn. 2). Daß die Vorschrift nur von Hypotheken spricht, bedeutet nicht, daß sie auf andere Grundpfandrechte unanwendbar wäre (a. M. Diester, Bem. 4); es liegt insoweit eine kleine, aber offenbare redaktionelle Ungenauigkeit vor (zustimmend Bärmann-Pick-Merle § 41 Rdn. 12). Im übrigen ist die Vorschrift in gleicher Weise auszulegen wie § 1179 BGB i. d. F. des G. v. 22. 6. 1977 (BGBl. I S. 998), mit dem sie sachlich in Einklang steht; die durch dasselbe Gesetz neu eingefügten §§ 1179a und b kommen nicht in Betracht, weil sie einen gesetzlichen Löschungsanspruch nur zugunsten von Grundpfandrechtsgläubigern vorsehen. Kosten der Eintragung trägt der Eigentümer (Palandt-Bassenge, Rn 2).

3 **2. Entschädigungspflicht.** Der Eigentümer ist kraft Gesetzes **unabdingbar** zur Gewährung einer **angemessenen** Entschädigung verpflichtet, wenn er vom Heimfallanspruch Gebrauch macht. Bestimmungen darüber, was als angemessene Entschädigung anzusehen ist, enthält das Gesetz nicht. Eine solche wird in der Weise zu errechnen sein, daß von den Leistungen, die der Dauerwohnberechtigte zur Finanzierung der Baukosten und zur Tilgung der Belastungen erbracht hat, eine angemessene Abnutzungsentschädigung abgesetzt wird. Über die Höhe und die Berechnung der Entschädigung und die Art ihrer Zahlung können Vereinbarungen gemäß § 36 Abs. 4 getroffen werden. Je nach der Gestaltung des Rechtsverhältnisses und den vom Dauerwohnberechtigten erbrachten Leistungen kann die angemessene Entschädi-

gung auch gleich Null sein, wenn nämlich das Entgelt nach Art einer Miete berechnet war; einem solchen Ergebnis der Höhe nach steht Abs. 3 nicht entgegen (zustimmend Bärmann-Pick-Merle § 41 Rdn. 26). Die Vorschrift gestattet aber nicht, den Entschädigungsanspruch dem Grunde nach auszuschließen (ebenso BGHZ 27, 158 [162], auch BGH NJW 1960, 1621; a. M. OLG Celle NJW 60, 2293). Das ergibt sich aus der Gegenüberstellung zu Abs. 2, der abweichende Vereinbarungen zuläßt. Eine entgegen § 41 Abs. 3 getroffene Vereinbarung über den Ausschluß der Entschädigung ist nichtig; ob das die Nichtigkeit der ganzen Vereinbarung über die Bestellung des DWR zur Folge hat, ist nach § 139 BGB zu beurteilen. Der von den Finanzbehörden für die Eigentumsähnlichkeit eines DWR (dazu Vor § 31 Rdn. 7) als unerläßlich angesehene Entschädigungsanspruch ist also in jedem Falle eines wirksam bestellten langfristigen DWR gegeben. Im Streitfalle hat das Gericht über die angemessene Entschädigung zu entscheiden; dabei ist auch der Währungsentwicklung Rechnung zu tragen. Für einen Streit hierüber gilt nicht die in § 52 bestimmte ausschließliche sachliche Zuständigkeit des Amtsgerichts.

3. Hinsichtlich der Befugnis, langfristige Dauerwohnrechte auszugeben, 4
sieht das Gesetz keine Einschränkungen vor. Die Erörterungen über diese Frage führten zu dem Ergebnis, daß derartige Beschränkungen mit dem im Ersten Wohnungsbaugesetz festgelegten Grundsatz des „gleichen Starts" nicht zu vereinbaren wären.

§ 42 Belastung eines Erbbaurechts

(1) **Die Vorschriften der §§ 31 bis 41 gelten für die Belastung eines Erbbaurechts mit einem Dauerwohnrecht entsprechend.**

(2) **Beim Heimfall des Erbbaurechts bleibt das Dauerwohnrecht bestehen.**

1. § 42 spricht, um Zweifeln vorzubeugen, aus, daß auch ein **Erbbaurecht** 1
mit einem Dauerwohnrecht belastet werden kann (vgl. § 11 ErbbauVO, § 1017 BGB). Ebenso ist auch die Belastung eines Wohnungserbbaurechts mit einem DWR möglich (vgl. § 3 Rdn. 35; Ingenstau § 1 Rdn. 97). Bei den Vereinbarungen über den Inhalt des Dauerwohnrechts wird darauf zu achten sein, daß sich nicht Widersprüche zwischen den Vereinbarungen über den Inhalt des belasteten Erbbaurechts und über den Inhalt des Dauerwohnrechts ergeben (z. B. hinsichtlich Instandhaltung, Instandsetzung, Benutzung). Ein instruktives Beispiel für einen Fall der Belastung des Wohnungserbbaurechts mit einem Dauerwohnrecht und Dauernutzungsrecht findet sich in BayObLG 59, 520 = DNotZ 60, 540 mit Anmerkung Weitnauer; der Fall betrifft die Überlassung von Räumen im Dauernutzungsrecht auf die Dauer von 25 Jahren in einem aufgrund Erbbaurechts errichteten Gebäude zwecks Benutzung durch den Berechtigten als Geschäfts- und Übungsraum für eine Tanzschule.

2 **2.** Nach § 33 Abs. 1 S. 3 der ErbbauVO würde beim **Heimfall des Erbbaurechts** das Dauerwohnrecht erlöschen. Abweichend von dieser Vorschrift bestimmt Abs. 2, daß das Dauerwohnrecht beim Heimfall des Erbbaurechts bestehen bleibt. Diese Bestimmung soll dem Schutz des Dauerwohnberechtigten dienen, da in der Regel das Gebäude mit dessen Mitteln errichtet sein wird (vgl. auch den auf ähnlichen Erwägungen beruhenden § 33 Abs. 1 Satz 1 ErbbauVO). Sie stellt insoweit den Dauerwohnberechtigten einem Mieter gleich; denn auch der Eigentümer oder der Dritte, auf den beim Heimfall das ErbbauR übertragen wird, tritt in das Mietverhältnis nach Maßgabe der §§ 571 ff. BGB ein (Staudinger-Ring, Rdn. 15 zu § 33 ErbbauVO; Ingenstau § 30 Rdn. 2).

3 **3.** Dagegen **erlischt** das Dauerwohnrecht, wenn das Erbbaurecht erlischt; § 30 ErbbauRVO gilt nicht entsprechend. Das kann zu einer Rechtsmängelhaftung führen (entsprechend den Ausführungen zu § 37 Rdn. 2).

4 **4.** Aus dem Umstand, daß das DWR **beim Heimfall des ErbbR** bestehen bleibt (oben Rdn. 2), kann nicht geschlossen werden, daß schlechthin in den Fällen, in denen die Veräußerung des ErbbR oder seine Belastung mit einer Hypothek, Grundschuld, Rentenschuld oder Reallast (§ 5 ErbbVO) von der **Zustimmung des Eigentümers** abhängig gemacht ist, auch die Belastung mit einem DWR dieser Zustimmung bedürfe oder daß die Belastung mit einem DWR von der Zustimmung abhängig gemacht werden könne (ebenso Bärmann-Pick-Merle § 42 Rdn. 10; a. M. OLG Stuttgart NJW 1952, 979; Palandt-Bassenge § 42 Rn 1; Ingenstau § 5 Rdn. 17, 18). Es handelt sich entgegen der Gegenansicht nicht um eine durch entsprechende Anwendung des § 5 ErbbVO zu schließende Gesetzeslücke in § 42 Abs. 2 WEG; vielmehr ist der Dauerwohnberechtigte, wie oben Rdn. 2 ausgeführt, dem Mieter gleichgestellt. Unbilligkeiten für den Eigentümer sind dadurch vermieden, daß die beim Heimfall dem Erbbauberechtigten zu gewährende Entschädigung (§ 32 Abs. 2 ErbbVO) entsprechend ermäßigt werden kann, wenn eine Wertminderung durch die Belastung mit dem DWR eintritt.

5 **Anders zu beurteilen** wird die Rechtslage nur dann sein, wenn das Erbbaurecht mit einem **eigentumsähnlichen DWR** i. S. der Rdn. 7ff. vor § 31 belastet werden soll; in diesem Fall wird die Belastung – ihrem wirtschaftlichen Sinn entsprechend – einer Veräußerung gleichzustellen sein und bedarf also im Falle einer Veräußerungsbeschränkung nach § 5 Abs. 1 ErbbVO der Zustimmung des Eigentümers (vgl. Näheres bei Weitnauer, DNotZ 53, 119).

III. Teil. Verfahrensvorschriften

Gliederung: Der erste Abschnitt (§§ 43 bis 50) weist eine Reihe von Angelegenheiten des Wohnungseigentums dem Verfahren der freiwilligen Gerichtsbarkeit zu und regelt das Verfahren im einzelnen. Der zweite Abschnitt (§§ 51, 52) gibt Zuständigkeitsvorschriften für Rechtsstreitigkeiten, und zwar die Klage auf Entziehung des Wohnungseigentums und gewisse Streitigkeiten aus dem Dauerwohnrecht. Der dritte Abschnitt (§§ 54 bis 58) regelt das Verfahren der freiwilligen Versteigerung des Wohnungseigentums im Falle einer Verurteilung gemäß §§ 18, 19.

1. Abschnitt. Verfahren der freiwilligen Gerichtsbarkeit in Wohnungseigentumssachen

§ 43 Entscheidung durch den Richter

(1) **Das Amtsgericht, in dessen Bezirk das Grundstück liegt, entscheidet im Verfahren der freiwilligen Gerichtsbarkeit:**

1. **auf Antrag eines Wohnungseigentümers über die sich aus der Gemeinschaft der Wohnungseigentümer und aus der Verwaltung des gemeinschaftlichen Eigentums ergebenden Rechte und Pflichten der Wohnungseigentümer untereinander mit Ausnahme der Ansprüche im Falle der Aufhebung der Gemeinschaft (§ 17) und auf Entziehung des Wohnungseigentums (§§ 18, 19);**
2. **auf Antrag eines Wohnungseigentümers oder des Verwalters über die Rechte und Pflichten des Verwalters bei der Verwaltung des gemeinschaftlichen Eigentums;**
3. **auf Antrag eines Wohnungseigentümers oder Dritten über die Bestellung eines Verwalters im Falle des § 26 Abs. 3;**
4. **auf Antrag eines Wohnungseigentümers oder des Verwalters über die Gültigkeit von Beschlüssen der Wohnungseigentümer.**

(2) **Der Richter entscheidet, soweit sich die Regelung nicht aus dem Gesetz, einer Vereinbarung oder einem Beschluß der Wohnungseigentümer ergibt, nach billigem Ermessen.**

(3) **Für das Verfahren gelten die besonderen Vorschriften der §§ 44 bis 50.**

(4) **An dem Verfahren Beteiligte sind:**

1. **in den Fällen des Absatzes 1 Nr. 1 sämtliche Wohnungseigentümer;**
2. **in den Fällen des Absatzes 1 Nr. 2 und 4 die Wohnungseigentümer und der Verwalter;**
3. **im Falle des Absatzes 1 Nr. 3 die Wohnungseigentümer und der Dritte.**

Übersicht

I. Allgemeines

1 Über die Ansprüche, die aus einer gewöhnlichen Gemeinschaft des bürgerlichen Rechts entspringen, wird im Zivilprozeßwege entschieden. Das Wohnungseigentumsgesetz verweist dagegen fast alle Ansprüche aus der Wohnungseigentümergemeinschaft in das **Verfahren der freiwilligen Gerichtsbarkeit.** Wegen der hierfür maßgebenden Gründe vgl. Anhang zu § 43 Rdn. 1. Es handelt sich – abgesehen von § 43 Abs. 1 Nr. 3 (Verwalterbestellung), wo es sich um eine echte „verwaltende Funktion“ des Richters der freiw. Gerichtsbarkeit handelt (Trautmann, Verfahrenszuständigkeit S. 98) um ein „echtes Streitverfahren der freiwilligen Gerichtsbarkeit“ i. S. von Bärmann AcP 154, 374; Keidel, FGG, §12 Rz. 195ff., Kollhosser ZZP 1980, 290 (so z. B. BGHZ 78, 57; OLG Düsseldorf NJW 1970, 1137); allgemein zur Frage des Rechtswegs in Angelegenheiten des WEG Hohenester JZ 57, 657; eine ausführliche und gründliche Untersuchung der einschlägigen Fragen findet sich bei Trautmann, Verfahrenszuständigkeit, wenn ihm auch nicht in allen Punkten zugestimmt werden kann. Gegenstand des Streites kann wie im Zivilprozeß sein: eine **Leistung,** z. B. Zahlung von Wohngeld, die **Abgabe einer Erklärung** (wichtiger Fall: Einwilligung in die Änderung der Ge-

meinschaftsordnung, § 10 Rdn. 52), eine **Feststellung** (BayObLG 1965, 283), eine **Unterlassung** (OLG Frankfurt OLGE 1984, 120) oder eine **Gestaltung** (so die **Ungültigerklärung eines** Beschlusses nach § 23 Abs. 4 i. V. m. § 43). Ein Anspruch auf Gestaltung, nicht auf Abgabe einer Zustimmungserklärung, wird auch geltend gemacht in den für das Wohnungseigentum besonders wichtigen Fällen, in denen eine gerichtliche Regelung der Beziehungen der Wohnungseigentümer untereinander nach §§ 10 Abs. 3; 15 Abs. 3 (Gebrauchsregelung) bzw. § 21 Abs. (ordnungsmäßige Verwaltung) beantragt wird. An diese sog. **„Regelungsstreitigkeiten"** hat man in erster Linie gedacht, als man sich entschied, die WE-Streitigkeiten der freiwilligen Gerichtsbarkeit zuzuweisen, weil sie starke vertragshilfeartige Züge aufweisen.

Für die Regelungsstreitigkeiten – der Begriff geht zurück auf Bötticher, Gestaltungsrecht und Unterwerfung im Privatrecht (Berlin 1964, S. 16ff., 27ff.) – können gewisse verfahrensrechtliche Besonderheiten herausgearbeitet werden. So ist z. B. die Kostenregelung in § 47 auf sie zugeschnitten, während für Leistungsansprüche, insbesondere Wohngeldansprüche, eine an den §§ 90f. ZPO ausgerichtete Kostenentscheidung angemessen ist und durch § 47 auch ermöglicht wird. Die gerichtliche Entscheidung gestaltet unmittelbar die Beziehungen der Wohnungseigentümer; sie wird mit Rechtskraft bindend für alle „Beteiligte" (§ 45 Abs. 2 Satz 2).

Das **Rechtsschutzbedürfnis** für die Geltendmachung eines Regelungsanspruchs ist grundsätzlich erst zu bejahen, wenn der Versuch, eine Regelung durch Mehrheitsbeschluß herbeizuführen, gescheitert ist; von dieser Voraussetzung kann aber abgesehen werden, wenn der Versuch von vornherein als aussichtslos anzusehen ist (OLG Stuttgart OLGE 1977, 433; KG WE 1993, 221 für den Fall, daß ein Antrag auf einer nicht ordnungsgemäß eingerufenen Eigentümerversammlung abgelehnt wurde; BayObLG WE 1992, 197 für die aus zwei Teilhabern mit gleichem Stimmrecht bestehende Gemeinschaft); Näheres hierzu Anhang § 43 Rdn. 7. Bei Geltendmachung eines gemeinschaftlichen Anspruchs aller Wohnungseigentümer durch einen Wohnungseigentümer ist nach nunmehr herrsch. Rechtsprechung das Rechtsschutzbedürfnis nur gegeben, wenn der Antragsteller durch Mehrheitsbeschluß der Wohnungseigentümer entsprechend ermächtigt ist (BGHZ 111, 148; BGH NJW 1993, 2020 für Ansprüche gegen den Verwalter; KG WM 1990, 180 und BayObLG WE 1990, 172 für Ansprüche gegen den ausgeschiedenen Verwalter; ebenso BayObLG WE 1989, 532 für die Geltendmachung eines gemeinschaftlichen Anspruchs gegen einen Wohnungseigentümer; zu einer Ausnahme OLG Celle DWEigt 1989, 174); Näheres hierzu Vor § 1 Rdn. 70ff; § 21 Rdn. 4; Anhang § 43 Rdn. 7.

Die Zuweisung an den FGG-Richter entscheidet ein Rechtswegproblem und ist entsprechend den Regeln über die Zulässigkeit des Rechtswegs zu beurteilen (BayObLG NJW-RR 1991, 1356). Dabei ist auf die wirkliche Natur des vom Kläger behaupteten Anspruchs abzustellen (BayObLG WuM 1985, 102 m. w. N.; zum negativen Kompetenzkonflikt bayer. Gerichte (BayObLG WE 1991, 364). Die Zuweisung war vor dem 4. VwGOÄnderG vom Prozeßrichter von Amts wegen **in jedem Stadium des Verfahrens** und in jedem Rechtszug, auch in der Revision, zu beachten (BGHZ 59, 58; BayObLG 78, 256), konnte also auch noch in der Revisionsinstanz zur Auf- 2 hebung der Entscheidungen der Vorinstanzen und zur Abgabe an das Amtsgericht zur Erledigung im FGG-Verfahren führen (BGH a. a. O.). Nach § 17a Abs. 5 GVG ist das Rechtsmittelgericht nunmehr an die von den Vorinstanzen ausdrücklich oder stillschweigend bejahte Zuständigkeit ohne Überprüfung gebunden (BayObLG a. a. O.; siehe auch BGHZ 114, 1). Die Verfahrensregelung im einzelnen lehnt sich fast wörtlich an die Verfahrensvorschriften der 6. DVO EheG (der sogenannten „HausratVO" vom 21. 10. 1944, RGBl. I S. 256) an. **Die einmal begründete Zuständigkeit** des FGG-Richters wird nicht berührt, wenn ein unter § 43 fallender Anspruch, insbes. eine Forderung – z. B. ein Schadensersatzanspruch eines Wohnungseigentümers gegen einen anderen wegen Verletzung einer auf der Gemeinschaft beruhenden Verpflichtung – **im Wege der Rechtsnachfolge** auf der Gläubiger- oder Schuldnerseite, z. B. durch Abtretung, Schuldübernahme, Pfändung und Überweisung nach § 835 ZPO, auf eine nicht zur Wohnungseigentümergemeinschaft gehörende Person übergeht (so auch Soergel-Baur, Rdn. 4; a. M. Bärmann-Pick-Merle Rdn. 9; vgl. die ein allgemeines prozessuales Prinzip ausdrückende Regelung in § 3 ArbGG i. d. F. v. 2. 7. 1979, BGBl. I S. 853); vgl. ferner unten Rdn. 14, 16; zum Wechsel des **Prozeßstandschafters** unten Rdn. 39.

3 **Seinem Inhalt nach betrifft § 43** verschiedene wesentliche Fragen. Zunächst werden die Angelegenheiten bezeichnet, die im FGG-Verfahren zu erledigen sind; weiter wird die örtliche und sachliche Zuständigkeit bestimmt (dazu unten Rdn. 33ff.). Schließlich werden noch einige besonders wichtige Verfahrensfragen (Antragsbefugnis, Beteiligte, Verfahrensgrundsätze) geregelt. Eine *geringfügige Änderung* ist in Abs. 1 Nr. 3 durch die Novelle vom 30. 7. 1973 vorgenommen worden; die Verweisung auf § 26 Abs. 2 mußte folgerichtig nach der Änderung des § 26 durch eine Verweisung auf § 26 Abs. 3 ersetzt werden.

II. Dem FGG-Verfahren zugewiesene Angelegenheiten

4 1. Die aus der Gemeinschaft der Wohnungseigentümer und aus der Verwaltung des gemeinschaftlichen Eigentums sich ergebenden Rechte und Pflichten der Wohnungseigentümer untereinander (Abs. 1 Nr. 1)

a) Hierunter fallen **alle im 2. und 3. Abschnitt des ersten Teiles des Gesetzes geregelten Angelegenheiten** mit den nachstehend Rdn. 17ff. erörterten Ausnahmen, voran die Verfahren wegen rückständiger Hausgelder, sei es, daß der Anspruch von einem Wohnungseigentümer (hierzu oben Rdn. 1) oder dem Verwalter im Namen aller Wohnungseigentümer mit Ausnahme des Schuldners oder als Prozeßstandschafter (hierzu § 27 Rdn. 10; Anh. § 43 Rdn. 14) in eigenem Namen geltend gemacht wird). Weitere Beispiele aus der Rspr.: BayObLG 63, 161 = NJW 64, 47 (Streit über die Benutzung des gemeinschaftlichen Eigentums, hier Anbringung einer *Leuchtreklame* an der Hauswand) – OLG Frankfurt/Main MDR 60, 404 (Anbringung eines *Zauns* auf der Grenze zum Nachbargrundstück) – OLG Frankfurt/Main NJW 61, 324 (Auflagen zur *Unterbindung von Störungen* der Wohnungseigentümer, insbesondere von Störungen, die dem Mieter eines

Wohnungseigentümers durch andere Wohnungseigentümer zugefügt werden) – OLG Frankfurt OLGE 1984, 120 (Unterlassung störenden Musizierens). – OLG Stuttgart NJW 61, 1359 (Abgrenzung der Gebrauchsregelung i. S. des § 15 WEG gegenüber einer *baulichen Veränderung* i. S. des § 22) – AG Hamburg MDR 57, 43 (Benutzung einer Eigentumswohnung als *Arztpraxis*). – BayObLG 61, 322 = NJW 62, 492 (Gebrauch des *Fahrradkellers*) – OLG Frankfurt/Main NJW 65, 2205 (Streit um gemeinschaftliche *Abstellplätze* für PKW) – BayObLG 65, 286 (Probleme der Abstimmung in der Wohnungseigentümerversammlung; vgl. weiter § 23 Rdn. 5ff.) – OLG Stuttgart NJW 70, 102; BayObLG DWEigt 1984, 30 und WE 1991, 49 (Beseitigung einer ohne die nach § 22 Abs. 1 erforderliche Zustimmung der übrigen Wohnungseigentümer vorgenommenen *baulichen Änderung*) – BayObLG NJW 71, 436 und WEM 1984, 6, 15 (Einräumung des *Mitbesitzes* am Gemeinschaftseigentum, bzw. Herausgabe eines Raumes an alle Wohnungseigentümer, wobei auch zu klären war, ob das Recht zu dem umstrittenen Besitz aus dem Sondereigentum des Antragsgegners entspringt) – OLG Düsseldorf NJW 70, 1137 (Geltendmachung von Ansprüchen auf die *Bewirtschaftungskosten* im Konkurs eines Wohnungseigentümers gem. § 16 Abs. 2 WEG, § 59 Nr. 1 KO) – KG MDR 1984, 494 (Geltendmachung eines Erstattungsanspruchs gegen einen Wohnungseigentümer aus der notwendigen Beschaffung von Heizöl für die Gemeinschaft) – BayObLG WE 1992, 177 (Verteilung von Erträgnissen aus der gemeinsamen Verpachtung einer in Teileigentum aufgeteilten Hotelanlage). Aus der Verwaltung des gemeinschaftlichen Eigentums und damit „aus der Gemeinschaft" entspringen auch Streitigkeiten über Rechte und Pflichten des *Verwaltungsbeirats* (so auch BayObLG Rpfleger 1975, 245); die Zuständigkeit des FGG-Richters wird nicht dadurch berührt, daß dem Verwaltungsbeirat Außenstehende angehören (BayObLG 72, 161 = NJW 72, 1377).

b) **Unter das Verfahren des § 43 fallen ferner auch:**

aa) **Schadensersatzansprüche,** soweit sie auf die Verletzung der aus der 5
Gemeinschaft entspringenden schuldrechtlichen Verpflichtungen gestützt werden (vgl. dazu § 10 Rdn. 10; § 13 Rdn. 17). Die Zuständigkeit des FGG-Richters umfaßt auch die damit in Anspruchskonkurrenz stehenden Ansprüche aus unerlaubter Handlung (BGHZ 59, 58; BayObLG 70, 65 = NJW 70, 1550; OLG München NJW 68, 994; BGH NJW-RR 1991, 907 für den Anspruch eines Wohnungseigentümers auf Ersatz eines Feuchtigkeitsschadens an beweglichen Gegenständen gegen einen am Garten sondernutzungsberechtigten Wohnungseigentümer, der einen vom Bewuchs ausgehenden Schaden am Gebäude zu vertreten hat) sowie negatorische oder besitzrechtliche Ansprüche (OLG Frankfurt NJW 65, 2205). Übereinstimmend Bärmann-Pick-Merle § 43 Rdn. 13; Diester § 43 Bem. 4.

bb) Streitigkeiten darüber, ob und welche **Vereinbarungen** i. S. des § 5 6
Abs. 2 **zum Inhalt des Sondereigentums** gemacht sind; dabei handelt es sich eindeutig um Streitigkeiten, die aus dem Gemeinschaftsverhältnis der Wohnungseigentümer entspringen, wie § 10 Abs. 2 zeigt. Da ein **Sondernutzungsrecht** nicht nach § 3 WEG sondern durch Vereinbarung der Wohnungseigentümer gem. § 10 Abs. 1 Satz 2 entsteht, gehört nicht nur der

Streit über den Umfang eines Sondernutzungsrechts ins FGG-Verfahren (OLG Köln NJW-RR 1989, 1040), sondern auch der Streit über sein Bestehen (BGH NJW 1990, 1112); zu Unrecht a. A. OLG Stuttgart OLGZ 1986, 35; KG DWEigt 1989, 143; OLG Köln a. a. O.).

7 cc) Streitigkeiten aus **Finanzierungsproblemen** im Baustadium, soweit die unter Rdn. 12 genannten Voraussetzungen gegeben sind.

8 c) Ob und inwieweit **Streitigkeiten** zwischen Wohnungseigentümern (nicht mit Dritten) darüber, **ob bestimmte Räume,** Bestandteile des Gebäudes, Anlagen oder Einrichtungen (§ 5 Abs. 1 u. 2 WEG) oder sonstige Gegenstände (z. B. gemeinsame Guthaben, falls das entgegen der hier § 1 Rdn. 6ff. vertretenen Ansicht geltend gemacht wird) **zum gemeinschaftlichen Eigentum gehören,** damit zugleich auch Streitigkeiten darüber, ob ein bestimmter Gegenstand nicht unter die Gemeinschaft fällt, also Sondereigentum oder schlichtes Alleineigentum eines Wohnungseigentümers ist, in das Verfahren nach § 43 gehören, erscheint zweifelhaft. Die Frage wird verneint von LG Düsseldorf Rpfleger 72, 450 mit zustimmender Anmerkung Diester; OLG Karlsruhe NJW 1975, 1976; Bärmann-Pick-Merle § 43 Rdn. 6; BayObLG DWEigt 1986, 29; OLG Bremen WE 1987, 162 und wohl auch vom Bundesgerichtshof. Nach BGHZ 73, 302 ist der Streit zwischen dem in Prozeßstandschaft für die Wohnungseigentümergemeinschaft handelnden Verwalter und einem in Konkurs gefallenen Teileigentümer darüber, ob die in dessen Teileigentum befindliche, vom Konkursverwalter freigegebene Heizungsanlage zum gemeinschaftlichen Eigentum gehört, im Zivilprozeßverfahren auszutragen. Ist dagegen die Eigentumsfrage nur Vorfrage für die Entscheidung einer unter § 43 fallenden Streitigkeit, ist sie nach allgemeiner Ansicht mitzuentscheiden (so über die Instandhaltungspflicht BayObLG 70, 267, LG Düsseldorf Rpfleger 1972, 450; über die Beseitigung einer baulichen Veränderung OLG Karlsruhe Die Justiz 1987, 189).

Unter Aufgabe der nur in der 6. Aufl. vertretenen Ansicht sollte auch die isoliert zur Entscheidung gestellte Frage der Zuordnung eines Gebäudeteils oder sonstiger Gegenstände zum gemeinschaftlichen Eigentum oder Sondereigentum im FGG-Verfahren entschieden werden, wenn sie unter Wohnungseigentümern oder zwischen Wohnungseigentümern und Verwalter ausgetragen wird. Auch die isolierte Entscheidung hat direkte Auswirkungen auf die Rechtsbeziehungen der Wohnungseigentümer, so auf den Gebrauch und die Lasten- und Kostentragung. Die Entscheidung muß deshalb Bindungswirkung für und gegen alle Wohnungseigentümer entfalten, wie sie nur im FG-Verfahren über § 45 Abs. 2 Satz 2 WEG erreicht wird. Den Beteiligten und der Sache dienlich ist daher eine sachbezogene Zuweisung aller wohnungseigentumsrechtlichen Angelegenheiten an die FGG-Gerichte, so auch Deckert 7/9. Die zu § 43 Abs. 1 insbesondere vom BayObLG entwickelte Differenzierung zwischen personen- und sachbezogener Zuweisung findet im Gesetz selbst keine Stütze (s. u. Rdn. 14 und 29) und sollte aufgegeben werden. Die Bestrebung der Gerichte, alle nicht zweifelsfrei unter die Regelungen des § 43 fallenden Streitigkeiten in die Zivilgerichtsbarkeit zu bringen, mag auf der anfänglich den FGG-Gerichten entgegengebrachten Skepsis beruht haben; die Bedenken haben sich aber nach über 30jährigem Wirken der FG-Gerichte als unbegründet erwiesen.

d) **Nicht in das Verfahren nach § 43 gehören dagegen:**

Streitigkeiten, welche die Rechtswirksamkeit der Begründung oder Auf- **9**
hebung von Wohnungseigentum betreffen, unbeschadet der Möglichkeit, daß über die Frage, ob wirksam Wohnungseigentum und damit eine WEigt Gemeinschaft entstanden ist, als Vorfrage in dem Verfahren nach § 43 entschieden werden kann (OLG Hamm OLGE 1991, 56; insoweit zutreffend auch KG DWEigt 1989, 143);

Streitigkeiten, welche Ansprüche auf Verschaffung, Begründung oder Aufhebung von Wohnungseigentum betreffen, insbes. aus dem Erwerbsvertrag (Anhang zu § 8), und zwar auch dann, wenn der Bauträger selbst Wohnungseigentümer (BGHZ 62, 388) oder Verwalter (BGHZ 65, 264) ist bzw. war; das gleiche gilt, wenn vom Verkäufer, der zugleich Wohnungseigentümer ist, aus dem Erwerbsvertrag Unterlassung (OLG Stuttgart WE 1989, 142; 1990, 107) oder die Beseitigung einer baulichen Veränderung verlangt wird (OLG Düsseldorf MDR 1983, 320); bzgl. der Herausgabe von Bauunterlagen OLG Hamm NJW-RR 1988, 269;

Streitigkeiten, in denen sich ein Wohnungseigentümer und die Gemeinschaft wie unbeteiligte Dritte gegenüberstehen, z. B. aus der Vermietung einer zum gemeinschaftlichen Eigentum gehörenden Garage (Bärmann-Pick-Merle Einf. vor § 43 Rdn. 5);

Streitigkeiten, in denen sich zwei Wohnungseigentümer wie unbeteiligte Dritte gegenüberstehen, z. B. aus einem nur zwischen ihnen bestehenden Vertrag, so BGH MDR 1987, 42 für ein Konkurrenzverbot; BayObLG 1990, 312 für eine Verletzung des Persönlichkeitsrechts trotz mittelbarer Beeinträchtigung des Gemeinschaftsfriedens; BayObLG NJW-RR 1991, 1358 für Zahlungsansprüche aus dem Treuhänder- und Baubetreuervertrag;

Streitigkeiten des Verwalters gegen einen Wohnungseigentümer wegen Widerrufs ehrverletzender Äußerungen, auch wenn diese durch Rundschreiben den anderen Wohnungseigentümern bekannt geworden sind (BayObLG 1989, 67;

die Feststellung, daß jemand nicht zur Gemeinschaft gehört (BGH Rpfleger 1974, 260);

Streitigkeiten zwischen Wohnungseigentümern bzw. Verwalter und dem Haftpflichtversicherer (BGH MDR 87, 765, BayObLG DWEigt 1988, 108); der gegen einen Dritten gerichtete Anspruch auf Erteilung der Zustimmung im Falle des § 12 (vgl. § 12 Rdn. 12).

e) Dem Wortlaut nach setzt § 43 voraus, daß es sich um Streitigkeiten **10**
handelt, an denen **„Wohnungseigentümer"** beteiligt sind, also Streitigkeiten, die **nach der wirksamen Begründung** des Wohnungseigentums und damit erst nach dem grundbuchlichen Vollzug entstehen. Darauf, ob das Gebäude schon errichtet oder fertiggestellt ist, kommt es nicht an; ist Wohnungseigentum in bezug auf ein erst noch zu errichtendes oder noch nicht fertiggestelltes Gebäude wirksam durch Eintragung im Grundbuch begründet worden (vgl. §§ 3, 8 WEG), steht der Umstand, daß das Gebäude noch nicht fertiggestellt ist, der Anwendung der § 43 ff. nicht entgegen (so zutr.

BayObLG 57, 95 = NJW 57, 753 = JZ 57, 657; die Kritik von Hohenester in JZ 57, 657 betrifft nicht diesen Punkt, sondern die Einbeziehung von Ansprüchen aus der Finanzierung in das Verfahren der §§ 43ff.). Bei Eigentumswechseln außerhalb des Grundbuchs, z. B. durch Erbfolge, Zuschlag in der Zwangsversteigerung, ist unerheblich, wann die Grundbucheintragung erfolgt, da der Betreffende bereits Wohnungseigentümer ist (BayObLG DWEigt 1993, 82 für den Erben).

11 In der Praxis hat sich herausgestellt, daß ein Bedürfnis für die Anwendung des FGG-Verfahrens auch schon in dem **Stadium der „werdenden" Wohnungseigentümergemeinschaft** besteht. Da der werdende Wohnungseigentümer als Wohnungseigentümer behandelt wird, kommt folgerichtig nur das Verfahren der §§ 43ff. in Betracht; dies gilt aber nicht für den rechtsgeschäftlichen Erwerber, der noch nicht im Grundbuch als Eigentümer eingetragen ist und deshalb der Gemeinschaft noch nicht angehört („Zweiterwerber"); Näheres hierzu unten Rdn. 38 und Anh. zu § 10.

12 f) Soweit nach dem Vorstehenden das Verfahren der §§ 43ff. gegeben ist, **umfaßt es auch Ansprüche der Wohnungseigentümer** untereinander **aus der Errichtung und Finanzierung** des Gebäudes, **sofern** diese auf Vereinbarungen i. S. des § 10 Abs. 2 beruhen, also nach wirksamer Begründung des Wohnungseigentums in das FGG-Verfahren fallen würden (so in Übereinstimmung mit den Vorauflagen Kapellmann MDR 69, 620; Rietschel in Anm. zu BGH LM Nr. 1 zu § 43 WEG = BGHZ 44, 43; Hohenester JZ 57, 657; Trautmann a. a. O. – oben Rdn. 1 – S. 30ff., 118ff.; a. A. OLG Hamburg NJW 61, 1168).

13 **Im übrigen aber** gehören Streitigkeiten über Finanzierungsfragen **in das Zivilprozeßverfahren;** a. A. zu Unrecht OLG München MDR 72, 239, welches dem FGG-Verfahren einen Streit zwischen Wohnungseigentümern zugewiesen hat, der daraus entstanden war, daß einzelne Wohnungseigentümer zur Abwendung der Zwangsvollstreckung aus einer durch Teilung des Grundstücks gem. § 8 zur Gesamtgrundschuld gewordenen Grundschuld (vgl. dazu § 3 Rdn. 74; § 8 Rdn. 2i) höhere Beträge bezahlt hatten, als dem Verhältnis ihrer Miteigentumsanteile entsprach, und nun von den anderen Wohnungseigentümern Ausgleichung entsprechend § 426 BGB verlangten; der Umstand allein, daß die Beteiligten Wohnungseigentümer und daß für ihr Innenverhältnis die Miteigentumsquoten maßgeblich waren, vermag die Streitigkeit nicht zu einer Streitigkeit aus dem Gemeinschaftsverhältnis zu machen. Einen ähnlichen Sachverhalt behandelt BayObLG DNotZ 74, 78 m. Anm. Weitnauer, wo aus der Wohnungseigentümergemeinschaft eine Verpflichtung der einzelnen Wohnungseigentümer abgeleitet worden ist, im Falle einer Belastung der Wohnungseigentumsrechte durch eine Gesamtgrundschuld zur Vermeidung der Zwangsvollstreckung gegenseitig einzuspringen, womit dann allerdings folgerichtig auch die verfahrensrechtliche Frage entschieden ist; vgl. dazu § 16 Rdn. 13.

14 g) Ist ein Wohnungseigentümer **vor Rechtshängigkeit** eines Verfahrens nach § 43 Nr. 1 aus der Gemeinschaft **ausgeschieden,** so wird von BGHZ 44, 43; BGHZ 106, 34; BayObLG Rpfleger 1975, 245 (die Zuweisungsnorm sei „sach- und personenbezogen"); Rpfleger 1979, 318; DWEigt 1988, 34;

OLG Hamm OLGZ 1982, 20 angenommen, daß Ansprüche des Ausgeschiedenen und gegen ihn vor dem Prozeßgericht geltend zu machen seien, und zwar auch dann, wenn der Anspruch aus dem Gemeinschaftsverhältnis entspringt. Dagegen hat das OLG Karlsruhe (Die Justiz 1978, 169) für Ansprüche aus einer faktischen Wohnungseigentümergemeinschaft gegen einen durch Rücktritt vom Vertrag wieder ausgeschiedenen Teilhaber die in der Zeit seiner Zugehörigkeit entstanden waren, das Verfahren nach § 43 als gegeben angesehen. Letztere Ansicht verdient den Vorzug. Mit dem Eigentumswechsel verliert der Betreffende zwar seine Stellung als Wohnungseigentümer, er ist also nicht mehr Wohnungseigentümer, jedoch erlöschen damit nicht sämtliche Rechte und Pflichten, die für und gegen ihn als Wohnungseigentümer aus der Gemeinschaft der Wohnungseigentümer und aus der Verwaltung des gemeinschaftlichen Eigentums entstanden sind. Verschiedene Ansprüche wirken sehr wohl für oder gegen den ausgeschiedenen Wohnungseigentümer fort und sind in einem Rechtsstreit in gleicher Weise zu prüfen, wie wenn der betroffene Antragsteller bzw. Antragsgegner der Gemeinschaft angehören würde. Hierzu zählen insbesondere die Zahlungsansprüche auf rückständige Wohngelder und Rückzahlung eines fälligen Überschusses aus einer Jahresabrechnung. (Wegen der Anfechtung eines vor dem Eigentumswechsel zustandegekommenen Mehrheitsbeschlusses, aus dem der danach ausgeschiedene Wohnungseigentümer noch verpflichtet wird, z. B. in Form einer Nachforderung oder Sonderumlage, s. Rdn. 29). Für die Zuständigkeit des FG-Gerichts ist daher nicht darauf abzustellen, ob der Antragsteller oder Antragsgegner bei Rechtshängigkeit noch Wohnungseigentümer ist, sondern allein darauf, ob aus den Rechtsbeziehungen von Wohnungseigentümern eine wohnungseigentumsrechtliche Angelegenheit geltend gemacht wird (so zutreffend KG NJW-RR 1988, 842; allerdings hat das KG seine Rechtsauffassung aufgrund des Beschlusses des BGH a. a. O. inzwischen aufgegeben und vertritt nunmehr die Ansicht, daß ein Wohnungseigentümer, wenn er eine von mehreren Einheiten veräußert hat, wegen sämtlichen Ansprüchen aus dem Gemeinschaftsverhältnis vor dem Prozeßgericht verklagt werden müßte; dem kann nicht gefolgt werden). Für den ausgeschiedenen Verwalter nimmt die Rechtsprechung diesen Standpunkt bereits seit längerem ein (s. u. Rdn. 23), so auch das BayObLG (B. v. 8. 1. 1987 – 2 Z 135/86 m. w. N.).

Im Falle des Ausscheidens **nach Rechtshängigkeit** verbleibt es unstreitig 15 entsprechend §§ 263 Abs. 1 Satz 2, 265, 325, 727 ZPO beim Verfahren nach § 43 (KG NJW 1970, 330; BayObLG Rpfleger 1979, 446; OLG Frankfurt DWEigt 1983, 61); vgl. auch § 16 Rdn. 55; Anh. § 43 Rdn. 8.

h) **Antragsberechtigt** nach Abs. 1 Nr. 1 ist jeder Wohnungseigentümer, 16 u. U. auch der ausgeschiedene (s. oben), nicht dagegen der Verwalter oder ein Dritter, auch nicht ein Interessent, der eine Eigentumswohnung erwerben will (BayObLG 73, 1) und der Käufer, solange er noch nicht Eigentümer ist; zur Verfahrensbeteiligung im Fall des Eigentumswechsels vgl. unten Rdn. 38. **Beteiligte** sind nach Abs. 4 Nr. 1 alle Wohnungseigentümer (so auch OLG Stuttgart BWNotZ 76, 18; OG Zweibrücken WE 1988, 60; Bay ObLG WE 1990, 139; DWEigt 1990, 74; WE 1989, 179; 1991, 55 für Verfahren über die Rechte zweier Wohnungseigentümer untereinander; ebenso BayObLG WE 1991, 197, wenn sich eine Seite auf einen Eigentümerbeschluß stützt; OLG Hamm WE 1993, 314 für den Fall der Geltendmachung von einem Wohnungseigentümer verauslagten Instandsetzungskosten gegen die anderen Teilhaber), ferner u. U. ein zum Mitglied des Verwaltungsbeirats ernannter Nichtwohnungseigentümer, nicht der Kaufinteressent und der Käufer (vgl. unten Rdn. 38); zur Beteiligung des Sonderrechtsnachfolgers unten Rdn. 38. Wendet ein von einem anderen Wohnungseigentümer auf Unterlassung der Haustierhaltung in Anspruch genommener Wohnungseigentümer ein, das in der vom Verwalter aufgestellten Hausordnung enthaltene Verbot der Haustierhaltung widerspreche dem Gesetz, so ist der **Verwalter** als solcher am Verfahren zu beteiligen (BayObLG 72, 90). In Angelegenheiten, die nur **einen abgrenzbaren Teil der Wohnungseigentümer** betreffen (§ 23 Rdn. 10), sind auch nur diese Beteiligte (BayObLG 75, 177; BayObLG WE 1992, 229 für einen Streit unter Sondernutzungsberechtigten; zu Recht verneinend bei einer Mehrhausanlage, wenn übergreifende Maßnahmen im Streit sind BayObLG DWEigt 1993, 123).

i) **Ausnahmen:**

17 Vom Verfahren nach § 43 sind die folgenden Ansprüche ausgenommen, wenngleich sie in der Gemeinschaft begründet sind:

aa) **Ansprüche im Falle der Aufhebung der Gemeinschaft (§ 17).** Hierunter fällt nicht die Entscheidung darüber, ob ein Anspruch auf Aufhebung besteht (vgl. hierzu § 11 Rdn. 8); der Anspruch auf Aufhebung als solcher ist ein aus der Gemeinschaft entspringender Anspruch, der im FGG-Verfahren geltend zu machen wäre. Hingegen gehören die Ansprüche, die sich aus der Aufhebung der Gemeinschaft ergeben in den Zivilprozeß. Es besteht hier also eine Zweiteilung des Verfahrens. Zunächst muß im FGG-Verfahren über den Anspruch auf Aufhebung entschieden werden; wird er bejaht, dann wird hierdurch die Einwilligung der anderen Wohnungseigentümer in die Aufhebung der Gemeinschaft ersetzt (vgl. hierzu § 11 Rdn. 8); Streitigkeiten über die Teilung und sonstige Auseinandersetzung (§§ 752ff. BGB; vgl. § 10 Rdn. 7) sind dann im Zivilprozeßverfahren auszutragen; Vorschriften über die örtliche und sachliche Zuständigkeit für Rechtsstreitigkeiten dieser Art enthält das WEG nicht (vgl. auch § 51 Rdn. 2).

18 bb) **Der Anspruch auf Entziehung des Wohnungseigentums** (§§ 18f.). Die Entscheidung hierüber erfolgt im Zivilprozeßverfahren; örtlich und sachlich zuständig ist nach § 51 das Amtsgericht, in dessen Bezirk das Grundstück liegt. Davon zu unterscheiden ist der Beschluß der Wohnungseigentümer darüber, ob der Anspruch nach § 18 WEG erhoben werden soll (vgl. dazu § 18 Rdn. 10); Streitigkeiten über die Gültigkeit eines solchen Beschlusses gehören in das FGG-Verfahren (§ 43 Abs 1 Nr. 4 in Verb. mit § 23 Abs. 4 WEG; so zutr. auch KG WM 67, 1229; Trautmann, Verfahrenszuständigkeit S. 24).

2. Rechte und Pflichten des Verwalters bei der Verwaltung des gemeinschaftlichen Eigentums (Abs. 1 Nr. 2)

a) Da es sich um **Rechte und Pflichten „bei" der Verwaltung,** d.h. im inneren Zusammenhang mit der Verwaltung handeln muß, gehören hierher unstreitig und unzweifelhaft Streitigkeiten über Befugnisse und Pflichten des Verwalters, **die unmittelbar die Verwaltung des gemeinschaftlichen Eigentums betreffen,** also **Ansprüche gegen den Verwalter,** wie z.B. die Entscheidung darüber, ob der Verwalter wirksam bestellt ist (OLG Hamm OLGE 76, 266), ob der Verwalter einen Beschluß der Wohnungseigentümer auszuführen oder ordnungsmäßig ausgeführt hat (§ 27 Abs. 1 Nr. 1), ob eine vom Verwalter getroffene Maßnahme für die ordnungsmäßige Instandhaltung oder Instandsetzung des gemeinschaftlichen Eigentums erforderlich oder als Notmaßnahme zu treffen war (§ 27 Abs. 1 Nrn. 2, 3), ob eine Versammlung der Wohnungseigentümer einzuberufen war (§ 24 Abs. 2), ob der Verwalter die Versammlung ordnungsmäßig geleitet hat (§ 24 Abs 4), ob der Verwalter im Zusammenhang mit der Verwaltung des gemeinschaftlichen Eigentums die ihm obliegenden Pflichten verletzt hat (OLG Stuttgart DWEigt 1984, 80), über die Abwicklung eines Brandschadens, wenn sich die Gebäudeversicherung auf das gemeinschaftliche Eigentum und das Sondereigentum erstreckt (KG DWEigt 1964, 93) Umgekehrt gehört hierher auch etwa der **Anspruch des Verwalters** auf Ausstellung einer Vollmachtsurkunde (§ 27 Abs. 5). Gute Beispiele bieten auch die Entscheidungen KG NJW 56, 1679 und BayObLG 72, 90 = MDR 72, 516, wo es um die Frage ging, ob der Verwalter sich bei der Beschränkung der Haustierhaltung in der von ihm aufgestellten Hausordnung innerhalb der ihm gezogenen Grenzen gehalten hat. 19

b) Zweifelhaft dagegen war, ob und inwieweit auch **weitere Angelegenheiten,** die sich aus den Beziehungen zwischen Verwalter und Wohnungseigentümergemeinschaft ergeben, dem Verfahren der freiwilligen Gerichtsbarkeit zugewiesen sind, also z.B. **Schadensersatzansprüche** gegen den Verwalter wegen einer pflichtwidrigen Verletzung des gemeinschaftlichen Eigentums (verneinend BayObLG 58, 234, bejahend BGHZ 59, 58), Ansprüche gegen den Verwalter auf Herausgabe oder Vorlage von Buchungsunterlagen oder auf Auskunft (bejahend OLG Hamm MDR 71, 46; BayObLG 69, 209; OLG Hamburg NJW 63, 818), über die Wirksamkeit oder das Bestehen des Verwaltervertrags, schließlich über Ansprüche des Verwalters auf Vergütung. 20

aa) **Der BGH (BGHZ 59, 58 = NJW 72, 1318)** hat sich aus Anlaß eines Falles, in dem zu entscheiden war, ob der Verwalter Mittel zur Bezahlung der Kosten einer Mängelbeseitigung aus einem gemeinschaftlichen Konto der Wohnungseigentümer entnehmen durfte oder diese Kosten selbst zu tragen hatte, **für eine weite Auslegung des § 43 Abs. 1 Nr. 2 und damit für eine weite Zuständigkeit des FGG-Richters entschieden.** Nicht darauf kann es, so führt der BGH aus, „für die Zuweisung einer Streitigkeit in das Verfahren der freiwilligen Gerichtsbarkeit ankommen, ob der Verwalter mit einer von den Wohnungseigentümern beanstandeten Maßnahme den Verwaltervertrag (oder allgemeine gesetzliche Bestimmungen, etwa die 21

§§ 823ff. BGB) verletzt hat. Ausschlaggebend ist vielmehr allein, ob das von ihm in Anspruch genommene Recht bzw. die ihn treffende Pflicht in einem inneren Zusammenhang steht mit der ihm übertragenen Verwaltung des gemeinschaftlichen Eigentums. Ist das zu bejahen, dann ist nach dem der Regelung des § 43 WEG zugrunde liegenden Sinn und Zweck die Streitigkeit darüber im Verfahren der freiwilligen Gerichtsbarkeit auszutragen. In diesem Verfahren kann nicht etwa nur der Inhalt von Rechten und Pflichten des Verwalters bei der Verwaltung des gemeinschaftlichen Eigentums festgestellt und im einzelnen bestimmt werden, was er jeweils zu tun und zu lassen hat, um eine ordnungsgemäße Verwaltung zu gewährleisten. Das Verfahren umfaßt vielmehr auch die Folgen für den Verwalter aus einer von ihm durchgeführten oder unterlassenen Maßnahme, wenn sich diese als Verletzung der ihn treffenden Pflichten oder als Überschreitung der ihm zustehenden Rechte darstellt und er damit schadensersatzpflichtig ist. Es wäre ein schwer verständliches, wenig sinnvolles Ergebnis, wenn der Richter der freiwilligen Gerichtsbarkeit allein berufen wäre, darüber zu befinden, was der Verwalter im Einzelfall zu tun und zu lassen hat, während die daraus erwachsende Schadensersatzpflicht des Verwalters zum Gegenstand eines dann erst noch anzustrengenden Zivilprozesses gemacht werden müßte. Das würde dem mit § 43 WEG verfolgten Zweck ... zuwiderlaufen".

22 bb) In Fortführung dieses Gedankens ist in **BGHZ 78, 57** entschieden, daß auch **Ansprüche des Verwalters gegen die Wohnungseigentümer** auf seine **Vergütung** im Verfahren nach § 43 geltend zu machen sind (so auch die ersten Auflagen und OLG Hamm NJW 1973, 2301). Gleiches hat dann auch für **sonstige Streitigkeiten aus dem Verhältnis** zwischen Wohnungseigentümern und dem Verwalter, insbes. dessen Gültigkeit oder Beendigung, zu gelten (so schon die Vorauflagen). Die früheren Meinungsverschiedenheiten in dieser Frage können als erledigt betrachtet werden (im gleichen Sinne Bärmann-Pick-Merle § 43 Rdn. 25–27). Scheidet der Verwalter während des Verfahrens aus seinem Amt, so wird das Verfahren fortgesetzt (OLG Hamm OLGE 75, 157), soweit sich die Hauptsache nicht erledigt; geht es um Beschlüsse, die seine Rechtstellung betreffen, bleibt der ausgeschiedene Verwalter am Verfahren beteiligt (BayObLG WE 1992, 51).

23 cc) In das Verfahren nach § 43 gehören auch Ansprüche gegen einen **ausgeschiedenen Verwalter** aus dem Verwalterverhältnis (BayObLG DWEigt 1982, 136; BayObLG WE 1990, 172; 1992, 23; KG OLGE 1988, 185), auch wenn sie sich gegen den Gesellschafter der als Verwalterin abberufenen OHG richten (BayObLG B. v. 23. 7. 1987 – 2 Z 41/87), z. B. der Anspruch auf Auskunft und Abgabe der eidesstattlichen Versicherung nach § 260 Abs. 2 BGB (OLG Köln WEM 1980, 82), auf Herausgabe von Verwaltungsunterlagen (§§ 675, 666, 667 BGB, BayObLG 75, 327; OLG Hamm NJW-RR 1988, 269) oder von Räumen, die ihm im Rahmen der Verwaltung überlassen worden sind (BayObLG WE 1988, 143), auf Schadenersatz wegen mangelhafter Abrechnungen, auch wenn die Forderung von dem neuen Verwalter in gewillkürter Prozeßstandschaft geltend gemacht wird (BayObLG WE 1992, 23); aber auch Ansprüche gegen einen früheren, wegen Nichtigkeit der Bestellung nur „faktischen" Verwalter (KG OLGE 1992, 57); ebenso Ansprüche des ausgeschiedenen Verwalters gegen die Wohnungseigentü-

mer, so der in casu für unbegründet erachtete Anspruch auf Entlastung (BayObLG Rpfleger 1980, 192; WE 1991, 360) oder auf Verwaltervergütung und Aufwendungsersatz (BayObLG DWEigt 1984, 124; WE 1990, 173; 1991, 25).

dd) **Nicht unter § 43** fallen Ansprüche, die nicht aus dem Verwalterverhältnis, sondern einer sonstigen Beziehung, z. B. einem Vertrag über die Verwaltung des Sondereigentums (BayObLG 1989, 308; WE 1990, 148; 1992, 148) oder einem Energielieferungsvertrag, entspringen, auch wenn der Verwalter der Lieferant ist (OLG Hamm Rpfleger 1979, 318), oder aus Rechtsbeziehungen zwischen dem später zum Verwalter bestellten Baubetreuer und den Wohnungseigentümern, die vor Entstehung der Wohnungseigentümergemeinschaft begründet waren (Verwendung anvertrauter Gelder BGHZ 65, 264). 24

Der **abberufene Verwalter**, der nicht zugleich Wohnungseigentümer ist, kann nicht den Beschluß über die Bestellung des neuen anfechten (KG Rpfleger 1978, 257), wohl aber den Beschluß über seine Abberufung (Merle in Festgabe Weitnauer S. 195; BGH NJW 1989, 1087; BayObLG 68, 233; vgl. § 26 Rdn. 40). 25

c) **Antragsberechtigt** sind die Wohnungseigentümer und der Verwalter; der Wohnungseigentümer, der einen gemeinsamen Anspruch gegen den Verwalter geltend macht, muß hierzu durch Mehrheitsbeschluß ermächtigt sein (oben Rdn. 1); zur Geltendmachung in Prozeßstandschaft oben Rdn. 4 und Anhang § 43 Rdn. 14. 26

Beteiligte nach § 43 Abs. 4 Nr. 2 sind ebenfalls alle Wohnungseigentümer und der Verwalter (BayObLG WE 1992, 204 für ein Verfahren, in dem ein Wohnungseigentümer den Verwalter wegen eines nicht ausgeführten Eigentümerbeschlusses in Anspruch nimmt; BayObLG WE 1989, 145 für die Geltendmachung von Ersatzansprüchen durch einen Wohnungseigentümer aus der Beschädigung seines Sondereigentums bei Reparaturen des gemeinschaftlichen Eigentums; BayObLG WE 1992, 142 für ein Verfahren auf Zustimmung nach § 12). Aufgrund der Beteiligung können auch solchen Wohnungseigentümern, die sich nicht aktiv am Verfahren beteiligt und somit auch keine Anträge gestellt haben, Kosten des Verfahrens auferlegt werden (BayObLG B. v. 8. 10. 1987 – 2 Z 24/87).

3. Bestellung des Verwalters im Fall des § 26 Abs. 3 (Abs. 1 Nr. 3); vgl. hierzu § 26 Rdn. 23, 24. Antragsberechtigt sind die Wohnungseigentümer oder ein Dritter, der ein berechtigtes Interesse an der Bestellung eines Verwalters hat; beteiligt sind nach Abs. 4 Nr. 3 die Wohnungseigentümer und der Dritte. Wird die Bestellung oder Abberufung des Verwalters als Maßnahme ordnungsmäßiger Verwaltung verlangt (§ 21 Rdn. 23), so ergibt sich die Zuständigkeit aus Abs. 1 Nr. 1. Ist ein **Verwalter abberufen** und ein neuer gem. § 26 Abs. 3 durch den Richter bestellt, so hat der alte Verwalter kein Beschwerderecht gegen die Entscheidung über die Bestellung; er ist, wie OLG Köln (OLGE 69, 389) zutreffend bemerkt, nicht durch die Bestellung des neuen Verwalters, sondern allenfalls durch seine Entlassung beschwert, gegen die er sich mit den zulässigen Rechtsbehelfen wenden kann. 27

4. Die Entscheidung über die Gültigkeit von Beschlüssen der Wohnungseigentümer (Abs. 1 Nr. 4)

28 Nr. 4 deckt in erster Linie, aber nicht ausschließlich die **Anfechtung von Beschlüssen** der Wohnungseigentümerversammlung nach § 23 Abs. 4 (dazu § 23 Rdn. 23ff.) weiter aber auch die **Feststellung** der absoluten Nichtigkeit von Beschlüssen (§ 23 Rdn. 24, 25), ferner die Feststellung der Gültigkeit eines Beschlusses (OLG Celle NJW 1958, 307; OLG Hamm WEM 1979, 75) oder seines Inhalts (OLG Köln OLGZ 79, 282; BayObLG WE 1989, 183, wonach sich die gerichtliche Überprüfung auf die zu dieser Frage vorgetragenen Argumente beschränke). Nr. 4 gilt auch für Beschlüsse nach § 18 Abs. 3 (KG WM 1967, 1229). Die Feststellung, daß ein Beschluß überhaupt nicht vorliegt (§ 23 Rdn. 12ff.), fällt zwar nicht unter den Wortlaut der Nr. 4, kann aber sinngemäß darunter eingeordnet werden, andernfalls ergibt sich die Zuweisung aus Nr. 1, weil in jedem Falle Rechte oder Pflichten von Wohnungseigentümern betroffen sein werden.

Der Antrag auf Feststellung der Ungültigkeit eines Beschlusses kann u. U. in einen Antrag auf Entscheidung über eine für die Zukunft maßgebliche Regelung umgedeutet werden (BayObLG 72, 150; 74, 162). Das Verfahren wird durch einen Eigentümerbeschluß, der den angefochtenen bestätigt, nicht berührt, solang der neue Beschluß ebenfalls angefochten ist (BayObLG WE 1990, 174). Nr. 4 gilt auch, wenn von §§ 23ff. abweichende Bestimmungen getroffen sind.

Nicht anfechtbar sind Beschlüsse zur Geschäftsordnung, Voten, mit denen die Wohnungseigentümerversammlung einen Antrag ablehnt, sog. **Negativbeschlüsse** (BayObLG 80, 29; BayObLG DWEigt 1982, 104), sowie **Nichtbeschlüsse**, d. h. Abstimmungsversuche, die mangels Mehrheit zu keinem Beschluß führen (BayObLG DWEigt 1984, 59). Ist aber das Abstimmungsergebnis zweifelhaft, z. B. wegen der rechtlichen Behandlung von Stimmenthaltungen, kann die Feststellung, daß ein Beschluß vorliegt, beantragt werden, hilfsweise dessen Ungültigkeitserklärung. Das OLG Frankfurt OLGE 1992, 437 unterstellt letzteres, wenn für den Feststellungsantrag die Monatsfrist des § 23 Abs. 4 Satz 2 WEG gewahrt wurde; siehe auch § 23 Rdn. 22 und Anhang zu § 43 Rdn. 7.

29 **Antragsberechtigt** ist jeder Wohnungseigentümer, auch derjenige, der nach Beschlußfassung, aber vor Rechtshängigkeit durch Veräußerung oder Zwangsversteigerung aus der Gemeinschaft ausscheidet, soweit der Beschluß seine Rechtsstellung berührt, z. B. der Beschluß über eine Jahresabrechnung oder die Entlastung des Verwalters (BayObLG 1986, 348 und oben Rdn. 14). Schließlich ist auch der Verwalter anfechtungsberechtigt, soweit er ein Rechtsschutzinteresse hat, also durch den Beschluß in seiner Rechtstellung betroffen ist; allein der Umstand, daß ein Beschluß unter Verstoß gegen eine gesetzliche Vorschrift oder die Gemeinschaftsordnung gefaßt wurde, genügt nicht, sofern der Beschluß nicht nichtig ist; auch solche Beschlüsse hat der Verwalter auszuführen (§ 27 Abs. 1 Nr. 1). Steht ein Wohnungseigentum mehreren als Mitberechtigten nach Bruchteilen zu, so ist jeder antragsberechtigt (§ 1011 BGB, BayObLG 75, 201; KG WE 1993, 312), auch bezüglich eines Antrags auf Feststellung der Gültigkeit eines Beschlusses

(BayObLG Rpfleger 1982, 143). Das Rechtsschutzbedürfnis für den Antrag eines Wohnungseigentümers entfällt nicht deshalb, weil bereits ein anderer einen Antrag auf Ungültigerklärung gestellt hat (BayObLG 77, 226; KG WE 1993, 52).

Beteiligt sind nach Abs. 4 Nr. 2 alle Wohnungseigentümer, auch der zwi- **30**
schen Beschlußfassung und Rechtshängigkeit ausgeschiedene, soweit er materiell betroffen ist, und der Verwalter, nicht aber der ausgeschiedene Verwalter für Beschlüsse, die nach seinem Ausscheiden gefaßt werden (BayObLG WE 1991, 111 für den abberufenen Verwalter); zur Verfahrensbeteiligung beim Eigentumswechsel vgl. unten Rdn. 38. Ist ein Antrag auf Ungültigerklärung **rechtskräftig als unbegründet abgewiesen,** so ist der Beschluß sowohl in bezug auf Anfechtungsgründe wie auf Nichtigkeitsgründe als rechtswirksam zu betrachten, und zwar mit Wirkung für sämtliche Beteiligte, also die Wohnungseigentümer und den Verwalter (BayObLG 80, 29). Die Beteiligtenstellung begründet allein noch kein Beschwerderecht; beschwerdeberechtigt ist nur, wer durch die Entscheidung in seiner Rechtstellung beeinträchtigt wird (so der Verwalter durch die Entscheidung über den Entlastungsbeschluß KG WE 1989, 134; nicht aber der Verwalter im Anfechtungsverfahren über eine Nutzungsänderung BayObLG DWEigt 1992, 164) und wer zum Zeitpunkt der Rechtsmitteleinlegung den Beschlußanfechtungsantrag noch wirksam hätte stellen können (BGH DWEigt 1993, 81).

5. Wegen der Frist für den Anfechtungsantrag (1 Monat ab Beschlußfas- **31**
sung) s. § 23 Rdn 28. Im Falle einer Prozeßstandschaft ist der Antrag nur zulässig, wenn sich der Antragsteller innerhalb der **Anfechtungsfrist** auf seine Rechtsstellung beruft (BayObLG Rpfleger 1983, 14). Wegen Versäumung der Frist Anh. § 43 Rdn. 11; wegen der Form des Antrags s. Anh. § 43 Rdn. 3.

III. Billiges Ermessen

Als allgemeine Richtlinie stellt Abs. 2 den Satz auf, daß der Richter, so- **32**
weit ihm nicht das Gesetz, eine Vereinbarung oder ein Beschluß der Wohnungseigentümer einen Anhalt bieten, nach billigem Ermessen zu entscheiden hat; vgl. hierzu auch § 15 Abs. 2, § 21 Abs. 3 sowie die Ausführungen bei § 10 Rdn. 49. Gem. Abs. 2 ist der Richter daher bei seinen Entscheidungen nicht nur an das Gesetz, sondern auch an die Vereinbarungen und bestandskräftigen Beschlüsse der Wohnungseigentümer gebunden, und zwar auch dann, wenn die dort getroffenen Regelungen gegen Grundsätze der Billigkeit oder ordnungsmäßigen Verwaltung verstoßen. Ein Anspruch auf Abänderung bindender Bestimmungen besteht uneingeschränkt, wenn es sich um einen Beschluß handelt, der eine Vereinbarung „überlagert" und die überlagernde Regelung aufgehoben werden soll (Hauger PiG 39, S. 225/231; vgl. § 10 Rdn. 56), ansonsten nur, wenn außergewöhnliche Umstände ein Festhalten an einer Vereinbarung oder einem bindenden Beschluß als grob unbillig und damit als gegen Treu und Glauben (§ 242 BGB) verstoßend erscheinen lassen (BayObLG WEM 1981, 35; BayObLGE 1984, 50;

BayObLG DWEigt 1986, 95 m. w. N.; OLG Karlsruhe WEM 1978, 58; OLG Frankfurt OLGE 1982, 269) oder nach § 242 oder § 315 BGB Eingriffe des Richters in eine vertragliche Vereinbarung wegen Wegfalls der Geschäftsgrundlage zulässig sind. Auch wenn keine Vereinbarung und/oder Beschlüsse vorliegen, ist der Richter nicht befugt, einen zur Überprüfung gestellten Beschluß aufzuheben oder zu ändern, wenn ihm das nach billigem Ermessen angebracht erscheinen sollte, sondern nur dann, wenn die Regelung nicht einer ordnungsmäßigen Verwaltung (dazu BayObLG Rpfleger 1979, 265) oder einer dem § 15 Abs. 3 genügenden Gebrauchsregelung entspricht. Allgemein zum Problem der Ermessensentscheidung Trautmann, Verfahrenszuständigkeit S. 93f.

IV. Zuständigkeit

33 **Örtlich und sachlich ausschließlich zuständig** ist für das FGG-Verfahren das Amtsgericht, in dessen Bezirk das Grundstück liegt (BGHZ 68, 233). Eine abweichende Gerichtsstandsvereinbarung ist unzulässig und unwirksam (BGHZ 68, 233; dort auch zur Fristwahrung im Falle der Weiterleitung an das örtlich zuständige Gericht).

34 Die Frage, ob und inwieweit die Zuständigkeit des Amtsgerichts durch einen **Schiedsvertrag** ausgeschaltet werden kann, ist im Gesetz nicht behandelt; sie ist, wie dies etwa für die Ausschaltung der Aufwertungsstellen durch Schiedsgerichte (vgl. Mügel, Aufwertungsrecht 5. Aufl., S. 976) und für die Vertragshilfe nach § 21 UStG angenommen wird (vgl. Harmening-Duden, Währungsgesetze, S. 215). in Rechtsprechung und Literatur inzwischen auch für das WEG bestätigt worden (BayObLGZ 1973, 1ff. mit Bedenken wegen § 138 BGB, wenn eine derartige Bestimmung in eine Teilungserklärung einseitig vom Bauträger gesetzt wurde). Dem ist in dieser Form nicht zuzustimmen; ob Bedenken bestehen, kann nicht von der Art des Zustandekommens, sondern ausschließlich vom sachlichen Inhalt der Regelung abhängen (OLG Zweibrücken WE 1987, 85; Bärmann-Pick-Merle § 43 Rdn. 20; Hauger, PiG 11, S. 61). Dies gilt allerdings nur für Angelegenheiten, über die die Beteiligten einen Vergleich schließen können (vgl. § 1025 ZPO, § 44 WEG, Keidel FGG § 1 Rz. 37).

Statt einer Schiedsabrede können die Wohnungseigentümer auch vereinbaren – ein Mehrheitsbeschluß dieses Inhalts wäre fehlerhaft –, daß einem gerichtlichen Verfahren eine Schlichtung, z. B. vor dem Verwaltungsbeirat oder der Wohnungseigentümerversammlung (BayObLG WE 1992, 57), vorzuschalten ist (Güte- oder **Schlichtungsvereinbarung**), solange dadurch die Anrufung des Gerichts nicht unangemessen erschwert wird (BayObLG 1990, 115). Ein Gerichtsverfahren wäre dann mangels Rechtsschutzbedürfnisses solange unzulässig, als der Güteversuch nicht gescheitert ist (OLG Zweibrücken a. a. O.; abweichend OLG Frankfurt OLGE 1988, 63).

35 Sowohl die Schieds- als auch die Güteabrede kann zum Inhalt des Sondereigentums i. S. d. § 5 Abs. 4, § 10 Abs. 2 gemacht werden. Es handelt sich um eine Vereinbarung, die „das Verhältnis der Wohnungseigentümer untereinander“ betrifft; die Frage, ob eine solche Vereinbarung als eine „nicht auf

Vereinbarung beruhende Verfügung" i. S. des § 1048 ZPO angesehen werden kann und demgemäß nicht der Form des § 1027 ZPO (besondere Urkunde) bedarf, wird wohl im Hinblick auf die Auslegung, die RGZ 165, 143 dem § 1048 ZPO gibt, bejaht werden können (so auch OLG Zweibrücken a. a. O.); der Gesichtspunkt, der hier bei der Satzung eines nichtrechtsfähigen Vereins als die Anwendung des § 1048 rechtfertigend angesehen wurde, nämlich, daß die Satzung „die von der Persönlichkeit der Mitglieder losgelöste Verfassung des Eigenlebens des Vereins" sei, trifft auch für die durch § 10 Abs. 2 WEG an das jeweilige Eigentum geknüpfte Regelung des Verhältnisses der Wohnungseigentümer zu (vgl. auch § 10 Rdn. 26, 40, 43).

V. Beteiligte

Abs. 4 entscheidet, wenn auch nicht abschließend, für die einzelnen Fälle der Zuständigkeit nach § 43 die Frage, wer als Beteiligter anzusehen ist. Im Verfahren der freiw. Gerichtsbarkeit unterscheidet man zwischen **formeller** oder prozessualer Beteiligung einerseits und **materieller Beteiligung** andererseits (Keidel, FGG § 6 Rz. 18ff.). Abs. 4 meint die Beteiligung im materiellen Sinne, er bestimmt, wessen Rechte im Verfahren als unmittelbar betroffen anzusehen sind. Alle materiell Beteiligten sind formell zu beteiligen; im formellen Sinne beteiligt können aber auch Personen sein, die materiell nicht beteiligt sind, z. B. Personen, die zu Unrecht zum Verfahren zugezogen worden sind. Eine **völlige Nichtbeteiligung**, die vorliegt, wenn einem Beteiligten weder die Schriftsätze mitgeteilt worden sind, noch er zum Termin geladen worden ist, aber auch dann, wenn der Bevollmächtigte eines Beteiligten im weiteren Verfahren nicht mehr beteiligt worden ist (BayObLG WE 1990, 62), führt zwingend zur **Aufhebung der Entscheidung und** zur **Rückverweisung** (BayObLG WE 1990, 136; 1992, 51; 1991, 201 – mit Abgrenzung zur Verletzung des rechtlichen Gehörs); eine Ausnahme ist nur zu machen, wenn in den Vorinstanzen sich die Hauptsache erledigt hat, so daß nur noch über die Kosten zu entscheiden ist (BayObLG DWEigt 1993, 167). Durch Beteiligung und Genehmigung des bisherigen Verfahrens wird der Mangel geheilt; dies ist auch noch im Rechtsbeschwerdeverfahren möglich (BayObLG WE 1992, 203; 1992, 204). Vgl. im übrigen oben Rdn. 2, 14, 16, 23, 29; Anh. zu § 43 Rdn. 13ff. 36

Die Entscheidungen nach § 43 sind, weil sie in einem Verfahren der „streitigen freiwilligen Gerichtsbarkeit" ergehen (oben Rdn. 1), der **materiellen Rechtskraft** fähig, d. h. die entschiedene Frage darf unter denselben Beteiligten nicht einer neuerlichen richterlichen Entscheidung unterbreitet werden (§ 45 Abs. 2; Keidel, FGG § 31 Rz. 18ff.; BayObLG Rpfleger 1974, 229; OLG Frankfurt OLGE 80, 76), Ausnahme § 45 Abs. 4 (s. dort Rdn. 9). Als Beteiligte sind nach h. M. (vgl. Bärmann-Pick-Merle § 45 Rdn. 62) in diesem Sinne die formell Beteiligten gemeint; die Rechtskraft wirkt also nach dieser Meinung nicht für oder gegen materiell Beteiligte, die fehlerhafter Weise formell nicht beteiligt worden sind. Vorzuziehen ist aber die Lösung, 37 wonach ähnlich wie im Falle des § 23 Abs. 4 WEG auch derjenige Wohnungseigentümer, der formell nicht beteiligt wurde, gem. § 45 Abs. 2 Satz 2 gebunden ist, wenn er nicht fristgerecht die Entscheidung angefochten hat, wofür ihm ggfs. Wiedereinsetzung in den vorigen Stand gewährt werden kann (§ 45 Rdn. 1). Wenn jemand Beteiligter ist, hat das noch **weitere Folgen:** Er kann nicht Richter in der Sache sein (§ 6 FGG), er kann nicht als Zeuge oder Sachverständiger, sondern nur als Beteiligter vernommen werden (BayOblG DWEigt 1992, 163), er hat Anspruch auf rechtliches Gehör (Keidel FGG § 12 Rz. 104ff.), er kann Anträge stellen und Rechtsmittel einlegen; die Entscheidung ist für ihn bindend (§ 45 Abs. 2 Satz 2).

38 Die Frage nach der **Verfahrensbeteiligung** stellt sich schließlich auch **beim Eigentümerwechsel,** wobei es keinen Unterschied macht, ob der Wechsel auf rechtsgeschäftlicher Verfügung oder staatlichem Hoheitsakt (Zuschlag in der Zwangsversteigerung) beruht. Ein Eigentumswechsel vor Rechtshängigkeit birgt keine Probleme in sich. Am Verfahren beteiligt ist derjenige, der bei Rechtshängigkeit Wohnungseigentümer ist. Ausnahmen sind bei **Entstehen der Wohnungseigentümergemeinschaft** für den **werdenden Wohnungseigentümer** zu machen (BayObLG WE 1992, 141) und für den zwischen Beschlußfassung und Rechtshängigkeit ausgeschiedenen Wohnungseigentümer, soweit er materiell betroffen ist; auch sie sind Verfahrensbeteiligte (s. auch Anh. § 10). Hingegen besteht weder eine rechtliche noch eine tatsächliche Veranlassung, einen rechtsgeschäftlichen Erwerber, insbesondere einen **Käufer**, vor Vollendung des Erwerbsvorganges (BayObLG WE 1990, 76; vgl. auch Anh. § 10 Rdn. 6) oder einen am Kauf Interessierten (BayObLG 1973, 1) am Verfahren zu beteiligen. Ob der Erwerber nach Vollzug des Eigentumswechsels Beteiligter wird, bestimmt sich danach, ob die streitbefangene Sache veräußert wurde (BGHZ 18, 226).

39 Mangels entsprechender Regelungen in WEG und FGG und unter Berücksichtigung der Rechtsnatur der wohnungseigentumsrechtlichen Verfahren als sog. echte Streitverfahren der freiwilligen Gerichtsbarkeit (s. Anhang zu § 43 Rdn. 2 m. w. N.) ist auf die Bestimmungen der §§ 261f. ZPO zurückzugreifen. Danach wirkt sich ein Eigentumswechsel auf den Rechtsstreit nur aus, wenn hierdurch die Sachlegitimation eines Antragstellers oder Antragsgegners entfällt. Nur wenn der Eigentumswechsel einem Beteiligten die Sachlegitimation nimmt, ist überhaupt Anlaß für eine gesetzliche Regelung gegeben und § 265 ZPO anwendbar (Rosenberg § 101, II 1). Es kommt also darauf an, ob durch die Veräußerung die Aktiv- oder Passivlegitimation der einen oder anderen Seite in Frage gestellt wird. Dies ist nicht der Fall in Wohngeldstreitigkeiten, weil die Wohngeldansprüche weder auf der Gläubiger- noch auf der Schuldnerseite durch die Veräußerung berührt werden.

Der Eigentumswechsel allein bewirkt keinen Forderungsübergang, keine Mithaft und keinen Schuldübergang. Tritt der Ausscheidende seine Ansprüche auf das rückständige Wohngeld an den Erwerber ab, so gilt § 265 ZPO (s. u.); hat der neue Eigentümer die Hausgeldschulden seines Vorgängers mitübernommen, steht es im Belieben der Gläubiger, das Verfahren auf den zweiten Schuldner zu erstrecken. Kam zwischen den beiden Schuldnern durch die Zustimmung der Gläubiger eine befreiende Schuldübernahme zustande, müssen die Gläubiger den Rechtsstreit gegen den Altschuldner für erledigt erklären und ein neues Verfahren gegen den Rechtsnachfolger anstrengen oder eine Klagänderung gem. § 263 in die Wege leiten (wegen des Meinungsstreites, ob eine Klagänderung beim Parteienwechsel zulässig ist, Baumbach/Lauterbach, § 263 2.C). Ohne Abtretung der Forderung ist § 265 ZPO nicht einschlägig. Soweit von Weitnauer, PiG 21, S. 59/68 eine abweichende Ansicht vertreten wurde, wird diese nicht aufrechterhalten. Beim Verwalterwechsel während eines in Prozeßstandschaft vom ausgeschiedenen Verwalter betriebenen Hausgeldverfahrens liegt kein Fall des § 265 ZPO vor; jedoch verliert der Ausgeschiedene die Prozeßführungsbefugnis (a. A. KG WE 1991, 325; Näheres hierzu § 43 Rdn. 16).

In Anfechtungs- und den anderen wohnungseigentumsrechtlichen Verfahren kommt § 265 ZPO zum Tragen, weil hier die Sachlegitimation der Beteiligten auf der direkten rechtlichen Beziehung zu ihrem Wohnungseigentum beruht. Die prozessuale Stellung des ausgeschiedenen Eigentümers wird durch den Eigentumswechsel nicht berührt; jedoch steht, anders als bei der Hausgeldklage, dem neuen Eigentümer frei, sich ebenfalls am Verfahren zu beteiligen; auch kann er von der Gegenseite in das Verfahren einbezogen werden, gegen seinen Willen zumindest als Streitgenosse. Dies ist im Hinblick auf die Bindungswirkung des § 10 Abs. 4 WEG und, soweit diese nicht greift, auf die Rechtswirkungen des § 325 ZPO sachlich gerechtfertigt.

Soweit aus sachlichen Gründen der **Kreis der stimmberechtigten Wohnungseigentümer eingeschränkt** ist (§ 23 Rdn. 10), ist entsprechend auch der Kreis der Verfahrensbeteiligten eingeschränkt (BayObLG 61, 322; 75, 177; Pick NJW 1970, 2061). 40

Anhang zu § 43
Verfahren in Wohnungseigentumssachen

Übersicht

Allgemeines

1 Streitigkeiten in Wohnungseigentumssachen sind wie in § 43 Rdn. 1 bereits dargelegt, mit wenigen Ausnahmen (dazu § 43 Rdn. 17, 18) dem Zivilprozeß entzogen und dem **Verfahren der freiwilligen Gerichtsbarkeit** zugewiesen. Das BayObLG (BayObLG 63, 161; ebenso 68, 233) führt über die Gründe dieser auch rechtspolitisch bemerkenswerten Rechtswegentscheidung zutreffend folgendes aus:

„Maßgebend für diese Regelung war die Erwägung, daß das Verfahren der freiw. Gerichtsbarkeit elastischer als der Zivilprozeß und deshalb auch für die Entscheidung derartiger Streitigkeiten geeigneter ist. Das Gericht ist nicht wie im Zivilprozeß an bestimmte Parteianträge gebunden, es kann sein Verfahren frei gestalten und Beweise von Amtswegen erheben. Vielfach handelt es sich darum, eine gütliche Regelung herbeizuführen (§ 44 Abs. 1 WEG) oder Entscheidungen nach billigem Ermessen zu treffen (§ 43 Abs. 2 WEG), so daß sich das Verfahren sehr einem Vertragshilfeverfahren nähert (Weitnauer-Wirths WEG 43 Rdn. 1; Diester, WEG, Einf. vor § 43 Rdn. 2). Aus dieser grundsätzlichen Eröffnung des Rechtsweges der freiw. Gerichtsbarkeit für Angelegenheiten in Wohnungseigentumssachen ist zu entnehmen, daß die Vermutung in erster Linie für die Anwendung des FGG-Verfahrens spricht . . ."

Dem kann noch hinzugefügt werden, daß das FGG-Verfahren die Probleme, die sich aus der möglicherweise großen Zahl von Beteiligten ergeben können, sehr viel leichter bewältigen kann als der Zivilprozeß und daß die Erstreckung der Rechtskraft von Entscheidungen auf alle Beteiligten (§ 45 Abs. 2 Satz 2, § 43 Rdn. 36, 37) den Rechtsfrieden in der Gemeinschaft in unkomplizierter Weise herstellen kann. Da es sich um ein Streitverfahren handelt, ist es möglich, geeignete **Grundsätze des Zivilprozeßrechts zu übernehmen** (so mit Recht z. B. BayObLG 70, 290; 73, 1; 74, 9; DWEigt. 1982, 137; BayObLG DWEigt 1993, 124). Wegen der Folgerungen hieraus im einzelnen vgl. die nachstehenden Ausführungen. Wie in jedem Verfahren sind auch im FGG-Verfahren **allgemeine Rechtswerte** wie **Rechtssicherheit** und **Vertrauensschutz** für schon anhängige Verfahren an einer ständigen Rechtsprechung unmittelbar zu berücksichtigen (BayObLG NJW-RR 1988, 1151 und OLG Hamm OLGE 1988, 185 für die Änderung der Rechtsprechung in Bezug auf die Öffentlichkeit der Verhandlung, vgl. auch § 45 Rdn. 4 und § 44 Rdn. 1; BayObLG WE 1990, 67 m. w. N. für die Änderung der Rechtsprechung in Bezug auf die Stellung des Erwerbers).

I. Verfahren

Das Verfahren in Wohnungseigentumssachen ist – abgesehen von § 43 Abs. 1 Nr. 3 ein **„echtes Streitverfahren"** der freiw. Gerichtsbarkeit (vgl. § 43 Rdn. 1; Keidel FGG § 12 Rz. 195 ff.; Bärmann AcP 154, 374; BGHZ 74, 9; 78, 57; auch 59, 58; BayObLG 65, 193; 68, 233; 70, 290; 72, 161; 73, 1 und oft; OLG Düsseldorf NJW 1970, 1137). Da es sich als geeignet erwiesen hat und da es vom Zivilprozeßverfahren nicht wesensverschieden, vielmehr diesem „gleichwertig" ist (BGHZ 78, 57), hat die Rechtsprechung die **Zuständigkeit des FGG-Richters** über den Wortlaut und auch über die Vorstellungen der Entstehungszeit hinaus **ausgedehnt**, insbes. auf Streitigkeiten aus den Beziehungen „werdender" Wohnungseigentümer (Anh. zu § 10) und im Bereich der Streitigkeiten zwischen Wohnungseigentümern und ausgeschiedenem Verwalter (§ 43 Rdn. 19 ff.). Gleichermaßen sollte sie auch auf die wohnungseigentumsrechtlichen Streitigkeiten mit einem ausgeschiedenen Wohnungseigentümer ausgedehnt werden (s. § 43 Rdn. 14, 15). Die Entwicklung hat gezeigt, daß in der Rechtsprechung die verfahrensrechtlichen Probleme einen nicht unerheblichen Raum einnehmen. Wenn es auch nicht möglich ist, im vorliegenden Rahmen eine ausführliche Darstellung des FGG-Verfahrens zu geben, so werden doch im folgenden über die Erläuterung der wenigen verfahrensrechtlichen Vorschriften des WEG (§§ 44–50) hinaus verfahrensrechtliche Fragen erörtert, soweit sie in Wohnungseigentumssachen Bedeutung erlangt haben oder erörterungsbedürftig geworden sind . 2

1. Antrag, Abgabe vom Streitrichter, Gegenstand des Verfahrens

a) Das Verfahren kann nur durch einen **Antrag**, nicht eine Klage i S. der ZPO eingeleitet werden, außer ein beim Streitrichter anhängiger Zivilprozeß wird an den FGG-Richter abgegeben (s. Rdn. 38 und § 46 Rdn. 3); keine Einleitung von Amts wegen, auch nicht im Falle des § 43 Abs. 1 Nr. 3. Es gibt nur **Beteiligte** (§ 43 Rdn. 36 ff.), keine „Parteien" i. S. der ZPO. 3

Der Antrag kann **auf Verurteilung zu einer Leistung,** z. B. Zahlung des Wohngeldes, **Beseitigung** einer Störung oder **Unterlassung** (BayObLG WE 1990, 58), **auf Feststellung,** z. B. der absoluten Nichtigkeit eines Beschlusses, oder **auf Gestaltung,** z. B. Ungültigerklärung eines Beschlusses oder Erlaß einer Regelung nach § 15 Abs. 3 oder § 21 Abs. 4, gerichtet sein; zur Zulässigkeit bzw. zur Begründetheit von Feststellungsanträgen BayObLG WE 1988, 97; 1990, 214; DWEigt 1991, 164 – für die Möglichkeit eines künftigen Schadens; WE 1992, 234 – betreffend Pflichtverletzung des Verwalters.

Der Antrag kann **schriftlich** bei Gericht eingereicht oder durch mündliche Erklärung vor dem Richter, z. B. in der mündlichen Verhandlung, oder **zu Protokoll** der Geschäftsstelle gestellt werden. Der Schriftlichkeit genügt ein Schriftsatz auch dann, wenn er nicht vom Antragsteller unterschrieben ist, sofern sich nur aus der schriftlichen Erklärung die Person des Erklärenden und der Wille, einen Antrag stellen zu wollen, mit ausreichender Deutlichkeit ergeben (OLG Frankfurt DWEigt 1986, 30; KG DWEigt 1986, 121; Keidel, FGG, § 11 Rz. 28; zu den Anforderungen an einem Schriftsatz als Rechtsmittelschrift BayObLG WE 1992, 169). In dem Antrag müssen Antragsteller und Antragsgegner grundsätzlich mit Vornamen, Nachnamen und voller Anschrift **bezeichnet** werden; bei der Anschrift muß es sich nicht um den Aufenthaltsort handeln, es genügt die Angabe einer ladungsfähigen Anschrift (BayObLG WE 1991, 295) oder bei entsprechendem Nachweis die Anschrift eines Vertreters oder Bevollmächtigten (KG OLGE 1991, 169). Auch wenn alle Wohnungseigentümer einer Gemeinschaft einen Antrag stellen oder Antragsgegner sind, z. B. im Verfahren gegen den Verwalter, sind die einzelnen Wohnungseigentümer die Beteiligten und nicht die Gemeinschaft. Letztere ist mangels Rechtsfähigkeit nicht beteiligungsfähig; § 50 Abs. 2 ZPO ist nicht entsprechend anwendbar (BGH NJW 1977, 1686, BayObLG WEM 1980, 131). Trotzdem wird für die Einleitung des Erkenntnisverfahrens allgemein für ausreichend angesehen, wenn der Rest der Wohnungseigentümer, der den Antrag stellt oder gegen den sich ein Antrag richtet, als „die übrigen Wohnungseigentümer der Gemeinschaft X, Straße Nr. . .“ bezeichnet wird, weil durch Auslegung festgestellt werden kann, daß damit, ausgenommen den oder die namentlich genannten Wohnungseigentümer, alle anderen Wohnungseigentümer zum Zeitpunkt der Antragstellung gemeint sind. Zur Bezeichnung im Beschluß und für die Zwangsvollstreckung (BayObLG WE 1991, 200); vgl. auch § 10 Rdn. 15; § 45 Rdn. 11.

Der Antrag ist den Antragsgegnern entsprechend § 253 ZPO **zuzustellen** (Heinrich NJW 1974, 125; zur Zustellung unten Rdn. 9). An die **Bestimmtheit des Antrags** werden geringere Anforderungen gestellt als im Zivilprozeß nach § 253 Abs. 2 Nr. 2 ZPO (BayObLG DWeigt 1991, 163); vgl. auch § 21 Rdn. 23 und § 23 Rdn. 28. Deshalb können und müssen die Anträge gegebenenfalls vom Gericht umgedeutet (BayObLG WE 1991, 200; OLG Hamm OLGE 1991, 56) und ausgelegt werden (BayObLG WE 1991, 140 für einen Verpflichtungsantrag; DWEigt 1992, 167; WE 1992, 141 für Feststellungsanträge; DWEigt 1993, 156, WE 1994, 22 für Duldungsanträge); vgl. auch Rdn. 29.

4 b) Zulässig sind auch: **Eventualanträge** (BayObLG DWEigt. 1982, 136; Keidel, FGG, § 11 Rz. 33); bei unterschiedlicher Zuständigkeit für Haupt- und Hilfsantrag ist die des Hauptantrags maßgeblich (BayObLG WE 1992, 25); zum hilfsweise gestellten Feststellungsantrag BayObLG WE 1992, 177 – **Zwischenfeststellungsanträge** entspr. § 256 Abs. 2 ZPO (BayObLG DWEigt. 1984, 93) – die **Verbindung** von Anträgen entsprechend der **Stufenklage** i. S. des § 254 ZPO (OLG Stuttgart BWNotZ 76, 69 zur Frage der Rechnungslegung und Herausgabe des Geschuldeten). Anträge können, allerdings nur bis zur Entscheidung über die Erstbeschwerde, entsprechend §§ 263, 264 ZPO **geändert**, auch erweitert werden (BayObLG 75, 53; WE 1991, 77; 1993, 348; Keidel, FGG, Vor § 8 Rz. 4), insbesondere kann eine Antragsänderung für „sachdienlich erachtet“ werden; u. U. führt die Ände-

rung bzw. Erweiterung des Antrags zur gewillkürten Beteiligtenerweiterung (BayObLG WE 1988, 203).

5 c) Der Antraggegner kann seinerseits einen **Gegenantrag** i. S. und unter den Voraussetzungen einer Widerklage (§ 33 ZPO; BGHZ 40, 185) stellen (OLG Hamm NJW 1975, 2300; OLG Zweibrücken Rpfleger 77, 141; BayObLG Rpfleger 1979, 267, OLG Frankfurt DWEigt 1984, 29, auch zu dem Fall, daß sich der Gegenantrag gegen denjenigen richtet, von dem der Verfahrensstandschafter sein Recht ableitet); bzgl. Zulässigkeit von Gegenantrag und Aufrechnung in der Beschwerdeinstanz s. Rdn. 25.

6 d) Ein einmal gestellter **Antrag** kann **zurückgenommen** werden (BayObLG 73, 30; BayObLG WEM 1980, 78); da es sich um ein echtes Streitverfahren handelt, entgegen der allgemeinen Regel des FGG-Verfahrens (Keidel, FGG, § 12 Rz. 13) jedoch nur entsprechend § 269 ZPO, also ohne Zustimmung des Gegners nur bis „zum Beginn der mündlichen Verhandlung zur Hauptsache" (bestr., vgl. Keidel, FGG, Vor § 8 Rz. 3, 4; § 12 Rz. 198; a. M. BayObLG 73, 30 unter Berufung auf KG NJW 1971, 2270; BayObLG WE 1992, 51 m. w. N.); siehe auch unten Rdn. 35.

7 e) Ein Antrag ist nur zulässig, wenn ein **Rechtsschutzbedürfnis** besteht; das wird in sehr vielen Entscheidungen ausgesprochen und geprüft, z. B. OLG Frankfurt Rpfleger 1980, 112; BayObLG Rpfleger 77, 126; BayObLG 77, 226; im Falle eines **Gegenantrags** OLG Hamm NJW 1975, 2300; Rpfleger 1978, 319; für die Geltendmachung eines **gemeinschaftlichen Anspruchs** durch einen Teilhaber gegen einen anderen oder den Verwalter, auch den ausgeschiedenen vgl. § 43 Rdn. 1; Vor § 1 Rdn. 70ff.; § 21 Rdn. 4; im Fall der **Erledigung der Hauptsache**, vgl. unten Rdn. 35. Kein besonderes Rechtsschutzbedürfnis wird verlangt bei der **Anfechtung eines Beschlusses** nach § 23 Abs. 4, da "das Anfechtungsrecht ... nicht nur dem persönlichen Interesse des einzelnen Wohnungseigentümers oder dem Minderheitenschutz (dient), sondern auch dem Interesse der Gemeinschaft an einer ordnungsmäßigen Verwaltung (BayObLG WE 1992, 86; s. auch KG Rpfleger 1976, 216; BayObLG WE 1993, 344). Das Rechtsschutzbedürfnis für einen Anfechtungsantrag entfällt nicht deshalb, weil bereits ein anderer Wohnungseigentümer einen gleichen Antrag gestellt hat (BayObLG 77, 226); auch der Wohnungseigentümer, der für den Antrag gestimmt hat, ist zur Anfechtung berechtigt (BayObLG WE 1993, 344 m. w. N.). **Kein Rechtsschutzbedürfnis** besteht für die Anfechtung eines sog. Negativbeschlusses, wenn also die Gemeinschaft eine Beschlußfassung über einen bestimmten Tagesordnungspunkt mehrheitlich abgelehnt hat (OLG Frankfurt OLGE 1982, 269, Bärmann-Pick-Merle § 43 Rdn. 53). Weitere Beispiele für die Verneinung des Rechtsschutzbedürfnisses BayObLG Rpfleger 1987, 126; für einen Unterlassungsanspruch, wenn nach Gemeinschaftsordnung zuerst ein Eigentümerbeschluß gefällt werden muß BayObLG WE 1987, 92; BayObLG NJW-RR 1991, 849; im Falle einer Schlichtungsvereinbarung BayObLG Rpfleger 1983, 14; OLG Frankfurt OLGE 1988, 63 (s. a. § 43 Rdn. 35); bei geringfügiger Protokollberichtigung BayObLG ITelex 1982/3/15; für eine Anfechtung, wenn ein später ergangener, bestätigender Beschluß nicht angefochten wird, BayObLG WE 1987, 46; BayObLG WE 1991, 289;

für einen Antrag gegen den früheren Eigentümer, wenn der Antrag auf den Rechtsnachfolger erstreckt wurde BayObLG 1983, 73. Unzulässig ist ferner ein Feststellungsantrag mit dem Ziel, die abstrakte Klärung einer Auslegungsfrage (LG Mannheim ZMR 1979, 319) oder sonstigen Rechtsfrage (BayObLG B. v. 8. 1. 1987 – 2 Z 130/86) herbeizuführen, oder bestätigen zu lassen, daß ein Beschluß nicht zustandegekommen ist, obwohl daran unter den Beteiligten kein Zweifel besteht (BayObLG WE 1991, 198); kein Rechtsschutzbedürfnis besteht auch für einen Antrag gegen den Verwalter, wenn dieser sich keines über die ordnungsmäßige Verwaltung hinausgehenden Rechts berühmt (BayObLG DWEigt 1983, 60).

8 f) Die Vorschriften der ZPO über die **Veräußerung der streitbefangenen Sache** (§ 261 Abs. 2 Nr. 2, §§ 265, 325, 727 ZPO) sind entsprechend anzuwenden (BayObLG Rpfleger 1979, 446; KG Rpfleger 1985, 11; BayObLG 1983, 73; BayObLG 1983, 445; für die Vollstreckung gegen den Erwerber aus einem auf Unterlassung gerichteten Titel BayObLG WE 1992, 168). Stimmt der Veräußerer zu, tritt der Erwerber in das Verfahren ein; ansonsten kann letzterer lediglich unselbständiger Streithelfer sein (OLG Hamm OLGE 1990, 191). Veräußerung i. S. d. § 265 ZPO ist auch eine Zwangsversteigerung (BayObLG B. v. 8. 8. 1987 – 2 Z 8/86 -); vgl. auch § 43, 2, 14, 15, 38, 39 und § 16 Rdn. 55.

9 g) Für **Zustellungen** gelten die Vorschritten der ZPO entsprechend; für die Bekanntmachung von Entscheidungen ist das in § 16 Abs. 2 FGG ausdrücklich ausgesprochen; daher öffentliche Zustellung an Beteiligte, die unauffindbar (BayObLG WE 1991, 228) oder mit unbekanntem Aufenthalt im Ausland sind; zulässig auch die Zustellung durch Aufgabe zur Post gem. § 175 ZPO (BayObLG Rpfleger 1978, 446). Die Zustellungen an einen anwaltlich vertretenen Beteiligten müssen an den Rechtsanwalt erfolgen (BayObLG DWEigt 1984, 62; BayObLG WE 1991, 24 – nur diese Zustellung setzt die Rechtsmittelfrist in Gang) und werden gegen Empfangsbekenntnis durchgeführt (BayObLG DWEigt 1982, 137 auch zur Frage des Gegenbeweises, daß das im Empfangsbekenntnis angegebene Datum nicht richtig ist); zur Zustellung von Ausfertigungen BayObLG Rpfleger 1993, 219; zur Zustellung an den Verwalter siehe § 27 Rdn. 16ff.

10 h) Ein Antragsteller kann mehrere Anträge miteinander verbinden, z. B. Anfechtung eines Beschlusses gem. § 23 Abs. 4 und Antrag auf Erlaß einer Gebrauchsregelung nach § 15 Abs. 3. Auch die Anträge verschiedener Antragsteller können miteinander verbunden werden (BayObLG 1977, 226; WE 1989, 182; OLG Hamm WEM 1979, 175), z. B. wenn mehrere Wohnungseigentümer unabhängig voneinander Anträge auf Bestellung eines Verwalters stellen (BayObLG WE 1989, 182) oder denselben Eigentümerbeschluß anfechten (nach KG ist die Verbindung rein deklaratorisch), ebenso, wenn von denselben Antragstellern gegen den/die nämlichen Antragsgegner in separaten Verfahren gleichartige Ansprüche geltend gemacht werden, z. B. Wohngeldforderungen gegen den gleichen Eigentümer für unterschiedliche Zeiträume oder zwei Eigentürmerbeschlüssen angefochten werden, die auf verschiedenen Versammlungen gefaßt wurden, aber denselben Gegenstand betreffen. Zum Geschäftswert bei Verfahrensverbindung § 48 Rdn. 2.

Keine Verbindung, wenn Antragsteller bzw. Antragsgegner nicht identisch sind; aus verfahrensökonomischen Gründen lassen sich solche Verfahren jedoch teilweise **zusammen verhandeln,** so z. B. Wohngeldklagen, die auf der gleichen Gesamtjahresabrechnung beruhen und sich gegen verschiedene Wohnungseigentümer richten (vgl. hierzu auch BayObLG B. v. 24. 9. 1986 – 2 Z 74/85).

i) Auch im Wohnungseigentumsverfahren kann gegen Fristversäumung **Wiedereinsetzung in den vorigen Stand** gewährt werden (§ 22 Abs. 2 FGG, s. § 45 Rdn. 1). Davon zu unterscheiden, aber entsprechend zu behandeln ist die Wiedereinsetzung gegen die Versäumung der Anfechtungsfrist des § 23 Abs. 4 (KG WE 1994, 54; OLG Zweibrücken WE 1987, 85 ablehnend bei Nichtkenntnis der Rechtslage oder -sprechung eines anwaltlich beratenen Wohnungseigentümers); s. auch § 23 Rdn. 28; wegen des Verfahrens § 45 Rdn. 1. 11

j) Statthaft ist auch ein Gesuch auf **Ablehnung des Richters**; die Bestimmungen der §§ 42ff. ZPO finden entsprechend Anwendung (BayObLG DWEigt 1989, 37; WE 1989, 207 zur Selbstablehnung). Begründet ist ein solcher Antrag, wenn ein objektiver Grund vorliegt, „der vom Standpunkt des Ablehnenden aus bei vernünftiger Betrachtung die Befürchtung erwekken kann, der Richter stehe der Sache nicht unvoreingenommen und damit nicht unparteiisch gegenüber", rein subjektive Vorstellungen und Gedankengänge des Gesuchstellers scheiden indes aus (BayObLG B. v. 23. 1. 86 – 2 Z 124/85); die Ablehnung eines Terminzulegungsantrags genügt nicht (BayObLG DWEigt 1992, 166); zum Verfahren BayObLG WE 1992, 145; s. auch BayObLG DWEigt 1982, 136; 1983, 60; 1984, 30; WE 1992, 168; 1992, 172; 1992, 292. Gegen die Zurückweisung des Ablehnungsgesuchs durch das betroffene Gericht ist gemäß § 46 Abs. 2 ZPO die sofortige Beschwerde zulässig. Entscheidet das Landgericht, handelt es sich um eine Erstbeschwerde. Form und Frist des Rechtsbehelfs sowie Beschwerdeberechtigung bestimmen sich nach dem FGG (BayObLG B. v. 23. 1. 86 m. w. N.). Die Erstattung außergerichtlicher Kosten kann nicht angeordnet werden, weil es im Ablehnungsverfahren am Antragsgegner fehlt (BayObLG 1984, 131/137). 12

2. Beteiligte

Im FGG-Verfahren spricht man nicht von Parteien, sondern von „Beteiligten"; man unterscheidet zwischen Beteiligten im materiellen Sinne und Beteiligten im formellen Sinne; näher hierzu § 43 Rdn. 16, 26, 30, 36ff. 13

a) Den Begriff der Parteifähigkeit kennt das FGG-Verfahren nicht. Die **Fähigkeit, Beteiligte zu sein,** beurteilt sich jedenfalls in den hier vorliegenden Fällen nach den gleichen Grundsätzen wie die Parteifähigkeit im Zivilprozeß (Keidel, FGG § 13 Rz. 53); sie setzt also grundsätzlich Rechtsfähigkeit voraus, ist aber auch nicht rechtsfähigen Personenzusammenschlüssen zuzubilligen, wenn sie vor Gericht klagen und verklagt werden können, wie das insbesondere für OHG und KG zutrifft (§ 124 Abs. 1, § 161 HGB); folglich kann z. B. eine als Verwalter bestellte VerwaltungsKG Beteiligter sein, nicht 14 aber die Wohnungseigentümergemeinschaft sondern nur die einzelnen Teilhaber (hierzu und zur Parteibezeichnung § 10 Rdn. 13ff.).

15 b) Besondere Vorschriften über die Fähigkeit eines Beteiligten, im Verfahren wirksame Handlungen vorzunehmen – **„Verfahrensfähigkeit" -**, gibt es nicht; sie ist identisch mit der Geschäftsfähigkeit des bürgerlichen Rechts, was dem § 52 ZPO entspricht. Im übrigen wird die entsprechende Anwendung der Vorschriften der ZPO über die Prozeßfähigkeit (§§ 53ff. ZPO) wohl überwiegend abgelehnt (Keidel, FGG, § 13 Rz. 32ff.), sie ist aber in Wohnungseigentumssachen, der Natur des Streitverfahrens entsprechend, zu bejahen (vgl. dazu die bei Keidel, FGG, § 13 Rz. 53 Fußn. 166 angegebenen Literaturstimmen). Läßt sich ein Beteiligter vertreten, ist das Vorliegen einer wirksamen **Vollmacht** von Amts wegen zu prüfen (BayObLG WE 1989, 211), auf Nachweis kann verzichtet werden, wenn nach den Umständen von der Bevollmächtigung ausgegangen werden kann (BayObLG WE 1993, 284).

16 c) Eine der **Prozeßstandschaft** des Zivilprozeßrechts entsprechende Verfahrensstandschaft wird anerkannt (BayObLG 65, 193, 69, 209; 70, 290; 75, 233). Sie besteht darin, daß ein materiell nicht Berechtigter von dem Berechtigten ermächtigt wird, dessen Recht im eigenen Namen im Verfahren geltend zu machen. Die Zulässigkeit einer solchen Ermächtigung hängt nach h. M. davon ab, daß der „Standschafter" ein **eigenes rechtsschutzwürdiges Interesse** an der Geltendmachung des fremden Rechtes hat. Die Verfahrensstandschaft kommt in Wohnungseigentumssachen insbesondere dann in Betracht, wenn ein Verwalter nicht gemäß § 27 Abs. 2 Nr. 5 WEG im Namen der Wohnungseigentümer handelt, sondern von den Wohnungseigentümern ermächtigt wird, deren Rechte im eigenen Namen geltend zu machen; auch eine Ermächtigung durch eine Bestimmung in der Gemeinschaftsordnung ist möglich (BayObLG 70, 290). Die Zulässigkeit einer solchen Ermächtigung des Verwalters wird nicht in Zweifel gezogen (OLG Stuttgart NJW 1966, 1036; BayObLG 73, 145; BayObLG B. v. 8. 1. 1987 – 2 Z 135/86; BGHZ 73, 302; BGHZ 104, 197). Wechselt der Verwalter während des Verfahrens verliert er mit dem Amt auch die Prozeßführungsbefugnis, denn er hat sein Recht zur Prozeßführung ausschließlich kraft seines Amtes erlangt; a. A. KG WE 1991, 325, wonach der Wegfall davon bestimmt werden soll, ob der neue Verwalter eintritt; ein bedingtes Recht zur Prozeßführung ist dem Verfahrensrecht jedoch wesensfremd; a. A. aber auch BayObLG WE 1994, 276, wonach der Verwalter über sein Ausscheiden hinaus bis zu einem ausdrücklichen Widerruf als ermächtigt anzusehen sei. Diese Auslegung ist zu weitgehend und mit den Interessen der Wohnungseigentümer i. d. R. nicht vereinbar. Danach darf nicht auf den Widerruf, sondern muß auf die Ermächtigung des neuen Verwalters abgestellt werden. Dieser kann in das Verfahren eintreten (BayObLGE 1986, 128); wird er hierzu nicht ermächtigt und führen die materiell Berechtigten das Verfahren nicht selbst fort, erledigt sich die Hauptsache und das Verfahren ist einzustellen. Da beim Wechsel des Prozeßstandschafters keine Rechtsnachfolge vorliegt, kann ein auf den alten Verwalter lautender Titel unter Nachweis des Verwalterwechsels und der Befugnis des neuen Verwalters, ebenfalls zur Geltendmachung in eigenem

Namen berechtigt zu sein, auf den neuen Verwalter umgeschrieben werden; für die Abtretung der Forderung ist kein Raum (a. A. LG Hannover NJW 70, 436).

Müßte der materiell Berechtigte den Anspruch vor dem Wohnungseigentumsgericht geltend machen, ist diese Zuständigkeit auch für den Prozeßstandschafter gegeben, auch wenn dieser einen eigenen Anspruch gegen den nämlichen Antragsgegner im Zivilprozeß einklagen müßte (so für Schadenersatzansprüche von Wohnungseigentümern, die der neue Verwalter in Prozeßstandschaft gegen den ausgeschiedenen Verwalter geltend macht, BayObLG B. v. 8. 1. 1987 – 2 Z 135/86). Es kann aber auch ein einzelner Wohnungseigentümer als Verfahrensstandschafter für andere auftreten (BayObLG 70, 233) oder ein Miteigentümer einer Eigentumswohnung für den anderen Miteigentümer, soweit die Gemeinschaftsordnung dieses Recht aus § 1011 BGB nicht einschränkt (BayObLG Rpfleger 1983, 14) oder ein Dritter für einen der Wohnungseigentümer (BayObLG B. v. 8. 8. 1986 – 2 Z 28/86 zur Frage der Verfahrensstandschaft des Käufers einer Eigentumswohnung bezüglich des Anspruchs des Verkäufers gegen den Verwalter auf Zustimmung gem. § 12 Abs. 2).

Die Verfahrensstandschaft wird vom BayObLG (75, 233 unter Aufgabe von BayObLG 70, 290) **nur für die aktive Geltendmachung** von Ansprüchen und Rechten, also nicht auch auf seiten der Antragsgegner – Passivseite – für zulässig erachtet. Die Ermächtigung zur Geltendmachung von Rechten kann also keinesfalls bedeuten, daß gegen den Standschafter Ansprüche geltend gemacht werden können, die sich materiell gegen die hinter dem Standschafter stehenden Berechtigten richten. Für möglich zu halten ist aber entsprechend dem Zivilprozeß die Stellung von Gegenanträgen i. S. der Widerklage gegen diejenigen, die den Standschafter ermächtigt haben (vgl. Rüßmann, AcP 172, 520, 550; Thomas-Putzo ZPO § 51 Anm. IV 4b, ff.).

d) **Streitverkündung und Nebenintervention** sind entsprechend der 17 ZPO zulässig (BayObLG B. v. 3. 2. 1983 – 2 Z 57/82). Der Streitverkündete und der Nebenintervenient sind Beteiligte im formellen Sinne, so der Mieter einer Eigentumswohnung, dem vom Wohnungseigentümer der Streit verkündet worden ist (BayObLG 70, 65 und ITelex 1987/19/114); der Gläubiger einer Grundschuld, dem der Streit verkündet worden ist, ohne Rücksicht darauf, ob er auch ohne Streitverkündung zur Nebenintervention berechtigt gewesen wäre (BayObLG 74, 9). Der Beitritt ist auch ausschließlich zum Zwecke der Einlegung eines Rechtsmittels oder der Wiederaufnahme des Verfahrens zulässig (BayObLG 74, 9). Die Rechtsmittelfrist beginnt auch in Wohnungseigentumssachen für den Nebenintervenienten mit der Zustellung der Entscheidung an den unterstützend Beteiligten, es sei denn, es handelt sich um eine streitgenössische Nebenintervention (BayObLGE 1987 Nr. 41).

3. Verfahrensgrundsätze

a) Der Richter soll mit den Beteiligten in der Regel **mündlich verhandeln** 18 (§ 44 Abs. 1). Regel ist also die mündliche Verhandlung, das schriftliche Verfahren ist die Ausnahme und darf nicht dazu führen, daß ohne jede mündliche Verhandlung in der Sache entschieden wird (Art. 6 Abs. 1 Satz 1

MRK). Über die Verhandlung ist nach pflichtgemäßem richterlichen Ermessen eine **Niederschrift** zu erstellen, ggf. auch ohne Protokollführer (BayObLG DWEigt 1983, 61). Zur Zulässigkeit sitzungspolizeilicher Maßnahmen im Sitzungssaal, BayObLG a. a. O.

19 Da materiell zivilrechtliche Ansprüche vorliegen, ist **in öffentlicher Sitzung zu verhandeln** (BayObLG NJW-RR 1988, 1151; OLG Hamm OLGE 1988, 185 – unter Bezug auf Art. 6 Abs. 1 Satz 1 und Satz 2 MRK; vgl. hierzu auch Vor 1 Rdn. 89). Die öffentliche Verhandlung in Wohnungseigentumssachen wurde von den meisten Gerichten bereits lange vor dieser Entscheidung unangefochten praktiziert und ist heute unstreitig. Die Gegenmeinung (so noch BayObLG WEM 1982, 114) stellt rein formell auf die Verfahrensart und darauf ab, daß nach dem FGG die Sitzungen nicht öffentlich sind. Der formellen Betrachtungsweise ist entgegenzuhalten, daß nicht die Verfahrensart, sondern der Verfahrensgegenstand darüber bestimmt, ob zum Schutze der Beteiligten unter Ausschluß der Öffentlichkeit zu verhandeln ist. Zur Frage der Begründetheit einer weiteren Beschwerde gegen eine vor den oben genannten Beschlüssen aufgrund nichtöffentlicher Sitzung ergangenen Entscheidung, siehe § 45 Rdn. 4, im übrigen § 44 Rdn. 1.

20 b) Jeder Beteiligte hat den **Anspruch auf rechtliches Gehör** (Art. 103 GG). Das bedeutet, daß allen Beteiligten Kenntnis des für die Entscheidung wesentlichen Streitstoffes ermöglicht und Gelegenheit zur Stellungnahme gegeben wird; nicht erforderlich ist, daß die Beteiligten diese Gelegenheit auch wahrnehmen (Keidel, FGG, § 12 Rz. 104ff.). Das rechtliche Gehör ist zu unterscheiden von der „Anhörung" eines Beteiligten zur Aufklärung des Sachverhalts (Keidel, FGG, § 12 Rz. 163ff.), die der Ermittlung des Sachverhaltes dient. Das Recht auf rechtliches Gehör wird z. B. dadurch verletzt, daß das Gericht den Beteiligten nur unangemessen kurz Gelegenheit zur Stellungnahme einräumt, keine Einsicht in von einem Beteiligten vorgelegte Urkunden gewährt (BayObLG WE 1992, 198) oder die Beteiligten unangemessen kurzfristig lädt (BayObLG DWEigt 1984, 30; BayObLG WE 1990, 140 – zwei Tage) oder das Landgericht eine Beschwerde, mag sie auch offenbar unbegründet erscheinen, zurückweist, ohne dem Beschwerdeführer überhaupt Gelegenheit zur Begründung gegeben zu haben, so mit Recht OLG Karlsruhe WEM 1980, 80; vgl. hierzu auch BayObLG DWEigt 84, 30 und BayObLG DWEigt 1983, 30, wonach in einem einfach gelagerten Fall 5–6 Wochen, in denen der Beteiligte bis zur Entscheidung sich hätte äußern können, für ausreichend erachtet wurde. Anders als im Zivilprozeß kennt das FGG-Verfahren keine Einlassungs- und Ladungsfristen.

21 c) Der FGG-Richter hat von Amts wegen die zur Feststellung der Tatsachen erforderlichen Ermittlungen zu veranlassen und die geeignet erscheinenden Beweise zu erheben (§ 12 FGG) – **Grundsatz der Amtsermittlung.** Das Gericht ist also, anders als im Zivilprozeß, nicht auf die von den Beteiligten vorgetragenen tatsächlichen Behauptungen und angebotenen Beweise beschränkt, sondern kann auch von sich aus Nachforschungen anstellen, u. U. ist es hierzu verpflichtet, auch gegen den Willen eines Beteiligten (BayObLG 1975, 365). Dieser Grundsatz hat im Streitverfahren natürlich Grenzen, z. B. wenn alle Beteiligten von einem bestimmten Sachverhalt ausgehen (BayObLG WE 1991, 170). Auch darf das Gericht grundsätzlich davon ausgehen, daß jeder Beteiligten die ihm günstigen Tatsachen vorträgt und die hierfür geeigneten Beweismittel benennt (BayObLG WE 1988, 204; 1991, 367). Verletzen die Beteiligten ihre prozessuale Förderungspflicht, schwächt sich die Amtsermittlungspflicht ab (OLG Frankfurt DWEigt 1983, 61); zur Pflicht der Beteiligten im WE-Verfahren an der Aufklärung des Sachverhalts mitzuwirken und Beweismittel anzugeben (BayObLG DWEigt 1983, 95; WE 1989, 58; 1991, 166); zum Umfang der Darlegungs-, Begründungs- und Beweispflicht der Wohnungseigentümer bzgl. einer Abrechnung (BayObLG DWEigt 1984, 125; BayObLG WE 1991, 198); bzgl. Rückzahlungsansprüche der Wohnungseigentümer gegen den Verwalter (BayObLG WE 1986, 137); bzgl. Anfechtung eines Entlastungsbeschlusses (BayObLG WE 1991, 256; zur Anfechtung bei Abrechnung und des Entlastungsbeschlusses, deren Begründetheit vom Ausgang eines anderen Verfahrens abhängt (BayObLG WE 1988, 34); bzgl. Anspruch des Verwalters auf Aufwendungsersatz (BayObLG WE 1991, 25). Die von einem Beteiligten angebotenen Beweise hat das Gericht zu erheben (BayObLG DWEigt 1982, 137); von Amts wegen hat es nur „naheliegende und einfache" Ermittlungen vorzunehmen (OLG Karlsruhe WEM 1980, 80), z. B. keine förmliche Beweisaufnahme, wenn die Kosten im Verhältnis zur Hauptsache unverhältnismäßig hoch sind (BayObLG DWEigt 1989, 135). Von sich aus kann das Gericht auch darauf hinwirken, daß die Beteiligten die richtigen Anträge stellen (OLG Frankfurt OLGE 1980, 76).

Ein **Versäumnisverfahren** gibt es **nicht** und kann es in Anbetracht der 22
Amtsermittelung auch nicht geben (OLG Stuttgart WEM 1979, 40). Äußert sich der Antragsgegner nicht und erscheint er auch nicht im Termin, entscheidet das Gericht nach Lage der Akten.

d) Für die **Beweiserhebung** können weithin die Grundsätze der ZPO 23
Anwendung finden. Das Gericht kann sich allerdings Kenntnis des Sachverhalts durch geeignete Ermittlungen verschaffen (siehe Rdn. 22), ohne an die strengen Regeln der Beweiserhebung nach ZPO – den sogenannten „Strengbeweis" – gebunden zu sein (BayObLG WE 1991, 290), die Regeln des Strengbeweises, insbesondere für die Zeugenvernehmung (dazu Kolhosser, ZZP 1980, 265, 278), sind nur anzuwenden, wenn sonst keine ausreichende Aufklärung möglich ist (BayObLG WEM 1978, 116). Wird eine förmliche Beweisaufnahme durchgeführt, ist wie im Zivilprozeß der Grundsatz der Unmittelbarkeit zu beachten. Hat ein beauftragter Richter einen Augenschein eingenommen, ist das Ergebnis in eine Niederschrift aufzunehmen (BayObLG DWEigt 1984, 39). Die eidliche Vernehmung eines Beteiligten analog der Parteivernehmung nach § 445ff. ZPO ist für zulässig zu halten (Keidel, FGG, § 15 Rz. 46ff.; bestritten); dagegen kann kein Beteiligter Zeuge sein (§ 43 Rdn. 37). Zur Frage der **Beweiswürdigung** durch das Gericht BayObLG DWEigt 1984, 59; zur Verpflichtung weiterer Nachprüfung in Bezug auf die Glaubwürdigkeit eines Zeugen BayObLG WE 1992, 139; zur Nachprüfbarkeit der Beweiswürdigung durch das Rechtsbeschwerdegericht BayObLG WE 1992, 264; DWEigt 1992, 166.

24 e) Für die **Unterbrechung des Verfahrens,** insbesondere im Falle des Todes des Antragstellers, gelten die §§ 239ff. ZPO entsprechend (BayObLG 73, 307); der Tod des Verwalters unterbricht das Beschlußanfechtungsverfahren nicht (BayObLG WE 1991, 226). Entsprechend anwendbar sind auch die §§ 251, 252 ZPO über das **Ruhen des Verfahrens**. Aus tatsächlichen Gründen kann ein Verfahren nicht für ruhend erklärt werden (BayObLG NJW-RR 1988, 16). Ein anhängiges Verfahren kann entsprechend den Regeln der ZPO (insbesondere §§ 148ff., 246ff. ZPO) **ausgesetzt** werden, namentlich wegen Vorgreiflichkeit eines anderen Verfahren (BayObLG 75, 53; OLG Köln WE 1989, 142 bei Verwalterwechsel; BayObLG WE 1990, 214 und WE 1991, 80 verneinend bei Hausgeldforderungen wegen der Beschleunigungsbedürftigkeit solcher Verfahren). Frist, Form und Beschwerdeberechtigung richten sich nach dem FGG (BayObLG WE 1988,71; DWEigt 1993, 167, 168 zur weiteren Beschwerde gegen Erst- und Beschwerdeentscheidungen des Landgerichts).

25 f) Die **Aufrechnung** ist auch mit Ansprüchen zulässig, die im Zivilprozeß geltend zu machen wären; FGG-Verfahren und Streitverfahren stehen insoweit gleich (BGHZ 78, 57, wo allerdings die umgekehrte Frage zu entscheiden war). In der Beschwerdeinstanz ist die Aufrechnung nur zulässig, wenn der Gegner einwilligt oder das Gericht sie entsprechend § 530 Abs. 1 ZPO für sachdienlich erachtet, BayObLG B. v. 17. 7. 1986 – 2 Z 71/85; Gleiches gilt für einen **Gegenantrag,** BayObLG a. a. O. Entsprechend anwendbar ist auch § 323 Abs. 2 ZPO (OLG Stuttgart OLGE 1989, 179).

26 g) Die langjährige kontroverse Diskussion über die Zulässigkeit des Mahnverfahrens (hierzu die 7. Auflage Rdn. 26; Bader PiG, 30, S. 125) hat sich durch die Einfügung von § 46a erledigt. Zur Behandlung eines vom Prozeßgericht erlassenen Vollstreckungsbescheides BayObLG WE 1991, 165.

27 h) **Arrest und einstweilige Verfügung** gibt es in Wohnungseigentumssachen nicht; an ihrer Stelle kann der Richter nach § 44 Abs. 3 WEG für die Dauer des Verfahrens einstweilige Anordnungen treffen (vgl. hierzu § 44 Rdn. 3, 9).

Die Unzulässigkeit einer einstweiligen Verfügung im Verfahren nach § 43 WEG kann nicht dadurch umgangen werden, daß zunächst das Prozeßgericht angerufen und dann das Verfahren nach § 46 an den FGG-Richter abgegeben wird; die Abgabe des Widerspruchsverfahrens (§ 925 ZPO) gegen eine vom Prozeßgericht erlassene einstweilige Verfügung an den FGG-Richter ist entgegen der Regel des § 46 für diesen nicht bindend (BayObLG Rpfleger 1975, 245). Für den Fall, daß ein Verfahren vom Prozeßgericht an das FGG-Gericht abgegeben wird und der Prozeßrichter zur Sicherung oder vorläufigen Regelung im Beschlußwege eine einstweilige Verfügung oder einen Arrest verfügt hat, wird dieser Beschluß mit der Abgabe unwirksam, weil er von dem unzuständigen Gericht erlassen worden ist (Baur, FGG 1955, 2 B VI 3b). Will der Wohnungseigentumsrichter die Maßnahme aufrechterhalten, muß er eine entsprechende einstweilige Anordnung erlassen. Anders jedoch, wenn das Prozeßgericht über die einstweilige Verfügung oder den einstweiligen Arrest durch Urteil entschieden hatte. Das Urteil eines Gerichts der ordentlichen Gerichtsbarkeit ist auch dann wirksam, wenn dieses Gericht für die Rechtssache nicht zuständig war; das Urteil ist aber rechtsfehlerhaft. Es dürfte sich empfehlen, den Rechtsmangel dadurch zu beheben, daß die in dem Urteil ausgesprochene Regelung durch einstweilige Anordnung bestätigt wird. Haben sich zwischenzeitlich die Verhältnisse geändert, ist das FGG-Gcricht befugt, das Urteil des Prozeßgerichtes ersatzlos aufzuheben oder durch eine einstweilige Anordnung anderen Inhalts zu ersetzen.

i) Die Vorschriften der ZPO über die **Prozeßkostenhilfe** (früher **Armenrecht**) finden entsprechende Anwendung (§ 14 FGG; BayObLG 65,290); zum Fall, wenn über die PKH erst nach Erledigung der Hauptsache entschieden wird (BayObLG B. v. 19. 2. 1987 – 2 Z 14/87). 28

II. Entscheidung

1. Die Entscheidung über den Antrag ergeht durch **Beschluß** (nicht Urteil), sofern das Verfahren nicht auf andere Weise erledigt wird (dazu unten Rdn. 35, 36). Die Entscheidung ist **erlassen** mit ihrer Verkündung in der öffentlichen Sitzung, Art. 6 Abs. 1 Satz 2 MRK (OLG Hamm OLGE 1988, 185), im Falle der Bekanntmachung durch Zustellung mit der Hingabe der für die Beteiligten bestimmten Ausfertigungen an die Post, § 16 FGG (BGH Rpfleger 1984, 62; BayObLG WE 1991, 369). Ab diesem Zeitpunkt ist die Entscheidung **anfechtbar**; zum Lauf der Rechtsmittelfrist, vgl. unten Rdn. 32. Der die Instanz abschließende Beschluß hat auch über die Tragung der Gerichtskosten, gegebenenfalls die Erstattung außergerichtlicher Kosten (§ 47) sowie über die Festsetzung des Geschäftswerts (§ 48 Abs. 2) zu entscheiden; näher hierzu dortselbst. Bei seiner Entscheidung ist der FGG-Richter nicht so streng wie der Streitrichter an die Anträge der Beteiligten gebunden (OLG Frankfurt NJW 1961, 324; BayObLG 72, 150), diese sind so auszulegen, daß sie nach Möglichkeit zu dem erkennbar angestrebten Ergebnis führen (BayObLG WEM 1981, 35 m. w. N.); andererseits darf der Richter dem Antragsteller auch nicht mehr oder etwas ganz anderes zusprechen, als dieser beantragt hat (BayObLG WE 1991, 140; Keidel, FGG, § 12 Rz. 19; vgl. auch oben Rdn. 3ff.); im Verfahren der Beschlußanfechtung (§ 23 Abs. 4 WEG) ist er entsprechend § 308 ZPO grundsätzlich an den Antrag gebunden (BayObLG 74, 172); jedoch ist zulässig, im Anfechtungsverfahren die Nichtigkeit eines Eigentümerbeschlusses festzustellen (BayObLG WE 1987, 95). Ebenso kann entschieden werden, daß ab einem bestimmten Zeitpunkt ein anderer Kostenschlüssel gilt anstelle der beantragten Verpflichtung der übrigen Wohnungseigentümer, einer diesbezüglichen Änderung der Gemeinschaftsordnung zuzustimmen (BayObLG WE 1988, 20). 29

2. Jeder Antrag ist zunächst auf seine **Zulässigkeit** zu prüfen. Ist diese zu verneinen, so wird der Antrag durch Beschluß als unzulässig zurückgewiesen, soweit nicht eine andere Art der Erledigung stattfindet (Abgabe an den Streitrichter, Verweisung an das örtlich zuständige Gericht; vgl. auch unten Rdn. 38). Als Gründe der Unzulässigkeit kommen insbesondere in Betracht 30 die Zuweisung des Anspruchs zum Streitverfahren, die örtliche Unzuständigkeit des angerufenen Gerichts, das Fehlen eines Rechtsschutzbedürfnisses, das Fehlen der Verfahrensfähigkeit des Antragstellers.

31 3. Die **Sachentscheidung** kann ganz oder teilweise dem Antrag entsprechen oder ihn abweisen; sie kann nur über den Grund des Anspruchs entsprechend § 304 ZPO (OLG Düsseldorf NJW 1970, 1137; BayObLG DWEigt 1982, 137) oder über einen Teil der Anträge entsprechend § 301 ZPO (Keidel, FGG, Vor § 8 Rz. 4; BayObLG WE 1988, 139) ergehen. Sie muß die bei Gericht bis zum Erlaß der Entscheidung eingegangenen Schriftsätze berücksichtigen (BayObLG DWEigt 1983, 30). Der die Instanz abschließende Beschluß muß eine Kostenentscheidung enthalten (§ 47) sowie die Festsetzung des Geschäftswerts (§ 48 Abs. 2); bei Teilentscheidungen wird grundsätzlich entsprechend §§ 145, 301 ZPO über die Kosten nicht entschieden (BayObLG DWEigt 1982, 136; 1988, 110); zur Entscheidung, wenn die noch beim Amtsgericht anhängigen Anträge in der Beschwerdeinstanz erneut gestellt werden (BayObLG a. a. O.). **Anerkenntnis** und **Verzicht** sind möglich (Keidel, FGG, § 12 Rz. 197), ob nach den Grundsätzen der ZPO oder nur mit der Wirkung, daß der Sachverhalt ganz oder teilweise unstreitig gestellt wird und eine weitere Sachaufklärung des Gerichts entbehrlich wird (so BayObLG WE 1989, 209), ist streitig. Dem BayObLG ist zuzustimmen, daß im Hinblick auf den Grundsatz der Amtsermittlung für eine Anerkenntnisentscheidung i. S. des § 307 ZPO kein Raum ist und der Rechtsgedanke des § 99 Abs. 2 ZPO im Rahmen des § 20a Abs. 1 FGG keine Berücksichtigung finden kann. Unzulässig sind auch Versäumnisentscheidungen (oben Rdn. 22). Alle Entscheidungen sind zu begründen (§ 44 Abs. 4 Satz 2).

32 4. Die Entscheidungen werden gemäß § 12 Abs. 1 FGG mit der **Bekanntmachung** an denjenigen wirksam, für welchen sie ihrem Inhalt nach bestimmt sind, bei Zustellungsbevollmächtigung oder -vertretung an diese Person; zu den Kosten von Ausfertigungen und Abschriften BayObLG DWEigt 1993, 167. Da die Entscheidungen nach § 45 Abs. 1 WEG der sofortigen Beschwerde unterliegen, durch die Bekanntmachung also eine Frist – die Frist von 2 Wochen des § 22 Abs. 1 FGG – in Lauf gesetzt wird, hat die Bekanntmachung durch Verkündung des vollständigen Beschlusses (hierzu unten) oder, wird nur der Tenor verkündet, **durch Zustellung** einer vollständigen Beschlußausfertigung nach den für die Zustellung von Amts wegen geltenden Vorschriften der ZPO zu erfolgen. Die Zustellung einer unvollständigen (BayObLG WE 1990, 140) oder in wesentlichen Teilen unleserlichen Ausfertigung ist unwirksam (BayOblG 1982, 90); eine teils schwer lesbare und zu einem geringen, jedoch unwesentlichen Teil unleserliche Beschlußausfertigung wird wirksam zugestellt, wenn der Umfang der Beschwer erkennbar ist (BayObLG DWEigt. 1982, 336). Einem Anwesenden kann die Entscheidung auch zu Protokoll bekanntgegeben werden (§ 16 Abs 3 FGG). Diese Art der Zustellung ist nur wirksam, wenn die vollständige Entscheidung, also auch die Entscheidungsgründe, bekanntgegeben werden (BayObLG WE 1991, 290); auch muß das Protokoll die Beachtung dieser Form und, wer von den Beteiligten anwesend war, eindeutig erkennen lassen (BayObLG WEM 1981/5/38; WE 1989, 66). Eine unwirksam zugestellte

oder bekanntgegebene Erklärung ist gleichwohl anfechtbar (BayObLG WE 1990, 140). Kein unwirksamer Zugang liegt vor, wenn dem Beteiligten eine vollständige Ausfertigung formlos zugeht, jedoch beginnt der Lauf der Beschwerdefrist nicht sofort sondern entsprechend § 577 ZPO erst fünf Monate nach der formlosen Bekanntgabe (BayObLG WE 1993, 26).

Schreib- und Rechenfehler und andere offenbare Unrichtigkeiten der Ent- 33
scheidung kann das Gericht nachträglich **berichtigen** (§ 319 Abs. 1 ZPO; BGH NJW 1989, 1281; BayObLG DWEigt. 1982, 136; 1983, 31) oder den Beschluß erforderlichenfalls entsprechend § 321 ZPO **ergänzen** (BayObLG B. v. 8. 8. 1987 – 2 Z 8/ 86). Keine Berichtigung oder Ergänzung sondern ein Beteiligtenwechsel liegt vor, wenn die Liste der beteiligten Wohnungseigentümer, auf die die Entscheidung Bezug nimmt, unvollständig oder unrichtig ist und durch eine berichtigte Liste ersetzt werden soll (OLG Zweibrücken WE 1987, 88 m. A. Weitnauer). Durch einen Berichtigungsbeschluß wird nur dann eine neue Rechtsmittelfrist in Lauf gesetzt, wenn der Umfang der Beschwer aus der ursprünglichen Fassung nicht hinreichend erkennbar war (BayObLG DWEigt. 1982, 136). Gegen die Ablehnung eines Berichtigungsantrags entsprechend § 319 Abs. 3 ZPO ist kein Rechtsmittel statthaft (BGH a. a. O.). Für die Beteiligten besteht jedoch kein Zwang, Berichtigungsantrag zu stellen; sie können eine offensichtliche Unrichtigkeit ebenso im Wege der Beschwerde geltend machen (BayObLG WE 1988, 36). Zur Berichtigung durch das Rechtsbeschwerdegericht (BayObLG WE 1990, 69).

5. Die Sachentscheidungen sind, weil es sich um ein Streitverfahren han- 34
delt der **Rechtskraft** fähig, wie § 45 Abs. 2 WEG ausdrücklich ausspricht. Die Rechtskraft ist wegen der befristeten Beschwerde **formeller** Natur, sie ist zugleich auch **materieller** Natur (Keidel, FGG, § 31 Rz. 1ff.; vgl. näher oben § 43 Rdn. 37). Die materielle Rechtskraft erstreckt sich **auf alle Beteiligten** im formellen Sinne (§ 45 Abs. 2 WEG; vgl. § 43 Rdn. 36). Wird also z. B. ein Beschluß der Wohnungseigentümerversammlung für ungültig erklärt, so ist diese Entscheidung für alle Beteiligten bindend, auch wenn sie in dem Verfahren aktiv nicht tätig geworden sind. Wird ein Antrag auf Ungültigerklärung als unbegründet abgewiesen, so bedeutet das, daß die Gültigkeit des Beschlusses mit Wirkung für alle Beteiligten festgestellt ist, und zwar unter allen denkbaren Gesichtspunkten der Anfechtung oder Nichtigkeit, gleichgültig ob sie vorgebracht worden sind oder nicht (BayObLG 80, 29 – Präklusionswirkung); zur Rechtskraft bei Aufrechnung oben Rdn. 25; zur Wiederaufnahme des Verfahrens, vgl. § 45 Rdn. 18.

6. Ein Antrag kann sich durch **Zurücknahme erledigen.** Die Rücknahme 35
ist eine verfahrensgestaltende Erklärung, die nicht anfechtbar ist (Keidel, FGG, § 12 Rz. 13; BayObLG WE 1988, 143). Durch die Rücknahme wird dem Antragsteller aber nicht verwehrt, einen Antrag nämlichen Inhalt nochmals rechtshängig zu machen, so BayObLG WE 1992, 147 für einen teilweise zurückgenommenen Antrag, der in demselben Verfahren wieder auf den ursprünglichen Zustand erweitert wurde.

Abgeschlossen ist die Angelegenheit auch, wenn sich ein Antrag in der **Hauptsache erledigt** hat; durch die Erledigung entfällt hinsichtlich des ursprünglichen Antrags das Rechtsschutzbedürfnis (BayObLG WE 1991, 55).

Daher kann nach Erledigung der Hauptsache kein Gegenantrag mehr gestellt werden (BayObLG Rpfleger 1979, 267). Das Verfahren ist einzustellen und auf Antrag als in der Hauptsache für erledigt zu erklären; bereits erlassene, noch nicht rechtskräftige Entscheidungen werden kraft Gesetzes wirkungslos (BayObLG WE 1990, 178). Diese Feststellungen sind auch dann zu treffen, wenn die Erledigung nach Anhängigwerden aber vor Rechtshängigkeit des Antrags eingetreten ist (KG WE 1991, 323; OLG Zweibrücken, WE 1992, 260), und ohne Rücksicht, ob der ursprüngliche Antrag vor Eintritt des erledigenden Ereignisses begründet war (BayObLG DWEigt 1993, 82). Anders, wenn der Antrag unzulässig ist; ein solcher Antrag ist auch nach Erledigung der Hauptsache zurückzuweisen (BayObLG DWEigt. 83, 607). Hingegen macht die Erledigung der Hauptsache während des Beschwerdeverfahrens eine weitere Beschwerde nicht unzulässig (BayObLG WE 1993, 343; a. A. noch WE 1992, 86).

Entsprechend den Grundsätzen des Zivilprozeßrechts ist das Gericht an eine **übereinstimmende Erledigterklärungen** der Beteiligten gebunden (BayObLG DWEigt 1983, 26; WE 1994, 56). Abweichend von der ZPO kann das Verfahren jedoch auch auf **einseitigen Antrag** wegen Erledigung oder Antragsrücknahme eingestellt werden, auch noch nach mündlicher Verhandlung (KG DWEigt 1988, 36) und sogar ohne Antrag (Keidel FGG § 19 Rz. 88). In diesem Falle beinhaltet der die Erledigung feststellende Beschluß allerdings eine, den nichtzustimmenden Beteiligten beschwerende und damit anfechtbare Sachentscheidung (BayObLG WE 1988, 198; WE 1992, 227). In einem **Anfechtungsverfahren erledigt sich die Hauptsache**, sobald die Wohnungseigentümer einen neuen Beschluß fassen, der den angefochtenen ersetzt oder bestätigt und der neue Beschluß unanfechtbar wird (BayObLG WE 1988, 35; WE 1990, 174; OLG Frankfurt OLGE 1989, 434). Zur Hauptsacheerledigung beim Verwalterwechsel BayObLG WE 1990, 184; bei Genehmigung einer zweckbestimmungswidrigen Nutzung während des Verfahrens BayObLG WE 1993, 350.

Kommt es zu keiner Sachentscheidung, ergeht lediglich eine **isolierte Kostenentscheidung,** die nach billigem Ermessen (§ 47) unter Berücksichtigung des voraussichtlichen Verfahrensausgangs, wie er sich bei der Erledigungserklärung darstellt, zu treffen ist; Beweise werden nicht mehr erhoben (BayObLG WE 1994, 56); die starre Kostenfolge des § 91a ZPO kommt nicht zum Tragen (BayObLG WE 1991, 55; Demharter ZMR 1987, 201/203). Wohnungseigentümer, die bis dahin am Verfahren nicht beteiligt worden sind, sind nun in der Regel nicht mehr zu beteiligen (BayObLG Rpfleger 1976, 291 in Ergänzung von BayObLG 61, 322 und 75, 177; BayObLG DWEigt 1993, 167). Die isolierte Kostenentscheidung ist unter den in § 45 Rdn. 1 und § 47 Rdn. 4 dargestellten Voraussetzungen selbständig mit der sofortigen Beschwerde anfechtbar (§§ 20a Abs. 2, 27 Abs. 2 FGG).

36 7. Ein Antrag kann auch durch **gütliche Einigung, Vergleich** erledigt werden. Das ist die wünschenswerteste Form der Erledigung, die auch vom Gesetz angestrebt wird (§ 44 Abs. 1 WEG). Um Rechtsnachfolger zu binden, muß es sich bei dem Vergleich um eine Vereinbarung aller Wohnungseigentümer handeln, die im Grundbuch eingetragen wird (§ 10 Abs. 2), oder

müssen die Wohnungseigentümer einen inhaltsgleichen Mehrheitsbeschluß fassen (§ 10 Abs. 3); ansonsten bindet der Vergleich nur die am Verfahren Beteiligten (BayObLG WE 1991, 169); zu Unwirksamkeit eines Vergleichs nach § 779 BGB wegen Rechtsirrtums BayObLG WE 1991, 199; zur Nichtanwendung von § 33 FGG auf den Vergleich in Wohnungseigentumssachen BayObLG WE 1991, 169; Keidel, FGG, § 33 Rz. 6.

8. Für ein **Nebenverfahren** richten sich Kostenentscheidung und Geschäfts- **37** wertfestsetzung nach §§ 40; 48 Abs. 2 WEG. Die Bestimmungen des § 48 Abs. 1 und 3 WEG kommen nicht zur Anwendung; insoweit gilt die Kostenordnung (BayObLG WE 1991, 79 für eine Beschwerde gegen einen Beweisbeschluß; BayObLG WE 1989, 148 für einen Beschluß, mit dem die Ergänzung der Sitzungsniederschrift abgelehnt worden ist); zur Anfechtbarkeit vgl. § 45 Rdn. 1.

9. Wird im FGG-Verfahren ein Anspruch geltend gemacht, der in das **38** Streitverfahren der ZPO gehört, so ist die Sache **an das Prozeßgericht abzugeben;** näher hierzu § 46 Rdn. 3; § 46 selbst betrifft den umgekehrten Fall (oben Rdn. 3). Ist ein Anspruch beim örtlich unzuständigen Gericht gestellt, so ist die Sache entsprechend § 281 (früher § 276) ZPO auf Antrag des Antragstellers **an das örtlich zuständige Gericht zu verweisen** (BayObLG Rpfleger 1975, 245).

10. Die das Verfahren abschließenden Entscheidungen, einschließlich eines **39** Ergänzungsbeschlusses nach § 321 ZPO, können mit der **sofortigen Beschwerde** angefochten werden; näher hierzu § 45. Auch im WE-Verfahren gilt das Verbot der reformatio in peius (OLG Hamm DWeigt 1990, 70). Sonstige, eine Beschwer enthaltende Entscheidungen des Gerichts sind, soweit sie nicht unanfechtbar sind oder einem speziellen Rechtsbehelf (z. B. § 22 Abs. 2 FGG, § 31 KostO) unterliegen, mit der einfachen Beschwerde nach § 19 Abs. 1 FGG anfechtbar (verneinend für den Abgabebeschluß BayObLG B. v. 8. 1. 1987 – 2 Z 135/86 m. w. N. –, hierzu auch § 46 Rdn. 1; für die Zurückweisung eines Antrags auf Ergänzung der Sitzungsniederschrift BayObLG WE 1989, 148).

11. Aus den Entscheidungen findet die **Zwangsvollstreckung** nach den **40** Vorschriften der ZPO statt; Näheres hierzu § 45 Rdn. 9.

§ 44 Allgemeine Verfahrensgrundsätze

(1) **Der Richter soll mit den Beteiligten in der Regel mündlich verhandeln und hierbei darauf hinwirken, daß sie sich gütlich einigen.**

(2) **Kommt eine Einigung zustande, so ist hierüber eine Niederschrift aufzunehmen, und zwar nach den Vorschriften, die für die Niederschrift über einen Vergleich im bürgerlichen Rechtsstreit gelten.**

(3) **Der Richter kann für die Dauer des Verfahrens einstweilige Anordnungen treffen. Diese können selbständig nicht angefochten werden.**

(4) **In der Entscheidung soll der Richter die Anordnungen treffen, die zu ihrer Durchführung erforderlich sind. Die Entscheidung ist zu begründen.**

Vgl. zu Abs. 1 bis 3 § 13 Abs. 2 bis 4 der 6. DVO-EheG. Zu Abs 4 § 15 der 6. DVOEheG, ferner die Ausführungen zum Verfahren in Anhang zu § 43.

1 **1. Abs. 1** ordnet **für die Regel mündliche Verhandlung an** (wegen eines schriftlichen Verfahrens vgl. Anh. zu § 43 Rdn. 18), und erlegt dem Gericht eine **„Pflicht zum Sühnegespräch"** (so BayObLG 72, 348 = NJW 73, 152) auf, die unabhängig von der Pflicht zur Sachaufklärung besteht und dem Verfahren etwas vom Charakter eines Vertragshilfeverfahrens verleiht. Es besteht aber keine Verpflichtung der Beteiligten, an einer gütlichen Einigung mitzuwirken. Deshalb kann ein allein zum Zwecke eines Sühneversuchs angeordnetes persönliches Erscheinen nicht durch Zwangsgeld durchgesetzt werden; anders jedoch, wenn der geladene Beteiligte zur Tatsachenermittlung beitragen soll (KG OLGE 1984, 62). Das Sühnegespräch setzt voraus, daß der Gegenstand des Verfahrens für eine mit dem Gesetz zu vereinbarende Schlichtung des Streits noch Raum läßt. Der Umstand, daß das Gericht eine weitere Sachaufklärung nicht für erforderlich hält oder daß außergerichtliche Vergleichsverhandlungen erfolglos geblieben sind (so der Fall KG NJW 72, 691 mit Anm. Pick NJW 72, 1741 BayObLG WE 1989, 64), genügt nicht, um von der mündlichen Verhandlung, die gerade dazu dienen soll, durch Erörterung mit den Beteiligten auf eine gütliche, auch der zukünftigen Gestaltung förderliche Regelung hinzuwirken (in diesem Sinne BayObLG 72, 348 = NJW 73, 152; KG NJW 70, 330) abzusehen.

Die **mündliche Verhandlung** ist die **Regel**, im Verfahren vor dem Amtsgericht ebenso wie in der Beschwerdeinstanz; Ausnahmen bedürfen einer besonderen Begründung. Verstöße gegen die eine, wie die andere Verpflichtung führen zur Aufhebung der Entscheidung (OLG Hamm Rpfleger 1978, 60; OLG Köln Rpfleger 1980, 349; OLG Stuttgart NJW 1974, 2137; OLG Zweibrücken Rpfleger 1977, 141; BayObLG 1983, 73 und DWEigt. 1984, 30; BayObLG 1972, 348; 1983, 73; WE 1988, 139). Auf die mündliche Verhandlung kann verzichtet werden, wenn sich die Hauptsache erledigt hat und nur noch über die Kosten zu entscheiden ist (OLG Hamburg OLGE 1991, 47), wenn die Beschwerde als unzulässig verworfen wird (BayObLG WE 1991, 197; 1993, 320) oder wenn die Beteiligten vor dem Berichterstatter verhandelt und auf weitere mündliche Verhandlung verzichtet haben, keine rechtserheblichen Tatsachen mehr vorgetragen werden, keine weitere Sachaufklärung erforderlich ist und keine Aussicht auf Einigung besteht (BayObLG WE 1990, 181); hingegen genügt nicht, wenn die Beschwerde nicht begründet wird (WE 1992, 208). Zu verhandeln ist vor der **vollbesetzten** (BayObLG NJW-RR 1988, 1151; WE 1988, 139; 1991, 197) und **richtig besetzten** (BayObLG WE 1989, 207) **Zivilkammer**; mündliche Verhandlungen und Beweisaufnahme können nicht dem Einzelrichter übertragen werden (BayObLG DWEigt 1993, 124); eine Verletzung dieser Pflicht führt gleichfalls zur Aufhebung und Zurückverweisung (BayObLG WE 1993, 349). Tritt aber ein Richterwechsel zwischen Verhandlung und Entscheidung ein, soll dies keinen Verstoß darstellen; § 44 Abs. 1 stehe der Vorschrift des § 128 Abs. 1 ZPO nicht gleich und § 309 ZPO sei auf das FGG-Verfahren nicht anwendbar, da anders als im Zivilprozeß auch noch nach Schluß der mündlichen Verhandlung Angriffs- und Verteidigungsmittel vorgebracht werden können (BayObLG WE 1990, 173; 1991, 287; KG WE 1993, 312). Die **Verhandlung** ist **öffentlich** und die **Entscheidung** ist öffentlich zu verkünden, Art. 6 Abs. 1 Satz 1 und 2 MRK (BayObLG NJW-RR 1988, 11151; vgl. Anh. § 43 Rdn. 19); ein Verstoß führt grundsätzlich zur Aufhebung der Entscheidung (BayObLG a. a. O.; DWEigt 1992, 163; KG NJW-RR 1990, 456), es sei denn, der nichtöffentlichen Verhandlung folgt ein schriftliches Verfahren (BayObLG WE 1992, 54); zur Behandlung von Entscheidungen, die im Vertrauen auf die ständige Rechtsprechung des zuständigen Obergerichts aufgrund nichtöffentlicher Verhandlung ergangen sind (BayObLG NJW-RR 1988, 1151; OLG Hamm OLGE 1985, 185; vgl. auch § 45 Rdn. 4).

2. Zu Abs. 2 vgl. die §§ 159 bis 163 ZPO. 2

3. Zu Abs. 3 Einstweilige Anordnungen - davon zu unterscheiden sind die 3
„Anordnungen" nach Abs. 4 – können von Amts wegen **„für die Dauer des Verfahrens"** ergehen; Voraussetzung ist somit, daß ein Hauptsacheverfahren anhängig ist, ferner, daß ein Bedürfnis für die einstweilige Regelung besteht, die Verhältnisse ein Abwarten der endgültigen Entscheidung nicht zulassen (BayObLG WE 1991, 167; WE 1991, 287). Ein ausdrücklicher, auf Erlaß einer einstweiligen Anordnung gerichteter Antrag ist weder erforderlich (BayObLG a. a. O.) noch für das Gericht maßgebend. Die einstweilige Anordnung muß sich aber auf die zu entscheidende streitige Angelegenheit beziehen. Zuständig sind nicht nur die Tatsacheninstanzen, sondern, ist das Hauptsacheverfahren beim Rechtsbeschwerdegericht anhängig, auch dieses (BayObLG a. a. O.).

Die einstweilige Anordnung darf **nicht über den Hauptsacheantrag hin-** 4
ausgehen, so BayObLG B. v. 14. 3. 1985 – 2 Z 8/85 für den Fall, daß in einem Beschlußanfechtungsverfahren durch einstweilige Anordnung ein Vollstrekkungstitel erwirkt werden sollte. Sie darf auch nicht zu einer Vorabrealisierung der noch zu entscheidenden Hauptsache führen. Dies ist nicht der Fall, wenn in **Wohngeldverfahren** einstweilige Anordnungen mit dem **Inhalt eines dinglichen oder persönlichen Arrestes** ergehen, weil der säumige Wohnungseigentümer Anstalten trifft, sich ins Ausland abzusetzen oder sein Vermögen zu verschieben. Aus einem solchen Beschluß kann gepfändet werden; die Verwertung der Pfandsache bleibt aber der Zwangsvollstreckung aus der Hauptsacheentscheidung vorbehalten; ebensowenig, wenn bei einem Vollstreckungsabwehrantrag durch einstweiliger Anordnung die Zwangsvollstreckung aus dem Titel einstweilen eingestellt wird. Die Regelung des § 43 Abs. 3 schließt die Anwendung von § 769 Abs. 1 und § 793 ZPO aus (BayObLG WE 1990, 219).

Eine einstweilige Anordnung kann aber auch im Zusammenhang mit einer 5
Hauptsacheentscheidung ergehen, z. B. indem die Entscheidung **für vorläufig vollstreckbar erklärt** wird, unter Umständen entsprechend § 790 ZPO gegen Sicherheitsleistung. Auch eine solche einstweilige Anordnung ist zulässig, weil das Verfahren nicht mit der Verkündung der Hauptsacheentscheidung, sondern erst endet, wenn diese in Rechtskraft erwächst, und einstweilige Anordnungen während der gesamten Verfahrensdauer erlassen werden können.

6 Einstweilige Anordnungen sind **auch in anderen Verfahrensarten** möglich, so im **Anfechtungsverfahren** die Aussetzung des angefochtenen Beschlusses für die Dauer des Verfahrens allein oder verbunden mit regelnden Maßnahmen, wenn durch die Entscheidung kein Schaden entstehen kann, sondern vermieden wird (BayObLG WE 1991, 167 für den Fall eines angefochtenen Beschlusses über die Änderung der Kostenverteilung, weil den Wohnungseigentümern, würde der Beschluß angewendet und später aufgehoben, erhebliche Kosten entstehen; KG DWEigt 1987, 27 für den Fall, daß im Verfahren über die Anfechtung einer Verwalterbestellung dieser Beschluß außer Kraft gesetzt und ein Notverwalter eingesetzt wird; zu weitgehend LG Berlin WE 1987, 108, wonach die Herstellung einer Suspensivwirkung grundsätzlich zulässig sei); aber auch in einen Verfahren auf **gerichtliche Regelung** (KG OLGE 1991, 180 für den Fall, daß durch einstweilige Anordnung ein Beschluß nach § 21 Abs. 4 über einen Wirtschaftsplan für sofort wirksam erklärt wird; AG Weinheim, B. v. 17. 9. 1985 – UR II 8/85 für einen Beschluß, durch den in Bezug auf Waschmaschinenbenutzung die Ruhezeiten einstweilen gerichtlich geregelt werden). Auch solche einstweilige Anordnungen führen zu keiner Vorwegnahme der Hauptsache, weil sie mit Rechtskraft der Hauptsacheentscheidung unwirksam werden, wohingegen die Hauptsacheentscheidungen erst ab diesem Zeitpunkt durchsetzbar sind und den Zeitraum davor nicht erfassen (KG DWEigt 1987, 27).

7 Die Bestimmung, daß die einstweiligen Anordnungen **nicht selbständig angefochten werden** können, entscheidet eine für § 13 Abs. 4 der 6. DVO-EheG zweifelhafte Frage. Die Unanfechtbarkeit (OLG Hamm Rpfleger 1978, 25) erstreckt sich auf die Entscheidung, durch die ein Antrag auf Erlaß einer einstweiligen Anordnung zurückgewiesen wird (BayObLG 77, 40; so schon die Vorauflagen). Der Grundsatz der Unanfechtbarkeit wird durchbrochen für einstweilige Anordnungen, die jeder Grundlage entbehren (BayObLG ITelex 1984/12/68; KG DWEigt 1987, 27), so auch für die Entscheidungen, die unzulässigerweise erlassen worden sind, obwohl kein Hauptsacheverfahren anhängig ist (BayObLG 77, 40; klarstellend BayObLG 1993, 73). Da die einstweilige Anordnung nicht selbständig angefochten werden kann, verbietet sich die entsprechende Anwendung von § 767 ZPO (KG WE 1989, 25).

8 Wird ein im streitigen Verfahren anhängiges Hauptsacheverfahren nach § 46 an den FGG-Richter abgegeben und war in diesem Verfahren durch Beschluß eine einstweilige Verfügung ergangen, deren Regelung der FGG-Richter aufrechthalten will, muß er eine entsprechende einstweilige Anordnung erlassen. Die einstweilige Verfügung ist dem FGG-Recht unbekannt und kann deshalb mit Abgabe keine Rechtswirkung mehr entfalten; für den Fall, daß über die einstweilige Verfügung ein Urteil ergangen ist, vgl. Anh. § 43 Rdn. 27.

Ändern sich die Verhältnisse, ist das Gericht befugt, von sich aus oder auf Antrag die einstweilige **Anordnung zu ändern oder aufzuheben**. Die Befugnis geht auf die nächste Instanz oder einen anderen FGG-Richter, dem das Verfahren aufgrund örtlicher Zuständigkeit abgegeben worden ist, über.

Auch die **Vollstreckung einer einstweiligen Anordnung** richtet sich nach den Bestimmungen der ZPO und erfordert damit, weil für die einstweilige

Anordnung keine Ausnahme vorgesehen ist, eine Ausfertigung des Titels mit Vollstreckungsklausel – vollstreckbare Ausfertigung – (BayObLG WE 1986, 142) und Zustellung. Erweist sich die Vollstreckung aus einer einstweiligen Anordnung im Nachhinein als von Anfang an unbegründet, ist der Vollstreckungsgläubiger dem Vollstreckungsschuldner analog § 945 ZPO zum **Schadenersatz** verpflichtet (BGH NJW 1993, 80; a. A. aber unzutreffend KG WE 1991, 223; DWEigt 1992, 78); zur Höhe des Schadens bei zu Unrecht gezahlten Vorschüssen BGH a. a. O.; zur Rückabwicklung der gezahlten Vorschüsse KG WE 1989, 138 und OLGE 1991, 190 zur Geltendmachung durch Widerantrag.

Einwendungen gegen die **Vollstreckungsklausel** kann der Schuldner mit der Erinnerung nach § 732 ZPO geltend machen. Die Unanfechtbarkeit der einstweiligen Anordnung nach § 44 Abs. 3 wird davon nicht berührt, da im Erinnerungsverfahren nicht die einstweilige Anordnung geprüft wird, sondern lediglich, ob die Erteilung der Vollstreckungsklausel zulässig ist.

4. Inhalt der Entscheidung

Wegen des Inhalts der Entscheidung vgl. zunächst Anh. zu § 43 Rdn. 29ff. 9
Eine **Teilentscheidung** über den Grund des Anspruchs ist zulässig; sie unterliegt der sofortigen Beschwerde (OLG Düsseldorf NJW 70, 1137). Außerdem sollen in der Entscheidung, sofern zur Durchsetzung die Vollstreckung (§ 45 Abs. 3) nicht ausreicht, die **Anordnungen** getroffen werden, die zu ihrer Durchführung erforderlich sind. So kann der Richter z. B. bei einem Streit über den Gebrauch des gemeinschaftlichen Eigentums gleichzeitig etwa anordnen, daß unzulässigerweise von einem Wohnungseigentümer auf dem gemeinschaftlichen Trockenboden abgestellte Möbel zu entfernen sind u.dgl.; Beispiele aus der Rsprechung: Anordnung, einen Grenzzaun zum Nachbargrundstück zu errichten (OLG Frankfurt MDR 60, 404); die Auflage, für die Wahrung des Hausfriedens zu sorgen (OLG Frankfurt NJW 61, 324); Kündigung eines Bordell-Mietvertrages in einem Verfahren über die Untersagung dieses Betriebs in den Räumen eines Teileigentums (BayObLG WEM 82/1/87). Stets muß aber zum Unterschied von den „einstweiligen Anordnungen“ des Absatzes 3, bevor eine solche Anordnung getroffen wird, sachlich über den Gegenstand des Streits entschieden sein (OLG Stuttgart NJW 70, 102).

Die Entscheidung muß weiter enthalten die **Kostenentscheidung** gemäß 10
§ 47 (vgl. die Erl. dort) und die **Festsetzung des Geschäftswerts** gem. § 48 Abs. 2 (dazu § 48 Rdn. 3, 4); vgl. auch Anh. zu § 43 Rdn. 31.Abweichend von den allgemeinen Grundsätzen des FGG ist in Abs. 4 Satz 2 vorgeschrieben, daß die Entscheidungen zu **begründen** sind; sie müssen also den Sach- und Streitstand und die für die Entscheidung maßgeblichen tatsächlichen und rechtlichen Gesichtspunkte erkennen lassen (vgl. zum ähnlichen Problem bei den Beschwerdeentscheidungen § 45 Rdn. 3).

§ 45 Rechtsmittel, Rechtskraft

(1) **Gegen die Entscheidung des Amtsgerichts ist die sofortige Beschwerde, gegen die Entscheidung des Beschwerdegerichts die sofortige weitere Beschwerde zulässig, wenn der Wert des Gegenstandes der Beschwerde oder der weiteren Beschwerde eintausendfünfhundert Deutsche Mark übersteigt.**

(2) **Die Entscheidung wird mit der Rechtskraft wirksam. Sie ist für alle Beteiligten bindend.**

(3) **Aus rechtskräftigen Entscheidungen, gerichtlichen Vergleichen und einstweiligen Anordnungen findet die Zwangsvollstreckung nach den Vorschriften der Zivilprozeßordnung statt.**

(4) **Haben sich die tatsächlichen Verhältnisse wesentlich geändert, so kann der Richter auf Antrag eines Beteiligten seine Entscheidung oder einen gerichtlichen Vergleich ändern, soweit dies zur Vermeidung einer unbilligen Härte notwendig ist.**

1. Rechtsmittel

1 a) Gegen die **Entscheidung** (§ 44 Abs. 4), auch eine Teilentscheidung lediglich über den Grund des Anspruchs (vgl. Anh. § 43 Rdn. 31; § 44 Rdn. 4), ist das Rechtsmittel der **sofortigen Beschwerde** gegeben. Dies gilt zwar auch dann, wenn irrtümlich das Prozeßgericht, dem ein nach seiner Ansicht wohnungseigentumsrechtliches Verfahren zu Unrecht vom Wohnungseigentumsgericht abgegeben worden ist, offensichtlich als Wohnungseigentumsgericht im Beschlußwege entscheidet (BayObLG B. v. 5. 2. 1987 – 2 Z 9/87). Die Zulässigkeit des Rechtsmittels bestimmt sich nach der Entscheidung, wie sie sich objektiv den Beteiligten präsentiert, und nicht danach, wie das Gericht bei richtiger Sachbehandlung hätte entscheiden müssen.

Die **Zulässigkeit** der sofortigen Beschwerde setzt voraus, daß der anfechtende Beteiligte durch die Entscheidung beschwert wird und der Wert des Beschwerdegegenstandes die **Beschwerdesumme** übersteigt. Die Beschwerdesumme ist durch das Rechtspflegevereinfachungsgesetz vom 17. 12. 1990 auf DM 1.200,– und durch das Gesetz zur Entlastung der Rechtspflege vom 11. 1. 1993 auf DM 1.500,– angehoben worden; zur Beschwerdesumme für die sofortige weitere Beschwerde vgl. unten Rdn. 4. Ist die Beschwerdegrenze geändert worden, beurteilt sich die Zulässigkeit einer Beschwerde nach dem Wert, der Gültigkeit hatte, als die Entscheidung anfechtbar wurde (vgl. hierzu Anh. § 43 Rdn. 29); so auch die Übergangsvorschrift des Gesetzes vom 11. 1. 1993 mit dem 1. 3. 1993 als Stichtag für die neue Regelung; zur Zulässigkeit der Übergangsvorschrift anläßlich der Neufassung des § 45 Abs. 1 durch das Gesetz vom 17. 12. 1990 (BayObLG WE 1991, 165). Die **Rechtsmittelbeschwer** wird von der Rechtsprechung nicht einheitlich **bemessen**; BayObLG 1990, 141; WE 1991, 370; WE 1994, 21; WE 1994, 276 und OLG Hamm OLGE 1971, 491 stellen allein darauf ab, in welchem Umfang der einzelne Beschwerdeführer von einer Änderung der angefochtenen Entscheidung in der Hauptsache berührt wird; die Beschwer mehrerer

Beschwerdeführer wird zusammengerechnet (BayObLG WE 1994, 276). Nach OLG Düsseldorf (DWEigt 1992, 116) soll die Beschwer sich nach dem Interesse des Beschwerdeführers und seiner möglichen finanziellen Belastung sowie den Interessen der übrigen Beteiligten und den wirtschaftlichen Konsequenzen für die Eigentümergemeinschaft bestimmen; davon sei auch der Gesetzgeber bei der Erhöhung des Beschwerdewertes auf DM 1.200,– ausgegangen. Das OLG Düsseldorf hat die Sache deshalb dem BGH vorgelegt. **Keine Beschwer** liegt vor, wenn das Gericht einen Antrag trotz Erledigung der Hauptsache abweist (BayObLG WE 1988, 38); für einen Antrag, Einzelpunkte der Jahresabrechnung aufzuheben, wenn das Amtsgericht den Beschluß über die Jahresabrechnung insgesamt für ungültig erklärt hat (BayObLG WE 1994, 19); für eine Beschwerde, mit der der Kostenschuldner die Heraufsetzung des Geschäftswertes verfolgt, da er durch die angestrebte Entscheidung nicht entlastet sondern belastet wird (BayObLG WE 1992, 292; 1994, 21; DWEigt 1993, 167). **Unzulässig** ist auch die nur gegen die Gründe des angefochtenen Beschlusses gerichtete Beschwerde (OLG Frankfurt OLGE 1982, 420; BayObLG B. v 23. 7. 1987 – 2 Z 81/87) sowie die auf den Kostenpunkt beschränkte Beschwerde, § 20a FGG (BayObLG DWEigt 1984, 62), es sei denn, eine isolierte Kostenentscheidung wird angefochten (zu deren Zulässigkeit im Besonderen vgl. § 47 Rdn. 4). **Zulässig** ist eine Beschwerde, bei der die „Beschwer" auch im Wege der Berichtigung beseitigt werden könnte (BayObLG 1988, 36).

Die Zulässigkeit der sofortigen Beschwerde setzt weiter voraus, daß die **Notfrist** der §§ 21, 22 FGG eingehalten ist. Sie beträgt 2 Wochen und beginnt für jeden Beteiligten selbständig mit der Verkündung oder Zustellung der angefochtenen Entscheidung an ihn (§ 16 Abs. 2 FGG), bei formloser Bekanntgabe der vollständigen Entscheidung entsprechend § 516 ZPO fünf Monate nach Zugang (BayObLG WE 1993, 26), vgl. hierzu Anh. § 43 Rdn. 32. Eine Rechtsmittelbelehrung durch das Gericht ist im Wohnungseigentumsverfahren weder vorgeschrieben noch üblich (BayObLG DWEigt. 1983, 103). In eine versäumte Beschwerdefrist ist **Wiedereinsetzung in den vorigen Stand** möglich nach § 22 Abs. 2 FGG (BayObLG Rpfleger 1979, 446; BayObLG WEM 1978, 88); Wiedereinsetzung wird bejaht bei Fristversäumung infolge ungewöhnlich langer Postlaufzeit (BayObLG WE 1987, 93; DWEigt 1993, 168 – zwei Tage im Nahbereich); ebenso, wenn die Frist versäumt wurde, weil dem Beschwerdeführer von einem nicht mit der Verfahrensführung beauftragten Rechtsanwalt eine falsche Auskunft erteilt worden ist (BayObLG WE 1988, 206); verneint bei Verschulden des Verfahrensbevollmächtigten (BayObLG DWEigt. 1984, 62; DWEigt 1988, 34; WE 1991, 362 und WE 1992, 168 zum Organisationsverschulden bei der Fristennotierung) und bei Verschulden des Beteiligten (BayObLG WE 1991, 224 zum Fristablauf wegen Urlaubs; BayObLG WE 1992, 52 wegen unterbliebener Rechtsmittelbelehrung des Landgerichts, wenn das Amtsgericht zuvor belehrt hatte). Zur Frage der Wiedereinsetzung, wenn ein anwaltlich nicht vertretener Beteiligter über das Rechtsmittel nicht belehrt wird und in Rechtsirrtum die Frist versäumt, vgl. BayObLG B. v. 22. 12. 1982 – 2 Z 101/82; zur Wiedereinsetzung im Falle der Nebenintervention OLG Hamburg OLGE 1991, 312. Die Frist für das Wiedereinsetzungsgesuch beträgt zwei Wochen; sie beginnt nicht erst bei positiver Kenntnis von der Fristversäumung sondern bereits bei vorwerfbarer Nichtkenntnis (KG WE 1994, 54). Zur Zuständigkeit für die Entscheidung über die Wiedereinsetzung, wenn die Beschwerdefrist versäumt wurde, das Verfahren inzwischen aber in der weiteren Beschwerde anhängig ist, siehe BayObLG WE 1988, 39.

Die Beschwerde ist entweder bei dem Gericht, das die Entscheidung erlassen hat, oder beim Beschwerdegericht einzulegen; zur Einlegung bei der zentralen Einlaufstelle mehrerer Gerichte und Adressierung an ein unzuständiges Gericht, vgl. BayObLG WE 1988, 39 m. w. N. Die Beschwerde ist einzulegen entweder **schriftlich oder zur Niederschrift** der Geschäftsstelle, § 21 FGG (zu den Anforderungen eines Schriftsatz als Rechtsmittelschrift BayObLG WE 1992, 169; KG WE 1994, 54; zur Einlegung zu Protokoll des Rechtspflegers BayObLG WE 1992, 178). Die Beschwerde muß **nicht unterzeichnet** und **nicht begründet** (OLG Karlsruhe, Die Justiz 1978, 170) sein. Jedoch muß sich die Person des Beschwerdeführers hinreichend sicher feststellen lassen (BayObLG WE 1992, 138; OLG Frankfurt Rpfleger 1975, 306) und erkennbar sein, daß eine Überprüfung durch das übergeordnete Gericht verlangt wird (BayObLG WE 1992, 169; KG WE 1993, 222, wonach im Wohnungseigentumsverfahren die Grundsätze des § 518 Abs. 2 Nr. 1 ZPO hinsichtlich der Inhaltsklarheit des Rechtsmittels entsprechend heranzuziehen sind, wenn das Rechtsmittel beim Beschwerdegericht eingelegt wird). Da kein Begründungszwang besteht, kann auch keine Frist für die Begründung gesetzt werden (BayObLG WEM 1978, 116); ist eine Beschwerdebegründung angekündigt, genügt, wenn das Beschwerdegericht bis zur Terminierung eine angemessene Zeit zuwartet (BayObLG WE 1988, 205).

Beschwerdeberechtigt ist im Falle der Zurückweisung eines Antrags der Antragsteller (§ 20 Abs. 2 FGG), im übrigen jeder formell oder materiell Beteiligte, sofern er nach seiner Behauptung in seinem Recht beeinträchtigt ist (KG OLGE 76, 56). Im Anfechtungsverfahren ist ein Antragsgegner oder sonstiger Beteiligter nur beschwerdeberechtigt, wenn er zum Zeitpunkt der Rechtsmitteleinlegung den Anfechtungsantrag noch wirksam stellen kann (BGH DWEigt 1993, 81; OLG Zweibrücken WE 1989, 105); dasselbe gilt für die Beschwerde gegen die Abweisung eines Feststellungsantrages (BayObLG WE 1994, 20); die Verfahren können also nicht gegen den Willen des oder der Antragsteller fortgeführt werden. Auch die Beschwerdeberechtigung des Verwalters, der nicht Antragsteller ist, bestimmt sich nach seiner Antragsbefugnis (vgl. hierzu § 43 Rdn. 29); seine Stellung als Beteiligter allein genügt nicht (BayObLG WE 1991, 291, enger BayObLG DWEigt 1992, 164; ähnlich KG WE 1989, 134); zur Rechtsmittelbefugnis der Wohnungseigentümer, die unzulässigerweise nur mit der Sammelbezeichnung ohne Bezug auf die in den Akten befindliche Eigentümerliste verurteilt worden sind BGH NJW 1993, 2943. Auch ein Dritter, der durch die Entscheidung in seinen Rechten beeinträchtigt ist, ist beschwerdeberechtigt (§ 20 Abs. 1 FGG), z. B. ein Rechtsnachfolger (BayObLG 74, 9); zur Beteiligung vgl. § 43 Rdn. 36ff. Das Gericht, gegen dessen Entscheidung die sofortige Beschwerde eingelegt ist, hat **keine Befugnis, seine Entscheidung abzuändern** (§ 18 FGG). **Beschwerdegericht** ist das dem Amtsgericht übergeordnete Landgericht. Die Beschwerde hat aufschiebende Wirkung (vgl. Abs. 2). Der Gegenstand des Verfahrens darf in der Beschwerdeinstanz nicht mehr geändert werden (dazu OLG Hamm NJW 1969, 884 mit weiteren Nachweisungen), wohl aber ist die Änderung von Anträgen in gewissen Grenzen zulässig (vgl. Anh. § 43 Rdn. 4).

Ob und in welcher Form **sonstige Entscheidungen** des FGG-Gerichts **angefochten** werden können, bestimmt sich nicht nach § 45, sondern nach § 19 FGG oder Sonderregelungen wie § 31 KostO, § 22 Abs. 2 FGG. So ist z. B. gegen die Anordnung eines Zwangsgeldes die einfache Beschwerde nach § 19 FGG zulässig (BayObLG OLGZ 1982, 62); nicht selbständig anfechtbar sind: der Beschluß, in dem dem Antragsteller aufgegeben wird, seinen Vortrag zu ergänzen (BayObLG B. v. 18. 12. 1986 – 2 Z 102/ 86); der Beschluß mit der Ablehnung einer Terminsanberaumung (BayObLG WE 1991, 203); der Beweisbeschluß (BayObLG WE 1989, 59); der Beschluß, mit dem vorab die Beschwer des Rechtsmittelführers festgesetzt wird (OLG Frankfurt OLGE 1992, 301). Grundsätzlich unanfechtbar ist auch der Beschluß, mit dem ein Berichtigungsantrag abgewiesen wird, § 319 Abs. 3 ZPO (wegen der Ausnahmen hierzu Thomas/Putzo, ZPO, § 319 Anm. 5b). Gegen einen die Wiedereinsetzung ablehnenden Beschluß (§ 22 Abs. 2 FGG) ist die sofortige Beschwerde zulässig; zur Anfechtung von ihrer Art oder ihrem Inhalt nach unklaren Entscheidungen, so wenn nicht erkennbar ist, ob das Gericht nur eine Kostenentscheidung oder auch eine Hauptsacheentscheidung getroffen hat, BayObLG B. v. 8. 8 1986 – 2 Z 28/86. Gegen eine nach Antragsrücknahme oder übereinstimmend erklärter Hauptsacheerledigung (vgl. Anh. § 43 Rdn. 35) ergangene selbständige Kostenentscheidung ist die sofortige Beschwerde unter den in § 47 Rdn. 4 dargestellten Voraussetzungen gegeben; ist die isolierten Kostenentscheidung nur gegenüber einem Beteiligten ergangen, vgl. auch BayObLG WE 1988, 38.

b) Eine **Anschlußbeschwerde,** d. h. die unselbständige, nach Ablauf der 2
Beschwerdefrist im Anschluß an die Beschwerde des Gegners eingelegte Beschwerde, ist grundsätzlich zulässig (so jetzt mit Recht BGHZ 71, 314 und BGHZ 95, 118, auch schon BayObLG 73, 1 entgegen BGHZ 19, 196 und BayObLG 65, 327), solange die Entscheidung über das Rechtsmittel noch nicht ergangen ist (BayObLG WE 1991, 369; zum Zeitpunkt des Erlasses der Entscheidung vgl. Anh. § 43 Rdn. 29); sie wird wirkungslos mit der Zurücknahme des Hauptrechtsmittels (BayObLG WE 1988, 65). Die Anschlußbeschwerde kann auf die Überprüfung der Entscheidung im Kostenpunkt beschränkt werden (BayObLG WEigt. 1982, 104; WE 1989, 178 WE 1990, 139). Erforderlich für jede Anschlußbeschwerde ist, daß der betreffende Beteiligte ebenfalls beschwert ist (§ 19 FGG);

c) Das **Beschwerdegericht** hat, sofern nicht besondere Umstände vorlie- 3
gen, über die Beschwerde gem. § 44 in öffentlicher Sitzung vor der vollbesetzten und richtig besetzten Zivilkammer mündlich zu verhandeln (vgl. § 44 Rdn. 1). Das Gericht hat über die Zulässigkeit und die Begründetheit des Rechtsmittels zu entscheiden. Ein unzulässiges Rechtsmittel wird nicht dadurch zulässig, daß es auf Verletzung des rechtlichen Gehörs gestützt wird (BayObLG WE 1991, 369). Das Beschwerdegericht kann die Entscheidung

in der Sache selbst treffen oder die Sache unter Aufhebung der ersten Entscheidung an das Amtsgericht zurückverweisen. Letzteres ist entsprechend § 538 Abs. 1 Nr. 3 ZPO dann möglich, wenn der Streit nicht ohne weitere Beweisaufnahme oder Sachaufklärung in vollem Umfange entscheidungsreif ist. Im Falle der Aufhebung und Zurückverweisung sind das Amtsgericht und im weiteren Verfahren auch die Rechtsmittelgerichte an die der Aufhebung unmittelbar zugrundeliegende Rechtsansicht gebunden (BayObLG DWEigt 1988, 34; WE 1992, 169). Die Entscheidung muß begründet sein (§ 25 FGG), sie muß also die zugrundegelegten Tatsachen und das Vorbringen und Begehren der Beteiligten erkennen lassen und darf nicht verworren sein (BayObLG WEM 1977, 49). Sie darf den Beschwerdeführer in der Hauptsache nicht schlechter stellen, wohl aber im Kostenpunkt, wenn es sich insoweit um eine Nebenentscheidung handelt; dies gilt auch für die sofortige weitere Beschwerde (BayObLG DWEigt 1984, 30; WE 1992, 169; OLG Hamm DWEigt 1990, 70).

4 d) Durch das Rechtspflegevereinfachungsgesetz (oben Rdn. 1) ist in das WEG aufgenommen worden (§ 44 Abs. 1), daß die Entscheidungen des Beschwerdegerichts mit der **sofortigen weiteren Beschwerde** angefochten werden können. Zuvor hat sich die Zulässigkeit dieses Rechtsmittels aus der allgemeinen Anwendbarkeit der Vorschriften des FGG hergeleitet. Während aber nach herrsch. Ansicht die sofortige weitere Beschwerde nach FGG nicht an einen Beschwerdewert gebunden war (BGH NJW 1985, 912; so auch die Vorauflagen), ist nunmehr auch die sofortige weitere Beschwerde als **Wertbeschwerde** ausgestaltet. Die Beschwerdesumme ist identisch mit der für die sofortige Beschwerde, beträgt somit DM 1.500,–. **Unabhängig vom Beschwerdewert** ist das Rechtsmittel entsprechend § 547 ZPO stets dann zulässig, wenn die sofortige Beschwerde verworfen worden ist (BGH NJW 1992, 3205), oder wenn es sich um eine „außerordentliche" Beschwerde handelt, die nach der Rechtsordnung allgemein als zulässig erachtet wird, weil der angegriffene Beschluß „jeder gesetzlichen Grundlage entbehrt und inhaltlich dem Gesetz fremd ist, d. h. wenn er mit der geltenden Rechtsordnung schlechthin unvereinbar ist (BayObLG WE 1992, 202 m. w. N.). Im übrigen ist eine sofortige weitere Beschwerde nur zulässig, wenn der **Wert des Gegenstandes der weiteren Beschwerde DM 1.500,– überschreitet und** die Entscheidung des Beschwerdegerichts **auf einer Rechtsverletzung beruht** (§ 27 FGG, Rechtsbeschwerde, keine neue Tatsacheninstanz); so in Übereinstimmung mit der Auffassung der Vorauflagen KG NJW 1956, 1679; OLG Celle NJW 1958, 307; BayObLG 57, 98; 58, 237; OLG Braunschweig OLGE 1966, 571; das ist jetzt unstreitig (vgl. Palandt/Bassenge § 45 Rz 3; Bärmann-Pick-Merle § 45 Rdn. 54ff.). Deshalb sind neue zusätzliche Anträge im Rechtsbeschwerdeverfahren (BayObLG DWEigt. 1984, 93) und der „Austausch" von Anträgen (BayObLG WE 1991, 294) nicht zulässig; wohl aber die „Modifizierung" eines Antrags, so der Übergang vom Wirtschaftsplan auf die während des weiteren Beschwerdeverfahrens beschlossene Jahresabrechnung bei gleicher Höhe des Anspruchs (BayObLG a. a. O.). Unzulässig ist das Vorbringen neuer Tatsachen mit folgenden Ausnahmen: Die neuen Tatsachen ergeben, daß das Gesetz in bezug auf das Verfahren verletzt ist

(BayObLG DWEigt. 1982, 137); die Entscheidungen der Vorinstanzen weisen einen Rechtsfehler auf, jedoch sind keine weiteren Ermittlungen erforderlich, so daß das Rechtsbeschwerdegericht unter Berücksichtigung der neuen Tatsachen in der Sache selbst die Entscheidung treffen kann (BayObLG DWEigt 1984, 30; WE 1991, 294); zu dem Fall, daß das Landgericht ohne Rechtsfehler den Antragsgegner aufgrund eines Umlagebeschlusses zur Zahlung verpflichtet hat, dieser aber während des Rechtsbeschwerdeverfahrens rechtskräftig aufgehoben wird (KG WE 1993, 85). Zur Frage der selbständigen Auslegung der Teilungserklärung durch das Rechtsbeschwerdegericht BGHZ 37, 147, 148; BGHZ 59, 205/208; BayObLG 1977, 226, 230; BayObLG MDR 1982, 496; bezüglich formularmäßiger Teilungserklärungen OLG Köln Rpfleger 1972, 261; zur beschränkten Nachprüfbarkeit der Auslegung von Eigentümerbeschlüssen BayObLG 1985, 171, 175; BayObLG B. v. 30. 4. 1987 – 2 Z 3/87; zur Nachprüfung einer tatrichterlichen Ermessensentscheidung im Verfahren der Rechtsbeschwerde, vgl. BayObLG 73, 1. Unzulässig ist die weitere Beschwerde, die sich unmittelbar gegen eine Entscheidung des Amtsgerichts richtet (BayObLG WE 1993, 88 – dem Fall lag zugrunde, daß das Landgericht einen selbständigen Antrag in seiner Beschwerdeentscheidung nicht aufgegriffen hatte). Wird das Rechtsbeschwerdegericht nach **Aufhebung und Zurückverweisung** erneut mit der Sache befaßt, ist es an die seiner aufhebenden Entscheidung unmittelbar zugrundegelegte **Rechtsansicht gebunden** (BayObLG WE 1990, 110; OLG Köln 1992, 344), in demselben Umfange aber auch an eine nicht angefochtene Entscheidung des Beschwerdegerichts, mit der die Sache aufgehoben und an das Amtsgericht zurückverwiesen worden ist (BayObLG DWEigt 1988, 34; WE 1992, 169).

Die weitere Beschwerde kann nach § 29 FGG beim Gericht erster Instanz, 5
beim Landgericht oder bei dem Oberlandesgericht **eingelegt** werden, und zwar entweder durch Erklärung zu Protokoll oder durch Einreichung einer Beschwerdeschrift bei einem der genannten Gerichte (BayObLG WEM 1978, 88); letzteren Falles muß sie von einem **Rechtsanwalt unterzeichnet,** nicht notwendig auch von ihm selbst verfaßt sein (BayObLG WE 1992, 234); der Rechtsanwalt muß bei einem deutschen Gericht zugelassen sein, die Zulassung bei dem angerufenen Beschwerdegericht oder Gericht der weiteren Beschwerde ist nicht erforderlich (Keidel, FGG, § 29 Rdn. 15). Ausführungen eines anwaltlich nicht vertretenen Rechtsbeschwerdeführers sind nicht unbeachtlich BayObLG WE 1991, 165. Die **Beschwerdefrist** beträgt auch bei der sofortigen weiteren Beschwerde zwei Wochen (§ 29 Abs. 4 FGG). Eine **weitere Anschlußbeschwerde** ist wie im Beschwerdeverfahren zulässig (BayObLG WE 1991, 24); siehe hierzu auch Rdn. 2.

Zuständig ist das dem Beschwerdegericht übergeordnete **Oberlandesge-** 6
richt, im Fall des § 199 FGG das hiernach zuständige Gericht (in Betracht kommen das Bayerische Oberste Landesgericht, dem eine große Zahl wichtiger Entscheidungen zum WEG zu verdanken ist, für Rheinland-Pfalz das OLG Zweibrücken). Unter den Voraussetzungen des § 28 Abs. 2 FGG, also wenn das Oberlandesgericht von der Entscheidung eines anderen Oberlandesgerichts oder des Reichsgerichts oder des Bundesgerichtshofes abweichen

will, entscheidet der **Bundesgerichtshof** (Art. 8 Nr. 88 des Gesetzes vom 12. 9. 1950, BGBl. I S. 455). Fälle dieser Art haben sich bereits mehrfach ergeben, so zu der Frage, inwieweit über § 12 hinaus dinglich wirkende Verfügungsbeschränkungen durch Vereinbarung begründet werden können (vgl. § 12 Rdn. 2; BGHZ 37, 203 und BGHZ 49, 250, ferner zu der in § 5 Rdn. 19 erörterten Frage des Sondereigentums bei im Wohnungseigentum errichteten Einfamilienhäusern (Vorlagebeschluß des OLG Schleswig NJW 1967, 2080, entschieden durch BGHZ 50, 56), zur Anschlußbeschwerde (BGHZ 71, 314), zur Übertragung von Stellplatz-Sondernutzungsrechten (BGHZ 73, 145), zur Veräußerung eines durch Teilung entstandenen Wohnungseigentums (BGHZ 73, 150), zur Vereinbarung der Haftung eines Erstehers für Hausgeldrückstände des Vollstreckungsschuldners (BGHZ 99, 358), zur Einschränkung der Vertretung in der WEigentümerversammlung (BGHZ 99, 90), bezüglich der Haftung des Erwerbers für rückständige Wohngelder des Voreigentümers (BGHZ 88, 302), zum Entstehen des Hausgeldanspruchs und der Haftung des Erwerbers (BGHZ 104, 197), zur Stellung des Käufers in der Wohnungseigentümergemeinschaft (BGH NJW 1989, 1087), zur Errechnung von Beschlußmehrheiten (BGHZ 106, 179), zur Geltendmachung von gemeinschaftlichen Ansprüchen durch einzelne Wohnungseigentümer (BGHZ 106, 222), zu der Frage, wer Verwalter sein kann (BGHZ 107, 268), zur Haftung der Konkursmasse aus einer Sonderumlage für Hausgeldausfälle (BGHZ 108, 44), zur Auslegung der Teilungserklärung bei divergierenden Angaben zwischen Erklärung und Aufteilungsplan (BGH NJW-RR 1990, 81), zur Zuständigkeit bei Streit über Sondernutzungsrecht (BGH NJW 1990, 1112), zur Befugnis, über eine schon geregelte Angelegenheit erneut zu beschließen (BGHZ 113, 197), zur Genehmigungsbedürftigkeit der Erstveräußerung (BGHZ 113, 379), zur Sondereigentumsfähigkeit von Gebäudeteilen, die den Zugang zu gemeinschaftlichen Versorgungseinrichtung bilden (NJW 1991, 2909), die Zulässigkeit eines Mehrheitsbeschlusses über die Erhebung eines pauschalen Verzugsschadens (BGHZ 115, 151), zur Geltendmachung eines individuellen Schadenersatzanspruches (BGHZ 115, 253), zur Geltendmachung von Beseitigungsansprüchen gegen einen Mieter (BGHZ 116, 392), zur Geltendmachung gemeinschaftlicher Ansprüche (WE 1993, 135), zur Nichtöffentlichkeit der Wohnungseigentümerversammlung und Hinzuziehung Dritter (NJW 1993, 1329), zur Vertretung der Wohnungseigentümer durch den Verwalter vor Gericht und der Vergütung hierfür nach BRAGO (WE 1993, 308), zur Vereinbarung der rechtsgeschäftlichen Erwerberhaftung (WE 1994, 210). Am 14. 2. 1991 hat der BGH die ihm vorgelegte Rechtsfrage über die Anforderungen der Abgeschlossenheit dem Gemeinsamen Senat vorgelegt, der darüber am 30. 6. 1992 entschieden hat (BGHZ 119, 42).

7 Auch für die weitere Beschwerde gilt bezüglich der Hauptsacheentscheidung das **Verbot der Schlechterstellung** (oben Rdn. 1). Hat sich die Hauptsache erledigt, kann die weitere Beschwerde, auch eine unselbständige weitere Anschlußbeschwerde, auf den Kostenpunkt beschränkt werden (BayObLG DWEigt. 1982, 103; WE 1991, 369). Eine **Gegenvorstellung** gegen eine rechtskräftige Hauptsacheentscheidung des Rechtsbe-

schwerdegerichts ist unzulässig (BayObLG WE 1991, 369); zu den Voraussetzungen einer Abänderung BayObLG 1985, 286).

2. Formelle Rechtskraft (Abs. 2). Die Entscheidung wird rechtskräftig, wenn entweder die Beschwerdesumme nicht erreicht ist oder die Rechtsmittelfrist für alle Beteiligten abgelaufen ist oder wenn diese auf das Rechtsmittel verzichtet haben oder wenn das Gericht der weiteren Beschwerde abschließend entschieden hat. Die Entscheidung wird erst mit der Rechtskraft wirksam. Vorher können nur einstweilige Anordnungen (§ 44 Abs. 3) vollstreckt werden (Abs. 3). Die Entscheidung ist gem. § 45 Abs. 2 S. 2 für alle Beteiligten (§ 43 Rdn. 36) **bindend.** Die Bindungswirkung betrifft aber nur die entschiedene Frage; sie hindert die Wohnungseigentümer daher nicht, erneut einen Beschluß nämlichen Inhalts zu fassen (BayObLG WE 1992, 56). Rechtskraftzeugnisse werden durch die Geschäftsstelle des erstinstanzlichen Gerichts nach § 31 FGG erteilt; antragsberechtigt ist jeder an dem Verfahren formell oder materiell Beteiligte (Keidel § 31 Rdn. 11). 8

3. Die Vollstreckung (Abs. 3) findet aus rechtskräftigen Entscheidungen, gerichtlichen Vergleichen (zur Auslegung BayObLG WE 1992, 180), einstweiligen Anordnungen (BayObLG WE 1991, 361) und Anordnungen im Sinne des § 44 Abs. 4 Satz 1 statt. Gem. Abs. 3 richtet sie sich nach den Vorschriften der ZPO (BayObLG a. a. O.; WE 1988, 141; WE 1992, 264 zur Vollstreckung einer Duldungspflicht und das Verfahren über die Richterablehnung in der Zwangsvollstreckung). Daher sind gem. § 750 ZPO grundsätzlich erforderlich: **Titel, Vollstreckungsklausel** und **Zustellung** (OLG Stuttgart, Rpfleger 73, 311; KG OLGE 1991, 64; Bärmann-Pick-Merle § 45 Rdn. 81, 84). Dies gilt auch für die Zwangsvollstreckung aus einer einstweiligen Anordnung (BayObLG WE 1986, 142). 9

Die Zwangsvollstreckung bestimmt sich nach den §§ 803–898 ZPO; sie ist nur zulässig, wenn der Titel einen **vollstreckungsfähigen Inhalt** hat, d. h. Inhalt, Art und Umfang der Zwangsvollstreckung müssen sich aus dem Titel bestimmt oder zumindest bestimmbar ergeben (BayObLG 1978, 308; BayObLG NJW-RR 1987, 1040 bezügl. eines Unterlassungsanspruchs); der Titel kann nach allgemeinen Grundsätzen, soweit erforderlich auch unter Heranziehung der Entscheidungsgründe, ausgelegt werden (OLG Frankfurt OLGE 80, 418). 10

Desweiteren müssen die **Beteiligten im Titel benannt** sein (§ 750 ZPO). Die Parteifähigkeit ist in jeder Lage des Zwangsvollstreckungsverfahrens zu prüfen (OLG Hamm WE 1990, 99). Die Anforderungen an die Bezeichnung des bzw. der Schuldner sind strenger als bzgl. der Gläubiger. Für Wohnungseigentümer, die verurteilt werden, bedeutet dies, daß sie im Titel oder einer ihm angesiegelten Anlage allesamt namentlich aufgeführt werden müssen (BayObLG WE 1991, 200 auch zur Heilung in der Rechtsbeschwerdeinstanz), die **Sammelbezeichnung** „Wohnungseigentümergemeinschaft ... Straße. . .“ reicht nicht aus. Anders, wenn die Wohnungseigentümer auf der Gläubigerseite stehen, der zu vollstreckende Anspruch auf eine an die Wohnungseigentümer gemeinschaftlich zu erbringende Leistung, so z. B. Wohngeld, gerichtet ist und sie bei der Vollstreckung durch den Verwalter vertreten werden (vgl. auch § 10 Rdn. 14). In diesem Fall genügt grundsätzlich, 11 daß die Gläubiger im Titel mit der o g. Sammelbezeichnung angegeben sind (BayObLG WE 1986, 142). Zutreffend hat das BayObLG a.a.O. weiter ausgeführt, daß die Sammelbezeichnung immer die Personen betrifft, die zu Verfahrensbeginn Wohnungseigentümer sind. Ein Ausscheiden nach Rechtshängigkeit hat auf das Verfahren in aller Regel keinen Einfluß. Soweit nicht die beiden betroffenen Eigentümer sich darauf verständigen, daß der neue Eigentümer das Verfahren anstelle des Ausgeschiedenen fortführt, und die Voraussetzungen des § 266 ZPO vorliegen oder die Gegenseite dem Parteiwechsel zustimmt, wird das Verfahren zwischen den bisherigen Beteiligten unverändert fortgeführt (vgl. auch § 43 Rdn. 38; zur Umschreibung des Titels auf den Rechtsnachfolger §§ 727 ff. ZPO).

Die vereinfachte Bezeichnung der Wohnungseigentümer reicht aber dort nicht aus, wo für einzelne Vollstreckungsmaßnahmen strengere Anforderungen gestellt werden. Dies soll insbesondere im Grundbuchrecht der Fall sein. So wird von BayObLG 84, 239 ff.; LG Bochum DWEigt. 85, 59, LG Heidelberg BWNotZ 85, 125 aus § 1115 BGB und § 15 Abs. 1a GBV gefolgert, daß eine Zwangshypothek nur dann wirksam eingetragen ist, wenn die Gläubiger im Grundbuch mit Vor- und Familiennamen bezeichnet sind; die Bezeichnung der Gläubiger als „die übrigen Wohnungseigentümer" genüge nicht. Dieser übertrieben formalen Beurteilung ist nicht zu folgen; vgl. im übrigen § 10 Rdn. 19; § 16 Rdn. 40; zur Eintragung, wenn der Anspruch durch ein Prozeßstandschafter geltend gemacht wurde, vgl. § 16 Rdn. 40. Zuzustimmen ist dem OLG Köln (Rpfleger 1988, 926), daß aus einem von den übrigen Wohnungseigentümern erstrittenen Titel nicht der Verwalter als Gläubiger einer Zwangshypothek eingetragen werden kann.

Gem. § 750 ZPO muß der Titel dem Schuldner spätestens mit der ersten Vollstreckungshandlung zugestellt werden. Die Vollstreckungsklausel ist nur in den Fällen des § 750 Abs. 2 zuzustellen.

12 Die Vollstreckung kann bestehen in: der Pfändung und Verwertung beweglicher Sachen **(Mobiliarvollstreckung);** der **Pfändung von Forderungen und sonstigen Rechten und ggf. ihrer Überweisung** (z. B. einer Geldforderung, von Arbeitseinkommen, eines Geschäftsanteiles, Erbteils, einer Eigentümergrundschuld oder von Rückgewähransprüchen); der Abnahme einer **eidesstattlichen Versicherung** des Schuldners über seine Einkommens- und Vermögensverhältnisse; dem **Zugriff auf unbewegliches Vermögen** durch Zwangshypothek, Zwangsverwaltung, Zwangsversteigerung, auch nebeneinander, § 866 Abs. 2 ZPO (s. auch § 16 Rdn. 39 ff.; § 10 Rdn. 13; Bub, Festschrift für Hanns Seuß, S. 87 ff.).

13 Zur **Löschung** einer für die Wohnungseigentümer wegen einer Wohngeldforderung eingetragenen **Zwangshypothek** ist, weil die Wohnungseigentümer keine Gesamtgläubiger, sondern Gesamtberechtigte i. S. d. § 432 BGB sind, eine von allen im Grundbuch eingetragenen Gläubigern in der Form des § 29 Abs. 1 Satz 1 GBO ausgestellte Löschungsbewilligung erforderlich (§ 875 BGB i. V. m. § 19 GBO); ausreichend ist aber auch die Vorlage einer löschungsfähigen Quittung. Durch sie werden das mit der Bezahlung der Forderung eingetretene Erlöschen derselben (§ 362 Abs. 1 BGB) und die gleichzeitig automatisch eingetretene Unrichtigkeit des Grundbuchs (§ 1163 Abs. 1 Satz 2 bzw. § 1143 BGB) nachgewiesen. Weil sich der Rechtsüber-

gang auf den zahlenden Eigentümer bzw. Dritten außerhalb des Grundbuchs vollzieht, müssen in der Quittung der Zahlende namentlich bezeichnet und das Datum der Rückzahlung vermerkt werden. Die Quittung kann von den Wohnungseigentümern ausgestellt werden; ausreichend ist aber auch, daß sie der Verwalter ausstellt, wenn der Schuldner an ihn bezahlt. Gem. § 27 Abs. 2 Ziff. 1 ist der Verwalter befugt, Lasten- und Kostenbeiträge mit befreiender Wirkung für die Wohnungseigentümer in Empfang zu nehmen. Demzufolge ist er auch berechtigt und verpflichtet, dem Schuldner auf Verlangen (§ 368 Abs. 1 Satz 2 BGB) eine löschungsfähige Quittung über die Zahlung auszustellen. Löschungsfähig ist die Quittung, wenn sie der Form des § 29 GBO genügt, weil der Schuldner dann gem. § 22 GBO die Unrichtigkeit des Grundbuchs nachweisen kann. Auf den in Literatur und Rechtsprechung bestehenden Streit, ob für die löschungsfähige Quittung Unterschriftsbeglaubigung des Ausstellers gem. § 29 Abs. 1 Satz 1 GBO genügt oder die Quittung notariell beurkundet sein muß, soll hier nicht eingegangen werden (vgl. hierzu Haegele/Schöner/Stöber, Grundbuchrecht Rdn. 1303d). Zur Berichtigung des Grundbuchs durch Löschung der Zwangshypothek, Eintragung des Eigentümers oder, zahlt ein Dritter, dessen Eintragung als Gläubiger des Rechts, genügt somit in jedem Fall, wenn der Verwalter in einer notariellen Urkunde die Bezahlung der Forderung quittiert hat und seine Verwalterbestellung in der Form des § 26 Abs. 4 nachgewiesen ist. In gleicher Weise lassen sich Grundpfandrechte, die für eine Verwaltungsforderung der Wohnungseigentümer eingetragen wurden, löschen. Die Empfangsberechtigung des Verwalters ergibt sich insoweit aus § 27 Abs. 2 Nr. 2. Ob eine Wohngeld- oder Verwaltungsschuld zurückgezahlt wurde, läßt sich aus dem Titel, der der Eintragung zugrunde liegt, unschwer entnehmen; ggf. sind dazu die Gründe heranzuziehen.

Ein **Zwangsverwaltungsverfahren** führt wegen der Pfandlasten in der **14**
Regel nicht dazu, daß die titulierte Forderung beigetrieben wird. Ist die beschlagnahmte Einheit des Schuldners vermietet, erreichen die Wohnungseigentümer damit aber wenigstens, daß während der Zwangsverwaltung keine neuen Wohngeldrückstände anfallen. Gem. § 155 Abs. 1 ZVG muß der Zwangsverwalter aus den eingehenden Erträgnissen vorab die **laufenden Wohngelder** als Ausgaben der Zwangsverwaltung an die Gemeinschaft abführen. Diese Verpflichtung erstreckt sich nicht nur auf die zuletzt vor und ab Beschlagnahme fällig werdenden laufenden Wohngeldforderungen, sondern auch auf eine während dieser Zeit fällig werdende Nachforderung aus einer Jahresabrechnung und Sonderumlage.

Die Situation ist mit einem Eigentumswechsel vergleichbar, weil der Zwangsverwalter aus § 155 Abs. 1 keine früher fällig gewordenen Forderungen befriedigen darf, sondern nur die laufenden Ausgaben der Zwangsverwaltung vorweg bestreiten kann. Daher läßt sich aus einer Jahresabrechnung gem. § 155 Abs. 1 ZVG nur die **echte Nachforderung,** also der anteilige Betrag, um den die tatsächlichen Kosten die im Wirtschaftsplan veranschlagten übersteigen, geltend machen. Soweit der Saldo in der Abrechnung auf nicht gezahlten Vorschüssen beruht, fällt er nicht unter § 155 Abs. 1 ZVG; dies muß der Zwangsverwalter im Anfechtungsverfahren geltend machen (a. A. OLG Karlsruhe WE 1990, 105; BayObLG 1991, 93; OLG Köln

DWEigt 1993, 84; wie hier BGH NJW 1994, 1866; vgl. auch § 16 Rdn. 41ff.). Im Beschlagnahmezeitraum fällig gewordene **Sonderumlagen** sind gleichfalls nach § 155 Abs. 1 ZVG zu bedienen. Dies gilt auch dann, wenn die Sonderumlage dazu bestimmt ist, Wohngeldausfälle, die möglicherweise sogar nur aus dem beschlagnahmten Objekt herrühren, nachzufinanzieren (OLG Düsseldorf OLGE 1991, 44; Hauger PiG 27, 121/129).

15 Sind nun keine Erträge beitreibbar oder nutzt der Schuldner die Wohnung selbst, ohne das laufende Wohngeld zu bezahlen, sollten die Wohnungseigentümer aus dem Titel über die rückständigen Wohngelder trotzdem ein Zwangsverwaltungsverfahren beantragen, sofern ein parallel von ihnen oder einem anderen Gläubiger betriebenes Zwangsversteigerungsverfahren zu einem Eigentumswechsel zu führen verspricht. Erhält der Zwangsverwalter nämlich keine Erträgnisse, wird er bei dem die Zwangsverwaltung betreibenden Gläubiger Vorschüsse in Höhe der laufenden Kosten der Verwaltung, also auch wegen der während der Verwaltung fällig werdenden Wohngelder anfordern. Da die gerichtliche Geltendmachung und Beitreibung von Wohngeldrückständen Maßnahmen ordnungsmäßiger Verwaltung sind (BayObLG 1973, 68), streckt der Wohnungseigentumsverwalter die Hausgelder aus Mitteln der Gemeinschaft vor und erhält dafür vom Zwangsverwalter gem. § 155 Abs. 1 ZVG die fälligen Wohngeldzahlungen. Nach Versteigerung der Wohnung werden die von der Gemeinschaft an den Zwangsverwalter geleisteten Vorschüsse aus dem Erlös vorrangig vor allen dinglich berechtigten Gläubigern gem. § 10 Abs. 1 Nr. 1 ZVG zurückerstattet. Die bevorrechtigte Befriedigung aus dem Versteigerungserlös erstreckt sich aber nur auf Vorschüsse bzgl. Wohngeldern und sonstigen zur Erhaltung des beschlagnahmten Grundbesitzes erforderlichen Zahlungen, nicht aber auf Vorschüsse zu den Kosten der Verwaltung (Gerichts- und Verwaltergebühren) und auch nicht auf die der Gemeinschaft durch die Zwangsvollstreckungsmaßnahme entstandenen Gerichts- und Anwaltskosten. Diese Posten teilen die Rangklasse der Hauptforderung, hier also der rückständigen Wohngelder, und werden daher erst bedient, wenn die Gläubiger aus den Rangklassen § 10 Abs. 1 Ziff. 1–4 ZVG, also insbesondere die dinglich gesicherten Forderungen befriedigt sind.

16 Sind Zwangsversteigerung und -verwaltung auf lange Sicht wegen der hohen dinglichen Belastungen aussichtslos, bewohnt der Schuldner das Wohnungseigentum selbst und bezieht er Lastenzuschuß nach dem WoGG, empfiehlt sich, diesen Anspruch gegen die öffentliche Hand zu pfänden und sich überweisen zu lassen, wenn nachgewiesen werden kann, daß der Schuldner über andere Einkünfte in Höhe der Pfändungsfreigrenze verfügt. Dadurch läßt sich ein Teil der rückständigen Wohngelder beitreiben und in aller Regel führt die Maßnahme auch rasch zur Zwangsversteigerung, weil die dinglichen Gläubiger nunmehr nicht mehr ausreichend bedient werden, oder zum Verkauf, wenn der Schuldner seine Lebenshaltung nicht mehr zahlen kann. Zum Stimmrecht des Zwangsverwalters KG WE 1990, 206.

17 Durchgeführt wird die Zwangsvollstreckung durch die **Vollstreckungsorgane.** Dies sind: nach § 753 ZPO der **Gerichtsvollzieher**, soweit die Zwangsvollstreckung nicht den Gerichten übertragen ist; das **Vollstreckungsgericht** – ausschließliche sachliche Zuständigkeit des Amtsgerichts,

§§ 828, 802 ZPO –, soweit es im Gesetz ausdrücklich bestimmt ist, insbesondere für die Zwangsvollstreckung in Forderungen und andere Vermögensrechte, für die Abnahme der eidesstattlichen Versicherung und die Zwangsvollstreckungsmaßnahmen in das Immobiliarvermögen; sowie in den Fällen der §§ 887, 888 und 890 ZPO das **Prozeßgericht des ersten Rechtszugs.** In Wohnungseigentumssachen bedeutet dies, daß für die letztgenannten Entscheidungen nicht die Zivilabteilung, sondern das Wohnungseigentumsgericht 1. Instanz zur Entscheidung berufen ist (BayObLG 1983, 14). Im Verfahren gilt § 44 Abs. 1 nicht; es besteht daher keine Verpflichtung, mündlich zu verhandeln; die **Rechtsmittel** richten sich nach ZPO (§ 793 ZPO; KG OLGE 1989, 61); für die weitere Beschwerde ist daher § 568 ZPO maßgeblich, also keine reine Rechtsbeschwerde, aber neuer selbständiger Beschwerdegrund erforderlich (BayObLG Rpfleger 1979, 67; BayObLG 1983, 14; BayObLG ITelex 1986/18/109); die dritte Instanz ist insoweit neue Tatsacheninstanz. Daher kann der Schuldner mit dem Erfüllungseinwand, jedenfalls soweit er durch Urkunden belegt wird, auch noch in der weiteren Beschwerdeinstanz gehört werden (KG WE 1987, 80). Auch **gegen die Vollstreckungsmaßnahmen** des Gerichtsvollziehers und des Vollstreckungsgerichtes sind, wenn aus einer Entscheidung nach § 43 WEG vollstreckt wird, die **Rechtsmittel der ZPO** gegeben (OLG Köln NJW 1986, 1322; BayObLG B. v. 9. 7. 1987 – 2 Z 68/87 -; BayObLG B. v. 9. 9. 1986 – 2 Z 80/86 bezüglich Erinnerung und Beschwerde gegen die Erteilung einer Vollstreckungsklausel für ein nach § 890 ZPO erzwingbares Verhalten); BayObLG WE 1991, 362 zum Vorliegen eines neuen selbständigen Beschwerdegrundes gem. § 568 Abs. 2 ZPO, was von BayObLG DWEigt 1992, 166 und WE 1992, 264 verneint wird für den Fall, daß die in der Sache übereinstimmenden Entscheidungen der Vorinstanzen unterschiedlich begründet sind). Kommt es im Vollstreckungsverfahren aus einem Titel nach § 45 Abs. 3 WEG zur Erledigung der Hauptsache, ist über die Kosten gem. § 91 Abs. 1 ZPO und nicht entsprechend § 47 WEG zu entscheiden (BayObLG ITelex 1985/3/17, a. A. zu Unrecht KG WE 1987, 80; BayObLG WE 1993 ,320 zur Zulässigkeit einer weiteren Beschwerde). Soll eine nicht vertretbare Handlung oder ein Unterlassen vollstreckt werden, erfolgt dies durch vom Prozeßgericht gem. §§ 888, 890 ZPO zu verhängende Beugestrafen (KG NJW 1972, 2093); soweit eine Entscheidung eine Willenserklärung ersetzt, § 894 ZPO (BayObLG 77, 40), tritt die Wirkung mit Rechtskraft der Entscheidung ein. Wird eine Willenserklärung, die auf Eintragung ins Grundbuch, Schiffsregister oder Schiffsbauregister gerichtet ist, ersetzt, kann sich der Gläubiger, soweit die Entscheidung durch einstweilige Anordnung für vorläufig vollstreckbar erklärt worden ist, bereits vor Eintritt der Rechtskraft eine Vormerkung oder einen Widerspruch eintragen lassen (§ 895 ZPO).

Alle **Vollstreckungsorgane,** einschl. des Wohnungseigentumsgerichts in den Fällen der §§ 887, 888 und 890 ZPO, sind **an den im Erkenntnisverfahren erwirkten Titel gebunden** (OLG Frankfurt WE 1986, 138). Der Schuldner kann also mit einem Einwand, die Entscheidung sei rechtsfehlerhaft und ihre Vollstreckung verstoße deshalb gegen die guten Sitten, in der Vollstreckung grundsätzlich nicht gehört werden (BayObLG DWEigt. 1984, 124).

Nachträglich entstandene Einwendungen gegen den in der Entscheidung festgestellten Anspruch hingegen können analog der Vollstreckungsabwehrklage (§ 767 ZPO) durch einen Gegenantrag beim Wohnungseigentumsgericht geltend gemacht werden (LG Wuppertal Rpfleger 1980, 197, OLG Köln NJW 1976, 1322; OLG Hamm DWEigt. 1984, 29; BayObLG WE 1991, 201 bzgl. eines Kostenfestsetzungsbeschlusses). Beim Vollstreckungsabwehrantrag handelt es sich nicht um ein Vollstreckungs- sondern ein Erkenntnisverfahren, das sich mithin nach WEG richtet. Der Vollstreckungsabwehrantrag ist unzulässig, wenn die Zwangsvollstreckung als Ganzes beendet ist (BayObLG DWEigt. 1984, 125; WE 1993, 278).

18 **4. Materielle Rechtskraft.** Mit Eintritt der formellen Rechtskraft ist die Entscheidung grundsätzlich bindend und unabänderlich; zum Umfang der Rechtskraft eines Unterlassungsverpflichtung aussprechenden Beschlusses (BayObLG DWEigt. 1984, 125). Eine **Änderungsmöglichkeit** läßt Abs. 4 nur zu, wenn sich die tatsächlichen Verhältnisse geändert haben (OLG Frankfurt OLGE 1988, 61 zur Änderung einer auf Unterlassung gerichteten Entscheidung), also nicht etwa, wenn das Gericht seine frühere Ansicht nicht mehr aufrecht erhalten will. Ebensowenig gibt Abs. 4 die Möglichkeit, Beschlüsse oder Vereinbarungen der Beteiligten abzuändern. Für die Änderung gerichtlicher Vergleiche gilt das gleiche wie für gerichtliche Entscheidungen. Die **Wiederaufnahme eines rechtskräftig abgeschlossenen Verfahrens** ist entsprechend den §§ 578ff. ZPO, insbes. wegen Auffindung einer bisher unbekannten Urkunde, zulässig (BayObLG WE 1992, 52; DWEigt 1992, 88; 1992, 167). Vgl. auch § 43 Rdn. 30, 37; Anh. zu § 43 Rdn. 34.

§ 46 Verhältnis zu Rechtsstreitigkeiten

(1) **Werden in einem Rechtsstreit Angelegenheiten anhängig gemacht, über die nach § 43 Abs. 1 im Verfahren der freiwilligen Gerichtsbarkeit zu entscheiden ist, so hat das Prozeßgericht die Sache insoweit an das nach § 43 Abs. 1 zuständige Amtsgericht zur Erledigung im Verfahren der freiwilligen Gerichtsbarkeit abzugeben. Der Abgabebeschluß kann nach Anhörung der Parteien ohne mündliche Verhandlung ergehen. Er ist für das in ihm bezeichnete Gericht bindend.**

(2) **Hängt die Entscheidung eines Rechtsstreits vom Ausgang eines in § 43 Abs. 1 bezeichneten Verfahrens ab, so kann das Prozeßgericht anordnen, daß die Verhandlung bis zur Erledigung dieses Verfahrens ausgesetzt wird.**

1 1. Abgabe an den FGG-Richter (Abs. 1): vgl. § 18 der 6. DVO-EheG. Soweit nach § 43 der Richter der freiwilligen Gerichtsbarkeit ausschließlich zuständig ist, können die gleichen Fragen nicht zum Gegenstand eines Rechtsstreits vor dem Prozeßgericht gemacht werden, daher die Regelung des § 46, die hinsichtlich der Kosten **durch § 50 ergänzt** wird; zur Zuständigkeit bei Geltendmachung eines zivil- und eines wohnungseigentumsrechtlichen Anspruchs im Verhältnis Haupt- und Hilfsantrag BayObLG WE 1992,

25). Die Zuweisung in das dem Streitverfahren gleichwertige (BGHZ 78, 57; Anh. zu § 43 Rdn. 1, 2) FGG-Verfahren ist von Amts wegen möglich und geboten, seit der Änderung des § 17a GVG, der auf die Frage der Zuständigkeit zwischen Prozeßgericht und Wohnungseigentumsgericht entsprechend anzuwenden ist (BayObLG NJW-RR 1991, 1356), jedoch nur noch in erster Instanz. Die ausdrücklich oder stillschweigend bejahte Zuständigkeit ist für die Rechtsmittelinstanzen bindend, § 17a GVG (BayObLG a. a. O.; NJW-RR 1993, 280; siehe auch § 43 Rdn. 1). Die Abgabe ist auch dann noch möglich, wenn ein Streitgericht die Sache wegen örtlicher Unzuständigkeit an ein anderes Streitgericht verwiesen hatte (BayObLG 70, 65), nicht aber wenn das Wohnungseigentumsgericht seine Zuständigkeit rechtskräftig verneint hat (BGHZ 97, 287). Die Abgabe an den FGG-Richter ist für diesen nach Absatz 1 Satz 3 bindend (BayObLG DWEigt. 1984, 125), auch wenn sie unrichtig ist (BGH ITelex 1984/3/125; BayObLG DNotZ 1974, 78 m. Anm. Weitnauer; OLG Hamburg DWEigt 1990, 116; BayObLG NJW-RR 1990, 660). Von diesem Grundsatz werden Ausnahmen für den Fall gemacht, daß das rechtliche Gehör verletzt wurde, der Beschluß auf Willkür beruht (hierzu BayObLG DWEigt 1988, 34), offensichtlich unrichtig ist (BGH a. a. O.; BayObLG 1958, 234, 244; BayObLG 1991, 150; NJW-RR 1991, 1358; OLG Karlsruhe OLGE 75, 285) oder nach Widerspruch ein einstweiliges Verfügungs- oder Arrestverfahren an das FGG-Gericht abgegeben werden soll (BayObLG 1977, 40).

Kommt es zu einem gerichtlichen Zuständigkeitsstreit (negativer Konflikt), entscheidet in analoger Anwendung des § 36 Nr. 6 ZPO das nach dieser Vorschrift berufene Gericht der streitigen Gerichtsbarkeit (BGH a. a. O.; a. A. OLG Köln, wonach gem. § 5 FGG zu entscheiden sei; dem ist nicht zuzustimmen, weil § 5 FGG nur die örtliche Zuständigkeit regelt; BayObLG WE 1992, 57 zu dem Fall, daß das OLG anstelle des in Bayern für Entscheidungen nach § 36 Nr. 6 ZPO zuständigen BayObLG entscheidet). Aus der Bindungswirkung folgt, daß dem FGG-Richter, wenn die Sache an ihn abgegeben ist, ein eigenes Recht zur Prüfung der Antragsbefugnis des Antragstellers versagt ist (so BayObLG 65, 193; WE 1990, 173). Das Amtsgericht, an das die Sache verwiesen ist, hat über die gesamten Verfahrenskosten zu entscheiden (§ 47 WEG).

Zu widersprechenden Ansichten hat die **Frage** geführt, **ob der Abgabebeschluß anfechtbar ist**; zum Meinungsstand siehe Rdn. 1a der 7. Auflage. Nach BGHZ 97, 287 ist eine Beschwerde gegen den Beschluß über die Abgabe eines Verfahrens vom Prozeßgericht an das Gericht der freiwilligen Gerichtsbarkeit unzulässig. Ist der Abgabebeschluß aber in so hohem Maße fehlerhaft, daß er das Wohnungseigentumsgericht nicht bindet (hierzu oben Rdn. 1), kann er angefochten werden (BayObLG WE 1992, 173; OLG Stuttgart DWEigt 1992, 132). Wird die Abgabe in einem Urteil ausgesprochen, in welchem auch, z. B. durch die Aufhebung des Urteils der Vorinstanz, über den Sachantrag entschieden wird, ist hiergegen, wenn die sonstigen Voraussetzungen vorliegen, die Revision statthaft (BGH a. a. O.). 2

2. Umgekehrt ist auch die Zuständigkeit des FGG-Gerichts zu prüfen und **die Abgabe aus dem Wohnungseigentumsverfahren an das Prozeßgericht** 3

möglich (so mit Recht und unter ausführlicher Begründung BGHZ 78, 57; BayObLG 1985, 222; BayObLG 1989, 308; ebenso die Vorauflagen). Die Abgabe ist für das Prozeßgericht bindend, dieses kann also die Abgabe, selbst wenn sie unrichtig sein sollte, nicht wieder rückgängig machen (so BGH a. a. O.). Die Abgabe erfolgt von Amts wegen entsprechend § 46 WEG, setzt also keinen Antrag voraus (anders § 17 GVG und KG Rpfleger 1979, 218 sowie BayObLG Rpfleger 1975, 245; offengelassen von OLG Karlsruhe NJW 1975, 1976, das sich im übrigen auf Analogie zu § 12 LwVerfG beruft). Auf § 17 GVG stützt sich das BayObLG im B. v. 8. 1. 1987 – 2 Z 135/87 –. Dem BayObLG ist insoweit nicht zuzustimmen, als die Verweisung an das Prozeßgericht von einem Antrag abhängig sei. Das FGG-Gericht hat den Fall primär nach WEG zu entscheiden und deshalb für die Frage der Verweisung § 46 entsprechend anzuwenden, wonach die Abgabe auch ohne Antrag zu erfolgen hat. Mangels Verweisungsantrag darf der FGG-Richter den Sachantrag also nicht als unzulässig zurückweisen. Nicht einschlägig ist entgegen OLG Hamm (DWEigt. 1984, 29) § 36 Nr. 6 ZPO, da die entsprechend angewendete Regelung des § 46, der sich speziell mit der funktionellen Zuständigkeit in WEG-Sachen befaßt, der allgemeinen zivilprozessualen Regelung, aber auch einer entsprechenden Anwendung des nur die örtliche Zuständigkeit behandelnden § 5 FGG vorgeht. Der entsprechend § 46 ergehende Beschluß über die Abgabe des Verfahrens an das Prozeßgericht kann nicht selbständig angefochten werden. Die Gründe, die die Entscheidung des BGHZ 97, 287 tragen, finden auf den Beschluß, mit dem das Wohnungseigentumsgericht ein Verfahren an das Prozeßgericht abgibt, gleichermaßen Anwendung (a. A. KG WE 1994, 47). Ist das Verfahren abgegeben, hat das Prozeßgericht als solches zu entscheiden, auch wenn seines Erachtens eine wohnungseigentumsrechtliche Angelegenheit vorliegt. Hätte es durch Urteil entscheiden müssen und ergeht unrichtigerweise ein Beschluß, ist hiergegen das Rechtsmittel der sofortigen Beschwerde gegeben (BayObLG B. v. 5. 2. 1987 – 2 Z 9/87). Ein Urteil des Prozeßgerichts erwächst nur nach Maßgabe der ZPO in Rechtskraft und nicht in dem weiteren Umfang des § 45 Abs. 2 WEG (BGH a. a. O.). Wegen der Kosten vgl. § 50 Rdn. 3.

4 **3.** Die Verweisung von einem FGG-Richter an einen anderen aus Gründen der **örtlichen Zuständigkeit** ist in Analogie zu § 281 ZPO zulässig (Anh. zu § 43 Rdn. 38; BayObLG Rpfleger 1975, 245).

4. Zur Aussetzung (Abs. 2) vgl. § 148 ZPO und Anh. zu § 43 Rdn. 37.

§ 46a Mahnverfahren

(1) **Zahlungsansprüche, über die nach § 43 Abs. 1 zu entscheiden ist, können nach den Vorschriften der Zivilprozeßordnung im Mahnverfahren geltend gemacht werden. Ausschließlich zuständig im Sinne des § 689 Abs. 2 der Zivilprozeßordnung ist das Amtsgericht, in dessen Bezirk das Grundstück liegt. § 690 Abs. 1 Nr. 5 der Zivilprozeßordnung gilt mit der Maßgabe, daß das nach § 43 Abs. 1 zuständige Gericht der freiwilligen**

Gerichtsbarkeit zu bezeichnen ist. Mit Eingang der Akten bei diesem Gericht nach § 696 Abs. 1 Satz 4 oder § 700 Abs. 3 Satz 2 der Zivilprozeßordnung gilt der Antrag auf Erlaß des Mahnbescheids als Antrag nach § 43 Abs. 1.

(2) **Im Falle des Widerspruchs setzt das Gericht der freiwilligen Gerichtsbarkeit dem Antragsteller eine Frist für die Begründung des Antrags. Vor Eingang der Begründung wird das Verfahren nicht fortgeführt. Der Widerspruch kann bis zum Ablauf einer Frist von zwei Wochen seit Zustellung der Begründung zurückgenommen werden; § 699 Abs. 1 Satz 3 der Zivilprozeßordnung ist anzuwenden.**

(3) **Im Falle des Einspruchs setzt das Gericht der freiwilligen Gerichtsbarkeit dem Antragsteller eine Frist für die Begründung des Antrags, wenn der Einspruch nicht als unzulässig verworfen wird. §§ 339, 340 Abs. 1,2, § 341 der Zivilprozeßordnung sind anzuwenden; für die sofortige Beschwerde gilt jedoch § 45 Abs. 1. Vor Eingang der Begründung wird das Verfahren vorbehaltlich einer Maßnahme nach § 44 Abs. 3 nicht fortgeführt. Geht die Begründung bis zum Ablauf der Frist nicht ein, wird die Zwangsvollstreckung auf Antrag des Antragsgegners eingestellt. Bereits getroffene Vollstreckungsmaßregeln können aufgehoben werden. Für die Zurücknahme des Einspruchs gelten Absatz 2 Satz 3 erster Halbsatz und § 346 der Zivilprozeßordnung entsprechend. Entscheidet das Gericht in der Sache, ist § 343 der Zivilprozeßordnung anzuwenden.**

1. § 46a wurde eingeführt durch das Rechtspflege-Vereinfachungsgesetz 1
vom 17. 12. 1990 (BGBl. I S. 2847). Die von der Rechtsprechung überwiegend abgelehnte Anwendung der §§ 669ff. ZPO (vergl. Anh. § 43 Rdn. 23 der 7. Auflage; Bader, PiG 30, S.125; Huff, PiG 32, S. 203) ist nunmehr unmittelbar möglich. Sie eröffnet das für viele Forderungssachen wohnungseigentumsrechtlicher Natur völlig ausreichende summarische Verfahren, in dem der geltendgemachte Anspruch nicht zu belegen ist. Dies führt zu einer Beschleunigung und Vereinfachung der Durchsetzung von Zahlungsansprüchen, die zuvor in einem Verfahren vor dem Wohnungseigentumsgericht geltend gemacht werden mußten und häufig nach Aktenlage entschieden wurden, weil der Antragsgegner auf die Zustellung der Antragsschrift und die Terminsladung nicht reagierte. Auch nach § 46a können nur Zahlungsansprüche im Mahnverfahren geltend gemacht werden; es muß sich um Ansprüche handeln, die in die Zuständigkeit der Wohnungseigentumsgerichte nach Abs. 1 Nr. 1 und Abs. 1 Nr. 2 fallen.

Wie bei sonstigen Ansprüchen empfiehlt sich das Mahnverfahren nur, wenn mit Einwendungen des Schuldners gegen den Anspruch nicht zu rechnen ist oder in Kürze Verjährung droht (§ 693 Abs. 1 ZPO).

2. Anzuwendende Verfahrensvorschriften

Das Mahnverfahren richtet sich mit Ausnahme der in § 46a ausdrücklich 2
behandelten Besonderheiten nach den Vorschriften der ZPO über das Mahnverfahren, also nach den §§ 688 bis 693, 700 Abs. 1, Abs. 2, 701ff.

Die übrigen Bestimmungen werden durch die speziellen Regelungen des § 46a ersetzt. Hierzu gehört insbesondere die Regelung des Übergangs vom Verfahren der streitigen Gerichtsbarkeit ins Wohnungseigentumsverfahren. Im Mahnverfahren sind die Verfahrensvorschriften des §§ 43ff., also insbesondere die §§ 43 Abs. 2 bis 4, 44 bis 48 nicht anwendbar.

3. Zuständigkeit

3 Zuständig für das Mahnverfahren ist ausschließlich das **Amtsgericht**, in dessen **Bezirk das Grundstück** liegt. In der Regel handelt es sich dabei um dasselbe Amtsgericht, das für ein Wohnungseigentumsverfahren zuständig wäre, es sei denn, gemäß § 689 Abs. 3 ZPO sind die Mahnverfahren bei einem anderen Gericht zusammengefaßt. Gemäß § 690 Abs. 1 Nr. 5 ZPO muß der Antrag auf Erlaß eines Mahnbescheides das Gericht bezeichnen, das für die Durchführung des streitigen Verfahrens zuständig ist. Bei einem Mahnverfahren nach § 46a ist dies das Amtsgericht-Wohnungseigentumsgericht, in dessen Bezirk das Grundstück liegt. Durch die Anspruchsbezeichnung oder gesonderten Hinweis ist klarzustellen, daß das **streitige Verfahren vor dem Wohnungseigentumsgericht** und nicht vor dem Prozeßgericht geführt wird; dies ergibt sich aus Abs. 1 Satz 3.

4. Antrag

4 Die sonstigen Erfordernisse des Antrags und das Verfahren über den Erlaß des Mahnbescheid bestimmen sich ausschließlich nach der ZPO.

5. Widerspruch

5 Gegen den Mahnbescheid kann der Schuldner Widerspruch einlegen. Es gelten die Regelungen der §§ 694 Abs. 1, 695, 702, 703 ZPO. Der Antragsteller wird von Amts wegen über den Widerspruch informiert. Er hat es in der Hand, ob das Verfahren abgegeben und als streitiges Verfahren weitergeführt wird. Der Antrag kann bereits mit dem Mahnbescheidsantrag gestellt werden. Auch der Antragsgegner ist berechtigt, den Antrag zu stellen. Das Mahngericht informiert die Parteien von der Abgabe. Damit endet im Falle des Widerspruchs das Verfahren nach der ZPO.

6. Vollstreckungsbescheid

6 Der Antragsteller ist berechtigt, zwei Wochen nach Zustellung des Mahnbescheids an den Schuldner den Erlaß des Vollstreckungsbescheides zu beantragen. Dem Antrag wird entsprochen, wenn bis zu diesem Zeitpunkt beim Mahngericht kein Widerspruch vorliegt. Der Vollstreckungsbescheid steht einem für vorläufig vollstreckbar erklärten Versäumnisurteil gleich (§ 700 Abs. 1 ZPO); er wird formell und materiell rechtskräftig; aus ihm kann bereits vor Eintritt der formellen Rechtskraft vollstreckt werden (§§ 699 Abs. 1, 794 Abs. 1 Nr. 4; 796 Abs. 1 ZPO).

Auch für einen Mahnbescheid nach § 46a gilt, daß er seine Wirkung verliert, wenn nicht sechs Monate nach Zustellung der Gläubiger den Erlaß des Vollstreckungsbescheids beantragt, es sei denn, es wäre Widerspruch erhoben. Dasselbe gilt, wenn zwar der Vollstreckungsbescheid rechtzeitig beantragt, der Antrag aber zurückgewiesen wird (§ 701 ZPO).

7. Einspruch

Der Schuldner kann gegen den Vollstreckungsbescheid binnen einer Not- 7
frist von zwei Wochen ab Zustellung des Bescheids Einspruch einlegen; ein nach Erlaß des Vollstreckungsbescheids eingelegter Widerspruch wird als Einspruch behandelt. Es gelten die §§ 338ff. ZPO. Wie beim Widerspruch gegen den Mahnbescheid verständigt das Mahngericht den Gläubiger von der Einlegung des Einspruchs und beide Parteien von der Abgabe des Verfahrens an das Wohnungseigentumsgericht. Danach endet auch bei Einspruch das Verfahren nach der ZPO.

8. Verfahren vor dem Wohnungseigentumsgericht

Wird das Verfahren nach Einlegung eines Widerspruchs oder Einspruchs 8
an das im Mahnbescheid bezeichnete Wohnungseigentumsgericht abgegeben, gilt das Verfahren als Antrag nach § 43 (vgl. oben Rdn. 1). Da die Angaben im Mahnbescheidsantrag in der Regel nur zur Glaubhaftmachung dienen, hat das Gericht gem. Abs. 2 Satz 1 dem Antragsteller eine **Frist** zu setzen, den **Anspruch zu begründen**. Darüber hinaus kann es dem Antragsteller aufgrund seiner Pflicht zur Amtsermittlung aufgeben, die den Anspruch begründenden Urkunden, wie das Protokoll über die Genehmigung der Jahresabrechnung und die Abrechnung, vorzulegen. Die starre Zweiwochenfrist des § 697 Abs. 1 Satz 1 ZPO ist nicht übernommen worden. Dem Antragsgegner wird die Begründung wie eine Antragsschrift nach § 43 zugestellt. Gemäß Abs. 3 hat er die Möglichkeit, binnen einer **Frist von zwei** Wochen nach Zustellung der Antragsbegründung den **Widerspruch** oder **Einspruch zurückzunehmen**. Nach Ablauf der Frist ist die Rücknahme unzulässig; sie kann deshalb auch nicht mit Zustimmung des Antragstellers erfolgen (Palandt/Bassenge § 46a WEG Rdn. 6, 9).

Im Falle wirksamer **Rücknahme des Widerspruchs** erläßt danach das 9
Wohnungseigentumsgericht auf Antrag des Gläubigers den Vollstreckungsbescheid. Der Vollstreckungsbescheid steht dem einem vom Mahngericht erlassenen gleich. Für den Fall, daß dem Antragsgegner die Begründung formlos zugeht, beginnt die Zweiwochenfrist fünf Monate nach Zugang (vergl. hierzu § 45 Rdn. 1); bleibt die Begründung aus, kann der Schuldner den Widerspruch bis zum Erlaß der Endentscheidung (hierzu Anh. § 43 Rdn. 6) zurücknehmen.

Im Fall des **Einspruchs** prüft das Gericht gem. § 341 Abs. 1 ZPO die 10
Zulässigkeit des Einspruchs; ein unzulässiger Einspruch kann ohne mündliche Verhandlung durch Beschluß verworfen werden (§ 341 Abs. 2 Satz 1 ZPO). Gegen einen solchen Beschluß ist die sofortige Beschwerde nach § 45 Abs. 1 zulässig (§ 46a Abs. 3 Satz 2, 2. Halbs.); dies bedeutet, daß die Beschwer des Antragsgegners DM 1.500,– übersteigen muß. Der Antragsgegner stellt sich insoweit deutlich ungünstiger als bei einem Einspruch im streitigen Verfahren. Erachtet das Gericht den Einspruch für zulässig, verfährt es wie im Falle des Widerspruchs. Da aber bereits ein vollstreckbarer

Titel vorliegt, bestimmt Abs. 3 Satz 4, daß das Gericht die Zwangsvollstreckung aus dem Vollstreckungsbescheid einstellt, wenn der Antragsteller nicht innerhalb der ihm gesetzten Frist den Anspruch begründet. Die Einstellung ist zwingend und erfolgt ohne Sicherheitsleistung (Palandt/Bassenge § 46a WEG Rn 9). Der Beschluß kann auf die Aufhebung bereits getroffener Vollstreckungsmaßnahmen erstreckt werden (Abs. 3 Satz 5). Daneben kann das Gericht gem. § 44 Abs. 3 vom Eingang der Akten und bis zum rechtskräftigen Abschluß des Verfahrens von Amts wegen und auf Antrag einstweilige Anordnungen sonstigen Inhalts treffen. Auch der Einspruch kann binnen einer Frist von zwei Wochen nach Zustellung der Begründung zurückgenommen werden; die Rücknahme wird gem. Abs. 3 Satz 6 behandelt wie die Rücknahme des Widerspruchs (hierzu oben Rdn. 5). Durch die Verweisung auf § 346 ZPO kann der Antragsgegner beim Ausbleiben der Begründung den Einspruch aber nur bis zum Beginn der mündlichen Verhandlung einseitig, danach nur noch mit Zustimmung des Antragstellers zurücknehmen (§ 515 Abs. 1 ZPO).

11 Im Falle der Zurücknahme des Einspruchs hat der Antragsgegner die Kosten zu tragen. Durch die Verweisung auf § 346 bestimmt sich die Kostentragungspflicht, obwohl es sich um ein Wohnungseigentumsverfahren handelt, nach § 515 Abs. 3 ZPO. § 47 kommt nur zur Anwendung, wenn in der Hauptsache entschieden oder das Verfahren auf sonstige Weise beendet wird. Erweist sich der Einspruch als unbegründet, müssen einstweilige Anordnungen, die aufgrund von Abs. 3 Satz 4 erlassen worden sind, sofort aufgehoben werden. Anderenfalls würden sie bis zur Rechtskraft der Hauptsacheentscheidung fortwirken (§ 44 Rdn. 8).

§ 47 Kostenentscheidung

Welche Beteiligten die Gerichtskosten zu tragen haben, bestimmt der Richter nach billigem Ermessen. Er kann dabei auch bestimmen, daß die außergerichtlichen Kosten ganz oder teilweise zu erstatten sind.

1 **1.** § 47 regelt **ausschließlich** die Frage, **welche Beteiligten die Kosten zu tragen haben**, und unterscheidet dabei zwischen Gerichtskosten und außergerichtlichen Kosten. In Betracht kommen nur Beteiligte im formellen Sinn (BayObLG 1975, 238; Schnauder, PiG 36, S. 130f.), aber hier auch solche, die im Verfahren nicht aktiv geworden sind (BayObLG WE 1988, 97). Über die Kostentragung ist in dem Beschluß zu entscheiden, der das Verfahren der Instanz abschließt; sie kann auch durch Vergleich geregelt werden. Ruht das Verfahren, können die Gerichtskosten gem. § 2 Nr. 1 KostO gegenüber dem Antragsteller bzw. Beschwerdeführer abgerechnet werden; der Kostenansatz greift einer Kostenentscheidung nach § 47 nicht vor (BayObLG WE 1990, 148 auch zur Frage der Zuständigkeit für den Kostenansatz); zur Kostenentscheidung bei mehreren verbundenen Sachen vgl. BayObLG 67, 25 (29ff.).

2 Die **Gerichtskosten** bestimmen sich nach § 48, im übrigen nach der Kostenordnung. Die Entscheidung darüber, welche Beteiligten welche Gerichtskosten zu welchem Bruchteil zu tragen haben, ist in **das billige Ermes-**

sen des Richters gestellt. Eine Auferlegung nach Teilgeschäftswerten ist unzulässig (BayObLG WE 1992, 53). Hinsichtlich der **außergerichtlichen Kosten** geht § 47 **Satz 2** davon aus, daß jeder Beteiligte grundsätzlich seine eigenen Kosten selbst zu tragen hat; dies gilt insbesondere für Anwaltskosten. Der Richter kann aber nach **billigem Ermessen** in der Kostenentscheidung bestimmen, daß die außergerichtlichen Kosten ganz oder teilweise zu **erstatten** sind; vgl. unten Rdn. 5. Die Entscheidung ist zu begründen (BayObLG Rpfleger 1983, 14); ein Verstoß führt zur Aufhebung (BayObLG WE 1989, 32). In dem Zwischenstreit über eine Richterablehnung ist mangels eines Antragsgegners für eine Erstattung außergerichtlicher Kosten kein Raum (BayObLG DWEigt. 1983, 61; 1984, 30).

3 Die Kostenentscheidung kann von den Beteiligten nur zusammen mit der Hauptsache angefochten werden, § 20a FGG; ausgenommen sind in so hohem Maße fehlerhafte Entscheidungen, daß sie nicht hätten ergehen dürfen (BayObLG WE 1990, 137; vgl. auch § 45 Rdn. 4 zur „außerordentlichen" weiteren Beschwerde) und isolierte Entscheidungen (vgl. unten Rdn. 4). Wird gegen die Hauptsacheentscheidung Beschwerde eingelegt, kann das Beschwerdegericht die Kostenentscheidung der ersten Instanz ändern, und zwar auch dann, wenn es die Beschwerde zurückweist (BayObL Rpfleger 1975, 284) und über die Kosten zum Nachteil des Beschwerdeführers entscheidet; das Schlechterstellungsverbot gilt nicht für die Kostenentscheidung (BayObLG DWEigt. 1983, 104; WE 1990, 72). Wird gegen die Sachentscheidung weitere Beschwerde eingelegt, unterliegt auch die Kostenentscheidung nur noch der beschränkten Nachprüfung durch das Rechtsbeschwerdegericht (für den Fall einer isolierten Kostenentscheidung BayObLG B. v. 27. 3. 1987 – 2 Z 79/87).

4 Kommt es wegen Rücknahme des Antrags oder Rechtsmittels oder übereinstimmend erkärter Hauptsachenerledigung zu keiner Entscheidung in der Hauptsache, so ist über die Kosten selbständig zu entscheiden **(isolierte Kostenentscheidung),** § 18 FGG (BayObLG 1972, 69; 1975, 379; WEM 1980, 78; DWEigt. 1982, 67; 1984, 62; BayObLG B. v. 2. 8. 1987 – 2 Z 1987; BayObLG WE 1989, 209 zu dem Fall, daß gegenüber einem Beteiligten nur über die Kosten, gegenüber den anderen aber auch in der Hauptsache zu entscheiden ist). Eine isolierte Kostenentscheidung ist auch zu treffen, wenn das Gericht versehentlich in die die Instanz abschließende Entscheidung keine Kostenentscheidung aufgenommen hat, oder, wenn die Beteiligten sich in einem Vergleich nur bezüglich der Hauptsache geeinigt haben (BayObLG Rpfleger 1980, 193; WE 1990, 138). Die isolierte Kostenentscheidung ergeht nach summarischer Prüfung der Sach- und Rechtslage unter Berücksichtigung des Sach- und Streitstandes, wie er sich zu dem Zeitpunkt, als über die Hauptsache nicht mehr zu entscheiden war, ergibt (BayObLG WE 1988, 198). Das Gericht darf nur wegen der Kostenentscheidung keine weiteren Ermittlungen anstellen (BayObLG DWEigt. 1982, 104; WE 1991, 172); die Entscheidung ist nicht in allen Einzelheiten zu begründen. Die isolierte Kostenentscheidung unterliegt der **sofortigen Beschwerde nach § 20a FGG**. Es handelt sich um eine Wertbeschwerde. Der Beschwerdewert ist durch das Rechtspflege-Vereinfachungsgesetz vom 17. 12. 1990 von DM 100,– auf DM 200,– angehoben worden. Durch die Änderung des § 27 Abs. 2 FGG ist

zudem der Instanzenzug für die Anfechtung isolierter Kostenentscheidungen verkürzt und infolge der Änderung des § 45 Abs. 1 durch das Gesetz zur Entlastung der Rechtspflege mit Wirkung vom 1. 3. 1993 weiter erschwert worden. Eine isolierte Kostenentscheidung kann nur noch einmal zur Überprüfung gestellt werden; gegen eine isolierte Kostenentscheidung des Amtsgerichts gibt es die sofortige Beschwerde an das Landgericht; gegen eine solche des Landgerichts die sofortige weitere Beschwerde an das übergeordnete Gericht. Beide Beschwerden sind nur statthaft, wenn der Beschwerdewert von DM 200,– überschritten wird und wenn, hätte das Gericht in der Hauptsache entschieden, der Beschwerdeführer durch diese Entscheidung mit einem höheren Betrag als DM 1.500,– beschwert würde (BayObLG WE 1992, 172). OLG bzw. BayObLG entscheiden über die weitere sofortige Beschwerde als Rechtsbeschwerdegericht. Daher sind Ermessensentscheidungen des Tatrichters nur gem. § 43 Abs. 1, § 27 FGG auf ihre Gesetzmäßigkeit überprüfbar. Ob und inwieweit das Rechtsbeschwerdegericht eine eigene Sachentscheidung treffen kann, unterscheidet sich nicht von der sofortigen weiteren Beschwerde in der Hauptsache (vgl. hierzu § 45 Rdn. 4). Zur Entscheidung des Rechtsbeschwerdegerichts über die Kosten aller Rechtszüge, siehe BayObLG WE 1992, 24. Auch in den Beschwerdeverfahren gegen eine isolierte Kostenentscheidung gilt das Schlechterstellungsverbot nicht.

5 Wurde die Kostenentscheidung rechtskräftig, ist über die Kostentragungspflicht und die Erstattung außergerichtlicher Kosten abschließend entschieden. Die Ansprüche können deshalb nicht in einem neuen Verfahrenen geltend gemacht werden (KG MDR 1985, 502; BayObLG DWEigt 1993, 168 für den Fall, daß die Entscheidung nicht formell rechtskräftig ist, weil sie einem Beteiligten nicht zugestellt worden ist). Die Kostenentscheidung ist nach Rechtskraft ein **Vollstreckungstitel** gegen den Kostenpflichtigen. Die **Kostenfestsetzung** erfolgt nach § 13a Abs. 2 FGG in entsprechender Anwendung der §§ 103–107 ZPO; sie obliegt dem Rechtspfleger (Keidel, FGG, § 13a Rdn. 60) und ist erst nach Rechtskraft der Kostenentscheidung zulässig (LG Düsseldorf Rpfleger 1981, 204); gegen den Kostenfestsetzungsbeschluß ist die Erinnerung zulässig, über die der Richter entscheidet (§ 104 Abs. 3 ZPO analog); gegen seine Entscheidung findet die sofortige Beschwerde an das Landgericht statt. Die Entscheidung der Kammer ist dann allerdings unanfechtbar, §§ 104 Abs. 1, 568 Abs. 3 ZPO analog (BayObLG DWEigt. 1983, 95; 1988, 108; WE 1991, 61; 1993, 288); dies gilt auch dann, wenn das in der Hauptsache eingelegte Rechtsmittel unzulässig ist (WE 1990, 61). Das Verfahren ist das der freiwilligen Gerichtsbarkeit, daher muß die Beschwer die Wertgrenze von 200,– DM analog § 20a Abs. 2 FGG überschreiten (Keidel, FGG § 13a Rdn. 68). Im Kostenfestsetzungsbeschwerdeverfahren sind die festgesetzten Kosten die Hauptsache (BayObLG WE 1990, 218). Alle Ausführungen gelten auch für ein Kostenfestsetzungsverfahren nach § 19 BRAGO (BayObLG WE 1993, 283). Erledigt sich ein Streit zwischen einem Wohnungseigentümer und den übrigen außergerichtlich und nehmen die übrigen den einzelnen auf Erstattung der ihnen entstandenen notwendigen außergerichtlichen Kosten in Anspruch, ist hierfür gem. § 43 Abs. 1 Nr. 1 das Wohnungseigentumsgericht zuständig; über den Anspruchs kann nach den Grundsätze des § 47 entschieden werden (KG WE 1991, 328). Entgegen KG OLGE 1989, 174 gehören Ansprüche des Verwalters, der für die Wohnungseigentümer in deren Namen oder als Prozeßstandschafter gemeinschaftliche Ansprüche der Teilhaber geltend macht und hierfür nach Vereinbarung, Verwaltervertrag oder bindenden Beschluß eine Sondervergütung verlangen kann, nicht ins Kostenfestsetzungsverfahren; sie sind Nebenforderungen, die im Hauptsacheverfahren geltend zu machen sind (Schnauder, PiG 36, S. 117/123).

2. Bei seiner **Ermessensentscheidung** über die Gerichtskosten (S. 1) kann das Gericht die Regeln der §§ 91 ff. ZPO berücksichtigen, ist aber an diese nicht gebunden und hat so z. B. die Möglichkeit, demjenigen, der Anlaß zu einem Verfahren gibt, die Kosten aufzuerlegen, auch wenn er nicht der „unterliegende Teil" sein sollte (vgl. dazu BayObLG 65, 283 = Rpfleger 65, 334 mit zustimmender Anmerkung von Diester); Voraussetzung ist allerdings, daß er am Verfahren formell beteiligt ist (vgl. oben Rdn. 1 und unten Rdn. 8). In der Regel werden die Gerichtskosten jedoch nach dem Verhältnis von Obsiegen und Unterliegen, bei der isolierten Kostenentscheidung nach dem voraussichtlichen Ausgang des Verfahrens, auf die Beteiligten verteilt. In Bezug auf die außergerichtlichen Kosten, über die nach Satz 2 zu entscheiden ist, werden unterschiedliche Positionen vertreten. So wendet das BayObLG in den letzten Jahren in ständiger Rechtsprechung § 47 Satz 1 auf die gesamten Kosten des Verfahrens an und entscheidet insgesamt nach der im Zivilprozeß üblichen Kostentragungspflicht (BayObLG WE 1990, 32; WE 1990, 58; WE 1991, 84; WE 1991, 288; WE 1992, 168). § 47 Satz 2 wird insoweit Rechnung getragen, als anders zu entscheiden sei, wenn die Umstände des Einzelfalles ein Festhalten an der zivilprozessualen Kostentragungspflicht unbillig erscheinen lassen. Diese Umkehrung des § 47 Satz 2, die in vielen Verfahren im Ergebnis zu billigen Kostenentscheidungen führen mag, wird von anderen Gerichten nicht geteilt, so insbesondere nicht vom BGH (BGHZ 111, 148) und dem BVerfG (BVerfGE 88, 337); sie ist mit der Regelung des § 47 Satz 2 auch nicht vereinbar. Hätte der Gesetzgeber die Gleichschaltung von Gerichtskosten und außergerichtlichen Kosten im Regelfall gewollt, hätte er nicht zwischen der Kostentragungpflicht in bezug auf die Gerichtskosten und die außergerichtlichen Kosten unterschieden. Der vom Gesetzgeber gebotenen Differenzierung hat die Rechtsprechung des BayObLG noch bis Rpfleger 1980, 192 Rechnung getragen; siehe auch BayObLG 1965, 283; 1973, 30; 1975, 100; 1978, 270; 1979, 30). 6

Die Unterscheidung zwischen Gerichtskosten und außergerichtlichen Kosten gilt auch für die isolierte Kostenentscheidung, somit bei **Antragsrücknahme** und übereinstimmend erklärter **Erledigung der Hauptsache,** aber auch bei **Rücknahme einer Beschwerde.** § 47 enthält für die Rücknahme eines Rechtsmittels keine abweichende Regelung und unterscheidet sich insoweit von § 13a Abs. 1 Satz 2 FGG. Das BayObLG vertritt auch für diese Fälle die oben dargestellte Ansicht; so zur Antragsrücknahme BayObLG ZMR 1987, 191; WE 1992, 172; WE 1992, 232; DWEigt 1993, 166; zur Rücknahme eines Rechtsmittels WE 1988, 66; WE 1989, 148 „durch die freiwillige Rücknahme seines Rechtsmittels" wird „gerade verhindert, die 7

Zulässigkeit und Begründetheit des Rechtsmittels im einzelnen zu überprüfen"; WE 1988, 66 auch in bezug auf die Kosten einer Anschlußbeschwerde. Bei Erledigung der Hauptsache stellt das BayObLG für die Kostenentscheidung primär darauf ab, wie das Verfahren voraussichtlich ohne Erledigterklärung ausgegangen wäre. Nach diesen Grundsätzen hat das BayObLG in ständiger Rechtsprechung nach Erledigung der Hauptsache dem Antragsteller alle Kosten auferlegt (WE 1990, 68; 1991, 286; 1991, 369; 1992, 24) bzw. die Gerichtskosten teils der Antragsteller-, teils der Antragsgegnerseite aufgegeben bei Nichterstattung der außergerichtlichen Kosten (BayObLG WE 1988, 198; 1990, 29; 1990, 138; 1990, 219). Nur **besondere Umstände des Einzelfalles** könnten zum Abweichen von dieser Regel Anlaß geben (BayObLG WE 1993, 285), so, wenn der zurückgenommene Antrag erkennbar von einem Geschäftsunfähigen gestellt worden sei (WE 1992, 172); bei Rücknahme einer Beschlußanfechtung, wenn die Gemeinschaft der Beanstandung im wesentlichen durch neue Beschlußfassung abhilft (WE 1990, 142); für eine Antragsrücknahme, wenn der Antragsgegner erst im Beschwerdeverfahren darauf hinweist, daß er nicht mehr Wohnungseigentümer ist (WE 1991, 84); wenn die Zurücknahme des Rechtsmittels auf der vom Gericht vermittelten Einsicht von der Aussichtslosigkeit des Rechtsmittels beruht (BayObLG WE 1992, 52). Auch das OLG Düsseldorf (DWEigt 1991, 82) legt den Beschwerdeführer bei Rücknahme eines voraussichtlich erfolglosen Rechtsmittels entsprechend § 13a Abs. 1 Satz 2 FGG die Kosten auf, während das KG (OLGE 1988, 317) diese Umstände nicht für ausreichend erachtet, um von der Regelung des § 47 abzuweichen.

8 Bei strenger Anlehnung an das Gesetz ergeben sich immer wieder Fälle, in denen nach billigem Ermessen nicht anders entschieden werden kann, als einem Beteiligten die gesamten Gerichtskosten, u. U. auch die außergerichtlichen Kosten der anderen Beteiligten aufzuerlegen. In diesen Fällen muß das Gericht eine von § 47 Satz 2 abweichende Entscheidung treffen, ansonsten hat es sein Ermessen nicht rechtsfehlerfrei ausgeübt. Nach nahezu einhelliger Rechtsprechung gehören hierzu die Wohngeldklage gegen den zahlungsunwilligen oder -unfähigen Wohnungseigentümer (BayObLG DWEigt 1992, 76), Verfahren, die einer mutwilligen und offensichtlich erfolglosen Rechtsverfolgung dienen (so AG Düsseldorf, ITelex 1987/14/81 für den Antragsteller, der grundlos sämtliche Beschlüsse einer Wohnungseigentümerversammlung angefochten hat), der Fall, daß ein Verfahrensbeteiligter entscheidungserhebliche, ihm offenkundige Tatsachen zurückhält, die den Verfahrensbeteiligten nicht ohne weiteres bekannt sind, wie ein Eigentumswechsel (BayObLG WE 1991, 84); bei Rücknahme eines Antrags, der nur zur Fristwahrung eingelegt worden war und bis zur mündlichen Verhandlung aus einem Verschulden des Büropersonals des Verfahrensbevollmächtigten noch nicht zurückgenommen wurde (BayObLG WE 1992, 206), bei Rücknahme eines erkennbar von Anfang an unbegründeten Antrags, wenn dem Antragsteller bekannt war, daß über den Verfahrensgegenstand bereits eine Entscheidung ergangen ist (BayObLG DWEigt 1989, 184); bei Rücknahme eines Rechtsmittels, das offensichtlich von Anfang an keine Aussicht auf Erfolg hatte und dies für den Beschwerdeführer erkennbar war (BayObLG 1973, 30; DWEigt 1982, 102; DWEigt. 1983, 94, – in letzterem hatte ein

Beteiligter sofortige weitere Beschwerde eingelegt, obwohl das angerufene Gericht für die nämliche Gemeinschaft bereits über eine gleichartige Frage entschieden hatte und dem Antragsteller dieser Beschluß bekannt war). Das Gericht kann auch dem **Verwalter** Kosten auferlegen (BayObLG 1975, 239; 1975, 369); dies gilt insbesondere für ein Verfahren, das durch ein eigenes schuldhaftes Verhalten des Verwalters verursacht worden ist (so OLG Düsseldorf DWEigt 1990, 74; BayObLG WE 1991, 204 für den Fall einer fürsorglichen Anfechtung, weil der Verwalter das Protokoll nicht rechtzeitig zugeschickt hat; BayObLG WE 1991, 263 für den Fall, daß der Verwalter als vollmachtloser Vertreter für einen Beteiligten aufgetreten ist). Ein schuldhaftes Verhalten des Verwalters wurde verneint in einem Verfahren auf Erteilung der Zustimmung nach § 12, wenn der Verwalter aufgrund bindenden Mehrheitsbeschlusses die Zustimmung verweigert hatte (KG DWEigt 1989, 143). Zu dem Fall, daß ein Rechtsanwalt, der mangels Angabe des Beschwerdeführers eine unzulässige Beschwerde eingelegt hatte, mit den Kosten des Beschwerdeverfahrens belegt wurde, vgl. BayObLG Rpfleger 1976, 292; daß den Wohnungseigentümern als weitere Beteiligte die Kosten auferlegt wurden, BayObLG WE 1988,97; daß der Mehrvertretungszuschlag des Anwalts von der Erstattungspflicht ausgenommen wurde, KG WE 1993, 223; daß bei offensichtlichem Gesetzesverstoß durch die Vorinstanz von der Erhebung der Gerichtskosten wegen unrichtiger Sachbehandlung abgesehen wurde, BayObLG 1989, 145.

Das Gericht kann auch anordnen, daß die Kosten entgegen § 16 Abs. 5 **9**
von der Gemeinschaft zu tragen sind, wenn sich ein Anfechtungsverfahren, dessen Ausgang offen war, durch einen neuen Beschluß der Eigentümer erledigt (BayObLG 73, 246; KG OLGE 1989, 438); für den Fall, daß bis zur Rechtsbeschwerdeinstanz der gegen den Antragsgegner geltend gemachte Zahlungsanspruch begründet war und erst dann durch rechtskräftige Aufhebung des Umlagebeschlusses abgewiesen wurde (KG WE 1993, 85). Hierfür ist aber kein Raum, wenn der Verwalter als Prozeßstandschafter im Verfahren nach § 43 einen gemeinschaftlichen Anspruch der Wohnungseigentümer geltend macht; die materiell Berechtigten sind an diesem Verfahren formell nicht zu beteiligen (a. A. BayObLG 1975, 233).

Das Rechtsbeschwerdegericht darf die **Ermessensentscheidung** des Tat- **10**
richters zu den Kosten nur auf ihre Gesetzmäßigkeit **überprüfen,** nämlich darauf, ob „von ungenügenden oder verfahrenswidrig zustandegekommenen Feststellungen ausgegangen . . ., wesentliche Umstände außer Betracht gelassen oder gegen Denkgesetze oder allgemeine Erfahrungssätze verstoßen" wurde oder ob „der Tatrichter von seinem Ermessen einen dem Sinn und Zweck des Gesetzes zuwiderlaufenden oder die Grenzen des eingeräumten Ermessens überschreitenden und damit rechtlich fehlerhaften Gebrauch gemacht hat" (BayObLG B. v. 3. 7. 1986 – 2 Z 120/85 unter Bezug auf BayObLG 1973, 30, WEM 1981, 56f. u. w. N.; BayObLG WE 1989, 79; 1991, 334; 1992, 172; 1993, 284). Als Folge seiner oben aufgezeigten Rechtsprechung sieht das BayObLG es als Ermessensfehler an, wenn dem Antragsteller oder Beschwerdeführer nicht die Gerichtskosten und außergerichtlichen Kosten der anderen Beteiligten auferlegt werden, obwohl er in der Hauptsache unterlegen ist bzw. unterlegen wäre und besondere Umstände

für eine abweichende Entscheidung nicht vorliegen (BayObLG WE 1992, 168; 1991, 84)

11 Die Frage, wer **Kostenschuldner gegenüber der Gerichtskasse** ist, bestimmt sich nach §§ 2, 3 KostO (BayObLG 72, 69).

§ 48 Kosten des Verfahrens

(1) **Für das gerichtliche Verfahren wird die volle Gebühr erhoben. Kommt es zur gerichtlichen Entscheidung, so erhöht sich die Gebühr auf das Dreifache der vollen Gebühr. Wird der Antrag zurückgenommen, bevor es zu einer Entscheidung oder einer vom Gericht vermittelten Einigung gekommen ist, so ermäßigt sich die Gebühr auf die Hälfte der vollen Gebühr. Ist ein Mahnverfahren vorausgegangen (46a), wird die nach dem Gerichtskostengesetz zu erhebende Gebühr für das Verfahren über den Antrag auf Erlaß eines Mahnbescheids auf die Gebühr für das gerichtliche Verfahren angerechnet; die Anmerkung zu Nummer 1201 des Kostenverzeichnisses zum Gerichtskostengesetz gilt entsprechend.**

(2) **Sind für Teile des Gegenstands verschiedene Gebührensätze anzuwenden, so sind die Gebühren für die Teile gesondert zu berechnen; die aus dem Gesamtbetrag der Wertteile nach dem höchsten Gebührensatz berechnete Gebühr darf jedoch nicht überschritten werden.**

(3) **Der Richter setzt den Geschäftswert nach dem Interesse der Beteiligten an der Entscheidung von Amts wegen fest. Der Geschäftswert ist niedriger festzusetzen, wenn die nach Satz 1 berechneten Kosten des Verfahrens zu dem Interesse eines Beteiligten nicht in einem angemessenen Verhältnis stehen.**

(4) **Im Verfahren über die Beschwerde gegen eine den Rechtszug beendende Entscheidung werden die gleichen Gebühren wie im ersten Rechtszug erhoben.**

Durch das KostRÄndG 1994 ist der jetzige Abs. 2 neu eingefügt worden; Abs. 1 und der bisherige Abs. 2, jetzt Abs. 3, sind ergänzt und Abs. 3, jetzt Abs. 4, ist geändert worden. Die Einfügung von Satz 4 im Abs. 1 ist durch den neugeschaffenen § 46a erforderlich geworden. Die Änderung in der funktionellen Zuständigkeit führt zu keinen Mehrkosten. Der neu eingefügte Abs. 2 entspricht § 21 Abs. 2 und 3 GKG und verhindert, daß der Kostenschuldner dadurch mehrbelastet wird, daß für einzelne Teile des Gegenstandes nicht der höchste Gebührensatz zur Anwendung gelangt. Geringere Gebührensätze sollen nach Möglichkeit zur Entlastung, in keinem Fall aber zu einer Mehrbelastung des Kostenschuldners führen.

1. Die Gerichtsgebühren (Abs. 1) betragen

1 a) 1/2 der vollen Gebühr, wenn der Antrag zurückgenommen wird, bevor es zur gerichtlichen Entscheidung (darunter ist die Endentscheidung zu verstehen) oder zu einer vom Gericht vermittelten Einigung gekommen ist;

b) eine volle Gebühr, wenn es zum gerichtlichen Vergleich kommt;

c) die dreifache Gebühr, wenn es zu einer das Verfahren des Rechtszuges beendigenden Entscheidung kommt; das ist auch eine Entscheidung im Verfahren über eine weitere Beschwerde (Rechtsbeschwerde), wenn die angefochtene Entscheidung aufgehoben und die Sache zur weiteren Behandlung und Entscheidung zurückverwiesen wird (BayObLG 72, 69); vgl. dazu im übrigen unten Rdn. 6.

§ 48 regelt die Kosten des eigentlichen Verfahrens, nicht aber die Kosten 2
von Nebenverfahren; diese bestimmen sich nach § 131 Abs. 1 KostO (Bärmann-Pick-Merle § 48 Rdn. 1; bezüglich der Kosten eines Nebenverfahrens wegen Richterablehnung OLG Düsseldorf Rpfleger 1983, 370). Auch sonstige, nicht in § 48 geregelte Bereiche des Gebührenrechts bestimmen sich nach der KostO und nicht nach GKG. Deshalb sind Anträge und Zustellungen gebührenfrei; Nr. 1900 GKG-Gebührenverzeichnis gilt nicht (OLG Hamm und OLG Düsseldorf, beide Rpfleger 1983, 177).

2. Der Geschäftswert (Abs. 2)

Der Geschäftswert ist **von Amts wegenfestzusetzen**. Auf die Vorschrif- 3
ten der KostO kann zur Wertermittlung nicht abgestellt werden (BayObLG DWEigt 1984, 30); ausgenommen es fehlen jegliche Anhaltspunkte, dann kann vergleichsweise der Regelwert des § 30 Abs. 2 Satz 1 KostO herangezogen werden (BayObLG WE 1990, 63). Gem. Abs. 3 bemißt sich der Geschäftswert vielmehr allein nach dem **Interesse der Beteiligten** an der Entscheidung und zwar dem Interesse **aller** Beteiligten, nicht nur des Antragstellers. Insbesondere in Verfahren über die Durchführung baulicher Maßnahmen kann es hierdurch zu hohen Geschäftswerten kommen, die zwangsläufig hohe Gerichtskosten und Anwaltskosten zur Folge haben, was wiederum zur Rechtsverweigerung führen könnte, wenn nämlich die Kostenbelastung für den Antragsteller außer Verhältnis zu dem gewünschten wirtschaftlichen Erfolg tritt. Das KG ist dem begegnet, indem es entgegen dem Wortlaut des damaligen Abs. 2 des § 48 entschied, daß der Geschäftswert „das Fünffache des wirtschaftlichen Eigeninteresses des Antragstellers“ nicht überschreiten dürfe (OLGZ 1987, 435). Demgegenüber sieht das BayObLG eine nur einseitig auf das Interesse des Antragstellers gerichtete starre Begrenzung als nicht vereinbar mit § 48 Abs. 2 an; es vertritt die Auffassung, daß die Regelung des § 48 Abs. 2 im Einzelfall eine angemessene Ermäßigung zulasse (BayObLG 1988, 319). Auf Vorlage eines Landgerichts hat das Bundesverfassungsgericht durch Beschluß v. 12. 2. 1992 (BVerfG 88, 337) entschieden, daß der Gesetzgeber „bei der Bemessung des Geschäftswertes in Wohnungseigentumssachen an **das Interesse der Beteiligten** - und nicht nur an das geringere Interesse des einzelnen Verfahrensbeteiligten – anknüpfen (durfte). Mit der aus dem Rechtsstaatsprinzip folgenden **Justizgewährungspflicht** wäre es allerdings nicht vereinbar, wenn der Rechtsuchende mit einem Kostenrisiko belastet würde, das außer Verhältnis zu seinem subjektiven Interesse an dem Verfahren steht.“ Die Beschreitung des Rechtsweges hänge nicht nur von der wirtschaftl. Leistungsfähigkeit des einzelnen ab – diesem Risiko ist durch die Bestimmungen über die Prozeßkostenhilfe Rech-

nung getragen –, sondern „kann sich . . . auch dann als praktisch unmöglich darstellen, wenn das Kostenrisiko zu dem mit dem Verfahren angestrebten wirtschaftlichen Erfolg derart außer Verhältnis steht, daß die Anrufung der Gerichte nicht mehr sinnvoll erscheint." Dieser Aspekt führe allerdings nicht dazu, daß bei geringfügigen Beträgen keine angemessenen Gebühren erhoben werden können; sie hat aber dann eine unzumutbare Erschwerung des Rechtsweges zur Folge, wenn bei höheren Beträgen „das Gebührenrisiko für eine Instanz das wirtschaftliche Interesse eines Beteiligten an dem Verfahren erreicht oder sogar übersteigt". Dabei bestimmt das BVerfG das Kostenrisiko nach den Gerichts- und Rechtsanwaltskosten, die möglicherweise auf den einzelnen Beteiligten zukommen können, und geht dabei als Regelfall davon aus, daß außergerichtliche Kosten nicht erstattet werden. Trotz Amtsermittlungsgrundsatz werde in Wohnungseigentumsverfahren die Erfolgsaussicht in hohem Maße von den Anträgen und insbesondere vom Sachvortrag und den Beweisangeboten der Verfahrensbeteiligten bestimmt. Das Verfassungsgericht kommt zu dem Schluß, daß § 48 Abs. 2 a. F., der heutige Abs. 3 Satz 1, nicht gegen die verfassungsrechtlichen Anforderungen verstößt, daß diesen aber „bei der Auslegung durch die Gerichte Rechnung getragen werden (kann – und muß). . .". „Die Formulierung „Interesse der Beteiligten an der Entscheidung" sei auslegungsbedürftig und auslegungsfähig". Zwar „liegt es . . . nahe, den Umfang der Bindungswirkungen nach § 45 Abs. 2 Satz 2 WEG bei der Bewertung des Interesses der Beteiligten zu berücksichtigen" . . .; das bedeute aber nicht, „daß das Interesse der Beteiligten durch Addition der Einzelinteressen aller Wohnungseigentümer zu ermitteln ist. Dagegen dürfte schon sprechen, daß sich hier unterschiedliche Interessen gegenüberstehen. Die genannten Vorschriften lassen es ohne weiteres zu, bei der Bemessung des Geschäftswertes darauf abzustellen, was im konkreten Fall wirklich im Streite ist. Dabei kann insbesondere berücksichtigt werden, daß die Mehrheit der Eigentümer den im Einzelfall angegriffenen Beschluß nicht in Frage stellt und deshalb nicht erst durch die Bindungswirkung der gerichtlichen Entscheidung zu dessen Befolgung angehalten werden muß, während andererseits eine dem Antrag entsprechende gerichtliche Entscheidung, die den Beschluß für ungültig erklärt, nicht notwendig endgültig über die Durchführung der Maßnahmen und deren Kosten befindet." Das Verfassungsgericht verweist in diesem Zusammenhang auf die differenzierende Bemessung des Geschäftswertes durch die Fachgerichte und bestätigt, daß die aufgezeigte Auslegung auch nicht zu einer Verletzung des Bestimmtheitsgebot führt.

Aus der Rechtsprechung lassen sich folgende **Beispiele** anführen:

4 a) Ist ein **konkreter Gegenstand im Streit,** z. B. die Nutzung des gemeinschaftlichen Eigentums, Besitzverhältnisse u. ä. bestimmt sich der Geschäftswert nach dem Wert des Gegenstandes (BayObLG 1967, 25ff.; WE 1992, 347).

b) Wird eine **Geldforderung** geltend gemacht (z. B. Wohngeldforderungen; Schadensersatzansprüche des Verwalters gegen die Wohnungseigentümer), ist der geltend gemachte Betrag, bei mehreren Einzelforderungen der Gesamtbetrag und bei mehreren verbundenen Verfahren der Gesamtbetrag aus allen Verfahren (LG Mannheim BB 1972, 1347) der Geschäftswert.

c) Bei **Anfechtung** eines Beschlusses nach § 23 Abs. 4 WEG ist ein einheitlicher Geschäftswert für alle Beteiligten festzusetzen (BayObLG Rpfleger 1975, 98); im übrigen vgl. unten; wegen der Rechtsanwaltsgebühren in diesem Fall siehe Rdn. 8. Das gleiche gilt für **Feststellungsanträge,** wobei der Wert eines solchen Antrags in aller Regel 20% bis 33% des bei einem Leistungsantrag anzusetzenden Wertes ausmacht. Bei **Unterlassungsansprüchen** soll sich der Geschäftswert allein nach den Interessen der Antragstellerseite bestimmen (KG WE 1993, 223 zur Nutzung einer Zahnarztpraxis). Ein **Antrag auf Ersetzung einer Erklärung** wird grundsätzlich nach dem Wert der Sache, auf den sich die Erklärung bezieht, bestimmt; deshalb ist der Geschäftswert eines Antrags auf Ersetzung der Verwalterzustimmung nach WEG (vgl. § 12 Rdn. 15) der Kaufpreis der betroffenen Eigentumswohnung (a. A. OLG Hamm DWEigt 1992, 159, wonach der Geschäftswert aus Gründen der Verhältnismäßigkeit auf 10–20% des Kaufpreises zu beschränken sei). Der volle Verkehrswert der Eigentumswohnung ist nach OLG Frankfurt (DWEigt 1984, 62) maßgeblich beim Streit über die Entziehung eines Wohnungseigentums; das BayObLG hingegen bewertet hierfür das Interesse mit 20% des Verkehrswertes (WE 1992, 180), in WE 1990, 61 insgesamt mit DM 60000,– für die Höhe des Wertverlustes zuzügl. den Kosten für das Ersatzobjekt und den Umzug zuzügl. dem Interesse der übrigen Wohnungseigentümer am Ausscheiden.

Bei den Anfechtungsverfahren lassen sich drei größere Bereiche unterscheiden:

– **Anfechtung einer Jahresabrechnung.** Wird die Jahresabrechnung insgesamt angefochten, ist grundsätzlich der Wert der gesamten Jahresabrechnung maßgeblich; es sei denn, der Betrag ist so hoch, daß eine Reduzierung gem. Abs. 3 Satz 2 geboten ist (BayObLG WE 1992, 175 mit Geschäftswertbegrenzung auf 25% des Gesamtabrechnungsbetrags); wird die Anfechtung, in der Rechtsmittelinstanz die sofortige Beschwerde oder weitere Beschwerde, auf Einzelpunkte der Jahresabrechnung beschränkt, so setzt sich der Geschäftswert in der Regel aus dem Wert dieses Teilbereichs zuzüglich in der Regel 25% vom Rest des Gesamtvolumens zusammen, BayObLG 1979, 315; KG OLGE 1986, 184; WE 1989, 216 für eine Beschränkung auf die Heizungskosten). Bei einem Gesamtvolumen von 750000,– DM ist das BayObLG allerdings deutlich unter dieser Quote geblieben und hat das Interesse an der Ungültigkeitserklärung von Abrechnung und Wirtschaftsplan mit je 10000 DM bewertet (B. v. 30. 6. 1983 – 2 Z 86/82). Die Anfechtung eines Beschlusses über die **Entlastung** des Verwalters wurde mit DM 5000,– bewertet (BayObLG WE 1992, 175).
– Ähnlich bestimmt sich der Geschäftswert bei der **Anfechtung** von Beschlüssen über die Durchführung **von Instandhaltungs- und Instandsetzungsmaßnahmen** (BayObLG ITelex 1986/17/104). Zu Recht führt das Gericht aus, daß die von den Antragstellern für notwendig erachteten, jedoch nicht mitbeschlossenen Maßnahmen den Wert des Anfechtungsverfahrens darstellen, der sich allerdings um die voraussichtlichen Mehrkosten, die sich aus der Verzögerung in der Durchführung der gesamten Maßnahme ergeben, erhöht. Entsprechend ist auch der Geschäftswert ei-

nes Anfechtungsverfahrens, in dem zu umfangreiche Sanierungsmaßnahmen gerügt werden, zu bestimmen. Bei Anfechtung eines Beschlusses über eine Reparatur, die letztlich nur der Begründung eines Rückzahlungsanspruchs zur Rücklage dient, ist der geforderte Betrag als Wert maßgeblich (BayObLG WE 1994, 56).

– Ist die **Berufung oder Abberufung eines Verwalters** angefochten worden, wird grundsätzlich die Vergütung, die der Verwalter bei Wirksamkeit des angefochtenen Beschlusses während der Laufzeit des Vertrages bzw. für die restliche Laufzeit des Vertrages erhalten würde, als Geschäftswert anzusetzen sein (BayObLG B. v. 22. 1. 1987 – 2 Z 106/86; DWEigt 1988, 109; WE 1991, 51; OLG Hamm DWEigt 1984, 29); bei Streit über die Gültigkeit einer Abberufung des Verwalters OLG Köln NJW 1973, 765; BayObLG DWEigt 1984, 62; OLG Schleswig WE 1991, 19; bezüglich einer Beschlußanfechtung betreffend die Verwalterwiederwahl BayObLG DWEigt. 1984, 93; bzgl. der Beschlußanfechtung wegen überhöhter Verwaltergebühr BayObLG 1989, 181.

Zum Wert bei Anfechtung eines Eigentümerbeschlusses über die Bestellung des Verwaltungsbeirates vgl. OLG Köln Rpfleger 1972, 261; bezüglich eines auf Einstellung von Baumaßnahmen und Wiederherstellung des früheren Zustandes gerichteten Antrags BayObLG DWEigt 1983, 60; bezüglich des Streits um eine Differenz bei den Heizkosten und die Kosten eines Zauns KG MDR 1970, 61; der Streit über den Abschluß eines Mietvertrages wird vom BayObLG mit der Einjahresmiete bewertet (WE 1992, 27); der Streit über unterschiedliche Nutzungsarten (Klinik/Hotel) nach der Differenz zu der Pachtzinsen (BayObLG WE 1898, 192); zum Wert nach Erledigung der Hauptsache vgl. BayObLG B. v. 9. 7. 1987 – 2 Z 115/86; WE 1992, 227 (Kostenwert); zum Gegenstandswert im Fall eines gerichtlichen Vergleichs BayObLG DWEigt 1989, 37.

Ein Hilfsantrag, über den nicht entschieden wurde, wird beim Geschäftswert nicht berücksichtigt. Der Wert eines Nebenverfahrens über die Richterablehnung bestimmt sich nach dem Wert des Hauptverfahrens (BayObLG WE 1990, 184).

5 d) Das **Verfahren** hinsichtlich der Festsetzung des Geschäftswertes bestimmt sich nach der KostO i. d. F. v. 26. 7. 1957 (BGBl. I S. 861). Gegen die Geschäftswertfestsetzung der 1. Instanz ist somit als Rechtsbehelf die einfache Beschwerde zulässig (§ 31 Abs. 1 KostO), wobei die Beschwerde gegen die Geschäftswertfestsetzung des Landgerichtes betreffend seine Instanz Erstbeschwerde ist (OLG Köln 1973, 765; KG Rpfleger 1978, 445 m. w. N.; BayObLG DWEigt 1982, 136; WE 1990, 38; KG OLGE 1990, 313). § 14 Abs. 3 Satz 2 KostO kommt mithin nicht zur Anwendung. Unzulässig ist eine Beschwerde, mit der ein Beteiliger Erhöhung des Geschäftswerts begehrt, da er durch den angefochtenen Beschluß nicht beschwert wird (BayObLG DWEigt 1992, 88); dies gilt nicht für die Beschwerde des Verfahrensbevollmächtigten (KG DWEigt 1993, 89 zur Auslegung des Antrags des Verfahrensbevollmächtigten). Eine weitere Beschwerde ist nur zulässig, wenn sie vom Landgericht zugelassen und auf die Verletzung eines Gesetzes gestützt wird (§§ 31 Abs. 3 Satz 1; 14 Abs. 3 Satz 2 KostO). Die Zulassung

kann nur gleichzeitig mit der Hauptsacheentscheidung ausgesprochen werden; eine Nichtzulassungsbeschwerde ist nicht statthaft (BayObLG WE 1990, 64). Unzulässig ist die Beschwerde gegen die Geschäftswertfestsetzung des Oberlandesgerichts, gleichgültig, ob die Werte der Vorinstanzen geändert oder der Wert für die weitere Beschwerde festgesetzt wird (§ 567 Abs. 3 ZPO). Das Beschwerdegericht kann den Wert auch von Amts wegen ändern (KG Rpfleger 1978, 445; ebenso BayObLG 1992, 201 für den Beschluß, in dem das Landgericht den Wert des Beschwerdeverfahrens festsetzt und dabei den Geschäftswert für die erste Instanz von sich aus ändert); das OLG bzw. BayObLG kann bei der Überprüfung einer angefochtenen Geschäftswertentscheidung des Landgerichts auch die Festsetzung des Amtsgerichts ändern (BayObLG WE 1989, 220). Die Änderung kann ohne Sachentscheidung vorgenommen werden (BayObLG Rpfleger 1976, 292), ausser das Rechtsmittel ist unzulässig (BayObLG Rfleger 1981, 285). Wie für die Kostenentscheidung gilt auch für die Geschäftswertfestsetzung das Schlechterstellungsverbot nicht (BayObLG DWEigt. 1983, 60). Während des Beschwerdeverfahrens kann das Beschwerdegericht gemäß § 29 Abs. 4 i. V. m. § 24 Abs. 3 FGG den angefochtenen Beschluß durch einstweilige Anordnung vorläufig außer Kraft setzen; in der weiteren Beschwerde ist dies jedoch nur möglich, wenn das Rechtsmittel zulässig ist (BayObLG WE 1989, 107).

3. **Beschwerdeverfahren (Abs. 3).** Im Beschwerdeverfahren und im Verfahren der weiteren Beschwerde gelten die gleichen Sätze, also keine Erhöhung der Gebühren. Auf den Erfolg des Rechtsmittels kommt es nicht an (OLG Frankfurt OLGE 75, 100). Für den Fall einer auf Aufhebung und Zurückverweisung lautenden Entscheidung im Verfahren der weiteren Beschwerde vgl. BayObLG 72, 69. Wird eine Rechtsbeschwerde wiederholt verworfen, fallen die Gerichtsgebühren des § 48 Abs. 1 nur einmal an (BayObLG DWEigt. 1982, 103) . 6

4. Für die gemäß § 1 KostO zu den Kosten gehörenden **Auslagen,** insbesondere Schreibauslagen, gelten die §§ 136–139 KostO. Für die Mehrfertigungen der Antragschrift zum Zwecke der Zustellung an die Antragsgegner entstehen keine Schreibauslagen (BayObLG 1989, 264). 7

5. Für die **Rechtsanwaltsgebühren** gelten nach § 63 Abs. 1 Nr. 2 BRAGO bei Verfahren nach § 43 WEG die Vorschriften des 3. Abschnitts (§§ 31ff.) der Rechtsanwaltsgebührenordnung sinngemäß. Eine nähere Darstellung ist hier nicht möglich. Für die Gebühren maßgeblich ist nach § 7 BRAGO der „Gegenstandswert", der sich gemäß § 8 BRAGO nach dem für die Gerichtskosten maßgeblichen Geschäftswert richtet; maßgeblich ist also der gemäß § 48 Abs. 2 WEG festgesetzte Geschäftswert (§ 9 BRAGO). Machen die Wohnungseigentümer gemeinschaftlich den Wohngeldanspruch gegen einen säumigen Wohnungseigentümer geltend, so sind sie nicht *ein*, sondern **mehrere Auftraggeber** i. S. von § 6 Abs. 1 BRAGO, die Verfahrensgebühr erhöht sich also um 3/10 je Auftraggeber, jedoch nicht mehr als um 20/10, so daß der Anwalt eine Verfahrensgebühr von maximal 30/10 erhalten kann (so OLG Hamburg MDR 1978, 767; OLG Karlsruhe Rpfleger 1979, 389; OLG Frankfurt Rpfleger 1979, 151; OLG Hamm Rpfleger 1980, 76; a. M. LG Köln Rpfleger 1977, 455). Die Erhöhung kommt auch zum Tragen, wenn 8

die Wohnungseigentümer durch den Verwalter vertreten werden und der Anwalt nur mit diesem korrespondiert (BGH WE 1987, 118; OLG München ITelex 1985/22/131; OLG Koblenz ITelex 1985/22/131; a. A. OLG Koblenz VersR 1986, 97); nicht aber, wenn der Verwalter den Anspruch in gewillkürter Prozeßstandschaft geltend macht (OLG Stuttgart JurBüro 1983, 381; OLG Hamm MDR 1983, 501). Vertritt ein Anwalt in einem Anfechtungsverfahren nach § 24 Abs. 4 WEG sämtliche Antragsteller, so ist der vom Gericht festgesetzte Geschäftswert maßgeblich; eine Aufspaltung des Geschäftswerts auf die einzelnen Beteiligten nach § 10 BRAGO kommt nicht in Betracht (BayObLG Rpfleger 1975, 98).

§ 49 *(aufgehoben)*

Aufgehoben durch Art. XI § 4 Abs. 5 Nr. 15 des Gesetzes zur Änderung und Ergänzung kostenrechtlicher Vorschriften vom 26. 7. 1957 (BGBl. I S. 861). Ersetzt durch § 63 Abs. 1 Nr. 2 RAGebO vom 26. 7. 1957 (BGBl. I S. 861, 907); vgl. § 48 Rdn. 5.

§ 50 Kosten des Verfahrens vor dem Prozeßgericht

Gibt das Prozeßgericht die Sache nach § 46 an das Amtsgericht ab, so ist das bisherige Verfahren vor dem Prozeßgericht für die Erhebung der Gerichtskosten als Teil des Verfahrens vor dem übernehmenden Gericht zu behandeln.

1 Die Vorschrift ist neu gefaßt durch Art. X § 6 des Gesetzes vom 26. 7. 1957 (BGBl. I S. 861, 931); sie gilt jetzt nunmehr für die Gerichtskosten, nicht mehr für die Anwaltskosten. Für die Anwaltsgebühren sind jetzt die §§ 63, 14 der BRAGebO v. 26. 7. 1957 maßgeblich (vgl. auch Riedel-Sußbauer, BRAGebO, 3. Aufl., München 1973, § 63 Rdn. 4).

2 Wird das Verfahren vom Prozeßgericht gem. § 46 an den Richter der freiwilligen Gerichtsbarkeit abgegeben, so wird das Verfahren hinsichtlich der Gerichtskosten als einheitliches Verfahren behandelt, die Gerichtskosten werden also lediglich nach den §§ 47, 48 WEG erhoben.

3 Für den umgekehrten Fall der Abgabe vom FGG-Richter an das Prozeßgericht (dazu § 46 Rdn. 3) kann wohl § 50 WEG nicht entsprechend angewendet werden; vielmehr ist wie in anderen ähnlichen Fällen, insbes. nach § 48 ArbGG und in Fällen des § 17 GVG (dazu Thomas/Putzo Anm. 4b), § 281 Abs. 3 ZPO entsprechend anzuwenden; die im Verfahren vor dem FGG-Richter erwachsenen Kosten werden als Teil der Kosten behandelt, die beim Prozeßgericht erwachsen sind, die entstandenen Mehrkosten sind dem Antragsteller auch dann aufzuerlegen, wenn er in der Hauptsache obsiegt. (KG OLGE 1990, 193; a. A. BayObLG WE 1988, 63 zu den Kosten einer unnötigen Erstbeschwerde und weiteren Beschwerde).

2. Abschnitt. Zuständigkeit für Rechtsstreitigkeiten

In den §§ 51, 52 enthält das Gesetz besondere Zuständigkeitsvorschriften für bürgerliche Rechtsstreitigkeiten, die sich im Falle des § 51 aus dem Wohnungseigentum und (im Falle des § 52) aus dem Dauerwohnrecht ergeben. 4

§ 51 Zuständigkeit für die Klage auf Entziehung des Wohnungseigentums

Das Amtsgericht, in dessen Bezirk das Grundstück liegt, ist ohne Rücksicht auf den Wert des Streitgegenstandes für Rechtsstreitigkeiten zwischen Wohnungseigentümern wegen Entziehung des Wohnungseigentums (§ 18) zuständig.

1. Die Frage, ob man für die Klage auf Entziehung des Wohnungseigentums die **Zuständigkeit des Amtsgerichts** begründen sollte oder nicht, war Gegenstand eingehender Erörterungen. Für die getroffene Entscheidung waren folgende Gesichtspunkte maßgebend: Streitigkeiten wegen Entziehung des Wohnungseigentums (§ 18) verlangen eine möglichst schnelle Erledigung, die nicht erreicht werden kann, wenn drei Rechtszüge gegeben sind. Außerdem haben sie eine weitgehende Ähnlichkeit mit Mietstreitigkeiten; sie führen auch im Ergebnis nicht zu einem Vermögensverlust, weil dem verurteilten Wohnungseigentümer der Versteigerungserlös zufließt. Gegenüber diesen Erwägungen trat der Gesichtspunkt, daß die Entziehung des Wohnungseigentums immerhin einen nicht unbedeutenden Eingriff darstellt, in den Hintergrund. Die Möglichkeit eines Schiedsvertrages (§ 1025 ZPO) besteht. Die in § 51 bestimmte Zuständigkeit des AG ist nicht ausschließlich (so jetzt allgem. Meinung; zustimmend insbes. auch Bärmann-Pick-Merle § 51 Rdn. 2). Zur Vermeidung divergierender Entscheidungen wird in Analogie zu der in § 36 Rdn. 6, 11 dargestellten mietrechtlichen Regelung der Rechtsentscheid des OLG oder BGH herbeigeführt werden können. § 51 gilt auch für das Wohnungserbbaurecht (§ 30 Abs. 2 Satz 2). Gemäß der allgemeinen Regel des § 937 ZPO ist das nach § 51 WEG zuständige Streitgericht auch für **einstweilige Verfügungen** zuständig, durch die der Entziehungsanspruch gesichert werden soll (ebenso Soergel-Stürner § 51 Rz 2; a. M. Bärmann-Pick-Merle § 51 Rdn. 4). 1

2. Für die Entscheidung über die in § 43 Abs. 1 Nr. 1 gleichfalls dem FGG-Richter entzogenen *Ansprüche im Falle der Aufhebung der Gemeinschaft* (dazu § 43 Rdn. 6) sind weder bezüglich der örtlichen noch bezüglich der sachlichen Zuständigkeit besondere Bestimmungen getroffen. Es gelten also für diese Klage die allgemeinen Vorschriften (vgl. § 24 ZPO). 2

3. Nicht unter § 51 fällt auch die Entscheidung über die Gültigkeit des Beschlusses der Wohnungseigentümer darüber, daß der Entziehungsan- 3 spruch geltend gemacht werden soll (§ 18 Abs. 3 WEG; vgl. § 18 Rdn. 9); sie steht dem FGG-Richter nach § 43 Abs. 1 Nr. 4 zu (KG NJW 1967, 2268).

4 **4.** Der **Streitwert der Entziehungsklage** bestimmt sich gemäß § 12 Abs. 1 GKG i. V. mit § 3 ZPO nach dem Interesse der die Entziehung verlangenden Wohnungseigentümer an der Behebung der dieses Verlangen veranlassenden Störungen; er ist nach dem freien Ermessen des (Gerichts festzusetzen. Entgegen LG München Rpfleger 1970, 93 kann das Interesse nicht ohne weiteres mit dem Verkehrswert der Wohnung gleichgesetzt werden, erst recht nicht kann der Wert der Eigentumswohnungen der Kläger maßgeblich sein (vermittelnd Bärmann-Pick-Merle § 51 Rdn. 5).

§ 52 Zuständigkeit für Rechtsstreitigkeiten über das Dauerwohnrecht

Das Amtsgericht, in dessen Bezirk das Grundstück liegt, ist ohne Rücksicht auf den Wert des Streitgegenstandes zuständig für Streitigkeiten zwischen dem Eigentümer und dem Dauerwohnberechtigten über den in § 33 bezeichneten Inhalt und den Heimfall (§ 36 Abs. 1 bis 3) des Dauerwohnrechts.

1 In Anlehnung an § 23 Nr. 2a GVG und § 7 MieterSchG überträgt § 52 bestimmte Streitigkeiten in Angelegenheiten des **Dauerwohnrechts** den **Amtsgerichten** und zwar im **Zivilprozeßverfahren.**

1. § 52 bestimmt in den von ihm betroffenen Angelegenheiten

2 a) **die örtliche Zuständigkeit:** nämlich das Gericht, in dessen Bezirk das Grundstück liegt (vgl. § 24 ZPO);

b) **die sachliche Zuständigkeit** des Amtsgerichts.

3 Die in § 52 geregelte Zuständigkeit ist weder örtlich noch sachlich ausschließlich (nunmehr allgemein anerkannt). Eine örtliche ausschließliche Zuständigkeit besteht vielmehr nur im Rahmen des § 24 ZPO, also soweit sich die Geltendmachung der in § 52 bezeichneten Ansprüche als Geltendmachung des Eigentums oder einer dinglichen Belastung darstellt; dies wird insbesondere zutreffen, wenn der Dauerwohnberechtigte sein dingliches Recht auf Nutzung gegen den Eigentümer geltend macht. Im übrigen, namentlich hinsichtlich der sachlichen Zuständigkeit, besteht die Möglichkeit einer ausdrücklichen oder stillschweigenden Zuständigkeitsvereinbarung nach §§ 38ff. ZPO. Ebenso besteht die Möglichkeit einer Schiedsvereinbarung.

4 **2.** Die in § 52 bestimmte Zuständigkeit betrifft nicht alle Streitigkeiten aus dem Dauerwohnrecht, sondern ähnlich wie § 23 Nr. 2a GVG nur bestimmte Angelegenheiten, nämlich nur Streitigkeiten zwischen dem Grundstückseigentümer (bzw. Erbbauberechtigten § 42) und dem Dauerwohnberechtigten (nicht Dritten), vorausgesetzt daß sie

a) den in § 33 bestimmten Inhalt des Dauerwohnrechts (insbesondere Fragen des Gebrauchs, der Nutzung usw.), oder

b) den Heimfall (§ 36 Abs. 1 bis 3) betreffen; wegen der Möglichkeit eines „Rechtsentscheids" des OLG, soweit die entsprechende Anwendung mietrechtlicher Vorschriften in Betracht kommt, vgl. § 36 Rdn. 6, 11.

Wegen des Verfahrens im Falle einer Veräußerungsbeschränkung nach § 35 vgl. § 35 Rdn. 3 und nachstehende Rdn. 5.

3. Dagegen betrifft § 52 nicht

a) den Streit über das Bestehen oder Nichtbestehen des Dauerwohnrechts; **5**

b) den Streit über den Gegenstand des Dauerwohnrechts;

c) den Streit über die zum Inhalt des Dauerwohnrechts gehörenden Vereinbarungen, die nicht im § 52 erwähnt sind: also insbesondere Veräußerungsbeschränkungen (§ 35), Entschädigungsanspruch beim Heimfall (§ 36 Abs. 4), die in §§ 39, 40 geregelten Fragen, die in § 41 Abs. 2 und 3 bestimmten Ansprüche;

d) Streit über die in § 34 bezeichneten Ansprüche;

e) den Streit über den Anspruch auf das Entgelt für die Bestellung des Dauerwohnrechts und alle anderen aus dem zugrundeliegenden schuldrechtlichen Rechtsverhältnis noch entspringenden Ansprüche.

4. Streitwert. Für den Streitwert maßgeblich §§ 12ff. GKG (in der Fassung vom 15. 12. 1975 (BGBl. I S. 3047). Beim mietähnlichen Dauerwohnrecht wird § 16 GKG entsprechend anwendbar sein (so Lauterbach Kostengesetze, 25. Auflage, § 16 Anm. 2 Ab; vgl. auch OLG Frankfurt NJW 1963, 1930; a. M. Bärmann-Pick-Merle § 52 Rdn. 9). **6**

3. Abschnitt. Verfahren bei der Versteigerung des Wohnungseigentums

Vorbemerkung

1 Das Urteil, durch das ein Wohnungseigentümer im Wege der **„Abmeierungsklage“** (§ 18) verurteilt wird, sein Wohnungseigentum zu veräußern, ersetzt nach § 19 die für **die freiwillige Versteigerung des Wohnungseigentums und für** die Übertragung des Wohnungseigentums auf den Ersteher erforderlichen Erklärungen. Dem entsprechen die §§ 53 bis 58, welche die näheren Vorschriften für dieses Versteigerungsverfahren treffen. Diese Regelung ist notwendig geworden, weil sich das Verfahren nach dem Zwangsversteigerungsgesetz, das im Falle der Zwangsversteigerung als Zwangsvollstreckungsmaßnahme (§§ 15ff. ZVG) und im Falle der Teilungsversteigerung (§§ 180ff. ZVG) anwendbar ist, für diesen Fall nicht eignet und weil das Verfahren der freiwilligen Versteigerung bundesrechtlich überhaupt nicht, landesrechtlich teilweise unzulänglich, teilweise überhaupt nicht geregelt ist. Das Gesetz lehnt sich weitgehend an die Vorschriften des Preuß. FGG an (Art. 66ff.), weicht aber zur Anpassung an die Besonderheiten, die sich aus denn Gesetz ergeben, in Einzelheiten hiervon ab und enthält einige zusätzliche Bestimmungen. Die Vorschriften der VO über Maßnahmen auf dem Gebiet der Zwangsvollstreckung vom 26. 5. 1933 (RGBl. I S. 302) über das Mindestgebot, die inzwischen durch das Gesetz über Maßnahmen auf dem Gebiet der Zwangsvollstreckung vom 20. 8. 1953 (BGBl. I S. 952) in die §§ 74a, 74b ZVG übernommen worden sind, sind in das Gesetz eingearbeitet; die in § 53 Abs. 2 Satz 3 vorgesehene entsprechende Anwendung der GeboteVO ist durch deren Aufhebung gegenstandslos geworden (vgl. § 53 Rdn. 7). Wegen der **Kosten** des Versteigerungs- und des in § 58 vorgesehenen Beschwerdeverfahrens ist auf die §§ 53, 141, 131 KostO zu verweisen.

2 Steht ein Wohnungseigentumsrecht mehreren gemeinschaftlich zu, sei es in Form der schlichten Rechtsgemeinschaft (§§ 741ff. BGB), sei es in der Form der Erbengemeinschaft (§§ 2032ff.), so richtet sich die Versteigerung zum Zwecke der **Aufhebung der Gemeinschaft** (§ 753, § 2042 Abs. 2 BGB) nach den §§ 180ff. ZVG; § 11 WEG steht nicht entgegen (vgl. § 3 Rdn. 120, § 11 Rdn. 3).

3 Zu den in der Literatur geäußerten Bedenken gegen die Effektivität des Verfahrens nach §§ 19, 53ff. vgl. § 19 Rdn. 6ff.

§ 53 Zuständigkeit, Verfahren

(1) **Für die freiwillige Versteigerung des Wohnungseigentums im Falle des § 19 ist jeder Notar zuständig, in dessen Amtsbezirk das Grundstück liegt.**

(2) **Das Verfahren bestimmt sich nach den Vorschriften der §§ 54 bis 58. Für die durch die Versteigerung veranlaßten Beurkundungen gelten die allgemeinen Vorschriften.** ***Die Vorschriften der Verordnung über die Behandlung von Geboten in der Zwangsversteigerung vom 30. Juli 1941 (Reichsgesetzbl. I S. 354, 370) in der Fassung der Verordnung vom 27. Januar 1944 (Reichsgesetzbl. I S. 7) sind sinngemäß anzuwenden.***

1. Zuständigkeit für die Versteigerung

a) Zuständig sind nur Notare; die Zuständigkeit der Gerichte, soweit eine 1
solche etwa nach Landesrecht im allgemeinen gegeben sein sollte, ist durch § 53 ausgeschaltet. Vgl. auch § 20 Abs. 3 BNotO.

b) Örtlich zuständig ist jeder Notar, in dessen Amtsbezirk das Grund- 2
stück liegt. Amtsbezirk der Notare ist der Oberlandesgerichtsbezirk (§ 11 Bundesnotarordnung) Unter den hiernach in Betracht kommenden Notaren haben die Antragsteller (§ 54 Abs. 1) die Wahl. Sollten hierüber Meinungsverschiedenheiten auftreten, so kann § 4 FGG sinngemäß angewandt werden; es gebührt also demjenigen der Vorzug, der zuerst in der Sache tätig geworden ist.

2. Verfahrensvorschriften. Unter Ausschaltung der landesrechtlich für die 3
freiwillige Versteigerung von Grundstücken gegebenen Vorschritten richtet sich die **Versteigerung** nach den §§ 53 bis 58. Für **Beurkundungen** gelten nach Abs. 2 Satz 2 die allgemeinen Vorschriften. Maßgeblich sind also jetzt die Vorschriften des Beurkundungsgesetzes vom 28. 8. 1969 (BGBl. I S. 1513 mit späteren Änderungen), insbes. auch dessen § 15. Der Notar ist durch § 6 Abs. 1 Nr. 1 BeurkG nicht gehindert, den von ihm selbst erteilten Zuschlag zu beurkunden (so für das frühere Recht Schlegelberger FGG, § 181 Anm. 3; übereinstimmend Bärmann-Pick-Merle § 53 Rdn. 6).

3. Der im Text kursiv gedruckte Abs. 2 Satz 3 ist infolge der Aufhebung 4
der GeboteVO durch das G. über Maßnahmen auf dem Gebiete der Zwangsvollstreckung vom 20. 8. 1953 (BGBl. I S. 952) gegenstandslos geworden; damit entfallen auch die Bezugnahmen hierauf in § 55 Abs. 2 Nr. 4 und in § 57 Abs. 1 Satz 1 und Abs. 3. Auch sonstige Preisbindungen greifen nicht mehr ein, weil alle Preisvorschriften für den Grundstücksverkehr durch die §§ 185, 186 Abs. 1 Nr. 65–67 des BBauG vom 23. 6. 1960, BGBl. I, S. 341 aufgehoben worden sind.

§ 54 Antrag, Versteigerungsbedingungen

(1) **Die Versteigerung erfolgt auf Antrag eines jeden der Wohnungseigentümer, die das Urteil gemäß § 19 erwirkt haben.**

(2) **In dem Antrag sollen das Grundstück, das zu versteigernde Wohnungseigentum und das Urteil, auf Grund dessen die Versteigerung erfolgt, bezeichnet sein. Dem Antrag soll eine beglaubigte Abschrift des Wohnungsgrundbuches und ein Auszug aus dem amtlichen Verzeichnis der Grundstücke beigefügt werden.**

(3) **Die Versteigerungsbedingungen stellt der Notar nach billigem Ermessen fest; die Antragsteller und der verurteilte Wohnungseigentümer sind vor der Feststellung zu hören.**

Vgl. Art. 66, 67 Abs. 1 PrFGG.

1 **1. Antrag.** Zur Antragstellung ist jeder der obsiegenden Wohnungseigentümer berechtigt. Der erforderliche Inhalt des Antrags ergibt sich aus der Sollvorschrift des Abs. 2; fehlende Angaben können nachgeholt werden, das Fehlen macht den Antrag nicht schlechthin unzulässig. Mit dem „amtlichen Verzeichnis der Grundstücke" (Abs. 2 Satz 2) ist das Verzeichnis i. S. des § 2 Abs. 2 GBO gemeint, also das Kataster (Horber-Demharter, GBO § 2 Rdn. 6ff.), soweit nicht noch landesrechtliche Besonderheiten bestehen, auf die sich wohl Bärmann-Pick-Merle (§ 54 Rn. 7) bezieht. Wegen des Vorzugs des zuerst befaßten Notars vgl. § 53 Rdn. 5.

2 **2. Die Feststellung der Versteigerungsbedingungen** kann nicht, wie im gewöhnlichen Fall der freiwilligen Versteigerung, dem Antragsteller überlassen werden; daher wird sie dem Notar übertragen (Abs. 3), der sich dabei an die üblichen Kaufvertragsmuster halten kann (vgl. Bärmann-Pick-Merle § 54 Rdn. 17ff.) . Der Regelung bedarf insbesondere, inwieweit der Erwerber die dinglich gesicherten Schulden und/oder Verbindlichkeiten des verurteilten Wohnungseigentümers gegenüber der Wohnungseigentümergemeinschaft (vgl. § 16 Rdn. 45ff.) übernehmen oder Sicherheit leisten (§ 56 Abs. 3) soll, ferner der Gefahrübergang, u. U. die Mängelhaftung; zu berücksichtigen ist eine etwaige Veräußerungsbeschränkung gem. § 12 WEG. Ein „Mindestbargebot", wie Friese-Mai (§ 54 Anm. 2) meinen, gibt es nicht; Hauptzweck ist die Veräußerung, nicht die Deckung von Kosten und Auslagen. Das schließt nicht aus, daß die Antragsteller dem Notar gewisse Vorschläge machen.

3 **3. Die die Feststellung enthaltende Verfügung** des Notars ist den Antragstellern und dem verurteilten Wohnungeigentümer gem. § 16 FGG bekanntzumachen, also zuzustellen, sie unterliegt der sofortigen Beschwerde (§ 58 WEG) und muß vor der Terminsbestimmung erfolgen (§ 55 Abs. 1 Nr. 5) Der Notar kann bis zu diesem Zeitpunkt seine Verfügung ändern (a. M. Bärmann-Pick-Merle § 54 Rdn. 38), setzt dadurch aber eine neue Rechtsmittelfrist in Lauf.

§ 55 Terminsbestimmung

(1) **Der Zeitraum zwischen der Anberaumung des Termins und dem Termin soll nicht mehr als drei Monate betragen. Zwischen der Bekanntmachung der Terminsbestimmung und dem Termin soll in der Regel ein Zeitraum von sechs Wochen liegen.**

(2) **Die Terminsbestimmung soll enthalten:**

1. die Bezeichnung des Grundstücks und des zu versteigernden Wohnungseigentums;

2. Zeit und Ort der Versteigerung;

3. die Angabe, daß die Versteigerung eine freiwillige ist;
4. die Bezeichnung des verurteilten Wohnungseigentümers sowie die Angabe des Wohnungsgrundbuchblattes *und, soweit möglich, des von der Preisbehörde bestimmten Betrages des höchstzulässigen Gebots;*
5. die Angabe des Ortes, wo die festgestellten Versteigerungsbedingungen eingesehen werden können.

(3) **Die Terminsbestimmung ist öffentlich bekanntzugeben:**

1. durch einmalige, auf Verlangen des verurteilten Wohnungseigentümers mehrmalige Einrückung in das Blatt, das für Bekanntmachungen des nach § 43 zuständigen Amtsgerichts bestimmt ist;
2. durch Anschlag der Terminsbestimmung in der Gemeinde, in deren Bezirk das Grundstück liegt, an die für amtliche Bekanntmachungen bestimmte Stelle;
3. durch Anschlag an die Gerichtstafel des nach § 43 zuständigen Amtsgerichts.

(4) **Die Terminsbestimmung ist dem Antragsteller und dem verurteilten Wohnungseigentümer mitzuteilen.**

(5) **Die Einsicht der Versteigerungsbedingungen und der in § 54 Abs. bezeichneten Urkunden ist jedem gestattet.**

Vgl. Art. 67 Abs. 2, 68 bis 71 PrFGG. Wegen der kursiv gedruckten Worte in Abs. 2 Nr 4 vgl. § 53 Rdn. 7.

Die **Abs. 1 und 2** enthalten lediglich Sollvorschriften; dagegen sind die **Abs. 3 und 4** Mußvorschriften. Im Falle eines Verstoßes gegen letztere hat das Beschwerdegericht, wenn ein Beschwerdeberechtigter das Rechtsmittel einlegt, die Verfügung über die Terminsbestimmung und/oder, falls es zur Abhaltung des Termins und zum Zuschlag gekommen ist, diesen aufzuheben. Unterbleibt die Anfechtung im Rechtsmittelwege, so ist die Wirksamkeit der Versteigerung nicht in Frage gestellt. 1

Das **Einsichtsrecht des Abs. 5** erstreckt sich nicht auf den Inhalt des nach §§ 18, 19 ergangenen Urteils; wohl allerdings kann Einsicht in den Urteilstenor und das Rechtskraftszeugnis (§ 706 ZPO) verlangt und gewährt werden, weil davon die Wirksamkeit der Versteigerung abhängt. Ein Hinweis auf die Grundlage der Versteigerung ist in die Terminsbestimmung nicht aufzunehmen (vgl. Abs. 2 Nr. 3; a. M. Bärmann-Pick-Merle § 55 Rdn. 9). 2

§ 56 Versteigerungstermin

(1) **In dem Versteigerungstermin werden nach dem Aufruf der Sache die Versteigerungsbedingungen und die das zu versteigernde Wohnungseigentum betreffenden Nachweisungen bekanntgemacht. Hierauf fordert der Notar zur Abgabe von Geboten auf.**

(2) **Der verurteilte Wohnungseigentümer ist zur Abgabe von Geboten weder persönlich noch durch einen Stellvertreter berechtigt. Ein gleichwohl erfolgtes Gebot gilt als nicht abgegeben. Die Abtretung des Rechtes aus dem Meistgebot an den verurteilten Wohnungseigentümer ist nichtig.**

(3) **Hat nach den Versteigerungsbedingungen ein Bieter durch Hinterlegung von Geld oder Wertpapieren Sicherheit zu leisten, so gilt in dem Verhältnis zwischen den Beteiligten die Übergabe an den Notar als Hinterlegung.**

Vgl. Art. 72, 73 PrFGG.

1 **1. Abs. 1** trifft die der Natur der Sache entsprechenden Vorschriften für den Ablauf der Versteigerung (vgl. § 66 ZVG). Diese bedarf der **Beurkundung** durch den Notar gem. § 313 BGB.

2 **2. Abs. 2** soll verhindern, daß der ausgeschlossene Wohnungseigentümer auf dem Wege über die Versteigerung wieder in die Wohnungseigentümergemeinschaft eindringt. Eine verdeckte Stellvertretung kann allerdings nicht verhindert werden, ebensowenig ist ein Erwerbsverbot für spätere Zeiten ausgesprochen. Ob, wie Friese, NJW 51, 510 meint, ein Rückerwerb stets als Umgehungsgeschäft nichtig wäre, erscheint mindestens zweifelhaft. Darüber hinaus kann ein Schutz durch eine Veräußerungsbeschränkung nach § 12 geschaffen werden, die auch im Falle der freiwilligen wie der Zwangsversteigerung wirksam ist (vgl. § 12 Abs. 3 Satz 2). Nicht erwähnt ist der Fall der Vermietung an den früheren Wohnungseigentümer durch den Erwerber; soweit die Verurteilung lediglich auf Zahlungsverzug beruht, sind hiergegen sicherlich keine Bedenken zu erheben. In anderen Fällen kann die Vermietung ein Verstoß des Erwerbers sein, der auch gegen ihn die Entziehungsklage rechtfertigt (vgl. Friese, NJW 51, 510; Friese-Mai, § 56 Bem. 2).

3 **3. Zu Abs. 3** vgl. § 69 Abs. 2 ZVG. Eine gesetzliche Verpflichtung zur Sicherheitsleistung besteht nicht; es ist Sache des Notars, bei der Feststellung der Versteigerungsbedingungen gegebenenfalls eine Sicherheitsleistung vorzusehen (§ 54 Abs. 3).

§ 57 Zuschlag

(1) **Zwischen der Aufforderung zur Abgabe von Geboten und dem Zeitpunkt, in welchen die Versteigerung geschlossen wird, soll *unbeschadet des § 53 Abs. 2* Satz 3 mindestens eine Stunde liegen. Die Versteigerung soll solange fortgesetzt werden, bis ungeachtet der Aufforderung des Notars ein Gebot nicht mehr abgegeben wird.**

(2) **Der Notar hat das letzte Gebot mittels dreimaligen Aufrufs zu verkünden und, soweit tunlich, den Antragsteller und den verurteilten Wohnungseigentümer über den Zuschlag zu hören.**

(3) **Bleibt das abgegebene Meistgebot *hinter sieben Zehnteln des von der Preisbehörde bestimmten Betrages des höchstzulässigen Gebots oder in Ermangelung eines solchen* hinter sieben Zehnteln des Einheitswertes des versteigerten Wohnungseigentums zurück, so kann der verurteilte Wohnungseigentümer bis zum Schluß der Verhandlung über den Zuschlag (Abs. 2) die Versagung des Zuschlags verlangen.**

(4) **Wird der Zuschlag nach Absatz 3 versagt, so hat der Notar von Amts wegen einen neuen Versteigerungstermin zu bestimmen. Der Zeitraum zwischen den beiden Terminen soll sechs Wochen nicht übersteigen, sofern die Antragsteller nicht einer längeren Frist zustimmen.**

(5) **In dem neuen Termin kann der Zuschlag nicht nach Absatz 3 versagt werden.**

Vgl. Art. 74 PrFGG.

I. Kaufvertrag

Der **Zuschlag** bringt nach § 156 Satz 1 BGB den **Kaufvertrag** und nur diescn, nicht auch die dingliche Einigung (Auflassung, § 925 BGB; dazu unten Rdn. 6) zustande. Der **Inhalt des Kaufvertrags** bestimmt sich nach den Versteigerungsbedingungen (§ 54 Rdn. 2), im übrigen nach den gesetzlichen Vorschriften, insbes. §§ 433ff. BGB. 1

a) **Stundenfrist.** Die durch Bezugnahme auf die GeboteVO zugelassene Ausnahme ist durch Aufhebung der GeboteVO gegenstandslos geworden (vgl. § 53 Rdn. 7), daher Kursivdruck der Worte „unbeschadet des § 53 Abs. 2 Satz 3“ **Abs. 1** ist **Sollvorschrift.** 2

b) **Die dreimalige Verkündung** des letzten Gebots (Abs. 2) gibt keinen Anspruch auf den Zuschlag; wird vor dem Zuschlag ein neues Gebot abgegeben, so erlischt gem. § 156 Satz 2 BGB das vorangegangene und ist die Versteigerung wieder aufzunehmen (Schlegelberger FGG Art. 74 Bem. 2). 3

c) **Zu den Abs. 3 bis 5** vgl. Vorbem. vor § 53. Wegen des Einheitswertes des Wohnungseigentums vgl. Anhang zu § 60; ist der Einheitswert noch nicht festgestellt, so ist im Wege der Schätzung ein fiktiver Einheitswert festzusetzen und dabei, wenn das Bauwerk noch nicht fertiggestellt ist, dem Bauzustand Rechnung zu tragen (Bärmann-Pick-Merle § 57 Rdn. 34; Soergel/Stürner § 57 Rz 5). Ein höchstzulässiges Gebot gibt es nicht mehr (vgl. § 53 Rdn. 7); deshalb Kursivdruck in Abs. 3. Eine Festsetzung des Verkehrswerts, wie sie in § 74a Abs. 5 ZVG für Ermittlung der 7/10-Grenze vorgesehen ist, kommt hier bei der andersartigen Zielsetzung des Verfahrens nicht in Betracht. Auch die Verweisungsnorm des Art. 6 des Gesetz vom 20. 8. 1953 führt nicht zu einem anderen Ergebnis, weil das WEG eine Verweisung nicht enthält. 4

d) **Der Zuschlag** wird von dem Notar erteilt. Die Entscheidung unterliegt der sofortigen Beschwerde (§ 58); mit der Rechtskraft wird der Zuschlag wirksam; damit ist der Kaufvertrag geschlossen. Über die Beurkundung eines bindend gewordenen Gebots (§ 156 BGB, § 15 BeurkG) und der Erteilung des Zuschlags vgl. Rdn. 6 zu § 53. 5

II. Auflassung

Die für die **Übereignung des Wohnungseigentums** auf den Ersteher erforderlichen Erklärungen des Eigentümers sind bereits durch das Urteil nach 6

§§ 18, 19 ersetzt. Die Auflassung kann daher nicht in der gewöhnlichen Form: Erklärung vor einem Notar bei gleichzeitiger Anwesenheit beider Teile (§ 925 BGB) erfolgen; vielmehr genügt die Annahmeerklärung des Erstehers, die vor dem Notar abgegeben werden muß (KG HRR 36, 137). Dies kann auch vor dem die Versteigerung vornehmenden Notar geschehen. Art. 143 EGBGB i. d. F. des BeurkG und die hierzu ergangenen landesrechtlichen Vorschriften können hier also außer Betracht bleiben.

§ 58 Rechtsmittel

(1) **Gegen die Verfügung des Notars, durch die die Versteigerungsbedingungen festgesetzt werden, sowie gegen die Entscheidung des Notars über den Zuschlag findet das Rechtsmittel der sofortigen Beschwerde mit aufschiebender Wirkung statt. Über die sofortige Beschwerde entscheidet das Landgericht, in dessen Bezirk das Grundstück liegt. Eine weitere Beschwerde ist nicht zulässig.**

(2) **Für die sofortige Beschwerde und das Verfahren des Beschwerdegerichts gelten die Vorschriften des Reichsgesetzes über die Angelegenheiten der freiwilligen Gerichtsbarkeit.**

§ 58 gibt Vorschriften über den Rechtszug gegen die in Abs. 1 genannten Verfügungen des Notars; sonstige Verfügungen des Notars sind nicht anfechtbar (ebenso Bärmann-Pick-Merle § 58 Rdn. 2). Wegen der Zuständigkeit vgl. Abs. 1 Satz 2, der erst durch einen Zusatzantrag im Plenum seine vorliegende Fassung erhalten hat. Wegen der Beschwerdeberechtigung vgl. § 20 FGG. Die Beschwerde kann entsprechend § 21 FGG bei dem Notar oder bei dem Landgericht eingelegt werden, und zwar entweder durch Erklärung zu Protokoll oder durch Einreichung eines Schriftsatzes. Die Beschwerdefrist beträgt zwei Wochen seit Bekanntmachung der Verfügung (§ 22 FGG); Wiedereinsetzung in den vorigen Stand ist bei unverschuldeter Fristversäumung möglich (§ 22 Abs. 2 FGG). Wegen der Kosten des Beschwerdeverfahrens vgl. § 131 KostO.

IV. Teil. Ergänzende Bestimmungen

§ 59 Ausführungsbestimmungen für die Baubehörden

Der Bundesminister für Wohnungsbau erläßt im Einvernehmen mit dem Bundesminister der Justiz Richtlinien für die Baubehörden über die Bescheinigung gemäß § 7 Abs. 4 Nr. 2, § 32 Abs. 2 Nr. 2.

Die Richtlinien, zu deren Erlassung der Bundesminister für Wohnungsbau 1 im Einvernehmen mit dem Bundesminister der Justiz ermächtigt ist, sind allgemeine Verwaltungsvorschriften im Sinne des **Art. 84 Abs. 2 des Grundgesetzes.** Sie sind mit Zustimmung des Bundesrats unter dem 3. 8. 1951 ergangen und im BAnz. 1951 Nr. 152 verkündet worden; von ihrem Abdruck ist abgesehen. Für Berlin vgl. Gesetz v. 2. 8. 1951 (GVBl. S. 547).

An die Stelle der Richtlinien ist mit Wirkung vom 1. 4. 1974 die **„Allge-** 2 **meine Verwaltungsvorschrift für die Ausstellung von Bescheinigungen gemäß § 7 Abs. 4 Nr. 2 und § 32 Abs. 2 Nr. 2 des Wohnungseigentumsgesetzes"** vom 19. 3. 1974 getreten (Anhang III Nr. 1). Die Vorschrift ist entsprechend der vom Bundesverfassungsgericht in BVerfGE 26, 338 vertretenen Auffassung nunmehr von der Bundesregierung im ganzen mit Zustimmung des Bundesrates erlassen worden und trägt die Unterschrift des Bundeskanzlers und des Bundesministers für Raumordnung, Bauwesen und Städtebau; sie ist im Bundesanzeiger 1974 Nr. 58 v. 23. 3. 1974 verkündet. Vgl. im übrigen § 3 Rdn. 48ff., § 7 Rdn. 14 und § 32 Rdn. 2.

§ 60 Ehewohnung

Die Vorschriften der Verordnung über die Behandlung der Ehewohnung und des Hausrats (Sechste Durchführungsverordnung zum Ehegesetz) vom 21. Oktober 1944 (Reichsgesetzbl. I S. 256) gelten entsprechend, wenn die Ehewohnung im Wohnungseigentum eines oder beider Ehegatten steht oder wenn einem oder beiden Ehegatten das Dauerwohnrecht an der Ehewohnung zusteht.

Können sich nach oder im Zuge der Scheidung einer Ehe die bisherigen 1 Ehegatten nicht darüber einigen, wer von ihnen die Ehewohnung künftig bewohnen soll, so regelt auf Antrag der Richter die Rechtsverhältnisse an der Wohnung gemäß den Vorschriften der 6. DVO zum EheG vom 21. 10. 1944 (RGBl. I S. 256). Im einzelnen ist auf diese VO und die Begründung hierzu (Deutsche Justiz 1944, 278ff.) zu verweisen. Die Vorschriften dieser VO sind auch im Fall des Wohnungseigentums oder des Dauerwohnrechts für entsprechend anwendbar erklärt. Von Bedeutung ist insbesondere § 3; der Richter hat nicht die Eigentumsverhältnisse an der Wohnung zu ändern, kann auch nicht Wohnungseigentum begründen (OLG Hamm JMBl NRW 58, 103), sondern lediglich die Benutzung regeln. Zu diesem Zweck kann er auch ein Mietverhältnis begründen (§ 5 Abs. 2 der VO) oder anordnen, daß die Wohnung geteilt wird (§ 6 der VO).

§ 61 [Heilung von Erwerbsvorgängen]

Fehlt eine nach § 12 erforderliche Zustimmung, so sind die Veräußerung und das zugrundeliegende Verpflichtungsgeschäft unbeschadet der sonstigen Voraussetzungen wirksam, wenn die Eintragung der Veräußerung oder einer Auflassungsvormerkung in das Grundbuch vor dem 15. Januar 1994 erfolgt ist und es sich um die erstmalige Veräußerung dieses Wohnungseigentums nach seiner Begründung handelt, es sei denn, daß eine rechtskräftige gerichtliche Entscheidung entgegensteht. Das Fehlen der Zustimmung steht in diesen Fällen dem Eintritt der Rechtsfolgen des § 878 des Bürgerlichen Gesetzbuchs nicht entgegen. Die Sätze 1 und 2 gelten entsprechend in den Fällen der §§ 30 und 35 des Wohnungseigentumsgesetzes.

Literatur: Pause, Das Gesetz zur Heilung des Erwerbs von Wohnungseigentum, NJW 1994, 501.

1 Die vorstehende Bestimmung ist durch das Gesetz zur Heilung des Erwerbs von WEigentum vom 3. 1. 1994 (BGBl. I S. 66) in das WEG eingefügt worden; sie tritt an die Stelle des ursprünglichen § 61, wonach jedes WEigentum eine wirtschaftliche Einheit i. S. des § 2 des Reichsbewertungsgesetzes und einen selbständigen Steuergegenstand i. S. des Grundsteuergesetzes bildet. Diese Regelung ist durch das Steuerbereinigungsgesetz 1985 aufgehoben worden.

I. Zweck der Vorschrift

2 Mit dem neuen § 61 soll die durch die Entscheidung des BGH vom 21. 2. 1991 (BGHZ 113, 374) entstandene Rechtsunsicherheit beseitigt werden. Bis zu diesem Beschluß war weitgehend unbestritten, daß bei Vorratsteilung die Erstveräußerung durch den teilenden Eigentümer nicht der Zustimmung des Verwalters bedürfte, selbst wenn die Teilungserklärung ein Zustimmungserfordernis vorsah. Die Erklärung sei so auszulegen, daß der teilende Eigentümer sich einer solchen Beschränkung nicht unterwerfen wolle (s. oben § 12 Rdn. 5). Jedenfalls solle dies bei einer Erstveräußerung innerhalb einer bestimmten Frist gelten.

Unter Hinweis auf die Grundsätze zur Auslegung von Grundbucherklärungen ist der BGH in dem o. g. Beschluß der Meinung nicht gefolgt (s. oben § 12 Rdn. 5). Das Gericht verweist im übrigen den Teilenden auf die Möglichkeit, eine andere Bestimmung in die Teilungserklärung aufzunehmen.

Da es sich bei den Zustimmungsvorbehalten um in der Praxis häufig verwendete Klauseln handelt und die Notare und Grundbuchämter bis zur Entscheidung des BGH die Klauseln im dargestellten, von der Ansicht des Gerichts abweichenden Sinne auslegten, entstand das Problem, daß zahlreiche Erwerbsverträge sowohl in ihrem schuldrechtlichen als auch in ihrem sachenrechtlichen Teil bis zu einer entsprechenden Zustimmung absolut schwebend unwirksam waren (vgl. § 12 Rdn. 13). Diese wäre zwar gegenüber dem Zustimmungsbefugten zu erwirken gewesen, weil sie auch noch in Form der Genehmigung möglich ist. Dabei hätte es aber zu Schwierigkeiten kommen können. Auch wenn der Erwerber dem Berichtigungsanspruch des Veräußerers nach § 894 BGB hätte entgegenhalten können, daß er seinerseits gegen ihn einen Anspruch auf Beibringung der Verwalterzustimmung habe, wäre es möglicherweise zu Auseinandersetzungen um die Verwalterzustimmung gekommen, indem der Verwalter diese – zu Recht oder Unrecht – verweigert. Faktisch wären dann die Folgen des Ausschlusses gem. §§ 18, 53 eingetreten. Von Notaren und Grundbuchämtern wendet die Vorschrift ein sonst bestehendes Haftungsrisiko ab (Bärmann/Pick § 61 Rdn. 3).

II. Wirkung der Vorschrift

Durch die Bestimmung werden sämtliche Geschäfte, denen vereinbarungswidrig nicht zugestimmt wurde, rückwirkend für wirksam erklärt. Zudem wird von der Zustimmung als Voraussetzung für die Wirksamkeit abgesehen. Erforderlich ist, daß die Auflassung oder eine Auflassungsvormerkung vor dem 15. 1. 1994 erfolgt ist. Des weiteren muß es sich um eine erstmalige Veräußerung handeln. Das Gesetz unterscheidet dabei nicht zwischen der Vorratsteilung (§ 8) und der Teilungserklärung zwischen mehreren Eigentümern gem. § 3, obgleich letztere nach dem Willen der Parteien möglicherweise auch die Erstveräußerung erfassen sollte; insoweit scheint die vom Gesetz nun angeordnete Privilegierung zumindest fragwürdig. Für die Veräußerung nach dem 15. 1. 1994 wird die Kenntnis der Rechtslage (wie sie vom BGH angenommen wird) vorausgesetzt. 3

III. Umfang der Heilung

Die Heilungsvorschrift erfaßt nur den beschriebenen Zustimmungsmangel und erstreckt sich nicht auf sonstige Voraussetzungen. Sie läßt auch entgegenstehende gerichtliche Entscheidungen unberührt. Die Beschränkung auf den Ersterwerb ergibt sich daraus, daß damit die nachfolgenden Erwerbsvorgänge keiner Heilung mehr bedürfen, da sie vom Berechtigten erfolgten, soweit sich deren Wirksamkeit nicht ohnehin schon wegen Vorliegens der Voraussetzungen des gutgläubigen Erwerbs (§ 892 BGB) ergibt. 4

Durch den Verweis auf § 878 BGB ist sichergestellt, daß auch nach Stellung des Eintragungsantrags eintretende Verfügungsbeschränkungen des Veräußerers (etwa durch Veräußerungsverbot nach §§ 136, 135 BGB; 938 ZPO sowie § 6 KO) nicht dem Erwerb entgegenstehen, obgleich das Geschäft schwebend unwirksam war. 5

6 Im übrigen wird die Regelung auf die Erstveräußerung von Wohnungsrechten (§ 30) und von Dauerwohnrechten (§ 31) erstreckt (Satz 3).

§ 62 Gleichstellung mit Eigenheim *(aufgehoben)*

§ 62 ist durch das Steuerbereinigungsgesetz 1985 ersatzlos als überholt gestrichen worden; er enthielt eine Bestimmung zur Gleichstellung von Eigentumswohnungen mit Wohnungen im eigenen Einfamilienhaus.

Anhang zu § 62
Förderung des WEigentums und steuerrechtliche Fragen

Übersicht

Literatur: Jaser in Deckert, Die Eigentumswohnung, Gruppe 8 – Spiegelberger, PiG 42, S. 47, Steuerrecht bei der Verwaltung von Wohnungseigentum; – Weitere Hinweise im Text, im übrigen muß auf die Spezialliteratur verwiesen werden.

I. Förderung des Wohnungseigentums

1 Das Wohnungseigentum hat nach dem Inkrafttreten des WEG Förderung zunächst nach Maßgabe des Ersten Wohnungsbaugesetzes in der Fassung vom 25. 8. 1953 (BGBl. I S. 1047) erfahren. Dieses Gesetz ist durch Gesetz vom 11. 7. 1985 (BGBl. I S. 1277) aufgehoben worden. Für die Förderung maßgeblich ist nunmehr das Zweite Wohnungsbaugesetz (Wohnungsbau- und Familienheimgesetz) i. d. F. vom 14. 8. 1990 (BGBl. I S. 1790), zuletzt geändert durch Gesetz vom 17. 6. 1993 (BGBl. I S. 912).

2 Das II. WBG, das in seinem § 1 den Wohnungsbau als eine vordringliche öffentliche Aufgabe anerkennt, führt in einer Art Rangliste (§ 2 Abs. 2 II. WBG) die Eigentumswohnungen und Kaufeigentumswohnungen (Definition in § 12 II. WBG) an 2. Stelle nach den Familienheimen auf. Die Förderung des Wohnungsbaus geschieht durch eine ganze Reihe von Maßnahmen (§ 3 II. WBG), von denen der **Einsatz öffentlicher Mittel** zur Finan-

zierung und **Steuervergünstigungen** die wichtigsten sind. Als ein besonderer Schwerpunkt der Förderung durch Einsatz öffentlicher Mittel (des „öffentlich geförderten sozialen Wohnungsbaus") ist die Bildung von Einzeleigentum durch den Bau von Familienheimen und eigengenutzten Eigentumswohnungen (dazu § 7 und § 12 Abs. 1 Satz 2 II. WBG) bezeichnet.

Steuerbegünstigte Wohnungen im Sinne des II. WBG sind nach dessen 3 § 82 Wohnungen – auch Eigentumswohnungen –, zu deren Finanzierung keine öffentlichen Mittel eingesetzt waren unter der weiteren Voraussetzung, daß sie von der zuständigen Behörde förmlich als steuerbegünstigt anerkannt sind. Diese Anerkennung setzt voraus, daß die Wohnfläche (vorbehaltlich gewisser Ausnahmen) bestimmte Größen (§ 39 Abs. Satz 1 Nrn. 1–4, Satz 2 II. WBG) um nicht mehr als 20% übersteigt (§ 82 Abs 1 Satz 2 II. WBG). Eigennutzung ist für die Steuervergünstigung nicht verlangt. Bei der Wohnflächenberechnung sind die §§ 42 bis 44 der VO über wohnungswirtschaftliche Berechnungen nach dem II. WBG (2. Berechnungsverordnung – II. BV) i. d. F. v. 12. 10. 1990 (BGBl. I S. 2178) zugrundezulegen.

Die Steuervergünstigung besteht darin, daß sich die **Grundsteuer erheblich ermäßigt,** weil sie nicht nach dem Wert des bebauten Grundstücks, sondern nur nach dem Einheitswert des reinen Grundstücks – „Bodenwertanteil" – bemessen wird (§ 92a ff. II. WBG). Diese Form der Förderung ist im Auslaufen begriffen; sie wird nach § 82 des Ges. nur mehr für Wohnungen gewährt, die vor dem 1. 1. 1990 bezugsfertig geworden sind. 4

II. Steuerrechtliche Fragen des WEG

1. Einheitsbewertung. Der frühere § 61 WEG bestimmte, daß jedes 5 Wohnungseigentum eine wirtschaftliche Einheit im Sinne des § 2 BewG bildet. Diese Bestimmung ist inhaltsgleich in § 93 Abs. 1 Satz 1 BewG in der Fassung vom 30. Mai 1985 (BGBl. I, S. 845) übernommen worden, wobei diese Vorschrift auch klarstellt, daß neben Wohnungseigentum auch jedes Teileigentum eine wirtschaftliche Einheit und damit ein Grundstück im Sinne des Bewertungsgesetzes (§ 68 Abs. 1 Nr. 3, § 70 Abs. 1 BewG) bildet. Wohnungseigentum und Teileigentum sind folglich nicht Teil der gesamten Grundstückseinheit, sondern unabhängig von dem Gesamtgrundstück für sich allein zu betrachten und zu bewerten. § 93 BewG lautet:

„(1) Jedes Wohnungseigentum und Teileigentum bildet eine wirtschaftliche Einheit. Für die Bestimmung der Grundstücksart (§ 75) ist die Nutzung des auf das Wohnungseigentum und Teileigentum entfallenden Gebäudeteils maßgebend. Die Vorschriften der §§ 76 bis 91 finden Anwendung, soweit sich nicht aus den Absätzen 2 und 3 etwas anderes ergibt.

(2) Das zu mehr als 80 vom Hundert Wohnzwecken dienende Wohnungseigentum ist im Wege des Ertragswertverfahrens nach den Vorschriften zu bewerten, die für Mietwohngrundstücke maßgebend sind.

Wohnungseigentum, das zu nicht mehr als 80 von Hundert, aber zu nicht weniger als 20 vom Hundert Wohnzwecken dient, ist im Wege des Ertragswertverfahrens nach den Vorschriften zu bewerten, die für gemischtgenutzte Grundstücke maßgebend sind.

(3) Entsprechen die im Grundbuch eingetragenen Miteigentumsanteile an dem gemeinschaftlichen Eigentum nicht dem Verhältnis der Jahresrohmiete zueinander, so kann dies bei der Feststellung des Wertes entsprechend berücksichtigt werden. Sind einzelne Räume, die im gemeinschaftlichen Eigentum stehen, vermietet, so ist ihr Wert nach den im Grundbuch eingetragenen Anteilen zu verteilen und bei den einzelnen wirtschaftlichen Einheiten zu erfassen".

6 Nach dem Bewertungsgesetz ist grundsätzlich das Ertragswertverfahren anzuwenden (§§ 78ff. BewG 85). Danach umfaßt der Grundstückswert den Bodenwert, Gebrauchswert und den Wert der Außenanlagen. Er ergibt sich durch Anwendung bestimmter Vervielfältiger auf die Jahresrohmiete. Bei eigengenutzten Eigentumswohnungen ist die übliche Miete zugrunde zu le-gen, die anhand vergleichbarer Wohnungen zu schätzen ist (§ 79 Abs. 2 BewG). Die Nutzungsart der Eigentumswohnungen ist nach § 75 BewG einzustufen, wo sechs verschiedene Formen unterschieden werden In Verbindung mit § 93 Abs. 2 BewG ist ein über 80% Wohnzwecken dienendes Wohnungseigentum nach den für Mietwohngrundstücke maßgeblichen Vorschriften zu bewerten. Es kommt demnach der gegenüber Einfamilienhäusern (als Einfamilienhaus i. S. des § 75 Abs. 5 BewG wäre Wohnungseigentum im Regelfall ohne die Ausnahmevorschrift des § 93 Abs. 2 BewG einzustufen) günstigere Vervielfältiger für Mehrfamilienhäuser zur Anwendung (vgl. Anlage 3–8 zum BewG). Wohnungseigentum, das zwischen 20 und 80% zu Wohnzwecken genutzt wird, ist wie ein gemischt genutztes Grundstück zu bewerten. Der auf Mietgrundlage ermittelte Wert umfaßt neben dem Wert des Sondereigentums auch den Mietwert des Miteigentumsanteils; dessen zutreffende Erfassung setzt voraus, daß das Verhältnis der Jahresrohmieten mit dem Verhältnis der grundbuchlichen Miteigentumsanteile annähernd übereinstimmt. Bei einer Abweichung läßt § 93 Abs. 3 BewG zu, daß der Wert der Miteigentumsanteile nach den grundbuchlichen Anteilen erfaßt wird. Bei vermieteten, in gemeinschaftlichem Eigentum stehenden Räumen ist deren Wert dem Grundbuch entsprechend aufzuteilen und bei den einzelnen wirtschaftlichen Einheiten zu erfassen. Nur bei einer gewerblichen (oder öffentlichen) Nutzung zu mehr als 80 vom Hundert richtet sich die Bewertung nach den für Geschäftsgrundstücke maßgebenden Vorschriften (§ 76 Abs. 1 Nr. 2 BewG).

2. Einzelne Steuerarten

7 a) **Grundsteuer.** Steuergegenstand nach § 2 des Grundsteuergesetzes vom 7. 8. 1973 (BGBl. I S. 965 = BStBl. I S. 586), geändert durch das Einführungsgesetz zur Abgabenordnung vom 14. 12. 1976 (BGBl. I S. 3341) ist der Grundbesitz im Sinne des Bewertungsgesetzes. Anknüpfungspunkt für die Grundsteuer ist somit der sich aus dem BewG ergebende **Einheitswert** des

Wohnungs- oder Teileigentums. Bei der Berechnung der Grundsteuer ist von einem Steuermeßbetrag auszugehen (§§ 13ff. GrStG). Nach § 10 Abs. 3 GrStG sind mehrere Miteigentümer eines Steuergegenstandes grundsätzlich Gesamtschuldner der Steuerschuld. Beim Wohnungseigentum dagegen liegt keine Gesamtschuldnerschaft vor. Dies gilt ungeachtet der Tatsache, daß der einzelne Wohnungseigentümer am Grund und Boden sowie am gemeinschaftlichen Eigentum am Gebäude anteilig mitberechtigt ist. Infolgedessen ist jeder Wohnungseigentümer unmittelbar Steuerschuldner nur für die Grundsteuer, die auf sein Wohnungs- oder Teileigentum entfällt.

Sind jedoch mehrere Personen Miteigentümer eines einzelnen Wohnungseigentums, so bleibt es im Hinblick auf die hierauf entfallende Grundsteuer beim Grundsatz der gesamtschuldnerischen Steuerhaftung.

b) **Grunderwerbsteuer.** An die Stelle des dem Landesrecht zugehörigen, 8 zersplitterten und namentlich durch unterschiedliche Befreiungsvorschriften unübersichtlich gewordenen früheren Grunderwerbsteuerrechts ist das bundeseinheitliche **Grunderwerbsteuergesetz vom 17. 12. 1982** (BGBl. I S. 1777) getreten, das am 1. 1. 1983 in Kraft getreten ist (GrEStG 1983) und zu einer gründlichen Bereinigung des Rechtszustands geführt hat. Die GrE-Steuer ist eine der Umsatzsteuer verwandte Verkehrssteuer. Gegenstand der Steuer ist grundsätzlich der auf ein inländisches Grundstück gerichtete Erwerb und die Veräußerung. Beim Wohnungseigentum bilden der Miteigentumsanteil und das mit diesem zu einer rechtlichen Einheit verbundene Sondereigentum ein Grundstück i. S. d. GrEStG dar (BFHE 132, 316 (318); BFHE 131, 100 (101)). Dabei können auch Wohnungseigentum und Teileigentum eine wirtschaftliche Einheit i. S. des § 2 Abs. 3 Satz 1 GrESt bilden (BFHE 70, 10 für Wohnung und Garage).

Die Begründung von Wohnungseigentum durch **Teilung gemäß § 8** 9 **WEG** ist nicht grunderwerbsteuerpflichtig, da das Eigentum am Grundstück nicht zwischen verschiedenen Rechtsträgern wechselt. Desgleichen löst der Vertrag, durch den Miteigentümer **gemäß § 3 WEG** Wohnungseigentum begründen, keine Grunderwerbsteuerpflichtigkeit aus, soweit die neugebildeten Wohnungseigentumsrechte von den bisherigen Miteigentumsanteilen am Gesamtobjekt nicht abweichen. Wird jedoch einem Miteigentumsanteil ein unverhältnismäßig großes Sondereigentum zugeordnet, erwirbt also der betreffende Miteigentümer auf Kosten der anderen etwas hinzu, ist für den übersteigenden Mehrwert Grunderwerbsteuer zu entrichten.

Nicht grunderwerbsteuerpflichtig ist auch die **Aufhebung des Sonderei-** 10 **gentums (§ 4 WEG)** die nicht mit der Aufhebung der Gemeinschaft (§ 749 BGB) verwechselt werden darf.

Bei der **Veräußerung** des Wohnungseigentums unterliegt dagegen bereits 11 das obligatorische Geschäft der Steuer, und zwar unabhängig davon, ob das Gebäude bereits errichtet ist oder nicht (vgl. Boruttau/Egly/Sigloch/Fischer – GrEStG, 13. Aufl. 1992, § 2 Rdnr. 195f.). Bei der **Entziehung** des Wohnungseigentums gemäß §§ 18 und 19 ist der steuerpflichtige Rechtsvorgang noch nicht durch das gegen den Wohnungseigentümer ergangene Urteil auf Veräußerung des Wohnungseigentums, sondern erst im Zeitpunkt der Zuschlagserteilung (§ 57 WEG) bei der Versteigerung erfüllt (Boruttau/Egly/Sigloch/Fischer, a. a. O., § 2 Rdnr. 200).

12 Die GrESt beträgt 2% der Besteuerungsgrundlage (§ 11 Abs. 1 GrEStG); Befreiung wird nur mehr in wenigen, im GrEStG aufgeführten Fällen gewährt. Der Steuer unterliegen auch zahlreiche Geschäfte, die nach früherem Recht von der GrESt befreit waren.

13 Als *Besteuerungsgrundlage* dient nach dem GrErwStG die **Gegenleistung** für den Erwerb des Grundstücks. Das bedeutet nach der Praxis der Finanzbehörden und der ständigen Rspr. des BFH, daß nicht nur der Gegenwert für das Grundstück in dem Zustand, in dem es sich bei Vertragsschluß befindet, sondern der volle Gegenwert für das Vertragsobjekt, in dem Zustand, in dem es sich nach vertragsmäßiger Abwicklung befinden müßte, der Besteuerung zugrundegelegt wird. Dies gilt auch für Eigentumswohnungen. Hiernach hat also der Erwerber einer Eigentumswohnung den vollen hierfür zu entrichtenden Erwerbspreis zu versteuern ohne Unterschied, ob der Bau vom Verkäufer errichtet wird und der Anspruch des Erwerbers auf die Verschaffung der Eigentumswohnung gerichtet ist. Die frühere unterschiedliche Behandlung, die den künftigen Wohnungseigentümern bei den Bauherrenmodellen und den Erwerbern vom Bauträger zuteil wurde, ist seit den Urteilen des BFH vom 11. 7. 1985 (BStBl. II 1985 S. 593) und vom 18. 9. 1985 (BStBl. II 1985 S. 627) aufgegeben worden (vgl. Anhang zu § 3).

14 c) **Einkommensteuer.** Das ab dem 1. Januar 1987 geltende Gesetz zur Neuregelung der steuerrechtlichen Förderung des selbstgenutzten Wohneigentums (Wohneigentumsförderungsgesetz – WohneigFG) vom 15. 5. 1986 (BGBl. I S. 730) hat die bisherige Nutzungswertbesteuerung der **selbstgenutzten Wohnung** aufgehoben. Nunmehr werden selbstgenutzte Eigentumswohnungen, sofern sie nach dem 31. 12. 1986 fertiggestellt oder angeschafft worden sind, als **Privatgut** behandelt. Für vor dem 1. 1. 1987 fertiggestellte oder angeschaffte Eigentumswohnungen gilt nach § 52 Abs. 21 EStG eine komplizierte Übergangsregelung (dazu Schr. des BMF vom 19. 9. 1986, DB 1986, 2157), die in vielen Fällen zur Anwendung des neuen Rechts führt.

15 aa) **Rechtslage vor dem 31. Dezember 1986.** Zu den der Einkommensteuer unterliegenden Einkünften gehörte nach diesem Recht gemäß § 21a EStG i. d. F. der Bekanntmachung vom 27. 2. 1987 (BGBl. I S. 657), geändert durch das Steuersenkungs-Erweiterungsgesetz 1988 vom 14. 7. 1987 (BGBl. I S. 1629) auch der **Nutzungswert** der eigengenutzten Eigentumswohnung. Haben bei einem Steuerpflichtigen im Veranlagungszeitraum 1986 die Voraussetzungen für die Ermittlung des Nutzungswertes als Überschuß des Mietwerts über die Werbungskosten oder die Betriebsausgaben vorgelegen, ist das bisherige Recht für die folgenden Veranlagungszeiträume, in denen diese Voraussetzungen vorliegen, bis einschließlich dem Veranlagungszeitraum 1998 weiter anzuwenden.

16 Von großer Bedeutung für die Förderung des Wohnungsbaus war die **Möglichkeit erhöhter Absetzungen von Herstellungskosten gemäß § 7b EStG.** § 7b EStG ist künftig nur noch für Häuser und Wohnungen anzuwenden, die vor dem 1. 1. 1987 hergestellt oder angeschafft worden sind. Bei der

Errichtung von Eigentumswohnungen im **Bauherrenmodell** behält vorläufig die Abzugsmöglichkeit der im Zuge ihrer Durchführung entstehenden Gesamtaufwendungen als Werbungskosten weiterhin ihre Bedeutung. Außer der erhöhten Abschreibung nach § 7b EStG besteht die lineare Abschreibungsmöglichkeit nach § 7 EStG Abs. 4 EStG und die der degressiven Abschreibung nach § 7 Abs. 5 EStG.

bb) **Rechtslage nach dem 31. Dezember 1986.** Für **selbstgenutzte Wohnungen**, für die das neue Recht gilt (Rdn. 14), entfällt mit dem Ende der Nutzungswertbesteuerung auf der einen Seite auch andererseits die Möglichkeit des Werbungskostenabzugs einschließlich der bisherigen Sonderabschreibungen nach § 7 EStG. Die steuerliche Förderung erfolgt nunmehr im Bereich des **Sonderausgabenabzugs** nach § 10e Abs. 1 bis 5 EStG. Der Steuerpflichtige, der nach dem 31. 12. 1986 Wohneigentum errichtet oder kauft und dieses auch selbst bewohnt, kann 8 Jahre lang jährlich bis zu 5 Prozent der Herstellungs- oder Anschaffungskosten von maximal 300000,– DM einschließlich der Hälfte der Anschaffungskosten für Grund und Boden wie Sonderausgaben von der Steuerbemessungsgrundlage abziehen (§ 10e Abs. 1 EStG). Durch die sogenannte Kinderkomponente wird die Einkommensteuerschuld des Erwerbers einer Eigentumswohnung ab dem ersten Kind um jeweils 600,- DM jährlich vermindert (§§ 34f. Abs 2 EStG). Ist eine Eigentumswohnung oder ein Teileigentum **vermietet oder verpachtet**, so erzielt der Eigentümer Einkünfte aus Vermietung oder Verpachtung i. S. des § 21 EStG, die der Besteuerung unterliegen; er kann die Herstellungs- und Anschaffungskosten nach den allgemeinen Regeln als Werbungskosten geltend machen und die Steuerbegünstigung nach § 10e EStG in Anspruch nehmen. 17

cc) Die zur Ansammlung einer **Instandhaltungsrücklage** (§ 21 Abs. 5 Nr. 4 WEG-„Instandhaltungsrückstellung") geleisteten laufenden Beiträge können nach der Rechtsprechung des BFH (E. v. 14. 10. 1980, BStBl. 1981 II 128; ebenso BFH DB 1988, 1092), soweit überhaupt, nicht bereits mit der Zahlung an die Gemeinschaft, sondern erst mit der tatsächlichen Verausgabung für Instandhaltungszwecke **als Werbungskosten** geltend gemacht werden; sinnvoller und wünschenswert wäre die sofortige Anerkennung, natürlich mit der Folge, daß der aus der Rücklage bezahlte Teil der Aufwendungen nicht mehr steuerlich geltend gemacht werden kann. 18

dd) In engem Zusammenhang mit dem Einkommensteuerrecht steht das Gesetz über die Gewährung von Prämien für Wohnbausparer **(Wohnungsbau-Prämiengesetz)** i. d. F. vom 30. 7. 1992 (BGBl. I S. 8405), die Verordnung zur Durchführung des Wohnungsbau-Prämiengesetzes vom 29. 6. 1994 (BGBl. I S. 1446) und die Richtlinien zum Wohnungsbau-Prämiengesetz 1984 vom 18. 12. 1984 (BStBl. 1984 I Sondernr. 3). Das Gesetz gibt Beziehern geringerer Einkommen, die wegen der geringen Höhe ihrer Einkommen die Steuervergünstigungen nach § 10 EStG nicht oder nicht voll ausnutzen können, einen Ausgleich durch eine Prämie für geleistete Bausparbeiträge. 19

d) **Zinsabschlagsteuer.** Seit dem 1. 1. 1993 unterliegen Zinsen aus Guthaben bei Banken, Sparkassen und Bausparkassen der Besteuerung gemäß dem 20

Zinsabschlaggesetz vom 9. 11. 1992 (BGBl. I S. 1853). Die Kreditinstitute müssen von den Zinsen, die sie den Sparern oder Anlegern gutschreiben, 30% als Zinsabschlagsteuer einbehalten und an das Finanzamt weiterleiten; der einbehaltene Betrag wird später bei der Einkommensteuer angerechnet. Von dieser Regelung sind Wohnunseigentümer betroffen, wenn sie Zinserträge aus der Instandsetzungsrücklage erzielen; die Erträge sind in den Einzeljahresabrechnungen den einzelnen Wohnungseigentümern nach dem Verhältnis ihrer Miteigentumsquoten anteilig zuzurechnen und von ihnen in ihren Einkommensteuererklärungen als Einkünfte aus Kapitalvermögen anzugeben (Seuß WE 1992, 294; vgl. Schreiben des BMF v. 18. 12. 1992, NJW 1993, 1376).

21 e) **Vermögensteuer.** Nach dem Vermögensteuergesetz (VStG), das insoweit auf das BewG Bezug nimmt, ist bei der Veranlagung zur Vermögensteuer das Wohnungseigentum mit dem sich auf Grund der Einheitsbewertung ergebenden Wert anzusetzen.

22 f) **Umsatzsteuer.** Nach § 4 Nr. 13 UStG sind von der Umsatzsteuer befreit „die Leistungen, die die Gemeinschaften der Wohnungseigentümer im Sinne des Wohnungseigentumsgesetzes . . . in der jeweils geltenden Fassung an die Wohnungseigentümer und Teileigentümer erbringen, soweit die Leistungen in der Überlassung des gemeinschaftlichen Eigentums zum Gebrauch, seiner Instandhaltung, Instandsetzung und sonstigen Verwaltung sowie der Lieferung von Wärme und ähnlichen Gegenständen bestehen". Auf diese Befreiung kann nach § 9 UStG verzichtet werden mit der Folge, daß die Leistungen der Umsatzsteuerpflicht unterliegen (sogen. „**Umsatzsteueroption**"); der Verzicht ist gem. § 27 Abs. 2 UStG nur für Leistungen an Unternehmer i. S. des UStG zulässig, kommt also für Wohnungen nicht in Betracht; wohl aber für Teileigentum, auch wenn es im Privatvermögen steht. Im übrigen kann auf die mit der Umsatzsteueroption verbundenen Fragen, insbesondere ob die Option zu empfehlen ist, nicht eingegangen werden. Zur Ausübung der Umsatzsteueroption in der Wohnungseigentümergemeinschaft OLG Hamm WE 1992, 258.

III. Steuerliche Fragen des Dauerwohnrechts

23 **1.** Das **Dauerwohnrecht** ist kein Grundstück im Sinne des BewG, es zählt demnach nicht zum Grundvermögen, sondern zum sonstigen Vermögen (§ 110 Abs. 1 Nr. 4 BewG). Auf Grund vertraglicher Vereinbarungen kann der Dauerwohnberechtigte jedoch eine dem Wohnungseigentümer ähnliche Stellung erlangen (§ 39 Abs. 2 Nr. 1 AO). Dies ist der Fall, wenn das Dauerwohnrecht zeitlich unbeschränkt oder auf besonders lange Zeit bestellt wird und der Dauerwohnberechtigte sowohl die Finanzierung von Grundstückserwerb und Gebäudeerichtung als auch die Verzinsung und Tilgung des Fremdkapitals sowie die laufenden Bewirtschaftungskosten übernimmt (BFH v. 22 10. 1985, BStBl. 1986 II, S. 255 m. w. N.).

24 **2.** Der Erwerb einer im eigentumsähnlichen Dauerwohnrecht stehenden Wohnung stellt für den Berechtigten eine Einkunftsquelle dar, aus der er

Einkünfte nach § 21 Abs. 1 oder 2 EStG bezieht (BFH VIII R 210/72 v. 26. 3. 74, BStBl. 1975 S. 6 m. w. N.). Für die Bemessung des Nutzungswertes sind wohl die für die Bewertung einer Eigentumswohnung geltenden Grundsätze heranzuziehen. Andererseits ist der Dauerwohnberechtigte, soweit er das Dauerwohnrecht entgeltlich erworben hat, auch zur Abschreibung nach § 7b EStG bzw. zum Sonderausgabenabzug nach § 10e EStG berechtigt, wenn nur die ihm obliegenden Pflichten denen eines Wohnungseigentümers gleichen und er nach dem Vertrag beim Heimfall Anspruch auf angemessene Entschädigung hat.

3. Hinsichtlich der *Grundsteuer* gilt nichts Besonderes; Steuerschuldner ist grundsätzlich der Eigentümer, beim eigentumsähnlichen DWR der Dauerwohnberechtigte als der wirtschaftliche Eigentümer. 25

4. *Grunderwerbssteuer* fällt bei der Bestellung oder Veräußerung eines DWR nur an, wenn die Voraussetzungen des § 1 Abs. 2 GrErwStG gegeben sind, also wenn der Dauerwohnberechtigte „rechtlich oder wirtschaftlich" in der Lage ist, das Grundstück „auf eigene Rechnung zu verwerten". Diese Voraussetzungen können auch beim eigentumsähnlichen Dauerwohnrecht kaum als gegeben angesehen werden. Im Regelfall ist daher die Bestellung oder Übertragung eines Dauerwohnrechts kein grunderwerbsteuerpflichtiger Vorgang. Soweit Grunderwerbssteuer in Betracht kommt, sind die für Eigenheim oder Wohnungseigentum vorgesehenen Befreiungsvorschriften sinngemäß anzuwenden. 26

§ 63 Überleitung bestehender Rechtsverhältnisse

(1) **Werden Rechtsverhältnisse, mit denen ein Rechtserfolg bezweckt wird, der den durch dieses Gesetz geschaffenen Rechtsformen entspricht, in solche Rechtsformen umgewandelt, so ist als Geschäftswert für die Berechnung der hierdurch veranlaßten Gebühren der Gerichte und Notare im Falle des Wohnungseigentums ein Fünfundzwanzigstel des Einheitswertes des Grundstückes, im Falle des Dauerwohnrechtes ein Fünfundzwanzigstel des Wertes des Rechtes anzunehmen.**

(2) **Erfolgt die Umwandlung gemäß Absatz 1 binnen zweier Jahre seit dem Inkrafttreten dieses Gesetzes, so ermäßigen sich die Gebühren auf die Hälfte. Die Frist gilt als gewahrt, wenn der Antrag auf Eintragung in das Grundbuch rechtzeitig gestellt ist.**

(3) **Durch Landesgesetz können Vorschriften zur Überleitung bestehender, auf Landesrecht beruhender Rechtsverhältnissse in die durch dieses Gesetz geschaffenen Rechtsformen getroffen werden.**

§ 63 will zunächst in seinen Absätzen 1 und 2 durch **gebührenrechtliche Begünstigungen** die Überleitung bestehender Rechtsverhältnisse in die neuen durch das WEG geschaffenen Rechtsformen erleichtern. Dabei ist insbes., aber keineswegs ausschließlich, an die in Vorbem. vor § 1 Rdn. 3, Vorbem. vor § 31 Rdn. 6 erwähnten Rechtsgestaltungen gedacht. So können z. B. wie OLG Hamburg MDR 55, 42 zutreffend entschieden hat, auch rein schuld- 1 rechtliche Rechtsverhältnisse in Betracht kommen (Umwandlung eines Mietvertrages in Dauerwohnrecht). Ein vor Inkrafttreten des WEG vereinbartes veräußerliches, vererbliches und zur Eintragung im Grundbuch bestimmtes Wohn- und Nutzungsrecht an einem Siedlungshaus kann als Dauerwohnrecht, Bestimmungen über die Aufkündigung des Vertrages durch den Eigentümer und über die Rückzahlung von Einzahlungen können als Vereinbarungen über den Heimfall und die daraus entstehende Entschädigungspflicht des Eigentümers anzusehen sein (so BGH NJW 58, 1289 = MDR 58, 593). Dagegen ist die Überleitung einer Miteigentümergemeinschaft nach Bruchteilen an einem Grundstück, die nach dem Inkrafttreten des WEG das Grundstück erworben hatte, in Wohnungseigentum gem. § 3 WEG kein gem. § 63 WEG begünstigter Vorgang (so zutreffend BayObLG 57, 168, 172).

2 Abs. 3 gibt der **Landesgesetzgebung** die Ermächtigung, Vorschriften zur Überleitung bestehender auf Landesrecht beruhender Rechtsverhältnisse in die neuen Rechtsformen zu treffen. Von dieser Möglichkeit hat das Land **Hessen** mit dem Gesetzt zur Überleitung des Stockwerkseigentums v. 6. 1. 1962 (GVBl. 62, 17) Gebrauch gemacht. Wegen der Überleitung von Wohnungseigentums- und Dauerwohnrechten, die nach dem **saarländischen WEG** begründet waren, vgl. Anhang III 5. Wenn in Abs. 3 von „bestehenden“ Rechtsverhältnissen die Rede ist, so soll dies nicht etwa die Befugnis des Landesgesetzgebers auf die Überleitung der im Zeitpunkt des Inkrafttretens des WEG bestehenden Rechtsverhältnisse beschränken, sondern die im Zeitpunkt der landesrechtlichen Überleitung bestehenden Rechtsverhältnisse treffen.

Ein **unmittelbarer Eingriff** in bestehende Rechtsverhältnisse ist vermieden.

§ 64 Inkrafttreten

Dieses Gesetz tritt am Tage nach seiner Verkündung in Kraft.

1 Das Gesetz ist im BGBl. Teil I vom 19. 3. 1951 (Seite 175) verkündet. Es ist daher am 20. 3. 1951 in Kraft getreten. Wegen des Westteils Berlins und des Saarlandes vgl. Vor § 1 Rdn. 13, 14; wegen der neuen Bundesländer und des Ostteils von Berlin vgl. vor § 1 Rdn. 16 und Anh. II.

Anhänge

Übersicht

I. Zur Entstehung des Wohnungseigentumsgesetzes

1. Carl Wirths, Gedanken zur städtebaulichen und wohnungswirtschaftlichen Bedeutung des Wohnungseigentums[1] (mit Nachwort)

Inhaltsübersicht

a) Städtebauliche Bedeutung

aa) **Der Wiederaufbau** der zerstörten Städte stellt die Stadtplaner vor bedeutende Aufgaben. Man ist sich einig darüber, daß die alten Fluchtlinien sehr häufig nicht beibehalten werden können. Der historisch gewordene Kern der Großstädte erfordert aus einer Reihe von Gründen, vor allem verkehrspolitischer Art, eine Durchlüftung. Die Straßen müssen in vielen Fällen verbreitert werden. Teilweise müssen Straßenbahnen verlegt werden. Die Wirtschaftspläne der Städte, die den Verwendungszweck nach Geschäfts-, Wohn-, Industriegebieten, Grünflächen, Kleingärten usw. ausweisen, müssen revidiert werden. Der größte Teil des Stadtgebietes wird in die Neuplanung einbezogen werden. Nach Abschluß der Neuplanung wird die Umlegung und Zusammenlegung der Grundstücke erfolgen. Genügend Gelände in öffentlicher Hand zu Tauschzwecken steht in der Regel nicht zur Verfügung. Andererseits kann man die Geschäftsviertel nicht über ein gewisses Maß räumlich ausdehnen. Es muß aber soviel Geschäftsraum erhalten bleiben oder neu geschaffen werden, wie es die Bedarfsdeckung der Bevölkerung erfordert. Nun kommt hinzu, daß gerade in den Geschäftsvierteln eine große Parzellenzersplitterung festzustellen ist, die allein schon den Aufbau wie früher nicht gestattet. Ferner haben die Grundstückseigentümer durch Bomben und Geldentwertung ihr Vermögen zum größten Teil verloren und sind aus eigener Kraft nicht in der Lage, den endgültigen Wiederaufbau vorzunehmen. Soweit die Grundstücke wieder bebaut wurden, hat man sich damit begnügt, ein- oder höchstens zweigeschossige Ladenräume zu errichten und damit einen städtebaulich höchst unerwünschten Zustand geschaffen.

---

[1] Der nachstehende, aus der Feder von Carl Wirths stammende Beitrag zur ersten Auflage (mit einigen Ergänzungen aus Anlaß der zweiten Auflage) wird in seinem auch heute noch interessierenden Teil und durch ein Nachwort ergänzt, im Gedenken an den „Vater des Wohnungseigentums" und als ein Dokument wiedergegeben, das einen unmittelbaren Einblick in die mit der Schaffung des WEG verfolgten Ziele ermöglicht. Er soll zugleich eine Ermutigung für die neuen Bundesländer sein, sich beim Aufbau des Wohnungseigentums zu bedienen.

Die meisten Länder der Bundesrepublik haben in ihren Aufbaugesetzen die Umlegung neu geordnet. Der Bedarf der Gemeinden an Grundfläche ist so groß, daß es kaum möglich sein wird, die Grundstücksbesitzer, die ihre Grundstücke oder Teile davon verlieren, durch Tausch mit gleichwertigen Grundstücken zu entschädigen. Der Bedarf an Ladenraum ist nur dann zu befriedigen, wenn die Erdgeschosse der Geschäftsviertel nicht mehr als notwendig für Hauseingänge, Büros und Hofeinfahrten in Anspruch genommen werden. Aber selbst wenn die Umlegung unter Ausscheiden einer Reihe von Grundstückseigentümern die Grundstücksfrage ordnen würde, so bleibt die Bebauung, und zwar die endgültige Bebauung, offen. Sie durchzuführen wird in vielen Fällen die Kraft der einzelnen Grundstückseigentümer übersteigen. Schließen sie sich aber zusammen, bringen sie ihre Grundstücke in die Gemeinschaft der Wohnungs- oder Teileigentümer ein und vergrößern sie die Finanzkraft durch die Aufnahme von Interessenten für Wohn- und Geschäftsraum, so wird der Wiederaufbau jedenfalls viel leichter sein.

Die Aufgabe, innerhalb der neuen Fluchtlinien Baublocks neu einzuteilen und städtebaulich richtige Lösungen zu finden, wird durch die Zusammenlegung der Parzellen wesentlich erleichtert. Auch den langjährigen Mietern kann durch die Aufnahme als Miteigentümer eine neue Existenz geschaffen werden, die ja häufig stark an einen bestimmten Platz innerhalb des Geschäftsviertels gebunden ist. Das System der **verlorenen** Baukostenzuschüsse ist damit erledigt. Vor allem ist der Zwang vermieden, der bei den Umlegungsverfahren unausweichlich ist. Sollten aber einige Grundstückseigentümer nicht mitmachen können oder wollen, so können nach den Aufbaugesetzen die übrigen Grundstücksbesitzer sich zu einem Zusammenlegungsverband zusammenschließen und den entgegengesetzten Willen einer Minderheit überwinden. Die Planungsämter der Städte begrüßen die Möglichkeiten, die das Wohnungseigentumsgesetz gibt. Sie werden weitgehend von der Vorarbeit für die Umlegungsausschüsse entlastet, die dann mit ihren komplizierten und zeitraubenden Verfahren kaum in Erscheinung zu treten brauchen.

Auch die privaten Architekten können aus dem Vollen schöpfen; es ist leichter, einen Baublock ungehindert von Grundstücksgrenzen gleich straßenweise zu planen. Dadurch werden städtebaulich gute Lösungen erzielt werden. Diese gemeinschaftlichen Geschäfts- und Wohnhäuser haben nur soviel Treppenhäuser wie notwendig. Die Kosten für die Gemeinschaftsanlagen, wie Kanalanschlüsse, Aufzüge, Kamine usw. werden auf eine größere Zahl von Teilnehmern verteilt und damit eine Kostenersparnis erzielt. Der Bau dieser Blocks kann rationell gestaltet werden. Welche Schwierigkeit macht die Neuplanung eines Blocks zwischen zwei Straßen, wenn nur noch eine Baublocktiefe übrig bleibt! Eine Einigung der Grundstücksbesitzer im Umlegungsverfahren erscheint nahezu unmöglich. Beim Zusammenschluß können die Bauten senkrecht zur Straße gestellt werden. Die Abstände zwischen ihnen können erdgeschossige Ladenbauten aufnehmen. Man wird so in den meisten Fällen wieder soviel Laden- und Wohnraum wie früher gewinnen. Bei einer Randbebauung an vier Straßen kann man die Höfe zu Wirtschaftshöfen zusammenlegen und Ein- und Ausfahrten schaffen, so daß sich der Wagenverkehr für Waren-An- und -Ablieferung auf dem Hof oder etwa auf einer gemeinsamen, der Allgemeinheit nicht zugänglichen Wirtschaftsstraße und nicht auf den Verkehrsstraßen abspielt. Die früher übliche bauliche Verschachtelung der Höfe wird vermieden. Auch die Unterbringung der Interessenten nach Maßgabe ihrer Wünsche oder ihres Bedarfs ist sehr viel leichter. Die Leitungen für Gas, Wasser, Strom und Fernheizung liegen in den Straßen der Geschäftsviertel. Sie werden nur bei Erreichung der endgültigen Bebauung voll ausgenutzt und können dann erst zur normalen, jetzt sehr geschwächten Rentabilität der Werke beitragen. Die meisten der Baublocks, die in den Geschäftsvierteln errichtet werden sollen, werden in den Obergeschossen auch Wohnungen enthalten. All dies läßt sich unter Anwendung des Wohnungseigentums unschwer verwirklichen. Soweit sich die zu schaffenden Wohnungen im Rahmen der öffentlich zu fördernden halten, ist es notwendig, eben um die endgültige Bebauung zu erreichen, sie mit Hergabe von Landesmitteln zu fördern. Es ist das jedenfalls besser, als die Mittel über das ganze Stadtgebiet hin zu verteilen und hier und da ein oder mehrere Häuser in den Straßen aufzubauen.

Diese Gesichtspunkte werden von vielen Baudezernenten geteilt. Diese sollten sich die Förderung von Wiederaufbaugemeinschaften, die in Form des Wohnungs- oder Teileigentums wieder aufbauen wollen, angelegen sein lassen.

Nach Annahme des Gesetzes im Bundestag schrieb Prof. Dr. Dr. e. h. P. Rappaport, Essen:

> „Ich bin nach meinen jahrzehntelangen Erfahrungen der Ansicht, daß das Gesetz von außerordentlichem Wert sein wird für den so bitter notwendigen Wiederaufbau der Stadtmitten. Wenn wir in diesem Punkt nicht weiterkommen, begeben wir uns in große Gefahr, da die Erschließung immer neuer Außengebiete für Wohnzwecke einer der schlimmsten Fehler sein würde, den wir machen können."

bb) Aber nicht nur beim Aufbau der zerstörten Stadtkerne ist das Wohnungseigentum von besonderer Bedeutung, auch beim *Neubau von ganzen Siedlungen* kann man das Wohnungseigentum mit dem Eigenheim verbinden. Es lassen sich Einfamilienhäuser schaffen in der Form des Wohnungseigentums, wobei jeder Wohnungseigentümer alleiniger Eigentümer seines Hauses ist, das in seinem Sondereigentum steht (vgl. Bem. 72 zu § 3). Er partizipiert mit den anderen Wohnungseigentümern an dem gemeinsamen Eigentum des Grundstücks und anderen Gemeinschaftsanlagen. Bei dieser Art kann man durch dinglich gesicherte Rechte im Teilungsvertrag nach § 8 WEG festlegen, daß das Gesamtgrundstück der Siedlung eine einheitliche Gestaltung erfährt. Man kann vermeiden, daß zuviel Zäune, Kaninchenställe usw. auf die Grundstücke gesetzt werden. Den Wohnungseigentümern als Eigenheimern genügt es in der Regel, wenn sie einen kleinen Ziergarten vor oder hinter dem Hause behalten (sog. grünes Zimmer). Der Eigenheimer als Wohnungseigentümer ist nach diesem System überall da am Platze, wo kein Bedürfnis für zusätzliche Versorgung der Familie durch Nutzgärten besteht und wo die Eigentümer zusammen Wert auf Pflege und gute Verwaltung des Gesamtgrundstücks der Siedlung legen.

Die rechtlichen Vorteile, die eine solche Rechtsgestaltung bei Anwendung des Wohnungserbbaurechts bietet, sind in Bem. 18 zu § 30 dargelegt. Dazu kommen auch wirtschaftliche Vorteile.

Die unangemessen gestiegenen Kosten für Aufschließung, Versorgungs- und Kanalleitungen sind bei diesem System herabzudrücken, weil die Leitungen auf dem kürzesten Weg von der Hauptleitung an der öffentlichen Straße durch das Grundstück geführt werden können. Überhaupt ist bei dieser Anlage die Aufschließung des Geländes billiger und einfacher zu gestalten als üblich, besonders wenn die Häuser als Zeilenbau senkrecht zur Aufschließungsstraße gestellt werden und die Häuser nicht durch befahrbare Wohnstraßen, sondern durch Wohnwege erreicht werden. Der Raumcharakter zweier Komplementärzeilen mit der Gestaltung des dazwischenliegenden Geländes als Gemeinschaftsgärten wird dadurch gewahrt. Er geht verloren, wenn der Raum durch Straßen zerschnitten wird. Das gemeinschaftliche Parkgelände kann im übrigen auch Kinderspielplätze und andere Gemeinschaftseinrichtungen aufnehmen.

Bei einer solchen Bebauungsart sind auch *andere Lösungen als die der Einfamilienreihenhäuser* denkbar, die dem Charakter der Einfamilienhäuser nahekommen und größtmögliche Abgeschlossenheit der Wohnungen gewährleisten. Man kann die Wohnwege zu den Häusern rechts und links der Hauszeilen anordnen und ebenfalls die Hauseingänge. Es gibt dann keine Vorder- und keine Hinterfronten. Bei zweigeschossiger Bebauung kann die Obergeschoßwohnung ihren *eigenen Hauseingang* und eine eigene Treppe erhalten. Beispiele für diese Art der Baugestaltung gibt es bereits; insbesondere erweist es sich als zweckmäßig, jeweils vier Eigentumswohnungen in einem Haus vorzusehen, deren jede ihren eigenen Eingang hat.

cc) Auch die *Grundrisse für Eigentumswohnungen* in mehrgeschossigen Häusern sollten anders als die für Mietwohnungen gestaltet werden. Der übliche Mietwohnungsgrundriß: Küche, Bad, Wohnzimmer, Schlafzimmer ist für Eigentumswohnungen absolut ungeeignet. Es müßten mindestens ein, besser zwei Kinderzimmer hinzukommen mit der Möglichkeit, je zwei Betten aufzustellen. Architekten, die Eigentumswohnungen planen, sollten Wert darauf legen, möglichst ein *teilbares* Zimmer zu schaffen und Öffnungen, auch wenn sie zunächst zugemauert werden, zwischen den Zimmern vorzusehen. Die Praxis hat ergeben, daß bei solchen Möglichkeiten Wohnungseigentümer eine Reihe von Variationen wünschen, die sich sehr leicht erfüllen lassen. Die Forderung, daß man Klosett und Bad trennt, gilt grundsätzlich nicht nur für Eigentumswohnungen, sondern für den gesamten Wohnungsbau. Es läßt sich das in der Regel auch ohne wesentliche Mehrkosten erreichen, aber besonders bei den Eigentumswohnungen ist eine solche Verbesserung des Grundrisses in jedem Fall wünschenswert. Die Verfahrensträger und die Architekten sollten in der Regel darauf verzichten, im ausgebauten *Dachgeschoß* Eigentumswohnungen zu erstellen. Dachgeschoßwohnungen sind immer minderwertiger. Es sollte in einem Haus mit Eigentumswohnungen auf möglichste *Gleichwertigkeit* Gewicht gelegt werden. dafür kann man aber ohne Bedenken den späteren Einbau von *Dachkammern* vorsehen, wenn man anstelle der gewöhnlichen liegenden Dachfenster Dachgauben macht. Es ist aber auch durchaus vertretbar, wenn Dachkammern als Schlafräume für heranwachsende Kinder moderne liegende Dachfenster erhalten. Es gibt hierfür sehr gute Konstruktionen. Bei der Planung hat der Architekt dann lediglich auf die Auswechslung der Dachsparren zu achten, um den späteren Einbau eines liegenden Dachfensters ohne Schwierigkeiten machen zu können. Bei der Planung sollte auf möglichste *Trennung der Wohnungen* Bedacht genommen werden. Es läßt sich bei ansteigendem Gelände sehr häufig erreichen, daß die gegenüberliegenden Wohnungen einer Etage dadurch optisch getrennt werden, daß sie um halbe Geschoßhöhe vertikal verschoben werden, so daß der Versprung gegenüber dem Nachbarhaus nicht wie bisher üblich im Brandgiebel liegt, sondern im Treppenhaus (vgl. das Beispiel in Anhang I).

Es sollte aber auch überlegt werden, daß insbesondere in den Großstädten ein erheblicher Bedarf an *Kleinwohnungen* für ältere Alleinstehende vorhanden ist. Insbesondere die ältere weibliche Angestellte, die ihr ganzes Leben in möblierten Zimmern zugebracht hat, hat sicher den Wunsch und ist finanziell auch in der Regel in der Lage, eine Kleinwohnung, etwa bestehend aus einem Wohnraum mit Schlafnische, Kleinstküche und Bad, zu erwerben.

b) Wohnungswirtschaftliche Bedeutung[1]

Das Wohnungseigentum will die hergekommenen Rechtsformen des Wohnungsbaues nicht ersetzen, sondern nur erweitern. Zu den bisherigen Formen des privaten und genossenschaftlichen Mietwohnungsbaues und des reinen Eigenheims tritt der Bau von Wohnungen in mehrgeschossigen Häusern, die Eigentum der Interessenten werden. Das Dauerwohnrecht bildet eine weitere Form, die weitgehende Besitzrechte gewährleistet unter einem sog. Obereigentümer. Man kann eine Skala der Berechtigungen aufstellen:

1. Private Mietwohnhäuser ohne Mieterschutz,
2. Private Mietwohnhäuser mit Mieterschutz,
3. Genossenschaftliche Mietwohnhäuser,
4. Dauerwohnrecht,
5. Wohnungseigentum,
6. Reines Einfamilienhaus.

Diese Skala spiegelt zugleich die Entwicklung des Mietrechts, die zu einer immer stärkeren Sicherung des Mieters im privaten Mietwohnhaus geführt hat. Der Mieter ist durch das Mieterschutzgesetz und die Wohnraumbewirtschaftung so weitgehend geschützt, daß heute in vielen Fällen der Hauseigentümer zum wirtschaftlich Schwächeren geworden ist. Der genossenschaftliche Bau kennt bereits den Begriff der Nutzungsgebühr an Stelle der Miete. Der Genosse ist mit seinem Anteil Miteigentümer am Ganzen. Er kann auch ohne das Mieterschutzgesetz nicht ohne weiteres aus der Wohnung herausgesetzt werden. In der Entwicklung folgt zeitlich das Eigenheim im Zuge der Bodenreformbestrebungen und als Reaktion auf die Mietkasernen der Großstädte. Auch der Minderbemittelte sollte ein Eigenheim, eine Volksheimstätte, erwerben können. In diesem Zusammenhang spielt das Einfamilienhaus in Form der „Villa" keine Rolle, ebenso wie die Werkswohnungen außer Betracht bleiben können.

---

[1] Vgl. hierzu die Schrift von Wirths, Ringel, Koch, Ruf und Hirschmann: Der Weg zur Eigentumswohnung (Domus Verlag Bonn 1951). Ferner: Pergande, Eigenwohner 52 Nr. 7. Einordnung des Wohnungseigentums in den sozialen Wohnungsbau.

Die Tendenz ist, dem sozial schlechter Gestellten zu einem geschützten Wohnverhältnis zu verhelfen. Das ist in der Regel nur möglich durch Gesetz oder durch Zusammenschluß. Auch beim Eigenheim kommt der einzelne allein kaum zum Ziel. Das Deutsche Volksheimstättenwerk, in dem sich die wirtschaftlich Schwächeren, auch in Form von Genossenschaften, zusammengefunden haben, mit dem ausgesprochenen Ziel, Eigenheime zu bauen, die großartige Entwicklung der Bausparkassen beweisen die Notwendigkeit des Zusammengehens mit anderen in einer Gemeinschaft.

Das Dauerwohnrecht folgt mit starker Betonung des Dauerbesitzes, mit Sicherung der Wohnung für lange Zeit. Hier ist der Begriff der Miete schon vollständig beseitigt. Das neu geschaffene Wohnungseigentum schafft Sondereigentum, verbunden mit Miteigentum. Die tragende Gemeinschaft tritt hier am deutlichsten in Erscheinung. Sie braucht keine besondere juristische Form als Körperschaft mehr. So gesehen darf die Schaffung der beiden Formen des Wohnungseigentums und des Dauerwohnrechts als Abschluß einer über 50 Jahre andauernden Wohnrechtwandlung angesprochen werden.

Das Eigenheim in der Etage ist bei gleicher Größe billiger als das reine Eigenheim. Bei 6 Wohnungen in einem Haus verteilen sich die Kosten für Treppenhaus, Keller und Dach sowie für das Grundstück auf 6 Teilnehmer. Will jemand draußen vor der Stadt ein Eigenheim bewohnen, so kommen höhere Ausgaben für die Verkehrsmittel als Dauerbelastung hinzu. Diese Mehrbelastung wird von vielen gern getragen. Es wird dafür an anderer Stelle gespart. Der Idealismus der Eigenheimer hilft dabei. Aber bei wirtschaftlicher Betrachtung kann man den Mehraufwand für das Draußenwohnen nicht außer Ansatz lassen. Die Eigentumswohnung hat mit dem Eigenheim gemeinsam, daß sie einen Sachwert darstellt, der, wie zwei Inflationen in einem Menschenalter bewiesen haben, besser der Eigentumsvernichtung standhält als ein Geldwert. Derjenige, der eine Eigentumswohnung erwirbt, bekommt einen Dauerwert. Er hat damit sein Geld gesichert. Darüber hinaus hat er den Vorteil, daß, wenn er eine Hypothek aufgenommen hat, die Tilgung ihm selbst zuwächst, so daß er nach Ablauf der Tilgungszeit nur noch die Ausgaben für Betriebskosten und Verwaltung mit einem Bruchteil des allgemeinen Mietwertes der Wohnung zu tragen hat. Bei den heute üblichen Hypotheken, die durch den Zuwachs der ersparten Zinsen in gleichen Annuitäten abgetragen werden, schafft er sich eine Sparkasse für sein Alter.

Es dürfte sicher sein, daß der Wohnungseigentümer die Hypotheken schneller zurückzahlt, als dies nach dem Tilgungsplan vorgesehen ist. Die Erfahrung hat gezeigt, daß das bisher schon bei den Eigenheimen der Fall war. Der Kapitalumschlag geht also schneller vor sich, das langfristige Kapital wird mittelfristig und steht immer wieder für die langfristigen Fianzierungen dem Wohnungsbau zur Verfügung.

Es erscheint wichtig, darauf hinzuweisen, daß der Wohnungseigentümer als Bauherr nach § 40 des Bundeswohnungsbaugesetzes i. d. F. v. 25. 8. 1953 immer einen Raum mehr beanspruchen kann, als ihm üblicherweise zusteht. Er bleibt auch dann noch im Rahmen des öffentlich zu fördernden Wohnungsbaues.

Der Gesetzgeber hat in der Zeit nach Verkündung des WEG das Wohnungseigentum in einer Reihe von anderen Gesetzen verankert und gefördert. ... Der verlorene Baukostenzuschuß für Mietwohnungen ist überholt und wird beseitigt. Der Wohnungssuchende, der Eigenkapital zur Verfügung hat, wird zunehmend auf den Erwerb einer Eigentumswohnung hingewiesen, wenn er aus irgendwelchen Gründen kein Einfamilienhaus haben will. ...

c) Nachwort (Weitnauer)

Wohnungs- und Teileigentum haben die Erwartungen erfüllt, die Carl Wirths, der „Vater des Wohnungseigentums" (vgl. dazu die Darstellung vor § 1 Rdn. 12 und alle, die sonst an der Entstehung des Gesetzes mitgewirkt haben, in das für die damalige Zeit fast revolutionäre neue Rechtsinstitut gesetzt haben. Die größte Sorge, die anfänglich bestand, war, ob es gelingen würde, die Finanzierung der Eigentumswohnungen auf der Grundlage der „Einzelbeleihung" zu erreichen (vgl. dazu § 3 Rdn. 74ff.). Nachdem diese sich durchgesetzt hatte, konnte das Wohnungseigentum die Entwicklung nehmen, die wir kennen. Wohnungs- und Teileigentum, oft miteinander verbunden, wenn Geschäftsräume und Wohnungen in einem größeren Gebäudeblock zusammengefaßt werden, finden sich in Stadt und Land, in Geschäftszentren, in den Wohngebieten der Städte bis zu den Stadträndern und auf dem flachen Lande. Verschiedentlich sind Wohnanlagen mit mehreren hundert Wohnungen in der Rechtsform des Wohnungseigentums geschaffen worden; eine der größten bekannten Anlagen ist die Anlage „Hannibal" in Stuttgart-Asemwald mit 1143 Wohneinheiten (ausführliche Schilderung mit Abbildungen in WEM 1981, 32); eine Entscheidung des BayObLG (DWEigt 1981, 55) betrifft eine Sanatoriumsanlage mit 1500 Appartements-Einheiten.

Daneben haben sich aber auch Anwendungsformen entwickelt, die zeigen, wie eine Rechtsform für Gestaltungen benutzt werden kann, an die ursprünglich nicht gedacht war. Es werden Hotel- und Kurcenter-Anlagen in der Rechtsform des Teileigentums geschaffen, und zwar derart, daß das Grundstück für die zu errichtenden Anlagen in eine große Anzahl von Miteigentumsanteilen, jeweils verbunden mit dem Sondereigentum an einem Appartement (Wohnung, Hotelappartement) zerlegt wird, während ein umfangreicher Teil des Gebäudekomplexes, die Bewirtschaftungsanlagen, Gaststätten, Kuranlagen, Räume für Arztpraxen, Schwimmbad usw. im gemeinschaftlichen Eigentum verbleiben und von einer Managementgesellschaft für Rechnung der Wohnungs- bzw. Teileigentümer bewirtschaftet werden. Die Erwerber der Wohnungs- bzw. Teileigentumsrechte bringen als „Bauherren" (zu den Bauherrenmodellen vgl. Anh. zu § 3) die Mittel zur Errichtung der Gesamtanlage entsprechend der Anzahl ihrer Anteile auf, der Baubetreuer übernimmt lediglich die Ausführung des Baues und später selbst oder durch eine Managementgesellschaft auch die Bewirtschaftung der Gesamtanlage auf Grund besonderer Verträge mit den Wohnungs- bzw. Teileigentümern. Auf diese Weise sind bereits sehr große und wertvolle Anlagen geschaffen worden; einen Anreiz hierzu bieten oder boten auch steuerliche Erleichterungen, Vergünstigungen für die Zonenrandgebiete und dergl. Auf diese Weise ist das Wohnungseigentum weit über seinen ursprünglichen Anwendungsbereich hinausgewachsen und gibt die Rechtsform ab für Unternehmungen und Anlagen, für die man früher vermutlich die Rechtsform der Aktiengesellschaft gewählt hätte.[2]

Ähnliche Anwendungsformen haben sich auch für die sogenannten „Einkaufszentren" in den Stadtkernen entwickelt, in denen sich eine Anzahl von Einzelhändlern zusammenschließt, die dann insgesamt etwa das Warenangebot eines Warenhauses darstellen können.

Ein gleichfalls nicht uninteressanter Anwendungsbereich hat sich dann ergeben, wenn ein Grundstück mit einer größeren Zahl von Einfamilienhäusern gebaut werden soll, die Aufteilung in Einzelparzellen aber an rechtlichen oder tatsächlichen Schwierigkeiten scheitert oder deshalb untunlich ist, weil erhebliche gemeinschaftliche Anlagen (z. B. Heizungsanlagen, Hallenbäder und dergleichen) als gemeinschaftliches Eigentum der Beteiligten eingeplant sind (vgl. dazu § 3 Rdn. 72).

Auch die bauliche Entwicklung von Eigentumswohnungen hat beachtliche und interessante Fortschritte gemacht. So sind Baugestaltungen für Terrassenhäuser in Hanglagen entwickelt worden, bei denen die gemeinschaftlichen Treppenhäuser entfallen und die erwünschte Verselbständigung der einzelnen Wohnungen so gelingt, daß jede Wohnung ihren eigenen Zugang vom Freien hat, die einzelne Wohnung also jeweils einem selbständigen Bungalow gleicht; die Skizze einer derartigen Gestaltung (Wohnanlage Heidelberg, Bergstraße 152) ist mit Erlaubnis der Firma Baitinger GmbH & Co., Stuttgart, als Abbildung 5 beigefügt.

2. Bericht des Abg. Dr. Brönner in der 115. Sitzung des Deutschen Bundestages am 31. 1. 1951 anläßlich der 2. und 3. Beratung über den Entwurf eines WEG (Bundestagsdrucksache 1802) – Auszug –

Anmerkung: Der Deutsche Bundestag hat in der 115. Sitzung am 31. Januar 1951 den in der Bundestags-Drucksache Nr. 1802 unter Berücksichtigung von Abänderungsanträgen zu den §§ 5, 9, 17, 18, 21, 41, 58, 62 vorgelegten Gesetzentwurf bei einer Stimmenthaltung zu § 38 und ohne Gegenstimmen angenommen. Bei der anschließenden dritten Beratung wurde das Gesetz einstimmig, also ohne Stimmenthaltung und ohne Gegenstimmen angenommen.

Ich rufe Punkt 3 der Tagesordnung auf: Zweite und dritte Beratung des von den Abgeordneten Wirths, Dr. Schäfer und Fraktion der FDP eingebrachten Entwurfs eines Gesetzes über das Eigentum an Wohnungen und gewerblichen Räumen (Nr. 252 der Drucksachen).

Mündlicher Bericht des Ausschusses für Wiederaufbau und Wohnungswesen (18. Ausschuß) (Nr. 1802 der Drucksachen). (Erste Beratung: 23. Sitzung.)

Das Wort zur Berichterstattung hat Herr Abgeordneter Dr. Brönner.

Dr. Brönner (CDU), Berichterstatter: Herr Präsident! Meine Damen und Herren! Nach der dem Hohen Hause vorliegenden Drucksache Nr. 1802

[2] Ein Fall dieser Art hat – allerdings aus rein prozessualen Gründen (Gerichtsstand des Vermögens, § 31 ZPO) – das BAG beschäftigt (AP Nr. 1 zu § 31 ZPO).

habe ich über die Beratungen des Ausschusses für Wiederaufbau und Wohnungswesen über den von den Abgeordneten Wirths, Dr. Schäfer und Fraktion der FDP eingebrachten Entwurf eines Gesetzes über das Eigentum an Wohnungen und gewerblichen Räumen, Drucksache Nr. 252 vom 30. November 1949, zu berichten. Schon unter dem 8. November 1949 haben die Abgeordneten Neuburger, Albers, Graf von Spreti, Bausch und Genossen einen Antrag betreffend Vorlage eines Gesetzentwurfs über das Miteigentum an Wohneinheiten eingereicht. Er trägt die Nr. 168. Nach der Annahme des vorliegenden Gesetzentwurfs soll dieser Antrag für erledigt erklärt werden.

Der Initiativgesetzentwurf der FDP, Drucksache Nr. 252, kam am 14. Dezember 1949 in der 23. Sitzung zur ersten Beratung. Der Herr Kollege Dr. Schneider hat den Entwurf erläutert. Eine weitere Aussprache hat damals nicht stattgefunden. In der 30. Sitzung am 25. Januar 1950 hat der Präsident Dr. Köhler in der Form einer Mitteilung erklärt, daß gemäß einer Vereinbarung im Ältestenrat der Entwurf eines Gesetzes über das Eigentum an Wohnungen und gewerblichen Räumen, Drucksache Nr. 252, in bezug auf die erste Beratung als erledigt und gleichzeitig als an die Ausschüsse für Rechtswesen und Verfassungsrecht, für Wiederaufbau und Wohnungswesen sowie für Bau- und Bodenrecht überwiesen gilt.

Zuerst mußte sich damals der Ausschuß für Wiederaufbau und Wohnungswesen mit der Beratung des Gesetzentwurfs zum ersten Wohnungsbaugesetz beschäftigen. In der Sitzung vom 4. Mai 1950 fand die erste Beratung des Gesetzentwurfs statt. An der Sitzung vom 27. September 1950 nahm zum ersten Mal Herr Dr. Weitnauer vom Bundesjustizministerium teil. Er hat sich als ein scharfsinniger Jurist und hervorragender Kenner des Stoffes erwiesen. Nach einer eingehenden Grundsatzdebatte und nach reichlichen Beratungen des materiellen Inhalts hat Herr Dr. Weitnauer den Stoff in eine klare juristische Form gebracht und dem Ausschuß vorgelegt. Denselben Entwurf hat das Justizministerium dem Kabinett zugehen lassen, das ihn kürzlich verabschiedete und dem Bundesrat zuleitete. Trotzdem glaubt der Ausschuß, daß auf den Eingang des Gesetzentwurfs vom Bundesrat nicht gewartet werden muß, weil der uns vorliegende Gesetzentwurf im Bundesjustizministerium mit Vertretern der Länder durchgesprochen wurde. Es darf daher angenommen werden, daß im Bundesrat keine Bedenken von Bedeutung gegen dieses Gesetz erhoben werden.

Die langwierigen Beratungen des Entwurfs wurden zusammen mit dem Ausschuß für Bau- und Bodenrecht durchgeführt. Ein besonderes Verdienst um den Gesetzentwurf hat der Herr Kollege Wirths. Er war der Vorkämpfer dieses Gesetzes, hat wertvolles Material beigebracht und seine umfassenden Kenntnisse und Erfahrungen mit stärkstem persönlichen Einsatz zur Verfügung gestellt. Als der Entwurf in dritter Lesung von den beiden Ausschüssen zu Ende beraten war, hat der Vorsitzende des Ausschusses für Wiederaufbau und Wohnungswesen, Herr Kollege Lücke, sich mit dem Vorsitzenden des Ausschusses für Rechtswesen und Verfassungsrecht, Herrn Kollegen Laforet, wegen der Beratung des Entwurfs durch den Rechtsausschuß in Verbindung gesetzt. Bald darauf erhielt Herr Kollege Lücke einen Brief des Herrn Kollegen Laforet des Inhalts, daß von seiten des Rechtsausschusses keine Erinnerungen gegen den Gesetzentwurf erhoben werden.

So liegt nun der Gesetzentwurf vor Ihnen. Er hat ein erheblich anderes Gesicht als der Entwurf in der Drucksache Nr. 252, enthält aber den gleichen sachlichen Stoff. Die Ausschußberatungen wurden wie beim ersten Wohnungsbaugesetz mit äußerster Sachlichkeit und Einmütigkeit geführt. Es gab keine Kampfabstimmungen, es gab keine einseitigen politischen Interessen. Wir waren uns in dem Willen einig, ein möglichst brauchbares Gesetz für das neue Wohnungseigentum zu schaffen. Wir haben uns auch mit den zahlreichen Bedenken und Schwierigkeiten auseinandergesetzt. Eine in jeder Beziehung vollkommene Lösung ist kaum möglich. Aber wir glauben, die im Rahmen unseres Rechtssystems verhältnismäßig beste Lösung gefunden zu haben. Die Länder und die Städte warten auf das Gesetz, das ein dringendes wohnwirtschaftliches Bedürfnis befriedigt. Der Herr Kollege Laforet hat zu dem Gesetzentwurf kurz und treffend gesagt: „Neue Zeiten fordern neue Maßnahmen". Der Ausschuß legt Ihnen in dem Gesetzentwurf den Weg zu dem neuen Wohnungseigentum vor.

Gestatten Sie mir zunächst eine allgemeine Einführung in das Gesetz, weil es mir zum Verständnis notwendig erscheint. Wir haben zur Zeit nur die zwei alten und klassischen Rechtsformen in bezug auf die Wohnungen, einmal die Wohnung im eigenen Haus und dann die Mietwohnung. Die Wohnung im eigenen Haus mit einer oder zwei Wohnungen ist und bleibt die idealste Form des Wohnens. Aber dieses eigene Haus setzt reichlich Eigenkapital voraus, das nicht jeder aufbringen kann. Daher ist die Mietwohnung nur ein Ausweg. Er bleibt immer unbefriedigend. Der Mensch hat eine natürliche starke Sehnsucht nach einer dauernden Sicherung seiner Wohnung, nach einem Herrsein in der Wohnung und nach einer Verbindung seiner Wohnung mit einem Stück Grund und Boden. Diese natürliche Sehnsucht kann nur erfüllt werden durch ein gesichertes Eigentum an einem Haus oder wenigstens an einer Wohnung. Das Hauseigentum ist nach unserer derzeitigen Rechtslage die einzige Form des Eigentums an einer Wohnung. Wer nicht genug Eigenkapital zum Bauen hatte, mußte eine Mietwohnung beziehen. Da nun das Bauen immer teurer wird und weil deshalb der einzelne immer mehr Eigenkapital benötigt, das er aber nicht hat, deshalb sind immer mehr Menschen auf die Mietwohnung angewiesen. Es entstehen die großen Mietskasernen, in denen die Menschen immer fremd bleiben. Wir müssen der Masse der Menschen Eigentum geben und sie mit dem Grund und Boden verwurzeln; dann wird die Wohnung zu einem geliebten Heim; dann wird gespart, um die Schulden wegzubringen und den Kindern ein freies Vermögen zu sichern; dann ist man bereit, dieses Eigentum auch zu verteidigen.

Zu diesen bekannten Erwägungen kommen aus der neuesten Zeit noch folgende Überlegungen. Es hat sich eingebürgert, daß verlorene oder zinslose oder verzinsliche Zuschüsse ohne Sicherheit an Bauherren gegeben werden, um in einem Neubau eine Wohnung zu erhalten. Wenn dieser Neubau nicht zu Ende geführt wird oder wenn der Bauherr nach dem Einzug des Mieters in Konkurs gerät, dann hat der Geldgeber das Nachsehen. Wenn er aber mit seiner Geldhingabe Eigentum an dem Gebäude und an einer Wohnung erhält, dann ist seine Einzahlung nicht mehr gefährdet. Wir wollen nun den Wohnungsuchenden mit Eigenkapital ein Rechtsinstitut in dem neuen

Wohnungseigentum bieten, damit sie ihren Baukostenzuschuß nicht mehr verlieren können.

Bei den hohen Baupreisen kommen immer weniger Menschen zu einem eigenen Haus. Diese Entwicklung ist bedauerlich; denn das eigene Wohnhaus ist und bleibt das Wohnungsideal. Wir wollen durch dieses Gesetz auch niemand vom Plan abbringen, ein eigenes Haus zu bauen; wir wollen vielmehr, daß ein guter Teil der künftigen Mieter nicht ewig in Miete bleibt, sondern Eigentum an einer Wohnung erwirbt. Die Zahl der Mieter soll verringert werden. Das Gesetz soll für die heutigen und die künftigen Mieter einen Anreiz bieten, Wohnungseigentümer zu werden. Ein eigenes Haus kann sich nicht jeder bauen, weil es zu teuer ist und weil es gar nicht genug Bauplätze gibt; aber ein Wohnungseigentum oder ein Dauerwohnrecht kann jeder erwerben, der imstande und gewillt ist, eine Zeitlang regelmäßig zu sparen. Wenn dieses Gesetz in seinem tiefsten Sinn erfaßt und von weiten Volkskreisen durch Wohnsparen für ein Wohnungseigentum benutzt wird, dann kann es für unseren sozialen Fortschritt Wunder wirken.

Das Gesetz hat vor allem eine große Bedeutung für den Wiederaufbau der zerstörten Städte, insbesondere der Stadtkerne. Die Altstadt von Köln ist heute noch ein Trümmerhaufen. Zunächst muß das kommende Baulandbeschaffungsgesetz eine Handhabe für die Zusammenlegung der einzelnen Parzellen bieten. Dann können sich die Grundeigentümer zusammenschließen, jeder bringt seinen Grund und Boden und dazu noch etwas Bargeld ein, und dafür erhält er einen Laden, Büroräume oder in einem oberen Stockwerk ein Wohnungseigentum. Er braucht also sein Eigentum an Boden nicht gegen Geld zu verkaufen, sondern behält ein Sacheigentum, ja er erwirbt durch seinen Beitrag in Geld noch ein zusätzliches wertbeständiges Eigentum.

Damit habe ich eine andere wichtige Seite des Wohnungseigentums angeschnitten, nämlich die wertbeständige Anlage der Ersparnisse. Heute wird bekanntlich nicht mehr gespart, weil man Sorge hat, daß man sich für das Geld, das man jetzt spart, nach einem Jahr nicht mehr soviel kaufen kann wie heute. Die Erhaltung der Kaufkraft des gesparten Geldes ist die wichtigste Voraussetzung für das Sparen. Das Vertrauen ist durch die beiden Währungszusammenbrüche und die Preissteigerungen der letzten Zeit erschüttert. Man läuft Gefahr, ausgelacht zu werden, wenn man das Sparen empfiehlt, so notwendig es ist. Die wenigsten Menschen können ihre Ersparnisse in Sachwerten anlegen; die Masse der Menschen ist auf das Geldsparen angewiesen. Diesen Sparern wollen wir eine wertbeständige Geldanlage im Wohnungseigentum bieten. Wir haben die Hoffnung, daß das Wohnungseigentum zum Sparen anlockt und daß die bisherigen Sparer noch mehr auf die Seite bringen, um das Ziel möglichst bald zu erreichen.

Nun einige Worte über die bisherigen Bestrebungen zum Wohnungseigentum! In der letzten Zeit wurden ernstliche Versuche gemacht, ein Wohnungseigentum oder ein Wohnungsnutzungsrecht auf der Grundlage des geltenden Rechts zu schaffen, und zwar erstens über das Miteigentum nach Bruchteilen auf Grund der §§ 1008 bis 1011 BGB, zweitens über eine beschränkte persönliche Dienstbarkeit nach § 1093 BGB und drittens über Art. 131 des Einführungsgesetzes zum BGB, der die Ausgestaltung der Miteigentümergemeinschaft zum sogenannten unechten Stockwerkseigentum dem Landesrecht überläßt. Von dieser letzten Möglichkeit hat das Land Württemberg-Baden mit seinem Gesetz über das Miteigentum nach Wohneinheiten Gebrauch gemacht. Bayern hat eine ähnliche Regelung vorbereitet. Alle diese Versuche haben aber zu keiner einwandfreien und befriedigenden Lösung geführt. Außerdem besteht die Gefahr einer Rechtszersplitterung. Daher wird es von Fachleuten als eine Notwendigkeit erachtet, eine neue, vollkommenere und bundeseinheitliche gesetzliche Regelung zu schaffen. Dies ist in dem vorliegenden Gesetzentwurf geschehen, durch den ein Wohnungseigentum und ein Dauerwohnrecht gesetzlich eingeführt werden.

Das „Wohnungseigentum" bezieht sich sprachlich nur auf eine Wohnung. Der Ausschuß ist aber der Auffassung, daß neben dem Eigentum an Wohnungen auch Eigentum an gewerblichen Räumen möglich sein soll. Dabei ist an Läden, Gewerberäume, Praxisräume und anderes gedacht. Das Eigentum an solchen Räumen wird im Gesetzentwurf als „Teileigentum" bezeichnet. Ebenso ist neben dem „Dauerwohnrecht" an Wohnräumen ein „Dauernutzungsrecht" an gewerblichen Räumen im Gesetz vorgesehen.

Gegen das Teileigentum und das Dauernutzungsrecht an Räumen wurden im Ausschuß zunächst Bedenken geäußert, weil wir nur für den Wohnungsbau, nicht aber für gewerbliche Räume zu sorgen haben. Gegen diese Bedenken wurde angeführt, daß es für die Bewohner von Wohnblocks sehr wertvoll ist, wenn sie ihre Einkäufe in der Nähe tätigen und nahegelegene Handwerksbetriebe aufsuchen können, und daß daher auch an gemischt-genützte Gebäude gedacht werden muß. Deshalb wurde auch dieses „Teileigentum" und das „Dauernutzungsrecht" an gewerblichen Räumen in den Gesetzentwurf aufgenommen.

Es kommt nun darauf an, daß sich diese neuen Rechtsformen bewähren, daß sie den Interessenten vorteilhaft erscheinen, möglichst viel Anwendung finden, dem Wohnungsbau weitere Gelder zuführen, mehr Eigentum an Wohnungen schaffen und damit die Erwartungen erfüllen.

Nun darf ich das Wohnungseigentum etwas näher erläutern, da es doch eine nicht ganz einfache Angelegenheit ist. Das neue Wohnungseigentum unterscheidet sich zunächst von dem sogenannten Stockwerkseigentum. Diese Rechtsform war im älteren deutschen Recht weit verbreitet. Im geltenden deutschen Recht hat sie nur noch eine geringe Bedeutung. In Württemberg ist sie noch am häufigsten zu finden.

Das neue Wohnungseigentum schaltet die Schattenseiten des alten Stockwerkseigentums aus. Die Streitigkeiten beim Stockwerkseigentum beruhen auf der ungenügenden Abgrenzung der Räume und Wohnungen, ferner auf der unzulänglichen Regelung der Rechtsverhältnisse der Stockwerkseigentümer untereinander. Diese beiden Gefahren werden beim neuen Wohnungseigentum vermieden. Ferner wird das neue Rechtsinstitut, soweit eben möglich, in unser allgemeines Rechtssystem eingebaut.

Zum richtigen Verständnis des Gesetzes sei zunächst darauf hingewiesen, daß das Wohnungseigentum des Gesetzentwurfs aus einer Verbindung von Miteigentum und Sondereigentum besteht. In dem Gesetzentwurf wird vom Miteigentum ausgegangen, vor allem weil sich das Wohnungseigentum auf diese Weise zwanglos in unser bürgerliches Recht einfügen läßt. Das gemeinschaftliche Eigentum gehört allen Wohnungseigentümern gemeinschaftlich und enthält die Summe der Miteigentumsanteile; diese bilden eine Rechts- und Werteinheit mit dem jeweils zugehörigen Sondereigentum. Das gemeinschaftliche Eigentum wird beschränkt durch die bestehenden Sondereigentumsrechte. Das Miteigentum verbindet die Bewohner zu einer engen rechtlichen Gemeinschaft. Eine solche Gemeinschaft bedingt natürlich auch Gefahren, die aber gesetzlich und vertraglich möglichst ausgeschaltet werden müssen und können. Das Sondereigentum umfaßt das Eigentum an der Wohnung oder an anderen Räumen, ferner an bestimmten Bestandteilen des Gebäudes und an Einrichtungen, die nicht zum gemeinschaftlichen Eigentum gehören.

Die materielle Aufteilung eines Gebäudes im Hinblick auf das Eigentum sieht folgendermaßen aus. Wir haben materielle Teile im gemeinschaftlichen Eigentum und im Sondereigentum. Zum gemeinschaftlichen materiellen Eigentum gehören der Grund und Boden, das ganze tragende Mauerwerk, das Treppenhaus, überhaupt alles, was nicht im Sondereigentum steht. Eine sachliche genaue Aufteilung oder Festsetzung eines Anteils an dem gemeinschaftlichen Eigentum ist nicht möglich, weil der Anteil nicht ausgeschieden ist; er besteht in einem rechnerischen Bruchteil. Dagegen ist das Sondereigentum materiell bestimmt. Es besteht aus einer bestimmten Wohnung oder aus einem bestimmten Raum in einem Gebäude und aus gewissen zu diesen Räumen gehörenden Bestandteilen des Gebäudes. Gewisse Installationen in dem Haus können auch Sondereigentum sein, wenn sie nur zu diesen Räumen gehören. Um Zweifel darüber auszuschalten, was in einem Gebäude zum Sondereigentum und was zum gemeinschaftlichen Eigentum gehört, werden zweckmäßigerweise vertragliche Vereinbarungen unter den Miteigentümern getroffen.

3. Muster für einen Aufteilungsplan

Abbildung 1 (siehe S. 694): Eine Gruppe von 3 Häusern mit zusammen 18 Eigentumswohnungen und einer Hausmeister-Wohnung auf einer Parzelle.

Abbildung 2 (siehe S. 695): Erdgeschoß-Grundriß mit den Eigentumswohnungen Nrn. 1 und 2. Jeder Raum erhält die Nr. der Wohnung.

Abbildung 3 (siehe S. 696): Grundriß des I. Obergeschosses mit den Eigtenumswohnungen Nrn. 3 und 4.

Grundriß des II. Obergeschosses wie der des I. Obergeschosses mit den Eigentumswohnungen Nrn. 5 und 6.

Abbildung 4 (siehe S. 697): Kellergeschoß-Grundriß mit Festlegung der Keller und Garagen mit den Nummern der Wohnungen, zu denen sie gehören.

Entwurf der 4 Abbildungen: Architekt BDA **Karl Schneider,** Wuppertal

Allgemeine Bemerkungen zu Abb. 1–4: Die ansteigende Straße machte es möglich, jeweils die rechte gegenüber der linken Wohnung in einem Hause um halbe Geschoßhöhe vertikal gegeneinander zu verschieben. Hierzu war es notwendig, die Treppenhäuser von der Vorderfront bis zur Hinterfront durchzuführen. Der Zweck war, eine weitere gute Trennung der Wohnungen voneinander zu erreichen. Jeweils ein Zimmer einer Wohnung ist teilbar. Im Treppenhaus sind Schächte zur Aufnahme der Steige- und Falleitungen vorgesehen mit kürzesten Wegen von da zur Verwendungsstelle in der Wohnung.

4. Modell einer Terrassenwohnanlage

Abbildung 5 (siehe S. 698). Modell einer Terrassenhausanlage mit jeweils selbständigem Zugang zu den einzelnen Wohnungen (Heidelberg, Bergstr. 152; Bauträger Fa. Baitinger GmbH & Co., Stuttgart).

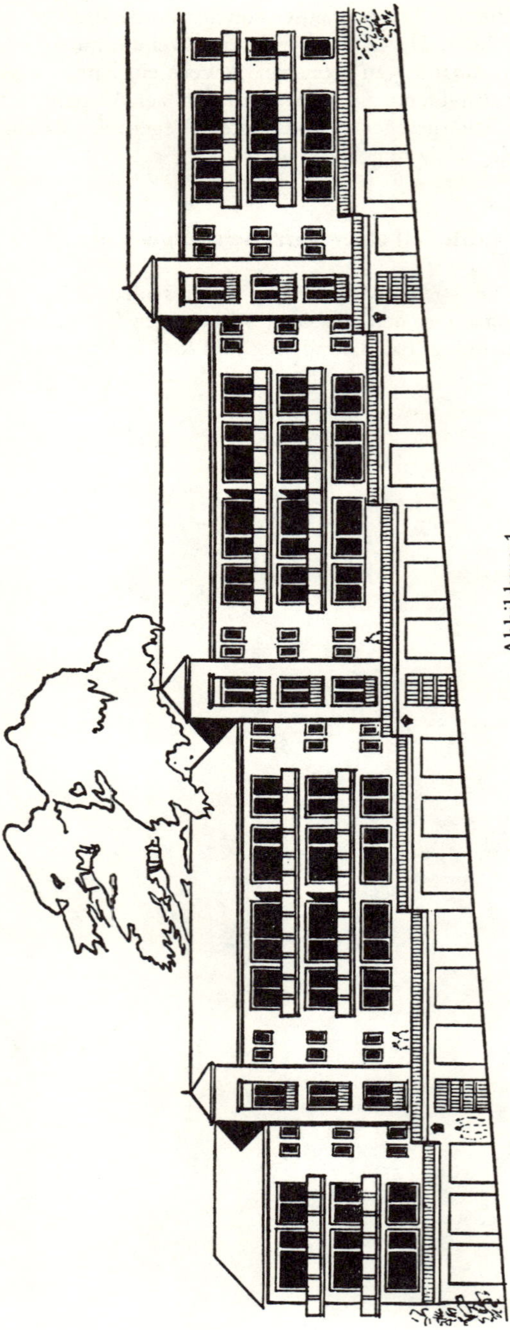

Abbildung 1

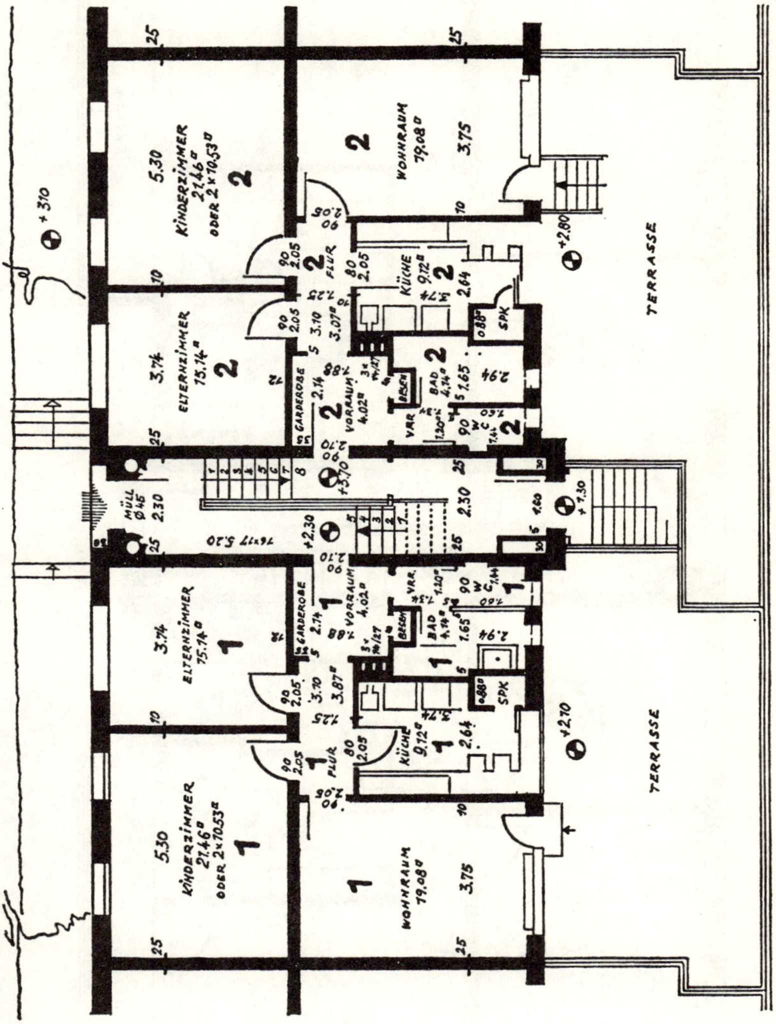
KINDERZIMMER
ELTERNZIMMER
WOHNRAUM
KÜCHE
BAD
FLUR
VORRAUM
GARDEROBE
SPK
TERRASSE
TERRASSE

Abbildung 2

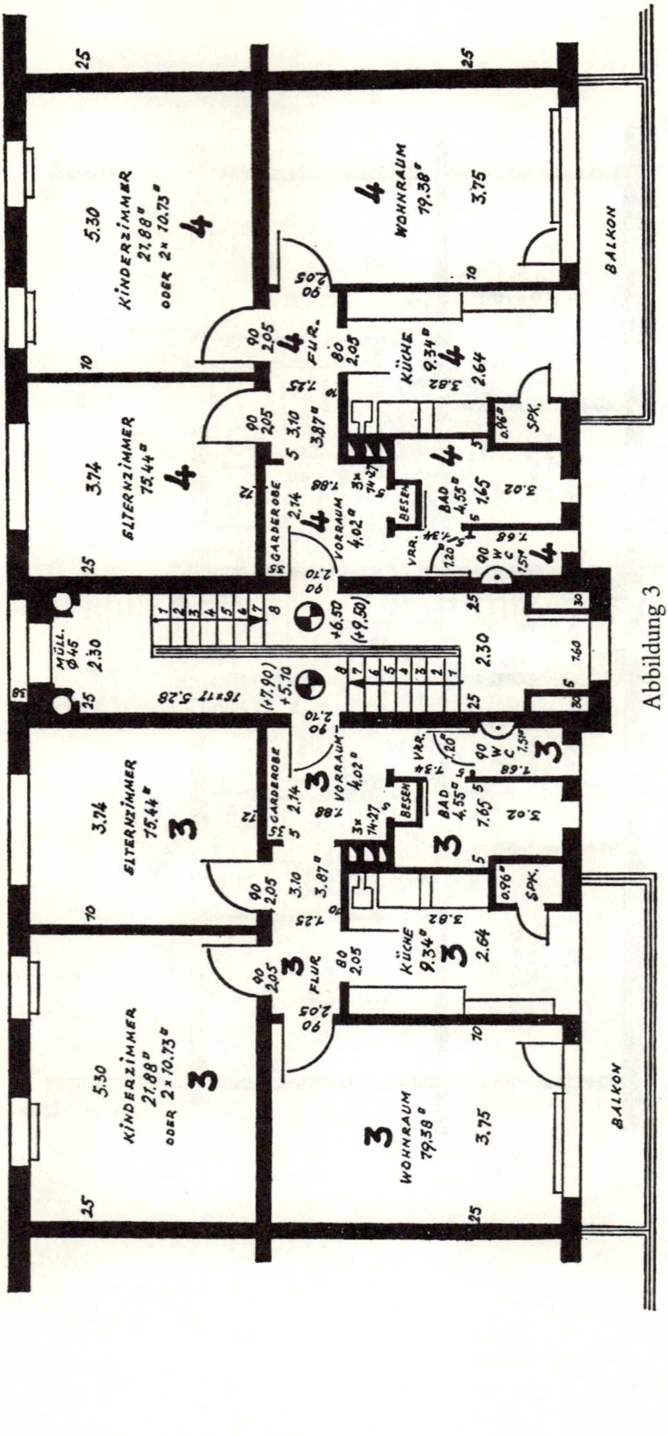
KINDERZIMMER
ELTERNZIMMER
WOHNRAUM
KÜCHE
BAD
FLUR
VORRAUM
GARDEROBE
BESEN
SPK.
MÜLL.
BALKON

Abbildung 3

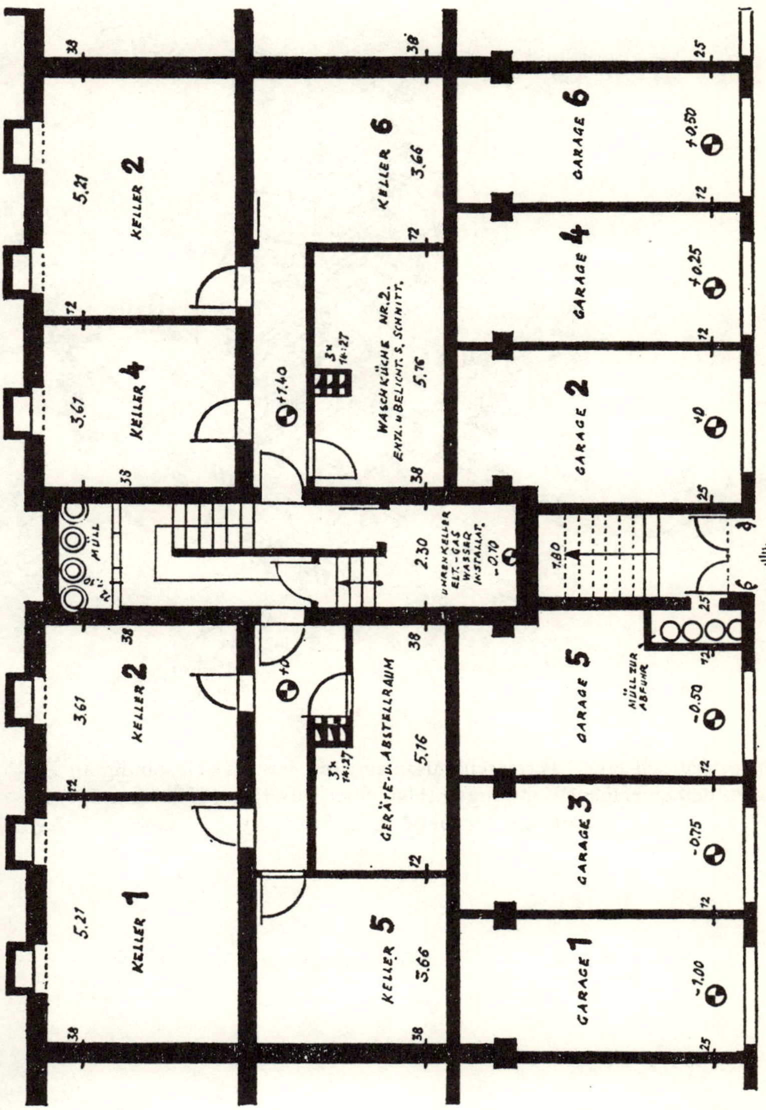
KELLER 1
KELLER 2
KELLER 2
KELLER 4
KELLER 5
KELLER 6
WASCHKÜCHE NR. 2.
ENTL. u. BELICHT. S. SCHNITT.
GERÄTE- u. ABSTELLRAUM
UHRENKELLER
ELT.-GAS
WASSER
INSTALLAT.
MÜLL
MÜLL ZUR ABFUHR
GARAGE 1
GARAGE 2
GARAGE 3
GARAGE 4
GARAGE 5
GARAGE 6

Abbildung 4

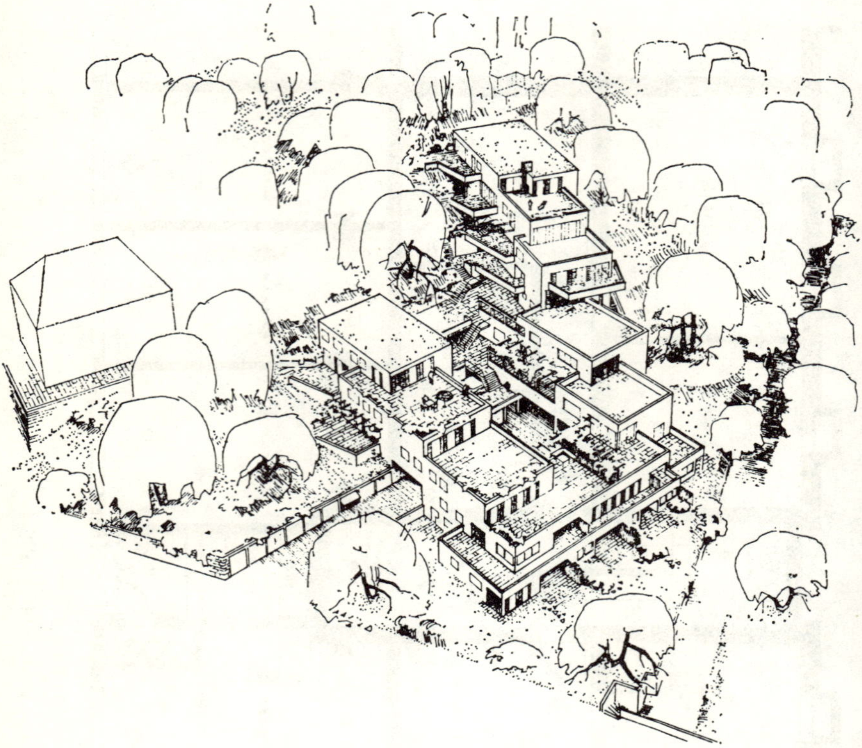

Abb. 5. Modell einer Terrassenhausanlage mit jeweils selbständigem Zugang zu den einzelnen Wohnungen (Heidelberg, Bergstr. 152; Bauträger Fa. Baitinger GmbH & Co., Stuttgart).

II. Einigungsvertrag mit Ergänzungen – Auszug –

Der Beitritt der neuen Bundesländer zur Bundesrepublik Deutschland ist nach Art. 1 in Verbindung mit Art. 45 Abs. 1 des Einigungsvertrages vom 11. 8. 1990 (BGBl. II S. 889) am 3. 10. 1990 wirksam geworden. Damit sind in den neuen Bundesländern das Grundgesetz und – vorbehaltlich besonderer Maßgaben – auch das Bundesrecht in Kraft getreten. Dies ergibt sich aus den Art. 3 und 8 des Einigungsvertrages, die folgenden Wortlaut haben:

„**Art. 3.** Mit dem Wirksamwerden des Beitritts tritt das Grundgesetz der Bundesrepublik Deutschland in der im Bundesgesetzblatt Teil III, Gliederungsnummer 100–1, veröffentlichten bereinigten Fassung, zuletzt geändert durch Gesetz vom 21. Dezember 1983 (BGBl. I S. 1481), in den Ländern Brandenburg, Mecklenburg-Vorpommern, Sachsen, Sachsen-Anhalt und Thüringen sowie dem Teil des Landes Berlin, in dem es bisher nicht galt, mit den sich aus Artikel 4 ergebenden Änderungen in Kraft, soweit in diesem Vertrag nichts anderes bestimmt ist."

„**Art. 8.** Mit dem Wirksamwerden des Beitritts tritt in dem in Artikel 3 genannten Gebiet Bundesrecht in Kraft, soweit es nicht in seinem Geltungsbereich auf bestimmte Länder oder Landesteile der Bundesrepublik Deutschland beschränkt ist und soweit durch diesen Vertrag, insbesondere dessen Anlage I, nichts anderes bestimmt wird."

Das WEG ist hiernach ohne besondere Maßgabe in Kraft getreten. Wohl allerdings sind besondere Maßgaben in dem dem WEG nahestehenden Grundbuchrecht getroffen worden. Die einschlägigen Bestimmungen finden sich in Anlage 1 Kapitel III Sachgebiet B Abschnitt III (BGBl. II S. 889, 952) des Einigungsvertrages; sie haben folgenden Wortlaut:

„Bundesrecht tritt in dem in Artikel 3 des Vertrages genannten Gebiet mit den folgenden Maßgaben in Kraft: [...]

„4. Allgemeine Verfügung über die Einrichtung und Führung des Grundbuchs (Grundbuchverfügung) vom 8. August 1935 (Reichsministerialblatt S. 637), zuletzt geändert durch Artikel 1 der Verordnung vom 23. Juli 1984 (BGBl. S. 1025),
mit folgenden Maßgaben:

a) Die §§ 43 bis 53 sind stets anzuwenden.
b) Die Einrichtung der Grundbücher richtet sich bis auf weiteres nach den am Tag vor dem Wirksamwerden des Beitritts bestehenden oder von dem jeweiligen Lande erlassenen späteren Bestimmungen. Im übrigen ist für die Führung der Grundbücher die Grundbuchverfügung entsprechend anzuwenden, soweit sich nicht aus einer abweichenden Einrichtung des Grundbuchs etwas anderes ergibt oder aus besonderen Gründen Abweichungen erforderlich sind; solche Abweichungen sind insbesondere dann

als erforderlich anzusehen, wenn sonst die Rechtsverhältnisse nicht zutreffend dargestellt werden können oder Verwirrung zu besorgen ist.

c) Soweit nach Buchstabe b) Bestimmungen der Grundbuchverfügung nicht herangezogen werden können, sind stattdessen die am Tag vor dem Wirksamwerden des Beitritts geltenden oder von dem jeweiligen Lande erlassenen späteren Bestimmungen anzuwenden. Jedoch sind Regelungen, die mit dem in Kraft tretenden Bundesrecht nicht vereinbar sind, nicht mehr anzuwenden. Dies gilt insbesondere auch für derartige Regelungen über die Voraussetzungen und den Inhalt von Eintragungen. Am Tag vor dem Wirksamwerden des Beitritts nicht vorgesehene Rechte oder Vermerke sind in entsprechender Anwendung der Grundbuchverfügung einzutragen.

d) Im Falle des Buchstaben c) sind auf die Einrichtung und Führung der Erbbaugrundbücher sowie auf die Bildung von Hypotheken-, Grundschuld- und Rentenschuldbriefen bei Erbbaurechten die §§ 56, 57 und 59 der Grundbuchverfügung mit der Maßgabe entsprechend anzuwenden, daß die in § 56 vorgesehenen Angaben in die entsprechenden Spalten für den Bestand einzutragen sind. Ist eine Aufschrift mit Blattnummer nicht vorhanden, ist die in § 55 Abs. 2 der Grundbuchverfügung vorgesehene Bezeichnung ‚Erbbaugrundbuch' an vergleichbarer Stelle im Kopf der ersten Seite des Grundbuchblatts anzubringen. Soweit in den oben bezeichneten Vorschriften auf andere Vorschriften der Grundbuchverfügung verwiesen wird, deren Bestimmungen nicht anzuwenden sind, treten an die Stelle der in Bezug genommenen Vorschriften der Grundbuchverfügung die entsprechenden anzuwendenden Regelungen über die Einrichtung und Führung der Grundbücher.

5. Verfügung über die grundbuchmäßige Behandlung der Wohnungseigentumssachen vom 1. August 1951 (BAnz. 152 vom 9. August 1951), zuletzt geändert durch Artikel 2 der Verordnung vom 23. Juli 1984 (BGBl. I S. 1025), mit den folgenden Maßgaben:

a) Soweit auf die Vorschriften der Grundbuchverfügung verwiesen wird und deren Bestimmungen nach den für die Überleitung der Grundbuchverfügung bestimmten Maßgaben nicht anzuwenden sind, treten an die Stelle der in Bezug genommenen Vorschriften der Grundbuchverfügung die entsprechend anzuwendenden Regelungen über die Einrichtung und Führung der Grundbücher. Die in § 3 vorgesehenen Angaben sind in diesem Falle in die entsprechenden Spalten für den Bestand einzutragen.

b) Ist eine Aufschrift mit Blattnummer nicht vorhanden, ist die in § 2 erwähnte Bezeichnung an vergleichbarer Stelle im Kopf der ersten Seite des Grundbuchblatts anzubringen."

Die in Ziff. 5 genannten Maßgaben sind gem. der dritten Verordnung zur Änderung der Verordnung zur Durchführung der Schiffsregisterordnung und zur Regelung anderer Fragen des Registerrechts vom 30. 11. 1994 (BGBl. I S. 3580ff./3585) entfallen.

III. Ausführungsvorschriften

1. Allgemeine Verwaltungsvorschrift für die Ausstellung von Bescheinigungen gemäß § 7 Abs. 4 Nr. 2 und § 32 Abs. 2 Nr. 2 des Wohnungseigentumsgesetzes

Vom 19. 3. 1974
(BAnz. 1974 Nr. 58 v. 23. 3. 1974)

Hinweis: Die vorliegende „Allgemeine Verwaltungsvorschrift" ist mit Wirkung vom 1. 4. 1974 an die Stelle der „Richtlinien" des BMWo vom 3. 8. 1951 (Bundesanzeiger 1951 Nr. 152) getreten. Eine Wiedergabe der letzteren erscheint entbehrlich. Vgl. im übrigen § 59 WEG.

Wortlaut:

Auf Grund Art. 84 Abs. 2 des Grundgesetzes werden mit Zustimmung des Bundesrates folgende Richtlinien für die Baubehörden über die Bescheinigung gemäß § 7 Abs. 4 Nr. 2, § 32 Abs. 2 Nr. 2 des Wohnungseigentumsgesetzes erlassen:

1. Die Bescheinigung darüber, daß eine Wohnung oder nicht zu Wohnzwecken dienende Räume in sich abgeschlossen im Sinne des § 3, Abs. 2, § 32 Abs. 1 des Wohnungseigentumsgesetzes sind, wird auf Antrag des Grundstückseigentümers oder Erbbauberechtigten durch die Bauaufsichtsbehörde erteilt, die für die bauaufsichtliche Erlaubnis (Baugenehmigung) und die bauaufsichtlichen Abnahmen zuständig sind, soweit die zuständige oberste Landesbehörde nicht etwas anderes bestimmt.

2. Dem Antrag ist eine Bauzeichnung in zweifacher Ausfertigung im Maßstabe mindestens 1:100 beizufügen; sie muß bei bestehenden Gebäuden eine Baubestandszeichnung sein und bei zu errichtenden Geäuden den bauaufsichtlichen (baupolizeilichen) Vorschriften entsprechen.

3. Aus der Bauzeichnung müssen die Wohnungen, auf die sich das Wohnungseigentum, Wohnungserbbaurecht oder Dauerwohnrecht beziehen soll, oder die nicht zu Wohnzwecken dienenden Räume, auf die sich das Teileigentum, Teilerbbaurecht oder Dauernutzungsrecht beziehen soll, ersichtlich sein. Dabei sind alle zu demselben Wohnungseigentum, Teileigentum, Wohnungserbbaurecht, Teilerbbaurecht, Dauerwohnrecht oder Dauernutzungsrecht gehörenden Einzelräume in der Bauzeichnung mit der jeweils gleichen Nummer zu kennzeichnen.

4. Eine Wohnung ist die Summe der Räume, welche die Führung eines Haushaltes ermöglichen; dazu gehören stets eine Küche oder ein Raum mit Kochgelegenheit sowie Wasserversorgung, Ausguß und WC. Die Eigenschaft als Wohnung geht nicht dadurch verloren, daß einzelne Räume vorübergehend oder dauernd zu beruflichen oder gewerblichen Zwecken benutzt werden.

Räume, die zwar zu Wohnzwecken bestimmt sind, aber die genannten Voraussetzungen nicht erfüllen, können nicht als Wohnung im Sinne der oben angeführten Vorschriften angesehen werden.

Der Unterschied zwischen „Wohnungen" und „nicht zu Wohnzwecken dienenden Räumen" ergibt sich aus der Zweckbestimmung der Räume. Nicht zu Wohnzwecken dienende Räume sind z. B. Läden, Werkstatträume, sonstige gewerbliche Räume, Praxisräume, Garagen u. dgl.

5. Aus der Bauzeichnung muß weiter ersichtlich sein, daß die „Wohnungen" oder „die nicht zu Wohnzwecken dienenden Räume" in sich abgeschlossen sind.

a) Abgeschlossene Wohnungen sind solche Wohnungen, die baulich vollkommen von fremden Wohnungen und Räumen abgeschlossen sind, z. B. durch Wände und Decken, die den Anforderungen der Bauaufsichtsbehörden (Baupolizei) an Wohnungstrennwände und Wohnungstrenndecken entsprechend und einen eigenen abschließbaren Zugang unmittelbar vom Freien, von einem Treppenhaus oder einem Vorraum haben. Zu abgeschlossenen Wohnungen können zusätzliche Räume außerhalb des Wohnungsabschlusses gehören. Wasserversorgung, Ausguß und WC müssen innerhalb der Wohnung liegen.

Zusätzliche Räume, die außerhalb des Wohnungsabschlusses liegen, müssen verschließbar sein.

6. Bei Garagenstellplätzen muß sich im Falle des § 3 Abs. 2 Satz 2 des Wohnungseigentumsgesetzes aus der Bauzeichnung, gegebenenfalls durch zusätzliche Beschriftung ergänzt, ergeben, wie die Flächen der Garagenstellplätze durch dauerhafte Markierungen ersichtlich sind. Als dauerhafte Markierungen kommen in Betracht

a) Wände aus Stein und Metall,

b) festverankerte Geländer oder Begrenzungseinrichtungen aus Stein oder Metall,

c) festverankerte Begrenzungsschwellen aus Stein oder Metall,

d) in den Fußboden eingelassene Markierungssteine,

e) andere Maßnahmen, die den Maßnahmen nach den Buchstaben a und d zumindest gleichzusetzen sind.

7. Bei Vorliegen der Voraussetzungen von 1 bis 6 ist die Bescheinigung nach dem Muster der Anlage zu erteilen. Die Bescheinigung ist mit Unterschrift sowie Siegel oder Stempel zu versehen. Mit der Bescheinigung ist eine als Aufteilungsplan bezeichnete und mit Unterschrift sowie mit Siegel oder Stempel versehene Ausfertigung der Bauzeichnung zu erteilen. Die Zusammengehörigkeit von Bescheinigung und Aufteilungsplan ist durch Verbindung bei der mittels Schnur und Siegel oder durch übereinstimmende Aktenbezeichnung ersichtlich zu machen.

8. Die Bescheinigung gemäß Nr. 7 ist bei zu errichtenden Gebäuden nicht zu erteilen, wenn die Voraussetzungen für eine bauaufsichtliche Genehmigung des Bauvorhabens nach Maßgabe der eingereichten Bauzeichnungen nicht gegeben sind.

Die Richtlinien treten am 1. Tage des auf die Verkündigung folgenden Monats in Kraft. Die Richtlinien des BMWo vom 3. August 1951 (Bundesanzeiger 1951 Nr. 152) treten gleichzeitig außer Kraft.

Anlage

Bescheinigung

auf Grund des § 7 Abs. 4 Nr. 2 / § 32 Abs. 2 Nr. 2 des Wohnungseigentumsgesetzes vom 15. März 1951 (Bundesgesetzblatt I S. 175)

Die in dem beiliegenden Aufteilungsplan

mit Ziffer .... bis .... bezeichneten Wohnungen*

mit Ziffer .... bis .... bezeichneten nicht zu Wohnzwecken dienenden Räume*

in dem bestehenden / zu errichtenden* Gebäude auf dem Grundstück in

....

(Ort) (Straße, Nr.)

(Katastermäßige Bezeichnung) ....

Grundbuch von ....

Band: .... Blatt: ....

sind / gelten als * in sich abgeschlossen.

Sie entsprechen daher dem Erfordernis des § 3 Abs. 2 / § 32 Abs. 1* des Wohnungseigentumsgesetzes.

................, den ....

(Ort

....

(Unterschrift der Behörde)

(Siegel oder Stempel)

---

* Nichtzutreffendes streichen

2. Verordnung über die Anlegung und Führung der Wohnungs- und Teileigentumsgrundbücher (Wohnungsgrundbuchverfügung – WGV)

in der Fassung der Bekanntmachung vom 24. Januar 1995 (BGBl. I S. 134)

Vorbemerkung

Die Wohnungsgrundbuchverfügung gilt in den neuen Bundesländern gemäß Anlage 1 Kapitel III Sachgebiet B Abschnitt III Nr. 5 des Einigungsvertrages vom 31. 8. 1990 (BGBl. II S. 889, 925); die in Nr. 5 gen. Maßgaben sind mit der Änderung der Wohnungsgrundbuchverfügung entfallen (Anhang II; zu Sachsen vgl. noch Anhang III 4). Die Verfügung ergänzt die Grundbuchverfügung vom 8. 8. 1935 (RMinBl. S. 637), auf die sie in § 1 auch in weitestem Umfang verweist. Sie ist auf die gleichen Ermächtigungen gestützt wie diese und ebenso wie diese teils als Rechts-, teils als Verwaltungsverordnung anzusehen (vgl. hierzu Güthe-Triebel S. 1350; Hesse-Saage-Fischer S. 387). Dies kommt auch in dem Vorspruch zum Ausdruck, in dem neben den Vorschriften der GBO auch Art. 84 Abs. 2 und Art. 129 des Grundgesetzes angeführt werden. Nachdem die Frage der Zuständigkeit zunächst umstritten war, hat auch der Bundesrat die Zuständigkeit des Bundesjustizministers zum Erlaß der Verfügung anerkannt. Die Möglichkeit, zur Anpassung an *landesrechtliche Besonderheiten* der Grundbuchführung ergänzende Vorschriften zu erlassen, ist den Landesjustizverwaltungen durch § 10 der Verfügung ausdrücklich vorbehalten. Hiervon war z. B. für das Land Württemberg-Baden hinsichtlich des ehemals württembergischen Landesteils, ferner für das Land Württ.-Hohenzollern Gebrauch gemacht worden, weil dort die GBV vom 8. 8. 1935 nicht in Kraft getreten und das alte Grundbuchsystem beibehalten worden ist (vgl. die nachstehende Anmerkung zu § 10, unten Anhang III 4).

Die Verfügung beschränkt sich auf die Regelung der mit dem **Wohnungs- und Teileigentum,** Wohnungs- und Teilerbbaurecht zusammenhängenden Fragen. Für die Eintragung des **Dauerwohnrechts** enthält sie keine Vorschriften. Insoweit hat es sein Bewenden bei den allgemeinen Bestimmungen der Grundbuchverfügung. Ein Muster für die Eintragung eines Dauerwohnrechts ist in Rdn. 4 zu § 32 WEG enthalten; hierauf wird Bezug genommen.

Die Verfügung lehnt sich inhaltlich teils an die Vorschriften für die Behandlung der Miteigentumsanteile im Falle des § 3 Abs. 3 GBO a. F., teils an die Regelung des Erbbaurechts (§§ 54ff. der GBV) an. Ihre Vorschriften dürften im allgemeinen durch die Beispiele der Anlagen ausreichend verdeutlicht sein.

Wegen des Entstehens und der früheren Änderungen und Ergänzungen der Verfügung wird auf die Darstellung in der 7. Auflage verwiesen.

Die Erläuterungen beschränken sich auf knappe Hinweise. Im übrigen muß wegen des engen Zusammenhangs der WGBV, nunmehr: WGV, mit dem allgemeinen Grundbuchrecht auf die Kommentare zur GBO verwiesen werden.

Wortlaut:

Auf Grund des § 1 Abs. 3, § 3 Abs. 1 Satz 3, § 10 Abs. 2, § 12 Abs. 3 und § 124 der Grundbuchordnung in der Fassung vom 5. August 1935 (Reichsgesetzbl. I S. 1073) in Verbindung mit Art. 84 Abs. 2 und Art. 129 des Grundgesetzes wird mit Zustimmung des Bundesrates folgendes bestimmt:

§ 1. Für die gemäß § 7 Abs. 1, § 8 Abs. 2 des Wohnungseigentumsgesetzes vom 15. März 1951 (Bundesgesetzbl. I S. 175) für jeden Miteigentumsanteil anzulegenden besonderen Grundbuchblätter (Wohnungs- und Teileigentumsgrundbücher) sowie für die gemäß § 30 Abs. 3 des Wohnungseigentumsgesetzes anzulegenden Wohnungs- und Teilerbbaugrundbücher gelten die Vorschriften der Grundbuchverfügung entsprechend, soweit sich nicht aus den §§ 2 bis 5, 8, 9 etwas anderes ergibt.

Zu § 1: § 1 wurde durch die VO v. 23. 7. 1984 geändert. Vor dem Wort „Grundbuchverfügung" wurde die Textstelle „§§ 1 bis 60 der" gestrichen.

§ 2. In der Aufschrift ist unter die Blattnummer in Klammern das Wort „Wohnungsgrundbuch" oder „Teileigentumsgrundbuch" zu setzen, je nachdem, ob sich das Sondereigentum auf eine Wohnung oder auf nicht zu Wohnzwecken dienende Räume bezieht. Ist mit dem Miteigentumsanteil Sondereigentum sowohl an einer Wohnung als auch an nicht zu Wohnzwecken dienenden Räumen verbunden und überwiegt nicht einer dieser Zwecke offensichtlich, so ist das Grundbuchblatt als „Wohnungs- und Teileigentumsgrundbuch" zu bezeichnen.

Zu § 2. Wegen des Begriffs „Wohnung" vgl. Rdn. 17ff. zu § 3 WEG sowie die vorstehend unter III 1 abgedruckten Richtlinien.

§ 3. (1) Im Bestandsverzeichnis sind in dem durch die Spalte 3 gebildeten Raum einzutragen:

a) der in einem zahlenmäßigen Bruchteil ausgedrückte Miteigentumsanteil an dem Grundstück;

b) die Bezeichnung des Grundstücks nach den allgemeinen Vorschriften; besteht das Grundstück aus mehreren Teilen, die in dem maßgebenden amtlichen Verzeichnis (§ 2 Abs. 2 der Grundbuchordnung) als selbständige Teile eingetragen sind, so ist bei der Bezeichnung des Grundstücks in geeigneter Weise zum Ausdruck zu bringen, daß die Teile ein Grundstück bilden;

c) das mit dem Miteigentumsanteil verbundene Sondereigentum an bestimmten Räumen und die Beschränkung des Miteigentums durch die Einräumung der zu den anderen Miteigentumsanteilen gehörenden Sondereigentumsrechte; dabei sind die Grundbuchblätter der übrigen Miteigentumsanteile anzugeben.

(2) Wegen des Gegenstandes und des Inhalts des Sondereigentums kann auf die Eintragungsbewilligung Bezug genommen werden (§ 7 Abs. 3 WEG); vereinbarte Veräußerungsbeschränkungen (§ 12 WEG) sind jedoch ausdrücklich einzutragen.

(3) In Spalte 1 ist die laufende Nummer der Eintragung einzutragen. In Spalte 2 ist die bisherige laufende Nummer des Miteigentumsanteils anzugeben, aus dem der Miteigentumsanteil durch Vereinigung oder Teilung entstanden ist.

(4) In Spalte 4 ist die Größe des im Miteigentum stehenden Grundstücks nach den allgemeinen Vorschriften einzutragen.

(5) In den Spalten 6 und 8 sind die Übertragung des Miteigentumsanteils auf das Blatt sowie die Veränderungen, die sich auf den Bestand des Grundstücks, die Größe des Miteigentumsanteils oder den Gegenstand oder den Inhalt des Sondereigentums beziehen, einzutragen. Der Vermerk über die Übertragung des Miteigentumsanteils auf das Blatt kann jedoch statt in Spalte 6 auch in die Eintragung in Spalte 3 aufgenommen werden.

(6) Verliert durch die Eintragung einer Veränderung nach ihrem aus dem Grundbuch ersichtlichen Inhalt eine frühere Eintragung ganz oder teilweise ihre Bedeutung, so ist sie insoweit rot zu unterstreichen.

(7) Vermerke über Rechte, die dem jeweiligen Eigentümer des Grundstücks zustehen, sind in den Spalten 1, 3 und 4 des Bestandsverzeichnisses sämtlicher für Miteigentumsanteile an dem herrschenden Grundstück angelegten Wohnungs- und Teileigentumsgrundbücher einzutragen. Hierauf ist in dem in Spalte 6 einzutragenden Vermerk hinzuweisen.

Zu § 3: Vgl. die ausführlichen Erläuterungen bei Hesse-Saage-Fischer in Anm. IV zu § 8 GBV. Die bei der Anlegung des Wohnungsgrundbuches in den Spalten 1–6 des Bestandsverzeichnisses vorzunehmenden Eintragungen bilden **eine** Eintragung i. S. des § 44 GBO. Die Unterschriften unter den Vermerk über die Übertragung des Miteigentumsanteils decken deshalb auch die das Sondereigentum betreffenden Eintragungen; dies gilt insbes. im Falle der Anlegung der Wohnungsgrundbücher nach § 8 Abs. 2 Satz 2 (OLG Celle DNotZ 71, 305). Wegen der Zuschreibung eines Miteigentumsrechts an einem Teileigentum (Doppelstockgarage) vgl. § 5 Rdn. 29. § 3 wurde durch die VO vom 21. 3. 1974 neu gefaßt: In § 3 Abs. 1 lit. b wurde der letzte Halbsatz angefügt. In § 3 Abs. 5 wurde S. 2 angefügt.

Zu Abs. 2 Halbsatz 2: vgl. § 12 Rdn. 7, 8.

Zu Absatz 5: ist darauf hinzuweisen, daß in dem Muster Anlage 1 ein Beispiel für die Teilveräußerng eines Miteigentumsanteils verbunden mit Sondereigentum (vgl. hierzu Rdn. 98 zu § 3 WEG) gegeben ist. Entsprechend ist auch zu verfahren, wenn ein Teilstück des gemeinschaftlichen Grundstücks an einen Dritten veräußert – z. B. eine Straßenfläche abgetreten – werden soll, ohne daß hierdurch das Sondereigentum berührt wird. In diesem Falle handelt es sich um eine Veränderung, die den Bestand des

Grundstücks betrifft. In sinngemäßer Anwendung des § 13 Abs. 4 GBV ist dann der auf dem Blatt verbleibende, in seiner Quote unveränderte Miteigentumsanteil an dem Restgrundstück – im übrigen entsprechend dem Muster Anlage 1 Seite 2 – unter neuer Nummer einzutragen, wobei in Spalte 2 auf die bisherige laufende Nummer („Rest von ...") zu verweisen ist; der Miteigentumsanteil an dem Teilstück wird in Spalten 7, 8 abgeschrieben. Entsprechend wird auf allen Wohnungsgrundbüchern verfahren. Die Miteigentumsanteile werden dann auf dem neuen Grundbuchblatt wieder zu einem Grundstück „zusammengesetzt", ein Vorgang, der im übrigen der Anlegung des Grundbuchs für das Grundstück im Falle des § 9 Abs. 3 WEG entspricht.

Zu Absatz 7: vgl. Rdn. 40 zu § 7 WEG.

§ 4. (1) Rechte, die ihrer Natur nach nicht an dem Wohnungseigentum als solchem bestehen können (wie z. B. Wegerechte), sind in Spalte 3 der zweiten Abteilung in der Weise einzutragen, daß die Belastung des ganzen Grundstücks erkennbar ist. Die Belastung ist in sämtlichen für Miteigentumsanteile dem belasteten Grundstück angelegten Wohnungs- und Teileigentumsgrundbüchern einzutragen, wobei jeweils auf die übrigen Eintragungen zu verweisen ist.

(2) Absatz 1 gilt entsprechend für Verfügungsbeschränkungen, die sich auf das Grundstück als Ganzes beziehen.

Zu § 4: Vgl. Rdn. 40 zu § 7 WEG.

§ 5. Bei der Bildung von Hypotheken-, Grundschuld- und Rentenschuldbriefen ist kenntlich zu machen, daß der belastete Gegenstand ein Wohnungseigentum (Teileigentum) ist.

Zu § 5: § 5 wurde durch die VO vom 1. 12. 1977 neu gefaßt. Der bisherige Satz 2 ist durch die VO v. 15. 7. 1959 aufgehoben worden.

§ 6. Sind gemäß § 7 Abs. 1 oder § 8 Abs. 2 WEG für die Miteigentumsanteile besondere Grundbuchblätter anzulegen, so werden die Miteigentumsanteile in den Spalten 7 und 8 des Bestandsverzeichnisses des Grundbuchblattes des Grundstücks abgeschrieben. Die Schließung des Grundbuchblattes gemäß § 7 Abs. 1 Satz 3 WEG unterbleibt, wenn auf dem Grundbuchblatt von der Abschreibung nicht betroffene Grundstücke eingetragen sind.

Zu § 6: Aus der Regelung des Satzes 1 folgt, daß, wie in Rdn. 2 zu § 7 ausgeführt, die Auflassung des Miteigentumsanteils in dem Wohnungsgrundstück eingetragen wird (vgl. Muster Anlage 1, 4. Seite, Spalte 4). **Satz 2** ergänzt den § 7 Abs. 1 Satz 3 WEG (vgl. auch § 34 Buchst. b GBV).

§ 7. Wird von der Anlegung besonderer Grundbuchblätter gemäß § 7 Abs. 2 WEG abgesehen, so sind in der Aufschrift unter die Blattnummer in Klammern die Worte „Gemeinschaftliches Wohnungsgrundbuch" oder „Gemeinschaftliches Teileigentumsgrundbuch" (im Falle des § 2 Satz 2 dieser Verfügung „Gemeinschaftliches Wohnungs- und Teileigentumsgrundbuch") zu setzen; die Angaben über die Einräumung von Sondereigentum sowie über den Gegenstand und Inhalt des Sondereigentums sind als Bezeichnung des Gemeinschaftsverhältnisses im Sinne des § 47 GBO gemäß § 9 Buchstabe b der Grundbuchverfügung in den Spalten 2 und 4 der ersten Abteilung einzutragen.

Zu § 7: Vgl. hierzu das Muster Anlage 2.

§ 8. Die Vorschriften der §§ 2 bis 7 gelten für Wohnungs- und Teilerbbaugrundbücher entsprechend.

Zu § 8: Vgl. hierzu das Muster Anlage 3. Hervorzuheben ist, daß Änderungen, die den Inhalt des Erbbaurechts betreffen, gemäß § 56 Abs. 1 Buchst. d der GBV in den Spalten 2 bis 4 eingetragen werden, während Änderungen, die den Gegenstand oder Inhalt des Sondereigentums (vgl. hierzu § 30 WEG) betreffen, entsprechend der Regelung in § 3 Abs. 5 dieser Verfügung in Spalte 6 eingetragen werden.

§ 9. Die nähere Einrichtung der Wohnungs- und Teileigentumsgrundbücher sowie der Wohnungs- und Teilerbbaugrundbücher ergibt sich aus den als Anlagen 1 bis 3 beigefügten Mustern. Für den Inhalt eines Hypothekenbriefes bei der Aufteilung des Eigentums am belasteten Grundstück in Wohnungseigentumsrechte nach § 8 WEG dient die Anlage 4 als Muster. Die in den Anlagen befindlichen Probeeintragungen sind als Beispiele nicht Teil dieser Verfügung.

Zu § 9: Vgl. § 22 GBV. Durch die VO v. 15. 7. 1959 Satz 2 eingefügt, Satz 3 geändert, Muster Anlage 4 angefügt. Durch die VO v. 1. 12. 1977 wurde Satz 2 Muster Anlage 4 geändert.

§ 10. (1) Die Befugnis der zuständigen Landesbehörden, zur Anpassung an landesrechtliche Besonderheiten ergänzende Vorschriften zu treffen, wird durch diese Verfügung nicht berührt.

Soweit auf die Vorschriften der Grundbuchverfügung verwiesen wird und deren Bestimmungen nach den für die Überleitung der Grundbuchverfügung bestimmten Maßgaben nicht anzuwenden sind, treten an die Stelle der in bezug genommenen Vorschriften der Grundbuchverfügung die entsprechenden anzuwendenden Regelungen über die Einrichtung und Führung der Grundbücher. Die in § 3 vorgesehenen Angaben sind in diesem Falle in die entsprechenden Spalten für den Bestand einzutragen.

(3) Ist eine Aufschrift mit Blattnummer nicht vorhanden, ist die in § 2 erwähnte Bezeichnung an vergleichbarer Stelle im Kopf der ersten Seite des Grundbuchblatts anzubringen.

Zu § 10 Abs. 1: Von dieser Möglichkeit war für die württembergischen Landesteile des Landes Baden-Württemberg Gebrauch gemacht worden. Die Vorschriften sind durch Anordnung v. 16. 12. 1981 (GABl 1982 S. 14) zum 31. 12. 1991 außer Kraft gesetzt worden. Des Näheren vgl. unten Anhang III 4.

§ 11. (Inkrafttreten)

Zu § 11: Die Verfügung wurde am 9. 8. 1951 verkündet und verschiedentlich geändert und ergänzt, vgl. Vorbemerkung zu Anh. III 2 der 7. Aufl. Die oben abgedruckte Fassung ist am 24. 1. 1995 bekanntgemacht worden (BGBl. I S. 134).

Anlage 1

(Wohnungs- und Teileigentumsgrundbuch)

Muster

(Vorderseite)

Amtsgericht Schönberg

Grundbuch

von

Waslingen

Band 6 Blatt 171

(Wohnungs- und Teileigentumsgrundbuch)

(Wohnungsgrundbuch)

Hinweis: Die Unterstreichung durch unterbrochene schwarze Linien deutet die Rotunterstreichung im Sinne des § 14 GBV an

(2. Seite) **Bestands-**

Lfd. Nummer der Grundstücke	Bisherige lfd. Nr. der Grundstücke	Bezeichnung der Grundstücke und der mit dem Eigentum verbundenen Rechte						Größe		
		Gemarkg. (Vermessungsbezirk)	Karte		Katasterbücher		Wirtschaftsart u. Lage	ha	a	m²
		a	b		c	d	e			
1	2	3						4		
			Flur	Flurstück	Lieg. B.	Geb. B.				
1		$^{42}/_{100}$ (zweiundvierzig Hundertstel) Miteigentumsanteil an dem Grundstück								
		Waslingen	3	112	120	317	Wohn- u. Geschäftshaus mit Garten Mühlenstr. 10	—	4	68
		verbunden mit Sondereigentum an dem Laden im Erdgeschoß und an der Wohnung im ersten Stockwerk links[1]; das Miteigentum ist durch die Einräumung der zu den anderen Miteigentumsanteilen (eingetragen Band 6 Blätter 172 bis 176) gehörenden Sondereigentumsrechte beschränkt. Der Wohnungs- und Teileigentümer bedarf zur Veräußerung des Wohnungs- und Teileigentums der Zustimmung der Mehrheit der übrigen Wohnungseigentümer. Im übrigen wird wegen des Gegenstandes und des Inhalts des Sondereigentums auf die Eintragungsbewilligung vom 6. Mai 1951 Bezug genommen. Eingetragen am 15. Mai 1951. Neu Meier								
2	Rest von 1	$^{14}/_{100}$ (vierzehn Hundertstel) Miteigentumsanteil an dem Grundstück								
		Waslingen	3	112	120	317	Wohn- u. Geschäftshaus mit Garten Mühlenstr. 10	—	4	68
		verbunden mit Sondereigentum an der Wohnung im ersten Stockwerk links; das Miteigentum ist durch die Einräumung der zu den anderen Miteigentumsanteilen (eingetragen Band 6 Blätter 172 bis 176, Band 8 Blatt 227) gehörenden Sondereigentumsrechte beschränkt.								
3 zu 2		Licht- und Fensterrecht an dem Grundstück Waslingen Flur 3 Flurstück 119, eingetragen im Grundbuch von Waslingen Band 1 Blatt 21 Abt. II Nr. 2, zugunsten des jeweiligen Eigentümers des Grundstücks Waslingen Flur 3 Flurstück 112.								

Zur Beachtung! Der aus technischen Gründen auf dieser Seite verwendete verschiedene Schriftgrad entspricht nicht der amtlichen Vorlage und ist daher ohne sachliche Bedeutung.

1 U. U. wird es sich empfehlen, noch die entsprechende Nr. des Aufteilungsplanes anzugeben.

verzeichnis (3. Seite)

Bestand und Zuschreibungen		Abschreibungen	
Zur laufenden Nummer d. Grundstücke		Zur laufenden Nummer d. Grundstücke	
5	6	7	8
1	Der Miteigentumsanteil ist bei Anlegung dieses Blattes von Band 2 Blatt 47 hierher übertragen am 15. Mai 1951. Neu Meier	1, 2	Von Nr. 1 sind $^{28}/_{100}$ Miteigentumsanteil, verbunden mit Sondereigentum an dem Laden im Erdgeschoß und den in der Eintragungsbewilligung vom 2. Juli 1955 sonst bezeichneten Räumlichkeiten, übertragen nach Band 8 Blatt 227 am 18. Juli 1955. Rest: Nr. 2. Neu Meier
3 / zu 2	Hier sowie auf den für die übrigen Miteigentumsanteile angelegten Grundbuchblättern (Band 6 Blätter 172 bis 176, Band 8 Blatt 227) vermerkt am 26. April 1956. Schmidt Lehmann		
2	Der Inhalt des Sondereigentums ist dahin geändert, daß a) die Zustimmung zur Veräußerung nicht erforderlich ist im Falle der Versteigerung nach § 19 des Wohnungseigentumsgesetzes sowie bei Veräußerung im Wege der Zwangsvollstreckung oder durch den Konkursverwalter; b) über den Gebrauch des Hofraums eine Vereinbarung getroffen ist. Eingetragen unter Bezugnahme auf die Eintragungsbewilligung vom 18. August 1958 am 2. September 1958 Schmidt Lehmann		
2	Der Gegenstand des Sondereigentums ist bezüglich eines Raumes geändert. Unter Bezugnahme auf die Eintragungsbewilligung vom 28. Februar 1959 eingetragen am 21. März 1959. Schmidt Lehmann		

(4. Seite) Erste Abteilung

Laufende Nummer der Eintragungen	*Eigentümer*	Laufende Nummer d. Grundstücke im Bestandsverzeich.	Grundlage der Eintragung
1	2	3	4
1 a b	Kaufmann Johann Müller in Waslingen, seine Ehefrau Johanna, geborene Schmitz, daselbst, Mitberechtigte je zur Hälfte.	1 3 ― zu 2	Der Miteigentumsanteil ist aufgelassen am 6. Mai 1951, eingetragen am 15. Mai 1951. Neu Meier Band 1 Blatt 21 eingetragen am 26. April 1956. Hier vermerkt am 26. April 1956. Schmidt Lehmann

Erste Abteilung (5. Seite)

Laufende Nummer der Eintragungen	*Eigentümer*	Laufende Nummer d.Grundstücke im Bestandsverzeich.	Grundlage der Eintragung
1	2	3	4

(6. Seite) **Zweite**

Laufende Nummer der Eintragungen	Laufende Nummer der betroffenen Grundstücke im Bestandsverzeichnis	Lasten und Beschränkungen
1	2	3
1	1	Geh- und Fahrtrecht an dem Grundstück Flur 3 Flurstück Nr. 112 für den jeweiligen Eigentümer des Grundstücks Band 1 Blatt 4 Nr. 2 des Bestandsverzeichnisses (Flur 3 Flurstück 115); eingetragen in Band 2 Blatt 47 am 4. April 1943 und hierher sowie auf die für die anderen Miteigentumsanteile angelegten Grundbuchblätter (Band 6 Blätter 172 bis 176) übertragen am 15. Mai 1951. Neu Meier
2	2	Wohnungsrecht für die Witwe Emilie Müller, geb. Schulze, in Waslingen. Eingetragen unter Bezugnahme auf die Eintragungsbewilligung vom 20. September 1956 am 11. Oktober 1956. Schmidt Lehmann

Abteilung (7. Seite)

Veränderungen		Löschungen	
Lfd. Nr. der Sp. 1		Lfd. Nr. der Sp. 1	
4	5	6	7

(8. Seite) Dritte

Laufende Nummer der Eintragungen	Laufende Nummer der belasteten Grundstücke im Bestandsverzeichnis	Betrag	Hypotheken, Grundschulden, Rentenschulden
1	2	3	4
1	1	10000 DM	Zehntausend Deutsche Mark Darlehen, mit sechs von Hundert jährlich verzinslich, für die Stadtsparkasse Waslingen. Die in Band 6 Blätter 172 bis 176 eingetragenen Wohnungseigentumsrechte haften mit. Die Erteilung eines Briefes ist ausgeschlossen. Unter Bezugnahme auf die Eintragungsbewilligung vom 8. Mai 1951 eingetragen am 17. Mai 1951. Neu Meier
2	2	3000 DM	Dreitausend Deutsche Mark Grundschuld mit sechs v. H. jährlich verzinslich für den Kaufmann Ernst Nuter in Neudorf. Unter Bezugnahme auf die Eintragungsbewilligung vom 17. Januar 1956 eingetragen am 2. Februar 1956 Schmidt Lehmann

Abteilung (9. Seite)

Veränderungen			Löschungen		
Lfd. Nr. der Sp. 1	Betrag		Lfd. Nr. der Sp. 1	Betrag	
5	6	7	8	9	10
1	10000 DM	Zur Mithaft übertragen nach Band 8 Blatt 227 am 18. Juli 1955. Neu Maier			

Anlage 2

(Erste Abteilung eines gemeinschaftlichen Wohnungsgrundbuchs)

Muster

Erste Abteilung

Laufende Nummer der Eintragungen	Eigentümer	Laufende Nummer der Grundstücke im Best. Verz.	Grundlage der Eintragung
1	2	3	4
1 a b c d	Kaufmännischer Angestellter Johann Ambert in Waslingen, Dentist Friedrich Beier in Waslingen, Mechaniker Karl Christ in Waslingen, Tischlermeister Georg Damm in Waslingen Miteigentümer zu je ein Viertel; jeder Miteigentumsanteil ist verbunden mit Sondereigentum an einer Wohnung des Hauses; das Miteigentum ist durch die Einräumung der Sondereigentumsrechte beschränkt.	1	Das Grundstück ist an die Miteigentümer aufgelassen am 10. Mai 1951. Wegen des Gegenstandes und des Inhalts des Sondereigentums wird auf die Eintragungsbewilligung vom 10. Mai 1951 Bezug genommen. Jeder Wohnungseigentümer bedarf zur Veräußerung des Wohnungseigentums der Zustimmung der anderen Wohnungseigentümer. Eingetragen am 28. Mai 1951. Neu Meier

Anlage 3

(Aufschrift- und
Bestandsverzeichnis eines
Wohnungserbbaugrundbuches)

Muster

(Vorderseite)

Amtsgericht Waslingen

Grundbuch

von

Waslingen

Band 5 Blatt 148

(Wohnungserbbaugrundbuch)

(2. Seite) **Bestandsverzeichnis**

Lfd. Nummer der Grundstücke	Bisherige lfd. Nr. der Grundstücke	Bezeichnung der Grundstücke und der mit dem Eigentum verbundenen Rechte					Größe		
		Gemarkg. (Vermessungsbezirk)	Karte	Steuerbücher		Wirtschaftsart u. Lage	ha	a	m²
		a	b	c	d	e			
1	2	3[1]					4		
1		$^1/_{12}$ (ein Zwölftel) Anteil an dem Erbbaurecht, das im Grundbuch von Waslingen, Band 1, Blatt 23, als Belastung des im Bestandsverzeichnis unter Nr. 2 verzeichneten Grundstücks							
		Waslingen	K.Bl. 5, Parz. $\frac{102}{66}$	Grdst. M R 27	—	Garten an der Wublitz	—	25	15
		in Abteilung II Nr. 1 für die Dauer von 99 Jahren seit dem Tage der Eintragung, dem 1. Juni 1951, eingetragen ist. Als Eigentümer des belasteten Grundstücks ist der Schlossermeister Walter Breithaupt in Waslingen eingetragen. Unter Bezugnahme auf die Eintragungsbewilligung vom 26. April 1951 bei der Anlegung dieses Wohnungserbbaugrundbuches hier vermerkt am 1. Juni 1951. Mit dem Anteil an dem Erbbaurecht ist das Sondereigentum an der Wohnung im 1. Stockwerk links des auf Grund des Erbbaurechts zu errichtenden Gebäudes verbunden; der Anteil ist durch die Einräumung der zu den anderen Anteilen (eingetragen Band 5, Blätter 137 bis 147) gehörenden Sondereigentumsrechte beschränkt. Der Wohnungserbbauberechtigte bedarf zur Veräußerung des Wohnungserbbaurechts der Zustimmung der Mehrheit der übrigen Wohnungserbbauberechtigten. Im übrigen wird wegen des Gegenstandes und des Inhalts des Sondereigentums auf die Eintragungsbewilligung vom 15. Mai 1951 Bezug genommen. Eingetragen am 1. Juni 1951. Fuchs Körner							
2		Der Inhalt des Erbbaurechts ist bezüglich der Heimfallgründe geändert. Eingetragen unter Bezugnahme auf die Eintragungsbewilligung vom 11. September 1955 am 3. Oktober 1955. Fuchs Körner							

1 Die Eintragungen in Spalte 3 könnten sich nach dem Muster Anl. 9 zur GBV auf den Raum der Spalten 2 und 4 erstrecken.

(3. Seite)

Bestand und Zuschreibungen		Abschreibungen	
Zur lfd. Nr. der Grundstücke		Zur lfd. Nr. der Grundstücke	
5	6	7	8
1	Der Inhalt des Sondereigentums ist hinsichtlich der Gebrauchsregelung geändert. Unter Bezugnahme auf die Eintragungsbewilligung vom 20. Februar 1956 eingetragen am 3. März 1956. Fuchs Körner		

Anlage 4

(Probeeintragungen in einen Hypothekenbrief bei Aufteilung des Eigentums am belasteten Grundstück in Wohnungseigentumsrechte nach § 8 des Wohnungseigentumsgesetzes)

Muster

Deutscher Hypothekenbrief

über

100000 Deutsche Mark

eingetragen im Grundbuch von
Waslingen (Amtsgericht Schönberg)
Band 3 Blatt 88 Abteilung III Nr. 3 (drei)

Inhalt der Eintragung

Nr. 3: 100000 (einhunderttausend) Deutsche Mark Darlehen für die Darlehensbank Aktiengesellschaft in Waslingen mit sechseinhalb vom Hundert jährlichen Zinsen. Unter Bezugnahme auf die Eintragungsbewilligung vom 28. September 1979 eingetragen am 18. Oktober 1979.

Belastetes Grundstück

Das im Bestandsverzeichnis des Grundbuchs unter Nr. 1 verzeichnete Grundstück.

Schönberg, den 18. Oktober 1979 Amtsgericht
(Siegel oder Stempel) (Unterschriften)

Das Eigentum an dem belasteten Grundstück ist in Wohnungseigentum aufgeteilt worden. Für die einzelnen Wohnungseigentumsrechte ist am 26. September 1980 jeweils ein Wohnungsgrundbuch angelegt worden. Diese Wohnungsgrundbücher haben folgende Bezeichnungen:

Wohnungsgrundbuch von Waslingen

Band	Blatt
4	97
4	98
4	99
4	100

In den vorgenannten Wohnungsgrundbüchern ist das Wohnungseigentum jeweils unter Nr. 1 im Bestandsverzeichnis eingetragen worden. Die Hypothek ist jeweils in die dritte Abteilung dieser Wohnungsgrundbücher unter Nr. 1 (eins) übertragen worden. Das Grundbuch von Waslingen Band 3 Blatt 88 ist geschlossen worden.*

Schönberg, den 29. September 1980 Amtsgericht

(Siegel oder Stempel) (Unterschriften)

Zu Anlage 4: Anlage 4 der Verfügung über die grundbuchmäßige Behandlung der Wohnungseigentumssachen wurde durch die VO vom 1. 12. 1977 (BGBl. I S. 2313, 2321) neu gefaßt.

3. Geschäftliche Behandlung von Angelegenheiten, die unter das Wohnungseigentumsgesetz fallen

Die geschäftliche Behandlung von Angelegenheiten, die unter das Wohnungseigentumsgesetz fallen, regelt grundsätzlich die Aktenordnung. In den Ländern sind ergänzende Regelungen teilweise in landesspezifischen Zusatzbestimmungen zu dem bundeseinheitlichen Teil der Aktenordnung und teilweise als selbständige Justizverwaltungsvorschriften ergangen. Sie haben u. a. zum Gegenstand:

a) die Kennzeichnung der Grundbuchgeschäfte;
b) die registermäßige Behandlung der nach §§ 43ff WEG anhängig werdenden Verfahren der freiwilligen Gerichtsbarkeit, der Prozeßverfahren gemäß §§ 51, 52 WEG sowie der Beschwerdeverfahren nach § 48 WEG und § 58 WEG.

Allerdings wurden die meisten landesrechtlichen Bestimmungen, welche die Eintragung der Anträge auf gerichtliche Entscheidung nach § 43 WEG in das Urkundsregister II betrafen, aufgehoben, da ihr Regelungsgehalt zwischenzeitlich als Nr. 8 in die Erläuterungen zum Urkundsregister (Muster 4 der Aktenordnung) in den bundeseinheitlichen Teil der Aktenordnung übernommen worden ist. Aus diesem Grunde ist z. B. die AV. des JM Nordrhein-Westfalen vom 17. 7. 1951 (V1 – 1454 – 16) (JMBl. NW 1951 S. 187) – Teil III Nr. 21 AktO – im Jahre 1985 außer Kraft gesetzt worden. Gleiches gilt für eine Rechtsverordnung des saarländischen Justizministers vom 15. 12. 1972, die durch eine AV. des JM Saarland vom 9. 1. 1986 aufgehoben wurde.

Teilweise haben die Länder in die landesspezifischen Zusatzbestimmungen zu § 25 der Aktenordnung (betrifft Urkundssachen) einschlägige Regelungen über die Eintragung in das Urkundsregister bei Wohnungseigentumsangelegenheiten aufgenommen; siehe z. B. Zusatzbestimmung 1a) zu § 25 AktO Schleswig-Holstein und Zusatzbestimmung 1b) zu § 25 AktO Bremen oder Zusatzbestimmung 1 zu § 25 AktO Hessen (betrifft die Eintragung der Anträge nach § 43 WEG in das Urkundsregister) sowie Zusatzbestimmung a) zu § 13 AktO Hessen (betrifft Eintragung der Verfahren nach §§ 51, 52 WEG in das Zivilprozeßregister des Amtsgerichts).

---

* Dieser Satz entfällt im Falle des § 6 Satz 2 der Verfügung über die grundbuchmäßige Behandlung der Wohnungseigentumssachen vom 1. August 1951.

Darüber hinaus ergibt sich für die einzelnen Bundesländer hinsichtlich der geschäftlichen Behandlung von Angelegenheiten des Wohnungseigentumsgesetzes die folgende Rechtslage:

Baden-Württemberg: Die AV. des JM vom 19. 1. 1953 (1454–7) (Die Justiz 1953 S. 41) wurde durch die Anordnung der Landesregierung und der Ministerien über die Bereinigung von Verwaltungsvorschriften des Landes vom 16. 12. 1981 (GABl. 1982 S. 14) zum 31. 12. 1991 außer Kraft gesetzt.

Bayern: Die Bekanntmachung über die geschäftliche Behandlung von Angelegenheiten des Wohnungseigentumsgesetzes (1454 – I – 3014/52) vom 22. 10. 1952 (JMBl. 1952 S. 244 = Bereinigte Sammlung der bayerischen Justizverwaltungsvorschriften III S. 136) wurde durch die Bekanntmachung vom 2. 11. 1979 (JMBl. 1979 S. 228) aufgehoben.

Berlin: Es gilt die Allgemeine Verfügung zur geschäftlichen Behandlung von Angelegenheiten des Wohnungseigentumsgesetzes (1454 – I/A. 3.51) vom 7. 1. 1952 (Amtsblatt für Berlin 1952 S. 70). Sie regelt die geschäftliche Behandlung der Verfahren nach den §§ 43ff, 45, 48, 51, 52 WEG. Die Verfügung gilt laut Schreiben der Senatsverwaltung für Justiz vom 12. 11. 1993 (Geschäftszeichen III A 2–3133 E–III–1948/93) unverändert fort.

Brandenburg: Keine besondere Regelung.

Bremen: Keine besondere Regelung.

Hamburg: Keine besondere Regelung.

Hessen: Der Runderlaß des Hessischen Ministers der Justiz vom 14. 8. 1951 (3850 – IIIa 3138) (JMBl. 1951 S. 77) ist zehn Jahre nach seiner Veröffentlichung durch Zeitablauf außer Kraft getreten. Soweit Grundbuchgeschäfte, die sich aus dem WEG ergeben, betroffen sind, findet die Registrierung derzeit aufgrund der Erlasse vom 17. 5. 1976 und dem 28. 9. 1977 (5111 SH 23 – I/8 411/76) probeweise in der Form statt, daß in den Spalten 4a, 4b und 4c die Zahl der Teilungserklärungen, die Zahl der neu anzulegenden Blätter sowie die Zahl der Eintragungen und Löschungen in Abteilung II und III sowie in Spalte 5d die Veränderungen im Wohnungsgrundbuch (Zahl der einzutragenden Veränderungen in Abteilung II Spalte 5 und Abteilung III Spalte 7) registriert werden.

Mecklenburg-Vorpommern: –

Niedersachsen: Keine besondere Regelung

Nordrhein-Westfalen: Keine besondere Regelung, zur AV. vom 17. 7. 1951 siehe oben.

Rheinland-Pfalz: Die LV vom 12. 9. 1951 (3348–35/51) (JBl. 1951 S. 71) ist durch Nr. 12 der VV JM über die Bereinigung der Justizverwaltungsvorschriften vom 19. 2. 1981 (1281a – 1 – 1/81) (JBl. 1981 S. 61) aufgehoben worden. Die LV vom 12. 9. 1951 (3348 – 36/51) (JBl. 1951 S. 71) ist durch Nr. 13 der VV JM über die Bereinigung der Justizverwaltungsvorschriften vom 21. 11. 1986 (1281a – 1 – 5/81) (JBl. 1986 S. 277) aufgehoben worden.

Saarland: Keine besondere Regelung, zur VO vom 15. 12. 1979 siehe oben.

Sachsen: Keine besondere Regelung

Sachsen-Anhalt: Keine besondere Regelung

Schleswig-Holstein: Die Rundverfügung vom 15. 3. 1952 (VIII/12/1454–17–) ist durch Nr. 5 der AV. des Justizministers vom 21. 6. 1977 (V/120/

1454–236–) (Schleswig-Holsteinische Anzeigen 1977 S. 198) aufgehoben worden. Die amtliche Veröffentlichung in den Schleswig-Holsteinischen Anzeigen spricht zwar von der Aufhebung des Erlasses vom 15. 3. 1951, doch handelt es sich bei der abweichenden Jahreszahl um ein Versehen (Schreiben des schleswig-holsteinischen Justizministeriums vom 4. 3. 1994, Geschäftszeichen 330/3448 E – 10).

Thüringen: Keine besondere Regelung.

In den meisten Ländern sind Vorschriften hinsichtlich der Pflicht des Grundbuchamtes, an öffentliche Stellen, insbesondere Katasterämter, Mitteilungen über grundbuchmäßige Vorgänge zu machen, erlassen worden. Siehe z. B. für Rheinland-Pfalz und Sachsen die Anmerkung zu § 10 WGBV (unter III 4 des Anhanges).

4. Landesrechtliche Vorschriften aufgrund des § 10 WGBV

Besonderheiten aufgrund des § 10 WGBV (Anhang III 2) sind für die nachfolgend genannten Bundesländer zu verzeichnen.

Baden-Württemberg: Bestehende landesrechtliche Vorschriften hinsichtlich der grundbuchmäßigen Behandlung von WEG-Sachen wurden aufgehoben, neue wurden nicht erlassen. – In Baden-Württemberg war für den ehemals württembergischen Landesteil des früheren Landes Württemberg-Baden die Verfügung über die grundbuchmäßige Behandlung der Wohnungseigentumssachen vom 20. 8. 1951 (Amtsblatt des Württemberg-Badischen Justizministeriums 1951 S. 73) ergangen. Die Verfügung galt gemäß Art. 31 des Überleitungsgesetzes vom 15. 5. 1952 (Gesetzblatt des Landes Baden-Württemberg 1952 S. 3) in den entsprechenden Landesteilen des Landes Baden-Württemberg fort. Sie wurde modifiziert durch die AV. des JM vom 29. 7. 1959 (3448 – III/42) (Die Justiz 1959 S. 181). Beide Verfügungen wurden bis zur 7. Auflage des Kommentars in Anhang III 2c abgedruckt. Die **Verfügung vom 20. 8. 1951** wurde durch die Anordnung der Landesregierung und der Ministerien über die Bereinigung von Verwaltungsvorschriften des Landes vom 16. 12. 1981 (GABl. 1982 S. 14) zum 31. 12. 1991 **außer Kraft gesetzt.** – Für den ehemals württembergischen Landesteil des früheren Landes Württemberg-Hohenzollern war eine ähnliche Verfügung erlassen worden (Verfügung des Justizministeriums Württemberg-Hohenzollern vom 20. 8. 1951, Staatsanzeiger 1951 S. 404), die gleichfalls durch die AV. des JM vom 29. 7. 1959 modifiziert wurde und nach Art. 31 des Überleitungsgesetzes in den entsprechenden Landesteilen des Landes Baden-Württemberg fortgalt. Diese Verfügung vom 20. 8. 1951 trat aufgrund der Anordnung der Landesregierung und der Ministerien über die Bereinigung von Verwaltungsvorschriften vom 13. 2. 1979 (Die Justiz 1979, S. 282) zum 31. 12. 1980 außer Kraft.

Bayern: Zu verweisen ist auf die Geschäftsanweisung für die Behandlung der Grundbuchsachen (GBGA) vom 7. 12. 1981 (JMBl. 1981 S. 190 = BayBSVJu 3151–J). Die GBGA betrifft allgemein Grundbuchsachen und gilt in Bayern anstelle der Allgemeinen Verfügung über die geschäftliche Behandlung der Grundbuchsachen. Besondere landesrechtliche Vorschriften für die grundbuchmäßige Behandlung des Wohnungseigentums bestehen nicht. Einschlägig waren zwei Bekanntmachungen vom 24. 8. 1951 (Beide wurden bis zur 7. Auflage des Kommentars in Anhang III 2d abgedruckt). Sie sind außer Kraft getreten: Die Bekanntmachung über die Führung des Sachregisters für das Wohnungseigentum (–3440–IV–27468) vom 24. 8. 1951 (– JMBl. 1951 S. 166 = Bereinigte Sammlung der bayerischen Justizverwaltungsvorschriften (BayBSVJu) III S. 136) wurde durch die Bekanntmachung vom 20. 11. 1979 (JMBl. 1979 S. 236), mit der die Aktenordnung geändert wurde, aufgehoben. – Die Bekanntmachung über die geschäftliche Behandlung der Grundbuchsachen in Angelegenheiten des Wohnungseigentumsgesetzes (– 3440 – IV 27468) vom 24. 8. 1951 (JMBl. 1951 S. 188 = BayBSVJu III S. 136) wurde durch die GBGA aufgehoben.

Rheinland-Pfalz: Die bis zur 7. Auflage des Kommentars in Anhang III 2e abgedruckte AV. des JM vom 8. 6.1953 (3856 – II.6/53) (JBl. 1953 S. 49) verpflichtete die Grundbuchämter, den Kataster-(Vermessungs-)ämtern bei der Anlegung von Wohnungs-, Teileigentums-, Wohnungserbbau- und Teilerbbaugrundbuchblättern Mitteilung zu machen. Diese AV. ist nach Inkrafttreten der Anordnung über Mitteilungen in Zivilsachen (MiZi) durch Abschnitt II Nr. 63 der AV. des JM vom 1. 10. 1967 (1432a – II B. 94/67, JBl. 1967 S. 180) aufgehoben worden. Die Mitteilungspflichten ergeben sich nunmehr aus Nummer XVIII/1 der MiZi.

Sachsen: Die Sächsische Grundbuchverordnung (SächsGrundbV) vom 14. 6. 1991 (Sächsisches Gesetz- und Verordnungsblatt 1991 S. 154) trat nach ihrem § 14 Abs. 1 am 1. 7. 1991 in Kraft. Sie wurde in Ausführung von § 3 Sächsisches Grundbuchgesetz vom 13. 6. 1991 (Sächsisches Gesetz- und Verordnungsblatt 1991 S. 153) erlassen, um die Einrichtung und Führung der Grundbücher zu regeln, soweit das, insbesondere durch Anlage I Kapitel III Sachgebiet B Abschnitt III Nr. 4 und 5 des Einigungsvertrages (siehe Anhang II) dem Landesrecht überlassen ist. Daneben ermächtigt § 3 Sächsisches Grundbuchgesetz das Staatsministerium der Justiz zum Erlaß einer Rechtsverordnung über die Mitteilungspflichten des Grundbuchamtes an öffentliche Stellen. § 3 Sächsisches Grundbuchgesetz trat nach dessen § 7 Abs. 1 S. 1 am 14. 6. 1991 in Kraft. § 2 SächsGrundBV lautet:

„Für die Einrichtung der Grundbücher gelten die Vorschriften der Allgemeinen Verfügung über die Einrichtung und Führung des Grundbuchs (Grundbuchverfügung) sowie der Verfügung über die grundbuchmäßige Behandlung der Wohnungseigentumssachen, soweit sich nicht aus den nachstehenden Vorschriften Abweichendes ergibt. Für die Führung der Grundbücher sind die Grundbuchverfügung und die Verfügung über die grundbuchmäßige Behandlung der Wohnungseigentumssachen anzuwenden, soweit sich nicht aus den nachstehenden Vorschriften Abweichendes ergibt oder aus besonderen Gründen Abweichungen erforderlich sind. Sind Abweichungen erforderlich, so sind die vor dem 3. Oktober 1990 erlassenen Vorschriften nach Maßgabe des Einigungsvertrages Anlage I Kapitel III Sachgebiet B Abschnitt III Nr. 4 Buchst. c anzuwenden."

5. Überleitungsvorschriften zum früheren saarländischen WEG[1]

Das WEG ist im Saarland mit Ablauf der Übergangszeit nach Art. 3 des Saarvertrages v. 27. 10. 1956 (BGBl. II S. 1587 – d.h. mit Ablauf des 5. 7. 1959 (Bek. v. 30. 6. 1959, BGBl. I S. 401) – nach Maßgabe des § 3 Abschn. II Nr. 1 des Gesetzes zur Einführung von Bundesrecht im Saarland vom 30. 6. 1959 (BGBl. I S. 313) in Kraft getreten; gleichzeitig ist das saarländische WEG außer Kraft getreten.

Die Vorschrift hat folgenden **Wortlaut:**

„1. Das Gesetz über das Wohnungseigentum und das Dauerwohnrecht (Wohnungseigentumsgesetz) vom 15. März 1951 (Bundesgesetzblatt 1 S. 175, berichtigt: Bundesgesetzbl. I S. 209) in der Fassung des Artikels 14 des Gesetzes über Maßnahmen auf dem Gebiete des Kostenrechts vom 7. August 1952 (Bundesgesetzbl. I S. 401) und des Artikels X § 6, Artikels XI § 4 Abs. 5 Nr. 15 des Gesetzes zur Änderung und Ergänzung kostenrechtlicher Vorschriften vom 26. Juli 1957 (Bundesgesetzbl. I S. 861) tritt mit folgenden Maßgaben in Kraft:

a) Auf Wohnungseigentumsrechte und Dauerwohnrechte, die vor dem Ende der Übergangszeit begründet worden sind, findet das Gesetz Nr. 331 über Wohnungseigentum und Dauerwohnrecht vom 13. Juli 1952 (Amtsblatt des Saarlandes S. 686) weiterhin Anwendung.

b) Wohnungseigentumsrechte und Dauerwohnrechte, die vor dem Ende der Übergangszeit begründet worden sind, können in die entsprechenden Rechte nach Bundesrecht umgewandelt werden. Bei Geschäften, die diese Umwandlung zum Gegenstand haben, ist als Geschäftswert für die Berechnung der hierdurch veranlaßten Gebühren der Gerichte und Notare im Falle des Wohnungseigentums ein Fünfundzwanzigstel des Einheitswertes des Grundstückes, im Falle des Dauerwohnrechts ein Fünfundzwanzigstel des Wertes des Rechtes anzunehmen. Entsprechendes gilt, wenn ein Rechtsverhältnis, das auf die Begründung von Wohnungseigentum oder Dauerwohnrecht gerichtet ist, im Hinblick auf die Einführung des Bundesrechts geändert wird.

Erfolgt die Umwandlung oder Änderung gemäß Absatz 1 binnen zweier Jahre seit dem Ende der Übergangszeit, so ermäßigen sich die Gerichtsgebühren auf die Hälfte. Die Frist gilt als gewahrt, wenn der Antrag auf Eintragung in das Grundbuch rechtzeitig gestellt ist."

---

[1] Der Wortlaut des saarl. WEG war in den Vorauflagen bis zur 3. Aufl. wiedergegeben.

IV. Ergänzende Vorschriften

1. Gesetz zur Heilung des Erwerbs von Wohnungseigentum

Vom 3. Januar 1994 (BGBl. I S. 66)

Der Bundestag hat das folgende Gesetz beschlossen:

Artikel 1. Änderung des Wohnungseigentumsgesetzes. Das Wohnungseigentumsgesetz in der im Bundesgesetzblatt Teil III, Gliederungsnummer 403-1, veröffentlichten bereinigten Fassung, zuletzt geändert durch Artikel 10 des Gesetzes vom 11. Januar 1993 (BGBl. I S. 50), wird wie folgt geändert:

Nach § 60 wird folgender § 61 eingefügt:

„§ 61

Fehlt eine nach § 12 erforderliche Zustimmung, so sind die Veräußerung und das zugrundeliegende Verpflichtungsgeschäft unbeschadet der sonstigen Voraussetzungen wirksam, wenn die Eintragung der Veräußerung oder einer Auflassungsvormerkung in das Grundbuch vor dem 15. Januar 1994 erfolgt ist und es sich um die erstmalige Veräußerung dieses Wohnungseigentums nach seiner Begründung handelt, es sei denn, daß eine rechtskräftige gerichtliche Entscheidung entgegensteht. Das Fehlen der Zustimmung steht in diesen Fällen dem Eintritt der Rechtsfolgen des § 878 des Bürgerlichen Gesetzbuchs nicht entgegen. Die Sätze 1 und 2 gelten entsprechend in den Fällen der §§ 30 und 35 des Wohnungseigentumsgesetzes."

Art. 2. Schlußbestimmung. Dieses Gesetz tritt am Tage nach der Verkündung in Kraft.

Anmerkung: Erläuterungen zu dem Gesetz finden sich im Kommentarteil zu § 61 WEG.

2. Verordnung über die Pflichten der Makler, Darlehens- und Anlagenvermittler, Bauträger und Baubetreuer (Makler- und Bauträgerverordnung – MaBV –)

in der Fassung der Bekanntmachung vom 7. November 1990
(BGBl. I S. 2479)

(Auszug)

§ 1. Anwendungsbereich. Diese Verordnung gilt für Gewerbetreibende, die nach § 34c Abs. 1 der Gewerbeordnung der Erlaubnis bedürfen. Gewerbetreibende, die

1. als Versicherungs- oder Bausparkassenvertreter im Rahmen ihrer Tätigkeit für ein der Aufsicht des Bundesaufsichtsamtes für das Versicherungswesen unterliegendes Versicherungsunternehmen oder für eine der Aufsicht des Bundesaufsichtsamtes für das Kreditwesen unterliegende Bausparkasse den Abschluß von Verträgen über Darlehen vermitteln oder die Gelegenheit zum Abschluß solcher Verträge nachweisen oder
2. den Abschluß von Verträgen über die Nutzung der von ihnen für Rechnung Dritter verwalteten Grundstücke, grundstücksgleichen Rechte, gewerblichen Räume oder Wohnräume vermitteln oder die Gelegenheit zum Abschluß solcher Verträge nachweisen,

unterliegen hinsichtlich dieser Tätigkeit nicht den Vorschriften dieser Verordnung.

§ 2. Sicherheitsleistung, Versicherung. (1) Bevor der Gewerbetreibende zur Ausführung des Auftrages Vermögenswerte des Auftraggebers erhält oder zu deren Verwendung ermächtigt wird, hat er dem Auftraggeber in Höhe dieser Vermögenswerte Sicherheit zu leisten oder eine zu diesem Zweck geeignete Versicherung abzuschließen; dies gilt nicht in den Fällen des § 34c Abs. 1 Satz 1 Nr. 2 Buchstabe der Gewerbeordnung, sofern dem Auftraggeber Eigentum an einem Grundstück übertragen oder ein Erbbaurecht bestellt oder übertragen werden soll. Zu sichern sind Schadensersatzansprüche des Auftraggebers wegen etwaiger von dem Gewerbetreibenden und den Personen, die er zur Verwendung der Vermögenswerte ermächtigt hat, vorsätzlich begangener unerlaubter Handlungen, die sich gegen die in Satz 1 bezeichneten Vermögenswerte richten.

(2) Die Sicherheit kann nur durch die Stellung eines Bürgen geleistet werden. Als Bürge können nur Körperschaften des öffentlichen Rechts mit Sitz im Geltungsbereich dieser Verordnung, Kreditinstitute, die eine Erlaubnis zum Geschäftsbetrieb nach dem Gesetz über das Kreditwesen besitzen, sowie Versicherungsunternehmen bestellt werden, die eine Erlaubnis zum Betrieb der Bürgschaftsversicherung nach dem Versicherungsaufsichtsgesetz besitzen. Die Bürgschaftserklärung muß den Verzicht auf die Einrede der Vorausklage enthalten. Die Bürgschaft darf nicht vor dem Zeitpunkt ablaufen, der sich aus Absatz 5 ergibt.

(3) Versicherungen sind nur dann im Sinne des Absatzes 1 geeignet, wenn

1. das Versicherungsunternehmen eine Erlaubnis zum Betrieb der Vertrauensschadensversicherung nach dem Versicherungsaufsichtsgesetz besitzt und
2. die allgemeinen Versicherungsbedingungen dem Zweck dieser Verordnung gerecht werden, insbesondere den Auftraggeber aus dem Versicherungsvertrag auch in den Fällen des Konkurs- und des Vergleichsverfahrens des Gewerbetreibenden unmittelbar berechtigen.

(4) Sicherheiten und Versicherungen können nebeneinander geleistet und abgeschlossen werden. Sie können für jeden einzelnen Auftrag oder für mehrere gemeinsam geleistet oder abgeschlossen werden. Der Gewerbetreibende hat dem Auftraggeber die zur unmittelbaren Inanspruchnahme von Sicherheiten und Versicherungen erforderlichen Urkunden auszuhändigen, bevor

er Vermögenswerte des Auftraggebers erhält oder zu deren Verwendung ermächtigt wird.

(5) Die Sicherheiten und Versicherungen sind aufrechtzuerhalten

1. in den Fällen des § 34c Abs. 1 Satz 1 Nr. 1 der Gewerbeordnung, bis der Gewerbetreibende die Vermögenswerte an den in dem Auftrag bestimmten Empfänger übermittelt hat,
2. in den Fällen den § 34c Abs. 1 Satz 1 Nr. 2 Buchstabe a der Gewerbeordnung, sofern ein Nutzungsverhältnis begründet werden soll, bis zur Einräumung des Besitzes und Begründung des Nutzungsverhältnisses,
3. in den Fällen des § 34c Abs. 1 Satz 1 Nr. 2 Buchstabe b der Gewerbeordnung bis zur Rechnungslegung; sofern die Rechnungslegungspflicht gemäß § 8 Abs. 2 entfällt, endet die Sicherungspflicht mit der vollständigen Fertigstellung des Bauvorhabens.

Erhält der Gewerbetreibende Vermögenswerte des Auftraggebers in Teilbeträgen, oder wird er ermächtigt, hierüber in Teilbeträgen zu verfügen, endet die Verpflichtung aus Absatz 1 Satz 1, erster Halbsatz, in bezug auf die Teilbeträge, sobald er dem Auftraggeber die ordnungsgemäße Verwendung dieser Vermögenswerte nachgewiesen hat; die Sicherheiten und Versicherungen für den letzten Teilbetrag sind bis zu dem in Satz 1 bestimmten Zeitpunkt aufrechtzuerhalten.

§ 3. Besondere Sicherungspflichten für Bauträger. (1) Der Gewerbetreibende darf in den Fällen des § 34c Abs. 1 Satz 1 Nr. 2 Buchst. a der Gewerbeordnung, sofern dem Auftraggeber Eigentum an einem Grundstück übertragen oder ein Erbbaurecht bestellt oder übertragen werden soll, Vermögenswerte des Auftraggebers zur Ausführung des Auftrages erst entgegennehmen oder sich zu deren Verwendung ermächtigen lassen, wenn

1. der Vertrag zwischen dem Gewerbetreibenden und dem Auftraggeber rechtswirksam ist und die für seinen Vollzug erforderlichen Genehmigungen vorliegen, diese Voraussetzungen durch eine schriftliche Mitteilung des Notars bestätigt und dem Gewerbetreibenden keine vertraglichen Rücktrittsrechte eingeräumt sind,
2. zur Sicherung des Anspruchs des Auftraggebers auf Eigentumsübertragung oder Bestellung oder Übertragung eines Erbbaurechts an dem Vertragsobjekt eine Vormerkung an der vereinbarten Rangstelle im Grundbuch eingetragen ist; bezieht sich der Anspruch auf Wohnungs- oder Teileigentum oder ein Wohnungs- oder Teilerbbaurecht, so muß außerdem die Begründung dieses Rechts im Grundbuch vollzogen sein,
3. die Freistellung des Vertragsobjekts von allen Grundpfandrechten, die der Vormerkung im Range vorgehen oder gleichstehen und nicht übernommen werden sollen, gesichert ist, und zwar auch für den Fall, daß das Bauvorhaben nicht vollendet wird,
4. die Baugenehmigung erteilt worden ist.

Die Freistellung nach Satz 1 Nr. 3 ist gesichert, wenn gewährleistet ist, daß die nicht zu übernehmenden Grundpfandrechte im Grundbuch gelöscht werden, und zwar, wenn das Bauvorhaben vollendet wird, unverzüglich nach Zahlung der geschuldeten Vertragssumme, andernfalls unverzüglich nach Zahlung des dem erreichten Bautenstand entsprechenden Teils der geschuldeten Vertragssumme durch den Auftraggeber. Für den Fall, daß das Bauvorhaben nicht vollendet wird, kann sich der Kreditgeber vorbehalten, an Stelle der Freistellung alle vom Auftraggeber vertragsgemäß im Rahmen des Absatzes 2 bereits geleisteten Zahlungen bis zum anteiligen Wert des Vertragsobjekts zurückzuzahlen. Die zur Sicherung der Freistellung erforderlichen Erklärungen einschließlich etwaiger Erklärungen nach Satz 3 müssen dem Auftraggeber ausgehändigt worden sein. Liegen sie bei Abschluß des notaritellen Vetrages bereits vor, muß sie in dem Vertrag Bezug genommen sein; anderenfalls muß der Vertrag einen ausdrücklichen Hinweis auf die Verpflichtung des Gewerbetreibenden zur Aushändigung der Erklärungen und deren notwendigen Inhalt enthalten.

(2) Der Gewerbetreibende darf in den Fällen des Absatzes 1 die Vermögenswerte ferner höchstens in folgenden Teilbeträgen zu den jeweils angegebenen Terminen entgegennehmen oder sich zu deren Verwendung ermächtigen lassen:

1. 30 vom Hundert der Vertragssumme in den Fällen, in denen Eigentum an einem Grundstück übertragen werden soll, oder 20 vom Hundert der Vertragssumme in den Fällen, in denen ein Erbbaurecht bestellt oder übertragen werden soll, nach Beginn der Erdarbeiten,
2. vom restlichen Teil der Vertragssumme
   40 vom Hundert nach Rohbaufertigstellung,
   25 vom Hundert nach Fertigstellung der Rohinstallation einschließlich Innenputz, ausgenommen Beiputzarbeiten,
   15 vom Hundert nach Fertigstellung der Schreiner- und Glaserarbeiten, ausgenommen Türblätter,
   15 vom Hundert nach Bezugsfertigkeit und Zug um Zug gegen Besitzübergabe,
   5 vom Hundert nach vollständiger Fertigstellung.

Betrifft das Bauvorhaben einen Altbau, so gilt der Ratenplan des Satzes 1 entsprechend.

(3) Der Gewerbetreibende darf in den Fällen des § 34c Abs. 1 Satz 1 Nr. 2 Buchstabe a der Gewerbeordnung, sofern ein Nutzungsverhältnis begründet werden soll, Vermögenswerte des Auftraggebers zur Ausführung des Auftrages nur entgegennehmen oder sich zu deren Verwendung ermächtigen lassen

1. in Höhe von 20 vom Hundert der Vertragssumme nach Vertragsabschluß,
2. von dem restlichen Teil der Vertragssumme nach Maßgabe des Zahlungsplanes in Absatz 2 Nr. 2.

Absatz 1 Satz 1 Nr. 1 und 4 gilt entsprechend.

§ 4. Verwendung von Vermögenswerten des Auftraggebers. (1) Der Gewerbetreibende darf Vermögenswerte des Auftraggebers, die er erhalten hat oder zu deren Verwendung er ermächtigt worden ist, nur verwenden

1. in den Fällen des § 34c Abs. 1 Satz 1 Nr. 1 der Gewerbeordnung zur Erfüllung des Vertrages, der durch die Vermittlung oder die Nachweistätigkeit des Gewerbetreibenden zustande gekommen ist,
2. in den Fällen des § 34c Abs. 1 Satz 1 Nr. 2 der Gewerbeordnung zur Vorbereitung und Durchführung des Bauvorhabens, auf das sich der Auftrag bezieht; als Bauvorhaben gilt das einzelne Gebäude, bei Einfamilienreihenhäusern die einzelne Reihe.

(2) Der Gewerbetreibende darf in den Fällen des § 34c Abs. 1 Satz 1 Nr. 2 Buchstabe b der Gewerbeordnung, in denen er das Bauvorhaben für mehrere Auftraggeber vorbereitet und durchführt, die Vermögenswerte der Auftraggeber nur im Verhältnis der Kosten der einzelnen Einheiten zu den Gesamtkosten des Bauvorhabens verwenden.

§ 5. Hilfspersonal. Ermächtigt der Gewerbetreibende andere Personen, Vermögenswerte des Auftraggebers zur Ausführung des Auftrages entgegenzunehmen oder zu verwenden, so hat er sicherzustellen, daß dies nur nach Maßgabe der §§ 3 und 4 geschieht.

§ 6. Getrennte Vermögensverwaltung. (1) Erhält der Gewerbetreibende zur Ausführung des Auftrages Vermögenswerte des Auftraggebers, so hat er sie von seinem Vermögen und dem seiner sonstigen Auftraggeber getrennt zu verwalten. Dies gilt nicht für vertragsgemäß im Rahmen des § 3 Abs. 2 oder 3 Satz 1 geleistete Zahlungen.

(2) Der Gewerbetreibende hat Gelder, die er vom Auftraggeber erhält, unverzüglich für Rechnung des Auftraggebers auf ein Sonderkonto bei einem Kreditinstitut im Sinne des § 2 Abs. 2 Satz 2 einzuzahlen und auf diesem Konto bis zur Verwendung im Sinne des § 4 zu belassen. Er hat dem Kreditinstitut offenzulegen, daß die Gelder für fremde Rechnung eingelegt werden und hierbei den Namen, Vornamen und die Anschrift des Auftraggebers anzugeben. Er hat das Kreditinstitut zu verpflichten, den Auftraggeber unverzüglich zu benachrichtigen, wenn die Einlage von dritter Seite gepfändet oder das Konkursverfahren oder das Vergleichsverfahren zur Abwendung des Konkurses über das Vermögen des Gewerbetreibenden eröffnet wird, und dem Auftraggeber jederzeit Auskunft über den Stand des Kontos zu erteilen. Er hat das Kreditinstitut ferner zu verpflichten, bei diesem Konto weder das Recht der Aufrechnung noch ein Pfand- oder Zurückbehaltungsrecht geltend zu machen, es sei denn wegen Forderungen, die in Bezug auf das Konto selbst entstanden sind.

(3) Wertpapiere im Sinne des § 1 Abs. 1 des Gesetzes über die Verwahrung und Anschaffung von Wertpapieren, die der Gewerbetreibende vom Auftraggeber erhält, hat er unverzüglich für Rechnung des Auftraggebers einem Kreditinstitut im Sinne des § 2 Abs. 2 Satz 2 zur Verwahrung anzuvertrauen. Absatz 2 Satz 2 bis 4 ist anzuwenden.

§ 7. Ausnahmevorschrift. (1) Gewebetreibende im Sinne des § 34c Abs. 1 Satz 1 Nr. 2 Buchstabe a der Gewerbeordnung, die dem Auftraggeber Eigentum an einem Grundstück zu übertragen oder ein Erbbaurecht zu bestellen oder zu übertragen haben, sind von den Verpflichtungen des § 3 Abs. 1 und 2, des § 4 Abs. 1 und der §§ 5 und 6, die übrigen Gewerbetreibenden im Sinne des § 34c Abs. 1 der Gewerbeordnung sind von den Verpflichtungen des § 2, des § 3 Abs. 3 und der §§ 4 bis 6 freigestellt, sofern sie Sicherheit über alle etwaigen Ansprüche des Auftraggebers auf Rückgewähr oder Auszahlung seiner Vermögenswerte im Sinne des § 2 Abs. 1 Satz 1 geleistet haben. § 2 Abs. 2, Abs. 4 Satz 2 und 3 und Abs. 5 Satz 1 gilt entsprechend. In den Fällen des § 34c Abs. 1 Satz 1 Nr. 2 Buchstabe a der Gewerbeordnung, in denen dem Auftraggeber Eigentum an einem Grundstück übertragen oder ein Erbbaurecht bestellt oder übertragen werden soll, ist die Sicherheit aufrechtzuerhalten, bis die Vorausetzungen des § 3 Abs. 1 erfüllt sind und das Vertragsobjekt vollständig fertigestellt ist. Ein Austausch der Sicherungen der §§ 2 bis 6 und derjenigen des § 7 ist zulässig.

(2) Der Gewerbetreibende ist von den in Absatz 1 Satz 1 erwähnten Verpflichtungen auch dann freigestellt, wenn es sich bei dem Auftraggeber um

1. eine juristische Person des öffentlichen Rechts oder ein öffentlich-rechtliches Sondervermögen oder
2. einen in das Handelsregister oder das Genossenschaftsregister eingetragenen Kaufmann

handelt und der Auftraggeber in gesonderter Urkunde auf die Anwendung dieser Bestimmungen verzichtet. Im Falle des Satzes 1 Nr. 2 hat sich der Gewerbetreibende vom Auftraggeber dessen Eigenschaft als Kaufmann durch einen Auszug aus dem Handelsregister oder dem Genossenschaftsregister nachweisen zu lassen.

3. Mietrechtliche Vorschriften

a) § 564b BGB – Auszug –

[Berechtigtes Interesse des Vermieters an der Kündigung]. (1) Ein Mietverhältnis über Wohnraum kann der Vermieter vorbehaltlich der Regelung in Absatz 4 nur kündigen, wenn er ein berechtigtes Interesse an der Beendigung des Mietverhältnisses hat.

(2) Als ein berechtigtes Interesse des Vermieters an der Beendigung des Mietverhältnises ist es insbesondere anzusehen, wenn

1. der Mieter seine vertraglichen Verpflichtungen schuldhaft nicht unerheblich verletzt hat;
2. der Vermieter die Räume als Wohnung für sich, die zu seinem Hausstand gehörenden Personen oder seine Familienangehörigen benötigt. Ist an den vermieteten Wohnräumen nach der Überlassung an den Mieter Wohnungseigentum begründet und das Wohnungseigentum veräußert worden, so kann sich der Erwerber auf berechtigte Interessen im Sinne des Satzes 1 nicht vor Ablauf von drei Jahren seit der Veräußerung an ihn berufen. Ist die ausreichende Versorgung der Bevölkerung mit Mietwohnungen zu angemessenen Bedingungen in einer Gemeinde oder einem Teil einer Gemeinde besonders gefährdet, so verlängert sich die Frist nach

Satz 2 auf fünf Jahre. Diese Gebiete werden durch Rechtsverordnung der Landesregierungen für die Dauer von jeweils höchstens fünf Jahren bestimmt.

(3) . . .

Anmerkung: § 564b ist in das BGB durch Gesetz vom 18. 12. 1974 eingefügt und vielfach geändert worden, zuletzt durch das Vierte Mietrechtsänderungsgesetz vom 21. 7. 1993 (BGBl. I S. 1257). Im Lande Berlin gilt aufgrund Gesetzes vom 14. 7. 1987 ein besonderer Kündigungsschutz bei Umwandlung von Altbaumietwohnungen in Eigentumswohnungen. Von der Ermächtigung nach Abs. 2 Nr. 2 S. 3 haben die Landesregierungen Gebrauch gemacht; Zusammenstellung mit Angabe der betroffenen Gebiete in: „Miet,- Wohn- und Wohnungsbaurecht", Loseblattausgabe (München Beck) bei § 564b BGB.

b) § 570a BGB

(1) Werden vermietete Wohnräume, an denen nach der Überlassung an den Mieter Wohnungseigentum begründet worden ist oder begründet werden soll, an einen Dritten verkauft, so ist der Mieter zum Vorkauf berechtigt. Dies gilt nicht, wenn der Vermieter die Wohnräume an eine zu seinem Hausstand gehörende Person oder an einen Familienangehörigen verkauft.

(2) Die Mitteilung des Verkäufers oder des Dritten über den Inhalt des Kaufvertrages ist mit einer Unterrichtung des Mieters über sein Vorkaufsrecht zu verbinden.

(3) Stirbt der Mieter, so geht das Vorkaufsrecht auf denjenigen über, der das Mietverhältnis nach § 569a Abs. 1 oder 2 fortsetzt.

(4) Eine zum Nachteil des Mieters abweichende Vereinbarung ist unwirksam.

Anmerkung: § 570b ist in das BGB eingefügt worden durch das Vierte Mietrechtsänderungsgesetz vom 21. 7. 1993 (BGBl I S. 1257). § 570b ist nicht anzuwenden, wenn der Vertrag mit dem Dritten vor dem 1. 9. 1993 abgeschlossen worden ist.

4. Verordnung über die verbrauchsabhängige Abrechnung der Heiz- und Warmwasserkosten (Verordnung über Heizkostenabrechnung – HeizkostenV)

in der Fassung der Bekanntmachung vom 20. Januar 1989 (BGBl. I S. 116)

Mit Maßgaben für das Gebiet der ehem. DDR durch Anlage 1 Kapitel V Sachgebiet D Abschnitt III Nr. 10 Einigungsvertrag vom 31. August 1990 (BGBl. II S. 889, 1007)

§ 1. Anwendungsbereich. (1) Diese Verordnung gilt für die Verteilung der Kosten

1. des Betriebs zentraler Heizungsanlagen und zentraler Warmwasserversorgungsanlagen,
2. der eigenständig gewerblichen Lieferung von Wärme und Warmwasser, auch aus Anlagen nach Nummer 1, (Wärmelieferung, Warmwasserlieferung)

durch den Gebäudeeigentümer auf die Nutzer der mit Wärme oder Warmwasser versorgten Räume.

(2) Dem Gebäudeeigentümer stehen gleich

1. der zur Nutzungsüberlassung in eigenem Namen und für eigene Rechnung Berechtigte,
2. derjenige, dem der Betrieb von Anlagen im Sinne des § 1 Abs. 1 Nr. 1 in der Weise übertragen worden ist, daß er dafür ein Entgelt vom Nutzer zu fordern berechtigt ist,
3. beim Wohnungseigentum die Gemeinschaft der Wohnungseigentümer im Verhältnis zum Wohnungseigentümer, bei Vermietung einer oder mehrerer Eigentumswohnungen der Wohnungseigentümer im Verhältnis zum Mieter.

(3) Diese Verordnung gilt auch für die Verteilung der Kosten der Wärmelieferung und Warmwasserlieferung auf die Nutzer der mit Wärme oder Warmwasser versorgten Räume, soweit der Lieferer unmittelbar mit den Nutzern abrechnet und dabei nicht den für den einzelnen Nutzer bemessenen Verbrauch, sondern die Anteile der Nutzer am Gesamtverbrauch zugrunde legt; in diesen Fällen gelten die Rechte und Pflichten des Gebäudeeigentümers aus dieser Verordnung für den Lieferer.

(4) Diese Verordnung gilt auch für Mietverhältnisse über preisgebundenen Wohnraum, soweit für diesen nichts anderes bestimmt ist.

§ 2. Vorrang vor rechtsgeschäftlichen Bestimmungen. Außer bei Gebäuden mit nicht mehr als zwei Wohnungen, von denen eine der Vermieter selbst bewohnt, gehen die Vorschriften dieser Verordnung rechtsgeschäftlichen Bestimmungen vor.

§ 3. Anwendung auf das Wohnungseigentum. Die Vorschriften dieser Verordnung sind auf Wohnungseigentum anzuwenden unabhängig davon, ob durch Vereinbarung oder Beschluß der Wohnungseigentümer abweichende Bestimmungen über die Verteilung der Kosten der Versorgung mit Wärme und Warmwasser getroffen worden sind. Auf die Anbringung und Auswahl der Ausstattung nach den §§ 4 und 5 sowie auf die Verteilung der Kosten und die sonstigen Entscheidungen des Gebäudeeigentümers nach den §§ 6 bis 9b und 11 sind die Regelungen entsprechend anzuwenden, die für die Verwaltung des gemeinschaftlichen Eigentums im Wohnungseigentumsgesetz enthalten oder durch Vereinbarung der Wohnungseigentümer getroffen worden sind. Die Kosten für die Anbringung der Ausstattung sind entsprechend den dort vorgesehenen Regelungen über die Tragung der Verwaltungskosten zu verteilen.

§ 4. Pflicht zur Verbrauchserfassung. (1) Der Gebäudeeigentümer hat den anteiligen Verbrauch der Nutzer an Wärme und Warmwasser zu erfassen.

(2) Er hat dazu die Räume mit Ausstattungen zur Verbrauchserfassung zu versehen; die Nutzer haben dies zu dulden. Will der Gebäudeeigentümer die Ausstattung zur Verbrauchserfassung mieten oder durch eine andere Art der Gebrauchsüberlassung beschaffen, so hat er dies den Nutzern vorher unter

Angabe der dadurch entstehenden Kosten mitzuteilen; die Maßnahme ist unzulässig, wenn die Mehrheit der Nutzer innerhalb eines Monats nach Zugang der Mitteilung widerspricht. Die Wahl der Ausstattung bleibt im Rahmen des § 5 dem Gebäudeeigentümer überlassen.

(3) Gemeinschaftlich genutzte Räume sind von der Pflicht zur Verbrauchserfassung ausgenommen. Dies gilt nicht für Gemeinschaftsräume mit nutzungsbedingt hohem Wärme- oder Warmwasserverbrauch, wie Schwimmbäder oder Saunen.

(4) Der Nutzer ist berechtigt, vom Gebäudeeigentümer die Erfüllung dieser Verpflichtung zu verlangen.

§ 5. Ausstattung zur Verbrauchserfassung. (1) Zur Erfassung des anteiligen Wärmeverbrauchs sind Wärmezähler oder Heizkostenverteiler, zur Erfassung des anteiligen Warmwasserverbrauchs Warmwasserzähler oder andere geeignete Ausstattungen zu verwenden. Soweit nicht eichrechtliche Bestimmungen zur Anwendung kommen, dürfen nur solche Ausstattungen zur Verbrauchserfassung verwendet werden, hinsichtlich derer sachverständige Stellen bestätigt haben, daß sie den anerkannten Regeln der Technik entsprechen oder daß ihre Eignung auf andere Weise nachgewiesen wurde. Als sachverständige Stellen gelten nur solche Stellen, deren Eignung die nach Landesrecht zuständige Behörde im Benehmen mit der Physikalisch-Technischen Bundesanstalt bestätigt hat. Die Ausstattungen müssen für das jeweilige Heizsystem geeignet sein und so angebracht werden, daß ihre technisch einwandfreie Funktion gewährleistet ist.

(2) Wird der Verbrauch der von einer Anlage im Sinne des § 1 Abs. 1 versorgten Nutzer nicht mit gleichen Ausstattungen erfaßt, so sind zunächst durch Vorerfassung vom Gesamtverbrauch die Anteile der Gruppen von Nutzern zu erfassen, deren Verbrauch mit gleichen Ausstattungen erfaßt wird. Der Gebäudeeigentümer kann auch bei unterschiedlichen Nutzungs- oder Gebäudearten oder aus anderen sachgerechten Gründen eine Vorerfassung nach Nutzergruppen durchführen.

§ 6. Pflicht zur verbrauchsabhängigen Kostenverteilung. (1) Der Gebäudeeigentümer hat die Kosten der Versorgung mit Wärme und Warmwasser auf der Grundlage der Verbrauchserfassung nach Maßgabe der §§ 7 bis 9 auf die einzelnen Nutzer zu verteilen.

(2) In den Fällen des § 5 Abs. 2 sind die Kosten zunächst mindestens zu 50 vom Hundert nach dem Verhältnis der erfaßten Anteile am Gesamtverbrauch auf die Nutzergruppen aufzuteilen. Werden die Kosten nicht vollständig nach dem Verhältnis der erfaßten Anteile am Gesamtverbrauch aufgeteilt, sind

1. die übrigen Kosten der Versorgung mit Wärme nach der Wohn- oder Nutzfläche oder nach dem umbauten Raum auf die einzelnen Nutzergruppen zu verteilen; es kann auch die Wohn- oder Nutzfläche oder der umbaute Raum der beheizten Räume zugrunde gelegt werden,
2. die übrigen Kosten der Versorgung mit Warmwasser nach der Wohn- oder Nutzfläche auf die einzelnen Nutzergruppen zu verteilen.

Die Kostenanteile der Nutzergruppen sind dann nach Absatz 1 auf die einzelnen Nutzer zu verteilen.

(3) In den Fällen des § 4 Abs. 3 Satz 2 sind die Kosten nach dem Verhältnis der erfaßten Anteile am Gesamtverbrauch auf die Gemeinschaftsräume und die übrigen Räume aufzuteilen. Die Verteilung der auf die Gemeinschaftsräume entfallenden anteiligen Kosten richtet sich nach rechtsgeschäftlichen Bestimmungen.

(4) Die Wahl der Abrechnungsmaßstäbe nach Absatz 2 sowie nach den §§ 7 bis 9 bleibt dem Gebäudeeigentümer überlassen. Er kann diese einmalig für künftige Abrechnungszeiträume durch Erklärung gegenüber den Nutzern ändern

1. bis zum Ablauf von drei Abrechnungszeiträumen nach deren erstmaliger Bestimmung,
2. bei der Einführung einer Vorerfassung nach Nutzergruppen,
3. nach Durchführung von baulichen Maßnahmen, die nachhaltig Einsparungen von Heizenergie bewirken.

Die Festlegung und die Änderung der Abrechnungsmaßstäbe sind nur mit Wirkung zum Beginn eines Abrechnungszeitraumes zulässig.

§ 7. Verteilung der Kosten der Versorgung mit Wärme. (1) Von den Kosten des Betriebs der zentralen Heizungsanlage sind mindestens 50 vom Hundert, höchstens 70 vom Hundert nach dem erfaßten Wärmeverbrauch der Nutzer zu verteilen. Die übrigen Kosten sind nach der Wohn- oder Nutzfläche oder nach dem umbauten Raum zu verteilen, es kann auch die Wohn- und Nutzfläche oder der umbaute Raum der beheizten Räume zugrunde gelegt werden.

(2) Zu den Kosten des Betriebs der zentralen Heizungsanlage einschließlich der Abgasanlage gehören die Kosten der verbrauchten Brennstoffe und ihrer Lieferung, die Kosten des Betriebsstromes, die Kosten der Bedienung, Überwachung und Pflege der Anlage, der regelmäßigen Prüfung ihrer Betriebsbereitschaft und Betriebssicherheit einschließlich der Einstellung durch einen Fachmann, der Reinigung der Anlage und des Betriebsraumes, die Kosten der Messungen nach dem Bundes-Immissionsschutzgesetz, die Kosten der Anmietung oder anderer Arten der Gebrauchsüberlassung einer Ausstattung zur Verbrauchserfasung sowie die Kosten der Verwendung einer Ausstattung zur Verbrauchserfassung einschließlich der Kosten der Berechnung und Aufteilung.

(3) Für die Verteilung der Kosten der Wärmelieferung gilt Absatz 1 entsprechend.

(4) Zu den Kosten der Wärmelieferung gehören das Entgelt für die Wärmelieferung und die Kosten des Betriebs der zugehörigen Hausanlagen entsprechend Absatz 2.

§ 8. Verteilung der Kosten der Versorgung mit Warmwasser. (1) Von den Kosten des Betriebs der zentralen Warmwasserversorgungsanlage sind mindestens 50 vom Hundert, höchstens 70 vom Hundert nach dem erfaßten

Warmwasserverbrauch, die übrigen Kosten nach der Wohn- oder Nutzfläche zu verteilen.

(2) Zu den Kosten des Betriebs der zentralen Warmwasserversorgungsanlage gehören die Kosten der Wasserversorgung, soweit sie nicht gesondert abgerechnet werden, und die Kosten der Wassererwärmung entsprechend § 7 Abs. 2. Zu den Kosten der Wasserversorgung gehören die Kosten des Wasserverbrauchs, die Grundgebühren und die Zählermiete, die Kosten der Verwendung von Zwischenzählern, die Kosten des Betriebs einer hauseigenen Wasserversorgungsanlage und einer Wasseraufbereitungsanlage einschließlich der Aufbereitungsstoffe.

(3) Für die Verteilung der Kosten der Warmwasserlieferung gilt Abatz 1 entsprechend.

(4) Zu den Kosten der Warmwasserlieferung gehören das Entgelt für die Lieferung des Warmwassers und die Kosten des Betriebs der zugehörigen Hausanlagen entsprechend § 7 Abs. 2.

§ 9. Verteilung der Kosten der Versorgung mit Wärme und Warmwasser bei verbundenen Anlagen. (1) Ist die zentrale Anlage zur Versorgung mit Wärme mit der zentralen Warmwasserversorgungsanlage verbunden, so sind die einheitlich entstandenen Kosten des Betriebs aufzuteilen. Die Anteile an den einheitlich entstandenen Kosten sind nach den Anteilen am Energieverbrauch (Brennstoff- oder Wärmeverbrauch) zu bestimmen. Kosten, die nicht einheitlich entstanden sind, sind dem Anteil an den einheitlich entstandenen Kosten hinzuzurechnen. Der Anteil der zentralen Anlage zur Versorgung mit Wärme ergibt sich aus dem gesamten Verbrauch nach Abzug des Verbrauchs der zentralen Warmwasserversorgungsanlage. Der Anteil der zentralen Warmwasserversorgungsanlage am Brennstoffverbrauch ist nach Absatz 2, der Anteil am Wärmeverbrauch nach Absatz 3 zu ermitteln.

(2) Der Brennstoffverbrauch der zentralen Warmwasserversorgungsanlage (B) ist in Litern, Kubikmetern oder Kilogramm nach der Formel

$$B = \frac{2{,}5 \cdot V \cdot (t_w - 10)}{H_u}$$

zu errechnen. Dabei sind zugrunde zu legen

1. das gemessene Volumen des verbrauchten Warmwassers (V) in Kubikmetern;
2. die gemessene oder geschätzte mittlere Temperatur des Warmwassers (t_w) in Grad Celsius;
3. der Heizwert des verbrauchten Brennstoffes (H_u) in Kilowattstunden (kWh) je Liter (l), Kubikmeter (m^3) oder Kilogramm (kg). Als H_u-Werte könne verwendet werden für

Heizöl	10 kWh/l
Stadtgas	4,5 kWh/m^3
Erdgas L	9 kWh/m^3
Erdgas H	10,5 kWh/m^3
Brechkoks	8 kWh/kg

   Enthalten die Abrechnungsunterlagen des Energieversorgungsunternehmens H_u-Werte, so sind diese zu verwenden.

Der Brennstoffverbrauch der zentralen Warmwasserversorgungsanlage kann auch nach den anerkannten Regeln der Technik errechnet werden. Kann das Volumen des verbrauchten Warmwassers nicht gemessen werden, ist als Brennstoffverbrauch der zentralen Wasserversorgungsanlage ein Anteil von 18 vom Hundert der insgesamt verbrauchten Brennstoffe zugrunde zu legen.

(3) Die auf die zentrale Warmwasserversorgungsanlage entfallende Wärmemenge (Q) ist mit einem Wärmezähler zu messen. Sie kann auch in Kilowattstunden nach der Formel

$$Q = 2{,}0 \cdot V \cdot (t_w - 10)$$

errechnet werden. Dabei sind zugrunde zu legen

1. das gemessene Volumen des verbrauchten Warmwassers (V) in Kubikmetern;
2. die gemessene oder geschätzte mittlere Temperatur des Warmwassers (t_w) in Grad Celsius.

Die auf die zentrale Warmwasserversorgungsanlage entfallende Wärmemenge kann auch nach den anerkannten Regeln der Technik errechnet werden. Kann sie weder nach Satz 1 gemessen noch nach den Sätzen 2 bis 4 errechnet werden, ist dafür ein Anteil von 18 vom Hundert der insgesamt verbrauchten Wärmemenge zugrunde zu legen.

(4) Der Anteil an den Kosten der Versorgung mit Wärme ist nach § 7 Abs. 1, der Anteil an den Kosten der Versorgung mit Warmwasser nach § 8 Abs. 1 zu verteilen, soweit diese Verordnung nichts anderes bestimmt oder zuläßt.

§ 9a. Kostenverteilung in Sonderfällen. (1) Kann der anteilige Wärme- oder Warmwasserverbrauch von Nutzern für einen Abrechnungszeitraum wegen Geräteausfalls oder aus anderen zwingenden Gründen nicht ordnungsgemäß erfaßt werden, ist er vom Gebäudeeigentümer auf der Grundlage des Verbrauchs der betroffenen Räume in vergleichbaren früheren Abrechnungszeiträumen oder des Verbrauchs vergleichbarer anderer Räume im jeweiligen Abrechnungszeitraum zu ermitteln. Der so ermittelte anteilige Verbrauch ist der bei der Kostenverteilung anstelle des erfaßten Verbrauchs zugrunde zu legen.

(2) Überschreitet die von der Verbrauchsermittlung nach Absatz 1 betroffene Wohn- oder Nutzfläche oder der umbaute Raum 25 vom Hundert der für die Kostenverteilung maßgeblichen gesamten Wohn- oder Nutzfläche oder des maßgeblichen gesamten umbauten Raumes, sind die Kosten ausschließlich nach den nach § 7 Abs. 1 Satz 2 und § 8 Abs. 1 für die Verteilung der übrigen Kosten zugrunde zu legenden Maßstäben zu verteilen.

§ 9b. Kostenaufteilung bei Nutzerwechsel. (1) Bei Nutzerwechsel innerhalb eines Abrechnungszeitraumes hat der Gebäudeeigentümer eine Ablesung der Ausstattung zur Verbrauchserfassung der vom Wechsel betroffenen Räume (Zwischenablesung) vorzunehmen.

(2) Die nach dem erfaßten Verbrauch zu verteilenden Kosten sind auf der Grundlage der Zwischenablesung, die übrigen Kosten des Wärmeverbrauchs

auf der Grundlage der sich aus anerkannten Regeln der Technik ergebenden Gradtagszahlen oder zeitanteilig und die übrigen Kosten des Warmwasserverbrauchs zeitanteilig auf Vor- und Nachnutzer aufzuteilen.

(3) Ist eine Zwischenablesung nicht möglich oder läßt sie wegen des Zeitpunktes des Nutzerwechsels aus technischen Gründen keine hinreichend genaue Ermittlung der Verbrauchsanteile zu, sind die gesamten Kosten nach den nach Absatz 2 für die übrigen Kosten geltenden Maßstäben aufzuteilen.

(4) Von den Absätzen 1 bis 3 abweichende rechtsgeschäftliche Bestimmungen bleiben unberührt.

§ 10. Überschreitung der Höchstsätze. Rechtsgeschäftliche Bestimmungen, die höhere als die in § 7 Abs. 1 und § 8 Abs. 1 genannten Höchstsätze von 70 vom Hundert vorsehen, bleiben unberührt.

§ 11. Ausnahmen. (1) Soweit sich die §§ 3 bis 7 auf die Versorgung mit Wärme beziehen, sind sie nicht anzuwenden

1. auf Räume,
   a) bei denen das Anbringen der Ausstattung zur Verbrauchserfassung, die Erfassung des Wärmeverbrauchs oder die Verteilung der Kosten des Wärmeverbrauchs nicht oder nur mit unverhältnismäßig hohen Kosten möglich ist oder
   b) die vor dem 1. Juli 1981 bezugsfertig geworden sind und in denen der Nutzer den Wärmeverbrauch nicht beeinflussen kann;
2. a) auf Alters- und Pflegeheime, Studenten- und Lehrlingsheime,
   b) auf vergleichbare Gebäude oder Gebäudeteile, deren Nutzung Personengruppen vorbehalten ist, mit denen wegen ihrer besonderen persönlichen Verhältnisse regelmäßig keine üblichen Mietverträge abgeschlossen werden;
3. auf Räume in Gebäuden, die überwiegend versorgt werden
   a) mit Wärme aus Anlagen zur Rückgewinnung von Wärme oder aus Wärmepumpen- oder Solaranlagen oder
   b) mit Wärme aus Anlagen der Kraft-Wärme-Kopplung oder aus Anlagen zur Verwertung von Abwärme, sofern der Wärmeverbrauch des Gebäudes nicht erfaßt wird,

   wenn die nach Landesrecht zuständige Stelle im Interesse der Energieeinsparung und der Nutzer eine Ausnahme zugelassen hat;
4. auf die Kosten des Betriebs der zugehörigen Hausanlagen, soweit diese Kosten in den Fällen des § 1 Abs. 3 nicht in den Kosten der Wärmelieferung enthalten sind, sondern vom Gebäudeeigentümer gesondert abgerechnet werden;
5. in sonstigen Einzelfällen, in denen die nach Landesrecht zuständige Stelle wegen besonderer Umstände von den Anforderungen dieser Verordnung befreit hat, um einen unangemessenen Aufwand oder sonstige unbillige Härten zu vermeiden.

(2) Soweit sich die §§ 3 bis 6 und § 8 auf die Versorgung mit Warmwasser beziehen, gilt Absatz 1 entsprechend.

§ 12. Kürzungsrecht, Übergangsregelungen. (1) Soweit die Kosten der Versorgung mit Wärme oder Warmwasser entgegen den Vorschriften dieser Verordnung nicht verbrauchsabhängig abgerechnet werden, hat der Nutzer das Recht, bei der nicht verbrauchsabhängigen Abrechnung der Kosten den auf ihn entfallenden Anteil um 15 vom Hundert zu kürzen. Dies gilt nicht beim Wohnungseigentum im Verhältnis des einzelnen Wohnungseigentümers zur Gemeinschaft der Wohnungseigentümer insoweit verbleibt es bei den allgemeinen Vorschriften.

(2) Die Anforderungen des § 5 Abs. 1 Satz 2 gelten als erfüllt

1. für die am 1. Januar 1987 für die Erfassung des anteiligen Warmwasserverbrauchs vorhandenen Warmwasserkostenverteiler und
2. für die am 1. Juli 1981 bereits vorhandenen sonstigen Ausstattungen zur Verbrauchserfassung.

(3) Bei preisgebundenen Wohnungen im Sinne der Neubaumietenverordnung 1970 gilt Absatz 2 mit der Maßgabe, daß an die Stelle des Datums „1. Juli 1981" das Datum „1. August 1984" tritt.

(4) § 1 Abs. 3, § 4 Abs. 3 Satz 2 und § 6 Abs. 3 gelten für die Abrechnungszeiträume, die nach dem 30. September 1989 beginnen; rechtsgeschäftliche Bestimmungen über eine frühere Anwendung dieser Vorschriften bleiben unberührt.

(5) Wird in den Fällen des § 1 Abs. 3 der Wärmeverbrauch der einzelnen Nutzer am 30. September 1989 mit Einrichtung zur Messung der Wassermenge ermittelt, gilt die Anforderung des § 5 Abs. 1 Satz 1 als erfüllt.

§ 13. Berlin-Klausel. *(gegenstandslos)*

§ 14. (Inkrafttreten)

5. Verordnung über energiesparende Anforderungen an heizungstechnische Anlagen und Brauchwasseranlagen (Heizungsanlagen-Verordnung – HeizAnlV)*

Vom 22. März 1994 (BGBl. I S. 613)

Auf Grund des § 2 Abs. 2 und 3, des § 3 Abs. 2 und der §§ 4 und 5 des Energieeinsparungsgesetzes vom 22. Juli 1976 (BGBl. I S. 1873), von denen die §§ 4 und 5 durch Gesetz vom 20. Juni 1980 (BGBl. I S. 701) geändert worden sind, verordnet die Bundesregierung:

---

* § 2 Abs. 4 letzter Satz und Abs. 5 bis 7, § 3, § 5 Abs. 3 Satz 2 und § 13 Nr. 1 und 2 dienen der Umsetzung der Richtlinie 92/42/EWG des Rates vom 21. Mai 1992 über die Wirkungsgrade von mit flüssigen oder gasförmigen Brennstoffen beschickten neuen Warmwasserheizkesseln (ABl. EG Nr. L 167 S. 17, L 195 S. 32).

§ 1. Anwendungsbereich. (1) Diese Verordnung gilt für heizungstechnische sowie der Versorgung mit Brauchwasser dienende Anlagen und Einrichtungen mit einer Nennwärmeleistung von 4 kW oder mehr,

1. wenn sie in Gebäuden zum dauernden Verbleib eingebaut oder aufgestellt werden oder
2. wenn sie in Gebäuden zum dauernden Verbleib eingebaut oder aufgestellt sind, soweit
   a) sie ersetzt, erweitert oder umgerüstet werden oder
   b) für sie nachträgliche Anforderungen nach § 4 Abs. 4 gestellt sind oder
   c) sie mit Einrichtungen zur Begrenzung von Betriebsbereitschaftsverlusten nach § 5 Abs. 2 nachzurüsten sind oder
   d) sie mit Einrichtungen zur Steuerung und Regelung nach § 7 Abs. 3 oder § 8 Abs. 6 nachzurüsten sind oder
   e) Anforderungen an ihren Betrieb nach § 9 gestellt sind.

(2) Ausgenommen sind

1. Anlagen und Einrichtungen in Heizkraftwerken einschließlich Spitzenheizwerken sowie in Müllheizwerken;
2. Anlagen in Gebäuden mit einem Jahres-Heizwärmebedarf von weniger als 22 kWh je Quadratmeter beheizbarer Gebäudenutzfläche oder 7 kWh je Kubikmeter beheizbarem Gebäudevolumen.

§ 2. Begriffsbestimmungen. (1) Heizungstechnische Anlagen im Sinne dieser Verordnung sind mit Wasser als Wärmeträger betriebene Zentralheizanlagen (Zentralheizungen) oder Einzelheizgeräte, soweit sie der Deckung des Wärmebedarfs von Räumen oder Gebäuden dienen. Zu den heizungstechnischen Anlagen und Einrichtungen gehören neben den Wärmeerzeugern auch Maschinen, Apparate, Wärmeverteilungsnetze, Rohrleitungszubehör, Abgas-, Wärmeverbrauchs-, Regelungs- und Meßeinrichtungen sowie andere in funktionalem Zusammenhang stehende Bauteile.

(2) Der Versorgung mit Brauchwasser dienende Anlagen (Brauchwasseranlagen) im Sinne dieser Verordnung sind Einzelgeräte oder Zentralsysteme. Zu den Brauchwasseranlagen und -einrichtungen gehören neben den Wärmeerzeugern auch Maschinen, Apparate, Verteilungsnetze, Rohrleitungszubehör, Abgas-, Entnahme-, Regelungs- und Meßeinrichtungen sowie andere in funktionalem Zusammenhang stehende Bauteile.

(3) Wärmeerzeuger im Sinne dieser Verordnung ist die Einheit von Wärmeaustauscher und Feuerungseinrichtung für den Betrieb mit festen, flüssigen oder gasförmigen Brennstoffen.

(4) Nennwärmeleistung im Sinne dieser Verordnung ist die höchste von der Wärmeerzeugungsanlage im Dauerbetrieb nutzbar abgegebene Wärmemenge je Zeiteinheit; ist die Wärmeerzeugungsanlage für einen Nennwärmeleistungsbereich eingerichtet, so ist die Nennwärmeleistung die in den Grenzen des Nennwärmeleistungsbereichs fest eingestellte und auf einem Zusatzschild angegebene höchste nutzbare Wärmeleistung; ohne Zusatzschild gilt als Nennwärmeleistung der höchste Wert des Nennwärmeleistungsbereichs.

Die Nennwärmeleistung der Wärmeerzeugungsanlage nach Satz 1 gilt auch als die Nennwärmeleistung der Anlagen nach den Absätzen 1 und 2. Bei Wärmeerzeugern, die mit einem CE-Zeichen und der EG-Konformitätserklärung nach § 3 versehen sind, gilt als Nennwärmeleistung der in der EG-Konformitätserklärung als „Nennleistung in KW" angegebene Wert.

(5) Standardheizkessel im Sinne dieser Verordnung sind Wärmeerzeuger, die mit dem CE-Zeichen und der EG-Konformitätserklärung nach § 3 versehen und in der EG-Konformitätserklärung als Standardheizkessel ausgewiesen sind.

(6) Niedertemperatur-Heizkessel (NT-Kessel) im Sinne dieser Verordnung sind Wärmeerzeuger, die mit dem CE-Zeichen und der EG-Konformitätserklärung nach § 3 versehen und in der EG-Konformitätserklärung als Niedertemperatur-Heizkessel ausgewiesen sind und Wärmeerzeuger mit mehrstufiger oder stufenlos verstellbarer Feuerungsleistung, wenn sie die Wirkungsgradanforderungen für Niedertemperatur-Heizkessel im Sinne des Artikels 5 Abs. 1 der Richtlinie 92/42/EWG des Rates vom 21. Mai 1992 über die Wirkungsgrade von mit flüssigen oder gasförmigen Brennstoffen beschickten neuen Warmwasserheizkesseln (ABl. EG Nr. L 167 S. 17, L 195 S. 32) einhalten, auch wenn sie eine Eintrittstemperatur von 40 °C überschreiten. Bis zum 31. Dezember 1997 gelten als NT-Kessel auch

1. Wärmeerzeuger, die so ausgestattet oder beschaffen sind, daß die Temperatur des Wärmeträgers im Wärmeerzeuger in Abhängigkeit von Außentemperatur oder einer anderen geeigneten Führungsgröße sowie der Zeit durch selbsttätig wirkende Einrichtungen zwischen höchstens 75 °C und 40 °C oder tiefer gleitet oder die auf nicht mehr als 55 °C eingestellt sind;
2. Wärmeerzeuger mit Einrichtungen für eine mehrstufige oder stufenlos verstellbare Feuerungsleistung, die so ausgestattet oder beschaffen sind, daß die Temperatur des Wärmeträgers im Wärmeerzeuger in Abhängigkeit von der Außentemperatur oder einer anderen geeigneten Führungsgröße sowie der Zeit durch selbsttätig wirkende Einrichtungen bis höchstens 75 °C gleitet oder die auf nicht mehr als 55 °C eingestellt sind.

(7) Brennwertkessel im Sinne dieser Verordnung sind Wärmeerzeuger; die mit dem CE-Zeichen und der EG-Konformitätserklärung nach § 3 versehen und in der EG-Konformitätserklärung als Brennwertkessel ausgewiesen sind. Bis zum 31. Dezember 1997 gelten als Brennwertkessel auch Wärmeerzeuger, bei denen Verdampfungswärme des im Abgas enthaltenen Wasserdampfes konstruktionsbedingt durch Kondensation nutzbar gemacht wird.

§ 3. CE-Zeichen und EG-Konformitätserklärung bei Wärmeerzeugern. (1) In Serie hergestellte Wärmeerzeuger für Zentralheizungen, die ausschließlich für den Betrieb mit flüssigen oder gasförmigen Brennstoffen vorgesehen sind, dürfen ab dem 1. Januar 1998 nur dann zum dauernden Verbleib eingebaut oder aufgestellt werden, wenn sie mit dem CE-Zeichen nach Anhang I Nr. 1 der Richtlinie 92/42/EWG des Rates vom 21. Mai 1992 über die Wirkungsgrade von mit flüssigen oder gasförmigen Brennstoffen beschickten neuen Warmwasserheizkesseln (ABl. EG Nr. L 167 S. 17, L 195

S. 32) und der EG-Konformitätserklärung versehen und in dieser als Niedertemperatur-Heizkessel oder Brennwertkessel ausgewiesen sind oder die Voraussetzungen als Niedertemperatur-Heizkessel nach § 2 Abs. 6 Satz 1 zweite Alternative erfüllen. Satz 1 gilt auch für Wärmeaustauscher und Feuerungseinrichtungen, die zu Wärmeerzeugern für Zentralheizungen zusammengefügt werden; dabei sind die Bedingungen für den Zusammenbau nach der EG-Konformitätserklärung zu beachten. Bei Wärmeerzeugern in Zentralheizungen, die auch der Brauchwassererwärmung dienen, kann die Geltung des CE-Zeichens und der EG-Konformitätserklärung auf den Betrieb zum Zwecke der Raumheizung beschränken. Die nach Landesrecht zuständigen Stellen können auf Antrag von den Anforderungen des Satzes 1 insoweit befreien, als in Gebäuden, die vor Inkrafttreten dieser Verordnung errichtet worden sind, auch Standardheizkessel eingebaut oder aufgestellt werden dürfen, wenn

1. ihre Nennwärmeleistung 30 kW nicht übersteigt,
2. die bestehende Abgasanlage oder der bestehende Schornstein für den Betrieb dieser Kessel geeignet ist und
3. die Eignung der bestehenden Abgasanlage oder des bestehenden Schornsteins für den Betrieb von Niedertemperatur-Heizkesseln und Brennwertkesseln nur mit unverhältnismäßig hohen Kosten herzustellen wäre.

(2) Absatz 1 gilt nicht für Wärmeerzeuger,

1. deren Nennwärmeleistung 400 kW übersteigt oder
2. die für den Betrieb mit Brennstoffen ausgelegt sind, deren Eigenschaften von den marktüblichen flüssigen und gasförmigen Brennstoffen erheblich abweichen.

§ 4. Einbau und Aufstellung von Wärmeerzeugern. (1) Wärmeerzeuger für Zentralheizungen dürfen nur dann zum dauernden Verbleib eingebaut oder aufgestellt werden, wenn die Nennwärmeleistung nicht größer ist als der nach den anerkannten Regeln der Technik für die Berechnung des Wärmebedarfs von Gebäuden zu ermittelnde Wärmebedarf, einschließlich angemessener Zuschläge für raumlufttechnische Anlagen sowie sonstiger Zuschläge. Zuschläge für Brauchwassererwärmung sind nur zulässig für Wärmeerzeuger in Zentralheizungen, die auch der Brauchwassererwärmung dienen, wenn deren höchste nutzbare Leistung 20 kW nicht überschreitet. Satz 1 gilt nicht für NT-Kessel, Brennwertkessel und Anlagen mit mehreren Wärmeerzeugern. Abweichend von Satz 2 ist eine höchste nutzbare Leistung des Wärmeerzeugers von 25 kW zulässig, wenn der Wasserinhalt im Wärmeaustauscher 0,13 l je kW Nennwärmeleistung nicht überschreitet. Abweichend von Satz 1 darf der Wärmebedarf auch nach den in den Vorschriften der Länder bestimmten Berechnungsverfahren ermittelt werden.

(2) Für Wohngebäude kann auf die Berechnung des Wärmebedarfs nach Absatz 1 verzichtet werden, wenn Wärmeerzeuger von Zentralheizungen ersetzt werden und ihre Nennwärmeleistung 0,07 kW je Quadratmeter Gebäudenutzfläche nicht überschreitet; für freistehende Gebäude mit nicht mehr als zwei Wohnungen gilt der Wert 0,10 kW je Quadratmeter.

(3) Zentralheizungen mit einer Nennwärmeleistung von mehr als 70 kW sind mit Einrichtungen für eine mehrstufige oder stufenlos verstellbare Feuerungsleistung oder mit mehreren Wärmeerzeugern auszustatten. Satz 1 gilt nicht für Brennwertkessel sowie für Wärmeerzeuger, die überwiegend mit festen Brennstoffen betrieben werden.

(4) Die Anforderungen nach den Absätzen 1 und 3 sind bei Zentralheizungen mit einer Nennwärmeleistung

1. von mehr als 70 kW bis zu 400 kW, die
   a) vor dem 1. Januar 1973 entrichtet worden sind, bis zum 31. Dezember 1994,
   b) in der Zeit vom 1. Januar 1973 bis 30. September 1978 errichtet worden sind, bis zum 31. Dezember 1996;
2. von mehr als 400 kW, die
   a) vor dem 1. Januar 1973 errichtet worden sind, bis zum 31. Dezember 1995,
   b) in der Zeit vom 1. Januar 1973 bis zum 30. September 1978 errichtet worden sind, bis zum 31. Dezember 1997

nachträglich zu erfüllen. Soweit die Anforderungen nach den Absätzen 1 und 3 bei Zentralheizungen mit einer Nennwärmeleistung von mehr als 70 kW bis zu 400 kW den Einbau oder die Aufstellung neuer Wärmeerzeuger erforderlich machen, gilt § 3 Abs. 1 schon vor dem 1. Januar 1998. Satz 1 gilt nicht für Zentralheizungen in Wohngebäuden, deren Nennwärmeleistung die in Absatz 2 genannten Werte nicht überschreitet.

§ 5. Begrenzung von Betriebsbereitschaftsverlusten. (1) Zentralheizungen mit mehreren Wärmeerzeugern sind mit wasserseitig wirkenden Einrichtungen zu versehen, die Verluste durch nicht in Betriebsbereitschaft befindliche Wärmeerzeuger selbsttätig verhindern; für Wärmeerzeuger mit festen Brennstoffen und Dampfkessel der Gruppen III und IV im Sinne des § 4 Abs. 3 und 4 der Dampfkesselverordnung brauchen diese Einrichtungen nicht selbsttätig zu wirken.

(2) Vor dem 1. Oktober 1978 eingebaute Zentralheizungen mit mehreren Wärmeerzeugern sind bis zum 31. Dezember 1995 mit Einrichtungen nach Absatz 1 nachzurüsten.

(3) Wärmeerzeuger dürfen nur dann eingebaut oder aufgestellt werden, wenn sie nach den allgemein anerkannten Regeln der Technik gegen Wärmeverluste gedämmt sind. Satz 1 gilt für solche Wärmeerzeuger als erfüllt, die mit dem CE-Zeichen und der EG-Konformitätserklärung nach § 3 versehen und in der EG-Konformitätserklärung als Standardheizkessel, Niedertemperatur-Heizkessel oder Brennwertkessel ausgewiesen sind.

§ 6. Wärmedämmung von Wärmeverteilungsanlagen. (1) Rohrleitungen und Armaturen sind wie folgt gegen Wärmeverluste zu dämmen:

Zeile	Nennweite (DN) der Rohrleitungen/Armaturen in mm	Mindestdicke der Dämmschicht, bezogen auf eine Wärmeleitfähigkeit von 0,035 $W_m{}^{-1}K^{-1}$
1	bis DN 20	20 mm
2	ab DN 22 bis DN 35	30 mm
3	ab DN 40 bis DN 100	gleich DN
4	über DN 100	100 mm
5	Rohrleitungen und Armaturen nach den Zeilen 1 bis 4 in Wand- und Deckendurchbrüchen, im Kreuzungsbereich von Rohrleitungen, an Rohrleitungsverbindungsstellen, bei zentralen Rohrnetzverteilern, Heizkörperanschlußleitungen von nicht mehr als 8 mm Länge als Summe von Vor- und Rücklaufleitungen	½ der Anforderungen der Zeilen 1 bis 4

Bei Rohrleitungen, deren Nennweite nicht durch Normung festgelegt ist, ist anstelle der Nennweite der Außendurchmesser einzusetzen.

(2) Absatz 1 gilt nicht für Rohrleitungen von Zentralheizungen in

1. Räumen, die zum dauernden Aufenthalt von Menschen bestimmt sind,
2. Bauteilen, die solche Räume verbinden,

wenn ihre Wärmeabgabe vom jeweiligen Nutzer durch Absperreinrichtungen beeinflußt werden kann.

(3) Bei Materialien mit anderen Wärmeleitfähigkeiten als nach Absatz 1 sind die Dämmschichtdicken umzurechnen. Für die Umrechnung und für die Wärmeleitfähigkeit des Dämmaterials sind die in den anerkannten Regeln der Technik enthaltenen oder im Bundesanzeiger bekanntgegebenen Rechenverfahren und Rechenwerte zu verwenden.

§ 7. Einrichtungen zur Steuerung und Regelung. (1) Zentralheizungen sind mit zentralen selbsttätig wirkenden Einrichtungen zur Verringerung und Abschaltung der Wärmezufuhr sowie zur Ein- und Ausschaltung der elektrischen Antriebe in Abhängigkeit von

1. der Außentemperatur oder einer anderen geeigneten Führungsgröße und
2. der Zeit

auszustatten.

(2) Heizungstechnische Anlagen sind mit selbsttätig wirkenden Einrichtungen zur raumweisen Temperaturregelung auszustatten. Dies gilt nicht für Einzelheizgeräte, die zum Betrieb mit festen oder flüssigen Brennstoffen eingerichtet sind. Für Raumgruppen gleicher Art und Nutzung in Nichtwohnbauten ist Gruppenregelung zulässig.

(3) Zentralheizungen sind wie folgt mit Einrichtungen nach den Absätzen 1 und 2 Satz 1 nachzurüsten:

Zentralheizungen	eingebaut oder aufgestellt	
	vor dem 1. 1. 1991 im Gebiet nach Artikel 3 des Einigungsvertrages	vor dem 1. 10. 1978 im übrigen Bundesgebiet
	nachzurüsten bis:	nachzurüsten bis:
1. ohne NT-Kessel		
a) für mehr als 2 Wohnungen	31. 12. 1995	–
b) in Nichtwohngebäuden	31. 12. 1995	–
c) in Ein- oder Zweifamilienhäusern oder sonstigen beheizten Gebäuden	31. 12. 1995	31. 12. 1995
2. mit NT-Kessel in sämtlichen beheizten Gebäuden	31. 12. 1997	31. 12. 1997

Die Nachrüstpflichten nach § 7 Abs. 3 Satz 1 der Heizungsanlagen-Verordnung in der Fassung der Bekanntmachung vom 20. Januar 1989 (BGBl. I S. 120) bleiben unberührt. Soweit die Nachrüstung den Einbau oder die Aufstellung neuer Wärmeerzeuger erforderlich macht, gilt § 3 Abs. 1 schon vor dem 1. Januar 1998.

(4) Umwälzpumpen in Zentralheizungsanlagen sind nach den technischen Regeln zu dimensionieren. Nach dem 1. Januar 1996 eingebaute Umwälzpumpen müssen bei Kesselleistungen ab 50 kW so ausgestattet oder beschaffen sein, daß die elektrische Leistungsaufnahme dem betriebsbedingten Förderbedarf selbsttätig in mindestens drei Stufen angepaßt wird, soweit sicherheitstechnische Belange des Wärmeerzeugers dem nicht entgegenstehen.

§ 8. Brauchwasseranlagen. (1) Für Brauchwasseranlagen gelten die Anforderungen der §§ 5 und 6 Abs. 1 und 3 entsprechend. Bei Brauchwasserleitungen in Wohnungen bis zur Nennweite 20, die weder in den Zirkulationskreislauf einbezogen noch mit elektrischer Begleitheizung ausgerüstet sind, kann von den Anforderungen des § 6 Abs. 1 insoweit abgewichen werden, als deren Erfüllung nur mit unverhältnismäßig hohen Kosten möglich ist.

(2) Die Brauchwassertemperatur im Rohrnetz ist durch selbsttätig wirkende Einrichtungen oder andere Maßnahmen auf höchstens 60 °C für den Normalbetrieb zu begrenzen. Dies gilt nicht für Brauchwasseranlagen, die höhere Temperaturen zwingend erfordern oder eine Leitungslänge von weniger als 5 m benötigen.

(3) Brauchwasseranlagen sind mit selbsttätig wirkenden Einrichtungen zur Ein- und Ausschaltung der Zirkulationspumpen in Abhängigkeit von der Zeit auszustatten.

(4) Elektrische Begleitheizungen sind mit selbsttätig wirkenden Einrichtungen zur Anpassung der elektrischen Leistungsaufnahme in Abhängigkeit von der Brauchwassertemperatur und der Zeit auszustatten.

(5) Die Wärmedämmung von Einrichtungen, in denen Heiz- oder Brauchwasser gespeichert wird, muß die Bedingungen der anerkannten Regeln der Technik erfüllen.

(6) Vor dem 1. Januar 1991 im Gebiet nach Artikel 3 des Einigungsvertrages errichtete Brauchwasseranlagen, die mehr als zwei Wohnungen versorgen, sind bis zum 31. Dezember 1995 mit selbsttätig wirkenden Einrichtungen zur Abschaltung der Zirkulationspumpen nachzurüsten. Satz 1 gilt nicht für Anlagen mit Rohrleitungen bis zur Nennweite 100, deren Dämmschichtdicken, bezogen auf eine Wärmeleitfähigkeit des Dämmaterials von 0,035 $W_m^{-1}K^{-1}$, mindestens zwei Drittel der Nennweite der Rohrleitung betragen und für Rohrleitungen mit größerer Nennweite, wenn mindestens die Dämmschichtdicke für Nennweite 100 eingehalten ist. In Wand- und Deckendurchbrüchen, an Kreuzungen von Rohrleitungen sowie bei Rohrleitungsnetzverteilern und Armaturen in Heizzentralen dürfen die sich nach Satz 2 ergebenden Dämmschichtdicken halbiert sein.

§ 9. Pflichten des Betreibers. (1) Der Betreiber von Zentralheizungen oder Brauchwasseranlagen mit einer Nennwärmeleistung von mehr als 11 kW ist verpflichtet, die Bedienung, Wartung und Instandhaltung nach Maßgabe der Absätze 2 bis 4 durchzuführen oder durchführen zu lassen. Die Bedienung darf nur von fachkundigen oder eingewiesenen Personen vorgenommen werden. Für die Wartung und Instandhaltung ist Fachkunde erforderlich. Fachkundig ist, wer die zur Wartung und Instandhaltung notwendigen Fachkenntnisse und Fertigkeiten besitzt. Eingewiesener ist, wer von einem Fachkundigen über Bedienungsvorgänge unterrichtet worden ist.

(2) Die Bedienung von Anlagen in Mehrfamilienhäusern oder Nichtwohngebäuden mit einer Nennwärmeleistung von mehr als 50 kW hat während der Betriebszeit mindestens halbjährlich zu erfolgen. Die Bedienung umfaßt mindestens die Funktionskontrolle und die Vornahme von Schalt- und Stellvorgängen (insbesondere An- und Abstellen, Überprüfen und gegebenenfalls Anpassen der Sollwerteinstellungen von Temperaturen, Einstellen von Zeitprogrammen) an den zentralen regelungstechnischen Einrichtungen.

(3) Die Wartung der Anlagen hat mindestens folgendes zu umfassen:

1. Einstellung der Feuerungseinrichtungen,
2. Überprüfung der zentralen steuerungs- und regelungstechnischen Einrichtungen und
3. Reinigung der Kesselheizflächen. Die Reinigung von Kesselheizflächen darf auch von eingewiesenen Personen durchgeführt werden.

(4) Die Instandhaltung der Anlagen hat mindestens die Aufrechterhaltung des technisch einwandfreien Betriebszustandes, der eine weitestgehende Nutzung der eingesetzten Energie gestattet, zu umfassen.

§ 10. Bekanntmachung über anerkannte Regeln der Technik. Das Bundesministerium für Raumordnung, Bauwesen und Städtebau weist durch Bekanntmachung im Bundesanzeiger auf Veröffentlichungen über anerkannte Regeln der Technik zu den §§ 3 bis 8 hin.

§ 11. Ausnahmen. Die nach Landesrecht zuständigen Stellen können auf Antrag Ausnahmen von den Anforderungen dieser Verordnung zulassen, soweit die Energieverluste durch andere technische Maßnahmen in gleichem Umfang begrenzt werden wie nach dieser Verordnung.

§ 12. Härtefälle. Die nach Landesrecht zuständigen Stellen können auf Antrag von den Anforderungen dieser Verordnung befreien, soweit die Anforderungen im Einzelfall wegen besonderer Umstände durch einen unangemessenen Aufwand oder in sonstiger Weise zu einer unbilligen Härte führen.

§ 13. Bußgeldvorschriften. Ordnungswidrig im Sinne des § 8 Abs. 1 Nr. 1 des Energieeinsparungsgesetzes handelt, wer vorsätzlich oder fahrlässig

1. entgegen § 3 Abs. 1 Satz 1 Wärmeerzeuger einbaut oder aufstellt, die nicht mit dem dort genannten CE-Zeichen und der EG-Konformitätserklärung versehen sind;
2. entgegen § 3 Abs. 1 Satz 2 Wärmeaustauscher und Feuerungseinrichtungen zusammenfügt, die nicht mit dem in § 3 Abs. 1 Satz 1 genannten CE-Zeichen und der EG-Konformitätserklärung versehen sind, oder die Bedingungen nach der EG-Konformitätserklärung beim Zusammenbau zu Wärmeerzeugern nicht beachtet;
3. entgegen § 4 Abs. 1 Satz 1 Wärmeerzeuger einbaut oder aufstellt, deren Nennwärmeleistung die dort bezeichneten Grenzen überschreitet;
4. entgegen § 4 Abs. 3 Zentralheizungen nicht mit Einrichtungen für eine mehrstufige oder stufenlos verstellbare Feuerungsleistung oder mit mehreren Wärmeerzeugern ausstattet;
5. entgegen § 5 Abs. 2 Zentralheizungen mit mehreren Wärmeerzeugern nicht oder nicht rechtzeitig nachrüstet;
6. entgegen § 6 Abs. 1, auch in Verbindung mit § 8 Abs. 1 Satz 1, Rohrleitungen oder Armaturen nicht mit den dort vorgeschriebenen Mindestdämmschichtdicken dämmt;
7. entgegen § 7 Abs. 1 oder 2 Satz 1 Zentralheizungen oder heizungstechnische Anlagen nicht mit Einrichtungen zur Steuerung und Regelung ausstattet;
8. entgegen § 7 Abs. 3 Satz 1 Zentralheizungen nicht oder nicht rechtzeitig mit Einrichtungen zur Steuerung und Regelung nachrüstet;
9. entgegen § 8 Abs. 3 Brauchwasseranlagen nicht mit Einrichtungen zur Ein- und Ausschaltung der Zirkulationspumpen ausstattet;
10. entgegen § 8 Abs. 4 elektrische Begleitheizungen nicht mit Einrichtungen zur Anpassung der elektrischen Leistungsaufnahme ausstattet oder
11. entgegen § 8 Abs. 6 Satz 1 Brauchwasseranlagen nicht oder nicht rechtzeitig mit Einrichtungen zur Abschaltung der Zirkulationspumpen nachrüstet.

§ 14. Weitergehende Anforderungen. Weitergehende Anforderungen baurechtlicher oder immissionsschutzrechtlicher Art bleiben unberührt.

§ 15. Inkrafttreten, Außerkrafttreten. (1) Diese Verordnung tritt am ersten Tage des dritten auf die Verkündung[1] folgenden Kalendermonats in Kraft.

(2) Mit dem Inkraftreten dieser Verordnung tritt die Heizungsanlagen-Verordnung in der Fassung der Bekanntmachung vom 20. Januar 1989 (BGBl. I S. 120) außer Kraft. Anlage I Kapitel V Sachgebiet D Abschnitt III Nr. 9 des Einigungsvertrages vom 31. August 1990 (BGBl. 1990 II S. 885, 1007) ist nicht mehr anzuwenden.

---

[1] Die Verordnung wurde am 30. 3. 1994 verkündet.

V. Musterbeispiele

Vorbemerkung

Die nachstehenden Muster betreffen:
1. die vertragsmäßige Begründung des Wohnungseigentums (§ 3 WEG),
2. eine Teilungserklärung nach § 8 WEG.

Von der Aufnahme weiterer Musterbeispiele, wie sie in den Vorauflagen enthalten waren, ist aus Raumgründen, aber auch deshalb abgesehen, weil auf die vorhandenen Formularbücher verwiesen werden kann, die naturgemäß sehr viel umfangreicher und vielgestaltiger sein können. Formulare dürfen in jedem Falle nur als Anregungen und Vorschläge verstanden werden; stets ist zu prüfen, ob sie den Besonderheiten des gegebenen Falles gerecht werden. Auch kann es sein, daß Formulare in einzelnen bestrittenen Fragen von Rechtsansichten ausgehen, die in diesem Buch nicht geteilt werden. Es wird sich deshalb empfehlen, in Punkten, in denen Zweifel bestehen oder bestehen können, die einschlägigen Erläuterungen des vorliegenden Kommentars zu Rate zu ziehen, deren Auffindung durch das Stichwortverzeichnis erleichtert wird.

1. Vertragsmäßige Begründung von Wohnungseigentum (§ 3 WEG)

Vorbemerkung

Das Muster betrifft den vorgestellten Fall einer kleinen Aufbaugemeinschaft; es hat keinen amtlichen Charakter.

UR.Nr. ....

Verhandelt zu .... in der Amtsstube des Notars am ....
Vor mir, dem unterzeichneten Notar .... mit dem Amtssitz zu X im Oberlandesgerichtsbezirk Y erschienen heute:

1. Herr A	4. Herr D ....
2. Herr B	5. Herr E ....
3. Herr C	6. Herr F ....

Die Erschienenen erklärten:

I. Kaufvertrag und Auflassung

Herr A ist Eigentümer des im Grundbuch von Waslingen Band 2 Blatt 17 eingetragenen Grundstücks Waslingen Flur 3 Flurstück 112. Das Wohn- und

Geschäftshaus, das früher auf dem Grundstück gestanden hatte, ist durch Kriegseinwirkungen zerstört.

§ 1

Herr A verkauft von dem in I bezeichneten Grundstück je einen Miteigentumsanteil und zwar:

1. an Herrn B 14/100,
2. an Herrn C 12/100,
3. an Herrn D 12/100,
4. an Herrn E 10/100,
5. an Herrn F 10/100.

§ 2

(1) Als Kaufpreis für die Miteigentumsanteile haben zu bezahlen:

Herr B:	.... DM
Herr C und Herr D je	.... DM
Herr E und Herr F je	.... DM

Diese Kaufpreise sind heute bar bezahlt, worüber hierdurch Quittung erteilt wird.

(2) Vereinbarungen über Gewährleistung und den Übergang von Lasten usw. je nach Lage des Falles.

§ 3

Wir sind uns darüber einig, daß an dem im Grundbuch von Waslingen Band 2 Blatt 17 eingetragenen Grundstück Flur 3 Flurstück 112 das Eigentum zu Bruchteilen übergehen soll auf

Herrn B zu	14/100,
die Herren C u. D zu je	12/100,
die Herren E u. F zu je	10/100.

Ein Miteigentumsanteil von 42/100 verbleibt Herrn A.

Wir bewilligen und beantragen die Eintragung dieser Rechtsänderung in das Grundbuch.

II. Vertragliche Einräumung von Sondereigentum

§ 4

(1) Auf dem gemeinschaftlichen Grundstück soll gemäß dem anliegenden Plan und einem besonders abzuschließenden Bauvertrag ein Haus errichtet werden. Wir räumen uns gegenseitig das Sondereigentum an bestimmten Räumen dieses Gebäudes ein, und zwar: Herrn A an dem im Erdgeschoß gelegenen Laden und an der im 1. Stockwerk links gelegenen Wohnung mit Keller- und Bodenräumen, im Aufteilungsplan mit Nr. 1 bezeichnet;

Herrn B an der im 1. Stockwerk rechts gelegenen Wohnung mit Keller- und Bodenräumen, im Aufteilungsplan mit Nr. 2 bezeichnet;

Herrn C an der im 2. Stockwerk links gelegenen ....

....

(2) Sämtliche Räume sind in sich abgeschlossen im Sinne des § 3 Abs. 2 des Wohnungseigentumsgesetzes (WEG). Bescheinigung der Baubehörde liegt an. Aufteilung, Lage und Größe der im Sondereigentum stehenden Räume sind aus dem als Anlage beigefügten Aufteilungsplan ersichtlich.

(3) Alle Gebäudeteile, die nicht gemäß den vorstehenden Erklärungen im Sondereigentum stehen, sind gemeinschaftliches Eigentum. Dies gilt auch für die auf der Rückseite des Hofes zu errichtenden Garagen.

(4) Gas-, Wasser- und Elektrizitätsleitungen stehen jeweils von der Abzweigung von der Hauptleitung an im Sondereigentum.

(5) Wir bewilligen und beantragen die Eintragung dieser Rechtsänderung in das Grundbuch.

III. Verhältnis der Wohnungseigentümer untereinander

§ 5

Für unser Verhältnis untereinander sollen die Vorschriften des 2. und 3. Abschnitts des Wohnungseigentumsgesetzes gelten, soweit nicht nachstehend etwas Abweichendes vereinbart ist.

§ 6

Jeder Wohnungseigentümer bedarf zur gänzlichen oder teilweisen Veräußerung seines Wohnungseigentums der Zustimmung der Mehrheit der übrigen Wohnungseigentümer. Die Zustimmung darf nur aus einem wichtigen Grund versagt werden. Die Veräußerungsbeschränkung gilt nicht für den Fall einer Veräußerung im Wege der Zwangsvollstreckung oder durch den Konkursverwalter.

§ 7

Über den Gebrauch des Sondereigentums und des gemeinschaftlichen Eigentums vereinbaren wir folgendes:

1. Die Wohnungen dürfen nicht zu anderen als Wohnzwecken verwendet werden; Ausnahmen können durch Mehrheitsbeschluß gemäß § 25 WEG gestattet werden.

2. Wir erkennen die als Anlage beigefügte Hausordnung als verbindlich an. Der Beschluß über eine Änderung der Hausordnung bedarf einer Mehrheit von mindestens zwei Dritteln, berechnet nach Stimmen (§ 15), und von mehr als der Hälfte der Wohnungseigentümer, berechnet nach Köpfen.

3. Der vor dem Haus befindliche Garten darf nur als Ziergarten verwendet werden.

4. Von dem hinter dem Hause liegenden Garten erhält jeder Wohnungseigentümer ein Stück zur ausschließlichen Nutzung gemäß dem anliegenden Aufteilungsplan.

5. Der Hofraum darf von dem jeweiligen Eigentümer des Ladens für seine geschäftlichen Zwecke genutzt werden.

§ 8

Über die Nutzungen, Lasten und die Kosten der gemeinschaftlichen Verwaltung wird folgendes vereinbart:

1. Die Garagen auf der Rückseite des Hofes sind für Rechnung der Gemeinschaft zu vermieten.

2. Die Kosten der gemeinschaftlichen Antennenanlage sind von den Wohnungseigentümern, die an sie angeschlossen sind, zu gleichen Teilen zu tragen.

3. Das Wassergeld wird in der Weise verteilt, daß .... (je nach Lage des Falles).

4. Soweit nicht vorstehend in Nr. 2 und 3 etwas anderes bestimmt ist, ist gemäß § 16 WEG für den Anteil an den Nutzungen, Lasten und Kosten das im § 1 bestimmte Verhältnis der Miteigentumsanteile maßgebend.

§ 9

Sollte es zu einer Aufhebung der Gemeinschaft kommen, so ist der für den Anteil im Falle der Aufhebung nach § 17 WEG maßgebende Wert der Wohnungseigentumsrechte durch einen vereidigten Bausachverständigen, der von der Industrie- und Handelskammer in X bestimmt wird, zu schätzen. Widerspricht ein Wohnungseigentümer dieser Schätzung, so wird ein weiteres Gutachten von einem vereidigten Sachverständigen eingeholt. Der Mittelwert aus beiden Schätzungen ist maßgebend.

§ 10

Die Veräußerung des Wohnungseigentums kann außer in den in § 18 Abs. 2 WEG bestimmten Fällen auch dann verlangt werden, wenn ein Wohnungseigentümer sich gegenüber einem anderen Wohnungseigentümer eines gröblich-beleidigenden Verhaltens schuldig gemacht hat und deshalb bestraft worden ist. Der Beschluß, wonach die Klage auf Entziehung des Wohnungseigentums nach § 18 Abs. 3 WEG erhoben werden soll, bedarf in Abweichung von § 18 Abs. 3 WEG einer Mehrheit von ¾ der stimmberechtigten Wohnungseigentümer.

§ 11

(1) Es werden folgende Versicherungen abgeschlossen:

a) eine Feuerversicherung zum Neuwert, d. h. im Betrage von X DM; diese Feuerversicherung umfaßt auch das Sondereigentum in dem z. Z. der

Fertigstellung des Gebäudes sich ergebenden Stande; der Abschluß einer darüber hinausgehenden Feuerversicherung für das Sondereigentum bleibt jedem Wohnungseigentümer überlassen;

b) Versicherungen gegen Wasserleitungsschäden mit Einschluß der Objekte und der Frostschäden mit einer Versicherungssumme von ....;

c) eine Sturmschadenversicherung mit einer Versicherungssumme von ....;

d) eine Versicherung gegen Haus- und Grundbesitzer-Haftpflicht mit einer Versicherungssumme von ....

(2) Die Auswahl der Versicherungsgesellschaft obliegt dem Verwalter. Nach Ablauf der ersten Versicherungsperiode können die Wohnungseigentümer durch Stimmenmehrheit beschließen, die Gesellschaft zu wechseln, jedoch kann für das Gebäude nur jeweils eine Gesellschaft gewählt werden.

(3) Der jeweilige Eigentümer des Ladens hat eine Glasschadensversicherung für den Laden abzuschließen und hierfür die Kosten allein zu tragen.

§ 12

Zur Ansammlung einer Instandhaltungsrücklage wird ein jährlicher Beitrag erhoben. Dieser Beitrag errechnet sich nach der genutzten Fläche der im Sondereigentum stehenden Räume, wobei je qm angesetzt werden:

für den Laden und die Wohnungen im ersten Stock ....
für die Wohnungen im zweiten Stock ....
für die Wohnungen im dritten Stock ....

Die Beträge können, soweit und solange eine den Betrag von .... DM je qm übersteigende Rückstellung vorhanden ist, durch Stimmenmehrheit auf DM .... je qm herabgesetzt werden.

§ 13

(1) Jeder Wohnungseigentümer ist verpflichtet, alle Bestandteile des Gebäudes, die Gegenstand des Sondereigentums sind, insbesondere innerhalb der im Sondereigentum stehenden Räume den Fußbodenbelag, die nicht tragenden Zwischenwände, den inneren Wand- und Deckenputz, die Türen, die Badeeinrichtung und Abortanlage, die Etagenheizung sowie die in § 4 Abs. 4 bezeichneten Leitungen, ordnungsmäßig instandzuhalten.

(2) Die gemeinschaftliche Verwaltung erstreckt sich auf die Instandhaltung der dem Treppenhaus zugekehrten Seite der Wohnungsabschlußtüren.

(3) Glasschäden an den Fenstern, die zu den im Sondereigentum stehenden Räumen gehören, sind von den Wohnungseigentümern zu tragen, auch wenn die Schäden ohne Verschulden der Wohnungseigentümer entstanden sind.

(4) Die Wohnungseigentümer sind verpflichtet, dem Verwalter die Besichtigung der im Sondereigentum stehenden Räume zweimal im Jahr, im übrigen dann, wenn dies aus besonderen Gründen erforderlich erscheint, zu gestatten.

§ 14

Ist das Gebäude zu mehr als ⅓ seines Wertes zerstört und der Schaden nicht durch eine Versicherung oder in anderer Weise gedeckt, so kann der Wiederaufbau nicht durch Stimmenmehrheit beschlossen oder gemäß § 21 Abs. 4 WEG verlangt werden. In diesem Fall ist jeder Wohnungseigentümer berechtigt, die Aufhebung der Gemeinschaft zu verlangen. Der Anspruch auf Aufhebung ist aber ausgeschlossen, wenn die anderen Wohnungseigentümer oder einer von ihnen sich bereit erklären, den Anteil des die Aufhebung verlangenden Wohnungseigentümers zum Schätzwert zu übernehmen. § 9 gilt entsprechend.

§ 15

Abweichend von § 25 Abs. 2 WEG hat Herr A, im Hinblick auf die Größe seines Miteigentumsanteils, bei der Beschlußfassung durch Stimmenmehrheit 3 Stimmen. Davon entfallen bei einer Teilveräußerung auf das Teileigentum an dem Laden zwei Stimmen, auf das Wohnungseigentum an der Wohnung eine Stimme.

§ 16

(1) Der Verwalter ist berechtigt und verpflichtet, die Zinsen und Tilgungsleistungen für die auf den Wohnungseigentumsrechten lastenden Einzelhypotheken der Sparkasse in X in gleicher Weise wie Lasten- und Kostenbeiträge (§ 27 Abs. 2 Nr. 1 WEG) anzufordern, in Empfang zu nehmen und an die Gläubigerin abzuführen.

(2) Zum ersten Verwalter wird nach Maßgabe eines besonders abzuschließenden Verwaltervertrages Herr A. bestellt. Er kann von diesem Amt nur aus einem wichtigen Grund abberufen werden. Jeder Wohnungseigentümer hat im Falle der gänzlichen oder teilweisen Veräußerung seines Wohnungseigentums seinen Sondernachfolger zum Eintritt in den mit dem jeweiligen Verwalter geschlossenen Vertrag zu verpflichten.

§ 17

Jeder Wohnungseigentümer anerkennt, als Lasten- und Kostenbeitrag gemäß § 8 monatlich vom .... an einen Betrag von mindestens .... Deutsche Mark zu schulden, und unterwirft sich mit Wirkung auch für seinen Sondernachfolger im Wohnungseigentum in Ansehung dieser Verpflichtung, höchstens jedoch wegen eines Betrages von .... Deutsche Mark, zugunsten der jeweiligen anderen Wohnungseigentümer der sofortigen Zwangsvollstreckung. Der Verwalter ist berechtigt, die Rechte aus dieser Erklärung gegen einen Wohnungseigentümer, der mit der Erfüllung seiner Verpflichtungen zur Lasten- und Kostentragung in Rückstand gerät, im Namen der anderen Wohnungseigentümer geltend zu machen.

§ 18

.... (Ergänzende Bestimmungen; z. B. Schiedsklausel, § 43 Rdn. 14)

§ 19

Soweit in den §§ 4 bis 16 von Wohnungseigentum oder Wohnungseigentümern die Rede ist, gelten diese Vereinbarungen sinngemäß auch für das Teileigentum an dem Ladengeschäft.

§ 20

Die vorstehend in den §§ 5 bis 17 dieses Vertrages getroffenen Vereinbarungen sollen Inhalt des Sondereigentums sein.

Wir bewilligen und beantragen, diese Vereinbarungen gemäß § 5 Abs. 4, § 10 Abs. 2 WEG als Inhalt des Sondereigentums in das Grundbuch einzutragen.

IV.

Die Kosten des vorstehenden Vertrages und seines grundbuchlichen Vollzuges werden von jedem Beteiligten im Verhältnis der in § 3 bezeichneten Miteigentumsanteile getragen. Die Grunderwerbssteuer wird von den Käufern getragen.

Vorgelesen, genehmigt und unterschrieben

Unterschriften

---

2. Teilungserklärung nach § 8 WEG

Vorbemerkung

Die nachstehend wiedergegebene Teilungserklärung ist von dem Bundesministerium für Wohnungsbau im Benehmen mit interessierten amtlichen und privaten Stellen ausgearbeitet worden und im BBauBl. 1955 Heft 9 veröffentlicht. Sie soll als Unterlage für die Gestaltung der Rechtsbeziehungen bei einer größeren Wohnungseigentümergemeinschaft dienen, insbesondere auch in Fällen, in denen öffentliche Mittel in Anspruch genommen werden sollen. Die Fußnoten gehören zum amtlichen Text.

Erklärung zur Begründung von Wohnungseigentum durch Teilung nach § 8 des Wohnungseigentumsgesetzes vom 15. März 1951 (BGBl. I S. 175)

Hinweis:

Wohnungseigentum kann durch Vertrag zwischen den Miteigentümern eines Grundstückes nach § 3 des Wohnungseigentumsgesetzes (WEG) oder durch Teilungserklärung des (Allein-)Eigentümers eines Grundstückes nach § 8 WEG begründet werden. Das vorliegende Muster ist eine Teilungserklärung nach § 8 WEG.

Die Erklärung bedarf nicht der gerichtlichen oder notariellen Beurkundung; es genügt die öffentliche Beglaubigung der am Schluß dieses Vertrages vorgesehenen Unterschrift des Eigentümers.

Durch eine entsprechende Erklärung kann ein Erbbauberechtigter Wohnungserbbaurechte begründen (§ 30 WEG).

Teil I. Begründung des Wohnungseigentums[1]

§ 1 Teilungserklärung

(1)

.

.

.

– nachstehend als ,,Eigentümer" bezeichnet – ist Eigentümer des im Grundbuch des Amtsgerichts .... für .... Band .... Blatt .... Seite .... eingetragenen Grundstücks

.

.

.

(2) Der Eigentümer teilt gemäß § 8 WEG das Eigentum an vorbezeichnetem Grundstück in .... Miteigentumsanteile in der Weise auf, daß mit jedem Miteigentumsanteil das Sondereigentum an einer bestimmten errichteten/zu errichtenden Wohnung nach Maßgabe nachstehender Bestimmungen verbunden ist.

(3) Die Teilung des vorbezeichneten Grundstücks erfolgt

a) in einen Miteigentumsanteil von ..../1000 verbunden mit dem Sondereigentum an der in dem Gebäude[2]

.

.

gelegenen Wohnung mit einer Wohnfläche von .... qm[3] bestehend aus[3]

.

.

.

.

[1] Im Falle der Begründung durch einen Erbbauberechtigten ist ,,Eigentümer" in ,,Erbbauberechtigter", ,,Grundbuch" in ,,Erbbaugrundbuch", ,,Wohnungseigentum" in ,,Wohnungserbbaurecht" zu ändern.

[2] Genaue Lagebezeichnung nach Stadt oder Gemeinde, Straße, Haus-Nr. sowie Geschoß und weitere Lagebeschreibung, rechts, links, usw.

[3] Die Ermittlung der Wohnfläche und die Bezeichnung der Räume der Wohnung erfolgt nach dem Normblatt DIN 283 (durch den Beuth-Vertrieb GmbH, Berlin W 15 und Köln, zu beziehen). Die Wohnfläche kann auch nach §§ 25–27 der Berechnungsverordnung vom 20. 11. 1950 (BGBl. S. 750) berechnet werden.

Die Wohnung ist in sich abgeschlossen im Sinne des § 3 Abs. 2 WEG; die zu ihr gehörigen Räume sind in dem anliegenden Aufteilungsplan mit Nr. 1 bezeichnet;

b)[4]

.
.
.
.
.
.
.
.
.
.
.
.

§ 2 Begriffsbestimmungen

(1) Wohnungseigentum ist das Sondereigentum an einer Wohnung in Verbindung mit dem Miteigentumsanteil an dem gemeinschaftlichen Eigentum, zu dem es gehört.

(2) Gemeinschaftliches Eigentum sind das Grundstück sowie die Teile, Anlagen und Einrichtungen des Gebäudes, die nicht im Sondereigentum oder im Eigentum eines Dritten stehen.

(3) Gegenstand des Sondereigentums sind die zur Wohnung gehörenden Räume sowie die zu diesen Räumen gehörenden Bestandteile des Gebäudes, die verändert, beseitigt oder eingefügt werden können, ohne daß dadurch das gemeinschaftliche Eigentum oder ein auf Sondereigentum beruhendes Recht eines anderen Wohnungseigentümers über das nach § 5 der Teilungserklärung zulässige Maß hinaus beeinträchtigt oder die äußere Gestaltung des Gebäudes verändert wird.

Teile des Gebäudes, die für dessen Bestand oder Sicherheit erforderlich sind, sowie Anlagen und Einrichtungen, die dem gemeinschaftlichen Gebrauch der Wohnungseigentümer dienen, sind nicht Gegenstand des Sondereigentums, selbst wenn sie sich im Bereich der im Sondereigentum stehenden Räume befinden.

Hiernach gehören zum Sondereigentum insbesondere

1. der Fußbodenbelag und der Deckenputz der im Sondereigentum stehenden Räume,
2. die nichttragenden Zwischenwände,
3. der Wandputz und die Wandverkleidung sämtlicher, auch der nicht im Sondereigentum stehenden Wände aller zum Sondereigentum gehörenden Räume,
4. die Innenfenster und Innentüren der im Sondereigentum stehenden Räume,

---

[4] Hier sind die weiteren Wohnungen der Reihe nach aufzuführen.

5. Anlagen und Einrichtungen innerhalb der im Sondereigentum stehenden Räume, soweit sie nicht dem gemeinschaftlichen Gebrauch der Wohnungseigentümer dienen; danach stehen im Sondereigentum Öfen, Herde, Wasch- und Badeeinrichtungen, Wandschränke, Garderoben, Etagenheizungen, Rolläden sowie die Zu- und Ableitungen der Versorgungs- und Entwässerungsanlagen jeder Art von den Hauptsträngen an, soweit diese Gegenstände wesentliche Bestandteile des Grundstücks im Sinne der §§ 93 bis 95 des Bürgerlichen Gesetzbuches sind.

(4) In Abweichung von der Bestimmung in Absatz 3 werden nach § 5 Abs. 3 WEG zum gemeinschaftlichen Eigentum erklärt:[5]

Teil II. Bestimmungen über das Verhältnis der Wohnungseigentümer untereinander und über die Verwaltung

§ 3 Grundsatz

Das Verhältnis der Wohnungseigentümer untereinander bestimmt sich nach den Vorschriften der §§ 10 bis 29 WEG, soweit im folgenden nicht etwas anderes bestimmt ist.

§ 4 Umfang der Nutzung

Der Wohnungseigentümer hat das Recht der alleinigen Nutzung seiner Wohnung und der Mitbenutzung der zum gemeinschaftlichen Gebrauch bestimmten Räume, Anlagen und Einrichtungen des Gebäudes sowie der gemeinschaftlichen Grundstücksflächen. Zur Mitbenutzung stehen insbesondere die Hauszugänge, das Treppenhaus, die Waschküche, der Trockenboden und folgende Einrichtungen zur Verfügung[6]:

.

.

§ 5 Art der Nutzung

(1) Der Wohnungseigentümer ist berechtigt, die Wohnung nach Belieben zu nutzen, soweit sich nicht Beschränkungen aus dem Gesetz oder diesem Vertrage[7] ergeben. Im Interesse des friedlichen Zusammenlebens der Haus-

---

[5] Hier können je nach Parteiwille, Teile, Anlagen und Einrichtungen des Gebäudes, die an sich gemäß Absatz 3 im Sondereigentum stehen würden, zum gemeinschaftlichen Eigentum erklärt werden.

[6] Z. B. Zentralheizung, Warmwasserversorgung, Fahrstuhlanlage, Gemeinschaftsantenne, Zentralwäscherei usw. Hier kann auch festgelegt werden, in welcher Art und welchem Umfang diese Einrichtungen zur Verfügung gestellt werden. Vgl. Normblatt DIN 283 Bl. 1.

[7] Nach der Teilungserklärung ist die gewerbliche oder berufliche Nutzung der Wohnung sowie die Gebrauchsüberlassung an Dritte genehmigungspflichtig; vgl. Absatz 2 und 3. Weitergehende Beschränkungen in der Nutzungsbefugnis empfehlen sich regelmäßig nicht.

gemeinschaft aller Hausbewohner ist das Wohnungseigentum so auszuüben, daß weder einem anderen Wohnungseigentümer noch einem Hausbewohner über das bei einem geordneten Zusammenleben unvermeidliche Maß hinaus ein Nachteil erwächst. Die zur gemeinschaftlichen Benutzung bestimmten Räume, Anlagen, Einrichtungen und Teile des Grundstücks sind schonend und pfleglich zu behandeln.

(2) Zur Ausübung eines Gewerbes oder Berufes in der Wohnung ist der Wohnungseigentümer nur mit schriftlicher Einwilligung des Verwalters berechtigt. Der Verwalter kann nur aus einem wichtigen Grunde die Einwilligung verweigern oder von der Erfüllung von Auflagen abhängig machen. Als wichtiger Grund gilt es insbesondere, wenn die Ausübung des Gewerbes oder Berufes eine unzumutbare Beeinträchtigung der Wohnungseigentümer oder der Hausbewohner mit sich bringt oder befürchten läßt.

(3) Will der Wohnungseigentümer die Wohnung ganz oder zum Teil einem Dritten zur Benutzung überlassen, so bedarf er der schriftlichen Einwilligung des Verwalters. Dies gilt nicht für eine Überlassung an den Ehegatten, Verwandte gerader Linie oder Verwandte zweiten Grades in der Seitenlinie. Die Bestimmungen des Absatzes 2 Sätze 2 und 3 finden entsprechende Anwendung.

(4) Erteilt der Verwalter die nach den Absätzen 2 oder 3 erforderliche Einwilligung nicht oder nur unter bestimmten Auflagen oder widerruft er eine widerruflich erteilte Einwilligung, so kann der Wohnungseigentümer einen Mehrheitsbeschluß der Wohnungseigentümer nach § 25 WEG herbeiführen; Absatz 2 Sätze 2 und 3 und Absatz 3 Satz 2 gelten entsprechend.

(5) Art und Weise der Ausübung der dem Wohnungseigentümer hiernach zustehenden Rechte zur Nutzung der Wohnung und zur Mitbenutzung der gemeinschaftlichen Räume, Anlagen und Einrichtungen des Gebäudes sowie der gemeinschaftlichen Grundstücksflächen sowie Art und Umfang der ihm hiernach obliegenden Pflichten ist durch eine Hausordnung zu regeln, über welche die Wohnungseigentümer durch Stimmenmehrheit beschließen.

§ 6 Übertragung des Wohnungseigentums

(1) Das Wohnungseigentum ist veräußerlich und vererblich.

(2) Die Veräußerung bedarf der Zustimmung des Verwalters. Dies gilt nicht im Falle der Veräußerung an den Ehegatten, Verwandte in gerader Linie oder Verwandte zweiten Grades in der Seitenlinie oder bei einer Veräußerung des Wohnungseigentums im Wege der Zwangsvollstreckung oder durch den Konkursverwalter.

(3) Der Verwalter darf die Zustimmung nur aus einem wichtigen Grund versagen. Als wichtiger Grund gilt insbesondere, wenn durch Tatsachen begründete Zweifel daran bestehen, daß

a) der Erwerber die ihm gegenüber der Gemeinschaft der Wohnungseigentümer obliegenden finanziellen Verpflichtungen erfüllen wird oder

b) der Erwerber oder eine zu seinem Hausstand gehörende Person sich in die Hausgemeinschaft einfügen wird.

(4) § 5 Abs. 4 der Teilungserklärung findet entsprechende Anwendung.

§ 7 Instandsetzungspflichten

(1) Der Wohnungseigentümer ist vorbehaltlich der Sätze 2 und 3 verpflichtet, die dem Sondereigentum unterliegenden Gebäudeteile (§ 2 der Teilungserklärung) ordnungsmäßig instand zu halten und instand zu setzen. Die Instandhaltung und Instandsetzung der Wohnungsabschlußtüren, der Außenfenster und anderer Teile des Gebäudes, die für dessen Bestand erforderlich sind, sowie von Anlagen und Einrichtungen, die dem gemeinschaftlichen Gebrauch dienen, obliegt, auch wenn sie sich im Bereich der dem Sondereigentum unterliegenden Räume befinden, dem Wohnungseigentümer insoweit, als sie infolge unsachgemäßer Behandlung durch den Wohnungseigentümer, seine Angehörigen oder Personen, denen er die Wohnung oder einzelne Räume überlassen hat, notwendig werden. Die Behebung von Glasschäden an Fenstern und Türen, die sich im Bereich dem Sondereigentum unterliegender Räume befinden, obliegt jedoch ohne Rücksicht auf die Ursache des Schadens dem Wohnungseigentümer. Die Vornahme reiner Schönheitsreparaturen innerhalb der Wohnung, d. h. das Tapezieren, Anstreichen oder Kalken der Wände und Decken, der Innenanstrich der Außenfenster und der Wohnungsabschlußtüren, das Streichen der übrigen Fenster und Türen, der Fußböden und der Heizkörper, steht im Ermessen des Wohnungseigentümers.

(2) Soweit sich nicht aus Absatz 1 etwas anderes ergibt, obliegt die Instandhaltung und Instandsetzung des Gebäudes und des Grundstücks den Wohnungseigentümern gemeinschaftlich; sie ist vom Verwalter durchzuführen.

(3) Für den Fall völliger oder teilweiser Zerstörung des Gebäudes bestimmen sich die Rechte und Pflichten des Wohnungseigentümers nach § 9 der Teilungserklärung.

§ 8 Versicherung des Gebäudes

(1) Für das Sondereigentum und das gemeinschaftliche Eigentum als Ganzes sind folgende Versicherungen abzuschließen:

a) eine Versicherung gegen eine Inanspruchnahme aus der gesetzlichen Haftpflicht des Grundstückseigentümers,

b) eine Gebäudefeuerversicherung,

c) eine Leitungswasserschadenversicherung.

Die Sachversicherungen zu b) und c) sind zum gleitenden Neuwert und durch Zusatzversicherung bis zur Höhe des Wiederherstellungsaufwandes, die Versicherung zu a) in angemessener Höhe abzuschließen.

(2) Die Auswahl der Versicherungsgesellschaften obliegt dem Verwalter. Für die Zeit nach Ablauf der ersten Versicherungsperiode können die Wohnungseigentümer durch Stimmenmehrheit einen Wechsel der Versicherungsgesellschaften beschließen.

(3) Werden auf Wunsch eines Wohnungseigentümers Zusatzversicherungen für von diesem vorgenommene Verbesserungen an Teilen, die im Sondereigentum eines Wohnungseigentümers stehen, abgeschlossen, gehen diese zu Lasten des betreffenden Wohnungseigentümers.

§ 9 Wiederherstellungspflicht[8]

(1) Wird das Gebäude ganz oder teilweise zerstört, so sind die Wohnungseigentümer untereinander verpflichtet, den vor Eintritt des Schadens bestehenden Zustand wiederherzustellen, wenn die Kosten der Wiederherstellung durch Versicherung (§ 8 der Teilungserklärung) oder durch sonstige Ansprüche voll gedeckt sind.

(2) Sind die Kosten der Wiederherstellung nicht gemäß Absatz 1 gedeckt, so kann die Wiederherstellung des früheren Zustandes nur verlangt werden, wenn die zur Wiederherstellung erforderlichen Mittel innerhalb angemessener Frist zu zumutbaren Bedingungen aufgebracht werden können.

(3) Besteht eine Pflicht zur Wiederherstellung nicht, so ist jeder Wohnungseigentümer berechtigt, die Aufhebung der Gemeinschaft zu verlangen. Der Anspruch auf Aufhebung ist ausgeschlossen, wenn sich einer der anderen Wohnungseigentümer oder ein Dritter bereit erklärt, das Wohnungseigentum des die Aufhebung verlangenden Wohnungseigentümers zum Schätzwert zu übernehmen, und gegen die Übernahme durch ihn keine begründeten Bedenken bestehen.

§ 10 Anzeigepflicht des Wohnungseigentümers, Besichtigungsrecht des Verwalters

(1) Der Wohnungseigentümer ist verpflichtet, von ihm bemerkte Mängel und Schäden am Grundstück oder Gebäude, deren Beseitigung den Wohnungseigentümern gemeinschaftlich obliegt, dem Verwalter unverzüglich anzuzeigen.

(2) Der Verwalter ist berechtigt, in zeitlichen Abständen von .... nach vorheriger Anmeldung den Zustand der Wohnung auf notwendig werdende Instandhaltungs- und Instandsetzungsarbeiten überprüfen zu lassen. Aus wichtigem Grunde ist die Überprüfung auch sonst zulässig.

§ 11 Mehrheit von Berechtigten an einem Wohnungseigentum

Geht das Wohnungseigentum auf mehrere Personen über, so haben diese auf Verlangen des Verwalters einen Bevollmächtigten zu bestellen und dem Verwalter zu benennen, der berechtigt ist, für sie Willenserklärungen und Zustellungen, die im Zusammenhang mit dem Wohnungseigentum stehen, entgegenzunehmen.
[9]

.

.

---

[8] Hinsichtlich der Wiederherstellungspflicht können hier weitere Vereinbarungen getroffen werden.

[9] Hier kann vorgesehen werden, daß dem Bevollmächtigten weitere Befugnisse zu übertragen sind.

§ 12 Entziehung des Wohnungseigentums

(1) Hat sich ein Wohnungseigentümer einer so schweren Verletzung der ihm gegenüber anderen Wohnungseigentümern obliegenden Verpflichtungen schuldig gemacht, daß diesen die Fortsetzung der Gemeinschaft nicht zugemutet werden kann, so können die anderen Wohnungseigentümer von ihm die Veräußerung seines Wohnungseigentums verlangen. Die Voraussetzungen des Satzes 1 liegen insbesondere vor, wenn

1. der Wohnungseigentümer mit den in § 13 der Teilungserklärung bezeichneten Zahlungsverpflichtungen zu einem Betrage im Verzuge ist, der die für einen Zeitraum von mehr als 6 Monaten nach § 13 Abs. 4 zu leistenden Abschlagszahlungen übersteigt und mindestens .... DM erreicht;

2. sich der Wohnungseigentümer oder eine Person, die seinem Hausstand angehört, einer so erheblichen Belästigung eines Wohnungseigentümers oder eines Hausbewohners schuldig macht, daß auch bei Berücksichtigung der dem Wohnungseigentümer durch diese Teilungserklärung eingeräumten besonderen Rechtsstellung den anderen Wohnungseigentümern die Fortsetzung der Gemeinschaft nicht zugemutet werden kann; das gleiche gilt, wenn der Wohnungseigentümer eine Person, der er den Gebrauch der Räume überlassen hat, bei derartigen Verstößen trotz Aufforderung des Verwalters nicht aus der Wohnung entfernt;

3. der Wohnungseigentümer oder eine Person, die seinem Hausstand angehört, die Wohnung in anderer als der nach § 5 der Teilungserklärung zulässigen Weise nutzt und diese vertragswidrige Nutzung trotz Aufforderung des Verwalters nicht binnen angemessener Frist aufgibt; das gleiche gilt bei derartigen Verstößen einer Person, der der Wohnungseigentümer den Gebrauch der Räume überlassen hat, wenn er trotz Aufforderung des Verwalters diese nicht binnen angemessener Frist zur Aufgabe der vertragswidrigen Nutzung veranlaßt oder nicht aus der Wohnung entfernt;

4. der Wohnungseigentümer die ihm gemäß § 7 der Teilungserklärung obliegende Instandhaltungs- und Instandsetzungspflicht in erheblichem Umfang verletzt und ihr trotz Aufforderung des Verwalters nicht innerhalb einer angemessenen Frist nachkommt;

5. die Rechtsnachfolger des Wohnungseigentümers im Falle des § 11 der Teilungserklärung trotz Aufforderung durch den Verwalter nicht einen Bevollmächtigten bestellen.

(2) Steht das Wohnungseigentum mehreren Personen zu, so müssen die in einer Person sich ergebenden Gründe auch die anderen Personen gegen sich gelten lassen.

§ 13 Zahlungsverpflichtung des Wohnungseigentümers

(1) Jeder Wohnungseigentümer ist verpflichtet, nach Maßgabe der folgenden Bestimmungen Beiträge zur Deckung der laufenden Bewirtschaftungskosten und des laufenden Kapitaldienstes zu leisten.

1. Die Bewirtschaftungskosten bestehen aus:

a) den Verwaltungskosten;

b) den Betriebskosten, wie laufenden öffentlichen Lasten des Grundstücks, den Kosten für die gemäß § 8 der Teilungserklärung abzuschließenden Versicherungen, den Kosten der Straßenreinigung, der Müllabfuhr, der Hausreinigung, der Gartenpflege, der Entwässerung, der Schornsteinreinigung, der Wasserversorgung, der Treppenhaus- und Außenbeleuchtung, den Kosten des Betriebes der Fahrstuhlanlage, der Warmwasserversorgung und der Zentralheizung, den Kosten für den Hauswart
[10]

.

.

und sonstigen Betriebskosten, soweit sie mit der Bewirtschaftung des Grundstücks unmittelbar zusammenhängen und notwendig sind;

c) den Kosten für die Instandhaltung und Instandsetzung, soweit diese gemäß § 7 der Teilungserklärung den Wohnungseigentümern gemeinschaftlich obliegen, einschließlich eines Betrages für die Bildung einer angemessenen Instandsetzungsrücklage, die .... DM nicht übersteigen soll;
[11]

.

.

.

.

2. Die Kosten des Kapitaldienstes bestehen aus den Leistungen, die zur Rückzahlung der für den Erwerb des Grundstücks und für die Errichtung des Gebäudes als Gesamtbelastung aufgenommenen Fremdmittel und an Zinsen und sonstigen Nebenleistungen für diese Fremdmittel zu erbringen sind[12]. Es handelt sich hierbei um folgende Fremdmittel:

.

.

.

.

(3) Der auf den Wohnungseigentümer entfallende Anteil an den in Absatz 2 bezeichneten Kosten wird nach dem Miteigentumsanteil ermittelt, der in § 1 der Teilungserklärung festgelegt ist, soweit nicht nachstehend etwas anderes bestimmt ist.
[13]

.

.

.

---

[10] Je nach den Verhältnissen des Einzelfalles ist ggf. eine Streichung oder eine Ergänzung einzelner Positionen vorzunehmen.

[11] Hier können etwa sonst zu berücksichtigende Leistungen angesetzt werden.

[12] Im Regelfalle wird das einzelne Wohnungseigentum mit Einzelhypotheken usw. belastet sein; Absatz 2 Ziff. 2 kommt insoweit nicht zur Anwendung und ist daher nicht auszufüllen; vgl. aber § 16 Abs. 6 Buchst. c) der Teilungserklärung.

[13] Hier können abweichende Regelungen, z. B. hinsichtlich der Zahlung einzelner Betriebskosten, wie des Wassergeldes oder der Verwaltungskosten, die mit einem Pauschalbetrag abgegolten zu werden pflegen, auch der Kosten eines Fahrstuhls u. dgl., getroffen werden.

Der Anteil an den Kapitalkosten verringert sich in dem Maße, in dem der Wohnungseigentümer außerplanmäßig eine Rückzahlung leistet.

(4) Auf die laufenden Geldleistungen hat der Wohnungseigentümer angemessene monatliche Abschlagszahlungen zu leisten. Die Höhe der Abschlagszahlungen wird vom Verwalter auf Grund des Wirtschaftsplanes festgesetzt. Sie beträgt vorläufig monatlich .... DM.* Die Abschlagszahlungen sind im voraus, spätestens am .... jeden Monats, kostenfrei an den Verwalter zu leisten.

(5) Der Verwalter ist verpflichtet, nach Schluß eines jeden Geschäftsjahres, das jeweils vom .... bis .... läuft, dem Wohnungseigentümer eine Abrechnung über die von ihm zu erbringenden Geldleistungen und die von ihm gemäß Absatz 4 geleisteten Abschlagszahlungen vorzulegen. Soweit sich danach die Abschlagszahlungen als nicht ausreichend erweisen, ist der Wohnungseigentümer zur unverzüglichen Nachzahlung verpflichtet; soweit die Abrechnung einen Überschuß aufweist, ist dieser auf das nächste Geschäftsjahr anzurechnen.

§ 14 Wirtschaftsplan

(1) Der in § 13 der Teilungserklärung erwähnte Wirtschaftsplan wird jeweils für ein Geschäftsjahr (§ 13 Abs. 5 der Teilungserklärung) im voraus vom Verwalter aufgestellt und von den Wohnungseigentümern beschlossen.

(2) Die in § 13 Abs. 2 der Teilungserklärung aufgeführten Kosten sind im Wirtschaftsplan in der für das Geschäftsjahr zu erwartenden Höhe einzusetzen. Bei den Instandhaltungskosten ist zu berücksichtigen, daß ein angemessener Betrag zur Vornahme späterer großer Instandsetzungsarbeiten der Instandsetzungsrücklage zuzuführen ist, solange diese die in § 13 Abs. 1 Nr. 1 Buchstabe c) der Teilungserklärung genannte Höhe nicht erreicht hat.

§ 15 Wohnungseigentümerversammlung

(1) Angelegenheiten, über die nach dem Wohnungseigentumsgesetz oder nach dem Inhalt dieser Teilungserklärung die Wohnungseigentümer durch Beschluß entscheiden können, werden durch Beschlußfassung in einer Versammlung der Wohnungseigentümer geordnet. Das Stimmrecht der Wohnungseigentümer bestimmt sich nach ....[14].

(2) Der Verwalter hat wenigstens einmal im Jahr die Wohnungseigentümerversammlung einzuberufen. Darüber hinaus muß der Verwalter die Wohnungseigentümerversammlung dann einberufen, wenn der Verwaltungsbeirat[15] oder mehr als ein Viertel der Wohnungseigentümer die Einbe-

---

* Eine solche Regelung ist möglich, entspricht aber nicht der allgemeinen Übung, wonach sich Höhe und Fälligkeit der Vorschußleistungen unmittelbar nach dem von den Wohnungseigentümern beschlossenen Wirtschaftsplan bemessen. Zweckmäßig wird es sein zu bestimmen, daß die beschlossenen Vorschußzahlungen über das Wirtschaftsjahr hinaus solange zu leisten sind, bis ein neuer Wirtschaftsplan beschlossen ist.

[14] Hier ist anzugeben, ob sich das Stimmrecht nach Köpfen oder nach den Miteigentumsanteilen bestimmt und ob ein Wohnungseigentümer mit mehreren Wohnungseigentumsrechten mehrfaches Stimmrecht besitzt.

[15] Die Worte „der Verwaltungsbeirat oder“ sind zu streichen, wenn ein Verwaltungsbeirat nicht gebildet wird (vgl. § 17 der Teilungserklärung und Anm. 18).

rufung unter Angabe des Gegenstandes verlangen. In den Fällen des § 5 Abs. 4 und des § 6 Abs. 4 dieser Teilungserklärung muß der Verwalter die Wohnungseigentümerversammlung auf Verlangen des betroffenen Wohnungseigentümers einberufen.

(3) Für die Ordnungsmäßigkeit der Einberufung genügt die Absendung an die Anschrift, die dem Verwalter von dem Wohnungseigentümer zuletzt mitgeteilt worden ist.

(4) Die Wohnungseigentümerversammlung ist beschlußfähig, wenn mehr als die Hälfte der Wohnungseigentümer sowie mehr als die Hälfte der Miteigentumsanteile vertreten ist. Ist die Versammlung hiernach nicht beschlußfähig, so hat der Verwalter eine zweite Versammlung mit gleichem Gegenstand einzuberufen; diese ist in jedem Falle beschlußfähig. Hierauf ist in der Einladung besonders hinzuweisen.

(5) Zu Beginn der Wohnungseigentümerversammlung soll vom Verwalter die ordnungsmäßige Einberufung und die Beschlußfähigkeit festgestellt werden. Bei der Feststellung der Stimmenmehrheit werden die Stimmen der nicht vertretenen Wohnungseigentümer nicht gerechnet.

(6) § 18 Abs. 3 WEG bleibt unberührt.

(7) Auch ohne Wohnungseigentümerversammlung ist ein Beschluß gültig, wenn alle Wohnungseigentümer ihre Zustimmung zu diesem Beschluß schriftlich erklären.

§ 16 Verwalter*

(1)[16] Als erster Verwalter ist / *Der erste Verwalter wird durch ....* bestellt.

Die Bestellung ist erfolgt / erfolgt für einen Zeitraum von .... Jahren.

[17]

.

.

Sie verlängert sich jeweils um ein weiteres Jahr, wenn nicht die Wohnungseigentümer 6 Monate vor Ablauf der Zeit die Bestellung eines anderen Verwalters beschließen.

---

* Die durch Kursivdruck gekennzeichneten Teile des Musters sind mit der Neufassung des § 26 WEG nicht mehr vereinbar und müssen, soweit sie nicht überhaupt ersatzlos wegfallen, der Neufassung angepaßt werden. Die überholten Stellen des Textes sind aber nicht gänzlich gestrichen, weil sie einen Einblick in die Vorstellungen gewähren, die in der Anfangszeit des WEG die Fachkreise beschäftigt haben. Die Bestellung ist auf höchstens 5 Jahre begrenzt.

[16] Absatz 1 ist auszufüllen, falls ein Verwalter bereits bestellt ist oder er nicht durch die Wohnungseigentümer, sondern einen Dritten bestellt werden soll; andernfalls ist Absatz 1 zu streichen.

[17] Hier ist weiter anzugeben, ob die Bestellung etwa bis zur Tilgung bestimmter Grundstücksbelastungen erfolgt ist oder zu erfolgen hat und ob sie nicht oder nur unter bestimmten Voraussetzungen widerrufen werden kann. Soweit gegenüber einem Realgläubiger die Verpflichtung besteht, ohne Zustimmung des Gläubigers keinen Verwalter zu bestellen oder abzuberufen, ist diese Verpflichtung bei der Beschlußfassung zu berücksichtigen. (Diese besonderen Bestimmungen sind beim Abschluß des Verwaltervertrages ebenfalls zu berücksichtigen.)

(2) Soweit nicht ein Verwalter nach Absatz 1 bestellt ist oder wird, beschließen die Wohnungseigentümer durch Stimmenmehrheit über die Bestellung. Die Bestellung erfolgt für einen Zeitraum von .... Jahren.

Sie verlängert sich um jeweils ein weiteres Jahr, wenn nicht die Wohnungseigentümer 6 Monate vor Ablauf der Zeit durch .... Mehrheit die Bestellung eines anderen Verwalters beschließen.

(3) Beim Vorliegen eines wichtigen Grundes können die Wohnungseigentümer jederzeit durch .... Mehrheit die Abberufung des Verwalters beschließen.

(4) Die Rechte und Pflichten des Verwalters ergeben sich aus § 27 WEG sowie aus den Bestimmungen dieser Teilungserklärung.

(5) Der Verwalter ist zu verpflichten, die ihm obliegenden Verpflichtungen pünktlich zu erfüllen und über die Einnahmen und Ausgaben auf Verlangen der Wohnungseigentümerversammlung oder dem Verwaltungsbeirat Rechnung zu legen. Er ist weiter zu verpflichten, aus den Instandhaltungsbeiträgen einen Betrag anzusammeln, der zur Vornahme der großen Instandsetzungsarbeiten bestimmt ist (§ 14 der Teilungserklärung); dieser ist auf getrenntem Konto anzulegen. Er ist weiter zur Führung eines Buches über die Wohnungseigentümerversammlungen zu verpflichten.

(6) In Erweiterung der gesetzlichen Befugnisse hat der Verwalter folgende Befugnisse:

a) mit Wirkung für die Wohnungseigentümer im Rahmen seiner Verwaltungsaufgaben Verträge abzuschließen und sonstige Rechtsgeschäfte vorzunehmen;

b) die von den Wohnungseigentümern nach § 13 der Teilungserklärung zu entrichtenden Beiträge einzuziehen und diese gegenüber einem säumigen Wohnungseigentümer namens der übrigen Wohnungseigentümer gerichtlich geltend zu machen;

c) die Tilgungsleistungen sowie die Zins- und sonstigen Nebenleistungen für die auf den Wohnungseigentumsrechten ruhenden Einzelbelastungen der

.

.

.

.

. (Namen der Gläubiger)

in gleicher Weise wie die nach § 13 der Teilungserklärung zu leistenden Beiträge anzufordern, in Empfang zu nehmen und an den Gläubiger abzuführen.*

(7) Über den Umfang der Vertretungsmacht ist dem Verwalter eine Vollmachtsurkunde auszuhändigen.

(8) Jeder Wohnungseigentümer hat im Falle der gänzlichen oder teilweisen Veräußerung seines Wohnungseigentums den Erwerber zum Eintritt in den mit dem jeweiligen Verwalter geschlossenen Vertrag zu verpflichten.

---

* Die Bestimmung ist überholt und zu streichen.

§ 17 Verwaltungsbeirat[18]

Die Wohnungseigentümer beschließen durch Stimmenmehrheit die Bestellung eines Verwaltungsbeirats, dessen Aufgaben sich aus § 29 WEG ergeben. Der Verwaltungsbeirat besteht aus drei Wohnungseigentümern einschließlich des von den Wohnungseigentümern durch Stimmenmehrheit zu bestimmenden Vorsitzenden. Der Verwaltungsbeirat ist zur Einsichtnahme in alle Bücher und Schriften des Verwalters berechtigt.

Teil III

§ 18 Eintragungsbewilligung und -antrag

D ....
(Name des Eigentümers)

bewilligt und beantragt, daß im Grundbuch von ....

Band .... Blatt ....

a) die Teilung des Grundstücks in .... Wohnungseigentumsrechte gemäß § 1 der Teilungserklärung,

b) die Bestimmungen gemäß §§ 2 bis 17 der Teilungserklärung als Inhalt des Sondereigentums

eingetragen werden. Der Eigentümer beantragt weiter, die zu erteilenden Eintragungsnachrichten sowie von den zu bildenden Wohnungsgrundbüchern

je eine beglaubigte / unbeglaubigte Grundbuchblattabschrift an ihn / den amtierenden Notar

zu senden.

Als Anlage sind beigefügt:

1. der Aufteilungsplan gemäß § 7 Abs. 4 Nr. 1 WEG (Anlage A),
2. die Bescheinigung der Baubehörde gemäß § 7 Abs. 4 Nr. 2 WEG (Anlage B).

...., den ....
(Ort)

....
(Unterschrift des Eigentümers)

Beglaubigungsvermerk des Notars

---

[18] Falls ein Verwaltungsbeirat nicht eingesetzt werden soll, ist § 17 zu streichen. Desgleichen sind in diesem Fall in § 16 Abs. 5 Satz 1 der Teilungserklärung die Worte „oder dem Verwaltungsbeirat" zu streichen.

Entscheidungsverzeichnis

I. Bundesverfassungsgericht

12. 6. 1986		BVerfGE 72, 302 = NJW 1986, 2817 = DB 1986, 1966
22. 1. 1987	(1 BvR 964/85)	nicht veröffentlicht
30. 11. 1989	(1 BvR 1212/89)	BBauBl. 1990, 295 = DNotZ 1990, 250 = DRspr. 1990, I (152) 153 = NJW 1990, 825 = NJW-RR 1990, 395
12. 2. 1992	(1 BvL 1/89)	NJW 1992, 1673 = DWEigt 1992, 69 = Rpfleger 1992, 344
15. 4. 1992	(1 BvR 1549/91)	NJW 1992, 2752
10. 7. 1992	(1 BvR 658/92)	NJW 1992, 2752
10. 3. 1993	(1 BvR 1192/92)	NJW 1993, 1252 = DWEigt 1993, 56 = MDR 1993, 533
26. 5. 1993	(1 BvR 208/93)	NJW 1993, 2035 = WM 1993, 377 = DB 1993, 1770 = DWW 1993, 224
14. 7. 1993	(1 BvR 1523/92)	DWEigt 1993, 151 = NJW 1994, 241
9. 2. 1994	(1 BvR 1687/92)	WE 1994, 205 mit krit. Anm. Bachmann NJW 1994, 2143

II. Bundesgerichtshof

30. 6. 1992	GmS-OGB 1/91	Gemeinsamer Senat der obersten Gerichtshöfe des Bundes; BGHZ 119, 42 = NJW 1992, 3290 = DNotZ 1993, 48
17. 4. 1953		NJW 1953, 1427
18. 2. 1955		BGHZ 16, 334
30. 11. 1955		BGHZ 19, 196
7. 3. 1956		BGHZ 20, 169
1. 6. 1956		BGHZ 21, 41
29. 10. 1956		BGHZ 22, 90
23. 4. 1958		BGHZ 27, 158 = NJW 1958, 1289 = MDR 1958, 593
9. 5. 1958		BGHZ 28, 99
1. 10. 1958		BGHZ 28, 182
7. 4. 1959		NJW 1959, 1223

29. 9. 1959	NJW 1959, 2160 = MDR 1959, 1007 = DB 1959, 1193
27. 5. 1960	NJW 1960, 1621
8. 7. 1960	BGHZ 33, 76
21. 12. 1961	BGHZ 36, 232
15. 6. 1962	BGHZ 37, 203 = NJW 1962, 1613 = MDR 1962, 810 = DNotZ 1963, 180 mit Anm. Weitnauer = Rpfleger 1962, 373 mit Anm. Diester
28. 11. 1962	NJW 1963, 339 = MDR 1963, 292
15. 11. 1963	DWW 1964, 89 = FrWW 1964, 32
11. 3. 1964	BGHZ 41, 209 = NJW 1964, 1226
29. 1. 1965	NJW 1965, 812 mit Anm. v. Bieberstein NJW 1965, 1014
21. 5. 1965	DNotZ 1966, 92
14. 6. 1965	BGHZ 44, 43 = NJW 1965, 1763 = MDR 1965, 821
10. 10. 1966	MDR 1966, 111
25. 11. 1966	BGHZ 46, 281 = NJW 1967, 135
21. 12. 1966	BGHZ 46, 253 mit Anm. Weitnauer DNotZ 1968, 706
24. 2. 1967	BGHZ 47, 266 = NJW 1967, 1366
17. 1. 1968	BGHZ 49, 250 = JZ 1968, 562 mit Anm. Bärmann = DB 1968, 438 = NJW 1968, 499
3. 4. 1968	BGHZ 50, 56 = BB 1968, 567 = DB 1968, 935 = NJW 1968, 1230
12. 12. 1968	MDR 1969, 748 = DB 1969, 344 = DNotZ 1969, 353 = WM 1969, 296 = LM Nr. 20 zu § 459 BGB
4. 7. 1969	BGHZ 52, 234 = NJW 1969, 1847 = JZ 1970, 70 = DB 1969, 1839
9. 7. 1969	BGHZ 52, 243 = MDR 1969, 835 = NJW 1969, 1850
1. 12. 1969	NJW 1970, 706
15. 12. 1969	DB 1970, 247
13. 3. 1970	BGHZ 53, 324
21. 5. 1970	BGHZ 54, 65 = NJW 1970, 1316 mit Anm. Pick NJW 1970, 2061 = MDR 1970, 753
15. 1. 1971	NJW 1971, 560
29. 3. 1971	BGHZ 56, 47 = NJW 1971, 1265
7. 5. 1971	DB 1971, 1206
28. 5. 1971	DB 1971, 1350 = LM Nr. 1 zu § 21 WEG
22. 12. 1971	BGHZ 57, 394 = DNotZ 1972, 338 = BB 1972, 199 mit Anm. Löwe JZ 1972, 210

31. 1. 1972	BGHZ 58, 146 = NJW 1972, 818
24. 2. 1972	NJW 1972, 821
19. 4. 1972	NJW 1972, 1187
21. 4. 1972	NJW 1972, 1189 = DB 1972, 1578
9. 5. 1972	BGHZ 59, 11 = NJW 1972, 1283
2. 6. 1972	BGHZ 59, 51 = JZ 1972, 628
5. 6. 1972	BGHZ 59, 58 = NJW 1972, 1318 = DB 1972, 2060 = JR 1973, 16 mit Anm. Merle u. Trautmann NJW 1973, 118 und Gitter JR 1973, 16
15. 6. 1972	BGHZ 59, 202 = NJW 1972, 1753
30. 6. 1972	BGHZ 59, 104 = NJW 1972, 1667 = DB 1972, 1669 = DNotZ 1973, 22
13. 7. 1972	BGHZ 59, 187
16. 4. 1973	BGHZ 60, 362 = NJW 1973, 1235 = JZ 1973, 735 mit Anm. Weitnauer
25. 6. 1973	BGHZ 61, 72 = NJW 1973, 1754 = DB 1973, 2041
12. 7. 1973	BGHZ 61, 203 = NJW 1973, 1752
8. 11. 1973	BGHZ 61, 369
10. 12. 1973	NJW 1974, 498
17. 12. 1973	NJW 1974, 364
22. 2. 1974	BGHZ 62, 179 = NJW 1974, 1137
27. 2. 1974	NJW 1974, 849
26. 3. 1974	BGHZ 62, 243 = NJW 1974, 1189
29. 3. 1974	BGHZ 62, 251 = NJW 1974, 1135 = DB 1974, 964
5. 4. 1974	Rpfleger 1974, 260 = MDR 1974, 744 = NJW 1974, 1140 = LM Nr. 3 zu § 43 WEG (Rietschel)
22. 2. 1974	BGHZ 62, 179 = NJW 1974, 1137
21. 6. 1974	BGHZ 62, 388 = NJW 1974, 1552 = DNotZ 1976, 24 = Rpfleger 1974, 351 = LM Nr. 2 zu § 21 WEG (Rothe)
28. 6. 1974	DB 1974, 1907
9. 10. 1974	NJW 1974, 2317
10. 10. 1974	BGHZ 63, 96 = DB 1974, 2396
18. 10. 1974	DNotZ 1975, 553 = DB 1975, 1553 = Rpfleger 1975, 124
8. 11. 1974	BGHZ 63, 238 = NJW 1975, 165
20. 12. 1974	BGHZ 63, 359
13. 1. 1975	DB 1975, 632
13. 2. 1975	NJW 1975, 869
7. 5. 1975	BGHZ 64, 288 = NJW 1975, 1268
26. 5. 1975	NJW 1975, 2101
22. 9. 1975	DB 1976, 96

13. 11. 1975	BGHZ 65, 264 = NJW 1976, 239 = LM Nr. 5 zu § 43 WEG (Doerry)
21. 11. 1975	BGHZ 65, 345 = NJW 1976, 519
4. 12. 1975	BGHZ 65, 359 = NJW 1976, 515 = DNotZ 1976, 414 mit Anm. Hoffmann
13. 11. 1975	DNotZ 1976, 533 = Rpfleger 1976, 354
16. 1. 1976	DB 1976, 1012
24. 2. 1976	DB 1976, 817
27. 2. 1976	DB 1976, 1619
18. 3. 1976	NJW 1976, 960
18. 3. 1976	DB 1976, 912
19. 3. 1976	DB 1976, 958
26. 3. 1976	NJW 1976, 2264 = DB 1976, 816
30. 4. 1976	DB 1976, 1479
28. 5. 1976	NJW 1976, 2340 = DNotZ 1977 356
28. 5. 1976	NJW 1976, 2132
18. 6. 1976	NJW 1976, 1976 = Rpfleger 1976, 352 = DNotZ 1976, 741
2. 7. 1976	DB 1976, 1862
17. 9. 1976	DB 1976, 2201
1. 10. 1976	BGHZ 68, 1 = NJW 1977, 761
21. 10. 1976	BGHZ 67, 232 = NJW 1977, 44 = Rpfleger 1977, 97 = DNotZ 1977, 237 = LM Nr. 1 zu § 27 WEG (Girisch)
29. 10. 1976	DNotZ 1977, 234 mit Anm. Weitnauer DNotZ 1977, 225
18. 11. 1976	BGHZ 67, 334 = DB 1977, 396 = NJW 1977, 294
26. 11. 1976	Rpfleger 1977, 55 = DNotZ 1978, 157
22. 12. 1976	DB 1977, 1180
16. 3. 1977	NJW 1977, 2072
21. 4. 1977	WM 1977, 823
5. 5. 1977	BGHZ 68, 372 = DNotZ 1977, 618 = NJW 1977, 1336
12. 5. 1977	NJW 1977, 1686 = MDR 1977, 924
10. 6. 1977	DB 1977, 1990
29. 6. 1977	NJW 1977, 1964
23. 9. 1977	BGHZ 69, 266 = NJW 1978, 102 = DB 1977, 2372 = DNotZ 1978, 148
22. 12. 1977	DB 1978, 439
26. 1. 1978	NJW 1978, 1054
10. 2. 1978	NJW 1978, 1311
10. 4. 1978	NJW 1978, 2505 = DB 1978, 1218 = DNotZ 1978, 422

21. 4. 1978	NJW 1978, 1437
21. 4. 1978	BGHZ 71, 234
18. 5. 1978	BGHZ 71, 314 = NJW 1978, 1977 = Rpfleger 1978, 302 = LM Nr. 1 zu § 45 WEG (Girisch)
8. 6. 1978	BGHZ 72, 31 = NJW 1978, 1626
27. 9. 1978	NJW 1979, 712 = DB 1979, 450
27. 9. 1978	MDR 1979, 390 = Rpfleger 1979, 58
12. 10. 1978	BGHZ 72, 229 = NJW 1979, 156
6. 11. 1978	DB 1979, 545 = Rpfleger 1979, 58
24. 11. 1978	BGHZ 73, 150 = NJW 1979, 870 = DB 1979, 494 = DNotZ 1979, 493
24. 11. 1978	BGHZ 73, 145 = NJW 1979, 548 = DNotZ 1979, 168 mit Anm. Ertl
18. 1. 1979	BGHZ 73, 196 = DNotZ 1979, 422 = Rpfleger 1979, 130 = NJW 1979, 817 = BWNotZ 1979, 88 = LM Nr. 1 zu § 22 WEG (Girisch)
2. 2. 1979	BGHZ 73, 302 = NJW 1979, 2391 = Rpfleger 1979, 255
23. 2. 1979	NJW 1979, 1495 = JZ 1979, 602 = DNotZ 1979, 406
9. 3. 1979	BGHZ 73, 391 = DB 1979, 1982
5. 4. 1979	BGHZ 74, 204 = NJW 1979, 1406 = JZ 1979, 756 mit Anm. Stürner wegen AGBG = DNotZ 1979, 741 mit Anm. Thomas
6. 4. 1979	BGHZ 74, 346 = NJW 1979, 1496 = JZ 1979, 603
27. 4. 1979	NJW 1979, 1498 = DNotZ 1979, 479 mit Anm. Brambring = JZ 1979, 605
10. 5. 1979	BGHZ 74, 258 mit Anm. Weitnauer/Kellmann NJW 1980, 400 = NJW 1979, 2207 = LM Nr. 4 zu § 21 WEG (Girisch)
10. 5. 1979	BGHZ 74, 273 = NJW 1979, 1650
18. 6. 1979	BGHZ 75, 26 = NJW 1979, 2101 = DB 1979, 1887
22. 6. 1979	DB 1979, 1887
12. 7. 1979	DNotZ 1980, 344
11. 10. 1979	DB 1980, 204 = Rpfleger 1980, 14
11. 10. 1979	NJW 1980, 282
6. 12. 1979	BGHZ 76, 43 = NJW 1980, 829 = DB 1980, 825
17. 1. 1980	BGHZ 76, 86 = NJW 1980, 992
21. 3. 1980	DNotZ 1980, 538 = Rpfleger 1980, 275

9. 7. 1980		BGHZ 78, 28 = NJW 1981, 109
10. 7. 1980		BGHZ 78, 57 = DB 1981, 157 = NJW 1980, 2466
19. 9. 1980		NJW 1981, 228
25. 9. 1980		BGHZ 78, 166 = DB 1981, 209 = NJW 1981, 282
9. 10. 1980		NJW 1981, 273
10. 10. 1980		BGHZ 78, 225 = NJW 1981, 455
6. 11. 1980		BGHZ 78, 346 = NJW 1981, 274 = JZ 1981, 93
7. 11. 1980		NJW 1981, 991 = Rpfleger 1981, 188 = DNotZ 1981, 556
20. 11. 1980		NJW 1981, 757 = DNotZ 1981, 377
11. 12. 1980		DB 1981, 784
12. 3. 1981		DB 1981, 2071
20. 5. 1981		NJW 1982, 170 = Rpfleger 1982, 23
22. 5. 1981		NJW 1982, 756 = DNotZ 1982, 43 = ZfBR 1981, 213
4. 6. 1981	(VII ZR 9/80)	BGHZ 81, 35 = NJW 1981, 1841 = MDR 1982, 50
4. 6. 1981	(VII ZR 212/80)	DNotZ 1982, 120
29. 6. 1981		NJW 1981, 2344
8. 10. 1981		NJW 1982, 169 = DNotZ 1982, 122 = DB 1982, 277
22. 10. 1981		WEM 1983, 30
5. 11. 1981		BBauBl. 1982, 430
23. 11. 1981		NJW 1982, 573
10. 12. 1981		NJW 1982, 1097
25. 1. 1982		BGHZ 83, 28 = NJW 1982, 1585 = DB 1982, 1051
4. 2. 1982		NJW 1982, 1753 = MDR 1982, 575 = DWEigt 1983, 29
21. 4. 1982		BGHZ 84, 90 = NJW 1982, 1696
30. 4. 1982		NJW 1982, 1639 = DB 1982, 1401
6. 5. 1982		NJW 1982, 2243 = DB 1982, 1926
24. 9. 1982		Rpfleger 1983, 15
4. 11. 1982	(VII ZR 53/42)	NJW 1983, 453 mit Anm. Weitnauer = DNotZ 1984, 99
4. 11. 1982		NJW 1983, 567 = DB 1983, 607
1. 12. 1982		NJW 1983, 985
20. 12. 1982		NJW 1983, 932
20. 1. 1983		NJW 1983, 1901
7. 2. 1983		BGHZ 87, 1 = NJW 1983, 1677 = DB 1983, 1248
10. 2. 1983		BGHZ 86, 393 = NJW 1983, 1672 = JZ 1983, 616 = DNotZ 1983, 487
25. 2. 1983		NJW 1983, 2022
10. 3. 1983		BGHZ 87, 112 = NJW 1983, 1489

24. 3. 1983		BGHZ 87, 138 = NJW 1983, 1615 mit Anm. Röll = JZ 1983, 618 mit Anm. Stürner = MDR 1983, 1016 = DNotZ 1984, 32
15. 4. 1983		NJW 1983, 2137
10. 6. 1983		DB 1983, 2462
30. 6. 1983		ZfBR 1983, 260 = ITelex 1984/3/16
8. 7. 1983		BGHZ 88, 97 = NJW 1984, 124 = DNotZ 1984, 176
13. 7. 1983		NJW 1983, 2502 = DB 1983, 2514 = MittBayNot 1984, 24
6. 10. 1983		ITelex 1984/4/23
13. 10. 1983	(VII ZB 4/83)	BGHZ 88, 302 = NJW 1984, 308 = Rpfleger 1984, 70 = DWEigt 1984, 26
13. 10. 1983	(VII ZB 7/83)	Rpfleger 1984, 62
13. 10. 1983	(I ARZ 408/83)	ITelex 1984/3/15
21. 10. 1983		NJW 1984, 612 = DNotZ 1984, 238 = WEM 1984/6/17
27. 10. 1983		DB 1984, 338
10. 11. 1983		NJW 1984, 725 = DNotZ 1984, 478 = ZfBR 1983, 247 = DWEigt 1984, 88
24. 11. 1983		NJW 1984, 869
5. 12. 1983		BGHZ 89, 153 = NJW 1984, 789 = JZ 1984, 619 mit Anm. Löwisch
16. 2. 1984		BGHZ 90, 174 = NJW 1984, 1617 = DNotZ 1984, 375
23. 2. 1984		DB 1984, 2690 = DNotZ 1984, 99 = ZfBR 1982, 231
5. 4. 1984		NJW 1984, 2094 = DNotZ 1984, 760 mit Anm. Stürner
30. 4. 1984		DNotZ 1986, 143
25. 5. 1984		BGHZ 91, 282 = NJW 1984, 2463
14. 6. 1984		BGHZ 91, 343 = NJW 1984, 2409 = JZ 1984, 1113 mit Anm. Weitnauer = DNotZ 1984, 695 mit Anm. Schmidt = Rpfleger 1985, 108 mit Anm. Hörer
28. 6. 1984		BGHZ 92, 18 = NJW 1984, 2576 = DWEigt 1985, 27
12. 7. 1984	(IX ZR 124/83)	NJW 1985, 789
12. 7. 1984	(VII ZB 1/84)	BGHZ 92, 123 = NJW 1984, 2573
12. 7. 1984	(VII ZR 268/83)	NJW 1985, 912 = Rpfleger 1985, 23 = MDR 1985, 315 = DWEigt 1985, 26
20. 9. 1984		NJW 1985, 913
26. 10. 1984		BGHZ 92, 351 = JZ 1985, 633 mit Anm. Waldner = NJW 1985, 385

27. 11. 1984		NJW 1985, 484 = DB 1985, 643 = VersR 1985, 243
1. 2. 1985		WM 1985, 699
21. 2. 1985		NJW 1985, 1551 = DB 1985, 1390 = ZfBR 1985, 132 = DWEigt 1985, 92
14. 3. 1985		NJW 1985, 1954
21. 3. 1985		BGHZ 94, 117 = NJW 1985, 1826
27. 6. 1985	(VII ZB 16/84)	BGHZ 95, 118 = NJW 1985, 2717 = JZ 1986, 191 mit Anm. Weitnauer = ZfBR 1985, 279
27. 6. 1985	(VII ZB 21/84)	BGHZ 95, 137 = NJW 1985, 2832 = WE 1986, 19 mit Anm. Bärmann = DB 1985, 2141 = DWEigt 1985, 120
28. 6. 1985		NJW 1985, 2825
19. 9. 1985	(VII ZR 148/84)	NJW 1986, 428 = DB 1986, 427
19. 9. 1985	(III ZR 55/84)	NJW 1986, 1104
20. 9. 1985		DB 1986, 427
10. 10. 1985	(VII ZR 292/84)	BGHZ 96, 124 = NJW 1986, 427 = DWEigt 1985, 125
10. 10. 1985	(VII ZR 303/84)	BGHZ 96, 111 = NJW 1986, 711
10. 10. 1985	(VII ZR 325/84)	BGHZ 96, 129 = NJW 1986, 315 = DB 1986, 428
16. 10. 1985		NJW 1986, 919
24. 10. 1985		NJW 1986, 713
31. 10. 1985		DB 1986, 792
8. 11. 1985		NJW 1986, 845 = BB 1986, 151
19. 11. 1985		NJW 1986, 1105
21. 11. 1985		NJW 1986, 925 = DB 1986, 534 = DNotZ 1986, 280
20. 2. 1986		DB 1986, 1215
6. 3. 1986		NJW 1986, 1811 = DB 1986, 1388
12. 3. 1986		NJW 1986, 1986, 3206 = DB 1986, 1457
20. 3. 1986		DB 1986, 1330 = ITelex 1986/13/76
2. 4. 1986		BGHZ 97, 287 = NJW 1986, 1994
4. 4. 1986	(V ZR 17/85)	BGHZ 97, 292 = DNotZ 1986, 749
4. 4. 1986	(V ZR 77/85)	DB 1986, 1563
6. 6. 1986	(V ZR 67/85)	BGHZ 98, 100 = NJW 1986, 2824
6. 6. 1986	(V ZR 264/84)	NJW 1986, 2759 = MDR 1987, 41
8. 6. 1986		NJW 1986, 2824 = DB 1986, 2175
20. 6. 1986		MDR 1987, 42 = ITelex 1986, 22/134 = NJW-RR 1986, 1335
9. 7. 1986		BGHZ 98, 212 = NJW 1987, 50
25. 9. 1986		BGHZ 98, 212
9. 10. 1986		NJW 1987, 381 = DB 1987, 379
11. 10. 1986		NJW 1987, 771
6. 11. 1986	(VII ZR 36/85)	DB 1987, 479
6. 11. 1986	(VII ZR 97/85)	NJW 1987, 645 = BGHZ 99, 81

6. 11. 1986	(VII ZR 131/86)	DB 1987, 427
11. 11. 1986	(V ZB 1/86)	BGHZ 99, 90 = JZ 1987, 463 mit Anm. Weitnauer = DB 1987, 428 = WE 1987, 79 mit Anm. Schmidt = DWEigt 1987, 23 = DNotZ 1988, 24 = NJW 1987, 650 = Rpfleger 1987, 106 = 1987, 92 = MDR 1987, 485 = MittBayNot 1987, 84 = WertpMitt 1987, 262 = WM 1987, 92
4. 12. 1986		BGHZ 99, 160 = NJW 1987, 837 = ZfBR 1987, 1 = JZ 1987, 579
11. 12. 1986	(V ZB 5/86)	NJW-RR 1987, 1036
18. 12. 1986		I Telex 1987/14/82
12. 1. 1987		NJW 1987, 2430 = DB 1987, 1085 = JZ 1987, 527
22. 1. 1987		BGHZ 99, 358 = NJW 1987, 1638 = WE 1987, 118
20. 2. 1987		VersR 1987, 765
4. 5. 1987		NJW 1987, 3177
7. 5. 1987	(VII ZR 366/85)	BGHZ 100, 391 = DNotZ 1987, 681 = DB 1988, 1630 = DWW 1988, 191 = MDR 1987, 834 = NJW 1988, 490 = MittBayNot 1987, 190 = NJW-RR 1987, 1046 = ZfBR 1987, 197
7. 5. 1987	(VII ZR 129/86)	ITelex 1987/12/71 = NJW 1988, 490, DWEigt 1988, 72
20. 5. 1987		NJW 1987, 1001
21. 5. 1987		WE 1987, 164 = WertpMitt 1987, 1018 = DNotZ 1987, 686 = DB 1987, 1935 = ZfBR 1987, 233 = MDR 1988, 43
12. 6. 1987		ZfBR 1987, 232
22. 6. 1987		NJW 1987, 3250
17. 9. 1987		BGHZ 101, 150 = NJW 1988, 135
24. 9. 1987		ZfBR 1988, 14
4. 12. 1987	(V 2 ZR 189/86)	NJW-RR 88, 458
4. 12. 1987	(V ZR 274/86)	NJW 1988, 1078
20. 1. 1988		WE 1988, 130
10. 3. 1988		WE 1988, 137 = NJW 1988, 1718 = MDR 1988, 768 = ZfBR 1988, 181 = DB 1988, 1795
21. 4. 1988	(VII ZR 65/87)	ZfBR 1988, 215
21. 4. 1988	(V ZB 10/87)	ITelex 1988, 184 = BGHZ 104, 197 = NJW 1988, 1910 = WE 1988, 162 = Rpfleger 1988, 357
21. 4. 1988	(VII ZR 146/87)	NJW 1988, 1972 = WE 1988, 162 = DB 1988, 1493

29. 9. 1988		DB 1989, 476
6. 10. 1988		WE 1989, 23
10. 10. 1988		DB 1989, 317
19. 10. 1988		NJW 1989, 451 = DB 1989, 623
24. 11. 1988		BGHZ 106, 34 = WE 1989, 93 = NJW 1989, 714 = DB 1989, 475 = DWEigt 1989, 58 = MDR 1989, 342 = DRspr. 1989, I (152) 144
1. 12. 1988		WE 1989, 48 = DB 1989, 524 = NJW 1989, 1087 = MDR 1989, 435 = DWEigt 1989, 63
8. 12. 1988	(V ZB 3/88)	BGHZ 106, 179 = WE 1989, 50 = NJW 1989, 1090 = JZ 1989, 350 = DWEigt 1989, 68
8. 12. 1988	(VII ZR 83/88)	NJW 1989, 1793 = DWEigt 1989, 71 = DB 1989, 1406 = MDR 1989, 441
15. 12. 1988		BGHZ 106, 222 = WE 1989, 94 = NJW 1989, 1091 = DWEigt 1989, 78 = MDR 1989, 436
22. 12. 1988		WE 1989, 52 = DWEigt 1989, 184 = ZfBR 1989, 43 = MDR 1989, 442
17. 1. 1989		WE 1989, 95 = NJW 1989, 1094 = DWEigt 1989, 170 = JZ 1989, 350
9. 2. 1989		WE 1989, 131 = NJW 1989, 1281 = DWEigt 1989, 170 = MDR 1989, 531
23. 2. 1989		NJW 1989, 1602 = DB 1989, 1181
7. 3. 1989		WE 1989, 196 = NJW-RR 1989, 970
5. 4. 1989		DB 1989, 1181
8. 5. 1989		NJW-RR 1990, 27
18. 5. 1989	(V ZB 4/89)	BGHZ 107, 268 = WE 1989, 167 = NJW 1989, 2059 = DWEigt 1989, 130 = MDR 1989, 897
18. 5. 1989	(V ZB 14/88)	BGHZ 107, 285 = WE 1989, 196 = NJW 1989, 2697 = DWEigt 1989, 172 = MDR 1990, 981
19. 5. 1989		BGHZ 107, 289 = WE 1990, 22 = NJW 1989, 2901 = DNotZ 1990, 493 = MDR 1989, 896 = NJW-RR 1989, 1160
15. 6. 1989		BGHZ 108, 44 = WE 1989, 197 = NJW 1989, 3018 = DNotZ 1990, 373 = DWEigt 1989, 130
23. 6. 1989		BGHZ 108, 156 = WE 1990, 520 = NJW 1989, 2534 = JZ 1990, 143 = DNotZ 1990, 417
29. 6. 1989		BGHZ 108, 164 = MDR 1990, 1092 = ZfBR 1989, 245

21. 9. 1989	DWEigt 1990, 113 = NJW-RR 1990, 81
3. 10. 1989	NJW 1990, 111
20. 10. 1989	WE 1990, 53
24. 10. 1989	DWEigt 1990, 113 = NJW-RR 1990, 141 = WM 1990, 38
3. 11. 1989	BGHZ 109, 179 = WE 1990, 53 = NJW 1990, 447 = DWEigt 1990, 67 = MittBayNot 1991, 141
24. 11. 1989	NJW 1990, 832
11. 12. 1989	WE 1990, 84 = DWEigt 1990, 113
21. 12. 1989	WE 1990, 84 = NJW 1990, 1112 = Rpfleger 1990, 113
22. 12. 1989	WE 1990, 55 = NJW 1990, 1111 = BGHZ 110, 36 = DWEigt 1990, 113 = Rpfleger 1990, 159
15. 2. 1990	BGHZ 110, 258 = WE 1990, 129 = NJW 1990, 1663 mit Anm. Kniffka ZfBR 1990, 159 = JZ 1991, 346 = DWEigt 1990, 113 = DNotZ 1991, 131
23. 2. 1990	NJW 1990, 1791 = DNotZ 1991, 595 = MDR 1990, 609
20. 4. 1990	BGHZ 111, 148 = WE 1990, 202 = NJW 1990, 2386 = DWEigt 1990, 140 = JZ 1991, 249 = Rpfleger 1990, 413
31. 5. 1990	VersR 1990, 1154
5. 7. 1990	ZfBR 1990, 238
26. 9. 1990	BGHZ 112, 240 = NJW 1991, 168 = WE 1991, 102 = JZ 1991, 256
26. 10. 1990	WE 1991, 102 = JZ 1991, 252 = MDR 1991, 421 = NJW-RR 1991, 335
6. 11. 1990	NJW-RR 1991, 169
20. 12. 1990	BGHZ 113, 197 = WE 1991, 132 = DWEigt 1991, 70 = Rpfleger 1991, 191 = NJW 1991, 979 = JR 91, 511
14. 2. 1991	WE 1991, 160 = NJW 1991, 1611 = DWEigt 1991, 70
21. 2. 1991	BGHZ 113, 374 = WE 1991, 190 = NJW 1991, 1613 = DWEigt 1992, 147
28. 2. 1991	BGHZ 114, 1 = NJW 1991, 1686 = JR 1992, 106 mit Anm. Hoffmann
20. 3. 1991	BGHZ 114, 96 = DB 1991, 1514
23. 4. 1991	WE 1991, 321 = DWEigt 1991, 120/152 = NJW-RR 1991, 907

26. 4. 1991		DB 1991, 1617
6. 6. 1991		WE 1992, 102 = BGHZ 114, 383 = NJW 1991, 2480 = ZfBR 1991, 212
7. 6. 1991		BGHZ 115, 1 = NJW 1991, 2488
5. 7. 1991		NJW 1991, 2909 = Rpfleger 1991, 454 = WE 1992, 194
11. 7. 1991		BGHZ 115, 151 = WE 1991, 321 = DWEigt 1991, 102 = JZ 1992, 368 = Rpfleger 1990, 403
26. 9. 1991		BGHZ 115, 213 = WE 1992, 80 = NJW 1992, 435 = ZfBR 1992, 60
2. 10. 1991		BGHZ 115, 253 = DWEigt 1991, 152 = WE 1992, 80 = NJW 1992, 182 = Rpfleger 1992, 21
18. 12. 1991		NJW 1992, 980 = VersR 1992, 311
19. 12. 1991		BGHZ 116, 392 = WE 1992, 105 = NJW 1992, 978 = DWEigt 1992, 72 = BlnGrdE 1992, 321 = MDR 1992, 484 = WM 1992, 159 = ZMR 1992, 167
7. 1. 1992		NJW 1992, 1095
27. 2. 1992		WE 1992, 167 = DWEigt 1993, 165 = NJW 1992, 1881
24. 4. 1992		WE 1992, 255 = NJW 1992, 2625
28. 4. 1992		WE 1992, 313 = WE 1993, 22 = DWEigt 1993, 165 = MDR 1992, 313
17. 9. 1992		WE 1993, 49 = DWEigt 1992, 148 = NJW 1992, 3205
19. 11. 1992		DWEigt 1993, 81 = WE 1993, 79
20. 11. 1992		DWEigt 1993, 57 = WE 1993, 80
10. 12. 1992	(V ZR 3/92)	DWEigt 1993, 82
10. 12. 1992	(V ZR 3/92)	DWEigt 1993, 81 = WE 1993, 108 = NJW 1993, 662 = WM 1993, 146
11. 12. 1992		BGHZ 121, 22 = WE 1993, 135 = NJW 1993, 727
29. 1. 1993		BGHZ 121, 236 = DWEigt 1993, 82 = NJW 1993, 1329 = WE 1993, 165
18. 3. 1993		WE 1993, 218
23. 3. 1993		WE 1993, 193 = NJW 1993, 1782 = WM 1993, 273 = DB 1993, 1134 = ZMR 1993, 322
2. 4. 1993		WE 1993, 218 = Rpfleger 1993, 398 = DWEigt 1993, 104
28. 4. 1993		DWEigt 1994, 25 = NJW-RR 1993, 1227
6. 5. 1993		WE 1993, 308 = NJW 1993, 1924 = WM 1993, 431 = DB 1993, 1769

16. 6. 1993		WE 1993, 310 = DWEigt 1994, 39
13. 7. 1993		DWEigt 1993, 152 = WE 1994, 45 = NJW 1993, 2943 = WM 1993, 1939 = ZMR 1993, 577
12. 11. 1993		NJW 1994, 650
13. 12. 1993		NJW 1994, 1874 = DNotZ 1994, 318
24. 2. 1994	(V ZB 43/93)	WE 1994, 207 = DWEigt 1994, 72 = MDR 1994, 580 = NJW 1994, 2950
4. 3. 1994	(V ZR 241/93)	WE 1994, 209 = DWEigt 1994, 120 = MDR 1994, 579
10. 3. 1994	(IX ZR 98/93)	WE 1994, 210 = DWEigt 1994, 104 = NJW 1994, 1866 = WM 1994, 346
1. 6. 1994	(VIII ZR 36/93)	NJW 1994, 2226
6. 7. 1994	(VIII ARZ 2/94)	NJW 1994, 2542 = MittBayNot 1994, 423
16. 9. 1994	(V ZB 2/93)	DWEigt 1994, 140 = NJW 1994, 3230 = ZIP 1994, 1605
6. 10. 1994	(V ZB 2/94)	NJW 1994, 3352 = DB 1994, 2613 = DWEigt 1994, 141
20. 10. 1994	(IX ZR 116/93)	DB 1994, 2614

III. Bayerisches Oberstes Landesgericht*

5. 3. 1954	1954, 67 = NJW 1954, 959 = DNotZ 1954, 391 = Rpfleger 1954, 307 mit Anm. Diester
20. 7. 1956	1956, 278
12. 3. 1957	1957, 95 = NJW 1957, 753 = JZ 1957, 671
15. 3. 1957	1957, 102 = NJW 1957, 1840
22. 5. 1957	1957, 168
29. 8. 1958	1958, 234 = NJW 1958, 1824 = DB 1958, 1389
26. 9. 1958	1958, 263 = NJW 1958, 2116 = DNotZ 1959, 40 = Rpfleger 1959, 277
14. 10. 1958	1958, 273 = DNotZ 1959, 91 = NJW 1958, 2016
24. 11. 1959	1959, 457 = NJW 1960, 292 = MDR 1960, 313 = DNotZ 1960, 421

* Entscheidungen der amtlichen Sammlung werden ohne den Zusatz „BayObLGE“ zitiert.

22. 12. 1959	1959, 520 = DNotZ 1960, 541 mit Anm. Weitnauer
28. 6. 1960	1960, 231 = NJW 1960, 2100 = MDR 1960, 927 = DNotZ 1960, 596 = Rpfleger 1961, 400 mit Anm. Haegele
10. 11. 1961	1961, 322 = NJW 1962, 492 = MDR 1962, 216 = Rpfleger 1962, 61 mit Anm. Diester
29. 12. 1961	1961, 392 = NJW 1962, 494 = MDR 1962, 307 = Rpfleger 1962, 107
23. 1. 1962	1962, 16 = NJW 1962, 656 = DNotZ 1962, 314 = Rpfleger 1962, 137
27. 6. 1963	1963, 161 = NJW 1964, 47 = MDR 1963, 925 = BB 1963, 998 = JZ 1964, 230
3. 7. 1964	1964, 237 = NJW 1964, 1962 = MDR 1964, 921 = DNotZ 1964, 722 = Rpfleger 1964, 373
9. 2. 1965	1965, 34 = NJW 1965, 821 = Rpfleger 1965, 224 mit Anm. Diester = MDR 1965, 483
12. 5. 1965	1965, 193 = NJW 1965, 1484 = MDR 1965, 743
30. 6. 1965	1965, 227
14. 7. 1965	1965, 283 = MDR 1965, 919 = Rpfleger 1965, 334 mit Anm. Diester
20. 7. 1965	1965, 290
12. 1. 1966	1966, 20 = MDR 1966, 413 = DNotZ 1966, 488 = Rpfleger 1966, 149 = BB 1966, 1039
13. 1. 1967	1967, 10 = NJW 1967, 986 = Rpfleger 1967, 188
20. 1. 1967	1967, 25 = NJW 1967, 986 = MDR 1967, 494
12. 4. 1967	1967, 128 = MDR 1967, 840 = NJW 1967, 2363 = Rpfleger 1968, 92
13. 9. 1968	1968, 233 = MDR 1969, 52 = NJW 1969, 191 = Rpfleger 1968, 392
31. 1. 1969	1969, 29 = MDR 1969, 391 = Rpfleger 1969, 206
4. 3. 1969	1969, 82 = NJW 1969, 883 = MDR 1969, 486
18. 8. 1969	1969, 209 = MDR 1970, 49 = Rpfleger 1970, 65
27. 1. 1970	1970, 1 = NJW 1970, 1136 = MDR 1970, 507

18. 3. 1070	1970, 65 = NJW 1970, 1550 = MDR 1970, 586 Rpfleger 1976, 292
20. 7. 1970	1970, 162 = MDR 1970, 928 = DNotZ 1970, 10
5. 11. 1970	NJW 1971, 436
4. 12. 1970	1970, 290
9. 3. 1971	1971, 102
19. 8. 1971	1971, 273
27. 10. 1971	1971, 313 = MDR 1972, 145
4. 1. 1972	Rpfleger 1972, 144
25. 2. 1972	1972, 69 = Rpfleger 1972, 176
7. 3. 1972	1972, 90 = MDR 1972, 516
10. 3. 1972	Rpfleger 1972, 176
21. 3. 1972	1972, 109 = NJW 1972, 1286 = MDR 1972, 607
5. 4. 1972	1972, 139 = NJW 1972, 1284 = MDR 1972, 608
21. 4. 1972	1972, 150 = NJW 1972, 1376
3. 5. 1972	1972, 161 = NJW 1972, 1377 = Rpfleger 1972, 262
17. 7. 1972	1972, 246 = Rpfleger 1972, 411
5. 10. 1972	1972, 314 = NJW 1973, 151 = MDR 1973, 49
16. 11. 1972	1972, 348 = NJW 1973, 152 = MDR 1973, 138 = DNotZ 1973, 99
4. 1. 1973	1973, 1 = Rpfleger 1973, 139
31. 1. 1973	1973, 30 = NJW 1973, 1378
21. 2. 1973	1973, 68 = NJW 1973, 1086 = MDR 1973, 584 = DB 1973, 766
19. 3. 1973	1973, 78 = MDR 1973, 584 = NJW 1973, 1086 = DNotZ 1973, 611
19. 3. 1973	1973, 83
28. 5. 1973	1973, 142 = NJW 1973, 1881 = DNotZ 1974, 78 mit Anm. Weitnauer
8. 6. 1973	1973, 145
19. 9. 1973	1973, 246
9. 10. 1973	1973, 267 = MDR 1974, 138 = Rpfleger 1974, 111 = NJW 1974, 152
19. 11. 1973	1973, 307 = Rpfleger 1974, 71
15. 1. 1974	1974, 9 = Rpfleger 1974, 229 = MDR 1974, 410
28. 2. 1974	1974, 86
13. 3. 1974	1974, 118 = Rpfleger 1974, 261 = DNotZ 1975, 36

18. 4. 1974	1974, 172 = NJW 1974, 1910 = Rpfleger 1974, 268
8. 5. 1974	1974, 217 = MDR 1974, 847 = Rpfleger 1974, 314
20. 6. 1974	1974, 269 = Rpfleger 1974, 316 = MDR 1974, 936
4. 7. 1974	1974, 275 = Rpfleger 1974, 360 = NJW 74, 2134
11. 7. 1974	1974, 294 = DNotZ 1975, 308 = Rpfleger 1974, 400
25. 7. 1974	1974, 305 = Rpfleger 1974, 401 = NJW 1974, 2136
8. 10. 1974	Rpfleger 1975, 98
24. 10. 1974	1974, 396 = Rpfleger 1975, 22 = NJW 1975, 59
29. 11. 1974	1974, 466 = NJW 1975, 740 = DNotZ 1976, 28 = Rpfleger 1975, 90
9. 12. 1974	Rpfleger 1975, 245
29. 1. 1975	Rpfleger 1975, 245
29. 1. 1975	1975, 53 = Rpfleger 1975, 245
29. 3. 1975	Rpfleger 1975, 245
28. 4. 1975	1975, 161 = Rpfleger 1975, 350 = NJW 1975, 2073
14. 5. 1975	1975, 177 = Rpfleger 1975, 310 = DB 1975, 1888
9. 6. 1975	1975, 201 = Rpfleger 1975, 367
24. 6. 1975	1975, 233 = Rpfleger 1975, 311
11. 7. 1975	DNotZ 1976, 162 = Rpfleger 1975, 360
15. 7. 1975	1975, 286
15. 7. 1975	NJW 1975, 2296 mit Anm. Amann NJW 1976, 1321 = Rpfleger 1975, 349
22. 7. 1975	Rpfleger 1976, 13 = DNotZ 1975, 36
4. 8. 1975	1975, 327 = WEM 1976, 9
8. 8. 1975	DNotZ 1976, 160
6. 10. 1975	1975, 365 = Rpfleger 1975, 435
6. 10. 1975	1975, 369 = MDR 1976, 225 = Rpfleger 1975, 436
9. 3. 1976	Rpfleger 1976, 292
26. 3. 1976	Rpfleger 1976, 291
21. 4. 1976	Rpfleger 1976, 292
29. 4. 1976	Rpfleger 1976, 291
23. 6. 1976	1976, 165 = DB 1976, 2302 = Rpfleger 1976, 360
5. 7. 1976	Rpfleger 1976, 422

27. 7. 1976	1976, 211 = Rpfleger 1976, 364 = WEM 1976, 103
6. 8. 1976	1976, 223 = WEM 1977, 19 = Rpfleger 1976, 422
6. 8. 1976	1976, 218 = DB 1976, 2012 = Rpfleger 1976, 397
25. 8. 1976	1976, 227 = DNotZ 1976, 743 = Rpfleger 1976, 403
22. 9. 1976	Rpfleger 1976, 422
30. 9. 1976	Rpfleger 1976, 422
29. 10. 1976	WEM 1977, 49
22. 12. 1976	1976, 328 = Rpfleger 1977, 104
12. 1. 1977	1977, 1 = Rpfleger 1977, 140 = DNotZ 1977, 546
26. 1. 1977	Rpfleger 1977, 126
9. 3. 1977	1977, 40 = DB 1977, 2182 = Rpfleger 1977, 173 = WM 1977, 115
10. 3. 1977	1977, 44 = Rpfleger 1977, 174
22. 3. 1977	1977, 67 = WEM 1978, 88
22. 3. 1977	Rpfleger 1977, 286
1. 4. 1977	1977, 89 = Rpfleger 1977, 286
27. 5. 1977	1977, 155 = Rpfleger 1977, 300 = DNotZ 1977, 544
8. 6. 1977	1977, 159 = WEM 1977, 117 = DNotZ 1977, 667 mit Anm. Ertl
19. 8. 1977	1977, 226 = WEM 1978, 22 = NJW 1978, 1387 = Rpfleger 1977, 439; 446
19. 8. 1977	Rpfleger 1977, 439
24. 1. 1978	WEM 1978, 88
8. 2. 1978	Rpfleger 1978, 256 = WEM 1978, 118
19. 4. 1978	WEM 1978, 116
25. 4. 1978	Rpfleger 1978, 320
11. 5. 1978	1978, 117 = Rpfleger 1978, 299
22. 6. 1978	1978, 157 = Rpfleger 1978, 375
19. 7. 1978	1978, 214 = Rpfleger 1978, 414
26. 7. 1978	Rpfleger 1978, 445 = WEM 1979, 87
27. 7. 1978	1978, 231 = DB 1979, 89
21. 8. 1978	Rpfleger 1978, 446
28. 9. 1978	1978, 270 = Rpfleger 1978, 444
10. 10. 1978	1978, 305 = Rpfleger 1978, 444
24. 10. 1978	Rpfleger 1979, 66 = WEM 1979, 38
13. 11. 1978	DB 1979, 545
14. 12. 1978	1978, 377 = Rpfleger 1979, 108 = DNotZ 1979, 174

22. 1. 1979	Rpfleger 1979, 217 = DNotZ 1979, 307
2. 2. 1979	1979, 30 = Rpfleger 1979, 125
13. 2. 1979	WEM 1979, 135
16. 2. 1979	1979, 56 = Rpfleger 1979, 217 = WEM 1979, 89
2. 3. 1979	Rpfleger 1979, 216 = WEM 1979, 85
22. 3. 1979	1979, 86 = Rpfleger 1979, 264
28. 3. 1979	Rpfleger 1979, 265
10. 4. 1979	DB 1979, 1408
11. 4. 1979	Rpfleger 1979, 266
25. 4. 1979	1979, 117 = Rpfleger 1979, 267
3. 5. 1979	1979, 125
7. 5. 1979	1979, 152 = Rpfleger 1979, 335
11. 5. 1979	Rpfleger 1979, 318
13. 6. 1979	Rpfleger 1979, 352 = DNotZ 1980, 48
10. 7. 1979	Rpfleger 1979, 386
31. 7. 1979	1979, 251 = Rpfleger 1979, 446
3. 8. 1979	1979, 267 = Rpfleger 1979, 446 = WEM 1980, 33
3. 8. 1979	Rpfleger 1979, 427
7. 8. 1979	Rpfleger 1979, 425
23. 8. 1979	Rpfleger 1979, 420 = DNotZ 1980, 364
29. 8. 1979	1979, 312 = Rpfleger 1979, 427
6. 9. 1979	WEM 1979, 173 = MDR 1980, 157
18. 9. 1979	Rpfleger 1979, 446 = MDR 1980, 142
28. 9. 1979	Rpfleger 1979, 446
10. 10. 1979	WEM 1980, 31
15. 10. 1979	Rpfleger 1980, 23 = DWEigt 1980, 62
30. 11. 1979	Rpfleger 1980, 111
5. 12. 1979	WEM 1980, 125
10. 12. 1979	1979, 414 = Rpfleger 1980, 110
19. 12. 1979	1979, 444 = Rpfleger 1980, 150 = DNotZ 1980, 540
21. 12. 1979	WEM 1980, 129
7. 1. 1980	Rpfleger 1980, 192
31. 1. 1980	1980, 29
14. 2. 1980	WEM 1981/3/42
21. 2. 1980	Rpfleger 1980, 230
21. 2. 1980	WEM 1980, 78
3. 4. 1980	Rpfleger 1980, 260
30. 4. 1980	Rpfleger 1980, 295
10. 5. 1980	ZMR 1980, 125

2. 6. 1980		1980, 154 = ZMR 1980, 251 = Rpfleger 1980, 348
16. 6. 1980		Rpfleger 1980, 349
19. 6. 1980		Rpfleger 1980, 391 = WEM 1981/4/34
9. 7. 1980		WEM 1981/4/37
21. 7. 1980	(2 Z 36/79)	ZMR 1981, 123
21. 7. 1980	(2 Z 33/80)	Rpfleger 1980, 478
24. 7. 1980	(2 Z 34/79)	DWEigt 1981, 126 = Rpfleger 1980, 478
31. 7. 1980	(2 Z 54/79)	1980, 226 = DNotZ 1980, 747
31. 7. 1980	(2 Z 50/80)	MDR 1981, 56 = DNotZ 1982, 250
7. 8. 1980		DNotZ 1981, 123
9. 9. 1980	(II ZS 2 67/79)	PiG 9, 168
1. 10. 1980		DWEigt 1981, 27
3. 10. 1980		NJW 1982, 109
13. 10. 1980		WEM 1981, 60
28. 10. 1980		1980, 331 = DWEigt 1981, 55/58
21. 11. 1980		WEM 1981/1/57
11. 12. 1980		WEM 1981/1/62 = NJW 1981, 690 = DWEigt 1981, 93
15. 1. 1981		WEM 1981/6/35
9. 2. 1981		1981, 21
10. 2. 1981		WEM 1981/3/37
11. 2. 1981		Rpfleger 1981, 284
18. 2. 1981		ZMR 1981, 251 = DWEigt 1982, 30
19. 2. 1981		Rpfleger 1981, 284
27. 2. 1981	(2 Z 68/79)	DWEigt 1982, 131 = WEM 1981/3/39
27. 2. 1981	(2 Z 23/80)	1981, 50
27. 2. 1981	(2 Z 10/81)	1981, 56
24. 3. 1981		WEM 1981/2/56
2. 4. 1981		Rpfleger 1981, 285
8. 4. 1981		Rpfleger 1981, 284
10. 4. 1981		Rpfleger 1981, 283
24. 4. 1981		WEM 1981/5/30 = MDR 1982, 497
7. 5. 1981		Rpfleger 1981, 284 = WEM 1981/5/31
11. 5. 1981		1981, 161 = Rpfleger 1981, 285
18. 5. 1981	(2 Z 34/80)	MDR 1981, 849
18. 5. 1981	(2 Z 44/80)	DWEigt 1982, 136
26. 5. 1981		1981, 183
27. 5. 1981		DWEigt 1982, 103
2. 6. 1981		WEM 1981/6/32
10. 6. 1981		1981, 202
12. 6. 1981		DWEigt 1982, 133 = ZgemWWBay 1983, 101
2. 7. 1981		DWEigt 1982, 104

7. 7. 1981		1981, 220 = MDR 1982, 58
8. 7. 1981	(2 Z 81/80)	DWEigt 1982, 103
8. 7. 1981	(2 Z 14/81)	DWEigt 1983, 27 = WEM 1981/6/29
8. 7. 1981	(2 Z 40/81)	DWEigt 1982, 103
16. 9. 1981	(2 Z 65/80)	ZgemWWBay 1982, 577
16. 9. 1981	(2 Z 68/80)	MDR 1982, 151
16. 9. 1981	(2 Z 64/81)	WEM 1981/5/38
28. 9. 1981		Rpfleger 1982, 21 = MDR 1982, 148 = DNotZ 1982, 244
1. 10. 1981		1981, 332 = Rpfleger 1982, 21 = MDR 1982, 148
8. 10. 1981		DWEigt 1982, 104 = WEM 1981/6/38 = MDR 1982, 323
9. 10. 1981		Rpfleger 1982, 63
21. 10. 1981		Rpfleger 1982, 15 = MDR 1982, 323 = WEM 1981/6/36
28. 10. 1981		Rpfleger 1982, 21 = DNotZ 1982, 244
17. 11. 1981		Rpfleger 1982, 100 = ZgemWWBay 1982, 333
24. 11. 1981		NJW 1982, 451
3. 12. 1981		WEM 1982, 109
8. 12. 1981		DWEigt 1982, 135
9. 12. 1981		WEM 1982, 33
15. 12. 1981		1981, 407 = DWEigt 1982, 104 = DNotZ 1982, 426
21. 12. 1981		DWEigt 1982, 135 = WEM 1982/1/35
23. 12. 1981		Rpfleger 1982, 143 = DWEigt 1982, 104
11. 1. 1982		1982, 1 = MDR 1982, 496
14. 1. 1982		1982, 9 = MDR 1982, 497
29. 1. 1982		1982, 46 = Rpfleger 1982, 177 = MDR 1982, 496
4. 2. 1982		1982, 69 = Rpfleger 1982, 419
11. 2. 1982		1982, 90 = Rpfleger 1982, 218
26. 2. 1982	(2 Z 16/81)	DWEigt 1982, 67
26. 2. 1982	(2 Z 6/82)	DWEigt 1982, 136
1. 3. 1982	(3 Z 9/80)	DB 1982, 1211 = DWEigt 1982, 136
1. 3. 1982	(3 Z 1/82)	DB 1982, 1212 = DWEigt 1982, 67
15. 3. 1982		DWEigt 1982, 67
23. 3. 1982	(2 Z 31/81)	DWEigt 1982, 136 = WEM 1982, 112
23. 3. 1982	(2 Z 17/82)	DWEigt 1982, 136
6. 4. 1982		Rpfleger 1982, 268
19. 4. 1982	(2 Z 33/81)	DWEigt 1982, 99
19. 4. 1982	(2 Z 76/81)	DWEigt 1982, 136

30. 4. 1982	(2 Z 42/81)	DWEigt 1982, 136
30. 4. 1982	(2 Z 48/81)	DWEigt 1982, 136
30. 4. 1982		1982, 203 = Rpfleger 1982, 278
2. 6. 1982	(2 Z 60/81)	DWEigt 1982, 137 = MDR 1982, 852
2. 6. 1982	(2 Z 62/81)	DWEigt 1982, 137
7. 6. 1982		DWEigt 1982, 136
28. 6. 1982		DWEigt 1982, 137 = MDR 1982, 939
5. 7. 1982	(2 Z 39/81)	DWEigt 1982, 137
5. 7. 1982	(2 Z 63/81)	DWEigt 1983, 26
12. 7. 1982		Rpfleger 1983, 14
13. 7. 1982		Rpfleger 1983, 14 = WEM 1982, 114
16. 7. 1982		MittBayNot 1981, 290
23. 7. 1982	(2 Z 65/81)	ITelex 1983/1/2
23. 7. 1982	(2 Z 77/81)	Rpfleger 1983, 14
3. 8. 1982		Rpfleger 1983, 14
6. 8. 1982		ZgemWWBay 1982, 577
18. 8. 1982		Rpfleger 1983, 14
20. 8. 1982		DWEigt 1983, 60
25. 8. 1982		DWEigt 1983, 60
26. 8. 1982		Rpfleger 1983, 14
16. 9. 1982	(2 Z 78/81)	DWEigt 1983, 30
16. 9. 1982	(2 Z 82/81)	Rpfleger 1982, 418
20. 9. 1982	(2 Z 94/81)	DWEigt 1983, 30
20. 9. 1982	(2 Z 98/81)	WEM 1983, 69 = DWEigt 1983, 30
29. 9. 1982		ZMR 1983, 216 = Rpfleger 1983, 14 = MDR 1983, 134
4. 10. 1982		Rpfleger 1983, 14 = MDR 1983, 134 = WEM 1984/3/30
12. 10. 1982	(2 Z 38/82)	DWEigt 1983, 61
12. 10. 1982	(2 Z 60/82)	DWEigt 1983, 61
4. 11. 1982	(2 Z 8/82)	DWEigt 1983, 31 = W + H 1983, 40
4. 11. 1982	(2 Z 61/82)	DWEigt 1983, 31
19. 11. 1982		DWEigt 1983, 61
15. 12. 1982	(2 Z 18/82)	Rpfleger 1982, 143 = WEM 1983, 71
15. 12. 1982	(2 Z 39/82)	1982, 445 = ITelex 1983/3/15
22. 12. 1982		MDR 1983, 405
20. 1. 1983		1983, 14
3. 2. 1983	(2 Z 21/82)	ITelex 1983/19/111
3. 2. 1983	(2 Z 57/82)	DWEigt 1983, 60
14. 2. 1983		DWEigt 1983, 60
17. 2. 1983		DWEigt 1983, 60 = ZMR 1983, 419
24. 2. 1983		DWEigt 1983, 55
28. 2. 1983		WEM 1984/4/31
23. 3. 1983	(2 Z 25/82)	DWEigt 1983, 94

23. 3. 1983	(2 Z 56, 59/82)	1983, 73 = DWEigt 1983, 94
23. 3. 1983	(2 Z 89/82)	1983, 79 = DWEigt 1983, 94 = MDR 1983, 671 = DNotZ 1984, 106
12. 4. 1983	(2 Z 16/82)	DWEigt 1983, 94 = DNotZ 1983, 752
12. 4. 1983	(2 Z 107/82)	Rpfleger 1983, 350 = DWEigt 1983, 94
19. 4. 1983	(2 Z 11/83)	DWEigt 1983, 94
19. 4. 1983	(2 Z 20/83)	Rpfleger 1983, 348 = MDR 1983, 671 = DNotZ 1984, 101 = DWEigt 1983, 94
19. 4. 1983	(2 Z 47/82)	DWEigt 1983, 94 = WEM 1984/4 36
28. 4. 1983	(2 Z 44/82)	1983, 109 = DWEigt 1983, 95 = WEM 1984/4/29
28. 4. 1983	(2 Z 52/82)	DWEigt 1983, 95 = ITelex 1983/ 13/70
6. 5. 1983		DWEigt 1983, 126
14. 6. 1983		DWEigt 1983, 95
30. 6. 1983	(2 Z 76/82)	DWEigt 1983, 123 = ITelex 1983/ 17/95
30. 6. 1983	(2 Z 47/83)	Rpfleger 1983, 434 = MDR 1983, 935
12. 7. 1983		ITelex 1983/24/136
14. 7. 1983		ITelex 1983/22/125
20. 7. 1983		WEM 1984/4/34
12. 8. 1983		DWEigt 1984, 30 = ITelex 1983/ 24/136
19. 8. 1983		DWEigt 1984, 30 = ITelex 1983/ 22/83
25. 8. 1983		ITelex 1983/22/125
15. 9. 1983		DWEigt 1984, 30
29. 9. 1983		DWEigt 1984, 30
6. 10. 1983		DWEigt 1984, 30
12. 10. 1983	(2 Z 71/83)	DWEigt 1984, 30
12. 10. 1983	(2 Z 10/83)	DWEigt 1984, 30
12. 10. 1983	(2 Z 80/83)	DWEigt 1984, 30
19. 10. 1983		WEM 1984/5/18
26. 10. 1983	(2 Z 92/82)	DWEigt 1984, 30
26. 10. 1983	(2 Z 106/82)	DWEigt 1984, 27
3. 11. 1983		DWEigt 1984, 30
10. 11. 1983		DWEigt 1984, 30
17. 11. 1983		DWEigt 1984, 30
24. 11. 1983		Rpfleger 1984, 317
1. 12. 1983	(2 Z 105/82)	Rpfleger 1984, 317 = DWEigt 1984, 30
1. 12. 1983	(2 Z 109/82)	DWEigt 1984, 59

13. 12. 1983	(2 Z 113/82)	DWEigt 1984, 59
13. 12. 1983	(2 Z 119/82)	DWEigt 1984, 61 = ITelex 1984/5/ 27
13. 12. 1983	(2 Z 62/83)	DWEigt 1984, 30
22. 12. 1983	(2 Z 6/83)	DWEigt 1984, 61 = ITelex 1984/ 15/89
22. 12. 1983	(2 Z 9/83)	DWEigt 1984, 61
22. 12. 1983	(2 Z 92/83)	DWEigt 1984, 92 = ITelex 1984/5/ 30
29. 12. 1983	(2 Z 18/83)	DWEigt 1984, 60 = ITelex 1984/5/ 25
29. 12. 1983	(2 Z 122/83)	ITelex 1984/5/29
29. 12. 1983	(2 Z 124/83)	ITelex 1984/12/68
30. 12. 1983		DWEigt 1984, 92
2. 1. 1983		DWEigt 1984, 62 = MDR 1984, 495
5. 1. 1984	(2 Z 23/83)	DWEigt 1984, 86
12. 1. 1984		DWEigt 1984, 62
18. 1. 1984		DWEigt 1984, 62
19. 1. 1984		Rpfleger 1984, 406 = MDR 1984, 406 = DWEigt 1984, 62/86
2. 2. 1984	(2 Z 63/83)	1984, 15 = MDR 1984, 459 = DWEigt 1984, 62
2. 2. 1984	(2 Z 98/83)	DWEigt 1984, 62
2. 2. 1984	(2 Z 125/83)	1984, 10 = Rpfleger 1984, 268 = DWEigt 1984, 62
9. 2. 1984		DWEigt 1984, 62 = ITelex 1984/7/ 38
15. 2. 1984	(2 Z 111/83)	DWEigt 1984, 62 = ITelex 1984/6/ 35
15. 2. 1984	(2 Z 113/83)	Rpfleger 1984, 269 = DWEigt 1984, 62 = W + H 1984, 209
23. 2. 1984	(2 Z 2/84)	DWEigt 1984, 62
23. 2. 1984	(2 Z 10/84)	DWEigt 1984, 62
1. 3. 1984		W + H 1984, 98 = ITelex 1984/6/49 u. 1984/12/68
3. 3. 1984		DWEigt 1984, 93
14. 3. 1984		ITelex 1984/9/52
15. 3. 1984	(2 Z 75/83)	1984, 50 = DWEigt 1984, 93
15. 3. 1984	(2 Z 118/83)	DWEigt 1984, 93 = ITelex 1984/6/ 53
22. 3. 1984	(2 Z 38/83)	ITelex 1984/10/59
22. 3. 1984	(2 Z 104/83)	DWEigt 1984, 124 = ITelex 1984/ 6/50
27. 3. 1984	(2 Z 25/84)	DWEigt 1984, 124 = ITelex 1984/ 21/119
27. 3. 1984	(2 Z 27/83)	DWEigt 1984, 124
3. 4. 1984		ITelex 1984/18/106
5. 4. 1984	(2 Z 12/84)	DWEigt 1984, 124

5. 4. 1984	(2 Z 20/84)	DWEigt 1984, 124
5. 4. 1984	(2 Z 26/84)	Rpfleger 1984, 314 = DWEigt 1984, 124
6. 4. 1984		DWEigt 1984, 124 = ITelex 1984/12/68 u. 1984/13/74
13. 4. 1984	(2 Z 35/83)	DWEigt 1984, 87; 125
13. 4. 1984	(2 Z 19/83)	DWEigt 1984, 124
16. 4. 1984	(2 Z 52/83)	DWEigt 1984, 125 = ITelex 1984/11/65
16. 4. 1984	(2 Z 60/83)	1984, 102 = DWEigt 1984, 87
19. 4. 1984		DWEigt 1984, 125
26. 4. 1984		1984, 105 = Rpfleger 1984, 313
11. 5. 1984		DWEigt 1984, 125
23. 5. 1984	(2 Z 37/83)	DWEigt 1984, 125 = ITelex 1984/13/73
23. 5. 1984	(2 Z 18/84)	DWEigt 1984, 125 = WE 1986, 71
1. 6. 1984		DWEigt 1984, 125
8. 6. 1984	(2 Z 7/84)	1984, 133 = MDR 1984, 850 = ZgemWWBay 1985, 250
8. 6. 1984	(2 Z 45/84)	DWEigt 1984, 125
13. 6. 1984		Rpfleger 1984, 408 = DWEigt 1984, 125
15. 6. 1984		DWEigt 1984, 125
19. 6. 1984		1984, 136 = Rpfleger 1984, 407 = MDR 1984, 849
20. 6. 1984		Rpfleger 1984, 409 = DWEigt 1984, 126 = W + H 1984, 150
5. 7. 1984	(2 Z 23/84)	DWEigt 1984, 125
5. 7. 1984	(2 Z 61/84)	ITelex 1984/18/103
13. 7. 1984	(2 Z 22/84)	ITelex 1984/17/100
13. 7. 1984	(2 Z 29/84)	MDR 1984, 941 = W + H 1985, 102
13. 7. 1984	(2 Z 70/83)	WE 1986, 72 = ITelex 1984/17/98
13. 7. 1984	(2 Z 85/83)	ITelex 1984/17/101 = WEM 1984/6/15
13. 7. 1984	(2 Z 67/84)	WE 1986, 72 = ITelex 1984/17/102
19. 7. 1984	(2 Z 79/83)	WE 1986, 72 = W + H 1985, 101 = ITelex 1984/19/114
19. 7. 1984	(2 Z 60/84)	DWEigt 1985, 54 = ITelex 1984/19/111
25. 7. 1984	(2 Z 108/83)	1984, 198 = ZfBR 1985, 182 mit Anm. Weitnauer = DWEigt 1984, 125 = Rpfleger 1984, 428
25. 7. 1984	(2 Z 57/84)	DWEigt 1984, 125 = DNotZ 1985, 414
9. 8. 1984	(2 Z 69/83)	DWEigt 1984, 125 = ITelex 1984/22/125
9. 8. 1984	(2 Z 77/83)	DWEigt 1984, 122 = ITelex 1984/22/126

9. 8. 1984	(2 Z 82/83)	ITelex 1985/3/17
9. 8. 1984	(2 Z 24/84)	1984, 213 = DWEigt 1985, 56
20. 9. 1984		ITelex 1985/1/3
21. 9. 1984	(2 Z 96/83)	DWEigt 1985, 58 = ITelex 1984/24/140
21. 9. 1984	(2 Z 99/83)	DWEigt 1984, 126 = ITelex 1985/14/82
21. 9. 1984	(2 Z 107/83)	DWEigt 1984, 126 = ITelex 1984/24/140
21. 9. 1984	(2 Z 112/83)	ITelex 1984/25/146
4. 10. 1984	(2 Z 115/83)	DWEigt 1984, 126 = ITelex 1984/26/148
4. 10. 1984	(2 Z 117/83)	Rpfleger 1985, 111 = DWEigt 1985, 58
12. 10. 1984	(2 Z 119/83)	ITelex 1984/26/151
12. 10. 1984	(2 Z 1/84)	WE 1986, 73 = ITelex 1985/1/2
12. 10. 1984	(2 Z 19/84)	WE 1986, 73 = ITelex 1984/27/158
12. 10. 1984	(2 Z 65/84)	ITelex 1985/3/17
15. 10. 1984		1984, 239 = Rpfleger 1985, 102 = DNotZ 1985, 424
18. 10. 1984		WE 1986, 74 = MDR 1985, 145
30. 10. 1984	(2 Z 90/83)	1984, 257 = ITelex 1985/1/4
30. 10. 1984	(2 Z 110/84)	ITelex 1985/1/5
15. 11. 1984	(2 Z 16/84)	ITelex 1985/1/4
15. 11. 1984	(2 Z 27/84)	ITelex 1985/8/48
27. 11. 1984		NJW 1985, 484
29. 11. 1984		1984, 251 = DNotZ 1985, 429 = ITelex 1985/4/21, 24
5. 12. 1984		ITelex 1985/3/18
13. 12. 1984		Rpfleger 1985, 412
21. 12. 1984		WE 1986, 98 = ITelex 1985/3/14
17. 1. 1985		1985, 31
24. 1. 1985		1985, 47 = MDR 1985, 501 = ZMR 1985, 132
31. 1. 1985		1985, 57 = DWEigt 1985, 60 = ITelex 1985/7/42
7. 2. 1985	(2 Z 102/84)	DWEigt 1985, 60 = ITelex 1985/7/41
7. 2. 1985	(2 Z 137/84)	ITelex 1985/7/40
14. 2. 1985	(2 Z 80/84)	DNotZ 1986, 86 = ITelex 1985/10/59
14. 2. 1985	(2 Z 97/84)	1985, 63 = DWEigt 1985, 60 = ITelex 1985/9/54
21. 2. 1985	(2 Z 105/84)	WE 1986, 14 mit Anm. Weitnauer = DWEigt 1985, 60
21. 2. 1985	(2 Z 101/84)	DWEigt 1985, 60 = ITelex 1985/8/46
21. 2. 1985	(2 Z 112/84)	DWEigt 1986, 22 = ITelex 1985/8/46

5. 3. 1985		DWEigt 1986, 29
14. 3. 1985	(2 Z 88/84)	DWEigt 1986, 29
14. 3. 1985	(2 Z 98/84)	DNotZ 1986, 86
14. 3. 1985	(2 Z 8/85)	Deckert 2/314
14. 3. 1985	(2 Z 113/84)	DWEigt 1985, 95 = ZMR 1986, 127 = ITelex 1985/12/70
15. 3. 1985	(2 Z 127/84)	DWEigt 1986, 29
15. 3. 1985	(2 Z 133/84)	ITelex 1985/9/50
18. 3. 1985		DWEigt 1986, 29 = WM 1985, 234
20. 3. 1985	(2 Z 136/84)	ITelex 1985/12/70
20. 3. 1985	(2 Z 141/84)	ITelex 1985/10/66
28. 3. 1985		1985, 104 = DWEigt 1985, 61 = MDR 1985, 676
4. 4. 1985		1985, 124 = DNotZ 1986, 87 mit Anm. Hermann = DWEigt 1985, 61
26. 4. 1985		ITelex 1985/9/49
2. 5. 1985	(2 Z 48/84)	1985, 158 = DWEigt 1985, 61; 89 = MDR 1985, 767 = W + H 1985, 170
2. 5. 1985	(2 Z 108/84)	1985, 171 = DWEigt 1986, 29
8. 5. 1985		DWEigt 1985, 95 = ITelex 1985/13/77
10. 5. 1985		ITelex 1985/13/77
17. 5. 1985	(2 Z 52/84)	DWEigt 1985, 95 = ITelex 1985/20/118
17. 5. 1985	(2 Z 144/84)	DWEigt 1985, 95 = ITelex 1985/20/119
17. 5. 1985	(2 Z 1/85)	DWEigt 1985, 95; 124 = ITelex 1985/20/119
17. 5. 1985	(2 Z 35/85)	1985, 193 = NJW 1985, 2485 = DWEigt 1985, 95
23. 3. 1985		1985, 204 = DNotZ 1986, 154 = DWEigt 1985, 95
14. 6. 1985	(2 Z 103, 104/84)	DWEigt 1985, 125
14. 6. 1985	(2 Z 37/85)	1985, 222 = DWEigt 1985, 125
27. 6. 1985	(2 Z 59/84)	DWEigt 1985, 125 = ITelex 1985/16/95
27. 6. 1985	(2 Z 62/84)	DWEigt 1985, 125 = ITelex 1985/20/118
27. 6. 1985	(2 Z 10/85)	DWEigt 1985, 125
28. 6. 1985	(2 Z 231, 232/84)	DWEigt 1985, 125
28. 6. 1985	(2 Z 13/85)	DWEigt 1985, 125 = ITelex 1985/16/95
4. 7. 1985	(2 Z 106/84)	DWEigt 1985, 125 = ITelex 1985/16/92
4. 7. 1985	(2 Z 59/85)	DWEigt 1985, 125
11. 7. 1985	(2 Z 6/85)	DWEigt 1985, 126 = ITelex 1985/18/107

11. 7. 1985	(2 Z 33/85)	DWEigt 1985, 126 = ITelex 1985/17/101
6. 8. 1985	(2 Z 116/84)	Deckert 2/364
6. 8. 1985	(2 Z 118/84)	DWEigt 1985, 126 = ITelex 1986/5/27
6. 8. 1985	(2 Z 45/85)	WE 1986, 64 = ITelex 1985/19/114
8. 8. 1985		DWEigt 1985, 126 = ITelex 1985/21/123
22. 8. 1985		DWEigt 1985, 126 = DNotZ 1986, 237 = ITelex 1985/22/131
11. 9. 1985	(2 Z 129/84)	DWEigt 1985, 126 = ITelex 1985/22/129
11. 9. 1985	(2 Z 63/85)	DWEigt 1985, 126 = WE 1986, 137 = ITelex 1985/21/124
19. 9. 1985		WE 1986, 137 = ITelex 1985/26/156
10. 10. 1985	(2 Z 2/85)	1985, 345 = DWEigt 1985, 126 = W + H 1986, 49
10. 10. 1985	(2 Z 85/85)	DWEigt 1986, 29 = ITelex 1985/22/144
31. 10. 1985		DWEigt 1986, 89
7. 11. 1985	(2 Z 65/85)	DWEigt 1986, 29 = WE 1986, 136
7. 11. 1985	(2 Z 83/85)	NJW 1986, 385 = DWEigt 1986, 57
8. 11. 1985		1985, 378 = Rpfleger 1986, 132 = DWEigt 1986, 29 = DNotZ 1986, 479 mit Anm. Ertl
14. 11. 1985		WE 1986, 98 = ITelex 1985/26/132
18. 11. 1985		DWEigt 1986, 23, 30 = ITelex 1986/74/22
21. 11. 1985		DB 1986, 21
8. 12. 1985		Rpfleger 1986, 177 = ITelex 1986/3/13
16. 12. 1985	(2 Z 145/84)	DWEigt 1986, 30 = ITelex 1986/3/14
16. 12. 1985	(2 Z 82/85)	Rpfleger 1986, 177
19. 12. 1985		1985, 436 = MDR 1986, 502
23. 1. 1986	(2 Z 14/85)	WE 1986, 144 = Rpfleger 1986, 299
23. 1. 1986	(2 Z 126/85)	WE 1986, 142 = DWEigt 1986, 94 = NJW-RR 1986, 564
28. 1. 1986		1986, 10 = NJW-RR 1986, 566 = Rpfleger 1986, 220 = WE 1986, 144 = MDR 1986, 413
30. 1. 1986	(2 Z 13/86)	MDR 1986, 416
6. 2. 1986	(2 Z 12/85)	1986, 26 = Rpfleger 1986, 220 = DNotZ 1986, 494 mit Anm. Röll
		DNotZ 1986, 706 = MDR 1986, 590
6. 2. 1986	(2 Z 17/85)	nicht veröffentlicht

6. 2. 1986	(2 Z 70/85)	1986, 29 = Rpfleger 1986, 217 = MDR 1986, 590
13. 2. 1986		DWEigt 1986, 94 = ITelex 1986/11/67
27. 2. 1986	(2 Z 39/85)	DWEigt 1986, 94 = MDR 1986, 590
27. 2. 1986	(2 Z 99/85)	DWEigt 1986, 94 = ITelex 1986/13/75
6. 3. 1986	(2 Z 57/85)	WE 1986, 94 = ITelex 1986/11/66
6. 3. 1986	(2 Z 76/85)	Rpfleger 1986, 257 = DWEigt 1986, 94 = ITelex 1986/12/72
13. 3. 1986	(2 Z 113/85)	DWEigt 1986, 95
13. 3. 1986	(2 Z 123/85)	nicht veröffentlicht
13. 3. 1986	(2 Z 7/86)	1986, 54 = ITelex 1986/14/85
20. 3. 1986		DWEigt 1986, 9 = ITelex 1986/10/61
27. 3. 1986		WE 1986, 99
3. 4. 1986	(2 Z 116/85)	nicht veröffentlicht
3. 4. 1986	(2 Z 32/86)	nicht veröffentlicht
17. 4. 1986	(2 Z 31/86)	nicht veröffentlicht
17. 4. 1986	(2 Z 98/95)	DWEigt 1986, 95
24. 4. 1986	(2 Z 66/85)	nicht veröffentlicht
25. 4. 1986		DWEigt 1986, 95 = ITelex 1986/20/119
30. 4. 1986		1986, 128 = WE 1986, 104 mit Anm. Weitnauer = DWEigt 1986, 95
15. 5. 1986		ITelex 1986/17/104
16. 5. 1986	(2 Z 30/85)	DWEigt 1986, 95 = ITelex 1986/16/93
16. 5. 1986	(2 Z 68/85)	WE 1987, 46 = DWEigt 1986, 95 = ITelex 1986/14/83
16. 5. 1986	(2 Z 29/86)	WE 1987, 57 = MDR 1986, 853 = DWEigt 1986, 95
6. 6. 1986	(2 Z 53/85)	DWEigt 1986, 95
26. 6. 1986	(2 Z 54/85)	WE 1987, 54 = DWEigt 1986, 95
26. 6. 1986	(2 Z 84/85)	WE 1986, 139 = DWEigt 1986, 95 = MDR 1986, 940
3. 7. 1986		NJW 1986, 3145 = DWEigt 1987, 29 = WE 1987, 56
3. 7. 1986	(2 Z 94/85)	WE 1987, 55 = ITelex 1986/18/109
3. 7. 1986	(2 Z 120/85)	nicht veröffentlicht
10. 7. 1986		1986, 263 = WE 1987, 59 = ITelex 1986/18/105
17. 7. 1986	(2 Z 71/85)	nicht veröffentlicht
17. 7. 1986	(2 Z 20/86)	WE 1987, 54 = DWEigt 1987, 29 = ITelex 1986/18/106
17. 7. 1986	(2 Z 32/86)	WE 1987, 51 = ITelex 1986/19/113

18. 7. 1986		ITelex 1986/18/109 u. ITelex 1986/19/116
22. 7. 1986		ITelex 1987/5/30, DWEigt 1988, 34
7. 8. 1986	(2 Z 117/85)	WE 1987, 51 = DWEigt 1987, 29 = ITelex 1986/21/127
7. 8. 1986	(2 Z 34/86)	nicht veröffentlicht
7. 8. 1986	(2 Z 49/86)	WE 1987, 53 = DWEigt 1987, 29 = ITelex 1986/21/128
8. 8. 1986	(2 Z 95/85)	1986, 322 = WE 1987, 14 mit Anm. Weitnauer = DWEigt 1987, 29 = NJW-RR 1986, 1463
8. 8. 1986	(2 Z 8/86)	nicht veröffentlicht
8. 8. 1986	(2 Z 28/86)	nicht veröffentlicht
13. 8. 1986	(2 Z 69/86)	nicht veröffentlicht
28. 8. 1986		WE 1987, 46 = DWEigt 1987, 29
4. 9. 1986	(2 Z 82/86)	1986, 348 = WE 1987, 55 = NJW-RR 1987, 270 = ZMR 1987, 66
4. 9. 1986	(2 Z 85/86)	nicht veröffentlicht
9. 9. 1986	(2 Z 80/86)	nicht veröffentlicht
11. 9. 1986	(2 Z 30/86)	DWEigt 1989, 24
11. 9. 1986	(2 Z 95/86)	WE 1987, 45 mit Anm. Seuß = NJW-RR 1987, 78
18. 9. 1986	(2 Z 54/86)	nicht veröffentlicht
21. 9. 1986		WE 1987, 89 = ITelex 1986/23/135
25. 9. 1986		WE 1987, 90 = MDR 1987, 58 = ITelex 1986/24/143 = NJW-RR 1987, 264
2. 10. 1986	(2 Z 90/96)	nicht veröffentlicht
6. 10. 1986	(2 Z 88/85)	1986, 368 = WE 1987, 91 = DWEigt 1987, 29 = MDR 1987, 57 = NJW-RR 1987, 80
6. 10. 1986	(2 Z 14/86)	nicht veröffentlicht
9. 10. 1986	(2 Z 121/85)	WE 1987, 92 = Rpfleger 1987, 16 = 1986, 380
9. 10. 1986	(2 Z 95/86)	WE 1987, 92 = ITelex 1986/23/139
23. 10. 1986	(2 Z 96/85)	DWEigt 1987, 29 = ITelex 1986/25/148 = NJW-RR 1987, 203
23. 10. 1986	(2 Z 51/86)	WE 1987, 93 = ITelex 1987/1/2 = NJW-RR 1987, 202
23. 10. 1986	(2 Z 110/86)	WE 1987, 94 = ITelex 1986/6/151
30. 10. 1986		WE 1987, 94 = Rpfleger 1987, 62 = DWEigt 1987, 29
31. 10. 1986		1986, 441 = NJW-RR 1987, 329
6. 11. 1986	(2 Z 83/86)	WE 1987, 95 = DWEigt 1987, 29 = Rpfleger 1987, 64
6. 11. 1986	(2 Z 98/86)	WE 1987, 155
6. 11. 1986	(2 Z 103/86)	WE 1987, 95 = DWEigt 1987, 29 = ITelex 1987/2/11

17. 11. 1986		WE 1987, 58
4. 12. 1986		WE 1987, 156 = ZMR 1986, 190 = WE 1988, 6
11. 12. 1986		WE 1987, 97 mit Anm. Weitnauer = DWEigt 1987, 62
18. 12. 1986	(2 Z 81/85)	DWEigt 1987, 62 = WE 1987, 158
18. 12. 1986	(2 Z 102/86)	nicht veröffentlicht
8. 1. 1987	(2 Z 130/86)	nicht veröffentlicht
8. 1. 1987	(2 Z 135/86)	nicht veröffentlicht
15. 1. 1987		1987, 1
22. 1. 1987	(2 Z 106/86)	ZMR 1987, 191 = WM 1987, 237
22. 1. 1987	(2 Z 140/86)	nicht veröffentlicht
29. 1. 1987	(2 Z 141/86)	nicht veröffentlicht
5. 2. 1987	(2 Z 9/87)	nicht veröffentlicht
6. 2. 1987	(2 Z 93/86)	1987, 50 = DWEigt 1987, 58 = WE 1987, 160 = WE 1988, 18
6. 2. 1987	(2 Z 129/86)	DWEigt 1987, 56 = ITelex 1987/7/42, 43
6. 2. 1987	(2 Z 6/87)	1987, 54 = DWEigt 1987, 61 = WE 1988, 19
11. 2. 1987	(2 Z 18/86)	nicht veröffentlicht
19. 2. 1987	(2 Z 114/86)	1987, 66 = DWEigt 1987, 61 = NJW-RR 1987, 719 = WE 1988, 49
19. 2. 1987	(2 Z 139/86)	DWEigt 1987, 61 = ITelex 1987/8/49 = NJW-RR 1987, 655 = WE 1988, 21
19. 2. 1987	(2 Z 4/87)	DWEigt 1987, 61 = ITelex 1987/9/53 = WE 1988, 22
19. 2. 1987	(2 Z 14/87)	nicht veröffentlicht
26. 2. 1987	(2 Z 7/87)	nicht veröffentlicht
26. 2. 1987	(2 Z 19/87)	nicht veröffentlicht
26. 2. 1987	(2 Z 11/87)	nicht veröffentlicht
5. 3. 1987	(2 Z 50/86)	DWEigt 1987, 61 = ITelex 1987/10/61 = NJW-RR 1987, 846 = WE 1984, 23
5. 3. 1987	(2 Z 111/86)	1987, 78 = DWEigt 1987, 61 = WE 1988, 23 = ITelex 1987/11/65
6. 3. 1987	(2 Z 26/86)	1987, 86 = WE 1987, 102, 125 mit Anm. Deckert = DWEigt 1987, 61 = NJW-RR 1988, 81
19. 3. 1987	(2 Z 13/87)	ITelex 1987/16/95 = NJW-RR 1987, 1100 = WE 1988, 26 = DWEigt 1988, 108
19. 3. 1987	(2 Z 63/86)	Deckert 2/596
19. 3. 1987	(2 Z 67/86)	DWEigt 1988, 108
2. 4. 1987		NJW-RR 1987, 1039 = WE 1988, 27
2. 4. 1987	(2 Z 23/87)	DWEigt 1988, 108
9. 4. 1987		DWEigt 1988, 108

16. 4. 1987		ITelex 1987/16/94 = NJW-RR 1987, 1038 = WE 1988, 28
23. 4. 1987		NJW-RR 1987, 1040 = WE 1988, 28 = DWEigt 1988, 108
30. 4. 1987		WE 1988, 29
30. 4. 1987	(2 Z 30/87)	DWEigt 1988, 108
7. 5. 1987		DWEigt 1988, 34
21. 5. 1987		nicht veröffentlicht
2. 6. 1987	(2 Z 29/87)	DWEigt 1988, 34 = WE 1988, 63
2. 6. 1987	(2 Z 49/87)	DWEigt 1988, 34 = WE 1988, 63
3. 6. 1987		ITelex 1987/16/95 = NJW-RR 1987, 1357 = DWEigt 1988, 34 = WE 1988, 63 = ZMR 1987, 382
11. 6. 1987		DWEigt 1988, 108
15. 6. 1987		DWEigt 1988, 34
25. 6. 1987	(2 Z 39/86)	ITelex 1987/17/99 = WE 1988, 31 = DWEigt 1988, 34
25. 6. 1987	(2 Z 68/86)	1987, 219 = NJW-RR 1987, 1362 = DWEigt 1988, 34 = WE 1988, 32
2. 7. 1987		Deckert 2/622
2. 7. 1987	(2 Z 136/86)	DWEigt 1988, 34 = WE 1988, 65
9. 7. 1987	(2 Z 61/87)	DWEigt 1988, 34 = WE 1988, 65
9. 7. 1987	(2 Z 64/87)	NJW-RR 1987, 1364 = DWEigt 1988, 34 = WE 1988, 66
9. 7. 1987	(2 Z 70/87)	ITelex 1987/22/134 = NJW-RR 1987, 1463 = DWEigt 1988, 34 = WE 1988, 67
9. 7. 1987	(2 Z 73/87)	1987, 251 = NJW-RR 1987, 1423 = DWEigt 1988, 34 = WE 1988, 68
10. 7. 1987		ITelex 1987/20/118
10. 7. 1987	(2 Z 47/87)	DWEigt 1988, 34 = WE 1988, 33 = NJW-RR 1987, 1363 = WE 1988, 33
23. 7. 1987	(2 Z 41/87)	NJW-RR 1987, 1368 = ITelex 1987/19/115 = WE 1988, 36 = DWEigt 1988, 34
23. 7. 1987	(2 Z 53/87)	ITelex 1987/23/140 = NJW-RR 1987, 1359 = DWEigt 1988, 34 = WE 1988, 36
23. 7. 1987	(2 Z 117/86)	NJW-RR 1987, 1356 = WE 1988, 35 = DWEigt 1988, 34
23. 7. 1987	(2 Z 53/87)	DWEigt 1988, 34 = WE 1988, 34
23. 7. 1987	(2 Z 74/87)	DWEigt 1988, 34 = WE 1988, 35
30. 7. 1987		ITelex 1987/23/139
30. 7. 1987	(2 Z 78/87)	WE 1988, 48
6. 8. 1987	(2 Z 94/86)	NJW-RR 1988, 140 = WE 1988, 37
6. 8. 1987	(2 Z 51/87)	DWEigt 1988, 109
6. 8. 1987	(2 Z 71/87)	DWEigt 1988, 109 = NJW-RR 1988, 140

11. 8. 1987		NJW-RR 1987, 1493
11. 8. 1987	(2 Z 32/87)	DWEigt 1988, 109 = WE 1988, 70
14. 8. 1987		ITelex 1987/21/124 = NJW-RR 1987, 1490 = WE 1988, 37
27. 8. 1987		DWEigt 1988, 109 = NJW-RR 1988, 16 = WE 1988, 71
3. 9. 1987		WE 1988, 38 = Rpfleger 1988, 95
10. 9. 1987	(2 Z 52/87)	DWEigt 1988, 34 = NJW-RR 1988, 274 = WE 1988, 71
10. 9. 1987	(2 Z 90/87)	DWEigt 1988, 34 = NJW-RR 1988, 273 = WE 1988, 38
14. 9. 1987		1987, 291 = DWEigt 1988, 34 = NJW-RR 1988, 17 = WE 1988, 73
17. 9. 1987		DWEigt 1988, 109 = WE 1988, 74
24. 9. 1987	(2 Z 16/86)	DWEigt 1988, 109 = WE 1988, 75
24. 9. 1987	(2 Z 94/87)	DWEigt 1988, 109 = WE 1988, 75 = NJW-RR 1988, 272
8. 10. 1987	(2 Z 24/87)	DWEigt 1988, 35 = WE 1988, 97
8. 10. 1987	(2 Z 98/87)	WE 1988, 98 = NJW-RR 1988, 271
8. 10. 1987	(2 Z 103/87)	DWEigt 1988, 109 = WE 1988, 39
21. 10. 1987		ITelex 1987/26/153
28. 10. 1987	(2 Z 124/87)	WE 1988, 99 = DWEigt 1988, 35 = NJW-RR 1988, 270
28. 10. 1987	(3 Z 129/87)	DWEigt 1988, 109
3. 11. 1987	(2 Z 132/86)	1987, 359 = WE 1988, 100 = DWEigt 1988, 35 = Rpfleger 1988, 62 = NJW-RR 1988, 594
3. 11. 1987	(2 Z 5/87)	DWEigt 1988, 35
5. 11. 1987		DB 1988, 333
5. 11. 1987	(2 Z 112/86)	1987, 381
10. 11. 1987		1987, 390 = ITelex 1988/3/50 = Rpfleger 1988, 102 = WE 1988, 102 = DWEigt 1988, 35
17. 11. 1987		DWEigt 1988, 109 = WE 1988, 104
20. 11. 1987		WE 1988, 106 = DWEigt 1988, 110 = NJW-RR 1988, 587
7. 12. 1987	(2 Z 35/87)	WE 1988, 138 = ITelex 1988/4/61 = NJW-RR 1988, 1151
10. 12. 1987	(2 Z 140/87)	WE 1988, 139 = ITelex 1988/4/61
17. 12. 1987		WE 1988, 140 = NJW-RR 1988, 591 = DWEigt 1988, 110
29. 12. 1987	(2 Z 93/87)	WE 1988, 141
29. 12. 1987	(2 Z 153/87)	WE 1988, 108 = DWEigt 1988, 110 = NJW-RR 1988, 599
14. 1. 1988	(2 Z 160/87)	1988, 1 = WE 1988, 142 = Rpfleger 1988, 140 = NJW-RR 1988, 592
14. 1. 1988	(2 Z 4/88)	WE 1988, 141 = DWEigt 1988, 110 = MDR 1988, 498

19. 1. 1988		WE 1988, 142 = NJW-RR 1988, 588
21. 1. 1988	(2 Z 133/87)	WE 1988, 143 = DWEigt 1989, 37
21. 1. 1988	(2 Z 135/87)	DWEigt 1988, 110 = WE 1988, 143
28. 1. 1988	(2 Z 156/87)	DWEigt 1988, 110 = WE 1988, 143 = NJW-RR 1988, 589
28. 1. 1988	(2 Z 126/87)	DWEigt 1988, 37 = WE 1988, 198
11. 2. 1988	(2 Z 138/86)	DWEigt 1988, 110 = WE 1988, 144 = RPfleger 1988, 256
11. 2. 1988	(2 Z 88/87)	WE 1988, 198 = DWEigt 1988, 110 = WM 1988, 191
25. 2. 1988		WE 1988, 199
26. 2. 1988		WE 1988, 200 = DWEigt 1988, 110
3. 3. 1988		1988, 54 = WE 1988, 200 = DWEigt 1988, 142 = NJW-RR 1988, 847 = WM 1988, 183
10. 3. 1988	(2 Z 72/87)	WE 1988, 201
10. 3. 1988	(2 Z 123/87)	WE 1988, 202 = DWEigt 1988, 110
10. 3. 1988	(2 Z 22/88)	WE 1988, 176
16. 3. 1988		WE 1989, 53 = DWEigt 1988, 101
30. 3. 1988	(2 Z 80/87)	WE 1988, 204 = DWEigt 1988, 72
30. 3. 1988	(2 Z 115/87)	WE 1988, 203 = DWEigt 1988, 72
30. 3. 1988	(2 Z 120/87)	WE 1988, 205 = DWEigt 1988, 73
30. 3. 1988	(2 Z 146/87)	WE 1988, 206 = DWEigt 1988, 72
30. 3. 1988	(2 Z 8/88)	WE 1989, 32
7. 4. 1988	(2 Z 156/87)	WE 1988, 207 = DWEigt 1988, 73 = NJW-RR 1988, 1168
7. 4. 1988	(2 Z 157/87)	WE 1989, 54 = DWEigt 1988, 73 = MDR 1988, 779
14. 4. 1988	(2 Z 134/87)	DWEigt 1988, 74 = DWEigt 1988, 74 = WE 1989, 56
14. 4. 1988	(2 Z 148/87)	DWEigt 1989, 79
14. 4. 1988	(2 Z 3/88)	WE 1989, 55 = DWEigt 1988, 74
21. 4. 1988	(2 Z 119/87)	WE 1989, 59
21. 4. 1988	(2 Z 24/88)	WE 1989, 58 = DWEigt 1989, 79
28. 4. 1988		WE 1989, 59
4. 5. 1988		WE 1989, 60 = DWEigt 1989, 37
10. 5. 1988		WE 1989, 60 = DWEigt 1989, 37
9. 6. 1988	(2 Z 102/87)	WE 1989, 62 = DWEigt 1988, 142
9. 6. 1988	(2 Z 1/88)	WE 1989, 63 = DWEigt 1989, 183
9. 6. 1988	(2 Z 12/88)	WE 1989, 62 = DWEigt 1988, 83
9. 6. 1988	(2 Z 40/88)	WE 1989, 64 = DWEigt 1988, 142
9. 6. 1988	(2 Z 54/88)	WE 1989, 65 = DWEigt 1988, 142
16. 6. 1988	(2 Z 105/87)	WE 1989, 143
16. 6. 1988	(2 Z 46/88)	1988, 212 = WE 1989, 106 = DWEigt 1989, 37 = MDR 1988, 968
23. 6. 1988	(2 Z 55/88)	WE 1989, 107 = DWEigt 1989, 79
23. 6. 1988	(2 Z 62/88)	WE 1989, 66

29. 6. 1988		WE 1989, 67 = DWEigt 1989, 79
1. 7. 1988		WE 1989, 107
7. 7. 1988	(2 Z 82/87)	WE 1989, 144 = DWEigt 1989, 183
7. 7. 1988	(2 Z 7/88)	1988, 278 = DWEigt 1989, 27 = WE 1989, 108
8. 7. 1988		WE 1989, 109
15. 7. 1988	(2 Z 145/87)	WE 1989, 109
15. 7. 1988	(2 Z 70/88)	WE 1989, 32 = DWEigt 1989, 37
21. 7. 1988	(2 Z 39/88)	WE 1989, 145 = DWEigt 1988, 140
21. 7. 1988	(2 Z 63/88)	DWEigt 1989, 37
26. 7. 1988		WE 1989, 145
28. 7. 1988	(2 Z 152/87)	WE 1989, 110 = DWEigt 1989, 183
28. 7. 1988	(2 Z 50/88)	WE 1989, 146 = DWEigt 1989, 183
29. 7. 1988	(2 Z 30/88)	DWEigt 1989, 37
29. 7. 1988	(2 Z 43/88)	WE 1988, 208 = DWEigt 1988, 140 = DNotZ 1989, 428
4. 8. 1988		WE 1989, 68 = DWEigt 1989, 37 = DNotZ 1990, 37
24. 8. 1988	(2 Z 26/88)	1988, 271 = WE 1989, 208 = DWEigt 1989, 37
24. 8. 1988	(2 Z 36/88)	WE 1989, 207
25. 8. 1988		WE 1989, 209 = DWEigt 1989, 183
6. 9. 1988		WE 1989, 210
8. 9. 1988	(2 Z 55/87)	WE 1989, 147 = DWEigt 1989, 37
8. 9. 1988	(2 Z 136/87)	WE 1989, 147 = DWEigt 1989, 183
14. 9. 1988	(2 Z 112/87)	WE 1989, 211 = DWEigt 1989, 37
14. 9. 1988	(2 Z 80/88)	WE 1989, 212 = WM 1988, 410
14. 9. 1988	(3 Z 87/88)	1988, 179
16. 9. 1988		WE 1989, 148 = DWEigt 1989, 37
22. 9. 1988		WE 1989, 212 = DWEigt 1989, 38
23. 9. 1988	(2 Z 95/87)	WE 1989, 147 = DWEigt 1989, 38
23. 9. 1988	(2 Z 97/87)	1988, 287 = WE 1989, 175 = DNotZ 1989, 428 mit Anm. Weitnauer = Rpfleger 1990, 160
5. 10. 1988		WE 1989, 178 = DWEigt 1989, 38, 183
13. 10. 1988	(2 Z 122/87)	DWEigt 1989, 38
13. 10. 1988	(2 Z 165/87)	WE 1989, 179 = DWEigt 1989, 39
13. 10. 1988	(2 Z 166/87)	DWEigt 1989, 38 = WE 1989, 178
20. 10. 1988	(3 Z 74/88)	1988, 319 = WE 1989, 214 = DWEigt 1989, 38 = NJW-RR 1989, 79
20. 10. 1988	(3 Z 91/88)	1988, 326 = WE 1989, 216
20. 10. 1988	(2 Z 94/88)	WE 1989, 214 = DWEigt 1989, 38 = DNotZ 1989, 433
9. 11. 1988		WE 1989, 181
11. 11. 1988	(2 Z 71/88)	WE 1989, 217 = DWEigt 1989, 184

11. 11. 1988	(2 Z 84/88)	WE 1989, 220 = DWEigt 1989, 184
11. 11. 1988	(2 Z 92/88)	WE 1989, 218 = DWEigt 1989, 184
11. 11. 1988	(2 Z 100/88)	1988, 359 = WE 1989, 219 = DWEigt 1989, 184
15. 11. 1988		WE 1989, 220 = DWEigt 1989, 184
18. 11. 1988		WE 1989, 221 = DWEigt 1989, 184
24. 11. 1988		1988, 368 = WE 1990, 57
28. 11. 1988		ITelex 1989, 62
30. 11. 1988		WE 1989, 27
1. 12. 1988		WE 1989, 28
12. 12. 1988	(2 Z 10/88)	DWEigt 1989, 184
12. 12. 1988	(2 Z 49/88)	WE 1989, 221 = NJW-RR 1989, 461
12. 12. 1988	(2 Z 65/88)	WE 1990, 29
12. 12. 1988	(2 Z 78/88)	WE 1990, 29
13. 12. 1988		WE 1990, 30
15. 12. 1988		WE 1990, 30 = DNotZ 1989, 438
21. 12. 1988		WE 1989, 182
22. 12. 1988		WE 1989, 222
29. 12. 1988	(2 Z 32/88)	WE 1990, 58 = MDR 1989, 456
29. 12. 1988	(2 Z 79/88)	1988, 440 = WE 1990, 31 = NJW 1989, 1739
29. 12. 1988	(2 Z 95/88)	WE 1990, 58
4. 1. 1989		WE 1990, 60
12. 1. 1989		1989, 1 = WE 1990, 60 = DWEigt 1990, 37
18. 1. 1989		WE 1990, 60 = DWEigt 1990, 37
25. 1. 1989		WE 1990, 61 = DWEigt 1990, 37
27. 1. 1989	(1b Z 5/88)	WE 1990, 61
27. 1. 1989	(1b Z 25/88)	WE 1990, 62 = DWEigt 1990, 37
27. 1. 1989	(2 Z 67/88)	1989, 13 = WE 1989, 224 = DWEigt 1990, 37
27. 1. 1989	(2 Z 1/89)	WE 1990, 61 = DWEigt 1990, 38
31. 1. 1989		WE 1990, 63 = DWEigt 1990, 38
8. 2. 1989		WE 1990, 64 = DWEigt 1990, 38
15. 2. 1989	(2 Z 129/88)	1989, 28 = WE 1990, 65 = DWEigt 1989, 132
15. 2. 1989	(2 Z 11/89)	WE 1990, 65 = DWEigt 1990, 38
15. 2. 1989	(2 Z 13/89)	WE 1990, 65 = DWEigt 1989, 174
23. 2. 1989	(2 Z 7/89)	WE 1990, 69 = DWEigt 1989, 134
23. 2. 1989	(2 Z 66/89)	WE 1990, 67 = DWEigt 1989, 79
23. 2. 1989	(2 Z 85/88)	WE 1990, 68 = DWEigt 1989, 79
2. 3. 1989	(2 Z 87/88)	DWEigt 1989, 135 = ZMR 1989, 349
2. 3. 1989	(2 Z 8/89)	WE 1989, 183 = DWEigt 1989, 80
2. 3. 1989	(2 Z 18/89)	WE 1989, 182 = DWEigt 1989, 184
3. 3. 1989		WE 1990, 69 = DWEigt 1990, 38 = NJW-RR 1989, 720
8. 3. 1989	(2 Z 13/88)	WE 1990, 110 = DWEigt 1990, 38

8. 3. 1989	(2 Z 30/88)	WE 1990, 111 = DWEigt 1990, 38
8. 3. 1989	(2 Z 98/88)	WE 1990, 111 = DWEigt 1990, 38
9. 3. 1989		WE 1990, 70 = DWEigt 1989, 184
10. 3. 1989		WE 1990, 71 = NJW-RR 1989, 843
15. 3. 1989	(2 Z 127/88)	WE 1990, 132
15. 3. 1989	(2 Z 131/88)	1989, 67 = WE 1990, 131 = DWEigt 1990, 38
15. 3. 1989	(2 Z 16/89)	WE 1990, 32 = NJW-RR 1989, 719
16. 3. 1989		WE 1990, 72
21. 3. 1989		WE 1990, 133 = NJW-RR 1989, 840
30. 3. 1989	(2 Z 89/88)	WE 1990, 135
30. 3. 1989	(2 Z 128/88)	WE 1990, 112
30. 3. 1989	(2 Z 12/89)	WE 1990, 134
4. 4. 1989		WE 1990, 136
13. 4. 1989		WE 1990, 136 = WM 1989, 451 = ZMR 1989, 317
20. 4. 1989		WE 1990, 137
26. 4. 1989		WE 1990, 72 = WM 1989, 470
27. 4. 1989	(2 Z 28/89)	WE 1990, 138
27. 4. 1989	(2 Z 46/89)	WE 1990, 138 = WM 1989, 468
10. 5. 1989	(2 Z 23/88)	WE 1990, 140 (Ls.) = MDR 1989, 824
10. 5. 1989	(2 Z 121/88)	ITelex 1990, 13 = WE 1990, 139
10. 5. 1989	(2 Z 49/89)	WE 1990, 139
18. 5. 1989		WE 1990, 142 = WM 1989, 469
9. 6. 1989		WE 1990, 142
15. 6. 1989	(2 Z 112/88)	WE 1990, 146
15. 6. 1989	(2 Z 48/89)	WE 1990, 145 = DWEigt 1990, 38
15. 6. 1989	(2 Z 50/89)	WE 1990, 172 = DWEigt 1989, 184
15. 6. 1989	(2 Z 53/89)	WE 1990, 173 = DWEigt 1989, 184
22. 6. 1989	(2 Z 5/89)	1989, 266 = WE 1990, 147 = DWEigt 1990, 38
22. 6. 1989	(2 Z 55/89)	1989, 264 = WE 1990, 174
28. 6. 1989	(2 Z 57/89)	WE 1990, 175 = NJW-RR 1989, 1165
28. 6. 1989	(2 Z 64/89)	WE 1990, 174 = 1989, 524
29. 6. 1989		WE 1990, 148
30. 6. 1989		WE 1990, 176 = JZ 1990, 143 = DNotZ 1990, 381 mit Anm. Weitnauer = Rpfleger 1989, 503
3. 7. 1989		WE 1990, 177 = MDR 1989, 997
6. 7. 1989		WE 1990, 177
13. 7. 1989	(2 Z 20/89)	WE 1990, 178 = WM 1989, 539
13. 7. 1989	(2 Z 110, 115/88)	WE 1990, 178
18. 7. 1989	(2 Z 107/88)	1989, 308 = WE 1990, 148 = MDR 1989, 1106
18. 7. 1989	(2 Z 66/89)	1989, 310 = WE 1990, 179 = DWEigt 1990, 62

19. 7. 1989		WE 1990, 181 = WM 1989, 539
27. 7. 1989	(2 Z 54/89)	WE 1990, 182 = DWEigt 1990, 62
27. 7. 1989	(2 Z 68/89)	WE 1990, 183 = NJW-RR 1989, 1293
27. 7. 1989	(2 Z 72/89)	WE 1990, 214 = WM 1989, 539
27. 7. 1989	(2 Z 87/89)	WE 1990, 184 = WM 1989, 536
2. 8. 1989	(2 Z 36/89)	WE 1990, 184 = WM 1989, 536
2. 8. 1989	(2 Z 39/89)	WE 1990, 214
9. 8. 1989	(2 Z 60/89)	1989, 342 = WE 1990, 216 = NJW-RR 1989, 1168
9. 8. 1989	(2 Z 144/89)	1989, 351 = WE 1990, 217 = NJW-RR 1990, 81
10. 8. 1989	(2 Z 62/89)	WE 1990, 218 = Rpfleger 1990, 57 = MDR 1990, 57
10. 8. 1989	(2 Z 81/89)	WE 1990, 218 = WM 1990, 89
10. 8. 1989	(3 Z 104/89)	WE 1990, 218
23. 8. 1989		WE 1990, 219 = NJW-RR 1990, 26 = MDR 1990, 57
29. 8. 1989		WE 1990, 219
30. 8. 1989	(2 Z 40/89)	WE 1991, 22 = MDR 1990, 157
30. 8. 1989	(2 Z 95/89)	1989, 354 = WE 1991, 23 = MDR 1990, 53
31. 8. 1989		WE 1991, 23 = WM 1989, 657 (Ls.) = ZMR 1990, 29
7. 9. 1989		WE 1991, 24
21. 9. 1989		WE 1991, 25
27. 9. 1989	(1b Z 24/88)	WE 1991, 26
27. 9. 1989	(2 Z 38/89)	WE 1991, 47 = NJW-RR 1990, 82 = WM 1990, 172
27. 9. 1989	(2 Z 45/89)	WE 1991, 47 = WM 1990, 164
27. 9. 1989	(2 Z 67/89)	WE 1991, 28 = DWEigt 1990, 92
2. 10. 1989		WE 1991, 48 = WM 1990, 91
11. 10. 1989	(1b Z 26/89)	WE 1991, 49 = DWEigt 1992, 167
11. 10. 1989	(2 Z 65/89)	WE 1991, 49 = WM 1989, 658
11. 10. 1989	(2 Z 69/89)	NJW-RR 1990, 83 = WM 1990, 44
11. 10. 1989	(2 Z 71/89)	WE 1991, 50 = WM 1990, 48
11. 10. 1989	(2 Z 96/89)	WE 1991, 51 = WM 1989, 656 (Ls.) = ZMR 1990, 230
12. 10. 1989		WE 1991, 51 = WM 1989, 662
24. 10. 1989		WE 1991, 52 = DWEigt 1990, 113 = Rpfleger 1990, 63
27. 10. 1989		WE 1991, 53 = NJW-RR 1990, 210
31. 10. 1989	(1b Z 26/88)	WE 1991, 53 = DWEigt 1990, 28
31. 10. 1989	(2 Z 93/89)	WE 1991, 75 = DWEigt 1990, 28
31. 10. 1989	(2 Z 97/89)	WE 1991, 55 = DWEigt 1991, 39
9. 11. 1989	(2 Z 51/89)	WE 1991, 55 = DWEigt 1990, 113
9. 11. 1989	(2 Z 98/89)	WE 1991, 76 = DWEigt 1991, 39
9. 11. 1989	(2 Z 107/89)	WE 1992, 138 = DWEigt 1990, 113

17. 11. 1989		WE 1991, 77 = DWEigt 1991, 39
21. 11. 1989		1989, 437 = WE 1991, 78 = DNotZ 1991, 156 = NJW-RR 1990, 209
23. 11. 1989		WE 1991, 78 = DWEigt 1991, 39 = Rpfleger 1990, 114 = DNotZ 1990, 260
28. 11. 1989		WE 1991, 78 = DWEigt 1991, 39
30. 11. 1989		WE 1991, 80 = DWEigt 1990, 152
5. 12. 1989	(2 Z 113/89)	WE 1991, 81 = DWEigt 1990, 152
5. 12. 1989	(2 Z 121/89)	WE 1991, 81 = DWEigt 1990, 113
6. 12. 1989		WE 1991, 83 = DWEigt 1990, 152
12. 12. 1989		DWEigt 1990, 152
14. 12. 1989		1989, 465 = DWEigt 1990, 63 = WE 1991, 161 = NJW-RR 1990, 330
15. 12. 1989	(2 Z 128/89)	WE 1991, 140 = DWEigt 1990, 74
15. 12. 1989	(2 Z 130/89)	1989, 470 = DWEigt 1990, 113 = Rpfleger 1990, 204 = MDR 1990, 448 = DNotZ 1990, 263 = WE 1991, 62
18. 12. 1989		DWEigt 1990, 74 = WE 1991, 163 = WM 1990, 177
19. 12. 1989		WE 1991, 163 = DWEigt 1990, 74
21. 12. 1989		WE 1991, 164 = DWEigt 1990, 75
22. 12. 1989	(2 Z 89/89)	DWEigt 1990, 75 (Ls.), 1992, 161 = WE 1991, 165 = WM 1990, 164 = ZMR 1990, 276
22. 12. 1989	(2 Z 129/89)	WE 1991, 111 = DWEigt 1990, 75 = WM 1990, 183
22. 12. 1989	(2 Z 133/89)	WE 1991, 84 = DWEigt 1990, 75
27. 12. 1989		WE 1991, 165 = DWEigt 1990, 75
28. 12. 1989		WE 1991, 166 = DWEigt 1990, 75
11. 1. 1990		DWEigt 1990, 64 = NJW-RR 1990, 720 = WE 1991, 166
16. 1. 1990	(1b Z 41/88)	WE 1991, 168 = DWEigt 1990, 75
16. 1. 1990	(1b Z 35/89)	WE 1991, 167 = DWEigt 1990, 75
29. 1. 1990		1990, 15 = WE 1991, 169 = DWEigt 1990, 75 = NJW-RR 1990, 594
30. 1. 1990	(2 Z 31/90)	NJW-RR 1990, 784
30. 1. 1990	(2 Z 111/89)	WE 1991, 170 = DWEigt 1990, 75
1. 2. 1990		1990, 24 = WE 1991, 171 = DWEigt 1990, 75
6. 2. 1990	(2 Z 104/89)	1990, 28 = WE 1991, 196 = DWEigt 1991, 74 = WM 1990, 234 = MDR 1990, 552
6. 2. 1990	(2 Z 119/89)	WE 1991, 197 = DWEigt 1990, 75 = WM 1990, 325 = NJW-RR 1990, 660

8. 2. 1990	(1b Z 8/89)	WE 1991, 172 = DWEigt 1990, 75
8. 2. 1990	(1b Z 12/89)	WE 1991, 197 = DWEigt 1990, 75
8. 2. 1990	(1b Z 14/89)	DWEigt 1990, 75
8. 2. 1990	(2 Z 119/89)	NJW-RR 1990, 660
21. 2. 1990	(1b Z 43/88)	WE 1991, 198 = DWEigt 1990, 75 = WM 1990, 366
21. 2. 1990	(1b Z 16/89)	WE 1991, 198 = DWEigt 1990, 75 = WM 1990, 237
22. 2. 1990		1990, 15 = WE 1991, 199 = DWEigt 1990, 75
5. 3. 1990		WE 1991, 200
8. 3. 1990	(2 Z 2/90)	WE 1991, 201 = DWEigt 1990, 76
8. 3. 1990	(2 Z 3/90)	WE 1991, 203 = DWEigt 1990, 75
14. 3. 1990	(1b Z 7/89)	WE 1991, 202 = DWEigt 1990, 100 = NJW-RR 1990, 657 = WM 1990, 231
14. 3. 1990	(1b Z 11/89)	WE 1991, 202 = DWEigt 1990, 76
15. 3. 1990	(2 Z 8/90)	WE 1991, 223 = WM 1990, 236 = BlnGrdE 1990, 875
15. 3. 1990	(2 Z 18/90)	WE 1991, 223 = DWEigt 1990, 67 = NJW-RR 1990, 659 = MDR 1990, 634
27. 3. 1990		WE 1991, 224 = WM 1990, 315 = NJW-RR 1990, 854
28. 3. 1990	(1b Z 1/89)	WE 1991, 225
28. 3. 1990	(1b Z 13/89)	WE 1991, 226 = WM 1990, 320
28. 3. 1990	(2 Z 15/90)	WE 1991, 224 = WM 1990, 326
30. 3. 1990	(2 Z 22/90)	WE 1991, 226 = WM 1990, 322
30. 3. 1990	(2 Z 31/90)	WE 1991, 227 = DWEigt 1990, 152 = WM 1990, 315 = NJW-RR 1990, 784
5. 4. 1990	(2 Z 14/90)	WE 1991, 227 = DWEigt 1990, 151 = WM 1990, 321 = NJW-RR 1990, 321
5. 4. 1990	(2 Z 24/90)	WE 1991, 228
5. 4. 1990	(2 Z 30/90)	WE 1991, 229 = DWEigt 1990, 159 = WM 1990, 322
5. 4. 1990	(2 Z 50/90)	WE 1991, 172 = WM 1990, 327
11. 4. 1990	(2 Z 7/90)	1990, 101 = WE 1991, 203 = NJW 1990, 3216 = NJW-RR 1991, 216
11. 4. 1990	(2 Z 23/90)	1990, 107 = WE 1991, 229 = DWEigt 1990, 151 = NJW-RR 1990, 978
11. 4. 1990	(2 Z 35/90)	WE 1991, 204
19. 4. 1990		WE 1990, 220 = DWEigt 1990, 101
24. 4. 1990	(2 Z 27/90)	WE 1991, 230
24. 4. 1990	(2 Z 28/90)	WE 1991, 231
26. 4. 1990		1990, 111 = WE 1991, 231

30. 4. 1990		1990, 115 = WE 1991, 252 = DWEigt 1990, 151
3. 5. 1990		WE 1991, 253 = WM 1990, 369 = BlnGrdE 1990, 871
10. 5. 1990	(2 Z 26/90)	1990, 120 = WE 1991, 254 = Rpfleger 1990, 354 = MDR 1990, 823 = ZMR 1990, 390
10. 5. 1990	(2 Z 33/90)	1990, 124 = WE 1991, 254 = DNotZ 1991, 600 = NJW-RR 1990, 1043 = MittBayNot 1990, 353
11. 5. 1990		WE 1991, 256 = DWEigt 1990, 151
14. 5. 1990		WE 1991, 256 = DWEigt 1990, 151
16. 5. 1990		WE 1991, 257 = NJW-RR 1990, 1168 = DWEigt 1991, 74, 151
23. 5. 1990	(2 Z 38/90)	1990, 141 = WE 1991, 84 = DWEigt 1990, 114
23. 5. 1990	(2 Z 44/90)	WE 1991, 258 = DWEigt 1990, 114 = NJW-RR 1990, 1107
23. 5. 1990	(2 Z 46/90)	WE 1991, 259 = DWEigt 1990, 114 = NJW-RR 1990, 1102
30. 5. 1990	(2 Z 36/90)	WE 1991, 260 = DWEigt 1990, 114 = NJW-RR 1990, 1105
30. 5. 1990	(2 Z 57/90)	WE 1991, 261 = DWEigt 1990, 114 = NJW-RR 1990, 1167
8. 6. 1990		DWEigt 1990, 114 = WE 1991, 261
13. 6. 1990	(2 Z 51/90)	WE 1991, 263 = DWEigt 1991, 39
13. 6. 1990	(2 Z 25/90)	WE 1991, 185 = DNotZ 1991, 480
13. 6. 1990	(2 Z 62/90)	WE 1991, 286
15. 6. 1990		1990, 173 = WE 1991, 287
20. 6. 1990	(2 Z 37/90)	1990, 168 = WE 1991, 28 = Rpfleger 1990, 457 = ZMR 1990, 424 = DNotZ 1991, 477
20. 6. 1990	(2 Z 60/90)	1990, 173 = WE 1991, 287 = MDR 1990, 1018
21. 6. 1990		WE 1991, 204
28. 6. 1990	(1 b Z 35/89)	WE 1991, 288 = DWEigt 1991, 103
28. 6. 1990	(2 Z 34/90)	WE 1991, 289 = DWEigt 1991, 39
28. 6. 1990	(2 Z 54/90)	DWEigt 1990, 102, 114
28. 6. 1990	(2 Z 59/90)	WE 1991, 289 = DWEigt 1991, 39
28. 6. 1990	(2 Z 67/90)	WE 1991, 290
5. 7. 1990		WE 1991, 232 = DWEigt 1991, 39
11. 7. 1990		1990, 212 = WE 1991, 264 = DWEigt 1991, 39 = Rpfleger 1990, 507
16. 7. 1990		WE 1991, 291
19. 7. 1990	(2 Z 61/90)	WE 1991, 292 = NJW-RR 1991, 1041

19. 7. 1990	(2 Z 71/90)	WE 1991, 293 = WM 1990, 455
20. 7. 1990		WE 1991, 294
26. 7. 1990		DWEigt 1992, 27, 44 = MittBay-Not 1991, 91
2. 8. 1990	(2 Z 40/90)	WE 1991, 295 = WM 1991, 312
2. 8. 1990	(2 Z 69/90)	WE 1991, 297
2. 8. 1990	(2 Z 76/90)	WE 1991, 298 = NJW-RR 1991, 139 = WM 1990, 454
9. 8. 1990	(1b Z 25/89)	WE 1991, 358 = DWEigt 1991, 31 = WM 1990, 464
9. 8. 1990	(2 Z 82/90)	WE 1991, 111
9. 8. 1990	(2 Z 83/90)	DWEigt 1991, 164 = WE 1991, 360
16. 8. 1990		WE 1991, 362
20. 8. 1990		WE 1991, 361 = DWEigt 1991, 39
23. 8. 1990	(1b Z 32/89)	WE 1991, 363
23. 8. 1990	(AR 2 Z 71/90)	1990, 233 = WE 1991, 364 = NJW-RR 1990, 1431
23. 8. 1990	(2 Z 80/90)	WE 1991, 364
24. 8. 1990		WE 1991, 365 = WM 1991, 301
28. 8. 1990		WE 1991, 365
11. 9. 1990		WE 1991, 366 = WM 1991, 305
13. 9. 1990	(2 Z 58/90)	WE 1991, 366
13. 9. 1990	(2 Z 100/90)	WE 1991, 367 = NJW-RR 1991, 531
20. 9. 1990		WE 1991, 334
27. 9. 1990	(2 Z 47/90)	1990, 260 = WE 1991, 368 = MDR 1991, 158 = NJW-RR 1991, 215 = ZMR 1991, 74
27. 9. 1990	(2 Z 76/90)	WE 1991, 369 = MDR 1991, 61
27. 9. 1990	(2 Z 113/90)	WE 1991, 369
4. 10. 1990	(2 Z 89/90)	WE 1991, 369
4. 10. 1990	(2 Z 91/90)	WE 1992, 19 = NJW-RR 1991, 140 = WM 1991, 53 = ZMR 1991, 148
11. 10. 1990	(2 Z 85/90)	WE 1991, 20
11. 10. 1990	(2 Z 95/90)	1990, 279 = WE 1992, 21 = NJW-RR 1991, 593 = MDR 1991, 158
11. 10. 1990	(2 Z 101/90)	WE 1992, 22 = DWEigt 1991, 75, 82
11. 10. 1990	(2 Z 112/90)	WE 1992, 22 = NJW-RR 1991, 140 = WM 1991, 302
18. 10. 1990	(2 Z 86/90)	WE 1992, 23 = DWEigt 1992, 118
18. 10. 1990	(2 Z 119/90)	WE 1992, 23 = WM 1991, 60
22. 10. 1990	(2 Z 125/90)	WE 1992, 24
22. 10. 1990	(2 Z 127/90)	WE 1992, 24
25. 10. 1990		WE 1991, 264
30. 10. 1990	(2 Z 92/90)	WE 1992, 25
30. 10. 1990	(2 Z 107/90)	WE 1992, 26 = DWEigt 1991, 82, 103
30. 10. 1990	(2 Z 122/90)	1990, 312 = WE 1992, 25 = DWEigt

		1991, 103 = NJW-RR 1991, 402 = WM 1991, 57
7. 11. 1990	(2 Z 110/90)	WE 1992, 49
7. 11. 1990	(2 Z 115/90)	WE 1992, 49
7. 11. 1990	(2 Z 118/90)	WE 1992, 50 = DWEigt 1991, 81 = WM 1991, 56
14. 11. 1990	(2 Z 106/90)	WE 1992, 50 = NJW-RR 1992, 15 = WM 1991, 129
14. 11. 1990	(2 Z 108/90)	WE 1992, 51
14. 11. 1990	(2 Z 109/90)	WE 1992, 370 = WM 1991, 226
14. 11. 1990	(2 Z 140/90)	WE 1991, 370 = DWEigt 1991, 81 = NJW-RR 1991, 463 = WM 1991, 52
22. 11. 1990	(2 Z 103/90)	WE 1992, 27
22. 11. 1990	(2 Z 128/90)	WE 1992, 83
29. 11. 1990	(2 Z 72/90)	WE 1992, 51 = DWEigt 1991, 104 = WM 1991, 131
29. 11. 1990	(2 Z 85/90)	WE 1992, 52 = DWEigt 1991, 82 = WM 1991, 133
5. 12. 1990		WE 1992, 52 = WM 1991, 134
13. 12. 1990	(2 Z 141/90)	WE 1992, 52 = DWEigt 1991, 81 = WM 1992, 209
13. 12. 1990	(2 Z 142/90)	WE 1992, 52 = WM 1991, 227
20. 12. 1990		DWEigt 1991, 76 = NJW-RR 1991, 658 = WE 1992, 52 = WM 1991, 208
4. 1. 1991	(2 Z 102/90)	WE 1992, 54 = DWEigt 1992, 166 = WM 1991, 210
4. 1. 1991	(2 Z 160/90)	WE 1992, 54 = DWEigt 1992, 166 = WM 1991, 227
10. 1. 1991		WE 1992, 54 = DWEigt 1991, 81 = WM 1991, 215
17. 1. 1991	(2 Z 138/90)	WE 1992, 55 = NJW-RR 1991, 1234 = DWEigt 1992, 166 = MDR 1991, 632 = WM 1991, 304 = ZMR 1991, 189
17. 1. 1991	(2 Z 161/90)	WE 1992, 55 = NJW-RR 1991, 910 = DWEigt 1992, 166
17. 1. 1991	(2 Z 164/90)	DWEigt 1992, 166 = WE 1992, 56
23. 1. 1991		DWEigt 1992, 166 = WE 1991, 56
30. 1. 1991	(2 Z 156/90)	WE 1992, 57 = NJW-RR 1991, 849 = DWEigt 1992, 166 = ZMR 1991, 231
30. 1. 1991	(2 Z 167/90)	WE 1992, 56 = DWEigt 1991, 76 = WM 1992, 315
30. 1. 1991	(2 Z 5/91)	DWEigt 1992, 166 = WE 1992, 56
6. 2. 1991	(2 Z 148/90)	1991, 78 = WE 1992, 57 = DWEigt 1991, 126 = DNotZ 1991, 895 = NJW-RR 1991, 721

6. 2. 1991	(2 Z 171/90)	WE 1992, 58 = DWEigt 1991, 126, 144 = NJW-RR 1991, 722 = WM 1991, 306
14. 2. 1991	(2 Z 13/91)	WE 1992, 84 = DWEigt 1991, 126 = WM 1991, 303
14. 2. 1991	(2 Z 151/90)	WE 1992, 60 = DWEigt 1991, 126
14. 2. 1991	(2 Z 4/91)	1991, 93 = WE 1992, 59 = DWEigt 1991, 126 = NJW-RR 1991, 723 = WM 1991, 308
14. 2. 1991	(2 Z 16/91)	1991, 90 = WE 1992, 83 = DWEigt 1991, 126 = Rpfleger 1991, 247 = MDR 1991, 633 = NJW 1991, 1962 = WM 1991, 198
21. 2. 1991	(2 Z 9/91)	WE 1992, 86 = DWEigt 1992, 166
21. 2. 1991	(2 Z 7/91)	WE 1992, 60 = DWEigt 1991, 126 = MDR 1991, 762 = NJW 1991, 1620 = NJW-RR 1991, 912 = WM 1991, 299
21. 2. 1991	(2 Z 11/91)	WE 1992, 85 = WM 1992, 85
21. 2. 1991	(3 Z 13/91)	WE 1992, 116 = DWEigt 1992, 166
21. 2. 1991	(2 Z 124/90)	WE 1992, 84 = DWEigt 1991, 126
28. 2. 1991	(2 Z 144/90)	WE 1992, 87 = DWEigt 1991, 126 = WM 1991, 310
28. 2. 1991	(2 Z 151/90)	WE 1992, 87 = DWEigt 1991, 126 = WM 1991, 300
6. 3. 1991	(2 Z 159/90)	WE 1992, 138 = DWEigt 1991, 126 = WM 1991, 313
6. 3. 1991	(2 Z 12/91)	WE 1992, 116 = Rpfleger 1991, 308 = DWEigt 1992, 107 = ZMR 1991, 313
14. 3. 1991	(2 Z 134/90)	WE 1992, 138 = DWEigt 1992, 163 = WM 1991, 413
14. 3. 1991	(2 Z 139/90)	DWEigt 1992, 167 = WE 1992, 138
14. 3. 1991	(2 Z 168/90)	WE 1992, 138 = DWEigt 1991, 155
20. 3. 1991		WE 1992, 139 = DWEigt 1991, 149 = NJW-RR 1991, 976 = WM 1991, 412
11. 4. 1991	(2 Z 110/90)	1991, 150 = WE 1992, 141 = DWEigt 1992, 167 = MDR 1991, 866 = NJW-RR 1991, 977
11. 4. 1991	(2 Z 28/91)	WE 1992, 140 = DWEigt 1992, 162 = NJW-RR 1992, 83 = WM 1991, 365
16. 4. 1991	(2 Z 21/91)	WE 1992, 141 = DWEigt 1992, 167
16. 4. 1991	(2 Z 25/91)	WE 1992, 141 = NJW-RR 1991, 918 = DWEigt 1992, 167
16. 4. 1991	(2 Z 31/91)	WE 1992, 142 = DWEigt 1992, 167 = Rpfleger 1991, 365

25. 4. 1991		WE 1992, 142 = DWEigt 1991, 109 = WM 1991, 612
2. 5. 1991	(2 Z 15/91)	DWEigt 1991, 126 = WE 1992, 143 = WM 1991, 614
2. 5. 1991	(2 Z 19/91)	WE 1992, 143 = DWEigt 1991, 126 = WM 1991, 618
2. 5. 1991	(2 Z 42/91)	WE 1992, 144 = DWEigt 1991, 126
2. 5. 1991	(2 Z 51/91)	WE 1992, 145 = DWEigt 1991, 127
8. 5. 1991	(2 Z 33/91)	1991, 165 = WE 1992, 145 = DWEigt 1991, 110 = NJW-RR 1992, 81 = MittBayNot 1992, 131 = WM 1991, 607
8. 5. 1991	(2 Z 34/91)	WE 1992, 168 = DWEigt 1991, 127 = WM 1991, 632
16. 5. 1991	(2 Z 30/91)	WE 1992, 147 = DWEigt 1992, 42
16. 5. 1991	(2 Z 41/91)	WE 1992, 168 = DWEigt 1992, 167
16. 5. 1991	(2 Z 53/91)	WE 1992, 168 = DWEigt 1992, 42
16. 5. 1991	(2 Z 61/91)	WE 1992, 169 = DWEigt 1992, 42
16. 5. 1991	(2 Z 68/91)	WE 1992, 169 = DWEigt 1991, 127
23. 5. 1991	(2 Z 37/91)	WE 1992, 169 = DWEigt 1992, 42
23. 5. 1991	(2 Z 39/91)	WE 1992, 169 = DWEigt 1991, 112
23. 5. 1991	(2 Z 55/91)	1991, 186 = WE 1992, 170 = DWEigt 1991, 111 = NJW-RR 1991, 1356 = WM 1991, 604
29. 5. 1991	(2 Z 23/91)	WE 1992, 171 = DWEigt 1992, 130
29. 5. 1991	(2 Z 45/91)	WE 1992, 171 = DWEigt 1991, 113 = NJW-RR 1991, 1490
29. 5. 1991	(2 Z 59/91)	WE 1992, 172 = DWEigt 1991, 127 = WM 1991, 453
29. 5. 1991	(2 Z 73/91)	WE 1992, 172 = DWEigt 1991, 127
6. 6. 1991	(AR 2 Z 44/91)	WE 1992, 173 = DWEigt 1991, 127 = NJW-RR 1991, 1358 = WM 1991, 449
6. 6. 1991	(2 Z 67/91)	1991, 203 = WE 1992, 172 = DWEigt 1991, 127
12. 6. 1991	(2 Z 36/91)	WE 1992, 173 = DWEigt 1992, 86 = WM 1991, 609
12. 6. 1991	(2 Z 49/91)	WE 1992, 174 = DWEigt 1991, 127 = NJW-RR 1991, 1360 = WM 1991, 443
12. 6. 1991	(2 Z 70/91)	WE 1992, 175 = DWEigt 1991, 127
19. 6. 1991	(2 Z 46/91)	WE 1992, 175 = DWEigt 1991, 167
19. 6. 1991	(2 Z 47/91)	WE 1992, 176 = DWEigt 1992, 167
26. 6. 1991	(2 Z 57/91)	WE 1992, 177 = DWEigt 1991, 127 = WM 1991, 442

26. 6. 1991	(2 Z 66/91)	WE 1992, 177 = DWEigt 1991, 127
3. 7. 1991	(2 Z 29/91)	WE 1992, 177 = DWEigt 1991, 165 = NJW-RR 1991, 1362 = WM 1991, 449
3. 7. 1991	(2 Z 56/91)	WE 1992, 178
9. 7. 1991	(2 Z 72/91)	WE 1992, 180 = DWEigt 1991, 156 = NJW-RR 1992, 14 = WM 1991, 621
9. 7. 1991	(2 Z 75/91)	WE 1992, 180 = DWEigt 1991, 163
18. 7. 1991	(2 Z 149/90)	DWEigt 1991, 163 = WE 1992, 197
18. 7. 1991	(2 Z 64/91)	WE 1992, 195
18. 7. 1991	(2 Z 87/91)	DWEigt 1991, 157 = Rpfleger 1991, 500 = WE 1992, 196 = DNotZ 1992, 714
18. 7. 1991	(2 Z 88/91)	DWEigt 1991, 163 = Rpfleger 1991, 455 = WE 1992, 197 = WM 1991, 611
18. 7. 1991	(2 Z 97/91)	DWEigt 1991, 163 = WE 1992, 194
25. 7. 1991		WE 1992, 197 = WM 1991, 512
1. 8. 1991	(2 Z 44/91)	WE 1992, 198 = DWEigt 1991, 163
1. 8. 1991	(2 Z 80/91)	DWEigt 1991, 163 = WE 1992, 198 = ZMR 1991, 444
1. 8. 1991	(2 Z 100/91)	WE 1992, 290 = Rpfleger 1993, 914 = DWEigt 1992, 130
12. 8. 1991	(2 Z 85/91)	1991, 296 = DWEigt 1991, 158 = WE 1992, 191 = DWEigt 1992, 130, 167
12. 8. 1991	(2 Z 107/91)	WE 1992, 199 = DWEigt 1992, 130 = DNotZ 1992, 229 = WM 1991, 612
16. 8. 1991		WE 1992, 180 = DWEigt 1991, 164 = WM 1991, 633
5. 9. 1991	(2 Z 83/91)	DWEigt 1991, 164
5. 9. 1991	(2 Z 95/91)	1991, 313 = WE 1992, 200 = DWEigt 1992, 130 = Rpfleger 1992, 20 = MittBayNot 1992, 50 = NJW-RR 1992, 208
12. 9. 1991	(2 Z 52/91)	WE 1992, 201 = DWEigt 1992, 35
12. 9. 1991	(3 Z 87/91)	DWEigt 1991, 164 = WE 1992, 201 = WM 1991, 633
12. 9. 1991	(2 Z 90/91)	DWEigt 1991, 164 = WE 1992, 202 = WM 1991, 631 = NJW-RR 1992, 152
12. 9. 1991	(2 Z 101/91)	DWEigt 1991, 164 = WE 1992, 201 = WM 1991, 627 = NJW-RR 1992, 150
12. 9. 1991	(2 Z 111/91)	WE 1992, 203 = WM 1991, 610
23. 9. 1991		WE 1992, 203

9. 10. 1991	(2 Z 84/91)	WE 1992, 204 = WM 1991, 711
9. 10. 1991	(2 Z 85/91)	WE 1992, 205
11. 10. 1991		WE 1992, 290 = DWEigt 1992, 39 = NJW-RR 1992, 664 = WM 1991, 709
15. 10. 1991	(2 Z 120/91)	WE 1992, 206 = WM 1991, 716
15. 10. 1991	(2 Z 122/91)	WE 1992, 206 = DWEigt 1992, 74
15. 10. 1991	(2 Z 136/91)	1991, 356 = DNotZ 1992, 489 = MDR 1992, 479 = NJW-RR 1992, 210 = WE 1992, 206 = WM 1991, 214 = DWEigt 1992, 130
22. 10. 1991	(2 Z 114/91)	WE 1992, 207 = DWEigt 1992, 40 = WM 1991, 706
22. 10. 1991	(2 Z 127/91)	WE 1992, 208
22. 10. 1991	(2 Z 144/91)	WE 1992, 227 = DWEigt 1992, 32 = MDR 1992, 374 = NJW 1992, 919 = WM 1991, 707 = ZMR 1992, 33
23. 10. 1991		WE 1992, 208
24. 10. 1991		WE 1992, 227
29. 10. 1991	(2 Z 128/91)	WE 1992, 227 = DWEigt 1992, 43 = WM 1991, 715
29. 10. 1991	(2 Z 130/91)	NJW-RR 1992, 272 = WE 1992, 228 = DWEigt 1992, 41 = ZMR 1992, 32
7. 11. 1991	(2 Z 99/91)	WE 1992, 229 = DWEigt 1992, 130 = WM 1992, 90
7. 11. 1991	(2 Z 112/91)	WE 1992, 229 = DWEigt 1992, 130 = MittBayNot 1992, 266
7. 11. 1991	(2 Z 137/91)	1991, 375 = WE 1992, 230 = Rpfleger 1992, 154 = BlnGrdE 1992, 329 = DWEigt 1992, 26 = MDR 1992, 155 = MittBayNot 1992, 52 = NJW 1992, 700 = WM 1991, 704
7. 11. 1991	(2 Z 146/91)	WE 1992, 231 = DWEigt 1992, 130 = WM 1992, 80
7. 11. 1991	(2 Z 148/91)	WE 1992, 232
14. 11. 1991	(2 Z 123/91)	WE 1992, 232 = DWEigt 1992, 41 = WM 1992, 88
14. 11. 1991	(2 Z 140/91)	WE 1992, 233 = NJW-RR 1992, 403 = WM 1992, 84 = ZMR 1992, 258
18. 11. 1991	(2 Z 117/91)	WE 1992, 234
18. 11. 1991	(2 Z 124/91)	WE 1992, 233 = WM 1992, 83 = BayObLGZ 1991, 396 = DWEigt 1992, 28 = NJW-RR 1992, 342
28. 11. 1991	(2 Z 113/91)	WE 1992, 261 = DWEigt 1992, 130 = WM 1992, 156
28. 11. 1991	(2 Z 133/91)	1991, 409 = NJW 1992, 917 = WE 1992, 235 = DWEigt 1992,

		131 = MDR 1992, 373 = WM 1992, 153
29. 11. 1991		DWEigt 1992, 75 = WE 1992, 262 = WM 1992, 149
30. 11. 1991		WE 1991, 79 = DNotZ 1990, 496
5. 12. 1991	(2 Z 109/91)	WE 1992, 263
5. 12. 1991	(2 Z 150/91)	WE 1992, 236 = DWEigt 1992, 131 = WM 1992, 161
5. 12. 1991	(2 Z 151/91)	WE 1992, 264
5. 12. 1991	(2 Z 161/91)	DWEigt 1992, 86 = WE 1992, 264 = WM 1992, 163
12. 12. 1991	(2 Z 145/91)	WE 1992, 264 = DWEigt 1992, 131 = WM 1992, 152
12. 12. 1991	(2 Z 157/91)	DWEigt 1992, 131 = WE 1992, 345 = WM 1992, 155
12. 12. 1991	(2 Z 164/91)	DWEigt 1992, 86 = WE 1992, 204
8. 1. 1992		1992, 1 = DWEigt 1992, 86 = WE 1992, 346
16. 1. 1992	(2 Z 162/91)	DWEigt 1992, 86 = WE 1992, 347 = MDR 1992, 967 = WM 1992, 207
16. 1. 1992	(3 Z 162/92)	DWEigt 1992, 86 = WE 1992, 347
23. 1. 1992		WE 1993, 26 = DNotZ 93, 338 = DWEigt 1992, 87 = DWEigt 1993, 165
31. 1. 1992	(2 Z 119/91)	1992, 21 = DWEigt 1992, 87 = WE 1992, 319
31. 1. 1992	(2 Z 143/91)	WE 1993, 27 = DWEigt 1992, 87 = NJW 1993, 603 = WM 1992, 209
6. 2. 1992	(2 Z 166/91)	DWEigt 1992, 87 = WE 1993, 115 = WM 1992, 206 = ZMR 1992, 202
6. 2. 1992	(2 Z 167/91)	WE 1993, 88
6. 2. 1992	(2 Z 170/91)	DWEigt 1992, 87 = WE 1992, 348 = WM 1992, 204
13. 2. 1992	(2 Z 163/91)	DWEigt 1992, 87 = WE 1993, 140 = WM 1992, 278
13. 2. 1992	(2 Z BR 3/92)	1992, 40 = DWEigt 1992, 87 = WE 1993, 28 = Rpfleger 1992, 292
20. 2. 1992	(2 Z 158/91)	DWEigt 1992, 87 = WE 1993, 140 = WM 1992, 280
20. 2. 1992	(2 Z 159/91)	WE 1993, 142 = DWEigt 1992, 87 = WM 1992, 280
5. 3. 1992	(2 Z 165/91)	DWEigt 1992, 87 = NJW-RR 1992, 787 = WE 1993, 143 = WM 1992, 283
5. 3. 1992	(2 Z 171/91)	WE 1993, 169 = DWEigt 1992, 87
5. 3. 1992	(2 Z 195/91)	DWEigt 1992, 87
5. 3. 1992	(2 Z 196/91)	DWEigt 1992, 87 = WE 1993, 170

19. 3. 1992	(2 Z 152/91)	DWEigt 1992, 88 = WE 1993, 171 = WM 1992, 284
19. 3. 1992	(2 Z 163/91)	DWEigt 1992, 167
19. 3. 1992	(2 Z BR 16/92)	DWEigt 1992, 131 = WE 1993, 253
19. 3. 1992	(2 Z 7/92)	WE 1993, 55
25. 3. 1992		DWEigt 1992, 76 = DNotZ 1992, 490 = MDR 1992, 772 = MittBay-Not 1992, 331
2. 4. 1992	(2 Z BR 4/92)	1992, 79 = DWEigt 1992, 88 = WE 1993, 276 = NJW-RR 1992, 910 = WM 1992, 331
2. 4. 1992	(2 Z BR 9/92)	DWEigt 1992, 78 = WE 1993, 254 = NJW-RR 1992, 974 = WM 1992, 324
2. 4. 1992	(2 Z BR 10/92)	DWEigt 1992, 76 = WM 1992, 329
2. 4. 1992	(2 Z BR 18/92)	DWEigt 1992, 88 = WE 1992, 292 = WM 1992, 333
16. 4. 1992		NJW 1992, 2774
21. 4. 1992		DWEigt 1992, 88, 167 = WE 1993, 255
7. 5. 1992	(2 Z BR 12/92)	DWEigt 1992, 131 = WE 1993, 278 = WM 1992, 397
7. 5. 1992	(2 Z BR 26/92)	DWEigt 1992, 128, 131 = WE 1993, 255 = NJW-RR 1992, 1169 = WM 1992, 395
13. 5. 1992		Rpfleger 1993, 219
21. 5. 1992	(2 Z BR 6/92)	1992, 146 = DWEigt 1992, 116 = WE 1993, 278
21. 5. 1992	(2 Z BR 35/92)	WE 1992, 292 = DWEigt 1992, 131 = WM 1992, 396
21. 5. 1992	(2 Z BR 38/92)	DWEigt 1992, 123 = WE 1993, 279 = WM 1992, 392
3. 6. 1992		DWEigt 1992, 131 = WE 1993, 279 = WM 1992, 498
10. 6. 1992		1992, 147 = DWEigt 1992, 167 = WE 1993, 56
25. 6. 1992		1992, 210 = DWEigt 1992, 131 = WE 1993, 281 = NJW-RR 1992, 1431
2. 7. 1992		DWEigt 1992, 131 = WE 1993, 283
3. 7. 1992	(2 Z BR 41/92)	DWEigt 1992, 131 = WE 1993, 283
3. 7. 1992	(2 Z BR 52/92)	DWEigt 1992, 131 = WE 1993, 320
10. 7. 1992		WE 1993, 284 = WM 1992, 568
23. 7. 1992	(2 Z BR 22/92)	WE 1993, 286 = DWEigt 1993, 17 = NJW-RR 1993, 337 = WM 1992, 563 = ZMR 1992, 551
23. 7. 1992	(2 Z BR 39/92)	WE 1993, 285 = WM 1992, 562

23. 7. 1992	(2 Z BR 53/92)	DWEigt 1993, 166 = WE 1993, 285 = WM 1992, 569
23. 7. 1992	(2 Z BR 57/92)	WE 1993, 256 = WM 1992, 565 = ZMR 1992, 551
10. 9. 1992	(2 Z BR 74/92)	DWEigt 1992, 163 = WE 1993, 341 = MDR 1993, 235 = WM 1992, 641 = NJW-RR 1993, 85
10. 9. 1992	(3 Z BR 113/92)	WE 1993, 288 = WM 1992, 645
17. 9. 1992		DWEigt 1992, 164 = WE 1993, 342 = WM 1992, 642
30. 9. 1992		DWEigt 1993, 166 = WE 1993, 343 = WM 1992, 644
15. 10. 1992	(2 Z BR 44/92)	DWEigt 1993, 166 = WE 1993, 344
15. 10. 1992	(2 Z BR 68/92)	WE 1993, 320
15. 10. 1992	(2 Z BR 75/92)	1992, 288 = WE 1993, 345 = DWEigt 1994, 77 = MDR 1993, 344 = NJW-RR 1993, 206 = WM 1992, 709
15. 10. 1992	(2 Z BR 85/92)	DWEigt 1993, 166 = WE 1993, 347 = WM 1992, 715
22. 10. 1992	(2 Z BR 66/92)	WE 1993, 348 = WM 1992, 704 = ZMR 1993, 29
22. 10. 1992	(2 Z BR 80/92)	DWEigt 1993, 122 = WE 1993, 349 = NJW-RR 1993, 280 = WM 1992, 702
22. 10. 1992	(2 Z BR 83/92)	NJW-RR 1993, 149 = WE 1993, 350 = WM 1992, 703
22. 10. 1992	(2 Z BR 84/92	WE 1992, 351 = DWEigt 1993, 18 = WM 1992, 714
22. 10. 1992	(3 Z BR 86/92)	WE 1992, 351 = WM 1992, 708
22. 10. 1992	(2 Z BR 92/92)	WE 1993, 352 = DWEigt 1993, 18 = WM 1992, 714
23. 10. 1992	(2 Z BR 78/92)	WE 1994, 17 = DWEigt 1993, 38 = WM 1992, 705
23. 10. 1992	(2 Z BR 87/92)	WE 1994, 17 = WM 1992, 707
23. 10. 1992	(2 Z BR 92/92)	DWEigt 1993, 166 = WE 1994, 19 = WM 1992, 712
30. 10. 1992		ZMR 1993, 341 = WE 1993, 320 = NJW-RR 1993, 205
5. 11. 1992		1992, 336 = WE 1994, 20 = DWEigt 1992, 23 = ZMR 1993, 128
11. 11. 1992		DWEigt 1993, 166 = WE 1994, 21 = WM 1993, 95
12. 11. 1992	(2 Z BR 14/92)	DWEigt 1993, 156 = WE 1994, 22 = WM 1993, 85
12. 11. 1992	(2 Z BR 96/92)	DWEigt 1993, 123 = WE 1994, 21 = WM 1993, 79
19. 11. 1992		DWEigt 1993, 166 = WM 1993, 94

3. 12. 1992	(2 Z BR 63/92)	WM 1993, 207 = WE 1994, 27 = WM 1993, 207
3. 12. 1992	(2 Z BR 104/92)	1992, 358 = WE 1994, 25 = DWEigt 1993, 82 = NJW-RR 1993, 336 = WM 1993, 88
17. 12. 1992	(2 Z BR 29/92)	Rpfleger 1993, 335 = WE 1994, 27 = WM 1993, 205
17. 12. 1992	(2 Z BR 119/92)	WE 1994, 27 = WM 1993, 213
5. 1. 1993		WE 1994, 56, 88
14. 1. 1993	(2 Z BR 118/92)	WM 1993, 206 = WE 1994, 28
14. 1. 1993	(2 Z BR 120/92)	WE 1994, 56 = WM 1993, 210
14. 1. 1993	(2 Z BR 123/92)	DWEigt 1993, 39, 53 = WE 1994, 114 = WM 1993, 206
28. 1. 1993	(2 Z BR 125/92)	WM 1993, 299 = NJW-RR 1993, 663 = WE 1993, 116
28. 1. 1993	(2 Z BR 110/92)	DWEigt 1993, 39 = WE 1994, 116 = WM 1993, 194
4. 2. 1993		WE 1994, 117
6. 2. 1993		WE 1993, 115
10. 2. 1993	(2 Z BR 116/92)	ZMR 1993, 231 = WM 1993, 297 = DWEigt 1993, 161 = WE 1994, 148
10. 2. 1993	(2 Z BR 126/92)	WM 1993, 289 = WE 1994, 88 = DWEigt 1993, 39
10. 2. 1993	(2 Z BR 14/93)	1993, 73 = WE 1994, 149 = WM 1993, 309 = MDR 1993, 534
13. 2. 1993		WE 1993, 140 = DWEigt 1992, 87
24. 2. 1993		DWEigt 1993, 167 = WE 1994, 150
26. 2. 1993		WE 1994, 150 = WM 1993, 291
11. 3. 1993	(2 Z BR 2/92)	ZMR 1993, 290 = WM 1993, 298
11. 3. 1993	(2 Z BR 2/93)	DWEigt 1993, 52, 82 = NJW-RR 1993, 788 = WE 1994, 118 = WM 1993, 298 = ZMR 1993, 290
11. 3. 1993	(2 Z BR 12/93)	DWEigt 1993, 102 = WE 1994, 151 = WM 1993, 295
11. 3. 1993	(2 Z BR 180/93)	1993, 119 = DWEigt 1993, 167 = WE 1994, 152 = WM 1993, 310
18. 3. 1993	(2 Z 108/92)	WM 1993, 486 = DWEigt 1993, 82 = DWEigt 1994, 29 = WE 1994, 118
18. 3. 1993	(2 Z BR 5/93)	WM 1993, 487 = DWEigt 1993, 126 = WE 1994, 153
26. 3. 1993		DWEigt 1993, 167 = WE 1994, 154 = WM 1993, 482
30. 3. 1993	(2 Z BR 11/93)	NJW-RR 1993, 1039 = WM 1993, 481 = WE 1994, 177
30. 3. 1993	(2 Z BR 21/93)	DWEigt 1993, 167 = WE 1994, 156 = WM 1993, 558 = ZMR 1993, 427

7. 4. 1993		NJW-RR 1993, 1165 = WM 1993, 560 = WE 1994, 178
16. 4. 1993	(2 Z BR 10/93)	WE 1994, 119 = WM 1993, 565
16. 4. 1993	(2 Z BR 16/93)	DWEigt 1993, 167 = WE 1994, 156, 180 = WM 1993, 494
16. 4. 1993	(2 Z BR 34/93)	1993, 166 = WE 1994, 178 = WM 1993, 480 = MittBayNot 1993, 214 = NJW-RR 1993, 1043
23. 4. 1993	(2 Z BR 113/92)	1993, 185 = DWEigt 1993, 159, 167 = NJW-RR 1993, 1166 = WE 1994, 181 = WM 1993, 485
23. 4. 1993	(2 Z BR 32/93)	DWEigt 1993, 167 = WM 1993, 492
28. 4. 1993		WM 1993, 562 = WE 1994, 184
5. 5. 1993		DWEigt 1993, 167 = WM 1993, 488
13. 5. 1993	(2 Z BR 20/93)	DWEigt 1993, 167 = WE 1994, 187 = WM 1993, 495
13. 5. 1993	(2 Z BR 42/93)	DWEigt 1993, 167 = WE 1994, 188 = WM 1993, 491
27. 5. 1993	(2 Z BR 30/90)	WM 1993, 557 = DWEigt 1993, 167
27. 5. 1993	(2 Z BR 30/93)	DWEigt 1993, 143 = DWEigt 1993, 167 = DWEigt 1994, 29 = WM 1993, 557 = ZMR 1993, 580
27. 5. 1993	(2 Z BR 24/93)	WM 1993, 561 = DWEigt 1993, 167
3. 6. 1993	(2 Z BR 40/93)	DWEigt 1993, 168 = WE 1994, 244 = WM 1993, 493 = ZMR 1994, 32
3. 6. 1993	(2 Z BR 48/93)	DWEigt 1993, 168 = WE 1994, 244 = WM 1993, 492 = ZMR 1994, 36
9. 6. 1993		WM 1993, 564 = DWEigt 1993, 168 = ZMR 1993, 534
18. 6. 1993		ZMR 1993, 530 = DWEigt 1993, 124 = WE 1994, 245 = WM 1993, 490
24. 6. 1993	(2 Z BR 121/92)	DWEigt 1993, 168 = WE 1994, 247 = WM 1993, 697
24. 6. 1993	(2 Z BR 28/93)	DWEigt 1993, 168
1. 7. 1993		DWEigt 1993, 168 = WM 1993, 700
8. 7. 1993	(2 Z BR 45/93)	DWEigt 1993, 168 = WE 1994, 250
8. 7. 1993	(2 Z BR 51/93)	ZMR 1993, 476 = DWEigt 1993, 168 = WM 1993, 706 = NJW-RR 1993, 1295
15. 7. 1993		DWEigt 1993, 168 = WE 1994, 251 = WM 1993, 751
22. 7. 1993	(2 Z BR 54/93)	DWEigt 1993, 168 = WE 1994, 274 = WM 1993, 762
22. 7. 1993	(2 Z BR 60/93)	DWEigt 1993, 168 = WE 1994, 251 = WM 1993, 758
22. 7. 1993	(2 Z BR 79/93)	DWEigt 1993, 168 = WE 1994, 252 = WM 1993, 768

22. 7. 1993	(2 Z BR 85/93)	DWEigt 1993, 168
6. 8. 1993		WE 1994, 276 = WM 1993, 765 = ZMR 1994, 34
10. 8. 1993		WE 1994, 276 = NJW-RR 1993, 1488
2. 9. 1993		ZMR 1994, 25 = DWEigt 1994, 20 = DWEigt 1994, 40 = NJW-RR 1994, 337 = WM 1994, 157
13. 9. 1993		WM 1994,98 = DWEigt 1994, 40 = MDR 1993, 1200
21. 10. 1993		WM 1994, 45 = ZMR 1994, 69
27. 10. 1993		WM 1994, 105
4. 11. 1993		ZMR 1994, 120 = WM 1993, 750
5. 11. 1993		NJW-RR 1994, 276 = WM 1993, 759 = ZMR 1994, 126 = DNotZ 1994, 239
16. 4. 1994		WE 1994, 119 = WM 1993, 565 = DWEigt 1994, 88
9. 6. 1994	(2 Z BR 27/94)	DWEigt 1994, 122 (Ls.)
7. 9. 1994	(2 Z BR 65/94)	DWEigt 1994, 161 (Ls.)

IV. Oberlandesgerichte

Bamberg

20. 8. 1964	NJW 1965, 1491

Braunschweig

3. 5. 1966	OLGE 1966, 571
30. 6. 1976	MDR 1976, 1023
25. 10. 1976	MDR 1977, 230
8. 11. 1976	DNotZ 1977, 438
22. 2. 1977	ZMR 1979, 81 = DWEigt 1984, 63
24. 7. 1986	ITelex 1987/1/2 = NJW-RR 1987, 845
10. 10. 1988	OLGZ 1989, 186 = WE 1989, 100 = MDR 1989, 915
18. 11. 1988	ITelex 1989, 220
29. 8. 1989	WE 1991, 107 = DWEigt 1990, 116 = NJW-RR 1990, 979 = WM 1990, 171
27. 11. 1990	DWEigt 1991, 39, 77

Bremen

25. 5. 1977	Rpfleger 1977, 313
13. 11. 1979	Rpfleger 1980, 295
25. 3. 1980	Rpfleger 1980, 68 = DNotZ 1980, 489

23. 1. 1987	ITelex 1987/9/56
3. 3. 1987	DWEigt 1987, 59 = WE 1987, 162
3. 11. 1992	WM 93, 209

Celle

7. 4. 1955	NJW 1955, 953 = DNotZ 1955, 320 mit Anm. Weitnauer
18. 12. 1957	NJW 1958, 307
9. 3. 1959	Rpfleger 1960, 192
6. 7. 1960	NJW 1960, 2293
8. 10. 1960	DWW 1961, 29 = ZMR 1961, 196
16. 1. 1963	DNotZ 1964, 312
28. 11. 1969	MDR 1970, 678
18. 12. 1970	DNotZ 1971, 305 = Rpfleger 1971, 184
29. 3. 1974	DNotZ 1975, 42 = Rpfleger 1974, 267
15. 5. 1974	Rpfleger 1974, 267
2. 7. 1974	Rpfleger 1974, 438
29. 7. 1976	NJW 1976, 2214 mit Anm. Jahnke NJW 1977, 960
13. 10. 1978	OLGE 1979, 133
15. 6. 1979	OLGE 1981, 106
22. 7. 1980	Rpfleger 1981, 22
21. 12. 1981	DWEigt 1982, 33 = ITelex 1983/1/4
27. 10. 1982	DWEigt 1983, 59 = WEM 1984/3/34
19. 11. 1982	OLGE 1983, 126
31. 1. 1983	DWEigt 1984, 126
2. 2. 1983	OLGE 1983, 177
3. 3. 1983	DWEigt 1983, 62 = ITelex 1984/22/125
12. 9. 1983	DWEigt 1984, 127 = ITelex 1985/5/29
13. 9. 1983	DWEigt 1983, 122 = ITelex 1986/8/50
8. 2. 1984	ZMR 1985, 103 mit Anm. Sauren = DWEigt 1984, 90 = ITelex 1984/25/144
13. 6. 1984	DWEigt 1984, 126 = ITelex 1985/7/41
25. 6. 1984	DWEigt 1984, 126 = ITelex 1985/4/23
8. 10. 1984	DWEigt 1984, 126 = ITelex 1985/5/29
26. 11. 1984	ITelex 1985/8/47, auch 1985/10/56
20. 5. 1985	DWEigt 1987, 104

5. 4. 1986		WE 1986, 139 = DWEigt 1986, 54 = ITelex 1986/13/75
10. 6. 1986		ITelex 1987/19/102
23. 6. 1986		DWEigt 1987, 62
22. 12. 1986		DWEigt 1987, 62 = ITelex 1987/9/51
11. 1. 1988		WE 1988, 170 = DWEigt 1988, 74
21. 3. 1988		WE 1988, 171 = DWEigt 1988, 102
19. 10. 1988		DWEigt 1989, 80
19. 1. 1989		OLGE 1989, 183 = WE 1989, 139
27. 6. 1989		WE 1989, 199 = ZMR 1989, 436
7. 8. 1989		DWEigt 1989, 174
9. 11. 1990		OLGE 1991, 50 = WE 1990, 107 = DWEigt 1991, 40 = NJW-RR 1990, 1119
20. 3. 1991		OLGE 1991, 309 = WE 1991, 193 = NJW-RR 1991, 979 = DWEigt 1992, 84
16. 5. 1991		OLGE 1991, 431 = WE 1991, 330 = NJW-RR 1992, 86 = DWEigt 1991, 120
13. 6. 1991		WE 1992, 48 = NJW-RR 1991, 1489 = Rpfleger 1991, 364 = DNotZ 1992, 231
22. 11. 1992		WE 1993, 224 = WM 1993, 89 = DWEigt 1994, 42
19. 5. 1994		WE 1994, 371 = DWEigt 1994, 111 = NJW-RR 1994, 977 = NJW 1994, 2160

Düsseldorf

15. 3. 1963		JMBl. NRW 1963, 189
24. 5. 1963		DRspr. Nr. 26
18. 6. 1969		DNotZ 1970, 42 = Rpfleger 1970, 26
5. 1. 1970		MDR 1970, 426 = NJW 1970, 1137
26. 6. 1970		Rpfleger 1970, 394
21. 3. 1975		DNotZ 1976, 168
5. 5. 1975		Rpfleger 1975, 308
4. 2. 1976		NJW 1976, 1458 = DNotZ 1976, 531 = Rpfleger 1976, 215
21. 9. 1977		Rpfleger 1977, 446 = DNotZ 1978, 354
7. 6. 1978		MittRhNotK 1978, 85
1. 9. 1980		DWEigt 1981, 25
29. 10. 1980		DNotZ 1981, 743
13. 1. 1981		DWEigt 1982, 62
25. 2. 1981	(3 W 359/80)	PiG 17, 253

1. 7. 1982	(3 W 229/82)	nicht veröffentlicht
10. 11. 1982		DWEigt 1983, 31 = MDR 1983, 320 = WEM 1983, 59
15. 12. 1982		OLGE 1983, 350
25. 1. 1983		Rpfleger 1983, 177
1. 3. 1983		Rpfleger 1983, 370
12. 12. 1983		DWEigt 1984, 93 = ITelex 1984/22/124
21. 12. 1983		OLGE 1984, 289 = DWEigt 1984, 120
22. 8. 1984		NJW 1985, 390 = Rpfleger 1985, 61 = DNotZ 1985, 441 mit Anm. Sohn DWEigt 1986, 19
14. 2. 1985		DWEigt 1985, 127 = Rpfleger 1985, 331 mit Anm. Lappe
24. 4. 1985		NJW 1985, 2837 = DWEigt 1985, 95, 122 = ITelex 1986/1/2, 3
19. 6. 1985		DWEigt 1985, 127
7. 8. 1985		DWEigt 1985, 127 = ITelex 1986/10/58
6. 9. 1985		DWEigt 1985, 127; 1986, 23
18. 9. 1985		DWEigt 1986, 28 = ITelex 1986/10/57
14. 10. 1985		ITelex 1986/5/30
16. 10. 1985		DWEigt 1987, 26 = MDR 1986, 237 = ITelex 1986/7/43
27. 11. 1985		WE 1986, 135 = DWEigt 1986, 64 = MDR 1986, 852
20. 12. 1985		Rpfleger 1986, 131
13. 3. 1986		ITelex 1986/19/112
16. 4. 1986		OLGE 1986, 413 = Rpfleger 1986, 376
15. 10. 1986		ITelex 1987/14/86
29. 10. 1986		OLGE 1987, 51 = DWEigt 1987, 30 = Rpfleger 1987, 15 = WE 1987, 124
22. 12. 1986		ITelex 1987/14/83
5. 3. 1987		ITelex 1987/12/70
20. 5. 1987		WE 1988, 40 = NJW-RR 1987, 1163
16. 2. 1987		ITelex 1987/11/63
13. 7. 1987		Rpfleger 1988, 63
23. 12. 1987		OLGE 1988, 239 = MDR 1988, 420 = NJW-RR 1988, 590
18. 1. 1988		WE 1988, 172
29. 1. 1988		WE 1988, 94 = DWEigt 1989, 80
2. 3. 1988		DWEigt 1989, 80
15. 4. 1988		DWEigt 1989, 28
7. 7. 1988	(3 Wx 178/88)	WE 1989, 98

24. 8. 1988	(3 Wx 309/88)	nicht veröffentlicht
26. 8. 1988		MDR 1989, 568
5. 10. 1988		DWEigt 1989, 80 (Ls.)
23. 11. 1988		DWEigt 1989, 80 (Ls.)
19. 4. 1989		DWEigt 1990, 39 (Ls.)
24. 4. 1989	(3 Wx 305/88)	WE 1991, 251
24. 4. 1989	(3 Wx 308/88)	WE 1991, 251
28. 4. 1989		WE 1989, 200 = DWEigt 1990, 39 = NJW-RR 1989, 978 = MDR 1989, 822
14. 8. 1989		WE 1990, 24 = DWEigt 1989, 176 = MDR 1989, 1105
6. 9. 1989		DWEigt 1989, 176
17. 11. 1989		DWEigt 1990, 70 = MDR 1990, 249 = NJW-RR 1990, 154 = WM 1990, 46
1. 12. 1989		DWEigt 1990, 116
24. 1. 1990		OLGE 1990, 152 = WE 1990, 170 = NJW-RR 1990, 321 = DWEigt 1990, 103, 116 = MDR 1990, 633
26. 3. 1990		WE 1990, 203 = DWEigt 1990, 116
4. 4. 1990		DWEigt 1990, 74 (Ls.)
27. 4. 1990		WE 1990, 204 = DWEigt 1990, 116
4. 5. 1990		DWEigt 1990, 104, 116
28. 5. 1990	(3 Wx 37/90)	WE 1990, 204 = DWEigt 1990, 116
28. 5. 1990	(3 Wx 159/90)	OLGE 1990, 428 = DWEigt 1990, 116 = Rpfleger 1990, 356 = NJW-RR 1990, 1299 = MDR 1990, 925
13. 6. 1990		WE 1991, 251
6. 8. 1990		WE 1991, 252
10. 8. 1990		OLGE 1991, 44 = DWEigt 1990, 149 = Rpfleger 1991, 18 = WM 1990, 458
31. 8. 1990		OLGE 1991, 37 = DWEigt 1990, 143 = NJW-RR 1991, 594 = MDR 1991, 60 = ZMR 1991, 32
12. 9. 1990		DWEigt 1991, 82 (Ls.)
16. 11. 1990		WE 1991, 331 (Ls.)
1. 3. 1991		PuR 1991, CXLXV = WM 1991, 623
24. 7. 1991		DWEigt 1991, 159 = WE 1992, 81 = MDR 1992, 374
9. 8. 1991		WE 1991, 331 = ZMR 1991, 486
6. 12. 1991		DWEigt 1992, 88 = NJW-RR 1993, 470
27. 3. 1992		DWEigt 1992, 116 = MDR 1992, 401
11. 6. 1992		OLGE 1993, 107

2. 12. 1992	DWEigt 1993, 68 = WE 1993, 86 = NJW 1993, 1274 = ZMR 1993, 119
16. 12. 1992	Rpfleger 1993, 193 = ZMR 1993, 179
21. 12. 1992	WE 1993, 108 = DWEigt 1993, 25 = ZMR 1993, 122 = MDR 1993, 236 = NJW-RR 1993, 587
1. 3. 1993	WM 1993, 305
12. 11. 1993	WE 1994, 108 = DWEigt 1994, 76 = WM 1994, 162 = ZMR 1994, 233 = MDR 1994, 372 = NJW 1994, 1163

Frankfurt

26. 7. 1955	DNotZ 1955, 549 = Rpfleger 55, 289 mit Anm. Ackermann
6. 9. 1955	MDR 1956, 229
25. 6. 1959	DNotZ 1959, 476 = Rpfleger 1959, 279
22. 7. 1959	NJW 1959, 1977 = DNotZ 1960, 153
11. 1. 1960	MDR 1960, 404 = DWW 1960, 115
30. 11. 1960	NJW 1961, 324 = DWW 1961, 59 = ZMR 1961, 86
27. 6. 1962	DNotZ 1963, 442
9. 1. 1963	NJW 1963, 814 mit Anm. Diester = DNotZ 1964, 300
8. 5. 1963	NJW 1963, 1930
30. 4. 1965	NJW 1965, 2205 = ZMR 1966, 332
9. 1. 1970	BB 1970, 731
23. 11. 1971	DNotZ 1972, 180
7. 12. 1971	NJW 1972, 1376
3. 3. 1972	DNotZ 1972, 347
9. 11. 1972	MDR 1974, 848
17. 9. 1973	NJW 1974, 62 mit Anm. Schmalzl
13. 9. 1974	OLGE 1975, 100 = NJW 1975, 545
14. 11. 1974	NJW 1975, 785
9. 1. 1975	Rpfleger 1975, 178
13. 1. 1975	Rpfleger 1975, 179
20. 2. 1975	Rpfleger 1975, 174
14. 4. 1975	Rpfleger 1975, 306
2. 5. 1975	Rpfleger 1975, 309
23. 9. 1975	NJW 1975, 2297
11. 3. 1976	NJW 1976, 1410
26. 4. 1976	Rpfleger 1976, 253
14. 12. 1976	Rpfleger 1977, 244
26. 4. 1977	Rpfleger 1977, 312 = DNotZ 1977, 635

20. 9. 1977		BB 1978, 926
21. 2. 1978		Rpfleger 1978, 380
20. 3. 1978		Rpfleger 1978, 213
10. 4. 1978		Rpfleger 1978, 381
27. 6. 1978		Rpfleger 1978, 383
11. 7. 1978		Rpfleger 1979, 149
13. 7. 1978		Rpfleger 1978, 414
20. 7. 1978		Rpfleger 1978, 415
28. 8. 1978		Rpfleger 1979, 24
19. 9. 1978		Rpfleger 1979, 109
31. 10. 1978		Rpfleger 1979, 151
12. 12. 1978		Rpfleger 1979, 218
12. 2. 1979		Rpfleger 1979, 217 = OLGE 1979, 145
9. 3. 1979		Rpfleger 1979, 315
16. 7. 1979		Rpfleger 1979, 389
10. 9. 1979		OLGE 1980, 76
5. 11. 1979		OLGE 1980, 78 = Rpfleger 1980, 112
15. 2. 1980		Rpfleger 1980, 231
1. 4. 1980		Rpfleger 1980, 391
13. 5. 1980		Rpfleger 1980, 349
23. 9. 1980		Rpfleger 1981, 148 = OLGE 1981, 156
9. 1. 1980		VersR 1981, 487
28. 8. 1980		OLGE 1981, 154
9. 3. 1981		OLGE 1981, 313
8. 7. 1981		OLGE 1984, 120 = MDR 1982, 151 = Rpfleger 1981, 148
15. 6. 1981		Rpfleger 1981, 399 = DWEigt 1983, 22, 58
12. 10. 1981		Rpfleger 1982, 64
1. 12. 1981		Rpfleger 1982, 143 = OLGE 1982, 269
4. 3. 1981		OLGE 1982, 419 = Rpfleger 1982, 417
18. 3. 1982		OLGE 1982, 420
9. 8. 1982		OLGE 1982, 418 = NJW 1983, 398
15. 10. 1982	(20 W 360/82)	DWEigt 1983, 61
15. 10. 1982	(20 W 626/82)	OLGE 1983, 29 = Rpfleger 1983, 22
25. 10. 1982		DWEigt 1983, 61
1. 11. 1982		DWEigt 1983, 61
8. 11. 1982		DWEigt 1983, 61
18. 11. 1982		Rpfleger 1983, 64
3. 12. 1982		OLGE 1983, 61 = WEM 1983, 57
3. 2. 1983		DWEigt 1983, 121
9. 2. 1983		MDR 1983, 580

28. 2. 1983		OLGE 1983, 175 = DWEigt 1983, 61
17. 3. 1983		OLGE 1983, 180 = DWEigt 1983, 121
3. 8. 1983		DWEigt 1984, 29 = ITelex 1984/13/78
9. 9. 1983		DWEigt 1984, 29
22. 9. 1983		DWEigt 1984, 30
17. 10. 1983		OLGE 1984, 32 = Rpfleger 1983, 482 = MDR 1984, 147
18. 11. 1983		OLGE 1984, 60 = DWEigt 1984, 30 = ITelex 1984/10/60
28. 11. 1983		OLGE 1984, 129 = DWEigt 1984, 89 = ITelex 1984/6/53
6. 1. 1984		ITelex 1985/10/56
17. 1. 1984		DWEigt 1984, 62 = ITelex 1984/13/77
27. 1. 1984	(20 W 394/83)	DWEigt 1984, 62
27. 1. 1984	(20 W 871/83)	OLGE 1984, 257 = DWEigt 1984, 61 = ITelex 1984/14/83
9. 2. 1984		OLGE 1984, 148 = DWEigt 1984, 126 = ITelex 1984/13/74
16. 2. 1984		OLGE 1984, 259 = DWEigt 1984, 58, 126 = ITelex 1984/13/78
21. 2. 1984		OLGE 1984, 126 = DWEigt 1984, 126 = ITelex 1984/13/75
23. 5. 1984		NJW 1984, 2586 = MDR 1984, 939
20. 6. 1984		OLGE 1984, 333 = DWEigt 1984, 126 = ITelex 1984/27/154
22. 8. 1984		OLGE 1984, 407 = DWEigt 1985, 30 = ITelex 1984/25/142
29. 8. 1984		ITelex 1984/25/142
1. 11. 1984		ITelex 1985/10/58
29. 11. 1984		OLGE 1985, 48 = ITelex 1985/5/28
6. 12. 1984		OLGE 1985, 50 = ITelex 1985/7/38
17. 1. 1985		OLGE 1985, 144 = DWEigt 1985, 61, 121 = ITelex 1985/6/35
6. 2. 1985		OLGE 1985, 142 = DWEigt 1986, 23 = ITelex 1985/12/71
11. 2. 1985		DWEigt 1986, 30
11. 3. 1985		OLGE 1986, 38 = DWEigt 1986, 30
14. 5. 1985		OLGE 1986, 43 = DWEigt 1986, 30, 59
21. 6. 1985		OLGE 1986, 40 = ITelex 1986/9/52
15. 7. 1985		WE 1986, 141
9. 8. 1985		OLGE 1986, 43 = ITelex 1986/9/55
9. 8. 1985		OLGE 1986, 43 = DWEigt 1986, 30

27. 9. 1985	OLGE 1986, 45 = DWEigt 1986, 30 = ITelex 1986/8/50
6. 12. 1985	DWEigt 1986, 60
14. 2. 1986	WE 1986, 138 = DWEigt 1987, 30 = ITelex 1986/20/122
20. 2. 1986	WE 1986, 135 = DWEigt 1986, 64
6. 3. 1986	WE 1986, 135 = DWEigt 1986, 64 = ITelex 1986/18/105
16. 3. 1986	WE 1986, 138
1. 4. 1986	DWEigt 1986, 64 = ITelex 1986/17/100
27. 6. 1986	WE 1986, 141 = DWEigt 1987, 62 = ITelex 1986/24/145
9. 7. 1986	WE 1986, 141 = DWEigt 1987, 62 = OLGE 1987, 23
15. 7. 1986	DWEigt 1987, 62 = OLGE 1986, 26
18. 7. 1986	OLGE 1986, 432 = WE 1986, 141
30. 9. 1986	Deckert 2/494 = ITelex 1987/3/15
7. 10. 1986	DWEigt 1987, 28 = OLGE 1987, 50 = WE 1987, 161
13. 10. 1986	DWEigt 1987, 30 = OLGE 1987, 49 WE 1987, 161
13. 10. 1986	DWEigt 1987, 28 = ITelex 1987/3/16
5. 12. 1986	DWEigt 1987, 62
9. 12. 1986	ITelex 1987/10/57
16. 12. 1986	DWEigt 1987, 62
30. 12. 1986	DWEigt 1987, 63 = ITelex 1987/11/65
15. 1. 1987	DWEigt 1987, 63
25. 5. 1987	NJW-RR 1987, 1163
1. 6. 1987	OLGE 1988, 61 = DWEigt 1988, 36
20. 7. 1987	Rpfleger 1988, 184 = DNotZ 1989, 707 = NJW-RR 1988, 139
7. 9. 1987	OLGE 1988, 316 = DWEigt 1988, 36
22. 9. 1987	OLGE 1988, 43 = DWEigt 1988, 36
27. 10. 1987	OLGE 1988, 188
30. 10. 1987	OLGE 1988, 63 = DWEigt 1988, 36
6. 11. 1987	OLGE 1988, 439 = DWEigt 1989, 32
29. 2. 1988	OLGE 1988, 440 = DWEigt 1988, 141
25. 4. 1988	OLGE 1989, 50 = DWEigt 1988, 141
13. 5. 1988	DWEigt 1988, 141
19. 5. 1988	WE 1989, 31 = DWEigt 1988, 105 = MDR 1988, 780 = WM 1988, 323

	= DRsp. 1988, I (152) 138 = NJW-RR 1988, 1169
28. 6. 1988	WE 1989, 98
11. 7. 1988	OLGE 1989, 60 = DWEigt 1988, 142
28. 7. 1988	DWEigt 1989, 70
12. 12. 1988	OLGE 1989, 44 = NJW-RR 1989, 207 = Rpfleger 1989, 59 = MDR 1989, 358 = WM 1989, 90 = DRsp 1989, I (152) 140 = ZMR 1989, 102
19. 1. 1989	WE 1989, 171
3. 2. 1989	WE 1989, 172
7. 6. 1989	OLGE 1989, 433 = WE 1990, 56 = DWEigt 1989, 178
8. 6. 1989	OLGE 1989, 434 = WE 1990, 56 = DWEigt 1989, 178
4. 7. 1989	OLGE 1989, 422 = DWEigt 1989, 107, 114
19. 7. 1989	OLGE 1989, 429 = DWEigt 1989, 178
17. 10. 1989	OLGE 1990, 149 = DWEigt 1990, 114 = Rpfleger 1990, 254 = ZMR 1990, 188
23. 10. 1989	WE 1990, 170 = DWEigt 1990, 107, 114 = WM 1990, 232
15. 11. 1989	OLGE 1990, 419 = DWEigt 1990, 107, 114
10. 1. 1990	OLGE 1990, 253 = DNotZ 1991, 604
16. 1. 1990	OLGE 1990, 253 = DWEigt 1990, 114 = NJW-RR 1990, 1042 = Rpfleger 1990, 292 = DNotZ 1991, 604 = ZMR 1990, 229
8. 2. 1990	DNotZ 1991, 604 mit Anm. Herrmann = NJW-RR 1991, 782
11. 5. 1990	WE 1991, 18
19. 7. 1990	OLGE 1990, 414 = DWEigt 1990, 108, 114 = NJW-RR 1990, 1430 = ZMR 1991, 113
24. 8. 1990	OLGE 1991, 185 = DWEigt 1991, 78
31. 10. 1990	OLGE 1991, 308 = DWEigt 1991, 78 = ZMR 1991, 72 = NJW-RR 1991, 659
15. 3. 1991	OLGE 1991, 293 = DWEigt 1991, 160 = ZMR 1991, 272
17. 5. 1991	OLGE 1991, 53 = WE 1992, 82 = DWEigt 1991, 119 = NJW-RR

	1991, 1360 = WM 1991, 441 = ZMR 1991, 353
27. 11. 1991	OLGE 1992, 301 = DWEigt 1992, 158 = WM 1992, 39
14. 4. 1992	OLGE 1992, 439 = DWEigt 1992, 121 = ZMR 1992, 311 = NJW-RR 1992, 1170
13. 5. 1992	OLGE 1992, 437 = ZMR 1992, 398 = NJW-RR 1993, 86
25. 8. 1992	OLGE 1993, 51 = DWEigt 1992, 159 = WM 1992, 561 = MDR 1992, 1053 = NJW-RR 1992, 1494
9. 11. 1992	OLGE 1993, 188 = DWEigt 1993, 76, 83
14. 12. 1992	OLGE 1993, 299 = DWEigt 1993, 77 = ZMR 1993, 125
28. 1. 1993	OLGE 1993, 319 = DWEigt 1993, 78 = NJW-RR 1993, 845
23. 3. 1993	OLGE 1993, 419 = DNotZ 1993, 612 = DWEigt 1994, 42 (Ls.)
28. 7. 1993	OLGE 1994, 151 = DWEigt 1993, 110 = MDR 1993, 1201 = NJW 1993, 2817
19. 11. 1993	ZMR 1994, 124 = DWEigt 1994, 37

Hamburg

19. 4. 1954	MDR 1955, 42 = ZMR 1955, 111
30. 7. 1959	NJW 1960, 296 = MDR 1960, 1015
29. 9. 1960	NJW 1961, 1168 = MDR 1961, 150
4. 2. 1963	NJW 1963, 818
18. 2. 1965	MDR 1966, 146 = FrWW 1966, 453
25. 6. 1965	NJW 1965, 1765 = DNotZ 1966, 176 = MDR 1965, 905 = Rpfleger 1966, 79 mit Anm. Riedel = FrWW 1965, 42
24. 9. 1970	MDR 1970, 1008
14. 5. 1971	MDR 1971, 1012
21. 9. 1973	MDR 1974, 138
5. 12. 1975	DNotZ 1986, 547 = Rpfleger 1976, 215 = NJW 1976, 1457
27. 7. 1976	MDR 1977, 230
3. 4. 1978	MDR 1978, 767
26. 7. 1978	MDR 1979, 58
27. 11. 1979	Rpfleger 1980, 112
24. 8. 1981	OLGE 1982, 53
25. 11. 1983	DWEigt 1984, 26
19. 1. 1984	DWEigt 1984, 91
27. 6. 1984	ITelex 1985/4/21

30. 8. 1984		DWEigt 1984, 123
21. 12. 1984		MDR 1985, 501
10. 12. 1985		WE 1987, 82
12. 12. 1985	(2 W 42/85)	DWEigt 1986, 30 = MDR 1986, 319
12. 12. 1985	(2 W 69/85)	ITelex 1986/3/13
24. 6. 1986		ITelex 1987/12/73 = NJW-RR 1987, 467
2. 10. 1986		WE 1987, 161
18. 11. 1986		WE 1987, 83 = DWEigt 1987, 30, 63 = OLGE 1987, 188
7. 4. 1987		DWEigt 1987, 98
10. 9. 1987		WE 1988, 92 = NJW-RR 1988, 267 = MDR 1988, 55
23. 12. 1987		DB 87, 480
5. 2. 1988		WE 1988, 173 = OLGE 1988, 299
20. 4. 1988		OLGE 1988, 308 = WE 1988, 174 = DWEigt 1989, 31 = JZ 1988, 1033 = MDR 1988, 867 = NJW 1988, 2052 = NJW-RR 1988, 1043 = VersR 1988, 1027 = DRspr. 1988, I (152) 137
10. 1. 1989		OLGE 1989, 164 = WE 1989, 140
30. 3. 1989		OLGE 1989, 309 = WE 1989, 141
21. 6. 1989		MDR 1990, 153
29. 11. 1989		DWEigt 1990, 116
10. 4. 1990		OLGE 1990, 435 = WE 1990, 171 = DWEigt 1990, 16
17. 4. 1990		OLGE 1990, 308 = WE 1990, 204
15. 8. 1990		OLGE 1991, 47 = WE 1991, 18
14. 1. 1991		OLGE 1991, 312 = WE 1991, 195 = DWEigt 1991, 82
14. 1. 1991		OLGE 1991, 295 = WE 1991, 144 = NJW-RR 1991, 1119
10. 4. 1991		DWEigt 1991, 121
28. 8. 1991		WE 1992, 113
18. 9. 1991		WE 1992, 115 = OLGE 1992, 179
13. 11. 1991		OLGE 1992, 186 = DWEigt 1992, 124
28. 10. 1992		WE 1993, 87
20. 1. 1993	(2 Wx 41/91)	WE 1993, 167 = WM 1993, 288
20. 1. 1993	(2 Wx 53/91)	OLGE 1993, 431 = WE 1993, 166 = WM 1993, 300 = DWEigt 1993, 104 = ZMR 1993, 342
27. 8. 1993		DWEigt 1993, 164

Hamm

25. 9. 1956		DNotZ 1957, 314 = Rpfleger 1957, 251 mit Anm. Haegele

19. 2. 1958	JMBl. NRW 1958, 103
18. 3. 1966	DNotZ 1967, 38 = JMBl. NRW 1966, 233
22. 11. 1966	OLGE 1967, 109 = DNotZ 1967, 686
6. 12. 1967	MDR 1968, 413 = DNotZ 1968, 489
25. 6. 1968	NJW 1969, 1438 mit Anm. Locher
27. 1. 1969	NJW 1969, 884 = MDR 1969, 484
11. 8. 1970	Rpfleger 1970, 400 = MDR 1971, 46 = OLGE 1971, 96
21. 12. 1970	BB 1971, 323 = DB 1971, 375
19. 2. 1973	MDR 1973, 584
10. 7. 1973	DB 1973, 1890
4. 9. 1973	NJW 1973, 2300 = MDR 1974, 138
20. 9. 1973	NJW 1973, 2301
2. 10. 1974	NJW 1975, 60 = DNotZ 1975, 108 = Rpfleger 1975, 27
3. 3. 1975	Rpfleger 1975, 255 = OLGE 1975, 157
25. 6. 1975	Rpfleger 1975, 401 = DNotZ 1976, 165
25. 11. 1975	OLGE 1976, 61 = Rpfleger 1976, 100
13. 1. 1976	OLGE 1978, 185
20. 5. 1976	OLGE 1977, 264 = DB 1976, 1527 = Rpfleger 1976, 317 = DNotZ 1977, 308
26. 9. 1977	Rpfleger 1977, 25
9. 10. 1977	Rpfleger 1977, 60
6. 2. 1978	Rpfleger 1978, 182 = OLGE 1978, 184
6. 4. 1978	Rpfleger 1978, 319 = MDR 1978, 759
17. 11. 1978	Rpfleger 1979, 156
5. 3. 1979	Rpfleger 1979, 318
7. 6. 1979	WEM 1979, 175
13. 9. 1979	NJW 1980, 1397 = Rpfleger 1979, 461 = DNotZ 1980, 53
31. 10. 1979	Rpfleger 1980, 76
31. 10. 1979	DWEigt 1980, 25
5. 2. 1980	OLGE 1980, 261
4. 7. 1980	OLGE 1981, 24 = MDR 1980, 1022
25. 8. 1980	OLGE 1981, 53
2. 9. 1980	Rpfleger 1980, 468 = ZfBR 1981, 440
7. 10. 1980	Rpfleger 1980, 469 = DWEigt 1982, 64

10. 11. 1980		NJW 1981, 465 = Rpfleger 1981, 149
29. 6. 1981		OLGE 1982, 20 = Rpfleger 1981, 440 = WEM 1981/4/38
31. 8. 1981		NJW 1982, 1108 = MDR 1982, 150 = WEM 1981/5/32
22. 10. 1981		OLGE 1982, 260
29. 4. 1982		MDR 1983, 501 = WEM 1983, 59
30. 8. 1982		DB 1982, 2564 = WEM 1983, 66
4. 10. 1982		OLGE 1983, 1 = Rpfleger 1983, 19
30. 10. 1982		Rpfleger 1983, 177
17. 2. 1983		Rpfleger 1983, 349
30. 5. 1983		OLGE 1983, 386 = Rpfleger 1983, 395 = DNotZ 1984, 108
13. 6. 1983		DWEigt 1984, 29
30. 6. 1983		Rpfleger 1984, 179 = MDR 1983, 1933 = JMBl. NRW 83, 207
4. 7. 1983		DWEigt 1984, 29
2. 8. 1983		DWEigt 1984, 29
10. 10. 1983		DWEigt 1984, 29
28. 11. 1983		OLGE 1984, 54 = Rpfleger 1984, 98 mit Anm. Ludwig Rpfleger 1984, 266 = DWEigt 1984, 29
12. 3. 1984		DWEigt 1984, 126 = ITelex 1985/2/8
16. 3. 1984		OLGE 1984, 278 = NJW 1984, 2708 = DWEigt 1984, 121
29. 8. 1984		MDR 1985, 324 = DNotZ 1985, 443 = ITelex 1985/5/27
30. 8. 1984		DWEigt 1984, 121
17. 9. 1984		ITelex 1985/4/23
27. 9. 1984		OLGE 1985, 19 = Rpfleger 1985, 109 = DNotZ 1985, 552
18. 10. 1984		ITelex 1985/6/34
22. 10. 1984		ITelex 1985/7/40
7. 1. 1985		DWEigt 1986, 30 = ITelex 1986/9/55
24. 1. 1985		OLGE 1985, 147 = MDR 1985, 502 = DWEigt 1985, 127
24. 4. 1985		NJW-RR 1986, 16 = DWEigt 1986, 61
9. 10. 1985	(15 W 95/85)	DWEigt 1986, 31 = ITelex 1986/9/35
9. 10. 1985	(15 W 134/85)	DWEigt 1986, 24 = ITelex 1986/6/35
7. 11. 1985		OLGE 1986, 167 = ITelex 1986/15/88
26. 11. 1985		DWEigt 1987, 63 = ITelex 1986/22/132

25. 2. 1986		DWEigt 1990, 70
11. 6. 1986		OLGE 1986, 415 = Rpfleger 1986, 374 = MDR 1986, 939 = ITelex 1987/9/54
20. 6. 1986		OLGE 1987, 17 = DWEigt 1986, 90 = NJW-RR 1986, 1336
23. 10. 1986		DWEigt 1987, 25
28. 11. 1986		ITelex 1987/4/19 = NJW 1988, 496 = VersR 1988, 1181
23. 1. 1987	(15 W 429, 434/86)	DWEigt 1987, 54 = ITelex 1987/12/72; 1987/15/79; 1987/18/113
3. 2. 1987		DWEigt 1987, 139
26. 6. 1987		ITelex 1987/22/133
19. 8. 1987		ITelex 1988/1/7
29. 10. 1987	(15 W 361/85)	OLGE 1988, 29 = WE 1988, 194 = DWEigt 1988, 36 = NJW-RR 1988, 269
29. 10. 1987	(15 W 200/87)	OLGE 1988, 37 = WE 1988, 42 = DWEigt 1988, 36 = NJW-RR 1988, 597
15. 1. 1988		OLGE 1988, 185 = WE 1988, 94 = NJW-RR 1988, 249 = MDR 1988, 588 = DWEigt 1988, 100
19. 1. 1988		DWEigt 1989, 69
20. 4. 1988		WE 1988, 174 = DWEigt 1989, 39 = VersR 1988, 1267 = MDR 1988, 677
12. 8. 1988		OLGE 1989, 47 = MDR 1989, 164
18. 8. 1988		OLGE 1988, 404 = NJW-RR 1989, 141
26. 10. 1988		NJW 1989, 839
29. 10. 1988		OLGE 1988, 29 = WE 1988, 194 = DWEigt 1988, 36 = NJW-RR 1988, 269
9. 12. 1988		OLGE 1989, 54 = WE 1989, 102 = DWEigt 1989, 141
4. 1. 1989		OLGE 1989, 167 = WE 1989, 104 = DWEigt 1989, 140 = MDR 1989, 643
9. 1. 1989		OLGE 1989, 138 = WE 1989, 140
10. 1. 1989		OLGE 1989, 160 = WE 1990, 56
7. 4. 1989		WE 1989, 173 = DWEigt 1990, 115
25. 4. 1989		OLGE 1989, 314 = WE 1989, 174 = MDR 1989, 914
29. 5. 1989		DWEigt 1990, 115 = Rpfleger 1990, 225
22. 6. 1989		WE 1990, 25 = MDR 1989, 415 = NJW-RR 1989, 1161

30. 8. 1989		DWEigt 1989, 179
25. 9. 1989	(15 W 314/88)	WE 1990, 95 = OLGE 1990, 34 = DWEigt 1990, 115
29. 9. 1989	(15 W 505/88)	OLGE 1990, 42 = WE 1990, 96 = DWEigt 1990, 115
13. 10. 1989		OLGE 1990, 58 = WE 1990, 97 = DWEigt 1990, 39 = DB 90, 420
24. 10. 1989		WE 1990, 99 = DWEigt 1990, 39
2. 11. 1989		OLGE 1990, 169 = WE 1990, 99 = DWEigt 1990, 140
14. 11. 1989		OLGE 1990, 159 = WE 1990, 101 = DWEigt 1990, 40
20. 11. 1989		WE 1993, 24
28. 11. 1989		OLGE 1990, 180 = WE 1990, 102 = DWEigt 1990, 114
9. 1. 1990		DB 1990, 420
8. 2. 1990		OLGE 1990, 191 = WE 1990, 104 = DWEigt 1990, 114
2. 8. 1990		OLGE 1991, 56 = WE 1991, 135 = MDR 1991, 60
14. 8. 1990		OLGE 1991, 27 = WE 1991, 136 mit Anm. Weitnauer WE 1991, 120 = MittBayNot 1991, 163 mit Anm. Ertl MittBayNot 1991, 141 u. WE 1992, 219
22. 10. 1990		OLGE 1991, 175 = WE 1991, 108 = DWEigt 1991, 37 = NJW-RR 1991, 212
13. 11. 1990		OLGE 1991, 302 = WE 1991, 109 = DWEigt 1991, 81, 121
21. 1. 1991		DWEigt 1992, 167
12. 3. 1991		OLGE 1991, 418 = WE 1991, 331 = NJW-RR 1991, 910
22. 8. 1991		OLGE 1992, 174 = WE 1992, 82 = DWEigt 1991, 160 = MDR 1992, 159
26. 9. 1991		OLGE 1992, 300 = WE 1992, 135 = NJW 1992, 184 = Rpfleger 1992, 102
28. 11. 1991		OLGE 1992, 313 = WE 1992, 136 = DWEigt 1992, 35 = MDR 1992, 772 = NJW-RR 1992, 403
13. 1. 1992		OLGE 1992, 309 = DWEigt 1992, 126 = WE 1992, 315
3. 2. 1992		DWEigt 1992, 159 = WE 1992, 286 = Rpfleger 1992, 294
12. 5. 1992		OLGE 1993, 37 = WE 1992, 258 = DWEigt 1992, 119

22. 6. 1992	OLGE 1993, 43 = WE 1992, 317 = DWEigt 1993, 26 = NJW-RR 1992, 1296
20. 9. 1992	WE 1993, 52 = DWEigt 1993, 72
4. 12. 1992	OLGE 1993, 314 = WE 1993, 108 = NJW 1993, 1276 = DWEigt 1993, 70 = MDR 1993, 233
7. 12. 1992	OLGE 1994, 22 = WE 1993, 110 = DWEigt 1993, 28
8. 12. 1992	WE 1993, 111 = DWEigt 1993, 28 = NJW-RR 1993, 468
29. 12. 1992	WE 1993, 244 mit Anm. Weitnauer = DWEigt 1993, 74
4. 3. 1993	OLGE 1994, 32 = DWEigt 1993, 83 = DWEigt 1993, 112 = WE 1993, 246 = NJW-RR 1993, 845
8. 3. 1993	OLGE 1993, 422 = WE 1993, 225 = DWEigt 1993, 162 = NJW-RR 1993, 786
17. 3. 1993	OLGE 1993, 438 = WE 1993, 248 = DWEigt 1993, 83, 114 = NJW-RR 1993, 847
23. 3. 1993	DWEigt 1993, 163 = WE 1993, 249 = PuR 1993, 401 = NJW-RR 1993, 1233 = Rpfleger 1993, 445
29. 3. 1993	DWEigt 1993, 115 = WE 1993, 250 = NJW-RR 1993, 1295 = MittBayNot 1994, 130
27. 4. 1993	OLGE 1994, 135 = WE 1993, 314
21. 6. 1993	WE 1993, 318 = DWEigt 1994, 43 (Ls.)
11. 10. 1993	OLGE 1994, 269 = DWEigt 1994, 37 = WE 1994, 84 = MDR 1994, 163

Karlsruhe

3. 11. 1960	Diester, Rspr. Nr. 65
31. 12. 1968	Die Justiz 1969, 42
13. 1. 1969	NJW 1969, 1442 mit Anm. Merle NJW 1969, 1859
21. 8. 1969	NJW 1969, 1968 = MDR 1969, 1006
27. 1. 1972	MDR 1972, 516 = DNotZ 1973, 235
8. 4. 1975	OLGE 1975, 285
28. 4. 1975	Rpfleger 1975, 356
18. 7. 1975	NJW 1975, 1976
15. 1. 1976	OLGE 76, 146 = Die Justiz 1976, 260 = WEM 1976, 104

21. 4. 1976		MDR 1976, 758 = OLGE 76, 273
18. 3. 1977		WEM 1977, 118 = Die Justiz 1977, 310
19. 12. 1977	(3 W 6/77)	nicht veröffentlicht
20. 12. 1977		OLGE 1978, 177 = Die Justiz 1978, 169
28. 12. 1977		WEM 1978, 58
12. 1. 1978		OLGE 78, 172 = MDR 1978, 495 = WEM 1978, 120
22. 8. 1978		MDR 1979, 58
8. 3. 1979		OLGE 79, 287 = NJW 1981, 466
10. 8. 1979		WEM 1980, 80
25. 3. 1980		Rpfleger 1980, 308
20. 8. 1982		Die Justiz 1983, 307 = ITelex 1984/3/16
20. 12. 1982		ITelex 1984/16/93
9. 2. 1983		ITelex 1985/24/143
22. 9. 1983	(3 U 12/82)	OLGE 1983, 333
22. 3. 1983	(4 W 5/83)	Rpfleger 1983, 388
25. 2. 1983		WEM 1984/5/17 = Die Justiz 1983, 416
28. 3. 1983		MDR 1983, 672 = Die Justiz 1983, 459 = ITelex 1984/10/58
14. 7. 1983		OLGE 1983, 403 = Rpfleger 1983, 386
1. 9. 1983		ITelex 1984/10/60
11. 9. 1983		ITelex 1984/10/57
16. 9. 1983		Die Justiz 1983, 461 = WEM 1984/3/33
18. 9. 1984		Die Justiz 1985, 143 = ITelex 1985/26/155
14. 1. 1985		DWEigt 1985, 127
9. 1. 1986		DNotZ 1986, 753 mit Anm. Ludwig = WE 1987, 200
15. 4. 1986		ITelex 1986/17/99
14. 5. 1986		ITelex 1987/12/73 = Die Justiz 1986, 406
27. 8. 1986		DWEigt 1987, 63
19. 12. 1986		Die Justiz 1987, 189
23. 1. 1987		DWEigt 1987, 63 = ITelex 1987/15/91 = NJW-RR 1987, 975
10. 2. 1987		ITelex 1987/19/116 = NJW-RR 1987, 651
10. 7. 1987		WE 1987, 153
25. 2. 1988		WE 1988, 96 = DWEigt 1988, 68
16. 2. 1989		WE 1988, 95 = Die Justiz 1989, 303 mit Anm. Weitnauer DNotZ 1989, 156 = ZMR 1988, 269

24. 5. 1989		NJW-RR 1989, 1245
11. 5. 1989		DWEigt 1990, 40
28. 6. 1989		NJW-RR 1989, 1041
11. 12. 1989		DWEigt 1990, 116
11. 1. 1990		WE 1990, 105 = DWEigt 1990, 116 mit Anm. Müller WE 1990, 190; Hauger FS f. Bärmann/Weitnauer, S. 353ff.; Schnauder WE 1991, 7
16. 1. 1990		DWEigt 1990, 116
30. 1. 1990		WE 1991, 110 = DWEigt 1990, 144 = WM 1991, 54 = ZMR 1991, 33
12. 7. 1991		DB 1992, 886
24. 2. 1993		WM 1993, 290
1. 7. 1993		DWEigt 1993, 110 = NJW-RR 1993, 1294 = ZMR 1993, 474

Köln

5. 6. 1987		DWEigt 1988, 26
14. 10. 1987		DWEigt 1988, 24
16. 11. 1987		DWEigt 1988, 24
16. 12. 1987		WE 1989, 30
4. 5. 1988		DWEigt 1988, 106 = WE 1989, 31
7. 6. 1988		WE 1989, 142 = DWEigt 1989, 30
11. 7. 1988		DWEigt 1989, 143
5. 8. 1988		Rpfleger 1988, 926
17. 11. 1988		MDR 1989, 359
22. 2. 1989		NJW-RR 1989, 1040 = WM 1989, 467 = ZMR 1989, 314
10. 3. 1989		NJW-RR 1989, 780 = Rpfleger 1989, 405
31. 5. 1989		DWEigt 1990, 108
10. 8. 1989		WE 1990, 26 = DWEigt 1989, 180 = ZMR 1989, 384
23. 8. 1989		DWEigt 1990, 53 = Rpfleger 1990, 414 = NJW-RR 1990, 26 = BlnGrdE 1990, 151
18. 9. 1989		WE 1990, 171 = DWEigt 1990, 30
2. 11. 1989		DWEigt 1990, 116 = WM 1990, 46
21. 2. 1990	(16 Wx 100/89)	WE 1990, 172 = WM 1990, 236
21. 2. 1990	(16 Wx 18/90)	WE 1990, 171 = DWEigt 1990, 69
9. 7. 1990		WE 1990, 212 = DWEigt 1990, 109 = NJW 1991, 1312
30. 7. 1990		DWEigt 1991, 77
12. 9. 1990		NJW-RR 1991, 725
10. 12. 1990		NJW-RR 1991, 850
16. 1. 1991		WE 1991, 332
18. 9. 1991		WE 1992, 344

27. 9. 1991	DWEigt 1991, 155 = NJW-RR 1992, 598 = MittBayNot 1992, 137
27. 1. 1992	DWEigt 1992, 165 = WE 1992, 259
27. 3. 1992	WE 1992, 260 = DWEigt 1992, 121
17. 8. 1992	DWEigt 1993, 76, 83 = NJW-RR 1993, 204
19. 10. 1992	WE 1993, 54 = DWEigt 1993, 84 = WM 1993, 702
20. 10. 1992	Rpfleger 1992, 293 = DWEigt 1993, 84 = NJW-RR 1992, 1430
16. 11. 1992	DWEigt 1994, 43 = NJW-RR 1993, 844
1. 2. 1993	DWEigt 1994, 43 = ZMR 1994, 122 = Rpfleger 1993, 355
12. 3. 1993	WE 1994, 86
28. 5. 1993	DWEigt 1994, 43 = WE 1994, 111 = ZMR 1993, 428
Oldenburg	
5. 11. 1987	WE 1988, 175 = DWEigt 1988, 84
17. 11. 1988	NJW-RR 1989, 273 = MDR 1989, 263
18. 1. 1989	MDR 1989, 823 = DRsp 1990, I (152) 151 = WM 1989, 346
14. 6. 1989	DWEigt 1989, 182 = MDR 1989, 916 = WM 1989, 467
15. 10. 1992	Rpfleger 1993, 149 = NJW-RR 1993, 1235
9. 4. 1993	WE 1994, 218 mit Anm. Weitnauer
Saarbrücken	
12. 10. 1987	OLGE 1988, 45 = DWEigt 1988, 36
29. 6. 1988	DWEigt 1989, 143 = Rpfleger 1988, 479
24. 11. 1988	DNotZ 1989, 439
24. 10. 1989	DWEigt 1990, 92 = NJW-RR 1990, 24
Schleswig	
6. 4. 1987	DWEigt 1989, 143
2. 7. 1987	DWEigt 1989, 143
23. 5. 1990	WE 1991, 19 = DWEigt 1991, 38 = NJW-RR 1990, 1044
8. 10. 1990	Rpfleger 1991, 17
25. 10. 1990	DWEigt 1992, 88 = NJW-RR 1991, 848 = Rpfleger 1991, 150
15. 9. 1992	DWEigt 1992, 157 = NJW-RR 1993, 24
7. 10. 1993	DWEigt 1994, 38 = WE 1994, 87

Stuttgart

11. 4. 1988	DWEigt 1989, 144
5. 5. 1988	DWEigt 1988, 104
18. 7. 1988	WE 1989, 100 = DWEigt 1989, 32, 48 = MDR 1989, 359 = NJW-RR 1989, 654 = ZMR 1989, 187
21. 7. 1988	OLGE 1988, 437 = WE 1988, 197
24. 1. 1989	OLGE 1989, 179 = NJW-RR 1989, 841 = ZMR 1989, 191
3. 5. 1989	WE 1989, 142 = DWEigt 1990, 30 = ZMR 1989, 312
10. 10. 1989	WE 1990, 106 = Die Justiz 1990, 55 = ZMR 1989, 468
17. 10. 1989	Die Justiz 1990, 56
31. 10. 1989	OLGE 1990, 175 = WE 1990, 106 = DWEigt 1990, 112
19. 1. 1990	WE 1990, 107 = DWEigt 1990, 144 = Die Justiz 1990, 131
30. 1. 1990	Die Justiz 1990, 465
29. 3. 1990	WE 1990, 131 = Rpfleger 1990, 254 = Die Justiz 1990, 183
28. 6. 1990	DWEigt 1992, 132 = WE 1991, 20 = Die Justiz 1990, 432 = ZMR 1990, 429
3. 9. 1990	WE 1991, 20 = Die Justiz 1990, 435 = DWEigt 1990, 146
27. 9. 1990	OLGE 1991, 40 = WE 1991, 39 = DWEigt 1990, 145
11. 4. 1991	OLGE 1991, 428 = NJW-RR 1991, 913
13. 1. 1992	Die Justiz 1992, 107
28. 6. 1992	DWEigt 1992, 132
13. 8. 1992	OLGE 1993, 184 = DWEigt 1994, 44 = WE 1993, 25 = NJW 1992, 3046 = ZMR 1992, 508 = WM 1992, 555
30. 9. 1992	OLGE 1993, 65 = NJW-RR 1993, 24 = WM 1992, 639 = ZMR 1992, 553
19. 5. 1993	DWEigt 1993, 78, 84 = NJW-RR 1993, 1041 = WM 1993, 424 = ZMR 1993, 381 = WE 1994, 112
4. 8. 1993	WE 1994, 119

Zweibrücken

10. 3. 1987	WE 1987, 88
6. 7. 1987	WE 1988, 60
7. 7. 1987	WE 1988, 60

23. 11. 1988	OLGE 1989, 181 = WE 1989, 102 = ZMR 1989, 228
8. 2. 1989	WE 1989, 105
22. 6. 1989	OLGE 1990, 51 = WE 1990, 56 = Rpfleger 1990, 19
10. 7. 1989	OLGE 1990, 186 = WE 1990, 108 = DWEigt 1990, 91 = ZMR 1990, 30 = Rpfleger 1989, 453
30. 10. 1989	WE 1990, 109 = NJW-RR 1990, 912 = ZMR 1990, 155
15. 8. 1990	OLGE 1991, 39 = WE 1990, 213 = DWEigt 1990, 148
26. 10. 1990	WE 1991, 333 = ZMR 1992, 170
5. 11. 1990	WE 1991, 140 = ZMR 1991, 114
8. 11. 1990	WE 1991, 357 = ZMR 1992, 206
14. 6. 1991	NJW-RR 1991, 1301
4. 11. 1991	WE 1992, 260 = NJW-RR 1993, 148 = ZMR 1992, 402
29. 6. 1992	DWEigt 1993, 67 = WE 1992, 318 = WM 1993, 295 = NJW 1992, 2899 = MDR 1992, 1054
5. 1. 1993	DWEigt 1993, 84 = MittBayNot 1993, 86
29. 11. 1993	DWEigt 1994, 109 = WE 1994, 146

Kammergericht (KG)

16. 8. 1956	NJW 1956, 1679
24. 8. 1967	OLGE 67, 462 = WM 1967, 1229 = BB 1967, 1271 = NJW 1967, 2268
31. 8. 1967	OLGE 67, 479 = NJW 1968, 160 = BB 1967, 1270
25. 4. 1968	NJW 1968, 1882
19. 6. 1969	NJW 1969, 2205 = MDR 1969, 925
30. 6. 1969	MDR 1970, 61
4. 11. 1969	NJW 1970, 330 = MDR 1970, 234
3. 9. 1971	NJW 1972, 619 = MDR 1972, 239 mit Anm. Pick NJW 1972, 1741
30. 6. 1972	NJW 1972, 2093
29. 3. 1974	OLGE 74, 411 = NJW 1975, 318 = DNotZ 1975, 102 = Rpfleger 1975, 28 = MDR 1975, 230
10. 5. 1974	OLGE 74, 419 = Rpfleger 1974, 438
12. 7. 1975	OLGE 76, 56 = Rpfleger 1976, 216
3. 10. 1975	NJW 1976, 522
28. 11. 1975	WEM 1977, 20
9. 1. 1976	OLGE 76, 257 = Rpfleger 1976, 180
13. 1. 1976	OLGE 76, 266 = WEM 1976, 41
16. 7. 1976	Rpfleger 1977, 150

25. 3. 1977		Rpfleger 1977, 24 = WEM 1978, 25 mit Anm. Merle
12. 4. 1977		Rpfleger 1977, 314
15. 4. 1977		Rpfleger 1978, 146 = NJW 1978, 1439 mit Anm. Merle
27. 1. 1978		Rpfleger 1978, 445
3. 2. 1978		Rpfleger 1978, 257 = WEM 1978, 89
20. 6. 1978		Rpfleger 1978, 382
10. 11. 1978		Rpfleger 1979, 65
9. 1. 1979		Rpfleger 1979, 218
9. 3. 1979		OLGE 79, 146 = Rpfleger 1979, 198
8. 5. 1979		Rpfleger 1979, 316
4. 11. 1980		MDR 1981, 407
9. 12. 1980		OLGE 1981, 304 = MDR 1981, 407
3. 2. 1981		OLGE 1981, 307
2. 10. 1981		OLGE 1982, 131 = Rpfleger 1982, 22 = MDR 1982, 149
14. 9. 1982		OLGE 1982, 436 = Rpfleger 1983, 20
17. 5. 1983		WEM 1984/6/28
14. 11. 1983		WEM 1984/6/26
21. 11. 1983	(24 W 2700/83)	DWEigt 1984, 29 = ITelex 1984/6/35
21. 11. 1983	(24 W 4953/83)	OLGE 1984, 62 = Rpfleger 1984, 186
16. 1. 1984	(24 W 4173/83)	MDR 1984, 494
16. 1. 1984	(24 W 4224/83)	ZMR 1986, 189 mit Anm. Dittrich = ITelex 1986/22/133
8. 2. 1984		DWEigt 1984, 93
2. 3. 1984		OLGE 1984, 418 = DNotZ 1985, 305
13. 6. 1984		DWEigt 1985, 28 = WEM 1984/6/22 = ITelex 1984/24/136
27. 6. 1984		Rpfleger 1985, 11 = ITelex 1985/3/16
3. 7. 1984		OLGE 1985, 129 = Rpfleger 1985, 107 = DNotZ 1985, 437
23. 7. 1984		DWEigt 1984, 126 = WEM 1984/6/23 = ITelex 1984/22/128
25. 7. 1984		WE 1986, 140 = ITelex 1986/18/140
28. 11. 1984		Rpfleger 1985, 412 = ITelex 1985/10/63
7. 1. 1985	(24 W 3827/84)	MDR 1985, 502
7. 1. 1985	(24 W 4661/84)	ZMR 1985, 131 = WEM 1985, 93 = I Telex 1985/10/59
7. 1. 1985	(24 W 4964/84)	DWEigt 1986, 27 = ITelex 1986/3/15

25. 1. 1985		OLGE 1986, 47 = Rpfleger 1985, 435
6. 3. 1985	(24 W 2695/84)	WE 1986, 139 = DWEigt 1985, 126 = ITelex 1986/3/16
6. 3. 1985	(24 W 3538/84)	DWEigt 1985, 61 = MDR 1985, 675
6. 3. 1985		OLGE 1985, 263
29. 4. 1985		DWEigt 1986, 30 = ITelex 1986/9/54
19. 6. 1985		DWEigt 1986, 22 = ITelex 1986/2/11
19. 6. 1985		DWEigt 1985, 126 = WM 1985, 353 = ITelex 1986/1/5
12. 7. 1985		ZMR 1986, 189 = ITelex 1986/16/98
17. 7. 1985		DWEigt 1986, 89 = ITelex 1986/1/5
30. 10. 1985	(24 W 5411/85)	DWEigt 1986, 121 = ITelex 1986/6/37
30. 10. 1985	(24 W 6819/84)	WM 1986, 156 = ITelex 1986/7/40
27. 11. 1985	(24 W 1856/85)	OLGE 1986, 56 = DWEigt 1986, 58 = MDR 1986, 329
27. 11. 1985	(24 W 4858/85)	OLGE 1986, 179 = DWEigt 1986, 30 = MDR 1986, 329
23. 12. 1985	(24 W 3588/85)	OLGE 1986, 184 = ITelex 1986/17/102
23. 12. 1985	(24 W 5239/84)	OLGE 1986, 184 = WE 1986, 101 = DWEigt 1986, 122
8. 1. 1986		OLGE 1986, 56 = MDR 1986, 413 = DWEigt 1986, 95
10. 2. 1986	(24 W 4051/85)	ZMR 1986, 189 = ITelex 1986/15/89
10. 2. 1986	(24 W 1925/86)	ITelex 1986/17/103
10. 2. 1986	(24 W 4146/85)	OLGE 1986, 174 = ITelex 1986/9/52
22. 4. 1986		DNotZ 1987, 103
30. 4. 1986		WE 1986, 103 = DWEigt 1986, 124 = MDR 1986, 761
21. 5. 1986	(24 W 1511/86)	OLGE 1986, 406 = ITelex 1986/21/127
21. 5. 1986	(24 W 3233/85)	ITelex 1986/22/132
18. 6. 1986		WE 1986, 143 = NJW-RR 1986, 1337 = ITelex 1986/24/145
9. 7. 1986	(24 W 2741/86)	OLGE 1986, 422 = MDR 1986, 939 = WE 1986, 142 = ITelex 1986/21/126
9. 7. 1986	(24 W 3198/86)	DWEigt 1987, 27 = ITelex 1987/10/51
27. 8. 1986	(24 W 1747/86)	DWEigt 1987, 30 = NJW 1987, 386
27. 8. 1986	(24 W 5931/85)	DWEigt 1987, 30 = WE 1987, 120

		= NJW-RR 1987, 77 = MDR 1987, 143
15. 10. 1986		ITelex 1987/5/27 = NJW-RR 1987, 79
5. 11. 1986		DWEigt 1987, 24 = ITelex 1987/5/27
17. 11. 1986	(24 W 5517/86)	DWEigt 1987, 30 = NJW-RR 1987, 206
17. 11. 1986	(24 W 2214/86)	DWEigt 1987, 62
17. 11. 1986	(24 W 2614/86)	NJW-RR 1987, 653
22. 12. 1986		OLGE 1987, 185 = WE 1987, 81
9. 2. 1987		OLGE 1987, 156 = WE 1987, 80 = Rpfleger 1987, 368 mit Anm. Demharter
2. 3. 1987		WE 1987, 121 = DWEigt 1987, 97
1. 4. 1987	(24 W 5239/84)	WE 1987, 155 = DWEigt 1987, 97
1. 4. 1987	(24 W 3131/86)	OLGE 1987, 417 = WE 1987, 126 mit Anm. Weitnauer = DWEigt 1987, 134 = ZMR 1987, 274 = MDR 1987, 674 = NJW-RR 1987, 973
13. 4. 1987		WE 1987, 195 = ITelex 1987/20/119
13. 4. 1987	(24 W 517/86)	DWEigt 1988, 35
6. 5. 1987		WE 1987, 196 = ITelex 1987/18/108
6. 5. 1987	(24 W 5641/86)	DWEigt 1988, 35
27. 5. 1987	(24 W 5478/86)	DWEigt 1988, 35 = ITelex 1987/14/81
27. 5. 1987	(24 W 5694/86)	DWEigt 1987, 135 = WE 1987, 122
13. 7. 1987		WE 1987, 197 = NJW-RR 1987, 1360
13. 7. 1987	(24 W 1752/87)	DWEigt 1988, 36
11. 9. 1987	(24 W 3293/87)	DWEigt 1988, 36 = NJW-RR 1988, 14 = MDR 1988, 57
11. 9. 1987	(24 W 3298/87)	OLGE 1987, 435 = WE 1987, 198 = ITelex 1987/25/ 148 = NJW-RR 1988, 14
11. 9. 1987	(24 W 2634/87)	DWEigt 1988, 23 = NJW-RR 1988, 586
13. 11. 1987		WE 1988, 17
13. 11. 1987	(24 W 5670/86)	DWEigt 1988, 74 = MDR 1988, 234
23. 12. 1987		DWEigt 1988, 36
5. 2. 1988	(24 W 3582/87)	WE 1988, 91 = DWEigt 1988, 136
15. 2. 1988	(24 W 3007/87)	OLGE 1988, 302 = WE 1988, 132 = NJW-RR 1988, 844
15. 2. 1988	(24 W 4716/87)	WE 1988, 132 = NJW-RR 1988, 846 = MDR 1988, 587
11. 3. 1988		DWEigt 1989, 143
20. 3. 1988		DWEigt 1990, 39

21. 3. 1988		DWEigt 1989, 143
24. 3. 1988	(24 W 3820/87)	DWEigt 1989, 143
24. 3. 1988	(24 W 4602/87)	DWEigt 1989, 39
24. 3. 1988	(24 W 241/88)	DWEigt 1989, 143
20. 4. 1988	(24 W 4316/87)	DWEigt 1989, 39
20. 4. 1988	(24 W 4878/87)	WE 1988, 155 = DWEigt 1988, 74 = NJW-RR 1988, 842
11. 5. 1988	(24 W 4672/87)	OLGE 1988, 312 = WE 1988, 164
11. 5. 1988	(24 W 6131/87)	DWEigt 1989, 143
11. 5. 1988	(24 W 6454/87)	DWEigt 1989, 39
11. 5. 1988	(24 W 6642/87)	OLGE 1988, 317 = WE 1988, 165
7. 6. 1988		OLGE 1988, 399 = DWEigt 1989, 39 = Rpfleger 1988, 480 = MDR 1988, 968
15. 6. 1988	(24 W 5594/87)	WE 1988, 169
15. 6. 1988	(24 W 5977/87)	WE 1988, 168 = DWEigt 1989, 18 = MDR 1988, 867 = ZMR 1988, 347 = WM 1989, 322
15. 6. 1988	(24 W 817/88)	OLGE 1988, 429 = WE 1988, 167 = DWEigt 1989, 23
15. 6. 1988	(24 W 1434/88)	OLGZ 1989, 58 = DWEigt 1989, 18 = WE 1988, 167
15. 6. 1988	(24 W 1889/88)	OLGE 1988, 432 = DWEigt 1989, 24 = WE 1988, 167
15. 6. 1988	(24 W 2084/88)	OLGE 1988, 434 = WE 1988, 166 = DWEigt 1989, 23
12. 9. 1988	(24 W 5887/87)	WE 1989, 134 = DWEigt 1990, 38
12. 9. 1988	(24 W 5597/87)	DWEigt 1990, 38
12. 9. 1988	(24 W 1670/88)	WE 1989, 25 = DWEigt 1989, 39 = ZMR 1989, 70
12. 9. 1988	(24 W 2242/88)	WE 1989, 25 = NJW 1989, 532
16. 9. 1988	(24 W 3200/88)	OLGE 1989, 38 = WE 1988, 193 = DWEigt 1989, 39 = ZMR 1988, 469; 1989, 185
16. 9. 1988	(24 W 3952/88)	OLGE 1989, 51 = WE 1989, 26
16. 9. 1988	(24 W 2997/88)	DWEigt 1990, 38
12. 10. 1988		OLGE 1989, 61 = ZMR 1989, 69
17. 10. 1988		WE 1989, 26 = MDR 1989, 263
24. 10. 1988		WE 1989, 28 = DNotZ 1989, 152 = WM 1989, 98
21. 11. 1988		OLGE 1989, 193
24. 11. 1988	(24 W 2933/88)	WE 1989, 97 = DWEigt 1990, 38 = MDR 1989, 264
24. 11. 1988	(24 W 4304/88)	OLGE 1989, 43 = WE 1989, 135 = DWEigt 1989, 39
21. 12. 1988	(24 W 1435/88)	WE 1989, 137 = NJW-RR 1989, 460 = ZMR 1989, 186
21. 12. 1988	(24 W 5369/88)	OLGE 1989, 171 = WE 1989, 136 =

		DWEigt 1990, 39 = ZMR 1989, 229 = WM 1989, 200 = NJW-RR 1989, 463
21. 12. 1988	(24 W 5948/88)	OLGE 1989, 174 = WE 1989, 135 = DWEigt 1989, 39 = WM 1989, 93 = ZMR 1989, 188
10. 1. 1989		DWEigt 1990, 74
6. 2. 1989		WE 1989, 138 = DWEigt 1990, 39 = MDR 1989, 742
20. 3. 1989	(24 W 5478/86)	WE 1989, 132 mit Anm. Seuß; Röll WE 1989, 114 = DWEigt 1989, 136 = NJW-RR 1989, 839
20. 3. 1989	(24 W 3239/88)	WE 1989, 139 = DWEigt 1989, 136 = MDR 1989, 742
20. 3. 1989	(24 W 4238/88)	WE 1989, 168 = DWEigt 1989, 139 = NJW-RR 1989, 842
17. 5. 1989	(24 W 5147/88)	OLGE 1989, 425 = WE 1989, 168 = MDR 1989, 823
17. 5. 1989	(24 W 6092/88)	OLGE 1989, 305 = WE 1989, 170 = DWEigt 1989, 138 = NJW-RR 1989, 976
12. 6. 1989		OLGE 1989, 430 = WE 1989, 201 = MDR 1989, 997
19. 6. 1989	(24 W 2985/88)	OLGE 1989, 438 = WE 1989, 171 = WM 1989, 468
19. 6. 1989	(24 W 787/89)	OLGE 1989, 435 = WE 1989, 202 = MDR 1989, 998 = WM 1989, 464 = ZMR 1989, 438
27. 6. 1989		OLGE 1989, 345 = WE 1990, 22 = MDR 1989, 1101
12. 7. 1989		OLGE 1989, 423 = WE 1989, 207 = NJW-RR 1989, 1362
11. 10. 1989		WE 1990, 86 = DWEigt 1990, 115 = ZMR 1990, 68 = WM 1989, 652
13. 11. 1989	(24 W 415/89)	DWEigt 1990, 39 = WE 1990, 87 = NJW-RR 1990, 456 = WM 1990, 184
13. 11. 1989	(24 W 4201/89)	OLGE 1990, 54 = WE 1990, 88 = DWEigt 1990, 39 = NJW-RR 1990, 55
13. 11. 1989	(24 W 5042/89)	OLGE 1990, 61 = WE 1990, 88 = DWEigt 1990, 39 = MDR 1990, 249 = NJW-RR 1990, 153
20. 11. 1989	(24 W 1409/88)	DWEigt 1990, 115 = NJW-RR 1990, 397
20. 12. 1989	(24 W 2779/89)	WE 1990, 89 = DWEigt 1990, 39; = MDR 1990, 553 = WM 1990, 180
20. 12. 1989	(24 W 3084/89)	WE 1990, 90 = DWEigt 1990, 74 =

		NJW-RR 1990, 333 = WM 1990, 125
20. 12. 1989	(24 W 6334/89)	DWEigt 1990, 74 = BlnGrdE 1990, 439
10. 1. 1990	(24 W 6557/89)	WE 1990, 91 = DWEigt 1990, 39 = OLGE 1990, 193
10. 1. 1990	(24 W 6746/89)	OLGE 1990, 153 = WE 1990, 91 = DWEigt 1990, 115 = MDR 1990, 448
24. 1. 1990	(24 W 1408/89)	WE 1990, 92 = DWEigt 1990, 142 = NJW-RR 1990, 395 = WM 1990, 123 = ZMR 1990, 191
24. 1. 1990	(24 W 4100/89)	PuR 1990, 128
30. 1. 1990		OLGE 1990, 193
26. 2. 1990		OLGE 1990, 313 = WE 1990, 94 = DWEigt 1990, 115 = WM 1990, 238 = ZMR 1990, 350
14. 3. 1990	(24 W 4243/89)	WE 1990, 206 = DWEigt 1990, 68 = WM 1990, 234
14. 3. 1990	(24 W 6087/89)	WE 1990, 206 = DWEigt 1990, 115 = WM 1990, 317 = ZMR 1990, 307
6. 6. 1990		OLGE 1990, 421 = WE 1990, 207 = DWEigt 1990, 115 = DWEigt 1991, 72 = NJW-RR 1991, 213
25. 6. 1990		OLGE 1990, 407 = NJW-RR 1990, 1166
25. 6. 1990	(8 RE-Miet 2634/90)	OLGE 1990, 467
2. 7. 1990		OLGE 1990, 416 = WE 1990, 208 = NJW-RR 1990, 1495
4. 7. 1990		OLGE 1990, 437 = WE 1990, 209 = DWEigt 1990, 115, 140 = BlnGrdE 1991, 51 = WM 1990, 407 = ZMR 1990, 428
11. 7. 1990		OLGE 1990, 425 = WE 1990, 210 = DWEigt 1990, 110 = NJW-RR 1990, 1298
18. 7. 1990		OLGE 1991, 54 = WE 1990, 210 = DWEigt 1990, 115
25. 7. 1990	(24 W 3366/90)	OLGE 1991, 64 = WE 1990, 211 = DWEigt 1990, 115
25. 7. 1990	(24 W 3464/90)	OLGE 1990, 432 = WE 1990, 211 = DWEigt 1990, 115
1. 10. 1990	(24 W 6701/89)	WE 1991, 132 = DWEigt 1991, 29 = WM 1991, 209
1. 10. 1990	(24 W 184/90)	DWEigt 1992, 29 = NJW-RR 1991, 1169 = WM 1991, 366 = ZMR 1991, 404

1. 10. 1990	(24 W 2161/90)	WE 1991, 103 = NJW-RR 1991, 273 = ZMR 1991, 114 = WM 1991, 59
22. 10. 1990		OLGE 1991, 180 = WE 1991, 104 = NJW-RR 1991, 463
29. 10. 1990		WE 1991, 105 = NJW-RR 1991, 274 = WM 1991, 57
1. 11. 1990		OLGE 1991, 190 = WE 1991, 106 = DWEigt 1991, 27, 82
28. 11. 1990	(24 W 1683/90)	WE 1991, 133 = NJW-RR 1991, 530 = MDR 1991, 543 = WM 1991, 217
28. 11. 1990	(24 W 5299/90)	OLGE 1991, 186 = DWEigt 1991, 28, 82 = WE 1991, 133 = NJW 1991, 1080 (Ls.)
30. 11. 1990		WE 1991, 134 = DWEigt 1991, 82 = OLGE 1991, 172
19. 12. 1990	(24 W 5932/90)	OLGE 1991, 315 = WE 1991, 191 = DWEigt 1991, 82
19. 12. 1990	(24 W 6288/90)	OLGE 1991, 169 = WE 1991, 192 = NJW-RR 1991, 596
6. 2. 1991		OLGE 1991, 290 = WE 1991, 322 = DWEigt 1991, 73 = NJW-RR 1991, 912
11. 2. 1991	(24 W 4560/90)	OLGE 1991, 299 = WE 1991, 193 = NJW-RR 1991, 725
11. 2. 1991	(24 W 7307/90)	WE 1991, 323 = NJW-RR 1991, 1303 = OLGE 1991, 438
13. 3. 1991	(24 W 4715/90)	OLGE 1991, 306 = WE 1991, 323 = DWEigt 1991, 68; 1992, 43
13. 3. 1991	(24 W 5437/90)	WE 1991, 323 = DWEigt 1992, 44 = WM 1991, 369
22. 3. 1991		NJW-RR 1991, 1424
24. 4. 1991	(24 W 5580/90)	NJW-RR 1991, 1489
24. 4. 1991	(24 W 6358/90)	OLGE 1992, 61 = WE 1991, 323 = NJW-RR 1991, 1012 = DWEigt 1991, 114
7. 5. 1991		NJW 1992, 1901
10. 5. 1991	(24 W 5797/90)	OLGE 1991, 425 = DWEigt 1991, 117 = WE 1991, 325 = NJW-RR 1991, 1215
10. 5. 1991	(24 W 6395/90)	WE 1991, 325 = DWEigt 1991, 116 = WM 1991, 628
10. 5. 1991	(24 W 6578/90)	OLGE 1992, 57 = WE 1991, 325 = NJW-RR 1991, 1363 = DWEigt 1992, 154
10. 5. 1991	(24 W 154/91)	WE 1991, 324 = DWEigt 1991, 114 = NJW-RR 1991, 1299
22. 5. 1991	(24 W 7393/90)	OLGE 1991, 434 = WE 1991, 326 = DWEigt 1991, 117

22. 5. 1991	(24 W 401/91)	OLGE 1991, 422 = WE 1991, 327 = DWEigt 1991, 118
3. 6. 1991	(24 W 4604/90)	DWEigt 1991, 127; 1992, 78 = MDR 1992, 303 = WM 1991, 452
3. 6. 1991	(24 W 6272/90)	WE 1991, 328 = NJW-RR 1991, 1116 = ZMR 1992, 201 = WM 1991, 440
17. 6. 1991		WE 1991, 328 = DWEigt 1991, 128 = NJW-RR 1992, 404
1. 7. 1991	(24 W 5554/90)	DWEigt 1991, 128 = NJW-RR 1992, 84 = WM 1991, 514
1. 7. 1991	(24 W 2051/91)	OLGE 1992, 188 = WE 1991, 328 = NJW-RR 1991, 1301 = DWEigt 1991, 127
10. 7. 1991		OLGE 1992, 55 = WE 1991, 328 = DWEigt 1991, 154 = NJW-RR 1991, 1421
17. 7. 1991		OLGE 1992, 306 = WE 1991, 329 = DWEigt 1991, 127 = NJW-RR 1991, 1432
9. 10. 1991		OLGE 1992, 318 = WE 1992, 107 = DWEigt 1992, 44 = ZMR 1992, 34
18. 10. 1991		WE 1992, 108 = DWEigt 1992, 44 = ZMR 1992, 120 = WM 1992, 35
4. 11. 1991		WE 1992, 109 = DWEigt 1992, 37 = WM 1992, 89
18. 11. 1991		OLGE 1992, 182 = WE 1992, 110 = DWEigt 1992, 33 = ZMR 1992, 68
13. 1. 1992		OLGE 1992, 120 = WE 1992, 111 = DWEigt 1994, 41 = WM 1992, 150
22. 1. 1992		WE 1992, 112 = DWEigt 1992, 80 = ZMR 1992, 203 = WM 1992, 210
10. 2. 1992		WE 1992, 256 = DWEigt 1992, 122 = NJW-RR 1992, 1232 = MDR 1992, 1055
26. 2. 1992		OLGE 1992, 1298 = WE 1992, 257 = DWEigt 1992, 129
18. 3. 1992		OLGE 1993, 52 = WE 1992, 283 = DWEigt 1992, 126 = WM 1992, 282
30. 3. 1992		DWEigt 1992, 82 = WE 1992, 284 = OLGE 1992, 420
13. 4. 1992		WE 1992, 285 = DWEigt 1992, 124 = OLGE 1992, 426
15. 4. 1992		WE 1992, 285 = DWEigt 1994, 81 = NJW-RR 1992, 1168 = WM 1992, 388
15. 4. 1992		WE 1992, 286 = DWEigt 1992, 153

		= NJW-RR 1992, 1102 = WM 1992, 387
4. 5. 1992		WE 1992, 287 = DWEigt 1992, 115
10. 7. 1992	(24 W 111/92)	WE 1992, 342 = DWEigt 1992, 156 = WM 1992, 560
10. 7. 1992	(24 W 3030/92)	OLGE 1993, 181 = DWEigt 1992, 155 = WE 1992, 343 = NJW 1992, 3045 = WM 1992, 554 = ZMR 1992, 507
16. 9. 1992		WE 1993, 83 = DWEigt 1994, 41 = WM 1993, 142
2. 9. 1992		OLGE 1993, 457
23. 10. 1992		DWEigt 1993, 82 = WE 1993, 83 = NJW-RR 1993, 470 = WM 1993, 142
4. 11. 1992		WE 1993, 50 = WM 1993, 83 = DWEigt 1993, 82 = NJW-RR 1993, 403 = ZMR 1993, 181
16. 11. 1992		OLGE 1993, 301 = WE 1993, 51 = WM 1993, 91 = ZMR 1993, 80
30. 11. 1992	(24 W 6947/91)	OLGE 1993, 435 = WE 1993, 195 = WM 1993, 138
30. 11. 1992	(24 W 1188/92)	DWEigt 1993, 83 = WE 1993, 83 = NJW-RR 1993, 404 = WM 1993, 140
30. 11. 1992	(24 W 1647/92)	OLGE 1993, 190 = WE 1993, 52 = WM 1993, 93
30. 11. 1992	(24 W 3802/92)	OLGE 1993, 308 = WM 1993, 300 = WE 1993, 138 = DWEigt 1993, 80, 82
30. 11. 1992	(24 W 4289/92)	OLGE 1993, 305 = ZMR 1993, 232 = DWEigt 1993, 79 = WE 1993, 84
16. 12. 1992	(24 W 3700/92)	DWEigt 1993, 83 = WE 1993, 85 = WM 1993, 149
16. 12. 1992	(24 W 4713/92)	DWEigt 1993, 83 = WE 1993, 139 = WM 1993, 310 = ZMR 1993, 184
15. 2. 1993		DWEigt 1993, 83 = WE 1993, 194 = WM 1993, 302 = KGR Berlin 1993, 4
17. 2. 1993		OLGE 1993, 427 = ZMR 1993, 288 = WM 1993, 292 = DWEigt 1993, 83 = WE 1993, 220 = NJW-RR 1993, 909
10. 3. 1993	(24 W 1701/92)	OLGE 1994, 27 = WM 1993, 303 = WE 1993, 221 = DWEigt 1993, 83, 119 = BlnGrdE 1993, 753
10. 3. 1993	(24 W 5506/92)	OLGE 1994, 35 = DWEigt 1993, 83, 118 = WE 1993, 197 = WM 1993, 307

31. 3. 1993		OLGE 1994, 157 = WE 1993, 222 = WM 1993, 433
5. 4. 1993		WE 1993, 223 = DWEigt 1993, 83 = ZMR 1993, 346
14. 4. 1993	(24 W 829/93)	WE 1993, 223 = DWEigt 1994, 41 = WM 1993, 432
14. 4. 1993	(24 W 1092/93)	OLGE 1994, 20 = ZMR 1993, 380 = WM 1993, 423 = WE 1993, 310
5. 5. 1993	(24 W 1146/93)	ZMR 1993, 383 = WM 1993, 426 = WE 1993, 311
5. 5. 1993	(24 W 3913/92)	OLGE 1994, 154 = WM 1993, 427 = WE 1993, 312 = ZMR 1993, 430 = NJW-RR 1994, 278
24. 5. 1993		DWEigt 1994, 83 = WE 1993, 275 = WM 1993, 429 = NJW-RR 1993, 1104
18. 8. 1993	(24 W 7292/92)	DWEigt 1993, 153 = MittBayNot 1994, 43 = NJW 1993, 2960 = WE 1994, 79
18. 8. 1993	(24 W 1386/93)	ZMR 1993, 532 = WE 1994, 45 = DWEigt 1993, 155
25. 8. 1993		OLGE 1994, 279 = WE 1994, 47 = WM 1994, 46
6. 9. 1993	(24 W 4142/92)	OLGE 1994, 141 = DWEigt 1994, 85 = WE 1994, 48 = WM 1993, 756
6. 9. 1993	(24 W 5948/92)	WE 1994, 52 = WM 1994, 761 = ZMR 1994, 31 = DWEigt 1994, 84
8. 9. 1993	(24 W 5688/92)	WE 1994, 53 = WM 1993, 763 = NJW-RR 1994, 53
8. 9. 1993	(24 W 5753/92)	WE 1994, 51 = KGR 1993, 159 = WM 1994, 38
8. 9. 1993	(24 W 2301/93)	WE 1994, 51
20. 9. 1993	(24 W 188/93)	OLGE 1994, 266 = DWEigt 1994, 117 = WE 1994, 54 = WM 1993, 755
20. 9. 1993	(24 W 2670/93)	DWEigt 1994, 117 = WE 1994, 54 = ZMR 1994, 35
24. 9. 1993		OLGE 1994, 277 = DWEigt 1994, 34 = WE 1994, 80 = NJW 1994, 109
22. 10. 1993		WE 1994, 55 = ZMR 1994, 27 = NJW-RR 1994, 206 = MDR 1994, 58
3. 11. 1993		DWEigt 1994, 118 = WE 1994, 81 = WM 1994, 108 = ZMR 1994, 72
10. 11. 1993		DWEigt 1994, 33 = WE 1994, 82 = WM 1994, 82 = MDR 1994, 274
12. 11. 1993		DWEigt 1994, 32 = NJW-RR 1994,

	207 = WM 1994, 101 = ZMR 1994, 70
19. 11. 1993	WM 1994, 36 = WE 1994, 83 = DWEigt 1994, 32 = BlnGrdE 1994, 171 = MDR 1994, 372 = NJW-RR 1994, 402
22. 11. 1993	WE 1994, 213
3. 12. 1993	OLGE 1994, 399 = WM 1994, 99
15. 12. 1993	OLGE 1994, 391 = DWEigt 1994, 18 = WE 1994, 217 = BlnGrdE 1994, 163 = NJW-RR 1994, 401 = WM 1994, 103
Koblenz	
20. 5. 1976	NJW 1977, 55
10. 1. 1979	DB 1979, 788
27. 2. 1985	VersR 1986, 47 = Deckert 2/392
7. 1. 1986	Deckert 2/501
14. 3. 1986	NJW-RR 1987, 138
6. 9. 1991	WE 1992, 19 = WM 1991, 603
Köln	
17. 7. 1961	NJW 1962, 156 = DNotZ 1962, 210 mit Anm. Weitnauer = Rpfleger 1962, 132 mit Anm. Diester
25. 5. 1964	NJW 1964, 1678
14. 8. 1968	NJW 1968, 2063
20. 12. 1968	OLGE 1969, 338
16. 5. 1969	OLGE 1969, 389
18. 2. 1972	Rpfleger 1972, 261
22. 9. 1972	NJW 1973, 765
9. 1. 1976	Rpfleger 1976, 185 = OLGE 1976, 142
28. 1. 1976	NJW 1976, 1322
18. 5. 1977	WEM 1978, 91
29. 12. 1977	OLGE 1978, 151 = WEM 1978, 56
2. 5. 1978	WEM 1978, 122
6. 9. 1978	OLGE 1979, 19
30. 5. 1979	DB 1979, 2369
29. 6. 1979	ZMR 1980, 190
22. 11. 1979	WEM 1980, 82
30. 7. 1980	NJW 1981, 585
2. 12. 1980	DNotZ 1981, 584
17. 8. 1981	DWEigt 1982, 130
16. 11. 1981	Rpfleger 1982, 62 = WE 1982, 67
21. 4. 1982	OLGE 1982, 413 = DWEigt 1983, 28 = Rpfleger 1982, 278 = MDR 1982, 757
2. 6. 1982	DNotZ 1983, 106 mit Anm. Röll

23. 6. 1982		Rpfleger 1982, 374
16. 1. 1984		ITelex 1985/6/32
20. 2. 1984		OLGE 1984, 294 = Rpfleger 1984, 268 = MDR 1984, 583
14. 5. 1984		OLGE 1984, 399
18. 7. 1984		Rpfleger 1984, 464 = DNotZ 1984, 700 = ITelex 1984/21/118
15. 10. 1984		Rpfleger 1985, 110
7. 11. 1984		DNotZ 1985, 450
30. 10. 1985	(16 Wx 84/85)	OLGE 1986, 19
30. 10. 1985	(16 Wx 88/85)	NJW 1986, 328 = ITelex 1986/12/69
13. 1. 1986		ITelex 1986/21/127
20. 1. 1986		Wohnung und Haus 1986, 168 = ITelex 1986/10/59
17. 2. 1986		ITelex 1987/10/60
21. 4. 1986		ITelex 1986/17/101
28. 7. 1986		ITelex 1987/18/105

München

20. 10. 1952	NJW 1952, 1297 = JZ 1953, 148 mit Anm. Raiser
11. 12. 1954	NJW 1955, 637
15. 12. 1967	NJW 1968, 994
4. 10. 1971	MDR 1972, 239
4. 9. 1972	DNotZ 1973, 289
28. 12. 1973	DNotZ 1973, 288
11. 11. 1974	NJW 1975, 220
11. 7. 1978	MDR 1978, 1024
13. 9. 1979	DNotZ 1979, 748
17. 7. 1984	NJW 1986, 139 = ITelex 1986/7/44
12. 3. 1985	Rpfleger 1985, 437 = ITelex 1985/20/15
23. 5. 1985	ITelex 1985/22/131
17. 4. 1986	DB 1986, 1970

Neustadt

20. 7. 1959	NJW 1960, 295 mit Anm. Bärmann = DNotZ 1960, 149
27. 7. 1961	NJW 1961, 1974 = MDR 1962, 216 = DNotZ 1962, 221
4. 10. 1962	Rpfleger 1963, 85 mit Anm. Diester

Nürnberg

5. 5. 1960	MDR 1960, 923 = BB 1960, 1116

Oldenburg

20. 1. 1970	MDR 1970, 761
27. 10. 1976	Rpfleger 1977, 22
10. 10. 1978	Rpfleger 1979, 266 = DNotZ 1979, 33

27. 11. 1981	ITelex 1983/22/115
26. 4. 1983	DWEigt 1984, 28
16. 3. 1984	DWEigt 1986, 20 = ZMR 1985, 30
Saarbrücken	
8. 7. 1971	NJW 1972, 691 = DNotZ 1972, 676
Schleswig	
19. 4. 1961	NJW 1961, 1870 mit Anm. Karstädt = DNotZ 1962, 193
19. 9. 1961	SchlHA 1962, 146
15. 6. 1964	SchlHA 1965, 67
11. 9. 1964	MDR 1965, 46
19. 5. 1967	SchlHA 1968, 70
15. 8. 1967	NJW 1967, 2080
30. 6. 1977	SchlHA 1977, 203
27. 11. 1981	ITelex 1983/22/115
28. 5. 1982	DWEigt 1983, 26
14. 5. 1986	DWEigt 1987, 133
6. 4. 1987	NJW-RR 1987, 1362
6. 11. 1987	NJW-RR 1987, 1363
Stuttgart	
22. 5. 1952	NJW 1952, 979
19. 3. 1954	NJW 1954, 682 = DNotZ 1954, 252 = Rpfleger 1954, 567 mit Anm. Diester
26. 5. 1961	NJW 1961, 1359
27. 8. 1965	NJW 1966, 1036 = Rpfleger 1966, 113 mit Anm. Diester
7. 2. 1969	OLGE 1969, 323 = NJW 1969, 1176
23. 9. 1969	NJW 1970, 102
3. 8. 1971	DNotZ 1972, 669 = BB 1971, 1224 = FWW 1971, 574
12. 1. 1973	BWNotZ 1979, 12
19. 4. 1973	Rpfleger 1973, 311
5. 7. 1974	OLGE 1974, 404 = NJW 1974, 2137 = Rpfleger 1974, 361 = DNotZ 1975, 311 = BWNotZ 1974, 136
3. 3. 1975	BWNotZ 1975, 93
12. 8. 1975	BWNotZ 1976, 18
21. 11. 1975	BWNotZ 1976, 69
21. 2. 1978	OLGE 1978, 183 = Rpfleger 1978, 383
6. 10. 1978	BWNotZ 1979, 17
24. 11. 1978	OLGE 1979, 34 = Die Justiz 1979, 64 = BWNotZ 1979, 41 = WEM 1979, 42
24. 11. 1978	WEM 1979, 40
17. 9. 1979	WEM 1980, 36

25. 9. 1979		OLGE 1980, 70 = Die Justiz 1979, 404
15. 10. 1979		WEM 1980, 38
15. 10. 1979		DWEigt 1980, 62
5. 11. 1979		WEM 1980, 75
19. 12. 1979		MDR 1980, 495
30. 10. 1980		OLGE 1981, 160 = Rpfleger 1981, 109 = Die Justiz 1981, 82
19. 2. 1981		MDR 1981, 587 = Die Justiz 1981, 207
4. 3. 1982		OLGE 1982, 301 = Rpfleger 1982, 220 = MDR 1982, 353 = DWEigt 1983, 29
29. 6. 1982		OLGE 1982, 402 = Rpfleger 1982, 375
8. 10. 1982		WEM 1983, 17 = ITelex 1983/3/14
10. 12. 1982		MDR 1983, 492 = WEM 1983, 59 = Die Justiz 1983, 123
17. 1. 1983		OLGE 1983, 172 = MDR 1983, 581 = ITelex 1984/15/87
1. 6. 1983		ZMR 1983, 422 = ITelex 1983/20/115
9. 12. 1983		OLGE 1984, 137 = Die Justiz 1984, 403 = ITelex 1984/4/23
22. 4. 1985		DWEigt 1986, 60
25. 11. 1985		OLGE 1986, 32 = DWEigt 1986, 25 = ITelex 1986/11/67
4. 12. 1985		OLGE 1986, 36 = DWEigt 1986, 31; 1987, 31 = ITelex 1986/10/58
12. 12. 1985		NJW-RR 1986, 815 = ITelex 1986/14/85
18. 12. 1985		DWEigt 1987, 31
14. 2. 1986		DWEigt 1987, 139
30. 4. 1986		DWEigt 1987, 30
4. 11. 1986	(8 W 297/86)	DWEigt 1987, 31
4. 11. 1986	(8 W 357/86)	NJW 1987, 385 = Die Justiz 1987, 104 = ITelex 1987/5/25 = NJW-RR 1987, 206
21. 11. 1986		WE 1987, 84 = DWEigt 1987, 31 = Die Justiz 1987, 104
28. 11. 1986		Rpfleger 1987, 107 = DWEigt 1987, 31
19. 5. 1987		DWEigt 1987, 99 = NJW-RR 1987, 976

Zweibrücken

8. 10. 1976		Rpfleger 1977, 141
13. 2. 1980		WEM 1983, 17

12. 11. 1981		OLGE 1982, 263
23. 12. 1981		OLGE 1983, 339 = ITelex 1984/21/117
4. 6. 1982		DWEigt 1984, 127 = ITelex 1985/4/23
14. 3. 1983		DWEigt 1983, 95
11. 5. 1983		ZMR 1984, 166
21. 9. 1983		ZMR 1984, 33 = ITelex 1984/3/15
22. 9. 1983		OLGE 1983, 438 = ITelex 1984/21/119
4. 6. 1985		ITelex 1986/8/45
27. 8. 1985		DWEigt 1986, 26
17. 10. 1985		WE 1987, 85 = ITelex 1986/6/35
5. 6. 1986		NJW-RR 1986, 1338
13. 6. 1986		ITelex 1986/26/153
15. 8. 1986		DWEigt 1987, 54 = WE 1987, 86
7. 11. 1986		WE 1987, 61 = Rpfleger 1987/106 = DWEigt 1987, 31
16. 12. 1986		WE 1987, 86 = DWEigt 1987, 31
9. 1. 1987		WE 1987, 87
28. 1. 1987		DWEigt 1987, 54 = WE 1987, 87
10. 6. 1987	(3 W 53/87)	WE 1987, 163 = DWEigt 1987, 137 = NJW-RR 1987, 163
10. 6. 1987	(3 W 55/87)	WE 1987, 162
6. 7. 1987		NJW-RR 1987, 1367
6. 7. 1987		I Telex 1987/25/151
7. 7. 1987		I Telex 1987/25/149
28. 12. 1987		nicht veröffentlicht

V. Landgerichte

Aachen

30. 12. 1982	ITelex 83/13/72
29. 8. 1983	DWEigt 1984, 93
11. 1. 1984	Rpfleger 1984, 184 mit Anm. Sauren
15. 10. 1992	ZMR 1993, 233
11. 11. 1992	WM 1993, 287

Arnsberg

19. 12. 1977	NJW 1978, 1588 mit Anm. Crezelius NJW 1978, 2158

Aurich

28. 8. 1986	NJW 1987, 448

Aschaffenburg

19. 12. 1978	BB 1979, 697

Bayreuth

9. 12. 1974		MittBayNot 1975, 102

Berlin

21. 12. 1961		JR 1962, 220
14. 8. 1974		Rpfleger 1975, 59
4. 6. 1975		WEM 1976, 12
16. 10. 1975		Rpfleger 1976, 149
2. 9. 1981		MDR 1982, 149
16. 5. 1984		ITelex 1985/10/60
8. 8. 1984		ZMR 1984, 424 = ITelex 1985/3/15
19. 4. 1985		ITelex 1986/15/119
28. 2. 1986		ITelex 1986/10/62
25. 3. 1987		ITelex 1987/9/51

Bielefeld

17. 10. 1973		Rpfleger 1974, 111
19. 5. 1981		Rpfleger 1981, 355
1. 3. 1985		Rpfleger 1985, 232

Bochum

19. 12. 1980		Rpfleger 1981, 148
4. 6. 1981		Rpfleger 1982, 99
4. 3. 1982		Rpfleger 1982, 340
22. 6. 1984		DWEigt 1985, 59
17. 7. 1985		Rpfleger 1985, 438

Bonn

17. 11. 1981		Rpfleger 1982, 100
15. 6. 1982		WEM 1983, 57 = MittBayNot 1983, 14
6. 10. 1982		Rpfleger 1984, 14
15. 4. 1985		DWEigt 1985, 127 = ITelex 1986/4/21

Braunschweig

10. 3. 1981		Rpfleger 1981, 298

Bremen

15. 8. 1984		Rpfleger 1985, 106
10. 10. 1986		ITelex 1986/26/155
8. 12. 1986		Rpfleger 1987, 199

Darmstadt

7. 3. 1977		ITelex 1986/9/53

Düsseldorf

12. 11. 1971		Rpfleger 1981, 204
26. 11. 1974		MittRhNotK 1974, 477
19. 5. 1976		Rpfleger 1977, 30
28. 2. 1978	(25 T 768/77)	nicht veröffentlicht
4. 12. 1980		Rpfleger 1981, 193

11. 12. 1980		Rpfleger 1981, 204
16. 8. 1983		ITelex 1984/27/157
15. 11. 1983		ITelex 1984/9/54
28. 9. 1984		Deckert 2/253
22. 11. 1984		nicht veröffentlicht
26. 1. 1987		I Telex 1987/5/25

Ellwangen

5. 12. 1961		ZMR 1964, 270 = Diester, Rspr. Nr. 44

Flensburg

20. 11. 1986		ITelex 1987/6/36

Frankenthal

14. 11. 1978		MittBayNot 1978, 60
15. 10. 1986		nicht veröffentlicht
20. 10. 1987		DWEigt 1988, 31

Frankfurt

7. 12. 1981		MDR 1982, 497
1. 2. 1983		DWEigt 1983, 121
16. 8. 1983		MDR 1984, 147
28. 10. 1983		Rpfleger 1984, 14
17. 1. 1984		ITelex 1985/4/19
8. 6. 1984		ITelex 1985/12/68
24. 6. 1986		MDR 1986, 940 = DWEigt 1987, 138
19. 5. 1988		WE 1989, 31

Freiburg

25. 11. 1966		NJW 1968, 1973
21. 5. 1976		BWNotZ 1977, 46
5. 9. 1983		DNotZ 1985, 452
5. 8. 1986		ITelex 1987/6/35

Hamburg

11. 3. 1959		DB 1960, 175
29. 3. 1974		NJW 1974, 1911
24. 7. 1975		Rpfleger 1975, 366
2. 6. 1978		Rpfleger 1979, 65
21. 12. 1981	(10 T 13/79)	nicht veröffentlicht
30. 4. 1982		Rpfleger 1982, 272
1. 12. 1983		DWEigt 1984, 28
6. 8. 1984		Deckert 2, 338

Hannover

5. 1. 1974		zitiert in Schmedes Rpfleger 1975, 284
11. 11. 1982		DWEigt 1983, 124

16. 8. 1983		MDR 1983, 1027
25. 7. 1985		MDR 1986, 59
Heidelberg		
13. 11. 1961		Diester, Rspr. Nr. 56
31. 8. 1984		ITelex 1985/23/137
11. 7. 1985	(8 S 30/85)	nicht veröffentlicht
Heilbronn		
13. 6. 1975		BWNotZ 1976, 125
Hildesheim		
31. 7. 1959		NJW 1960, 89 = DNotZ 1960, 421
Kassel		
4. 11. 1954		DWW 1955, 221
17. 4. 1984		ITelex 1986/15/90
Kempten		
15. 5. 1975		MittBayNot 1975, 166
Koblenz		
21. 4. 1986		DWEigt 1986, 127
Köln		
14. 11. 1960		NJW 1961, 322 = ZMR 1961, 196
12. 11. 1976		MittRhNotK 1977, 109
22. 4. 1977		Rpfleger 1977, 455
31. 7. 1979		DWEigt 1980, 25
3. 6. 1985		DWEigt 1985, 128
10. 2. 1987		DWEigt 1983, 63
27. 7. 1988		MittRhNotK 1988, 209
Krefeld		
27. 4. 1983	(I T 180/181/81)	Deckert 2/81
Kreuznach		
30. 6. 1961		ZMR 1962, 90
2. 8. 1976		DWEigt 1984, 127
Landau		
31. 5. 1985		Rpfleger 1985, 360
25. 6. 1985		Rpfleger 1985, 437
10. 12. 1985		ITelex 1986/14/82
Lübeck		
11. 7. 1975		Rpfleger 1976, 252
4. 1. 1985		DWEigt 1985, 128; 1986, 64
25. 2. 1985		ITelex 1985/17/101
28. 2. 1985		Rpfleger 1985, 232
1. 7. 1985		Rpfleger 1985, 490 = DWEigt 1986, 21
9. 9. 1985		DWEigt 1986, 63

28. 10. 1985	NJW-RR 1986, 313 = W+H 1986, 168
Lüneburg	
25. 4. 1975	Rpfleger 1976, 68
30. 4. 1979	Rpfleger 1979, 314
Mannheim	
19. 5. 1976	Rpfleger 1976, 317
9. 2. 1977	BB 1977, 319
29. 9. 1977	ZMR 1979, 319
12. 6. 1986	ITelex 1987/1/4
Marburg	
30. 7. 1959	Rpfleger 1960, 336 mit Anm. Haegele
Marl	
22. 9. 1978	nichtveröffentlicht
Memmingen	
29. 12. 1977	Rpfleger 1978, 101
München	
8. 1. 1954	MittBayNot 1954, 97
12. 7. 1961	DNotZ 1962, 193
1. 8. 1969	Rpfleger 1970, 93 mit Anm. Rohs
31. 1. 1973	Rpfleger 1973, 141
15. 5. 1975	MittBayNot 1975, 165
12. 5. 1976	DB 1977, 2231
13. 7. 1978	Rpfleger 1978, 381 = DNotZ 1978, 630
6. 4. 1984	DWEigt 1984, 91
31. 7. 1984	Deckert 2/212
25. 6. 1986	ITelex 1986/23/136
13. 10. 1986	Deckert 2/502
Münster	
18. 11. 1952	DNotZ 1953, 148 mit Anm. Hoche = MDR 1953, 175
Nürnberg	
15. 5. 1975	MittBayNot 1975, 161
26. 7. 1978	BB 1979, 698
Oldenburg	
26. 4. 1983	ITelex 1984/24/137
7. 7. 1983	Rpfleger 1983, 436
Passau	
11. 1. 1983	NJW 1983, 1683 = Rpfleger 1983, 147 = DWEigt 1983, 95
12. 4. 1984	Rpfleger 1984, 412

Ravensburg	
1. 4. 1976	Rpfleger 1976, 303 = BWNotZ 1976, 126
8. 11. 1979	BWNotZ 1980, 37
Schweinfurt	
28. 7. 1975	Rpfleger 1976, 20
Stuttgart	
23. 2. 1968	BWNotZ 1974, 18
24. 5. 1974	BWNotZ 1974, 133
13. 2. 1979	BWNotZ 1979, 91
23. 12. 1980	BWNotZ 1981, 91
Traunstein	
20. 4. 1978	MittBayNot 1978, 218
Würzburg	
7. 8. 1974	JZ 1975, 287
31. 7. 1985	NJW 1986, 66
Wuppertal	
5. 7. 1977	Rpfleger 1978, 23
20. 8. 1979	Rpfleger 1980, 197
26. 2. 1982	ITelex 1984/10/60
17. 2. 1987	Rpfleger 1987, 366

VI. Amtsgerichte

Aachen	
24. 8. 1983	Deckert 2/385
Ahrensburg	
28. 12. 1984	ITelex 1983/12/74
Arnsberg	
19. 12. 1977	NJW 1978, 1588 mit Anm. Crezelius NJW 1978, 2158
Aschaffenburg	
19. 12. 1978	BB 1979, 697
Baden-Baden	
14. 3. 1984	MDR 1984, 941
Bayreuth	
7. 12. 1978	BB 1979, 696
Bergheim	
30. 12. 1981	MDR 1982, 497
Berlin-Charlottenburg	
2. 2. 1982	DWEigt 1984, 28

8. 4. 1983		DWEigt 1983, 125
9. 12. 1983		ITelex 1984/10/58
Berlin-Spandau		
23. 10. 1985		DWEigt 1987, 31
Bonn		
17. 9. 1981		DWEigt 1983, 95
9. 8. 1983		DWEigt 1984, 29
Brühl		
26. 10. 1979		Rpfleger 1980, 27
Cham-Kötzting		
29. 9. 1983		DWEigt 1984, 29
Dachau		
25. 10. 1985		ITelex 1986/22/129
Dorsten		
21. 2. 1977		NJW 1977, 1246
Düsseldorf		
26. 9. 1957		DNotZ 1958, 426
14. 5. 1981		ITelex 1985/10/55
19. 7. 1984		Deckert 2/249
Ebersberg		
28. 7. 1982		ITelex 1985/10/55
Emmendingen		
4. 3. 1983		ITelex 1984/6/53,54
Essen		
11. 11. 1983	(25 c 194/83)	PiG 17, 252
Hamburg		
9. 4. 1956		MDR 1957, 43
30. 1. 1959		NJW 1959, 1638
19. 8. 1960		MDR 1961, 150
11. 1. 1985		Deckert 2/263
Hannover		
30. 8. 1968		Rpfleger 1969, 132
Helmstedt		
16. 11. 1984		ITelex 1985/7/39
Hildesheim		
5. 7. 1985		ITelex 1986/7/39
Karlsruhe		
15. 7. 1969		Rpfleger 1969, 432
24. 2. 1978		VersR 1980, 820

Kassel		
13. 6. 1983		DWEigt 1984, 29
Köln		
30. 7. 1976		MDR 1977, 53
Königstein		
8. 9. 1978		MDR 1979, 231
Lampertheim		
2. 2. 1975		BWNotZ 1976, 70
Lahr		
2. 2. 1993		WE 1993, 116 mit Anm. Seuß
Mannheim		
20. 8. 1983		DWEigt 1984, 29
26. 8. 1983		DWEigt 1984, 29, 57
Marl		
22. 9. 1978	(4 T 27/77)	nicht veröffentlicht
Mettmann		
10. 8. 1984	(5 IIa 30/84)	nicht veröffentlicht
Mönchengladbach		
24. 2. 1986		Deckert 2/428
13. 6. 1986		ITelex 1986/23/175
Mülheim		
28. 9. 1983		DWEigt 1984, 29
15. 5. 1986		DWEigt 1986, 92
München		
14. 12. 1960		MDR 1961, 604 = ZMR 1961, 304
31. 1. 1973		MittBayNot 1973, 97
4. 12. 1974		Rpfleger 1975, 254
6. 4. 1982		DWEigt 1982, 128
30. 12. 1982		DWEigt 1983, 95
26. 7. 1983		DWEigt 1984, 29
28. 12. 1984		DWEigt 1985, 7 = ITelex 1985/9/53
4. 1. 1985		DWEigt 1985, 62 = W + H 1985, 51
16. 1. 1985		ITelex 1986/9/52
16. 7. 1986		ITelex 1987/4/20
22. 10. 1986		ITelex 1987/40
17. 11. 1986		ITelex 1987/10/59
28. 7. 1987		NJW-RR 1987, 425
15. 12. 1989		DWEigt 1990, 16, 40
28. 12. 1992		DWEigt 1993, 44 = WE 1993, 198 mit Anm. Seuß WE 1993, 173
Neustadt/W.		
6. 10. 1983		NJW 1983, 2949 = DWEigt 1983, 1425

Neukölln
28. 10. 1986 ITelex 1986/25/147

Passau
21. 9. 1979 Rpfleger 1980, 23

Reinbek
24. 2. 1993 DWEigt 1993, 127

Starnberg
10. 3. 1970 MDR 1970, 679

Stuttgart-Bad Cannstadt
11. 6. 1981 ITelex 1984/13/74 = Deckert 2/131

Wiesbaden
10. 9. 1965 MDR 1967, 126 = ZMR 1967, 114

Wolfenbüttel
30. 10. 1986 ITelex 1986/25/147

Wuppertal
25. 10. 1976 Rpfleger 1977, 44

VII. Bundesverwaltungsgerichte

26. 7. 1989 BBauBl 1990, 295 = DWEigt 1990, 68 = ZfBR 1990, 151 = ZMR 1990, 71 = NJW 1990, 848 = NJW-RR 1990, 395 = WM 1989, 613 = DRsp 1990, I (152) Bl. 149

VIII. Oberverwaltungsgerichte

Münster
20. 6. 1991 (2 A 1236/89) NJW-RR 1992, 458

Schleswig
20. 8. 1991 (2 L 142/91) NJW-RR 1992, 457

IX. Bundesfinanzhof

22. 4. 1980 BStBl 1980, 441 = DB 1980, 1669
3. 7. 1980 BStBl 1981 II 255
14. 10. 1980 BStBl 1981 II 128
18. 9. 1985 BStBl 1985 II 627 = DB 1985, 2435
29. 10. 1985 BStBl 1986 II 217 = NJW 1986, 2071
26. 1. 1988 DB 1988, 1092
14. 11. 1989 NJW 1990, 729 = WE 1990, 47

Stichwortregister

Die erste Zahl (fett) bezeichnet die Paragraphen des WEG, die weiteren Zahlen (mager) die Randnummer. **vor** = Vorbemerkung; **Anh.** = Anhang (mit arab. Zahl = Anh. nach einem Paragraphen; mit röm. Zahl = Anh. am Ende des Buches)

Stichwortregister

Stichwortregister

Stichwortregister